CW00687456

LE NOUVEAU TESTAMENT,

C'EST A DIRE,

LA NOUVELLE ALLIANCE DE NOTRE SEIGNEUR

JESUS CHRIST.

REVÛ SUR L'ORIGINAL, ET RETOUCHÉ DANS LE LANGAGE;

AVEC DE PETITES NÔTES MARGINALES,

PAR

DAVID MARTIN.

a Leyden, / *a Utrecht,* chez T. HAAK, S. LUCHTMANS, & JACOB VAN POOLSUM, 1731.

Le Nouveau
TESTAMENT
De Nôtre
Seigneur
IESUS CHRIST
MARTIN.

PRÉFACE
POUR LE NOUVEAU
TESTAMENT.

ON ne peut être heureux ſans connoître Dieu, & on ne peut le bien connoître que par ſes divines Ecritures:

Le monde eſt, à la vérité, comme un grand livre ouvert où ſe voyent ſes traits brillans d'une pniſſance infinie, & d'une ſageſſe adorable, *Les cieux publient*, diſoit le Prophéte Roi, *la gloire du Dieu fort, & l'étendue don-* Pſe. 19. 1.
ne à connoître l'ouvrage de ſes mains : Et S. Paul diſoit aux
Romains, que *la puiſſance éternelle de Dieu, & ſa Divini-* Rom. 1. 20.
té elle-même *ſe voyent comme à l'œil quand on la conſidere attentivement dans ſes ouvrages.* Mais pécheurs & criminels comme nous ſommes, nous avons beſoin particulierement de connoître Dieu par l'endroit de ſa miſéricorde; or ce n'eſt que de lui-même que nous pouvons le ſavoir, & apprendre avec certitude qu'il veut nous pardonner nos péchez, en vûe de l'expiation qui en a été faite par ſon Fils Jéſus-Chriſt. Les Livres de l'Ancien Teſtament l'avoient prédite, cette bien-heureuſe expiation, & elle y étoit figurée dans le ſang des victimes qui étoient immolées par l'ordre de Dieu; mais les Livres du Nouveau nous en parlent comme d'une expiation réellement faite, & accomplie. Quelle conſolation n'eſt-ce donc pas à une ame ſenſiblement affligée de ſes péchez d'apprendre de ces divines Ecritures qu'il n'y a nulle condamnation à craindre pour elle, lors qu'avec une ſincére

repentance, & une foi animée de la charité, elle a recours à Jésus-Christ, & qu'appuyée de l'intercession, & fondée sur le mérite de ce divin Rédempteur, elle peut aller avec assûrance au trône de la grace, pour y trouver miséricorde, & obtenir le salut, la vie, & l'immortalité? Cette grande & consolante vérité se présente à nous dans presque toutes les pages des Livres du Nouveau Testament, mais elle ne s'y présente jamais détachée de l'obligation d'aimer Dieu, & de garder ses commandemens; de sorte que c'est une des illusions les plus dangereuses de l'amour propre que de prétendre trouver tellement le salut dans la foi en Jésus-Christ, qu'il ne nous reste plus rien à faire pour y parvenir.

De là parmi les Chrêtiens même les plus orthodoxes, le relâchement des mœurs, & une négligence presque Générale des devoirs les plus essentiels du Christianisme. On lit l'Ecriture pour se rendre savant, plûtôt que pour se rendre saint; sans considérer que la science seule de la Religion n'est qu'un amusemet à l'esprit, ou une lumiere qui n'est propre qu'à l'éblouïr, & qui en l'éblouïssant l'égare, & conduit au précipice de la damnation. Que celui donc qui voudrá profiter de la lecture de ce Saint Livre le lise pour y apprende à se sanctifier par la pratique des bonnes œuvres; & qu'il y prenne Jésus-Christ pour son modéle, aussi-bien que pour son Sauveur, puis qu'il ne sauroit être nôtre Sauveur s'il n'est pas nôtre modéle. C'est la doctrine constante des Saints Apôtres, & Jésus-Christ lui même s'en est si souvent expliqué & en de si fort termes, qu'il faut ou renoncer à l'Evangile, & ne le lire que pour sa propre condamnation, ou en suivre les saintes maximes, & en pratiquer tous les
Gal. 6. 16. devoirs. Or *à tous ceux qui se conduiront selon cette regle soit la paix, & la miséricorde* de Dieu, Amen.

AR-

ARGUMENT
SUR
L'EVANGILE.

Ce livre, & les trois suivans ont été appellez de ce nom d'Evangile, qui vaut autant à dire que bonne nouvelle, d'autant qu'ils contiennent l'histoire de la naissance, vie, mort & résurrection de Jésus-Christ, & ainsi nous déclarent l'entier accomplissement du mystére de nôtre rédemption, par son moïen: en quoi gist proprement nôtre joie spirituelle, & le vrai sujet de la très-heureuse nouvelle touchant la grace de Dieu envers les hommes. Quant à ce qui est ajoûté, Selon S. Matthieu, & ainsi conséquemment, c'est pour mettre en un rang à part les Evangelistes authentiques & irrefragables, d'avec les apocriphes & non recevables: suivant l'authorité & le témoignage du S. Esprit en l'Eglise, qui l'a toûjours ainsi reconnu par un commum consentement, à cause de la conformité qui se trouve en ces saints Ecrits avec la parole Prophétique. Le saint Esprit donc a choisi ces quatre ici, deux desquels sont d'entre les Apôtres du Seigneur, & les autres deux d'entre les disciples seulement, afin qu'ils nous fussent comme quatre témoins authentiques pour nous représenter la très-précieuse vérité touchant la manifestation du Fils de Dieu en la chair. Or pour ce qui est tant de commun que de particulier à ces quatre Evangelistes, le tout se raporte à montrer tant mieux l'union & l'accord qui est entr'eux, comme aians été conduits chacun à part par un même Esprit, pour publier une même verité par le monde, & en laisser un fidéle témoignage aux Eglises. Suivant cela, nous apprenons de tous les quatre un même Jesus.Christ, le Fils de Dieu, manifesté en chair, annoncé & magnifié par les Anges, déclaré tel par la voix expresse de la propre majesté du Pére, reconnu & attesté solennellement par Jean Baptiste: & puis après s'étant lui-même en personne donné à connoître par sa doctrine, par ses miracles, & par toutes sortes d'effects d'une incomparable débonnaireté, sagesse, constance, humulité, patience, charité & obeissance, même jusques à s'exposer à la mort de la croix pour nôtre entiére reconciliation: dont aussi s'en est ensuivie sa plus que glorieuse résurrection & ascension, après laquelle il a commencé à recueillir son Eglise d'entre toutes les Nations de la terre par le ministére de ses Apôtres. Touchant la diversité qui s'y peut rémarquer. il est assez évident que S. Jean, lequel on estime avoir écrit après les autres, s'est proposé particulierement de nous déclarer la doctrine concernant la vérité de la personne du Fils de Dieu, & notamment touchant ce qu'il nous faut croire de sa Divinité, & par conséquent de nous exposer le vrai fondement de nôtre salut accompli en lui: au lieu que les autres Evangelistes ont plus particulierement poursuivi les circonstances de l'histoire de la conversation de nôtre Sauveur en ce monde, S. Luc étant remonté jusques à la naissance de Jean Baptiste, & S. Matthieu traitant dès l'entrée touchant le principal point de la naissance & de l'incarnation du Messie. Quant à S. Marc, bien qu'il pourroit sembler qu'il n'ait écrit que comme un abregé de ce qui est plus amplement traitté en S. Matthieu, tant y a qu'en qu'en une telle brièveté, en laquelle il confirme la même vérité avec S. Matthieu, il y a de tels éclrircissemens, & si à propos, qn'on ne sauroit assez reconnoitre la providence du S. Esprit, laquelle reluit si clairement en ces quatre Docteurs de l'Eglise Chrétienne, que nous y trouverons amplement vérifié le propos tenu par S. Pierre, tant en son nom que des autres Apôtres, Seigneur, à qui nous en irions nous? tu as les paroles de la vie éternelle: & nous avons cru, & avons connu que tu és le Christ le Fils du Dieu vivant.

Les noms des Livres du
NOUVEAU TESTAMENT.

LE

LE SAINT EVANGILE
DE NÔTRE SEIGNEUR
JESUS-CHRIST,
SELON
SAINT MATTHIEU.

CHAPITRE I.

La généalogie de Jésus-Christ, 1. Soupçons de Joseph sur la grossesse de Marie, 18. dissipez par un Ange, 20. Jésus-Christ naît d'une Vierge, conformément à la prédiction d'Esaïe, 23.

1 LE Livre de la génération de Jésus Christ, fils de
David, fils d' Abraham.
2 [a] Abraham engendra Isaac: [b] & Isaac engendra Jacob: [c] & Jacob engendra Juda, &
ses freres:
3 Et [d] Juda engendra Pharez & Zara, de Thamar: [e] &
Pharez engendra Esrom: & Esrom engendra Aram:
4 Et Aram engendra Aminadab: & Aminadab engendra
Naässon: & Naässon engendra Salmon:
5 Et Salmon engendra Booz, de Rachab: & [f] Booz engendra Obed, de Ruth: & Obed engendra Jessé:
6 [g] Et Jessé engendra le Roi David: [h] & le Roi David engendra Salomon, de celle *qui avoit été femme* d' Urie:
7 Et [i] Salomon engendra Roboam: & Roboam engendra
Abia: & Abia engendra Asa:
8 Et Asa engendra Josaphat: & Josaphat engendra Joram:
& Joram engendra Hozias:
9 Et Hozias [2] engendra Joatham: & [k] Joatham engendra
Achaz: [l] & Achaz engendra Ezéchias:
10 Et [m] Ezéchias engendra Manassé: & Manassé engendra
Amon: & Amon engendra Josias:
11 Et [n] Josias engendra Jakim: & Jakim engendra Jécho-
nias,

1. C'est-a-dire, la généalogie de J.C.
a *Gen.* 21. 2. 3.
b *Gen.* 25. 26.
c *Gen.* 29. 35.
d *Gen.* 38. 27.
e 1 *Chron.* 2. 5. 9. *Ruth* 4. 18.
f *Ruth.* 4. 18.
g *Ruth.* 4. 22. 1 *Sam.* 16. 1. & 17. 12. 1 *Chron.* 2. 15. & 12. 18.
h 2 *Sam.* 12. 24.
i 1 *Rois* 15. 43. 2 *Rois* 8. 16. 1 *Chron.* 3. 10.
2. d'Hozias à Joatham, il y eut quatre générations, que S. Matth. abrége.
k 2 *Rois* 15. 7. 38.
l 2 *Rois* 16. 20.
m 2 *Rois* 20. 21. & 21. 18. 24.
n 1 *Chron.* 3. 15. 16.

nias, & ses freres, sur le temps qu'ils furent transportez en
Babylone.
12 Et aprés qu'ils eurent été transportez en Babylone, [o] Jé-
chonias engendra Salathiel, & [p] Salathiel [3] engendra Zorobabel:
13 Et Zorobabel engendra Abiud: & Abiud engendra E-
liakim: & Eliakim engendra Azor:
14 Et [4] Azor engendra Sadoc: & Sadoc engendra Achim:
& Achim engendra Eliud:
15 Et Eliud engendra Eléazar: & Eléazar engendra Matthan: & Matthan engendra Jacob:
16 Et Jacob engendra Joseph, [5] le mari de Marie, de laquelle est né Jésus, qui est appellé Christ.
17 Ainsi toutes les générations depuis Abraham jusqu'à David, sont quatorze générations: & depuis David jusqu'au tems
qu'ils furent transportez en Babylone, quatorze générations;
& depuis qu'ils eurent été transportez en Babylone jusqu'à
Christ, quatorze générations.
18 Or la naissance de Jésus-Christ arriva en cette maniere:
[q] Comme Marie sa Mere eut été fiancée à Joseph, avant
qu'ils fussent ensemble, elle se trouva enceinte [6] du Saint
Esprit.
19 Et Joseph son mari, parce qu'il étoit [7] juste, & qu'il
ne la vouloit point diffamer, la voulut laisser [8] secretement.
20 Mais comme il pensoit à ces choses, voici, l'Ange du
Seigneur lui apparut dans un songe, & lui dit; Joseph fils
de David, ne crains point de recevoir Marie [9] ta femme:
car ce qui est engendré en elle est du Saint Esprit.
21 Et elle enfantera un fils, & [r] tu appelleras son nom Jésus: [s] car il sauvera son peuple de leurs péchez.
22 Or tout ceci est arrivé afin que fût accompli ce dont le
Seigneur avoit parlé par le Prophete, en disant;
23 [t] Voici, [10] la Vierge sera enceinte, & elle enfantera
un fils; & on appellera son nom Emmanuel, qui veut dire,
DIEU AVEC NOUS.

o *1 Chron.* 3. 17.
p *Esd.* 3. 2.
3 Il fut son grand pere.
4 Cette généalogie & les suivantes étoient prises des Registres publics des généalogies, que l'on tenoit fort exactement parmi les Juifs: principalement en vûe du Messie à venir.
5 C'est-à-dire, *le fiancé*, comme Gen. 29. 21.
q *Luc.* 1. 27. 34. 35.
6. Par la vertu du S. Esprit, afin que J. C. fût exempt de la tache Originelle. Job. 14. 4. Rom. 5. 12.
7. Ce mot veut dire ici particulierement bon, doux, & benin. Comme Pse. 145. 17. Prov. 12. 10. &c.
8. c. sans éclat.
9. C'est-à-dire, ta *fiancée*, comme Deut. 22. 24.
r *Luc.* 1. 31.
s *Pse.* 130. 6. *Act.* 4. 12.
t *Esa.* 7. 14.

10. C'est-à-dire, demeurant vierge, & n'ayant point eu compagnie d'homme.

24 Jo-

24 Joſeph étant donc réveillé de ſon dormir, fit comme
l'Ange du Seigneur lui avoit commandé, & reçut ſa femme.
25 Mais il ne la connut point [11] juſqu'à ce qu'elle eût enfanté ſon fils [u] [12] premier-né; [x] & il appella ſon nom Jéſus.

11 Ce mot ne veut pas dire qu'il l'ait connue aprés: Voyez des exemples de cette façon de parler Hébraïque Gen. 28. 15. Deut. 34. 6. Pſ. 71. 18. u *Luc.* 2. 7. 12 Les Hebreux ont donné ce nom á tout ce qui nait le premier, ſoit qu'il en naiſſe d'autres aprés celui-là, ou non, Exo. 12. 29, 30. & 13. 2. x *Luc.* 2. 21.

CHAPITRE II.

L'arrivée des Mages à Jeruſalem, 1. *Le trouble où en eſt Hérode*, 3. *Le maſſacre des enfans de Bethlehem*, 16. *Le transport de Jéſus-Chriſt en Egypte*, 20. *Et de là à Nazareth*, 22.

OR [a] Jéſus étant né à Bethléhem *ville* de Juda, au temps
du Roi [1] Hérode, voici arriver [2] des Sages [3] d'Orient
à Jéruſalem.
2. En diſant; Où eſt le Roi des Juifs qui eſt né? car
nous avons vû ſon [4] étoile en Orient, & nous ſommes venus [5] l'adorer.
3 Ce que le Roi Hérode ayant entendu, il en fut troublé, & tout Jéruſalem avec lui.
4 Et ayant aſſemblé tous les principaux Sacrificateurs &
les Scribes du peuple, il s'informa d'eux où le Chriſt devoit naître.
5 Et ils lui dirent; A Bethléhem *ville* de Judée: car il
eſt ainſi écrit par le Prophete:
6 [b] Et toi Bethléhem, terre de Juda, tu n'és nullement
la plus petite entre les Gouverneurs de Juda, car de toi ſortira le [c] Conducteur qui paîtra mon peuple d'Iſraël.
7 Alors Hérode ayant appellé en ſecret les Sages, s'en-
quit d'eux ſoigneuſement du temps que l'étoile leur étoit
apparue.
8 Et les envoyant à Bethléhem, il leur dit; Allez, &
vous enquerez ſoigneuſement touchant le petit enfant: &
quand vous l'aurez trouvé, faites le moi ſavoir: afin que j'y
aille auſſi, & que je l'adore.

a *Luc.* 2. 4.
1 C'étoit Hérode ſurnommé le Grand, dont le pere étoit Iduméen de naiſſance & de race.
2. Gr des Mages.
3. De la Perſe, ou de l'Arabie.
4. Un feu miraculeux, brillant comme une étoile, ou une Comete.
5. D'une adoration proprement dite, & religieuſe: car Dieu ne les y auroit pas conduits par ſon étoile au dehors, & par ſon Eſprit interieurement pour ne rendre au Roi Meſſie, que des reſpects humains, vû même que la royauté de J. C. ne devoit pas comme celle des Rois de la terre, s'attirer les reſpects humains. b *Mich.* 5. 2. c *Eſa.* 55. 4. *Dan.* 9. 25.

9 Eux donc ayant ouï le Roi, s'en allerent: & voici, l'é-
toile qu'ils avoient vûe en Orient [d] alloit devant eux, jusqu'à
ce qu'elle vint & s' arrêta sur le lieu où étoit le petit enfant.
10 Et [6] quand ils virent l'étoile, ils se réjouïrent d'une
fort grande joye.
11 Et étant entrez dans la maison, ils trouverent le petit
enfant avec Marie sa mere, lequel ils adorerent, en se prosternant en terre; & aprés avoir déployé leurs trésors, ils
lui présenterent des dons, *savoir*, de l'or, de l'encens, &
de la myrrhe.
12 Puis étant divinement avertis dans un songe, de ne retourner point vers Hérode, ils se retirerent en leur païs par
un autre chemin.

d *Exo.* 13. 21.

6 C'est une marque qu'elle avoit disparu lors qu'ils étoient arrivez en Judée; & qu'elle recommença à paroître pour leur marquer le lieu où étoit Jésus.

13 Or aprés qu'ils se furent retirez, voici, l' Ange du
Seigneur apparut dans un songe à Joseph, & lui dit; Leve-toi, & prens le petit enfant, & sa mere, & t'enfui en E-
gypte, & demeure là, jusqu'à ce que je te le dise: car Hérode cherchera le petit enfant pour le faire mourir.
14 Joseph donc étant réveillé, prit de nuit le petit enfant,
& sa mere; & se retira en Egypte.
15 Et il demeura là jusques [7] à la mort d' Hérode: afin que
fût accompli ce dont le Seigneur avoit parlé par le Prophete, disant; [e] J'ai appellé mon Fils hors d' Egypte.

7 Arrivée deux ans aprés la naissance de J. C.

e *Osée* 11. 1.

16 Alors Hérode voyant que les Sages s'étoient moquez
de lui, fut fort en colére, & il envoya tuer tous les enfans,
qui etoient à Bethléhem & dans tout son territoire; depuis
l'âge de deux ans, & au dessous, selon le temps dont il
s'étoit éxactement enquis des Sages.
17 Alors fut accompli ce dont avoit parlé Jérémie le Prophete, en disant;
18 [f] On a ouï à [8] Rama un cri, une lamentation, des plain-
tes, & un grand gémissement: Rachel pleurant ses enfans, & n'ayant point voulu être consolée de ce qu'ils ne
sont plus.
19 Mais aprés qu' Hérode fut mort, voici, l' Ange du
Seigneur apparut dans un songe à Joseph, en Egypte,

f *Jér.* 31. 15.

8. Dans la Tribu de Benjamin le massacre s'étendit jusqu'à cette ville, où y ayant vraisemblablement un beaucoup

20 Et

20 Et *lui* dit; Leve-toi, & prens le petit enfant, & sa
mere, & t'en va au païs d'Israël: car ceux qui cherchoient
l'ame du petit enfant sont morts.
21 Joseph donc s'étant réveillé, prit le petit enfant & sa
mere, & s'en vint au païs d'Israël.
22 Mais quand il eut appris qu'Archelaüs regnoit en Judée, à la place d'Herode son pere, il craignit d'y aller: & étant divinement averti dans un songe, il se retira dans les quartiers de Galilée.
23 Et y étant arrivé, il habita dans la ville appellée Nazareth: afin que fût accompli ce qui avoit été dit [g] par les Prophetes; [9] Il sera appellé Nazarien.

plus grand nombre d'enfans & de peuple, qu'à Bethléhem, les cris y furent plus grands, & ils sont à cause de cela marquez ici plustôt que les autres.

g *Esa.* 11. 1. & 60.21. *Zach.* 6. 12.

9. C'est-à-dire, méprisé en ce qu'il avoit passé pour être de Nazareth, au lieu que le Messie étoit regardé comme devant être de Bethléhem; Jean. 7.41.43.

CHAPITRE III.

Jean Baptiste prêche dans le desert, 1. *On vient à lui de toutes parts*, 5. *Ses menaces contre les Juifs*, 10. 12. *Son humilité*, 11. *Il baptize J. C. au Jourdain*, 13.

OR [1] en ce temps-là vint Jean Baptiste, [a] prêchant dans
le desert de la Judée;
2. Et disant; [b] Amendez-vous: car le Royaume des cieux
est proche.
3 [c] Car c'est ici celui dont il a été parlé par Esaïe le Prophete, en disant; La voix de celui qui crie dans le desert, *est*, préparez le chemin du Seigneur, dressez ses sentiers.
4 Or Jean avoit son vêtement [d] de poils de chameau, &
une ceinture de cuir autour de ses reins, & son manger étoit
[2] des sauterelles & [3] du miel sauvage.
5 [e] Alors sortoient pour venir vers lui ceux de Jérusalem,
& de toute la Judée, & de tout le païs des environs du
Jourdain.
6 Et ils étoient baptisez par lui au Jourdain [f] confessans
leurs péchez:
7 Mais [g] voyant plusieurs des Pharisiens & des Saducéens
venir à son baptême, il leur dit; [h] Race de viperes, qui
vous a avertis de fuïr [4] l'ire à venir?

1. Sav. pendant que J. C. étoit encore à Nazareth.
a *Marc.* 1.4. *Luc.* 3.3.
b *ch.* 4.17.
c *Esa.* 40.3. *Marc.* 1.3. *Luc.* 3.4. *Jean.* 1.23.
d *Marc.* 1.6.
2. Il y avoit des sauterelles bonnes à manger. Lévit. 11.22.
3. C'est-à-dire, du miel, que les abeilles font entre les branches ou dans les creux des arbres, 1 Sam. 14.25.26.
e *Marc.* 1.5. *Luc.* 3.7.

8 [i] Fai-

f *Act.* 19.18. g *Luc.* 3.7. h *ch.* 12.34. & 23.31-33. 4. C'est-à-dire, les jugemens de Dieu, vs. 10.12.

8 [i] Faites donc des fruits convenables à la repentance.
9 [k] Et ne présumez point de dire en vous-mêmes; Nous
avons Abraham pour pere: car je vous dis que Dieu peut
faire naître de ces pierres mêmes des enfans à Abraham.
10 Or [5] la coignée est déja mise à la racine des arbres:
c'est pourquoi [6] tout arbre qui ne fait point de bon fruit s'en
va être coupé, & jetté au feu.
11 [m] Pour moi, je vous baptise d'eau en repentance: mais
celui qui vient aprés moi est plus puissant que moi, & je ne
suis pas digne [7] de porter ses souliers: [n] celui-là vous baptisera [8] du Saint Esprit, & de feu.
12 [o] Il a son van en sa main, & il nettoyera entierement
son aire, & [p] il assemblera son froment au grenier: mais il
brûlera la paille au feu qui ne s'éteint point.
13 [q] Alors Jésus vint de la Galilée au Jourdain vers Jean,
pour être baptisé par lui,
14 Mais Jean l'en empêchoit fort, en *lui* disant; J'ai besoin
d'être baptisé par toi, & tu viens vers moi?
15 Et Jésus répondant lui dit; Laisse *moi faire* pour cette
heure: car il nous est ainsi convenable d'accomplir [9] toute justice: & alors il le laissa *faire*.
16 Et quand Jésus eut été baptisé, il sortit incontinent
hors de l'eau, & voilà, les cieux lui furent ouverts, & *Jean*
vit [r] l'Esprit de Dieu descendant comme une colombe, &
venant sur lui.
17 Et voilà une voix du ciel, disant; [s] Celui-ci est mon Fils
bien-aimé, [10] en qui j'ai pris mon bon plaisir.

i *Mal.* 3. 18. k *Jean.* 8. 39. 5. C'étoient les Romains, qui depuis 90. ans s'étoient emparez de la Judée. l *ch.* 7. 19. *Jean.* 15. 6. 6. Les Romains n'épargneroient rien. m *Luc.* 3. 16. *Jean.* 1. 26. 31. 7. C'est-à-dire, de lui prendre de ses pieds les souliers, & les lui rapporter: pour dire, qu'il n'étoit pas digne d'être le moindre de ses serviteurs. n *Luc.* 3. 16. *Jean.* 1. 33. 8. C'est ici la même chose le S. Esprit & le feu; comme l'*Esprit* & *l'eau*, Jean. 3. 5. C'est pourquoi il y a simplement dans S. Marc. ch. 1. 8. *il vous baptisera du S. Esprit.* o *Luc.* 3. 17. p *Mal.* 3. 2. 3. & 4. 1. 2. q *Marc.* 1. 9. *Luc.* 3. 21. 9. Toi, ta charge, & moi, la mienne. r *Marc.* 1. 10. *Luc.* 3. 21. 22. *Jean.* 1. 32. s *ch.* 12. 18. & 17. 5. *Luc.* 9. 35. 10. C'est l'installation de J. C. en sa charge de Messie.

CHAPITRE IV.

J. C. jeûne dans un desert, & il y est tenté par le diable, 1. Il quitte Nazareth pour aller demeurer à Capernaüm, 13. Il appelle du rivage de la mer Pierre & André, 18. Et Jacques & Jean, 21. Il va prêcher dans toute la Galilée, 23. Et sa réputation s'étend depuis la Syrie jusqu'aux extrémitez de la Judée.

a *Marc.* 1. 12. *Luc.* 4. 1.

[a] Alors Jésus fut emmené par l'Esprit au desert, pour être
tenté par le diable.

2 Et quand il eut jeûné quarante jours, & quarante nuits,
finalement il eut faim.
3 Et le Tentateur s'approchant, lui dit; Si tu és le Fils
de Dieu, di que ces pierres deviennent des pains.
4 Mais *Jésus* répondit, & dit: il est [b] écrit; L'homme ne
vivra point [1] de pain seulement, mais [2] de toute parole qui
sort de la bouche de Dieu.
5 Alors le diable le transporta dans [c] la sainte ville, & le
mit sur les créneaux du Temple:
6 Et lui dit; Si tu és le Fils de Dieu, jette-toi en bas: [d] car
il est écrit, Il donnera charge de toi à ses Anges, & ils te
porteront en leurs mains, de peur que tu ne heurtes ton
pied contre quelque pierre.
7 Jésus lui dit, il est aussi écrit; [e] Tu ne tenteras point le
Seigneur ton Dieu.
8 Le diable le transporta encore sur une fort haute montagne, & lui montra tous les Royaumes du monde & leur
gloire.
9 Et lui dit; Je te donnerai toutes ces choses, si en te prosternant en terre, tu m'adores.
10 Mais Jesus lui dit; Va Satan: car il est écrit, [f] Tu adoreras le Seigneur ton Dieu, & tu le serviras lui seul.
11 Alors le diable le laissa: & voilà, les Anges s'approcherent, & le servirent.
12 Or Jésus ayant ouï dire que Jean avoit été mis [g] en prison, se retira en Galilée.
13 [h] Et ayant quitté Nazareth, il alla demeurer à Capernaüm, ville maritime, sur les confins de Zabulon & de
Nephthali.
14 Afin que fût accompli ce dont il avoit été parlé par E-
saïe le Prophete, disant;
15 [i] Le païs de Zabulon, & le païs de Nephthali, vers le
chemin de la mer, au delà du Jourdain, la Galilée des Gentils:
16 Ce peuple qui étoit [3] assis dans les ténébres, a vû une
gran-

b. *Deut.* 8. 3.

1. C'est-à-dire, sa vie n'est pas attachée aux alimens par lesquels elle s'entretient naturellement: Dieu la conserve sans cela, quand il lui plaît; & il pourra conserver ainsi la mienne.

2. C'est-à-dire, par le commandement, ou la volonté de Dieu: cette expression a rapport à la création, que Dieu fit par voye de parole, ou de commandement: Gen. 1.3.6.&c. & Pse. 33.6.9.

c *ch.* 27.53. *Esa.* 48.2. *Dan.* 9.24.

d *Pse.* 91. 11.

e *Deut.* 6. 16.

f *Deut.* 6. 13. & 10.20.

g *ch.* 14.3. *Marc.* 1. 14. *Luc.* 4.14.

h *Luc.* 4. 16. 30.31.

i *Esa.* 8.23. & 9.1.

3. C'est-à-dire qui étoit dans un triste état, qui étoit celui de l'ignorance dans les choses du salut.

grande lumiere; & à ceux qui étoient assis dans la région &
dans l'ombre de la mort, la lumiere s'est levée.
k *Marc.* 1.15. 17 [k] Dés lors Jésus commença à prêcher, & à dire; A-
Act. 3.19.20. mendez-vous: car le Royaume des cieux est proche.
l *Marc.* 1.16. 18 [l] Et comme Jésus marchoit le long de la mer de Galilée,
il vit deux freres, *savoir*, Simon, *qui fut* appellé Pierre,
& André son frere, qui jettoient leur filet dans la mer: car
ils étoient pêcheurs.
m *Marc.* 1.17. *Luc.* 5.10. 19 Et il leur dit; [m] Venez aprés moi, & je vous ferai [4] pê-
4. Conf. a- cheurs d'hommes.
vec Ezéch. 20. Et ayant aussi-tôt quitté leurs filets, ils le suivirent.
47.10. & Act 2.41. & 4.4. 21 [n] Et de là étant allé plus avant, il vit deux autres fre-
n *Marc.* 1.19. res, Jaques fils de Zebedée, & Jean son frere, dans une
nacelle, avec Zebedée leur pere, qui raccommodoient leurs
filets, & il les apella.
22 Et ayant aussi-tôt quitté leur nacelle, & leur pere, ils
le suivirent.
o *ch.* 9.35. 23 [o] Et Jésus alloit par toute la Galilée, enseignant dans leurs
p *Marc.* 1.22. *Luc.* 4.31. Synagogues, prêchant l'Evangile [p] du Royaume, & guérissant toute sorte de maladies, & toute sorte de langueurs
parmi le peuple.
24 Et sa renommée se répandit par toute la Syrie: & on
lui présentoit tous ceux qui se portoient mal, détenus de diverses maladies & tourmens, & les démoniaques, les lunati-
ques, les paralytiques: & il les guérissoit.
25 Et de grandes troupes *de peuple* le suivirent de Galilée,
& de Décapolis, & de Jérusalem, & de Judée, & de delà
le Jourdain.

CHAPITRE V.

Le Seigneur prêche sur une montagne & y expose les Béatitudes, 1—12. *Il déclare qu'il est venu pour redresser les explications que les Scribes donnoient à la Loi*, 17. *Et il le fait en même temps sur le meurtre*, 21. *Sur l'adultere*, 27. *Sur le divorce*, 31. *Sur les juremens*, 33. *Sur la vengeance*, 38. *Et sur l'amour du prochain*, 44.

OR *Jésus* voyant tout ce peuple, monta sur une montagne: puis s'étant assis, ses Disciples s'approcherent de
lui:

2 Et

2 Et ayant ouvert sa bouche, il les enseignoit, en disant:
3 [a]Bien-heureux sont [1] les pauvres en esprit: car le Royaume des cieux est à eux.
4 [b] Bien-heureux sont ceux qui pleurent: car ils seront
consolez.
5 [c]Bien-heureux sont les débonnaires: car ils heriteront la terre.
6 [d]Bien-heureux sont ceux qui ont faim & soif de la justice: car ils seront rassasiez.
7 [e] Bien-heureux sont les misericordieux: car misericorde
leur sera faite.
8 Bien-heureux sont ceux qui sont nets de cœur: car ils
[f] verront Dieu.
9 [g] Bien-heureux sont ceux qui procurent la paix: car ils
seront appellez enfans de Dieu.
10 [h] Bien-heureux sont ceux qui sont persecutez pour la justice, [i] car le Royaume des cieux est à eux.
11 Vous serez bien-heureux quand on vous aura injuriez,
& persécutez, & quand, à cause de moi, on aura dit contre vous, en [k] mentant, quelque mauvaise parole que ce soit.
12 [l]Réjouïssez-vous, & tressaillez de joye: parce que vôtre récompense est grande dans les cieux: car on a ainsi [m] persécuté les Prophetes qui ont été avant vous.
13 Vous êtes le sel de la terre: [n] mais si le sel perd sa saveur, avec quoi le salera-t-on? il ne vaut plus rien qu' à être
jetté dehors, & foulé des hommes.
14 Vous êtes la lumiere du monde: [2] une ville située sur
une montagne ne peut point être cachée.
15 [o] Et on n'allume point la chandelle pour la mettre sous
un boisseau; mais sur un chandelier, & elle éclaire tous
ceux qui sont dans la maison.
16 Ainsi, que vôtre lumiere luise devant les hommes,
[p] afin qu'ils voyent vos bonnes œuvres, & qu'ils glorifient
vôtre Pere qui est aux cieux.
17 Ne pensez pas que je sois venu anéantir la Loi, ou les
Prophetes: je ne suis pas venu les anéantir, mais [3] les accomplir.

a *Luc.* 6. 20.
1 Ceux qui sentent bien leur pauvreté spirituelle.
b *Luc.* 6. 21.
c *Psi.* 37. 11.
d *Esa.* 55. 1.
e *ch.* 6. 14. *Marc.* 11. 25. *Jacq.* 2. 13.
f *Psi.* 15. 1. 2. & 24. 3. 4. *Heb.* 12. 14.
g *Jacq.* 3. 18.
h *Luc.* 6. 22.
i *Act.* 14. 22. *Rom.* 8. 17. 18. 2. *Cor.* 4. 17. 2. 2 *Tim.* 2. 12. *Jacq.* 1. 12. 1 *Pier.* 1. 6. 7.
k 1. *Tim.* 5. 14. 1. *Pier.* 3. 16.
l *Luc.* 6. 23. *Act.* 5. 41. 2. *Cor.* 6. 10. *Philip.* 2. 17. *Col.* 1. 24. *Jacq.* 1. 2. 1. *Pier.* 4. 13.
m *ch.* 23. 29. 30. *Act.* 7. 52. 1. *Thess.* 2. 15.
n *Marc.* 9. 50. *Luc.* 14. 34.
2 C'est-à-dire vous devez être comme une ville située sur une montagne.
o *Marc.* 4. 24. *Luc.* 8. 16. & 11. 33.
p *Phil.* 2. 15. 1. *Pier.* 2. 12.
3 Sav. 1. en leur donnant sa pleine explication, dont les Docteurs ne donnoient qu' une partie du sens; & 2. en remplissant les Oracles & les types de la Loi & des Prophetes.

18 Car je vous dis en vérité, que jusqu'à ce que [q] le ciel &
la terre soient passez, un seul jota, ou un seul poinćt de la
Loi ne passera point, que toutes choses ne soient faites
19 [r] Celui donc qui aura violé l'un de ces plus petits commandemens, & qui aura enseigné [4] ainsi les hommes, sera tenu
[5] le plus petit au Royaume des cieux: mais celui qui les aura
faits & enseignez, sera tenu grand au Royaume des cieux.
20 Car je vous dis, que si vôtre justice ne surpasse celle des
Scribes & des Phariſiens, vous n'entrerez point dans le Royaume des cieux.
21 Vous avez entendu qu'il a été dit aux anciens, [s] Tu ne
tueras point: & qui tuera sera punissable par jugement.
22 Mais moi je vous dis; Que quiconque [t] se met en colere [6] sans cause contre son frere, sera punissable par jugement: & celui qui dira à son frere, Racha, sera punissable
par le Conseil: & celui qui lui dira, Fou, sera punissable
par la géhenne du feu.
23 Si donc tu apportes ton offrande à l'autel, & que là il
te souvienne que ton frere a quelque chose contre toi:
24 Laisse-là ton offrande devant l'autel, & va te reconci-
lier premierement avec ton frere, puis viens, & offre ton
offrande.
25 [u] Sois bien-tôt d'accord avec ta partie averse, tandis que
tu és en chemin avec elle: de peur que ta partie averse ne te
livre au juge, & que le juge ne te livre au sergent, & que
tu ne sois mis en prison:
26 En vérité je te dis, que tu ne sortiras point de là, jusqu'à ce que tu ayes rendu le dernier quadrain.
27 Vous avez entendu qu'il a été dit aux anciens; [x] Tu ne
commettras point adultere.
28 Mais moi je vous dis, [y] quiconque regarde une femme
pour la convoiter, il a déja commis dans son cœur un adultere avec elle.
29 [z] Que si ton œil droit te fait broncher, [7] arrache-le, &
le jette loin de toi: car il vaut mieux qu'un de tes membres
perisse, que si tout ton corps étoit jetté [a] dans la géhenne.

q *ch.* 24. 35. *Job* 14. 12. *Pse.* 102. 27. 2 *Pier.* 3. 10.
r *Jacq.* 2. 10.
4. C'est-à-dire à les violer.
5. C'est-à-dire, il n'y sera rien estimé, & par consequent rejetté, comme indigne.
s *Exod.* 20. 13. *Deut.* 5. 17.
t *Lévit.* 19. 17. 18. 1. *Jean* 3. 14. 15.
6. C'est toûjours sans cause quand c'est par un motif d'amour propre.
u *Luc.* 12. 58.
x *Exod.* 20. 14. *Deut.* 5. 18.
y *Job* 31. 1.
z *ch.* 18. 9. *Marc.* 9. 43.
7. Ces mots ne doivent pas se prendre à la lettre; car on pourroit s'arracher les yeux, & se couper les mains & les pieds, sans que les passions fussent retranchées du cœur: mais cela veut dire en général, qu'il faut sacrifier toutes choses à son salut, & se priver même souvent des plus nécessaires.
a *vs.* 22.

30 [b] Et

30 [b] Et si ta main droite te fait broncher, coupe-la, & la
jette loin de toi: car il vaut mieux qu'un de tes membres
périsse, que si tout ton corps étoit jetté dans la géhenne.
31 Il a été dit encore; [c] Si quelqu'un répudie sa femme,
qu'il lui donne la Lettre de divorce.
32 Mais moi je vous dis, [d] Que quiconque aura répudié sa
femme, si ce n'est pour cause de paillardise, il la fait devenir adultere: & quiconque se mariera à la femme répudiée,
commet un adultere.
33 Vous avez aussi appris qu'il a été dit aux anciens; [e] Tu
ne te parjureras point, [f] mais tu rendras au Seigneur ce que
tu auras promis par jurement.
34 Mais moi je vous dis; [g] Ne jurez [8] en aucune maniere:
ni par le ciel, car c'est le trône de Dieu.
35 Ni par la terre, car [h] c'est le marchepied de ses pieds,
ni par Jérusalem, parce que c'est [i] la ville du grand Roi.
36 Tu ne jureras point non plus par ta tête: car tu ne peux
faire un cheveu blanc ou noir.
37 Mais que vôtre parole soit; Oui, oui: Non, non: car
ce qui est de plus est du malin.
38 Vous avez appris qu'il a été dit; [k] Oeil pour œil, &
dent pour dent.
39 Mais moi je vous dis; [l] Ne résistez point [9] au mal: mais si
quelqu'un te frappe à ta jouë droite, présente lui aussi l'autre.
40 Et [m] si quelqu'un veut plaider contre toi, & t'ôter ta
robe, [10] laisse lui encore le manteau.
41 Et si quelqu'un te veut contraindre d'aller avec lui une
lieuë, vas-en deux.
42 [n] Donne à celui qui te demande, & ne te detourne point
de celui qui veut emprunter de toi.
43 Vous avez appris qu'il a été dit; Tu [o] aimeras ton prochain, & tu haïras ton ennemi.
44 Mais moi je vous dis; Aimez vos ennemis, [p] & benissez
ceux qui vous maudissent, faites du bien à ceux pui vous
haïssent, & [q] priez pour ceux qui vous courent sus, & vous
persécutent.

b *ch.* 18. 8.
c *Deut.* 24. 1.
d *ch.* 19. 9. *Marc.* 10. 11. *Luc.* 16. 18. 1 *Cor.* 7. 10. 11.
e *Exod.* 20. 7. *Lévit.* 19. 12.
f *Nomb.* 30. 3. *Deut.* 23. 23.
g *Jacq.* 5. 12. *Ecclesiastiq.* 23. 9-13.
8. Ceci ne regarde que les sermens téméraires, & autres semblables.
h *Esa.* 66. 1.
i *Pse.* 48. 3.
k *Exod.* 21. 24. *Lévit.* 24. 20. *Deut.* 19. 21.
l *Lévit.* 19. 18. *Prov.* 20. 22. & 24. 29.
9. Ou, *au méchant*, pour dire, qu'il ne faut pas repousser l'injure.
m *Luc.* 6. 29.
10. Il vaut mieux souvent perdre que plaider.
n *Deut.* 15. 8. 10. *Luc.* 6. 30.
o *Lévit.* 19. 18.
p *Luc.* 6. 27. *Rom.* 12. 14. 1. *Pier.* 3. 9.
q *Luc.* 23. 34. *Act.* 7. 60. 1. *Cor.* 4. 13. 1. *Pier.* 2. 23.

r *Job* 25. 3. *Psa.* 33. 5. *Prov.* 29. 13. *Act.* 14. 17.
45 Afin que vous soyez les enfans de vôtre Pere qui est aux
cieux: car [r] il fait lever son soleil sur les méchans, & sur les
bons, & il envoye sa pluye sur les justes, & sur les injustes.
f *Luc.* 6. 32.
46 Car [f] si vous aimez [11] *seulement* ceux qui vous aiment,
quelle récompense en aurez-vous? les péagers mêmes n'en
font-ils pas tout autant?
47 Et si vous faites accueil seulement à vos freres, que faites-vous
plus *que les autres?* les péagers mêmes ne le font-ils
pas aussi?
t *Luc.* 6. 36.
48 [t] Soyez donc [12] parfaits, comme vôtre Pére qui est aux
cieux est parfait.

11. La nature du discours de J. C. demande qu'on y entende le mot *seulement*, comme au vs. 34 & ch. 4. 10.

12. Ce qui regarde en général toutes les vertus a ici particulierement rapport à la charité: comme il paroît par Luc. 6. 36.

CHAPITRE VI.

J. C. continuant son Sermon passe à la censure du faste & de l'ostentation dans les aumônes, 1. Et dans les prieres, 6. Il donne un formulaire pour la priere, 9. Condamne l'ostentation dans les jeûnes, 16. Combat l'avarice, 19. Et enseigne de ne se defier jamais de la Providence divine, 25.

PRenez garde de ne faire point vôtre aumône devant les
hommes, pour en être regardez: autrement vous n'en
recevrez point la récompense de vôtre Pere qui est aux cieux.
2 Lors donc que tu feras ton aumône, ne fai point sonner
la trompette devant toi, comme les hypocrites font dans les
Synagogues; & dans les rues, pour en être honorez des
hommes: en vérité je vous dis, [1] qu'ils reçoivent leur récompense,
3 Mais quand tu fais ton aumône, que ta main gauche ne
sache point ce que fait ta droite.
a *Jer.* 23. 24. b *Luc.* 14. 14.
4 Afin que ton aumône soit dans le secret, & ton Pere [a] qui
te voit dans le secret te le rendra [b] à découvert.
5 Et quand tu prieras, ne sois point comme les hypocrites:
car ils aiment à prier en se tenant debout dans les Synagogues
& aux coins des rues, afin d'être vûs des hommes:
en vérité je vous dis, qu'ils reçoivent leur récompense.
c *Ecclesiastiq.* 7. 14.
6 [c] Mais toi, quand tu pries, entre dans ton cabinet, &
ayant fermé ta porte, prie ton Pere qui *te voit* dans ce lieu
secret: & ton Pere qui te voit dans ce lieu secret, te le rendra à découvert.

1. C'est là toute la récompense qu'ils en auront.

7 Or

7 Or quand vous priez, [d] n'usez point de vaines redites,
comme font les Payens: car ils pensent ètre exaucez en parlant beaucoup.
8 Ne leur ressemblez donc point: car vôtre Pere sait dequoi vous avez besoin, avant que vous le lui demandiez.
9 Vous donc priez ainsi; [e] Nôtre Pere qui és aux cieux,
ton Nom soit sanctifié.
10 Ton Regne vienne. Ta volonté soit faite en la terre
comme au ciel.
11 Donne-nous aujourd'hui nôtre pain quotidien.
12 Et nous quitte nos dettes, comme nous quittons aussi
les dettes à nos débiteurs.
13 Et ne nous indui point en tentation, mais délivre-nous
[f] du Malin. Car à toi est le regne, & la puissance, & la
gloire à jamais. Amen.
14 [g] Car si vous quittez aux hommes leurs offenses, vôtre
Pere celeste vous quittera aussi *les vôtres.*
15 Mais si vous ne quittez point aux hommes leurs offenses,
vôtre Pere ne vous quittera point non plus vos offenses.
16 Et quand vous jeûnerez, ne prenez point un air triste,
comme font les hypocrites: car ils se rendent tout défaits de
visage; afin qu'il paroisse aux hommes qu'ils jeûnent; en
vérité je vous dis, [h] qu'ils reçoivent leur récompense.
17 Mais toi, quand tu jeûnes, [2] oins ta tête, & lave ton
visage;
18 Afin qu'il ne paroisse point aux hommes que tu jeûnes,
mais à ton Pere qui est présent dans *ton* lieu secret; & ton
Pere qui te voit dans *ton* lieu secret, te le rendra à découvert.
19 [3] [i] Ne vous amassez point des trésors sur la terre, où la tigne
& la rouille gâtent tout: & où les larrons percent & dérobent.
20 Mais amassez-vous des trésors dans le ciel, où ni la tigne ni la rouille ne gâtent rien, & on les larrons ne percent
ni ne dérobent.
21 Car où est vôtre trésor, là sera aussi vôtre cœur.
22 [k] L'œil est la lumiere du corps: si donc ton œil est simple, tout ton corps sera éclairé.

d *Eccl.* 5. 2. 3 *Esa.* 58. 13. *Ecclesiastiq.* 7. 14.
e *Luc.* 21. 2.
f *ch.* 13. 19.
g. *ch.* 18. 35. *Ecclesiastiq.* 28. 2.
h vs. 25.
2 Ceci ne doit point se prendre à la lettre, il veut dire seulement qu' on ne doit point faire appercevoir qu'on jeûne.
3 Cette défense ne tend qu'à reprimer la cupidité, & non le soin & l' occupation des affaires.
i *ch.* 19. 21. *Luc.* 12. 23. & 16. 9. 1. *Tim.* 6. 9. 18. 19.
k *Luc.* 11. 24.

 23 Mais

23 Mais si ton œil est mauvais, tout ton corps sera ténébreux: [4] si donc la lumiere qui est en toi n'est que ténébres,
combien seront grandes les ténébres *mêmes?*
24 [l] Nul ne peut servir deux maîtres: car ou il haïra l'un,
& aimera l'autre: ou il s'attachera à l'un, & méprisera l'autre: vous ne pouvez servir Dieu & Mammon.
25 [m] C'est pourquoi je vous dis: Ne soyez point en souci
pour vôtre vie, de ce que vous mangerez, & de ce que vous
boirez; ni pour vôtre corps, de quoi vous serez vêtus: la
vie n'est-elle pas plus que la nourriture, & le corps plus que
le vêtement?
26 Regardez les oiseaux du ciel: car ils ne sement, ni ne
moissonnent, ni n'assemblent dans des gréniers, & cependant vôtre Pere céleste [n] les nourrit; n'êtes-vous pas beaucoup plus excellens qu'eux?
27 Et qui est celui d'entre vous qui puisse par son souci
ajoûter une coudée à sa stature?
28 Et pourquoi êtes-vous en souci du vêtement? apprenez
comment croissent les lis des champs: ils ne travaillent, ni
ne filent:
29 Cependant je vous dis que Salomon même dans toute
sa gloire n'a pas été vêtu comme l'un d'eux.
30 Si donc Dieu revêt ainsi l'herbe des champs, qui est
aujourd'hui, & qui demain sera mise au four, ne vous vêtira-t-il pas beaucoup plustôt, ô gens de petite foi?
31 Ne soyez donc point en souci, disant; Que mangerons-
nous? ou que boirons-nous? ou dequoi serons-nous vêtus?
32 Vû que les Payens recherchent toutes ces choses, car
vôtre Pere céleste connoît que vous avez besoin de toutes
ces choses.
33 [o] Mais cherchez premierement le Royaume de Dieu, &
sa justice, & toutes ces choses vous seront données par dessus.
34 [p] Ne soyez donc point en souci pour le lendemain, car
le lendemain se souciera de ce qui le concerne: à chaque jour
suffit sa peine.

4 C'est-à-dire, si ce que nous avons d'esprit & d'intelligence ne sert qu'à nous perdre, dans l'abus que nous en faisons, soit par vanité, ou autrement, que sera-ce de nos illusions, de nos erreurs, de nos inclinations vicieuses?

l *Luc.* 16. 13.
m *Pse.* 55. 23. *Luc* 12. 22. *Phil.* 4. 6. 1. *Tim.* 6. 8. 1. *Pier.* 5. 7.
n *ch.* 10. 29. *Luc.* 12. 24. *Job* 39. 3. *Pse.* 104. 27. 28. & 147. 9.
o 1 *Rois* 3. 13. *Luc* 12. 31. *Jean* 6. 27.
p *Luc* 11. 3. *Héb.* 13. 5.

CHAPI-

CHAPITRE VII.

J. C. défend de mal juger du Prochain. 1. *Et d'être ſévére à le reprendre, tandis qu'on eſt fort indulgent à ſoi-même.* 3. *Effets de la priere,* 7. *La Porte étroite,* 13. *Le bon arbre, & le mauvais,* 16. *La condamnation des faux Chrétiens,* 21. *La parabole de l'homme qui bâtit ſa maiſon ſur le roc.*

1 NE [a] jugez point, afin que vous ne ſoyez point jugez.
2 Car de tel jugement que vous jugerez, vous ſerez jugez: & de telle meſure que vous meſurerez, [b] on vous me-
ſurera réciproquement.
3 [c] Et pourquoi regardes-tu le fêtu qui eſt dans[1] l'œil de ton
frere, & tu ne prens pas garde au chevron qui eſt dans ton œil?
4 Ou comment dis-tu à ton frere; Permets que j'ôte de
ton œil ce fêtu, & voilà *tu as* un chevron dans ton œil?
5 Hyprocrites, ôte premierement de ton œil le chevron,
& aprés cela tu verras comment tu ôteras le fêtu de l'œil de
ton frere.
6 [d] Ne donnez point les choſes ſaintes aux chiens, & ne
jettez point vos perles devant les pourceaux, de peur qu'ils
ne les foulent à leurs pieds, & que ſe retournant, ils ne vous
déchirent.
7 [e] Demandez, & il vous ſera donné: cherchez, & vous
trouverez: heurtez, & il vous ſera ouvert.
8 Car quiconque demande, reçoit: & quiconque cherche,
trouve: & il ſera ouvert à celui qui heurte.
9 Mais qui ſera l'homme [f] d'entre vous qui donne une pierre à ſon fils, s'il lui demande du pain?
10 Et s'il lui demande un poiſſon, lui donnera-t-il un
ſerpent?
11 [g] Si donc vous, qui êtes méchans, ſavez bien donner à
vos enfans des choſes bonnes; combien plus vôtre Pere qui
eſt aux cieux, donnera-t-il des biens à ceux qui les lui demandent?
12 [h] Toutes les choſes donc que vous voulez que les hommes vous faſſent, faites-les leur auſſi de même: [i] car c'eſt la
Loi & les Prophetes.

13 [k] En-

1 Ceci ne regarde que les jugemens que font les particuliers ſur la conduite des autres, pour y trouver toûjours quelque choſe à blâmer.

a *Luc* 6. 37. *Rom.* 2. 1. & 14. 3. 4. 10. 13. *Jacq.* 4. 11. 12.

b *Marc* 4. 24. *Luc* 6. 38. *Gal.* 6. 7. 8. *Jacq.* 2. 13.

c *Luc* 6. 41.

d *Prov.* 9. 8. & 23. 9.

e *ch.* 21. 22. *Marc.* 11. 24. *Luc* 11. 9. *Jean* 14. 13. & 15. 7. & 16. 23. *Jacq.* 1. 5. 6. 1. *Jean* 3. 22.

f *Luc* 11. 11.

g *Luc* 11. 13.

h *Luc* 6. 31.

i *ch.* 22. 40. *Rom.* 13. 8. 10. *Gal.* 5. 15.

k *Luc* 13. 24.

13 [k] Entrez par la porte étroite: car c'est la porte large &
le chemin spacieux qui mene à la perdition, & il y en a beaucoup qui entrent par elle.

l *ch.* 20. 16. & 22. 14.

14 Car la porte est étroite, & le chemin est étroit qui mene à la vie [l] & il y en a peu qui le trouvent.

m *Mich.* 3. 5. 2. *Tim.* 3. 5.

15 [m] Or donnez-vous garde des faux Prophetes, qui viennent à vous en habit de brebis; mais qui au dedans sont des
loups ravissans.

n *vs.* 20.

16 [n] Vous les connoîtrez à leurs fruits. Cueille-t-on les raisins des épines, ou les figues des chardons?

o *ch.* 12. 33. *Luc* 6. 43. 44.

17 [o] Ainsi tout bon arbre fait de bons fruits: mais le mauvais arbre fait de mauvais fruits.

18 Le bon arbre ne peut point faire de mauvais fruits, ni
le mauvais arbre faire de bons fruits.

p *ch.* 3. 10. *Jean* 15. 2. 6.

19 [p] Tout arbre qui ne fait point de bon fruit est coupé,
& jetté au feu.

20 Vous les connoîtrez donc à leurs fruits.

q *Luc* 6. 46. *Osée* 8. 2. *Rom.* 2. 13. *Jacq.* 1. 22.

21 [q] Tous ceux [1] qui me disent; Seigneur, Seigneur,
n'entreront pas dans le Royaume des cieux: mais celui qui
fait la volonté de mon Pere qui est aux cieux.

1 C'est-à-dire, qui se contentent d'une profession extérieure de mon Evangile.

r *Luc* 13. 26.

22 [r] Plusieurs me diront en ce jour-là; Seigneur, Seigneur,
n'avons-nous pas prophétisé en ton Nom? & n'avons-nous
pas chassé les démons en ton Nom? & n'avons-nous pas fait
plusieurs miracles en ton Nom?

s *ch.* 25. 12. 41. *Pse.* 6. 9. *Luc* 13. 26. 27. t *Job* 34. 8. *Pse.* 5. 6. & 6. 9. & 14. 4. &c.

23 [s] Mais je leur dirai alors tout ouvertement; Je ne vous
ai jamais connus; retirez-vous de moi, vous [t] qui faites le
métier d'iniquité.

u *Luc* 6. 47. 48. 49.

24 [u] Quiconque entend donc ces paroles que je dis, & les
met en effet, je le comparerai à l'homme prudent qui a bâti
sa maison sur la roche:

25 Et lors que la pluye est tombée, & que les torrens sont
venus, & que les vents ont soufflé, & ont donné contre
cette maison, elle n'est point tombée, parce qu'elle étoit
fondée sur la roche.

26 Mais quiconque entend ces paroles que je dis, & ne
les met point en effet, sera semblable à l'homme insensé, qui
a bâti sa maison sur le sable:

27 Et lors que la pluye eſt tombée & que les torrens ſont
venus, & que les vents ont ſoufflé, & ont donné contre cette
maiſon, elle eſt tombée, & ſa ruïne a été grande.
28 Or il arriva que quand Jéſus eut achevé ce diſcours,
[x] les troupes furent étonnées de ſa doctrine:
29 Car il les enſeignoit comme ayant de l'autorité, & non
pas comme les Scribes.

x *Marc.* 1. 22. *Luc* 4. 32.

CHAPITRE VIII.

J. C. guérit un lépreux, 2. *Et le ſerviteur d'un Centenier*. 5. *Il admire la foi de ce Centenier*, 10. *Et à cette occaſion il prédit la rejection des Juifs & la vocation des Gentils*, 11. *Il guérit de la fievre la belle-mére de Pierre*, 14. *Il répond à un Scribe qui s'étoit allé offrir à lui, qu'il n'avoit pas où pouvoir repoſer ſa tête*, 19. *Et il dit à un certain diſciple, de laiſſer les morts enſevelir leurs morts*, 22. *Il repaſſe le Lac, & il y eſſuye une groſſe tempête*, 24. *Il arrive dans le païs des Gergéſeniens, & il y délivre deux poſſedez, dont il envoye les demons dans une troupe de pourceaux*, 28.

ET quand il fut deſcendu de la montagne, de grandes
troupes le ſuivirent.
2 [a] Et voici, un lépreux vint & ſe proſterna devant lui, en
lui diſant; Seigneur, ſi tu veux, tu peux me rendre net.
3 Et Jéſus étendant la main, [1] le toucha, en diſant; Je le
veux, ſois net: & incontinent ſa lépre fut guérie.
4 Puis Jeſus lui dit; Prens garde [b] de ne le dire à perſonne:
mais va, & te montre au Sacrificateur, & offre le
don [c] que Moyſe a ordonné, pour leur être en témoignage.
5 [d] Et quand Jéſus fut entré dans Capernaüm, un Centenier
vint à lui, le priant,
6 Et diſant; Seigneur, mon ſerviteur eſt paralytique dans
ma maiſon, & il ſouffre extrémement.
7 Jéſus lui dit; j'irai, & le guérirai.
8 Mais le Centenier lui répondit; Seigneur, je ne ſuis pas
digne que tu entres ſous mon toit: mais di ſeulement [e] la parole,
& mon ſerviteur ſera guéri.
9 Car moi-même qui ſuis un homme *conſtitué* ſous la puiſſance
d'autrui, j'ai ſous moi des gens de guerre, & je dis
à l'un; Va, & il va: & à un autre, Viens, & il vient, &
à mon ſerviteur; Fai cela, & il le fait.
10 Ce que Jéſus ayant entendu, il s'en étonna, & dit à

a *Marc* 1. 40. *Luc* 5. 12.
1 Il n'y avoit que celui qui en touchant un lepreux ne pouvoit pas le rendre net, qui ſe rendit impur lui-même en le touchant.
b *ch.* 9. 30. & 12. 16. & 17. 9.
c *Lévit.* 14. 3. 4. 10.
d *Luc* 7. 1. 2.
e *Pſe.* 107. 20.

ceux qui le suivoient; En vérité, je vous dis que je n'ai pas
trouvé, même en Jsraël, une si grande foi.
11 Mais je vous dis [f] que plusieurs [2] viendront d'Orient &
d'Occident, & seront à table dans le Royaume des cieux,
avec Abraham, Isaac, & Jacob.
12 Et les enfans du Royaume seront jettez dans les ténébres de dehors, [g] où il y aura des pleurs & des grincemens
de dents.
13 Alors Jésus dit au Centenier; Va, & qu'il te soit fait
selon que tu as crû. Et à l'heure même son serviteur fut guéri.
14 [h] Puis Jésus étant venu dans la maison de Pierre, vit la
belle-mere de *Pierre* qui étoit au lit, & qui avoit la fievre.
15 Et lui ayant touché la main, la fievre la quita: puis elle
se leva, & les servit.
16 [i] Et le soir étant venu, on lui présenta plusieurs démoniaques, desquels il chassa par sa parole les esprits *malins*,
& guérit tous ceux qui se portoient mal:
17 Afin que fût accompli ce dont il avoit été parlé par E-
saïe le Prophete, en disant; [k] [3] Il a pris nos langueurs, &
a porté nos maladies.
18 Or Jésus voyant autour de lui de grandes troupes, commanda de passer à l'autre rivage.
19 [l] Et un Scribe s'approchant, lui dit; Maître je te suivrai par tout où tu iras.
20 Et Jésus lui dit; Les renards ont des tanieres, & les
oiseaux du ciel ont des nids; mais le Fils de l'homme n'a pas
où il puisse reposer sa tête.
21 [m] Puis un autre de ses disciples lui dit; Seigneur, per-
mets-moi d'aller premierement ensévelir mon pere.
22 Et Jésus lui dit; Suis-moi, & laisse les morts ensévelir leurs morts.
23 Et quand il fut entré dans la nacelle, ses Disciples le
suivirent.
24 [n] Et voici, il s'éleva sur la mer une si grande tempête
que la nacelle étoit couverte de flots; & lui il dormoit.
25 Et ses Disciples vinrent, & l'éveillerent, en lui disant:
Seigneur, sauve-nous, nous perissons. 26 Et

f *ch.* 24. 31. *Luc* 13. 29. *Pse.* 2. 8. *Mal.* 1. 11.

2 C'étoit une prédiction de la vocation des Gentils aux mêmes graces que les Juifs sous l'Evangile.

g *ch.* 13. 42. 50. & 22. 13. & 24. 51. & 25. 30. *Luc* 13. 28.

h *Marc* 1. 29. *Luc* 4. 18.

i *Marc* 1. 32. *Luc* 4. 40.

k *Esa.* 53. 4. 1. *Pier* 2. 24.

3 Il nous a guéris de nos péchez, dont les guérisons miraculeuses des malades étoient un emblème.

l *Luc* 9. 57.

m *Luc* 9. 59.

n *Marc* 4. 37. *Luc* 8. 22.

4 C'est-à-dire, il commanda aux vents & à la mer de s'appaiser comme il paroît par le verset suivant.

26 Et il leur dit; Pourquoi avez-vous peur, gens de petite foi? Alors s'étant levé [4] il tança les vents & la mer, & il se fit un grand calme:

27 Et les gens *qui étoient là* s'en étonnerent, & dirent: Qui est celui-ci que les vents mêmes & la mer lui obéïssent?

28 Et quand il fut passé à l'autre côté, dans le païs des Gergéseniens, [o] deux démoniaques étant sortis des sépulcres le vinrent rencontrer, *& ils étoient* si dangereux que personne ne pouvoit passer par ce chemin-là.

o *Luc* 8. 27.

29 Et voici, ils s'écrierent, en disant; [5] Qu'y a-t-il entre nous & toi, Jésus fils de Dieu? és-tu venu ici nous tourmenter avant le temps?

5 C'est-à-dire, qu'avons-nous ensemble à demêler?

30 Or il y avoit un peu loin d'eux [6] un grand troupeau de pourceaux qui paissoit.

6 C'étoit pour les vendre à des étrangers.

31 Et les démons le prioient, en disant; Si tu nous jettes dehors, permets-nous de nous en aller dans ce troupeau de pourceaux.

32 Et il leur dit; Allez: & eux étant sortis s'en allerent dans le troupeau de pourceaux: & voilà, tout ce troupeau de pourceaux se précipita dans la mer, & ils moururent dans les eaux.

33 Et ceux qui les gardoient s'enfuïrent: & étant venus dans la ville, ils raconterent toutes ces choses, & ce qui étoit arrivé aux démoniaques.

34 Et voilà, toute la ville alla au devant de Jésus, & l'ayant vû, [7] ils le prierent de se retirer de leur païs.

7 C'est ainsi que le plus souvent on préfere des interêts mondains à ceux du salut.

CHAPITRE IX.

J. C. guérit à Capernaüm un paralytique, 1. 2. *Appelle Matthieu*, 9. *Et va ensuite manger chez lui*, 10. *Les Phariʃiens s'en scandalisent*, *J. C. leve par sa réponse un scandale si mal pris*. 12. *Quelques Disciples de Jean Baptiste paroissent surpris de ce que ceux de J. C. n'observoient pas des jeunes fréquens*. 14. *J. C. en rend la raison*, 15. *Il est prié de ressusciter une jeune fille dans Capernaüm*, 18. *Il guérit dans les rues de la ville une femme travaillée d'une perte de sang*, 20. *Il arrive à la maison où étoit la jeune fille morte*, 23. *Et la ressuscite*, 24. *Il rend la vûe à deux aveugles*, 27. *Délivre un Possedé*. 32. *Et va d'une ville à l'autre prêcher, & faire des miracles*, 35.

ALors étant entré dans la nacelle, il repassa *la mer*, & [1] vint en sa ville.

1 C'est-à-dire, à Capernaüm, où il faisoit sa demeure la plus ordinaire depuis qu'il avoit quitté Nazareth: ch. 4. 13.

a *Marc* 2. 3. *Luc* 5. 18.

2 [a] Et voici, on lui preſénta un paralytique couché dans
un lit. Et Jéſus voyant leur foi, dit au paralytique; Aye
bon courage, mon fils, tes péchez te ſont pardonnez.
3 Et voici, quelques-uns des Scribes diſoient en eux-mêmes; Celui-ci blaſpheme.

b vs. 2. & *ch.* 12. 25. *Jean* 2. 25. *Act.* 2. 24. *Eſa.* 11. 3.

4 Mais Jéſus [b] voyant leurs penſées, leur dit; Pourquoi
penſez-vous du mal dans vos cœurs?
5 Car lequel eſt le plus aiſé, ou de dire? Tes péchez te
ſont pardonnez; ou de dire? Leve-toi, & marche.

c *Marc.* 2. 10. *Luc* 5. 24.

6 [c] Or afin que vous ſachiez que le Fils de l'homme a le
pouvoir ſur la terre de pardonner les péchez, il dit alors au
paralytique; Leve-toi, charge ton lit, & t'en va en ta maiſon.
7 Et il ſe leva, & s'en alla en ſa maiſon.
8 Ce que les troupes ayant vû, elles s'en étonnerent, &
elles glorifierent Dieu de ce qu'il avoit donné une telle puiſſance aux hommes.

d *Marc* 2. 14. *Luc* 5. 27.

9 [d] Puis Jéſus paſſant plus avant, vit un homme, nommé
Matthieu, aſſis au lieu du péage, & il lui dit; Suis-moi:
& il ſe leva, & le ſuivit.
10 Et comme Jéſus étoit à table dans la maiſon de *Matthieu*,
voici pluſieurs péagers, & [2] des gens de mauvaiſe vie, qui
étoient venus-là, ſe mirent à table avec Jéſus & ſes Diſciples.

2 Gr. des *pécheurs.*

11 Ce que les Phariſiens ayant vû, ils dirent à ſes Diſciples;
Pourquoi vôtre maître mange-t-il avec des péagers & des
gens de mauvaiſe vie?
12 Mais Jéſus l'ayant entendu, leur dit; [3] Ceux qui ſont
en ſanté n'ont pas beſoin de médecin, mais ceux qui ſe portent mal.

3 J. C. leur répond ſelon leur ſuppoſition: ils ſe croyoient juſtes.

e 1. *Sam.* 15. 22. *Pſe.* 51. 18. *Prov.* 21. 3. *Oſée* 6. 6. *Matth.* 12. 7.

13 [e] Mais allez, & apprenez ce que veulent dire ces paroles; Je veux miſericorde, & non pas ſacrifice: car je ne ſuis
pas venu pour [4] appeller à la repentance les juſtes, mais les
pécheurs.

4 J. C. n'offre ſon ſalut qu'aux vrais pénitens. *Act.* 11. 18.

f *Marc* 2. 18. *Luc* 5. 31. 33.

14 [f] Alors les Diſciples de Jean vinrent à lui, & lui dirent;
Pourquoi nous & les Phariſiens jeûnons-nous ſouvent, & tes
Diſciples ne jeûnent point?
15 Et Jéſus leur répondit; Les gens de la chambre du
nou-

nouveau marié peuvent-ils s'affliger pendant que le nouveau
marié est avec eux? mais les jours viendront que le nouveau
marié leur sera ôté, [g] & c'est alors qu'ils jeûneront.
16 Aussi personne ne met une piece de drap neuf à un vieux
vêtement: car ce qui est mis pour remplir, emporte du vêtement, & la déchirure en est plus grande.
17 [h] On ne met pas non plus le vin nouveau dans de vieux
[5] vaisseaux: autrement les vaisseaux se rompent, & le vin se
répand, & les vaisseaux se perdent: mais on met le vin nouveau dans des vaisseaux neufs, & l'un & l'autre se conserve.
18 [i] Comme il leur disoit ces choses, voici venir un Seigneur, qui se prosterna devant lui, en lui disant; Ma fille est
[6] déja morte, mais viens, & pose ta main sur elle, & elle vivra.
19 Et Jésus s'étant levé le suivit avec ses Disciples.
20 [k] Et voici, une femme travaillée d'une perte de sang
depuis douze ans, vint par derriere, & [l] toucha le bord de
son vêtement.
21 Car elle disoit en elle-même; Si seulement je touche son
vêtement, je serai guérie.
22 Et Jésus s'étant retourné; & la regardant, lui dit; Aye
bon courage, ma fille, ta foi t'a sauvée: & dans ce moment
la femme fut guérie.
23 Or quand Jésus fut arrivé à la maison de ce Seigneur,
& qu'il eut vû [7] les joueurs d'instrumens, & une troupe de
gens qui faisoit un grand bruit,
24 Il leur dit; Retirez-vous, car la jeune fille [8] n'est pas
morte, mais elle dort: & ils se moquoient de lui.
25 Aprés donc qu'on eut fait sortir *toute cette* troupe, il
entra, & prit la main de la jeune fille, & elle se leva.
26 Et le bruit s'en répandit par tout ce païs-là.
27 Et comme Jésus passoit plus loin, deux aveugles le suivirent, en criant & disant; [m] Fils de David, aye pitié de nous.
28 Et quand il fut arrivé dans la maison, ces aveugles vinrent à lui, & il leur dit; Croyez-vous que je le puisse faire?
Ils lui répondirent; Oui vraîment, Seigneur.
29 Alors il toucha leurs yeux, en disant; Qu'il vous soit
fait selon vôtre foi.

g *Jean* 16.20 33.

h *Marc* 2.22.

5 Gr. *outres* & de même dans toute la suite du verset.

i *Marc* 5.22. *Luc* 8.41.

6 C'est-à-dire, qu'elle étoit à l'extremité; car c'est ainsi que S. Marc l'a rapporté.

k *Marc* 5.25. *Luc* 8.43.

l *ch.* 14.36. *Luc* 6.19.

7 Gr. *les joueurs de flute:* voyez cet ancien usage dans les maisons mortuaires, pour adoucir & charmer en quelque sorte la violence de l'affliction, Jér. 48.36.

8 C'est-à-dire, qu'elle alloit être si peu de temps morte, que ce n'étoit pas la peine de la regarder comme morte.

m *ch.* 15.22. & 20.31 & 21.9.

30 Et leurs yeux furent ouverts: & Jésus leur defendit a-
vec menaces, disant; Prenez garde que personne ne le sache.
31 Mais eux étant partis, répandirent sa renommée dans
tout ce païs-là.
n *Luc* 11. 14. 32 [n] Et comme ils sortoient, voici, on lui présenta un homme muet, & démoniaque.
33 Et quand le démon eut été chassé dehors, le muet parla: & les troupes s'en étonnerent, en disant; Il ne s'est jamais rien vû de semblable en Israël.
o *ch.* 12. 24. 34 [o] Mais les Pharisiens disoient; Il jette les diables dehors
par le Prince des diables.
p *ch.* 4. 23. *Marc* 6. 6. 35 [p] Or Jésus alloit dans toutes les villes & dans les bour-
Luc 13. 22. gades, enseignant dans leurs Synagogues, & prêchant l'E-
vangile du Royaume, & guérissant toute sorte de maladies, &
toute sorte de langueurs parmi le peuple.
36 Et voyant les troupes, il en fut émû de compassion,
q *Esa.* 53. 6. parce qu'ils étoient dispersez & [q] errans comme des brebis
Jér. 50. 6. *Ezéch.* 34. 5. 6. qui n'ont point de pasteur.
Zach. 10. 2. 37 [r] Et il dit à ses Disciples; Certes [s] la moisson est gran-
1. *Pier.* 2. 25. de, mais il y a peu d'ouvriers.
r *Luc* 10. 2. s Conferez a- 38 Priez donc le Seigneur de la moisson, qu'il envoye des
vec Jean 4. 35. ouvriers en sa moisson.

CHAPITRE X.

Les noms des douze Apôtres, 2. *Leur envoi dans la Judée*, 5. *Prédiction des persecutions qu'ils auroient un jour à souffrir*, 17. *Exhortation à se confier en Dieu*, 28. *Et à confesser son nom*, 32. *J. C. n'est point venu apporter la paix, mais la guerre*, 34. *Il recompensera ceux qui auront fait un bon accueil à ses Disciples*, 39-42.

a *Marc* 3. 14. & 6. 7. ALors *Jésus* [a] ayant appellé ses douze Disciples, [b] leur
Luc 9. 1. donna puissance sur les esprits immondes [c] pour les jetter
b vs. 8. hors *des possédez*, & pour guérir toute sorte de maladies, &
c *Luc* 10. 17. toute sorte de langueurs.
1 En rang, mais non en dignité, car 2 Et ce sont ici les noms des douze Apôtres: [1] le premier
J. C. leur dé- est Simon, nommé Pierre, & André son frere: Jacques fils
clara souvent de Zébédée, & Jean son frere:
qu'ils étoient 3 Philippe, & Barthélemi: Thomas, & Matthieu le péa-
tous égaux. ger: Jacques fils d'Alphée, & Lebbée, surnommeé Thaddée.

4 Simon

4 Simon Cananéen, & Judas Iſcariot, qui même le trahit.
5 Jéſus envoya ces douze, & leur commanda, en diſant;
N'allez point vers les Gentils, & n'entrez point dans aucune ville des Samaritains,
6 Mais plûtôt [2] allez [d] vers les brebis perdues de la Maiſon
d'Iſraël.
7 Et quand vous ſerez partis, prêchez, en diſant; [e] Le
Royaume des cieux eſt proche.
8 [f] Guériſſez les malades, rendez nets les lépreux, reſſuſ-
citez les morts, jettez les démons hors *des poſſédez:* vous
l'avez reçu gratuïtement, donnez le gratuïtement.
9 [g] Ne faites proviſion ni d'or, ni d'argent, ni de monnoye dans vos ceintures:
10 Ni de malette pour le chemin, ni de deux robes, ni de
ſouliers, ni de bâton; car [h] l'ouvrier eſt digne de ſa nourriture.
11 Et dans quelque ville ou bourgade que vous entriez,
informez-vous qui y eſt digne *de vous loger:* & demeurez
chez lui juſqu'à ce que vous partiez de là
12 Et quand vous entrerez dans quelque maiſon, ſaluez-la.
13 Et ſi cette maiſon en eſt digne, que vôtre paix vienne
ſur elle: mais ſi elle n'en eſt pas digne, que vôtre paix retourne à vous.
14 Mais [i] lors que quelqu'un ne vous recevra point, &
n'écoutera point vos paroles, ſecouez en partant de cette
maiſon, ou de cette ville, la pouſſiere de vos pieds.
15 [k] Je vous dis en vérité, que ceux du païs de Sodome
& de Gemorrhe ſeront traitez moins rigoureuſement au jour
du jugement que cette ville-là.
16 [l] Voici, je vous envoye comme des brebis au milieu des
loups: ſoyez donc [m] prudens comme des ſerpens, & ſimples
comme des colombes.
17 Et donnez vous garde des hommes: car [n] ils vous livreront [3] aux Conſiſtoires, & vous foüetteront dans leurs Synagogues.
18 Et vous ſerez menez devant les [o] Gouverneurs, & même devant les Rois, à cauſe de moi en témoignage à eux &
aux nations.

16 Mais [p]

2 Ou, *n'allez que* & car ce premier envoi ne fut qu'en faveur des Juifs.
d *ch.* 9. 36. & 15. 24.
e *ch.* 3. 2. & 4. 17. *Luc* 9. 2. & 10. 9.
f *Marc* 6. 7. 13. *Luc* 10. 9.
g *Marc* 6. 8. *Luc* 9. 3. & 22. 35.
h *Luc* 10. 7. 1. *Cor.* 9. 7. 1. *Tim.* 5. 18.
i *Marc* 6. 11. *Luc* 9. 5. & 10. 11. *Act.* 13. 51. & 18. 6.
k *ch.* 11. 24.
l *Luc* 10. 3.
m *Prov.* 1. 4. & 8. 5. 12. *Rom.* 16. 19.
n *Marc* 13. 9. *Luc* 12. 11.
3 Gr. *aux Sanhédrins,* c'eſt-à-dire, aux tribunaux.
o *Act.* 23. 33. & 24. 1. & 25. 4. &c.
p *Phil.* 1. 13.

p *Marc* 13. 11. 19 Mais [p] quand ils vous livreront, ne ſoyez point en peine
Luc 12. 11. de ce que *vous aurez à dire*, ni comment vous parlerez,
& 21. 14. parce qu'il vous ſera donné dans ce moment-là ce que vous
aurez à dire.

20 Car ce n'eſt pas vous qui parlez, mais c'eſt l'Eſprit de
vôtre Pere qui parle en vous.

q *Marc* 12. 13. 21 [q] Or le frere livrera ſon frere à la mort, & le pere ſon
Luc 21. 16. *Mich.* 7. 5. 6. enfant: & les enfans s'éléveront contre leurs meres, & les
feront mourir.

r *ch.* 24. 13. *Marc* 13. 13. 22 [r] Et vous ſerez haïs de tous à cauſe de mon Nom: mais
Luc 21. 17. qui perſévérera juſques à la fin, celui-là ſera ſauvé.

4 Sav. en jugement contre les Juifs. ch. 16. 28. 23 Or quand ils vous perſécuteront dans une ville, fuyez
à une autre: car en vérité je vous dis, que vous n'aurez pas
achevé d'aller par toutes les villes d'Iſraël, [4] que le Fils de
l'homme ne ſoit venu.

ſ *ch.* 6. 40. 24 [ſ] Le diſciple n'eſt point au deſſus du maître, ni le ſer-
Jean 13. 16. viteur au deſſus de ſon Seigneur.
& 15. 20.

25 Il ſuffit au diſciple d'être comme ſon maître, & au ſer-
t *ch.* 9. 34. viteur comme ſon Seigneur: [t] s'ils ont apellé le pere de fa-
& 12. 24. mille Béelzebul, combien plus *appelleront-ils ainſi* ſes do-
Luc 11. 15. meſtiques?

u *Marc* 4. 22. 26 Ne les craignez donc point. [u] Or il n'y a rien de caché
Luc 8. 17. qui ne ſe découvre, ni rien de ſecret qui ne vienne à être connu.
& 12. 2.
Job 22. 22. 27 Ce que je vous dis dans les ténébres dites-le dans la lumiere: & ce que je vous dis à l'oreille, prêchez-le ſur les maiſons.

x *Jér.* 1. 8. 28 [x] Et ne craignez point ceux qui tuent le corps, & qui
Luc 12. 4. ne peuvent point tuer l'ame: mais plûtôt craignez celui qui
1. *Pier.* 3. 14. peut perdre & l'ame & le corps *en les jettant* dans la géhenne.

y *Luc* 12. 6. 29 [y] Ne vend-on pas deux paſſereaux pour une pite? & cependant l'un d'eux ne tombe point en terre ſans *la volonté*
de vôtre Pere.

z 2. *Sam.* 14. 30 Et [z] les cheveux même de vôtre tête ſont tous comptez.
11. *Luc* 21. 18. 31 Ne craignez donc point: vous valez mieux que beau-
Act. 27. 34. a *Marc* 8. 38. coup de paſſeraux.
Luc. 9, 26. & 12. 8. 32 [a] Quiconque donc me confeſſera devant les hommes, je
2. *Tim.* 2. 12. le confeſſerai auſſi devant mon Pere qui eſt aux cieux.
Apoc. 3. 5.

33 Mais

33 Mais quiconque me reniera devant les hommes, je le
renierai aussi devant mon Pere qui est aux cieux.
34 [b] Ne pensez pas que je sois venu apporter la paix sur la b *Luc* 12. 51.
terre: je n'y suis pas venu apporter la paix, mais l'épée.
35 [c] Car je suis venu mettre en dissension l'homme contre c *Luc* 12. 53.
son Pere, & la fille contre sa mere, & la belle-fille contre *Mich.* 7. 6.
sa belle-mere.
36 Et les propres domestiques d'un homme seront ses ennemis.
37 [d] Celui qui aime son pere ou sa mere plus que moi, d *Luc* 16. 27.
n'est pas digne de moi: & celui qui aime son fils ou sa fille
plus que moi, n'est pas digne de moi.
38 [e] Et quiconque ne prend sa croix, & ne vient aprés e *ch.* 16. 24. *Marc* 8. 34.
moi, n'est pas digne de moi. *Luc* 9. 23.
39 [f] Celui qui aura trouvé sa vie, la perdra; mais celui qui & 14. 27. f *ch.* 16. 25.
aura perdu sa vie pour l'amour de moi, la retrouvera. *Marc* 8. 35.
40 [g] Celui qui vous reçoit, me reçoit: & celui qui me re- *Luc* 9. 24.
çoit, reçoit celui qui m'a envoyé. & 17. 35. *Jean* 12. 25.
41 Celui qui reçoit un Prophete en qualité de Prophete, g *ch.* 18. 5. *Luc* 10. 16.
[5] recevra la récompense d'un Prophete: & celui qui reçoit *Jean* 13. 20.
un juste en qualité de juste, recevra la récompense d'un juste. 5 C'est-a-dire, qu'il en
42 [h] Et quiconque aura donné à boire seulement un verre sera libérale-
d'eau froide à l'un de ces petits en qualité de disciple, je ment récom-
vous dis en vérité, qu'il ne perdra point sa récompense. pensé. h *Marc* 9. 41.

CHAPITRE XI.

Jean Baptiste envoye deux de ses Disciples à Jesus-Christ pour lui demander s'il étoit celui qui devoit venir, 2. *La réponse de J. C.* 4. *L'éloge de Jean Baptiste*, 9. *Les Juifs ressemblent aux petits enfans qui crient dans les marchez*, 16. *Jesus-Christ reproche à Corazin & à Bethsaïda leur impénitence*, 21. *Il fait la même plainte contre Capernaüm*, 23. *La grace est donnée aux petits, & les grands en sont exclus*, 25. *Le joug de Jesus-Christ*, 28.

ET il arriva que quand Jésus eut achevé de donner ces mandemens à ses douze Disciples, [a] il partit de là pour aller a *Luc* 8. 1.
enseigner & prêcher dans leurs villes. *Esa.* 61. 1. 1. *Rom.* 15. 8.
2 Or [b] Jean ayant oüi parler dans la prison des faits de b *Luc* 7. 18.
Christ, envoya deux de ses Disciples pour lui dire:
3 Es-tu celui qui devoit venir, ou si nous devons en attendre un autre?

4 Et Jésus répondant, leur dit; Allez, & rapportez à
Jean les choses que vous entendez, & que vous voyez.
5 [c] Les aveugles recouvrent la vûe, les boiteux marchent,
les lépreux sont nettoyez, les sourds oyent, les morts sont
ressuscitez, [d] & l'Evangile est annoncé aux pauvres.
6 [e] Mais bien-heureux est celui qui n'aura point été [1] scandalisé en moi.
7 [f] Et comme ils s'en alloient, Jésus se mit à dire de Jean
aux troupes; Qu'êtes-vous allez voir au desert? [2] Un roseau
agité du vent?
8 Mais qu'êtes-vous allez voir? Un homme vêtu de précieux
vêtemens? voici, ceux qui portent des habits précieux, sont
dans les maisons des Rois.
9 Mais qu'êtes-vous allez voir? Un Prophete? oui, vous
dis-je, & plus qu'un Prophete.
10 Car il est celui duquel il a été *ainsi* écrit; [g] Voici, j'envoye mon messager devant ta face, lequel préparera ton chemin devant toi.
11 En vérité je vous dis, qu'entre ceux qui sont nez de femmes, il n'en a été suscité aucun plus grand que Jean Baptiste:
toutefois celui qui est le moindre dans le Royaume des Cieux,
est plus grand que lui.
12 [h] Or depuis les jours de Jean Baptiste jusques à maintenant le Royaume des Cieux [3] est forcé, & les violens le ravissent.
13 Car tous les Prophetes & la Loi jusqu'à Jean, [4] ont prophétisé.
14 Et si vous voulez recevoir *mes paroles*, [i] c'est l'Elie qui
devoit venir.
15 [k] Qui a des oreilles pour ouïr, qu'il oye.
16 [l] Mais à qui comparerai-je cette génération? Elle est
semblable aux petits enfans qui sont assis aux marchez, &
qui crient à leurs compagnons,
17 Et leur disent; [m] Nous avons joué de la flûte, & vous
n'avez point dansé: nous vous avons chanté des lamentations, & vous n'avez point lamenté.
18 Car Jean est venu ne mangeant ni ne beuvant: & ils disent; Il a le diable.

c *Esa.* 35. 5. 6. & 61. 1. *Luc* 4. 18.
d *Zach.* 11. 7. 11.
e *Luc* 7. 23.
1 C'est-à-dire, de me voir dans un état aussi abject qu'est le mien.
f *Luc* 7. 24.
2 Avez-vous vû que Jean ait été un homme inconstant dans les jugemens qu'il a rendus de moi, & dans toute la conduite qu'il a tenue?
g *Mal.* 3. 1. *Marc* 1. 2.
h *Luc* 16. 16.
3 Ou *force.*
4 C'est-à-dire, n'ont fait que donner des prédictions du Messie, comme devant venir, mais Jean l'a montré, & a fait voir qu'il étoit venu.
i *Mal.* 4. 5. *Matth.* 17. 12.
k *ch.* 13. 9. 43.
l *Luc* 7. 31.
m *Luc* 7. 32.

19 Le

19 Le Fils de l'homme eſt venu mangeant & beuvant: &
ils diſent; Voilà un mangeur & un beuveur, [n] un ami des
péagers & des gens de mauvaiſe vie: [o] mais la Sapience a été
juſtifiée par ſes enfans.
20 Alors il ſe mit à reprocher aux villes où il avoit fait
beaucoup de miracles, qu'elles ne s'étoient point repenties,
en leur diſant:
21 [p] Malheur à toi, Corazin: malheur à toi, Bethſaïda,
car ſi les miracles qui ont été faits au milieu de vous, euſſent
été faits dans Tyr & dans Sidon, il y a long-temps qu'elles
[5] ſe ſeroient repenties avec le ſac & la cendre.
22 C'eſt pourquoi je vous dis, que Tyr & Sidon ſeront
traittées moins rigoureuſement que vous, au jour du jugement.
23 Et toi Capernaüm, qui as été élevée juſques au Ciel,
tu ſeras abbaiſſée juſques dans l'enfer: car ſi les miracles qui
ont été faits [q] au milieu de toi, euſſent été faits dans Sodome, elle ſeroit demeurée juſqu'à ce jour.
24 C'eſt pourquoi je vous dis, [r] que ceux de Sodome ſeront
traittez moins rigoureuſement que toi, au jour du jugement.
25 [ſ] En ce temps-là Jéſus prenant la parole dit; Je te rends
graces, ô Pere, Seigneur du Ciel & de la terre, de ce que
tu as [t] caché ces choſes aux ſages & aux entendus, & que
tu les as révélées [6] aux petits enfans.
26 Il eſt ainſi, ô Pere, parce que tel a été ton bon plaiſir.
27 [u] Toutes choſes m'ont été données en main par mon
Pere: mais [x] perſonne ne connoit le Fils, que le Pere: &
perſonne [7] ne connoit le Pere, que le Fils, & celui à qui le
Fils l'aura voulu révéler.
28 [y] Venez a moi vous tous qui êtes travaillez & chargez;
& je vous ſoulagerai.
29 Chargez mon joug ſur vous, & apprenez de moi que
je ſuis débonnaire & humble de cœur; & [z] vous trouverez
le repos de vos ames.
30 [a] Car mon joug eſt aiſé, & mon fardeau [8] eſt léger.

n *ch.* 9. 11.
o *Luc* 7. 35.
p *Luc* 10. 13.
5 Cela veut dire, qu'il y avoit moins de corruption dans ces villes-là que dans Bethſaïda, & dans Corazin.
q *ch.* 8. 5. 15. & 9. 2. 18. 20. 28. 32.
r *ch.* 10. 15. *Lam.* 4. 6.
ſ *Luc* 10. 21.
t *Deut.* 29. 4. *Job* 17. 4. *Eſa.* 29. 14. 1 *Cor.* 1. 19.
6 C'eſt-à-dire, à des hommes ſimples & abjets.
u *ch.* 28. 18. *Luc* 10. 22. *Jean* 3. 35. & 13. 3. & 17. 2.
x *Jean* 1. 18. & 6. 46. & 7. 28. & 8. 55. & 10. 15. & 14. 7-9.
7 C'eſt-à-dire, ne le connoit dans tout ce que renferme cette qualité de pere de J. C.
y *Eſa.* 55. 1. 4.
z *Jér.* 6. 1.
8 Par oppoſition principalement au joug de la Loi. Act. 13. 10.
a 1 *Jean* 5. 3.

CHAPITRE XII.

Les Disciples arrachent des épics un jour de Sabbat, 1. J. C. justifie leur procédé, 2. Il guérit un homme qui avoit une main séche, 10. L'oracle d'Esaïe chap. 42. 1. Voici mon Serviteur &c. appliqué à J. C. 18. J. C. guérit un Possedé aveugle & muet, 22. Les Pharisiens l'accusent de chasser les diables par le Prince des diables, 24. Il repousse cette calomnie, 25. Blaspheme contre le St. Esprit, 31. Parole oiseuse. 36. Les Pharisiens demandent un signe à J. C. 38. Il leur donne Jonas pour signe, 40. La Reine du Midi, 42. L'esprit immonde cherche les lieux secs, 43. La Mére & les Fréres de J. C. 46.

[a] EN ce temps-là Jésus alloit par des blés un jour de Sabbat, & ses Disciples ayant faim se mirent à arracher des
épics, & à les manger.
2 Et les Pharisiens voyant cela, lui dirent; Voilà, tes
Disciples font une chose qu'il n'est pas permis de faire le jour
du Sabbat.
3 Mais il leur dit; N'avez-vous point lû [b] ce que fit David
quand il eut faim, lui & ceux qui étoient avec lui?
4 Comment il entra dans la maison de Dieu, & mangea les
pains de Proposition, [c] lesquels il n'étoit permis de manger,
ni à lui, ni à ceux qui étoient avec lui, mais aux Sacrificateurs
seulement?
5 Ou n'avez-vous point lû dans la Loi, qu'aux jours du
Sabbat les Sacrificateurs [d] [1] violent le Sabbat dans le Temple,
& ils n'en sont point coupables?
6 Or je vous dis, qu'il y a ici *quelqu'un qui est* plus grand
que le Temple.
7 [e] Mais si vous saviez ce que signifient ces paroles; [f] Je
veux misericorde, & non pas sacrifice, vous n'auriez pas
condamné ceux qui ne sont point coupables.
8 [g] Car le Fils de l'homme est Seigneur même du Sabbat.
9 [h] Puis étant parti de là, il vint dans leur Synagogue.
10 Et voici, il y avoit là un homme qui avoit une main
séche, & pour *avoir sujet de* l'accuser ils l'interrogerent,
en disant; Est-il permis de guérir aux jours du Sabbat?
11 Et il leur dit; Qui sera celui d'entre vous s'il a une
brebis, & qu'elle vienne à tomber dans une fosse le jour du
Sabbat, qui ne la prenne, & ne la releve?

a *Marc* 2. 23. *Luc* 6. 1.
b 1 *Sam*. 21. 6.
c *Exod*. 25. 30. *Levit*. 24. 6. 9.
d *Nomb*. 28. 9.
1 Gr. *profanent*, J. C. appelle ainsi les œuvres manuelles, qui en toute autre chose eussent été une profanation du jour du repos.
e *ch*. 9. 13.
f *Osée* 6. 6.
g *Marc* 2. 28.
h *Marc* 3. 1. *Luc* 6. 6.

12 Or

12 Or combien vaut mieux un homme qu'une brebis? Il est
donc permis de faire du bien les jours du Sabbat.
13 Alors il dit à cet homme; Etens ta main: il l'entendit,
& elle fut rendue saine comme l'autre.
14 Or les Pharisiens étant sortis consulterent contre lui comment ils feroient pour le perdre.
15 Mais Jésus connoissant cela, partit de là, & de grandes troupes le suivirent, & il les guérit tous.
16 Et il leur [i] défendit avec menaces de le donner à connoître.
17 Afin que fût accompli ce dont il avoit été parlé par
[k] Esaïe le Prophete, disant:
18 Voici mon Serviteur que j'ai élû, mon bien-aimé, [l] en
qui mon ame prend son bon plaisir, [m] je mettrai mon Esprit
sur lui, & il annoncera le jugement aux nations.
19 [2] Il ne débattra point, & ne criera point, & personne
n'entendra sa voix dans les rues.
20 Il ne brisera point le roseau cassé, & n'éteindra point
le lumignon qui fume, jusqu'à ce qu'il ait fait venir en a-
vant le jugement en victoire.
21 Et les nations espéreront en son Nom.
22 [n] Alors il lui fut présenté un homme tourmenté du diable, aveugle, & muet, & il le guérit: de sorte que celui
qui avoit été aveugle & muet, parloit & voyoit.
23 Et toutes les troupes en furent étonnées, & elles disoient; [o] Celui-ci n'est-il pas le Fils de David?
24 Mais les Pharisiens ayant entendu cela, [p] disoient; Celui-ci ne jette les diables dehors, que par [3] Béelzebul, Prince
des diables.
25 [q] Mais Jésus connoissant leurs pensées, leur dit; Tout
Royaume divisé contre soi-même sera réduit en desert: &
toute ville, ou maison, divisée contre soi-même, ne subsistera point.
26 [r] Or si Satan jette Satan dehors, il est divisé contre soi-
même: comment donc son Royaume subsistera-t-il?
27 Et si je jette les diables dehors par Béelzebul, par qui
vos fils les jettent-ils dehors? c'est pourquoi ils seront eux-
mêmes vos juges.

i *ch.* 8. 4. & 9. 30. & 17. 9.
k *Esa.* 42. 1.
l *ch.* 3. 17. & 17. 5.
m *ch.* 3. 16. *Luc* 4. 18. *Jean* 3. 34.
2 C'est-à-dire, qu'il ne causeroit pas de remuemens dans les Etats, pour s'y établir au préjudice des puissances séculieres.
n *Luc* 11. 14.
o *ch.* 22. 42. *Jean* 7. 42.
p *ch.* 9. 34. *Marc* 3. 22. *Luc* 11. 15.
3 Ce mot veut dire, un *Dieu de fiente*, il y a apparence que les Juifs avoient fait par derision du nom de *Béelzebub* celui de *Beelzebul*.
q *ch.* 9. 4. *Jean* 2. 25. *Act.* 1. 24.
r *Marc* 3. 23.

28 Mais si je jette les diables dehors par l'Esprit de Dieu,
certes le Royaume de Dieu est parvénu à vous.
29 Ou, [f] comment quelqu'un pourra-t-il entrer dans la
maison d'un homme fort, & piller son bien, si premierement il n'a lié l'homme fort? mais alors il pillera sa maison.
30 [t] Celui qui n'est point avec moi, est contre moi: &
celui qui n'assemble point avec moi, disperse.
31 [u] C'est pourquoi je vous dis, [4] que tout péché & tout
blaspheme sera pardonné aux hommes; mais le blaspheme
contre l'Esprit [5] ne leur sera point pardonné.
32 Et si quelqu'un a parlé contre le Fils de l'homme, il
lui sera pardonné: mais si quelqu'un a parlé contre le Saint
Esprit, il ne lui sera pardonné ni en ce siecle, ni en celui
qui est à venir.
33 Ou faites l'arbre [x] bon, son fruit *sera* bon: ou faites
l'arbre pourri, & son fruit *sera* pourri: car l'arbre est connu par le fruit.
34 [y] Race de viperes, comment pourriez-vous parler bien,
étant méchans? car de l'abondance du cœur la bouche parle.
35 [z] L'homme de bien tire de bonnes choses, du bon trésor de son cœur; & l'homme méchant tire de mauvaises
choses du mauvais trésor *de son cœur*.
36 Or je vous dis, que les hommes rendront compte au
jour du jugement, [a] de toute parole [6] oiseuse qu'ils auront dite.
37 Car tu seras justifié par tes paroles, & tu seras condamné par tes paroles.
38 [b] Alors quelques-uns des Scribes & des Pharisiens lui
dirent; Maître nous voudrions bien te voir faire quelque signe.
39 Mais il leur répondit, & dit; La nation méchante &
[7] adultere recherche un signe, mais il ne lui sera point donné d'autre signe que le signe de Jonas le Prophete.
40 Car [c] comme Jonas fut dans le ventre [8] de la baleine
[9] trois jours & trois nuits, ainsi le Fils de l'homme sera dans
le cœur de la terre trois jours & trois nuits.
41 [d] Les gens de Ninive se leveront au *jour du* jugement
contre cette nation, & [10] la condamneront, parce [e] qu'ils
se

f *Esa.* 49. 24.
t *Marc* 9. 40. *Luc* 11. 23.
u *Marc* 3. 28. *Luc* 12. 10. 1 *Jean* 5. 16.
4 Sav. si on s'en repent.
5 Parce que Dieu ne leur fera pas la grace de s'en repentir.
x *ch.* 7. 18. *Luc* 6. 43.
y *ch.* 3. 7. & 23. 33. *Act.* 7. 51.
z *Luc* 6. 45.
a *Eccl.* 5. 7.
6 Ou, vaine, & fausse.
b *ch.* 16. 1. *Marc* 8. 11. *Luc* 11. 16. 29. 1 *Cor.* 1. 22.
7 C'étoit l'adultere spirituel qui étoit l'Infidelité.
c *Jonas* 2. 1. 2. 11.
8 Le mot de l'Orginal signifie en général un grand poisson.
9 Incomplets.
d *Luc* 11. 32.
10 Sav. en ce qu'ils seront trouvez moins coupables qu'eux.
e *Jonas* 3. 5.

se sont repentis à la prédication de Jonas: & voici, & il y a
ici plus que Jonas.
42 [f] La Reine du Midi se levera au *jour du* jugement contre cette nation, & la condamnera, parce qu'elle vint [11] du
bout de la terre pour entendre la sapience de Salomon: &
voici, il y a ici plus que Salomon.
43 [g] Or quand l'esprit immonde est sorti d'un homme, il
va [12] par des lieux secs, cherchant du repos; mais il n'en
trouve point.
44 Et alors il dit; Je retournerai dans ma maison, d'où je
suis sorti: & quand il y est venu, il la trouve vuide, balayée,
& parée.
45 Puis il s'en va, & prend avec soi [13] sept autres esprits
plus méchans que lui, qui y étant entrez, habitent là: [h] &
ainsi la fin de cet homme est pire que le commencement: il
en arrivera de même à cette nation perverse.
46 [i] Et comme il parloit encore aux troupes, voici, sa mére & ses fréres étoient dehors cherchant de parler à lui.
47 Et quelqu'un lui dit; Voilà, ta mére [14] & tes fréres
sont là dehors, qui cherchent de parler à toi.
48 Mais il répondit à celui qui lui avoit dit cela; Qui est
ma mére, & qui sont mes fréres?
49 Et étendant sa main sur ses Disciples, il dit; Voici ma
mére & mes fréres.
50 Car quiconque fera la volonté de mon Pére qui est aux
cieux, celui-là est mon frére, & ma sœur, & ma mére.

f 1 *Rois* 10. 1. 2 *Chron.* 9. 1. *Luc* 11. 31.
11 C'est-à-dire, de fort loin: comme Deut. 28. 49.
g *Luc* 11. 24.
12 C'est-à-dire, dans des solitudes: J. C. parloit ainsi selon l'opinion des Juifs qui croyoient que les démons cherchoient ces sortes de lieux affreux & solitaires, sur ce, peut-être, que les demons sont appellez Deut. 32. 17. d'un nom qui signifie des *solitudes*, & des deserts.
13 C'est-à-dire, plusieurs.

h 2 *Pier.* 2. 20. i *Marc* 3. 31. *Luc* 8. 20. 14 C'étoient ses proches parens.

CHAPITRE XIII.

La parabole du semeur, 3. Celle de l'yvraye, 4. Celle du grain de moutarde, 31. Celle du levain. 33. Celle d'un trésor caché dans un champ, 44. Celle d'un marchand qui achette des perles, 45. Et celle d'un filet jetté dans la mer, 47. Le mepris que les habitans de Nazareth font de J. C. 54.

[a] CE même jour-là Jésus étant sorti [1] de la maison, s'assit
prés de la mer.
2 Et de grandes troupes s'assemblerent autour de lui, c'est
pourquoi il monta dans une nacelle, & s'assit, & toute la
multitude se tenoit sur le rivage.

a *Marc* 4. 1.
1 C'est-à-dire, de la maison de S. Pierre: ch. 17. 24.

b *Luc.* 8. 5.

3 [b] Et il leur parla de plusieurs choses par des similitudes,
en disant: Voici, un semeur sortit pour semer.
4 Et comme il semoit, une partie de la semence tomba
prés du chemin, & les oiseaux vinrent, & la mangerent toute.
5 Et une autre partie tomba dans des lieux pierreux, où
elle n'avoit guéres de terre, & aussi-tôt elle leva, parce
qu'elle n'entroit pas profondément dans la terre.
6 Et le soleil s'étant levé, elle fut brûlée: & parce qu'elle
n'avoit point de racine, elle sécha.
7 Et une autre partie tomba entre des épines: & les épines
monterent, & l'étoufferent.
8 Et une autre partie tomba dans une bonne terre, & rendit du fruit, un grain *en rendit* cent; un autre, soixante;
& un autre, trente.
9 Qui a des oreilles pour ouïr, qu'il oye.
10 Alors les Disciples s'approchant lui dirent; Pourquoi
parles-tu à eux par [2] des similitudes?
11 Il répondit, & leur dit; C'est parce qu'il vous est donné de connoître les mysteres du Royaume des cieux, & que
pour eux, il ne leur est point donné *de les connoître*.
12 Car [c] à celui qui a, il sera donné, & il aura encore plus:
mais à celui qui n'a rien, cela même qu'il a lui sera ôté.
13 C'est pourquoi je parle à eux par des similitudes, [d] à
cause qu'en voyant ils ne voyent point, & qu'en oyant *ils*
n'oyent point, & n'entendent point.
14 Et *ainsi* s'accomplit en eux la prophétie d'Esaïe, qui
dit; [e] En oyant vous orrez, & vous n'entendrez point: &
en voyant vous verrez, & vous n'appercevrez point.
15 Car le cœur de ce peuple est engraissé, & ils ont ouï
dur de leurs oreilles, & ont cligné de leurs yeux: de peur
qu'ils ne voyent des yeux, & qu'ils n'oyent des oreilles, &
qu'ils n'entendent du cœur, & ne se convertissent, & que
je ne les guérisse.
16 [f] Mais vos yeux sont bien-heureux, car ils voyent: &
vos oreilles *bien-heureuses*, car elles oyent.
17 Car en vérité je vous dis, [g] que plusieurs Prophetes &
plu-

2 Les similitudes ou les paraboles, enveloppant les choses sous des idées & des noms metaphoriques, ont toujours quelque obscurité.

c *ch.* 25. 28. 29. *Marc* 4. 25. *Luc* 8. 18. & 19. 26.
d *Marc* 4. 12. *Luc* 8. 10.
e *Esa.* 6. 9. *Jean* 12. 40. *Act.* 28. 26. *Rom.* 11. 8.
f *Luc* 10. 23. *Jean* 20. 29. *Prov.* 8. 34.
g 1 *Pier.* 1. 10-12.

pluſieurs juſtes ont deſiré de voir les choſes que vous voyez,
& ils ne les ont point vûes: & d'ouïr les choſes que vous
oyez, & ils ne les ont point ouïes.
18 [h] Vous donc entendez la ſimilitude du ſemeur. h *Marc* 4.14.
19 Quand un homme écoute [i] la parole du Royaume, & *Luc* 8.11.
ne l'entend point, le malin vient, & ravit ce qui eſt ſemé i *ch.* 4.23.
dans ſon cœur; & c'eſt là celui qui a reçu la ſemence auprés
du chemin.
20 Et celui qui a reçu la ſemence dans des lieux pierreux, c'eſt
celui qui écoute la parole, & qui la reçoit auſſi-tôt avec joye;
21 Mais il n'a point de racine en lui-même, c'eſt pourquoi
[3] il n'eſt qu'à temps: de ſorte qu'oppreſſion ou perſécution 3 C'eſt-à-di-
ſurvenant à cauſe de la parole, il eſt auſſi-tôt ſcandaliſé. re, que ſa foi n'eſt pas de
22 Et celui qui a reçu la ſemence entre les épines, c'eſt durée: Luc
celui qui écoute la parole de Dieu, mais l'inquiétude pour 8.13.
les choſes de ce monde, & la tromperie des richeſſes étouffent la parole, & elle devient infructueuſe.
23 Mais celui qui a reçu la ſemence dans une bonne terre,
c'eſt celui qui écoute la parole, & qui l'entend: & [k] porte k *Jean* 15.8.
du fruit, & produit l'un cent, l'autre ſoixante, & l'autre *Col.* 3.16.
trente.
24 Il leur propoſa une autre ſimilitude, en diſant; Le
Royaume des cieux reſſemble à un homme qui a ſemé de bonne ſemence dans ſon champ.
25 Mais pendant que les hommes dormoient, ſon ennemi
eſt venu, qui a ſemé [4] de l'yvraye parmi le blé, puis s'en eſt allé. 4 Les erreurs
26 Et aprés que la ſemence fut venue en herbe, & qu'elle & les vices.
eut porté du fruit, alors auſſi parut l'yvraye.
27 Et les ſerviteurs du pére de famille vinrent à lui, & lui
dirent; Seigneur, n'as-tu pas ſemé de bonne ſemence dans
ton champ? d'où vient donc qu'il y a de l'yvraye?
28 Mais il leur dit; C'eſt l'ennemi qui a fait cela. Et les
ſerviteurs lui dirent; Veux-tu donc que nous y allions, & 5 Ce mot eſt
que nous cueillions [5] l'yvraye? mis ici pour les hommes
29 Et il leur dit; Non: de peur qu'il n'arrive qu'en cueil- mêmes en
lant l'yvraye, vous n'arrachiez le blé en même temps. qui ſont les erreurs, les vices &c.

 30 Laiſ-

30 Laissez-les croître tous deux ensemble, jusqu'à la moiss-
son; & au temps de la moisson, je dirai aux moissonneurs;
Cueillez premierement l'yvraye, & la liez en faisseaux pour
la brûler: mais assemblez le blé dans mon grenier.
l *Marc* 4. 33. *Luc* 13. 18. 31 [l] Il leur proposa une autre similitude, en disant; Le
Royaume des cieux est semblable au grain de semence de
moûtarde que quelqu'un a pris & semé dans son champ:
6 Sav. par rapport à la hauteur & à l'étendue de la plante qu'elle produit. 32 Qui est bien [6] la plus petite de toutes les sémences: mais
quand il est cru, il est plus grand que les autres plantes, &
devient un arbre: tellement que les oiseaux du ciel y viennent, & font leurs nids dans ses branches.
33 [m] Il leur dit une autre similitude; Le Royaume des
m *Luc* 23. cieux est semblable au levain qu'une femme prend, & qu'el-
7 Le nombre de trois est mis ici pour celui de *plusieurs*. Comme 2. Cor. 12. 8. le met parmi [7] trois mesures de farine, jusqu'à ce qu'elle soit
toute levée.
34 [n] Jésus dit toutes ces choses aux troupes en similitudes,
& il ne parloit point à eux sans similitudes:
35 Afin que fût accompli ce dont il avoit été parlé par le
n *Marc* 4. 33. o *Pse.* 78. 2. Prophete, en disant; [o] J'ouvrirai ma bouche en similtudes;
je déclarerai les choses qui ont été cachées dés la fondation
du monde.
36 Alors Jésus ayant laissé les troupes, s'en alla à la maison,
& ses Disciples vinrent à lui, & lui dirent; Explique-nous
la similitude de l'yvraye du champ.
37 Et il leur répondit & dit: Celui qui seme la bonne semence, c'est le Fils de l'homme:
p *Joël* 3. 13. *Apoc.* 14. 15. 38 Et le champ, c'est le monde: la bonne semence sont les
q *vs.* 49. enfans du Royaume; & l'yvraye sont les enfans du Malin:
8 Le mot de *scandales* est mis ici pour les *scandaleux* comme *l'orgueil* pour *l'orgueilleux*, Pse. 36. 12. &c. 39 Et l'ennemi qui l'a semée, c'est le diable: [p] la moisson,
c'est la fin du monde: & les moissonneurs sont les Anges.
40 Comme donc on cueille l'yvraye, & on la brûle au feu,
il sera de même à la fin de ce monde.
41 [q] Le Fils de l'homme envoyera ses Anges, qui cueilli-
ront de son Royaume [8] tous les scandales, & ceux qui com-
r *ch.* 8. 12. & 22. 12. & 24. 51. & 25. 30. mettent iniquité:
42 Et les jetteront dans la fournaise du feu: là [r] il y aura
des pleurs & des grincemens de dents. 43 Alors

43 Alors[f] les justes reluiront comme le soleil dans le Royau- [f] *Dan.* 12. 3.
me de leur Pére. Qui a des oreilles pour ouïr, qu'il oye. *Sap.* 3. 7.
44 Le Royaume des cieux est encore semblable [9] à un tré- 9 Ce sont les
sor caché dans un champ, lequel un homme ayant trouvé, veritez du salut: c'est l'E-
l'a caché: puis de la joye qu'il en a, il s'en va, & [10] vend vangile.
tout ce qu'il a, & achette ce champ. 10 C'est-à-dire, il sacrifie tout à son salut.
45 Le Royaume des cieux est encore semblable à un
marchand qui cherche de bonnes perles:
46 Et qui ayant trouvé une perle de grand prix, s'en est
allé, & a vendu tout ce qu'il avoit, [t] & l'a achettée. t *Prov.* 23. 23.
47 Le Royaume des cieux est encore semblable à un filet
jetté dans la mer, & [11] amassant de toutes sortes de choses: 11 La prédi-
48 Lequel étant plein, les pêcheurs le tirent en haut sur cation de l'E-
le rivage, puis s'étant assis, ils mettent ce qu'il y a de bon vangile assemble des
à part dans leurs vaisseaux, & jettent dehors ce qui ne vaut rien. méchans &
49 [u] Il en sera de même à la fin du monde; les Anges vien- des bons: de faux Chré-
dront & sépareront les méchans d'avec les justes: tiens parmi les vrais.
50 Et les jetteront dans la fournaise du feu: là il y aura des u *vs.* 40. 41.
pleurs & des grincemens de dents. 42.
51 Jésus leur dit; Avez-vous entendu toutes ces choses?
Ils lui répondirent, Oui, Seigneur.
52 Et il leur dit; C'est pour cela que tout Scribe qui est
bien instruit pour le Royaume des cieux, est semblable à un
pére de famille qui tire de son trésor des choses nouvelles,
& des choses anciennes.
53 Et quand Jésus eut achevé ces similitudes, il partit de là.
54 [x] Et étant venu en son païs, il les enseignoit dans leur x *Marc* 6. 1.
Synagogue, de telle sorte qu'ils en étoient étonnez, & di- *Luc* 4. 16.
soient; D'où viennent à celui-ci cette sapience & [12] ces vertus? 12 Ou, la
55 [y] Celui-ci n'est-il pas le fils du charpentier? sa mére ne puissance de
s'appelle-t-elle pas Marie? & ses fréres *ne s'appellent-ils pas* faire les miracles: car
Jacques, Joses, Simon, & Jude? c'est ce que signifie ici &
56 Et ses sœurs ne sont-elles pas toutes parmi nous? D'où ailleurs, le
viennent donc à celui-ci toutes ces choses? mot de l'Original *duna-*
57 Tellement qu'ils étoient [13] scandalisez en lui. Mais Jésus *meis.*
leur y *Jean* 6. 42.

13 Sav. de le voir dans un état aussi abject qu'étoit le sien.

z Marc 6. 4. Luc 4. 24. Jean 4. 44. leur dit ; z Un Prophete n'est sans honneur que dans son
païs, & dans sa maison.
a Marc. 5. 6. 58 a Et il ne fit là guéres de miracles, [14] à cause de leur
incrédulité.

14 Le mépris qu'ils faisoient de J. C. les rendit indignes qu'il demeurât plus long-temps parmi eux, & qu'il y fit un plus grand nombre de miracles.

CHAPITRE XIV.

Hérode fait couper la tête à saint Jean Baptiste, 3. J. C. multiplie les pains, 17, Il marche sur la mer, 25. Saint Pierre essaye d'en faire autant, 22. J. C. l'empêche de s'enfoncer, 30. Plusieurs malades guérissent en touchant ses habits. 36.

a Marc 6. 14. Luc 9. 7. a EN ce temps-là Hérode le Tétarque ouït la rénommée
de Jésus:
2 Et il dit à ses serviteurs; C'est Jean Baptiste, il est ressuscité des morts, c'est pourquoi [1] la vertu de faire des miracles
agit puissamment en lui.
3 Car b Hérode avoit fait prendre Jean, & l'avoit fait lier
& mettre en prison, à cause d'Hérodias, femme de Philippe son frére.
4 Parce que Jean lui disoit; il ne t'est pas permis de l'avoir.
5 Et il eût bien voulu le faire mourir, mais il craignoit le
peuple, à cause c qu'on tenoit Jean pour Prophete.
6 Or au jour du festin de la naissance d'Hérode, la fille
d'Hérodias dansa en pleine sale, & plut à Hérode.
7 C'est pourquoi il lui promit avec serment de lui donner
tout ce qu'elle demanderoit.
8 Elle donc étant poussée auparavant par sa mére, lui dit;
Donne-moi ici dans un plat la tête de Jean Baptiste.
9 Et le Roi en fut marri; mais à cause des sermens, & de
ceux qui étoient à table avec lui, il commanda qu'on la lui
donnât.
10 Et il envoya décapiter Jean dans la prison.
11 Et sa tête fut apportée dans un plat, & donnée à la fille, qui la présenta à sa mére.
12 Puis ses disciples vinrent, & emporterent son corps,
& l'ensévelirent: & ils vinrent l'annoncer à Jésus.
d Marc 6. 32. Luc 9. 14. Jean 6. 2. 13 d Et Jésus l'ayant entendu, se retira de là dans une na-
cel-

1 Le Grec n'a pour tout cela qu'un seul mot, qui est celui de *puissances*, mais qui veut dire, ici, la puissance de faire des miracles.

b Marc 6. 17. Luc 3. 19.

c ch. 21. 5. Marc 6. 20.

celle, vers un lieu desert, pour y être en particulier: ce que
les troupes ayant appris, elles le suivirent à pied des villes.
14 [e] Et Jésus étant sorti vit une grande multitude, & il en
fut émû de compassion, & guérit leurs malades.
15 Et comme il se faisoit tard, ses Disciples vinrent à lui,
& lui dirent; Ce lieu est desert, & l'heure est déja passée;
donne congé à ces troupes, afin qu'elles s'en aillent aux
bourgades, & qu'elles achettent des vivres.
16 Mais Jésus leur dit; Ils n'ont pas besoin de s'en aller:
donnez-leur vous-mêmes à manger.
17 Et ils lui dirent; Nous n'avons ici que cinq pains &
deux poissons.
18 Et il leur dit; Apportez-les moi ici.
19 Et aprés avoir commandé aux troupes de s'asseoir sur
l'herbe, il prit les cinq pains & les deux poissons, & levant
les yeux au ciel, il rendit graces: puis ayant rompu les pains,
il les donna aux Disciples, & les Disciples aux troupes.
20 Et ils en mangerent tous, & furent rassasiez; & rem-
porterent du reste des pieces de pain douze corbeilles pleines.
21 Or ceux qui avoient mangé étoient environ cinq mille
hommes, sans les femmes & les petits enfans.
22 [f] Incontinent aprés Jésus [2] obligea ses Disciples de monter dans la nacelle, & de passer avant lui à l'autre côté, pendant qu'il donneroit congé aux troupes.
23 Et quand il leur eut donné congé, il monta sur une montagne pour être en particulier, afin de prier: [g] & le soir é-
tant venu, il étoit là seul.
24 Or la nacelle étoit déja au milieu de la mer, tourmentée
des vagues: car le vent étoit contraire.
25 Et sur [3] la quatriéme veille de la nuit Jésus vint vers
eux, marchant sur la mer.
26 Et ses Disciples le voyant marcher sur la mer, en furent
troublez, & ils dirent; C'est un fantôme: & de la peur qu'ils
eurent ils jetterent des cris.
27 Mais tout aussi-tôt Jésus parla à eux, & *leur* dit; Ras-
surez-vous: c'est moi, n'ayez point de peur.

e *Jean* 6. 5.

f *Marc* 6. 45.

2 Ils en faisoient quelque difficulté, sur des raisons qui ne nous sont pas rapportées.

g *Marc* 6. 47. *Jean* 6. 15.

3 Le partage de la nuit en quatre veilles égales, de trois heures chacune, étoit venu des Romains: Car avant eux on ne faisoit que trois veilles de quatre heures chacune.

28 Et Pierre lui répondant, dit; Seigneur, si c'est toi,
commande que j'aille à toi sur les eaux.
29 Et il lui dit; Vien. Et Pierre étant descendu de la
nacelle marcha sur les eaux pour aller à Jésus.
30 Mais voyant que le vent étoit fort, il eut peur: & comme [4] il commençoit à s'enfoncer, il s'écria, en disant, Seigneur, sauve-moi!
31 Et aussi-tôt Jésus étendit sa main, & le prit, en disant:
Homme de petite foi, pourquoi as-tu douté?
32 Et quand ils furent montez dans la nacelle, le vent
s'appaisa.
33 Alors ceux qui étoient dans la nacelle, vinrent, & l'a-
dorerent, en disant; [h] Certes tu ês le Fils de Dieu.
34 [i] Puis étant passez par de là, ils vinrent en la contrée de
Génézareth.
35 Et quand les gens de ce lieu-là l'eurent reconnu, ils
envoyerent par toute la contrée d'alentour: & ils lui présenterent tous ceux qui se portoient mal.
36 Et ils le prioient *de permettre* qu'ils [k] touchassent seulement le bord de sa robe: & tous ceux qui le toucherent furent guéris.

4 Ce n'étoit pas le vent, mais son peu de foi qui le faisoit enfoncer.

h *ch.* 27. 54.

i *Marc* 6. 53.

k *ch.* 9. 21. *Act.* 3. 12.

CHAPITRE XV.

Les Pharisiens reprochent à J. C. que ses Disciples ne lavoient pas les mains avant le repas; 2. Et J. C. reproche aux Pharisiens qu'ils enseignoient une doctrine qui renversoit le premier Commandement de la 2 Table 2. Il censure leur hypocrisie, 7. Il montre que ce sont les mauvaises inclinations du cœur, qui souillent l'homme, & non pas de manger sans avoir lavé les mains, 11. 18. La Cananéenne, 22. J. C. se retire sur une montagne où il guérit toute sorte de malades, 30. Et avec sept pains & quelques petits poissons il sustente quatre mille personnes, 34.

[a] ALors des Scribes & des Pharisiens vinrent [1] de Jérusalem à Jésus, & lui dirent:
2 Pourquoi tes Disciples transgressent-ils la tradition des
Anciens? car ils ne lavent point leurs mains quand ils prennent leur repas.
3 Mais il répondit & leur dit; Et vous, pourquoi trans-
gressez-vous le commandement de Dieu par vôtre [2] tradition?
4 Car Dieu a commandé, disant; [b] Honore ton pére & ta
mére.

a *Marc* 7. 1.

1 J. C. étoit alors dans la Galilée. ch. 14. 34.

2 Ou, doctrine.

b *Exod.* 20. 12. *Deut.* 5. 16. *Eph.* 6. 2.

mére. Et, *il a dit aussi:* [c] Que celui [3] qui maudira son pére
ou sa mére, meure de mort.
5 Mais vous dites; Quiconque aura dit à son pére ou à sa
mére, [4] *Tout* don qui *sera offert* de par moi, sera à ton profit.
6 Encore qu'il n'honore pas son pére, ou sa mére, *il ne sera*
point coupable: & ainsi vous avez annullé le commandement
de Dieu par vôtre tradition.
7 Hypocrites, Esaïe a bien prophétisé de vous, en disant;
8 [d] Ce peuple s'approche de moi de sa bouche, & m'honore de ses levres: mais leur cœur est fort éloigné de moi.
9 Mais ils m'honorent en vain, [e] enseignant des doctrines,
qui ne sont que [5] des commandemens d'hommes.
10 [f] Puis ayant appellé les troupes, il leur dit; E'coutez,
& entendez:
11 Ce n'est pas ce qui entre dans la bouche qui souille
l'homme; mais ce qui sort de la bouche est ce qui souille
l'homme.
12 Sur cela les Disciples s'approchant, lui dirent; N'as-tu
pas connu que les Pharisiens ont été scandalisez quand ils ont
ouï ce discours?
13 Et il répondit & dit; [6] Toute plante que mon Pere céleste n'a pas plantée, sera déracinée.
14 Laissez-les, [g] ce sont des aveugles, conducteurs d'aveugles: si un aveugle conduit un *autre* aveugle, ils tomberont
tous deux dans la fosse.
15 [h] Alors Pierre prenant la parole, lui dit; Explique-
nous cette similitude.
16 Et Jésus dit; [i] Etes-vous encore, vous aussi, sans entendement?
17 N'entendez-vous pas encore que tout ce qui entre dans
la bouche s'en va au ventre, & est jetté au retrait?
18 Mais [k] les choses qui sortent de la bouche partent du
cœur, & ces choses-là souillent l'homme.
19 Car du cœur sortent les [l] mauvaises pensées, les meurtres, les adulteres, les paillardises, les larcins, les faux témoignages, les médisances.

20 [7] Ce

c *Exod.* 21. 17. *Levit.* 20. 9. *Prov.* 20. 20.
3 C'est-à-dire, qui manquera de respect pour son pére & sa mére, & qui refusera de les assister dans leurs besoins, car ce mot est opposé à celui d'*honorer*, qui comprend le respect, & l'assistance.
4 Ou, *tout ce que tu pourrois profiter de moi, est un don*, c'est-à-dire, je l'ai voué, je ne t'en puis rien donner.
d *Esa.* 29. 13.
e *Col.* 2. 22.
5 Cela suffit dans la religion, pour en faire rejetter les innovations: Deut. 12. 8. Col. 2. 22.
f *Marc* 7. 14.
6 C'est-à-dire, toute doctrine.
g *ch.* 23. 16. *Luc* 6. 39. *Esa.* 3. 12. & 42. 19.
h *Marc* 7. 17.
i *ch.* 16. 9. *Marc* 7. 18.
k *Jacq.* 3. 6.
l *Gen.* 6. 5. & 8. 21. *Marc* 7. 21.

20 [7] Ce sont là les choses qui souillent l'homme: mais de
manger sans avoir les mains lavées, cela ne souille point
l'homme.
21 [m] Alors Jésus partant de là, se retira vers les quartiers
de Tyr & de Sidon.
22 Et voici, une femme [8] Cananéenne, qui étoit partie
de ces quartiers-là, s'écria, en lui disant; Seigneur, [n] Fils
de David, aye pitié de moi; ma fille est miserablement tourmentée du diable.
23 Mais il ne lui répondit mot: & ses Disciples s'approchant le prierent, disant; Renvoye-la: car elle crie après nous.
24 Et il répondit, & dit; [o] Je ne suis envoyé qu'aux brebis perdues de la maison d'Israël.
25 Mais elle vint, & l'adora, disant; Seigneur, assiste-moi.
26 Et il lui répondit, & dit; Il n'est pas bon de prendre
le pain des enfans; & de le jetter aux petits chiens.
27 Mais elle dit; Il est vrai, Seigneur, cependant les petits chiens mangent des miettes qui tombent de la table de leurs
maîtres.
28 Alors Jésus répondant lui dit; O femme, ta foi est grande! qu'il te soit fait comme tu veux: & de ce moment là sa
fille fut guérie.
29 [p] Et Jésus partant de là vint près de la mer de Galilée:
puis il monta sur une montagne, & s'assit-là.
30 Et plusieurs troupes de gens vinrent à lui, ayant avec
eux des boiteux, des aveugles, des muets des manchots,
& plusieurs autres; lesquels on mit aux pieds de Jésus, [q] &
ils les guérit,
31 De sorte que ces troupes s'étonnerent de voir les muets
parler, les manchots être sains, les boiteux marcher, & les
aveugles voir: & elles glorifierent le Dieu d'Israël.
32 [r] Alors Jésus ayant appellé ses Disciples, dit; Je suis
émû de compassion envers cette multitude de gens, car il y
a déja trois jours qu'ils ne bougent d'avec moi, & ils n'ont
rien à manger; & je ne veux pas les renvoyer à jeun, de
peur qu'ils ne défaillent en chemin.

7 C'est-à-dire, il n'y a que ces choses-là qui souillent l'homme.

m *Marc* 7. 25.

8 *Cananéenne* de race, & *Syrophœnicienne*, d'habitation, car le païs d'où elle étoit s'appelloit *la Syrophœnicie*.

n *ch.* 9. 27. & 20. 31. & 21. 9.

o *ch.* 10. 6. *Esa.* 49. 5. *Act.* 13. 46. *Rom.* 15. 8.

p *Marc* 7. 31.

q *Esa.* 35. 5.

r *Marc* 8. 1.

33 Et

33 Et ſes Diſciples lui dirent; D'où nous viendroient au
deſert tant de pains pour raſſaſier une ſi grande multitude?
34 Et Jéſus leur dit; Combien avez-vous de pains? Ils lui
dirent, Sept, & quelque peu de petits poiſſons.
35 Alors il commanda aux troupes de s'aſſeoir par terre.
36 Et ayant les ſept pains & les poiſſons, il les rompit a-
prés avoir rendu graces, & les donna à ſes Diſciples, & les
Diſciples au peuple.
37 Et ils en mangerent tous, & furent raſſaſiez: & on remporta du reſte des pieces de pain ſept corbeilles pleines.
38 Or ceux qui avoient mangé étoient quatre mille hommes, ſans les femmes & les petits enfans.
39 Et Jéſus ayant donné congé aux troupes monta ſur une
nacelle, & vint au territoire de Magdala.

CHAPITRE XVI.

Les Phariſiens & les Sadducéens demandent à J. C. un ſigne du ciel, 1. Il leur donne Jonas pour ſigne, 4. Il parle du levain des Phariſiens, & Sadducéens, 6. Les divers jugemens qu'on faiſoit de J. C. 14. La declaration de ſaint Pierre ſur ce ſujet, 16. La réponſe de Jéſus-Chriſt, 17. J. C. predit ſa mort, 21. Il cenſure rudement ſaint Pierre, 23. Et enſeigne qu'il faut renoncer à toutes choſes pour être ſon diſciple, 34.

[a] ALors des Phariſiens & des Sadducéens vinrent à lui, a *ch.* 12. 38.
& pour l'éprouver, ils [b] lui demanderent qu'il leur *Marc* 8. 11. b *Jean* 6. 30.
montrât quelque ſigne du ciel. 31.
2 Mais il répondit, & leur dit; [c] Quand le ſoir eſt venu, c *Luc* 12. 54.
vous dites; Il fera beau temps, car le ciel eſt rouge.
3 Et le matin *vous dites*; Il y aura aujourd'hui de l'orage,
car le ciel eſt rouge, & ſombre. Hypocrites, vous ſavez
bien juger de l'apparence du ciel, & vous ne pouvez juger [1] des 1 C'eſt-à-dire, des ſignes
ſignes des ſaiſons! que les Prophetes vous
4 [d] La nation méchante & adultere recherche un ſigne: ont donnez
mais il ne lui ſera point donné d'*autre* ſigne, que [e] le ſigne pour connoître le temps
de Jonas le Prophete: & les laiſſant il s'en alla. de ma venue.
5 [f] Et quand ſes Diſciples furent venus au rivage de delà, d *ch.* 12. 39.
ils avoient oublié de prendre des pains. e *Jonas* 2. 1.
6 Et Jéſus leur dit; Voyez, & donnez-vous garde du le- f *Marc* 8. 14.
vain des Phariſiens & des Sadducéens. *Luc* 12. 1.

7 Or ils pensoient en eux-mêmes, & disoient; C'est parce que nous n'avons point pris de pains.
8 Et Jésus connoissant leur pensée, leur dit; Gens de petite foi, qu'est-ce que vous pensez en vous-mêmes, au sujet
de ce que vous n'avez point pris de pains?
9 N'entendez-vous point encore, & ne vous souvient-il
plus [g] des cinq pains des cinq mille hommes, & combien de
corbeilles vous en recueillîtes?
10 Ni [h] des sept pains des quatre mille hommes, & combien de corbeilles vous en recueillîtes?
11 Comment n'entendez-vous point que ce n'est pas touchant le pain que je vous ai dit, de vous donner garde du
levain des Pharisiens & des Sadducéens?
12 Alors ils comprirent que ce n'étoit pas du levain du pain
qu'il leur avoit dit de se donner garde; mais [2] de la doctrine
des Pharisiens & des Sadducéens.
13 Et [i] Jésus venant aux quartiers de Césarée de Philippe,
interrogea ses Disciples, en disant; [3] Qui disent les hommes
que je suis, [4] *moi* le Fils de l'homme?
14 Et ils lui répondirent; [k] Les uns disent que tu és Jean
Baptiste: les autres, Elie: & les autres, Jérémie, ou l'un
des Prophetes.
15 Il leur dit; Et vous, qui dites-vous que je suis?
16 [l] Simon Pierre répondit, & dit: Tu es le Christ, le
Fils du Dieu vivant.
17 Et Jésus répondit, & dit: Tu és bien-heureux, Simon
fils de Jona: [m] car la chair & le sang ne te l'a pas revélé,
[n] mais mon Pére qui est aux cieux.
18 Et je te dis aussi, [o] que tu és Pierre, & [5] sur cette Pierre
j'édifierai mon Eglise: [p] & les portes de l'enfer ne prévau-
dront point contr'elle.
19 Et je te donnerai les clefs du Royaume des cieux: & [6] tout
ce

g *ch.* 14. 17. *Jean* 6. 5. h *ch.* 15. 34.

2 La doctrine des Pharisiens, c'etoit particulierement les traditions humaines; & la doctrine des Sadducéens, c'étoit l'impieté de ne croire point l'immortalité de l'ame, ni la résurrection du corps: ce qui étoit abolir toute religion.

i *Marc* 8. 27. *Luc* 9. 18.

3 Il ne leur faisoit pas cette demande par ignorance des jugemens qu'on faisoit de lui, mais pour prendre de leurs réponses, occasion de les instruire.

4 Le mot *moi* n'étant pas dans l'original, il faut suppléer ici le verbe *disent*, comme s'il y avoit, *disent-ils que je suis le fils de l'homme?* C'est-à-dire, le Messie, marqué dans les Propheties de Daniel, par ce titre de ***Fils de l'homme***. k *ch.* 14. 2. l *Marc* 8. 29. *Luc* 9. 20. *Jean* 6. 69. & 11. 27. *Act.* 8. 37. & 9. 20. 1 *Jean* 4. 15. & 5. 5. *Jean* 6. 44. m *ch.* 11. 25. n 1 *Cor.* 2. 10. o *Jean* 1. 42. 5 C'est-à-dire, sur cette Pierre que tu viens de confesser, j'édifierai &c. p *Dan.* 2. 44. 6 C'est-à-dire, tout ce qu'en cette qualité d'Apostre, & de mon Ministre, tu ordonneras, & tu défendras, sera approuvé dans le Ciel. Cette qualité d'Apostre ou de Ministre de

ce que tu auras lié sur la terre, sera lié dans les cieux: 9 &
tout ce que tu auras délié sur la terre, sera délié dans les cieux.
20 Alors [7] il commanda expressément à ses Disciples de ne
dire à personne qu'il fût Jésus le Christ.
21 [r] Dés-lors Jésus commença à déclarer à ses Disciples,
qu'il falloit qu'il allât à Jérusalem, & qu'il y souffrît beaucoup
de choses de la part des Anciens, & des principaux Sacrificateurs, & des Scribes; & qu'il y fût mis à mort, & qu'il
ressuscitât le troisieme jour.
22 Mais Pierre l'ayant tiré à part, se mit à le reprendre,
en lui disant; Seigneur, aye pitié de toi: cela ne t'arrivera
point.
23 Mais lui s'étant retourné, dit à Pierre; Va arriere de
moi, Satan, tu m'es en scandale: car tu ne comprens pas
les choses qui sont de Dieu, mais celles qui sont des hommes.
24 Alors Jésus dit à ses Disciples; [s] Si quelqu'un veut venir
aprés moi, qu'il renonce à soi-même, & [7] qu'il charge sa
croix, & me suive.
25 Car [t] quiconque voudra sauver son ame, la perdra,
mais quiconque perdra son ame pour l'amour de moi, la
trouvera.
26 [u] Mais que profiteroit-il à un homme de gagner tout le
monde, s'il fait perte de son ame? [x] ou que donnera l'homme pour recompense de son ame?
27 Car [y] le Fils de l'homme doit venir en la gloire de son
Pére avec ses Anges, & alors [z] il rendra à chacun selon ses
œuvres.
28 [a] En vérité je vous dis, qu'il y a quelques-uns de ceux
qui sont ici présens, qui ne goûteront point la mort, jusqu'à
ce qu'ils ayent vû le Fils de l'homme venir [9] en son regne.

J.C. étoit renfermée dans ces mots *tu es Pierre*, qui étoit le nom que J.C. lui avoit donné en l'appellant à son service.

q *ch.* 18. 18. *Jean* 20. 23. *Marc* 8. 29. 30. *Luc* 9. 21.

7 J. C. avoit diverses raisons de sagesse pour tenir cette grande vérité encore peu publiée: comme au ch. suivant, *vs.* 9.

r *ch.* 17. 22. & 20. 18. *Marc* 8. 31. *Luc* 9. 22.

s *ch.* 10. 38. *Marc* 8. 34. *Luc* 9. 23. & 14. 27.

7 Le crucifiement de sa chair & de ses passions; c'est pourquoi il est dit Luc 9. 23. qu'il *charge de jour en jour*, ou *tous les jours*, sa croix.

t *ch.* 10. 39. *Marc* 8. 35. *Luc* 9. 24. & 17. 33. *Jean* 12. 25. u *Marc* 8. 36. *Luc* 9. 25. x *Job* 36. 18. *Pse* 49. 9. y *ch.* 26. 64. z *Job* 34. 11. *Pse.* 62. 13. *Eccl.* 12. 16. *Rom.* 2. 6. 1 *Cor.* 4. 5. & 2 *Cor.* 5. 10. a *Marc* 9. 1. *Luc* 9. 27. 9 Dans son jugement contre la Judée: comme ch. 24. 34. ce qui étant arrivé 36. ou 37. ans aprés la mort de J. C. plusieurs de ceux qui étoient présens à ce discours peuvent facilement avoir vêcu jusqu'à ce temps-là.

CHAPITRE XVII.

La transfiguration de J. C. 2. Jean Baptiste étoit l'Elie qui devoit venir, 10. J. C guérit.

guérit un homme qui étoit tout ensemble lunatique, & demoniaque 15. 18. Effets merveilleux de la foi, 20. J. C. predit sa mort, 22. Et paye les Didrachmes, 24.

ET [1] six jours aprés, Jésus prit Pierre, & Jacques, & Jean
son frére, & les mena à l'écart sur [2] une haute montagne.
2 Et il fut transfiguré en leur présence: & son visage resplendit comme le soleil: & ses vêtemens devinrent blancs comme la lumiere.
3 Et voici, ils virent [3] Moyse & Elie qui s'entretenoient
avec lui.
4 Alors Pierre prenant la parole, dit à Jésus; Seigneur,
il est bon que nous soyons ici: faisons-y, si tu le veux, trois
tabernacles, un pour toi, & un pour Moyse, & un pour Elie.
5 Et comme il parloit encore, voici une nuée resplendissante qui les couvrit de son ombre: puis voilà une voix qui
vint de la nuée, disant; [b] Celui-ci est mon Fils bien-aimé,
[c] en qui j'ai pris mon bon plaisir; écoutez-le.
6 Ce que les Disciples ayant ouï, ils tomberent sur leur face en terre, & eurent une trés-grande peur.
7 Mais Jésus s'approchant les toucha, en leur disant; Levez-vous, & n'ayez point de peur.
8 Et eux levant leurs yeux, ne virent personne, que Jésus
tout seul.
9 Et comme ils descendoient de la montagne, Jésus leur
commanda, en disant; Ne dites à personne la vision, [4] jusqu'à ce que le Fils de l'homme soit ressuscité des morts.
10 Et ses Disciples l'interrogerent, en disant; Pourquoi
donc les Scribes disent-ils, [d] qu'il faut qu' Elie vienne premierement?
11 Et Jésus répondant dit: Il est vrai qu'Elie viendra premierement, & qu'il rétablira toutes choses.
12 Mais je vous dis qu'Elie est déja venu; & ils ne l'ont
point connu: mais ils lui ont fait tout ce qu'ils ont voulu:
ainsi le Fils de l'homme doit souffrir aussi par eux.
13 Alors les Disciples comprirent que c'étoit de Jean Baptiste qu'il leur avoit parlé.
14 [e] Et quand ils furent venus vers les troupes, un homme
s'approcha, & se mit à genoux devant lui, 15 Et

a *Marc* 9. 2. *Luc* 9. 28. 2 *Pier.* 1. 17.

1 Ce furent six jours francs: Luc 9. 28.

2 C'étoit quelqu'une des montagnes de la Galilée.

3 Dieu peut avoir ressuscité pour cette fonction glorieuse le Corps de Moyse, qu'il avoit lui même caché dans la terre, Deut. 34. 6.

b *ch.* 3. 17.

c *Esa.* 42. 1.

4 J. C. avoit des raisons particulieres de sagesse d'en user ainsi, desquelles il ne nous a point donné connoissance: ainsi ch. 17. 20. & ailleurs.

d *ch.* 11. 14. *Mal.* 4. 5. *Marc* 9. 11.

e *Marc* 9. 14. 71. *Luc* 9. 37.

15 Et lui dit; Seigneur, aye pitié de mon fils, qui est lunatique, & miserablement affligé: car il tombe souvent dans
le feu, & souvent dans l'eau.
16 Et je l'ai présenté à tes Disciples, mais ils ne l'ont pû
guérir
17 Et Jésus répondant, dit: O génération incredule, &
de sens renversé, jusques à quand serai-je avec vous? jusques
à quand vous supporterai-je? amenez-le moi ici.
18 Et Jésus [5] tança le diable, qui sortit hors de cet enfant,
& à l'heure même l'enfant fut guéri.
19 Alors les Disciples vinrent en particulier à Jésus, & lui
dirent; Pourquoi ne l'avons-nous pû jetter dehors?
20 Et Jésus leur répondit; C'est à cause de vôtre incrédulité: [f] car en vérité je vous dis, que si vous aviez de la foi,
aussi gros qu'un grain de semence de moûtarde, vous diriez
à cette montagne; Transporte-toi d'ici là, & elle s'y trans-
porteroit: & rien ne vous seroit impossible.
21 [g] Mais [6] cette sorte *de diables* ne sort que par la priere
& par le jeûne.
22 [h] Et comme ils conversoient en Galilée, Jésus leur dit;
[i] Il arrivera que le Fils de l'homme sera livré entre les mains
des hommes;
23 Et qu'ils le feront mourir, mais le troisieme jour il ressuscitera. Et *les Disciples* en furent fort contristez.
24 Et lors qu'ils furent venus à Capernaüm, ceux qui re-
cevoient [7] les didrachmes s'adresserent à Pierre, & lui dirent; Vôtre Maître ne paye-t-il pas les didrachmes?
25 Il dit; Oui Et quand il fut entré dans la maison, Jésus le prévint, en lui disant; Qu'est-ce qui t'en semble,
Simon? Les Rois de la terre de qui prennent-ils des tributs,
ou des impôts? est-ce de leurs enfans, ou des étrangers?
26 Pierre dit; Des étrangers. Jésus ui répondit; [8] Les
enfans donc sont francs.
27 Mais afin que nous ne les scandalisions point, va-t'en à
la

5 C'est-à-dire, lui commanda de sortir de ce corps.

f *Marc* 11. 23. *Luc* 17. 6.

g *Marc* 9. 29.

6 Comme il y a simplement dans l'Original ici & en S. Marc *cette sorte*, ou *ce genre ne sort* &c. on peut l'entendre *du genre* des demons en général, & non pas d'une espece particuliere de démons par opposition à une autre espece, moins difficile à chasser des corps: mais aussi il pouvoit y avoir ici quelque chose de si particulier qu'outre la priere, il étoit besoin du jeûne ou d'une humiliation extraordinaire devant Dieu pour en obtenir la délivrance de ce possedé

h *Marc*. 6. 30.

i *ch* 20. 18. *Marc*. 9. 31. *Luc*. 9. 44.

7 C'étoit double drachme imposée pour l'entretien du Temple: Exod. 30. 12. 13. ou Josephe liv. 7. ch. 72. de la guerre des Juifs.

8 Je ne devrois donc pas payer ce tribuit.

9 C'étoit une piece d'argent de la valeur de quatre drachmes.

la mer, & jette l'hameçon: & prens le premier poisson qui
montera, & quand tu lui auras ouvert la bouche, tu y
trouveras [9] un statére: pren-le, & le leur donne pour moi &
pour toi.

CHAPITRE XVIII.

J. C. prend un enfant, 2. Et le propose à ses Disciples pour un emblême d'humilité, 4. Le malheur de ceux qui sont en scandale aux autres, 6. La parabole du pasteur qui cherche la brebis égarée, 12. En quel cas on doit denoncer un pécheur à l'Eglise. 17. L'autorité de lier & délier, 18. J. C. veut qu'on pardonne jusqu'à l'infini, 22. La parabole du débiteur à qui il a été remis une grande dette, & qui est lui-même dur & impitoyable pour exiger le payement d'une fort petite dette. 23.

a *Marc* 9. 33. *Luc* 9. 46.
1 Ou, *qui sera*, savoir quand J. C. auroit établi son regne. Act. 1. 6.

[a] EN cette même heure-là les Disciples vinrent à Jésus, en
lui disant; Qui [1] est le plus grand au Royaume des cieux?
2 Et Jésus ayant appellé un petit enfant, le mit au milieu
d'eux.
3 Et leur dit; En vérité je vous dis, que si vous n'êtes
changez, & ne devenez comme de petits enfans, vous n'entrerez point dans le Royaume des cieux.
4 C'est pourquoi quiconque se sera humilié soi-même, comme est ce petit enfant, celui-là est le plus grand au Royaume
des cieux.
5 Et quiconque reçoit un tel petit en mon Nom, il me
reçoit.

b *Marc* 9. 42. *Luc* 17. 1.
2 C'étoit une meule de moulin, qu'on faisoit tourner par des asnes, car on n'avoit pas encore en ce temps-là l'usage des moulins à vent, ou à eau
c *Luc* 17. 2. 1 *Cor.* 11. 19.
d *ch.* 5. 30. *Marc* 9. 43.

6 [b] Mais quiconque scandalise un de ces petits qui croyent
en moi, il lui vaudroit mieux qu'on lui pendît [2] une meule
d'asne au cou, & qu'on le jettât au fond de la mer.
7 Malheur au monde à cause des scandales: [c] car il est nécessaire qu'il arrive des scandales: toute-fois malheur à l'homme par qui le scandale arrive.
8 [d] Que si ta main ou ton pied te fait broncher, coupe-les,
& les jette loin de toi: car il vaut mieux que tu entres boiteux ou manchot dans la vie, que d'avoir deux pieds ou deux
mains, & être jetté au feu éternel.
9 Et si ton œil te fait broncher, arrache le, & le jette loin
de toi: car il vaut mieux que tu entres dans la vie, n'ayant
qu'un œil, que d'avoir deux yeux, & être jetté dans la gehenne du feu.

10 Pre-

10 Prenez garde de ne méprifer aucun de ces petits, car
je vous dis, que dans les cieux [3] leurs Anges regardent toûjours la face de mon Pére qui eſt aux cieux.
11 Car [e] le Fils de l'homme eſt venu pour ſauver ce qui
étoit perdu.
12 [f] Que vous en ſemble? Si un homme a cent brebis, &
qu'il y en ait une qui ſe ſoit égarée, ne laiſſe-t-il pas les quatre-vingts-dix-neuf, pour s'en aller dans les montagnes chercher celle qui s'eſt égarée?
13 Et s'il arrive qu'il la trouve, en vérité je vous dis,
qu'il en a plus de joye, que des quatre-vingts-dix-neuf qui
ne ſe ſont point égarées.
14 Ainſi la volonté de vôtre Pére qui eſt aux cieux n'eſt
pas qu'un ſeul de ces petits périſſe.
15 Que ſi ton frére a péché contre toi, va, & [g] reprens-le
entre toi & lui ſeul: s'il t'écoute, tu as gagné ton frére.
16 Mais s'il ne t'écoute point, prens encore avec toi une
ou deux *perſonnes:* afin [h] qu'en la bouche de deux ou de trois
témoins toute parole ſoit ferme.
17 Que s'il ne daigne pas les écouter, [i] di-le à l'Egliſe: &
s'il ne daigne pas écouter l'Egliſe, [k] qu'il te ſoit comme un
Payen & comme un péager.
18 En vérité je vous dis, [l] que [4] tout ce que vous aurez
lié ſur la terre, ſera lié dans le Ciel: & tout ce que vous
aurez délié ſur la terre, ſera délié dans le Ciel.
19 Je vous dis auſſi, que ſi deux d'entre vous s'accordent
ſur la terre, tout ce qu'ils demanderont leur ſera donné par
mon Pére qui eſt aux cieux.
20 Car là où il y en a deux ou trois aſſemblez en mon Nom,
[5] je ſuis là au milieu d'eux.
21 Alors Pierre s'approchant, lui dit; Seigneur, juſques
à combien de fois mon frére péchera-t-il contre moi, & je
lui pardonnerai? [m] ſera-ce juſqu'à ſept fois?
22 Jéſus lui répondit; Je ne te dis pas juſqu'à ſept fois,
mais juſqu'à ſept fois ſeptante fois.
23 C'eſt

3 C'eſt-à-dire, en général, les Anges que Dieu employe pour la conſervation des Fideles: Pſe. 34. 8. Heb. 1. 14.
e ch. 15. 24. *Luc* 19. 10.
f *Luc* 15. 4.
g *Lévit.* 19. 17. *Prov.* 25. 9. *Luc* 17. 3. *Jacq.* 5. 19. *Eccleſiaſtiq.* 19. 13.
h *Deut.* 19. 15. *Jean* 8. 17. 2 *Cor.* 13. 1. *Heb.* 10. 28.
i 1 *Cor.* 5. 9. 2 *Theſſ.* 3. 14
k *Eſd.* 10. 8.
l *ch.* 16. 19. *Jean* 20. 23.
4 C'eſt-à-dire, conformément à la parole de Dieu, & à la qualité de Miniſtres qui ſe tiennent exactement aux ordres de leur maître: autrement les Miniſtres de l'Egliſe aſſemblez, ou ſeparez, pourroient ordonner & défendre tout ce qu'ils voudroient.
5 De l'aveu même des Docteurs de Rome, cette promeſſe ne renferme pas le don d'infaillibilité, laquelle ils n'attribuent à aucun Concile particulier.
m *Luc* 17. 4.

23 C'eſt pourquoi le Royaume des cieux eſt ſemblable à un Roi, qui voulut compter avec ſes ſerviteurs.

24 Et quand il eut commencé à compter, on lui en préſenta un qui lui devoit dix mille talens.

25 Et parce qu'il n'avoit pas dequoi payer, ſon Seigneur commanda qu'il fût vendu, lui & ſa femme & ſes enfans, & tout ce qu'il avoit, & que la dette fût payée.

26 Mais ce ſerviteur ſe jettant à ſes pieds, le ſupplioit, en diſant; Seigneur, aye patience, & je te rendrai tout.

27 Alors le Seigneur de ce ſerviteur, touché de compaſſion, le relâcha, & lui quitta la dette.

28 Mais ce ſerviteur étant ſorti, rencontra un de ſes compagnons de ſervice, qui lui devoit cent deniers: & l'ayant pris, il l'étrangloit, en lui diſant; Paye-moi ce que tu me dois.

29 Mais ſon compagnon de ſervice ſe jettant à ſes pieds, le prioit, en diſant; Aye patience, & je te rendrai tout.

30 Mais il n'en voulut rien faire: & il s'en alla, & le mit en priſon, juſqu'à ce qu'il eût payé la dette.

31 Or ſes autres compagnons de ſervice voyant ce qui étoit arrivé, en furent extrémement touchez, & ils s'en vinrent, & déclarerent à leur Seigneur tout ce qui s'étoit paſſé.

32 Alors ſon Seigneur le fit venir, & lui dit; Méchant ſerviteur, je t'ai quitté toute cette dette, parce que tu m'en a prié:

33 Ne te falloit-il pas auſſi avoir pitié de ton compagnon de ſervice, comme j'avois eu pitié de toi?

34 Et ſon Seigneur étant en colere le livra aux ſergeans, juſqu'à ce qu'il lui eût payé tout ce qui lui étoit dû.

n *ch.* 6. 14. 35 [n] C'eſt ainſi que vous fera mon Pére céleſte, ſi vous ne
Marc 11. 26. pardonnez de *tout* vôtre cœur chacun à ſon frére ſes fautes.

CHAPITRE XIX.

J. C. traitte du divorce, 3. *Il bénit de petits enfans qu'on lui avoit préſentez,* 13. *Un jeune homme lui demande ce qu'il falloit faire pour obtenir la vie éternelle,* 16. *La réponſe de J. C.* 17. *Les Riches ſont difficilement ſauvez,* 23. *J. C. promet à ſes Apoſtres de les faire aſſeoir ſur douze trônes,* 28.

a *Marc* 10. 1. [a] ET il arriva que quand Jéſus eut achevé ces diſcours, il partit de Galilée, & vint vers les confins de la Judée au delà du Jourdain.

2 Et

2 Et de grandes troupes le suivirent, & il les guérit là.
3 [b] Alors des Pharisiens vinrent à lui [1] pour l'éprouver, &
ils lui dirent; Est-il permis à un homme de répudier sa femme pour quelque cause que ce soit?
4 Et il répondit, & leur dit; N'avez-vous point lû [c] que
celui qui les a faits dès le commencement, les fit mâle &
femelle?
5 Et qu'il dit; [d] A cause de cela l'homme laissera son Pére
& sa mére, & se joindra à sa femme, & les deux ne seront
qu'une seule chair.
6 C'est pourquoi ils ne sont plus deux, mais une seule chair.
Ce donc que Dieu a joint, que l'homme ne le sépare point.
7 Ils lui dirent; [e] Pourquoi donc Moyse a-t-il commandé
de donner la Lettre de divorce, & de répudier sa femme?
8 Il leur dit; C'est à cause de la dureté de vôtre cœur,
que Moyse vous a permis de répudier vos femmes: mais au
commencement il n'en étoit pas ainsi.
9 [f] Et moi je vous dis, que quiconque répudiera sa femme,
si ce n'est pour cause de paillardise, & se mariera à une autre, commet un adultere: & que celui qui se sera marié à
celle qui est répudiée, commet un adultere.
10 Ses Disciples lui dirent; [2] Si telle est la condition de
l'homme à l'égard de sa femme, il n'est pas expédient de
se marier.
11 Mais il leur dit; [g] Tous ne comprennent pas cela, mais
seulement ceux à qui il est donné.
12 Car il y a des eunuques qui sont ainsi nez du ventre de
leur mére: & il y a des eunuques, qui ont été faits eunuques, par les hommes: & il y a des eunuques qui se sont
faits eux-mêmes eunuques pour le Royaume des cieux. Que
celui qui peut comprendre ceci, le comprenne.
13 [h] Alors on lui présenta de petits enfans, afin qu'il mît
les mains sur eux, & qu'il priât; mais les Disciples les en reprenoient.
14 Et Jésus leur dit; [i] Laissez venir à moi les petits enfans, &
ne les en empêchez point: car [3] à tels est le Royaume des cieux.

b *Marc* 10. 2.
1 Ce mot a rapport aux grandes controverses qu'il y avoit en ce temps-là entre deux celebres écoles des Juifs sur le sujet du divorce.
c *Gen.* 1. 27.
d *Gen.* 2. 24. 1 *Cor.* 6. 16. *Eph.* 5. 31.
e *Deut.* 24. 1.
f *ch.* 5. 32. *Marc* 10. 11. *Luc* 16. 18. 1 *Cor.* 7. 10.
2 Les disciples ne releverent cela qu'à cause de la connoissance qu'ils avoient de l'humeur inquiete, & hautaine des hommes de leur nation par égard à leurs femmes.
g 1 *Cor.* 7. 2. 7. 9. 17.
h *Marc* 10. 13. *Luc* 18. 15.
i *ch.* 18. 3.
3 A ces enfans, & à leurs semblables, nez dans l'alliance de Dieu.

15 Puis ayant mis les mains sur eux, il partit de là.
16 [k] Et voici, quelqu'un s'approchant lui dit; Maître qui
es bon, quel bien ferai-je pour avoir la vie éternelle?
17 Il lui répondit; Pourquoi m' appelles-tu bon? il n'y a
nul bon qu'un seul, *qui est* Dieu: Que si tu veux entrer dans
la vie, garde les commandemens.
18 Il lui dit, quels? Et Jésus lui répondit, [l] Tu ne tueras
point. Tu ne commettras point adultere. Tu ne déroberas
point. Tu ne diras point de faux témoignage.
19 Honore ton pére & ta mére: Et [m] tu aimeras ton
prochain comme toi-même:
20 Le jeune homme lui dit; J'ai gardé toutes ces choses
dès ma jeunesse: que me manque-t-il encore?
21 Jésus lui dit; Si tu veux être parfait, [n] va, [4] vends ce
que tu as, & le donne aux pauvres, & tu auras un trésor
dans le Ciel: puis viens, & me sui.
22 Mais quand ce jeune homme eut entendu cette parole,
il s'en alla tout triste, parce qu'il avoit de grands biens.
23 Alors Jésus dit à ses Disciples; En vérité je vous dis,
[o] qu'un riche entrera difficilement dans le Royaume des cieux.
24 Je vous le dis encore; Il est plus aisé qu'un chameau
passe par le trou d'une aiguille, qu'il ne l' est qu'un riche entre dans le Royaume de Dieu.
25 Ses Disciples ayant entendu ces choses s'étonnerent fort,
& ils dirent; Qui peut donc être sauvé?
26 Et Jésus les regardant, leur dit; Quant aux hommes,
cela est impossible; mais quant à Dieu, [p] toutes choses sont
possibles.
27 [q] Alors Pierre prenant la parole, lui dit; Voici, nous
avons tout quitté, & t' avons suivi: que nous arrivera-t-il donc?
28 Et Jésus leur dit; En vérité je vous dis, que vous qui
m'avez suivi, dans la regénération, [r] quand le Fils de l'homme sera assis sur le trône de sa gloire, [s] vous aussi serez assis
sur douze trônes, jugeant les Tribus d'Israël.
29 Et [t] quiconque aura quitté ou maisons, ou fréres, ou
sœurs, ou pére, ou mére, ou femme, ou enfans, ou
champs

k *Marc* 10. 17. *Luc* 18. 18.
l *Exod.* 23. 12. &c. *Deut.* 5. 17. *Rom.* 13. 9.
m *ch.* 22. 39. *Lévit.* 19. 17. *Marc* 12. 31. *Gal.* 5. 14. *Jacq.* 2. 8.
n *Luc* 12. 33. & 16. 9.
4 C'étoit un ordre particulier à ce jeune homme, qui tout pieux qu'il étoit, car S. Marc dit que *Jesus l'aima*, avoit trop d'amour pour les grands biens.
o *Marc* 10. 23. *Luc* 18. 24. *Prov.* 11. 28.
p *Job* 42. 2. *Jér.* 32. 17. *Zach.* 8. 6. *Luc* 1. 37. & 11. 27.
q *Marc* 10. 28. *Luc* 18. 28.
r *Act.* 2. 36. *Eph.* 1. 20. 21. *Héb.* 1. 3.
s *Luc* 22. 29. 30.
t *Marc* 10. 29.
u *Job* 42. 12.

champs à cause de mon Nom, [u] il en recevra cent fois autant,
& héritera la vie éternelle.
30 [x] Mais plusieurs qui sont les premiers, seront les derniers:
& les derniers seront les premiers.

x ch. 20. 16. Marc. 10. 31. Luc 13. 30.

CHAPITRE XX.

La parabole du pére de famille qui à diverses heures du jour loüe des ouvriers pour sa vigne, 1. Les derniers sont les premiers, &c. & il y a peu d'Elûs, 16. J. C. avertit ses Disciples que les Juifs le feroient bien-tôt mourir à Jérusalem, 18. Et qu'il ressusciteroit, 19 La mére des fils de Zébédée lui fait une demande pour eux, 20. La réponse de J. C. L'égalité entre les Apostres, 23. Le Fils de l'homme est venu donner sa vie en rançon, 28. J. C. partant de Jérico guérit deux aveugles, 29.

[1] CAr le Royaume des cieux est semblable à un pére de
famille, qui sortit dés le point du jour afin de loüer des
ouvriers pour sa vigne.
2 Et quand il eut accordé avec les ouvriers à un denier par
jour, il les envoya à sa vigne.
3 Puis étant sorti sur les trois heures, il en vit d'autres qui
étoient au marché, sans rien faire:
4 Ausquels il dit; Allez-vouz-en aussi à ma vigne, & je
vous donnerai ce qui sera raisonnable.
5 Et ils y allerent. Puis il sortit encore environ sur les six
heures, & sur les neuf heures, & il en fit de même.
6 Et étant sorti [2] sur les onze heures, il en trouva d'autres
qui étoient sans rien faire, ausquels il dit; Pourquoi vous
tenez-vous ici tout le jour sans rien faire?
7 Ils lui répondirent; Parce que [3] personne ne nous a louez.
Et il leur dit; Allez-vous-en aussi à ma vigne, & vous recevrez ce qui sera raisonnable.
8 Et le soir étant venu, le maître de la vigne dit à celui qui
avoit la charge de ses affaires; Appelle les ouvriers, & leur
paye leur salaire, en commençant depuis les derniers jusques
aux premiers.
9 Alors ceux qui avoient été louez vers les onze heures é-
tant venus, [4] ils reçurent chacun un denier.
10 Or quand les premiers furent venus ils croyoient recevoir davantage: mais ils reçurent aussi chacun un denier.

1 Cette parabole n'a pas regardé, comme on le croit communément, le jugement dernier, mais les differentes vocations adressées aux Juifs, & enfin aux Gentils.

2 C'étoit la derniere vocation, qui est celle des Gentils.

3 Dieu n'avoit point jusqu'à alors parlé aux Gentils; mais seulement aux Juifs. Héb. 1. 1.

4 C'est l'égalité des graces de Dieu sous l'Evangile, à l'égard des Juifs & des Gentils.

 11 Et

11 Et l'ayant reçu, [5] ils murmuroient contre le pére de
famille:

5 C'est le murmure des Juifs au sujet des graces faites aux Gentils; Act. 10. 45. & 11. 2.

12 En disant; Ces derniers n'ont travaillé qu'une heure,
& tu les faits égaux à nous, qui avons porté le faix du jour,
& la chaleur:
13 Et il répondit à l'un d'eux, & lui dit; Compagnon;
je ne te fais point de tort, n'as-tu pas accordé avec moi à
un denier?
14 Prens ce qui est à toi, & t'en va: mais si je veux donner à ce dernier autant qu'à toi;
15 [a] Ne m'est-il pas permis de faire ce que je veux de mes
biens? Ton œil est-il malin de ce que je suis bon?

a *Rom.* 9. 21.

16 [6] Ainsi [b] les derniers seront les premiers: & les premiers
seront les derniers: [c] car il y a beaucoup d'appellez, mais
peu d'élûs.
17 Et [d] Jésus montant à Jerusalem, prit à part sur le chemin ses douze Disciples, & leur dit:
18 Voici, nous montons à Jérusalem, [e] & le Fils de l'homme sera livré aux principaux Sacrificateurs & aux Scribes,
& ils le condamneront à la mort.
19 [f] Et le livreront aux Gentils pour s'en moquer, & le fouetter, & le crucifier: [g] mais le troisiéme jour il ressuscitera.
20 [h] Alors la mére des fils de Zébédée vint à lui avec ses
fils, se prosternant, & lui demandant quelque chose.
21 Et il lui dit; Que veux-tu? Elle lui dit; Ordonne que
mes deux fils qui sont ici, soient assis l'un à ta main droite,
& l'autre à ta gauche dans ton Royaume.
22 Et Jésus répondit & dit; [i] Vous ne savez ce que vous
demandez, pouvez-vous boire la coupe que je dois boire,
[k] & être baptisez du baptême dont je dois être baptisé? Ils
lui répondirent; Nous le pouvons.

6 Tout sera égal; & il n'y aura ni premier, ni dernier à l'égard des fruits de la grace de Dieu en J.C.
b *ch.* 22. 31. *Marc* 10. 31 *Luc* 13. 30.
c *ch.* 22. 14.
d *Marc* 10. 32. *Luc* 18. 31. & 24. 7.
e *ch.* 16. 21.
f *ch.* 27. 2. *Luc* 23. 1. *Jean* 18. 28. 31. *Act.* 3. 13.
g *ch.* 16. 21.
h *Marc* 10. 35.
i *Rom.* 8. 25.
k *Luc* 12. 50.

23 Et il leur dit; Il est vrai que vous boirez ma coupe, &
que vous serez baptisez du baptême dont je serai baptisé;
mais d'être assis à ma droite ou à ma gauche, ce n'est point
à moi de le donner, [l] mais *il sera donné* à ceux à qui il est
préparé par mon Pére.

l *ch.* 25. 34.

24 [m] Les

24 [m] Les dix *autres* ayant ouï cela, furent indignez contre
les deux fréres.
25 Mais Jésus les ayant appellez, leur dit; [n] Vous savez
que les Princes des nations les maîtrisent, & que les Grands
usent d'autorité sur elles.
26 [o] Mais [7] il n'en sera pas ainsi entre vous: au contraire,
quiconque voudra être grand entre vous, qu'il soit vôtre
serviteur.
27 [p] Et quiconque voudra être le premier entre vous, qu'il
soit vôtre serviteur:
28 De même que [q] le Fils de l'homme n'est pas venu [8] pour
être servi, mais [9] pour servir, [r] & afin de donner sa vie en
rançon, [10] pour plusieurs.
29 [s] Et comme ils partoient de Jérico, une grande troupe
le suivit.
30 Et voici, deux aveugles qui étoient assis près du chemin,
ayant ouï que Jésus passoit, crierent, en disant; Seigneur,
Fils de David, aye pitié de nous.
31 Et la troupe les reprit, afin qu'ils se tûssent; mais ils
crioient encore plus fort; Seigneur, [t] Fils de David, aye
pitié de nous.
32 Et Jésus s'arrêtant les appella, & leur dit; Que voulez-
vous que je vous fasse?
33 Ils lui dirent; Seigneur, que nos yeux soient ouverts.
34 Et Jésus étant émû de compassion, toucha leurs yeux,
& incontinent leurs yeux recouvrérent la vûë; & ils le suivirent.

m *Marc* 10. 41.
n *Marc* 10. 42. *Luc* 22. 25.
o 1 *Pier.* 5. 3.
7 C'est-à-dire, l'un n'aura pas de domination sur l'autre, ni par conséquent l'un d'eux, sur tous les autres ensemble.
p *ch.* 23. 11. *Marc* 9. 35. & 10. 43.
q *Marc* 10. 45. *Luc* 22. 27. *Jean* 13. 14. *Phil.* 2. 7.
8 C'est-à-dire, servi à la façon des grands de la terre.
9 C'est-à-dire, pour y être dans une condition vile & abjecte, Phil. 2. 7.
r *ch.* 18. 11. *Esa.* 53. 10. *Gal.* 1. 4. *Eph.* 1. 7. 1 *Tim.* 1. 15. & 2. 6. *Tit.* 2. 14. 1 *Pier.* 1. 19. 1 *Jean* 3. 5. 8. *Apoc.* 5. 9.
10 C'est-à-dire, en la place de plusieurs, de même qu'une rançon & un payement, sont en la place du rachat & du payement qui devoit être fait par ceux pour qui un autre les fait.
s *Marc* 10. 46. *Luc* 18. 35.
t *ch.* 9. 27. & 15. 22. & 21. 9. 15.

CHAPITRE XXI.

J. C. fait son entrée dans Jérusalem monté sur un asnon, 2. Il va dans le Temple, & il en chasse les vendeurs, 12. Il mandit sur le chemin de Béthanie à Jérusalem un figuier, pour n'y avoir trouvé que des feuilles, 19. Les Sacrificateurs lui demandent les preuves de sa Mission, 23. Et lui il leur fait une question sur le Baptême de Jean. 25. La parabole d'un homme qui avoit deux fils, à qui il commanda d'aller à sa vigne, 28. Les péagers devançoient les Juifs en zéle & en foi, 32. La parabole des vignerons qui massacrerent ceux que le maître de la vigne envoyoit vers eux, & qui enfin n'épargnerent pas son propre fils, 33. J. C. est la Pierre fondamentale & angulaire, 42. Les Juifs sont rejettez, les

les Gentils appellez en leur place, 34. *Ceux qui heurtent contre la Pierre angulaire en sont tout brisez*, 44.

a Marc 11. 1. Luc 19. 29. b Zach. 9. 9. Jean 12. 15. Esa. 62. 11. 1 C'est-à-dire, la nation Judaïque, comme 2 Rois. 19. 21. Pse. 137. 8. &c. 2 Ce mot & est mis ici pour *dis-je*, comme il l'est tres-souvent; car J.C. ne monta que sur l'asnon, Marc 11. 7. Luc 19. 33. c 2 Rois. 9. 13. 3 Gr. *sur eux*: soit que les Disciples missent d'abord leurs robes une partie sur l'asnesse, & une autre partie sur l'asnon, ou que le pluriel *sur eux*, soit mis ici pour le singulier, & pour dire *sur l'un d'eux*, comme ch. 26. 8. & 27. 44. & ailleurs. d Jean 12. 14. e ch. 9. 27. & 15. 22. & 20. 31. f Pse. 118. 25. 26. 4 Marqué Deut. 18. 18. g Marc 11. 15. Luc 19. 45. Jean 2. 14. Deut. 14. 26. h Marc 11. 17. Luc 19. 46 i 1 Rois 16. 29. Esa. 56. 7.

[a] OR quand ils furent près de Jérusalem, & qu'ils furent venus à Bethphagé au mont des Oliviers, Jésus envoya a-
lors deux Disciples,
2 En leur disant; Allez à ce village qui est vis-à-vis de vous,
& d'abord vous trouverez une asnesse attachée, & son poulain avec elle: détachez-les, & amenez-les moi.
3 Et si quelqu'un vous dit quelque chose, vous direz que
le Seigneur en a affaire: & aussi-tôt il les laissera aller.
4 Or tout cela se fit afin que fût accompli ce dont il avoit
été parlé par le Prophete, en disant;
5 [b] Dites [1] à la fille de Sion; Voici, ton Roi vient à toi,
débonnaire, & monté sur une asnesse, [2] & sur le poulain de
celle qui est sous le joug.
6 Les Disciples donc s'en allerent, & firent comme Jésus
leur avoit ordonné.
7 Et ils amenerent l'asnesse & l'asnon, [c] & mirent leurs
vêtemens [3] dessus, [d] & l'y firent asseoir.
8 Alors de grandes troupes étendirent leurs vêtemens par
le chemin, & les autres coupoient des rameaux des arbes,
& les étendoient par le chemin.
9 Et les troupes qui alloient devant, & celles qui suivoient,
crioient, en disant; Hosanna, [e] au Fils de David, [f] béni soit
celui qui vient au Nom du Seigneur: Hosanna dans les lieux
très-hauts.
10 Et quand il fut entré dans Jérusalem, toute la ville fut
émûë, disant; Qui est celui-ci?
11 Et les troupes disoient; C'est Jésus [4] le Prophete, qui
est de Nazareth en Galilée.
12 Et [g] Jésus entra dans le Temple de Dieu, & chassa dehors tous ceux qui vendoient & qui achettoient dans le Temple, & renversa les tables des changeurs, & les sieges de
ceux qui vendoient des pigeons:
13 [h] Et il leur dit; Il est écrit, [i] Ma Maison sera appellée
Mai-

Maison de priere, [k] mais vous en avez fait une caverne de k *Jér.* 7. 11.
voleurs.
14 Alors des aveugles & des boiteux vinrent à lui dans le
Temple, & il les guérit.
15 [l] Mais quand les principaux Sacrificateurs & les Scribes l *Marc* 11. 27.
eurent vû les merveilles qu'il avoit faites, & les enfans criant
dans le Temple, & disant; Hosanna au Fils de David, ils
en furent indignez.
16 Et ils lui dirent, Entends-tu ce que ceux-ci disent? Et
Jesus leur dit; Oui: mais n' avez-vous jamais lû *ces paroles*;
[m] Tu as accompli la louange par la bouche des enfans; [5] & de m *Luc* 19. 39. *Pse.* 8. 3.
ceux qui tettent? 5 Ces mots
17 Et les ayant laissez, [n] Il sortit de la ville, pour s'en aller ne doivent s'entendre
à Béthanie, & il y passa la nuit. que dans un
18 [o] Or le matin, comme il retournoit à la ville, il eut faim. sens vague
19 Et voyant un figuier qui étoit sur le chemin, il s'en ap- pour marquer de jeu-
procha, mais il n'y trouva que des feuilles; & il lui dit; nes enfans:
Qu'aucun fruit ne naisse plus de toi à jamais: & incontinent tels qu'étoient ceux
le figuier sécha. dont il est
20 Ce que les Disciples ayant vû ils en furent étonnez, di- parlé au vs. 15.
sant; Comment est-ce que le figuier est devenu sec en un n *Luc* 21. 37.
instant? o *Marc* 11. 20.
21 Et Jésus répondant leur dit; En vérité je vous dis, [p] que p *Luc* 17. 6.
si vous avez la foi, & que vous ne doutiez point, non seu-
lement vous ferez ce qui a été fait au figuier, mais même [q] si q *ch.* 17. 20.
vous dites à cette montagne; Ote-toi, & te jette dans la
mer, cela ce fera.
22 [r] Et quoi que vous demandiez en priant si vous croyez, r *ch.* 7. 7. *Marc* 11. 24.
vous le recevrez. *Luc* 11. 9.
23 [s] Puis quand il fut venu au Temple, les principaux Sa- *Jean* 14. 13.
crificateurs & Anciens du peuple vinrent à lui, comme il & 16. 24. *Jacq.* 1. 5.
enseignoit, & lui dirent, [t] De quelle autorité fais-tu ces 1 *Jean* 3. 22.
choses; & qui est-ce qui t'a donné cette autorité? s *Marc* 11. 27. 28.
24 Jésus répondant leur dit; Je vous interrogerai aussi d'une *Luc* 20. 1. 2.
chose, & si vous me la dites, je vous dirai aussi de quelle t *Act.* 4. 7. & 7. 27.
autorité je fais ces choses.

25 Le

25 Le Baptême de Jean d'où étoit-il? Du Ciel, ou des
hommes? Or ils disputoient en eux-mêmes, disant; Si nous
disons; Du Ciel, il nous dira; Pourquoi donc ne l'avez-
vous point crû?
26 Et si nous disons; Des hommes: nous craignons les trou-
u *ch.* 14. 5. pes: car [u] tous tiennent Jean pour un Prophete.
Marc 6. 20. 27 Alors il répondirent à Jésus, en disant; Nous ne savons.
Et il leur dit; Je ne vous dirai point aussi de quelle autorité
je fais ces choses.
28 Mais que vous semble? Un homme avoit deux fils, &
6 C'étoit venant [6] au premier, il lui dit;. Mon fils, va-t-en, & travail-
l'emblême le aujourd'hui dans ma vigne.
des péagers
& des gens 29 Lequel répondant, dit; Je n'y veux point aller: mais
de mauvaise après s'étant repenti, il y alla.
vie, qui se
convertirent. 30 Puis il vint [7] à l'autre, & lui dit la même chose; & ce-
7 C'étoit lui-ci répondit, & dit; [x] J'y vais, Seigneur: mais il n'y al-
l'image des
Scribes, & la point.
de tels autres 31 Lequel des deux fit la volonté du pére? ils lui répondi-
hypocrites.
x *Ezéch.* 33. rent; Le prémier. Et Jésus leur dit; En vérité je vous dis,
31. que les péagers & les paillardes vous devancent au Royaume
de Dieu.
y *ch.* 3. 1. 32 [y] Car Jean est venu à vous par la voye de la justice, &
z *Luc* 3. 12. vous ne l'avez point crû: mais [z] les péagers & les paillardes
13. & 7. 29. l'ont crû: & vous ayant vû cela, ne vous êtes point repentis
30. ensuite pour le croire.
a *Marc* 12. 1. 33 Ecoutez une autre similitude: [a] Il y avoit un pére de
Luc 20. 9. famille qui planta une vigne, & l'environna d'une haye, &
Pse. 80. 9. y creusa un pressoir, & y bâtit une tour: puis il la loüa à des
Esa. 5. 1.
Jér. 2. 21. vignerons, & s'en alla dehors.
& 12. 10. 34 Et la saison des fruits étant proche, il envoya ses serviteurs aux vignerons, pour en recevoir les fruits.
35 Mais les vignerons ayant pris ses serviteurs, foüetterent
b 2 *Chron.* 24. l'un, tuerent l'autre, [b] & en assommerent un autre de pierres.
21. 36 Il envoya encore d'autres serviteurs en plus grand nom-
bre que les premiers, & ils leur en firent de même.
37 Enfin, il envoya vers eux son *propre* fils, en disant; Ils
auront du respect pour mon fils.
38 Mais

38 Mais quand les vignerons virent le fils, ils dirent entr'
eux; [c] Celui-ci est l'héritier: [d] venez, tuons-le, & saisissons-
nous de l'héritage. c *Psa.* 2. 8. *Heb.* 1. 2.
39 L'ayant donc pris, ils le jetterent hors de la vigne, & d *ch.* 26. 3. & 27. 1.
le tuerent. *Jean* 11. 53.
40 Quand donc le Seigneur de la vigne sera venu, que fe- *Psa.* 2. 1.
ra-t-il à ces vignerons?
41 Ils lui dirent; Il les fera périr malheureusement comme
des méchans, & loüera sa vigne à d'autres vignerons, qui
lui en rendront les fruits en leurs saisons.
42 Et Jesus leur dit; N'avez-vous jamais lû dans les Ecri-
tures; [e] La pierre que les Edifians ont rejettée, est devenue e *Psa.* 118. 22.
la maîtresse-pierre du coin: ceci a été fait par le Seigneur, *Esa.* 8. 14. & 28. 16.
& est une chose merveilleuse devant nos yeux? *Marc* 12. 10.
43 C'est pourquoi je vous dis, [f] que le Royaume de Dieu *Luc* 20. 17.
vous sera ôté, & il sera donné à [g] une nation qui en rappor- *Act.* 4. 11. *Rom.* 9. 33.
tera les fruits. 1 *Pier.* 2. 7.
44 Or [h] celui qui tombe sur cette pierre en sera froissé: [i] & f *ch.* 8. 12. *Luc* 14. 23. 24.
elle brisera celui sur qui elle tombera. g *Esa.* 55. 5.
45 [k] Et quand les principaux Sacrificateurs & les Pharisiens h *Luc* 20. 18. *Esa.* 8. 15.
eurent entendu ces similitudes, ils connurent qu'il parloit i *Dan.* 2. 34.
d'eux. k *Luc* 20. 19.
46 Et ils cherchoient à se saisir de lui, mais ils craignirent l *Luc* 7. 16.
les troupes, parce qu'on le tenoit pour [l] un Prophete. *Jean* 7. 40.

CHAPITRE XXII.

La parabole des nôces, 2. Les Hérodiens, 16. Le tribut du à César, 21. Question proposée par les Sadducéens au sujet de la Résurrection, 23. La réponse de J. C. 29. Quel est le plus grand Commandement, 38. David a reconnu le Messie pour son Seigneur, 43.

ALors Jésus prenant la parole, leur parla encore par similitudes, disant;
2 [a] Le Royaume des cieux est semblable à [1] un Roi qui a *Luc* 14. 16.
fit [2] les nôces de son fils. *Apoc.* 19. 7.
3 Et il envoya ses serviteurs pour appeller ceux qui avoient 1 C'étoit Dieu le pére.
été conviez aux nôces; mais ils n'y voulurent point venir. 2 le Mariage spirituel de J. C. avec son Eglise.
4 Il envoya encore d'autres serviteurs, disant; Dites à ceux

 qui

qui étoient conviez; [b] Voici, j'ai apprêté mon dîner: mes
taureaux & mes bêtes grasses sont tuées, & tout est prêt;
venez aux nôces,
5 Mais eux n'en tenant point de compte, s'en allerent l'un
à sa métairie, & l'autre à son trafic.
6 Et [3] les autres prirent ses serviteurs, & les outragerent,
& les tuerent.
7 Quand le Roi l'entendit, il se mit en colere, [c] & y ayant
envoyé ses troupes, il fit périr ces meurtriers-là, & brûla
leur ville.
8 Puis il dit à ses serviteurs; Eh bien! [d] les nôces sont ap-
prêtées, mais ceux qui étoient conviez n'en étoient pas dignes.
9 Allez donc aux carrefours des chemins, & autant de gens
que vous trouverez, conviez-les aux nôces.
10 Alors ses serviteurs sortirent vers les chemins, & assemblerent tous ceux qu'ils trouverent, tant mauvais que bons,
tellement que le lieu des nôces fut rempli de gens qui étoient
à table.
11 Et le Roi étant entré pour voir ceux qui étoient à table,
y vit un homme [4] qui n'étoit pas vêtu d'une robe de nôces.
12 Et il lui dit; Compagnon, comment és-tu entré ici,
sans avoir une robe de nôces? & il eut la bouche close.
13 Alors le Roi dit aux serviteurs; Liez-le pieds & mains,
emportez-le, [e] & le jettez dans les ténébres de dehors: là il
y aura des pleurs & des grincemens de dents.
14 [5] Car [f] il y a beaucoup d'appellez, mais peu d'élûs.
15 [g] Alors les Pharisiens, s'étant retirez, consulterent ensemble comment ils le surprendroient en paroles:
16 Et lui envoyerent leurs disciples avec des Hérodiens,
en disant; Maître, nous savons que tu es véritable, & que
tu enseignes la voye de Dieu [6] en vérité, & ne te soucies de
personne: car tu ne regardes point à l'apparence des hommes.
17 Di nous donc ce qu'il te semble de ceci: Est-il permis
de payer le tribut à César; ou non?
18 Et Jésus connoissant leur malice, dit; Hypocrites,
pourquoi me tentez-vous? [7]

19 Mon-

b *Prov.* 9. 2.

3 Ce sont les persécutions des Scribes & autres contre les Apostres.

c *Esa.* 13. 3. *Lam.* 1. 15.

d vs. 4.

4 C'est l'emblême des faux Chrétiens.

e *ch.* 8. 12. & 13. 42. & 24. 51. & 25. 30. *Luc* 13. 21.

5 Ou, *or*, la particule Grecque a aussi cette signification Luc 12. 58. &c & c'est celle qui est ici à propos.

f *ch.* 20. 16.

g *Marc* 12. 13. *Luc* 20. 20.

6 C'est-à-dire, en sincérité.

7 Ou, *pourquoi me voulez-vous éprouver?*

19 Montrez moi la monnoye du tribut: & ils lui présenterent un denier.
20 Et il leur dit; De qui est cette image, & cette inscription?
21 Ils lui répondirent; De César: alors il leur dit; [h] Ren- h ch. 17. 25.
dez donc à César les choses qui sont à César; & à Dieu, Rom. 13. 7.
celles qui sont à Dieu.
22 Et ayant entendu cela ils furent étonnez, & le laissant,
ils s'en allerent.
23 [i] Le même jour les Sadducéens, qui disent qu'il n'y a i Marc 12. 18.
point de résurrection, vinrent à lui, & l'interrogerent, Luc 20. 27.
24 En disant; Maître, [k] Moyse a dit; Si quelqu'un vient Act. 23. 8.
à mourir sans enfans, que son frére prenne sa femme, & il k Deut. 25. 5.
donnera des enfans à son frére.
25 Or il y avoit parmi nous sept fréres, dont le premier
après s'être marié, mourut, & n'ayant point eu d'enfans
laissa sa femme à son frére.
26 De même le second, puis le troisiéme, jusques au septiéme.
27 Et après eux tous, la femme mourut aussi.
28 En la résurrection donc duquel des sept sera-t-elle femme? car tous l'ont eûe.
29 Mais Jésus répondant leur dit; Vous errez, ne connoissant point les Ecritures, ni la puissance de Dieu.
30 Car en la résurrection on ne prend, ni on ne donne
des femmes en mariage, mais on est [8] comme les Anges
de Dieu dans le ciel.
31 Et quant à la résurrection des morts, n'avez-vous point 8 C'est-à-di-
lû ce dont Dieu vous à parlé, disant; re, exempts de la nécessité
32 [l] Je suis le Dieu d'Abraham, & le Dieu d'Isaac, & le de se marier.
Dieu de Jacob: *Or* Dieu n'est pas le Dieu des morts, mais l Exod. 3. 6.
des vivans.
33 Ce que les troupes ayant entendu, [m] elles s'étonnerent
de sa doctrine. m ch. 7. 28.
34 [n] Et quand les Pharisiens eurent appris qu'il avoit fermé
la bouche aux Sadducéens, ils s'assemblerent d'un accord. n Marc 12. 28.
35 Et l'un d'eux, qui étoit Docteur de la Loi, l'interrogea
pour l'éprouver, en disant;

36 Maître, lequel est le grand commandement de la Loi?
o *Deut.* 6. 5. 37 Jésus lui dit; [o] Tu aimeras le Seigneur ton Dieu de
Luc 10. 27. tout ton cœur, & de toute ton ame, & de toute ta pensée:
38 Celui-ci est le premier & le grand commandement;
p *Lévit.* 19. 39 Et le second semblable à celui-là est; [p] Tu aimeras ton
18. *Marc* 12. prochain comme toi-même:
31.
40 De ces deux commandemens dépendent toute la Loi &
les Prophetes.
q *Marc* 12. 41 [q] Et les Pharisiens étant assemblez, Jésus les interrogea,
35. *Luc* 20. 41 42 Disant; Que vous semble-t-il du Christ? [9] De qui est-il
Fils? Ils lui répondirent; De David.
43 Et il leur dit; Comment donc David, *parlant* par l'Esprit, l'appelle-t-il *son* Seigneur? disant,
44 [r] Le Seigneur a dit à mon Seigneur, Assieds-toi à ma
droite jusqu'à ce que j'aye mis tes ennemis pour le marchepied de tes pieds.
45 Si donc David l'appelle *son* Seigneur, comment [10] est-il
son Fils?
46 Et personne ne lui pouvoit répondre un seul mot, ni
personne n'osa plus [11] l'interroger depuis ce jour-là.

9 C'est-à-dire, *de qui doit-il être fils?*
r *Pse.* 110. 1. *Act.* 2. 34. *1 Cor.* 15. 25. *Héb.* 1. 13. & 10. 12. 13.
10 C'est-à-dire, comment n'est-il que son fils, puis que s'il n'étoit que son fils, il ne seroit pas son Seigneur?
11 C'est-à-dire, lui aller faire des questions captieuses dans l'esperance de le surprendre.

CHAPITRE XXIII.

Les Scribes sont assis sur la chaire de Moyse, 2. Leur hypocrisie, 3. Leur vanité, 5. Dieu seul est nôtre Pére, 9. J. C. prononce malheur aux Scribes & aux Pharisiens sur diverses choses, 13. 14. 15. 16. 23. 25. 27. 29. Il leur prédit qu'ils persécuteront ses Ministres, 34. En même temps il les menace & eux & toute leur nation d'une ruine totale, 35. & que Jérusalem, qui fait mourir les Prophetes, sera détruite pour toûjours, 37. &c.

ALors Jésus parla aux troupes, & à ses Disciples,
2 Disant; Les Scribes & les Pharisiens [a] sont assis dans
a *Néhem.* 8. 4. la chaire de Moyse.
3 [1] Toutes les choses donc qu'ils vous diront de garder,
gardez-les, & les faites, mais ne faites point selon leurs œuvres: parce qu'ils disent, & ne font pas.
4 Car [b] ils lient ensemble des fardeaux pesans & insupportables, & les mettent sur les épaules des hommes: mais il ne
b *Luc* 11. 46. veulent point les remuer de leur doigt.

1 C'est-à-dire, toutes celles qui seront véritablement de la chaire de Moyse, & conformes à ses loix.
Esa. 10. 1. 2.

5 [c] Et

5 [c] Et ils font toutes leurs œuvres pour être regardez des
hommes: [d] car ils portent de larges phylacteres, [e] & de [2] longues franges à leurs vêtemens.
6 [f] Et ils aiment les premieres places dans les festins, & les
premiers sieges dans les Synagogues:
7 Et les salutations aux marchez; & d'être appellez des
hommes, Nôtre maître, Nôtre maître.
8 Mais pour vous, [3] ne soyez point appellez, Nôtre Maître; car Christ seul est vôtre Docteur, & pour vous, vous
êtes tous fréres.
9 Et n'appellez personne sur la terre *vôtre* Pére: [g] car un
seul est vôtre Pére, lequel est dans les cieux.
10 Et ne soyez point appellez Docteurs: [h] car Christ seul
est vôtre Docteur.
11 Mais [i] que celui qui est le plus grand entre vous, soit
vôtre serviteur.
12 Car [k] quiconque s'élevera, sera abbaissé; & quiconque
s'abbaissera, sera élevé.
13 [l] Mais malheur à vous, Scribes & Pharisiens hypocrites,
qui fermez le Royaume des cieux au devant des hommes:
car vous mêmes n'y entrez point, ni ne souffrez que [4] ceux
qui y *veulent* entrer, y entrent.
14 [m] Malheur à vous, Scribes & Pharisiens hypocrites,
car vous mangez entierement les maisons des veuves, même
sous le prétexte de faire de longues prieres, c'est pourquoi
vous en recevrez une plus grande condamnation.
15 Malheur à vous, Scribes & Pharisiens hypocrites: car
vous courez la mer & la terre pour faire un prosélyte, & a-
près qu'il l'est devenu, vous le rendez fils de la gehenne, [5]
deux fois plus que vous.
16 Malheur à [n] vous Conducteurs aveugles, qui dites;
Quiconque aura juré [o] par le Temple, ce n'est rien: mais
qui aura juré par l'or du Temple, il est redevable.
17 Fous, & aveugles! car lequel est le plus grand, ou l'or,
ou le Temple qui sanctifie l'or?
18 Et quiconque, *dites-vous*, aura juré par l'autel, ce n'est
rien:

c *ch.* 6. 1. 2. 3. 16.
d *Deut.* 6. 8.
e *Nomb.* 15. 38. 39. *Deut.* 22. 12.
2 C'est-à-dire, plus longues que les autres ne les portoient; car ils en portoient tous. Nomb. 15. 38.
f *Nomb.* 15. 39. *Marc* 12. 38. *Luc* 11. 43. & 20. 46.
3 C'est-à-dire, n'affectez point les titres ambitieux.
g *Mal.* 1. 6.
h *Esa.* 55. 4.
i *ch.* 20. 26.
k *Luc* 14. 11. & 18. 14. *Job* 22. 29. *Prov.* 29. 23. *Jacq.* 4. 6. 1 *Pierre* 5. 5.
l *Luc* 11. 52.
4 Gr *que ceux qui y entrent*, pour *qui veulent y entrer*: voyez de semblables phrases, Exod. 18. 18. & 12. 48 &c.
m *Marc* 12. 40. *Luc* 20. 47.
5 Sav. en ce qu'ils ne prenoient plus aucun soin de leur instruction.
n *ch* 15 14.
o *ch.* 5 34.

rien: mais qui aura juré par le don qui est sur l'autel, il est
redevable.
19 Fous, & aveugles! car lequel est le plus grand, ou le
don, ou [p] l'autel qui sanctifie le don?
20 Celui donc qui jure par l'autel, jure par l'autel & par
toutes les choses qui sont dessus.
21 Et quiconque jure par le Temple, jure par le Temple,
& [q] par celui qui y habite.
22 Et quiconque jure par le ciel, jure par le trône de Dieu,
& par celui qui y est assis.
23 [r] Malheur à vous, Scribes & Pharisiens hypocrites, [s] car
vous payez la dixme de la mente, de l'anet, & du cumin; &
vous laissez les choses les plus importantes de la Loi, c'est-
à-dire, [6] le jugement, la misericorde, & la fidélité: il falloit faire ces choses-ci, & ne laisser point celles-là.
24 Conducteurs aveugles, [7] vous coulez le moucheron, &
engloutissez le chameau.
25 [t] Malheur à vous, Scribes & Pharisiens hypocrites, car
vous nettoyez le dehors de la coupe & du plat: mais le dedans est plein d'excès.
26 Pharisien, aveugle nettoye premierement le dedans de la
coupe & du plat, afin que le dehors aussi soit net.
27 [u] Malheur à vous, Scribes & Pharisiens hypocrites, car
vous êtes semblables aux sépulcres [8] blanchis, qui paroissent
beaux par dehors, mais qui au dedans sont pleins d'ossemens
de morts, & de toute ordure.
28 Ainsi vous paroissez justes par dehors aux hommes, mais
au dedans vous êtes pleins d'hypocrisie, & d'iniquité.
29 [x] Malheur à vous, Scribes & Pharisiens hypocrites, car
[9] vous bâtissez les tombeaux des Prophetes, & vous répa-
rez les sépulcres des Justes:
30 Et vous dites; Si nous avions été du temps de nos péres, nous n'aurions pas été leurs compagnons au sang des
Prophetes.
31 Ainsi vous êtes témoins contre vous mêmes, que vous
êtes les enfans de ceux [y] qui ont fait mourir les Prophetes:

p *Exod.* 29. 37.
q 1 *Rois.* 18. 13 2 *Chron.* 6. 2.
r *Luc* 11. 42.
s *Luc* 18. 12.
6 C'est-à-dire, les explications claires & solides de la parole de Dieu.
7 Exacts dans les petites choses, & negligens dans les grandes.
t *Luc* 11. 39.
u *Luc* 11. 44.
8 On les blanchissoit tous les ans, afin qu'on pût les voir de loin, & les éviter, de peur de se souiller par leur approche
x *Luc* 11. 47. *Act* 27. 52.
9 Vous les reparez, afin d'honorer la mémoire de ces Prophetes.
y *Néh.* 9. 26. *Act.* 7. 52. *Héb.* 11. 36. 37.

32 [10] Et vous achevez de remplir la mesure de vos péres.
33 [z] Serpens, race de vipéres, comment éviterez-vous le
jugement [a] de la gehenne?
34 [b] Car voici, je vous envoye des Prophetes, & des Sages, & des Scribes, & [c] vous en tuerez, & en crucifierez,
[d] & en foüetterez dans vos Synagogues, & [e] les persécuterez
de ville en ville.
35 [f] Afin que vienne sur vous tout le sang juste qui a été
répandu sur la terre, depuis le sang [g] d'Abel le juste, jusques au sang de Zacharie, fils de Barachie, [h] que vous avez
tué entre le Temple & l'autel.
36 En vérité je vous dis, que toutes ces choses viendront
sur cette génération.
37 [i] Jérusalem, Jérusalem, qui tues les Prophetes, & qui
lapides ceux qui te sont envoyez, [k] combien de fois ai-je
voulu rassembler tes enfans, [l] comme la poule rassemble ses
poussins sous ses aîles? [m] & [11] vous ne l'avez point voulu.
38 [n] Voici, [12] vôtre maison va être laissée deserte.
39 [o] [13] Car je vous dis, que desormais vous ne me verrez
plus, [14] jusqu'à-ce que vous disiez; Béni soit celui qui vient
au Nom du Seigneur.

10 Et cependant vous allez faire pis qu'eux, comme il est dit au verset suivant.
z ch. 3. 7. & 12 34.
a ch. 18 9. &c.
b Luc 11. 49.
c Act. 7 59. 60 & 12. 2.
d ch. 10. 17. Act. 5. 40. 2 Cor. 11. 24.
e ch. 10 23.
f Luc 11. 50. 51.
g Gen. 4. 8. Héb. 11. 4.
h 2 Chron. 24. 21.
i Luc 13. 34.
k 2 Chron. 36. 15. Luc 19. 42.
l 4 Esd. 1. 30.
m Jean 5. 40.
11 C'est-à-dire, qu'ils avoient resisté à toutes les invitations qu'il leur avoit faites.
n Luc 13. 35. Pse. 69. 26. & 109. 10
12 Vos villes, vôtre temple, & tout le païs où vous demeurez.
o Luc 13. 15.
13 C'est-à-dire, qu'il les abandonneroit.
14 C'étoit une prédiction de la conversion future des Juifs aux derniers jours. Rom. 11. 26. 27.

CHAPITRE XXIV.

Menaces contre Jérusalem, & contre toute la Judée. J. C. prédit depuis le vs. 5. jusqu'au 28. plusieurs choses qui devoient arriver avant la ruïne de Jérusalem; après quoi il représente, par des expressions figurées, le jugement de Dieu sur cette ville, 29. Il délare que ces menaces ne tarderoient pas à s'accomplir, 32. Exhortation à la piété, 42.

[a] ET comme Jésus sortoit & s'en alloit du Temple, ses
Disciples s'approcherent de lui pour lui faire remarquer
les bâtimens du Temple.
2 Et Jésus leur dit; Voyez-vous bien toutes ces choses? en
vérité je vous dis, qu'il [b] ne sera laissé ici pierre sur pierre
qui ne soit démolie.
3 Puis s'étant assis sur la montagne des Oliviers, ses Disciples vinrent à lui en particulier, & lui dirent; Di nous
quand

a Marc 13. 1. Luc 21. 5.
b Luc 19. 44. Pse. 69. 25 26. Dan. 9 26. Mich 3 12. Zach. 11 1.

quand [1] ces choſes arriveront, & quel ſera le ſigne [2] de ton
avenement, & de la fin [3] du monde?
4 Et Jéſus répondant leur dit; [c] Prenez garde que perſonne ne vous ſéduiſe.
5 [d] Car pluſieurs viendront en mon Nom, diſant: Je ſuis
le Chriſt: & ils en ſéduiront pluſieurs.
6 Et vous entendrez des guerres & des bruits de guerres:
mais prenez garde que vous ne ſoyez point troublez: car il
faut que toutes ces choſes arrivent: mais [4] ce ne ſera pas encore [e] la fin.
7 Car nation s'élevera contre nation, & Royaume contre
Royaume: & il y aura des famines, & des peſtes, & des
tremblemens de terre de lieu en lieu.
8 Mais toutes ces choſes ne ſont qu'un commencement de
douleurs.
9 Alors [f] ils vous livreront pour être affligez, & vous tueront: & vous ſerez haïs de toutes les nations, à cauſe de
mon Nom.
10 Et alors pluſieurs ſeront ſcandaliſez, & ſe trahiront l'un
l'autre, & ſe haïront l'un l'autre.
11 Et [g] il s'élevera pluſieurs faux prophetes, qui en ſéduiront pluſieurs.
12 Et parce que l'iniquité ſera multipliée, la charité de pluſieurs ſe refroidira.
13 [h] Mais qui aura perſévéré juſqu'à la fin, [i] celui-là ſera
ſauvé.
14 Et cét Evangile du Royaume ſera prêché [k] dans toute
la terre habitable, en témoignage à toutes les nations, [5] &
alors viendra [l] la fin.
15 Or quand vous verrez [6] l'abomination de la deſolation
[m] qui

1 La prédiction de la ruïne de Jéruſalem, marquée dans le verſet précédent. 2 Sav. en jugement contre la Judée. 3 ou, ſelon la propre ſignification du mot de l'Original *ajónos*, la fin *du ſiecle*, c'eſt-à-dire, la fin de l'œconomie Moſaïque, enveloppée dans la fin du Temple, & exprimée de même par ce nom de *ſiecle*, 1 Cor. 2. 8. & Héb. 2. 5. car J.C. n'ayant parlé que de la fin du Temple, & de Jéruſalem, & n'ayant pas dit un ſeul mot de la fin du monde, ce n'étoit pas ſur cela que leur demande portoit: outre qu'ils ne pouvoient pas confondre la fin du monde avec celle de leur Republique; puis que J.C. leur avoit prédit qu'aprés la rejection de leur nation les Gentils ſeroient appellez pour être le peuple de Dieu: t ch. 21. 42. 14. c *Marc* 13. 5. *Eph.* 5 6. 2 *Theſſ.* 2. 3. d *ch* 23. 24. 4 Ce ne ſera pas encore la fin de l'Eat Judaïque. e *vs.* 14. f *ch* 10. 17. *Marc* 13. 9. *Luc* 21. 12. *Jean* 15. 20. 16. 2. g 2 *Pier.* 2. 1. h *ch.* 10. 22. *Marc* 13. 13. *Apoc.* 2. 10. 26. i *Apoc.* 3. 8-12. k *Marc* 13. 10. *Rom.* 15. 18. *Col.* 1. 6. 5 C'eſt-à-dire, aprés que l'Evangile aura été prêché par tout le monde, viendra la fin dont il a été parlé vs. 3. & 6. l *vs.* 6. 6 L'armée Romaine qui devoit porter la deſolation dàns toute la Judée, marquée ici par cette expreſſion *de lieu*, ou de païs, *ſaint*; comme 2 Macc. 1. 29. & au même ſens qu'elle a été appellée la *terre ſainte*, Zach. 2. 12. car le mot Hebreu *aretz* veut dire également & *terre* & *pais*.

[m] qui a été prédite par Daniel le Prophete, être établie dans
le lieu Saint, (Que celui qui lit l'entende.)
16 [n] Alors, que ceux qui seront en Judée, s'enfuyent aux
montagnes.
17 Et [o] que celui qui sera sur la maison, ne descende point
pour emporter aucune chose de sa maison.
18 Et [p] que celui qui est aux champs, ne retourne point
en arriere pour emporter ses habits.
19 Mais [q] malheur aux femmes enceintes, & à celles qui
allaiteront en ces jours-là.
20 [r] Or priez [7] que vôtre fuite ne soit point en hyver, ni
en un jour de Sabbat.
21 [s] Car alors il y aura une grande affliction, telle qu'il n'y
en a point eu de semblable depuis le commencement du monde jusques à maintenant, ni n'y en aura.
22 [t] Et si ces jours-là n'eussent été abregez, [8] il n'y eût eu
personne de sauvé: mais [9] à cause des élûs, ces jours-là seront abregez.
23 [u] Alors si quelqu'un vous dit; Voici, le Christ est ici,
ou, il est là; ne le croyez point.
24 [x] Car il s'élevera de faux christs & de faux prophetes, [y]
qui feront de grands signes & des miracles, pour séduire
même les élûs, s'il étoit possible.
25 [z] Voici, je vous l'ai prédit.
26 [a] Si donc on vous dit; Voici, il est au desert, ne sortez point: voici, il est dans les cabinets, ne le croyez point.
27 Car comme l'éclair sort de l'Orient, & se fait voir jusqu'à l'Occident, [10] il en sera de même de l'avenement du Fils
de l'homme.
28 [11] Car [b] où sera le corps mort, là s'assembleront les aigles.

I 29 [c] Et

m *Marc* 13. 14. *Luc* 21. 20. *Dan.* 9. 27. & 12. 11.
n *Luc* 21. 21.
o *Marc* 13. 15. *Luc* 17. 31.
p *Marc* 13. 16. *Luc* 21. 21.
q *Marc* 13. 17. *Luc* 21. 23.
r *Marc* 13. 18.
7 Ceci, non plus que tout ce qui a précédé, ne sauroit avoir regardé que la ruïne de la Judée, & nullement le jugement dernier.
s *Marc* 13. 19. *Luc* 21. 23. 24.
t *Marc* 13. 20.
8 C'est-à-dire, que si les jours de la colere de Dieu eussent duré davantage, toute la nation y auroit péri.
9 C'est-à-dire, à cause des élus que Dieu s'étoit reservez parmi ce peuple pour le temps d'alors, & pour cette grande conversion qui s'en doit faire avant la fin du monde, Rom. 11. 25. 26. &c.
u *Marc* 13. 21. 22. *Luc* 17. 23. & 21. 8.
x *vs.* 5.
y *Deut.* 31. 1. 2 *Thess.* 2. 9.
z *Marc* 13. 23.
a *Luc* 17. 23.
10 Les Juifs seront surpris de voir fondre sur eux ces jugemens horribles dont ils sont ici menacez: & l'histoire nous apprend qu'ils le furent effectivement.
11 Sous l'emblême d'une troupe d'aigles qui vont fondre sur un corps mort, J. C. represente la rapidité avec laquelle l'armée Romaine viendroit fondre sur la Judée. Et cet emblême convenoit d'autant mieux à cette armée que l'aigle étoit l'enseigne de ses legions.
b *Luc* 17. 37.

29 [c] Et incontinent [12] après l'affliction de ces jours-là, [13] le
soleil deviendra obscur, & la lune ne donnera point sa lumiere, & les étoiles tomberont du ciel, & les vertus des
cieux seront ébranlées.
30 [d] Et alors [14] le signe du Fils de l'homme paroîtra dans le
ciel: alors aussi [e] toutes les Tribus de la terre se lamenteront
en se frapant la poitrine, & verront le Fils de l'homme venant dans les nuées du ciel, avec *une grande* puissance, &
une grande gloire.
31 Et il envoyera [15] ses Anges, qui [16] avec un grand son de
trompette assembleront ses élûs, [f] des quatre vents, [17] depuis
l'un des bouts des cieux jusques à l'autre bout.
32 [g] Or apprenez cette similitude prise du figuier: Quand
ses branches sont déja en séve, & qu'il pousse des feuilles,
vous connoissez que l'Eté est proche:
33 De même [h] quand vous verrez [18] toutes ces choses, [i] sachez
que *le Fils de l'homme* est proche, & qu'il est à la porte.
34 [k] En vérité je vous dis, que [19] cette génération ne passera point, que toutes ces choses ne soient arrivées.
35 [l] Le ciel & la terre passeront, mais mes paroles ne passeront point.
36 Or [m] quant à ce jour-là, & à l'heure, personne ne le
sait, non pas même les Anges du ciel, mais mon Pére seul.
37 Mais comme il en étoit [n] aux jours de Noé, il en sera
de même de l'avenement du Fils de l'homme.
38 Car comme aux jours avant le déluge *les hommes* mangeoient & beuvoient, se marioient, & donnoient en mariage, jusqu'au jour que Noé entra dans l'arche;
39 Et il ne connurent point que le déluge viendroit, jusqu'à ce qu'il vint, & les emporta tous: il en sera de même
[20] de l'avenement du Fils de l'homme.
40 [o] Alors

c *Marc* 3. 24. *Luc* 21. 25. 12 C'est-à-dire, après l'affliction causée par l'entrée de l'armée Romaine dans la Judée, vs. 15. 13 Ces expressions prises des livres des Prophetes marquoient figurément le renversement de la ville de Jérusalem & de tout l'Etat Judaïque. d *Marc* 13.26. *Luc* 21. 27. 14 C'étoit la destruction elle-même de Jérusalem, du Temple, & de tout l'Etat Judaïque. dans laquelle J. C. s'est fait voir à cette criminelle nation comme fils de l'homme, Dan. 7. 13. 14. e *Luc* 23. 28-30. *Apoc.* 1. 7. 15 Ou, *ses messagers*, car le mot Grec signifie l'un & l'autre, & il marquoit ici les prédicateurs de l'Evangile. 16 La trompette de la prédication f *ch.* 8. 11. 17 C'est-à-dire par tout le monde. vs. 14. g *Marc* 13. 28. *Luc* 21. 29. h *Marc* 13. 29. *Luc* 21. 31. 18 C'est-à-dire, quand vous verrez arriver tous ces signes qui doivent précéder la ruïne de Jérusalem, & qui sont marquez ici depuis le vs. 5. jusqu'au 29. i *Jacq.* 5. 9. k *Marc* 13. 30. *Luc* 21. 32. 19 Ces mots faisoient voir clairement que ce n'étoit pas de la fin du monde qu'il avoit parlé, mais uniquement de la fin de l'Etat Judaïque, vs. 6. & 14. l *Marc* 13. 31. *Luc* 21. 33. m *Marc* 13. 32. n *Gen.* 6. 5. & 7. 5 *Luc* 17. 26. 1 *Pier.* 3. 20. 20 Sav. de cette venue en jugement dont il a été parlé dans tout ce chap.

40 ° Alors deux seront dans un champ: & l'un sera pris, o Luc 17. 34.
& l'autre laissé.
41 p Deux *femmes* [21] moudront au moulin: & l'une sera p Luc 17. 35.
prise, & l'autre laissée. 21 C'est-à-dire tourneront la meule.
42 q Veillez donc: car vous ne savez point à quelle heure
vôtre Seigneur doit venir. q ch. 25. 13. Marc 13. 33.
43 r Mais sachez ceci, que si un pére de famille savoit à 35. 37. Luc
quelle veille de la nuit le larron doit venir, il veilleroit, & 21. 36.
ne laisseroit point percer sa maison. r Luc 12. 39. 1 Thess. 5. 2.
44 C'est pourquoi, vous aussi tenez-vous prêts: car le Fils 2 Pier. 3. 10.
de l'homme viendra à l'heure que vous n'y penserez point. Apoc. 3. 3. & 16. 15.
45 s Qui est donc le serviteur fidele & prudent, que son s Luc 12. 42.
maître a établi sur la troupe de ses serviteurs, pour leur donner la nourriture dans le temps qu'il faut?
46 Bien-heureux est ce serviteur que son maître en arrivant, trouvera agir de cette maniére.
47 En vérité je vous dis, qu'il l'établira sur tous ses biens.
48 Mais si c'est un méchant serviteur, qui dise en lui-même; Mon maître tarde à venir:
49 Et qu'il se mette à battre ses compagnons de service, & à manger & à boire avec les yvrognes:
50 Le maître de ce serviteur viendra au jour qu'il ne l'at- t Luc 12. 46.
tend point, & à l'heure qu'il ne sait point. u Pse. 125. 5.
51 t Et il le séparera, u & le mettra au rang des hypocrites: x ch. 8. 12.
x là il y aura des pleurs & des grincemens de dents. & 13. 42. 25. 30. Luc 12. 28.

CHAPITRE XXV.

La parabole des vierges, 1. *Celle des Talens*, 14. *La description du jugement dernier*, 31. &c.

1 ALors le Royaume des cieux sera semblable à dix vierges, qui [1] ayant pris leurs lampes, s'en allerent au devant de l'époux.

1 C'est-à-dire, lors que Dieu fera cette séparation des bons & des méchans, ce qu'ils ne fera qu'au dernier jour.

2 Or il y en avoit cinq sages, & cinq folles.
3 Les folles, en prenant leurs lampes, n'avoient point pris d'huile avec elles.
4 Mais les sages avoient pris de l'huile dans leurs vaisseaux avec leurs lampes.

5 Et comme [2] l'époux tardoit à venir, elles someillerent
toutes, & s'endormirent.
6 Or à minuit il se fit un cri, *disant*; Voici, l'époux vient
sortez au devant de lui.
7 Alors toutes ces vierges se leverent, & préparerent leurs
lampes.
8 Et les folles dirent aux sages; Donnez-nous de vôtre
huile, car nos lampes s'éteignent.
9 Mais les sages répondirent, en disant; *Nous ne pouvons*,
de peur que nous n'en ayons pas assez pour nous & pour
vous: [3] mais plustôt allez vers ceux qui en vendent, & en achettez pour vous-mêmes.
10 Or pendant qu'elles en alloient achetter, l'époux vint:
& celles qui étoient prêtes entrerent avec lui aux nôces,
[a] puis la porte fut fermée.
11 Aprés cela les autres vierges vinrent aussi, & dirent;
Seigneur, Seigneur, ouvre-nous.
12 Mais il leur répondit, & dit; [b] En vérité je vous dis,
que je ne vous connois point.
13 [c] Veillez donc: car vous ne savez ni le jour ni l'heure en
laquelle le Fils de l'homme viendra.
14 [d] Car il en est [4] comme d'un homme qui s'en allant dehors, appella ses serviteurs, & leur commit ses biens.
15 Et il donna à l'un cinq talens, & à l'autre deux, & à
un autre un: à chacun selon sa portée: & aussi-tôt après il
partit.
16 Or celui qui avoit reçu les cinq talens, s'en alla, & en
trafiqua, & gagna cinq autres talens.
17 De même celui qui avoit reçu les deux, en gagna aussi
deux autres.
18 Mais celui qui n'en avoit reçu qu'un, s'en alla, & l'en-
fouït dans la terre, & cacha l'argent de son maître.
19 Or long-temps aprés, le maître de ces serviteurs vint,
& fit compte avec eux.
20 Alors celui qui avoit reçu les cinq talens, vint, & présenta cinq autres talens, en disant; Seigneur, tu m'as commis

2 Cet assoupissement des vierges sages designe le relâchement des meilleurs Chrétiens même, dans la vigilance spirituelle.

3 Ce trait ne convient qu'au sens litteral: car dans une parabole tous les traits ne sont pas toûjours mystiques.

a *Luc* 13. 25. *Apoc.* 21. 27. & 22. 15.
b *ch.* 7. 23. *Luc* 13. 25.
c *ch.* 24. 42. *Marc* 13. 33. *Apoc* 16. 15.
d *Marc* 13. 34.

4 Cette parabole est fort semblable à celle qui est rapportée Luc 19. 12. mais elles sont pourant differentes dans les temps & dans les lieux où elles ont été dites par J. C. celle du 19. de S. Luc regardoit les Juifs; celle-ci regarde tous les hommes &c.

mis cinq talens, voici, j'en ai gagné cinq autres par dessus.
21 Et son Seigneur lui dit; Cela va bien, bon & fidele serviteur: tu as été fidele en peu de chose, je t'établirai sur
beaucoup: entre dans la joye de ton Seigneur.
22 Ensuite celui qui avoit reçu les deux talens, vint, &
dit; Seigneur, tu m'as commis deux talens; voici, j'en ai
gagné deux autres par dessus,
23 Et son Seigneur lui dit; Cela va bien, bon & fidele serviteur, tu as été fidele en peu de chose, je t'établirai sur
beaucoup: entre dans la joye de ton Seigneur.
24 Mais celui qui n'avoit reçu qu'un talent, vint, & dit;
Seigneur, je savois que tu es un homme [5] rude, [6] qui mois-
sones où tu n'as point semé; & qui amasses où tu n'as point
répandu.
25 C'est pourquoi craignant, je suis allé cacher ton talent
dans la terre: voici, tu as *ici* ce qui t'appartient.
26 Et son Seigneur répondant, lui dit; Méchant & lâche
serviteur, tu savois que je moissonnois où je n'ai point semé,
& que j'amassois où je n'ai point répandu.
27 Il falloit donc que tu donnasses mon argent aux ban-
quiers, & à mon retour je l'aurois reçu avec l'interêt.
28 Otez lui donc le talent, & donnez-le à celui qui a les
dix talens.
29 [e] Car à chacun qui a, il sera donné, & il en aura encore plus: mais à celui qui n'a rien, cela même qu'il a, lui sera ôté.
30 Jettez donc le serviteur inutile [f] dans les ténébres de dehors: là il y aura des pleurs & des grincemens de dents.
31 Or [g] quand le Fils de l'homme viendra dans sa gloire,
& tous ses saints Anges avec lui, alors il s'asseyera sur le
trône de sa gloire.
32 Et toutes les nations seront assemblées devant lui: [h] &
il séparera les uns d'avec les autres, comme le berger sépare
les brebis d'avec les boucs.
33 Et il mettra les brebis à sa droite, & les boucs à sa gauche.
34 Alors le Roi dira à ceux qui seront à sa droite; Venez

5 C'est-à-dire, un homme exact; & qui ne veut rien perdre, mais qui veut au contraire profiter de tout.
6 Ceci regardoit le surcroit qui revient à un homme de son capital, par l'industrie & les soins de ceux qui sont à son service.
e *ch.* 13. 12. *Marc* 4. 25. *Luc* 8. 18. & 19. 26.
f *ch.* 8. 12. & 22. 13. & 24. 51.
g *ch.* 16. 27. 1 *Thess.* 4. 16. 2 *Thess.* 1. 7. *Jud.* vs. 15.
h *Pse.* 1. 5. *Ezech.* 34. 17. *Rom.* 14. 10. 2 *Cor.* 5. 10.

les bénis de mon Pére, possédez en héritage le Royaume
qui vous a été preparé [7] dés la fondation du monde.
35 Car [i] j'ai eu faim, & vous m'avez donné à boire: j'étois
étranger, & vous m'avez recueilli:
36 J'étois nud, & vous m'avez vêtu: j'étois malade, [k] &
vous m'avez visité: j'étois en prison, & vous êtes venus
vers moi.

37 Alors les justes lui répondront, en disant; Seigneur,
quand est-ce que nous t'avons vû avoir faim, que nous t'a-
vons donné à manger; ou avoir soif, & que nous t'avons
donné à boire?

38 Et quand est-ce que nous t'avons vû étranger, & que
nous t'avons recueilli; ou nud, & que nous t'avons vêtu?
39 Ou quand est-ce que nous t'avons vû malade, ou en prison, & que nous sommes venus vers toi?
40 Et le Roi répondant, leur dira; En vérité je vous dis,
qu'entant que [l] vous l'avez fait à l'un de ces plus petits de
mes fréres, vous me l'avez fait *à moi-même*.
41 Alors il dira aussi à ceux qui seront à sa gauche; [m] Mau-
dits [8] retirez-vous de moi, *& allez* [9] au feu éternel, qui est
préparé au diable & à [n] ses Anges.
42 [o] Car j'ai eu faim, & vous ne m'avez point donné à
manger: j'ai eu soif, & vous ne m'avez point donné à boire:
43 J'étois étranger, & vous ne m'avez point recueilli: j'ai
été nud, & vous ne m'avez point vêtu: j'ai été malade & en
prison, & vous ne m'avez point visité.
44 Alors ceux-là aussi lui répondront, en disant; Seigneur,
quand est-ce que nous t'avons vû avoir faim, ou avoir soif,
ou être étranger, ou nud, ou malade, ou en prison, & que
nous ne t'avons point secouru?
45 Alors il leur répondra, en disant; En vérité je vous
dis, que parce que vous ne l'avez point fait à l'un de ces petits, vous ne me l'avez point fait aussi.
46 Et [p] ceux-ci s'en iront aux peines éternelles: mais les
justes iront à la vie éternelle.

7 Ou, *avant* comme
Apoc. 17. 8.
i *Esa.* 58. 7. *Ezéch.* 18. 7.
k *Eccl.* 7. 36.
l *ch.* 10. 42. *Prov.* 19. 17.
m *ch.* 7. 23. *Luc* 31. 27. *Pse.* 6. 9.
8 C'est-ce que les Theologiens appellent la *peine de dam*, ou de privation de la vûe de la face de Dieu.
9 C'est cette autre sorte de peine, que les mêmes Theologiens nomment *peine de sentiment*: il y aura donc l'une & l'autre.
n *ch.* 12. 4. *Apoc.* 12. 7.
o *Job.* 31. 16-32.
p *Deut.* 12. 2. *Jean* 5. 29.

CHA-

CHAPITRE XXVI.

Les Juifs font leur complot pour se saisir de J. C. 3. Une femme verse sur sa tête un parfum de grand prix, 7. Judas va s'offrir aux Sacrificateurs de le leur livrer, 14. J. C. donne ses ordres pour la célébration de la Pasque, 17. Il fait la Pasque, 20. Et il institue l'Eucharistie, 26. Il prédit à ses Disciples qu'ils l'abandonneront cette même nuit, 31. Pierre lui proteste qu'il ne l'abandonnera point, 33. J. C. lui prédit qu'il le renieroit jusqu'à trois fois, 34. Le Seigneur se retire dans le jardin de Gethsemané, 36. Son ame y est dans l'agonie, 38. Ses ennemis viennent l'y prendre, 47. Pierre tire l'épée pour l'empêcher, 51. On amene Jésus chez Caiphe, 57. On lui fait là son procès, 59. Pierre l'y renie, 70. Mais il reconnoit aussi-tôt son péché, 75.

[a] ET il arriva que quand Jésus eut achevé tous ces discours,
il dit à ses Disciples.
2 Vous savez que la *Feste de* Pasque est dans deux jours; &
le Fils de l'homme va être livré pour être crucifié.
3 [b] Alors les principaux Sacrificateurs, & les Scribes, &
les Anciens du peuple s'assemblerent dans la salle du souverain Sacrificateur, appellé Caiphe;
4 Et tinrent conseil ensemble pour se saisir de Jésus par finesse, afin de le faire mourir.
5 Mais ils disoient; Que ce ne soit point durant la Feste,
de peur qu'il ne se fasse quelque émotion parmi le peuple.
6 [c] Et comme Jésus étoit à Béthanie, dans la maison de
Simon [1] le lépreux:
7 Il vint à lui une femme qui avoit une boîte d'huile de
parfum de grand prix, & qui la répandit sur sa tête, lors
qu'il étoit à table.
8 [d] Mais [2] ses Disciples voyant cela, en furent indignez, &
dirent; A quoi sert cette perte?
9 Car ce parfum pouvoit être vendu beaucoup, & être
donné aux pauvres.
10 Mais Jésus connoissant cela, leur dit; Pourquoi donnez-vous du déplaisir à cette femme? car elle a fait une bonne action envers moi.
11 Parce que [e] vous aurez toûjours des pauvres avec vous,
[f] mais vous ne m'aurez pas toûjours.
12 Car ce qu'elle a répandu cette huile de parfum sur mon
corps, elle l'a fait [3] pour *l'appareil de* ma sépulture.

13 En

a *Marc* 14. 1. *Luc* 22. 1.
b *Pse.* 2. 2. *Jean* 11. 47.
c *Marc* 14. 3.
1 C'étoit apparenment un simple *surnom*, comme celui de *juste* Act. 1. 23. & plusieurs autres, mais qui ne veut pourtant pas dire que cet homme fût effectivement lépreux.
d *Jean* 12. 5.
2 C'est-à-dire, l'un de ses disciples. Ainsi ch. 27. 44. Gen 8. 4. Jug. 12. 7. &c.
e *Deut.* 15. 11. *Marc* 14. 7. *Jean* 12. 8.
f *Jean* 16. 4. 7. 10. 16. 28. & 17. 11. 12.
3 Le mot d'*appareil* n'étant pas dans l'Original, on peut traduire plus clairement *par rapport*, à *ma sepulture*, pour dire, que c'étoit dans les vûes de la Providence divine un prélude de l'embaumement qui seroit fait dans peu de jours à son corps: Jean 19. 39. 40.

13 En vérité je vous dis, que par tout où cet Evangile sera
prêché, dans tout le monde, ce qu'elle a fait sera aussi recité
en mémoire d'elle,
14 [g] Alors l'un des douze, appellé Judas Iscariot, s'en alla
vers les principaux Sacrificateurs,
15 Et leur dit; Que me voulez-vous donner, & je vous le
livrerai? Et [h] ils lui compterent [4] trente pieces d'argent.
16 Et dès-lors il cherchoit une occasion pour le livrer.
17 [i] Or [5] le premier jour des pains sans levain, les Disciples
vinrent à Jésus, en lui disant; Où veux-tu que nous t'apprêtions à manger la Pasque?
18 Et il répondit; Allez à la ville vers un tel, & dites-lui;
Le Maître dit, [6] Mon temps est proche; je ferai la Pasque
chez toi avec mes Disciples.
19 Et les Disciples firent comme Jésus leur avoit ordonné,
& preparerent la Pasque.
20 [k] Or quand [7] le soir fut venu, il se mit à table avec les
douze.
21 Et [8] comme ils mangeoient, il *leur* dit; En vérité je
vous dis, que l'un de vous me trahira.
22 Et ils en furent fort contristez, & chacun d'eux se mit
à lui dire, Seigneur, est-ce moi?
23 Mais il leur répondit, & dit; Celui qui a mis sa main
au plat pour tremper avec moi, c'est celui qui me trahira.
24 Or le Fils de l'homme s'en va, selon qu'il est écrit de lui:
mais malheur à cet homme par qui le Fils de l'homme est trahi;
il eût été bon à cet homme-là de n'être point né.
25 Et Judas qui le trahissoit, répondant dit; Maître, est-
ce moi? *Jésus* lui dit; Tu l'as dit.
26 [l] Et comme ils mangeoient, Jésus prit le pain. & après
qu'il eut rendu graces, il le rompit, & le donna à ses Disciples, & leur dit; [m] Prenez, mangez: [9] ceci est mon corps.
27 Puis

g *Marc* 14.10. *Luc* 22.4. h *Zach.* 11.12. 4 C'étoient 30 sicles, qui étoit le prix ordinaire d'un esclave, Exod. 21.32. Le sicle valoit environ 30. sols de Hollande, & 35. ou 36. de France. i *Marc* 14.12. *Luc* 22.7. 5 C'étoit le Jeudi, sur le soir duquel commençoit la Pasque, Marc 14.12. & Luc 22.7. & il est appellé *le premier jour des pains sans levain*, parce qu'on commençoit dès lors à ôter des maisons toute sorte de pain levé. 6 C'est-à-dire, le temps de sa mort: Luc 22.15. k *Marc* 14.17. *Luc* 22.14. *Jean* 13.21. 7 Le temps auquel commençoit le vendredi 14. du mois, jour de Pasque, car les Juifs commençoient leurs jours par le coucher du soleil. 8 J. C. mangea donc la Pasque le 14 entre le soleil couchant & nuit fermée, le même jour que les Juïfs, qui fut le 14. du mois, non à la même heure; car il la mangea vers le commencement du 14. & eux vers la fin. l *Marc* 14.22. 1 *Cor.* 11.25. m *Luc* 22.17. 1 *Cor.* 11.24. 9 Voyez la Note sur Marc 14 22. &c.

27 Puis ayant pris la coupe, & rendu graces, il la leur donna, en leur disant; Beuvez-en tous.
28 Car ceci est mon sang, le *sang* du Nouveau Testament,
[n] qui est répandu pour plusieurs en rémission des péchez. n *ch.* 20. 28.
29 Or je vous dis; [o] Que depuis cette heure je ne boirai *Rom.* 5. 15.
point de ce fruit de vigne, jusqu'au jour que je le boirai nou- o *Marc* 14. 25. *Luc* 22. 18.
veau avec vous dans le Royaume de mon Pére.
30 Et quand ils eurent chanté le Cantique, ils s'en allerent
à la montagne des Oliviers.
31 [p] Alors Jésus leur dit; [q] Vous serez tous cette nuit scan- p *Marc* 14. 27.
dalisez en moi: car il est écrit; [r] Je frapperai le Berger, & *Jean* 16. 32.
les brebis du troupeau seront dispersées. q *vs.* 56.
32 [s] Mais après que je serai ressuscité, j'irai devant vous en r *Zach.* 13. 7. s *Marc* 14. 28.
Galilée. & 16. 7.
33 Et Pierre prenant la parole, lui dit; Quand même tous t *Marc* 14. 30. *Luc* 22. 34.
seroient scandalisez en toi, je ne le serai jamais. *Jean* 13. 38.
34 Jésus lui dit; [t] En vérité je te dis, qu'en cette même 10 C'est-à-dire, ait a-
nuit, avant que le coq [10] ait chanté, tu me renieras trois fois. chévé de
35 Pierre lui dit; Quand même il me faudroit mourir avec chanter. vs. 75.
toi, je ne te renierai point: & tous les Disciples dirent la u *Marc* 14.
même chose. 32. *Luc* 22.
36 [u] Alors Jésus s'en vint avec eux en un lieu appellé Geth- 39 *Jean* 18. 1.
sémané; & il dit à ses Disciples; [11] Asseyez-vous ici, jusqu'à 11 Ou, *demeurez ici.*
ce que je m'en aille, & que je prie là. 12 C'est-à-
37 Et il prit avec lui Pierre & les deux fils de Zébédée, & dire, jusqu'à
il commença à être contristé, & fort angoissé. me faire mourir de
38 Alors il leur dit; Mon ame est de toutes parts saisie douleur.
de tristesse [12] jusques à la mort: demeurez ici, & veillez x *Marc* 14. 35. *Luc* 22.
avec moi. 41. &c.
39 [x] Puis s'en allant un peu plus avant, il se prosterna le vi- y *Jean* 12. 27. *Heb.* 5. 7.
sage contre terre, [y] priant, & disant; Mon Pére, s'il est 13 C'est-à-
possible, fai que [13] cette coupe passe loin de moi: toutefois dire, le cali-
non point comme je veux, mais comme tu veux. ce de ton indignation,
40 Puis il vint à ses Disciples, & il les trouva dormans, & car J. C. se consideroit
il dit à Pierre; Est-il possible que vous n'ayez pû veiller une comme chargé des pé-
heure avec moi? chez du

K 41 [z] Veil- monde.

41 [z] Veillez, & priez que vous n'entriez point en tentation:
[14] car l'esprit est prompt, mais la chair est foible.
42 Il s'en alla encore pour la seconde fois; & il pria, disant;
Mon Pére, s'il n'est pas possible que cette coupe passe loin
de moi, sans que je la boive; que ta volonté soit faite.
43 Il revint ensuite, & les trouva encore dormans: car leurs
yeux étoient appesantis.
44 Et les ayant laissez, il s'en alla encore, & pria pour la
troisiéme fois, disant les mêmes paroles.
45 Alors il vint à ses Disciples, & leur dit; [15] Dormez do-
resnavant, & vous reposez: voici, l'heure est proche, & le
Fils de l'homme va être livré entre les mains des méchans.
46 Levez-vous, allons, voici, celui qui me trahit s'approche.
47 [a] Et comme il parloit encore, voici Judas, l'un des douze, vint, & avec lui une grande troupe, avec des épées &
des bâtons, de la part des principaux Sacrificateurs, & des
Anciens du peuple.
48 Or celui qui le trahissoit leur avoit donné un signal, disant; Celui que je baiserai, c'est lui, saisissez-le.
49 Et incontinent s'approchant de Jésus, il lui dit; Maître, bien te soit: & il le baisa.
50 Et Jésus lui dit; Compagnon, pour quel sujet es-tu ici?
Alors s'étant approchez, ils mirent les mains sur Jésus, & le
saisirent.
51 Et voici, [b] l'un de ceux qui étoient avec Jésus, avançant la main, tira son épée, & en frappa le serviteur du souverain Sacrificateur, & lui emporta l'oreille.
52 Alors Jésus lui dit; Remets ton épée en son lieu: [16] car
[c] tous ceux qui auront pris l'épée, périront par l'épée.
53 Ou penses-tu que je ne puisse pas maintenant prier mon
Pére, qui me donneroit présentement [17] plus de douze Lé-
gions d'Anges?
54 Mais comment seroient accomplies [d] les Ecritures, qui
disent, qu'il faut que cela arrive ainsi?
55 En ce même instant Jésus dit aux troupes; [e] Vous étes
sortis

z *Marc* 13. 33.

14 C'est-à-dire, car il est bien vrai que l'esprit, c'est-à-dire, ce que le Fidele a de spirituel & de zele, est hardi, courageux, intrepide; mais il y a en lui la chair, les foiblesses humaines, dont il doit toûjours se défier

15 C'est-à-dire, Je n'ai plus affaire que vous veilliez avec moi.

a *Marc* 14. 43. *Luc* 22. 47. *Jean* 18. 3.

b *Jean* 18. 10.

16 C'est-à-dire, je les punirai par l'épée; les Juifs, par les Romains.

c *Gen.* 9. 6. *Apoc.* 13. 10.

17 C'est-à-dire, un grand nombre d'Anges: la légion étoit ordinairement de six mille hommes.

d vs. 56. *Luc* 24. 26. 27.

e *Pse.* 22. 13. *Esa.* 53. 7. 8. 10.

ſortis avec des épées & des bâtons, comme après un brigand,
pour me prendre: j'étois tous les jours aſſis parmi vous, enſeignant dans le Temple, & vous ne m'avez point ſaiſi.
56 Mais tout ceci eſt arrivé, afin que [18] les Ecritures des
Prophetes ſoient accomplies. [f] Alors tous les Diſciples l'a-
bandonnerent, & s'enfuïrent.
57 [g] Et ceux qui avoient pris Jéſus l'amenerent chez Caïphe, ſouverain Sacrificateur, chez qui les Scribes & les Anciens étoient aſſemblez.
58 Et Pierre les ſuivoit de loin juſques à la cour du ſouverain Sacrificateur, & étant entré dedans, il s'aſſit avec les
officiers pour voir quelle en ſeroit la fin.
59 [h] Or les principaux Sacrificateurs, & les Anciens, &
tout le Conſeil cherchoient de faux témoignages contre Jéſus, pour le faire mourir.
60 [19] Mais ils n'en trouvoient point: & bien que pluſieurs
faux témoins fuſſent venus, ils n'en trouverent point *de propres:* mais à la fin deux faux témoins s'approcherent.
61 Qui dirent; Celui-ci a dit; [20] Je puis détruire le Temple de Dieu, & le rebâtir en trois jours.
62 Alors le ſouverain Sacrificateur ſe leva, & lui dit; Ne
réponds-tu rien? Qu'eſt-ce que ceux-ci témoignent contre toi?
63 Mais Jéſus ſe tut. Et le ſouverain Sacrificateur prenant
la parole, lui dit; Je t'adjure par le Dieu vivant, de nous
dire ſi tu es le Chriſt, le Fils de Dieu.
64 [i] Jéſus lui dit; [21] Tu l'as dit: [k] de plus, je vous dis que
deſormais [22] vous verrez le Fils de l'homme aſſis à la droite
de la Puiſſance *de Dieu*, & venant ſur les nuées du ciel.
65 Alors le ſouverain Sacrificateur déchira ſes vêtemens,
en diſant; [23] [l] Il a blaſphemé: qu'avons-nous plus affaire de
témoins? Voici, vous avez ouï maintenant ſon blaſpheme:
Que vous en ſemble?
66 Ils répondirent; [m] Il eſt digne de mort.
67 Alors ils lui [n] cracherent au viſage, & les uns lui don-

18 C'étoient en général toutes les prédictions de ſa mort.
f vs. 31.
g *Marc* 14. 53. *Luc* 22. 54. *Jean* 18. 24.
h *Marc* 14. 55.
19 Ce fut un effet admirable de la ſageſſe de Dieu, qui ne voulut pas ſouffrir que la reputation de ſon Fils demeurât chargée d'aucune flétriſſure.
20 C'eſt en cela qu'ils étoient de faux temoins, car J. C. ne s'étoit pas ainſi exprimé Jean 2. 19.
i *Marc* 14. 62.
21 C'eſt-à-dire, il eſt comme tu l'as dit
k *ch.* 16. 27. & 24. 30
22 Conférez avec le ch. 24. vs. 30.
23 Ce n'eut pas été un blaſpheme, ſi J.C. ne s'étoit dit *Fils du Dieu vivant*, que pour ſignifier qu'il étoit le Meſſie. Il avoit donc ſignifié par ces mots qu'il étoit proprement le Fils de Dieu, & Dieu même. l *Jean* 5. 18. m *Lévit.* 24. 16. n *Eſa.* 50. 6.

noient des soufflets, & les autres le frappoient de leurs verges:
68 En lui disant; Christ, [24] prophétise-nous qui est celui
qui t'a frappé?
69 [o] Or Pierre étoit assis dehors dans la cour, & une servante s'approcha de lui, & lui dit; Tu étois aussi avec Jésus
le Galiléen.
70 Mais il le nia devant tous, en disant; Je ne sai ce que tu dis.
71 Et comme il sortoit dehors au portail, une autre servante le vit, & elle dit à ceux qui étoient là; Celui-ci aussi
étoit avec Jésus le Nazarien.
72 Et il le nia encore avec serment, disant; Je ne connois
point cet homme.
73 Et un peu après ceux qui se trouvoient là s'approcherent,
& dirent à Pierre; Certainement tu es aussi de ceux-là, car
ton langage te donne à connoître.
74 [p] Alors il se prit [25] à faire des imprécations, & à jurer,
en disant; Je ne connois point cet homme; & incontinent
le coq chanta.
75 Et Pierre se souvint de la parole de Jésus qui lui avoit dit;
Avant que le coq ait chanté, tu me renieras trois fois: & é-
tant sorti dehors, il pleura amérement.

24 On faisoit un jeu de lui, le mettant à deviner, après lui avoir convert les yeux.

o *Marc* 14. 66. *Luc* 22. 55. *Jean* 18. 16. 17.

p *Marc* 14. 71.

25 Gr. *à s'anathematiser*.

CHAPITRE XXVII.

J. C. condamné par le Sanhédrin, 1. 3. Remords de Judas, 3. De l'argent qu'on lui avoit donné on achette le champ d'un potier, 6. J. C amené devant Pilate, 11. Qui vouloit le relâcher, 17 On lui demande la liberté pour Barrabas, 21. Pilate lave ses mains pour déclarer qu'il est innocent de la mort de J. C. 24 On lui fait plusieurs indignitez, 26 On le conduit au Calvaire, 32. On le crucifie, 34. Et avec lui deux brigands, 38. On lui insulte par des railleries, 40. Il est en croix depuis midi jusqu'à trois heures, 45. 50. Sa mort est accompagnée de plusieurs miracles, 52. Joseph d'Arimathée prend soin de sa sépulture, 57. Les Juifs font mettre des gardes à son sépulcre, 62.

[a] PUis quand le matin fut venu, tous les principaux Sacrificateurs & les Anciens du peuple [1] tinrent conseil contre Jésus [2] pour le faire mourir.

2 [b] Et

a *Marc* 15. 1. *Luc* 22. 66. *Jean* 18. 28.

1 ch. 26. 57. Ils avoient fait le procès à J. C. la nuit dans la maison de Caïphe, mais comme ce procedé étoit contre les formes, ils voulurent le rectifier en s'assemblant dans la forme ordinaire le matin, & au lieu ordinaire, Luc 22. 66.

2 C'est-à-dire, pour resoudre dans les formes l'arrêt de sa mort dont ils étoient convenus, ch. 26. 66.

2 [b] Et l'ayant lié, [3] ils l'amenerent & le livrerent à Ponce
Pilate, qui étoit le Gouverneur.
3 Alors Judas qui l'avoit trahi, voyant qu'il étoit condamné, se repentit, & reporta les trente piéces d'argent aux
principaux Sacrificateurs & aux Anciens,
4 En leur disant; J'ai péché en trahissant le sang innocent:
mais ils lui dirent; Que nous importe? tu y aviseras.
5 Et après avoir [c] jetté les piéces d'argent [4] dans le Temple,
il se retira, & [d] s'en étant allé, [5] il s'étrangla.
6 Mais les principaux Sacrificateurs ayant pris les piéces
d'argent, dirent; Il n'est pas permis de les mettre dans le
Trésor: car c'est un prix de sang.
7 Et après qu'ils eurent consulté entr'eux, [e] ils en achetterent [6] le champ d'un potier, pour la sépulture des étrangers.
8 C'est pourquoi ce champ-là a été appellé jusqu'à aujourd'
hui, [f] le champ du sang.
9 Alors fut accompli ce dont il avoit été parlé [7] par Jérémie
le Prophete, disant; Et ils ont pris trente piéces d'argent,
le prix de celui qui a été apprécié, lequel ceux d'entre les
enfans d'Israël ont apprécié;
10 Et ils les ont données pour en achetter le champ d'un
potier, selon ce que le Seigneur m'avoit ordonné.
11 Or Jésus fut présenté devant le Gouverneur, & le Gouverneur l'interrogea, disant; [g] Es-tu le Roi des Juifs? Jésus
lui répondit; Tu le dis.
12 Et étant accusé par les principaux Sacrificateurs & les
Anciens, [h] il ne répondit rien.
13 Alors Pilate lui dit; N'entends-tu pas combien ils portent de témoignages contre toi?
14 Mais [i] il ne lui répondit pas un mot sur quoi que ce
fut: de sorte que le Gouverneur s'en étonnoit extrémement.

b ch. 20. 18. 19. *Luc* 23. 1. 3 Ce fut parce qu'ils voulurent que Pilate le fit mourir pour crime d'état & pour s'être dit Roi de la Judée. c *Zach.* 11. 13. 4 Ce fut dans le lieu où le Sanhedrin étoit assemblé, qui étoit un des appartemens renfermez dans la grande enceinte du Temple. d *Act.* 1. 18. 5 Ou, *se precipita.* Act. 1. 18. soit qu'en s'étranglant il soit tombé, ou que le terme dont S. Matthieu s'est servi, ait eu aussi cette signification. e *Zach.* 11. 13. 6 C'étoit quelque terre dont on avoit creusé & emporté l'argile, & qui dès-là ne pouvoit pas être vendu fort cher, quoi qu'il fût tout proche de la ville. f *Act.* 1. 19. 7 Ce passage n'est pas dans Jérémie, mais dans Zacharie; & ce qui fait qu'il est cité ici sous le nom de Jérémie, c'est vraisemblablement à cause que dans le partage que les Juifs avoient fait en divers volumes des Livres de l'ancien Testament, celui où étoit Zacharie, commençoit par Jérémie, comme par la même raison on appelloit le premier volume, *la Loi*; le second les *Pseaumes*, quoi que le premier contint plus de livres que celui de la Loi, & le second, plus que les Pseaumes: conferez avec Luc 24. 44. & Jean 10. 34. g *Marc* 15. 2. *Luc* 23. 3. *Jean* 18. 33. 37. h *ch.* 26. 63. *Esa.* 53. 7. *Marc* 15. 5. 8 Toutes ces accusations étoient si frivoles, qu'elles se détruisoient d'elles-mêmes.

i *Marc* 15. 6. 15 [i] Or le Gouverneur avoit accoûtumé de relâcher au peu-
Luc 23. 17. *Jean* 18. 39. ple *le jour de* la Feste un prisonnier, quel que ce fût qu'on
demandât.

16 Et il y avoit alors un prisonnier notable, nommé Barrabas.

17 Quand donc il furent assemblez, Pilate leur dit; Lequel voulez-vous que je vous relâche? Barrabas; ou Jésus
qu'on appelle Christ?

18 Car il savoit bien qu'ils l'avoient livré par envie.

19 Et comme il étoit assis au siége judicial, sa femme envoya lui dire; N'entre point dans l'affaire de ce juste, car
j'ai aujourd' hui beaucoup souffert à son sujet en songeant.

k *Marc* 15. 11. 20 [k] Et les principaux Sacrificateurs & les Anciens persua-
Luc 23. 17. *Jean* 18. 39. derent à la multitude du peuple de demander Barrabas, &
Act. 3. 14. de faire périr Jésus.

21 Et le Gouverneur prenant la parole, leur dit; Lequel des
deux voulez-vous que je vous relâche? Ils dirent, Barrabas.

22 Pilate leur dit; Que ferai-je donc de Jésus qu'on appelle Christ? Ils lui dirent tous; Qu'il soit crucifié.

23 Et le Gouverneur leur dit; Mais quel mal a-t-il fait?
& ils crierent encore plus fort, en disant; Qu'il soit crucifié.

24 Alors Pilate, voyant qu'il ne gagnoit rien, mais que le
tumulte s'augmentoit, prit de l'eau, & lava ses mains devant
le peuple, en disant; [9] Je suis innocent du sang de ce juste:
vous y penserez.

9 Il n'en étoit que plus coupable de condamner un homme dans le même temps qu'il déclaroit qu'il le trouvoit innocent.

25 Et tout le peuple répondant, dit; Que son sang soit sur
nous, & sur nos enfans.

26 Alors il leur relâcha Barrabas: & [l] après avoir fait
fouetter Jésus, il le leur livra pour être crucifié.

27 Et les soldats du Gouverneur amenerent Jésus au Pré-
l *Marc* 15. 15. *Jean* 19. 1. toire, & assemblerent devant lui toute la bande.

28 Et après l'avoir depouillé, ils mirent sur lui un manteau
d'écarlate.

29 Et ayant fait une couronne d'épines entrelassées, il la
mirent sur sa tête, avec un roseau dans sa main droite: puis
s'agenouillant devant lui, ils se moquoient de lui, en disant;
m *Jean* 19. 3. [m] Bien te soit, Roi des Juifs.

30 [n] Et

30 [n] Et après avoir craché contre lui, ils prirent le roſeau,
& ils en frappoient ſa tête.
31 Et après s'être moquez de lui, ils lui ôterent le manteau, &
le vêtirent de ſes vêtemens, & l'amenerent pour le crucifier.
32 [o] Et comme ils ſortoient, ils rencontrerent un Cyrenien,
nommé Simon, lequel ils contraignirent de porter la croix
de Jéſus.
33 [p] Et étant arrivez au lieu appellé Golgotha, c'eſt-à-dire, [10] le lieu du Teſt;
34 [q] Ils lui donnerent à boire du vinaigre mêlé avec [11] du fiel:
mais quand ils en eut goûté, il n'en voulut point boire.
35 [r] Et [12] après l'avoir crucifié, ils partagerent ſes vêtemens,
en les jettant au ſort, [ſ] afin que ce qui avoit été dit par le
Prophete, fût accompli; [t] Ils ont partagé entr'eux mes vêtemens, & ont jetté au ſort mon ſaye.
36 Puis s'étant aſſis, il le gardoient-là.
37 [u] Ils mirent auſſi au deſſus de ſa tête un Ecriteau, où
la cauſe *de ſa condamnation* étoit marquée en ces mots,
CELUI-CI EST JESUS LE ROI DES JUIFS.
38 [x] Et deux brigands furent crucifiez avec lui, l'un à ſa
droite, & l'autre à ſa gauche.
39 Et ceux qui paſſoient par là, [y] lui diſoient des outrages,
en branlant la tête,
40 Et diſant; [z] Toi qui détruis le Temple, & qui le rebâtis en trois jours, ſauve-toi toi-même: [a] ſi tu es le Fils de
Dieu, deſcens de la croix.
41 [b] Pareillement auſſi les principaux Sacrificateurs avec les
Scribes & les Anciens, ſe moquant, diſoient.
42 Il a ſauvé les autres, il ne ſe peut ſauver lui-même: s'il
eſt le Roi d'Iſrael, qu'il déſcende maintenant de la croix, &
nous croirons en lui.
43 [c] Il ſe confie en Dieu, *mais* ſi *Dieu* l'aime, qu'il le
délivre maintenant, car il a dit; Je ſuis le Fils de Dieu.

44 [13] [d] Les

n *Eſa.* 50. 6.
o *Marc* 15. 21. *Luc* 23. 26.
p *Marc* 15. 22. *Luc* 23. 33. *Jean* 19. 17.
10 Ou, *le lieu du crane*, pour dire, le lieu où l'on faiſoit les exécutions à mort.
q *Marc.* 15. 23.
11 C'eſt-à-dire, des drogues ameres, comme ſont l'encens, & la myrrhe, dont cette boiſſon étoit compoſée; & l'on croit qu'on avoit coutume de s'en ſervir en pareilles exécutions, d'un côté pour rafraichir, par le moyen du vinaigre, la bouche de ces malheureux ſuppliciez, & de l'autre, pour aſſoupir, par le moyen de la myrrhe & de l'encens, qui faiſoit impreſſion ſur le cerveau, & où il cauſoit quelque trouble, une partie du ſentiment.
r *Marc* 15. 24. *Luc* 23. 34.
12 C'eſt-à-dire, après l'avoir mis en croix.
ſ *Jean* 19. 23.
t *Pſe.* 22. 19.
u *Marc* 15. 26. *Luc* 23. 38. *Jean* 19 19
x *Marc* 15. 27 *Luc* 23. 32. 33. *Eſa.* 53. 12.
y *Marc* 15. 29. *Pſe.* 22. 7. 8.
z *ch.* 26. 61. 63. 64 *Jean* 2. 19.
a *Marc* 15. 31. *Luc* 23. 35.
b *Pſe.* 22. 13. 14. *Eſa.* 53. 3.
c *Pſe.* 22. 9. *Sap.* 2. 18.

44 [13] [d] Les brigands aussi qui étoient crucifiez avec lui, lui
reprochoient la même chose.
45 [e] Or [14] depuis six heures il y eut des ténébres sur tout le
païs, jusqu'à neuf heures.
46 [f] Et environ [15] les neuf heures Jésus s'écria à haute voix,
en disant; [g] Eli, Eli, lamma sabachtani? c'est-à-dire, Mon
Dieu, mon Dieu, pourquoi m'as-tu abandonné?
47 [h] Et quelques-uns de ceux qui étoient là présens, ayant
entendu cela, disoient; [16] Il appelle Elie.
48 [i] Et aussi-tôt un d'entr'eux courut, & prit une éponge,
[k] & l'ayant remplie de vinaigre, la mit à l'entour d'un roseau, & lui en donna à boire.
49 Mais les autres disoient; Laisse, voyons si Elie viendra
le sauver.
50 [l] Alors Jésus ayant crié encore à haute voix, rendit l'esprit.
51 Et voici, [17] [m] le voile du Temple se déchira en deux,
depuis le haut jusqu'en bas: & la terre trembla, & les pierres se fendirent.
52 Et les sépulcres s'ouvrirent, & plusieurs corps des Saints,
qui étoient endormis, se leverent.
53 Et étant sortis des sépulcres après sa résurrection, ils entrerent dans [n] la sainte Cité, & se montrerent à plusieurs.
54 [o] Or le Centenier, & ceux qui avec lui gardoient Jésus,
ayant vû le tremblement de terre, & tout ce qui venoit d'arriver, eurent une fort grande peur, & dirent: [p] Véritablement celui-ci étoit le Fils de Dieu.
55 [q] Il y avoit là aussi plusieurs femmes qui regardoient de
loin, & qui avoient suivi Jésus depuis la Galilée, [r] en le servant.
56 Entre lesquelles étoit Marie Magdelaine; & Marie mére
de Jacques & de Joses; & la mére des fils de Zébédée.
57 [s] Et le soir étant venu, un homme riche d'Arimathée,
nommé Joseph, qui même avoit été disciple de Jésus,
58 Vint à Pilate, & demanda le corps de Jésus: & en même temps Pilate commanda que le corps fût rendu.

13 C'est-à-dire, *l'un des brigands.* Voyez des exemples de cette expression dans la note sur le ch. 26. 8.
d *Luc* 23. 39.
e *Marc* 15. 33.
14 C'est-à-dire, un peu après midi.
f *Marc* 15. 34. *Luc* 23. 44.
15 C'est-à-dire, environ les trois heures après midi; & environ trois heures avant le coucher du soleil.
g *Pse* 22. 2.
h *Marc* 15. 35.
16 Ce fut une équivoque des soldats Romains, qui pouvoient avoir souvent ouï parler aux Juifs du Prophete Elie.
i *Marc* 15. 16. *Jean* 10. 29.
k *Pse.* 69. 22.
l *Marc* 15. 37. *Luc* 23. 46. *Jean* 19. 30.
17 C'étoit le voile qui faisoit la séparation du Sanctuaire avec le lieu Très-Saint.
m *Marc* 15. 38. *Luc* 23. 45. n *Néh* 11. 18. o *Marc* 15. 39. *Luc* 23. 47. p *ch.* 14. 33. q *Marc* 15. 40. *Luc* 23. 40. *Jean* 19. 25. r *Luc* 8. 2. 3. s *Marc* 15. 42. *Luc* 23. 50. *Jean* 19. 38.

59 Ainsi

59 Ainsi Joseph prit le corps, & l'enveloppa d'un linceul net:
60 [t] Et le mit [18] dans son sépulcre neuf, qu'il avoit taillé
dans le roc; & après avoir roulé une grande pierre à la porte
du sépulcre, il s'en alla.
61 [u] Et là étoient Marie Magdelaine, & [x] l'autre Marie,
assises vis-à-vis du sépulcre.
62 [y] Or [19] le lendemain, qui est après la préparation *du*
Sabbat; les principaux Sacrificateurs & les Pharisiens s'assemblerent vers Pilate,
63 Et lui dirent; Seigneur, [20] il nous souvient que [z] ce séducteur disoit, quand il étoit encore en vie; [a] Dans trois
jours je ressusciterai.
64 Commande donc que le sépulcre soit gardé sûrement
jusques au troisiéme jour, de peur que ses Disciples ne viennent
de nüit, & ne le dérobent, & qu'ils ne disent au peuple; Il est
ressuscité des morts; car ce dernier abus seroit pire que le
premier.
65 Mais Pilate leur dit; [21] Vous avez la garde; allez, &
assûrez-le comme vous l'entendrez.
66 Ils s'en allerent donc, [22] & assûrerent le sépulcre, [b] scée-
lant la pierre, & y mettant des gardes.

t *Marc* 15. 46. *Luc* 23. 53. *Jean* 19. 41. 18 Conferez avec Esa. 53. 9. 10. u *Marc* 15. 47. *Luc* 23. 55. x *ch.* 28. 1. y *Marc* 15. 42. *Luc* 23. 54. 19 Le Samedi commençant, & qui seroit à nôtre maniere, le soir du Vendredi, après le coucher du soleil. 20 Ils pouvoient avoir égard à ce que J. C. leur avoit dit, Matth. 12. 40. ou à ce qu'ils pouvoient en avoir ouï dire par d'autres.

z *Jean* 7. 12. a *ch.* 16. 21. & 17. 23. & 20. 19. 21 Vous avez vôtre propre garde, qui étoit celle du Temple, Act. 4. 1. 22 Dieu permit qu'ils prissent toutes ces précautions, afin de rendre plus certaine dans l'Eglise la résurrection de J. C. b *Dan.* 6. 17.

CHAPITRE XXVIII.

Le premier jour de la semaine un Ange ouvre le sépulcre de J. C. 1. 2. *L'Ange dit aux femmes d'aller dire aux Disciples que le Seigneur étoit ressuscité*, 5. 6. *J. C. se présente à elles*, 9. *Les Juifs donnent de l'argent aux gardes afin qu'ils dissent que le corps du Seigneur avoit été enlevé de nuit, par ses Disciples*, 12. *J. C. se montre à eux en Galilée*. 16. *Et leur donne ordre d'aller prêcher & baptizer par tout le monde*, 19.

OR [1] au soir du Sabbat, au jour qui devoit luire pour le
premier de la semaine, Marie Magdelaine, & l'autre
Marie vinrent [2] voir le sépulcre.

L 3 b Et

1 Les Juifs comprenoient sous le nom de *soir*, ou de *nuit*, (car dans leur langue d'alors un même mot signifioit l'un & l'autre) tout l'espace entre le coucher du soleil, & son lever: & il faut l'entendre ici en ce sens, & non pour le soir proprement dit, puis que ce fut dans le temps auquel la nuit finissoit, & non pas celui où elle commençoit, qui est proprement le soir, que J. C. ressuscite. 2 *Marc* 16. 2. *Luc* 24. 1. *Jean* 20. 1. 11.

2 Et voici, [2] il se fit un grand tremblement de terre, car
l'Ange du Seigneur [3] descendit du ciel, & vint, & roula la
pierre à côté de la porte *du sépulcre*, & s'assit sur elle.
3 [b] Et son visage étoit comme un éclair, & son vêtement
blanc comme de la neige.
4 Et les gardes en furent tellement saisis de frayeur, qu'ils
devinrent comme morts.
5 Mais [4] l'Ange prenant la parole, dit aux femmes; Pour
vous, n'ayez point de peur: car je sai que vous cherchez Jésus qui a été crucifié.
6 Il n'est point ici; car il est ressuscité, [c] comme il l'avoit
dit: venez, & voyez le lieu où le Seigneur étoit couché.
7 [d] Et allez vous-en promptement, & dites à ses Disciples
qu'il est ressuscité des morts. Et voici, [e] il s'en va devant
vous en Galilée, vous le verrez là: voici, je vous l'ai dit.
8 Alors [5] elles sortirent promptement du sépulcre avec
crainte & grande joye; & coururent l'annoncer à ses Disciples.
9 [f] Mais comme elles alloient pour l'annoncer à ses Disciples,
voici, Jésus se présenta devant elles, & leur dit; Bien vous
soit. Et elles s'approcherent, & empoignerent ses pieds,
[g] & l'adorerent.
10 Alors Jésus leur dit; Ne craignez point: [h] allez, & dites à mes fréres d'aller en Galilée, & qu'ils me verront là.
11 Or quand elles furent parties, voici, quelques-uns de
la garde vinrent dans la ville, & ils rapporterent aux principaux Sacrificateurs toutes les choses qui étoient arrivées.
12 Sur quoi *les Sacrificateurs* s'assemblerent avec les Anciens, & après avoir consulté, ils donnerent une bonne somme d'argent aux soldats,
13 En leur disant; Dites; Ses Disciples sont venus de nuit,
& l'ont dérobé lors que nous dormions.
14 Et si le Gouverneur vient à en entendre parler, nous le
lui persuaderons, & vous mettrons hors de peine.
15 Eux donc ayant pris l'argent, firent ainsi qu'ils avoient
été instruits: Et ce bruit s'en est répandu parmi les Juifs,
jusqu'à aujourd'hui.

2 Ou, *s'étoit fait* sav. lors que J.C. ressuscita, & avant que ces saintes femmes fussent arrivées au sépulcre.
3 Ou *étoit descendu &c.*
b *Marc* 16. 3. 4. 5. *Luc* 24. 4. 5. *Jean* 20. 12.
4 Il y en eut deux, Luc 24. 4. mais S. Matthieu n'a parlé que de celui qui avoit roulé la pierre hors de l'entrée du sépulcre.
c *ch.* 12. 40. & 16. 21. & 17, 23. & 20. 19.
d *Marc* 16. 7. 8.
e *ch.* 26. 32.
5 Elles y étoient entrées, à la sollicitation de l'Ange, vs. 6. Marc 16. 5.
f *Marc* 16. 9. *Jean* 20. 14.
g vs. 17. *Luc.* 24. 52. *Jean* 20. 16.
h *Jean* 20. 17. *Act.* 1. 3.

16 Mais

16 Mais les onze Disciples s'èn allerent en Galilée, [i] sur la
montagne où Jésus leur avoit ordonné *de se rendre*.
17 Et quand ils l'eurent vû, [7] ils l'adorerent, [k] mais [8] quelques-uns douterent.
18 Et Jésus s'approchant leur parla, en disant ; [l] Toute
puissance [8] m'est donnée dans le ciel & sur la terre.
19 Allez donc, [m] & enseignez toutes les nations, les bap-
tisant [9] au nom du Pére, & du Fils, & du Saint Esprit:
20 *Et* les enseignant de garder tout ce que je vous ai commandé. Et voici, [10] je suis toûjours avec vous [11] jusques à
la fin du monde. Amen.

i *ch.* 26. 32. *Jean* 21. 3. 6 Sav. d'une adoration religieuse, comme Luc 24. 52. k *Jean* 20. 25. 7 Ils douterent tous avant que de l'avoir encore vû lui même Luc 24. 11. mais quand ils l'eurent vû, il n'y eut que Thomas qui en doutât, mais le pluriel est ici mis pour le singulier, comme ch. 26. 8. & 27. 44. l *ch.* 11. 27. *Phil.* 2. 9. 10. 8 Ou, *va m'être donnée*, sav. après son ascension. m *Marc* 16. 15. *Luc* 24. 47. *Jean* 13. 3. 9 Le baptême ne pouvant point être administré au nom d'une créature, mais seulement au nom de Dieu, ils s'ensuit d'ici que le Fils est Dieu, & le S. Esprit aussi, de même que le Pére. 10 Sav. d'une présence de protection, de direction, & de grace; ce qui regarde J.C. comme Dieu; & non en qualité d'homme. 11 Cette expression dit la même chose que la précedente, & n'en est qu'une confirmation sous une idée pompeuse & magnifique.

LE SAINT EVANGILE DE NÔTRE SEIGNEUR JESUS-CHRIST, SELON SAINT MARC.

CHAPITRE I.

Jean Baptiste annonce aux Juifs la venue prochaine du Messie. 1. 3. *J. C. paroit aussi-tôt, & Jean le baptise*, 9. *Il est tenté dans le desert*. 13. *Il prêche en Galilée*, 14. *Il appelle Pierre & André*, 16. *Jacques & Jean*, 19. *Il enseigne dans la Synagogue de Capernaüm*, 21. *Y délivre un possédé*, 23. *Guérit de la fiévre la belle-mére de saint Pierre*, 30. *Et beaucoup d'autres malades*, 32. *Se retire en un desert*, 35. *D'où retournant à Capernaüm il guérit un lépreux*, 40.

LE commencement de l'Evangile de Jésus-Christ, Fils
de Dieu:

2 Selon qu'il eſt écrit dans les Prophetes; [a] Voici, [1] j'envoye mon meſſager devant ta face, lequel préparera ta voye
devant toi.
3 [b] La voix de celui qui crie dans le deſert *eſt*; Préparez
le chemin du Seigneur, dreſſez ſes ſentiers.
4 [c] Jean baptiſoit dans le deſert, & prêchoit le Baptême de
repentance, en rémiſſion des péchez.
5 [d] Et tout le païs de Judée, & les habitans de Jéruſalem
alloient vers lui, & [e] ils étoient tous baptiſez par lui dans le
fleuve du Jourdain, confeſſant leurs péchez.
6 [f] Or Jean étoit vêtu de poils de chameau, & avoit une
ceinture de cuir autour de ſes reins, & mangeoit des ſaute-
relles & du miel ſauvage.
7 Et il prêchoit, en diſant; [g] Il en vient un après moi qui
eſt plus puiſſant que moi, duquel je ne ſuis pas digne de délier, en me baiſſant, la courroye des ſouliers.
8 [h] Pour moi, je vous ai baptiſez d'eau: mais il vous bap-
tiſera du Saint Eſprit.
9 [i] Or il arriva en ces jours-là que Jéſus vint de Nazareth,
ville de Galilée, & il fut baptiſé par Jean au Jourdain.
10 Et incontinent comme il ſortoit hors de l'eau, *Jean* vit les
cieux ſe fendre, & le Saint Eſprit deſcendre ſur lui [2] comme une colombe.
11 Et il y eut une voix des cieux, *diſant*; [k] Tu es mon
Fils bien-aimé, en qui j'ai pris mon bon plaiſir.
12 [l] Et auſſi-tôt l'Eſprit le pouſſa au deſert.
13 Et il fut là au deſert quarante jours, étant tenté par
Satan; & il étoit avec les bêtes ſauvages, & les Anges [3] le
ſervoient.
14 [m] Or après que Jean eut été mis en priſon, Jéſus vint
en Galilée, prêchant l'Evangile du Royaume de Dieu,
15 Et diſant; Le temps eſt accompli, & [n] le Royaume de
Dieu eſt approché: amendez-vous, & croyez à l'Evangile.
16 [o] Et comme il marchoit près de la mer de Galilée, il
vit

Mal. 3. 1. *Matth.* 11. 10. *Luc* 7. 27.
1 Dieu le Pére parle ici à J. C. & il envoye devant lui Jean Baptiſte, au lieu que dans Malachie 3. 1. c'eſt J. C. lui-même qui dit *j'envoye* &c. mais c'eſt parce que les charges eccleſiaſtiques émanent, quoi que ſous divers égards, du Pére & du Fils, ainſi Gal. 1. 1 Eph. 4. 11. &c.
b *Eſa.* 40. 3. *Matth.* 3. 3. *Luc* 3. 4. *Jean* 1. 15 23.
c *Matth.* 3. 1. *Luc* 3. 3. *Act.* 13. 24.
d *Matth.* 3. 5. 6.
e *Luc* 3. 7. 1.
f *Matth.* 3. 4.
g *Matth.* 3. 11. *Luc* 3. 16. *Jean* 1 27. *Act* 13. 25.
h *Matth.* 3. 11. *Luc* 3. 16. *Jean* 1 26. *Act.* 1. 5. & 2. 4. & 11 16. & 19. 4.
i *Matth.* 3. 13. *Luc* 3. 21. *Jean* 1. 32.
2 Conferez avec Eſa. 42. 1. 2. 3

k *Pſe.* 2. 7. *Eſa.* 42. 1. *Matth.* 3. 17. & 17. 5. 2 *Pet.* 1. 17. l *Matth.* 4. 1. *Luc* 4. 1.
3 Ou, *le ſervirent*, ſav. après que la tentation fut finie: Matth. 4. 2. 11. m *Matth.* 4. 12. 17.
n *Matth.* 3. 2. *Jean* 4. 23. o *Matth.* 4. 11. *Luc* 5. 2.

vit Simon & André son frére, qui jettoient leurs filets dans p *Matth.* 4.
la mer, car ils étoient pêcheurs. 19. *Luc* 5. 10.
17 Et Jésus leur dit; p Venez après moi, & je vous ferai
pêcheurs d'hommes.
18 Et ayant aussi-tôt quitté leurs filets, ils le suivirent.
19 q Puis passant de là un peu plus avant, il vit Jacques fils q *Matth.* 4. 21.
de Zébédée, & Jean son frére, qui raccommodoient leurs
filets dans la nacelle,
20 Et incontinent il les appella, & eux laissant leur pére r *Matth.* 4.
Zébédée dans la nacelle, avec les ouvriers, le suivirent. 13. 23. *Luc*
21 r Puis ils entrerent dans Capernaüm; & aussi-tôt a- 4. 31.
près au jour du Sabbat, étant entré dans la Synagogue, il
enseignoit.
22 f Et ils s'étonnoient de sa doctrine: car il les enseignoit f *Matth.* 7. 28.
comme ayant autorité, & non pas comme les Scribes. *Luc* 4. 32.
23 t Or il se trouva dans leur Synagogue un homme qui a- t *Luc* 4. 33.
voit un esprit immonde, qui s'écria,
24 En disant; Ha! u qu'y a-t-il entre toi & nous, Jésus u *ch.* 3. 11.
Nazarien? es-tu venu [4] pour nous détruire? je sai qui tu es, *&* 5. 7. *Matth* 8. 29.
tu es le Saint de Dieu. 4 Ou, *pour*
25 Mais Jésus le tança, en lui disant; [5] x Tais toi, & sors de *nous perdre*,
cet homme. & nous chasser hors des possedez.
26 Alors l'esprit immonde le tourmentant, & criant à hau- 5 Ce temoig-
te voix, sortit de cet homme. nage auroit
27 Et tous en furent étonnez, de sorte qu'ils se deman- perdu de sa
doient les uns aux autres, & disoient; Qu'est-ceci? quelle do- vérité, en
ctrine nouvelle est celle-ci? il commande avec autorité, mê- venant du
me aux esprits immondes, & ils lui obéïssent. démon, le pére du mensonge.
28 y Et sa rénommée se répandit incontinent dans tout le x vs 34. *&*
païs des environs de la Galilée, *ch.* 3. 12.
29 z Et aussi-tôt après étant sortis de la Synagogue, ils alle- y *Matth.* 4. 24.
rent avec Jacques & Jean dans la maison de Simon & d'André. z *Matth.* 8. 14. *Luc* 4. 38.
30 Or la belle-mére de Simon étoit au lit, malade de la fié-
vre: & d'abord il lui parlerent d'elle.
31 Et s'étant approché, il la releva, en la prenant par la
main: & à l'instant la fiévre la quitta; & elle les servit.

a *Matth.* 8. 32 [a] Or le soir étant venu, comme le soleil se couchoit;
16. *Luc* 4. 40. on lui apporta tous les malades, & les démoniaques,
33 Et toute la ville étoit assemblée devant la porte.
34 Et il guérit plusieurs malades qui avoient de différentes
b *ch.* 3. 12. maladies: & jetta plusieurs diables hors *des possédez*, [b] & il
Luc 4. 41. ne permit point que les diables dissent qu'ils le connussent.
c *Luc* 4. 42. 35 [c] Puis au matin; comme il étoit encore fort nuit, s'é-
tant levé, il sortit, & s'en alla en un lieu desert, & il prioit là.
36 Et Simon, & ceux qui étoient avec lui, le suivirent.
37 Et l'ayant trouvé, ils lui dirent; Tous te cherchent;
d *Luc* 4. 43. 38 Et il leur dit; [d] Allons aux bourgades voisines, afin que
j'y prêche aussi: car je suis venu pour cela.
39 Il prêchoit donc dans leurs Synagogues par toute la Galilée, & jettoit les diables hors *des possédez*.
e *Matth.* 8. 2. 40 [e] Et un lépreux vint à lui, le priant & s'agenouillant de-
Luc 5. 12. vant lui, & lui disant; Si tu veux, tu peux me rendre net.
41 Et Jésus étant émû de compassion étendit sa main, & le
toucha, en lui disant; Je le veux, sois net.
42 Et quand il eut dit cela, la lépre se retira aussi-tôt de
cet homme, & il fut net.
f *Matth.* 8. 4. 43 [f] Puis l'ayant menacé, il le renvoya incontinent.
& 9. 30. & 12. 16. 44 Et lui dit; Prens-garde de n'en rien dire à personne:
mais va, & te montre au Sacrificateur, & présente pour ta
g *Levit.* 14. 2. purification les choses [g] que Moyse a commandées, pour leur
être en témoignage.
h *Luc* 5. 15. 16. 45 [h] Mais lui étant parti commença à publier plusieurs choses, & à divulguer l'affaire: de sorte que Jésus ne pouvoit
plus entrer ouvertement dans la ville, mais il se tenoit dehors en des lieux deserts: & de toutes parts on venoit à lui.

CHAPITRE II.

J. C. guérit un paralytique, 3. *La vocation de Matthieu*, 14. *Les pécheurs appellez à la repentance*, 17. *J. C. est le nouveau marié*, 19. *Comparaison prise d'une piece de drap neuf qu'on ne coud point à un vieux habit*, 21. *Les Disciples arrachent des épics un jour de Sabbat*, 23.

a *Matth.* 9. 1. [a] QUelques jours après il revint à Capernaüm: & on ouït
Luc 5. 18. dire qu'il étoit dans la maison.

2 Et

2 Et auſſi-tôt il s'y aſſembla beaucoup de gens, tellement
que l'eſpace même d'auprès de la porte ne les pouvoit contenir, & il leur annonçoit la parole.
3 [b] Et *quelques-uns* vinrent à lui, portant un paralytique b *Luc* 5.18.
qui étoit ſoûtenu par quatre perſonnes.
4 Mais parce qu'ils ne pouvoient approcher de lui à cauſe de
la foule, il découvrirent le toit du lieu où il étoit, & l'ayant
percé, ils deſcendirent le petit lit dans lequel le paralytique
étoit couché.
5 [c] Et Jéſus ayant vû leur foi, dit au paralytique; Mon fils c *Matth*.9.2.
tes péchez te ſont pardonnez.
6 Et quelques Scribes qui étoient là aſſis, raiſonnoient ainſi en eux-mêmes;
7 Pourquoi celui-ci prononce-t-il ainſi des blaſphemes? qui
eſt-ce qui peut pardonner les péchez, [d] que Dieu ſeul? d *Pſe.* 51. 1.
8 Et Jéſus ayant auſſi-tôt connu dans ſon eſprit qu'ils rai- *Eſa*. 43. 25.
ſonnoient ainſi en eux-mêmes, il leur dit; Pourquoi faites-
vous ces raiſonnemens dans vos cœurs?
9 Car lequel eſt le plus aiſé, ou de dire au paralytique;
Tes péchez te ſont perdonnez: ou de lui dire; Leve-toi,
& charge ton petit lit, & marche?
10 [e] Mais afin que vous ſachiez que le Fils de l'homme a le e *Matth*. 9.6.
pouvoir ſur la terre de pardonner les péchez, il dit au para- *Luc* 5. 25.
lytique;
11 Je te dis; Leve-toi, & charge ton petit lit, & t'en va
en ta maiſon.
12 Et il ſe leva auſſi-tôt, & ayant chargé ſon petit lit il ſortit en la préſence de tous: de ſorte qu'ils en furent tous é-
tonnez, & ils glorifierent Dieu, en diſant; Nous ne vîmes
jamais une telle choſe.
13 Et *Jéſus* ſortit encore vers la mer, & tout le peuple venoit à lui, & il les enſeignoit,
14 [f] Et en paſſant il vit [1] Lévi, *fils* d'Alphée, aſſis dans le f *Matth*. 9.9.
lieu du péage, & il lui dit; Sui-moi, & *Lévi* s'étant levé, *Luc* 5. 27.
le ſuivit. 1 Appellé auſſi *Mat-*
15 Or il arriva que comme *Jéſus* étoit à table dans la mai- *thieu.*
ſon

ſon de Lévi, pluſieurs péagers & gens de mauvaiſe vie ſe
mirent auſſi à table avec Jéſus & ſes Diſciples; car il y avoit
là beaucoup de gens qui l'avoient ſuivi.
16 Mais les Scribes & les Phariſiens, voyant qu'il mangeoit
avec les péagers & les gens de mauvaiſe vie, diſoient à ſes
Diſciples; Pourquoi eſt-ce qu'il mange & boit avec les gens
de mauvaiſe vie?
17 Et Jéſus ayant entendu cela, leur dit; Ceux qui ſont
en ſanté n'ont pas beſoin de médecin, mais ceux qui ſe por-
g *Matth.* 9. 13. 1 *Tim.* 1. 15. tent mal: [g] je ne ſuis point venu appeller à la repentance les
juſtes, mais les pécheurs.
h *Matth* 9. 14. *Luc* 5. 3. 18 [h] Or les diſciples de Jean & ceux des Phariſiens jeûnoient: & ils vinrent à *Jéſus*, & lui dirent, Pourquoi les diſ-
ciples de Jean, & ceux des Phariſiens jeûnent-ils, & tes Diſciples [a] ne jeûnent point?
a Ceci ne doit s'entendre que de ces ſortes de jeûnes frequens & volontaires que les autres faiſoient, & non pas de ceux qui étoient d'obligation écrite, Zach. 8. 19.
19 Et Jéſus leur répondit; Les gens des nôces peuvent-ils
jeûner pendant que le nouveau marié eſt avec eux? durant
le temps qu'ils ont le nouveau marié avec eux, ils ne peuvent
point jeûner.
20 Mais les jours viendront que le nouveau marié leur ſera
ôté, alors ils jeûneront en ces jours-là.
21 [i] Auſſi perſonne ne coud une piece de drap neuf à un
vieux vêtement: autrement la piece du drap neuf emporte
du vieux, & la déchirure en eſt plus grande.
i *Matth.* 9. 16. *Luc* 5. 36. 22 Et perſonne ne met le vin nouveau dans de vieux vaiſſeaux: autrement le vin nouveau rompt les vaiſſeaux, & le vin
ſe répand, & les vaiſſeaux ſe perdent: mais le vin nouveau
doit être mis dans des vaiſſeaux neufs.
k *Matth.* 12. 1. *Luc* 6. 1. *Deut.* 23. 25. 23 [k] Et il arriva que comme il paſſoit par des blés un *jour*
de Sabbat, ſes Diſciples en marchant ſe mirent à arracher
des épics.
24 Et les Phariſiens lui dirent; Regarde, pourquoi font-ils
ce qui n'eſt pas permis les *jours de* Sabbat?
l 1. *Sam.* 21. 6. 25 Mais il leur dit; N'avez-vous jamais lû [l] ce que fit David
quand il fut dans la néceſſité, & qu'il eut faim, lui & ceux
qui étoient avec lui?

26. Com-

26 Comment il entra dans la Maiſon de Dieu, au temps
[3] d'Abiathar, principal Sacrificateur, & mangea les pains de
propoſition, [m] leſquels il n'étoit permis qu'aux Sacrificateurs
de manger; & il en donna même à ceux qui étoient avec lui.
27 Puis il leur dit; Le Sabbat eſt fait pour l'homme, & non
pas l'homme pour le Sabbat.
28 De ſorte que le Fils de l'homme eſt Seigneur même du
Sabbat.

3 Appellé auſſi *Abimelec*, 1 Sam. 21. 2. &c. rien n'étoit plus commun que deux noms en une même perſonne.
m *Exod* 29. 32. *Lévit.* 8. 31. & 24. 9.

CHAPITRE III.

J. C. guérit le jour du Sabbat un homme qui avoit une main ſéche, 3. *Et fait voir qu'il l'avoit pû faire ſans violer le Sabbat*, 4. *Il ſe retire enſuite vers la mer*, 7. *Et il y guérit beaucoup de malades*, 10. 11. *Il s'en va de là ſur une montagne*, 13. *Et donne à ſes douze Diſciples, dont les noms ſont marquez*, vs. 16 *le pouvoir de prêcher, & faire des miracles*, 14. *Il retourne à Capernaüm*, 20. *Les Scribes l'accuſent d'agir de concert avec le prince des diables*, 22. *Il repouſſe fortement cette calomnie*, 23. *Et il aſſûre que le péché contre le St. Eſprit eſt irrémiſſible*, 28. *Il appelle ſa Mére & ſes Fréres ceux qui ſont la volonté de Dieu*, 34.

[a] PUis il entra encore dans la Synagogue, & il y avoit là
un homme qui avoit une main ſéche.
2 Et ils l'obſervoient, pour voir s'il le guériroit le *jour du*
Sabbat, afin de l'accuſer,
3 Et *Jéſus* dit à l'homme qui avoit la main ſéche; Leve-
toi en place.
4 Puis il leur dit; Eſt-il permis de faire du bien *les jours*
de Sabbat, ou de faire du mal? [1] de ſauver une perſonne,
ou de la tüer? mais ils ſe tûrent.
5 Alors les regardant de tous côtez avec indignation, & é-
tant tout enſemble affligé de l'endurciſſement de leur cœur,
il dit à cét homme; Etens ta main; & il l'étendit: & ſa main
fût rendue ſaine comme l'autre.
6 Alors les Phariſiens étant ſortis, ils [b] conſulterent contre
lui avec [2] les [c] Hérodiens, comment ils feroient pour le perdre.
7 Mais Jéſus ſe retira avec ſes Diſciples vers la mer, [d] &
une grande multitude le ſuivit de Galilée, & de Judée, &
de Jéruſalem, & d'Idumée, & de delà le Jourdain.
8 Et ceux des environs de Tyr & de Sidon, ayant enten-

a *Matth.* 12. 9. *Luc* 6. 6.
1 C'eſt-à-dire, de la tirer d'un danger de mort tout proche & tout évident.
b *Matth.* 12. 14.
2 C'étoient, vraiſemblement, quelques gens de la Cour d'Hérode, dans la domination duquel étoit la ville de Capernaüm, où ceci arriva.
c *Matth.* 22. 16.
d *Matth.* 4. 25.

du les grandes choses qu'il faisoit, vinrent vers lui en grand nombre.

9 Et il dit à ses Disciples, qu'une petite nacelle ne bougeât point de là pour le servir, à cause des troupes, afin qu'elles ne le pressassent point.

10 Car il en avoit guéri beaucoup, de sorte que tous ceux qui étoient affligez, se jettoient sur lui, pour le toucher.

11 Et les esprits immondes, quand ils le voyoient, se pro-
e ch. 5. 7. sternoient devant lui, & s'écrioient, en disant, [e] Tu es le
Luc 4. 41. Fils de Dieu.

f ch. 1. 25. 34. 12 [f] Mais il leur défendoit avec de grandes menaces de le faire connoître.

g Matth. 10. 13 [g] Puis il monta sur une montagne, & appella ceux qu'il
1. Luc 9. 1. voulut, & ils vinrent à lui.

14 Et il en ordonna douze pour être avec lui, & pour les envoyer prêcher.

h ch. 6. 7. 15 [h] Et afin qu'ils eussent la puissance de guérir les maladies, & de jetter les diables hors *des possédez*.

i Jean 1. 42. 16 *Et ce sont ici les noms de ces douze*, Simon [i] qu'il surnomma Pierre.

k Matth. 4. 17 [k] Et Jacques fils de Zébédée, & Jean, frére de Jacques,
21. ausquels il donna le nom de Boanergés, qui veut dire, Fils de tonnerre.

18 Et André, & Philippe, & Barthelémi, & Matthieu, & Thomas, & Jacques *fils* d'Alphée, & Thaddée, & Simon le Cananéen.

19 Et Judas Iscariot, qui même le trahit.

l ch. 2. 2. 20 Puis ils vinrent en la maison, & [l] ils s'y assembla encore
& 6. 31. une si grande multitude, qu'ils ne pouvoient pas même prendre leur repas.

21 Et quand ses parens eurent entendu cela, il sortirent pour se saisir de lui: car ils disoient qu'il étoit hors du sens.

22 Et les Scribes qui étoient descendus de Jérusalem, di-
m Matth. 9. soient; [m] Il a Béelzebul, & il jette les diables dehors par le
34. & 12. 24. Luc 11. 15. prince des diables.

23 Mais

23 Mais *Jésus* les ayant appellez, leur dit par des similitudes; Comment Satan peut-il jetter Satan dehors?
24 [n] Car si un Royaume est devisé contre soi-même, ce
Royaume-là ne peut point subsister.
25 Et si une maison est divisée contre elle-même, cette
maison-là ne peut point subsister.
26 Si donc Satan s'éleve contre lui-même, & est divisé, il
ne peut point subsister, mais il va à sa fin.
27 [o] Nul ne peut entrer dans la maison d'un homme fort,
& piller son bien, si auparavant il n'a lié l'homme fort: mais
alors il pillera sa maison.
28 En vérité je vous dis, [p] que toutes sortes de péchez seront pardonnez aux enfans des hommes, & aussi *toutes sortes* de blasphemes par lesquels ils auront blasphemé;
29 Mais quiconque aura blasphemé contre le Saint Esprit,
n'aura jamais de pardon, mais il sera coupable d'une condamnation éternelle:
30 Et c'étoit parce qu'ils disoient; Il a l'esprit immonde.
31 [q] Sur cela ses fréres & sa mére arriverent-là, & se tenant dehors ils l'envoyerent appeller: & la multitude étoit
assise autour de lui.
32 Et on lui dit; Voilà ta mére & tes fréres là dehors,
qui te demandent.
33 Mais il leur répondit, en disant; Qui est ma mére, & qui
sont mes fréres?
34 Et après avoir regardé de tous côtez ceux qui étoient
assis autour de lui, il dit; Voici ma mére & mes fréres.
35 [r] Car quiconque fera la volonté de Dieu, celui-là est
mon frére, & ma sœur, & ma mére.

n *Matth.* 12. 25.
o *Matth.* 12.
p *Matth.* 12. 31. *Luc* 12. 10. 1 *Jean* 5. 16.
q *Matth.* 12. 46. 46. *Luc* 8. 19.
r *Matth.* 7. 21. *&* 13. 50.

CHAPITRE. IV.

La parabole du semeur, 3. *La chandelle n'est allumée que pour éclairer*, 21. *Les choses les plus cachées sont mises en évidence*, 22. *La parabole de la semence qui germe & leve d'une maniere presque imperceptible*, 26. *La parabole du grain de moutarde*, 31. *J. C. se met en mer*, 35. *Il appaise la tempête*, 37.—39.

[a] PUis il se mit encore à enseigner près de la mer, & de
grandes troupes s'assemblerent vers lui; de sorte qu'il

a *Matth.* 13. 1. *Luc* 8. 1.

monta dans une nacelle, & s'étant assis *dans la nacelle* sur
la mer, tout le peuple se tint à terre près de la mer.
2 Et il leur enseignoit beaucoup de choses par des similitudes, & leur disoit en sa doctrine,
3 Ecoutez: Voici, un semeur sortit pour semer.
4 Et il arriva qu'en semant, une partie *de la semence* tomba
près du chemin, & les oiseaux du ciel vinrent, & la mangerent toute.
5 Une autre partie tomba dans des lieux pierreux, où elle
n'avoit guéres de terre, & aussi-tôt elle leva, parce qu'elle
n'entroit pas profondément dans la terre:
6 Mais quand le soleil fut levé, elle fut brûlée, & parce
qu'elle n'avoit pas de racine, elle se sécha.
7 Une autre partie tomba parmi des épines: & les épines
monterent, & l'étoufferent, & elle ne rendit point de fruit.
8 Et une autre partie tomba dans une bonne terre, & rendit du fruit, montant & croissant: tellement qu'un grain
en rapporta trente, un autre soixante, & un autre cent.
9 Et il leur dit; Qui a des oreilles pour ouïr, qu'il oye.
10 Et quand il fut à part, ceux qui étoient autour de lui
b *Matth.* 13. 10. avec les douze, [b] l'interrogerent touchant cette parabole.
11 Et il dit; Il vous est donné de connoître le secret du
Royaume de Dieu: mais à ceux qui sont dehors, toutes choses se traittent par des paraboles.
c *Esa.* 6. 9. *Matth.* 13. 13. *Luc* 8. 10. *Jean* 12. 43. *Act* 28 26. *Rom.* 11. 8.
12 [c] Afin qu'en voyant ils voyent, & n'apperçoivent point:
& qu'en oyant ils oyent, & n'entendent point: de peur qu'ils
ne se convertissent, & que leurs péchez ne leur soient pardonnez.
13 Puis il leur dit; Vous n'entendez pas cette parabole!
& comment *donc* connoîtrez-vous toutes les paraboles?
d *Matth* 13. 19.
14 [d] Le semeur c'est celui qui seme la parole.
15 Et voici, ceux qui reçoivent la semence auprès du chemin, ce sont ceux en qui la parole est semée, mais après qu'ils
l'ont ouïe, Satan vient incontinent, & ravit la parole semée
en leurs cœurs.
16 De même, ceux qui reçoivent la semence dans des lieux
pier-

pierreux, ce sont ceux qui ayant ouï la parole, la reçoivent
aussi-tôt avec joye:
17 Mais ils n'ont point de racine en eux-mêmes, & ne sont
qu'à temps: de sorte qu'oppression ou persécution survenant
à cause de la parole, ils sont incontinent scandalisez.
18 Et ceux qui reçoivent la semence entre les épines, sont
ceux qui oyent la parole:
19 Mais les soucis de ce monde, & [e] la tromperie des ri- e 1 *Tim.* 6. 6.
chesses, & les convoitises des autres choses étant entrées *dans* 17.
leurs esprits, étouffent la parole, & elle devient infructueuse.
20 Mais ceux ont reçû la semence dans une bonne terre,
sont ceux qui oyent la parole, & qui la reçoivent, & portent du fruit: l'un trente, & l'autre soixante, & l'autre cent.
21 Il leur disoit aussi; [f] Apporte-t-on la chandelle pour la f *Matth* 5. 16.
mettre sous un boisseau, ou sous un lit? n'est-ce pas pour la *Luc* 8 16. & 11 33.
mettre sur un chandelier?
22 [g] Car il n'y a rien de secret, [1] qui ne soit manifesté, & g *Matth.* 10.
il n'y a rien de caché, qui ne vienne en évidence. 26. *Luc* 1. 17. & 12. 2.
23 [h] Si quelqu'un a des oreilles pour ouïr, qu'il oye. 1 Les doctri-
24 Davantage, il disoit; Prenez garde à ce que vous oyez: nes de l'Evan-
[i] De la mesure dont vous mesurerez, il vous sera mesuré: gile, alors peu connues,
mais à vous qui oyez, il sera ajoûté. & de peu de
25 [k] Car à celui qui a, il lui sera donné: & à celui qui n'a monde, al-loient être
rien, cela même qu'il a, lui sera ôté. bientôt mani-
26 Il disoit aussi; Le Royaume de Dieu est comme si un festées par tout.
homme après avoir jetté de la semence dans la terre, dor- h *Matth* 11.
moit, & se levoit de nuit & de jour: 15. & 13. 9. *Apoc.* 2 7.
27 Et que la semence germât & crût, sans qu'il sache com- i *Matth.* 7. 2.
ment. *Luc* 6 38. k *Matth.* 13.
28 Car la terre produit d'elle-même premierement l'herbe, 12. & 25. 29.
en suite l'épi, & puis le plein froment dans l'épi: *Luc* 8. 18. & 19. 26.
29 Et quand le fruit s'est montré, on y met incontinent
la faucille, parce que la moisson est prête.
30 Il disoit encore; A quoi comparerons-nous le Royaume
de Dieu, ou par quelle similitude le représenterons-nous?
31 [l] Il en est comme du grain de moûtarde, qui, lors qu'on l *Matth.* 13.
le 31. *Luc* 13. 18. 12.

le ſeme dans la terre, eſt bien la plus petite de toutes les
ſemences qui ſont jettées dans la terre.
32 Mais après qu'il eſt ſemé, il leve, & devient plus grand
que toutes les autres plantes, & jette de grandes branches,
tellement que les oiſeaux du ciel peuvent faire leurs nids ſous
ſon ombre.
m *Matth.* 13. 33 [m] Ainſi par pluſieurs ſimilitudes de cette ſorte il leur
34. traittoit de la parole, ſelon qu'ils pouvoient l'entendre.
34 Et il ne parloit point à eux ſans ſimilitude: mais en particulier il expliquoit tout à ſes Diſciples.
n *Matth.* 8. 35 [n] Or en ce même jour, comme le ſoir fut venu, il leur
18. 23. *Luc* 8. 22. dit, Paſſons delà l'eau.
36 Et laiſſant les troupes, ils l'emmenerent *avec eux*, lui
étant déja dans la nacelle: & il y avoit auſſi d'autres petites
nacelles avec lui.
37 Et il ſe leva un ſi grand tourbillon de vent que les vagues ſe jettoient dans la nacelle, de ſorte qu'elle s'empliſſoit
déja.
38 Or il étoit à la poupe, dormant ſur un oreiller: & ils
le réveillerent; & lui dirent; Maître, ne te ſoucies-tu point
que nous périſſions?
2 C'eſt-à-dire, comman- 39 Mais lui étant réveillé, [2] tança le vent, & dit à la mer;
da au vent de Tais-toi, tiens-toi coye: & le vent ceſſa, & il ſe fit un grand
s'appaiſer. calme.
40 Puis il leur dit; Pourquoi êtes-vous ainſi craintifs? comment n'avez-vous point de foi?
41 Et ils furent ſaiſis d'une grande crainte, & ils ſe diſoient
o *Job* 38. 11. l'un à l'autre; Mais qui eſt celui-ci, que le vent même & [o] la
mer lui obéïſſent?

CHAPITRE V.

Le Seigneur délivre dans le païs des Gadaréniens un poſſedé furieux, qui ſe tenoit dans les ſépulcres, & qui ſe donnoit lui même le nom de Légion, 2. 4. 9. Puis étant de retour à Capernaüm, il guérit par le ſimple attouchement de ſes habits une femme malade d'une perte de ſang, 21. 25 Et reſſuſcite la fille de Jaïrus, 41.

a *Matth.* 8. [a] ET ils arriverent au delà de la mer, dans le païs des
28. *Luc* 8. 26. Gadaréniens.

2 Et

2 Et quand il fut ſorti de la nacelle, un homme qui avoit
un eſprit immonde, *ſortit* incontinent des ſépulcres, & le
vint rencontrer:
3 Cet homme faiſoit ſa demeure dans les ſépulcres, & perſonne ne le pouvoit tenir lié, non pas même avec des chaines.
4 Parce que ſouvent, quand il avoit été lié de ceps & de
chaines, il avoit rompu les chaines, & mis les ceps en pieces,
& perſonne ne pouvoit le domter.
5 Et il étoit continuellement de nuit & de jour dans les montagnes, & dans les ſépulcres, criant, & ſe frappant avec des
pierres.
6 Mais quand il eut vû Jéſus de loin, il courut & ſe proſterna devant lui.
7 Et criant à haute voix, il dit; [b] Qu'y a-t-il entre toi & b *ch.* 1. 24.
moi, [c] Jéſus Fils du Dieu ſouverain? Je te conjure de la part c *ch.* 3. 11. *Luc* 4. 4. 41.
de Dieu, de ne me tourmenter point.
8 Car *Jéſus* lui diſoit; Sors de cét homme, eſprit immonde.
9 Alors il lui demanda, Comment as-tu nom? Et il répon-
dit, & dit; J'ai nom Légion: parce que nous ſommes [1] plu- 1 Ou, *beau-coup.*
ſieurs.
10 Et il le prioit inſtamment qu'il ne les envoyât point hors
de cette contrée.
11 Or il y avoit là vers les montagnes un grand troupeau de
pourceaux qui paiſſoit.
12 Et tous ces diables le prioient, en diſant; Envoye-nous
dans les pourceaux, afin que nous entrions en eux: & auſſi-tôt Jéſus le leur permit.
13 Alors ces eſprits immondes étant ſortis, entrerent dans
les pourceaux, & le troupeau, qui étoit d'environ deux mille, ſe jetta du haut en bas dans la mer; & ils furent étouffez
dans la mer.
14 Et ceux qui paiſſoient les pourceaux s'enfuïrent, & en
porterent les nouvelles dans la ville; & dans les villages.
15 Et [d] *ceux de la ville* ſortirent pour voir ce qui étoit ar- d *Matth.* 8. 34.
rivé, & vinrent à Jéſus; & il virent le démoniaque, ce-
lui

lui qui avoit eu la légion, aſſis & vêtu, & en bon ſens; & ils
furent ſaiſis de crainte.
16 Et ceux qui avoient vû *le miracle*, leur raconterent ce
qui étoit arrivé au démoniaque, & aux pourceaux.
17 Alors ils ſe mirent à le prier qu'il ſe retirât de leurs quartiers.
18 Et quand il fut entré dans la nacelle, celui qui avoit é-
té démoniaque le pria de permettre qu'il fût avec lui.
19 Mais Jéſus ne le lui permit point, & lui dit; Va-t-en à
ta maiſon vers les tiens, & raconte leur les grandes choſes
que le Seigneur t'a faites, & comment il a eu pitié de toi.
20 Il s'en alla donc, & ſe mit à publier en Décapolis les
grandes choſes que Jéſus lui avoit faites & tous s'en étonnoient.
e *Matth.* 9. 1. 21 Et [e] quand Jéſus fut repaſſé à l'autre rivage dans une na-
Luc 8. 40. celle, de grandes troupes s'aſſemblerent vers lui, & il étoit
près de la mer.
f *Matth* 9. 18. 22 [f] Et voici un des Principaux de la Synagogue nommé
Luc 8. 41. Jaïrus, vint à lui, & le voyant, il ſe jetta à ſes pieds.
23 Et il le prioit inſtamment, en diſant; Ma petite fille eſt
g *ch.* 6. 5. à l'extrémité: *je te prie* de venir, & [g] de mettre les mains
& 7. 32. & 8. ſur elle, afin qu'elle ſoit guérie, & qu'elle vive.
23 & 16. 18. 24 *Jéſus* s'en alla donc avec lui: & de grandes troupes de
gens le ſuivoient, & le preſſoient.
h *Matth.* 9. 25 [h] Or une femme qui étoit travaillée d'une perte de ſang
20. *Luc* 8. 43. depuis douze ans.
26 Et qui avoit beaucoup ſouffert *entre les mains* de pluſieurs médecins, & avoit dépenſé tout ſon bien, ſans avoir
rien profité, mais pluſtôt étoit allée en empirant;
27 Ayant ouï parler de Jéſus, vint dans la foule par derriere, & toucha ſon vêtement.
i *ch.* 6. 65. 28 Car elle diſoit; [i] ſi je touche ſeulement ſes vêtemens, je
ſerai guérie.
29 Et dans ce moment le flux de ſon ſang s'arrêta; & elle
ſentit en ſon corps qu'elle étoit guérie de ſon fleau.
k *Luc* 6. 19. 30 Et auſſi-tôt Jéſus reconnoiſſant en ſoi-même [k] la vertu
qui

qui étoit sortie de lui, se retourna vers la foule, en disant;
Qui est-ce qui a touché mes vêtemens?
31 Et ses Disciples lui dirent; Tu vois que la foule te presse, & tu dis; Qui est-ce qui m'a touché?
32 Mais il regardoit tout autour pour voir celle qui avoit fait cela.
33 Alors la femme saisie de crainte & toute tremblante, sachant ce qui avoit été fait en sa personne, vint & se jetta à ses pieds, & lui déclara toute la vérité.
34 Et il lui dit; Ma fille, [l] ta foi t'a sauvée: va-t-en en paix, & [2] sois guérie de ton fleau.
35 [m] Comme il parloit encore, il vint des gens de chez le Principal de la Synagogue, qui lui dirent; Ta fille est morte, pourquoi donnes-tu encore de la peine au Maître?
36 Mais Jésus ayant aussi-tôt entendu ce qu'on disoit, dit au Principal de la Synagogue; Ne crains point; crois seulement.
37 Et il ne permit à personne de le suivre, sinon à Pierre, & à Jacques, & à Jean, le frére de Jacques.
38 [n] Puis il vint à la maison du Principal de la Synagogue, & il vit le tumulte, *c'est-à-dire*, ceux qui pleuroient & qui jettoient de grands cris.
39 Et étant entré, il leur dit; Pourquoi faites-vous tout ce bruit, & pourquoi pleurez-vous? la petite fille n'est pas morte, [o] mais elle dort.
40 Et ils se rioient de lui: mais *Jésus* les ayant tous fait sortir, prit le pére & la mére de la petite fille, & ceux qui étoient avec lui: & entra là où la petite fille étoit couchée.
41 Et ayant pris la main de l'enfant, il lui dit; Talitha cumi, qui étant expliqué, veut dire; Petite fille (je te dis) leve-toi.
42 Et incontinent la petite fille se leva, & marcha: car elle étoit âgée de douze ans: & ils en furent dans un grand étonnement.
43 Et il leur commanda fort expressément que personne ne le sût: puis il dit [3] qu'on lui donnât à manger.

l *ch.* 10. 52. *Luc* 7. 50. & 17. 19. & 18. 42.
2 Il lui confirma sa guérison.
m *Luc* 8. 49.
n *Matth.* 9. 23. *Luc* 8. 52.
o *Jean* 11. 11.
3 C'étoit pour faire encore mieux voir d'abord la vérité du miracle.

CHAPITRE VI.

J. C. est méprisé à Nazareth, 2. Il envoye ses Disciples deux-à-deux pour aller prêcher dans la Judée, 7 Ils oignent d'huile plusieurs malades, & les guérissent, 13. Hérode prend J. C. pour Jean Baptiste ressuscité, 14. Qu'Hérode avoit fait mourir, 16—27. J. C. rassasie avec cinq pains & deux poissons cinq mille personnes, 38. Ses Disciples le voyent de grand matin marcher sur la mer, 48. Il entre dans leur barque, 51. Ils abordent au païs de Génésareth, 53. Où on lui apporte en foule les malades, & ils guérissoient en touchant le bord de sa robe, 57.

[a] PUis il partit [1] de là, & vint [2] en son païs; & ses Disciples le suivirent.
2 Et le jour du Sabbat étant venu, il se mit à enseigner
dans la Synagogue: & beaucoup de ceux qui l'entendoient,
étoient dans l'étonnement, & ils disoient; D'où viennent
ces choses à celui-ci? & quelle est cette sagesse qui lui est
donnée; & que même de tels prodiges se fassent par ses
mains?
3 [b] Celui-ci n'est-il pas [3] charpentier? fils de Marie, frére
de Jacques, & de Joses, & de Jude, & de Simon? & ses
sœurs ne sont-elles pas ici parmi nous? Et ils étoient scandalisez à cause de lui.
4 Mais Jésus leur dit; [c] Un Prophete n'est sans honneur que
dans son païs, & parmi ses parens & ceux de sa famille.
5 [d] Et il ne put faire là aucun miracle, sinon qu'il guérit
quelque peu de malades, [e] en mettant les mains sur eux.
6 Et il s'étonnoit de leur incrédulité: [f] & parcouroit les
villages d'alentour, en enseignant.
7 [g] Alors il appella les douze, & commença à les envoyer
deux-à-deux, & [h] leur donna puissance sur les esprits immondes.
8 Et il leur commanda de ne rien prendre pour le chemin,
qu'un seul bâton, [i] *& de ne porter* ni malette, ni pain, ni monnoye dans leur ceinture;
9 Mais d'être chaussez de souliers; & de ne porter point
[4] deux robes.
10 Il leur disoit aussi; Par tout où vous entrerez dans une
maison, demeurez-y jusqu'à ce que vous partiez de là.
11 [k] Et

a *Matth.* 13. 53. 54. *Luc* 4. 16.

1 C'est-à-dire, de Capernaüm.

2 C'est-à-dire, à Nazareth: Luc 4. 16.

b *Jean* 6. 42.

3 J. C. étant né pauvre, vivant dans une famille de charpentier, il est assez probable qu'il en fit lui-même la fonction avant que d'être entré dans celles de son ministere; mais comme ce ne sont pas ici les paroles de l'Evangeliste, mais celles de gens qui parloient avec mépris de J. C. il peut être aussi que l'ayant regardé comme Fils d'un charpentier, & sachant qu'il avoit passé toute sa vie chez lui, ils l'ont traitté de charpentier lui-même.

c *Matth.* 13. 57. *Luc* 4. 24. *Jean* 4. 44. d *Matth.* 13. 58. e *ch.* 5. 23. f *Matth.* 9. 35. *Luc* 13 22. g *ch.* 3. 13. 14. *Matth.* 10. 1. h *Luc* 9 1. i *Matth.* 10. 9. *Luc* 9. 3. & 22. 35. 4 L'une pour changer après avoir porté l'autre; comme on faisoit dans les longs voyages.

11 [k] Et tous ceux qui ne vous recevront point, & ne vous [k] *Matth.* 10.
écouteront point, en partant de là, secouez la poudre de 14. *Luc* 9. 5.
vos pieds, en témoignage contr'eux. En vérité je vous dis, & 10. 11.
que ceux de Sodome & de Gemorrhe seront traittez moins *Act.* 13. 51.
rigoureusement au jour du jugement que cette ville-là. & 18. 6.
12 Etant donc partis, ils prêcherent qu'on s'amendât.
13 Et ils jetterent plusieurs diables hors *des possedez*, [l] & [l] *Jacq.* 5. 14.
oignirent d'huile plusieurs malades, & les guérirent.
14 [m] Or le Roi Hérode en ouït parler, car le nom *de Jé-* [m] *Matth* 14.
sus étoit devenu fort célébre, & il dit; Ce Jean qui bapti- 1. *Luc* 9. 7.
soit, est ressuscité des morts; c'est pourquoi la vertu de faire des miracles agit puissamment en lui.
15 [n] Les autres disoient; C'est Elie: & les autres disoient; [n] *Matth.* 16.
C'est un Prophete, ou comme un des Prophetes 14.
16 [o] Quand donc Hérode eut apprit cela, il dit; C'est [o] *Luc* 3. 19.
Jean que j'ai fait décapiter, il est ressuscité des morts.
17 [p] Car Hérode, ayant envoyé *ses gens*, avoit fait prendre [p] *Matth.* 14. 3.
Jean, & l'avoit fait lier dans une prison, à cause d'Hérodias
femme de Philippe son frére, parcequ'il l'avoit prise en mariage.
18 Car Jean disoit à Hérode, [q] il ne t'est pas permis d'a- [q] *Lév.* 18. 16.
voir la femme de ton frére. & 20. 21.
19 C'est pourquoi Hérodias lui en vouloit, & desiroit de le
faire mourir, mais elle ne pouvoit.
20 Car [r] Hérode craignoit Jean, sachant que c'étoit un [r] *Matth.* 14. 5.
homme juste & saint, & il avoit du respect pour lui, & lors & 21. 26.
qu'il l'avoit entendu, il faisoit beaucoup de choses *que Jean*
avoit dit de faire, car il l'écoutoit volontiers.
21 Mais un jour étant venu à propos, [s] qu'Hérode faisoit [s] *Matth.* 14. 6.
[t] le festin du jour de sa naissance aux grands Seigneurs, & [t] *Gen.* 40. 20.
aux Capitaines, & aux Principaux de la Galilée,
22 La fille d'Hérodias y entra, & dansa, & ayant plû à
Hérode, & ceux qui etoient à table avec lui, le Roi dit à
la jeune fille; Demande-moi ce que tu voudras, & je te le
donnerai.
23 Et il lui jura, disant; tout ce que tu me demande-

 ras,

5 C'étoit une exaggération, pour lui faire mieux entendre qu'il n'avoit rien à lui refuser. ainsi Esth. 7. 3.

ras, je te le donnerai, [5] jusqu'à la moitié de mon Royaume.
24 Et elle étant sortie, dit à sa mére; Qu'est-ce que je demanderai? & *sa mére lui* dit; La tête de Jean Baptiste.
25 Puis étant aussi-tôt rentrée avec grande affection vers le
Roi, elle lui fit sa demande, en disant; Je voudrois que tout-
à-cette heure tu me donnasses dans un plat la tête de Jean
Baptiste.

6 Sous une fausse crainte de Dieu, & sous des respects humains il couvre un crime exécrable.

26 Et le Roi en fut très-marri, mais il ne voulut pas la refuser [6] à cause du serment, & de ceux qui étoient à table a-
vec lui:

u Matth. 14. 10.

27 [u] Et il envoya incontinent un de ses gardes, & lui commanda d'apporter la tête de Jean: *le garde* y alla, & décapi-
ta *Jean* dans la prison:
28 Et apporta sa tête dans un plat, & la donna à la jeune
fille, & la jeune fille la donna à sa mére.
29 Ce que les disciples *de Jean* ayant appris, ils vinrent &
emporterent son corps, & le mirent dans un sépulcre.

x Luc 9. 10.

30 [x] Or les Apostres se rassemblerent vers Jésus, & lui raconterent tout ce qu'ils avoient fait, & enseigné.

y ch. 3. 20.

31 Et il leur dit; Venez-vous-en à part en un lieu retiré,
& vous reposez un peu: [y] car il y avoit beaucoup d'allans &
de venans, de sorte qu'ils n'avoient pas même le loisir de
manger.

z Matth. 14. 13. Luc 9. 10.

32 [z] Ils s'en allerent donc dans une nacelle à un lieu retiré,
pour y être en particulier.
33 Mais le peuple vit qu'ils s'en alloient, & plusieurs l'a-
yant reconnu, y accoururent à pied de toutes les villes, &
y arriverent avant eux, & s'assemblerent auprès de lui.

a Matth. 9. 36. & 14. 14.
b Jér. 23. 1. Ezech. 34. 2.
c Luc 9. 11.

34 [a] Et Jésus étant sorti, vit là de grandes troupes, & il
fut émû de compassion envers elles, [b] de ce qu'elles etoient
comme des brebis qui n'ont point de pasteur: [c] & il se mit
à leur enseigner plusieurs choses.

d Matth. 14. 15. Luc 9. 12. Jean 6. 5.

35 [d] Et comme il étoit déja tard, les Disciples s'approcherent de lui, en disant; Ce lieu est desert, & il est déja tard.
36 Donne leur congé, afin qu'ils s'en aillent aux villages &

aux

aux bourgades d'alentour, & qu'ils achettent des pains pour
eux; car ils n'ont rien à manger.
37 Et il leur répondit, & dit; Donnez leur vous-mêmes
à manger: Et ils lui dirent; Irions-nous achetter pour deux
cens deniers de pains, afin de leur donner à manger?
38 Et il leur dit; Combien avez-vous de pains? allez
& regardez. [e] Et après l'avoir sû, ils dirent; Cinq, & deux
poissons.

e *Matth.* 14. 17. *Luc* 9. 13. *Jean* 6. 9.

39 Alors il leur commanda de les faire tous asseoir par troupes sur l'herbe verte.
40 Et ils s'assirent par troupes, les unes de cent, & les autres de cinquante personnes.
41 Et quand il eut pris les cinq pains & les deux poissons,
[f] regardant vers le ciel il rendit graces, & rompit les pains,
puis il les donna à ses Disciples, afin qu'ils les missent devant
eux, & il partaga à tous les deux poissons.

f *ch.* 7. 34. *Jean* 11 41. & 17. 1.

42 Et ils en mangerent tous, & furent rassasiez.
43 Et on emporta des pieces de pain douze corbeilles pleines, & quelques restes des poissons.
44 Or ceux qui avoient mangé des pains étoient environ
cinq mille hommes.
45 [g] Et aussi-tôt après il obligea ses Disciples de monter sur
la nacelle, & d'aller devant lui par delà *la mer* vers Bethsaïda, pendant qu'il donneroit congé aux troupes.

g *Matth.* 14. 22. *Jean* 6. 17.

46 [h] Et quand il leur eut donné congé, il s'en alla sur la
montagne pour prier.

h *Matth.* 14. 23.

47 [i] Et le soir étant venu, la nacelle étoit au milieu de la
mer, & lui seul étoit à terre.

i *Matth.* 14. 23. *Jean* 6. 16.

48 Et il vit [k] qu'ils avoient grande peine à ramer, parce
que le vent leur étoit contraire: & environ la quatriéme
veille de la nuit, il alla vers eux marchant sur la mer, & il
les vouloit devancer.

k *Matth.* 14. 24.

49 Mais quand ils le virent marchant sur la mer, ils crurent que ce fût un fantôme: & ils s'écrierent.
50 Car ils le virent tous, & ils furent troublez: mais il leur
parla aussi-tôt, & leur dit; Rassûrez-vous, c'est moi; n'ayez
point de peur.

51 Et il monta vers eux dans la nacelle, & le vent cessa :
& ils en furent encore plus dans l'étonnement, & dans l'admiration.

l *ch.* 8. 17. 52 Car ils n'avoient pas bien fait réflection au *miracle des*
pains ; [l] à cause que leur cœur étoit [7] stupide.
53 [m] Et quand ils furent passez outre, ils arriverent en la
contrée de Génézareth, & prirent port.
54 Et après qu'ils furent sortis de la nacelle, ceux du lieu
le reconnurent incontinent.

7. Le mot Grec signifie, *couvert d'un callus:* ainsi ch. 8. 17.

m *Matth.* 14 34

55 Et ils coururent ça & là par toute la contrée d'alentour,
& se mirent à lui apporter de tous côtez les malades dans de
petits lits, là où ils entendoient dire qu'il étoit.
56 Et par tout où il étoit entré dans les bourgs, ou dans
les villes, ou dans les villages, ils mettoient les malades dans
les marchez, & ils le prioient de permettre qu'au moins ils pussent toucher le bord de sa robe : & tous ceux qui le touchoient, [n] étoient guéris.

n *ch.* 5. 28.

CHAPITRE VII.

Les Pharisiens se plaignent à J. C. de ce que ses Disciples prennent leur repas sans avoir lavé les mains, 2. J. C. condamne les Pharisiens d'hypocrisie, 6. Et leur reproche leur doctrine touchant le Corban, 9. 11. Ce ne sont pas les viandes qui souillent l'homme, 15. Mais les vices du cœur, 20. J. C. passe vers les confins de Tyr & de Sidon, 24. Où une femme Syrophœnicienne vient le prier de guérir sa fille, 26. Il guérit un sourd qui étoit aussi muet, 31. 32.

a *Matth.* 15. 1. [a] ALors des Pharisiens & quelques Scribes qui étoient venus de Jérusalem, s'assemblerent auprès de lui.
2 Et ayant vû que quelques-uns de ses Disciples prenoient
leur repas avec des mains communes, c'est-à-dire, sans être
lavées, ils les en blâmerent.
3 (Car les Pharisiens & tous les Juifs ne mangent point qu'ils
ne lavent souvent leurs mains, retenant les traditions des
Anciens.
4 Et étant de retour du marché, ils ne mangent point,
qu'ils ne se soient lavez : il y a aussi beaucoup d'autres choses qu'ils ont prises à garder, comme sont les lavemens des
coupes, des brocs, de la vaisselle, & [1] des chalits.)

1 C'étoient ces sortes de petits lits sur lesquels on faisoit les repas.

5 Sur

5 Sur cela les Pharisiens & les Scribes l'interrogerent, en
disant; Pourquoi tes Disciples ne se conduisent-ils pas selon
la tradition des Anciens, mais prennent leur repas sans laver
les mains?

6 Et il leur répondit, & leur dit; Certainement Esaïe a
bien prophétisé de vous, hypocrites, [b] comme il est écrit; b *Esa.* 29. 13.
Ce peuple m'honore des levres, mais leur cœur est bien é-
loigné de moi.

7 [c] Mais ils m'honorent [2] en vain, enseignant des doctrines c *Matth.* 15. 9. *Col.* 2. 18. 23. *Tite* 1. 14.
qui ne sont que des commandemens d'hommes.

8 Car en laissant le commandement de Dieu, vous retenez 2 Ce que les hommes ajoûtent aux loix de Dieu, quelque apparence qu'il ait de pieté, est vain.
la tradition des hommes, *savoir*, les lavemens des brocs &
des coupes, & vous faites beaucoup d'autres choses semblables.

9 Il leur dit aussi; Vous annullez bien le commandement
de Dieu, afin de garder vôtre tradition.

10 Car Moyse a dit; [d] Honore ton pére & ta mére: Et, d *Exod.* 20. 12. *Deut.* 5. 16. *Eph* 6. 1. 2.
Que [e] celui qui maudira son pére ou sa mére, meure de mort. e *Exod* 21. 17. *Lévit.* 20. 9. *Deut.* 27. 16. *Prov.* 20. 20.

11 Mais vous dites; [f] Si quelqu'un dit à son pére ou à sa
mére; Le corban (c'est-à-dire le don) qui *sera fait* de par
moi, viendra à ton profit, *il sera hors de coulpe*, f *Matth.* 15. 5.

12 Et vous ne lui permettez plus de rien faire pour son pére ou pour sa mére.

13 Mettant ainsi la parole de Dieu à néant par vôtre tradition que vous avez établie; & vous faites plusieurs choses
semblables.

14 [g] Puis ayant appellé toutes les troupes, il leur dit; g *Matth.* 15. 10.
Ecoutez-moi vous tous, & entendez.

15 [h] Il n'y a rien de ce qui est hors de l'homme, qui en- h *Act.* 10. 15. *Rom.* 14. 17. 20. *Tite* 1. 15.
trant au dedans de lui, puisse le souiller; mais les choses qui
sortent de lui, ce sont celles qui souillent l'homme.

16 Si quelqu'un a des oreilles pour ouïr, qu'il oye.

17 Puis quand il fut entré dans la maison, *s'étant retiré*
d'avec les troupes, ses Disciples l'interrogerent touchant cette similitude.

18 Et il leur dit; Et vous, [i] êtes-vous ainsi sans entende- i *ch* 8. 17.
ment?

ment? n'entendez-vous pas que tout ce qui entre de dehors
dans l'homme ne peut point le souiller?
19 Parce qu'il n'entre pas dans son cœur, mais au ventre,
& qu'il sort dehors au retrait, purgeant toutes les viandes.
20 Mais, leur disoit-il, ce qui sort de l'homme, c'est ce
qui souille l'homme.
k Matth 15. 21 Car [k] du dedans: *c'est-à-dire* du cœur des hommes,
19 Gen. 6.5. & 8.21. sortent les mauvaises pensées, les adulteres, les paillardises,
Jér. 17.9. les meurtres,
22 Les larcins, les mauvaises pratiques pour avoir le bien
d'autrui, les méchancetez, la fraude, l'insolence; le mauvais regard, le blâme, la fierté, la folie.
23 Tous ces maux sortent du dedans, & souillent l'homme.
l Matth. 15. 21. 24 [l] Puis partant de là, il s'en alla vers les frontieres de
Tyr & de Sidon; & étant entré dans une maison, il ne vou-
loit pas que personne le sût, mais il ne put être caché.
25 Car une femme qui avoit une petite fille possédée d'un esprit immonde, ayant ouï parler de lui, vint & se jetta à ses pieds;
26 (Or cette femme étoit Grecque, Syrophœniciene de
nation) & elle le pria qu'il jettât le diable hors de sa fille.
m Matth. 15. 26. Act. 13. 46. 27 Mais Jésus lui dit; [m] Laisse premierement rassasier les
enfans: car il n'est pas bon de prendre le pain des enfans,
& de le jetter aux petits chiens.
28 Et elle lui répondit, & dit; Il est vrai, Seigneur: ce-
3 Gr. les miettes des enfans. pendant les petits chiens mangent sous la table [3] les miettes
que les enfans laissent tomber:
29 Alors il lui dit; A cause de cette parole va-t-en: le diable est sorti de ta fille.
30 Quand elle s'en fut donc allée en la maison, elle trouva
que le diable étoit sorti, & que sa fille étoit couchée sur le lit.
n Matth. 15. 29. 31 [n] Puis *Jésus* étant encore parti des frontieres de Tyr &
de Sidon, il vint à la mer de Galilée par le milieu du païs de
Décapolis.
32 Et on lui amena un sourd qui avoit la parole empêchée,
& on le pria de poser les mains sur lui.
33 Et *Jésus* l'ayant tiré à part, hors de la foule, lui mit les
doigts

doigts dans les oreilles; & ayant craché, lui toucha la langue.
34 Puis [o] regardant vers le ciel, il soûpira, & lui dit; Heph- o *ch. 6. 41.*
phatah, c'est-à-dire, Ouvre-toi.
35 Et aussi-tôt ses oreilles s'ouvrirent, & le lien de sa langue se délia, & il parla aisément.
36 Et [p] *Jésus* leur commanda de ne *le* dire à personne: p *ch. 5. 43. & 8. 26.*
mais plus il le défendoit, plus ils le publioient.
37 Et ils en étoient extrémement étonnez, disant; Il a tout
bien fait: il fait ouïr les sourds, & parler les muets.

CHAPITRE. VIII.

J. C. sustente avec sept pains quatre mille personnes, 1. Les Pharisiens lui demandent un signe du ciel, 11. Il avertit ses Disciples de se donner garde du levain des Pharisiens, & du levain d'Hérode, 15. Il guérit à Bethsaïda un aveugle qui du commencement vit les hommes de telle sorte, qu'il lui sembloit voir des arbres, 23. J C. demande à ses Disciples pour qui on le prenoit dans le monde, 27. Leur réponse, 28. La confession de saint Pierre, 29. J.C. prédit que les Juifs le feroient mourir à Jérusalem, 31. Pierre lui parle là dessus avec peu de reflexion, 32. J. C. l'en censure & l'appelle Satan, 33. Il faut renoncer à tout pour suivre J. C. 34. &c.

[a] EN ces jours-là comme il y avoit là une fort grande mul- a *Matth. 15. 32.*
titude, & qu'ils n'avoient rien à manger, Jésus appella
ses Disciples, & leur dit:
2 Je suis émû de compassion envers cette multitude, car il
y a déja trois jours qu'ils ne bougent d'avec moi, [1] & ils n'ont
rien à manger.

1 C'est-à-dire, que ce qu'ils avoient apporté avec eux, étoit fini, mais cela ne veut pas dire absolument que depuis trois jours ils n'avoient eu du tout rien à manger.

3 Et si je les renvoye à jeûn en leurs maisons, ils tomberont
en défaillance par le chemin, car quelques-uns d'eux sont
venus de loin.
4 Et ses Disciples lui répondirent; D'où les pourra-t-on rassasier de pains ici dans un desert?
5 Et il leur demanda; Combien avez-vous de pains? Ils lui
dirent; Sept.
6 Alors il commanda aux troupes de s'asseoir par terre,
& il prit les sept pains, & après avoir rendu graces il les rompit, & les donna à ses Disciples pour les mettre devant les
troupes: & ils les mirent devant elles.
7 Ils avoient aussi quelque peu de petits poissons: & après

O qu'il

qu'il eut rendu graces il commanda qu'ils les leur missent aussi
devant.
8 Et ils en mangerent, & furent rassasiez: & on remporta
du reste des pieces de pain sept corbeilles:
9 (Or ceux qui en avoient mangé étoient environ quatre
mille) & ensuite il leur donna congé.
b *Matth.* 15. 10 [b] Et aussi-tôt après il monta dans une nacelle avec ses
38. Disciples, & alla aux quartiers de Dalmanutha.
c *Matth.* 12. 11 [c] Et il vint là des Pharisiens, qui se mirent à disputer
38. avec lui, & qui pour l'éprouver, lui demanderent quelque
& 16. 1.
Luc 11. 29. signe du ciel.
Jean 6. 30. 12 Alors *Jésus* soûpirant profondément en son esprit, dit;
d *Matth.* 16. [d] Pourquoi cette génération demande-t-elle un signe? En
4. vérité je vous dis, qu'il ne sera point donné de signe à cette
génération.
13 Et les laissant, il remonta dans la nacelle, & passa à
l'autre rivage.
e *Matth.* 16. 5. 14 [e] Or ils avoient oublié de prendre des pains, & ils n'en
avoient qu'un avec eux dans la nacelle.
f *Matth.* 16. 6. 15 Et il leur commanda, disant; [f] Voyez, donnez-vous
Luc 12. 1. garde du levain des Pharisiens, & du levain d'Hérode.
16 Et ils discouroient entr'eux, disant; C'est parce que
nous n'avons point de pains.
17 Et Jésus connoissant cela, leur dit; Pourquoi discourez-vous touchant ce que vous n'avez point de pains? ne
considérez-vous point encore, & n'entendez-vous point?
g *ch.* 6. 52. [g] avez-vous encore vôtre cœur [h] stupide?
& 7. 18.
Luc 24. 25. 18 Ayant des yeux, ne voyez-vous point? ayant des oreil-
h *ch.* 6. 52. les, n'oyez-vous point? & n'avez-vous point de mémoire?
i *ch.* 6. 43.
Matth. 14. 20. 19 [i] Quand je distribuai les cinq pains aux cinq mille hom-
Luc 9. 13-16. mes, combien recueillîtes-vous de corbeilles pleines des pie-
Jean 6. 11. 13. ces qu'il y eut de reste? Ils lui dirent; Douze;
k *vs.* 5. 20 [k] Et quand je distribuai les sept pains aux quatre mille
Matth. 15. 34. hommes, combien recueillîtes-vous de corbeilles pleines des
pieces qu'il y eut de reste? Ils lui dirent, Sept.
21 Et il leur dit; Comment n'avez-vous point d'intelligence?

22 Puis

22 Puis il vint à Bethsaïda, & on lui présenta un aveugle,
en le priant qu'il le touchât;
23 Alors [l] il prit la main de l'aveugle, & le mena hors de [l] ch. 7. 32. 33.
la bourgade, & ayant mis de sa salive sur ses yeux, & posé les Jean 9. 6.
mains sur lui, il lui demanda s'il voyoit quelque chose.
24 Et cet homme ayant regardé, dit; Je vois des hommes
qui marchent, & qui *me paroissent* comme des arbres.
25 *Jésus* lui mit encore les mains sur les yeux, & lui commanda de regarder; & il fut rétabli, & les voyoit tous de
loin clairement.
26 Puis il le renvoya en sa maison, en lui disant; N'entre
point dans la bourgade, & ne le di à personne de la bourgade.
27 [m] Et Jésus & ses Disciples étant partis de là, ils vinrent m Matth. 16.
aux bourgades de Césarée de Philippe, & sur le chemin il 13. Luc 9. 18.
interrogea ses Disciples, leur disant; Qui disent les hommes
que je suis?
28 [n] Ils répondirent; *Les uns disent que tu es* Jean Baptiste: n Matth. 16.
les autres, Elie: & les autres, l'un des Prophetes. 14.
29 Alors il leur dit: Et vous, qui dites-vous que je suis?
Pierre répondant lui dit; Tu es le Christ. o ch. 9. 31.
30 Et il leur défendit avec menaces, de dire cela de lui à & 10. 33.
personne. Matth. 16. 21. & 17. 22.
31 [o] Et il commença à leur enseigner qu'il falloit que le & 20. 18. Luc 9. 22.
Fils de l'homme souffrît beaucoup, & [p] qu'il fût rejetté des & 18. 31.
Anciens, & des principaux Sacrificateurs, & des Scribes: & 24. 7. p ch. 12. 10.
& qu'il fût mis à mort, & qu'il ressuscitât [2] trois jours après. 2 Ou, *dans*
32 Et il tenoit ces discours tout ouvertement: [q] sur quoi *trois jours*, pour dire,
Pierre le prit, & se mit à le tancer; *au troisiéme*
33 Mais lui se retournant, & regardant ses Disciples, [3] tança *jour*: ch. 9. 31.
Pierre; en lui disant; Va arriere de moi, [4] Satan: car tu ne q Matth. 16. 22.
comprens pas les choses qui sont de Dieu, mais celles qui 3 Le repri-
sont des hommes. menda d'un ton severe.
34 Puis ayant appellé les troupes & ses Disciples, il leur 4 C'est-à-di-re, *ennemi*.
dit; [r] Quiconque veut venir après moi, qu'il renonce à soi- r Matth. 10.
même, & qu'il charge sa croix, & me suive. 38. & 16. 24.
Luc 9. 23. & 14. 27.

35 [f] Car quiconque voudra sauver [5] son ame, la perdra:
mais quiconque perdra [6] son ame pour l'amour de moi & de
l'Evangile, celui-là la sauvera.
36 Car que profiteroit-il à un homme de gagner tout le
monde, s'il fait perte [7] de son ame?
37 Ou, [t] que donnera l'homme [8] pour recompense de son
ame?
38 [u] Car quiconque aura eu honte de moi & de mes paroles parmi cette nation adultere & pécheresse, le Fils de l'homme aura aussi honte de lui, [x] quand il sera venu en la gloire
de son pére avec les saints Anges.

f *Matth.* 10. 39. & 16. 25. *Luc* 9. 24. & 17. 33. *Jean* 12. 25.
5 Sa vie.
6 Sa vie.
7 C'est-à-dire, de sa vie: car les biens ne servent de rien à un mort.
t *Matth.* 16. 26. *Ps.* 49. 9.
8 Il n'y a rien sur la terre qui puisse balancer la perte de nôtre vie.
u *Matth.* 10. 33. *Luc* 9. 26. & 12. 8. 9. 2 *Tim.* 2. 12.
x 1 *Cor.* 15. 52. 1 *Thess.* 4. 16. *Jud.* vs. 15.

CHAPITRE IX.

J. C. prédit que du vivant même de ceux à qui il parloit, il viendroit établir son Regne, 1. Transfiguration, 2. La question des Disciples touchant la venue d'Elie, 11. J. C. guérit un démoniaque muet, 17 Il prédit sa mort & sa resurrection, 31. Les Disciples disputent entr'eux de la primauté, 34. Ayant rencontré un homme qui chassoit les diables hors des possédez, ils prient J. C. de l'empêcher, 38 Scandales, 42. L'œil, la main, le pied qui nous deviennent un achoppement, 43. Chacun sera salé de feu, 49.

[a] IL leur disoit aussi; En vérité je vous dis, que parmi
ceux [1] qui sont ici présens, il y en a quelques-uns qui ne
goûteront point la mort jusqu'à ce qu'ils ayent vû [2] le Regne
de Dieu venir avec puissance.
2 [b] Et six jours après, Jésus prit avec soi Pierre, & Jacques,
& Jean, & les mena seuls à part sur une haute montagne,
& il fut transfiguré devant eux.
3 Et ses vêtemens devinrent reluisans & blancs comme neige, tels qu'il n'y a point de foulon sur la terre qui les pût
ainsi blanchir
4 Et en même temps leur apparurent Elie & Moyse, qui
parloient avec Jésus.
5 Alors Pierre prenant la parole dit à Jésus; Maître, il est
bon que nous soyons ici: faisons y donc trois tabernacles,
un pour toi, un pour Moyse, & un pour Elie:
6 Or il ne savoit ce qu'il disoit, car ils étoient épouvantez.
7 Et il vint une nuée qui les couvrit de son ombre: & il
vint

a *Matth.* 16. 28 *Luc* 9. 27.
1 Voyez la note sur Matth. 16 28.
2 C'est le regne de J. C. par l'établissement de son Evangile.
b *Matth.* 17. 1. *Luc* 9. 28.

vint de la nuée une voix, disant; [c] Celui-ci est mon Fils bien-aimé, [d] écoutez-le.
8 Et aussi-tôt ayant regardé de tous côtez, ils ne virent plus personne, sinon Jésus seul avec eux.
9 [e] Et comme ils descendoient de la montagne, il leur commanda expressément de ne raconter à personne ce qu'ils avoient vû, sinon après que le Fils de l'homme seroit ressuscité des morts.
10 Et ils retinrent cette parole-là en eux-mêmes, [f] s'entre-demandant ce que c'étoit à dire cela; [3] Ressusciter des morts.
11 Puis ils l'interrogerent, disant; Pourquoi les Scribes disent-ils qu'il faut [g] qu'Elie vienne premierement?
12 Il répondit, & leur dit; De vrai, Elie étant venu premierement doit rétablir toutes choses, [h] & comme il est écrit du Fils de l'homme, il faut qu'il souffre beaucoup, & qu'il soit anéanti.
13 Mais je vous dis que même [4] [i] Elie est venu, [5] & qu'ils lui ont fait tout ce qu'ils ont voulu, [k] comme il est écrit de lui.
14 [l] Puis étant revenu vers les Disciples, il vit autour d'eux une grande troupe, & des Scribes qui disputoient avec eux.
15 Et dès que toute cette troupe le vit, elle fut saisie d'étonnement, & ils accoururent pour le saluër.
16 Et il interrogea les Scribes, disant; De quoi disputez-vous avec eux?
17 [m] Et quelqu'un de la troupe prenant la parole, dit; Maître, je t'ai amené mon fils qui a un esprit muet,
18 Lequel le rompt par tout où il le prend, & il écume, & grince les dents, & devient sec: & j'ai prié tes Disciples de le jetter dehors, mais ils n'ont pû.
19 Alors Jésus lui répondant, dit; O génération incrédule, jusques-à-quand serai-je avec vous? jusques-à-quand vous supporterai-je? Amenez-le moi.
20 Et ils le lui amenerent: & quand il l'eut vû [n] l'esprit le rompit incontinent, de sorte que *l'enfant* tomba à terre, & se tournoit çà & là en écumant.

c *ch.* 1. 11. *Esa* 42. 1. *Matth.* 3. 17. & 17. 5. *Luc* 3. 22. & 9. 35. 2 *Pier.* 1. 17.
d *Deut.* 18. 19.
e *Matth* 17. 9. *Luc* 9. 36.
f *Jean* 20. 9
3 C'est-à-dire, que le fils de l'homme dût ressusciter peu après sa mort: ch 9. 32.
g *Mal.* 4. 5.
h vs. 31. *Pse.* 22. 7 *Esa* 53. 3. 4. *Dan.* 9. 26. *Luc* 24. 26. 27. *Phil.* 2. 7. 8.
4 C'est-à-dire, Cet Elie qui devoit venir, Matth. 11. 14.
i *Matth* 11. 14. & 17. 10. *Luc* 1. 17.
5 Voyez ch. 6. 27.
k *Esa.* 40 3. *Mal.* 3. 1. & 4. 5.
l *Matth.* 17. 14. *Luc* 9. 37.
m *Matth.* 17. 14. *Luc* 9. 38.
n *ch.* 1. 26.

21 Et *Jésus* demanda au pére de l'enfant; Combien y a-t-il
de temps que ceci lui est arrivé? & il dit; Dès son enfance:
22 Et souvent il l'a jetté dans le feu & dans l'eau pour le
faire périr: mais si tu y peux quelque chose, assiste-nous,
étant émû de compassion envers nous.
o Luc 17. 6. 23 Alors Jésus lui dit; o Si tu le peux croire, toutes choses sont possibles au croyant.
24 Et aussi-tôt le pére de l'enfant s'écriant avec larmes,
6 C'est-à-dire, pardonne la petitesse de ma foi. dit; Je croi, Seigneur: 6 subviens à mon incrédulité.
25 Et quand Jésus vit que le peuple y accouroit l'un sur
l'autre, il tança l'esprit immonde, en lui disant; Esprit muet
& sourd, je te commande, moi, sors de cet *enfant*, &
n'entre plus en lui.
p ch. 1. 26. 26 Et *le démon* sortit p en criant, & faisant beaucoup souffrir *cet enfant*, qui en devint comme mort, tellement que
plusieurs disoient, Il est mort.
27 Mais Jésus l'ayant pris par la main, le redressa; & il se
leva.
q Matth. 17. 19. 28 q Puis *Jésus* étant entré dans la maison, ses Disciples
lui demanderent en particulier; Pourquoi ne l'avons-nous pû
jetter dehors?
r Matth. 17. 21. 29 r Et il leur répondit; 7 Cette sorte de *diables* ne peut
7 Voyez la Note sur Matth. 17.21. sortir autrement que par la priere & par le jeûne.
30 s Et étant partis de là, ils marcherent par la Galilée:
s Matth. 16. 21. & 17. 22. mais il ne voulut pas que personne le sût.
31 Or il enseignoit ses Disciples, & leur disoit; t Le Fils
t ch. 8. 31. & ici vs. 12. Luc 9. 22. 44. & 18. 31. & 24. 7. de l'homme va être livré entre les mains des hommes, & ils
le feront mourir, mais après qu'il aura été mis à mort, il res-
suscitera le troisiéme jour.
u vs. 10. Luc 9. 45. 32 u Mais il n'entendoient point ce discours, & ils craignoient de l'interroger.
x Matth. 18. 1. Luc 9. 46. & 22. 24. 33 x Après ces choses il vint à Capernaüm, & quand il fut
arrivé à la maison, il leur demanda; De quoi disputiez-vous
ensemble en chemin?
34 Et ils se tûrent: car ils avoient disputé ensemble en chemin, qui *d'entr'eux étoit* le plus grand.

35 Et

35 Et après qu'il se fut assis, il appella les douze, & leur
dit ; [y] Si quelqu'un veut être le premier *entre vous*, il sera le y *ch.* 10. 43.
dernier de tous, & le serviteur de tous. *Matth.* 20. 26.
36 Et [z] ayant pris un petit enfant, il le mit au milieu d'eux, z *ch.* 10. 16.
& après l'avoir pris entre ses bras, il leur dit ;
37 [a] Quiconque recevra l'un de tels petits enfans en mon a *Matth.* 10.
Nom, il me reçoit ; & quiconque me reçoit, ce n'est pas moi 40. & 18. 5.
qu'il reçoit, mais il reçoit celui qui m'a envoyé. *Luc* 9. 48. *Jean* 13. 20.
38 [b] Alors Jean prit la parole, & dit ; Maître nous avons b *Luc* 9. 49.
vû [8] quelqu'un qui jettoit les diables dehors en ton Nom, & 8 Il y a appa-
qui pourtant ne nous suit point : & nous l'en avons empêché, rence que
parce qu'il ne nous suit point. c'étoit quel-
39 Mais Jésus leur dit ; Ne l'en empêchez point : parce qu'un de ces
qu'il n'y a personne qui fasse un miracle en mon Nom, qui Septante Dis-
aussi-tôt puisse mal parler de moi. ciples que
40 [c] Car qui n'est pas contre nous, il est pour nous. J. C. avoit
41 [d] Et quiconque vous donnera à boire un verre d'eau en envoyez &
mon Nom, parce que vous êtes à Christ, en vérité je vous qui ensuite
dis, qu'il ne perdra pas sa recompense. s'étoient reti-
42 [e] Mais quiconque scandalisera l'un de ces petits qui rez chez eux.
croyent en moi, il lui vaudroit mieux qu'on mît une pierre Luc, 10. 1. 17.
de meule autour de son cou, & qu'on le jettât dans la mer. c *Matth.* 12. 30. d *Matth.* 10. 42. e *Matth.* 18. 6. *Luc* 17. 1. 2.
43 [f] Or si ta main te fait broncher, coupe-la : il vaut mieux f *Matth.* 5. 30.
que tu entres manchot dans la vie, que d'avoir deux mains, & 18. 8.
& aller dans la gehenne, au feu qui ne s'éteint point : *Deut.* 13. 6. 7. 8.
44 [g] Là où leur ver ne meurt point, & le feu ne s'éteint g vs. 46. 48.
point. *Esa.* 66. 24.
45 [h] Et si ton pied te fait broncher, coupe-le : il vaut mieux h *Matth.* 5. 30.
que tu entres boiteux dans la vie, que d'avoir deux pieds,
& être jetté dans la gehenne, au feu qui ne s'éteint point :
46 [i] Là où leur ver ne meurt point, & le feu ne s'éteint i vs. 44. 48.
point.
47 Et si ton œil te fait broncher, arrache-le : il vaut mieux
que tu entres dans le Royaume de Dieu n'ayant qu'un œil,
que d'avoir deux yeux, & être jetté dans la gehenne du feu :
48 [k] Là où leur ver ne meurt point, & le feu ne s'éteint point. k vs. 44. 46.

49 Car

49 Car [9] chacun [10] sera salé de feu: [l] & toute oblation sera
salée de sel.

50 [m] C'est une bonne chose que le sel: mais si le sel perd sa
saveur, avec quoi lui rendra-t-on sa saveur?

51 Ayez du sel en vous-mêmes, [n] & soyez en paix entre vous.

9 C'est-à-dire, chacun de ceux qui scandalisent leurs prochains, & de ceux qui préferent leurs plaisirs, & les commoditez de la vie à leur salut; car ce mot *chacun* a rapport à tout ce qui a été dit depuis le vs. 42. 10. L'exemple ajouté, & pris des victimes sur lesquelles on mettoit du sel, fait voir que J C. y a fait allusion, pour dire, que chacun de ceux dont il parloit seroit, comme un holocauste jetté dans le feu éternel, feu inextinguible, comme le sel est incorruptible, & ne reçoit point de changement. l *Lévit.* 2. 13. m *Matth.* 5. 13. *Luc* 14. 34. n *Rom.* 12. 18. *Heb.* 12. 14.

CHAPITRE X.

Question des Pharisiens touchant le divorce, 3. *On présente de petits enfans à J.C.* 13. *Le Royaume des Cieux leur appartient*, 14. *Un riche lui demande ce qu'il doit faire pour avoir la vie éternelle*, 17. *Les Riches sont difficilement sauvez*, 23. *J.C. prédit sa mort*, 32. *Condamne la demande ambitieuse des fils de Zébédée*, 35. *Déclare que lui-même est venu pour servir*, 45. *Et il guérit un aveugle appellé Bartimée*, 46.

a *Matth.* 19. 1. [a] PUis étant parti de là, il vint sur les confins de la Judée, au delà du Jourdain, & les troupes s'étant encore
assemblées auprès de lui, il les enseignoit comme il avoit accoûtumé.

2 Alors des Pharisiens vinrent à lui, & pour l'éprouver ils
lui demanderent; Est-il permis à un homme de repudier sa
femme?

3 Il répondit, & leur dit; Qu'est-ce que Moyse vous a commandé?

b *Deut.* 24. 1. 4 Ils dirent; [b] Moyse a permis d'écrire la Lettre de divorce,
Jér. 3. 1. & de répudier *ainsi sa femme*.
Matth. 5. 31. *&* 19. 7. 5 Et Jésus répondant leur dit; Ils vous a écrit ce comman-
dement à cause de la dureté de vôtre coeur.

c *Gen.* 1. 27. 6 Mais au commencement de la création, [c] Dieu les fit
& 5. 2. *Matth.* 19. 4. mâle & femelle,

7 C'est pourquoi l'homme laissera son pére & sa mére, &
se joindra à sa femme:

d *Gen.* 2. 24. 8 Et [d] les deux seront une seule chair: ainsi ils ne sont plus
1 *Cor.* 6. 16. *Ephes.* 5. 31. deux, mais une seule chair.

e *Matth.* 19. 6. 9 [e] Ce donc que Dieu a joint, que l'homme ne le sépare point.

10 Puis

10 Puis ses Disciples l'interrogerent encore sur cela même
dans la maison.
11 Et il leur dit; [f] Quiconque laissera sa femme, & se ma- f *Matth.* 5. 32.
riera à une autre, il commet un adultere contr'elle. & 19. 9. *Luc* 16. 18. 1 *Cor.*
12 Pareillement si la femme laisse son mari, & se marie à 7. 10. 11.
un autre, elle commet un adultere.
13 Et [g] on lui présenta de petits enfans, afin qu'il les tou- g *Matth.* 19.
chât: mais les Disciples reprenoient ceux qui les présentoient: 13. *Luc* 18. 15.
14 Et Jésus voyant cela, en fut indigné, & il leur dit;
[h] Laissez venir à moi les petits enfans, & ne les empêchez h *Matth.* 19.
point: car à tels est le Royaume de Dieu. 14.
15 En vérité je vous dis, [i] que quiconque ne recevra com- i *Matth.* 18. 3.
me un petit enfant le Royaume de Dieu, il n'y entrera point. 1 *Cor.* 14. 20. 1 *Pier.* 2. 2.
16 [k] Après les avoir donc pris entre ses bras, il les bénit, k *ch.* 9. 36.
en posant les mains sur eux. *Matth.* 19. 15.
17 [l] Et comme il sortoit pour se mettre en chemin, un l *Matth.* 19.
homme accourut, & se mit à genoux devant lui, & lui fit 16.
cette demande; Maître qui es bon, que ferai-je pour héri- *Luc* 18. 18.
ter la vie éternelle?
18 Et Jésus lui répondit; Pourquoi m'appelles-tu bon? il
n'y a nul bon qu'un seul, *qui est* Dieu.
19 Tu sais les Commandemens: [m] Ne commets point adul- m *Exod.* 20.
tere. Ne tue point. Ne dérobe point. Ne di point de faux 13. & 21. 12. *Deut.* 5. 17.
témoignage. Ne fai dommage à personne. Honore ton pére *Rom.* 13. 9.
& ta mére.
20 Il répondit, & lui dit; Maître, j'ai gardé toutes ces choses dès ma jeunesse.
21 Et Jésus ayant jetté l'œil sur lui, l'aima, & lui dit; Il n *Matth.* 6.
te manque une chose: [n] va, & vends tout ce que tu as, & 19. 20. *Luc*
le donne aux pauvres, & tu auras un trésor au Ciel: puis 12. 33. & 16. 9.
viens, & me sui, ayant chargé la croix.
22 Mais il fut fâché de ce mot, & s'en alla tout triste; parce qu'il avoit de grands biens. o *Matth.* 19.
23 [o] Alors Jésus ayant regardé à l'entour, dit à ses Disci- 23. *Luc* 18. 24.
ples; Combien difficilement [p] ceux qui ont des richesses en- p *Job* 31. 24.
treront-ils dans le Royaume de Dieu! *Psr.* 62. 11. *Prov.* 11. 18.

P 24 Et 1 *Tim.* 6. 17.

24 Et ses Disciples s'étonnerent de ses paroles: mais Jésus prenant encore la parole, leur dit; Mes enfans, qu'il est difficile à ceux qui se confient aux richesses, d'entrer dans le Royaume de Dieu!

25 Il est plus aisé qu'un chameau passe par le trou d'une aiguille, qu'il ne l'est qu'un riche entre dans le Royaume de Dieu.

26 Et ils s'en étonnerent encore davantage, disant entr'eux; Et qui peut être sauvé?

27 Mais Jésus les ayant regardez, leur dit; [q] Cela est impossible quant aux hommes, mais non pas quant à Dieu: [r] car toutes choses sont possibles à Dieu.

28 [s] Alors Pierre se mit à lui dire; Voici, nous avons tout quitté, & t'avons suivi.

29 Et Jésus repondant, dit; En vérité je vous dis, qu'il n'y a personne qui ait laissé ou maison, ou fréres, ou sœurs, ou pére, ou mére, ou femme, ou enfans, ou champs, pour l'amour de moi, & de l'Evangile,

30 Qui n'en reçoive maintenant en ce temps-ci cent fois autant, maisons, & fréres, & sœurs, & méres, & enfans, & champs, avec persécutions; & dans le siécle à venir, la vie éternelle.

31 [t] Mais plusieurs qui sont les premiers, seront les derniers: & les derniers seront les premiers.

32 Or ils étoient en chemin, montant à Jérusalem, & Jésus alloit devant eux: & ils étoient épouvantez, & craignoient en le suivant, parce que Jésus ayant encore pris à part les douze, s'étoit mis à leur déclarer les choses qui lui devoient arriver.

33 *Disant*; Voici, nous montons à Jérusalem: [u] & le Fils de l'homme sera livré aux principaux Sacrificateurs, & aux Scribes; & ils le condamneront à mort, & le livreront aux Gentils;

34 Qui se moqueront de lui, & le fouetteront, & cracheront contre lui, puis ils le feront mourir: mais il ressuscitera le troisiéme jour.

35 [x] Alors Jacques & Jean, fils de Zébédée, [y] vinrent à lui

q *Jean* 6. 44. *Rom.* 8. 7. 1 *Cor.* 2. 14.
r *Job* 42. 2. *Jér.* 32. 17. *Zach.* 8. 6. *Luc* 1. 37.
s *Matth.* 19. 27. *Luc* 5. 11. & 18. 28.
t *Matth.* 19. 30. & 20. 16. *Luc* 13. 30.
u *ch.* 8. 31. & 9. 31. *Matth.* 16. 21. & 17. 22. & 20. 17. & 26. 2. 45. *Luc* 9. 22. & 18. 31. & 24. 7.
x *Matth.* 20. 20.
y Ce fut leur mére qui se présenta & parla pour eux; mais qui l'ayant fait de leur consentement, ou à leur priere, ils sont à cause de cela regardez ici comme s'ils l'avoient fait eux-mêmes.

lui, en lui disant; Maître, nous voudrions que tu fisses pour
nous ce que nous te demanderons.
36 Et il leur dit; Que voulez-vous que je fasse pour vous?
37 Et ils lui dirent; Accorde-nous que dans ta gloire nous
soyons assis l'un à ta droite, & l'autre à ta gauche.
38 Et Jésus leur dit; [y] Vous ne savez ce que vous demandez: pouvez-vous boire la coupe que je dois boire; & être
baptisez du Baptême [z] dont je dois être baptisé?
39 Ils lui répondirent; Nous le pouvons. Et Jésus leur dit;
Il est vrai que vous boirez la coupe que je dois boire, &
que vous serez baptisez du Baptême dont je dois être baptisé:
40 [a] Mais d'être assis à ma droite & à ma gauche, [2] ce n'est
pas à moi de le donner: [3] mais *il sera donné* à ceux à qui il est
préparé.
41 [b] Ce que les dix *autres* ayant ouï, ils commencerent à
s'indigner contre Jacques & Jean.
42 Et Jésus les ayant appellez, leur dit; [c] Vous savez que
ceux qui font état de dominer sur les nations, les maîtrisent,
& que les Grands d'entr'eux usent d'autorité sur elles.
43 Mais il n'en sera pas ainsi entre vous: mais quiconque
voudra être le plus grand entre vous, sera vôtre serviteur.
44 [d] Et quiconque d'entre vous voudra être le premier,
sera le serviteur de tous.
45 Car aussi le Fils de l'homme n'est pas venu pour être
servi, [e] mais pour servir; [f] & pour donner sa vie en rançon
[g] pour plusieurs.
46 [h] Puis ils arriverent à Jérico: & comme il partoit de
Jérico avec ses Disciples & une grande troupe, un aveugle,
appellé Bartimée, *c'est-à-dire*, fils de Timée, étoit assis auprès du chemin; & mendioit.
47 Et ayant entendu que c'étoit Jésus le Nazarien, il se mit
à crier, & à dire; Jésus Fils de David, aye pitié de moi.
48 Et plusieurs le tançoient, afin qu'il se tût: mais il crioit
encore plus fort; Fils de David, aye pitié de moi.
49 Et Jésus s'étant arrêté, dit qu'on l'appellât: on l'appella
donc, en lui disant; Prens courage, leve-toi, il t'appelle.

y *Matth.* 20. 22.
z *Luc* 12. 50.
a *Matth.* 25. 34.
2 C'est-à-dire, dans le sens auquel ils l'avoient demandé
3 C'est-à-dire, qu'il le donneroit en une autre maniere: Voyez un semblable exemple dans lequel J. C. passe d'un sens à l'autre, ch. 14. 25.
b *Matth.* 20. 25.
c *Luc* 22. 25.
d *ch.* 9. 35. 1 *Pier.* 5. 3.
e *Jean* 13. 14. *Phil.* 2. 7.
f *Eph.* 1. 7. *Col.* 1. 14. 1 *Tim.* 2. 6. *Tit.* 2. 14.
g *ch.* 14. 24. *Esa.* 53. 12. *Héb.* 9. 28.
h *Matth.* 20. 29. *Luc* 18. 35.

50 Et jettant bas son manteau, il se leva, & s'en vint à Jésus.
51 Et Jésus prenant la parole, lui dit; Que veux-tu que je
te fasse? Et l'aveugle lui dit; Maître, que je recouvre la vûe.
i ch. 5. 34. 52 [i] Et Jésus lui dit; Va-t-en, ta foi t'a sauvé.
Matth. 9, 22. 53 Et incontinent il recouvra la vûe, & il suivit Jésus par
le chemin.

CHAPITRE XI.

J. C. fait son entrée dans Jérusalem monté sur un asnon, 2. Il maudit un figuier, 13. Chasse du Temple les vendeurs & les achetteurs, 15. La foi peut transporter les montagnes, 23. Pardon des injures, 25. D'où étoit le Baptême de Jean, 30.

a Matth. 21. 1. [a] ET comme ils approchoient de Jérusalem, étant près de
Luc 19. 29. Bethphagé & de Béthanie, vers le mont des Oliviers,
il envoya deux de ses Disciples.
2 Et il leur dit; Allez-vous-en à cette bourgade qui est vis-
à-vis de vous; & en y entrant, vous trouverez un asnon attaché, sur lequel jamais homme ne s'assit: détachez-le, &
l'amenez.
3 Et si quelqu'un vous dit; Pourquoi faites-vous cela? dites
que le Seigneur en a affaire: & incontinent il l'envoyera ici.
4 Ils partirent donc; & trouverent l'asnon qui étoit attaché
dehors auprès de la porte, entre deux chemins, & ils le dé-
tacherent.
5 Et quelques-uns de ceux qui étoient là, leur dirent; Que
faites-vous, de détacher cet asnon?
6 Et ils leur répondirent comme Jésus avoit commandé:
& on les laissa faire.
7 Ils amenerent donc l'asnon à Jésus, & mirent leurs vête-
b Jean 12. 14. mens sur l'asnon, [b] & il s'assit dessus.
2 Rois 9. 13. 8 Et plusieurs étendoient leurs vêtemens par le chemin, &
d'autres coupoient des rameaux des arbres, & les répandoient
par le chemin.
9 Et ceux qui alloient devant, & ceux qui suivoient,
c Matth. 21. 9. crioient, disant; Hosanna, [c] Béni soit celui qui vient au
& 23. 39. Nom du Seigneur!
Pse. 118. 25. 26. 10 Béni soit le regne de David nôtre pére, *le regne* qui
vient au Nom du Seigneur; Hosanna dans les lieux très-hauts!

11 [d] Jésus

11 [d] Jésus entra ainsi dans Jérusalem, & au Temple: &
après avoir regardé de tous côtez, comme il étoit déja tard,
il sortit pour aller à Béthanie avec les douze.
12 [e] Et le lendemain en revenant de Béthanie, il eut faim:
13 Et voyant de loin un figuier [1] qui avoit des feuilles, il
alla voir s'il y trouveroit quelque chose, mais y étant venu,
il n'y trouva rien que des feuilles: [2] car ce n'étoit pas la saison des figues.
14 Et Jésus prenant la parole dit au figuier; Que jamais
personne ne mange de fruit de toi. Et ses Disciples l'entendirent.
15 [f] Ils vinrent donc à Jérusalem, & quand Jésus fut entré
au Temple, il se mit à jetter dehors ceux qui vendoient, &
ceux qui achettoient dans le Temple, & il renversa les tables
des changeurs, & les sieges de ceux qui vendoient des pigeons.
16 Et il ne permettoit point que personne portât aucun [3] vaisseau par le Temple.
17 [g] Et il enseignoit, en leur disant; N'est-il pas écrit; [h]
Ma Maison sera appellée Maison de priere par toutes les nations? [i] mais vous en avez fait une caverne de voleurs.
18 Ce que les Scribes & les principaux Sacrificateurs ayant
entendu, [k] ils cherchoient comment ils feroient pour le perdre; car il le craignoient, à cause que tout le peuple [l] avoit
de l'admiration pour sa doctrine.
19 Et le soir étant venu il sortit de la ville.
20 [m] Et le matin comme ils passoient auprès du figuier,
ils virent qu'il étoit devenu sec jusqu'à la racine.
21 Et Pierre s'étant souvenu *de ce qui s'étoit passé*, dit à
Jésus; Maître, voici, le figuier que tu as maudit, est tout sec.
22 Et Jésus répondant, leur dit; Ayez la foi de Dieu.
23 [n] Car en vérité je vous dis, que quiconque dira à cette
montagne; Ote-toi de là; & te jette dans la mer, & qui ne
fera point de difficulté en son cœur, mais croira que ce qu'il
dit se fera, tout ce qu'il aura dit lui sera fait.

d *Matth.* 21. 12. *Luc* 19. 45. *Jean* 2. 14.
e *Matth.* 21. 18.
1 Cela est ici remarqué comme la raison pour laquelle J. C. alla à ce figuier, & pour insinuer que c'étoit un figuier d'une espece particuliere, car ceci arriva à la mi-Mars, auquel temps, bien loin que les figuiers communs & ordinaires puissent avoir des figues mûres, ils n'ont pas même encore de grandes feuilles, conferez avec Luc 21. 29.
2 C'est-à-dire, la saison ordinaire des figues, mais ce l'étoit de cette espece particuliere de figuiers.
f *Matth.* 21. 12. *Luc* 19, 45. *Jean* 2. 14
3 C'est-à-dire, quoi que ce fût, pour vendre & achetter: les Hébreux donnent un sens fort étendu à ce nom de vase ou de vaisseau. Comme aux *armes*, Jér. 21. 4. aux *habits*, Deut. 22. 5. &c. g *Matth.* 21. 13. *Luc* 19. 46. h 1 *Rois* 8 29. *Esa* 56. 7. i *Jér.* 7. 11. k *Jean* 7. 19. l *ch.* 1. 22. m *Matth.* 21. 20. n *Matth.* 17. 20. *&* 21. 21. *Luc* 17. 6.

o Matth. 7. 7. 8. & 21. 22. Luc 11. 9. Jean 14. 13. & 15. 7. & 16. 24. Jacq. 1. 5. 1 Jean 3. 22. & 5. 14.

24 [o] C'est pourquoi je vous dis, tout ce que vous demanderez en priant, croyez que vous le recevrez, & il vous sera fait.
25 [p] Mais quand vous vous présenterez pour faire vôtre priere, si vous avez quelque chose contre quelqu'un, pardon-
nez-lui, afin que vôtre Pére qui est aux cieux vous pardonne
aussi vos fautes.

p Matth. 6. 14. & 18. 34. 35. Eph. 4. 32. Col. 3. 13. Ecclesiastiq. 28. 2.

26 Mais si vous ne pardonnez point, vôtre Pére qui est
aux cieux ne vous pardonnera point aussi vos fautes.

q Matth. 21. 23. Luc 20. 1. r Exod. 2. 14. Act. 4. 7. & 7. 27.

27 [q] Ils retournerent encore à Jérusalem, & comme il marchoit dans le Temple, les principaux Sacrificateurs, & les
Scribes, & les Anciens vinrent à lui:
28 Et lui dirent; [r] De quelle autorité fais-tu ces choses, &
qui est celui qui t'a donné cette autorité, pour faire les choses que tu fais?
29 Et Jésus répondant leur dit; Je vous interrogerai aussi
d'une chose, & répondez-moi: puis je vous dirai de quelle
autorité je fais ces choses.
30 Le Baptême de Jean étoit-il du Ciel, ou des hommes?
Repondez-moi.
31 Et ils raisonnoient entr'eux, disant; Si nous disons;
Du Ciel; il nous dira; Pourquoi donc ne l'avez-vous point crû?
32 Et si nous disons; Des hommes, nous avons à craindre
le peuple: [s] car tous croyoient que Jean avoit été un vrai
Prophete.

s ch. 6. 20. Matth. 14. 5.

33 Alors pour réponse ils dirent à Jésus; Nous ne savons:
& Jésus répondant leur dit; Je ne vous dirai point aussi de
quelle autorité je fais ces choses.

CHAPITRE XII.

La parabole des Vignerons, 1. La Pierre rejettée par les Edifians, 12. Le Tribut dû à César, 14. Question des Sadducéens touchant la résurrection, 18. Quel est le plus grand Commandement, 28. David a reconnu le Messie pour son Seigneur, 36. Se donner garde des Scribes, 38. La veuve qui met deux petites pieces au tronc, 42.

a Matth. 21. 33. Luc 20. 9. Psa. 80. 9. Esa. 5. 1. Jér. 2. 21. & 12. 10.

PUis il se mit à leur dire par une parabole; [a] Quelqu'un
planta une vigne, & l'environna d'une haye, & il y creusa une fosse pour un pressoir, & y bâtit une tour: puis il la
loua à des vignerons, & s'en alla dehors.

2 Or

2 Or en la saison il envoya un serviteur aux vignerons,
pour recevoir d'eux du fruit de la vigne.
3 Mais eux le prenant, le battirent & le renvoyerent à vuide.
4 Il leur envoya encore un autre serviteur; & eux lui jettant des pierres, lui froisserent la tête, & le renvoyerent,
après l'avoir honteusement traitté.
5 Il en envoya encore un autre, lequel ils tuerent: & plusieurs autres, desquels ils battirent les uns, & tuerent les
autres.
6 Mais ayant encore un Fils, son bien-aimé, il le leur envoya aussi pour le dernier, disant; Ils respecteront mon Fils.
7 Mais ces vignerons dirent entr'eux; [b] C'est ici l'heritier, b *Matth.* 26. 3.
[c] venez, tuons-le, & l'héritage sera nôtre. *Pse.* 2. 8.
8 L'ayant donc pris, ils le tuerent, & le jetterent hors de *Jean* 11. 53. c *Matth.* 27. 1.
la vigne.
9 Que fera donc le Seigneur de la vigne? [d] il viendra, & d *ch.* 9. 1.
fera périr ces vignerons, & donnera la vigne à d'autres. *&* 13. 26.
10 Et n'avez-vous point lû cette écriture? [e] La pierre que e *Pse.* 118. 22.
les édifians ont rejettée, est devenue la maîtresse pierre du coin. *Esa.* 28. 16.
11 Ceci a été fait par le Seigneur, & c'est une chose mer- *Matth.* 21. 42. *Luc* 20. 17.
veilleuse devant nos yeux. *Act.* 4. 11.
12 Alors ils tâcherent de le saisir, mais ils craignirent le *Rom.* 9. 33. 1 *Pier.* 2. 6.
peuple: car ils connurent qu'il avoit dit cette similitude con-
tr'eux: c'est pourquoi le laissant, ils s'en allerent.
13 [f] Mais ils lui envoyerent quelques-uns des Pharisiens & f *Matth.* 22.
des Hérodiens, pour l'enlacer par leurs discours; 15. *Luc* 20. 20.
14 Lesquels étant venus, lui dirent; Maître, nous savons
que tu es véritable, & que tu ne consideres personne: car
tu n'as point d'égard à l'apparence des hommes, mais tu enseignes la voye de Dieu en vérité; est-il permis de payer le
tribut à César, ou non? le payerons-nous, ou si nous ne le
payerons point?
15 Mais *Jésus* connoissant leur hypocrisie, leur dit; Pourquoi me tentez-vous? apportez-moi un denier, que je le voye.
16 Et ils le lui présenterent. Alors il leur dit; De qui est
cette image, & cette inscription? Ils lui répondirent; De César.

17 Et

g Matth. 17. 17 Et Jésus répondant leur dit; [g] Rendez à César les cho-
25. & 22. 21. ses qui sont à César; & à Dieu celles qui sont à Dieu: & ils
Rom. 13. 7. furent étonnez.
h Matth. 22. 18 [h] Alors les Sadducéens, qui disent qu'il n'y a point de
23. Luc 20. 27. résurrection, vinrent à lui, & l'interrogerent, disant.
Act. 23. 8.
i Deut. 25. 5. 6. 19 Maître, [i] Moyse nous a laissé par écrit; Que si le
frére de quelqu'un est mort, & a laissé sa femme, & n'a point
laissé d'enfans, son frére prenne sa femme, & qu'il suscite
des enfans à son frére.
20 Or il y avoit sept fréres, dont le premier prit une femme, & mourant ne laissa point d'enfans.
21 Et le second la prit, & mourut, & lui aussi ne laissa
point d'enfans: & le troisiéme tout de même.
22 Les sept donc la prirent, & ne laisserent point d'enfans:
la femme aussi mourut la derniere de tous.
23 En la résurrection donc, quand ils seront ressuscitez,
duquel d'eux sera-t-elle femme? car les sept l'ont eûe pour
leur femme.
24 Et Jésus répondant leur dit; Ce que vous vous fourvoyez, n'est-ce pas à cause que vous ne connoissez point les
k Matth. 22. Ecritures, ni la puissance de Dieu?
30. Luc 20. 36. 25 [k] Car quand ils seront ressuscitez des morts, ils ne pren-
l Matth. 22. 31. 32. dront point à femme, & on ne leur donnera point de femmes
m Exod. 3. 6. en mariage, mais ils seront comme les Anges qui sont aux cieux.
Act. 7. 32. Heb. 11. 16. 26 [l] Et quant aux morts, *pour vous montrer* qu'ils ressusci-
1 C'est-à-dire, pour les laisser éternellement dans la mort; car ces mots, *Je suis ton Dieu*, renferment la promesse d'une autre vie, Héb. 11. 13. tent; N'avez-vous point lû dans le Livre de Moyse, comment
Dieu parla à lui dans le buisson, en disant; [m] Je suis le Dieu
d'Abraham, & le Dieu d'Isaac, & le Dieu de Jacob?
27 *Or* il n'est pas [1] le Dieu des morts, mais le Dieu des vivans. Vous vous fourvoyez donc grandement.
28 [n] Et quelqu'un des Scribes qui les avoit oüi disputer,
voyant qu'il leur avoit bien répondu, s'approcha de lui, &
lui demanda; Quel est le premier de tous les Commandemens?
n Matth. 22. 34. 29 Et Jésus lui répondit; [o] Le premier de tous les Commandemens est, [p] Ecoute Israël, Le Seigneur nôtre Dieu est
o Luc 10. 27. le seul Seigneur:
p Deut. 6. 4. & 10. 12.

30 Et

30 Et tu aimeras le Seigneur ton Dieu de tout ton cœur,
& de toute ton ame, & de toute ta pensée, & de toute ta
force. C'est-là le premier Commandement.
31 Et le second, semblable à celui-là, est, [q] Tu aimeras
ton prochain comme toi-même. Il n'y a point d'autre Commandement plus grand que ceux-ci.
32 Et le Scribe lui dit, Maître, tu as bien dit selon la vérité,
[r] qu'il y a un seul Dieu, & qu'il n'y en a point d'autre que lui:
33 [s] Et que de l'aimer de tout son cœur, & de toute son
intelligence, & de toute son ame, & de toute sa force; &
d'aimer son prochain comme soi-même, c'est plus que tous
les holocaustes, & les sacrifices.

q *Lévit.* 19. 18. *Matth.* 22. 39. *Luc* 10. 27. *Rom.* 13. 9. *Gal.* 5. 14. *Jacq.* 2. 8.
r *Deut.* 4. 35. *Esa.* 46. 9. *Jean* 17. 3. 1 *Jean* 5. 20
s *Prov.* 21. 3.

34 Et Jésus voyant que *ce Scribe* avoit répondu prudemment, lui dit; Tu n'es pas loin du Royaume de Dieu. Et
personne n'osoit plus l'interroger.
35 [t] Et comme Jésus enseignoit dans le Temple, il prit la
parole, & il dit; Comment disent les Scribes que le Christ est
Fils de David?
36 Car David lui-même a dit par le Saint Esprit; [u] Le Seigneur a dit à mon Seigneur. Assieds-toi à ma droite, jusqu'à
ce que j'aye mis tes ennemis pour le marchepied de tes pieds.
37 Puis donc que David lui-même l'appelle *son* Seigneur,
comment est-il son fils? Et de grandes troupes prenoient plaisir à l'entendre.

t *Matth.* 22. 41. *Luc* 20. 41.
u *Pse.* 110. 1. *Act.* 2. 34. 1 *Cor.* 15. 25. *Heb.* 1. 13. & 10. 13.

38 [x] Il leur disoit aussi en sa doctrine; Donnez-vous garde
des Scribes, qui prennent plaisir à se promener en robes longues, & *qui aiment* les salutations dans les marchez,
39 Et les premieres séances dans les Synagogues, & les premieres places dans les festins;
40 [y] Qui mangent entierement les maisons des veuves, même sous le prétexte de faire de longues prieres: *car* ils en
recevront une plus grande condamnation.
41 [z] Et Jésus étant assis vis-à-vis du tronc, prenoit garde
comment le peuple mettoit de l'argent au tronc.
42 Et plusieurs riches y mettoient beaucoup: & une pauvre
veuve vint, qui y mit deux petites pieces, qui font un quadrain.

x *Matth.* 23. 6. *Luc* 11. 43. & 20. 46.
y *Matth.* 23. 14. *Luc* 20, 47. 2 *Tim.* 3. 6. *Tite* 1. 11.
z *Luc* 21. 1. 2 *Rois* 12. 9.

43 Et *Jésus* ayant appellé ses Disciples, il leur dit; En vé-
a 2 *Cor.* 8. 12. rité je vous dis, que cette pauvre veuve [a] a plus mis au tronc
que tous ceux qui y ont mis.
44 Car tous y ont mis de ce qui leur abonde; mais celle-ci
a Gr. tout son vivre. y a mis de sa pauvreté tout ce qu'elle avoit, [a] toute sa subsistance.

CHAPITRE XIII.

Ruïne du Temple, 2. Séducteurs, 6. Guerres, 7. Persécutions, 9. Prédication de l'Evangile dans tout le monde. 10 L'abomination de la desolation, 14. Ces jours abrégez à cause des élûs, 20. Le soleil obscurci &c. 24. La venue du Fils de l'homme dans les nuées du ciel, 26. Les élûs assemblez des quatre coins de l'Univers, 27. Le temps précis de la vengeance de Dieu connu de Dieu seul, 32. Exhortations à veiller. 33. &c.

a *Matth.* 24. 1. *Luc* 21. 5. [a] ET comme il partoit du Temple, un de ses Disciples lui
dit; Maître, regarde quelles pierres, & quels bâtimens.
b *Luc* 19. 44. 1 *Rois* 9. 8. 2 Et Jésus répondant lui dit; Vois-tu ces grands bâtimens?
Mich. 3. 12. [b] il n'y sera point laissé pierre sur pierre qui ne soit démolie.
c *Matth.* 24. 3. *Luc* 21. 7. 3 [c] Et comme il se fut assis au mont des Oliviers vis-à-vis
du Temple, Pierre & Jacques, Jean & André l'interroge-
rent en particulier:
d *Act.* 1. 6. 4 *Disant*; [d] Di-nous quand ces choses arriveront, & quel
signe il y aura quand toutes ces choses devront s'accomplir?
e *Jér.* 29. 8. 5 Et Jésus leur répondant, se mit à leur dire; [e] Prenez gar-
Matth. 24. 4. *Luc* 21. 8. de que quelqu'un ne vous séduise.
Eph. 5. 6. 6 Car [f] plusieurs viendront en mon Nom, disant; C'est
2 *Thess.* 2. 3. moi *qui suis le Christ*, & ils en séduiront plusieurs.
1 *Jean* 4. 1. f *Jér.* 14. 14. 7 Or quand vous entendrez des guerres, & des bruits de
& 23. 21. guerres, ne soyez point troublez: parce qu'il faut que ces
choses arrivent; mais ce ne sera pas encore la fin.
g *Esa.* 19. 2. 8 [g] Car nation s'elevera contre nation, & Royaume contre
Royaume: & il y aura des tremblemens de terre de lieu en
lieu, & des famines & des troubles: ces choses seront des
commencemens de douleurs.
h *Matth.* 10. 9 [h] Mais prenez garde à vous-mêmes, car ils vous livre-
17. 18. & 24. ront aux Consistoires, & aux Synagogues: vous serez fouet-
9. *Luc* 21. 12. *Jean* 15. 19. tez, & vous serez présentez devant les Gouverneurs & de-
& 16. 2. *Apoc.* vant les Rois, à cause de moi, pour leur être en témoi-
2. 10. gnage.

10 [i] Mais

10 [i] Mais il faut que l'Evangile soit auparavant prêché dans
toutes les nations.
11 [k] Et quand ils vous meneront pour vous livrer, ne soyez
point auparavant en peine de ce que vous aurez à dire, &
n'y méditez point, mais tout ce qui vous sera donné *à dire*
en ce moment-là, dites-le: car ce n'est pas vous qui parlez,
mais le Saint Esprit.
12 [l] Or [1] le frére livera son frére à la mort, & le pére l'enfant, & les enfans se soûleveront contre leurs péres & leurs
méres, & les feront mourir.
13 [m] Et vous serez haïs de tous à cause de mon Nom; mais
qui persévérera jusques à la fin, celui-là sera sauvé.
14 [n] Or [2] quand vous verrez l'abomination de la desolation
qui a été prédite par Daniel le Prophete, être établie où elle
ne doit point être, (que celui qui lit l'entende;) [o] alors que
ceux qui seront en Judée s'enfuyent aux montagnes.
15 Et [p] que celui qui sera sur la maison, ne descende point
dans la maison, & n'y entre point pour emporter aucune
chose de sa maison.
16 [q] Et que celui qui sera aux champs, ne retourne point
en arriere, pour emporter son habillement.
17 [r] Mais malheur à celles qui seront enceintes, & à celles
qui allaitteront en ces jours-là.
18 [s] Or priez *Dieu* que vôtre fuite n'arrive point en hyver.
19 [t] Car en ces jours-là il y aura une telle affliction, qu'il
n'y en a point eu de semblable depuis le commencement de
la création des choses que Dieu a créées, jusqu'à maintenant,
[3] ni n'y en aura.
20 Et [u] si le Seigneur n'eût abregé ces jours là, [4] il n'y
auroit personne de sauvé: mais il a abrégé ces jours, à cause
des élûs qu'il a élûs.
21 Et alors [x] si quelqu'un vous dit; Voici, le Christ *est* ici:
ou voici, *il est* là, ne le croyez point:
22 [y] Car il s'élevera de faux christs & de faux prophetes,

i *Matth.* 24. 14 & 28. 19. *Act.* 1. 8. *Rom.* 10. 18. *Col.* 1. 6.
k *Matth.* 10. 19. *Luc* 12. 11. & 21. 14.
l *Ezéch.* 38. 21. *Mich.* 7. 5. 6.
1 Ce furent les divisions & les haines des Juifs infidéles contre ceux des leurs qui se faisoient Chrétiens.
m *Matth.* 10. 22. & 24. 13. *Luc* 21. 19 *Apoc.* 2. 7. 10. & 3. 10.
n *Dan.* 9. 27. & 12. 11. *Matth.* 24. 15. *Luc* 21. 20 21.
2 Voyez la note sur Matth. 24. 15.
o *Matth.* 24. 16. *Luc* 21. 21.
p *Matth.* 24. 17. *Luc* 17. 31.
q *Matth.* 24. 18. *Luc* 21. 21.
r *Matth.* 24. 19. *Luc* 21. 23.
s *Matth.* 24. 20.
t *Matth.* 24. 21. *Luc* 21. 23. 24.
3 A cause que c'étoit la rejection d'un peuple qui de tout temps avoit été le peuple de Dieu, & le seul avec qui il eût fait alliance.
u *Matth.* 24. 22.
4 Voyez la Note sur Matth 24. 22.
x *Matth.* 24. 23. *Luc* 17. 23. & 21. 8.
y *Matth.* 24. 5. 24.

qui feront des ſignes & des miracles, pour ſéduire les élûs
mêmes, s'il étoit poſſible.
23 Mais donnez-vous-en garde: voici, je vous l'ai tout
prédit.
24 [z] Or en ces jours-là, après cette affliction, [a] le ſoleil ſera obſcurci, & la lune ne donnera point ſa clarté;
25 Et les étoiles du ciel tomberont, & les vertus qui ſont
dans les cieux ſeront ébranlées.
26 [5] Et [b] ils verront alors le Fils de l'homme venant ſur les
nuées, avec une grande puiſſance, & une grande gloire:
27 [c] Et alors il envoyera ſes Anges, & il aſſemblera ſes é-
lûs, des quatre vents, depuis le bout de la terre juſques au
bout du ciel.
28 [d] Or apprenez cette ſimilitude priſe du figuier: Quand
ſon rameau eſt en ſéve [c] & qu'il jette des feuilles, vous con-
noiſſez que l'Eté eſt proche.
29 [e] Ainſi, quand vous verrez que ces choſes arriveront,
ſachez qu'il eſt proche, & à la porte.
30 [f] En vérité je vous dis, que cette génération ne paſſéra
point, que toutes ces choſes ne ſoient arrivées.
31 [g] Le ciel & la terre paſſeront, mais mes paroles ne paſſeront point.
32 [h] Or quant à ce jour & à cette heure, personne ne le
ſait, non pas même les Anges qui ſont au ciel, [6] ni même le
Fils, mais *mon* Pére *ſeul*.
33 [i] Prenez garde à *vous*: veillez, & priez: car vous ne
ſavez point quand ce temps arrivera.
34 *C'eſt* [k] comme ſi un homme allant dehors, & laiſſant ſa
maiſon, donnoit de l'emploi à ſes ſerviteurs & à chacun ſa
tâche, & qu'il commandât au portier de veiller.
35 [l] Veillez donc: car vous ne ſavez point quand le Seigneur de la maiſon viendra, *ſi ce ſera* le ſoir, ou à minuit,
ou à l'heure que le coq chante, ou au matin:
36 De peur qu'arrivant tout-à-coup il ne vous trouve dormans.
37 Or les choſes que je vous dis, je les dis à tous: Veillez.

z *Matth.* 24. 29. *Luc* 21. 25.
a *Eſa.* 13. 10. *Ezech* 32. 7. *Joël* 2. 31. & 3. 15.
5 Voyez la Note ſur Matth. 24. 30.
b *ch.* 9. 1. & 14. 62. *Matth.* 16. 28. & 24. 30. & 26. 64. *Luc* 21. 27. *Apoc.* 1. 7.
c *Matth.* 24. 31.
d *Matth.* 24. 32. *Luc* 21. 29.
e *Matth.* 24. 33. *Luc* 21. 31. *Jacq.* 5. 9.
f *Matth.* 24. 34. *Luc* 21. 32.
g *Matth.* 24. 35. *Luc* 21. 33.
h *Matth.* 24. 36
6 C'eſt-à-dire, ni même celui qui eſt le Fils, lequel étant auſſi homme ne le ſait pas en cette qualité, quoi qu'à cet égard même il fût plus excellent que les Anges.
i *Matth.* 24. 42. & 25. 13. *Luc* 21. 36.
k *Matth.* 24. 45. *Luc* 12. 41.
l *Matth.* 24. 42. &c.

CHA-

CHAPITRE XIV.

Les Juifs consultent ensemble pour prendre J. C. 1. Une femme verse sur sa tête un parfum précieux, 3. Judas va s'offrir aux Sacrificateurs de leur livrer J. C. 10 Le Seigneur ordonne qu'on lui prépare la Pasque, 12. Il fait la Pasque, Il institue l'Eucharistie, 22. prédit à ses Disciples qu'ils l'abandonneroient dans cette même nuit, 27. Pierre lui déclare que pour lui il ne l'abandonnera pas, 29. J. C. se retire dans le Jardin de Gethsémané, 32. Il y est dans l'agonie, 33. Et il y est pris. 43. Un jeune homme y accourt enveloppé d'un linceul, 51. On amene Jésus chez le souverain Sacrificateur, 53. On lui fait là son procès, 55. Pierre l'y renie, 66 Et pleure son péché, 72.

[a] OR la feste de Pasque & des pains sans levain étoit deux a *Matth.* 26.
jours aprés: & les principaux Sacrificateurs & les Scri- 1. *Luc* 22. 1. *Jean* 11. 55.
bes cherchoient comment ils pourroient se saisir *de Jésus* par & 13. 1.
finesse, & le faire mourir.
2 Mais ils disoient; Non point durant la feste, de peur
qu'il ne se fasse du tumulte parmi le peuple.
3 [b] Et comme il étoit à Béthanie [1] dans la maison de Simon b *Matth.* 26.
le lépreux, & qu'il étoit à table, il vint là une femme qui 6. *Jean* 11. 2.
avoit une boîte de parfum d'aspic, pur, & de grand prix: & & 12. 3. 1 Voyez
elle rompit la boîte; & répandit le parfum sur la tête de Jésus. Matth. 26. 6.
4 Et quelques-uns en furent indignez en eux-mêmes, & ils &c.
disoient; A quoi sert la perte de ce parfum?
5 Car il pouvoit être vendu plus de trois cens deniers, &
être donné aux pauvres. Ainsi ils en frémissoient contr'elle.
6 Mais Jésus dit; Laissez-la: pourquoi lui donnez-vous du
déplaisir? elle a fait une bonne action envers moi.
7 [c] Parce que vous aurez toûjours des pauvres avec vous, c *Deut.* 15.
& vous leur pourrez faire du bien toutes les fois que vous 11.
voudrez: mais vous ne m'aurez pas toûjours.
8 Elle a fait ce qui étoit en son pouvoir, elle a anticipé
d'oindre mon corps pour *l'appareil de* ma sépulture.
9 En vérité je vous dis, qu'en quelque lieu que cet Evangile sera prêché dans tout le monde, ceci aussi qu'elle a fait
sera recité en mémoire d'elle.
10 [d] Alors Judas Iscariot, l'un des douze, s'en alla vers les d *Matth.* 26.
principaux Sacrificateurs pour le leur liver. 14. *Luc* 22. 4.
11 Qui l'ayant ouï s'en réjouïrent, & lui promirent de lui
donner de l'argent, & il cherchoit comment il le livreroit
commodément.

12 [e] Or [2] le premier jour des pains sans levain, auquel on
sacrifioit *l'agneau* de Pasque, ses Disciples lui dirent; Où
veux-tu que nous t'allions apprêter à manger *l'agneau de* Pasque?
13 Et il envoya deux de ses Disciples, & leur dit; Allez en
la ville, & un homme vous viendra à la rencontre, portant
une cruche d'eau, suivez-le.
14 Et en quelque lieu qu'il entre, dites au maître de la maison; Le Maître dit; Où est le logis où je mangerai *l'agneau
de* Pasque avec mes Disciples?
15 Et il vous montrera une grande chambre ornée & préparée: apprêtez-nous là *l'agneau de Pasque*.
16 Ses Disciples donc s'en allerent; & étant arrivez dans
la ville, ils trouverent *tout* comme il leur avoit dit, & ils apprêterent *l'agneau* de Pasque.
17 [f] Et sur le soir *Jésus* vint lui-même avec les douze.
18 Et comme ils étoient à table, & qu'ils mangeoient, Jésus leur dit; En vérité je vous dis, [g] que l'un de vous, qui
mange avec moi, me trahira.
19 Et ils commencerent à s'attrister: & ils lui dirent l'un
après l'autre; Est-ce moi? & l'autre; Est-ce moi?
20 Mais il répondit, & leur dit; C'est l'un des douze, qui
trempe avec moi au plat.
21 [h] Certes le Fils de l'homme s'en va, selon qu'il est écrit
de lui: mais malheur à l'homme par qui le Fils de l'homme
est trahi: il eût été bon à cet homme-là de n'être point né.
22 [i] Et comme ils mangoient, Jésus prit le pain, & après
avoir rendu graces, il le rompit, & le leur donna, & leur
dit; Prenez, mangez, [3] ceci est mon corps.
23 Puis ayant pris la coupe, il rendit graces, & la leur
donna: & ils en bûrent tous.
24 Et il leur dit; Ceci est mon sang, le sang du Nouveau
Testament, [4] qui est repandu [k] pour plusieurs.
25 [l] En vérité je vous dis, que je ne boirai plus du fruit
de

e Matth. 26. 17. Luc 22. 7. Exod. 12. 17. Deut. 16. 5.

2 Ce n'étoit pas le premier jour de la feste appellée la *feste des pains sans levain*, qui ne commençoit que le lendemain de Pasques; mais c'étoit le jour où l'on commençoit d'ôter tout le-vain des maisons, & qui étoit la préparation de la Pasque.

f Matth. 26. 20. Luc 22. 14. Jean 13. 21.

g Pse. 41. 10. Act. 1. 16.

h Matth. 26. 24. Luc 22. 22. Jean 13. 18.

i Matth. 26. 26. Luc 22. 19. 1 Cor. 11. 24.

3 C'est-à-dire, Ceci est le signe de mon corps, car le pain & un corps humain étant deux choses toutes differentes en leur nature, l'une ne sauroit être l'autre réellement.

4 Le sang de J. C. n'étant pas encore réellement répandu, le vin de la Cene ne pouvoit pas être réellement son sang répandu; mais il l'étoit en figure. k ch. 10. 45. Esa. 53. 12. Héb. 9. 28. l Matth. 26. 29.

de la vigne jusqu'au jour que je [5] le boirai nouveau dans le
Royaume de Dieu.
26 Et [m] quand ils eurent chanté [6] le Cantique, ils s'en allerent [n] à la montagne des Oliviers.
27 [o] Et Jésus leur dit; Vous serez tous cette nuit scandalisez en moi: car il est écrit; [p] Je frapperai le Berger, & les
brebis seront dispersées.
28 [q] Mais après que je serai ressuscité, j'irai devant vous en
Galilée.
29 [r] Et Pierre lui dit; Quand tous seroient scandalisez, je
ne le serai pourtant point.
30 [s] Et Jésus lui dit; En vérité je te dis, qu'aujourd'hui
en cette propre nuit, avant que le coq ait chanté deux fois,
tu me renieras trois fois.
31 [t] Mais *Pierre* disoit encore plus fortement; Quand même il me faudroit mourir avec toi, je ne te renierai point:
& ils lui dirent tous la même chose.
32 [u] Puis ils vinrent en un lieu nommé Gethsémané: & il
dit à ses Disciples; Asseïez-vous ici jusqu'à ce que j'aye prié.
33 [x] Et il prit avec lui Pierre, & Jacques, & Jean, & il
commença à s'épouvanter, & à être fort angoissé.
34 Et il leur dit; [y] Mon ame est saisie de tristesse jusques à
la mort, demeurez ici; & veillez.
35 [z] Puis s'en allant un peu plus outre, il se jetta en terre,
& il prioit; Que s'il étoit possible, l'heure passât arriere de lui.
36 Et il disoit; Abba, Pére, toutes choses te sont possibles, transporte cette coupe arriere de moi, [a] toutefois non
point ce que je veux, mais ce que tu veux.
37 [b] Puis il revint, & les trouva dormans: & il dit à Pierre;
Simon dors-tu? n'as-tu pû veiller une heure?
38 [c] Veillez, & priez que vous n'entriez point en tentation:
[7] *car* quant à l'esprit, il est promt, mais la chair est foible.
39 Et il s'en alla encore, & il pria, disant les mêmes paroles.
40 Puis

5 Ce mot *le* qui a rapport au vin, fruit de vigne, est mis ici dans un sens mystique & spirituel, pour les joyes célestes, & au commencement du verset il est mis dans le sens propre pour du véritable vin: Voyez un exemple semblable d'un mot mis en deux divers sens, l'un propre & l'autre mystique, dans un même verset, ch 10 40. Job 1. 21. Matth. 10. 39. &c.

m *Matth.* 26. 30. *Luc* 22. 39.

6 C'est-à-dire, le Cantique qu'on avoit accoûtumé de chanter en finissant le repas de la Pasque.

n *Jean* 18. 1. o *Matth.* 26. 31. *Luc* 22. 31. *Jean* 16. 32. p *Zach.* 13. 7. q *ch.* 16. 7. *Matth.* 26. 32. & 28. 10.

r *Matth.* 26. 33. *Luc* 22. 33. *Jean* 13. 37. s *Matth.* 26. 34. *Luc* 22. 34. *Jean* 13. 38. t *Jean* 13. 37. u *Matth.* 26. 37. *Luc* 22. 39. *Jean* 18. 1. x *Matth.* 26. 37. *Luc* 22. 39. y *Matth.* 26. 38. *Luc* 22. 44. *Jean* 12. 27. z *Luc* 22. 41. a *Jean* 6. 38. b *Matth.* 26. 40. *Luc* 22. 45. c *ch.* 13. 34. 37. *Matth.* 26. 41. *Gal.* 5. 17. 7 Voyez Matth. 26. 41.

40 Puis étant retourné, il les trouva encore dormans, car leurs yeux étoient appesantis: & ils ne savoient que lui répondre.

41 Il vint encore pour la troisiéme fois, & leur dit; Dormez d'oresnavant, & vous reposez: il suffit, l'heure est venue: voici, le Fils de l'homme s'en va être livré entre les mains des méchans.

d *Matth.* 26. 46.
42 [d] Levez-vous, allons: voici, celui qui me trahit, s'approche.

e *Matth.* 26. 47. *Luc* 22. 47. *Jean* 18. 3.
43 [e] Et aussi-tôt, comme il parloit encore, Judas, qui étoit l'un des douze, vint, & avec lui une grande troupe ayant des épées & des bâtons, de la part des principaux Sacrificateurs, & des Scribes, & des Anciens.

f *Matth.* 26. 48.
44 [f] Or celui qui le trahissoit avoit donne un signal entr'eux, disant; Celui que je baiserai, c'est lui, saisissez-le, & emmenez-le sûrement.

g 2 *Sam.* 20. 9.
45 Quand donc il fut venu, il s'approcha aussi-tôt de lui, & dit; Maître, Maître, & [g] il le baisa.

h *Matth.* 26. 50.
46 [h] Alors ils mirent les mains sur lui, & le saisirent.

i *Matth.* 26. 55. *Luc* 22. 50. *Jean* 18. 10.
47 Et [i] quelqu'un de ceux qui étoient là présens tira son épée, & en frappa le serviteur du souverain Sacrificateur, & lui emporta l'oreille.

k *Matth.* 26. 55. *Luc* 22. 52. 53.
48 [k] Alors Jésus prit la parole, & leur dit; Etes-vous sortis comme après un brigand, avec des épées & des bâtons, pour me prendre?

l *Jean* 18. 20.
m *Pse.* 22. 7. & 69. 10. *Esa.* 53. 12. *Matth.* 26. 56. *Luc* 24. 25.
49 [l] J'étois tous les jours parmi vous enseignant dans le Temple, & vous ne m'avez point saisi: mais *tout ceci est arrivé*, [m] afin que les Ecritures soient accomplies.

50 [n] Alors tous *ses Disciples* l'abandonnerent, & s'enfuïrent.

n *Job* 19. 13. *Pse.* 88. 9. *Matth.* 26. 56.
51 Et un certain jeune homme le suivoit, enveloppé d'un linceul sur le corps nud: & quelques jeunes gens le saisirent.

52 Mais abandonnant son linceul, il s'enfuït d'eux tout nud.

o *Matth.* 26. 57. *Luc* 22. 54 *Jean* 18. 13. 24.
53 [o] Et ils emmenerent Jésus au souverain Sacrificateur, chez qui s'assemblerent tous les principaux Sacrificateurs, les Anciens, & les Scribes.

p *Matth.* 26. 69, *Luc* 22. 54. 55. *Jean* 18. 25.
54 [p] Et Pierre le suivoit de loin jusques dans la cour du souve-

ſouverain Sacrificateur: & il étoit aſſis avec les ſerviteurs, &
ſe chauffoit près du feu.
55 q Or les principaux Sacrificateurs & tout le Conſiſtoire q *Matth.* 26.
cherchoient quelque témoignage contre Jéſus pour le faire 59. *Act.* 6. 13.
mourir, mais ils n'en trouvoient point.
56 Car pluſieurs diſoient de faux témoignages contre lui,
r mais les témoignages n'étoient point conformes. r vs. 59.
57 Alors quelques-uns s'éleverent, & porterent de faux 7 J. C. ne
témoignages contre lui, diſant; s'étoit pas exprimé ainſi
58 Nous avons ouï qu'il diſoit; 7 ſ Je détruirai ce Temple & ce n'étoit
qui eſt fait de main, & en trois jours j'en rebatirai un autre, pas même ce qu'il avoit
qui ne ſera point fait de main. voulu dire.
59 Mais encore avec tout cela leurs témoignages n'étoient ſ *ch.* 15. 29. *Jean* 2. 19.
point conformes.
60 t Alors le ſouverain Sacrificateur ſe levant au milieu, in- t *Matth.* 26.
terrogea Jéſus, diſant; Ne répons-tu rien? qu'eſt-ce que 62.
ceux-ci témoignent contre toi?
61 Mais u il ſe tût, & ne répondit rien. Le ſouverain Sa- u *Eſa.* 53. 7.
crificateur l'interrogea encore, & lui dit, Es-tu le Chriſt, 8 le *Act.* 8. 32. 8 Gr. *le fils*
Fils du *Dieu* béni? *du Béni*, pour
62 x Et Jéſus lui dit; Je le ſuis; & y vous verrez le Fils de dire, *le fils de Dieu*.
l'homme aſſis à la droite de la puiſſance *de Dieu*, & venant x *Matth.* 16.
ſur les nuées du ciel. 28.
63 z Alors le ſouverain Sacrificateur déchira ſes vêtemens, y *ch.* 9. 1. & 13. 26.
& dit; a Qu'avons-nous encore affaire de témoins? *Matth.* 16. 28.
64 Vous avez ouï le blaſphême, que vous en ſemble? A- & 24. 30. & 26. 64. *Luc*
lors tous le condamnerent comme étant digne de mort. 22. 69. *Jean*
65 Et quelques-uns ſe mirent à cracher contre lui, & à lui 21. 22. *Apoc.* 1. 7.
couvrir le viſage, & à lui donner des ſoufflets: & ils lui di- z *Matth.* 26.
ſoient; Prophétiſe: & les ſergeans lui donnoient des coups 65. a *Luc* 22. 71.
avec leurs verges. b *Job* 16. 10.
66 c Or comme Pierre étoit en bas dans la cour, une des 11. *Eſa.* 50. 6. *Matth.* 26. 67.
ſervantes du ſouverain Sacrificateur vint. *Jean* 19. 3.
67 Et quand elle eut apperçu Pierre qui ſe chauffoit, elle c *Matth.* 26.
le regarda en face, & *lui* dit; Et toi, tu étois avec Jéſus le 58. 69. *Luc* 22. 55. *Jean*
Nazarien. 18. 16. 17.

68 Mais il le nia, disant; Je ne le connois point, & je ne
sai ce que tu dis: puis il sortit dehors au portail, & le coq
chanta.

d Matth. 26. 71. Luc 22. 58. Jean 18. 25.

69 [d] Et la servante l'ayant regardé encore, elle se mit à dire à ceux qui étoient là présens; Celui-ci est de ces gens-là.
70 Mais il le nia une seconde fois. Et encore un peu après,
ceux qui étoient là présens, dirent à Pierre; Certainement
tu es de ceux-là, car tu es Galiléen, & ton langage s'y rapporte.

e Matth. 26. 34. 75. Luc 22. 61. Jean 13. 38. & 18. 27.

71 Alors il se mit à maudire, & à jurer, *disant*; Je ne connois point cet homme-là que vous dites.
72 Et le coq chanta pour la seconde fois; [e] & Pierre se ressouvint de cette parole que Jésus lui avoit dite; Avant que le
coq ait chanté deux fois; tu me renieras trois fois. Et [9] s'é-
tant jetté dehors il pleura.

9 C'est-à-dire, étant sorti avec impétuosité, pressé par les remords de sa conscience.

CHAPITRE. XV.

J. C. amené à Pilate, 1. Le peuple demande la vie pour Barrabas, 7. Jésus est livré aux soldats, 16. Amené au Calvaire, 20. Simon le Cyrenien, 21. On crucifie J. C. 25. Les deux brigans, 27. Le soleil s'éclipse, 33. Le voile du Temple se déchire, 38. Le Centenier se convertit, 39. Joseph d'Arimathée ensevelit J. C. 43.

a Matth. 27. 1. Luc 22. 66. & 23. 1. Jean 18. 28. Act. 3. 13.

[a] ET incontinent au matin les principaux Sacrificateurs avec
les Anciens & les Scribes, & tout le Consistoire, ayant
tenu conseil, firent lier Jésus, & l'emmenerent, & le livrerent à Pilate.

b Matth. 27. 2. 11. Luc 23. 3. Jean 18. 33.

2 [b] Et Pilate l'interrogea, disant; Es-tu le Roi des Juifs?
& *Jésus* répondant lui dit; Tu le dis.

c Matth. 27. 12.

3 [c] Or les principaux Sacrificateurs l'accusoient de plusieurs
choses, mais il ne répondit rien.

d Matth. 27. 13.

4 [d] Et Pilate l'interrogea encore, disant; Ne répons-tu
rien? vois combien de choses ils déposent contre toi.
5 Mais Jésus ne répondit rien non plus; de sorte que Pilate s'en étonnoit.

e Matth. 27. 15. Luc 23. 17. Jean 18. 39.

6 [e] Or il relâchoit à la feste un prisonnier, lequel que ce
fût qu'ils demandassent.

f Matth. 27. 16. Luc 23. 19. Jean 18. 40.

7 [f] Et il y en avoit un, nommé Barrabas, qui étoit prisonnier avec ses complices pour une sédition, dans laquelle
ils avoient commis un meurtre.

8 Et

8 Et le peuple criant tout haut; se mit à demander *à Pilate*
qu'il fit comme il leur avoit toûjours fait.
9 Mais Pilate leur répondit, en disant; Voulez vous que
je vous relâche le Roi des Juifs?
10 (Car il savoit bien que les principaux Sacrificateurs l'a-
voient livré par envie.)
11 [g] Mais les principaux Sacrificateurs exciterent le peuple
à demander que plustôt il relâchât Barrabas.
12 Et Pilate répondant, leur dit encore; Que voulez-vous
donc que je fasse de celui que vous appellez Roi des Juifs?
13 Et ils s'écrierent encore; Crucifie-le.
14 Alors Pilate leur dit; Mais quel mal a-t-il fait? Et ils
s'écrierent encore plus fort; Crucifie-le.
15 [h] Pilate donc voulant contenter le peuple, leur relâcha
Barrabas; & après avoir fait fouetter Jésus, il le livra pour
être crucifié.
16 [i] Alors les soldats l'emmenerent dans la cour, qui est le
Prétoire, & toute la Bande s'étant là assemblée,
17 Ils le vêtirent d'une robe de pourpre, & ayant fait une
couronne d'épines entrelassées l'une dans l'autre, ils la lui mirent sur la tête:
18 Puis ils commencerent à le saluer, *en lui disant*; Bien te
soit, Roi des Juifs:
19 Et ils lui frappoient la tête avec un roseau, & crachoient
contre lui; & se mettant à genoux, ils lui faisoient la révérence.
20 Et après s'être *ainsi* moquez de lui, ils le dépouillerent
de la robe de pourpre, & le revêtirent de ses habits, & l'emmenerent dehors pour le crucifier.
21 [k] Et ils contraignirent un certain *homme nommé* Simon,
Cyrenien, pére d'Alexandre & de Rufus, qui passoit *par là*,
revenant des champs, de porter sa croix.
22 [l] Et ils le menerent au lieu *appellé* Golgotha, c'est-à-dire, le lieu du Test.
23 [m] Et ils lui donnerent à boire du vin mixtionné avec de
la myrrhe: mais il ne le prit point.

g Matth. 27. 20. Luc 23. 18. Jean 18. 40. Act. 3. 14.
h Matth. 27. 26. Jean 19. 1.
i Matth. 27. 27. Jean 19. 1.
k Matth. 27. 32. Luc 23. 26.
l Matth. 27. 33. Luc 23. 33. Jean 19. 17.
m Amos 2. 8. Matth. 27. 34.

24 Et quand ils l'eurent crucifié, ils partagerent ses vêtemens, [n] en les jettant au sort, pour savoir ce que chacun en
auroit.
25 [o] Or [1] il étoit trois heures quand ils le crucifierent.
26 [p] Et l'écriteau contenant la cause de sa condamnation
étoit, LE ROI DES JUIFS.
27 [q] Ils crucifierent aussi avec lui deux brigands, l'un à sa
main droite, & l'autre à sa gauche.
28 Et ainsi fut accomplie l'Ecriture, qui dit; [r] Et il a été
mis au rang des malfaiteurs.
29 Et ceux qui passoient près de là [s] lui disoient des outrages, branlant la tête, & disant; [t] Hé! toi, qui détruis le
Temple, & qui le rebâtis en trois jours;
30 Sauve-toi toi-même, & descens de la croix.
31 Pareillement les principaux Sacrificateurs eux-mêmes se
moquans avec les Scribes, disoient entr'eux; Il a sauvé les
autres, il ne se peut sauver lui-même.
32 Que le Christ, le Roi d'Israël, descende maintenant de
la croix, afin que nous le voyions & que nous croyions!
Ceux aussi qui étoient crucifiez avec lui, lui disoient des
outrages.
33 [u] Mais [2] quand il fut six heures, il y eut des ténebres sur
tout le païs jusqu'à neuf heures.
34 Et [3] à neuf heures Jésus cria à haute voix, disant; [x] Eloï,
Eloï, lamma sabachthani? c'est-à-dire, MON DIEU, MON DIEU,
pourquoi m'as-tu abandonné?
35 Ce que quelques-uns de ceux qui étoient là présens,
ayant entendu, ils dirent; Voilà, il appelle Elie.
36 Et quelqu'un accourut, qui emplit une éponge de vinaigre, & qui l'ayant mise autour d'un roseau, [y] lui en donna à
boire, en disant; Laissez, voyons si Elie viendra pour l'ôter.
37 [z] Et

n *Pse.* 22. 19. *Matth.* 27. 35. *Luc* 23. 34. *Jean* 19. 23. o *Matth.* 27. 45. *Luc* 23. 44. *Jean* 19. 14.

1 Ou, c'étoit *la troisiéme heure*, c'est-à-dire, la troisiéme partie du jour, que l'on divisoit en quatre parties, comme on divisoit la nuit en quatre veilles; & l'on appelloit *heure* chacune de ces parties égales qui faisoient le partage du jour. La premiere étoit depuis le lever du soleil, jusques à neuf heures, ainsi que nous parlons aujourd'hui. La 2. depuis neuf heures, jusqu'à midi; la 3. depuis midi jusqu'à nos trois heures après midi; & la 4. depuis les trois heures jusqu'au coucher du soleil, qui seroit la 12. heure. Or J. C. fut mis en croix dans cet espace de temps qui étoit la troisiéme partie du jour, un peu après midi, & il expira environ vers la fin de cet espace, c'est-à-dire, vers les trois heures, comme nous comptons: Conferez Jean 19. 14. 16. 17. avec ce qui est rapporté ici. vs. 33. 34. p *Matth.* 27. 37. *Luc* 23. 38. *Jean* 19. 19. q *Matth.* 27. 38. *Luc* 23. 32. r *Esa.* 53. 12. *Luc* 22. 37. s *Pse.* 22. 8. *&* 69. 21. *&* 109. 25. *Matth.* 27. 39. *Luc* 23. 35. t *ch.* 14. 58. *Jean* 2. 19. u *Matth.* 27. 45. *Luc* 23. 44. 2 C'est-à-dire, un peu après midi. 3 Sur nos trois heures après midi. x *Pse.* 22. 2. *Matth.* 27. 46. y *Pse.* 69. 22. *Jean* 19. 29.

37 [z] Et Jésus ayant jetté un grand cri, rendit l'esprit. z Matth. 27.
38 Et [a] le voile du Temple [b] se déchira en deux, depuis le 50. Luc 23.46.
haut jusqu'en bas. Jean 19. 30.
a 2 Chron. 3. 14.
39 [c] Et le Centenier qui étoit là vis-à-vis de lui, voyant
qu'il avoit rendu l'esprit en criant ainsi, dit; Véritablement b Matth. 27. 51. Luc 23. 45.
cet homme étoit le Fils de Dieu.
40 [d] Il y avoit là aussi des femmes qui régardoient de loin, c Matth. 27. 54. Luc 23. 47.
entre lesquelles étoit Marie Magdelaine, & Marie *mére* de
Jacques le petit, & de Joses; & Salomé. d Matth. 27. 55. Luc 23. 49.
41 [e] Qui lors qu'il étoit en Galilée l'avoient suivi, & l'a-
voient servi; *il y avoit là* aussi plusieurs autres femmes qui e Luc 8. 2. 3.
étoient montées avec lui à Jérusalem.
42 [f] Et le soir étant déja venu, parce que [4] c'étoit la Pré- f Matth. 27. 57. Luc 23. 54. Jean 19. 38.
paration qui est avant le Sabbat;
43 Joseph d'Arimathée, Conseiller honorable, qui attendoit aussi le Regne de Dieu, s'étant enhardi, vint à Pilate,
& *lui* demanda le corps de Jésus.
44 Et Pilate s'étonna qu'il fût déja mort: & ayant appellé le
Centenier, il lui demanda s'il y avoit long-temps qu'il étoit mort.
45 Ce qu'ayant appris du Centenier, il donna le corps à Joseph.
46 [g] Et *Joseph* ayant achetté un linceul, le descendit de la
croix, & l'enveloppa du linceul, & le mit dans un sépulcre g Matth. 26. 12. & 27. 60. Luc 23. 53. Jean 19. 41. 42.
qui étoit taillé dans le roc, puis il roula une pierre sur l'en-
trée du sépulcre.
47 [h] Et Marie Magdelaine & Marie *mére* de Joses regar- h Luc 23. 53.
doient où on le mettoit.

4 C'étoit le vendredi avant le coucher du soleil, car le sabbat commençoit après le soleil couché.

CHAPITRE XVI.

Marie Magdelaine & ses compagnes vont de bon matin au sépulcre, 1. *Et y trouvent un Ange,* 5. *Jésus se montre à elles,* 9. *Puis à deux Disciples,* 12. *Et ensuite à tous les onze,* 14. *Il leur ordonne d'aller prêcher son Evangile dans tout le monde,* 15. *Il promet le don des miracles à ceux qui croiroient en lui,* 18. *Et il est enlevé au ciel,* 19.

[a] OR le *jour du* Sabbat étant passé, Marie Magdelaine, & a Luc 24. 1. Jean 20. 1.
Marie *mére* de Jacques, & Salomé achetterent des on-
guens aromatiques, pour le venir embaumer.
2 Et de fort grand matin, le premier jour de la semaine,
elles arriverent au sépulcre, le soleil étant levé.

3 Et elles disoient entr'elles; Qui nous roulera la pierre de
l'entrée du sépulcre?
4 Et ayant regardé, elles virent que la pierre étoit roulée:
[1] car elle étoit fort grande.
5 [b] Puis étant entrées dans le sépulcre, elles virent un jeune
homme assis à main droite, vêtu d'une robe blanche, & elles s'épouvanterent.
6 [c] Mais il leur dit; Ne vous épouvantez point: vous cherchez Jésus le Nazarien qui a été crucifié; il est ressuscité, il
n'est point ici: voici le lieu où on l'avoit mis.
7 Mais allez-vous-en, & dites à ses Disciples, [2] & à Pierre,
[d] qu'il s'en va devant vous en Galilée: vous le verrez là,
comme il vous l'a dit.
8 Elles partirent aussi-tôt & s'enfuïrent du sépulcre: car le
tremblement & la frayeur les avoit saisies, & elles ne dirent
rien à personne, car elles avoient peur.
9 [e] Or Jésus étant ressuscité le matin du premier jour de la
semaine, il apparut premierement à Marie Magdelaine, [f] de
laquelle il avoit jetté hors sept diables.
10 [g] Et elle s'en alla, & l'annonça à ceux qui avoient été
avec lui, lesquels étoient dans le deuil, & pleuroient.
11 Mais quand ils l'ouïrent dire qu'il étoit vivant, & qu'elle l'avoit vû, ils ne le crûrent point.
12 Après cela, il se montra sous une autre forme [h] à deux
d'entr'eux, qui étoient en chemin pour aller aux champs.
13 Et ceux-ci étant retournez l'annoncerent aux autres;
mais ils ne les crûrent point non plus.
14 [i] Enfin, il se montra aux onze, qui étoient assis ensemble, & il leur reprocha leur incrédulité & leur dureté de cœur,
en ce qu'ils n'avoient point crû ceux qui l'avoient vû ressuscité.
15 Et il leur dit; [k] Allez par tout le monde, & prêchez
l'Evangile [l] à toute créature.
16 [m] Celui qui aura crû, & qui aura été baptisé, sera sauvé: [n] mais celui [3] qui n'aura point crû, sera condamné,

17 Et

1 Ou, *Or elle &c.* la particule Grecque veut dire aussi *Or*.
b *Matth.* 28. 1. *Jean* 20. 12.
c *ch.* 14. 28. *Matth.* 26. 40.
2 C'est-à-dire, & surtout à Pierre, qui a un besoin tout particulier d'apprendre cette nouvelle pour sa consolation; & afin qu'il voye par la nouvelle que je lui en fais donner, que je n'ai pas de ressentiment de ce qu'il m'a renié.
d *ch.* 14. 28. *Matth.* 26. 32.
e *Jean* 20. 16.
f *Luc* 8. 2.
g *Jean* 20. 2.
h *Luc* 24. 13.
i *Luc* 24. 36. *Jean* 20. 19.
k *Matth.* 28. 19.
l *Col.* 1. 23.
m *Act.* 2. 38.
n *Jean* 3. 18. & 12. 48.
3 Il n'est pas dit, & qui n'aura pas été baptisé, quoique la nature de l'opposition menât là, pour faire voir qu'on peut bien être sauvé encore qu'on n'ait pas été baptisé, mais qu'on ne peut pas être sauvé sans la foi.

17 Et ce sont ici les signes [4] qui accompagneront ceux qui
auront crû; [o] ils jetteront hors les diables en mon Nom: [p] ils
parleront de nouveaux langages:
18 [q] Ils chasseront les serpens: & quand ils auront bû quelque chose mortelle, elle ne leur nuira point: [r] ils poseront
les mains sur les malades, & ils se porteront bien.
19 [s] Or le Seigneur après leur avoir parlé, [t] fut élevé en
haut au Ciel: & s'assit à la droite de Dieu.
20 Et eux étant partis prêcherent par tout; & [u] le Seigneur
cooperoit avec eux, & confirmoit la parole par les prodiges
qui l'accompagnoient.

4 Ce don des miracles n'étoit ni pour tous ceux qui auroient crû en J. C. ni pour tous les temps de l'Eglise; mais seulement pour ceux à qui le Seigneur trouveroit à propos de le conferer, & pour le temps & pour les lieux qu'il trouveroit bon. o *Act.* 16. 18. p *Act.* 2. 4. *&* 10. 46. *&* 19. 6. q *Luc* 10. 19. *Act.* 28. 5. r *Act.* 28. 8. s *Luc* 24. 51. t 1 *Tim.* 3. 16. u 1 *Cor.* 3. 9. *&* 15. 10. *&* 2 *Cor.* 2. 14. *Héb.* 2. 4.

LE SAINT EVANGILE DE NÔTRE SEIGNEUR JESUS-CHRIST, SELON SAINT LUC.

CHAPITRE I.

Zacharie & Elizabeth, 5. Un Ange apparoît à Zacharie, 11. Et lui annonce la naissance de Jean Baptiste, Zacharie est rendu muet, 20. L'annonciation de l'Ange à Marie, 26. Marie va faire visite à Elizabeth, 39. Elizabeth prophétise, 41. Cantique de Marie, 46. La naissance de Jean, 57. Sa Circoncision, 59. Zacharie recouvre la parole, 64 Et prophétise, 67. &c.

PARCE que plusieurs se sont appliquez à mettre par ordre
un recit des choses qui ont été pleinement certifiées entre nous:
2 [1] Comme nous les ont donné à connoître [a] ceux qui les
ont vûes eux-mêmes dès le commencement, & qui ont été
les Ministres de la parole.
3 Il

1 La connoissance que les Apostres en avoient donnée à S.Luc, n'empêche pas qu'il ne l'ait eûe des mêmes choses par l'inspiration du S.Esprit. a *Héb.* 2. 3. 1 *Jean* 1. 1.

3 Il m'a aussi semblé bon, après avoir tout compris depuis
b *Act.* 1. 1. le commencement jusques à la fin, [b] très-exellent Théophile, de t'en écrire par ordre:
4 Afin que tu connoisses la certitude des choses dont tu as
été informé.

c *Matth.* 2. 1. 5 AU temps [c] d'Hérode Roi de Judée, il y avoit un cer-
d 1 *Chron.* 24. 10. 19. *Néh.* tain Sacrificateur nommé Zacharie, [d] du rang d'A-
12. 4. 17. bia: & sa femme *étoit* des filles d'Aäron, & son nom étoit
Elizabeth.
6 Et ils étoient tous deux justes devant Dieu, marchant
dans tous les commandemens, & dans *toutes* les ordonnan-
e *Phil.* 3. 6. ces du Seigneur, [e] sans reproche,
7 Et ils n'avoient point d'enfans, à cause qu'Elizabeth étoit
stérile; & tous deux étoient fort avancez en âge.
8 Or il arriva que comme Zacharie exerçoit la sacrificature
devant le Seigneur, à son tour:
9 Selon la coûtume d'exercer la sacrificature, le sort lui
f *Exod.* 30. 7. échut [f] d'offrir le parfum, & d'entrer *pour cet effet* dans le
Lévit. 16. 17. Temple du Seigneur.
2 C'est-à-dire, hors du Sanctuaire, où étoit entré Zacharie pour y faire fumer le parfum sur l'autel d'Or. 10 Et toute la multitude du peuple étoit [2] dehors en prieres, à l'heure qu'on offroit le parfum.
11 Et l'Ange du Seigneur lui apparut, se tenant au côté
droit de [g] l'autel du parfum.
12 Et Zacharie fut troublé quand il le vit, & il fut saisié
de crainte.
g *Exod.* 30. 2. 13 Mais l'Ange lui dit; Zacharie, ne crains point: car ta
h vs. 60. priere est exaucée, & Elizabeth ta femme enfantera un fils,
i vs. 67. & [h] tu appelleras son nom Jean.
k *Matth.* 3. 5. 7. *Jean* 5. 35. 14 Et tu en auras [i] une grande joye, & [k] plusieurs se ré-
l *Matth.* 11. 11. jouïront de sa naissance.
m *Nomb.* 6. 3. 15 [l] Car il sera grand devant le Seigneur, & [m] il ne boira
Jug. 13. 7. *Jér.* 1. 5. ni vin [3] ni cervoise: & il sera rempli du Saint Esprit [n] dès le
3 C'est-à-dire, rien qui enyvre. ventre de sa mére.
16 [o] Et il convertira plusieurs des enfans d'Israël au Seigneur
n vs. 44. leur Dieu.
o *Mal.* 4. 5. *Matth.* 11. 14. 17 Car il ira devant lui en l'esprit & en la vertu d'Elie, [p] afin
p *Mal.* 4. 6. qu'il

qu'il ramene [4] les cœurs des péres dans les enfans, & les rebelles à la prudence [5] des justes, [q] pour préparer au Seigneur
un peuple bien ordonné.
18 Alors Zacharie dit à l'Ange; Comment connoîtrai-je
ceci? [r] car je suis vieux, & ma femme est fort âgée.
19 Et l'Ange répondant lui dit; [s] Je suis Gabriel [t] qui me
tiens devant Dieu, & qui ai été envoyé pour te parler, &
t'annoncer ces bonnes nouvelles.
20 Et voici, tu seras sans parler, & ne pourras point parler jusqu'au jour que ces choses arriveront: parceque tu n'as
point crû à mes paroles qui s'accompliront en leurs temps.
21 Or le peuple attendoit Zacharie, & on s'étonnoit de ce
qu'il tardoit tant dans le Temple.
22 Mais quand il fut sorti, il ne pouvoit pas leur parler,
& ils connurent qu'il avoit vû quelque vision dans le Temple: car il le leur donnoit à entendre par signes: & il demeura muet.
23 Et il arriva que quand les jours de son ministere furent
achevez, il retourna [6] en sa maison.
24 Et après ces jours-là, Elizabeth sa femme conçut, & elle se cacha l'espace de cinq mois, en disant;
25 Certes, le Seigneur m'a fait ainsi aux jours qu'il m'a ré-
gardée [u] pour ôter mon opprobre d'entre les hommes.
26 Or au sixiéme mois, [x] l'Ange Gabriel fut envoyé de
Dieu dans une ville de Galilée, appellée Nazareth;
27 [y] Vers une vierge fiancée à un homme nommé Joseph,
[z] qui étoit de la maison de David: & le nom de la vierge
étoit Marie.
28 Et l'Ange étant entré dans le lieu où elle étoit, lui dit;
Bien te soit *ô toi qui es* reçue en grace: le Seigneur est avec
toi: tu es bénie entre les femmes.
29 Et quand elle l'eut vû, elle fut fort troublée à cause de
ses paroles: & elle considéroit en elle-même quelle étoit cette salutation.
30 Et l'Ange lui dit; Marie, ne crains point: car tu as
trouvé grace devant Dieu.

4 C'est-à-dire, les sentimens des anciens fideles dans leur posterité d'alors, tant à l'égard des mœurs, qu'à l'égard de la croyance.

5 C'est-à-dire, des justes d'autrefois, pour préparer par ce moyen à J. C. un peuple propre à le reconnoître.

q *Matth.* 3. 3. *Marc* 9. 12.

r *Gen.* 17. 17.

s *Dan.* 8. 16. *&* 9. 21.

t *Matth.* 18. 10.

6 à Hébron, dans les montagnes de la Judée, vs. 39.

u *Gen.* 30. 23.

x vs. 19. *& Dan.* 8. 16. *&* 9. 21.

y *Matth.* 1. 18.

z *ch.* 2. 4. *Matth.* 1. 20

31 Et voici, [a] tu concevras en ton ventre, & tu enfanteras
un fils, & tu appelleras son nom JESUS.
32 Il sera grand, & sera appellé le Fils du Souverain, &
[b] le Seigneur Dieu lui donnera [7] le trône de David son pére.
33 Et il regnera sur la maison de Jacob éternellement, &
il [c] n'y aura point de fin à son regne.
34 Alors Marie dit à l'Ange; Comment arrivera ceci, vû
que je ne connois point d'homme?
35 Et l'Ange répondant, lui dit; [d] Le Saint Esprit surviendra en toi, & [e] la vertu du Souverain [8] t'enombrera: [9] c'est
pourquoi ce qui naîtra *de toi* Saint, sera appellé le Fils de
Dieu.
36 Et voici, Elizabeth, ta cousine, a aussi conçu un fils
en sa vieillesse; [f] & c'est ici le sixiéme mois à celle qui étoit
appellée stérile.
37 [g] Car aucune chose ne sera impossible à Dieu.
38 Et Marie dit; Voici la servante du Seigneur: qu'il me
soit fait selon ta parole! Et l'Ange se retira d'avec elle.
39 Or en ces jours-là Marie se leva, & s'en alla en hâte au
païs des montagnes [10] dans une ville de Juda.
40 Et elle entra dans la maison de Zacharie, & salua Elizabeth.
41 Et il arriva qu'aussi-tôt qu'Elizabeth eut entendu la salutation de Marie, le petit enfant [11] tressaillit en son ventre,
& Elizabeth fut remplie du Saint Esprit.
42 Et elle s'écria à haute voix, & dit; Tu es bénie entre
les femmes, & béni *est* le fruit de ton ventre.
43 Et d'où me vient ceci, que la mére de mon Seigneur
vienne vers moi?
44 Car voici, dès que la voix de ta salutation est parvenue
à mes oreilles, le petit enfant a tressailli de joye en mon ventre.
45 Or bien-heureuse est [12] celle qui a crû: car les choses qui
lui ont été dites par le Seigneur, auront *leur* accomplissement.
46 Alors Marie dit; Mon ame magnifie le Seigneur:

47 Et

a *Esa.* 7. 14. *Matth.* 1. 21. b *Esa.* 9. 6. & 16. 5. *Jér.* 2. 5. *Zach.* 6. 13. 7 C'est-à-dire, le trône ou le Royaume promis à David, qui étoit le regne spirituel du Messie. c *Dan.* 2. 44. & 7. 14. 27. *Mich.* 4. 7. *Matth.* 4. 7. d *Matth.* 1. 20. e *Esa.* 7. 14. 8 Ou, *te couvrira de son ombre*, pour dire, qu'il la rendroit féconde. 9 J. C. étoit Fils de Dieu, avant que d'être conçu par la vertu du S. Esprit dans le sein de la bien-heureuse Vierge. Jean 1. 12. & 8. 58. Phil. 2. 6. 7. &c. mais ces paroles veulent dire, que celui qui alloit naître de la Vierge étant le fils de Dieu, il faloit qu'il fût produit en elle par la vertu immédiate & sanctifiante du S. Esprit.

f vs. 26. g *Job* 42. 2. *Jér.* 32. 17. *Marc* 10. 27. 10 C'étoit la ville d'Hébron, Jos. 21. 11. 11 Cela se fit par miracle. 12 Elizabeth designoit par ces mots Marie.

47 Et mon esprit s'est égayé en Dieu, qui est mon Sauveur.
48 Car il a regardé la petitesse de sa servante: voici, certes d'oresnavant tous les âges me diront bienheureuse.
49 Car le Puissant m'a fait de grandes choses, [h] & son Nom
est Saint.
50 [i] Et sa misericorde est de génération en génération en
faveur de ceux qui le craignent.
51 [k] Il a puissamment opéré par son bras; [11] il a dissipé les
orgueilleux dans la pensée de leur cœur.
52 Il [l] a mis bas de leurs trônes les puissans, & il a élevé les
petits.
53 [m] Il a rempli de biens ceux qui avoient faim: il a renvoyé les riches vuides.
54 [n] Il a pris en sa protection Israël son serviteur, pour se souvenir de sa misericorde;
55 ([o] Selon qu'il *en* a parlé à nos péres, *savoir* à Abraham
& à sa postérité) à jamais.
56 Et Marie demeura avec elle environ trois mois, puis elle s'en retourna en sa maison.
57 Or le terme d'Elizabeth fut accompli pour enfanter: &
elle enfanta un fils.
58 Et ses voisins, & ses parens, ayant appris que le Seigneur
avoit amplement déclaré sa misericorde envers elle, [p] s'en
réjouïssoient avec elle.
59 Et il arriva qu'au huitiéme jour ils vinrent pour circoncire
le petit enfant, & ils l'appelloient Zacharie, du nom de son
pére.
60 Mais sa mére prit la parole, & dit; Non: mais il sera
nommé Jean.
61 Et ils lui dirent; Il n'y a personne en ta parenté qui soit
appellée de ce nom.
62 Alors ils firent signe à son pére, qu'il déclarât comment
il vouloit qu'il fût nommé:
63 Et *Zacharie* ayant demandé des tablettes, écrivit;
[q] Jean est son nom: & tous en furent étonnez.

h *Pse.* 99. 3.
i *Exod.* 20. 6. & 34. 7. 2 *Chron.* 6. 14. *Néh.* 1. 5. *Pse.* 103. 11.
k *Esa.* 52. 10.
11 Dans tous ces versets le passé est mis pour le futur, comme il l'est dans la plus part des propheties, car ce cantique étoit prophetique.
l *Mal.* 4. 1. *Luc* 3. 5.
m 1 *Sam.* 2. 5. *Pse.* 34. 11. *Ezéch.* 17. 24.
n *Esa.* 30. 18. & 41. 9. & 54. 5. *Jér.* 31. 3. 20.
o *Gen.* 17. 19. & 22. 16. *Pse.* 132. 11.
p vs. 14.
q vs. 13.

64 Et à l'instant sa bouche fut ouverte, & sa langue *déliée*;
tellement qu'il parloit en louant Dieu.
65 Et tous ses voisins en furent saisis de crainte; & toutes ces
choses furent divulguées dans le païs des montagnes de Judée.
66 Et tous ceux qui les entendirent les mirent en leur cœur,
disant; Que sera-ce de ce petit enfant? Et la main du Seigneur étoit avec lui.
67 Alors Zacharie son pére fut rempli du Saint Esprit, &
il prophétisa, disant;
68 Béni soit le Seigneur, le Dieu d'Israël, de ce qu'il a visité & délivré son peuple:
69 Et qu'il nous a élevé la corne du salut dans la maison de
David, son serviteur.
70 Selon ce qu'il avoit dit par la bouche de ses saints Prophetes, qui ont été de tout temps;
71 [r] *Que* nous serions sauvez *de la main* de nos ennemis, &
de la main de tous ceux qui nous haïssent,
72 Pour exercer misericorde envers nos péres, [s] & avoir
mémoire de sa sainte alliance:
73 [t] *Qui est* le serment qu'il a fait à Abraham nôtre pére:
74 *Savoir*, qu'il nous donneroit, qu'étant délivrez de la
main de nos ennemis, nous le servirions sans crainte,
75 [u] En sainteté & en justice devant lui, tous les jours de
nôtre vie.
76 Et toi, petit enfant, tu seras appellé [x] le Prophete du
Souverain: [y] car tu iras devant la face du Seigneur, pour
préparer ses voyes:
77 Et pour donner la connoissance du salut à son peuple,
[z] dans la rémission de leurs péchez:
78 Par les entrailles de la misericorde de nôtre Dieu, desquelles, [14] l'Orient [15] d'enhaut nous a visitez.
79 Afin de reluire à ceux qui sont assis [b] dans les ténébres
& dans l'ombre de la mort, & pour adresser nos pieds au
chemin de la paix.
80 Et le petit enfant croissoit, & se fortifioit en esprit: & il fut
dans les deserts jusqu'au jour qu'il devoit être manifesté à Israël.

r *Pse.* 74. 12. & 132. 18. *Jer.* 23, 6.
s *Lévit.* 26. 42. 45. *Pse.* 98. 3.
t *Gen.* 12. 3. & 17. 4. & 22. 16. *Héb.* 6. 13.
u *Act.* 3. 26. *Rom.* 6. 22. 1 *Cor.* 6. 20. *Gal.* 1. 4. *Eph.* 1. 4. & 4. 20. 21. 22. &c. & 5. 25. 26. *Tite* 2. 14. 15. 1 *Pier.* 1. 2. 15.
x *Mal.* 3. 1.
y vs. 17. & ch. 3. 4. *Jean* 3. 28.
z *Matth.* 1. 21. *Eph.* 1. 7.
14 Le mot Grec veut dire aussi le *germe*, nom qui a été donné au Messie par les Prophetes.
a *Zach.* 6. 12. *Mal.* 4. 2.
15 C'est l'origine de ce germe divin, Jean 3. 35. *vous êtes d'embas, mais moi je suis d'enhaut:* disoit J. C.
b *Job* 3. 5. *Pse.* 107. 10. *Esa.* 9. 11. *Matth.* 4. 16.

CHA-

CHAPITRE II.

J. C. naît à Bethléhem, 4. 7. La nouvelle en est apportée par un Ange à des bergers, 8. 9. Qui vont aussi-tôt à Bethléhem, 15. J. C. est circoncis le huitiéme jour, 21. Il est porté dans le Temple, 22. Siméon, 25. Son Cantique, 29. Sa prédiction, 34. Anne la Prophetesse, 36 Joseph & Marie portent Jésus à Nazareth, 39. Sa science croît avec son âge, 40. A l'âge de 12. ans il dispute dans le Temple avec les Docteurs, 46. Il s'en retourne à Nazareth, 51.

OR il arriva en ces jours-là qu'un Edict fut publié de la
part de César Auguste, *portant* que tout le monde fût
enregistré.
2 [1] Et cette premiere description fut faite lors que Cyrénius avoit le gouvernement de Syrie.
3 Ainsi tous alloient pour être mis par écrit, [2] chacun en
sa ville.
4 Et Joseph aussi monta de Galilée en Judée, *savoir* de la ville de Nazareth, [a] en la cité de David, appellée Bethléhem,
à cause qu'il étoit [b] de la maison & de la famille de David:
5 Pour être enregistré avec Marie, la femme qui lui avoit
été fiancée, laquelle étoit enceinte.
6 Et il arriva comme ils étoient là, que son terme pour enfanter fut accompli.
7 Et elle enfanta [c] son fils [3] premier-né, & l'emmaillotta,
& le coucha dans une crêche, à cause qu'il n'y avoit point
de place pour eux dans l'hôtellerie.
8 Or il y avoit en ces quartiers-là des bergers couchant aux
champs, & gardant leur troupeau durant les veilles de la nuit.
9 Et voici, l'Ange du Seigneur survint vers eux, & la clarté
du Seigneur resplendit autour d'eux, & ils furent saisis d'une
fort grande peur.
10 Mais l'Ange leur dit; N'ayez point de peur: car voici,
je vous annonce une grande joye, laquelle sera à tout le peuple.
11 C'est qu'aujourd'hui [4] dans la cité de David vous est né le
Sauveur, qui est le Christ, le Seigneur.
12 Et vous aurez ces enseignes, c'est que vous trouverez
le petit enfant emmaillotté, & couché dans une crêche.
13 Et aussi-tôt avec l'Ange il y eut une multitude [d] de l'armée céleste, louant Dieu, & disant;

1 Ou, *Cette description fut faite avant celle de Cyrénius.*
2 C'est-à-dire, dans la ville d'où chaque famille étoit originaire; selon les anciens registres.
a *Jean* 7. 42.
b *ch.* 1. 27. *Matth.* 1. 20.
c *Matth* 1. 25.
3 Voyez la note sur Matth. 1. 25.
4 à Bethléhem, d'où David étoit originaire.
d *Pse.* 103. 20. 21.

[e] *ch.* 19. 38.

14 [e] Gloire soit à Dieu dans les lieux très-hauts, & en terre
paix: envers les hommes bonne volonté.
15 Et il arriva qu'après que les Anges s'en furent allez d'a-
vec eux au Ciel, les bergers dirent entr'eux; Allons donc
jusqu'à Bethléhem, & voyons cette chose qui est arrivée,
& que le Seigneur nous a découverte.
16 Ils allerent donc à grand'hâte, & ils trouverent Marie &
Joseph, & le petit enfant couché dans une crêche.
17 Et quand ils l'eurent vû, ils divulguerent ce qui leur a-
voit été dit touchant ce petit enfant.
18 Et tous ceux qui les ouïrent s'étonnerent des choses qui
leur étoient dites par les bergers.
19 Et Marie gardoit soigneusement toutes ces choses, les
ruminant en son cœur.
20 Puis les bergers s'en retournerent, gloirifiant & louant
Dieu de toutes les choses qu'ils avoient ouïes & vûes, selon
qu'il leur en avoit été parlé.
21 Et quand [f] les huit jours furent accomplis pour circoncire l'enfant, alors son nom fut appellé JESUS, lequel avoit
été nommé par l'Ange avant qu'il fût conçu dans le ventre.
22 Et quand [g] les jours de la purification de *Marie* furent
accomplis selon la Loi de Moyse, ils le porterent à Jérusalem, pour le présenter au Seigneur,
23 (Selon ce qui est écrit dans la Loi du Seigneur; [h] Que
tout mâle ouvrant la matrice sera appellé saint au Seigneur.)
24 Et pour offrir l'oblation prescrite dans la Loi du Seigneur, [i] *savoir* une paire de tourterelles, ou deux pigeon-
neaux.
25 Or voici, il y avoit à Jérusalem un homme qui avoit
nom Siméon: & cet homme étoit juste & craignant Dieu,
[s] & il attendoit [k] la consolation d'Israël; & le Saint Esprit étoit
sur lui.
26 Et il avoit été averti divinement par le Saint Esprit,
qu'il ne verroit point la mort, que premierement il n'eût vû
le Christ du Seigneur.
27 Lui donc étant poussé par l'Esprit vint au Temple: &
com-

[f] *ch.* 1. 31. *Gen.* 17. 12. *Lévit.* 12. 3. *Matth.* 1. 21. *Jean* 7. 22.
g *Levit.* 12. 6.
h *Exod.* 13. 2. *Nomb.* 8. 16.
i *Levit.* 12. 8.
s C'est-à-dire, la venuë du Messie, la grande attente de l'Eglise, & sa grande consolation, de qui Siméon, outre la foi qu'il en avoit par l'Ecriture sainte, avoit reçu une révélation particuliere q'il verroit le Messie, vs. 26. 29.
k *Esa.* 40. 1. & 51. 3. & 61. 1. & ici vs. 38.

comme le pére & la mére portoient dans *le Temple* le petit
enfant Jésus, [l] pour faire de lui [6] selon l'usage de la Loi:
28 Il le prit entre ses bras, & bénit Dieu, & dit;
29 Seigneur, tu laisses maintenant aller ton serviteur en paix
selon ta parole.
30 Car mes yeux [m] ont vû ton salut:
31 Lequel tu as préparé [n] devant la face de tous les peuples.
32 [o] La lumiere pour éclairer les nations; & pour être la
gloire de ton peuple d'Israël.
33 Et Joseph & sa mére s'étonnoient des choses qui étoient
dites de lui.
34 Et Siméon le bénit, & dit à Marie sa mére; Voici, [p] celui-ci [7] est mis pour le trébuchement & pour le relevement
de plusieurs en Israël, & pour être un signe auquel on con-
tredira.
35 (Et même aussi une épée percera ta propre ame) [8] afin
que les pensées de plusieurs cœurs soient découvertes.
36 Il y avoit aussi Anne la Prophetesse, fille de Phanuel de
la Tribu d'Aser, qui étoit déja avancée en âge, & qui avoit
vêcu avec son mari sept ans depuis sa virginité:
37 Et veuve d'environ [9] quatre-vingts quatre ans, elle ne
bougeoit point du temple, servant *Dieu* en jeûnes & en prieres, nuit & jour.
38 Elle étant donc survenue en ce même moment, louoit
aussi de sa part le Seigneur, & parloit de lui à tous ceux
qui [q] attendoient [10] la délivrance [r] à Jérusalem.
39 Et quand ils eurent accompli tout ce qui est ordonné
par la Loi du Seigneur, ils s'en retournerent en Galilée, à
Nazareth leur ville.
40 Et le petit enfant croissoit [11] & se fortifioit en esprit,
étant rempli de sagesse: & la grace de Dieu étoit sur lui.
41 Or son pére & sa mére alloient tous les ans à Jérusalem,
[s] à la feste de Pasque.
42 Et quand il eut atteint l'âge de douze ans, *son pére &*
sa mére étant montez à Jérusalem selon la coûtume de la feste,

43 Et

l vs. 22. 23. 24.
6 l'usage constant établi par la Loi, Lévit. 12. 6. &c.
m *Pse.* 98. 2. *Esa.* 52. 10.
n *Luc* 3. 6.
o *Esa.* 42. 6.
p *Esa.* 8. 14. *Mal.* 4. 1. 2. *Rom.* 9. 33. 1 *Pier.* 2. 7.
7 Celui de qui Esaïe a dit cela, ch. 8. 14. est appellé *l'Eternel des armées*, or Siméon l'appliquant à J. C. par l'Esprit de Dieu, il suit de là qu'il a reconu par ce même Esprit J. C. pour Dieu.
8 Ou, *de sorte que*, & ceci se lie avec le vs. 34.
9 C'est-à-dire, âgée &c.
q vs. 25.
10 La délivrance qui devoit être faite par le Messie, lequel on attendoit en ce temps-là, où les propheties qui avoient prédit le temps de sa venue, s'accomplissoient, & particulierement celle de Daniel, ch. 9. 24. 25.
r *Act.* 2. 5.
11 Cela est de l'homme, la Raison & l'intelligence viennent avec l'âge.
s *Deut.* 16. 16.

43 Et s'en retournant après avoir accompli les jours *de la Feste*, l'enfant Jésus demeura dans Jérusalem, & Joseph & sa mére ne s'en apperçurent point.

44 Mais croyant qu'il étoit en la compagnie, ils marcherent une journée; puis ils le chercherent entre leurs parens & ceux de leur connoissance.

45 Et ne le trouvant point, ils s'en retournerent à Jérusalem, en le cherchant.

46 Or il arriva que trois jours après ils le trouverent dans le Temple, assis au milieu des Docteurs, les écoutant, & les interrogeant,

47 [t] Et tous ceux qui l'entendoient s'étonnoient de sa sagesse & de ses réponses.

t *ch.* 4. 22. 23. *Matth.* 7. 28. *Marc* 1. 22. *Jean* 7. 15. 46.

48 Et quand ils le virent, ils en furent étonnez, & sa mére lui dit; Mon enfant, pourquoi nous as-tu fait ainsi? Voici, [12] ton pére & moi te cherchions étant en grand' peine.

49 Et il leur dit; Pourquoi me cherchiez-vous? ne saviez-vous pas qu'il me faut être *occupé* aux affaires [13] de mon Pére?

50 [u] Mais ils n'entendirent point ce qu'il leur disoit.

51 Alors il descendit avec eux, & vint à Nazareth; & il leur étoit sujet: & sa mére conservoit toutes ces paroles-là dans son cœur.

52 [x] Et Jésus s'avançoit [14] en sagesse, & en stature, & en grace, envers Dieu & envers les hommes.

12 Elle lui nomme Joseph par le nom qu'on lui donnoit communément, & qui avoit servi à éloigner de l'esprit des Juifs les fausses imputations dont ils auroient flétri l'honneur de Marie, ch. 3. 23. 13 C'est-à-dire, de Dieu, qui seul étoit son pére à tous égards. u *ch.* 9. 45. & 18. 34. x *ch.* 2. 40. 1 *Sam.* 2. 26. 14 C'est-à-dire, en connoissance.

CHAPITRE III.

Tétrarques, 1. *Anne & Caïphe Sacrificateurs*, 2. *Jean Baptiste prêche*, 3. *Avis aux péagers*, 13. *Aux gens de guerre*, 14. *Il déclare qu'il n'est point le Messie*, 15. *Il est mis en prison*, 19. *J. C. est baptisé*, 21. *Sa généalogie*, 23. &c.

OR en la quinziéme année de l'empire de Tibére César, lors que [a] Ponce Pilate étoit Gouverneur de la Judée, & [b] qu'Hérode étoit Tétrarque en Galilée, & son frére Philippe Tétrarque dans la contrée d'Iturée & de Trachonite, & Lysanias Tétrarque en Abilene:

a *Matth.* 27. 2. 11. b *Matth.* 14. 1.

2 [c] Anne & [d] Caïphe étant souverains Sacrificateurs, la parole de Dieu fut adressée à Jean fils de Zacharie, au desert.

c *Act.* 4. 6. d *Jean* 11. 49. 51. & 18. 13.

3 [e] Et

3 [e] Et il vint dans tout le païs des environs du Jourdain,
prêchant le Baptême de repentance en rémission des péchez:
4 Comme il est écrit au Livre des paroles d'Esaïe le Prophete, disant; [f] La voix de celui qui crie dans le desert,
est, Préparez le chemin du Seigneur, dressez ses sentiers.
5 [1] [g] Toute vallée sera comblée, & toute montagne &
toute colline sera abbaissée, & les choses tortues seront redres-
sées, & les chemins raboteux seront applanis:
6 Et [h] toute chair verra le salut de Dieu.
7 Il disoit donc aux troupes des gens qui venoient pour être
baptisez par lui: [i] Races de viperes, qui vous a avertis de
fuïr l'ire à venir.
8 [k] Faites des fruits convenables à la repentance, & ne
vous mettez point à dire en vous-mêmes; [l] Nous avons A-
braham pour pére: car je vous dis, que Dieu peut faire naître, même de ces pierres, des enfans à Abraham.
9 [m] Or la coignée est déja mise à la racine des arbres: tout
arbre donc qui ne fait point de bon fruit, s'en va être coupé,
& jetté au feu.
10 Alors les troupes *du peuple* l'interrogerent, disant; [n] Que
ferons-nous donc?
11 Et il répondit, & leur dit; [o] Que celui qui a deux robes en donne une à celui qui n'en a point: & que celui qui
a dequoi manger en fasse de même.
12 Il vint aussi [p] à lui des péagers pour être baptisez,
qui lui dirent; Maître, que ferons-nous?
13 Et il leur dit; N'exigez rien au delà de ce qui vous est
ordonné.
14 Les gens de guerre l'interrogerent aussi, disant; Et nous,
que ferons-nous? Il leur dit, [q] N'usez point de concussion,
ni de fraude contre personne, mais contentez-vous de vos
gages.
15 Et comme le peuple attendoit, & que tous pensoient à
Jean en leurs cœurs, [r] s'il ne seroit point le Christ:
16 Jean prit la parole, & dit à tous; [s] Pour moi, je vous
baptise d'eau: mais il en vient un plus puissant que moi: du-

e *Matth.* 3. 1. *Marc.* 1. 4. *Act.* 13. 14. & 19. 4.
f *Esa.* 40. 3. *Matth.* 3. 3. *Marc* 1. 3. *Jean* 1. 23.
1 Ces expressions sont métaphoriques, & vouloient dire que les petits seroient élevez, & les grands, c'est à-dire, les princes du peuple, seroient abaissez. ch. 1. 51. 52.
g *ch.* 1. 51, 52. *Esa*, 40. 4.
h *ch.* 2. 31. *Pse.* 98. 2. *Esa.* 40. 5. & 52: 10. *Rom.* 1. 16. 1 *Tim.* 2. 4, 5. *Tite* 2. 11.
i *Matth.* 3. 7. & 23. 33.
k *Matth.* 3. 9.
l *Jean* 8. 39.
m *Matth.* 3. 10. & 7. 19.
n *ch.* 10. 25. *Matth.* 19. 16. *Act.* 2. 37.
o *Jacq.* 2. 15. 1 *Jean* 3. 17.
p *Matth.* 21. 32.
q *Deut.* 23. 9.
r *Jean* 1. 19. 20. &c. *Act.* 13. 25.
s *Matth.* 3. 11. *Marc* 1. 7, 8 *Jean* 1. 26. *Act.* 13. 25.

quel je ne suis pas digne de délier la courroye des souliers;
[t]celui-là vous baptisera du Saint Esprit & de feu.
17 [u]Il a son van en sa main, & il nettoyera entierement son
aire, & assemblera le froment dans son grenier, mais il brûlera [z] la paille au feu qui ne s'éteint point.
18 Et remontrant ainsi plusieurs autres choses, il évangeli-
soit au peuple
19 [x]Mais Hérôde le Tétrarque étant repris par lui au sujet
d'Hérodias, femme de Philippe son frere, & à cause de tous
les maux qu'il avoit faits,
20 Ajoûta encore à tous les autres celui de mettre Jean en
prison.
21 [y]Or il arriva que comme tout le peuple étoit baptisé,
Jésus aussi étant baptisé, & priant, le ciel s'ouvrit.
22 [z]Et le Saint Esprit descendit sur lui sous une forme cor-
porelle, comme celle d'une colombe; & il y eut une voix du
ciel, qui lui dit; [a]Tu és mon Fils bien-aimé, j'ai pris en toi
mon bon plaisir.
23 Et Jésus commençoit d'avoir environ trente ans, fils
(comme on l'estimoit) [b]de Joseph: *qui étoit fils* d'Héli:
24 *Fils* de Matthat, *fils* de Lévi, *fils* de Melchi, *fils* de
Janna, *fils* de Joseph,
25 *Fils* de Matthatie, *fils* d'Amos, *fils* de Nahum, *fils*
d'Héli, *fils* de Naggé,
26 *Fils* de Maath, *fils* de Matthatie, *fils* de Sémei, *fils* de
Joseph, *fils* de Juda,
27 *Fils* de Johanna, *fils* de Rhésa, *fils* de Zorobabel, *fils*
de Salathiel, *fils* de Néri,
28 *Fils* de Melchi, *fils* d'Addi, *fils* de Cosam, *fils* d'El-
modam, *fils* d'Er,
29 *Fils* de José, *fils* d'Eliezer, *fils* de Jorim, *fils* de Matthat, *fils* de Lévi
30 *Fils* de Siméon, *fils* de Juda, *fils* de Joseph, *fils* de Jo-
nan, *fils* d'Eliakim,
31 [c]*Fils* de Melca, *fils* de Maïnan, *fils* de Matthata, *fils*
de Nathan, *fils* de David,

t *Esa.* 44. 3. *Joël* 2. 28. *Act.* 1. 5. & 11. 16.
u *Matth.* 3. 12.
z vs. 17. La Synagogue incrédule.
x *Matth.* 14. 5. *Marc* 6. 17.
y *Matth.* 3. 5, 6. 15. *Marc* 1. 5. 9. *Jean* 1. 32.
z *Esa.* 42. 1. *Matth.* 3. 17. *Marc* 1. 10. *Jean* 1. 32, 33.
a *Matth.* 3. 17. *Marc* 1. 11. & 8. 7.
b *ch.* 2. 4. & 4. 22. *Matth.* 13. 55. *Marc* 6. 3. *Jean* 6. 42.
c 2 *Sam.* 5. 14. 1 *Chron.* 3. 5. *Zach.* 12. 12.

32 [d]*Fils*

32 [d] *Fils* de Jessé, *fils* d'Obed, *fils* de Booz, *fils* de Salo- d Ruth 4.21.
mon, *fils* de Naasson, 22. 1 Chron. 2. 10.
33 *Fils* d'Aminadab, *fils* d'Aram, *fils* d'Esrom, *fils* de
Pharez, *fils* de Juda,
34 [e] *Fils* de Jacob, *fils* d'Isaac, *fils* d'Abraham, *fils* de e Gen. 11.
Thara, *fils* de Nachor, 23-26.
35 *Fils* de Sarug, *fils* de Ragau, *fils* de Phaleg, *fils* d'Hé-
ber, *fils* de Sala,
36 *Fils* de Caïnan, *fils* d'Arphaxad, [f] *fils* de Sem, *fils* de f Gen. 5. 6.
Noé, *fils* de Lamech, &c. & 11. 10. 1 Chron. 1. 1.
37 *Fils* de Mathusala, *fils* d'Hénoc, *fils* de Jared, *fils* de &c.
Mahalaléel, *fils* de Caïnan.
38 [g] *Fils* d'Enos, *fils* de Seth, *fils* d'Adam, *qui fut créé* g Gen. 5. 3.
[h] de Dieu. h Gen. 1. 26, 27.

CHAPITRE IV.

La Tentation. 1. *J. C. enseigne à Nazareth dans la Synagogue*, 6. *La Veuve de Sarepta*, 25. *Naaman*, 27. *Soûlevement des habitans de Nazareth contre J. C.* 28. *Il guérit dans Capernaüm un démoniaque*, 33. *Et la belle-mére de saint Pierre*, 38. *Aprés le soleil couché on lui apporte des malades*, 40. *Les démons l'appellent Fils de Dieu*, 41.

[a] OR Jésus étant [b] rempli du Saint Esprit s'en retourna de a Matth. 4. 1.
devers le Jourdain, & fut mené par la vertu de l'Esprit Marc 1. 12.
au desert: b vs. 18. Jean 3. 34.
2 Et il fut tenté du diable quarante jours, [c] & ne mangea c Exod. 34.
rien du tout durant ces jours-là, mais après qu'ils furent paf- 28. 1. Rois 19. 8.
sez, enfin il eut faim.
3 Et le diable lui dit; Si tu és le Fils de Dieu, di à cette
pierre qu'elle devienne du pain.
4 Et Jésus lui répondit, en disant; Il est écrit; [d] Que l'hom- d Deut. 8. 3.
me ne vivra pas seulement de pain, [1] mais de toute parole de Matth. 4. 4.
Dieu. 1 Voyez la note sur Matth. 4. 4.
5 [e] Alors le diable l'emmena sur une haute montagne, & e Matth. 4. 8.
lui montra en un moment de temps tous les Royaumes du
monde.
6 Et le diable lui dit; Je te donnerai toute cette puissance
& leur gloire; [2] car elle m'a été donnée, & je la donne à 2 Il mentoit en tout cela.
qui je veux.

7 Si tu veux donc te prosterner devant moi, tout sera tien.
8 Mais Jésus répondant, lui dit; Va arriere de moi, satan:
car est écrit; [f] Tu adoreras le Seigneur ton Dieu, & tu le
serviras lui seul.
9 [g] Il l'amena aussi à Jérusalem, & le mit sur les creneaux
du Temple, & lui dit; Si tu és le Fils de Dieu, jette-toi
d'ici en bas.
10 Car [h] il est écrit, qu'il donnera charge de toi à ses Anges pour te conserver:
11 Et qu'ils te porteront en leurs mains, de peur que tu ne
heurtes ton pied contre quelque pierre.
12 Mais Jésus répondant, lui dit; [i] Il a été dit; [3] Tu ne tenteras point le Seigneur ton Dieu.
13 Et quand toute la tentation fut finie, le diable se retira
d'avec lui, pour un temps.
14 Et Jésus retourna en Galilée par la vertu de l'Esprit,
[k] & sa renommée se répandit par tout le païs d'alentour.
15 [l] Car il enseignoit dans leurs Synagogues, & étoit honoré de tous.
16 [m] Et il vint à Nazareth, où il avoit été nourri, & entra dans la Synagogue le jour du Sabbat, selon sa coûtume:
[n] puis il se leva pour lire.
17 Et on lui donna le Livre du Prophete Esaïe, & quand
il eut [4] déployé le Livre, il trouva le passage où il est écrit:
18 [o] L'Esprit du Seigneur est sur moi, parce qu'il m'a oinct:
il m'a envoyé pour évangeliser aux pauvres; pour guérir
ceux qui ont le cœur froissé.
19 Pour publier aux captifs la délivrance, [p] & aux aveugles
le recouvrement de la vûe; pour mettre en liberté ceux qui
sont foulez; [q] & pour publier l'an agréable du Seigneur.
20 Puis ayant ployé le Livre, & l'ayant rendu au Ministre,
ils s'assit: & les yeux de tous ceux qui étoient dans la Synagogue étoient arrêtez sur lui.
21 Alors il commença à leur dire; Aujourd'hui cette Ecriture est accomplie, vous l'oyant.
22 Et tous lui rendoient témoignage, & s'étonnoient des
paro-

f *Deut.* 6. 13. & 10. 20. 1 *Sam.* 7. 3.
g *Matth.* 4. 5.
h *Psí.* 91. 11.
i *Deut.* 6. 16.
3 Il ne faut pas s'attendre que Dieu fasse des miracles pour nous tirer d'un péril où nous nous jettons volontairement.
k vs. 37. *Matth.* 4. 12. *Marc* 1. 14.
l vs. 44. *Matth.* 4. 23. *Marc* 1. 39. *Jean* 18. 20.
m *Matth.* 13. 54. *Marc* 6. 1. *Jean* 4. 43.
n *Néh.* 8. 5, 6.
4 Ce mot a égard à la forme du livre, qui étoit un rouleau.
o *Esa.* 61. 1, 2. *Dan.* 9. 24. *Act.* 4. 27. & 10. 38.
p *Esa.* 42. 7.
q *Esa.* 61. 2.

paroles [r]*pleines* de grace qui sortoient de sa bouche: [f]& ils r Pse. 54. 3.
disoient: Celui-ci n'est-il pas le fils de Joseph? Esa. 50. 4. Jean 7. 46.
23 Et il leur dit; Assûrément vous me direz ce proverbe; f Matth. 13.
Médecin guéri-toi toi-même: & fai ici [t] dans ton païs tou- 45. Marc 6.
tes les choses que nous avons ouï dire que tu as faites [u] à Ca- 2. 3. Jean 6. 42.
pernaüm. t vs. 16.
24 Mais il leur dit; En vérité je vous dis, [x]qu'aucun Pro- u Matth. 4. 13.
phete n'est *bien* reçû dans son païs. x Matth. 13.
25 Et certes je vous dis qu'il y avoit plusieurs veuves en Is- 57. Jean 4. 44.
raël, du temps d'Elie, lors que le ciel fut fermé [y] trois ans y 1 Rois 17.
& six mois: de sorte qu'il y eut une grande famine par tout 1. & 18. 1. Jacq. 5. 17.
le païs.
26 Et toutefois Elie ne fut envoyé vers aucune d'elles, mais
seulement [z] vers une femme veuve dans Sarepta de Sidon. z 1 Rois 17. 9.
27 Il y avoit aussi plusieurs lépreux en Israël [a] du temps d' a 2 Rois 5. 14.
Elisée le Prophete: toutefois pas un d'eux ne fut guéri; mais
seulement Naaman, qui étoit Syrien.
28 Et ils furent tous remplis de colere dans la Synagogue,
entendant ces choses.
29 Et s'étant levez, ils le mirent hors de la ville, & le menerent jusqu'au bord de la montagne sur laquelle leur ville
étoit bâtie, pour le jetter du haut en bas.
30 [b]Mais il passa au milieu d'eux, & s'en alla. b Jean 8. 59.
31 [c]Et il descendit à Capernaüm, ville de Galilée, & il les c Matth. 4.
enseignoit là les jours de Sabbat. 13. Marc 1. 21.
32 [d]Et ils s'étonnoient de sa doctrine: car sa parole étoit d Matt. 7. 29.
avec autorité. Marc 1. 22.
33 [e]Or il y avoit dans la Synagogue un homme qui avoit e Marc 1. 23.
un Esprit de démon impur, lequel s'écria à haute voix,
34 En disant; [f]Ha! qu'y a-t-il entre nous & toi, Jésus f Marc 1. 24.
Nazarien? Es-tu venu pour nous détruire? je sai qui tu és, & 5. 7.
le Saint de Dieu.
35 Et [g] Jésus le tança, en lui disant; Tais-toi: & sors de g vs. 41.
cet homme. Et le diable après l'avoir jetté avec impétuosité
au beau milieu, sortit de cet homme, sans lui avoir fait aucun dommage.

36 Et ils furent tous saisis d'étonnement, & ils parloient
h *Marc* 1. 27. entr'eux, & disoient; Quelle parole est celle-ci, [h]qu'il commande avec autorité & avec puissance aux esprits immondes,
& ils sortent?

i vs. 14. 37 Et [i] sa renommée se répandit dans tous les quartiers du
Matth. 4. 24. païs d'alentour.
& 9. 26.

k *Matth.* 8. 38 [k] Et quand Jésus se fut levé de la Synagogue, il entra
14. *Marc* 1. dans la maison de Simon, & la belle-mere de Simon étoit dé-
30. tenue d'une grosse fiévre, & on le pria pour elle.

5 C'est-à-di- 39 Et s'étant panché sur elle, [5] il tança la fiévre, & la fiévre
re, qu'il com- la quitta; & incontinent elle se leva, & les servit.
manda à la
fievre de quit- 40 [l]Et comme le soleil se couchoit, tous ceux qui avoient
ter la malade. des malades de diverses maladies, les lui amenerent: & [m]po-
l *Matth.* 8. 16. sant les mains sur chacun d'eux, il les guérissoit.
Marc 1. 32.

m *Marc* 1. 32. 41 [n] Les diables aussi sortoient hors de plusieurs, [o]criant,
& 8. 23. 25. & disant; [p]Tu és le Christ, le Fils de Dieu: mais [q] il les
&c.
n *Marc* 1. 34. tançoit, & ne leur permettoit pas de dire qu'ils sûssent qu'il
o *Marc* 1. 26. étoit le Christ.
p *Marc* 1. 24.

& 3. 11. 42 [r]Et dès qu'il fut jour il partit, & s'en alla en un lieu de-
q vs. 35. sert: & les troupes le cherchoient, & étant venues à lui,
Marc 1. 25.
34. & 3. 11. elles le retenoient, afin qu'il ne partît point d'avec eux.

r *Marc* 1. 35. 43 Mais il leur dit; Il faut que j'évangélise aussi aux autres
s vs. 18. villes le Royaume de Dieu; [s]car je suis envoyé pour cela.
t vs. 15.

44 [t] Et il prêchoit dans les Synagogues de Galilée.

CHAPITRE V.

Simon jette les filets dans la mer par l'ordre de J. C. 4. Et il prend beaucoup de poissons, 6. Un lépreux guéri, 12. Le paralytique descendu par le toit, 18. La vocation de saint Matthieu, 27. Pourquoi les Disciples de J. C. ne jeûnoient point, 33. Le nouveau marié, 34. La piece du drap neuf, 36. Le vin nouveau, 37.

a *Matth.* 13. 2. [a] OR il arriva, comme la foule se jettoit toute sur lui pour
Marc. 4. 1. entendre la parole de Dieu, qu'il se tenoit sur le bord
du lac de Génézareth.

b *Matth.* 4. 2 [b] Et voyant deux nacelles qui étoient au bord du lac, &
18. *Marc* 1. dont les pêcheurs étoient descendus, & lavoient leurs rets;
16. il monta dans l'une de ces nacelles, qui étoit à Simon.

3 Et il le pria de la mener un peu loin de terre: puis s'étant
assis, il enseignoit de dessus la nacelle les troupes.

4 Et

4 Et quand il eut achevé de parler, il dit à Simon; Mene
en pleine eau, & lâchez vos filets pour pêcher.
5 Et Simon répondant, lui dit; Maître, nous avons travaillé toute la nuit, & nous n'avons rien pris: toutefois à ta parole je lâcherai les filets.
6 Ce qu'ayant fait, ils enfermerent une si grande quantité
de poissons, que leurs filets se rompoient.
7 Et ils firent signe à leurs compagnons qui étoient dans
l'autre nacelle, de venir les aider; & étant venus ils remplirent les deux nacelles, tellement qu'elles s'enfonçoient.
8 Et quand Simon Pierre eut vû cela, il se jetta aux genoux
de Jésus, en lui disant; Seigneur, [c] retire-toi de moi: car je
suis un homme pécheur.
9 Parce que la frayeur l'avoit saisi, lui & tous ceux qui
étoient avec lui, à cause de la prise de poissons qu'ils venoient de faire: de même que Jacques & Jean, fils de Zébédée, qui étoient compagnons de Simon.
10 Alors Jésus dit à Simon; N'aye point de peur: d'oresnavant [d] tu seras preneur d'hommes vivans.
11 Et quand ils eurent amené les nacelles à terre, [e] ils quit-
terent tout, & le suivirent.
12 [f] Or il arriva que comme il étoit dans une des villes *de
ce païs-là*, voici, un homme plein de lépre voyant Jésus, se
jetta *en terre* sur sa face, & le pria, disant; Seigneur, si tu
veux, tu peux me rendre net.
13 Et *Jésus* étendit la main, & le toucha, en disant; Je
le veux, sois net: & incontinent la lépre le quitta.
14 [g] Et il lui commanda de ne le dire à personne: mais va,
lui dit-il, [h] & te montre au Sacrificateur, & offre pour ta
purification [i] ce que Moyse a commandé, pour leur être en
témoignage.
15 Et sa renommée se répandoit de plus en plus, tellement
que de grandes troupes s'assembloient pour l'entendre, &
pour être guéris par lui de leurs maladies.
16 [k] Mais il se tenoit retiré dans les deserts, & prioit:
17 [l] Or il arriva un jour qu'il enseignoit, que des Pharisiens
&

c *Exod.* 33. 20. *Deut.* 5. 26. *Jug.* 13. 22.
d *Ezéch.* 47. 9. 10. *Matth.* 4. 19. *Marc* 1. 17. *Act.* 2. 41. 47.
e vs. 28. & ch. 18. 28. *Matth.* 4. 20. & 19. 27. *Marc* 10. 28.
f *Matth.* 8. 2. *Marc* 1. 40.
g *Matth.* 8. 4. & 9. 30. *Marc* 5. 43. & 7. 36.
h *Lévit.* 13. 2. & 14. 2.
i *Lévit.* 14. 4. 21. 22.
k *Marc* 1. 45.
l *Marc* 2. 1, 2.

& des Docteurs de la Loi: qui étoient venus de toutes les
bourgades de Galilée, & de Judée, & de Jérusalem, étoient
1 C'est-a-dire, en Jesus-Christ. là assis, & la puissance du Seigneur [1] étoit là pour opérer des
guérisons.

m *Matth.* 9. 2. *Marc* 2. 3. 18 [m] Et voici des hommes qui portoient dans un lit un homme qui étoit paralytique, & ils cherchoient le moyen de le
porter dans la maison, & de le mettre devant lui.

19 Mais ne trouvant point par quel côté ils le pourroient
mettre dedans, à cause de la foule, ils monterent sur la mai-
2 Ils étoient au plus haut étage de la maison, & proche de la plate forme qui faisoit le tour du toit. son, & ils le descendirent par les tuiles, avec le petit lit, [2] au
milieu devant Jésus:

20 Qui voyant leur foi, dit au paralytique; Homme, tes
péchez te sont pardonnez.

21 Alors les Scribes & les Pharisiens commencerent à rai-
sonner en eux-mêmes, disant; Qui est celui-ci qui prononce
n *ch.* 7. 49. des blasphemes? [n] Qui est-ce qui peut pardonner les péchez,
que Dieu seul?

o *ch.* 6. 8. & 9. 47. 22 Mais Jésus [o] connoissant leurs pensées, prit la parole,
& leur dit; Que discourez-vous en vos cœurs?

23 Lequel est le plus aisé, ou de dire; Tes péchez te sont
pardonnez: ou de dire; Leve-toi, & marche?

p *Matth.* 9. 6. *Marc.* 2. 10. 24 [p] Or afin que vous sachiez que le Fils de l'homme a le
pouvoir sur la terre de pardonner les péchez, il dit au para-
lytique; Je te dis, leve toi, charge ton petit lit, & t'en va
en ta maison.

25 Et à l'instant le *paralytique* s'étant levé devant eux, chargea le lit où il étoit couché, & s'en alla en sa maison, glorifiant Dieu.

26 Et ils furent tous saisis d'étonnement, & ils glorifioient
Dieu, & étant remplis de crainte, ils disoient; Certainement
nous avons vû aujourd'hui des choses qu'on n'eût jamais at-
tendues.

q *Matth.* 9. 9. *Marc* 2. 14. 27 [q] Aprés cela il sortit, & il vit un péager nommé Lévi,
assis au lieu du péage, & il lui dit; Suis moi.

r vs. 11. 28 [r] Lequel abandonnant tout, se leva, & le suivit.

29 Et Lévi fit un grand festin dans sa maison, où il y avoit
une

une grosse assemblée de péagers, & d'autres gens qui étoient
avec eux à table.
30 Et leurs Scribes & les Pharisiens, murmuroient contre
ses Disciples, en disant; Pourquoi est-ce que vous mangez
& que vous beûvez avec des péagers & des gens de mauvaise vie?
31 Mais Jésus prenant la parole, leur dit; [s] Ceux qui sont [s] *Matth.* 9.
en santé n'ont pas besoin de médecin, mais ceux qui se por- 12.
tent mal.
32 [t] Je ne suis point venu appeller à la repentance les justes, [t] *Matth.* 9.
mais les pécheurs. 13. 1 *Tim.* 1. 15.
33 [u] Ils lui dirent aussi; Pourquoi est-ce que les Disciples [u] *Matth.* 9.
de Jean jeûnent souvent, & font des prieres; pareillement 14. *Marc.* 2. 18.
aussi ceux des Pharisiens; mais les tiens [3] mangent & boi- 3. C'est-à-di-
vent? re, ne font pas de ces for-
34 Et il leur dit; Pouvez-vous faire jeûner les gens de la tes de jeûnes.
chambre du nouveau marié, pendant que le nouveau marié
est avec eux?
35 Mais les jours viendront que le nouveau marié leur sera
ôté: alors ils jeûneront en ces jours-là.
36 Puis il leur dit cette similitude; Personne ne met une
piece d'un vêtement neuf à un vieux vêtement: autrement
le neuf déchire *le vieux*; & la piece du neuf ne se rapporte
point au vieux.
37 Pareillement, personne ne met le vin nouveau dans de
vieux vaisseaux: autrement le vin nouveau rompra les vaisseaux, & se répandra, & les vaisseaux seront perdus.
38 Mais le vin nouveau doit être mis dans des vaisseaux
neufs: & ainsi ils se conservent l'un & l'autre.
39 [x] Et il n'y a personne qui boive du vieux, qui veuille [x] *Ecclesiastiq.*
aussi-tôt du nouveau: car il dit; Le vieux vaut mieux. 9. 14. 15.

CHAPITRE VI.

Le Sabbat second-premier, auquel les Disciples arrachent des épics, 1. *L'homme qui avoit une main séche*, 8. *Les noms des* 12. *Apostres*, 14. *Les Béatitudes*, 20. *L'amour du prochain*, 27. *Prêter sans en rien esperer*, 34. *Ne juger point &c. L'arbre connu par son fruit*, 43. *La maison bâtie sur la roche*, 48.

[a] OR il arriva le *jour de* Sabbat [1] second-premier, qu'il passoit [2] par des blés, & ses Disciples arrachoient des é-
pics, & les froyant entre leurs mains, ils en mangeoient.
2 Et quelques-uns des Pharisiens leur dirent; Pourquoi
faites-vous [b] une chose qu'il n'est pas permis de faire *les jours*
de Sabbat?
3 Et Jésus prenant la parole, leur dit; N'avez-vous point
lû [c] ce que fit David quand il eut faim, lui, & ceux qui
étoient avec lui?
4 [d] Comment il entra dans la Maison de Dieu, & prit les
pains de proposition, & en mangea, & en donna aussi à ceux
qui étoient avec lui: [e] quoi qu'il ne soit permis qu'aux seuls
Sacrificateurs d'en manger.
5 [f] Puis il leur dit; Le Fils de l'homme est Seigneur même
du Sabbat.
6 [g] Il arriva aussi un autre *jour de* Sabbat, qu'il entra dans
la Synagogue, & qu'il enseignoit: & il y avoit là un homme
dont la main droite étoit séche.
7 Or les Scribes & les Pharisiens prenoient garde s'il le guériroit le *jour du* Sabbat, afin qu'ils trouvassent dequoi l'accuser.
8 [h] Mais il connoissoit leurs pensées: & il dit à l'homme qui
avoit la main séche; Leve-toi, & tiens-toi debout au milieu. Et lui se levant se tint debout.
9 Puis Jésus leur dit; Je vous demanderai une chose; Est-
il permis de faire du bien les jours de Sabbat, ou de faire du
mal? de sauver une personne, ou de la laisser mourir?
10 Et quand il les eut tous regardez à l'environ, il dit à
cét homme; [3] Etens ta main: ce qu'il fit; [i] & sa main fut
rendue saine comme l'autre.
11 Et [k] ils furent remplis de fureur, & ils s'entretenoient
ensemble touchant ce qu'ils pourroient faire à Jésus.
12 [l] Or il arriva en ces jours-là, qu'il s'en alla sur une montagne pour prier: & qu'il passa toute la nuit à prier Dieu.
13 Et quand le jour fut venu, [m] il appella ses Disciples; &
en élut douze, lesquels il nomma aussi Apostres:

a *Deut.* 23. 25. *Matth.* 12. 1. *Marc* 2. 23.
1 C'étoit le lendemain de Pasque, qui étoit un jour de repos. *Lévit.* 23. 6.
2 Parmi des orges, qui étoient mûrs à Pasques.
b *Exod.* 20. 10. & 23. 12. & 31. 15. & 35. 2.
c 1 *Sam.* 21. 6.
d *Matth.* 12. 4. *Marc.* 2. 26.
e *Exod.* 29. 32. 33. *Levit.* 8. 31. & 24. 6. 8. 9.
f *Matth.* 12. 8. *Marc* 2. 28.
g *Matth.* 12. 9. 10. *Marc* 3. 1.
h *ch.* 5. 8. & 9. 47.
3 En lui commandant de l'étendre, il lui en donna la force.
i 1 *Rois* 13. 4. 6.
k *ch.* 4. 28.
l *Matth.* 14. 23.
m *ch.* 9. 1. *Matth.* 10. 1. *Marc* 3. 13. & 6. 7.

14 *Sa-*

14 *Savoir* Simon, [n]qu'il nomma aussi Pierre, & André n *Jean* 1. 42.
son frere, Jacques & Jean, Philippe & Barthélemi:
15 Matthieu & Thomas, Jacques *fils* d'Alphée, & Simon
surnommé Zélotes:
16 Jude *frére* de Jacques, & Judas Iscariot, qui aussi fut
traître.
17 [o] Puis descendant avec eux, il s'arrêta dans une plaine o *Matth.* 5. 1.
avec la troupe de ses disciples, [p] & une grande multitude de p *Matth.* 4.
peuple de toute la Judée, & de Jérusalem, & de la contrée 23. 24.
maritime de Tyr & de Sidon, qui étoient venus pour l'entendre, & pour être guéris de leurs maladies;
18 Et ceux aussi qui étoient tourmentez par des esprits immondes: & ils furent guéris.
19 Et toute la multitude tâchoit à le toucher: [q] car il sor- q *ch.* 8. 46.
toit de lui une vertu qui les guérissoit tous. *Marc* 5. 30.
20 Alors élevant ses yeux vers ses Disciples, il leur disoit;
[r] Vous êtes bien-heureux, vous pauvres: car le Royaume de r *Matth.* 5. 3.
Dieu vous appartient.
21 Vous êtes bien-heureux, vous qui maintenant [s] avez s *Esa.* 55. 1. 2.
faim: car vous serez rassasiez. [t] Vous êtes bien-heurenx, & 65. 13.
vous qui pleurez maintenant; car vous serez dans la joye. t *Esa.* 61. 3. & 66. 10.
22 [u] Vous serez bien-heureux quand les hommes vous haï- u *Matth.* 5.
ront, & vous retrancheront, & vous diront des outrages, 11. 1 *Pier.* 2.
& rejetteront vôtre nom comme mauvais, à cause du Fils de 19. & 3. 14. & 4. 14.
l'homme.
23 [x] Réjouïssez-vous en ce jour-là, & tressaillez de joye: x *Act.* 5. 41.
car voici, vôtre récompense est grande au Ciel: [y] & leurs y *Matth.* 23.
péres en faisoient de même aux Prophetes. 29. 30. *Act.* 7. 51.
24 [z] Mais malheur à vous riches: car vous remportez vôtre z *Amos* 6. 1. 7.
consolation. 8. *Jacq.* 5. 1. 2. *Ecclesiastiq.*
25 [a] Malheur à vous qui êtes remplis: car vous aurez faim. 31. 8.
Malheur à vous qui riez maintenant: car vous lamenterez & a *Prov.* 14.
pleurerez. 13. *Esa.* 65. 13. 14. *Jacq.*
26 Malheur à vous quand tous les hommes diront du bien 4. 9. & 5. 1.
de vous: car leurs péres en faisoient de même aux faux prophetes.

27 Mais à vous qui entendez, je vous dis; [b] Aimez vos ennemis: faites du bien à ceux qui vous haïssent.
28 [c] Bénissez ceux qui vous maudissent, & priez pour ceux
qui vous courent sus.
29 [d] Et à celui qui te frappe sur une joue, présente lui aussi
l'autre; & si quelqu' un t'ôte ton manteau, ne l'empêche
point de prendre aussi le saye.
30 [e] Et à tout homme qui te demande donne lui: & à celui qui t'ôte ce qui t'appartient, ne le redemande point.
31 [f] Et comme vous voulez que les hommes vous fassent,
faites leur aussi de même.
32 [g] Mais si vous aimez *seulement* ceux qui vous aiment,
quel gré vous en saura-t-on? car les mal-vivans aiment aussi
ceux qui les aiment.
33 Et si vous ne faites du bien qu'à ceux qui vous ont fait
du bien, quel gré vous en saura-t-on? car les mal-vivans font
aussi le même.
34 [h] Et si vous ne prêtez *qu' à ceux* de qui vous espérez de
recevoir, quel gré vous en saura-t-on? car les mal-vivans prê-
tent aussi aux mal-vivans, afin qu'ils en reçoivent la pareille.
35 [i] C'est pourquoi aimez vos ennemis, [k] & faites du bien,
& [l] prêtez [4] sans en rien espérer, & vôtre recompense sera
grande, & [m] vous serez fils du Souverain: car il est bénin
envers les ingrats & les méchans.
36 [n] Soyez donc misericordieux, comme vôtre Pere est
misericordieux.
37 [o] Et ne jugez point, & vous ne serez point jugez: [p] ne
condamnez point, & vous ne serez point condamnez: quittez, & il vous sera quitté.
38 Donnez, & il vous sera donné: [q] on vous donnera dans
le sein bonne mesure, pressée & entassée, & qui s'en ira par
dessus: [r] car de la mesure que vous mesurerez, on vous me-
surera réciproquement.
39 Il leur disoit aussi *cette* similitude; [s] Est-il possible qu'un
aveu-

b *Exod.* 23. 4. *Prov.* 25. 21. *Matth.* 5. 44. *Rom.* 12. 14. 17. 20. 1 *Cor.* 4. 12.
c *ch.* 23. 34. *Act.* 7. 60. *Rom.* 12. 14.
d *Matth.* 5. 39. 1 *Cor.* 6. 7.
e *Deut.* 15. 7. *Matth.* 5. 42.
f *Matth.* 7. 12. *Tob.* 4. 16.
g *Matth.* 5. 46.
h *Deut.* 15. 8. *Matth.* 5. 42.
i *Matth.* 5. 44.
k *Psa.* 37. 25. 26. & 112. 5.
l *Exod.* 22. 25.
4 C'est-à-dire, lors même que vous croirez vôtre dette perdue, s'il y a des raisons particulieres de prudence & de charité, qui le demandent ainsi: mais ce n'est pas un commandement qui engage en tout temps, & envers toutes sortes de personnes, non plus que celui qui fut fait au jeune homme riche, Matth. 19. 21.
m *Matth.* 5. 45. n *Matth.* 5. 48. *Eph.* 5. 1. 2 *Col.* 3. 12. o *Matth.* 7. 1. *Rom.* 2. 1. 1 *Cor.* 4. 5. *Jacq.* 4. 11. p *Jacq.* 2. 13. q *Matth.* 7. 2. *Marc* 4. 24. r *Prov.* 26. 13. s *Esa.* 42. 19. *Matth.* 15. 14.

aveugle puisse mener un *autre* aveugle? ne tomberont-ils pas
tous deux dans la fosse?
40 [t]Le disciple n'est point par dessus son maître: mais tout t *Matth.* 10.
disciple qui sera bien accompli, sera rendu conforme à son 24. *Jean* 13.
maître. 16. & 15.20.
41 [u]Et pourquoi regardes-tu le fêtu qui est dans l'œil de u *Matth.* 7.3.
ton frere, & tu n'apperçois pas un chevron dans ton propre
œil?
42 Ou comment peux-tu dire à ton frere? Mon frere, permets que j'ôte le fêtu qui est dans ton œil, toi qui ne vois
pas un chevron qui est dans ton œil. [x] Hypocrite, ôte pre- x *Prov.* 18.
mierement le chevron de ton œil, & après cela tu verras 17.
comment tu ôteras le fêtu qui est dans l'œil de ton frere.
43 [y]Certes un arbre n'est point bon, qui fait [s] de mauvais y *Matth.* 7.
fruit: ni un arbre n'est point mauvais, qui fait de bon fruit. 17. & 12. 33.
44 [z]Et chaque arbre est connu à son fruit: [a] car aussi les s C'est-à-dire, des fruits
figues ne se cueillent pas des épines, & on ne vendange pas d'une mauvaise espece.
des raisins, d'un buisson. z *Matth.* 7.
45 [b]L'homme de bien tire de bonnes choses du bon trésor 16. & 12. 33.
de son cœur: & l'homme méchant tire de mauvaises choses a *Matth.* 7. 16.
du mauvais trésor de son cœur: car c'est de l'abondance du b *Matth.* 12.
cœur que la bouche parle. 34. 35.
46 [c]Mais pourquoi m'appellez-vous Seigneur, Seigneur, c *Mal.* 1.6. *Matth.* 7.21.
& vous ne faites pas ce que je dis? & 25. 11. *Rom* 2. 13.
47 [d]Je vous montrerai à qui est semblable celui qui vient à *Jacq.* 1. 22.
moi, & qui entendant mes paroles, les met en effet. d *Matth.* 7. 24.
48 Il est semblable à un homme qui bâtissant une maison,
a fouï & creusé profondément, & a mis le fondement sur la
roche, de sorte qu'un débordement d'eaux étant survenu,
le fleuve est bien allé donner contre cette maison, mais il ne
l'a pû ébranler; parce qu'elle étoit fondée sur la roche.
49 Mais celui, au contraire, qui ayant entendu mes paroles, ne les a point mises en effet, est semblable à un homme
qui a bâti sa maison sur la terre, sans lui faire de fondement:
car le fleuve ayant donné contre *cette maison*, elle est tombée aussi-tôt; & la ruïne de cette maison a été grande.

CHAPITRE VII.

J. C. guérit à Capernaüm le serviteur d'un Centenier, 2. *A Naïn il ressuscite le fils d'une veuve*, 11. *Jean Baptiste envoye vers J. C.* 19. *Témoignage de J. C. en l'honneur de Jean Baptiste*, 24. *&c. Les Juifs comparez aux enfans qui chantent dans le marché &c.* 32. *La Pécheresse*, 37.

a *Matth.* 8. 5. [a] ET quand il eut achevé tout ce discours devant le peuple qui l'écoutoit, il entra dans Capernaüm.

b *Matth.* 8. 5. 2 [b] Or le serviteur d'un certain Centenier, à qui il étoit fort cher, étoit malade, & s'en alloit mourir.

3 Et quand *le Centenier* eut entendu parler de Jésus, il envoya vers lui quelques Anciens des Juifs, pour le prier de venir guérir son serviteur.

4 Et étant venus à Jésus, ils le prierent affectueusement, en lui disant qu'il étoit digne qu'on lui accordât cela.

5 Car, *disoient-ils*, il aime nôtre nation, & il nous a bâti la Synagogue.

6 Jésus s'en alla donc avec eux: & comme déja il n'étoit plus guéres loin de la maison, le Centenier envoya ses amis au devant de lui, pour lui dire; Seigneur ne te fatigue point: car je ne suis pas digne que tu entres sous mon toit:

7 C'est pourquoi aussi je ne me suis pas crû digne d'aller moi-même vers toi: mais dis *seulement* la parole, & mon serviteur sera guéri.

8 Car moi-même qui suis un homme constitué sous la puissance d'autrui, j'ai sous moi des gens de guerre: & je dis à l'un; Va, & il va: & à un autre; Viens, & il vient: & à mon serviteur; Fai cela, & il le fait.

9 Ce que Jésus ayant entendu, il l'admira; & se tournant, il dit à la troupe qui le suivoit; Je vous dis, que je n'ai pas trouvé, même en Israël, une si grande foi.

10 Et quand ceux qui avoient été envoyez furent de retour à la maison, ils trouverent le serviteur qui avoit été malade, se portant bien.

11 Et le jour d'après il arriva que Jésus alloit à une ville nommée Naïn, & plusieurs de ses disciples & une grosse troupe alloient avec lui.

12 Et

12 Et comme il approchoit de la porte de la ville, voici,
on portoit dehors un mort, fils unique de ſa mére, qui étoit
veuve: & une grande troupe de la ville étoit avec elle.
13 Et quand le Seigneur l'eut vûe, il fut touché de compaſſion envers elle: & il lui dit; Ne pleure point.
14 Puis s'étant approché, il toucha la biere; & ceux qui
portoient *le corps* s'arrêterent, & il dit; [c]Jeune homme, je
te dis, leve-toi.
15 Et le mort ſe leva en ſon ſéant, & commença à parler:
& *Jéſus* le rendit à ſa mere.
16 [d]Et ils furent tous ſaiſis de crainte, & ils glorifioient
Dieu, diſant; [e]Certainement [1]un grand Prophete s'eſt levé
parmi nous, & certainement [f]Dieu a viſité ſon peuple.
17 Et le bruit de ce *miracle* ſe répandit dans toute la Judée,
& dans tout le païs circonvoiſin.
18 [g]Et toutes ces choſes ayant été rapportées à Jean par ſes
diſciples;
19 Jean appella deux de ſes diſciples, & les envoya vers Jéſus, pour lui dire; Es-tu celui qui devoit venir, ou ſi nous
devons en attendre un autre?
20 Et étant venus à lui, ils lui dirent; Jean Baptiſte nous
a envoyez à toi, pour te dire; Es-tu celui qui devoit venir,
ou ſi nous devons en attendre un autre?
21 (Or en cette même heure-là il guérit pluſieurs perſonnes de maladies & de fleaux, & des malins eſprits: & il donna la vûe à pluſieurs aveugles.)
22 Enſuite Jéſus leur répondit, & leur dit; Allez, [2] &
rapportez à Jean ce que vous avez vû & ouï, [h]que les aveugles recouvrent la vûe; que les boiteux marchent; que les
lépreux ſont nettoyez; que les ſourds entendent; que les
morts reſſuſcitent; & que l'Evangile eſt prêché aux pauvres.
23 [i]Mais bienheureux eſt quiconque n'aura point été ſcandaliſé en moi.
24 [k]Puis quand les meſſagers de Jean furent partis, il ſe
mit à dire de Jean aux troupes; Qu' êtes-vous allez voir au
deſert? Un roſeau agité du vent;

c *Act.* 9. 40.
d *ch.* 8. 35. *Marc.* 7. 37.
e *ch.* 24. 19. *Jean* 4. 19. & 6. 14. & 9. 17.
1 Ou, le grand Prophete prédit Deut. 18. 18. c'eſt-à-dire, le Meſſie.
f *ch.* 1. 68.
g *Matt.* 11. 2.
2 Ces miracles étoient une réponſe claire & convaincante.
h *Eſa.* 29. 18. & 35. 5. & 61. 1.
i *Matth.* 11. 6.
k *Matt.* 11. 7.
3 Vous n'avez pas trouvé en Jean Baptiſte un eſprit flotant, comme un roſeau, ſur le témoignage qu'il eſt venu rendre de moi.

25 Mais

25 Mais qu'êtes-vous allez voir? Un homme vêtu de précieux vêtemens? Voici, c'est dans les palais des Rois que se
trouvent ceux qui sont magnifiquement vêtus, & qui vivent
dans les délices.

26 Mais qu'êtes-vous *donc* allez voir? Un Prophete? oui,
vous dis-je, & plus qu'un Prophete.

27 C'est de lui qu'il est écrit; [l] Voici, j'envoye mon Messager devant ta face, & il préparera ta voye devant toi.

28 [m] Car je vous dis qu'entre ceux qui sont nez de femme,
il n'y a aucun Prophete plus grand que Jean Baptiste: & toutefois [4] le moindre dans le Royaume de Dieu est plus grand
que lui.

29 Et tout le peuple qui entendoit cela, & [n] les péagers qui
avoient été baptisez du Baptême de Jean, [5] justifierent Dieu.

30 [o] Mais les Pharisiens, & les Docteurs de la Loi, qui n'a-
voient point été baptisez par lui, [p] rejetterent contr'eux-mêmes [q] le conseil de Dieu.

31 [r] Alors le Seigneur dit; A qui donc comparerai-je les
hommes de cette génération; & à quoi ressemblent-ils?

32 [s] Ils sont semblables aux enfans qui sont assis au marché,
& qui crient les uns aux autres & disent; Nous avons joué de la
flûte, & vous n'avez point dansé: nous vous avons chanté
des lamentations, & vous n'avez point pleuré.

33 [t] Car Jean Baptiste est venu ne mangeant point de pain,
& ne beuvant point de vin: & vous dites; Il a le diable.

34 Le Fils de l'homme est venu mangeant & beuvant: &
vous dites; Voici un mangeur & un beuveur, un ami des
péagers & des gens de mauvaise vie.

35 [u] Mais [6] la Sapience a été justifiée par tous ses enfans.

36 [x] Or un des Pharisien le pria de manger chez lui: & il
entra dans la maison de ce Pharisien, & se mit à table.

37 Et voici, il y avoit dans la ville une femme de mauvaise vie, qui ayant sû que *Jésus* étoit à table dans la maison du
Pharisien, apporta une boîte d'huile odoriférante.

38 Et se tenant derriere à ses pieds, & pleurant, elle se mit
à les arroser de ses larmes, & elle les essuyoit avec ses propres

l *Mal.* 3. 1. *Matth.* 11. 10. *Marc* 1. 2.
m *Matth.* 11. 11.
4 C'est-à-dire, le moindre des Ministres de l'Evangile.
n *ch.* 3. 12. *Matth.* 21. 32.
5 C'est-à-dire, glorifierent Dieu, en reconnoissant qu'il avoit accompli la promesse faite à leur nation de lui envoyer le Messie. Ainsi vs. 35.
o *Matth.* 21. 32.
p *Pse.* 107. 11. *Prov.* 1. 25. 30. *Act.* 13. 46.
q *Act.* 20. 27.
r *Matth.* 11. 16.
s *Matth.* 11. 17.
t *Matth.* 3. 4. *Marc* 1. 6.
u *Matth.* 11. 19. *Marc* 1. 6.
6 J. C. se marque ici lui-même par ce nom, Prov. 8. 1. & 9. 1.
x *ch.* 11. 37. & 14. 1.

pres cheveux, & lui baisoit les pieds, & les oignoit de cette
huile odoriférante.
39 Mais le Pharisien qui l'avoit convié, voyant cela, dit
en soi-même; Si celui-ci [7] étoit Prophete, certes il sauroit
qui & quelle est cette femme qui le touche: car c'est *une*
femme de mauvaise vie.
40 Et Jésus prenant la parole lui dit; Simon, j'ai quelque
chose à te dire: & il dit; Maître, dis-la.
41 Un créancier avoit deux débiteurs: l'un lui devoit cinq
cens deniers, & l'autre cinquante.
42 Et comme ils n'avoient pas dequoi payer, il quitta la
dette à l'un & à l'autre: dis donc, lequel d'eux l'aimera le plus?
43 Et Simon répondant lui dit; J'estime que c'est celui à qui
il a quitté davantage: & *Jésus* lui dit; Tu as droitement jugé.
44 Alors se tournant vers la femme, il dit à Simon; Vois-
tu cette femme? je suis entré dans ta maison, & tu ne m'as
point donné d'eau pour laver mes pieds; mais elle a arrosé mes
pieds de ses larmes, & les a essuyez avec ses propres cheveux.
45 Tu ne m'as point donné un baiser; mais elle, depuis
que je suis entré, n'a cessé de baiser mes pieds.
46 Tu n'as pas oinct ma tête d'huile; mais elle a oinct mes
pieds d'une huile odoriférante:
47 C'est pourquoi je te dis, que ses péchez, qui sont grands,
lui sont pardonnez; [8] car elle a beaucoup aimé: or celui à qui
il est moins pardonné, aime moins.
48 Puis il dit à la femme; [y] Tes péchez te sont pardonnez.
49 Et ceux qui étoient avec lui à table se mirent à dire entr'eux; [z] Qui est celui-ci qui même pardonne les péchez?
50 Mais il dit à la femme; [a] Ta foi t'a sauvée, va-t-en en paix.

7 Ou, *étoit le prophete*, c'est-à-dire, le Messie: voyez la Note sur Jean 4. 29.

8 Ou, *c'est pourquoi:* la particule de l'Original a cette signification, ch. 16. 15. Matth. 13. 13. &c.

y *Matth* 9. 2.
z *ch.* 5. 21. *Matth.* 9. 3. *Marc* 2. 7.
a *ch.* 8. 48. & 18. 42. *Matth.* 9. 22. *Marc* 5. 34. & 10. 52.

CHAPITRE VIII.

La parabole du semeur, 5. La chandelle sur le chandelier, 16. La mére & les fréres de J. C. 20. La nacelle dans l'orage, 23. Le démoniaque guéri dans le païs des Gadaréniens, 27. L'Hémorroïsse, 43. La resurrection de la fille de Jaïrus, 41.—49. &c.

OR il arriva après cela qu'il alloit de ville en ville, & de
bourgade en bourgade, prêchant & annonçant le Royaume de Dieu: & les douze *Disciples* étoient avec lui:

a *Matth.* 27. 55. 56. *Marc* 16. 9. *Jean* 19. 25.

2 Et [a] quelques femmes aussi qu'il avoit délivrées des malins
esprits, & des maladies, *savoir* Marie, qu'on appelloit Magdelaine, de laquelle étoient sortis sept diables:
3 Et Jeanne femme de Chuzas, lequel avoit le manîment
des affaires d'Hérode: & Susanne, & plusieurs autres qui
l'assistoient de leurs biens.
4 Et comme une grande troupe s'assembloit, & que plusieurs alloient à lui de toutes les villes, [b] il leur dit cette parabole.

b *Matth.* 13. 3. *Marc* 4. 1.

5 Un semeur sortit pour semer sa semence: & en semant,
une partie *de la semence* tomba près du chemin, & fut foulée aux pieds, & les oiseaux du ciel la mangerent toute.
6 Et une autre partie tomba dans un lieu pierreux: & quand
elle fut levée, elle se sécha, parce qu'elle n'avoit point d'hu-
midité.
7 Et une autre partie tomba entre des épines; & les épines se leverent ensemble avec elle, & l'étoufferent.
8 Et une autre partie tomba dans une bonne terre: & quand
elle fut levée, elle rendit du fruit cent fois autant. En disant ces choses, il crioit; Qui a des oreilles pour ouïr, qu'il oye.

c *Matth.* 13. 10. *Marc* 4. 10.

9 [c] Et ses Disciples l'interrogerent, pour savoir ce que signifioit cette parabole.

d *Matth.* 11. 25. 26.

10 Et il répondit; [d] Il vous est donné de connoître, les secrets du Royaume de Dieu, mais *il n'en est parlé* aux autres
qu'en similitudes, [e] afin qu'en voyant ils ne voyent point, &
qu'en oyant ils n'entendent point.

e *Esa.* 6. 9. *Ezéch.* 12. 2. *Matth.* 13. 14. *Marc* 4. 12. *Jean* 12. 40. *Act.* 28. 26. *Rom.* 11. 8. 2 *Cor.* 3. 14.

11 [f] Voici donc *ce que signifie* cette parabole: La semence,
c'est la parole de Dieu.
12 Et ceux qui ont reçu la semence auprès du chemin, ce
sont ceux qui oyent la parole: mais ensuite vient le démon,
qui ôte de leur cœur la parole, de peur qu'en croyant ils ne
soient sauvez.

f *Matth.* 13. 18. *Marc* 4. 14. 15.

13 [g] Et ceux qui ont reçu la semence dans un lieu pierreux,
ce sont ceux qui ayant ouï la parole, la reçoivent avec joye:
mais ils n'ont point de racine: ils croyent pour un temps,
mais au temps de la tentation ils se retirent.

g *Matth.* 13. 20. *Marc* 4. 16.

14 [h] Et

14 [h] Et ce qui est tombé entre des épines, ce sont ceux qui h *Matth.* 13.
ayant ouï la parole, & s'en étant allez, [i] sont étouffez par 22. *Marc* 4. 7.
les soucis, par les richesses, & par les voluptez de cette vie, i *ch.* 18. 24.
& ils ne rapportent point de fruit à maturité. 1 *Tim.* 6. 9.

15 Mais ce qui est tombé dans une bonne terre, ce sont
ceux qui ayant ouï la parole, la retiennent dans un cœur
honnête & bon, & rapportent du fruit avec patience.

16 [k] Nul, après avoir allumé la chandelle, ne la couvre k *ch.* 11. 33.
d'un vaisseau, ni ne la met sous un lit, mais il la met sur un *Matth.* 5. 15.
chandelier, afin que ceux qui entrent voyent la lumiere. *Marc* 4. 21.

17 [l] Car il n'y a point de secret qui ne soit manifesté: ni de l *ch.* 12. 2.
chose cachée qui ne se connoisse, & qui ne vienne en lumiere. *Job* 12. 22.

18 Regardez donc comment vous écoutez: [m] car à celui *Matth* 10. 26.
qui a, il sera donné: mais à celui qui n'a rien, cela même *Marc* 4. 22.
qu'il croit avoir, lui sera ôté. m *ch.* 19. 26.
Matth. 13. 12. & 25. 29.

19 [n] Alors sa mére & ses fréres vinrent vers lui, mais ils ne *Marc* 4. 25.
pouvoient l'aborder à cause de la foule. n *Matth.* 12. 46. & 13. 55.

20 Et il lui fut rapporté, en disant; Ta mére & tes fréres *Marc* 3. 31.
sont là dehors, qui désirent de te voir.

21 Mais il répondit, & leur dit; Ma mére & [o] mes fréres sont o *Jean* 15. 14.
ceux qui oyent la parole de Dieu, & qui la mettent en effet.

22 [p] Or il arriva qu'un jour il monta dans une nacelle avec p *Matth.* 8.
ses Disciples, & il leur dit; Passons à l'autre côté du lac: 23. *Marc* 4.
& ils partirent. 35. 36.

23 Et comme ils voguoient, il s'endormit, & un vent im-
pétueux s'étant levé sur le lac, *la nacelle* se remplissoit d'eau,
& ils étoient en grand péril.

24 Alors ils vinrent à lui, & l'éveillerent, disant; Maître,
Maître, nous périssons. Mais lui s'étant levé, tança le vent
& la tempête de l'eau, & ils s'appaiserent: & le calme vint.

25 Alors il leur dit; Où est vôtre foi? & eux saisis de crainte & d'admiration, disoient entr'eux; [q] Mais qui est celui- q *Job* 26. 12.
ci, qu'il commande même aux vents & à l'eau, & ils lui *Psé.* 107. 25.
obéissent?

26 [r] Puis ils navigerent vers le païs des Gadaréniens, qui r *Matth.* 8. 28.
est vis-à-vis de la Galilée. *Marc* 5. 1.

27 Et quand il fut descendu à terre, il vint à sa rencontre
un homme de cette ville-là, qui depuis long-temps étoit possedé des démons, & n'étoit point couvert d'habits, & ne demeuroit point dans les maisons, mais dans les sépulcres.
28 Et ayant apperçu Jésus, il s'écria, & se prosterna de-
f Marc 1. 24. vant lui, disant à haute voix; [f] Qu'y a-t-il entre moi & toi,
& 5. 7. Jésus Fils du Dieu Souverain? je te prie ne me tourmente
point.
29 Car *Jésus* commandoit à l'esprit immonde de sortir hors
de cét homme: parce qu'il l'avoit tenu enserré depuis long-
temps, & quoi que cét homme fût lié de chaines & gardé
dans les ceps, il brisoit ses liens, & étoit emporté par le démon dans les deserts.
30 Et Jésus lui demanda; Comment as-tu nom? Et il dit;
Légion: car plusieurs démons étoient entrez en lui.
31 Mais ils prioient *Jésus* qu'il ne leur commandât point
d'aller dans l'abysme.
32 Or il y avoit là un grand troupeau de pourceaux qui pais-
soient sur la montagne: & ils le prioient de leur permettre
d'entrer dans ces pourceaux: & il le leur permit.
33 Et les démons sortant de cét homme entrerent dans les
pourceaux: & le troupeau se jetta du haut en bas dans le lac:
& fut étouffé.
34 Et quand ceux qui le gardoient eurent vû ce qui étoit
arrivé, ils s'enfuïrent, & allerent le raconter dans la ville &
par les champs.
35 Et les gens sortirent pour voir ce qui étoit arrivé, &
vinrent à Jésus, & ils trouverent l'homme duquel les démons
étoient sortis, assis aux pieds de Jésus, vêtu, & de sens rassis
t ch. 7. 16. & posé: [t] & ils eurent peur.
36 Et ceux qui avoient vû tout cela, leur raconterent comment le démoniaque avoit été délivré.
37 Alors toute cette multitude venue de divers endroits
u Act. 16. 39. voisins des Gadaréniens. [u] le prierent de se retirer de chez
eux: car ils étoient saisis d'une grande crainte: il remonta
donc dans la nacelle, & s'en retourna.

38 Et

38 Et [x] l'homme duquel les démons étoient sortis, le prioit x *Marc.* 5. 18.
qu'il fût avec lui: mais Jésus le renvoya, en lui disant;
39 Retourne-t-en en ta maison, & raconte quelles grandes
choses Dieu t'a faites. Il s'en alla donc publiant par toute la
ville toutes les choses que Jésus lui avoit faites.
40 Et quand Jésus fut de retour, la multitude [1] le reçut a-
vec joye: car tous l'attendoient.
41 [y] Et voici, un homme appellé Jaïrus, qui étoit le Principal de la Synagogue, vint, & se jettant aux pieds de Jésus, le pria de venir en sa maison.
42 Car il avoit une fille unique, âgée d'environ douze ans,
qui se mouroit: & comme il s'en alloit, les troupes le pres-
soient.
43 [z] Et une femme qui avoit une perte de sang depuis dou- z *Matth.* 9. 20.
ze ans, & qui avoit dépensé tout son bien en médecins, sans *Marc* 5. 25.
qu'elle eût pû être guérie par aucun;
44 S'approchant de lui par derriere, toucha le bord de son
vêtement: & à l'instant son flux de sang s'arrêta.
45 Et Jésus dit; Qui est-ce qui m'a touché? Et comme
tous nioient que ce fût eux, Pierre lui dit, & ceux aussi qui
étoient avec lui: Maître, les troupes te pressent & te foulent, & tu dis; Qui est-ce qui m'a touché?
46 Mais Jésus dit; Quelqu'un m'a touché: car j'ai connu
[a] qu'une vertu est sortie de moi. a *ch.* 6. 19.
47 Alors la femme voyant que cela ne lui avoit point été
caché, vint toute tremblante, & se jettant à ses pieds, lui
déclara devant tout le peuple pour quelle raison elle l'avoit
touché, & comment elle avoit été guérie dans le moment.
48 Et il lui dit; Ma fille rassûre-toi, ta foi t'a guérie: va-
t-en en paix.
49 [b] Et comme il parloit encore, quelqu'un vint de chez le b *Marc* 5. 35.
Principal de la Synagogue, qui lui dit; Ta fille est morte,
ne fatigue point le Maître.
50 Mais Jésus l'ayant entendu, répondit au pére de la fille
disant; Ne crains point, crois seulement, & elle sera guérie.
51 Et quand il fut arrivé à la maison, il ne laissa entrer

1 Le terme de l'Original signifie recevoir agréablement, faire un bon accueil.

y *Matth.* 9. 18. *Marc* 5. 22.

personne, que Pierre, & Jacques, & Jean, avec le pére &
la mére de la fille.
52 Or ils pleuroient tous, & la plaignoient : mais il dit;
Ne pleurez point, [2] elle n'est pas morte, mais elle dort.
53 Et ils se rioient de lui, sachant bien qu'elle étoit morte.
54 Mais lui les ayant tous mis dehors, & ayant pris la main
de la fille cria, en disant; Fille, leve-toi.
55 Et [3] son esprit retourna, & elle se leva incontinent: &
il commanda qu'on lui donnât à manger.:
56 Et le pére & la mére de la fille en furent étonnez, mais
il leur commanda de ne dire à personne ce qui avoit été fait.

2 Elle l'étoit en effet, mais J. C. vouloit leur faire entendre qu'ils ne devoient pas pleurer comme morte une fille qu'il alloit ressusciter dans ce moment.

3 C'est-à-dire, la vie lui revint: car si le mot d'*esprit* est ici pour *l'ame*, cela veut dire, que Dieu remit & reünit l'ame à ce corps; & si *l'esprit* est ici pour signifier le soufle, comme Jacq. 2. 26. cela veut dire que la respiration ou le souffle lui revint.

CHAPITRE. IX.

Envoi des 12. Disciples, 1. Hérode souhaitte de voir J. C. 9. Multiplication de cinq pains, 14. Divers jugemens qu'on portoit de J. C. 19. Il prédit sa mort & sa résurrection 22. Renoncer à tout pour suivre J. C. 23. Sa transfiguration, 28. Il guérit un enfant tourmenté du démon, 38. Les Disciples n'entendoient point ce que cela signifioit, le Fils de l'homme sera livré &c. 44. Ils disputent lequel entr'eux seroit le plus grand, 46. Ils veulent empêcher un certain homme de chasser les démons au Nom de J. C. 49. Refus que font les Samaritains de loger J. C. 51. Il n'a pas où reposer sa tête, 58. Il dit à un homme de laisser les morts ensévelir leurs morts, 59. Celui qui met la main à la charrue &c. 62.

a *Matth.* 10. 1. *Marc* 3. 13. & 6. 7. [a] PUis *Jesus* ayant appellé tous ensemble ses douze Disciples, leur donna puissance & autorité sur tous les dé-
mons, & de guérir les malades.
b *Matth.* 10. 7. 2 [b] Et il les envoya prêcher le Royaume de Dieu, & guérir les malades.
c *ch.* 10. 4. & 22. 35. *Matth.* 10. 9. *Marc* 6. 8. 3 Et leur dit; [c] Ne portez rien pour le voyage, soit bâtons, ou malette, ou pain, ou argent: & n'ayez point cha-
cun deux robes.
d *ch.* 10. 7. *Matth.* 10. 11. *Marc* 6. 10. 4 [d] Et en quelque maison que vous entriez, demeurez-y
jusqu'à ce que vous partiez de là.
e *ch.* 10. 11. *Matth.* 10. 14. *Marc* 6. 11. *Act.* 13. 51. 5 [e] Et par tout où l'on ne vous recevra point, en partant de
cette ville-là secouez la poudre de vos pieds, en témoignage
contr'eux.
6 Eux donc étant partis alloient de bourgade en bourgade,
évangélisant, & guérissant par tout.

7 [f] Or

7 [f]Or Hérode le Tétrarque ouït parler de toutes les choses [f] Matth. 14.
que Jésus faisoit, & étoit en perplexité, parce que quelques- 1. Marc 6.14.
uns disoient que Jean étoit ressuscité des morts:
8 Et quelques-uns, qu'Elie étoit apparu: & d'autres, que
quelqu'un des anciens Prophetes étoit ressuscité.
9 Et Hérode dit; J'ai *fait* décapiter Jean: qui est donc celui-ci de qui j'entends dire de telles choses? & il cherchoit à
le voir.
10 [g]Puis les Apostres étant de retour, lui raconterent tou- [g] Marc 6.30.
tes les choses qu'ils avoient faites. Et [h]Jésus les emmena avec [h] Matth. 14.
lui, & se retira dans un lieu desert, prés de la ville appellée 13. Marc 6. 31.
Bethsaïda.
11 Ce que les troupes ayant sû, elles le suivirent, & il les
reçût, & leur parloit du Royaume de Dieu, & guérissoit
ceux qui avoient besoin d'être guéris.
12 [i]Or le jour ayant commencé à décliner, les douze *Dis-* [i] Matth. 14.
ciples vinrent à *lui*, & lui dirent; Donne congé à cette mul- 15. Marc 6.
titude, afin qu'ils s'en aillent aux bourgades & aux villages 35. Jean 6.5.
des environs, pour s'y retirer, & trouver à manger: car
nous sommes ici dans un païs desert.
13 Mais il leur dit; Donnez-leur vous-mêmes à manger.
Et ils dirent; Nous n'avons pas plus de cinq pains & de deux
poissons; à moins que nous n'allions achetter des vivres pour
tout ce peuple:
14 Car ils étoient environ cinq mille hommes. Et il dit à
ses Disciples; [k]Faites-les arranger par troupes, de cinquan- [k] Matth. 14.
te chacune. 17. Marc 6. 39.
15 Ils le firent ainsi, & les firent tous arranger.
16 Puis il prit les cinq pains & les deux poissons, & regardant vers le ciel, il les bénit, & les rompit, & il les distribua à ses Disciples, afin qu'ils les missent devant cette multitude.
17 Et ils en mangerent tous, & furent rassasiez, & on remporta douze corbeilles pleines des pieces de pain qu'il y avoit
eu de reste.
18 [l]Or il arriva que comme il étoit à part en priere, & que [l] Matth. 16.
les 13. Marc 8. 27.

les Diſciples étoient avec lui, il les interrogea, diſant; Qui
diſent les troupes que je ſuis?
19 Ils lui répondirent, *Les uns diſent que tu es* [m] Jean Baptiſte: & les autres, Elie: & les autres, que quelqu'un des
anciens Prophetes eſt reſſuſcité.
20 [n]Il leur dit alors; Et vous, qui dites-vous que je ſuis?
& Pierre répondant lui dit; Tu es le Chriſt de Dieu.
21 Mais uſant de menaces il leur commanda de ne le dire
à perſonne:
22 Et il leur dit; [o] Il faut que le Fils de l'homme ſouffre
beaucoup, & qu'il ſoit rejetté des Anciens, & des principaux Sacrificateurs, & des Scribes, & qu'il ſoit mis à mort,
& qu'il reſſuſcite le troiſiéme jour.
23 [p] Puis il diſoit à tous; Si quelqu'un veut venir après moi,
qu'il renonce à ſoi-même, & qu'il charge [1] de jour en jour
ſa croix, & me ſuive.
24 [q]Car quiconque voudra ſauver ſa vie, la perdra: mais
quiconque perdra ſa vie pour l'amour de moi, la ſauvera.
25 [r]Et que ſert-il à un homme de gagner tout le monde,
s'il ſe détruit lui-même, & ſe perd lui-même?
26 [ſ]Car quiconque aura eu honte de moi & de mes paroles; le Fils de l'homme aura honte de lui, quand il viendra
en ſa gloire, & *dans celle* du Pére, & des ſaints Anges.
27 [t]Et je vous dis en vérité qu'entre ceux qui ſont ici pré-
ſens, il y en a qui ne goûteront point la mort juſqu' à ce
qu'ils ayent vû le regne de Dieu.
28 [u]Or il arriva environ huit jours après ces paroles, qu'il
prit avec lui Pierre, & Jean, & Jacques, & qu'il monta ſur
une montagne pour prier.
29 Et comme il prioit, la forme de ſon viſage devint tout
autre, & ſon vêtement devint blanc en ſorte qu'il étoit re-
ſplendiſſant comme un éclair.
30 Et voici, deux perſonnages, ſavoir Moyſe & Elie, parloient avec lui.
31 Et ils apparurent en gloire, & parloient de ſon iſſue
qu'il devoit accomplir à Jéruſalem.

32 Or

m *Matth.* 14. 2. *Marc* 6. 14.
n *Matth.* 16. 15. 16. 17. *Marc* 8. 29.
o vs. 44. *ch.* 18. 31. 32. & 24. 7. *Matth.* 16. 21. & 17. 22. *Marc* 8. 31. & 9. 31.
p *ch.* 14. 27. *Matth.* 10. 38. & 16. 24. *Marc* 8. 34.
1 Sav. par la mortification de ſes paſſions.
q *ch.* 17. 33. *Matth.* 10. 39. & 16. 25. *Marc* 8. 35.
r *Pſe.* 49. 7. 8. 9. *Matth.* 16. 25.
ſ *ch.* 12. 9. *Matth.* 10. 33. *Marc* 8. 38. 2 *Tim.* 2. 12. 1 *Jean* 2. 23.
t *ch.* 10. 11. & 21. 31. *Matth.* 16. 28. *Marc* 9. 1.
u *Matth.* 17. 1. *Marc* 9. 2.

32 Or Pierre & ceux qui étoient avec lui étoient appesantis de sommeil : & quand ils furent réveillez, ils virent sa
gloire, & les deux personnages qui étoient avec lui.
33 Et il arriva, comme ces personnages se séparoient de
lui, que Pierre dit à Jésus ; Maître, il est bon que nous
soyons ici, faisons-y donc trois tabernacles, un pour toi, &
un pour Moyse, & un pour Elie: ne sachant ce qu'il disoit.
34 Et comme il disoit ces choses, une nuée vint qui les
couvrit de son ombre ; & comme ils entroient dans la nuée,
ils eurent peur.
35 Et une voix vint de la nuée, disant ; [x] Celui-ci est mon [x] *ch.* 3. 22.
Fils bien-aimé ; [y] écoutez-le. *Esa.* 42. 1.
Matth. 3. 17.
36 Et comme la voix se prononçoit, Jésus se trouva seul. & 17. 5. *Marc*
Et ils se tûrent tous, & ils ne rapporterent en ces jours-là à 1. 11. & 9. 7.
Col. 1. 13.
personne rien de ce qu'ils avoient vû. 2 *Pier.* 1. 17.
37 [z] Or il arriva le jour suivant, qu'eux étant descendus de [y] *Deut.* 18.
15. *Act.* 3. 22.
la montagne, une grande troupe vint à sa rencontre. & 7. 37.
38 Et voici, [a] un homme de la troupe s'écria, disant ; [z] *Matth.* 17.
14. *Marc.* 9.
Maître, je-te prie, regarde à mon fils, car je n'ai que ce- 17.
lui-là. [a] *Matth.* 17.
14. *Marc* 9.
39 Et voici, un esprit le prend, qui aussi-tôt le fait crier, 17.
& le rompt en le faisant écumer, & à peine il se retire de
lui, *même* en le froissant.
40 Or j'ai prié tes Disciples de le jetter dehors, mais ils
n'ont pû.
41 Et Jésus répondant dit ; O génération infidele & de sens
renversé, jusques-à-quand serai-je avec vous, & vous supporterai-je? Amene ici ton fils.
42 Et comme il approchoit seulement, le diable le froissa,
& le rompit: mais Jésus tança l'esprit immonde, & guérit
l'enfant, & le rendit à son pére.
43 Et tous furent étonnez de la magnifique vertu de Dieu.
Et comme tous s'étonnoient de tout ce qu'il faisoit, il dit à
ses Disciples:
[b] *vs.* 22.
44 [b] Mettez vous autres ces paroles dans vos oreilles: [c] car [c] *Matth.* 17.
il arrivera que le Fils de l'homme sera livré entre les mains 22. *Marc.* 9.
des hommes. 31.

45 [d] Mais

d *ch.* 18. 34. 45 [d]Mais ils n'entendirent point cette parole, & elle leur
Marc 9. 32. étoit tellement cachée, qu'ils ne la comprenoient pas: & ils
craignoient de l'interroger touchant cette parole.
e *ch.* 22. 24. 46 [e]Puis ils entrerent en dispute, pour savoir lequel d'en-
Matth. 18. 1. *Marc* 9. 33. tr'eux étoit le plus grand.
47 Mais Jésus voyant la pensée de leur cœur, prit un petit
enfant, & le mit auprès de lui:
48 Puis il leur dit; Quiconque recevra ce petit enfant en
mon Nom, il me reçoit: & quiconque me recevra, il reçoit
celui qui m'a envoyé. Car celui qui est le plus petit d'entre
vous tous, c'est celui qui sera grand.
f *Marc* 9. 38. 49 [f]Et Jean prenant la parole, dit; Maître, nous avons vû
quelqu'un qui jettoit les diables dehors en ton Nom, & nous
l'en avons empêché, parce qu'il ne *te* suit point avec nous.
g *ch.* 11. 23. 50 Mais Jésus lui dit; Ne l'en empêchez point: [g]car celui
*Matth.*12.30. *Marc* 9. 40. qui n'est pas contre nous, est pour nous.
2 C'est-à-dire, lors qu'il étoit près de quitter le monde. 51 Or il arriva quand les jours [2] de son [h] élevation s'accomplissoient, [3] qu'il dressa sa face, *tout résolu* d'aller à Jérusalem.
52 Et il envoya devant lui des messagers, qui étant partis
entrerent dans une bourgade des Samaritains, pour lui pré-
h *Marc.* 16. 19. *Act.* 1. 2. parer logis.
3 C'est-à-dire, se mit en chemin: ainsi Jér. 42. 15. 17. 53 [i]Mais *les Samaritains* ne le reçurent point, parce que
sa face étoit *comme d'un homme* qui alloit à Jérusalem.
54 Et quand Jacques & Jean, ses Disciples, virent cela,
i *Jean* 4. 4 9. k 2 *Rois* 1. 10. 12. ils dirent; Seigneur, veux-tu que nous disions, [k] comme fit
Elie, que le feu descende du ciel, & qu'il les consume.
55 Mais Jésus se tournant les tança, en leur disant; Vous
ne savez de quel esprit vous êtes quant à vous.
l *Jean* 3. 17. & 12. 47. 56 [l]Car le Fils de l'homme n'est pas venu [4] pour faire pé-
4 C'est-à-dire, pour ôter la vie à personne, mais au contraire pour la donner à plusieurs. rir les ames des hommes, mais pour les sauver. Ainsi ils s'en
allerent à une autre bourgade.
57 [m]Et il arriva comme ils alloient par le chemin, qu'un certain homme lui dit; Je te suivrai, Seigneur, par tout où tu iras.
58 Mais Jésus lui répondit; Les renards ont des tanieres,
& les oiseaux du ciel ont des nids, mais le Fils de l'homme
m *Matth.* 8. 19. n'a pas où reposer sa tête.

59 [n]Puis

59 [n] Puis il dit à un autre; Suis-moi: & celui-ci *lui* répon- n *Matth.* 8.
dit; Permets moi premierement d'aller ensévelir mon pére. 21.
60 Et Jésus lui dit; Laisse [5] les morts ensévelir [6] leurs morts: 5 Les morts
mais toi, va, & annonce le Royaume de Dieu. spirituels. 6 De la mort
61 Un autre aussi lui dit; Seigneur, je te suivrai: mais [o] per- du corps.
mets moi de prendre premierement congé de ceux qui sont o 1 *Rois* 19.
dans ma maison. 19. 20.
62 Mais Jésus lui répondit, Nul qui met la main à la charrue, & qui regarde en arriere, n'est bien disposé pour le
Royaume de Dieu.

CHAPITRE X.

L'envoi des 70. Disciples, 1. *Leur retour,* 17. *Question d'un Docteur de la Loi touchant le moyen d'obtenir la vie éternelle,* 25. *La parabole du Samaritain,* 30. *L'accueil que Marthe & Marie font à J. C.* 38. *&c.*

OR après ces choses le Seigneur en ordonna aussi soixante-
dix autres, & les envoya [a] deux-à-deux devant lui, dans
toutes les villes & dans tous les lieux où il devoit aller. a *Marc* 6. 7.
2 Et il leur disoit; [b] La moisson est grande, mais il y a peu
d'ouvriers: priez donc le Seigneur de la moisson, qu'il pous- b *Matth.* 9.
se des ouvriers dans sa moisson. 37. *Jean* 4. 35.
3 Allez, [c] voici, je vous envoye comme des agneaux au c *Matth.* 10.
milieu des loups. 16.
4 [d] Ne portez ni bourse, ni malette, ni souliers, [e] & ne d *ch.* 9. 3. &
saluez personne dans le chemin. 22. 35. *Matth.* 10. 9. 10.
5 [f] Et en quelque maison que vous entriez, dites premiere- *Marc* 6. 8.
ment; Paix soit à cette maison. e 2 *Rois* 4. 29.
6 Que s'il y a là quelqu'un qui soit digne de paix, vôtre f *Matth.* 10.
paix reposera sur lui: sinon, elle retournera à vous. 12. 13. *Marc* 6. 10.
7 [g] Et demeurez dans cette maison, mangeant & beuvant g *ch.* 9. 4.
de ce qui sera mis devant vous: [h] car l'ouvrier est digne de h *Deut.* 24.
son salaire. Ne passez point de maison en maison. 14. *Matth.* 10. 10 1 *Tim.* 5.
8 Et en quelque ville que vous entriez, & qu'on vous re- 18.
çoive, mangez de ce qui sera mis devant vous.
9 Et guérissez les malades qui y seront, & dites leur; [i] Le i *Matth.* 3. 2.
Royaume de Dieu est approché de vous. & 4. 17.
10 Mais en quelque ville que vous entriez, si on ne vous
reçoit point, sortez dans ses rues, & dites;

11 [k] Nous ſecouons contre vous-mêmes la poudre de vôtre
ville qui s'eſt attachée à nous: [l] toutefois ſachez que le Royaume de Dieu eſt approché de vous.
12 Et je vous dis, qu'en cette journée-là ceux de Sodome
ſeront traittez moins rigoureuſement que cette ville-là.
13 [m] Malheur à toi Chorazin, malheur à toi Bethſaïda:
car ſi les miracles qui ont été faits au milieu de vous, avoient
été faits dans Tyr & dans Sidon, il y a long-temps qu'elles
ſe ſeroient repenties, giſantes avec le [n] ſac & la cendre.
14 [o] C'eſt pourquoi Tyr & Sidon ſeront traittées moins rigoureuſement que vous au *jour du* jugement.
15 Et toi Capernaüm, qui as été élevée juſqu' au ciel, tu
ſeras abbaiſſée juſques dans l'enfer.
16 [p] Celui qui vous écoute, m'écoute; & celui qui vous
rejette, me rejette: or celui qui me rejette, rejette celui
qui m'a envoyé.
17 Or les ſoixante-dix s'en revinrent avec joye, en diſant,
Seigneur, les diables mêmes nous ſont aſſujettis en ton Nom.
18 Et il leur dit; Je contemplois Satan tombant du ciel
comme un éclair.
19 Voici, je vous donne la puiſſance [q] de marcher ſur [r] les
ſerpens & [ſ] ſur les ſcorpions, & ſur toute la force de l'ennemi: & rien ne vous nuira.
20 Toutefois [1] ne vous réjouïſſez pas de ce que les eſprits
vous ſont aſſujettis, mais pluſtôt réjouïſſez-vous de ce que [t]
vos noms ſont écrits dans les cieux.
21 [u] En ce même inſtant Jéſus ſe réjouït en eſprit, & dit;
Je te rens graces, ô Pere, Seigneur du ciel & de la terre,
de ce que [x] tu as caché ces choſes aux ſages & aux entendus,
& que [y] tu les as révélées aux petits enfans: il eſt ainſi, ô
Pére, [z] parce que tel a été ton bon plaiſir.
22 [a] Toutes choſes m'ont été données en main par mon Pére: & [b] perſonne ne connoit qui eſt le Fils, ſinon le Pére;
ni qui eſt le Pére, ſinon le Fils; & celui à qui le Fils l'aura
voulu révéler.
23 Puis ſe tournant vers ſes Diſciples, il leur dit en parti-
cu-

k *ch.* 9. 5. *Matth.* 10. 14. *Act.* 13. 51.
l *ch.* 9. 27. & 21. 31.
m *Matth.* 11. 20. 21.
n 1 *Rois* 21. 27. 2 *Rois* 19. 1. *Eſter* 4. 1. *Lam.* 2. 10. *Jon.* 3. 6.
o *Matth.* 11. 22.
p *Matth.* 10. 40. *Marc* 9. 37. *Jean* 13. 20. 1 *Theſſ.* 4. 8.
q *Pſe.* 91. 13. *Cant.* 4. 8.
r *Marc* 16. 8.
ſ *Ezéch.* 2. 6.
1 C'eſt-à-dire, ne vous en réjouïſſez pas tant, que de ce que vos noms &c.
t *Pſe.* 69. 29. *Eſa.* 4. 3. *Dan.* 12. 1. *Phil.* 4. 3. *Héb.* 12. 23. *Apoc.* 13. 8. & 17. 8. & 20. 12. 15. & 21. 27.
u *Matth.* 11. 25.
x *Eſa.* 29. 14. 1 *Cor.* 1. 19.
y *ch.* 1. 53.
z *Rom.* 9. 15.
a *Matth.* 11. 27. 1 *Cor.* 15. 27. *Eph.* 1. 21. 22. *Phil.* 2. 9.
b *Matth.* 11. 27. &c.

culier; [c] Bienheureux sont les yeux qui voyent ce que vous voyez.

24 Car je vous dis, que plusieurs Prophetes & plusieurs Rois ont désiré de voir les choses que vous voyez, & ils ne les ont point vûes; & d'ouïr les choses que vous oyez, & ils ne les ont point ouïes.

25 [d] Alors voici, un Docteur de la Loi s'étant levé pour l'éprouver lui dit; Maître, que dois-je faire pour avoir la vie éternelle?

26 Et il lui dit; Qu'est-il écrit dans la Loi? Comment lis-tu?

27 Et il répondit, & dit; [e] Tu aimeras le Seigneur ton Dieu de tout ton cœur, & de toute ton ame, & de toute ta force, & de toute ta pensée: [f] & ton prochain comme toi-même.

28 Et *Jésus* lui dit; Tu as droitement répondu: [g] fai cela, [2] & tu vivras.

29 Mais lui se voulant justifier, dit à Jésus; Et qui est mon prochain?

30 Et Jésus répondant, lui dit; Un homme descendoit de Jérusalem à Jéricho, & il tomba entre les mains des voleurs, qui le dépouillerent, & qui après l'avoir blessé de plusieurs coups, s'en allerent, le laissant à demi-mort.

31 Or par rencontre un Sacrificateur descendoit par le même chemin, & quand il le vit, il passa de l'autre côté.

32 Un Lévite aussi étant arrivé en cet endroit-là, & voyant cet homme, passa tout de même de l'autre côté.

33 Mais [3] un Samaritain faisant son chemin, vint à lui, & le voyant il fut touché de compassion.

34 Et s'approchant lui banda ses playes, & y versa de l'huile & du vin: puis le mit sur sa bête, & le mena dans l'hôtellerie, & eut soin de lui.

35 Et le lendemain en partant il tira deux deniers, & les donna à l'hôte, en lui disant; Aye soin de lui: & tout ce que tu dépenseras de plus, je te le rendrai à mon retour.

36 Lequel donc de ces trois te semble-t-il avoir été le prochain

c *Matth.* 13. 16. 1 *Pier.* 1. 10.

d *Matth.* 22. 35. *Marc* 12. 28.

e *Deut.* 6. 5. & 10. 12. & 30. 6.

f *Lévit.* 19. 18. *Rom.* 13. 9. *Gal.* 5. 14. *Jacq.* 2. 8.

g *Lévit.* 18. 5. *Ezéch* 20. 11. 13. *Rom.* 10. 5. *Gal.* 3 12.

2 Il lui rapporte la clause de la Loi.

3 Les Samaritains n'avoient nulle liaison avec les Juifs, & avoient au contraire de la dureté pour eux, Jean 4. 9.

chain de celui qui étoit tombé entre les mains des voleurs?
37 Il répondit; C'eſt celui qui a uſé de miſericorde envers
lui. Jéſus donc lui dit, Va, & toi auſſi fai de même:
38 [h] Et il arriva comme ils s'en alloient, qu'il entra dans
une bourgade: & une femme nommée Marthe le reçut dans
ſa maiſon.
39 Et elle avoit une ſœur nommée Marie, qui [i] ſe tenant
aſſiſe aux pieds de Jéſus, écoutoit ſa parole.
40 Mais Marthe étoit diſtraite à faire beaucoup de ſervice:
& étant venue à Jéſus, elle dit; Seigneur, ne te ſoucies-tu
point que ma ſœur me laiſſe ſervir toute ſeule, dis-lui donc
qu'elle m'aide de ſon côté.
41 Et Jéſus répondant, lui dit; Marthe; Marthe, tu t'in-
quietes & te travailles de beaucoup de choſes:
42 [k] Mais [4] une choſe eſt néceſſaire: & Marie a choiſi la
bonne part, qui ne lui ſera point ôtée.

h *Jean* 11. 1. & 12. 2. 3.
i *Act.* 22. 3.
k *Eccl.* 12. 15.
4 C'eſt-à-dire, mais une choſe principalement eſt néceſſaire, &c.

CHAPITRE. XI.

La priere Dominicale, 2. La parabole d'un homme qui va de nuit heurter à la porte de ſon ami pour lui demander trois pains, 5. J. C. guérit un Démoniaque muet, 14. On l'accuſe d'avoir fait ce miracle par Béelzebul, 15. L'homme fort, 21. L'eſprit immonde qui va dans les lieux ſecs, 24. Bienheureux eſt le ventre &c. 27. Jonas, 29. La Reine du Midi, 31. L'œil eſt la chandelle du corps, 34. J. C. va manger chez un Phariſien, 37. Malheur aux Scribes & aux Phariſiens, 42–52.

ET il arriva, comme il étoit en prieres en un certain lieu,
qu'après qu'il eut ceſſé *de prier*, quelqu'un de ſes Diſciples lui dit; Seigneur, enſeigne nous à prier, ainſi que Jean
a enſeigné ſes diſciples.
2 Et il leur dit; [a] Quand vous prierez, dites: [b] Nôtre Pére
qui és aux cieux, [c] Ton Nom ſoit ſanctifié. [d] Ton Regne
vienne. [e] Ta volonté ſoit faite en la terre comme au Ciel.
3 [f] Donne-nous [1] de jour à autre nôtre pain quotidien.
4 Et pardonne-nous nos péchez: car nous quittons auſſi à
tous ceux qui nous doivent. [g] Et ne nous indui point en
tentation, mais délivre nous du Malin.
5 Puis il leur dit; Qui ſera celui d'entre vous, lequel ayant
un ami qui aille à lui ſur le minuit, & lui diſe; *Mon* ami, prête
moi trois pains:

a *Matth.* 6. 9.
b *Matth.* 5. 45. & 6. 1. 26.
c *Exod.* 20. 7. 2 *Sam.* 7. 26. *Pſe.* 72. 19. & 102. 16. *Eſa.* 29. 23.
d *Pſe.* 45. 7. *Eſa.* 32. 1. & 52. 7. *Mich.* 4. 7.
e *Pſe.* 119. 35. 1 *Macc.* 3. 60.
f *Prov.* 30. 8. 1 *Tim.* 6 8.
1 J. C. veut nous faire entendre par là que nous ne devons pas nous inquieter de l'avenir, comme il l'a dit, Matth 6. 34.
g *Pſe.* 119. 10.

6 Car un de mes amis m'est survenu en passant, & je n'ai
rien pour lui présenter.
7 Et que celui qui est dedans réponde & dise; Ne m'im-
portune point: car ma porte est déja fermée, & mes petits
enfans sont avec moi au lit: je ne puis me lever pour t'en
donner.
8 [h] Je vous dis, qu'encore qu'il ne se leve point pour lui en h *ch.* 18. 1-5.
donner à cause qu'il est son ami, il se levera pourtant à cause
de son importunité, & lui en donnera autant qu'il en aura
besoin.
9 Ainsi je vous dis; [i] Demandez, & il vous sera donné; i *Matth.* 7. 7.
[k] cherchez, & vous trouverez: heurtez, & il vous sera ou- & 21. 22.
vert. *Marc* 11. 24. *Jean* 15. 7.
10 Car quiconque demande, reçoit: & quiconque cher- & 16. 23. 24.
che, trouve: & il sera ouvert à celui qui heurte. *Jacq.* 1. 16. 1 *Jean* 3. 22.
11 [l] Que si un enfant demande du pain à quelqu'un d'entre k *Prov.* 8. 17.
vous qui soit son pére, lui donnera-t-il une pierre? ou s'il l *Matth.* 6. 9
demande du poisson, lui donnera-t-il au lieu du poisson, un
serpent?
12 Ou s'il demande un œuf, lui donnera-t-il un scorpion?
13 Si donc vous qui êtes méchans, savez bien donner à vos
enfans des choses bonnes, [m] combien plus vôtre Pére céleste m *Jacq.* 1. 5. 17.
donnera-t-il [a] le Saint Esprit à ceux qui le lui demandent? a Non seule-
14 [n] Alors il jetta dehors un démon, qui étoit muet: & il ment les cho-
arriva que quand le démon fut sorti, le muet parla: & les ses temporel-les, comme
troupes s'en étonnerent. il est dit en S.
15 Et quelques-uns d'entr'eux dirent; [o] C'est par Béelzebul, Matth. 7. 11. mais aussi les
Prince des diables, qu'il jette les diables dehors. spirituelles.
16 Mais les autres pour l'éprouver, [p] lui demandoient un n *Matth.* 9. 32. & 12. 22.
signe du ciel. o *Matth.* 9.
17 [q] Mais lui connoissant leurs pensées, leur dit; Tout 34. & 12. 24. *Marc* 3. 22.
Royaume divisé contre soi-même sera réduit en desert; & p *Matth.* 12.
toute maison *divisée contr'elle-même* tombe en ruïne. 38. & 16. 1.
18 Que si Satan est aussi divisé contre lui-même, com- q *Matth.* 12. 25. *Marc* 3.
ment subsistera son regne? car vous dites que je jette hors les 24.
diables par Béelzebul.

19 Que

r Act. 19. 13. 19 Que si je jette les diables dehors par Béelzebul, [r] vos
fils par qui les jettent-ils dehors? c'est pourquoi ils seront
eux-mêmes vos juges.
ſ Exod. 8. 19. 20 Mais si je jette les diables dehors, par [ſ] le doigt de Dieu,
certes le Regne de Dieu est parvenu à vous.
t Matth. 12. 29. 21 [t] Quand un fort homme bien armé garde son hôtel, les
choses qu'il a sont en sûreté.
22 Mais s'il en survient un autre plus fort que lui, qui le
surmonte, il lui ôte toutes ses armes ausquelles il se confioit,
& fait le partage de ses dépouilles.
u Matth. 12. 30. 23 Celui [u] qui n'est point avec moi, est contre moi; & celui qui n'assemble point avec moi, disperse.
x Matth. 12. 43. 24 [x] Quand l'esprit immonde est sorti d'un homme, il va
par des lieux secs, cherchant du repos; & n'en trouvant
point, il dit; Je retournerai dans ma maison, d'où je suis
sorti.
25 Et y étant venu, il la trouve balayée & parée.
26 Alors il s'en va, & prend avec soi sept autres esprits
plus méchans que lui, & ils entrent & demeurent là: de sorte que [y] la derniere condition de cet homme-là est pire que
la premiere.
y Jean 5. 14. 2. Pier. 2. 20.
27 Or il arriva comme il disoit ces choses, qu'une femme
z ch. 1. 48. d'entre les troupes éleva sa voix, & lui dit; [z] Bienheureux
est le ventre qui t'a porté, & les mammelles que tu as tettées.
a Prov. 8. 32. Matth. 7. 21. 24. & 12. 50. 28 Et il dit; Mais plustôt [a] bienheureux sont ceux qui écoutent la parole de Dieu, & qui la gardent.
29 Et comme les troupes s'amassoient, il se mit à dire;
b Matth. 12. 39. [b] Cette génération est méchante: elle demande un signe,
c Jonas 2. 2. mais il ne lui sera point donné d'autre signe, [c] que le signe
de Jonas le Prophete.
30 Car comme Jonas fut un signe à ceux de Ninive, ainsi
le Fils de l'homme en sera un à cette génération.
d 1 Rois 10. 1. 2. Chron. 9. 1. Matth. 12. 42. 31 [d] La Reine du Midi se levera au *jour du* Jugement contre
les hommes de cette génération, & les condamnera: parce
qu'elle vint du bout de la terre pour entendre la sapience de
Salomon: & voici, il y a ici plus que Salomon.

32 [e] Les

32 [e] Les gens de Ninive se leveront au *jour du* Jugement e *Matth.* 12.
contre cette génération, & la condamneront, parce [f] qu'ils 42. f *Jonas* 3. 5.
se sont repentis à la prédication de Jonas: & voici, il y a ici
plus que Jonas.
33 [g] Or nul qui allume une chandelle, ne la met dans un g *ch.* 8. 16.
lieu caché, ou sous un boisseau, mais sur un chandelier, afin *Matth.* 5. 15. *Marc* 4. 21.
que ceux qui entrent voyent la lumiere.
34 [h] La chandelle du corps c'est l'œil: si donc ton œil est h *Matth.* 6.
simple, tout ton corps aussi sera éclairé: mais s'il est mauvais, 22.
ton corps aussi sera ténébreux.
35 [i] Regarde donc [3] que la lumiere qui est en toi ne soit i *Matth.* 6. 23.
des ténébres. *Eph.* 5. 8.
36 Si donc ton corps est éclairé, n'ayant aucune partie té- 3 Voyez la note sur
nébreuse, il sera éclairé par tout, comme quand la chandel- Matth. 6. 23.
le t'éclaire par sa lumiere.
37 Et comme il parloit, [k] un Pharisien le pria de dîner chez k *ch.* 7. 36.
lui: & Jésus y entra, & se mit à table. & 14. 1.
38 Mais le Pharisien s'étonna de voir [l] qu'il ne s'étoit point l *Marc* 7. 3. m *Matth.* 23.
premiérement lavé avant le dîner. 25.
39 Mais le Seigneur lui dit; [m] Vous autres Pharisiens vous
nettoyez le dehors de la coupe & du plat: mais le dedans de
vous est tout plein de rapine & de méchanceté.
40 Insensez, celui qui a fait le dehors, n'a-t-il pas fait aussi
le dedans?
41 [4] Mais plustôt donnez l'aumône [n] de ce que vous avez, 4 On peut aussi traduire:
& voici, toutes choses vous seront nettes. *C'est pourquoi donnez l'au-*
42 [o] Mais malheur à vous, Pharisiens: car vous payez la *mône de vôtre intérieur;*
dixme de la menthe, & de la rue, & de toute sorte d'her- c'est-à-dire,
bage, & vous laissez en arriere le jugement & la charité de de bon cœur,
Dieu: il falloit faire ces choses-ci, & ne laisser point celles-là. & non par ostentation.
43 [p] Malheur à vous, Pharisiens, qui aimez les premieres n *Esa.* 61. 8.
séances dans les Synagogues, & les salutations dans les mar- *Ecclesiastiq.* 34. 21.
chez. o *Matth.* 23.
44 [q] Malheur à vous, Scribes & Pharisiens hypocrites: car 23. p *ch.* 20. 46.
vous êtes comme les sépulcres qui ne paroissent point, en *Matth.* 23. 6.
sorte que les hommes qui passent par dessus n'en savent rien. *Marc.* 12. 38. q *Matth.* 23. 27.

45 Alors quelqu'un des Docteurs de la Loi prit la parole,
& lui dit; Maître, en disant ces choses tu nous dis aussi des
injures.

r *Matth.* 23. 46 Et *Jésus lui* dit; [r] Malheur aussi à vous, Docteurs de
4. *Esa.* 10. 1. la Loi; car vous chargez les hommes de fardeaux insuppor-
Act. 15. 10. tables, mais vous-mêmes ne touchez point ces fardeaux de
l'un de vos doigts.

s *Matth.* 23. 47 [s] Malheur à vous: car vous bâtissez les sépulcres des Pro-
29. phetes, que vos péres ont tuez.

48 Certes, vous témoignez que vous consentez aux actions
de vos péres: car ils les ont tuez, & vous bâtissez leurs sépulcres.

t *ch.* 10. 3. 49 C'est pourquoi aussi [t] la Sapience de Dieu a dit; Je leur
Prov. 9. 1. 3. envoyerai des Prophetes & des Apostres, [u] & ils en tueront,
7. *Matth.* 23.
34. *Jean* 16. & en chasseront.
2. *Act.* 7. 51.
52. 58. & 9. 1. 50 [x] Afin que le sang de tous les Prophetes qui a été répan-
u 1 *Thess.* 2. du dès la fondation du monde, soit redemandé à cette na-
14. 15. 16. tion:
x *Matth.* 23.
35. 51 [y] Depuis le sang d'Abel, jusqu'au sang [z] de Zacharie,
y *Gen.* 4. 8. qui fut tué entre l'autel & le Temple: ouï, je vous dis qu'il
z 2 *Chron.* 24.
21. sera redemandé à cette nation.

a *Matth.* 23. 52 [a] Malheur à vous, Docteurs de la Loi; parce qu'ayant
13. retiré la clef de la science, vous-mêmes n'êtes point entrez,
& vous avez empêché ceux qui entroient.

53 Et comme il leur disoit ces choses, les Scribes & les
Pharisiens se mirent à le presser encore plus fortement, &
à lui tirer de la bouche plusieurs choses:

54 Lui dressant des pieges, & tâchant de recueillir captieu-
sement quelque chose de sa bouche, pour avoir dequoi l'accuser.

CHAPITRE XII.

Levain des Pharisiens, 1. *Prêcher sur les maisons*, 3. *Confesser J. C.* 8. *Péché contre le St. Esprit*. 10. *Refus de J. C. sur un partage de biens entre deux fréres*, 13. *Les greniers du Riche*, 15. *Contre la défiance*, 22. *Rechercher le Royaume des Cieux*, 31. *Les serviteurs qui attendent leur Maître*: 35. *J. C. est venu mettre le feu en la terre*, 49. *Et la division*, 51. *Exhortation à la réconciliation*, 58.

CEpendant les troupes s'étant assemblées par milliers, en
sorte

ſorte qu'ils ſe fouloient les uns les autres, il ſe mit à dire à
ſes Diſciples; [a] Donnez-vous garde ſur tout du levain des a *Matth.* 16. 6.
Phariſiens, qui eſt l'hypocriſie. *Marc* 8. 15.
2 [b] Car il n'y a rien de couvert, qui ne doive être révélé, b *ch.* 8. 17.
ni rien de caché: qui ne doive être connu. *Matth.* 10. 26. *Marc* 4. 22.
3 C'eſt pourquoi les choſes que vous avez dites dans les ténébres, ſeront ouïes dans la lumiere: & ce dont vous avez
parlé à l'oreille dans les chambres, ſera prêché ſur les maiſons.
4 Et je vous dis à vous, [c] mes amis; Ne [d] craignez point c *Jean* 15. 15.
ceux qui tuent le corps, & qui après cela ne ſauroient rien d *Jer.* 1. 8. *Matth.* 10. 28.
faire davantage.
5 Mais je vous montrerai qui vous devez craindre: craignez celui qui a la puiſſance, après qu'il a tué, d'envoyer
dans la gehenne: ouï, vous dis-je, craignez celui-là.
6 [e] Ne donne-t-on pas cinq petits paſſereaux pour deux pi- e *Matth.* 10.
tes? & cependant [f] un ſeul d'eux n'eſt point oublié devant 29.
Dieu. f *Pſe.* 9. 19. & 104. 27.
7 [g] Tous le cheveux même de vôtre tête ſont comptez; ne g *ch.* 21. 18.
craignez donc point; vous valez mieux que beaucoup de 1 *Sam.* 14. 45. 2 *Sam.* 14. 11.
paſſereaux. 1 *Rois* 1. 52.
8 [h] Or je vous dis, que quiconque me confeſſera devant h *Matth.* 10.
les hommes, le Fils de l'homme le confeſſera auſſi devant les 32. *Marc* 8. 38. 2 *Tim.* 2.
Anges de Dieu. 12. *Héb.* 10.
9 Mais [i] quiconqne me reniera devant les hommes, il ſera 23. 29. 30. & 12. 28.
renié devant les Anges de Dieu. i *ch.* 9. 26.
10 [k] Et quiconque parlera contre le Fils de l'homme, il lui k *Matth.* 12.
ſera pardonné: [l] mais à celui qui aura blaſphémé contre le 31. *Marc* 3. 28.
Saint Eſprit, il ne lui ſera point pardonné. l *Héb.* 6. 4. 5. &c. & 10. 26.
11 [m] Et quand ils vous meneront aux Synagogues, & aux 1 *Jean* 5. 16.
Magiſtrats, & aux Puiſſances, ne ſoyez point en peine com- m *ch.* 21. 12.
ment, ou quelle choſe vous répondrez, ou de ce que vous 14. *Matth.* 10. 17. 18. *Marc*
aurez à dire. 13. 9. 11.
12 Car le Saint Eſprit vous enſeignera dans ce même inſtant
ce qu'il faudra dire.
13 Et quelqu'un de la troupe lui dit; Maître, dis à mon
frére qu'il partage avec moi l'héritage.

14 Mais il lui répondit; O homme, qui eſt-ce qui m'a établi ſur vous pour être vôtre juge, & pour faire vos partages?
15 Puis il leur dit; Voyez, [n]& gardez-vous d'avarice: [o]car
encore que les biens abondent à quelqu'un, il n'a pourtant
pas la vie par ſes biens.
16 Et il leur dit cette parabole; Les champs d'un homme
riche avoient rapporté en abondance:
17 Et il penſoit en lui-même, diſant; Que ferai-je, car je
n'ai point où je puiſſe aſſembler mes fruits?
18 Puis il dit; Voici, ce que je ferai: j'abbattrai mes greniers, & j'en bâtirai de plus grands, & j'y aſſemblerai tous
mes revenus & mes biens.
19 [1] Puis je dirai à mon ame; [p]Mon ame tu as beaucoup
de biens aſſemblez pour beaucoup d'années, [q]repoſe-toi;
mange, boi, & fai grand'chere.
20 Mais Dieu lui dit; Inſenſé, en cette même nuit ton ame
te ſera redemandée: & les choſes que tu as préparées [r]à qui
ſeront-elles?
21 Il en eſt ainſi de celui qui fait de grands amas de biens
pour ſoi-même, & qui n'eſt [2] pas riche [f]en Dieu.
22 Alors il dit à ſes Diſciples; [t]A cauſe de cela je vous dis,
ne ſoyez point en ſouci pour vôtre vie, de ce que vous mangerez; ni pour vôtre corps, de quoi vous ſerez vêtus.
23 La vie eſt plus que la nourriture, & le corps eſt plus
que le vêtement.
24 Conſidérez les corbeaux, il ne ſement, ni ne moiſſon-
nent, & ils n'ont point de celier, ni de grenier, [u]& cependant Dieu les nourrit: combien valez-vous mieux que les
oiſeaux?
25 [x]Et qui eſt celui de vous qui par ſon ſouci puiſſe ajoûter
une coudée à ſa ſtature?
26 Si donc vous ne pouvez pas même ce qui eſt trés-petit,
pourquoi êtes-vous en ſouci du reſte?
27 [y]Conſidérez comment croiſſent les lis, ils ne travaillent,
ni ne filent, & cependant je vous dis que Salomon même
dans toute ſa gloire n'étoit point vêtu comme l'un d'eux.

n *Prov.* 15. 27. & 28. 16. *Eph.* 5. 3. *Col.* 3. 5. 1 *Tim.* 6. 7. *Héb.* 13. 5.
o *ch.* 9. 25. *Pſe.* 49. 7. 8. 9.
1 C'eſt-à-dire; *je me dirai à moi-même, Tu as* &c.
p *Pſe.* 49. 7.
q *Eccl.* 12. 1. 1 *Cor.* 15. 32. *Jacq.* 5. 5. *Eccleſiaſtiq.* 11. 19.
r *Job* 20. 23. *Pſe.* 39. 7. & 49. 11. 18. *Jér.* 17. 11.
2 C'eſt-à-dire, qui ne poſſede point Dieu, qui ne fait pas de ſes richeſſes un tréſor en Dieu, au même ſens qu'il eſt dit Prov. 19. 17. que celui qui donne à un pauvre, *prête à Dieu qui le lui rendra.*
f vs. 33. *Marc* 10. 21. 1 *Tim.* 6. 19.
t *Pſe.* 55. 23. *Matth.* 6. 25. *Phil.* 4. 6. 1 *Pier.* 5. 7.
u *Job* 39. 3. *Pſe.* 147. 9.
x *Matth.* 6. 27.
y *Matth.* 6. 28.

28 Que

28 Que si Dieu revêt ainsi l'herbe qui est aujourd'hui au
champ, [3] & qui demain est mise au four, combien plus vous
vêtira-t-il, ô gens de petite foi?
29 Ne dites donc point; Que mangerons-nous, ou que
boirons-nous? [z] & ne soyez point en suspens:
30 [a] Car les gens de ce monde sont après à rechercher toutes ces choses, mais vôtre Pére sait que vous avez besoin de
ces choses.
31 [b] Mais plustôt cherchez le Royaume de Dieu, & toutes
ces choses vous seront données par dessus.
32 Ne crains point petit Troupeau: car [c] le bon plaisir de
vôtre Pére a été de vous donner le Royaume.
33 [d] Vendez ce que vous avez, & donnez-en l'aumône:
[e] faites-vous des bourses qui ne s'envieillissent point; & un
trésor dans les cieux, qui ne défaille jamais, d'où le larron
n'approche point, & *où* la tigne ne gâte rien:
34 [f] Car où est vôtre trésor, la sera aussi vôtre cœur.
35 [g] Que vos reins soient troussez, & vos chandelles allu-
mées.
36 Et soyez semblables aux serviteurs qui attendent leur
maître quand il retournera des nôces: afin que quand il viendra, & qu'il heurtera, ils lui ouvrent aussi-tôt.
37 Bienheureux sont ces serviteurs que le maître trouvera
veillans, quand il arrivera. En vérité je vous dis qu'il se
troussera, & les fera mettre à table, & s'avançant les servira.
38 [h] Que s'il arrive sur la seconde veille, ou sur la troisiéme,
& qu'il les trouve ainsi *veillans*, bien-heureux sont ces ser-
viteurs-là.
39 [i] Or sachez ceci, que si le pére de famille savoit à quelle heure le larron doit venir, il veilleroit, & ne laisseroit
point percer sa maison.
40 [k] Vous donc aussi tenez-vous prêts, car le Fils de l'homme viendra à l'heure que vous n'y penserez point.
41 Et Pierre lui dit; Seigneur, dis-tu cette parabole pour
nous, ou aussi pour tous?
42 Et le Seigneur dit, [l] Qui est donc le dispensateur fidele

3 Dans les païs Orientaux, où il y a peu de bois, on chauffe les fours avec de la paille, & des herbes ramassées qu'on a laissé sécher.
z *Jacq.* 1. 6. 7.
a *Matth.* 6. 30.
b *Matth.* 6. 33. 1 *Tim.* 4. 8.
c *Matth.* 11. 26.
d *Matth.* 19. 21. *Act.* 2. 45. & 4. 34.
e *ch.* 16. 9. *Matth.* 6. 20. 1 *Tim.* 6. 19.
f *Matth.* 6. 21.
g *Eph.* 6. 14. 1 *Pier.* 1. 13.
h *Matth.* 24. 43.
i *Matth.* 24. 43. 1 *Thess.* 5. 2. 2 *Pier.* 3. 10. *Apoc.* 3. 3. & 16. 15.
k *ch.* 21. 34. *Matth.* 24. 44. & 25. 13. *Marc* 13. 33. 1 *Thess.* 5. 5.
l *Matth.* 24. 45. & 25. 21. 1 *Cor.* 4. 2.

& prudent, que le maître aura établi ſur toute la troupe de
ſes ſerviteurs pour leur donner l'ordinaire dans le temps qu'il
faut?
43 Bien-heureux eſt ce ſerviteur-là que ſon maître trouvera faiſant ainſi, quand il viendra.
44 En vérité, je vous dis, qu'il l'établira ſur tout ce qu'il a.
45 Mais ſi ce ſerviteur-là dit en ſon cœur; Mon maître
tarde long-temps à venir, & qu'il ſe mette à battre les ſerviteurs & les ſervantes, & à manger, & à boire, & à s'eny-
vrer.
46 [m] Le maître de ce ſerviteur viendra au jour qu'il ne l'attend point, & à l'heure qu'il ne ſait point, & il le ſéparera,
[n] & le mettra au rang des infideles.
47 [o] Or le ſerviteur qui a connu la volonté de ſon maître,
& qui ne s'eſt pas tenu prêt, & n'a point fait ſelon ſa volonté, ſera battu de pluſieurs coups.
48 [p] Mais celui qui ne l'a point connue, & qui a fait des
choſes dignes de châtiment, ſera battu de moins de coups:
car à chacun à qui il aura été beaucoup donné, il ſera beaucoup redemandé: & à celui à qui il aura été beaucoup commis, il ſera plus redemandé.
49 [q] Je ſuis venu mettre le feu en la terre: & que veux-je,
s'il eſt déja allumé?
50 Or [r] j'ai à être baptiſé d'un Baptême; & [ſ] comment ſuis-
je preſſé juſqu'à ce qu'il ſoit accompli?
51 [t] Penſez-vous que je ſois venu mettre la paix en la terre?
Non, vous dis-je: † mais pluſtôt la diviſion.
52 Car deſormais ils ſeront cinq dans une maiſon, diviſez,
trois contre deux, & deux contre trois.
53 [u] Le pére ſera diviſé contre le fils, & le fils contre le pére: la mére contre la fille, & la fille contre la mére: la belle-mére contre ſa belle-fille, & la belle-fille contre ſa belle-
mére.
54 Puis il diſoit aux troupes: [x] Quand vous voyez une nuée
qui ſe leve de l'Occident, vous dites incontinent; La pluye
vient: & cela arrive ainſi.

m *Matth.* 24. 51.
n *Pſe.* 11. 7.
o *Jacq.* 4. 17.
p *Rom.* 2. 12.
q *Matth.* 10. 34.
r *Matth.* 20. 22. *Marc* 10. 38.
ſ *Pſe.* 40. 7. 8. 9. & 69. 10.
t *Matth.* 10. 34.
† C'étoit une prédiction des diviſions que la converſion des uns attireroit des autres dans les familles, & dans tous les païs.
u *Mich.* 7. 6. *Matth.* 10. 35.
x *Matth.* 16. 2. 3.

55 Et quand vous voyez souffler le vent du Midi, vous dites qu'il fera chaud; & cela arrive.
56 Hypocrites, vous savez bien discerner les apparences du
ciel & de la terre: & comment ne discernez-vous point cette saison?
57 Et pourquoi aussi ne reconnoissez-vous pas de vous-mêmes [s] ce qui est juste?
58 [y] Or quand tu vas au Magistrat avec ta partie averse,
mets peine en chemin d'être délivré d'elle: de peur qu'elle
ne te tire devant le juge, & que le juge ne te livre au sergent, & que le sergent ne te mette en prison.
59 Je te dis que tu ne sortiras point de là jusqu' à ce que tu
ayes rendu la derniere pite.

s C'est-à-dire, de le reconnoître pour le Messie.

y *Prov.* 25. 8. *Matth.* 5. 25.

CHAPITRE. XIII.

Les Galiléens massacrez par l'ordre de Pilate, 1. *La chûte de la Tour de Siloé*, 4. *Le figuier coupé*, 6. *Une femme malade depuis* 18. *ans, guérie par J. C.* 11. *Plainte contre J. C. sur ce qu'il avoit fait ce miracle un jour de Sabbat*, 14. *La parabole du grain de moûtarde*, 19. *Celle du levain*, 21. *La Porte étroite*, 24. *Plusieurs seront à table avec Abraham &c.* 28. *Hérode cherche à faire mourir J. C.* 31. *Aucun Prophete ne meurt hors de Jérusalem: comparaison prise de la poule qui assemble ses poussins*, 34.

EN ce même temps, quelques-uns qui se trouvoient-là
présens, lui raconterent *ce qui s'étoit passé* touchant les
Galiléens, desquels Pilate avoit mêlé le sang avec leurs sacrifices.
2 Et Jésus répondant leur dit; Pensez-vous que ces Galiléens fussent plus pécheurs que tous les Galiléens, parce
qu'ils ont souffert de telles choses?
3 Non, vous dis-je: mais si vous ne vous repentez, vous
périrez tous semblablement.
4 Ou pensez-vous que ces dix-huit sur qui la tour de Siloé
tomba, & les tua, eussent offensé plus que tous les habitans
de Jérusalem?
5 Non, vous dis-je: mais si vous ne vous repentez, vous
périrez tous semblablement.
6 [a] Il disoit aussi cette parabole; Quelqu'un avoit un figuier
planté dans sa vigne, & il y vint chercher du fruit, mais il
n'y en trouva point.

a *Esa.* 5. 2. *Matth.* 21. 19.

7 Et

7 Et il dit au vigneron; Voici, [1] il y a trois ans que je viens
chercher du fruit en ce figuier, & je n'y en trouve point:
coupe-le: à quoi bon aussi empêche-t-il la terre?
8 Et le *vigneron* répondant, lui dit; Seigneur, laisse-le encore pour cette année, jusqu'à ce que je l'aye déchaussé, &
que j'y aye mis du fumier.
9 Que s'il fait du fruit, *bien*: sinon, tu le couperas après cela.
10 Or comme il enseignoit dans une de leurs Synagogues
un jour de Sabbat:
11 Voici, il y avoit là une femme qui avoit un esprit de
maladie depuis dix-huit ans, & elle étoit courbée, & ne
pouvoit nullement se redresser.
12 Et quand Jésus l'eut vûe, il l'appella: & lui dit; Femme tu es délivrée de ta maladie.
13 Et il posa les mains sur elle; & dans ce moment elle fut
redressée, & glorifioit Dieu.
14 Mais le maître de la Synagogue, indigné [b] de ce que Jésus avoit guéri au jour du Sabbat, prenant la parole dit à
l'assemblée; [c] Il y a six jours ausquels il faut travailler: venez
donc ces jours-là, & soyez guéris, & non point au jour du
Sabbat.
15 Et le Seigneur lui répondit, & dit; Hypocrite, [d] chacun de vous ne détache-t-il pas son bœuf ou son asne de la
créche le jour du Sabbat, & ne les mene-t-il pas boire?
16 Et ne falloit-il pas délier de ce lien au jour du Sabbat
celle-ci qui est fille d'Abraham, laquelle Satan avoit liée il y
a déja dix-huit ans?
17 Comme il disoit ces choses, tous ses adversaires étoient
confus: mais toutes les troupes se réjouïssoient de toutes les
choses glorieuses qui étoient faites par lui.
18 [e] Il disoit aussi; A quoi est semblable le Royaume de
Dieu, & à quoi le comparerai-je?
19 Il est semblable au grain de semence de moûtarde qu'un
homme prit, & mit en son jardin, lequel crut, & devint
un grand arbre, tellement que les oiseaux du ciel faisoient leurs
nids dans ses branches.

[1] C'est-à-dire, long-temps, car dans le sens litteral, c'est attendre long-temps, que d'attendre trois années de suite qu'un figuier, qui devroit dès la premiere année avoir produit du fruit, n'en a point porté, ni cette année-là, ni les deux suivantes. Il ne faut pas chercher d'autre mystere dans ces trois ans de la parabole.

b *ch.* 6. 7. & 14. 3. *Matth.* 12. 2. *Marc* 3. 2. *Jean* 7. 23. & 9. 16.

c *Exod.* 20. 9. *Deut.* 5. 13. *Ezéch.* 20. 12.

d *Exod.* 23. 5. *Deut.* 22. 4.

e *Matth.* 13. 31. *Marc* 4. 30.

20 [f] Il

20 [f] Il dit encore; A quoi comparerai-je le Royaume de
Dieu?
21 Il est semblable [2] au levain qu'une femme prit, & qu'elle mit parmi trois mesures de farine, jusqu'à ce qu'elle fût
toute levée.
22 [g] Puis il s'en alloit par les villes & par les bourgades,
enseignant, & tenant le chemin de Jérusalem.
23 Et quelqu'un lui dit; Seigneur n'y a-t-il que peu de gens
qui soient sauvez?
24 Et il leur dit; [h] Faites effort pour entrer par la porte
étroite: car je vous dis que plusieurs [3] tâcheront d'entrer, &
ils ne le pourront.
25 Et [i] aprés que le pére de famille se sera levé, & qu'il
aura fermé la porte, & que vous étant dehors vous vous
mettrez à heurter à la porte, en disant; [k] Seigneur, Seigneur, ouvre-nous, & que lui vous répondant vous dira;
Je ne sai d'où vous étes:
26 Alors vous vous mettrez à dire; Nous avons mangé &
bû en ta présence, & tu as enseigné dans nos rues.
27 Mais il dira; Je vous dis que je ne sai d'où vous êtes: [l] retirez-vous de moi, vous tous qui faites le métier d'iniquité.
28 [m] Là il y aura des pleurs & des grincemens de dents:
[n] quand vous verrez Abraham, & Isaac, & Jacob, & tous
les Prophetes dans le Royaume de Dieu, [4] & que vous serez jettez dehors.
29 Il [o] en viendra aussi d'Orient, & d'Occident, & du
Septentrion, & du Midi, [5] qui seront à table dans le Royaume de Dieu.
39 [p] Et voici, ceux qui sont les derniers seront les premiers, & ceux qui sont les premiers seront les derniers.
31 En ce même jour-là [6] quelques Pharisiens vinrent à lui
& lui dirent; Retire-toi, & t'en va d'ici; car Hérode te
veut tuer.
32 Et il leur répondit; Allez, & dites à ce renard; Voici,

f *Matth.* 13. 33.
2 Cela vouloit dire que l'Evangile feroit en peu de temps de fort grands progrès dans le monde.
g *Matth.* 9. 35. *Marc* 6. 6.
h *Matth.* 7. 13.
3 Ils en feront le semblant, mais dans le fond ils le voudront foiblement, & ne voudront pas qu'il en coûte trop à leur cœur.
i *Matth.* 25. 11. 12.
k *ch.* 6. 46.
l *Psa.* 6. 9. *Matth.* 7. 23. & 25. 41.
m *Matth.* 8. 12. & 13. 42. & 24. 51.
n *Esa.* 65. 13. 14. 15. *Matth.* 8. 11.
4 C'étoit la réjection des Juifs, pour n'être plus le peuple de Dieu.
o *Psa.* 50. 1. 5. *Esa.* 2. 2. 3. & 43. 5. 6. *Mal.* 1. 11. *Matth.* 8. 11.
5 C'est-à-dire, qui jouïront des graces de l'Evangile.
p *Matth.* 19. 30. & 20. 16. *Marc* 10. 31.
6 Quelques Pharisiens sages & vertueux, qui étoient affectionnez à J. C. comme ch. 7. 36. & 14. 1. Jean 3. 1.

ci, je jette les diables dehors, & j'acheve aujourd'hui & demain de faire des guérisons, & le troisiéme jour je prens fin.
33 C'est pourquoi il me faut marcher aujourd'hui & demain, & le jour suivant: car il n'arrive point qu'un Prophete meure hors de Jérusalem.
34 [q] Jérusalem, Jérusalem, qui tues les Prophetes, & qui
lapides ceux qui te sont envoyez: combien de fois ai-je voulu rassembler tes enfans, comme la poulle *rassemble* ses poussins [r] sous *ses* ailes, & [s] vous ne l'avez point voulu?
35 [t] Voici, vôtre maison s'en va vous être laissée deserte: &
je vous dis en vérité, que vous ne me verrez point jusqu'à
ce qu'il arrivera que vous direz; [u] Béni *soit* celui qui vient
au Nom du Seigneur.

q *Matth.* 23. 37.
r *Pse.* 17. 8. & 91. 4.
s *Jean* 5. 40
t *Pse.* 69. 26. *Mich.* 3. 12. *Matth.* 23. 38. *Act.* 1. 20.
u *Pse.* 118. 26. *Matth.* 21. 9.

CHAPITRE XIV.

J. C. guérit un hydropique le jour du Sabbat, 2. *Prendre la derniere place à table*, 7. *Inviter les pauvres*, 12. 13. *Manger du pain au Royaume de Dieu*, 15. *La parabole des Nôces*, 16. *Haïr pére, mére &c.* 26. *Porter la croix*, 27. *Calculer avant que de bâtir*, 28. *Le Roi qui se sent foible fait faire des propositions de paix*, 31. *Le sel devenu insipide*, 34.

IL arriva aussi que *Jésus* étant entré [a] un jour de Sabbat
dans la maison [1] d'un des principaux des Pharisiens, pour
prendre son repas, ils l'observoient.
2 Et voici, un homme hydropique étoit là devant lui.
3 Et Jésus prénant la parole, parla aux Docteurs de la
Loi, [2] & aux Pharisiens, disant; Est-il permis de guérir au
jour du Sabbat?
4 Et ils ne dirent mot: alors ayant pris *le malade*, il le guérit, & le renvoya.
5 Puis s'adressant à eux, il leur dit; Qui sera celui d'entre
vous, qui ayant un asne ou un bœuf lequel vienne à tomber
dans un puits, ne l'en retire incontinent le jour du Sabbat?
6 Et ils ne pouvoient répliquer à ces choses.
7 Il proposoit aussi aux conviez une similitude, prenant
garde comment ils choisissoient les premieres places à table,
& il leur disoit:
8 [b] quand tu seras convié par quelqu'un à des nôces, ne te
mets

a *ch.* 7. 36. & 11. 37.
1 Il y avoit donc quelques Pharisiens, quoi qu'en fort petit nombre, qui avoient crû en lui, ch. 13. 31.
2 Aux Pharisiens qui étoient là présens, & qui étoient prévenus contre lui.
b *Prov.* 25. 7.

mets point à table au plus haut lieu, de peur qu'il n'arrive
qu'un plus honorable que toi ſoit convié par lui:
9 Et que celui qui aura convié & toi & lui, ne vienne, &
ne te diſe; Donne ta place à celui-ci: & qu'alors tu ne commences avec honte de te mettre au plus bas lieu.
10 Mais [c] quand tu ſeras convié, va, & te mets au plus bas
lieu, afin que quand celui qui t'a convié viendra, il te diſe;
Mon ami, monte plus haut: & alors cela te tournera à honneur devant tous ceux qui ſeront à table avec toi.
11 [d] Car quiconque s'éleve, ſera abbaiſſé: & quiconque
s'abbaiſſe, ſera élevé.
12 Il diſoit auſſi à celui qui l'avoit convié; Quand tu fais
un dîner ou un ſouper, [3] n'appelle point tes amis, ni tes fréres, ni tes parens, ni tes riches voiſins; de peur qu'ils ne te
convient à leur tour, & que la pareille ne te ſoit rendue.
13 Mais quand tu feras un feſtin, convie les pauvres, les impotens, les boiteux, & les aveugles:
14 Et tu ſeras bienheureux de ce qu'ils n'ont pas dequoi te
rendre la pareille: car la pareille te ſera rendue en la réſurrection des juſtes.
15 Et un de ceux qui étoient à table, ayant entendu ces paroles, lui dit; Bien-heureux ſera [4] celui qui mangera du pain
dans le Royaume de Dieu.
16 [e] Et *Jéſus* dit; Un homme fit un grand ſouper, & y
convia beaucoup de gens.
17 Et à l'heure du ſouper il envoya ſon ſerviteur pour dire
aux conviez; Venez, car tout eſt déja prêt.
18 Mais ils commencerent tous unanimement à s'excuſer.
Le premier lui dit; J'ai achetté un héritage, & il me faut
néceſſairement partir pour l'aller voir: je te prie, tiens-moi
pour excuſé.
19 Un autre dit; J'ai achetté cinq couples de boeufs, & je
m'en vais les épouver: je te prie, tiens-moi pour excuſé.
20 Et un autre dit; J'ai pris une femme en mariage, c'eſt
pourquoi je n'y puis aller.
21 Ainſi le ſerviteur s'en retourna, & rapporta ces choſes

c *Prov.* 25. 7.

d *ch.* 18. 14. *Job* 22. 29. *Prov.* 29. 23. *Matth.* 23. 12. *Jacq.* 4. 6. 1 *Pier.* 5. 5.

3 C'eſt-à-dire, ne fais cas que de tes amis &c.

4 Celui qui ſera dans un état de diſtinction au Royaume du Meſſie, que l'on croyoit communément devoir être un regne glorieux & floriſſant.

e *Matth.* 22. 1. *Apoc.* 19. 9.

 à ſon

à son maître. Alors le pére de famille tout en colere, dit
à son serviteur; Va-t-en vîtement dans les places & dans les
rues de la ville & amene ici les pauvres, & les impotens, &
les boiteux, & les aveugles.
22 Puis le serviteur dit; Maître, il a été fait ainsi que tu
as commandé, & il y a encore de la place.
23 Et le maître dit au serviteur; Va dans les chemins & le
long des hayes, & *ceux que tu trouveras*, [5] contrains-les d'entrer, afin que ma maison soit remplie.
24 Car je vous dis qu'aucun de ces hommes qui avoient
été conviez ne goûtera de mon souper.
25 Or de grandes troupes alloient avec lui: & lui se tournant leur dit:
26 [f] Si quelqu'un vient vers moi, & [6] ne hait pas son pére &
sa mére, & sa femme & ses enfans, & ses fréres & ses sœurs,
& même sa propre vie, il ne peut être mon disciple.
27 [g] Et quiconque ne porte sa croix, & ne vient après
moi, il ne peut être mon disciple.
28 [7] [h] Mais qui est celui d'entre vous, qui voulant bâtir u-
ne tour, ne s'asséïe premierement, & ne calcule la dépense
pour voir s'il a dequoi l'achever?
29 De peur qu'après en avoir jetté le fondement, & n'ayant
pû achever, tous ceux qui le verront ne commencent à
se moquer de lui;
30 En disant; Cet homme a commence à bâtir, & il n'a
pû achever.
31 Ou, qui est le Roi qui parte pour donner bataille à un
autre Roi, qui premierement ne s'asséïe, & ne consulte s'il
pourra avec dix mille *hommes* aller à la recontre de celui qui
vient contre lui avec vingt mille,
32 Autrement, il envoye vers lui une ambassade, pendant
qu'il est encore loin, & demande la paix.
33 Ainsi donc chacun de vous qui ne renonce pas à tout ce
qu'il a, ne peut être mon disciple.
34 [i] Le sel est bon: mais si le sel perd sa saveur, avec quoi
le salera-t-on?

5 C'est-à-dire, oblige les y, par tes invitations & tes pressantes remontrances, car on n'oblige pas, ou l'on ne force pas autrement les gens qu'on invite à un repas.

f *Matth.* 10. 37.

6 Ceci est dit dans un sens de comparaison ou d'opposition à l'amour qu'on doit avoir pour Dieu, & pour J. C.

g *ch.* 9. 23. *Matth.* 10. 38. & 16. 24. *Marc* 8. 34.

7 J. C. vouloit faire entendre par cette parabole, qu'il ne faloit pas embrasser son Evangile, à la légére, & sans y avoir bien pensé, de peur que dans la suite on n'en eût du regret, & qu'on n'abandonnât ces premieres démarches.

h *Prov.* 24. 27.

i *Matth.* 5. 13. *Marc* 9. 50.

35 Il

35 Il n'est propre ni pour mettre en la terre, ni au fumier,
mais on le jette dehors. Qui a des oreilles pour ouïr, qu'il
oye.

CHAPITRE XV.

Plainte contre J. C. de ce qu'il mangeoit avec des péagers, 2. la Brebis retrouvée, 4. Joye dans le Ciel pour un pécheur qui se repent, 7. La drachme retrouvée, 8. L'enfant prodigue, 11—32.

OR tous les péagers & les gens de mauvaise vie s'approchoient de lui pour l'entendre.
2 Mais les Pharisiens & les Scribes murmuroient, disant;
Celui-ci reçoit les gens de mauvaise vie, & mange avec eux.
3 Mais il leur proposa cette parabole, disant;
4 [a] Qui est l'homme d'entre vous qui ayant cent brebis,
s'il en perd une, ne laisse les quatre-vingts dix-neuf au desert, & ne s'en aille après celle qui est perdue, jusqu'à ce
qu'il l'ait trouvée;
5 Et qui l'ayant trouvée, ne la mette sur ses épaules bien
joyeux:
6 Et étant de retour en sa maison, n'appelle ses amis & ses
voisins, & ne leur dise; Réjouïssez-vous avec moi: car j'ai
trouvé ma brebis qui étoit perdue?
7 [b] Je vous dis, qu'ainsi il y aura de la joye au Ciel pour
un seul pécheur qui vient à se repentir, plus que pour quatre-vingts dix-neuf justes, [1] qui n'ont pas besoin de repentance.
8 Ou qui est la femme qui ayant dix [2] drachmes, si elle perd
une drachme, n'allume la chandelle, & ne balaye la maison,
& ne *la* cherche diligemment, jusqu'à ce qu'elle l'ait trouvée:
9 Et qui après l'avoir trouvée, n'appelle ses amies & ses
voisines, en leur disant; Réjouïssez-vous avec moi; car j'ai
trouvé la drachme que j'avois perdue?
10 [c] Ainsi je vous dis qu'il y a de la joye [3] devant les Anges
de Dieu pour un seul pécheur qui vient à se repentir.
11 Il leur dit aussi, Un homme avoit [4] deux fils:
12 Et le plus jeune dit à son pére; Mon pére, donne-moi
la part du bien qui m'appartient: & il leur partagea ses biens.

a Matth. 18. 12.
b vs. 10.
1 Il n'y a point d'homme si juste qui ne péche, & qui dès-là n'ait besoin de se renpentir, mais cela veut dire, qui ont moins à se repentir que les autres qui sont grands pécheurs.
2 C'étoit une monnoye Grecque, de la valeur du denier Romain, & de celle d'environ sept sols de France.
c vs. 7.
3 Sav. à qui est révélée cette conversion.
4 Cette parabole représentoit 1. les justes & les pécheurs; 2. les Juifs & les Gentils. vs. 32.

13 Et peu de jours après, quand le plus jeune fils eut tout
ramassé, il s'en alla dehors en un païs éloigné: & là il dissipa
son bien en vivant prodigalement.

14 Et après qu'il eut tout dépensé, une grande famine survint en ce païs-là: & il commença d'être dans la disette.

15 Alors il s'en alla, & se mit avec un des habitans du païs,
qui l'envoya dans ses possessions pour paître les pourceaux.

16 Et il désiroit de remplir son ventre [5] des gousses que les
pourceaux mangeoient: mais personne ne lui en donnoit.

17 Or étant revenu à lui-même, il dit; combien y a-t-il de
mercenaires dans la maison de mon pére, qui ont du pain en
abondance, & moi je meurs de faim?

18 Je me leverai, & m'en irai vers mon pére, & lui dirai;
Mon pére, j'ai péché contre le Ciel, & devant toi:

19 Et je ne suis plus digne d'être appellé ton fils: fai-moi
comme à l'un de tes mercenaires.

20 Il se leva donc, & vint vers son pére: & comme il é-
toit encore loin, son pére le vit, & fut touché de compassion, & courant à lui, se jetta à son cou, & le baisa.

21 Mais le fils lui dit; Mon pére, j'ai péché contre le Ciel,
& devant toi: & je ne suis plus digne d'être appellé ton fils.

22 Et le pére dit à ses serviteurs; Apportez la plus belle
robe, & l'en revêtez, & donnez-lui un anneau en sa main,
& des souliers en ses pieds:

23 Et amenez-moi le veau gras, & le tuez, & faisons bonne chere en le mangeant.

24 [d] Car mon fils que voici, étoit mort, mais il est retourné à vie: il étoit perdu, mais il est retrouvé. Et ils commencerent à faire bonne chere.

25 Or son fils aîné étoit aux champs, & comme il revenoit
& qu'il approchoit de la maison, il entendit la mélodie & les
danses.

26 Et ayant appellé un des serviteurs, il lui demanda ce que
c'étoit.

27 Et *ce serviteur* lui dit; Ton frére est venu, & ton pére
a tué le veau gras, parce qu'il l'a recouvré sain & sauf.

5 C'est, selon plusieurs Interpretes, une espece de fruit sauvage, & de fort mauvais goût qui se trouve dans la Syrie; & qui n'est bon que pour les pourceaux, comme sont le gland, la fayenne, & tels autres; mais selon quelques autres Interpretes, dont le sentiment est moins probable, c'étoient de ces sortes de gousses, qu'on nomme des carouges, ou pain de St. Jean, qui croissent sur des arbres, & dont on voit quantité en Espagne.

d *vs.* 32.

28 [6] Mais

28 [b]Mais il se mit en colere, & ne voulut point entrer: &
son pére étant sorti le prioit *d'entrer:*
29 Mais il répondit, & dit à son pére; Voici, il y a tant
d'années que je te sers, & jamais je n'ai transgressé ton commandement, & cependant tu ne m'as jamais donné un che-
vreau pour faire bonne chere avec mes amis.
30 Mais quand celui-ci, ton fils, qui a mangé ton bien
avec des femmes de mauvaise vie, est venu, tu lui as tué le
veau gras.
31 Et *le pére* lui dit; *Mon* enfant tu es toûjours avec moi,
& [e] tous mes biens sont à toi.
32 Or il falloit faire bonne chere, & se réjouïr, [f] parce que
celui-ci, ton frére, étoit mort, & il est retourné à la vie:
il étoit perdu, & il est retrouvé.

b C'est le dépit des Pharisiens contre J. C. de ce qu'il recevoit à lui les péagers, & les gens de mauvaise vie qui se convertissoient, & le dépit aussi & l'envie amere des Juifs contre les Gentils, Act. 11. 3. &c.
e *Rom.* 3. 1. 2. & 9. 4.
f vs. 24.

CHAPITRE. XVI.

La parabole du Maître d'hôtel inique, 1 - - 12. Nul ne peut servir deux maîtres, 13. Présomption des Pharisiens, 14. La Loi & les Prophetes jusqu' à Jean, 16. Le divorce & l'adultere, 18. La parabole du mauvais Riche, 19. &c.

IL disoit aussi à ses Disciples; Il y avoit un homme riche
qui avoit un maître d'hôtel, lequel fut accusé devant lui
comme dissipateur de ses biens.
2 Sur quoi l'ayant appellé, il lui dit; Qu'est-ce que j'entends dire de toi? Rens compte de ton administration: car
tu n'auras plus la puissance d'administrer mes biens.
3 Alors le maître d'hôtel dit en lui-même; Que ferai-je,
puis que mon maître m'ôte l'administration? je ne puis pas
fouïr la terre, & j'ai honte de mendier.
4 Je sai ce que je ferai, afin que quand mon administration
me sera ôtée, *quelques-uns* me reçoivent dans leurs maisons.
5 Alors il appella chacun des débiteurs de son maître, & il
dit au premier; Combien dois-tu à mon maître?
6 Il dit; Cent mesures d'huile. Et il lui dit; Prens ton
obligation, & t'assieds vîte, & n'en écris que cinquante.
7 Puis il dit à un autre; Et toi combien dois-tu? & il dit;
Cent mesures de froment. Et il lui dit; Prens ton obligation, & n'en écris que quatrevingts.

8 Et le maître loua le maître d'hôtel inique, de ce qu'il
avoit fait prudemment. Ainſi les enfans de ce ſiécle ſont plus
prudens en leur génération, que les enfans de lumiere.
9 Et moi auſſi je vous dis; Faites-vous des amis des richeſſes [1] iniques: afin que quand vous défaudrez, ils vous reçoivent dans les Tabernacles éternels.
10 Celui qui eſt fidele en très-peu de choſe, eſt fidele auſſi
dans les grandes choſes: & celui qui eſt injuſte en très-peu
de choſe, eſt injuſte auſſi dans les grandes choſes.
11 Si donc vous n'avez pas été fideles dans [a] les richeſſes
iniques, qui vous confiera les vrayes *richeſſes*?
12 Et ſi en ce qui eſt à autrui vous n'avez pas été [2] fideles,
[3] qui vous donnera ce qui eſt vôtre?
13 [b] Nul ſerviteur ne peut ſervir deux maîtres: car ou il
haïra l'un, & aimera l'autre: ou il ſe tiendra à l'un, & mé-
priſera l'autre: vous ne pouvez ſervir Dieu & les richeſſes.
14 Or les Phariſiens auſſi, qui étoient avares, entendoient
toutes ces choſes, & ils ſe moquoient de lui.
15 Et il leur dit; Vous vous juſtifiez vous-mêmes devant
les hommes; mais Dieu connoît vos cœurs: c'eſt pourquoi
ce qui eſt grand devant les hommes, eſt en abomination devant Dieu.
16 [c] La Loi & les Prophetes [4] *ont duré* juſqu'à Jean: depuis
ce temps-là le Regne de Dieu eſt évangeliſé, & chacun le
force.
17 [d] Or il eſt plus aiſé que le ciel & la terre paſſent, que
non pas qu'il tombe un ſeul point de la Loi.
18 [e] Quiconque répudie ſa femme, & ſe marie à une autre,
commet un adultere: & quiconque prend celle qui a été répudiée par ſon mari, commet un adultere.
19 Or il y avoit un homme riche, qui ſe vêtoit de pourpre
& de fin lin, & qui tous les jours ſe traittoit bien & magnifiquement.

20 Il

1 Ce mot eſt mis ici pour dire des richeſſes fauſſes, & périſſables, comme il paroît par le verſet onze, où il eſt oppoſé aux richeſſes véritables, ſolides, & permanentes.
a vs. 9.
2 C'eſt-à-dire, de bons diſpenſateurs.
3 C'eſt-à-dire, comment vous confiera-t-on ce qui d'ailleurs vous appartient? puiſque dès-là même que vous le regarderez comme vôtre, vous le diſpenſerez encore plus mal, ſur cette penſée que vous en pouvez faire ce qu'il vous plait.
b *Matth.* 6. 24.
c *Matth.* 11. 13.
4 Comme ces mots ne ſont pas dans l'Original où il y a ſimplement, *la Loi & les Prophetes juſqu'à Jean* il vaut mieux y ſouſentendre le mot *prophetiſer*, & traduire, comme en S. Matth. 11. 13. *la Loi & les Prophetes juſqu'à Jean ont prophetiſé*, pour dire, que juſqu'à Jean Baptiſte on n'avoit eu que des propheties de la venue du Meſſie, mais que S. Jean l'avoit fait voir comme venu.
d *Matth.* 5. 18. e *Matth.* 5. 32. & 19. 9. *Marc* 10. 11. 1 *Cor.* 7. 11.

20 Il y avoit *aussi* un pauvre, nommé Lazare, couché à la
porte du *riche*, & tout plein d'ulceres:
21 Et qui désiroit d'être rassasié des miettes qui tomboient
de la table du riche; & même les chiens venoient, & lui lé-
choient ses ulceres.
22 Et il arriva que le pauvre mourut, & il fut porté par
les Anges [5] au sein d'Abraham: le riche mourut aussi, [6] &
fut enséveli.
23 Et étant en enfer, & élevant ses yeux, comme il étoit
dans les tourmens, il vit de loin Abraham & Lazare dans
son sein.
24 Et s'écriant, il dit; Pére Abraham aye pitié de moi,
& envoye Lazare, qui mouillant dans l'eau le bout de son
doigt, vienne rafraîchir ma langue: car je suis griévement
tourmenté dans cette flamme.
25 Et Abraham répondit; Mon fils, souviens-toi que tu as
reçu tes biens en ta vie, & que Lazare y a eu ses maux:
mais il est maintenant consolé, & tu es griévement tourmenté.
26 Et outre tout cela, il y a un grand abysme entre nous
& vous: tellement que ceux qui veulent passer d'ici vers
vous, ne le peuvent: ni de là, passer ici.
27 Et il dit; Je te prie donc, pére, de l'envoyer en la
maison de mon pére:
28 Car j'ai cinq fréres, afin qu'il leur rende témoignage *de
l'état où je suis:* de peur qu'eux aussi ne viennent dans ce lieu
de tourment.
29 Abraham lui répondit; [7] [f] Ils ont Moyse & les Prophetes; qu'ils les écoutent.
30 Mais il dit; Non, pére Abraham, mais si quelqu'un des
morts va vers eux, ils se repentiront.
31 Et Abraham lui dit; S'ils n'écoutent point Moyse & les
Prophetes, ils ne seront pas non plus persuadez, quand quelqu'un des morts ressusciteroit.

5 Dans le sejour des bienheureux,
6 C'est-à-dire, enséveli superbement & en homme riche.
7 J. C. rend donc témoignage aux Livres de l'Ancien Testament, comme à des Livres divins.
f *Esa.* 8. 20.

CHAPITRE XVII.

Du ſcandale, 1. *De l'obligation de pardonner*, 3. *Effets merveilleux de la foi*, 6. *Serviteurs qui ne font que ce qu'ils doivent faire*, 10. *Dix lépreux guéris*, 12. *Les Phariſiens demandent quand viendra le Regne de Dieu*, 20. *Réponſe de J. C.* 22-36. *Les aigles auprès du corps mort*, 37.

a *Matth.* 18. 7. *Marc* 9. 42.

OR il dit à ſes Diſciples; [a] Il ne ſe peut pas faire qu'il n'arrive des ſcandales; toutefois malheur à celui par qui ils
arrivent.
2 Il lui vaudroit mieux qu'on lui mît une pierre de meule
autour de ſon cou, & qu'il fût jetté dans la mer, que de
ſcandaliſer un ſeul de ces petits.

b *Matth.* 18. 15.

3 Prenez garde à vous: [b] Si donc ton Frere a péché contre toi, reprens-le: & s'il ſe repent, pardonne-lui.
4 Et ſi ſept fois le jour il a péché contre toi, & que ſept
fois le jour il retourne à toi, diſant; Je me repens: tu lui
pardonneras.

1 Ils trouvoient cela rude à la chair.

5 Alors les Apoſtres dirent au Seigneur; [1] Augmente-nous
la foi.

c *Matth.* 17. 20. *Marc* 11. 23.

6 [c] Et le Seigneur dit; Si vous aviez de la foi auſſi gros
qu'un grain de ſemence de moûtarde, vous pourriez dire à
ce meurier; Déracine-toi, & te plante dans la mer: & il
vous obéïroit.
7 Mais qui eſt celui d'entre vous qui ayant un ſerviteur la-
bourant, ou paiſſant le bétail, & qui le voyant retourner des
champs, lui diſe incontinent; Avance-toi, & mets-toi à table:
8 Et qui pluſtôt ne lui diſe; Apprête-moi à ſouper, trouſ-
ſe-toi, & me ſers juſqu'à ce que j'aye mangé & bû; & après
cela tu mangeras & boiras?

d 1 *Cor.* 9. 16.
2 C'eſt-à-dire, inutiles à eux-mêmes par égard au mérite, car ils n'en ont aucun, non plus que le ſerviteur dont il eſt parlé au vs. 9.

9 Mais eſt-il pour cela obligé à ce ſerviteur de ce qu'il a fait
ce qu'il lui avoit commandé? Je ne le penſe pas.
10 Vous auſſi de même, [d] quand vous aurez fait toutes les
choſes qui vous ſont commandées, dites; Nous ſommes des
ſerviteurs [2] inutiles: parce que ce que nous avons fait, nous
étions obligez de le faire.
11 Et il arriva qu'en allant à Jéruſalem, il paſſoit par le milieu de la Samarie, & de la Galilée.

12 Et comme il entroit dans une bourgade, dix hommes
lépreux le rencontrerent, & ils s'arrêterent de loin:
13 Et élevant leurs voix, ils lui dirent; Jésus, Maître, aye
pitié de nous.
14 Et quand il les eut vûs, il leur dit; [e] Allez, montrez-
vous aux Sacrificateurs. Et il arriva qu'en s'en allant ils furent rendus nets.
15 Et l'un d'eux voyant qu'il étoit guéri, s'en retourna,
glorifiant Dieu à haute voix;
16 Et se jetta en terre sur sa face aux pieds de Jésus, lui
rendant graces: or c'étoit un Samaritain.
17 Alors Jésus prenant la parole, dit; Les dix n'ont-ils pas
été rendus nets? & les neuf où sont-ils?
18 Il n'y a eu que cét étranger qui soit retourné pour rendre gloire à Dieu.
19 Alors il lui dit; Leve-toi; va-t-en, ta foi t'a sauvé.
20 Or étant interrogé par les Pharisiens, quand viendroit
le Regne de Dieu: il répondit, & leur dit; Le Regne de
Dieu ne viendra point [3] avec apparence.
21 Et on ne dira point; Voici, il est ici: ou voilà, il est
là: car voici, le Regne de Dieu est [4] au dedans de vous.
22 Il dit aussi à ses Disciples; Les jours viendront que vous
désirerez de voir un des jours du Fils de l'homme, mais vous
ne *le* verrez point.
23 [f] Et l'on vous dira; Voici, il est ici: ou voilà, il est là:
mais n'y allez point, & ne les suivez point.
24 Car comme l'éclair brille de l'un des côtez de dessous le
ciel, & reluit jusques à l'autre qui est sous le ciel, tel sera
aussi le Fils de l'homme en son jour.
25 Mais il faut premierement qu'il souffre beaucoup, &
qu'il soit rejetté par cette nation.
26 Et [g] comme il arriva aux jours de Noé, il arrivera de
même aux jours du Fils de l'homme.
27 On mangeoit & on beûvoit; on prenoit & on donnoit
des femmes en mariage jusqu'au jour que Noé entra dans
l'Arche; & le déluge vint qui les fit tous périr.

e *Lévit.* 14. 2. & *suivans.*

3 C'est-à-dire, avec une pompe mondaine.

4 Ou, *au milieu de vous.*

f *Matth.* 24. 23. *Marc* 13. 11.

g *Gen.* 6. 2. & 7. 5. *Matth.* 24. 38. 1 *Pier.* 3. 20.

28 Pareillement auſſi, comme il arriva aux jours de Lot:
on mangeoit, on beûvoit, on achettoit, on vendoit, on
plantoit, & on bâtiſſoit:
29 Mais [h] au jour que Lot ſortit de Sodome, il plut du feu
& du ſouffre du ciel, qui les fit tous périr.
30 Il en ſera de même au jour que le Fils de l'homme [5] ſera manifeſté.
31 En ce jour-là que celui qui ſera ſur la maiſon, & qui
aura ſon ménage dans la maiſon, ne deſcende point pour
l'emporter: & que celui qui ſera aux champs, pareillement
ne retourne point à ce qui eſt demeuré en arriere.
32 [i] Souvenez-vous de la femme de Lot.
33 [k] Quiconque cherchera à ſauver ſa vie, la perdra: &
quiconque la perdra, [6] la vivifiera.
34 Je vous dis, [l] qu'en cette nuit-là deux ſeront dans un
même lit; l'un ſera pris, & l'autre laiſſé.
35 [m] Il y aura deux *femmes* qui moudront enſemble, l'une
ſera priſe, & l'autre laiſſée.
36 Deux ſeront aux champs: l'un ſera pris, & l'autre laiſſé.
37 Et eux répondant lui dirent; Où *ſera-ce* Seigneur? Et
il leur dit, [n] [7] En quelque lieu que ſera le corps *mort*, là
auſſi s'aſſembleront les aigles.

h *Gen.* 19. 24.
5 Dans ſa vengeance contre ſes ennemis, & par l'établiſſement de ſon regne.
i *Gen.* 19. 26.
k *ch.* 9. 24. *Matth.* 10. 39. & 16. 25. *Marc* 8. 35. *Jean* 12. 25.
6 C'eſt-à-dire, s'aſſurera la poſſeſſion de la véritable vie.
l *Matth.* 24. 40.
m *Matth.* 24. 41.
n *Job* 39. 33. *Matth* 24. 38.
7 Voyez la Note ſur Matth. 24. 38.

CHAPITRE XVIII.

Le juge inique, 2. Dieu vengera ſes élûs, 7. Le Fils de l'homme ne trouvera point de foi ſur la terre, 8. Le Phariſien & le Péager, 10. Petits enfans préſentez à J. C. 15. Le jeune homme riche, 18. Recompenſe de ceux qui ont tout quitté pour J. C. 28. J. C. prédit ſa mort, 31. Il guérit un aveugle auprés de Jérico, 35.

IL leur propoſa auſſi une parabole, *pour faire voir* [a] qu'il
faut toûjours prier, & ne ſe laſſer point?
2 Diſant, [b] Il y avoit dans une ville un juge qui ne craignoit point Dieu, & qui ne reſpectoit perſonne.
3 Et dans la même ville il y avoit une veuve, qui l'alloit ſouvent trouver, & lui dire; Fai-moi juſtice de ma partie averſe.
4 Et durant un long-temps il n'en voulut rien faire. Mais
aprés cela il dit en lui-même; Bien que je ne craigne point
Dieu, & que je ne reſpecte perſonne,

a *Rom.* 12. 12. 1 *Theſſ.* 5. 17.
b *Job* 31. 16. *Eſa.* 10. 2.

5 Néan-

5 Néanmoins parce que cette veuve me donne de la peine,
je lui ferai justice, de peur qu'elle ne vienne perpétuellement
me rompre la tête.
6 Et le Seigneur dit; Ecoutez ce que dit le juge inique.
7 Et Dieu ne vengera-t-il point ses élûs qui crient à lui jour
& nuit, quoi qu'il différe de s'irriter pour l'amour d'eux?
8 Je vous dis que bien-tôt il les vengera. [1] Mais quand le
Fils de l'homme viendra, *pensez-vous* qu'il trouve de la foi
[2] en la terre?
9 Il dit aussi cette parabole à quelques-uns [c] qui se confioient
en eux-mêmes d'être justes, & qui tenoient les autres pour
rien;
10 Deux hommes monterent au Temple pour prier, l'un
Pharisien; & l'autre, péager.
11 Le Pharisien se tenant à l'écart prioit en lui-même, disant de telles choses; O Dieu, je te rens graces de ce que je
ne suis point comme le reste des hommes, *qui sont* ravisseurs, injustes, adulteres, ni même comme ce péager.
12 Je jeûne [3] deux fois la semaine, & je donne la dixme de
tout ce que je possede.
13 Mais le péager se tenant loin, n'osoit pas même lever
les yeux vers le Ciel, mais frappoit sa poitrine, en disant;
O Dieu, sois appaisé envers moi qui suis pécheur!
14 Je vous dis que celui-ci descendit en sa maison justifié,
[4] plustôt que l'autre: [d] Car quiconque s'éleve, sera abbaissé,
& quiconque s'abbaisse, sera élevé.
15 [e] Et quelques-uns lui présenterent aussi de petits enfans,
afin qu'il les touchât, ce que les Disciples voyant, ils les
tancerent:
16 Mais Jésus les ayant fait venir à lui, dit; Laissez venir
à moi les petits enfans, & ne les en empêchez point: car à
tels est le Royaume de Dieu.
17 En vérité je vous dis, quiconque ne recevra point comme un enfant le Royaume de Dieu, n'y entrera point.
18 [f] Et un Seigneur l'interrogea, disant; Maître qui es
bon, que ferai-je pour hériter la vie éternelle?

1 C'est-à-dire, quand il viendroit en jugement contre la Synagogue son ennemie.
2 C'est-à-dire, dans la Judée.
c *Prov.* 30. 12.
3 C'étoient les jeûnes du lundi & du jeudi.
4 C'est-à-dire, & non pas l'autre: car c'est ici le sens de l'expression grecque, comme 1 Cor. 7. 9. & 1 Pier. 3. 17.
d *Job* 22. 29. *Prov.* 29. 23. *Matth.* 14. 11. & 23. 12. *Jacq.* 4. 6. 1 *Pier.* 5. 5.
e *Matth.* 19. 13. *Marc* 10. 13.
f *Matth.* 19. 16. *Marc* 10. 17.

19 Jésus lui dit; Pourquoi m'appelles-tu bon? Il n'y a nul
bon qu'un seul, *qui est* Dieu.
g *Exod.* 20. 13. & *suivans.* 20 Tu sais les Commandemens: [g] Tu ne commettras point
adultere. Tu ne tueras point. Tu ne déroberas point. Tu
ne diras point faux témoignage. Honore ton pére & ta mére.
21 Et il lui dit; J'ai gardé toutes ces choses dès ma jeunesse.
h *Matth.* 19. 21. *Marc* 10. 21. 22 Et quand Jésus eut entendu cela, il lui dit; [h] Il te manque encore une chose: vends tout ce que tu as, & le distri-
bue aux pauvres, & tu auras un trésor au ciel: puis viens,
& me sui.
23 Mais lui ayant entendu ces choses devint fort triste, car
il étoit extrémement riche.
24 Et Jésus voyant qu'il étoit devenu fort triste, dit; Qu'il
est mal-aisé que ceux qui ont des biens entrent dans le Royaume de Dieu!
25 Il est certes plus aisé qu'un chameau entre par le trou
d'une aiguille, qu'il ne l'est qu'un riche entre dans le Royaume de Dieu.
26 Et ceux qui entendirent cela, dirent; Et qui peut donc
être sauvé?
i *Jér.* 32. 17. 27 Et il leur dit; [i] Les choses qui sont impossibles aux
hommes, sont possibles à Dieu.
k *Matth.* 19. 27. *Marc* 10. 28. 28 [k] Et Pierre dit; Voici, nous avons tout quitté, & t'a-
vons suivi.
29 Et il leur dit; En vérité je vous dis, qu'il n'y en a pas
un qui ait quitté sa maison, ou ses parens, ou ses freres, ou
sa femme, ou ses enfans pour l'amour du Royaume de Dieu,
l *Marc* 10. 30. 30 [l] Qui ne reçoive beaucoup plus en ce temps-ci, & au
siecle avenir la vie éternelle.
m *Matth.* 20. 17. *Marc* 10. 32. 31 [m] Puis Jésus prit à part les douze, & il leur dit; Voici, nous montons à Jérusalem, & toutes les choses qui sont
écrites par les Prophetes touchant le Fils de l'homme, seront
accomplies:
n *Matth.* 20. 19. 32 [n] Car il sera livré aux Gentils, & sera moqué, & inju-
rié, & on lui crachera au visage.
33 Et après qu'ils l'auront fouetté, ils le feront mourir: mais
il ressuscitera le troisieme jour.

34 Mais

34 Mais ils n'entendirent rien de ces choſes, & ce diſcours
leur étoit caché, & ils n'entendoient point ce qu'il leur diſoit.
35 °Or il arriva comme il approchoit de Jérico, qu'il y a- o *Matth.* 20.
voit un aveugle aſſis près du chemin, & qui mendioit. 29. *Marc* 10.
36 Et entendant la multitude qui paſſoit, il demanda ce 49.
que c'étoit.
37 Et on lui dit, que Jéſus le Nazarien paſſoit.
38 Alors il cria, diſant; Jéſus, Fils de David, aye pitié
de moi.
39 Et ceux qui alloient devant le tançoient afin qu'il ſe tût,
mais Il crioit beaucoup plus fort; Fils de David, aye pitié
de moi.
40 Et Jéſus s'étant arrêté commanda qu'on le lui amenât:
& quand il ſe fut approché, il l'interrogea:
41 Diſant; Que veux-tu que je te faſſe? Il répondit; Seigneur, que je recouvre la vûe.
42 Et Jéſus lui dit; Recouvre la vûe: ta foi t'a ſauvé.
43 Et à l'inſtant il recouvra la vûe, & il ſuivoit *Jéſus*, glorifiant Dieu. Et tout le peuple voyant cela, donna louange
à Dieu.

CHAPITRE XIX.

La converſion de Zachée, 2. *La parabole des dix marcs*, 12. *Prédiction contre la Judée*, 27. *L'entrée de J. C. dans Jéruſalem*, 29 *Ses pleurs ſur Jéruſalem*, 41. *Dont il prédit la priſe & la ruïne*, 43. *Il chaſſe hors du Temple les vendeurs & les achetteurs*, 45.

ET *Jéſus* étant entré dans Jérico, alloit par la ville.
2 Et voici un homme appellé Zachée, qui étoit principal
péager, & qui étoit riche,
3 Tâchoit à voir lequel étoit Jéſus, mais il ne pouvoit à
cauſe de la foule, car il étoit de petite ſtature.
4 C'eſt pourquoi il accourut devant, & monta ſur un ſy-
comore pour le voir: car il devoit paſſer par là.
5 Et quand Jéſus fut venu à cét endroit-là, regardant en
haut, il le vit & il lui dit; Zachée, deſcens promptement:
car il faut que je demeure aujourd'hui dans ta maiſon.
6 Et il deſcendit promptement, & le reçut avec joye.

7 Et

7 Et tous voyant cela murmuroient, diſant qu'il étoit entré
chez un homme de mauvaiſe vie pour y loger.
8 Et Zachée ſe préſentant là, dit au Seigneur; Voici,
Seigneur, [1] je donne la moitié de mes biens aux pauvres:
& ſi j'ai fait tort à quelqu'un en quelque choſe, j'en rens le
quadruple.
9 Et Jéſus lui dit; Aujourd'hui le ſalut eſt venu à cette
maiſon: parce que celui-ci auſſi eſt [2] fils d'Abraham.
10 [a] Car le Fils de l'homme eſt venu chercher & ſauver ce
qui étoit perdu.
11 Et comme ils entendoient ces choſes, Jéſus pourſuivit
ſon diſcours, & propoſa une parabole, parce qu'il étoit près
de Jéruſalem, & qu'ils penſoient [3] qu'à l'inſtant [4] le Regne
de Dieu devoit être manifeſté.
12 Il dit donc, [5] Un homme noble s'en alla dans un païs
éloigné, comquérir pour ſoi un Royaume, & puis s'en revenir.
13 Et ayant appellé dix de ſes ſerviteurs, il leur donna dix
marcs, & leur dit; Faites-les valoir juſqu'à ce que je vienne.
14 Or [6] ſes citoyens le haïſſoient: c'eſt pourquoi ils envoyerent après lui une députation, pour dire; [b] Nous ne voulons
pas que celui-ci regne ſur nous.
15 Il arriva donc après qu'il fut retourné, ayant conquis le
Royaume, qu'il commanda qu'on lui appellât ces ſerviteurs
à qui il avoit confié *ſon* argent, afin qu'il ſût combien chacun auroit gagné par ſon trafic.
16 Alors le premier vint, diſant; Seigneur, ton marc a
produit dix autres marcs.
17 Et il lui dit; C'eſt bien fait, bon ſerviteur parce que [c] tu
as été fidele en peu de choſe, aye puiſſance ſur dix villes.
18 Et un autre vint, diſant; Seigneur, ton marc en a
produit cinq autres.
19 Et il dit auſſi à celui-ci; Et toi, ſois ſur cinq villes.
20 Et un autre vint, diſant; Seigneur, voici ton marc que
j'ai tenu enveloppé dans un linge;
21 Car je t'ai craint, parce que tu es un homme rude: tu
prens

1 C'eſt-à-dire, je donne dès à preſent, & dès à preſent je vais rendre &c.
2 Sav. par ſa foi.
a *Matth.* 18. 11.
3 C'eſt-à-dire, bien-tôt, & en peu de temps.
4 Le regne du Meſſie, tel que les Juifs l'attendoient.
5 Ou, *un homme d'une grande naiſſance*, c'étoit J.C. fils de David, & Fils de Dieu.
6 Les Juifs en général.
b *Jean* 19. 15.
c *ch.* 16. 10.

prens ce que tu n'as point mis, & tu moissonnes ce que tu
n'as point semé.
22 Et il lui dit; Méchant serviteur, [d] je te jugerai par ta [d] 2 Sam. 1. 16.
parole: [e] tu savois que je suis un homme rude, prenant ce Matth. 12. 37.
que je n'ai point mis, & moissonnant ce que je n'ai point semé. [e] Matth. 25. 26.
23 Pourquoi donc n'as-tu pas mis mon argent à la banque,
& à mon retour je l'eusse retiré avec l'intérêt?
24 Alors il dit à ceux qui étoient présens; Otez-lui le marc,
& donnez-le à celui qui a les dix.
25 Et ils lui dirent; Seigneur, il a dix marcs.
26 Ainsi je vous dis, qu'à chacun qui aura, il sera donné;
[f] & à celui qui n'a rien, cela même qu'il a lui sera ôté. [f] Matth. 13.
27 Au reste, amenez-ici ces ennemis qui n'ont pas voulu 12. & 25. 29. Marc 4. 25.
que je regnasse sur eux, & tuez-les devant moi.
28 Et ayant dit ces choses, il alloit devant *eux*, montant
à Jérusalem.
29 [g] Et il arriva comme il approchoit de Bethphagé & de [g] Matth. 21.
Béthanie, vers la montagne appellée des Oliviers, qu'il en- 1. Marc. 11. 1.
voya deux de ses Disciples,
30 En leur disant; Allez à la bourgade qui est vis-à-vis de
vous, & y étant entrez, vous trouverez un asnon attaché,
sur lequel jamais homme n'est monté: détachez-le, & amenez-le moi.
31 Que si quelqu'un vous demande pourquoi vous le détachez, vous lui direz ainsi; C'est parce que le Seigneur en a
affaire.
32 Et ceux qui étoient envoyez s'en allerent, & trouverent
ainsi qu'il leur avoit dit.
33 Et comme ils détachoient l'asnon, les maîtres leur dirent; Pourquoi détachez-vous cét asnon?
34 Ils répondirent; Le Seigneur en a affaire.
35 Ils l'emmenerent donc à Jésus, [h] & ils jetterent leurs vê- [h] 2 Rois 9. 13.
temens sur l'asnon: [i] puis ils mirent Jésus dessus. [i] Jean 12. 14.
36 Et comme il alloit, ils étendoient leurs vêtemens par le
chemin.
37 Et lors qu'il fut proche de la descente de la montagne
 des

des Oliviers, toute la multitude des disciples se réjouïssant,
se mit à louer Dieu à haute voix, pour tous les miracles qu'ils
avoient vûs:

k *Psa.* 118. 26. 38 Disant, k Béni soit le Roi qui vient au Nom du Seigneur: paix soit au Ciel, & gloire aux lieux très-hauts.
39 Et quelques-uns d'entre les Phariſiens de la troupe lui
l *Gen.* 31. 52. *Jos.* 24. 27. dirent; Maître, reprens tes disciples.
Hab. 2. 11. 40 Et *Jésus* répondant, leur dit; Je vous dis que si ceux-
7 C'est ce qui est appellé au ci se taisent, l les pierres mêmes crieront.
vs. 44. 41 Et quand il fut proche, voyant la ville, il pleura sur el-
le temps de sa visitation. le, disant;
8 C'est-à-dire, qui te 42 O si toi aussi eusses connu, au moins 7 en cette tienne
procureroient journée, les choses 8 qui appartiennent à ta paix! mais main-
la paix. tenant elles sont cachées devant tes yeux.
m *ch.* 21. 6. 43 Car les jours viendront sur toi que tes ennemis t'assie-
1 *Rois* 9. 7. 8. *Mich.* 3. 12. geront de tranchées, & t'environneront, & t'enserreront de
Matth. 24. 1. tous côtez:
2. *Marc* 13. 2. 9 C'est en gé- 44 Et te raseront, toi & tes enfans qui sont au dedans de
néral tout le toi, m & ils ne laisseront en toi pierre sur pierre, parce que
temps que J. C. a exercé tu n'as point connu 9 le temps de ta visitation.
son ministere. 45 n Puis étant entré au Temple, il commença à jetter de-
n *Matth.* 21. 12. *Marc* 11. hors ceux qui y vendoient & qui y achettoient.
15. 46 Leur disant; Il est écrit; o Ma Maison est la Maison de
o 1 *Rois* 8. 29. *Esa.* 56. 7. priere: mais vous p en avez fait une caverne de voleurs.
Jér. 7. 11. 27 Et il étoit tous les jours enseignant dans le Temple, q
Matth. 21. 13. *Marc* 11. 17. Et les principaux Sacrificateurs & les Scribes, & les princi-
p *Jér.* 7. 11. paux du peuple tâchoient à le faire mourir.
q *Marc* 11. 48 Mais ils ne trouvoient aucune chose qu'ils lui pûssent
18. *Jean* 7. 19. & 8. 37. faire: car tout le peuple étoit fort attentif à l'écouter.

CHAPITRE. XX.

Les Scribes recherchent J. C. sur sa Mission, 2. La parabole des Vignerons, 9. S'il faut payer le tribut à César. 22. Question des Sadducéens touchant la résurrection, 27. Comment le Messie est fils de David, 41. Contre le faste des Scribes, 46. Et contre leur avarice, 47.

a *Matth.* 21. 23. *Marc* 11. 27. ET a il arriva un de ces jours-là, comme il enseignoit le
peuple dans le Temple, & qu'il évangélisoit, que les
Principaux Sacrificateurs & les Scribes survinrent avec les Anciens.

2 Et

2 Et ils lui parlerent, en disant; Dis-nous [b] de quelle au- b *Act.* 4. 7.
torité tu fais ces choses, ou qui est celui qui t'a donné cette & 7. 27.
autorité?
3 Et Jésus répondant, leur dit; Je vous interrogerai moi
aussi sur une chose, & répondez-moi.
4 Le Baptême de Jean étoit-il du Ciel; ou des hommes?
5 Or ils disputoient entr'eux, disant; Si nous disons; Du
Ciel: il dira; Pourquoi donc ne l'avez-vous point crû?
6 Et si nous disons; Des hommes, tout le peuple nous la-
pidera: [c] car ils sont persuadez que Jean étoit un Prophete: c *Matth.* 14.
7 C'est pourquoi ils répondirent; Qu'ils ne savoient d'où il 5. *Marc* 6. 20.
étoit.
8 Et Jésus leur dit; Je ne vous dirai point aussi de quelle
autorité je fais ces choses.
9 Alors il se mit à dire au peuple cette parabole: [d] Un hom- d *Esa.* 5. 1.
me planta une vigne, & la loua à des vignerons, & fut long- *Jér.* 2. 21. &
temps dehors. 12. 10. *Matth.*
21. 33. *Marc*
10 Et dans la saison, il envoya un serviteur vers les vigne- 12. 1.
rons, afin qu'ils lui donnassent du fruit de la vigne: mais les
vignerons l'ayant battu, le renvoyerent à vuide.
11 Il leur envoya encore un autre serviteur; mais ils le battirent aussi, & après l'avoir traitté indignement, ils le renvoyerent à vuide.
12 Il en envoya encore un troisiéme, mais ils le blesserent
aussi, & le jetterent dehors.
13 Alors le seigneur de la vigne dit; Que ferai je? j'y envoyerai mon fils, le bien-aimé: peut-être que quand ils le
verront, ils le respecteront.
14 Mais quand les vignerons le virent, [e] ils raisonnerent e *Psa.* 2. 1.
entr'eux, en disant; [f] Celui-ci est l'héritier: venez, tuons- *Jean* 11. 8. 53.
le, [g] afin que l'héritage soit à nous. f *Matth.* 26.
3. 4.
15 Et ils le jetterent hors de la vigne, & le tuerent. Que g *Psa.* 2. 8.
leur fera donc le maître de la vigne? *Héb.* 1. 2.
16 Il viendra, & fera périr ces vignerons-là, [h] & il donne- h *Esa.* 61. 5.
ra la vigne à d'autres. Ce qu'eux ayant entendu, ils dirent;
Ainsi n'avienne!

17 Alors

17 Alors il les regarda, & dit; Que veut donc dire ce qui
eſt écrit; [i]La pierre que les Edifians ont rejettée, eſt devenue la maîtreſſe pierre du coin.
18 [k]Quiconque [1] tombera ſur cette pierre, ſera froiſſé: &
[2] elle briſera celui ſur qui elle tombera.
19 Et les principaux Sacrificateurs & les Scribes chercherent dans ce même inſtant à mettre les mains ſur lui: [l]car ils
connurent bien qu'il avoit dit cette parabole contr'eux, [m]
mais ils craignirent le peuple.
20 Et [n] l'obſervant, ils envoyerent des gens concertez,
qui contrefaiſoient les gens de bien, pour le ſurprendre en
paroles, afin de le livrer à la domination & à la puiſſance du
Gouverneur.
21 Leſquels l'interrogerent, en diſant; [o] Maître, nous ſa-
vons que tu parles & que tu enſeignes droitement, & que
tu ne regardes point à l'apparence des perſonnes, mais que
tu enſeignes la voye de Dieu en vérité.
22 Nous eſt-il permis de payer le tribut à Céſar, ou non?
23 Mais lui ayant apperçû leur ruſe, leur dit; Pourquoi
me tentez-vous?
24 Montrez-moi un denier: De qui a-t-il l'image & l'in-
ſcription? Ils lui répondirent; De Céſar.
25 Et il leur dit; [p]Rendez donc à Céſar les choſes qui ſont
à Céſar; & à Dieu, les choſes qui ſont à Dieu.
26 Ainſi ils ne pûrent rien trouver à redire en ſa parole devant le peuple: mais tout étonnez de ſa réponſe, ils ſe tûrent.
27 Alors quelques-uns [q] des Sadducéens, qui nient formel-
lement la réſurrection, s'approcherent, & l'interrogerent.
28 Diſant; Maître, [r]Moyſe nous a laiſſé par écrit; Que ſi
le frére de quelqu'un eſt mort ayant une femme, & qu'il ſoit
mort ſans enfans, ſon frére prenne ſa femme, & qu'il ſuſcite
des enfans à ſon frére.
29 Or il y eut ſept fréres, dont le premier prit une femme,
& mourut ſans enfans.
30 Et le ſecond la prit, & mourut auſſi ſans enfans.
31 Puis le troiſiéme la prit, & de même tous les ſept; & ils
moururent ſans avoir laiſſé des enfans.

i *Pſe.* 118. 22. *Eſa.* 8. 14. & 28. 16. *Matth.* 21. 42. *Marc* 12. 10. *Act.* 4. 11. *Rom* 9. 33. 1 *Pier.* 2. 7.

k *Eſa.* 8. 15. *Zach.* 12. 3.

1 C'eſt-à-dire, y heurtera & tombera, ſe ſcandaliſant de ce que J. C. mourra.

2 Elle briſera menu comme paille la nation rebelle ſur laquelle J. C. feroit tomber ſes jugemens, en ſorte qu'elle ſera diſperſée comme une paille briſée, ch. 21. 24.

l *Ezéch.* 21. 5.

m *vs.* 6. & *ch.* 22. 2.

n *Matth.* 22. 15. *Marc* 12. 13.

o *Matth.* 22. 16. *Marc.* 12. 13.

p *Rom.* 13. 7.

q *Matth.* 22. 23. *Marc* 12. 18. *Act.* 23. 8.

r *Deut.* 25. 5.

32 Et

32 Et après tous la femme aussi mourut.
33 Duquel d'eux donc sera-t-elle femme en la résurrection?
car les sept l'ont eûe pour femme.
34 Et Jésus répondant leur dit; Les enfans [3] de ce siécle
prennent & sont pris en mariage.
35 Mais ceux qui seront faits dignes d'obtenir [4] ce siécle-là
& la résurrection des morts, ne prendront ni ne seront pris
en mariage:
36 Car ils ne pourront plus mourir, parce qu'ils seront pa-
reils aux Anges, & qu'ils seront fils de Dieu, étant fils de
la résurrection.
37 Or que les morts ressuscitent, Moyse même l'a montré
auprès du buisson, quand [f] il appelle le Seigneur, le Dieu
d'Abraham, & le Dieu d'Isaac, & le Dieu de Jacob.
38 Or il n'est point le Dieu des morts, mais des vivans:
car tous vivent à lui.
39 Et quelques-uns des Scribes prenant la parole, dirent;
Maître, tu as bien dit.
40 Et ils ne l'oserent plus interroger de rien.
41 [t] Mais lui leur dit; Comment dit-on que le Christ est
Fils de David?
42 Car David lui-même dit au Livre des Pseaumes; [u] Le
Seigneur a dit à mon Seigneur; Assieds-toi à ma droite,
43 Jusqu'à ce que j'aye mis tes ennemis pour le marchepied
de tes pieds.
44 *Puis* donc que David l'appelle *son* Seigneur, comment
est-il son fils?
45 Et comme tout le peuple écoutoit, il dit à ses Disciples;
46 [x] Donnez-vous garde des Scribes, qui se plaisent à se
promener en robes longues, & qui aiment les salutations dans
les marchez, & les premieres séances dans les Synagogues,
& les premieres places dans les festins;
47 [y] *Et* qui mangent entierement les maisons des veuves,
même sous prétexte de faire de longues prieres: *car* ils en
recevront une plus grande condamnation.

3 C'est-à-dire, dans cette vie.
4 C'est-à-dire, cet autre siécle, qui sera celui de la résurrection.
f *Exod.* 3. 6. *Matth.* 22. 32. *Marc* 12. 26. *Act.* 7. 32. *Héb.* 11. 16.
t *Matth.* 22. 41. *Marc* 12. 35.
u *Pse.* 110. 1.
x *ch.* 11. 43. *Matth.* 23. 6. *Marc* 12. 38.
y *Matth.* 23. 14. *Marc* 12. 40. 2 *Tim.* 3. 6. *Tite* 1. 11.

CHAPITRE XXI.

La veuve qui met deux pites au tronc, 2. Prédictions contre les Juifs, 5. Et aux Apostres qu'ils seront persecutez, 12. Le siege de Jérusalem, 20. Les signes qui précederont ces choses, 25. Exhortation à veiller, 34.

a *Marc* 12. 41. [a] ET comme *Jésus* regardoit, il vit des riches qui mettoient
leurs dons au tronc:
2 Il vit aussi une pauvre veuve qui y mettoit deux pites.
3 Et il dit, Certes je vous dis, que cette pauvre veuve a
plus mis que tous *les autres*.
4 Car tous ceux-ci ont mis aux offrandes de Dieu, de ce
qui leur abonde: mais celle-ci y a mis de sa disette tout ce
qu'elle avoit pour vivre.
b *Matth.* 24. 5 [b] Et comme quelques-uns disoient du Temple, qu'il étoit
1. *Marc* 13. 1. orné de belles pierres, & de dons, il dit:
c *ch.* 19. 44. 6 Est-ce cela que vous regardez? [c] Les jours viendront qu'il
n'y sera laissé pierre sur pierre qui ne soit démolie.
7 Et ils l'interrogerent, en disant; Maître, quand sera-ce
donc que ces choses arriveront? & quel signe y aura-t-il quand
ces choses devront arriver?
d *Matth.* 24. 8 Et il dit, [d] Prenez garde que vous ne soyez point séduits:
4. *Eph.* 5. 6. car plusieurs viendront en mon Nom, disant; C'est moi *qui*
2 *Thess.* 2. 3. *suis le Christ*; & même le temps approche: n'allez donc point
après eux.
9 Et quand vous entendrez des guerrez & des séditions,
ne vous épouvantez point: car il faut que ces choses arrivent
1 La fin des premierement, mais [1] la fin ne sera pas tout aussi-tôt.
malheurs de 10 Alors il leur dit; Nation s'élevera contre Nation, &
la Judée. Royaume contre Royaume.
11 Et il y aura de grands tremblemens de terre en tous
lieux, & des famines, & des pestes, & des épouvantemens,
& de grands signes du ciel.
e *Matth.* 24. 9. 12 [e] Mais avant toutes ces choses ils mettront les mains sur
Marc 13. 9. vous, & vous persécuteront, vous livrant aux Synagogues,
& vous mettant en prison: & ils vous meneront devant les
Rois & les Gouverneurs, à cause de mon Nom.
13 Et cela vous sera pour témoignage.

14 [f]Mettez donc en vos cœurs de ne préméditer point comment vous aurez à répondre:
15 [g]Car je vous donnerai une bouche & une sagesse, à laquelle tous ceux qui vous seront contraires, ne pourront
contredire, ni résister.
16 [h]Vous serez aussi livrez par vos péres & par vos méres,
& par vos fréres, & par vos parens, & par vos amis: [i]& ils
en feront mourir plusieurs d'entre vous.
17 [k]Et vous serez haïs de tous à cause de mon Nom.
18 Mais un cheveu de vôtre tête ne sera point perdu.
19 Possédez vos ames par vôtre patience.
20 Et quand vous verrez [2] Jérusalem être environnée d'armées, sachez alors que sa desolation est proche.
21 Alors que ceux qui sont en Judée, s'enfuyent aux montagnes: & que ceux qui sont dans Jérusalem, s'en retirent:
& que ceux qui sont aux champs, n'entrent point en elle.
22 Car ce seront là les jours de la vengeance, afin que toutes [l] les choses qui sont écrites soient accomplies.
23 Or malheur à celles qui seront enceintes, & à celles qui
allaitteront en ces jours-là: car il y aura une grande calamité
sur le païs, & une grande colere contre ce peuple.
24 Et ils tomberont au tranchant de l'épée, [m]& seront menez captifs dans toutes les nations: [n] & Jérusalem [3] sera foulée par les Gentils, [4] jusqu'à ce que les temps des Gentils
soient accomplis.
25 Et [o] il y aura des signes dans le soleil & dans la lune, &
dans les étoiles, & une telle détresse des nations, qu'on ne
saura que devenir sur la terre, [p]la mer bruyant & les ondes.
26 De sorte que les hommes seront comme rendans l'ame
de peur, & à cause de l'attente des choses qui surviendront
dans toute la terre: car les vertus des cieux seront ébranlées.
27 Et [q] alors on verra le Fils de l'homme venant sur une
nuée avec puissance & grande gloire.
28 Or quand ces choses commenceront d'arriver, regardez
en haut, & levez vos têtes, parce que [r] vôtre délivrance approche.

29 Et

f *ch.* 12. 11. *Matth.* 10. 19. *Marc* 13. 11.
g *Exod.* 4. 12. *Esa.* 54. 17. *Act.* 6. 10.
h *Mich.* 7. 6.
i *Act.* 7. 59. & 12. 2.
k *Matth.* 10. 22. *Marc* 13. 13.
2 Quand vous verrez les legions Romaines courir le païs de toutes parts, croyez que la ville de Jérusalem ne sera pas épargnée, & qu'elle y périra.
l *Dan.* 9. 27. *Matth.* 24. 15. *Marc* 13. 14.
m *Pse.* 109. 10.
n *Jér.* 22. 8.
3 Mise en poudre par les Romains.
4 C'étoit une prédiction de la vocation des Gentils & de la future conversion des Juifs, Mich. 5. 3. Rom. 11. 25.
o *Esa.* 13. 10. *Ezéch.* 32. 7. *Joël* 2. 31. *Marc* 13. 24.
p *Esa.* 5. 30. & 17. 12. *Jér.* 6. 23. & 51. 42. *Ezéch.* 26. 3.
q *Matth.* 24. 30. *Marc* 13. 26.
r *ch.* 18. 7. 8. 1 *Thess.* 2. 15. 16. *Héb.* 10. 32. 33. &c. *Jacq.* 5. 6. 7. 8.

29 Et il leur proposa cette comparaison; [f]Voyez [5] le figuier,
& tous les *autres* arbres:
30 Quand ils commencent à pousser, vous connoissez de
vous-mêmes en regardant, que l'Eté est déja près.
31 Vous aussi pareillement, quand vous verrez arriver ces
choses, sachez que [6] le Regne de Dieu est près.
32 En vérité je vous dis, que cette génération ne passera
point, que toutes ces choses ne soient arrivées.
33 [t]Le ciel & la terre passeront, mais mes paroles ne passeront point.
34 Prenez donc garde à vous-mêmes, de peur que [u] vos
cœurs ne soient appesantis par la gourmandise & l'yvrogne-
rie, & par les soucis de cette vie; & que ce jour-là ne vous
surprenne subitement.
35 [x]Car il surprendra comme un laqs tous ceux qui habitent sur le dessus de toute la terre.
36 [y]Veillez donc, priant en tout temps, afin que vous soyez
faits dignes d'éviter toutes ces choses qui doivent arriver: &
afin que vous puissiez subsister devant le Fils de l'homme.
37 [z]Or il enseignoit de jour dans le Temple: & il sortoit
& demeuroit la nuit dans la montagne qui est appellée des
Oliviers.
38 Et dès le point du jour, tout le peuple venoit vers lui
au Temple pour l'entendre.

f *Matth.* 24. 32. *Marc* 13. 28.
5 Ce n'étoit donc qu'à l'approche de la belle saison, & dans le commencement du printemps que les figuiers ordinaires, de même que les autres arbres, commençoient à pousser leurs feuilles.
6 La punition éclatante de J. C. sur la Judée. Marc 9. 1.
t *Pse.* 102. 27. *Esa.* 51. 6. *Matth.* 24. 35. *Marc* 13. 31. *Heb.* 1. 11. 2 *Pier.* 3. 7. 10.
u *Rom.* 13. 13. 1 *Thess.* 5. 6. 1 *Pier.* 4. 7.
x *Matth.* 24. 42. &c. *Marc* 13. 32. 33. &c. y *ch.* 12. 40. & 18. 1. *Matth.* 24. 42. & 25. 13. *Marc* 13. 33. 1 *Thess.* 5. 6. z *Jean* 8. 1. 2.

CHAPITRE XXII.

Complot de Judas avec les Sacrificateurs contre J. C. 3. *J. C. donne ordre à ses Disciples de lui préparer la Pasque*, 7. *Il fait la Pasque*, 14. *Et il institue l'Eucharistie*, 19. *Manger & boire à sa table dans son Royaume*, 30. *Satan a demandé de les cribler comme du blé*, 31. *Que celui qui a une bourse la prenne &c.* 36. *Jésus dans l'agonie*, 41. *Il est pris*, 47. *Et mené chez le souverain Sacrificateur*, 54. *Pierre l'y renie*, 57. *On s'y moque de lui*, 63. *Et on traitte de blasphème ce qu'il dit, qu'il est le Fils de Dieu*, 70.

1 [a]OR la feste des pains sans levain, qu'on appelle Pasque,
approchoit.
2 [b]Et les principaux Sacrificateurs, & les Scribes cherchoient comment ils le pourroient faire mourir: car ils craignoient le peuple.

a *Exod.* 12. 15. *Matth.* 26. 2. *Marc* 14. 1.
b *Pse.* 2. 2. *Jean* 11. 47. *Act.* 4. 27.

3 [c]Mais

3 [c] Mais Satan entra dans Judas, surnommé Iscariot, qui
étoit du nombre des douze.
4 Lequel s'en alla, & parla avec les principaux Sacrificateurs
& les Capitaines, de la maniere dont il le leur livreroit.
5 Et ils en furent joyeux, & convinrent qu'ils lui donneroient de l'argent.
6 Et il le leur promit: & il cherchoit le temps propre pour
le leur livrer sans tumulte.
7 [d] Or le jour des pains sans levain auquel il falloit sacrifier
l'*Agneau* de Pasque, arriva.
8 Et *Jésus* envoya Pierre & Jean, en leur disant; Allez, &
apprêtez-nous l'*Agneau* de Pasque, afin que nous le mangions.
9 Et ils lui dirent; Où veux-tu que nous l'apprêtions?
10 Et il leur dit; Voici, quand vous serez entrez dans la
ville vous rencontrerez un homme portant une cruche d'eau,
suivez-le en la maison où il entrera.
11 Et dites au maître de la maison; Le Maître t'envoye dire; Où est le logis où je mangerai l'*Agneau* de Pasque avec
mes Disciples?
12 Et il vous montrera une grande chambre haute, parée:
apprêtez là l'*Agneau de Pasque*.
13 S'en étant donc allez, ils trouverent selon qu'il leur avoit
dit, & ils apprêterent *l'Agneau* de Pasque.
14 [e] Et quand l'heure fut venue, il se mit à table, & les
douze Apostres avec lui.
15 Et il leur dit; J'ai fort desiré de manger cet *Agneau* de
Pasque avec vous avant que je souffre.
16 Car je vous dis, que je n'en mangerai plus [1] jusqu'à-ce
qu'il soit accompli dans le Royaume de Dieu.
17 Et ayant pris la coupe, il rendit graces, & il dit, Prenez-la, & la distribuez entre vous.
18 Car [f] je vous dis, que je ne boirai plus du fruit de la vigne, [2] jusqu'à-ce que le Regne de Dieu soit venu.
19 [g] Puis prenant le pain, & ayant rendu graces, il le
rompit & le leur donna, en disant; Ceci est mon corps,
qui

c Matth. 26. 14. Marc 14. 10. Jean 13. 2. 27.

d Matth. 26. 17. Marc 14. 12. 13.

e Matth. 26. 20. Marc. 13. 17.

1 C'est une phrase Hébraïque, pour dire, je n'en mangerai plus, & il sera accompli, c'est-à-dire, que la Pasque alloit avoir son accomplissement en J. C. dont elle avoit été la figure.

f Matth. 26. 29. Marc 14. 25.

2 C'est-à-dire, Je n'en boirai plus, & le regne de Dieu va bien-tôt être établi: c'étoit l'Evangile. vs 39.

g Matth. 26. 26. Marc 14. 22. 1 Cor. 11. 24.

qui est donné pour vous: faites ceci en mémoire de moi.
20 Pareillement aussi *il leur donna* la coupe après le souper,
en disant; Cette coupe est le Nouveau Testament en mon
sang, qui est répandu pour vous.
21 [h]Cependant voici, la main de celui qui me trahit est a-
vec moi à table.
22 Et certes le Fils de l'homme s'en va, [i] selon ce qui est
déterminé: toutefois malheur à cét homme par qui il est trahi.
23 Alors il se mirent à s'entredemander l'un à l'autre, qui
seroit celui d'entr'eux à qui il arriveroit de commettre cette
action.
24 [k]Il arriva aussi une contestation entr'eux, pour savoir
lequel d'entr'eux seroit estimé le plus grand.
25 Mais il leur dit; Les Rois des nations les maîtrisent: &
ceux qui usent d'autorité sur elles sont nommez bienfaicteurs.
26 Mais il n'en sera pas ainsi de vous: [l] au contraire, que
le plus grand entre vous, soit comme le moindre: & celui
qui gouverne, comme celui qui sert.
27 [m]Car lequel est le plus grand, celui qui est à table, ou
celui qui sert? n'est-ce pas celui qui est à table? [n] or je suis
au milieu de vous comme celui qui sert.
28 [o] Or vous êtes ceux qui avez persévéré avec moi dans
mes tentations.
29 [p]C'est pourquoi je vous dispose [3] le Royaume comme
mon Pére me l'a disposé.
30 [q]Afin [4] que vous [r] mangiez & que vous beuviez à ma table dans mon Royaume; [5] & que vous soyez assis sur des trônes, jugeant les douze Tribus d'Israël.
31 Le Seigneur dit aussi; Simon, Simon, voici, [s] Satan a
demandé instamment à vous [t] cribler comme le blé;
32 Mais j'ai prié pour toi que ta foi ne défaille point: toi
donc quand tu seras un jour converti, fortifie tes fréres.
33 Et *Pierre* lui dit; Seigneur, je suis tout prêt d'aller a-
vec toi, soit en prison, soit à la mort.

h *Matth.* 26. 21. 23. *Marc* 14. 18. *Jean* 13. 18.
i *Pse.* 41. 10. *Act.* 1. 16.
k *Matth.* 20. 25. *Marc* 10. 42.
l *ch.* 9. 48.
m *Matth.* 20. 28. *Jean* 13. 14.
n *Phil.* 2. 7.
o *Jean* 17. 12.
p *Matth.* 19. 28. *Rom.* 8. 17. 2 *Cor.* 1. 7. 2 *Tim.* 2. 12. *Apoc.* 3. 21.
3 La prédication de l'Evangile.
q *Matth.* 8. 11. & 22. 2. & 25. 10.
4 Sous cette image d'un repas, étoient représentées mystiquement les graces spirituelles de l'Evangile: comme Matth. 8. 11.
r *Matth.* 19. 28.
5 C'est l'autorité des Apostres dans le gouvernement & la conduite de l'Eglise: mais J. C. n'a pas marqué de trône particulier pour S. Pierre, & qui fût plus élevé que celui des autres: au contraire, il venoit de faire tous les Apostres égaux, vs. 26.
s 1 *Pier.* 5. 8.
t *Amos* 9. 9.

34 Mais Jésus lui dit; [u] Pierre, je te dis que le coq [6] ne
chantera point aujourd'hui, que premierement tu ne renies
par trois fois de m'avoir connu.
35 Puis il leur dit; [x] Quand je vous ai envoyez sans bourse, sans malette, & sans souliers, avez-vous manqué de quelque chose? Ils répondirent; De rien.
36 Et il leur dit; Mais maintenant que celui qui a une bourse la prenne, & de même celui qui a une malette: & que celui qui n'a point d'épée vende sa robe, & achette une épée.
37 Car je vous dis, qu'il faut que ceci aussi qui est écrit,
soit accompli en moi; [y] Et il a été mis au rang des iniques.
Car certainement les choses qui *ont été prédites* de moi, s'en
vont être accomplies.
38 Et ils dirent; Seigneur, voici deux épées. Et il leur
dit; [7] C'est assez.
39 [z] Puis il partit, & s'en alla, selon sa coûtume, au mont
des Oliviers: & ses Disciples le suivirent.
40 Et quand il fut arrivé en ce lieu-là, il leur dit; [a] Priez
que vous n'entriez point en tentation.
41 [b] Puis s'étant éloigné d'eux environ un ject de pierre, &
s'étant mis à genoux, il prioit.
42 Disant: Pére, si tu voulois transporter cette coupe loin
de moi: toutefois que ma volonté ne soit point faite, mais
la tienne.
43 Et un Ange lui apparut du ciel, le fortifiant.
44 Et lui étant en agonie, [c] prioit plus instamment; & sa
sueur devint comme des grumeaux de sang découlans en terre.
45 Puis s'étant levé de sa priere, il revint à ses Disciples,
lesquels il trouva dormans de tristesse:
46 Et il leur dit; Pourquoi dormez-vous? levez-vous, [d] &
priez que vous n'entriez point en tentation.
47 [e] Et comme il parloit encore, voici une troupe, & celui qui avoit nom Judas, l'un des douze, vint devant eux,
& s'approcha de Jésus pour le baiser.
48 Et Jésus lui dit; Judas, trahis-tu le Fils de l'homme par
un baiser?

u *Matth.* 26. 34. *Marc* 14. 30. *Jean* 13. 38.
6 C'est-à-dire n'aura pas achevé de chanter.
x *ch.* 9. 3. & 10. 4. *Matth.* 10. 9.
y *Esa.* 53. 12. *Marc* 15. 28.
7 Il ne vouloit pas dire, que c'étoit assez de deux épées, car à cét égard il n'en vouloit aucune; mais que *c'étoit assez dit*, & qu'ils devoient avoir connu mieux sa pensée.
z *Matth.* 26. 36. *Marc* 14. 32. *Jean* 8. 1. & 18. 1.
a *vs.* 46. *Matth.* 26. 41. *Marc* 14. 38.
b *Matth.* 26. 39. *Marc* 14. 35.
c *Jean* 12. 27. *Héb.* 5. 7.
d *vs.* 40.
e *Matth.* 26. 47. *Marc* 14. 43. *Jean* 18. 3.

49 Alors ceux qui etoient autour de lui, voyant ce qui alloit arriver, lui dirent: Seigneur, frapperons-nous de l'épée?
f Matth. 26. 50 [f] Et l'un d'eux frappa le serviteur du souverain Sacrifica-
51. Marc 14. teur, & lui emporta l'oreille droite.
47. Jean 18.
10. 51 Mais Jésus prenant la parole dit; Laissez *les faire* jusques ici. Et lui ayant touché l'oreille, il le guérit.
g Matth. 26. 52 [g] Puis Jésus dit aux principaux Sacrificateurs, & aux Ca-
55. Marc 14. pitaines du Temple, & aux Anciens qui étoient venus con-
48. tre lui; Etes-vous sortis comme après un brigand avec des
épées & des bâtons?
53 Quoi que j'aye été tous les jours avec vous au Temple,
vous n'avez pas mis la main sur moi: mais c'est ici vôtre heure, & la puissance des ténébres.
h Matth. 26. 54 [h] Se saisissant donc de lui, ils l'emmenerent, & le firent
57. Marc 14. entrer dans la maison du souverain Sacrificateur: & Pierre
53. Jean 18.
12. 24. suivoit de loin.
i Matth. 26. 55 [i] Or ces gens ayant allumé du feu au milieu de la cour,
69. Marc 14.
54. 66. Jean & s'étant assis ensemble, Pierre s'assit aussi parmi eux.
18. 16. 25. 56 Et une servante le voyant assis auprès du feu, & ayant
l'œil arrêté sur lui, dit; Celui-ci aussi étoit avec lui:
57 Mais il le nia, disant; Femme, je ne le connois point.
58 Et un peu après, un autre le voyant, dit; Tu es aussi
de ceux-là: mais Pierre dit; O homme! je n'en suis point.
59 Et environ l'espace d'une heure après, quelque autre
affirmoit, & *disoit*; Certainement celui-ci aussi étoit avec
lui: car il est Galiléen.
k Matth. 26. 60 [k] Et Pierre dit; O homme! je ne sai ce que tu dis. Et
74. dans ce moment, comme il parloit encore, le coq chanta.
l Matth. 26. 61 Et le Seigneur se tournant, regarda Pierre; & Pierre
34. 75. Marc se ressouvint de la parole du Seigneur, qui lui avoit dit; [l] A-
14. 72. Jean
13. 38. & 18. vant que le coq chante, tu me renieras trois fois.
27. 62 Alors Pierre étant sorti dehors, pleura amérement.
m Job 16. 10. 63 [m] Or ceux qui tenoient Jésus, se moquoient de lui, &
Esa. 50. 6.
Matth. 26. 67. le frappoient.
Marc 14. 65. 64 Et l'ayant bandé lui donnoient des coups sur le visage,
Jean 18. 22.
& 19. 2. & l'interrogeoient, disant; Prophétise qui est celui qui t'a frappé?

65 Et

65 Et ils disoient plusieurs autres choses contre lui, en
l'outrageant de paroles.
66 Et [n] quand le jour fut venu, les Anciens du peuple, &
les principaux Sacrificateurs, & les Scribes s'assemblerent,
& l'emmenerent dans le Conseil;
67 Et *lui* dirent; [o] Si tu es le Christ, di-le nous. Et il leur
répondit; Si je vous le dis, vous ne le croirez point.
68 Que si aussi je vous interroge, vous ne me répondrez
point, ni ne me laisserez point aller.
69 Desormais [p] le Fils de l'homme sera [q] assis à la droite de
la puissance de Dieu.
70 Alors ils dirent tous; Es-tu donc le Fils de Dieu? Il
leur dit; Vous le dites vous-mêmes que je le suis.
71 Et ils dirent; Qu'avons-nous besoin encore de témoignage? car nous-mêmes l'avons ouï de sa bouche.

n *Pse.* 2. 2. *Matth.* 27. 1. *Marc* 15. 1. *Jean* 18. 28.
o *Matth.* 26. 63. *Jean* 10. 24.
p *ch.* 17. 24. 30. & 21. 27. *Dan.* 7. 9. *Matth.* 16. 28. & 24. 30. & 26. 64. *Marc* 9. 1. & 14. 62.
q *Héb.* 1. 3. & 8. 1. & 12. 2.

CHAPITRE XXIII.

J. C. mené à Pilate, 1. *A Hérode*, 7. *Renvoyé à Pilate*, 11. *Qui auroit voulu le relâcher*, 16. *Mais qui enfin le condamne*, 24. *On l'amene au Calvaire*, 26. *Pleurs des femmes de Jérusalem*, 27. *La crucifixion*, 33. *Le brigand converti*, 40. *Ténébres*, 44. *Le Centenier*, 47. *Joseph ensevelit J. C.* 53.

[a] PUis ils se leverent tous [1] & le menerent à Pilate.
2 Et ils se mirent à l'accuser, disant; Nous avons trouvé cét homme pervertissant la nation, & défendant [2] [b] de
donner le tribut à César, [c] & se disant être le Christ, le Roi.
3 [d] Et Pilate l'interrogea, disant; Es-tu le Roi des Juifs?
& *Jésus* répondant, lui dit; Tu le dis.
4 Alors Pilate dit aux principaux Sacrificateurs & à la troupe du peuple; Je ne trouve aucun crime en cét homme.
5 Mais ils insistoient encore davantage, disant; Il émeut le
peuple, enseignant par toute la Judée, & ayant commencé
depuis la Galilée jusques ici.
6 Or quand Pilate entendit parler de la Galilée, il demanda si cét homme étoit Galiléen:
7 Et ayant appris qu'il étoit de la [e] jurisdiction d'Hérode,
il le renvoya à Hérode, qui en ces jours-là étoit aussi á Jérusalem.

a *Matth.* 27. 2. *Marc* 15. 1. *Jean* 18. 28.
1 Sav. pour le faire condamner comme un criminel d'Etat qui s'étoit dit le Roi Messie.
2 C'étoit une fausseté. Matth. 22. 21.
b *ch.* 20. 25. *Matth.* 17. 25. & 22. 21. *Marc* 12. 17. *Rom.* 13. 7.
c *Act.* 17. 7.
d *Matth.* 27. 11. *Marc* 15. 2. *Jean* 18. 32. 1 *Tim.* 6. 13.
e *ch.* 3. 1.

8 Et lors qu' Hérode vit Jésus, il en fut fort joyeux, car
f ch. 9. 7. Matth. 14. 1. il y avoit long-temps qu'il désiroit de le voir, [f] à cause qu'il
entendoit dire plusieurs choses de lui, & il espéroit qu'il lui
verroit faire quelque miracle.

9 Il l'interrogea donc par divers discours: mais *Jésus* ne lui
répondit rien.

10 Et les principaux Sacrificateurs & les Scribes comparurent, l'accusant avec une grande véhémence.

11 Mais Hérode avec ses gens l'ayant méprisé, & s'étant
moqué de lui, après qu'il l'eût revêtu d'un vêtement [3] blanc,
le renvoya à Pilate.

3 Le mot de l'Original veut dire *éclatant*, ce qui ne convient pas moins à l'écarlate qu'an blanc.

12 Et en ce même jour Pilate & Hérode devinrent amis
entr'eux: car auparavant ils étoient en inimitié ensemble.

13 Alors Pilate ayant appellé les principaux Sacrificateurs,
& les Gouverneurs, & le peuple, il leur dit:

g Matth. 27. 23. Marc 15. 14. Jean 18. 38. & 19. 4.

14 [g] Vous m'avez présenté cét homme comme pervertissant
le peuple: & voici, l'en ayant fait répondre devant vous,
je n'ai trouvé en cét homme aucun de ces crimes dont vous
l'accusez:

15 Ni Hérode non plus: car je vous ai renvoyez à lui, &
voici, rien ne lui a été fait *qui marque qu'il soit* digne de mort.

16 Quand donc je l'aurai fait fouetter, je le relâcherai.

h Matth. 27. 15. Marc 15. 6. Jean 18. 39.

17 [h] Or il falloit qu'il leur relâchât quelqu'un à la feste.

18 Et toutes les troupes s'écrierent ensemble, disant; [i] Ote celui-ci, & relâche-nous Barrabas:

i Act. 3. 14.

19 Qui avoit été mis en prison pour quelque sédition faite
dans la ville, avec meurtre.

20 Pilate donc leur parla encore, voulant relâcher Jésus:

21 Mais ils s'écrioient, disant; Crucifie, crucifie-le.

22 Et il leur dit pour la troisiéme fois, Mais quel mal a
k vs. 4. 14. fait cét homme? [k] je ne trouve rien en lui qui soit digne de
mort; l'ayant donc fait fouetter, je le relâcherai.

23 Mais ils insistoient à grands cris, demandant qu'il fût
crucifié: & leurs cris & ceux des principaux Sacrificateurs
se renforçoient.

24 Alors Pilate prononça que ce qu'ils demandoient, fût fait.

25 [l] Et

25 [l]Et il leur relâcha celui qui pour sédition & pour meurtre avoit été mis en prison, & lequel ils demandoient: & il
abandonna Jésus à leur volonté.
26 [m] Et comme ils l'emmenoient, ils prirent un certain
Simon, Cyrénien, qui venoit des champs, & le chargerent
de la croix pour la porter après Jésus.
27 Or il étoit suivi d'une grande multitude de peuple & de
femmes, qui se frappoient la poitrine, & le pleuroient.
28 Mais Jésus se tournant vers elles, *leur* dit; Filles de Jérusalem, ne pleurez point sur moi, mais pleurez sur vous-
mêmes, & sur vos enfans.
29 Car voici, les jours viendront ausquels on dira; Bien-
heureuses sont les stériles, & bienheureux les ventres qui
n'ont point enfanté, & les mammelles qui n'ont point al-
laitté.
30 [n] Alors ils se mettront à dire aux montagnes; Tombez
sur nous: & aux côteaux; Couvrez-nous.
31 [o] Car [4] s'ils font ces choses au bois verd, que sera-t-il
fait au bois sec?
32 Deux autres aussi *qui étoient* des malfaiteurs, furent menez pour les faire mourir avec lui.
33 [p] Et quand ils furent venus au lieu qui est appellé le Test,
ils le crucifierent là, & les malfaiteurs aussi, l'un à la droite,
& l'autre à la gauche.
34 Mais Jésus disoit; Pére, [q] pardonne leur, [r] [5] car ils ne
savent ce qu'ils font. [s] Ils firent ensuite le partage de ses vêtemens, & ils les jetterent au sort.
35 Et le peuple se tenoit là regardant: & [t] les Gouverneurs
aussi se moquoient de lui avec eux, disant; Il a sauvé les autres, qu'il se sauve lui-même, s'il est le Christ, l'élû de Dieu.
36 [u] Les soldats aussi se moquoient de lui, s'approchant,
[x] & lui présentant du vinaigre:
37 Et disant; Si tu es le Roi des Juifs, sauve-toi toi-même.
38 [y] Or il y avoit au dessus de lui un écriteau en lettres
Grecques, & Romaines, & Hébraïques, *en ces mots*; CE-
LUI-CI EST LE ROI DES JUIFS.

l *Matth.* 27. 26. *Marc* 15. 15. *Jean* 19. 16.
m *Matth.* 27. 32. *Marc* 15. 21.
n *Esa.* 2. 19. *Osée* 10. 8. *Apoc.* 6. 16. & 9. 6.
o *Jér.* 25. 29. *Ezéch.* 21. 3. *Matth.* 10. 25. 1 *Pier.* 4. 17. 18.
4 S'ils me traittent avec cette fureur, que ne fera-t-on pas à mes disciples?
p *Esa.* 53. 12. *Matth.* 27. 33. *Marc* 15. 22. *Jean* 19. 18.
q *Pse.* 109. 4.
r *Act.* 3. 17. 1 *Cor.* 2. 8.
5 Si l'ignorance n'excuse pas entierement le crime, elle en diminue au moins l'atrocité. 1 Tim. 1. 13.
s *Pse.* 22. 19. *Matth.* 27. 35. *Marc* 15. 24. *Jean* 19. 23.
t *Pse.* 22. 13. 14. *Matth.* 27. 39. *Marc* 15. 29.
u *Pse.* 22. 17.
x *Pse.* 69. 22. *Matth.* 27. 48. *Marc* 15. 36. *Jean* 19. 29.
y *Matth.* 27. 37. *Marc* 15. 26. *Jean* 19. 19.

39 [z]Et

z Matth. 27. 39 [z] Et l'un des malfaiteurs qui étoient pendus, l'outra-
44. geoit, disant; Si tu es le Christ, sauve-toi toi-même, &
nous aussi.
40 Mais l'autre prenant la parole le tançoit, disant; Au
moins ne crains-tu point Dieu, puis que tu és dans la même
condamnation?
41 Et pour nous, nous y sommes justement: car nous recevons des choses dignes de nos forfaits, mais celui-ci n'a
rien fait qui ne se dût faire.
42 Puis il disoit à Jésus; Seigneur, souviens-toi de moi
6 C'est-à-di- quand tu viendras [6] en ton Regne.
re, dans le 43 Et Jésus lui dit; En vérité je te dis, qu'aujourd'hui tu
royaume de ta gloire, le seras avec moi en paradis.
Ciel. 44 [a] Or il étoit environ six heures, & il se fit des ténébres
a Matth. 27. 45. Marc 15. par tout le païs jusqu'à neuf heures,
33. 45 [b] Et le soleil fut obscurci, [c] & le voile du Temple se
b Matth. 27. 51. déchira par le milieu.
c Marc 15.38. 46 Et Jésus criant à haute voix dit; [d] Pére, je remets mon
d Pse. 31. 6. e Matth. 27. esprit entre tes mains. [e] Et ayant dit cela, il rendit l'esprit.
50. Marc 15. 47 [f] Or le Centenier voyant ce qui étoit arrivé, glorifia
37. Jéan 19. 30. Dieu, disant; Certes cét homme étoit juste.
f Matth. 27. 48 Et toutes les troupes qui s'étoient assemblées à ce spe-
54. Marc 15. 39. ctacle, voyant les choses qui étoient arrivées, s'en retour-
g Esa. 32. 12. noient [g] frappant leurs poitrines.
h Matth. 27. 49 [h] Et tous ceux de sa connoissance, & les femmes qui
55. Marc 15. l'avoient suivi de Galilée, se tenoient loin, regardant ces
47. choses.
i Matth. 27. 50 [i] Et voici un personnage appellé Joseph, Conseiller,
57. Marc 15. 43. Jean 19. homme de bien, & juste,
38. 51 Qui n'avoit point consenti à leur résolution, ni à leur
action, *lequel étoit* d'Arimathée ville des Juifs, & qui aussi
attendoit le Regne de Dieu,
52 Etant venu à Pilate, lui demanda le corps de Jésus.
53 Et l'ayant descendu *de la croix*, il l'enveloppa dans un
linceul, & le mit en un sépulcre taillé dans le roc, où personne n'avoit encore été mis.

54 [k] Or

54 [k] Or c'étoit le jour de la préparation, & le *jour du* Sab- k *Matth.* 27.
bat alloit commencer. 62. *Marc* 15.
55 Et les femmes [l] qui étoient venues de Galilée avec Jé- 42. *Jean* 19.
ſus, ayant ſuivi *Joſeph*, [m] regarderent le ſépulcre, & com- 42.
ment le corps de Jéſus y étoit mis. l *ch.* 8. 2.
56 Puis s'en étant retournées, elles prepareren des drogues m *Matth.* 27.
aromatiques, & des parfums: & le jour du Sabbat elles ſe 61. *Marc* 15.
repoſerent ſelon le commandement *de la Loi.* 47.

CHAPITRE XXIV.

L'arrivée des femmes au ſépulcre, 1. Elles y trouvent deux Anges, 4. Pierre va viſiter le ſépulcre, 12. Les deux Diſciples qui vont à Emmaüs, 14. Il falloit que le Chriſt ſouffrit, 26. Apparition de J. C. aux onze Apoſtres, 36. Il leur montre ſes mains & ſes pieds, 40. Il mange avec eux, 41. Il leur ouvre l'entendement, 45. Son aſcenſion au Ciel, 50. &c.

[a] MAis le premier *jour* de la ſemaine, comme il étoit en- a *Matth.* 28.
core fort matin, elles vinrent au ſépulcre, & quelques 1. *Marc* 16.
autres avec elles, apportant les ſenteurs qu'elles avoient pré- 1. *Jean* 20. 1.
parées.
2 Et elles trouverent la pierre roulée à côté du ſépulcre.
3 Et étant entrées, elles ne trouverent point le corps du
Seigneur Jéſus.
4 [b] Et il arriva que comme elles étoient en grande perplexi- b *Marc* 16.
té touchant cela, voici, deux perſonnages parurent devant 3. 4.
elles en vêtemens reluiſans comme un éclair.
5 Et comme elles étoient toutes épouvantées, & baiſſoient
le viſage en terre, ils leur dirent; Pourquoi cherchez-vous
parmi les morts celui qui eſt vivant?
6 [c] Il n'eſt point ici, mais il eſt reſſuſcité: qu'il vous ſou- c *Matth.* 28.
vienne [d] comment il vous parla quand il étoit encore en Ga- 6. *Marc* 15. 6.
lilée. d *ch.* 9. 22. & 18. 32. *Matth.*
7 Diſant, qu'il falloit que le Fils de l'homme fût livré en- 16. 21. & 17.
tre les mains des pécheurs, & qu'il fût crucifié: & qu'il reſ- 23. & 20. 18.
ſuſcitât le troiſieme jour. *Marc* 8. 31. & 9. 31. & 10. 33.
8 Et elles ſe ſouvinrent de ſes paroles.
9 [e] Puis s'en étant retournées du ſépulcre, elles annoncerent e *Matth.* 28.
toutes ces choſes aux onze *Diſciples*, & à tous les autres. 8. *Marc* 16. 10.

10 Or ce fut Marie Magdelaine, & Jeanne, & Marie *mére*
de Jacques, & les autres *qui étoient* avec elles, qui dirent
ces choſes aux Apoſtres.
11 Mais les paroles de ces femmes leur ſemblerent comme
des réveries, & ils ne les crûrent point.
f *Jean* 20. 3. 12 [f] Néanmoins Pierre s'étant levé, courut au ſépulcre, &
6. s'étant courbé pour regarder, il ne vit que les linceuls mis à
côté: puis il partit, admirant en lui-même ce qui étoit arrivé:
g *Marc* 16. 12. 13 [g] Or voici, deux d'entr'eux étoient ce jour-là en chemin,
pour aller à une bourgade nommée Emmaüs, qui étoit loin
de Jéruſalem environ ſoixante ſtades.
14 Et ils s'entretenoient enſemble de toutes ces choſes qui
étoient arrivées.
15 Et il arriva que comme ils parloient & conféroient entr'eux, Jéſus lui-même s'étant approché, ſe mit à marcher
avec eux.
16 Mais leurs yeux étoient retenus, afin qu'ils ne le pûſſent
reconnoître:
17 Et il leur dit; Quels ſont ces diſcours que vouz tenez
entre vous en marchant? & pourquoi êtes-vous tout triſtes?
h *Jean* 19. 25. 18 Et l'un d'eux, qui avoit nom [h] Cléopas, répondit, &
lui dit; Es-tu ſeul étranger dans Jéruſalem, qui ne ſaches
point les choſes qui y ſont arrivées ces jours-ci?
i *ch.* 7. 16. 19 Et il leur dit; Quelles? Ils répondirent; C'eſt touchant
Matth. 21. 11. Jéſus le Nazarien, qui a été homme [i] Prophete, [k] puiſſant
Jean 4. 19. & 6. 14. en œuvres & [l] en paroles devant Dieu, & devant tout le
k *Matth.* 4. peuple:
23. 24. *Jean* 7. 31. & 15. 20 Et comment les principaux Sacrificateurs & nos Gou-
24. verneurs l'ont livré pour être condamné à mort, & l'ont
l *Matth.* 7. 28. 29. *Jean* crucifié.
7. 46. 21 Or nous eſpérions que ce ſeroit [m] lui qui délivreroit Iſ-
m *Matth.* 20. 21. *Act.* 1. 6. raël: mais avec tout cela, c'eſt aujourd'hui le troiſiéme jour
que ces choſes ſont arrivées.
n *vs.* 1. 9. 22 Toutefois [n] quelques femmes des nôtres nous ont fort
étonnez, *car* elles ont été de grand matin au ſépulcre:
23 Et n'ayant point trouvé ſon corps, elles ſont revenues,
en

en diſant, que même elles avoient vû une apparition d'Anges, qui diſoient; Qu'il eſt vivant.
24 [o] Et quelques-uns des nôtres ſont allez au ſépulcre, & [o] *vs.* 12.
ont trouvé ainſi que les femmes avoient dit: mais pour lui,
ils ne l'ont point vû.
25 Alors il leur dit; [p] O gens dépourvûs de ſens, & tar- [p] *Matth.* 15. 16.
difs de cœur à croire toutes les choſes que [q] les Prophetes [q] *ch.* 1. 70.
ont prononcées! *Jean* 3. 15.
26 [r] Ne falloit-il pas que le Chriſt ſouffrît ces choſes, & *Act.* 4. 18. 1 *Pier.* 1. 11.
qu'il entrât en ſa gloire? [r] *Pſe.* 110. 7.
27 [ſ] Puis commençant par [t] Moyſe, & *continuant* par [u] tous *Eſa.* 53. 10. 11. *Phil.* 2. 9.
les Prophetes, il leur expliquoit [x] dans toutes les Ecritures *Héb.* 1. 3.
les choſes qui le regardoient. [ſ] *ch.* 1. 70.
28 Et comme ils furent près de la bourgade où ils alloient, *Jean* 5. 30. & 17. 23.
il faiſoit ſemblant d'aller plus loin. [t] *Gen.* 3. 15.
29 Mais ils le forcerent, en lui diſant; Demeure avec nous, [u] *Pſe.* 2. 1. & *ſuiv.* & 22. 1.
car le ſoir approche, & le jour eſt déja décliné. Il entra donc & *ſuiv.* &
pour demeurer avec eux. 109. 23. &c. & 110. 1. &c.
30 Et il arriva que comme il étoit à table avec eux, il prit *Eſa.* 50. 6. &c.
le pain, & rendit graces; & l'ayant rompu, il le leur diſtribua. & 53. 2. &c. *Dan.* 9. 26. &c.
31 Alors leurs yeux furent ouverts, en ſorte qu'ils le ré- [x] *Act.* 2. 23.
connurent; mais il diſparut de devant eux. & 4. 28. & 13. 27. 29.
32 Et ils dirent entr'eux; Nôtre cœur ne brûloit-il pas au
dedans de nous, lors qu'il parloit à nous par le chemin, &
qu'il nous expliquoit les Ecritures?
33 Et ſe levant dans ce moment, ils s'en retournerent à
Jéruſalem, où ils trouverent les onze aſſemblez, & ceux qui
étoient avec eux:
34 Qui diſoient; Le Seigneur eſt véritablement reſſuſcité,
[y] & il eſt apparu à Simon. [y] 1 *Cor.* 15. 5.
35 Et ceux-ci auſſi raconterent les choſes qui leur étoient
arrivées en chemin, & comment il avoit été reconnu d'eux
en rompant le pain.
36 [z] Et comme ils tenoient ces diſcours, Jéſus ſe préſenta [z] *Marc* 16.
lui-même au milieu d'eux, & leur dit; Que la paix ſoit avec 14. *Jean* 20. 19.
vous.

37 Mais eux tout troublez & épouvantez croyoient voir
un esprit.
38 Et il leur dit; Pourquoi vous troublez-vous? & pourquoi monte-t-il des pensées dans vos cœurs?
39 [a]Voyez mes mains & mes pieds: car c'est moi-même:
[1]touchez-moi, & me considérez bien: car un esprit n'a ni
chair ni os; comme vous voyez que j'ai.
40 Et en disant cela, il leur montra ses mains & ses pieds.
41 Mais comme encore de joye ils ne croyoient point, &
qu'ils s'étonnoient, il leur dit; Avez-vous ici quelque chose
à manger?
42 Et ils lui présenterent une piece de poisson rôti, & d'un
rayon de miel:
43 Et l'ayant pris, [b]il [2]mangea devant eux.
44 Puis il leur dit; Ce sont ici les discours que je vous tenois
[c]quand j'étois encore avec vous; [d]Qu'il falloit que toutes les
choses qui sont écrites de moi [3]dans la Loi de Moyse, & dans
les Prophetes, & dans les Pseaumes, fussent accomplies.
45 Alors [e]il leur ouvrit l'entendement pour entendre les
Ecritures:
46 Et il leur dit; Il est ainsi écrit, & ainsi [f]il falloit que le
Christ souffrît, & qu'il ressuscitât des morts le troisiéme jour:
47 [g]Et qu'on prêchât en son Nom la repentance [h]& la rémission des péchez parmi toutes les nations, [i]en commençant par Jérusalem.
48 Et vous êtes témoins de ces choses: & voici, [k]je m'en
vais envoyer sur vous [4]la promesse de mon Pére.
49 [l]Vous donc demeurez dans la ville de Jérusalem, jusqu'à ce que vous soyez revêtus de la vertu d'enhaut.
50 [m]Après quoi il les mena dehors [5]jusqu'en Béthanie,
[n]& levant ses mains en haut, il les benit.

51 [o]Et

a *Jean* 20. 20 27.
1 Le corps donc de J.C. n'avoit pas perdu par sa résurrection les qualitez essentielles à un corps humain, qui sont d'être visible, palpable &c.
b *Act.* 10. 41.
2 Non par nécessité pour l'entretien de la vie, mais pour les mieux assurer de la réalité de sa résurrection.
c *Matth.* 16. 21. & 17. 22. & 20. 18.
d vs. 26. 27.
3 J. C. comprend, comme faisoient les Juifs de son temps, tous les livres de l'Ancien Testament dans ce partage en trois parties, les cinq livres de Moyse, les Prophetes, & les Pseaumes, avec lesquels étoient les autres livres qu'on a appellez *Hagiographes*, c'est-à-dire, écrits sacrez, savoir, Ruth, Ester, Job, & les livres de Salomon. e *Deut.* 30. 6. *Esa.* 50. 5. *Jér.* 24. 7. & 31. 33. *Ezéch.* 11. 19. *Act.* 16. 24. *Eph.* 1. 17. 18. f *vs.* 26. 44. g *Act.* 2. 38. & 17. 30. h *Act.* 13. 38. 1 *Jean* 2. 12. i *Act.* 1. 4. 8. & 2. 14. k *Jean* 15. 26. *Act.* 1. 14. 4 C'est-à-dire, le S. Esprit promis par mon Pére, comme Act. 1. 4. & qui est appellé ici au vs. suivant, *la vertu d'enhaut.* l *Act* 1. 4. m *Act.* 1. 12. 5 Non jusqu'au Bourg même de ce nom, mais jusqu'au territoire de Bethanie, vers la descente du mont des Oliviers. n *Lévit.* 9. 22.

51 [o] Et il arriva qu'en les béniſſant, il ſe ſépara d'eux, &
fut élevé au Ciel.
52 Et eux [6] l'ayant adoré, s'en retournerent à Jéruſalem
avec grande joye.
53 [p] Et ils étoient toujours dans le Temple, louant & béniſſant Dieu. Amen.

o *Marc* 16. 19. *Act.* 1. 9.
6 Sav. d'une adoration religieuſe.
p *Act.* 1. 14.

LE SAINT EVANGILE DE NÔTRE SEIGNEUR JESUS-CHRIST, SELON SAINT JEAN.

CHAPITRE I.

La Parole étoit Dieu, 1. *La vie*, 4. *La lumiere*, 5. *Les enfans de Dieu ſont nez de Dieu*, 13. *La parole faite chair*, 14. *La grace & la verité par J. C.* 17. *Le temoignage qui lui eſt rendu par Jean Baptiſte*, 19. *Son Baptéme*, 26. *L'Agneau de Dieu*, 29. *André & Simon*, 40. *Surnommé Céphas*, 42. *Philippe*, 43. *Nathanaël*, 45.

AU [a] commencement étoit [b] la [1] Parole, & la Parole étoit
avec [2] Dieu: & cette [3] Parole étoit [c] Dieu:
2 [d] Elle étoit au commencement avec Dieu.
3 [4] [e] Toutes choſes ont été faites par elle, & ſans elle rien
de ce qui a été fait, n'a été fait.
4 En elle étoit la vie, [f] & la vie [g] étoit la Lumiere des
hommes.
5 Et la Lumiere luit dans les ténébres, [h] mais les ténébres
ne l'ont point compriſe.
6 [i] IL Y EUT un homme apellé Jean, qui fut envoyé de Dieu.

a *Prov.* 8. 22. &c. *Jean* 8. 58. & 17. 5. b 1 *Jean* 1. 1. *Apoc.* 19. 13.
1 Le Fils de Dieu, qui s'eſt fait homme, vs. 14.
2 C'eſt-à-dire, Dieu le Pére.
3 Puis qu'elle n'étoit pas le Dieu avec lequel elle étoit, & qu'il n'y a pas pluſieurs Dieux; il ſuit de là que ce ſont pluſieurs Perſonnes en une ſeule Divinité. c *Pſe.* 45. 7. *Jér.* 33. 6. *Act.* 20. 28. 1 *Tim.* 3. 16. *Tite* 2. 13. 1 *Jean.* 5. 20. d *vs.* 18. & *ch.* 17. 5. 4 l'Univers: vs. 10. e vs. 10. *Pſe.* 33. 6. & 102. 26. *Eph.* 3. 9. *Col.* 1. 17. *Héb.* 1. 2. 10. f *ch.* 5. 26. & 8. 12. & 9. 5. & 12. 46. 1 *Jean* 1. 1. & 5. 11. g *vs.* 9. *Mal.* 4. 2. h *ch.* 3. 19. i *Mal.* 1. 1. *Matth.* 3. 1. *Marc* 1. 2. *Luc.* 3. 3. & 7. 27. *Act.* 13. 24.

7 Il vint pour rendre témoignage, pour rendre, dis-je,
témoignage à la Lumiere, afin que tous crûssent par lui.
8 Il n'étoit pas la Lumiere, mais il *étoit envoyé* pour rendre temoignage à la Lumiere.
9 [k] *Cette* Lumiere étoit la véritable, [l] qui illumine tout
homme venant au monde.
10 Elle étoit au monde, & le monde a été fait par elle:
mais le monde ne l'a point connue.
11 Il est venu chez soi: [m] & les siens ne l'ont point reçu;
12 Mais à tous ceux qui l'ont reçu, il leur a donné le droit
d'être faits [n] enfans de Dieu, *savoir* à ceux qui croyent en
son Nom:
13 [5] Lesquels ne sont point nez de sang, ni de la volonté
de la chair, ni de la volonté de l'homme: [o] mais ils sont nez
de Dieu.
14 [p] Et la Parole [6] a été faite chair, & a habité parmi nous,
[q] & nous avons contemplé sa gloire, *qui a été* une gloire
[7] comme la gloire du Fils Unique du Pére, [r] pleine de grace
& de vérité.
15 Jean a *donc* rendu témoignage de lui, & a crié, disant;
[s] C'est celui de qui je disois; Celui qui vient après moi est
préféré à moi, [8] car il étoit premier que moi.
16 Et nous avons tous reçu de sa plénitude, & grace [t] pour
grace.
17 [9] Car [u] la Loi a été donnée par Moyse: la grace & la vérité est avenue par Jèsus-Christ.
18 [x] Personne [10] ne vit jamais Dieu: [y] le Fils unique qui est
[z] au sein du Pére, [a] est celui qui nous l'a révélé.
19 Et c'est ici le témoignage de Jean, [b] lors que les Juifs
envoyerent de Jérusalem des Sacrificateurs & des Lévites
pour l'interroger, *& lui dire*; Toi qui es-tu?

20 Car

k *ch.* 3. 19. & 8. 12. & 9. 5. & 12. 46. l *Esa.* 42. 6. & 49. 6. *Matth.* 4. 15. *Luc* 2. 32. *Act.* 13. 47. m *vs.* 5. 10. & *ch.* 7. 27. & 9. 28. 29. *Pse.* 69. 9. & 118. 22. *Esa.* 8. 14. & 49. 4. 5. & 53. 1. & 65. 2. *Luc* 19. 14. n *Rom.* 8. 15. *Gal.* 3. 26. 1 *Jean* 3. 1. 5 Les prérogatives de la naissance ne font rien au salut en J. C. o *ch.* 3. 3. 5. 1 *Pier.* 1. 23. p *Matth.* 1. 23. *Luc* 1. 31. & 2. 7. *Act.* 20. 28. *Gal.* 4. 4. 1 *Tim.* 3. 16. 6 Le Fils de Dieu s'est fait homme. q *Matth.* 17. 2. 2 *Pier.* 1. 17. 7 C'est-à-dire, comme étant la gloire, &c. r *Col.* 1. 19. & 2. 3. 9. s *vs.* 27. 30. & *ch.* 3. 31. *Matth.* 3. 11. *Marc* 1. 7. *Luc* 3. 16.

8 Par égard à sa nature divine, vs. 1. & ch. 8. 58. t *ch.* 3. 34. *Matth.* 11. 27. *Col.* 1. 19. 9 C'est-à-dire, Moyse n'a que donné la Loi des commandemens, des ombres & des figures, mais J. C. donne la grace, & en lui est la vérité qui est l'accomplissement des figures. u *Exod.* 20. 1. *Néh.* 9. 14. x *ch.* 6. 46. 1 *Jean* 4. 12. 10 C'est-à-dire, ne le connut, en la maniere que J. C. nous l'a fait connoître. y *vs.* 14. & *ch.* 3. 16. 18. 1 *Jean* 4. 9. z vs. 2 *Prov.* 8. 22. 27. a *Matth.* 11. 27. *Luc* 10. 22. b *ch.* 5. 33.

20 Car il l'avoua, & ne le nia point: il l'avoua, dis-je, *en*
disant; [c] Ce n'est pas moi qui suis le Christ. c *ch.* 3. 28. *Act.* 13. 25.
21 Sur quoi ils lui demanderent; Qui es-tu donc? Es-tu
Elie? Et il dit; Je ne le suis point. [d] Es-tu le Prophete? d *Deut.* 18. 15. *Act.* 3. 22.
Et il répondit; Non.
22 Ils lui dirent donc; Qui es-tu? afin que nous donnions
réponse à ceux qui nous ont envoyez; que dis-tu de toi-
même?
23 Il dit; [e] Je suis la voix de celui qui crie dans le desert; e *Esa.* 40. 3. *Matth.* 3. 3. *Marc* 1. 3. *Luc.* 3. 4.
Applanissez le chemin du Seigneur, comme a dit Esaïe le
Prophete.
24 Or ceux qui avoient été envoyez *vers lui* étoient d'entre les Pharisiens.
25 Ils l'interrogerent encore, & lui dirent; Pourquoi donc
baptises-tu si tu n'es point le Christ, ni Elie, ni le Prophete?
26 Jean leur répondit, & leur dit; Pour moi, je [f] baptise f *Matth.* 3. 11. *Marc* 1. 7, 8. *Luc.* 3. 16. *Act.* 1. 5. & 11. 16. & 19. 4.
d'eau: mais il y en a un au milieu de vous, que vous ne con-
noissez point:
27 [g] C'est celui qui vient après moi, [11] qui est préféré à
moi, & duquel je ne suis pas digne de délier la courroye du g *vs.* 15. 30.
soulier.
28 Ces choses arriverent à [h] Bethabara, au delà du Jourdain, où Jean baptisoit.
29 Le lendemain Jean vit Jésus venir à lui, & il dit; Voilà [i] l'Agneau de Dieu, [k] qui ôte le péché du monde.
30 [i] C'est celui de qui je disois; Après moi vient un personnage qui est préféré à moi: car il étoit premier que moi.
31 Et pour moi, [12] je ne le connoissois point: mais afin
qu'il soit manifesté à Israël, je suis venu à cause de cela baptiser d'eau.
32 Jean rendit aussi témoignage, en disant; [m] J'ai vû l'Esprit
descendre du ciel comme une colombe, & demeurer sur lui.
33 Et pour moi, je ne le connoissois point: mais celui qui
m'a envoyé baptiser d'eau, m'avoit dit; Celui sur qui tu verras l'Esprit descendre, & demeurer sur lui, [n] c'est celui qui
baptise du Saint Esprit.

11. Qui est infiniment préférable à moi, & qui va aussi m'être préféré, ch. 3. 30, 31.
h *Jug.* 7. 24.
i *vs.* 36. *Exod.* 12. 3. 4. 1 *Pier.* 1. 19. *Apoc.* 5. 12. & 22. 14.
k *Esa.* 53. 4. 1 *Pier.* 2. 24. 1 *Jean* 1. 9.
i *vs.* 15. 27.
12. C'est-à-dire, personnellement.
m *Matth.* 3. 16. *Marc* 1. 10. *Luc.* 3. 22.
n *Matth* 3. 11. *Luc.* 3. 16. *Act.* 1. 5.

34 Et je l'ai vû, & j'ai rendu témoignage, que [13] c'est lui
qui est le Fils de Dieu.
35 Le lendemain encore Jean s'arrêta, & *avec lui* deux de
ses disciples;
36 Et regardant Jésus qui marchoit, il dit; [14] [o] Voilà l'A-
gneau de Dieu.
37 Et les deux disciples l'entendirent tenant ce discours,
& ils suiverent Jésus.
38 Et Jésus se retournant, & voyant qu'ils le suivoient, il
leur dit; Que cherchez-vous? Ils lui répondirent; Rabbi,
c'est-à-dire, Maître, [15] où demeures-tu?
39 Il leur dit; Venez, & le voyez. Ils y allerent, & ils
virent où il demeuroit: & ils demeurerent avec lui ce jour-
là; car il étoit environ [16] dix heures.
40 Or André, frére de Simon Pierre, étoit l'un des deux
qui *en* avoient oüi parler à Jean, & qui l'avoient suivi.
41 [p] Celui-ci trouva le premier Simon son frére, & il lui
dit; Nous avons trouvé le Messie; [17] c'est-à-dire, le Christ.
42 Et il le mena vers Jésus, & Jésus ayant jetté la vûe sur
lui, dit; [q] Tu es Simon, fils de Jona, tu seras appellé Céphas; c'est-à-dire, Pierre.
43 Le lendemain Jésus voulut aller en Galilée, & il trouva
Philippe, auquel il dit; Suis-moi.
44 [r] Or Philippe étoit de Bethsaïda, la ville d'André & de
Pierre.
45 Philippe trouva [s] Nathanaël, & lui dit; Nous avons trouvé Jésus, qui est de Nazareth, fils de Joseph, celui [t] duquel
Moïse a écrit dans la loi, & *duquel* aussi les Prophetes *ont écrit*.
46 Et Nathanaël lui dit; [u] Peut-il venir [18] quelque chose de
bon de Nazareth? Philippe lui dit, Viens & voi.
47 Jésus apperçût Nathanaël venir vers lui, & il dit de lui;
Voici vraîment un Israëlite en qui il n'y a point de fraude.

48 Na-

13. C'est le témoignage que S. Jean avoit oui que Dieu lui avoit rendu du Ciel dans son baptême.

14. S. Jean n'a d'abord fait connoître J. C. que sous l'image d'une victime piaculaire.

o *vs* 29.

15. C'est-à-dire, où vas-tu ce soir te retirer?

16. Les Juifs ne faisant le jour que de 12. heures, il n'y avoit que deux heures de jour, ou de soleil à dix heures.

p *Matth*. 4. 18.

17. C'est l'explication que S. Jean donne au mot de Messie, qui est Hebreu, lequel il explique par le mot de *Christ* qui est Grec, parce qu'il écrivoit en Grec.

q *Matth*. 16. 18.

r *ch*. 12. 21.

s *ch*. 21. 2.

t *Gen*. 3. 15. & 22. 18. & 49. 10. *Deut*. 18. 18. *Esa*. 4. 2. & 7. 14. & 9 5. & 40. 10. & 53. 1. &c. *Jér*. 23. 5. & 33. 14, 15. *Ezéch*. 34. 23. & 37. 24. *Dan*. 3. 24. *Mich*. 5. 2. *Zach*. 6 12. & 9. 9. & 12. 10. u *ch*. 7. 41, 42. 52. *Matth*. 2. 23. 18. Ceci se doit restreindre au sujet particulier dont il s'agissoit, comme si Nathanaël avoit dit, Le Messie, le plus grand de tous les biens, peut-il venir de Nazareth, & ne savons-nous pas que c'est de Bethlehem qu'il doit venir? ch. 7. 41.

48 Nathanaël lui dit; D'où me connois-tu? Jésus répondit,
& lui dit; Avant que Philippe t'eût appellé quand tu étois
sous le figuier, [19] je te voyois.
49 Nathanaël répondit, & lui dit; [20] Maître, [x] tu es le
Fils de Dieu: [y] tu es le Roi d'Israël.
50 Jésus répondit, & lui dit; Parce que je t'ai dit que je
te voyois sous le figuier, tu crois: tu verras bien de plus
grandes choses que ceci.
51 Il lui dit aussi; En vérité, en vérité je vous dis; Desormais vous verrez [21] le Ciel ouvert, & [22] les Anges de Dieu
montant & descendant sur le Fils de l'homme.

19 Je voyois tes pensées, & les reflexions que tu faisois, lesquelles apparemment J. C. lui rapporta, pour l'en convaincre; mais dont le recit n'ayant pû convaincre que Nathanaël, qui seul en eût pû reconnoître la vérité, il eût été inutile que l'Evangeliste les eût rapportées. 20 C'est-à-dire: Dieu, & Messie. x *Pse.* 2. 6. 7. 8. *Esa.* 9. 5. 6 y *Zach.* 9. 9. 21 Cela ne doit s'entendre que dans un sens métaphorique, de la manifestation des mysteres du Ciel sous l'Evangile. 22 Comme J. C. étoit l'Envoyé du Pére Celeste, il a marqué figurément par cet envoi frequent des Anges à lui, comme d'autant de Messagers d'un Roi à son Envoyé, le grand commerce qu'il auroit avec le Ciel dans tout le cours de son ministére; au lieu que jusques alors n'ayant pas fait la fonction d'Envoyé du Pére, il avoit mené une vie obscure & fort retirée.

CHAPITRE. II.

Les Nôces de Cana, 1. *Les vendeurs chassez du Temple*, 14. *Abbatez ce Temple &c.* 19. *J. C. voit dans les cœurs*, 25.

OR trois jours après on faisoit des nôces à [a] Cana de Galilée, & la mére de Jésus étoit-là.
2 Et Jésus fut aussi convié aux nôces, avec ses Disciples.
3 Et le vin étant venu à manquer, la mére de Jésus lui dit;
Ils n'ont point de vin.
4 Mais Jésus lui répondit; [1] Qu'y a-t-il entre moi & toi,
femme? mon heure n'est point encore venue.
5 Sa mére dit aux serviteurs; Faites tout ce qu'il vous dira.
6 Or il y avoit là six vaisseaux de pierre, mis [b] selon l'usage de la purification des Juifs, dont chacun tenoit deux ou
trois mesures.
7 Et Jésus leur dit; Emplissez d'eau ces vaisseaux. Et ils
les emplirent jusques au haut.
8 Puis il leur dit; Versez-en maintenant, & portez-en [2] au
maître d'hôtel. Et ils lui en porterent.

a *Jos.* 19. 28.

1 C'étoit une parole de mécontentement; Jug. 11. 12. 2 Sam. 16. 10. &c

b *Marc* 7. 3.

2 Il n'y avoit pas ce que nous appellons un *maitre d'hôtel* dans une maison d'une aussi basse condition, & aussi destituée qu'étoit celle-là, mais le mot de l'original signifie un homme qui étoit le chef de la nôce, & qui dirigeoit la maniere dont chacun devoit être servi à table; c'étoit un usage fort établi chez les anciens, voyez le livre de l'Ecclesiastique, ch. 32. 1. 2. 3.

9 Quand le maître d'hôtel eut goûté l'eau qui avoit été
changée en vin, (or il ne savoit pas d'où cela venoit, mais
les serviteurs qui avoient puisé l'eau, le savoient bien) il appella le marié.
10 Et lui dit; Tout homme sert le bon vin le premier, [3] &
puis le moindre après qu'on a bû plus largement: *mais* toi,
tu as gardé le bon vin jusqu'à maintenant.
11 Jésus fit ce commencement de signes à Cana de Galilée,
& il manifesta sa gloire, & ses Disciples crûrent en lui.
12 Après cela il descendit à Capernaüm, avec sa mére, &
ses fréres, & ses Disciples: mais ils y demeurerent peu de jours.
13 Car [4] la Pasque des Juifs étoit proche: [c] c'est pourquoi
Jésus monta à Jérusalem.
14 [d] Et il trouva dans le Temple des gens qui vendoient
des bœufs, & des brebis, & des pigeons: & les changeurs
qui y étoient assis.
15 Et ayant fait un fouet avec [5] de petites cordes, il les
chassa tous du Temple, avec les brebis, & les bœufs; & il
répandit la monnoye des changeurs, & renversa les tables.
16 Et il dit à ceux qui vendoient des pigeons; Otez ces
choses d'ici, & ne faites pas de la maison de mon Pére un
lieu de marché.
17 Alors ses Disciples se souvinrent qu'il étoit écrit; [e] Le
zéle de ta Maison m'a rongé.
18 Mais les Juifs prenant la parole, lui dirent; [f] Quel signe
nous montres-tu, pour entreprendre de faire de telles choses?
19 Jésus répondit, & leur dit; [6] [g] Abbatez [7] ce Temple,
& en trois jours [h] je le releverai.
20 Et les Juifs dirent; On a été quarante-six ans à bâtir ce
Temple, & tu le releveras dans trois jours!
21 Mais il parloit du Temple de son corps.
22 C'est pourquoi lors qu'il fut ressuscité des morts, [i] ses
Disciples se souvinrent qu'il leur avoit dit cela, & ils crûrent
à l'Ecriture, & à la parole que Jésus avoit dite.
23 Et comme il étoit à Jérusalem le *jour de* la feste de Pasque, plusieurs crûrent en son Nom, contemplant les signes
qu'il faisoit. 24 Mais

3 C'étoit là encore un autre usage de ces temps-là.

4 Ce fut la premiere Pasque après le baptême de J. C.

c *Exod.* 23. 14. 17.

d *Matth.* 21. 12. *Marc* 11. 15. *Luc* 19. 45.

5 C'étoient de ces petites cordes avec lesquelles on attachoit les victimes.

e *Pse.* 69. 10.

f *ch.* 6. 30. *Matth.* 12. 38. & 16. 1. *Marc* 8. 11. *Luc* 11. 29.

6 Où, vous *abbatrez*; car les Hebreux mettoient ainsi très-souvent l'impératif pour le futur. Deut. 32. 50. Pse. 37. 27. &c.

g *Matth.* 26. 61. & 27. 40. *Marc* 14. 58. & 15. 29.

7 Il montroit son corps.

h *ch.* 10. 18.

i *Luc* 24. 8.

24 Mais Jésus ne se fioit point à ceux, parce qu'il les connoissoit tous;
25 Et qu'il n'avoit pas besoin que personne lui rendit témoignage d'*aucun* homme: [k] car lui-même savoit ce qui é-
toit dans l'homme.

CHAPITRE III.

L'entretien de J. C. avec Nicodeme, 1. Le serpent d'airain, 15. La Lumiere est venue au monde, 18. Jean baptise à Enon, 23. Il rend un glorieux témoignage à J. C. 27 Qu'il dit être l'Epoux, 29. &c.

OR il y avoit un homme d'entre les Pharisiens, nommé
[a] Nicodeme, qui étoit un des principaux d'entre les
Juifs:
2 Lequel vint de nuit à Jésus, & lui dit; Maître, nous
savons que tu es un Docteur venu de Dieu: [b] car personne
ne peut faire ces signes que tu fais, si Dieu n'est avec lui.
3 Jésus répondit, & lui dit; En vérité, en vérité je te dis,
si [c] quelqu'un n'est [1] né de nouveau, il ne peut point [2] voir
le Royaume de Dieu.
4 Nicodeme lui dit; Comment peut naître un homme quand
il est vieux? peut-il encore entrer au ventre de sa mére, &
naître?
5 Jésus répondit; En vérité, en vérité je te dis, si quelqu'un n'est né [3] d'eau & d'Esprit, il ne peut point entrer
dans le Royaume de Dieu.
6 [d] Ce qui est né [4] de la chair, est chair: & ce qui est né
de l'Esprit, est esprit.
7 Ne t'étonne pas de ce que je t'ai dit; il vous faut être nez
de nouveau.
8 Le vent souffle où il veut, & tu en entens le son: mais
tu ne sais [e] d'où il vient, ni où il va: [5] il en est ainsi de tout
homme qui est né de l'Esprit.
9 Nicodeme répondit, & lui dit; [f] Comment se peuvent
faire ces choses?
10 Jésus répondit, & lui dit; Tu es Docteur d'Israël, &
tu ne connois point ces choses!

k *ch.* 6. 64. *Act.* 1. 24. *Apoc* 2. 23.

a *ch.* 7. 50. & 19. 39.
b *ch.* 9. 16. 33. *Act.* 10. 38.
c *Tite* 3. 5.
1 C'est-à-dire, d'une naissance spirituelle, qui est la régénération par le S. Esprit, vs. 5. & ch. 1. 13.
2 C'est-à-dire, avoir part aux graces de l'Evangile.
3 Ce ne sont pas ici deux choses différentes que l'Eau & l'Esprit, non plus que le S. Esprit & le feu, Matth. 3. 11. mais une seule qui est le S. Esprit représenté sous l'emblême de l'eau.
d *Job.* 14. 14. *Pse.* 51. 7.
4 C'est-à-dire, d'une nature corrompuë, est lui-même corrompu, & a par conséquent besoin d'être régénéré par le S. Esprit.
e *Job.* 38, 24.
5 Dieu fait souffler son Esprit de vie & de grace où il lui plaît, & sur qui il lui plaît.
f *ch.* 6. 52. 60.

11 En vérité, en vérité je te dis; [g] Que ce que nous savons, nous le disons; & ce que nous avons vû, nous le témoignons: [h] mais vous ne recevez point nôtre témoignage.
12 Si je vous ai dit des choses terrestres, & vous ne les
croyez point, comment croirez-vous si je vous dis des choses célestes?
13 Car personne [6] n'est monté au Ciel, sinon [i] celui [7] qui
est descendu du Ciel, *savoir* le Fils de l'homme [8] qui est au
Ciel.
14 [k] Or comme Moyse éleva le serpent au desert, ainsi
il [l] faut que le Fils de l'homme soit élevé.
15 [m] Afin que quiconque croit en lui ne périsse point,
mais qu'il ait la vie éternelle.
16 Car [n] Dieu a tant aimé le monde, qu'il a donné [o] son
Fils [9] unique, afin que quiconque croit en lui ne périsse
point, mais qu'il ait la vie éternelle.
17 [p] Car Dieu n'a point envoyé son Fils au monde pour condamner le monde, mais afin que le monde soit sauvé par lui.
18 [q] Celui qui croit en lui ne sera point condamné: mais
celui qui ne croit point est déja condamné: parce qu'il n'a
point cru [r] [10] au Nom du Fils unique de Dieu.
19 Or c'est ici la condamnation, [s] que la lumiere est venue
au monde, & que les hommes ont mieux aimé les ténébres
que la lumiere, parce que leurs œuvres étoient mauvaises.
20 [t] Car quiconque s'adonne à des choses mauvaises, hait
la lumiere, & ne vient point à la lumiere, de peur que ses
œuvres ne soient redarguées.
21 Mais celui qui s'adonne à la vérité; vient à la lumiere,
afin que ses œuvres soient manifestées, parce qu'elles sont
faites selon Dieu.
22 Après ces choses Jésus vint avec ses Disciples [u] au païs
de Judée: & il demeuroit là avec eux, & baptisoit.
23 [x] Or Jean baptisoit aussi en Enon, près de [y] Salim, [11]
parce

g *ch.* 7. 16. *&* 8. 28. *&* 12. 49. *&* 14. 24.
h vs. 32. *&* *ch.* 1. 10. 11. *&* 5. 38.
6 Ce mot est mis ici dans un sens de figure, pour dire, être allé découvrir les secrets du Ciel.
i vs. 31. *&* *ch.* 6. 41. 62. *&* 8. 23. 1 *Cor.* 15. 47. *Eph.* 4. 9.
7 Sav. le Fils en se faisant homme.
8 Qui est dans le Ciel par sa nature divine; & sur la terre par sa nature humaine unie avec la divine.
k *Nomb.* 21. 9. 2 *Rois* 18. 4.
l *ch.* 8. 28. *&* 12. 32.
m vs. 36. *Luc* 19. 10. 1 *Jean* 5. 10.
n *Rom.* 5. 8. *&* 8. 32. *Jean* 4. 9. 10.
o *ch.* 1. 18. 1 *Jean* 4. 9.
9 Le mot Grec marque un fils *unique engendré.*
p *ch.* 9. 39. *&* 12. 47. *Luc* 9. 56. 1 *Jean* 4. 14. q vs 36. *&* *ch.* 5. 24. *&* 6. 40. 47. *&* 20. 31. r *ch.* 2. 23. *&* 1 *Jean* 3. 23. *&* 5. 13. 10 C'est-à-dire, n'a point cru au fils unique de Dieu. s *ch.* 1. 5. 9. 10. t *Job* 24. 13. *&c.* *Pse.* 64. 5. 6. *Prov.* 7. 9. *Ezéch.* 8. 12. u *ch.* 4. 1. x *Matth.* 3. 6. 16. *Marc* 1. 5. *Luc* 3. 7. y 1 *Sam.* 9. 4. 11 On baptisoit par immersion, & non par simple aspersion comme l'on fait depuis plusieurs siecles.

parce qu'il y avoit là beaucoup d'eaux: & on venoit là, &
on y étoit baptisé.
24 Car [z] Jean n'avoit pas encore été mis en prison.
25 Or il y eut une question mûe par les disciples de Jean
avec les Juifs, touchant [12] la purification.
26 Et ils vinrent à Jean, & lui dirent; Maître, celui qui
étoit avec toi au delà du Jourdain, [a] & à qui tu as rendu témoignage, voilà, il baptise, & tous viennent à lui.
27 Jean répondit, & dit; [b] L'homme ne peut recevoir aucune chose, si elle ne lui est donnée du Ciel.
28 Vous-mêmes m'êtes témoins que j'ai dit; Ce n'est pas
moi qui suis le Christ, [c] mais je suis envoyé devant lui.
29 Celui qui a la mariée, c'est le marié; mais l'ami du marié qui assiste, & qui l'oit, est tout réjouï par la voix du marié; c'est pourquoi cette joye que j'ai, est accomplie.
30 Il faut qu'il croisse, & que je sois amoindri.
31 [e] Celui [13] qui est venu d'enhaut, est par dessus tous: celui qui est venu de la terre, est de la terre, & il parle *comme venu*
de la terre: celui qui est venu du ciel, est par dessus tous:
32 [e] Et ce qu'il a vû & ouï, il le témoigne; mais [14] personne ne reçoit son témoignage.
33 [f] Celui qui a reçu son témoignage a séellé que Dieu est
véritable.
34 Car *celui* que Dieu a envoyé annonce les paroles de
Dieu: [g] car Dieu [15] ne lui donne point l'Esprit par mesure.
35 [h] Le Pére aime le Fils, & [i] il lui a donné toutes choses
en main.
36 [k] Qui croit au Fils, a la vie éternelle: mais qui desobéït
au Fils, ne verra point la vie: mais la colere de Dieu [l] demeure sur lui.

z *Matt.* 14. 3.

12 Ce mot marque le baptême; & la dispute étoit sur le baptême de Jean & celui de J. C.

a *ch.* 1. 7. 15. 26. 34. *Matth.* 3. 11. *Marc* 1. 7. *Luc* 3. 16.

b 1 *Cor.* 4. 7. *Jacq.* 1. 17.

c *ch.* 1. 20. 30. *Mal.* 3. 1. *Matth.* 11. 10. *Marc* 1. 2. *Luc* 1. 17. & 7. 27.

d vs. 13. & 6. 28. 62. & 8. 23. 1 *Cor.* 15. 47.

13 Si S. Jean n'avoit entendu cela que de la mission, la sienne n'étoit pas moins venue d'enhaut que celle de J. C. il l'entendoit donc de la personne même de J. C.

e *ch.* 1. 18. & 5. 20. & 8. 26. 38. & 12. 49. & 14. 10.

14 C'est-à-dire, peu de gens: ainsi, ch. 7. 13. 48.

f *Rom.* 3. 4. 1 *Jean* 5. 10. 11.

g *ch.* 1. 16. *Eph.* 4. 7.

15 C'est-à-dire, à J. C. comme Mediateur.

h *ch.* 5. 20. *Matth.* 3. 17.

i *ch.* 5. 20. & 17. 2. *Matth.* 11. 27. & 28. 18. *Luc* 10. 22. *Héb.* 1. 2. & 2. 8.

k *ch.* 3. 15. 16, & 6. 47. 1 *Jean* 5. 11.

l *ch.* 9. 41.

CHAPITRE IV.

L'entretien de J. C. avec la Samaritaine, 7. *La conversion de plusieurs Samaritains*. 39. *Le fils d'un Seigneur guéri*, 46. &c.

OR quand le Seigneur eut connu que les Phariſiens avoient
ouï dire [a] qu'il faiſoit & baptiſoit plus de diſciples que
Jean:
2 Toutefois Jéſus ne baptiſoit point lui-même, mais c'étoient
ſes Diſciples;
3 Il laiſſa la Judée, & s'en alla encore en Galilée.
4 Or il falloit qu'il traverſât par la Samarie.
5 Il vint donc en une ville de Samarie, nommée Sichar,
qui eſt [b] près de la poſſeſſion que Jacob donna à Joſeph ſon
fils.
6 Or il y avoit là une fontaine de Jacob: & Jéſus étant laſſé
du chemin, ſe tenoit là aſſis ſur la fontaine: c'étoit environ
les ſix heures.
7 *Et* une femme Samaritaine étant venue pour puiſer de
l'eau, Jéſus lui dit; Donne-moi à boire.
8 Car ſes Diſciples s'en étoient allez à la ville pour achetter
des vivres.
9 Mais cette femme Samaritaine lui dit; Comment toi qui
es Juif, me demandes-tu à boire, à moi qui ſuis une femme
Samaritaine? [c] car les Juifs n'ont point de communication avec
les Samaritains.
10 Jéſus répondit, & lui dit; Si tu connoiſſois le don de
Dieu, & qui eſt celui qui te dit; Donne-moi à boire, tu lui
en euſſes demandé toi-même, & [d] il t'eût donné [1] de l'eau vive.
11 La femme lui dit; Seigneur tu n'as rien pour puiſer, &
le puits eſt profond; d'où as-tu donc cette eau vive?
12 [e] Es-tu plus grand que Jacob nôtre pére, qui nous a donné le puits, & lui-même en a bû, & ſes enfans, & ſon bétail?
13 Jéſus répondit, & lui dit; [f] Quiconque boit de cette
eau-ci aura encore ſoif:
14 Mais [g] celui qui boira de l'eau que je lui donnerai, [2] n'aura jamais ſoif: mais [h] l'eau que je lui donnerai ſera faite en lui
[3] une fontaine d'eau ſaillante en vie éternelle.
15 La femme lui dit, Seigneur, donne-moi de cette eau,
afin que je n'aye plus ſoif, & que je ne vienne plus ici puiſer
de l'eau.

a *ch.* 3. 22. 26.
b *Gen.* 33. 19. & 48. 22. *Joſ.* 24. 32.
c *ch.* 8. 48. *Luc* 9. 52. 53. *Act.* 10. 28.
d *ch.* 6. 35. & 7. 39. *Eſa.* 12. 3. *Jér.* 2. 13.
1 De l'idée de l'eau matérielle J.C. éleve l'eſprit à l'eau ſpirituelle de ſa grace.
e *ch.* 8. 53.
f *ch.* 6. 58.
g *ch.* 6. 27. 35.
2 C'eſt-à-dire, ne ſera jamais fatigué & aſſéché de la ſoif ſpirituelle.
h *ch.* 7. 38. 39. *Eſa.* 48. 21.
3 Dieu donne ſon Eſprit à ſes enfans juſques à ce qu'il les introduiſe dans la vie éternelle.

16 Jéſus

16 Jésus lui dit; Va, & appelle ton mari, & t'en viens ici.
17 La femme répondit, & lui dit; Je n'ai point de mari.
Jésus lui dit; Tu as bien dit; Je n'ai point de mari.
18 Car tu as eu cinq maris, & celui que tu as maintenant,
n'est point ton mari: en cela tu as dit la vérité.
19 La femme lui dit; Seigneur, je vois que [i] tu es un Prophete.
20 Nos péres ont adoré en cette montagne-là, & [k] vous dites qu'à Jérusalem est le Lieu où il faut adorer.
21 Jésus lui dit; Femme, crois-moi, que l'heure vient que
vous n'adorerez le Pére [4] ni en cette montagne, ni à Jérusalem.
22 [l] Vous adorez ce que vous ne connoissez point: nous a-
dorons ce que nous connoissons: car [m] le salut est des Juifs.
23 Mais l'heure vient, & elle est maintenant, que les vrais
adorateurs adoreront le Pére en esprit & en vérité: car aussi
le Pére en demande de tels qui l'adorent.
24 Dieu est esprit: & il faut que ceux qui l'adorent, [5] l'a-
dorent en esprit & en vérité.
25 La femme lui répondit; Je sai que le Messie, [6] c'est-à-
dire, le Christ, doit venir: quand donc il sera venu, il nous
annoncera toutes choses.
26 Jésus lui dit; [n] C'est moi-même, qui parle avec toi.
27 Sur cela ses Disciples vinrent, & ils s'étonnerent [7] de ce
qu'il parloit avec une femme: toutefois nul ne dit; Que demandes-tu? ou Pourquoi parles-tu avec elle?
28 La femme donc laissa sa cruche, & s'en alla à la ville,
& elle dit aux gens:
29 Venez, voyez un homme qui m'a dit tout ce que j'ai
fait, [o] celui-ci n'est-il point le Christ?
30 Ils sortirent donc de la ville, & vinrent vers lui.
31 Cependant les Disciples le prioient, disant; Maître,
mange.
32 Mais il leur dit; J'ai à manger d'une viande que vous ne
savez point.
33 Sur quoi les Disciples disoient entr'eux; Quelqu'un lui
auroit-il apporté à manger?

34 Jé-

i *ch.* 6. 14. *Luc* 7. 16. & 24. 19.

k *Deut.* 12. 5. 11. 1 *Rois* 9. 3. 2 *Chron.* 7. 12.

4 C'est-à-dire, dans aucun lieu distingué & privilegié par dessus les autres, mais on servira Dieu par tout païs, parce qu'on ne lui rendra qu'un culte spirituel, & que le culte spirituel n'est pas plus attaché à un lieu qu'à l'autre.

l 2 *Rois* 17. 29.

m *Esa.* 2. 2, 3. *Luc.* 24. 27. *Act.* 1. 4. 8. *Rom.* 3. 2. & 9. 4.

5 C'est-à-dire, l'adorent desormais d'esprit & de cœur, sans sacrifices, sans autels, sans Temple particulierement consacré &c.

6 Ces mots sont de l'Evangeliste, comme, ch. 1. 41.

n *ch.* 9. 37.

7 Ce n'étoit pas la coûtume de parler ainsi en public avec des femmes.

o *ch.* 1. 49.

34 Jésus leur dit; Ma viande est que je fasse la volonté de
celui qui m'a envoyé, & que j'accomplisse son œuvre.
35 [8] Ne dites-vous pas qu'il y a encore quatre mois, & la
moisson viendra; [p] Voici, je vous dis, levez vos yeux, &
regardez les contrées, [9] car elles sont déja blanches pour
moissonner.
36 Or celui qui moissonne reçoit le salaire, & assemble le
fruit en vie éternelle: afin que celui qui seme & celui qui
moissonne ayent ensemble joye.
37 Or ce que l'on dit d'ordinaire, que l'un seme, & l'autre
moissonne, est vrai en ceci,
38 *Que* je vous ai envoyez moissonner ce en quoi vous n'a-
vez point travaillé: d'autres ont travaillé, & vous êtes entrez dans leur travail.
39 Or plusieurs des Samaritains de cette ville-là crûrent en
lui, pour la parole de la femme, qui avoit rendu ce témoignage; Il m'a dit tout ce que j'ai fait.
40 Quand donc les Samaritains furent venus vers lui, ils le
prierent de demeurer avec eux; & il demeura là deux jours.
41 Et beaucoup plus de gens crûrent pour sa parole;
42 Et ils disoient à la femme; [10] Ce n'est plus pour ta parole que nous croyons: car nous-mêmes l'avons entendu, [q]
& nous savons que celui-ci est véritablement le Christ, le Sauveur du monde.
43 Or deux jours après il partit de là, & s'en alla en Galilée.
44 Car [r] Jésus avoit rendu témoignage qu'un Prophete n'est
point honoré en son païs.
45 Quand donc il fut venu en Galilée, les Galiléens le reçurent, ayant vû toutes les choses qu'il avoit faites à Jérusalem le jour de la Feste: car eux aussi étoient venus à la Feste.
46 Jésus donc vint encore [ſ] à Cana de Galilée, où il avoit
changé l'eau en vin. Or il y avoit à Capernaüm un Seigneur
de cour, duquel le fils étoit malade:
47 Qui ayant entendu que Jésus étoit venu de Judée en
Galilée, s'en alla vers lui, & le pria de descendre pour guérir son fils: car il s'en alloit mourir.

48 Mais

8 Ou, *Ne dit-on pas:* c'est-à-dire, par forme de proverbe, qu'il y a quatre mois du temps auquel on seme, à celui auquel on moissonne.

p *Matth.* 9. 37. *Luc*. 10. 2.

9 J. C. passe ici de l'idée materielle de la moisson des grains, à l'idée mystique de la moisson des peuples, c'est à-dire, leur conversion par la prédication prochaine de l'Evangile. Matth. 9. 37. comme il a passé de l'idée de l'eau matérielle à l'idée de l'eau spirituelle, vs. 10. & de l'idée d'une viande terrestre, à une viande céleste vs. 32.

10 C'est-à-dire, ce n'est pas tant sur ta parole, que sur ce que nous en avons nous-mêmes vû & entendû.

q *ch*. 17. 8.

r *Matth*. 13. 57. *Marc* 6. 4. *Luc* 4. 24.

ſ *ch*. 2. 1. 11.

48 Mais Jésus lui dit; [t] Si vous ne voyez des prodiges &
des miracles, vous ne croyez point.
49 Et ce Seigneur de cour lui dit; Seigneur, descens avant
que mon fils meure:
50 Jésus lui dit: Va-t-en, [11] ton fils vit. Cet homme crut
à la parole que Jésus lui avoit dite, & il s'en alla.
51 Et comme déja il descendoit, ses serviteurs vinrent au
devant de lui, & lui apporterent des nouvelles, disant; Ton
fils vit.
52 Et il leur demanda à quelle heure il s'étoit trouvé mieux:
& ils lui dirent; Hier sur les sept heures la fiévre le quitta.
53 Le pére donc connut que c'étoit à cette *même* heure-là
que Jésus lui avoit dit; Ton fils vit. [12] Et il crût, avec toute sa maison.
54 Jésus fit encore ce second miracle, quand il fut venu de
Judée en Galilée.

t 1 *Cor.* 1. 22.

11 C'est-à-dire, ton fils est guéri, il se porte bien.

12 Ce ne fut pas le miracle qui fit qu'il crût, il n'en fut que l'occasion, & tout au plus le motif; mais ce fut la grace de Dieu sur son ame qui opera sa foi.

CHAPITRE V.

Le lavoir de Béthesda, 2. *Le Paralytique de* 38. *ans*, 5. *J. C. se fait égal à Dieu*, 18. *La résurrection spirituelle est par J. C.* 21--26. *La résurrection des corps & le Jugement à venir sont aussi par J. C.* 27. *Il a eu un témoignage plus grand que celui de Jean*, 33. *Le Pére même lui a rendu témoignage*, 36. *Chercher J. C. dans les Ecritures*, 39. *Moyse a écrit de lui*, 46.

Après ces choses il y avoit [1] une Feste des Juifs, [a] & Jésus monta à Jérusalem.
2 Or [2] il y a à Jérusalem, au marché aux brebis, un lavoir
appellé en Hebreu Béthesda, ayant cinq porches:
3 Dans lesquels gisoit une grande multitude de malades,
d'aveugles, de boiteux, & *de gens* qui avoient les membres
secs, attendant le mouvement de l'eau:
4 Car [3] un Ange descendoit en certain temps au lavoir, &
troubloit l'eau: & alors le premier qui descendoit au lavoir
après que l'eau en avoit été troublée, étoit guéri, de quelque maladie qu'il fût détenu.
5 Or il y avoit là un homme détenu de maladie depuis tren-
te-huit ans.
6 *Et* Jésus le voyant couché par terre, & connoissant qu'il
avoit déja été là long-temps, lui dit; Veux-tu être guéri?

1 C'étoit la Pentecôte: Conf. avec le ch. précédent vs. 35. & 45.

a *ch.* 2. 13. *Exod.* 23. 17.

2 Le lavoir subsistoit encore lors que S. ~~Jean~~ écrivoit ceci.

3 S. Jean en parle comme d'une chose qui n'arrivoit plus.

7 Le malade lui répondit; Seigneur, je n'ai personne qui
me jette au lavoir quand l'eau est troublée, & pendant que
j'y viens, un autre y descend avant moi.
8 Jésus lui dit; [b] Leve-toi, charge ton petit lit, & marche.
9 Et incontinent l'homme fut rendu sain, [c] & chargea son
petit lit, & il marchoit. Or c'étoit *un jour* de Sabbat.
10 Les Juifs donc dirent à celui qui avoit été rendu sain;
C'est *un jour de* Sabbat, [d] il ne t'est pas permis de charger
ton petit lit.
11 Il leur répondit; Celui qui m'a rendu sain, m'a dit;
Charge ton petit lit, & marche.
12 Alors ils lui demanderent; Qui est celui qui t'a dit;
Charge ton petit lit, & marche?
13 Mais celui qui avoit été guéri [e] ne savoit pas qui c'étoit:
car Jésus [4] s'étoit écoulé du milieu de la troupe qui étoit en
ce lieu-là.
14 Depuis, Jésus le trouva au Temple, & lui dit; Voici,
tu as été rendu sain: ne péche plus desormais, [f] de peur que
pis ne t'avienne.
15 [5] Cet homme s'en alla, [g] & rapporta aux Juifs que c'é-
toit Jésus qui l'avoit rendu sain.
16 C'est pourquoi les Juifs poursuivoient Jésus, & cherchoient à le faire mourir, parce qu'il avoit fait ces choses *le
jour du* Sabbat.
17 Mais Jésus leur répondit; [h] Mon Pére [6] travaille jusqu'à
maintenant, & je travaille aussi.
18 [i] Et à cause de cela les Juifs tâchoient encore plus de le
faire mourir, parce que non seulement il avoit violé le Sabbat, mais aussi parce qu'il disoit que Dieu étoit son propre
Pére, [7] se faisant égal à Dieu.
19 Mais Jésus répondit, & leur dit; [k] En vérité, en vérité je vous dis, que le Fils ne peut rien faire de soi-même,
[8] sinon qu'il le voye faire au Pére: car quelque chose que le
Pére fasse, le Fils aussi le fait semblablement.

b *Matth.* 9. 6. *Marc* 2. 11. *Luc* 5. 24.
c *ch.* 9. 14.
d *Exod.* 20. 10. *Deut.* 5. 13 *Néh.* 13. 19. *Jér.* 17. 21. *Matth.* 12. 2. *Marc* 2. 24. *Luc* 6. 2.
e *ch.* 9. 35.
4 Ou, *c'étoit retiré tout doucement*, & comme à la dérobée.
f *ch.* 8. 11. *Matth.* 12. 45. 2 *Pier.* 2. 20.
5 Il n'y a nulle apparence qu'il le fit à mauvaise intention; la suite le justifie assez de ce soupçon.
g *ch.* 9. 13.
h *ch.* 14. 10
6 La conservation des créatures est une espece de création continuelle.
i *ch.* 7. 19. & 8. 38. & 9. 14. & 10. 33. *Matth.* 26. 63-65.
7 Si c'étoit ce que J. C. avoit voulu dire, il s'est donc dit le vrai Dieu, & si les Juifs avoient mal pris le sens de ses paroles, la chose étoit trop importante à l'honneur de Dieu & de J. C. pour que J. C. les eût laissez dans cette opinion, & ne se fût pas expliqué là-dessus.
k vs. 30 & *ch.* 8. 38. 8 C'est pour faire entendre que le Fils agit par la même puissance que celle du pére.

20 [l] Car le Pére aime le Fils, & lui montre toutes les choses qu'il fait: & il lui montrera de plus grandes œuvres que
celle-ci, afin que vous en soyez dans l'admiration.
21 Car comme le Pére ressuscite les morts & les vivifie,
semblablement aussi le Fils vivifie ceux qu'il veut.
22 Car le Pére ne juge personne, mais [m] il a donné tout
jugement au Fils:
23 [n] Afin que tous honorent le Fils, comme ils honorent
le Pére: celui qui n'honore point le Fils, n'honore point le
Pére qui l'a envoyé.
24 En vérité, en vérité je vous dis, [o] que celui qui oit ma
parole, & croit à celui qui m'a envoyé, a la vie éternelle,
& il ne viendra point en condamnation, mais il est passé de
la mort à la vie.
25 En vérité, en vérité je vous dis, [p] que l'heure vient, &
elle est même déja *venue*, [q] que les morts entendront la voix
du Fils de Dieu, & ceux qui l'auront entendue, vivront.
26 Car comme le Pére a la vie en soi-même, ainsi il a donné au Fils d'avoir la vie en soi-même.
27 Et il lui a donné puissance d'exercer aussi jugement, [9] entant qu'il est le Fils de l'homme.
28 Ne soyez point étonnez de cela: [r] car l'heure viendra,
en laquelle tous ceux qui sont dans les sépulcres [s] entendront
sa voix:
29 [t] Et ils sortiront, savoir ceux qui auront bien fait, en
résurrection de vie: & ceux qui auront mal fait, en résurrection de condamnation.
30 Je ne puis rien faire [10] de moi-même: je juge ainsi que
j'ois, & mon jugement est juste: car [u] je ne cherche point
ma volonté, mais la volonté du Pére qui m'a envoyé.
31 [x] Si je rens témoignage de moi-même, mon témoignage [11] n'est pas digne de foi.
32 [y] C'est un autre qui rend témoignage de moi, & je sai
que le témoignage qu'il rend de moi est digne de foi.
33 [z] Vous avez envoyé vers Jean, & il a rendu témoignage à la vérité.

34 Or

l *ch.* 5. 35.
m *ch.* 3. 35. *Matth.* 11. 27. & 28. 18. *Act.* 17. 31.
n 1 *Jean* 2. 23.
o *ch.* 3. 18. & 6. 40. 47. & 8. 51. & 17. 3. *Rom.* 8. 24. *Eph.* 2. 6. 1 *Jean* 3. 2.
p *ch.* 4. 23.
q *Rom.* 6. 14. *Eph.* 2. 5. 6. *Col.* 3. 1. 1 *Tim.* 5. 6. *Apoc.* 3. 1.
9 Précisément en cette qualité de Messie, de Chef, & de Roi, mais laquelle renferme celle de vrai Dieu.
r *Dan.* 12. 2. 1 *Cor.* 15. 52. 1 *Thess.* 4. 16.
s *ch.* 6. 39. 40. 44.
t *Matth.* 25. 46. *Act.* 24. 15. 2 *Thess.* 1. 7. 8. 2 *Macc.* 7. 14.
10 Il se considere entant qu'Envoyé.
u vs. 19. & *ch.* 6. 38.
x *ch.* 8. 14.
11 *Dites-vous*, car c'est l'objection que les Juifs lui faisoient, à laquelle le verset suivant sert de réponse.
y vs. 36. 37. *Esa.* 42. 1. *Matth.* 3. 17. & 17. 5.
z *ch.* 1. 15. 19. 27. & 3. 28.

34 Or je ne cherche point le témoignage des hommes:
mais je dis ces choses afin que vous soyez sauvez.
35 Il étoit [12] une chandelle ardente & luisante: & vous a-
vez voulu vous égayer [a] pour un peu de temps en sa lumiere.
36 Mais moi [b] j'ai un témoignage plus grand que celui de
Jean: car [c] les œuvres que mon Pére m'a données pour les
accomplir, ces œuvres mêmes que je fais, témoignent de
moi que mon Pére m'a envoyé.
37 Et le Pére qui m'a envoyé, [d] a lui-même rendu témoignage de moi: jamais vous n'ouïtes sa voix, [e] ni ne vites sa
ressemblance.
38 Et vous n'avez point sa parole demeurante en vous: puis
que vous ne croyez point à celui qu'il a envoyé.
39 [13] [f] Enquerez-vous diligemment des Ecritures: car vous
éstimez avoir par elles la vie éternelle, [g] & ce sont elles qui
portent témoignage de moi.
40 [h] Mais vous ne voulez point venir à moi, pour avoir
la vie.
41 [i] Je ne cherche point la gloire de la part des hommes.
42 Mais je connois bien que vous n'avez point l'amour de
Dieu en vous.
43 Je suis venu au Nom de mon Pére, & vous ne me recevez point: [14] si un autre vient en son propre nom, vous recevrez celui-là.
44 Comment pouvez-vous croire, puisque vous [k] cherchez
la gloire l'un de l'autre, & que vous ne cherchez point la
gloire qui vient de Dieu seul?
45 Ne pensez point que [15] je vous doive accuser envers
mon Pére; Moyse en qui vous avez espérance, est celui qui
vous accusera.
46 Car si vous croiyez Moyse, vous me croiriez aussi: vû
qu'il [l] a écrit de moi.
47 Mais si vous ne croyez point à ses écrits, comment croirez-vous à mes paroles?

CHA-

12 C'étoit un emblême qu'il devoit bien-tôt finir; comme une chandelle qui se consume en éclairant; au lieu que J. C. est la lumiere même, ch. 1. 7. 8. 9.
a ch. 3. 30.
b vs. 32.
c ch. 10. 25. 37. & 14. 10. & 15. 24. Act. 2. 22.
d vs. 32.
e Exod. 33. 20. Deut. 4. 12. 1 Tim. 6. 16. 1 Jean 4. 12.
13 Le mot Grec marque une recherche exacte & profonde du sens des Ecritures; les Juifs n'en étudioient & n'en savoient que les termes.
f Esa. 8. 20. & 34. 16. Luc 16. 29. Act. 17. 3. & 18. 5. 28.
g ch. 1. 46. Deut. 18. 15. Luc 24. 27.
h ch. 3. 19. Matth. 23. 37.
i ch. 8. 50.
14 Un faux Messie, vous courrerez après lui.
k ch. 12. 43. Rom. 2. 29.
15 Ce sera moins lui que Moyse, aux paroles duquel ils ont fait profession de croire, & dont ils ont pourtant rejetté le témoignage.
l Gen. 3. 15. & 12. 3. & 18. 18. & 22. 18. & 49. 10. Deut. 18. 15.

CHAPITRE VI.

J. C. multiplie les pains, 5. &c. On veut le faire Roi, 13. La nacelle dans l'orage, 18. Travailler après la viande qui ne périt point, 27. J. C. est le vrai pain du Ciel, 32. C'est Dieu le Père qui nous tire à J. C. 44. J. C. est le pain de vie, 48. Manger sa chair, 51–58. Murmure des Capernaïtes, 60. La chair ne profite de rien, 63. J. C. a les paroles de la vie éternelle, 68.

APrès ces choses Jésus s'en alla au delà de la mer de Galilée, qui est *la mer* de Tiberiade.
2 Et de grandes troupes le suivoient, à cause qu'il voyoient
les miracles qu'il faisoit en ceux qui étoient malades.
3 [a] Mais Jésus monta sur une montagne, & il s'assit là avec
ses Disciples.
4 [1] Or *le jour de* [b] Pasque, qui étoit la Feste des Juifs, é-
toit proche.
5 [c] Et Jésus ayant levé ses yeux, & voyant que de grandes
troupes venoient à lui, dit à Philippe; D'où achetterons-
nous des pains, afin que ceux-ci ayent à manger?
6 Or il disoit cela pour l'épouver: car il savoit bien ce qu'il
devoit faire.
7 Philippe lui répondit; *Quand nous aurions* pour deux cens
deniers de pain, cela ne leur suffiroit pas, que chacun d'eux
n'en prît que tant soit peu.
8 Et l'un de ses Disciples, *savoir* André, frére de Simon
Pierre, lui dit;
9 Il y a ici un petit garçon qui a cinq pains d'orge & deux
poissons: mais qu'est-ce que cela pour tant de gens?
10 Alors Jésus dit; [d] Faites asseoir les gens: (or il y avoit
beaucoup d'herbe en ce lieu-là) les gens donc s'assirent au
nombre d'environ cinq mille.
11 Et Jésus prit les pains; & après avoir rendu graces, il les
distribua aux Disciples, & les Disciples à ceux qui étoient assis,
& pareillement des poissons, autant qu'ils en vouloient.
12 Et après qu'ils furent rassasiez, il dit à ses Disciples;
Amassez les piéces qui sont de reste, afin que rien ne soit
perdu.
13 Ils les amasserent donc, & ils remplirent douze corbeil-

a *Matth.* 14. 13. *&c.*

1 La 3. Pasque après le baptême de J. C. la premiere est marquée ch. 2. 13. la seconde Luc 6. 1. c'est donc ici la 3. car il mourut un an après, qui fut la 4. Pasque.

b *Exod.* 12. 18.

c *Matth.* 14. 14. *Marc* 6. 37. *Luc* 9. 13.

d *Matth.* 14. 17. *Marc* 6. 39. *Luc* 9. 14.

les de piéces de cinq pains d'orge, qui étoient demeurées de
reſte à ceux qui avoient mangé.
14 Or ces gens ayant vû le miracle que Jéſus avoit fait, di-
c ch. 1. 21. & 4. 19. & 7. 40. Deut. 18. 15. 18. Luc 7. 16. & 24. 19. ſoient; Celui-ci eſt véritablement [c] le Prophete qui devoit
venir au monde.
15 Mais Jéſus ayant connu qu'ils devoient venir l'enlever afin
de le faire Roi, ſe retira encore tout ſeul en la montagne.
f Matth. 14. 23. Marc 6. 47. 16 [f] Et quand le ſoir fut venu, ſes Diſciples deſcendirent à
la mer.
17 Et étant montez dans la nacelle, ils paſſoient au delà de
la mer vers Capernaüm, & il étoit déja nuit, que Jéſus n'é-
toit pas encore venu à eux.
18 Et la mer s'éleva par un grand vent qui ſoufloit.
19 Mais après qu'ils eurent ramé environ vingt-cinq ou
g Marc 6. 48. trente ſtades, [g] ils virent Jéſus marchant ſur la mer, & s'approchant de la nacelle: & ils eurent peur.
20 Mais il leur dit; C'eſt moi, ne craignez point.
21 Ils le reçurent donc volontiers dans la nacelle, & auſſi-
tôt la nacelle prit terre *au lieu* où ils alloient.
22 Le lendemain les troupes qui étoient demeurées de l'autre côté de la mer, voyant qu'il n'y avoit point là d'autre nacelle que celle-là ſeule dans laquelle ſes Diſciples étoient entrez, & que Jéſus n'étoit point entré avec ſes Diſciples dans
la nacelle, mais que ſes Diſciples s'en étoient allez ſeuls:
23 Et d'autres nacelles étant venues de Tibériade, près du
lieu où ils avoient mangé le pain, après que le Seigneur eut
rendu graces,
24 Ces troupes qui voyoient que Jéſus n'étoit point là, ni
ſes Diſciples, monterent auſſi dans ces nacelles, & vinrent
à Capernaüm, cherchant Jéſus.
25 Et l'ayant trouvé au delà de la mer, ils lui dirent; Maître, quand es-tu arrivé ici?
26 Jéſus leur répondit, & leur dit; En vérité, en vérité
je vous dis, vous me cherchez; non parce que vous avez vû
des miracles, mais parce que vous avez mangé des pains, &
que vous avez été raſſaſiez.

27 [h] Tra-

27 [h] Travaillez, non point après la viande qui périt, mais
après celle qui eſt parmanente en vie éternelle, laquelle le
Fils de l'homme vous donnera; car [i] le Pére, *ſavoir* Dieu,
[2] l'a approuvé de ſon cachet.
28 Ils lui dirent donc: Que ferons-nous pour faire [3] les
œuvres de Dieu?
29 Jéſus répondit, & leur dit; [k] C'eſt ici l'œuvre de Dieu,
que vous croiyez en celui qu'il a envoyé.
30 Alors ils lui dirent; [l] Quel miracle fais-tu donc, afin
que nous le voiyons, & que nous croiyons à toi? Quelle
œuvre fais-tu?
31 [m] [4] Nos péres ont mangé la manne au deſert; ſelon ce
qui eſt écrit; Il leur a donné à manger le pain du Ciel.
32 Mais Jéſus leur dit; En vérité, en vérité je vous dis;
Moyſe ne vous a pas donné [5] le pain du Ciel; mais mon Pére vous donne le vrai pain du Ciel:
33 Car le pain de Dieu c'eſt celui [n] qui eſt deſcendu du Ciel,
& qui donne la vie au monde.
34 Ils lui dirent donc; Seigneur, [6] donne-nous toujours ce
pain-là.
35 Et Jéſus leur dit; Je ſuis le pain de vie. Celui [o] qui
[7] vient à moi, n'aura point de faim; & celui qui croit en
moi, n'aura jamais ſoif.
36 Mais je vous ai dit [p] que vous [8] m'avez vû, & cependant
vous ne croyez point.
37 [9] Tout ce que mon Pére me donne, viendra à moi, &
je ne jetterai point hors celui qui viendra à moi.
38 Car [q] je ſuis deſcendu du Ciel [r] non point pour faire ma
volonté, mais la volonté de celui qui m'a envoyé.
39 Et c'eſt ici la volonté du Pére qui m'a envoyé, [s] que je
ne perde rien de tout ce qu'il m'a donné, mais que je le reſſuſcite [t] au dernier jour.

40 [u] Et

h *Matth.* 6. 33.
i *ch.* 1. 32. & 10. 36. *Matth.* 3. 17. & 17. 5. 2 *Pier.* 1. 17.
2 A ſeellé ſa miſſion par ſes miracles ch. 5. 36.
3 Ou, *des œuvres de Dieu*, c'eſt-à-dire, cette grande action à laquelle tu nous ſollicites, qui étoit de le reconnoître pour le Meſſie.
k vs. 40. & *ch.* 11. 42. & 17. 21. 1 *Jean* 3. 23.
l *Matth.* 12. 38. & 16. 1. 1 *Cor.* 1. 22.
m vs. 49. *Exod.* 16. 4. 14. *Nomb.* 11. 7. *Pſe.* 78. 24. 1 *Cor.* 10. 3. *Sap.* 16. 20.
4 Ils lui inſinuent par ce recit, qu'ils voudroient bien lui voir faire quelque choſe de ſemblable.
5 C'eſt-à-dire, le vrai pain du ciel.
n vs. 38. 51. 62.
6 Ils entendirent cela de quelque pain d'une nature extraordinaire & qui eût la vertu de prévenir pour toûjours la faim; comme la Samaritaine le crût de l'eau dont J. C. lui parloit: ch. 4. 15.
o *ch.* 4. 14. & 7. 37. *Eſa.* 55. 1. *Eccleſiaſtiq.* 24. 28.
7 Venir à J. C. c'eſt croire en lui.
p *ch.* 7. 28.
8 C'eſt-à-dire, vous m'avez vû faire des miracles.
9 C'eſt-à-dire, mais je vois bien que vous n'êtes pas de ceux que le Pére m'a donnez; car ſi vous l'étiez, vous croiriez en moi.
q vs. 33. 50. 51. 58. 62. & *ch.* 3. 13. 31.
r *ch.* 5. 30.
ſ *ch.* 10. 28. & 17. 12. & 18. 9.
t vs. 40. 44. 54.

40 [u] Et c'eſt ici la volonté de celui qui m'a envoyé, que
quiconque [10] contemple le Fils, & croit en lui, ait la vie éternelle: c'eſt pourquoi je le reſſuſciterai au dernier jour.

41 Or les Juifs murmuroient contre lui de ce qu'il avoit dit;
Je ſuis le pain deſcendu du Ciel.

42 Car ils diſoient; [x] N'eſt-ce pas ici Jéſus, le fils de Joſeph, duquel nous connoiſſons le pére & la mére? comment
donc dit celui-ci; Je ſuis deſcendu du Ciel?

43 Jéſus donc répondit, & leur dit; Ne murmurez point
entre vous.

44 [11] [y] Nul ne peut venir à moi, ſi le Pére, qui m'a envoyé, [z] ne le tire: & moi, je le reſſuſciterai au dernier jour.

45 Il eſt écrit dans les Prophetes; [a] Et ils ſeront tous en-
ſeignez de Dieu. Quiconque donc l'a ouï du Pére, & l'a
appris, vient à moi.

46 Non point [b] qu'aucun ait vû le Pére, ſinon celui qui
eſt de Dieu, celui-là a vû le Pére.

47 En vérité, en vérité je vous dis; [c] Qui croit en moi a
la vie éternelle.

48 Je ſuis le pain de vie.

49 [d] Vos péres ont mangé la manne au deſert, [e] & ils ſont
morts.

50 C'eſt ici le pain qui eſt deſcendu du Ciel, afin que ſi
quelqu'un en mange, il ne meure point.

51 Je ſuis le pain vivifiant qui ſuis deſcendu du Ciel: ſi quelqu'un mange de ce pain, il vivra éternellement: & le pain
que je donnerai, c'eſt ma chair, laquelle je donnerai pour la
vie du monde.

52 Les Juifs diſputoient entr'eux, & diſoient; Comment
celui-ci nous peut-il donner ſa chair à manger?

53 Et Jéſus leur dit; En vérité, en vérité je vous dis, que
[g] ſi vous ne [12] mangez la chair du Fils de l'homme, & ne
beûvez ſon ſang, vous n'aurez point la vie en vous-mêmes.

54 Celui qui mange ma chair, & qui boit mon ſang a la vie
éternelle: & [h] je le reſſuſciterai au dernier jour.

55 Car ma chair eſt [13] vraîment viande, & mon ſang eſt
vraîment breuvage. 56 Celui

u *ch.* 3. 15. 16.
10 C'eſt-à-dire, l'obſerve & l'étudie attentivement.
x *Matth.* 13. 55. *Marc* 6. 3. *Luc* 4. 22.
11 Voyez la Note ſur le vs. 37.
y *Matth.* 1. 17.
z vs. 65. & *ch.* 12. 32. *Deut.* 29. 4. 1 *Rois* 8. 58. *Cant.* 1. 4. *Jér.* 20. 7. *Lam.* 5. 21. *Oſée* 11. 4. *Act.* 16. 14. *Eph.* 1. 19.
a *Eſa.* 54. 13. *Jér.* 31. 34. *Héb.* 8. 10. & 10. 16.
b *ch.* 1. 18. *Matth.* 11. 27. *Luc.* 10. 22.
c *ch.* 3. 16. 18. 36.
d vs. 31.
e *ch.* 8. 53.
f *ch.* 3. 9. & 4. 11.
g vs. 35. & *ch.* 5. 36. & 5. 40.
12 Spirituellement, & par la foi.
h vs. 40. 44. 54.
13 Vraîment viande & breûvage à l'ame.

56 Celui qui mange ma chair & qui boit mon ſang, demeure en moi, & moi en lui.
57 Comme le Pére qui eſt vivant m'a envoyé, & que je
ſuis vivant par le Pére; ainſi celui qui me mangera, vivra
auſſi par moi.
58 C'eſt ici le pain [i] qui eſt deſcendu du Ciel, non point
comme vos péres ont mangé la manne, & ils ſont morts:
celui qui mangera ce pain, vivra éternellement.
59 Il dit ces choſes dans la Synagogue, enſeignant à Capernaüm.
60 Et pluſieurs [14] de ſes diſciples l'ayant entendu, dirent;
Cette parole eſt rude, qui la peut ouïr?
61 Mais Jéſus ſachant en lui-même que ſes diſciples murmuroient de cela, leur dit; Ceci vous ſcandaliſe-t-il?
62 *Que ſera-ce* donc [k] ſi vous voyez le Fils de l'homme monter [l] où il étoit [15] premierement?
63 C'eſt l'Eſprit qui vivifie; la chair ne profite de rien:
les paroles que je vous dis, [m] ſont [16] eſprit & vie.
64 [n] Mais il y en a *pluſieurs* entre vous qui ne croyent point:
car Jéſus ſavoit dès le commencement qui ſeroient ceux qui
ne croiroient point, & qui ſeroit celui qui le trahiroit.
65 Il leur dit donc; C'eſt pour cela que je vous ai dit, que [o]
nul ne peut venir à moi, s'il ne lui eſt donné de mon Pére.
66 Dès cette heure-là pluſieurs de ſes diſciples s'en allerent
en arriere, & ils ne marchoient plus avec lui.
67 Et Jéſus dit aux douze; Et vous, ne vous en voulez-
vous point auſſi aller?
68 Mais Simon Pierre lui répondit; Seigneur, à qui nous
en irons-nous? [p] tu as les paroles de la vie éternelle:
69 Et nous avons crû, & nous avons connu [q] que tu es le
Chriſt, le Fils du Dieu vivant.
70 Jéſus leur répondit; [r] Ne vous ai-je pas choiſi vous douze? & toutefois l'un de vous eſt diable.
71 Or il diſoit cela de Judas Iſcariot, *fils* de Simon: car
c'étoit celui à qui il devoit arriver de le trahir, quoi qu'il
fût l'un des douze.

i *vs.* 38.
14 C'eſt-à-dire, de ceux qui faiſoient profeſſion de croire en lui.
k *Marc* 16. 19. *Luc* 24. 51. *Act.* 1. 9. *Eph.* 4. 8.
l *ch.* 3. 13.
15 C'eſt-à-dire, avant ſon incarnation. ch. 3. 13.
m 2 *Cor.* 3. 6.
16 Entendues ſpirituellement elles donnent la vie.
n *ch.* 2. 25. & 13. 11.
o *vs.* 44.
p *Act.* 4. 12. & 5. 20. 1 *Jean* 5. 12.
q *ch.* 11. 27. *Matth.* 16. 16. *Marc* 8. 29. *Luc* 9. 20.
r *ch.* 8. 44. *Luc* 6. 13.

CHAPITRE VII.

Le parens de J. C. vont à Jérusalem pour y célébrer la Feste des Tabernacles, 2. J. C. y va après eux, 4. Et il y prêche, 14. Moyse a donné la Circoncision, 22. Le peuple demande si J. C. ne seroit point le Messie, 26. Les Sacrificateurs veulent le faire prendre, 32. Fleuves d'eau vive, 38. Divers sentimens du peuple sur le sujet de J. C. 40. *Réponse des sergens qui avoient été envoyez pour se saisir de J. C.* 46. *Le peuple ne sait ce que c'est que de la Loi*, 48.

APrès ces choses Jésus demeuroit en Galilée, car il ne
vouloit point demeurer en Judée, [1] parce que les Juifs
cherchoient à le faire mourir.
2 Or la Feste des Juifs, [a] appellée des Tabernacles, étoit
proche.
3 Et [2] ses fréres lui dirent; Pars d'ici, & t'en va en Judée,
afin que tes disciples aussi contemplent les œuvres que tu fais.
4 Car personne ne fait aucune chose en secret, qui cherche
de se porter franchement; si tu fais ces choses-ci, montre-
toi toi-même au monde:
5 [b] Car ses fréres mêmes ne croyoient point en lui.
6 Et Jésus leur dit; [3] Mon temps n'est pas encore venu,
[4] mais vôtre temps est toûjours prêt.
7 Le monde ne peut pas vous avoir en haine, mais il [c] m'a
en haine; parce que je rens témoignage contre lui que [d] ses
œuvres sont mauvaises.
8 Montez vous autres à cette Feste: pour moi, je ne monte point encore à cette Feste, [e] parce que mon temps n'est
pas encore accompli.
9 Et leur ayant dit ces choses, il demeura en Galilée.
10 Mais comme ses fréres furent montez, alors il monta
aussi à la Feste, non point manifestement, mais comme en
cachette.
11 [f] Or les Juifs le cherchoient à la Feste, & ils disoient;
Où est-il?
12 [g] Et il y avoit un grand murmure sur son sujet parmi les
troupes. Les uns disoient; [h] Il est homme de bien: & les
autres disoient; Non, mais il séduit le peuple.
13 Toutefois personne [5] ne parloit franchement de lui [i] à cause de la crainte *qu'on avoit* des Juifs.

1 Le temps de sa mort n'étoit pas encore venu: vs. 6.
a *Lévit.* 23. 34.
2 C'est-à-dire, ses parens.
b *Marc* 3. 21. *Act.* 1. 14.
3 C'est-à-dire, le temps précis auquel il vouloit aller, comme eux, à Jérusalem, vs. 8. 10.
4 Vous y pouvez aller quand il vous plait: j'ai des raisons d'en user autrement.
c *ch.* 15. 18.
d *ch.* 3. 19.
e *vs.* 6.
f *ch.* 11. 56.
g *vs.* 43. & *ch.* 9. 16. & 10. 19.
h *vs.* 40. & *ch.* 6. 14. & 10. 21. *Matth.* 21. 46. *Luc* 7. 16.
5 C'est-à-dire, à son avantage.
i *ch.* 9. 22. & 11. 42. & 29. 38.

14 Et comme la Feste étoit déja à demi passée, Jésus monta au Temple, & il enseignoit.
15 Et les Juifs s'en étonnoient, disant; [k] Comment celui-
ci sait-il les Ecritures, vû qu'il ne les a point apprises?
16 Jésus leur répondit, & dit; [l] Ma doctrine [6] n'est pas
mienne, mais elle est de celui qui m'a envoyé.
17 Si quelqu'un veut faire sa volonté, il connoîtra de la doctrine, savoir si elle est de Dieu, ou si je parle de moi-même.
18 Celui qui parle de soi-même, cherche sa propre gloire:
[m] mais celui qui cherche la gloire de celui qui l'a envoyé,
est [7] véritable, & il n'y a point [8] d'injustice en lui.
19 [n] Moyse ne vous a-t-il pas donné la Loi? & cependant
nul de vous ne met en effet la Loi: [o] Pourquoi cherchez-
vous à me faire mourir?
20 Les troupes répondirent; [p] Tu as le diable: qui est-ce
qui cherche à te faire mourir?
21 Jésus répondit, & leur dit; [q] j'ai fait [9] une œuvre, &
vous vous en êtes tous étonnez.
22 [r] *Et vous*, parce que Moyse vous a donné la Circoncision, laquelle n'est pourtant pas de Moyse, [s] mais des péres,
vous circoncisez bien un homme le jour du Sabbat.
23 *Si donc* l'homme reçoit la Circoncision le jour du Sabbat, afin que la Loi de Moyse ne soit point violée, êtes-vous
fâchez contre moi de ce que j'ai guéri un homme [10] tout entier le jour du Sabbat?
24 [t] Ne jugez point selon l'apparence, mais jugez d'un jugement droit.
25 Alors quelques-uns de ceux de Jérusalem disoient;
N'est-ce pas celui qu'ils cherchent à faire mourir?
26 Et cependant voici, il parle librement, & ils ne lui disent rien: les Gouverneurs auroient-ils connu certainement
[u] que celui-ci est véritablement le Christ?
27 Or [x] nous savons bien d'où est celui-ci, mais quand le
Christ viendra, [11] personne ne saura d'où il est.

k *Matth.* 13. 54.
l *ch.* 5. 30. & 8. 28. & 12. 49. & 14. 10. 24.
6 Ce n'est pas tant ma doctrine, que celle de mon Pére, dont, étant l'envoié, je n'ai qu'à consulter & suivre ses ordres.
m *ch.* 5. 41.
7 C'est-à-dire, franc & desintéressé.
8 C'est-à-dire, de tromperie & de fraude.
n *ch.* 1. 17.
o *ch.* 5. 16. 18.
p *ch.* 8. 48. 52. & 10. 20.
q *vs.* 23.
9 C'étoit le miracle dont il est parlé au vs. 23.
r *Lévit.* 12. 3
s *Gen.* 17. 10.
10 Paralytique du haut en bas.
t *Deut.* 1. 17. *Prov.* 24. 23. *Jacq.* 2. 1.
u *vs.* 41.
x *Matth.* 13. 55. *Marc* 6. 3. *Luc* 4. 22.
11 Ils savoient bien qu'il devoit être de Bethléhem, vs. 42. mais c'étoit une de leurs traditions, que le Messie demeureroit quelque temps caché & inconnu, mais que tout à coup il paroitroit, & se feroit connoître lors qu'on s'y attendroit le moins.

28 Jésus donc crioit dans le Temple enseignant & disant;
Et vous me connoissez, & vous savez d'où je suis; & [y] je ne
suis point venu de moi-même, mais celui qui m'a envoyé,
[z] est véritable, [a] & vous ne le connoissez point.

29 Mais moi, [b] je le connois: [c] car je suis *issu* de lui, &
c'est lui qui m'a envoyé.

30 Alors [d] ils cherchoient à le prendre, mais personne ne mit
les mains sur lui, [e] parce que son heure n'étoit pas encore
venue.

31 [f] Et plusieurs d'entre les troupes crûrent en lui, & ils
disoient; Quand le Christ sera venu, [g] fera-t-il plus de miracles que celui-ci n'a fait?

32 Les Pharisiens entendirent la troupe [h] murmurant ces
choses de lui: & les Pharisiens avec les principaux Sacrificateurs envoyerent des sergens pour le prendre.

33 Et Jésus leur dit; Je suis encore pour un peu de temps
avec vous, puis je m'en vais à celui qui m'a envoyé.

34 [i] Vous [12] me chercherez, mais vous [13] ne *me* trouverez
point: & là où je serai, vous n'y pouvez venir.

35 Les Juifs donc dirent entr'eux; Où doit-il aller que nous
ne le trouverons point? doit-il aller [14] vers ceux qui sont dispersez parmi les Grecs, & enseigner les Grecs?

36 Quel est ce discours qu'il a tenu: [k] Vous me chercherez, mais vous ne *me* trouverez point: & là où je serai, vous
n'y pouvez venir?

37 Et [l] en la derniere & grande journée de la Feste Jésus se
trouva là, criant, & disant; [m] Si quelqu'un a soif, qu'il
vienne à moi, & qu'il boive.

38 Celui qui croit en moi, selon ce que dit l'Ecriture, [n] des
fleuves d'eau vive découleront [15] de son ventre.

39 (Or il disoit cela de l'Esprit que devoient recevoir ceux
qui croyoient en lui: car le Saint Esprit n'étoit pas encore
donné, parce que Jésus n'étoit pas encore glorifié.)

40 Plu-

y *ch.* 5. 43. & 8. 26. 42. & 16. 28.
z *ch.* 8. 26. *Rom.* 3. 4.
a *ch.* 5. 37. & 8. 19.
b *ch.* 10. 15. *Matth.* 11. 27.
c *ch.* 8. 26. & 16. 28. *Rom.* 3. 4.
d *vs.* 19. & *ch.* 8. 37. *Marc* 11. 18. *Luc* 19. 47.
e *ch.* 8. 20.
f *ch.* 8. 30.
g *ch.* 10. 37.
h *vs.* 12.
i *ch.* 8. 21. & 13. 33.

12 Il veut dire, qu'ils chercheroient un Messie, mais qu'ils n'en trouveroient point: Voyez des phrases semblables 1 Sam. 9. 20. & Act. 17. 23.

13 Il y a simplement dans le Grec, & au vs. 36. *vous ne trouverez point*: pour dire, vous ne trouverez point de Messie.

14 C'est-à-dire, vers ceux de leur nation qui demeuroient dans les païs de la Grece, de l'Asie mineure, & ailleurs hors de la Judée.

k *Prov.* 1. 28.
l *Lévit.* 23. 34. 36.
m *ch.* 14. 14. & 6. 35. *Esa.* 12. 3. & 55. 1.
n *ch.* 16. 7. *Esa.* 44. 3. *Joël* 2. 28. *Act.* 2. 17.

15 C'est-à-dire, du dedans de lui, de son cœur, car les Hebreux ont exprimé l'*interieur*, par ce mot de *ventre*, voyez Job 15. 35. Prov. 20. 27. &c.

40 Plusieurs donc de la troupe ayant entendu ce discours,
disoient; [o] Celui-ci est véritablement le Prophete.
41 Les autres disoient; [p] Celui-ci est le Christ. Et les autres disoient; Mais le Christ [q] viendra-t-il de Galilée?
42 L'Ecriture ne dit-elle pas que le Christ viendra de la semence de David, & [r] de la bourgade de Bethléhem, où demeuroit David?
43 Il y [s] eut donc de la dissension entre le peuple à cause
de lui
44 Et quelques-uns d'ent'reux le vouloient saisir, mais personne ne mit les mains sur lui.
45 Ainsi les sergens s'en retournerent vers les principaux
Sacrificateurs & les Pharisiens, qui dirent; Pourquoi ne l'a-
vez-vous point amené?
46 Les sergens répondirent; [t] Jamais homme ne parla comme cet homme.
47 Mais les Pharisiens leur répondirent; N'avez-vous point
été séduits, vous aussi?
48 [u] Aucun des Gouverneurs [16] ou des Pharisiens a-t-il crû
en lui?
49 Mais cette populace, qui ne sait ce que c'est que de la
Loi, est plus qu'execrable.
50 Nicodeme ([x] celui qui étoit venu vers Jésus de nuit,
& qui étoit l'un d'entr'eux) leur dit,
51 [y] Nôtre Loi juge-t-elle un homme avant que de l'avoir
entendu, & d'avoir connu ce qu'il a fait?
52 Ils répondirent, & lui dirent; [17] N'es-tu pas aussi de
Galilée? [18] enquiers-toi, & sache [19] qu'aucun Prophete [z] n'a
été suscité de Galilée.
53 Et chacun s'en alla en sa maison.

o *ch.* 1. 21. & 6. 14. *Deut.* 18. 16. *Luc* 7. 16.
p *vs.* 26.
q *vs.* 52. & *ch.* 1. 46.
r *Mich.* 5. 2. *Matth.* 2. 5.
s *vs.* 12. & *ch.* 9. 16. & 10. 19.
t *Pse.* 4. 53. *Cant.* 5. 13.
u *ch.* 12. 42. 1 *Cor.* 1. 20. & 2. 8.
16 Il y en avoit pourtant quelques-uns: Voyez la Note sur Luc 13. 31.
x *ch.* 3. 2.
y *Exod.* 23. 1. *Lévit.* 19. 15. *Deut.* 1. 17. & 17. 4. 8. & 19. 15.

17 Ou, *serois-tu toi-même un Galiléen?* un homme peu intelligent? 18 C'est-a-dire, dans les Ecritures. 19 Le Prophete Jonas avoit été de Galilée, conférez 2 Rois 14. 25. avec Jos. 19. 13. & le Prophete *Nahum* aussi, puis qu'il étoit d'Elkos, petit bourg de la Tribu de Simeon: ce n'est donc point ce que les Juifs vouloient dire, mais leur sens étoit que le Messie, appellé *le Prophete* par excellence, ne viendroit pas de Galilée, comme en étoit venu J. C. vs. 41. aussi le mot *aucun* n'est pas dans l'Original, où il y a simplement que le *Prophete n'a point été suscité*, c'est-à-dire, ne sera point suscité, de Galilée; & quoi que l'article *le* que nous joignons ici avec le mot de Prophete ne soit pas exprimé dans l'Original, ont fait qu'il ne l'est pas toûjours là où il le faut suppléer. z *vs.* 41. & *ch.* 1. 46.

CHAPITRE. VIII.

La femme surprise en adultere, 4. J. C. est la Lumiere du monde, 12. Il prêche dans la Trésorerie, 20. La vérité rend libre, 32. Les Juifs se disent la postérité d'Abraham, 33. Leur pére c'est le diable, 44. J. C. est avant Abraham, 58.

Mais Jésus s'en alla à la montagne des oliviers.
2 Et au point du jour il vint encore au Temple, &
tout le peuple vint à lui, & s'étant assis, il les enseignoit.
3 Et les Scribes & les Pharisiens [1] lui amenerent une femme
surprise en adultere: & l'ayant mise là au milieu,
4 Ils lui dirent; Maître, cette femme a été surprise sur le
fait même commettant adultere.
5 Or [a] Moyse nous a commandé dans la Loi de lapider celles qui sont telles: Toi donc qu'en dis-tu?
6 Or ils disoient cela pour l'éprouver, afin qu'ils eussent
dequoi l'accuser. Mais Jésus s'étant panché en bas écrivoit
avec son doigt sur la terre.
7 Et comme ils continuoient à l'interroger, s'étant relevé,
il leur dit; [b] Que celui de vous qui est sans péché, jette le
premier la pierre contr'elle.
8 Et s'étant encore baissé, il écrivoit sur la terre.
9 Or quand ils eurent entendu cela, étant condamnez par
leur conscience, ils sortirent un à un, en commençant depuis les plus anciens jusques aux derniers: de sorte que Jésus
demeura seul avec la femme qui étoit là au milieu.
10 Alors Jésus s'étant relevé, & ne voyant personne que
la femme, il lui dit; Femme, où sont ceux qui t'accusoient?
Nul ne t'a-t-il condamnée?
11 Elle dit; Nul, Seigneur. Et Jésus lui dit; Je ne te
condamne pas non plus, va, [c] & ne péche plus.
12 Et Jésus leur parla encore, en disant; [d] Je suis la lumiere du monde: celui qui me suit ne marchera point dans les
ténébres, mais il aura la lumiere de vie.
13 Alors les Pharisiens lui dirent; [e] Tu rens témoignage de
toi-même, ton témoignage n'est pas digne de foi.
14 Jésus répondit, & leur dit; [f] Quoi que [g] je rende témoignage de moi-même, mon témoignage est digne de foi:
car

[1] L'histoire qui commence ici ne se trouve pas dans quelques anciens Manuscrits, mais S. Augustin nous apprend dans son 2. livre des mariages criminels, que quelques-uns l'avoient supprimée, de peur que l'impunité du crime de cette femme n'ouvrit la porte à la licence, & au crime. Quand les hommes veulent être plus sages que Dieu, l'Ecriture Ste n'est plus en sureté entre leurs mains.

a *Lévit.* 20. 10. *Deut.* 22. 22. 23. *Ezéch.* 16. 38. 45.
b *Deut.* 17. 7.
c *ch.* 5. 14. *Pse.* 130. 4.
d *ch.* 1. 5. 9. & 3. 19. & 9. 5. & 12. 46.
e *ch.* 5. 31.
f *ch.* 5. 31.
g *vs.* 18.

car je sai d'où je suis venu, & où je vais, mais vous ne savez
d'où je viens, ni où je vais.
15 [h] Vous jugez selon la chair, *mais* moi, je ne juge personne.
16 Que si même je juge, mon jugement est digne de foi:
[i] car je ne suis point seul, mais *il y a* & moi & le Pére qui
m'a envoyé.
17 Il est même écrit dans vôtre Loi, [k] que le témoignage
de deux hommes est digne de foi.
18 [l] Je rens témoignage de moi-même, & le Pére qui m'a
envoyé rend aussi témoignage de moi.
19 Alors ils lui dirent; Où est ton Pére? Jésus répondit;
[2] [m] Vous ne connoissez ni moi, ni mon Pére. [n] Si vous me
connoissiez, vous connoîtriez aussi mon Pére.
20 Jésus dit ces paroles dans [o] la Trésorerie enseignant au
Temple; mais personne ne le saisit, [p] parce que son heure
n'étoit pas encore venue.
21 Et Jésus leur dit encore; Je m'en vais, & [q] vous me
chercherez, mais [r] vous mourrez en vôtre péché: là où je
vais vous n'y pouvez venir.
22 Les Juifs donc disoient; Se tuera-t-il lui-même, qu'il
dise; là où je vais, vous n'y pouvez venir?
23 Alors il leur dit; Vous êtes d'embas, *mais* moi, [s] je
suis d'enhaut: vous êtes de ce monde, *mais* moi, je ne suis
point de ce monde.
24 C'est pourquoi je vous ai dit, que [t] vous mourrez en vos
péchez: car si vous ne croyez que c'est moi, vous mourrez
en vos péchez.
25 Alors ils dirent; Toi, qui es-tu? Et Jésus leur dit; [3] Ce
que je vous dis dès le commencement.
26 J'ai beaucoup de choses à parler & juger de vous, [u] mais
celui qui m'a envoyé, est véritable, [x] & les choses que j'ai
ouïes de lui, je les dis au monde.
27 Ils ne connurent point qu'il leur parloit du Pére.
28 Jésus donc leur dit; [y] Quand vous aurez [4] élevé le Fils de
l'homme, vous connoîtrez alors que c'est moi, & que je ne
fais

h *ch.* 7. 24.
i *vs.* 29. & *ch.* 5. 31. 32. 36.
k *Deut.* 17. 7. & 19. 15. *Matth.* 18. 16. 2 *Cor.* 13. 1. *Héb.* 10. 28.
l *vs.* 14.
2 En la maniere qu'il faloit connoître, c'est à-dire, comme le Pére du Fils qui leur parloit, & comme celui qui l'avoit envoyé, ni la fin de cet envoi.
m *vs.* 55. & *ch.* 5. 37. & 7. 28. & 15. 21. & 16. 3.
n *ch.* 12. 35.
o *Marc* 12. 41. *Luc* 21. 2.
p *ch.* 7. 8. 30.
q *ch.* 7. 34. & 13. 33.
r *Ezéch.* 3. 18. 19. 20. & 33. 8.
s *ch.* 3. 13. 31.
t *vs.* 21.
3 C'est-à-dire, Je n'ai pas autre chose à vous dire, que ce que je vous ai dit dès le commencement.
u *ch.* 7. 28. *Rom.* 3. 4.
x *vs.* 28. 40. & *ch.* 7. 16. 17. & 15. 15.
y *ch.* 3. 14. & 12. 33.
4 En croix.

fais rien de moi-même, mais que je dis ces choses ainsi que
mon Pére m'a enseigné.
29 Car celui qui m'a envoyé est avec moi: [z] le Pére ne m'a
point laissé seul, parce que je fais toûjours les choses qui lui
plaisent.
30 [a] Comme il disoit ces choses plusieurs crûrent en lui.
31 Et Jésus disoit aux Juifs qui avoient crû en lui; Si vous
persistez en ma parole, vous serez vraîment mes disciples.
32 Et vous connoîtrez la vérité, & la vérité vous rendra
[5] libres.
33 Ils lui répondirent; Nous sommes la postérité d'Abraham, & [6] jamais nous ne servîmes personne: comment *donc*
dis-tu; [7] Vous serez rendus libres?
34 Jésus leur répondit; En vérité, en vérité je vous dis,
quiconque [b] fait le péché, [c] est esclave du péché.
35 Or l'esclave ne demeure point à toûjours dans la maison: le fils y demeure à toûjours.
36 Si donc le Fils vous affranchit, vous serez vraîment libres.
37 Je sai que vous êtes la postérité d'Abraham, mais pourtant vous tâchez à me faire mourir, parce que ma parole n'a
point de lieu en vous.
38 Je vous dis ce [d] que j'ai vû chez mon Pére: & vous aussi
vous faites les choses que vous avez vues chez vôtre pére.
39 Ils répondirent, & lui dirent; Nôtre pére c'est Abraham. Jésus leur dit; Si vous étiez enfans d'Abraham, vous
feriez les œuvres d'Abraham.
40 Mais maintenant vous tâchez à me faire mourir, moi
qui suis un homme qui vous ai dit la vérité, laquelle j'ai ouïe
de Dieu; Abraham n'a point fait cela.
41 Vous faites les actions de vôtre pére. Et ils lui dirent;
[8] Nous ne sommes point nez de paillardise: [9] nous avons un
Pére qui est Dieu.

42 Mais

z *vs.* 16.
a *ch.* 7. 31. 40.
5 D'une liberté spirituelle.
6 Leurs Péres avoient souvent été asservis à leurs ennemis, & ils l'étoient eux-mêmes aux Romains, mais le mot Grec de ce Texte pouvant être pris au genre neutre, & signifiant alors *un rien* qui est le nom que l'Ecriture sainte donne aux idoles, 1 Cor. 8. 4. Il est tout apparent qu'il est mis ici en ce sens, & qu'ainsi on devroit traduire, & *nous n'avons jamais servi les idoles*. Ce qui étoit vrai, car depuis la captivité de Babylone le peuple d'Israël n'avoit point été idolatre.
7 Ils n'avoient pas compris la pensée de J. C.
b *Jean* 3. 8. 9.
c *Rom.* 6. 16. 20. 2 *Pier.* 2. 19. d *ch.* 1. 18. *&* 2. 32. Le mot de *paillardise* est mis ici, comme souvent dans les Livres des Prophetes, pour celui d'idolatrie; & ainsi ils veulent dire, qu'ils n'étoient ni idolatres, ni fils d'idolatres. 9 Nous ne reconnoissons & n'invoquons pour nôtre pére, que Dieu seul & nous ne disons point au bois, *Tu es nôtre pére*: comme en Jér. 2. 27.

42 Mais Jésus leur dit; Si Dieu étoit vôtre Pére, certes
vous m'aimeriez, puis que [e] je suis issu de Dieu, & que je
viens *de lui:* car je ne suis point venu de moi-même, mais
lui m'a envoyé.
43 Pourquoi n'entendez-vous point mon langage? [f] c'est
parce que vous ne pouvez pas écouter ma parole.
44 [g] Le pére dont vous êtes issus c'est le diable, & [10] vous
voulez faire les desirs de vôtre pére. Il a été meurtier dès
le commencement, & [h] il n'a point persévéré dans la vérité, car la vérité n'est point en lui. Toutes les fois qu'il pro-
fere le mensonge, il parle de ce qui lui est propre: car il est
menteur, & le pére du mensonge.
45 Mais pour moi, parce que je dis la vérité, vous ne me
croyez point.
46 Qui est celui d'entre vous [i] qui me reprendra de péché?
Et si je dis la vérité, pourquoi ne me croyez-vous point?
47 [k] Celui qui est de Dieu, entend les paroles de Dieu:
mais vous ne les entendez point, [l] parce que vous n'êtes
point de Dieu:
48 Alors les Juifs répondirent, & lui dirent; Ne disons-
nous pas bien que tu es un Samaritain, & [m] que tu as le diable?
49 Jésus répondit; Je n'ai point le diable, mais j'honore mon
Pére, & vous me deshonorez.
50 Or je ne cherche point ma gloire: il y en a un qui la
cherche, & qui en juge.
51 En vérité, en vérité je vous dis, [n] que si quelqu'un garde ma parole, il ne verra jamais la mort.
52 Les Juifs donc lui dirent; Maintenant nous connoissons [11] que tu as le diable: Abraham est mort, & les Prophetes aussi, & tu dis; Si quelqu'un garde ma parole, il ne
goûtera jamais la mort.
53 [o] Es-tu plus grand que nôtre pére Abraham [p] qui est
mort? les Prophetes aussi sont morts; qui te fais-tu toi-même?
54 Jésus répondit; [q] Si je me glorifie moi-même, ma gloire n'est rien: [r] mon Pére est celui qui me glorifie, celui duquel vous dites qu'il est vôtre Dieu.

e ch. 5. 43. & 7. 28. & 16. 28.
f vs. 47.
g 1 Jean 3. 8.
10 Il leur disoit cela par rapport au dessein qu'ils avoient de le faire mourir, & à ce qu'ils le noircissoient de mensonges & de calomnies.
h Jude vs. 6.
i Héb. 4. 15. & 7. 26. 1 Pier. 2. 22.
k 1 Jean 4. 6.
l vs. 44.
m ch. 7. 20. & 10. 20.
n ch. 11. 25.
11 Que tu es un possedé que le demon, seducteur des hommes, fait parler.
o ch. 4. 12.
p ch. 6. 69.
q vs. 13. & ch. 5. 5. 32.
r ch. 12. 28.

55 Toutefois [s] vous ne l'avez point connu, [t] mais moi je
le connois: & si je dis que je ne le connois point, je serai
menteur, semblable à vous: mais je le connois, & je garde
sa parole.
56 Abraham vôtre pére a tressailli de joye [12] de voir [13] cette mienne journée; [u] & il [14] l'a vûe, & s'en est réjouï.
57 Sur cela les Juifs lui dirent; Tu n'as pas encore cinquante ans, & tu as vû Abraham!
58 *Et* Jésus leur dit; En vérité, en vérité je vous dis, [x] a-
vant qu'Abraham fût, [15] je suis.
59 [y] Alors ils leverent des pierres pour les jetter contre lui,
mais Jésus se cacha, & sortit du Temple, [z] ayant passé au
travers d'eux: & ainsi il s'en alla.

s *vs.* 19. t *ch.* 9. 27. 12 Ou, *en voyant*, car c'est le sens du terme de l'Original, comme dans la 3. Epist. de S. Jean vs. 4. 13 Son incarnation. u *Gen.* 18. 17. 14 Sav. quand le Fils de Dieu lui apparut sous la forme d'un homme, Gen. 18. 2. 17. x *ch.* 1. 1. 2. 15 Cela ne veut pas dire, qu'il étoit dans le decret éternel de Dieu, avant qu'Abraham fût au monde; car cela n'auroit eu rien de particulier pour J. C. puis que chacun en pourroit bien dire autant de soi-même, & les Juifs n'en auroient pris aucun ombrage contre J. C. Cela ne veut pas dire non plus qu'avant qu'Abraham fût *Abraham*, c'est-à-dire, pére de plusieurs nations, par la vocation des Gentils dans l'Eglise, Rom. 4. J. C. étoit: car qui pouvoit douter de cela? & ce n'étoit pas non plus ce dont il s'agissoit; il étoit question seulement de savoir si J. C. existoit réellement avant qu'Abraham fût, comme il le faloit nécessairement pour pouvoir dire, comme il avoit dit, *qu'Abraham l'avoit vû*; ou, comme les Juifs lui font dire, qu'il avoit vû lui-même Abraham. Or rien de cela ne pouvant être vrai à l'égard de la nature humaine que J. C. avoit reçue dans sa conception & dans sa naissance de la Vierge Marie, il faloit nécessairement qu'il y eût en lui une autre nature par laquelle il existoit, & cette nature ne peut avoir été autre que la divine. y *ch.* 10. 31. z *Luc* 4. 30.

CHAPITRE IX.

L'aveugle-né gueri par J. C. 1. *Malice des Phariséens contre lui au sujet de ce miracle,* 15 *On résout de jetter hors de la Synagogue ceux qui croiront en J. C.* 22. *Il se fait connoître à l'aveugle pour le Fils de Dieu,* 35. *L'aveugle l'adore,* 38. *J. C. est venu au monde afin que ceux qui voyent soient aveugles,* 39.

ET comme *Jésus* passoit, il vit un homme aveugle dès sa
naissance.
2 Et ses Disciples l'interrogerent, disant; Maître, qui a
péché, [1] celui-ci, ou son pére, ou sa mére, pour être ainsi
né aveugle?
3 Jésus répondit; Ni celui-ci n'a péché, ni son pére, ni sa
mére: mais *c'est* afin que les œuvres de Dieu soient manifestées en lui.
4 Il me faut faire les œuvres de celui qui m'a envoyé, tandis

1 Cette demande est fondée sur une opinion que les Juifs avoient, qu'un enfant pouvoit en quelque sorte pécher avant d'être né: & ils attribuoient même à cela plusieurs naissances difformes & monstrueuses.

dis qu'il est jour. [a] La nuit vient en laquelle personne ne [a] ch. 12. 35.
peut travailler. 36. Esa. 8. 20.
5 Tant que je suis au monde, [b] je suis la lumiere du monde. Mich. 3. 6. [b] ch. 1. 5. 9.
6 Ayant dit ces paroles, il cracha *en* terre, & fit de la boue & 8. 12. &
avec sa salive, & mit de cette boue sur les yeux de l'aveugle. 12. 46.
7 Et lui dit; Va-t-en, & te lave au lavoir de Siloé, (qui
veut dire envoyé) il y alla donc, & se lava; & il revint
voyant.
8 Or les voisins, & ceux qui auparavant avoient vû qu'il
étoit aveugle, disoient; N'est-ce pas celui qui étoit assis, &
qui mendioit?
9 Les uns disoient; C'est lui: & les autres disoient; Il lui
ressemble: mais lui, il disoit, C'est moi-même.
10 Ils lui dirent donc; Comment ont été ouverts tes yeux?
11 Il répondit, & dit; Cet homme qu'on appelle Jésus, a
fait de la boue, & il l'a mise sur mes yeux, & m'a dit; Va
au lavoir de Siloé, & te lave: après donc que j'y suis allé,
& que je me suis lavé, j'ai recouvré la vûe.
12 Alors ils lui dirent; Où est cet homme-là? Il dit; Je ne sai.
13 Ils amenerent aux Pharisiens celui qui auparavant avoit
été aveugle.
14 Or c'étoit en un jour de Sabbat que Jésus avoit fait de
la boue, & qu'il avoit ouvert les yeux de l'aveugle.
15 C'est pourquoi les Pharisiens l'interrogerent aussi encore,
comment il avoit reçu la vûe; & il leur dit; Il a mis de
la boue sur mes yeux, & je me suis lavé, & je vois.
16 Sur quoi quelques-uns d'entre les Pharisiens dirent; Cet
homme n'est point de Dieu; [c] car il ne garde point le Sabbat: [c] ch. 5. 9. 16.
mais d'autres disoient; [d] Comment un méchant homme pour- & 7. 23.
roit-il faire de tels prodiges? [e] Et il y avoit de la division en- [d] ch. 7. 12. [e] ch. 7. 43.
tr'eux. & 10. 19.
17 Ils dirent encore à l'aveugle; Toi que dis-tu de lui, sur
ce qu'il t'a ouvert les yeux? Il répondit; C'est un Prophete.
18 Mais les Juifs ne crûrent point que cet homme eût été
aveugle & qu'il eût reçu la vûe, jusqu'à ce qu'ils eurent appellé le pére & la mére de celui qui avoit reçu la vûe.

19 Et ils les interrogerent, disant; Est-ce ici vôtre fils, que
vous dites être né aveugle? comment donc voit-il maintenant?
20 Son pére & sa mére leur répondirent, & dirent; Nous
savons que c'est ici nôtre fils, & qu'il est né aveugle.
21 Mais comment il voit maintenant, ou qui lui a ouvert
les yeux, nous ne le savons point: il a de l'âge, interrogez-
le, il parlera de ce qui le regarde.
22 Son pére & sa mére dirent ces choses, [f] parce qu'ils
craignoient les Juifs: car les Juifs avoient déja arrêté, que si
quelqu'un l'avouoit être le Christ, [g] il seroit chassé de la Synagogue.
23 Pour cette raison son pére & sa mére dirent; Il a de
l'âge, interrogez-le lui-même.
24 Ils appellerent donc pour la seconde fois l'homme qui a-
voit été aveugle, & ils lui dirent; Donne gloire à Dieu: nous
savons que cet homme est [2] un méchant.
25 Il répondit, & dit; Je ne sai point s'il est méchant,
mais une chose sai-je bien, c'est que j'étois aveugle, & maintenant je vois.
26 Ils lui dirent donc encore; Que t'a-t-il fait? comment
a-t-il ouvert tes yeux?
27 Il leur répondit; Je vous l'ai déja dit, & vous ne l'avez
point écouté, pourquoi le voulez-vous encore ouïr? voulez-
vous aussi être ses disciples?
28 Alors ils l'injurierent, & lui dirent; Toi sois son disciple: pour nous, nous sommes disciples de Moyse.
29 Nous savons que Dieu a parlé à Moyse: mais [h] pour celui-ci [3] nous ne savons d'où il est.
30 L'homme répondit, & leur dit; Certes, c'est une chose étrange, que vous ne sachiez point d'où il est: & toutefois il a ouvert mes yeux.
31 Or nous savons [i] que Dieu n'exauce point [4] les méchans,
mais si quelqu'un est serviteur de Dieu, & fait sa volonté,
Dieu l'exauce.
32 On n'a jamais ouï dire que personne ait ouvert les yeux
d'un aveugle-né.

f *ch.* 7. 13. & 12. 42.
g *ch.* 2. 16.
2 C'est-à-dire, un séducteur, qui abuse le peuple, vs. 16. 31. & ch. 7. 28.
h *ch.* 8. 14.
3 C'est un terme de mépris.
i *Prov.* 15. 29. & 28. 9. *Esa.* 1. 15.
4 C'est-à-dire, les imposteurs, qui abusent de son nom, pour séduire le peuple, Esa. 42. 8.

33 [k] Si

33 [k] Si celui-ci n'étoit point de Dieu, il ne pourroit rien k ch. 3. 2.
faire.
34 Ils répondirent, & lui dirent; Tu es entierement né dans
le péché, & tu nous enseignes! Et ils le chasserent dehors.
35 Jésus apprit qu'ils l'avoient chassé dehors: & l'ayant rencontré, il lui dit; Crois-tu au Fils de Dieu?
36 *Cet homme lui* répondit, & dit; Qui est-il, Seigneur,
afin que je croye en lui?
37 Jésus lui dit; Tu l'as vû, & c'est celui qui parle à toi.
38 Alors il dit; J'y crois Seigneur: & il l'adora.
39 Et Jésus dit; Je suis venu en ce monde [l] pour exercer l ch. 3. 17.
jugement, afin que ceux qui ne voyent point, voyent; & & 12. 47.
[m] que ceux qui voyent, deviennent aveugles. m Esa. 42.
40 Ce que quelques-uns d'entre les Pharisiens qui étoient 19. 20.
avec lui, ayant entendu, ils lui dirent; Et nous, sommes-
nous aussi aveugles?
41 Jésus leur répondit; [n] Si vous étiez aveugles, vous n'au- n ch. 15. 23.
riez point de péché: mais maintenant vous dites; Nous vo-
yons; & c'est à cause de cela que vôtre péché demeure.

CHAPITRE X.

Le bon Berger, 1—16. J. C. laisse de lui-même sa vie, 17. Les Juifs lui demandent s'il est le Christ, 24. Personne ne ravira ses Brebis, 28. Il est un avec son Pére, 30. Les Magistrats sont appellez des Dieux, 34. J. C. ne blasphéme point en s'appellant le Fils de Dieu, 36. Jean Baptiste n'a point fait de miracles, 41.

1 EN vérité, en vérité je vous dis, que celui qui n'entre 1 J. C. repré-
point par la porte dans la bergerie des brebis, mais y sentoit sous
monte par ailleurs, est un larron & un voleur. cette image
2 Mais celui qui entre par la porte, est le berger des brebis. parabolique les Scribes
3 Le portier ouvre à celui-là, & les brebis entendent sa les Docteurs
voix, & il appelle ses propres brebis par leur nom, & les me- de la Loi, & tels autres,
ne dehors. vs. 8.
4 Et quand il a mis ses brebis dehors, il va devant elles, &
les brebis le suivent, parce qu'elles connoissent sa voix.
5 Mais elles ne suivront point un étranger, au contraire,
elles le suïront: parce qu'elles ne connoissent point la voix
des étrangers.

 6 Jésus

6 Jésus leur dit cette parabole, mais ils ne comprirent point
ce qu'il leur disoit.

7 Jésus donc leur dit encore; En vérité, en vérité je vous
dis, que je suis la Porte des brebis.

8 Tout autant qu'il en est venu avant moi, sont des larrons
& des voleurs: mais les brebis ne les ont point écoutez.

9 Je suis la Porte: si quelqu'un entre par moi, il sera sauvé, & il entrera & sortira, & il trouvera de la pâture.

a Zach. 11. 4. 5.
2 C'est-à-dire, la pature de la vie.
10 [a] Le larron ne vient que pour dérober, & pour tuer &
détruire: je suis venu afin qu'elles ayent [2] la vie, & qu'elles
l'ayent même en abondance.

b Esa. 40. 11. Ezéch. 34. 23. & 37. 24.
11 [b] Je suis le bon berger: le bon berger met sa vie pour
ses brebis.

c Zach. 11. 17.
12 Mais le mercenaire, & celui qui n'est point berger, à qui
n'appartiennent point les brebis, voyant venir le loup, [c] abandonne les brebis, & s'enfuit: & le loup ravit & disperse les brebis.

13 Ainsi le mercenaire s'enfuit, parce qu'il est mercenaire,
& qu'il ne se soucie point des brebis.

14 Je suis le bon berger, & je connois mes brebis, & mes
brebis me connoissent.

d ch. 7. 29. & 8. 55.
15 Comme le Pére me connoit, [d] je connois aussi le Pére,
& je mets ma vie pour mes brebis.

3 Les Gentils.
e Ezéch. 37. 22. Eph. 2. 14.
16 J'ai encore d'autres brebis [3] qui ne sont pas de cette bergerie; & il me les faut aussi amener, & elles entendront ma
voix, & il y aura [e] un seul troupeau, & un seul berger.

f Esa. 53. 7.
4 J. C. s'est ressuscité par sa propre puissance, ch. 2. 19.
17 A cause de ceci le Pére m'aime, c'est que [f] je laisse ma
vie, afin que [4] je la reprenne.

g ch. 2. 19.
18 Personne ne me l'ôte, mais je la laisse de moi-même:
j'ai la puissance de la laisser, [g] & la puissance de la reprendre; j'ai reçu ce commandement de mon Pére.

h ch. 9. 16.
19 [h] Il y eut encore de la division parmi les Juifs à cause de
ces discours.

i ch. 7. 20. & 8. 48. 52.
20 Car plusieurs disoient; [i] Il a le diable, & il est hors du
sens, pourquoi l'écoutez-vous?

21 Et les autres disoient; Ces paroles ne sont point d'un
démoniaque: le diable peut-il ouvrir les yeux des aveugles?

22 Or la *Feste de la* [k] Dédicace se fit à Jerusalem, & c'étoit
en hyver.
23 Et Jésus se promenoit dans le Temple, au portique de
Salomon.
24 Et les Juifs l'environnerent, & lui dirent; Jusques-à
quand tiens-tu nôtre ame en suspens? [l] si tu es le Christ,
dis-le nous franchement.
25 Jésus leur répondit; Je vous l'ai dit, & vous ne le croyez
point: [m] les œuvres que je fais au Nom de mon Pére, rendent témoignage de moi.
26 Mais vous ne croyez point: [5] parce que vous n'êtes point
de mes brebis, [n] comme je vous l'ai dit.
27 [o] Mes brebis entendent ma voix, & je les connois, &
elles me suivent.
28 Et moi, je leur donne la vie éternelle; [p] & elles ne périront jamais: & personne ne les ravira de ma main.
29 Mon Pére, qui me les a données, [q] est plus grand que
tous; & personne ne les peut ravir des mains de mon Pére.
30 Moi & le Pére [r] sommes [6] un.
31 [f] Alors les Juifs prirent encore des pierres [7] pour le lapider.
32 *Mais* Jésus leur répondit; Je vous ai fait voir [8] plusieurs
bonnes œuvres de la part de mon Pére: pour laquelle donc
de ces œuvres me lapidez-vous?
33 Les Juifs répondirent, en lui disant; Nous ne te lapi-
dons point pour aucune bonne œuvre, [t] mais pour blaspheme & parce que toi étant homme, [9] tu te fais Dieu.
34 Jésus leur répondit; N'est-il pas écrit en [10] vôtre Loi,
[u] J'ai dit; Vous êtes des dieux?
35 Si elle a *donc* appellé dieux [11] ceux à qui la parole de
Dieu est adressée; & *cependant* l'Ecriture [12] ne peut être
anéantie:
36 Dites-vous que je blaspheme, [x] moi que le Pére [13] a sanctifié,

k 1 *Macc.* 4. 56. 59.
l *ch.* 8. 25.
m *vs.* 38. & *ch.* 5. 36.
5 Cela fait voir que ceux-là seuls croyent & se convertissent à qui il est donné de Dieu, & que Dieu ne fait ce don qu'à ses élus. ch. 6. 44. Act. 13. 48.
n *ch.* 8. 19.
o *vs.* 14. 16.
p *ch.* 6. 39. *Rom.* 8. 34. 35. 38. 39. 2 *Tim.* 2. 19. 1 *Pier.* 1. 5. 1 *Jean* 4. 4.
r *ch.* 17. 11.
6 D'une unité d'essence & de nature, & par conséquent de puissance, pour défendre ses brebis.
f *ch.* 8. 59.
1 *Jean* 5. 7.
7 Si J. C. n'avoit entendu parler que d'une *unité de volonté*, avec son Pére, les Juifs ne se seroient pas emportez à ce point-là contre lui.

Voyez le vs. 33. 8 C'est-à-dire, plusieurs miracles. t *ch.* 5. 18. *Matth.* 26. 65. 9 Sav. en disant un avec son pére. vs. 30. 10 Toute l'Ecriture leur tenoit lieu de loi: Voyez la note sur ch. 15. 25. u *Pse.* 82. 6. 11 Les Magistrats, que Dieu a chargez de ces Ordres. 12 C'est-à-dire, il n'y a rien à redire contre cette expression. x *ch.* 6. 27. 13 C'est-à-dire, consacré & installé pour Messie: ce qui renfermoit la qualité de Dieu: à cause qu'il n'y avoit qu'une personne véritablement divine, qui pût remplir la charge de Messie, qui étoit *de sauver son peuple de ses péchez.* Matth. 1. 21.

ctifié, & qu'il a envoyé au monde, parce que j'ai dit; Je suis
le Fils de Dieu?
37 Si je ne fais pas les œuvres de mon Pére, ne me croyez
point.
38 Mais si je les fais, & que vous ne vouliez pas me croire, [y] croyez à ces œuvres: afin que vous connoissiez & que
vous croyiez [z] que le Pére est en moi, & moi en lui.
39 [a] A cause de cela ils cherchoient encore à le saisir; [b] mais
il échappa de leurs mains:
40 Et il s'en alla encore au delà du Jourdain, à l'endroit
[c] où Jean avoit baptisé au commencement, & il demeura là.
41 Et plusieurs vinrent à lui, & ils disoient; Quant à Jean,
il n'a fait aucun miracle: mais toutes les choses que Jean a
dites de celui-ci, étoient véritables.
42 Et plusieurs crûrent là en lui.

y *vs.* 25.
z *ch.* 14. 13. 11. & 17. 21. 22.
a *ch.* 7. 32.
b *ch.* 8. 59. *Luc* 4. 30.
c *ch.* 1. 28.

CHAPITRE XI.

La maladie de Lazare, 3. *Sa mort*, 11. *Sa résurrection*, 39—44. *Le Conseil des Juifs s'assemble, & on y resout de faire mourir J. C.* 47.

OR il y avoit un certain homme malade, appellé Lazare,
qui étoit de Béthanie, la bourgade de Marie & de Marthe
sa sœur.
2 [a] Et Marie étoit celle qui oignit le Seigneur d'une huile
odoriferante, & qui essuya ses pieds de ses cheveux; & Lazare qui étoit malade, étoit son frére.
3 Ses sœurs donc envoyerent vers lui, pour lui dire, Seigneur, voici, celui que tu aimes, est malade.
4 Et Jésus l'ayant entendu, dit; Cette maladie [1] n'est point
à la mort, mais pour la gloire de Dieu, afin que le Fils de
Dieu soit glorifié par elle.
5 Or Jésus aimoit Marthe, & sa sœur, & Lazare.
6 Et après qu'il eut entendu que *Lazare* étoit malade, il
demeura deux jours au même lieu où il étoit.
7 Et après cela il dit à ces Disciples; Retournons en Judée.
8 Les Disciples lui dirent; Maître, [b] il n'y a que peu de
temps, que les Juifs cherchoient à te lapider, & tu y vas
encore! 9 Jésus

a *ch.* 12. 3. *Matth.* 26. 7. *Marc* 14. 3.
1 Savoir, en la même maniere que les maladies le font dans le cours ordinaire, qui est de mettre les hommes, dans la mort, Jusqu'au dernier jour; & comme ce que J. C. disoit de la fille d'un certain Seigneur, qu'elle *n'étoit pas morte*. Matth. 9. 24.
b *ch.* 10. 31.

9 Jésus répondit; N'y a-t-il pas douze heures au jour? si
quelqu'un marche de jour, il ne bronche point; car il voit
la lumiere de ce monde.
10 Mais si quelqu'un marche de nuit, il bronche; car il n'y
a point de lumiere avec lui.
11 Il dit ces choses, & puis il leur dit; Lazare nôtre ami
[2] dort: mais j'y vais pour l'éveiller.
12 Et ses Disciples lui dirent; Seigneur, s'il dort il sera guéri.
13 Or Jésus avoit dit cela de sa mort: mais ils pensoient
qu'il parlât du dormir du sommeil.
14 Jésus leur dit donc alors ouvertement; Lazare est mort,
15 Et j'ai de la joye pour l'amour de vous de ce que je n'y
étois point, [3] afin que vous croyiez: mais allons vers lui.
16 Alors Thomas, appellé [c] Didyme, dit à ses condisci-
ples; Allons y nous aussi, afin que nous mourions avec lui.
17 Jésus y étant donc arrivé, trouva que Lazare étoit déja
depuis quatre jours au sépulcre.
18 Or Béthanie étoit près de Jérusalem d'environ quinze
stades.
19 Et plusieurs des Juifs étoient venus vers Marthe & Marie pour les consoler au sujet de leur frére.
20 Et quand Marthe eut ouïe dire que Jésus venoit, elle
alla au devant de lui: mais Marie se tenoit assise à la maison.
21 Et Marthe dit à Jésus; Seigneur, [d] si tu eusses été ici
mon frére ne fût pas mort:
22 Mais maintenant je sai que tout ce que tu demanderas à
Dieu, Dieu te le donnera.
23 Jésus lui dit; [4] Ton frére ressuscitera.
24 Marthe lui dit; [5] Je sai qu'il ressuscitera en la résurrection
au dernier jour.
25 Jésus lui dit; [e] Je suis la résurrection & la vie; celui qui
croit en moi, encore qu'il soit mort, vivra.
26 Et quiconque vit, [f] & croit en moi, ne mourra jamais:
crois-tu cela?
27 Elle lui dit; Oui, Seigneur, je crois [g] que tu es le Christ,
le Fils de Dieu, [h] qui devoit venir au monde.

2 C'est-à-dire, est mort comme Matth. 9. 24

3 C'est-à-dire, que vous vous affermissiez de plus en plus dans la foi.

c *ch.* 20. 24. & 21. 2.

d *vs.* 32.

4 C'est-à-dire, ressuscitera bien-tôt.

5 Les Juifs croyoient donc, de même que les Chrétiens, la résurrection en la fin du monde. Act. 24. 15.

e *ch.* 5. 25. 29.

f *ch.* 6. 51.

g *ch.* 4. 42. & 6. 69. *Matth.* 16. 16

h *Matth.* 11. 3.

28 Et quand elle eut dit cela, elle alla appeller secrettement
Marie sa sœur, en lui disant; Le Maître est ici, & il t'appelle.
29 Et aussi-tôt qu'elle l'eut entendu, elle se leva promptement, & s'en vint à lui.
30 Or Jésus n'étoit point encore venu à la bourgade, mais
il étoit au lieu où Marthe l'avoit rencontré.
31 Alors les Juifs qui étoient avec Marie à la maison, &
qui la consoloient, ayant vû qu'elle s'étoit levée si promptement, & qu'elle étoit sortie, la suivirent, en disant; Elle
s'en va au sépulcre, pour y pleurer.
32 Quand donc Marie fut venue où étoit Jésus, & l'ayant vû,
i *vs.* 21. elle se jette à ses pieds, en lui disant; Seigneur, [i] si tu eusses été ici, mon frére ne fût pas mort.
33 Et quand Jésus la vit pleurer, & les Juifs qui étoient
venus là avec elle, aussi pleurer, il frémit en *son* esprit, &
s'émût soi-même.
34 Et il dit; Où l'avez-vous mis? Ils lui répondirent; Seigneur, viens, & voi.
35 *Et* Jésus pleura.
36 Sur quoi les Juifs dirent; Voyez, comme il l'aimoit!
k *ch.* 9. 6. 37 Et quelques-uns d'entr'eux disoient; [k] Celui-ci qui a ouvert les yeux de l'aveugle, ne pouvoit-il pas faire aussi que
cet homme ne mourût point?
38 Alors Jésus frémissant encore en soi-même, vint au sépulcre (or c'étoit une grotte, & il y avoit une pierre mise dessus.)
39 Jésus dit; Levez la pierre. Mais Marthe, la sœur du
l *vs.* 17. mort, lui dit; Seigneur, il put déja: [l] car il est *là* depuis
quatre jours.
40 Jésus lui dit; Ne t'ai-je pas dit, que si tu crois tu verras
la gloire de Dieu?
41 Ils leverent donc la pierre *de dessus le lieu* où le mort
étoit couché, & Jésus levant ses yeux au ciel, dit, Pére,
je te rens graces de ce que tu m'as exaucé.
42 Or je savois bien que tu m'exauces toûjours: mais je l'ai
dit à cause des troupes qui sont autour *de moi*, afin qu'elles
croyent que tu m'as envoyé: 43 Et

43 Et ayant dit ces choſes, il cria à haute voix; Lazare ſors dehors.

44 Alors le mort ſortit, ayant les mains & les pieds liez de bandes; & ſon viſage étoit envelopé d'un couvre-chef. Jéſus leur dit; Déliez-le, & laiſſez-le aller.

45 C'eſt pourquoi pluſieurs des Juifs qui étoient venus vers Marie, & qui avoient vû ce que Jéſus avoit fait, crûrent en lui.

46 Mais quelques-uns d'entr'eux s'en allerent aux Phariſiens, & leur dirent les choſes que Jéſus avoit faites.

47 [m] Alors les principaux Sacrificateurs & les Phariſiens aſſemblerent le Conſeil, & ils dirent; Que faiſons-nous? [n] car cet homme fait beaucoup de miracles.

48 Si nous le laiſſons faire, chacun croira en lui, & les Romains viendront qui nous extermineront, nous, & [o] le Lieu, & la Nation.

49 Alors l'un d'eux appellé [p] Caïphe, [q] qui étoit le ſouverain Sacrificateur [6] de cette année-là, leur dit; Vous n'y entendez rien.

50 Et vous ne conſidérez pas [r] qu'il nous eſt expedient qu'un homme meure pour le peuple, & que toute la Nation ne périſſe point.

51 Or il ne dit pas cela de lui-même, [7] mais étant ſouverain Sacrificateur de cette année-là, il prophétiſa que Jéſus devoit mourir pour la Nation:

52 Et non pas ſeulement pour la Nation, mais auſſi pour aſſembler les enfans de Dieu qui étoient diſperſez.

53 Depuis ce jour-là donc ils conſulterent enſemble pour le faire mourir.

54 C'eſt pourquoi Jéſus [8] ne marchoit plus ouvertement parmi les Juifs, mais s'en alla de là dans la contrée qui eſt près du deſert, en une ville appellée Ephraïm, & il demeura là avec ſes Diſciples.

55 Or la Paſque des Juifs étoit proche, & pluſieurs de ces païs-là monterent à Jéruſalem avant Paſque, afin de ſe purifier.

m *Pſe.* 2. 2
n *ch.* 7. 31. & 10. 37.
o *ch.* 4. 20. *Act.* 6. 13. 14. 2 *Macc.* 2. 19. & 3. 18.
p *ch.* 18. 14. *Luc* 3. 2.
q *vs.* 51. & *ch.* 18. 13.
6 La charge de ſouverain Sacrificateur devoit être à vie, mais les Romains en avoient fait une charge venale & la donnoient & l'ôtoient à leur gré.
r *ch.* 18. 14.
7 Cela ſignifie ſeulement que Dieu le choiſit pluſtôt que toute autre perſonne de ſon Corps, pour lui mettre des paroles ſi conſiderables dans la bouche, afin qu'elles en fuſſent par là plus remarquables.
8 A cauſe qu'il attendoit que le temps précis de ſa mort, qui étoit à la feſte de Paſque, fût arrivé: ch. 13. 1.

56 Et ils cherchoient Jésus, & se disoient l'un à l'autre dans
le Temple; Que vous semble? croyez-vous qu'il ne viendra
point à la Feste?

57 Or les principaux Sacrificateurs & les Pharisiens avoient
donné ordre, que si quelqu'un savoit où il étoit, il le déclaràt, afin de se saisir de lui.

CHAPITRE XII.

Jésus soupe chez Lazare, 2. Marie verse sur ses pieds un parfum précieux, 3. Beaucoup de monde croit en J. C. à l'occasion de Lazare, 9. Le jour des Palmes, 12. Les Grecs venus à la Feste demandent à voir Jésus, Le grain de froment tombant dans la terre, 24. Une voix du Ciel, 28. Le Christ demeure éternellement, 34. La Lumiere n'est avec les Juifs que pour peu de temps, 35. Dieu a aveuglé leurs yeux &c. 40. Les Principaux n'osent pas confesser J. C. 42. La parole de J. C. est celle du Pére, 49.

JEsus donc six jours avant Pasque vint à Béthanie, où étoit
Lazare qui avoit été mort; & qu'il avoit ressuscité des morts.
a *Matth.* 26.6. 2 [a] Et on lui fit là un souper, & Marthe servoit, & Lazare
Marc 14. 3. étoit un de ceux qui étoient à table avec lui.
b *ch.* 11. 2. 3 Alors [b] Marie ayant pris une livre de parfum pur, & d'aspic, de grand prix, en oignit les pieds de Jésus, & les essuya avec ses cheveux: & la maison fut remplie de l'odeur du
parfum.

4 Alors Judas Iscariot, fils de Simon, l'un de ses Disciples,
celui à qui il devoit arriver de le trahir, dit:

5 Pourquoi ce parfum n'a-t-il pas été vendu trois cens deniers, & *cet argent* donné aux pauvres?

6 Or il dit cela, non point qu'il se souciât des pauvres, mais
c *ch.* 13.29. parce qu'il étoit larron, & [c] qu'il avoit la bourse, & portoit
ce qu'on y mettoit.

7 Mais Jésus lui dit; Laisse la *faire:* elle l'a gardé pour le
jour *de l'appareil* de ma sépulture.

d *Deut.* 15.11. 8 Car [d] vous aurez toûjours des pauvres avec vous: mais
Matth. 26.11. vous ne m'aurez pas toûjours.
Marc 14. 7.

9 Et de grandes troupes des Juifs ayant sû qu'il ètoit là, y
vinrent, non seulement à cause de Jésus, mais aussi pour
voir Lazare, qu'il avoit ressuscité des morts.

10 Sur quoi les principaux Sacrificateurs consulterent de
faire mourir aussi Lazare.

11 Car

11 Car plusieurs des Juifs se retiroient *d'eux* à cause de lui,
& croyoient en Jésus.
12 [e] Le lendemain une grande quantité de peuple qui étoit
venu à la Feste, ayant ouï dire que Jésus venoit à Jérusalem,
13 Prirent des rameaux de palmes, & sortirent au devant
de lui, & ils crioient; [f] Hosanna! béni soit le Roi d'Israël
qui vient au Nom du Seigneur!
14 Et Jésus ayant recouvré un asnon, s'assit dessus, suivant
ce qui est écrit;
15 [1] [g] Ne crains point, Fille de Sion: voici, ton Roi vient,
assis sur le poulain d'une asnesse.
16 Or ses Disciples n'entendirent pas d'abord ces choses,
mais quand Jésus fut glorifié, ils se souvinrent alors que ces
choses étoient écrites de lui, & qu'ils avoient fait ces choses
à son égard.
17 Et la troupe qui étoit avec lui, rendoit témoignage
qu'il avoit appellé Lazare hors du sépulcre, & qu'il l'avoit
ressuscité des morts.
18 C'est pourquoi aussi le peuple alla au devant de lui: car
ils avoient appris qu'il avoit fait ce miracle.
19 Sur quoi les Pharisiens dirent entr'eux; Ne voyez-vous
pas que vous n'avancez rien? voici, *tout* le monde va après lui.
20 Or il y avoit quelques [h] Grecs d'entre ceux qui étoient
montez pour adorer à la Feste,
21 Lesquels vinrent à Philippe, [i] qui étoit de Bethsaïda de
Galilée, & le prierent, disant; Seigneur, nous desirons de
voir Jésus.
22 Philippe vint, & le dit à André, & André & Philippe
le dirent à Jésus.
23 Et Jésus leur répondit, disant; L'heure est venue que
le Fils de l'homme doit être glorifié:
24 En vérité, en vérité je vous dis, si le grain de froment
tombant dans la terre ne meurt point, il demeure seul: mais
s'il meurt, il porte beaucoup de fruit.
25 [k] Celui qui aime sa vie; la perdra, & celui qui hait sa
vie en ce monde, la gardera en vie éternelle.

e *Matth.* 21. 8. *Marc* 11. 8. *Luc* 19. 35.

f *Psé.* 118. 26.

1 C'est une maniere de parler Hébraïque, pour dire, *Aye bon courage*, réjouïs-toi: comme il y a dans Zacharie: & ainsi 1 Sam. 4. 20. Esa. 54. 4. &c.

g *Zach.* 9. 9.

h *ch.* 7. 35.

i *ch.* 1. 44.

k *Matth.* 10. 39. & 16. 25. *Marc* 8. 35. *Luc* 9. 24. & 17. 33.

26 Si quelqu'un me sert, qu'il me suive: [l] & où je serai,
là aussi sera celui qui me sert: & si quelqu'un me sert, mon
Pére l'honorera.
27 [m] Maintenant mon ame est troublée: & que dirai-je? ô
Pére, délivre-moi de cette heure: mais c'est pour cela que
je suis venu à cette heure.
28 Pére glorifie ton Nom: Alors une voix vint du ciel, *disant*; Et [n] je l'ai glorifié, & je le glorifierai encore.
29 Et la troupe qui étoit là, & qui avoit ouï *cette voix*,
disoit que c'étoit [o] un tonnerre qui avoit été fait: les autres
disoient; Un Ange a parlé à lui.
30 Jésus prit la parole, & dit; Cette voix n'est point venue pour moi, mais pour vous.
31 Maintenant est le jugement de ce monde: maintenant
[p] le prince de ce monde sera jetté dehors.
32 Et moi, [q] quand je serai élevé de la terre, [r] je tirerai
[2] tous *les hommes* à moi.
33 Or il disoit [3] cela signifiant de quelle mort il devoit mourir.
34 Les troupes lui répondirent; Nous avons appris [4] par la
Loi, [s] que le Christ [5] demeure éternellement, comment donc
dis-tu qu'il faut que le Fils de l'homme soit élevé? Qui est
ce Fils de l'homme?
35 Alors Jésus leur dit; [t] La lumiere est encore avec vous
pour un peu de temps: marchez tandis que vous avez la lumiere, de peur que les ténébres ne vous surprennent; [x] car
celui qui marche dans les ténébres, ne sait où il va.
36 Tandis que vous avez la lumiere croyez en la lumiere,
afin que vous soyez enfans de lumiere. Jésus dit ces choses, puis il s'en alla, & se cacha de devant eux.
37 Et quoi qu'il eût fait tant de miracles devant eux, ils ne
crûrent point en lui.
38 Afin que cette parole qui a été dite par Esaïe le Prophete, fût accomplie; [y] Seigneur qui a crû à nôtre parole,
& à qui a été révélé le bras du Seigneur?

l *ch.* 14. 3. & 17. 24. 1 *Thess.* 4. 17. m *Matth.* 26. 38. 39. *Marc* 14. 34. n *ch.* 5. 32. *Matth.* 3. 17. & 17. 5. o *Apoc.* 4. 5. & 8. 5. p *ch.* 14. 30. & 16. 11. *Col.* 2. 15. *Héb.* 2. 14. q *ch.* 3. 14. & 8. 28. r *Gen.* 49. 10. *Pse.* 110. 3. *Esa.* 53. 10. 12. & 55. 5.

2 C'est-à-dire, les hommes de tout païs, & de toute nation, Juifs & Gentils. 1 Tim. 2. 4. Conferé avec Gen. 49. 10.

3 Savoir, *qu'il seroit élevé.*

4 Ils comprenoient ici sous ce nom, les Livres de l'Ancien Testament en général. Voyez la note sur le ch. 15. 25.

s 2 *Sam.* 7. 13. *Pse.* 89. 30. 37. & 110. 4. *Esa.* 9. 6. 7. *Ezéch.* 37. 23. *Dan.* 2. 44. & 7. 14. 27.

39 C'est

5 C'étoit parmi eux quelqu'une de leurs traditions, née d'une fausse explication des Propheties qui avoient marqué le regne du Messie, comme un regne qui devoit durer éternellement. t *ch.* 7. 33. u *ch.* 11. 9. & 13. 33. x *ch.* 11. 9. 10. & 1 *Jean* 2. 11. y *Esa.* 53. 1. *Rom.* 10. 16.

39 C'est pourquoi ils ne pouvoient croire, à cause qu'Esaïe
dit encore;
40 [z] Il a aveuglé leurs yeux, & il a endurci leur cœur, afin
qu'ils ne voyent point de leurs yeux, & qu'ils n'entendent du
cœur, & qu'ils ne soient convertis, & que je ne les guérisse.
41 Esaïe dit ces chose quand il vit [6] sa gloire, & qu'il parla
de lui.
42 Cependant plusieurs des principaux mêmes crûrent en
lui: [a] mais ils ne le confessoient point [b] à cause des Pharisiens, de peur d'être chassez hors de la Synagogue.
43 Car [c] ils ont mieux aimé la gloire des hommes, que la
gloire de Dieu.
44 Or Jésus s'écria, & dit; Celui qui croit en moi, ne
croit point en moi, mais en celui qui m'a envoyé.
45 Et [d] celui qui me contemple, contemple celui qui m'a
envoyé.
46 [e] Je suis venu au monde pour *en* être la lumiere; afin
que quiconque croit en moi ne demeure point dans les ténébres.
47 Et si quelqu'un entend mes paroles, & ne les croit point,
je ne le juge point: car [f] je ne suis point venu pour juger
le monde, mais pour sauver le monde.
48 Celui qui me rejette, & ne reçoit point mes paroles, il
a qui le juge: [g] la parole que j'ai portée, sera celle qui le jugera au dernier jour.
49 Car [h] je n'ai point parlé de moi-même, mais le Pére qui
m'a envoyé, m'a donné commandement de ce que j'ai à dire
& à parler.
50 Et je sai que son commandement [i] est la vie éternelle:
les choses donc que je dis, je les dis comme mon Pére
m'a dit.

z *Esa.* 6. 9. *Matth.* 13. 14. *Marc* 4. 12. *Luc* 8. 10. *Act.* 28. 26. *Rom.* 11. 8.
6 Esaïe vit la gloire de la Divinité, & cette gloire étant celle de J. C. il s'ensuit que J. C. est le vrai Dieu.
a *Act.* 5. 13.
b *ch.* 9. 22.
c *ch.* 5. 44. *Jacq.* 4. 4. 11. *Jean* 2. 15.
d *ch.* 8. 19. & 14. 9.
e *ch.* 1. 5. 9. & 3. 19. & 8. 12. & 9. 5.
f *ch.* 3. 17.
g *Marc* 16. 16.
h *ch.* 5. 19. & 14. 10.
i *ch.* 17. 3.

CHAPITRE XIII.

J. C. lave les pieds des Apostres, 4. *Il leur recommande l'humilité*, 13. *Le morceau trempé*, 26. *Le commandement nouveau*, 34. *Prédiction à Pierre qu'il renieroit. J. C.* 36.

[a] OR avant la Feste de Pasque, Jésus sachant que son heure étoit venue pour passer de ce monde au Pére, comme

a *Matth.* 26. 2. *Marc* 14. 1. *Luc* 22. 1.

me il avoit aimé les siens, qui étoient au monde, il les aima
jusqu'à la fin.

1 Ce fut le souper que J. C. fit a Béthanie, avant que d'aller à Jérusalem, où il fit avec ses disciples le souper de la Pasque.

2 Et après [1] le souper, le diable ayant déja mis au cœur de
Judas Iscariot, *fils* de Simon, de le trahir,
3 *Et* Jésus sachant que [b] le Pére lui avoit donné toutes choses entre les mains, & qu'il étoit venu de Dieu, & s'en alloit à Dieu;
4 Se leva du souper, & ôta sa robe, & ayant pris un linge,
il s'en ceignit:

b *ch.* 3. 35. c *ch.* 16. 27. 28. *Matth* 11. 27. & 28. 18.

5 Puis il mit de l'eau dans un bassin, & se mit à laver les
pieds de ses Disciples, & à les essuyer avec le linge dont il
étoit ceint.
6 Alors il vint à Simon Pierre: mais Pierre lui dit; Seigneur me laves-tu les pieds?
7 Jésus répondit, & lui dit; Tu ne sais pas maintenant ce
que je fais, mais tu le sauras après ceci.

2 De l'idée terrestre du lavement d'eau, J. C. passe à la purification spirituelle de nos péchez dans son sang: Voyez des exemples tout semblables, ch. 4. 32. & 6. 32. &c.

8 Pierre lui dit; Tu ne me laveras jamais les pieds Jésus
lui répondit; [2] Si je ne te lave, tu n'auras point de part
avec moi.
9 Simon Pierre lui dit; Seigneur, [d] non seulement mes
pieds, mais aussi les mains & la tête.
10 Jésus lui dit; Celui qui est lavé, n'a besoin sinon qu'on
lui lave les pieds, & il est tout net: [e] or vous êtes nets, mais
non pas tous.
11 Car il savoit qui étoit celui qui le trahiroit: c'est pourquoi il dit; Vous n'êtes pas nets tous.

d *Psi.* 51. 34. e *ch.* 15. 3.

12 Après donc qu'il eut lavé leurs pieds, il reprit ses vêtemens, & s'étant remis à table, il leur dit; Savez-vous bien
ce que je vous ai fait?

f *Matth.* 24. 8. 10. 1 *Cor.* 8. 6.

13 Vous m'appellez [f] Maître & Seigneur; & vous dites
bien; car je le suis.
14 Si donc moi, qui suis le Seigneur & le Maître, ai lavé
vos pieds, vous devez aussi vous laver les pieds les uns des
autres.
15 Car je vous ai donné exemple, afin que comme je vous
ai fait, vous fassiez de même.

16 En

16 En vérité, en vérité je vous dis; [g] Que le serviteur n'est g ch. 15. 20.
point plus grand que son maître, ni l'ambassadeur plus grand Matth. 10. 24.
que celui qui l'a envoyé. Luc 6. 40.
17 [h] Si vous savez ces choses, vous êtes bienheureux, si h Matth. 7.
vous les faites. 21. Rom. 2. 13.
18 Je ne parle point de vous tous: je sai ceux que j'ai élûs, Jacq. 1. 22.
mais il faut que cette Ecriture soit accomplie, *qui dit*; [i] Ce- i Psi. 41. 10.
lui qui mange le pain avec moi, a levé son talon contre moi. Act. 1. 16.
19 Je vous dis ceci dès maintenant, & avant qu'il arrive,
afin que quand il sera arrivé, vous croyiez que c'est moi.
20 En vérité, en vérité je vous dis; [k] Si j'envoye quel- k Matth. 10.
qu'un, celui qui le reçoit, me reçoit: & celui qui me reçoit, 40. Luc 10. 16.
reçoit celui qui m'a envoyé.
21 Quand Jésus eut dit ces choses, il fut émû dans son esprit, & il déclara, & dit; En vérité, en vérité je vous dis,
[l] que l'un de vous me trahira. l Matth. 26.
22 Alors les Disciples se regardoient les uns les autres, é- 21. Marc 14.
tant en perplexité duquel il parloit. 18. Luc 22.
23 Or un des Disciples de Jésus, [3] celui que Jésus aimoit, 21.
[m] étoit à table en son sein: 3 C'étoit S. Jean lui-même qui a écrit cet Evangile.
24 Et Simon Pierre lui fit signe de demander qui étoit ce-
lui dont *Jésus* parloit. m ch. 21. 20.
25 Lui donc étant panché dans le sein de Jésus, lui dit;
Seigneur, qui c'est-ce?
26 Jésus répondit; C'est celui à qui je donnerai le morceau
trempé; & ayant trempé le morceau, il le donna à Judas
Iscariot, *fils* de Simon.
27 Et après le morceau, alors Satan entra en lui: Jésus
donc lui dit; Fai bien-tôt ce que tu fais.
28 Mais aucun de ceux qui étoient à table ne comprit pourquoi il lui avoit dit cela.
29 Car quelques-uns pensoient [n] qu'à cause que Judas avoit n ch. 12. 6.
la bourse, Jésus lui eût dit; Achette ce qui nous est nécessaire pour la Feste; ou qu'il donnât quelque chose aux pauvres.
30 Après donc que *Judas* eut pris le morceau, il partit
aussi-tôt: or il étoit nuit.

31 Et comme il fut sorti, Jésus dit; Maintenant le Fils de
l'homme est glorifié; & Dieu est glorifié en lui.
o ch. 12. 28. 32 Que si Dieu est glorifié en lui, o Dieu aussi le glorifiera
en soi-même, & même bien-tôt il le glorifiera.
p ch. 12. 35. 33 Mes petits enfans, p je suis encore pour un peu de temps
avec vous: vous me chercherez, mais comme j'ai dit aux
q ch. 7. 34. & 8. 21. Juifs, q que là où je vais ils n'y pouvoient venir, je vous le
dis aussi maintenant.
34 Je vous donne [4] un nouveau commandement, r que vous
vous aimiez l'un l'autre, & que comme je vous ai aimez,
vous vous aimiez aussi l'un l'autre.
35 En ceci tous connoîtront que vous êtes mes Disciples,
si vous avez de l'amour l'un pour l'autre.
36 Simon Pierre lui dit; Seigneur, où vas-tu? Jésus lui
répondit; Là où je vais, tu ne me peux maintenant suivre,
mais s tu me suivras ci après.
37 Pierre lui dit; Seigneur, pourquoi ne te puis-je pas
maintenant suivre? je mettrai ma vie pour toi.
38 Jésus lui répondit; Tu mettras ta vie pour moi? En vérité, en vérité je te dis, t que le coq ne chantera point,
que tu ne m'ayes renié trois fois.

4 Il n'étoit pas nouveau quant à la chose même, Lévit. 19. 18. mais seulement quant à plusieurs nouveaux motifs, & engagemens, pris du propre exemple de J. C. &c.

r ch. 15. 12. *Lévit.* 19. 18. *Matth.* 22. 39. *Gal.* 6. 2. 1 *Thess.* 4. 9. *Jacq.* 2. 8. 1. *Pier.* 1. 22. 1. *Jean* 3. 11. 23. & 4. 16. 21. s *ch.* 21. 18. t *Matth.* 26. 34. *Marc* 14. 30. *Luc* 22. 34.

CHAPITRE XIV.

Plusieurs demeures dans la Maison de Dieu, 2. J. C. est le chemin, la vérité, & la vie, 6. Celui qui l'a vû a vû le Pére, 9. Le Consolateur, 16. J. C. nous a laissé sa paix, 27.

QUe vôtre cœur ne soit point troublé, vous croyez en
Dieu, croyez aussi en moi.
2 Il y a plusieurs demeures [1] dans la Maison de mon Pére;
s'il étoit autrement, je vous l'eusse dit: je vais vous préparer le lieu.
3 Et quand je m'en serai allé, & que je vous aurai préparé
le lieu, je retournerai, & vous recevrai à moi: a afin que là
où je suis, vous y soyez aussi.
4 Et vous savez où je vais, & vous en savez le chemin.

5 Thomas

1 Dans le ciel, par allusion au Temple de Jérusalem, appellé la Maison de Dieu, dans l'enceinte duquel il y avoit plusieurs demeures; 1 Rois 6. 5. Jer. 35. 2. 4. &c. a *vs.* 18. & *ch.* 12. 26. & 16. 16. 22. & 17. 42. 1 *Thess.* 4. 14.

5 Thomas lui dit; Seigneur, nous ne savons point où tu
vas, comment donc pouvons-nous savoir le chemin?
6 Jésus lui dit; Je suis le chemin, [b] & la vérité, [c] & la vie:
nul ne vient au Pére [d] que [2] par moi.
7 Si vous me connoissiez, vous connoîtriez aussi mon Pére: *mais* dès-maintenant vous le connoissez, & vous l'avez vû.
8 Philippe lui dit; Seigneur, [3] montre nous le Pére, &
cela nous suffit.
9 Jésus lui répondit; Je suis depuis si long-temps avec vous,
& tu ne m'as point connu? Philippe, [e] Celui qui m'a vû, a
vû mon Pére: & comment dis-tu; Montre nous le Pére?
10 Ne crois-tu pas [f] que je suis en *mon* Pére, & que le Pére est en moi? les paroles que je vous dis, je ne les dis pas
de moi-même: mais le Pére qui demeure en moi, est celui
qui fait les œuvres.
11 Croyez moi [g] que je *suis* en *mon* Pére, & que le Pére
est en moi, sinon, croyez moi à cause de ces œuvres.
12 En vérité, en vérité je vous dis, celui qui croit en moi,
fera les œuvres que je fais, & il en fera même de [h] plus grandes que celles-ci, parce que je m'en vais à mon Pére.
13 [i] Et quoi que vous demandiez en mon Nom, je le ferai:
afin que le Pére soit glorifié par le Fils.
14 Si vous demandez en mon Nom quelque chose, je la
ferai.
15 [k] Si vous m'aimez, gardez mes commandemens.
16 [l] Et je prierai le Pére, & il vous donnera [4] un autre
Consolateur, pour [m] demeurer avec vous éternellement:
17 *Savoir* l'Esprit de vérité, lequel le monde ne peut point
recevoir; parce qu'il ne le voit point, & qu'il ne le connoît
point: mais vous le connoissez, car il demeure avec vous,
& il sera en vous.
18 Je ne vous laisserai point [5] orphelins: [n] je viendrai vers vous.
19 Encore un peu de temps, & le monde ne me verra plus,
mais vous me verrez: & parce que je vis, vous aussi vivrez.

b *ch.* 1. 17. c *ch.* 1. 4. & 11. 25. d *Act.* 4. 12. 1 *Tim.* 2. 5. 2 Par son merite, & par son intercession: 1 Jean 2. 1. 2. 3 Il souhaitoit vraisemblablement que J. C. leur fit voir quelque apparition éclatante & magnifique de Dieu. e *vs.* 20. & *ch.* 12. 45. & 17. 22. 23. f *ch.* 10. 38. g *ch.* 10. 38. h *Act.* 5. 11. & 19. 11. i *ch.* 15. 7. 16. & 16. 23. 24. *Matth.* 7. 7. *Marc* 11. 24. *Jacq.* 1. 5. 1 *Jean* 3. 22. & 5. 15. k *vs.* 21. 1 *Jean* 2. 4. & 5. 3. l *vs.* 26. & *ch.* 15. 26. & 16. 7. 13. 4 Cette expression donne l'idée d'une personne autre que le Fils lui-même; d'où il resulte, que le S. Esprit, qui est le *Consolateur*, est une personne distincte de celle du Pére, à qui le Fils la demande, de même qu'elles sont toutes trois distinguées l'une de l'autre dans la formule du baptême, Matth. 28. 19. m *Rom.* 8. 9. 5 C'est-à-dire, sans support & sans consolation, comme des orphelins. n *vs.* 3.

20 En ce jour-là vous connoîtrez que je suis en mon Pére,
& vous en moi, & moi en vous.
21 [o] Celui qui a mes commandemens, & qui les garde,
c'est celui qui m'aime; & celui qui m'aime sera aimé de mon
Pére, & je l'aimerai, & me déclarerai à lui.
22 [p] Jude (non pas Iscariot) lui dit; Seigneur, d'où vient
que tu te déclareras à nous, & non pas au monde?
23 Jésus répondit, & lui dit; [q] Si quelqu'un m'aime il gardera ma parole, & mon Pére l'aimera, & nous viendrons
à lui, & nous ferons nôtre demeure chez lui.
24 Celui qui ne m'aime point, ne garde point mes paroles:
Et la parole que vous oyez [r] n'est point ma parole, mais c'est
celle du Pére qui m'a envoyé.
25 Je vous ai dit ces choses demeurant avec vous.
26 Mais [f] le Consolateur, qui est le Saint Esprit, que le
Pére envoyera [6] en mon Nom, vous enseignera toutes choses, & vous réduira en mémoire toutes les choses que je vous
ai dites.
27 [t] Je vous laisse la paix, je vous donne ma paix: je ne
vous la donne point [7] comme le monde la donne: que vôtre
cœur ne soit point troublé, & ne soit point craintif.
28 Vous avez entendu que je vous ai dit; Je m'en vais, &
je reviens à vous: si vous m'aimiez, vous seriez certes joyeux
de ce que j'ai dit; Je m'en vais au Pére; car le Pére est [8] plus
grand que moi.
29 Et maintenant je vous l'ai dit avant que cela soit arrivé,
[u] afin que quand il sera arrivé, vous croyiez.
30 Je ne parlerai plus guéres avec vous: car [x] le prince de
ce monde vient; mais il n'a rien en moi.
31 Mais afin [y] que le monde connoisse que j'aime le Pére,
& que je fais comme le Pére m'a commandé, levez-vous,
[9] partons d'ici.

o *vs.* 15. 23. p *Act.* 1. 13. *Jude* vs. 1. q vs. 15. 20. r *ch.* 7. 16. f *vs.* 16. & *ch.* 15. 26. & 16. 7. *Luc* 24. 49. 6 C'est-à-dire, en conséquence de son intercession, & de son mérite: vs. 16. t *Esa.* 54. 13. & 57. 19. & 66. 12. 7 C'est-à-dire, comme celle que le monde donne, qui est une paix passagere, & incapable de rendre une ame heureuse & contente. 8 Sav. plus grand que lui, dans la qualité de Mediateur, qui étoit celle de J. C. Dieu & homme. u *ch.* 11. 15. & 13. 19. x *ch.* 12. 31. & 16. 11. y *ch.* 10. 18. & 19. 11. *Phil.* 2. 7. 8. 9 Sav. de Béthanie, où ils étoient, pour aller à Jérusalem, où il savoit qu'il devoit être pris, condamné, & crucifié.

CHAPITRE XV.

J. C. est le Sep, & les Fideles les sarmens, 1. 5. Aimer J. C. c'est garder ses Commandemens, 10. Il appelle ses Disciples ses amis, 15. Il leur prédit qu'ils seront haïs dans le monde, & persécutez, 18. Et il leur promet le Consolateur, 26.

[1] JE

1 JE suis le vrai Sep, & mon Pére est le Vigneron.
2 a Il retranche tout le farment qui ne porte point de
fruit en moi, & il émonde tout celui qui porte du fruit, afin
qu'il porte plus de fruit.
3 b Vous étes déja nets par la parole que je vous ai dite.
4 Demeurez en moi, & moi en vous: comme le farment
ne peut point de lui-même porter de fruit, s'il ne demeure
au sep; vous *ne le pouvez point* aussi, si vous ne demeurez
en moi.
5 Je suis le Sep, & vous en étes les sarmens: celui qui demeure en moi, & moi en lui, porte beaucoup de fruit: car
2 hors de moi, vous ne pouvez rien faire.
6 Si quelqu'un ne demeure en moi, il est jetté hors comme
le farment, c & il se séche; puis on l'amasse, & on le met
au feu, & il brûle.
7 Si vous demeurez en moi, & que mes paroles demeurent
en vous, d demandez tout ce que vous voudrez, & il vous
sera fait.
8 En ceci mon Pére est glorifié, que e vous portiez beaucoup de fruit; & vous serez alors mes disciples.
9 Comme le Pére m'a aimé, ainsi je vous ai aimez: demeurez en mon amour.
10 Si vous gardez mes commandemens, vous démeurerez
en mon amour: comme j'ai gardé les commandemens de
mon Pére, & je demeure en son amour.
11 Je vous ai dit ces choses afin que ma joye demeure en
vous, f & que vôtre joye soit accomplie.
12 g C'est ici mon commandement, que vous vous aimiez
l'un l'autre, comme je vous ai aimez.
13 3 Personne n'a un plus grand amour que celui-ci, *savoir*,
h quand quelqu'un met sa vie pour ses amis.
14 Vous serez mes amis, si vous faites tout ce que je vous
commande.
15 Je ne vous appelle plus serviteurs, car le serviteur ne
sait point ce que son maître fait: mais je vous ai appellez *mes*
amis,

1 Ce qui est dit dans un sens de figure, n'est pas moins vrai en ce sens-là que ce qui est dit en termes propres est vrai dans la proprieté de la lettre: ainsi ch. 6. 55. & dans l'institution de l'Eucharistie, *ceci est mon corps*.
a *Matth.* 15. 13.
b *ch.* 13. 10.
2 Hors de vôtre communion spirituelle avec moi.
c *Matth.* 3. 10. & 7. 19.
d *ch.* 14. 13. & 16. 23. 1 *Jean* 3. 22.
e *Ezéch.* 47. 12. *Psa.* 1. 3. *Matth.* 13. 23. *Col.* 3. 16.
ch. 16. 24.
f *ch.* 13. 34. *Eph.* 5. 2. 1 *Thess.* 4. 9. 1 *Jean* 3. 11. 16. & 4. 21.
3 C'est-à-dire, c'est parmi les hommes le plus haut point où aille leur affection pour leurs amis; mais la mienne va infiniment plus loin, car je meurs pour mes ennemis, & pour des rebelles, Rom. 5. 6.
h *Rom.* 5. 8.
i *ch.* 1. 18. & 17. 6. 26. *Job.* 33. 23.

amis, [l] parce que je vous ai fait connoître tout ce que j'ai ouï
de mon Pére.
16 Ce n'est pas vous qui m'avez [4] élû, mais c'est moi [5] qui
vous ai élûs, & qui vous ai établis, [k] afin que vous alliez, &
portiez du fruit, & que vôtre fruit soit permanent: afin que
tout ce que vous demanderez au Pére en mon Nom, il vous
le donne.
17 [l] Je vous commande ces choses, afin que vous vous aimiez l'un l'autre.
18 Si le monde vous a en haine, sachez qu'il m'a eu en haine avant vous.
19 [m] Si vous eussiez été du monde, le monde aimeroit ce
qui seroit sien: mais parce que vous n'étes pas du monde,
& que je vous ai élûs du monde, à cause de cela le monde
vous a en haine.
20 Souvenez-vous de la parole que je vous ai dite, [n] que
le serviteur n'est pas plus grand que son maître: [o] s'ils m'ont
persécuté, ils vous persécuteront aussi: s'ils ont gardé ma
parole, ils garderont aussi la vôtre.
21 [p] Mais ils vous feront toutes ces choses à cause de mon
Nom, [q] parce qu'ils ne connoissent point celui qui m'a envoyé.
22 [r] Si je ne fusse point venu, & que je n'eusse point parlé
à eux, [6] ils n'auroient point de péché, mais maintenant ils
n'ont point d'excuse de leur péché.
23 Celui qui m'a en haine, a aussi en haine mon Pére.
24 Si je n'eusse pas fait parmi eux les œuvres qu'aucun autre n'a faites, ils n'auroient point de péché: mais maintenant
ils les ont vûes, & toutefois ils ont eu en haine & moi &
mon Pére.
25 Mais c'est afin que soit accomplie la parole qui est écrite [7] en leur Loi; [s] Ils m'ont eu en haine sans cause.
26 [t] Mais quand le Consolateur sera venu, lequel je vous
envoyerai de la part de mon Pére, *savoir* l'Esprit de vérité,
qui procéde de mon Pére, celui-là rendra témoignage de moi.
27 [u] Et vous aussi en rendrez témoignage: car vous êtes [x]
dès le commencement avec moi.

4 Pris & choisi pour maître & Docteur.
5 Qui vous ai choisis.
k *Matth.* 28. 19.
l *vs.* 12.
m 1 *Jean* 4. 5.
n *ch.* 13. 16.
o *Matth.* 10. 24. *Luc.* 6. 40.
p *ch.* 16. 3. *Matth.* 24. 9.
q *ch.* 8. 19. & 16. 3. *&c.*
r *vs.* 24. & *ch.* 9. 41.
6 C'est-à-dire, ils seroient infiniment moins coupables.
7 C'est-à-dire, dans l'Ecriture qu'ils reconnoissent eux-mêmes pour la loi de leur croyance & de leurs actions.
s *Psa.* 35. 19. & 69. 5.
t *ch.* 14. 26. & 16. 7.
u *Act.* 5. 32.
x *Act.* 1. 21. 1 *Jean* 1. 1.

CHA-

CHAPITRE XVI.

J. C. prédit à ses Apostres qu'ils seront persécutez, 2. Le St. Esprit convaincra le monde de péché, &c. 8. Les conduira en toute vérité, 13. Leur tristesse changée en joye, 20. Ils seront exaucez dans tout ce qu'ils demanderont, 23. J. C. a vaincu le monde, 33.

JE vous ai dit ces choses, afin que vous ne soyez point
scandalisez.
2 [a] Ils vous chasseront des Synagogues: même le temps vient
que quiconque vous fera mourir, croira faire service à Dieu.
3 Et ils vous feront ces choses, [b] parce qu'ils n'ont point
connu le Pére, ni moi.
4 Mais je vous ai dit ces choses, afin que quand l'heure sera venue, il vous souvienne que je vous les ai dites: & je ne
vous ai point dit ces choses [c] dès le commencement, parce
que j'étois avec vous.
5 Mais maintenant je m'en vais à celui qui m'a envoyé, &
aucun de vous ne me demande; Où vas-tu?
6 Mais parce que je vous ai dit ces choses, la tristesse a rempli vôtre cœur.
7 Toutefois je vous dis la vérité, il vous est expédient que
je m'en aille: car si je ne m'en vais, [1] le Consolateur [d] ne
viendra point à vous: mais si je m'en vais, je vous l'envoyerai.
8 Et quand il sera venu, il convaincra le monde de péché,
de justice, & de jugement.
9 De péché, parce qu'ils ne croyent point en moi.
10 De justice, parce que je m'en vais à mon Pére, & que
[2] vous ne me verrez plus.
11 De jugement, [e] parce que le prince de ce monde est
déja jugé.
12 [f] J'ai à vous dire encore plusieurs choses, mais vous ne
les pouvez point porter maintenant.
13 [g] Mais quand [3] celui-là, *savoir* l'Esprit de vérité, sera
venu, il vous conduira en toute vérité: car il ne parlera point
de soi-même, mais il dira tout ce qu'il aura ouï, & il vous
annoncera les choses à venir.
14 Celui-là me glorifiera: car [4] il prendra du mien, & il
vous l'annoncera.

15 [h] Tout

a *ch.* 9. 22. *Luc.* 6. 22.

b *ch.* 5. 37. & 8. 19. & 15. 21. 1 *Jean* 3. 1.

c *Matth.* 9. 15. *Marc* 2. 19. *Luc.* 5. 34.

1 Voyez la note sur le ch. 14. 16.

d *ch.* 7. 39.

2 C'est-à-dire, qu'après être monté au ciel, il ne seroit plus sur la terre.

e *ch.* 12. 31.

f *Es.* 4. 25. *Act.* 1. 3.

g *ch.* 14. 26. & 15. 26.

3 Cette expression donne l'idée d'une personne, de même que celle *d'un autre* Consolateur, ch. 14. 16.

4 L'operation du S. Esprit, & toute son œconomie émane de celle de J. C. & de la rédemption qu'il nous a acquise par son sang.

h *ch.* 17. 10. 15 [h]Tout ce que mon Pére a, est mien; c'est pourquoi
j'ai dit, qu'il prendra du mien, & qu'il vous l'annoncera.
i *ch.* 14. 19. 16 [i]Un peu de temps, & vous ne me verrez point: & encore un peu de temps, & vous me verrez: car je m'en vais
à mon Pére.
17 Et quelques-uns de ses Disciples dirent entr'eux: Qu'
est-ce qu'il nous dit; Un peu de temps, & vous ne me verrez point; & encore, un peu de temps, & vous me verrez,
car je m'en vais à mon Pére?
18 Ils disoient donc; Qu'est-ce qu'il dit; Un peu de temps?
Nous ne savons ce qu'il dit.
19 Et Jésus connoissant qu'ils le vouloient interroger, leur
dit; Vous demandez entre vous touchant ce que j'ai dit;
Un peu de temps, & vous ne me verrez plus, & puis encore un peu de temps, & vous me verrez.
20 En vérité, en vérité je vous dis, que vous pleurerez &
lamenterez, & le monde se réjouïra: vous serez, dis-je,
contristez: mais vôtre tristesse sera changée en joye.
k *ch.* 14. 13. & 15. 7. 21 Quand la femme enfante, elle sent des douleurs, parce
que son terme est venu: mais après qu'elle a fait un petit enfant, il ne lui souvient plus de l'angoisse, à cause de la joye
qu'elle a de ce qu'une créature humaine est née au monde.
22 Vous avez donc aussi maintenant de la tristesse: mais je
vous reverrai encore, & vôtre cœur se réjouïra, & person-
l *ch.* 15. 11. ne ne vous ôtera vôtre joye.
23 Et en ce jour-là [5] vous ne m'interrogerez de rien. [k]En
vérité, en vérité je vous dis, que toutes les choses que vous
demanderez au Pére en mon Nom, il vous les donnera.
24 Jusqu'à présent vous n'avez rien demandé [6] en mon
Nom: demandez, & vous recevrez, [l]afin que vôtre joye
soit accomplie.
25 Je vous ai dit ces choses par des similitudes, mais l'heure vient que je ne parlerai plus à vous par des paraboles;
mais je vous parlerai [7] ouvertement de *mon* Pére.
26 En ce jour-la vous demanderez en mon Nom, & je ne
vous dis pas que je prierai le Pére pour vous:

27 Car

5 Il vouloit leur marquer par là, quelle seroit l'étendue de leurs lumieres.

6 C'est-à-dire, en la même forme que l'Eglise l'a fait depuis l'ascension de J. C.

7 Les paraboles, quelque claires qu'elles soient, ne sont jamais sans quelque espece d'obscurité, puis qu'il faut que l'esprit en aille chercher le sens sous les envelopes des termes figurez qui le cachent.

27 Car le Pére lui-même vous aime, parce que vous m'avez
aimé, & que vous avez crû [m] que je suis issu de Dieu.
28 Je suis issu du Pére, & suis venu au monde: & encore,
je laisse le monde, & je m'en vais au Pére.
29 Ses Disciples lui dirent; Voici, maintenant tu parles
ouvertement, [n] & tu n'uses plus de paraboles.
30 Maintenant nous connoissons que tu sais toutes choses,
& que tu n'as pas besoin que personne t'interroge: par cela
nous croyons que tu es issu de Dieu.
31 Jésus leur répondit; Croyez-vous maintenant?
32 [o] Voici, l'heure vient, & elle est déja venue, que vous
serez dispersez l'un deçà, & l'autre delà, & vous me laisserez seul: mais je ne suis point seul, car le Pére est avec moi.
33 Je vous ai dit ces choses afin que vous ayez la paix en
moi: [p] vous aurez de l'angoisse au monde, mais ayez bon
courage, [q] [8] j'ai vaincu le monde.

m *vs.* 28. 30. *&* *ch.* 8. 42. *&* 13. 3. *&* 17. 8.
n *vs.* 25.
o *Matth.* 26. 31. *Marc.* 14. 27.
p *vs.* 2. *&c.* *Matth.* 5. 11. *&* 10. 17.
q *vs.* 11.
8 Il le regardoit déja comme vaincu, étant prês d'en aller triompher sur la croix, Col. 2. 14. 15.

CHAPITRE XVII.

La priere Sacerdotale de J. C. à son Pére, dans laquelle il lui demande l'exaltation & la gloire, 1. Pour lui-même, 5. Puis pour ses Disciples la protection divine, 9–19. Et pour tous les Fideles, afin qu'ils soient avec lui dans le Ciel, & qu'ils participent à sa gloire, 20–26.

JEsus dit ces choses: puis levant ses yeux au ciel, il dit;
Pére, [a] l'heure est venue, [1] glorifie ton Fils, afin que ton
Fils [2] te glorifie:
2 Selon que [b] tu lui as donné puissance sur toute chair; afin
qu'il donne la vie éternelle à tous ceux que tu lui as donnez.
3 Et c'est ici [3] la vie éternelle, qu'ils te connoissent [4] [c] seul
vrai Dieu, & celui que tu as envoyé, Jésus-Christ.
4 Je t'ai glorifié sur la terre, [5] j'ai achevé l'œuvre que tu
m'avois donnée à faire.
5 Et maintenant glorifie-moi, toi Pére, envers toi-même,
de la gloire [6] que j'ai eûe par devers toi, [7] [d] avant que le monde fût fait.
6 [e] J'ai manifesté ton Nom aux hommes que tu m'as donnez

a *ch.* 12. 23.
1 Savoir, dans sa croix & par sa résurrection, son ascension, & sa seance à la main droite du Pére.
2 Par l'établissement de son regne &c.
b *ch.* 5. 27. *Matth.* 28. 18.
3 C'est-à-dire, le moyen de parvenir à la vie éternelle.
4 Par opposition à tous les dieux des idolatres, mais non par opposition au Fils & au S. Esprit. c *Marc* 12. 32. 1 *Jean* 5. 20.
5 C'est-a-dire; j'ai tantôt achevé. 6 C'est-a-dire, d'une gloire divine, telle qu'est celle de J. C. Heb. 1. 3. 4. 5. &c. 6 J. C. donc étoit avant le monde; voyez la nôte sur le ch 8. 58. d *vs.* 24. *&* *ch.* 1. 2. e *vs.* 8. 26. *&* *ch.* 1. 18. *&* 15. 15.

du monde: [8] ils étoient tiens, & [9] tu me les as donnez; &
ils ont gardé ta parole.
7 Maintenant ils ont connu que [f] tout ce que tu m'as donné,
est de toi.
8 Car je leur ai donné les paroles que tu m'as données, &
ils les ont reçûes, & ont vraîment connu [g] que je suis issu de
toi, & [h] ils ont cru que tu m'as envoyé.
9 Je prie pour eux: je ne prie point [10] pour le monde, mais
pour ceux que tu m'as donnez, parce qu'ils sont tiens.
10 Et [i] tout ce qui est mien est tien, & ce qui est tien est
mien: & je suis glorifié en eux.
11 Et maintenant je ne suis plus au monde, mais ceux-ci
sont au monde; & moi je vais à toi, Pére saint, garde-les
en ton Nom, ceux, dis-je, que tu m'as donnez, afin qu'ils
soient un, [11] [k] comme nous *sommes un*.
12 Quand j'étois avec eux au monde, je les gardois en ton
Nom: j'ai gardé ceux que tu m'as donnez, [l] & pas un d'eux
n'est péri, sinon le fils de perdition, afin que [m] l'Ecriture
fût accomplie.
13 Et maintenant je viens à toi, & je dis ces choses *étant
encore* au monde, afin qu'ils ayent ma joye accomplie en
eux-mêmes.
14 Je leur ai donné ta parole, & le monde les a eu en haine, [n] parce qu'ils ne sont point du monde, comme aussi je
ne suis point du monde.
15 Je ne prie point que tu les ôtes du monde, mais que tu
les gardes de mal.
16 [o] Ils ne sont point du monde, comme aussi je ne suis
point du monde.
17 Sanctifie-les par ta vérité: ta parole est vérité.
18 Comme tu m'as envoyé au monde, ainsi je les ai envoyez au monde.
19 Et [p] je me sanctifie moi-même pour eux, afin qu'eux
aussi soient sanctifiez dans la vérité.
20 Or je ne prie point seulement pour eux, mais aussi pour
ceux qui croiront en moi par leur parole.

8 Sav. par l'élection qu'il en avoit faire. 9 Il les lui avoit donnez a rachetter, afin qu'ils fussent à lui, en cette qualité, comme ses brebis, ch. 10. 29. f ch. 6. 37. g ch. 16. 27. 30. h vs. 25. 10 Il n'est donc pas pour ce monde pour lequel il ne prie point. i ch. 16. 15. 11 Eux d'une union spirituelle & mystique; & nous, d'une unité de nature: car toute comparaison ne porte pas égalité: il suffit d'une ressemblance véritable à certains égards, & non pas à tous. k vs. 21. 22. & ch. 10. 30. l ch. 18. 9. m Pse. 109. 8. n vs. 16. o vs 14. p Héb. 9. 14.

21 q Afin

21 [q] Afin que tous soient un, [11] ainsi que toi, Pére, és en q ch. 10. 38.
moi, & moi en toi; afin qu'eux aussi soient [c] un en nous; & & 14. 11.
que le monde croye que c'est toi qui m'as envoyé. 11 Voyez la note sur le vs. 11.
22 Et je leur ai donné la gloire que tu m'as donnée, afin r 1 Jean 1. 3.
qu'ils soient un [f] comme nous sommes un. & 3. 2. 4.
23 Je suis en eux, & toi en moi, afin qu'ils soient consom- f vs. 11. &
mez en un, & que le monde connoisse que c'est toi qui m'as ch. 10. 30.
envoyé, & que tu les aimes, comme tu m'as aimé.
24 Pére, [t] mon desir est touchant ceux que tu m'as don- t ch. 12. 26. &
nez, que là où je suis, ils y soient aussi avec moi, afin qu'ils 14. 3. 1 Thess.
contemplent ma gloire, laquelle tu m'as donnée: parce [u] que 4. 17.
tu m'as aimé avant la fondation du monde. u vs. 5.
25 Pére juste, [x] le monde ne t'a point connu; mais moi je x ch. 5. 37. &
t'ai connu, & ceux-ci ont connu que c'est toi qui m'as envoyé. 8. 19. &c.
26 [y] Et je leur ai fait connoître ton Nom, & [13] le leur ferai y vs. 6.
connoître, afin que l'amour dont tu m'as aimé, soit en eux, 13 Connoître de plus en plus.
& moi en eux.

CHAPITRE XVIII.

On se saisit de J. C. 3. Saint Pierre tire l'épée, 10. J. C. est emmené chez Anne, 13. Saint Pierre le suit, 15. Le souverain Sacrificateur interroge J. C. 19. Pierre le renie, 27. On l'améne au Prétoire, 28. Pilate l'interroge, 33. J. C. dit que son Régne n'étoit point de ce monde, 36. Les Juifs prient Pilate de leur relâcher Barrabas, 40.

[a] APrès que Jésus eut dit ces choses, il s'en alla avec ses a Matth. 26.
Disciples au delà du [b] torrent de Cédron, où il y avoit 36. Marc 14.
un Jardin, dans lequel il entra avec ses Disciples. 32. Luc 22. 39.
2 Or Judas qui le trahissoit, connoissoit aussi ce lieu-là, car b 2 Sam. 15.
Jésus s'y étoit souvent assemblé avec ses Disciples. 23. 2 Chron. 30. 14.
3 [c] Judas donc ayant pris une bande de soldats, & des sergens c Matth. 26.
de la part des principaux Sacrificateurs & des Pharisiens, s'en 47. Marc 14.
vint là avec des lanternes & des flambeaux, & des armes. 43. Luc 22. 47. Act. 1. 16.
4 Et Jésus sachant toutes les choses qui lui devoient arriver,
s'avança, & leur dit; Qui cherchez-vous?
5 Ils lui répondirent; Jésus le Nazarien. Jésus leur dit;
C'est moi. Et Judas qui le trahissoit, étoit aussi avec eux.
6 Or après que *Jésus* leur eut dit; C'est moi, ils s'en allerent à la renverse, & tomberent par terre.

7 Il leur demanda une ſeconde fois, Qui cherchez-vous?
Et ils répondirent; Jéſus le Nazarien.
8 Jéſus répondit; Je vous ai dit que c'eſt moi: ſi donc
vous me cherchez, laiſſez aller ceux-ci.
9 C'étoit afin que la parole qu'il avoit dite fût accomplie;
d ch. 17. 12. [d] Je n'ai perdu aucun de ceux que tu m'as donnez.
e Matth. 26. 51. Marc 14. 47. Luc 22. 50.
10 [e] Or Simon Pierre ayant une épée, la tira, & en frappa
le ſerviteur du ſouverain Sacrificateur, & lui coupa l'oreille
droite; & ce ſerviteur avoit nom Malchus.
11 Mais Jéſus dit à Pierre; Remets ton épée au fourreau:
ne boirai-je pas la coupe que le Pére m'a donnée?
f Matth. 26. 57. Marc 14. 53. Luc 22. 54.
12 [f] Alors la bande, & le capitaine, & les ſergens des Juifs
ſe ſaiſirent de Jéſus, & le lierent.
g Luc 3. 2. h ch. 11. 49. 51.
13 Et ils l'emmenerent premierement à [g] Anne: car il étoit
beau-pére de Caïphe, qui étoit [h] le ſouverain Sacrificateur
de cette année-là.
i ch. 11. 49. 50. Luc 3. 2.
14 Or [i] Caïphe étoit celui qui avoit donné cét avis aux Juifs,
qu'il étoit expédient qu'un homme mourût pour le peuple.
k Matth. 26. 58. Marc 14. 54. Luc 22. 54.
15 [k] Or Simon Pierre [1] avec un autre diſciple ſuivoit Jéſus,
& ce diſciple étoit connu du ſouverain Sacrificateur, & il
entra avec Jéſus dans la ſalle du ſouverain Sacrificateur.
1 Il y a apparence que c'étoit quelqu'un de ces diſciples ſecrets, qui n'oſoient pas ſe déclarer.
16 [l] Mais Pierre étoit dehors à la porte, & l'autre diſciple
qui étoit connu du ſouverain Sacrificateur, ſortit dehors, &
parla à la portiere, laquelle fit entrer Pierre.
17 Et la ſervante qui étoit la portiere, dit à Pierre; N'es-tu
point auſſi des diſciples de cét homme? Il dit; Je n'en ſuis point.
l Matth. 26. 69. Marc 14. 66. Luc 22. 55.
18 Or les ſerviteurs & les ſergens ayant fait du braſier, é-
toient là, parce qu'il faiſoit froid, & ils ſe chauffoient: Pierre auſſi étoit avec eux, & ſe chauffoit.
19 Et le ſouverain Sacrificateur interrogea Jéſus touchant
ſes diſciples, & touchant ſa doctrine.
20 Jéſus lui répondit; J'ai ouvertement parlé au monde,
j'ai toûjours enſeigné dans la Synagogue & dans le Temple,
où les Juifs s'aſſemblent toûjours, & je n'ai rien dit en cachette.
21 Pourquoi m'interroges-tu? interroge ceux qui ont ouï
ce que je leur ai dit: voilà, ils ſavent ce que j'ai dit.

22 Quand

22 Quand il eut dit ces choses, un des sergens qui se tenoit là, donna un coup de sa verge à Jésus, en lui disant;
Est-ce ainsi que tu répons au souverain Sacrificateur?
23 Jésus lui répondit; Si j'ai mal parlé, rens témoignage
du mal: & si j'ai bien dit, pourquoi me frappes-tu?
24 [m] Or Anne l'avoit envoyé lié à Caïphe, [n] souverain Sacrificateur.
25 [o] Et Simon Pierre étoit là, & se chauffoit, & ils lui
dirent; N'es-tu pas aussi de ses Disciples? il le nia, & dit;
Je n'en suis point.
26 Et un des serviteurs du souverain Sacrificateur, parent
de celui à qui Pierre avoit coupé l'oreille, dit; Ne t'ai-je
pas vû au jardin avec lui?
27 Mais Pierre le nia encore, & incontinent le coq chanta.
28 [p] Puis ils menerent Jésus de chez Caïphe [2] au Prétoire
(or c'étoit le matin) mais ils n'entrerent point au Prétoire,
[q] de peur qu'ils [3] ne fussent souillez, & afin de pouvoir manger *l'agneau* de Pasque.
29 C'est pourquoi Pilate sortit vers eux, & leur dit; Quelle accusation portez-vous contre cet homme?
30 Ils répondirent, & lui dirent; Si ce n'étoit pas un malfaiteur, nous ne te l'eussions pas livré.
31 Alors Pilate leur dit; Prenez-le vous-mêmes, & jugez-
le [4] selon vôtre Loi. Mais les Juifs lui dirent; Il ne nous
est pas permis [5] de faire mourir personne.
32 *Et cela arriva ainsi* [6] afin que la parole que Jésus avoit dite, [s] fût accomplie, signifiant de quelle mort il devoit mourir.
33 [s] Pilate donc entra encore au Prétoire, & ayant appellé
Jésus, il lui dit; Es-tu le Roi des Juifs?
34 Jésus lui répondit; Dis-tu ceci de toi-même, ou sont-
ce les autres qui *te* l'ont dit de moi?
35 Pilate répondit; Suis-je Juif? ta nation & les principaux
Sacrificateurs t'ont livré à moi: qu'as-tu fait?
36 Jésus répondit; [t] Mon Regne n'est pas de ce monde: si

m *Matth.* 26. 57. *Marc* 14. 53. *Luc* 22. 54.
n *ch.* 11. 49. *Luc* 3. 2.
o *Matth.* 26. 69. 71. *Marc* 14. 66. 69. *Luc* 22. 55. 58.
p *Matth.* 27. 2. *Marc* 15. 1. *Luc* 23. 1.
2 Au Palais du Gouverneur Romain.
q *Act.* 10. 28. & 11. 3.
3 En entrant chez des Gentils.
4 Pilate crut d'abord qu'il ne s'agissoit que de quelques points de leur Religion.
5 Sav. de faire mourir pour des crimes qui regardoient les loix de l'Etat, & moins encore pour crime de révolte, & d'attentat sur la souveraineté de l'Empereur, ce qu'on prétendoit être le crime de J. C. qui s'étoit dit Roi: vs. 36. 37. &c.
r *ch.* 12. 32. 33. *Matth.* 20. 19.

6 Savoir, qu'on le feroit mourir sur une croix; ce qui ne seroit pas arrivé si le Sanhedrin, ou Senat des Juifs l'eût fait mourir; car le supplice de la croix étoit étranger à leur nation. s *Matth.* 27. 11. *Marc* 15. 2. *Luc* 23. 3. t 1 *Tim.* 6. 13.

mon Regne étoit de ce monde, mes gens combattroient afin
que je ne fusse point livré aux Juifs: mais maintenant mon Regne n'est point d'ici bas.
37 Alors Pilate lui dit; Es-tu donc Roi? Jésus répondit;
Tu le dis, que je suis Roi; je suis né pour cela, & c'est pour
cela que je suis venu au monde, afin que je rende témoignage à
la vérité: quiconque [7] est de la vérité, entend ma voix.
38 Pilate lui dit; [8] Qu'est-ce que la vérité? Et quand il eut
dit cela, il sortit encore vers les Juifs, & il leur dit; [u] Je ne
trouve aucun crime en lui.
39 [x] Or vous avez une coûtume, *qui est* que je vous relâche un *prisonnier* à la feste de Pasque; voulez-vous donc que
je vous relâche le Roi des Juifs?
40 [y] Et tous s'écrierent encore, disant; Non pas celui-ci,
mais Barrabas: or Barrabas étoit un brigand.

7 C'est-à-dire, quiconque est affectionné à la vérité, & prend son parti.
8 C'est-à-dire, qu'est-ce que cette vérité dont tu parles? & sans attendre la réponse de J. C. il sortit.
u *ch.* 19. 4. 6.
x *Matth.* 27. 15. *Marc* 15. 6. *Luc* 23. 17.
y *Matth.* 27. 26. *Marc* 15. 15. *Act.* 3. 14.

CHAPITRE XIX.

J. C. est fouetté, 1. *Et couronné d'épines*, 2. *Et sur ce qu'on dit à Pilate qu'il s'étoit dit Fils de Dieu*, 7. *Pilate le fait rentrer dans le Prétoire*, 9. *Et le juge dans la salle, appellée Gabbatha*, 13. *Sa crucifixion*, 18. *Le partage de ses habits*, 23. *Il recommande sa mère à saint Jean*, 26. *Il a soif*, 28. *On lui donne du vinaigre*, 29. *Son côté percé d'un coup de lance*, 34. *Joseph & Nicodeme embaument son corps, & l'ensevelissent*, 38.

[a] Pilate fit donc alors prendre Jésus, & le fit fouetter.
2 Et les soldats plierent une couronne d'épines qu'ils
mirent sur sa tête, & le vêtirent d'un vêtement de pourpre.
3 Puis ils lui disoient; Roi des Juifs, bien te soit: & ils lui
[b] donnoient des coups avec leurs verges.
4 Et Pilate sortit encore dehors, & leur dit; Voici, je
vous l'amene dehors, afin que vous sachiez que [c] je ne trouve aucun crime en lui.
5 Jésus donc sortit portant la couronne d'épines, & le vêtement de pourpre: & Pilate leur dit; Voici l'homme.
6 Mais quand les principaux Sacrificateurs & les sergens le
virent, ils s'écrierent, en disant; Crucifie, crucifie. Pilate leur dit; Prenez-le vous-mêmes, & le crucifiez: [d] car je
ne trouve point de crime en lui.
7 Les Juifs lui répondirent; [e] Nous avons une loi, [1] &
se-

a *Matth.* 27. 26. *Marc* 15. 15.
b *ch.* 18. 22. *Esa.* 50. 6.
c *vs.* 6. & *ch.* 18. 38.
d *vs.* 4. & *ch.* 18. 38.
e *Deut.* 18. 20.
1 Ils avoient en vûe Lév. 24. 15. 16.

selon nôtre loi il doit mourir, [f] car il s'est fait Fils de Dieu.
8 Or quand Pilate eut ouï cette parole, il craignit encore
davantage.
9 Et il r'entra dans le Prétoire, & dit à Jésus; D'où es-tu?
Mais Jésus ne lui donna point de réponse.
10 Et Pilate lui dit; Ne parles-tu point à moi? ne sais-tu
pas que j'ai le pouvoir de te crucifier, & le pouvoir de te
délivrer?
11 Jésus lui répondit; [g] Tu n'aurois aucun pouvoir sur moi,
s'il ne t'étoit donné d'enhaut: c'est pourquoi celui qui m'a
livré à toi, a fait un plus grand péché.
12 Depuis cela Pilate tâchoit à le délivrer: mais les Juifs
crioient, en disant; Si tu délivres celui-ci tu n'es point ami
de César: car quiconque se fait Roi, est contraire à César.
13 Quand Pilate eut ouï cette parole, il amena Jésus dehors, & s'assit au Siege judicial, dans le lieu qui est appellé
Pavement, & en Hébreu Gabbatha.
14 Or c'étoit [2] la préparation de la Pasque, & *il étoit* environ [3] six heures: & *Pilate* dit aux Juifs; Voilà vôtre Roi.
15 Mais ils crioient; Ote, ôte, crucifie-le. Pilate leur dit;
Crucifierai-je vôtre Roi? Les Principaux Sacrificateurs répondirent; [h] Nous n'avons point d'autre Roi que César.
16 Alors donc il le leur livra pour être crucifié. [i] Ils prirent
donc Jésus, & l'emmenerent.
17 Et *Jésus* portant sa croix, vint au lieu appellé le Test,
& en Hébreu Golgotha;
18 Où ils le crucifierent, [k] & deux autres avec lui, l'un
deçà, & l'autre delà, & Jésus au milieu.
19 [l] Or Pilate fit un écriteau, qu'il mit sur la croix, où é-
toient écrits ces mots: JESUS NAZARIEN LE ROI DES JUIFS.
20 Et plusieurs des Juifs lûrent cét écriteau, parce que le
lieu où Jésus étoit crucifié, étoit près de la ville; & que cét
écriteau étoit en Hébreu, en Grec, & en Latin.
21 C'est pourquoi les principaux Sacrificateurs des Juifs dirent à Pilate; N'écri point, [4] le Roi des Juifs: mais, que celui-ci a dit; Je suis le Roi des Juifs.

f Matth. 26. 64. 65.
g Act. 4. 26. 27. 28.
2 Sav. le 13. du mois, qui cette année-là étoit un jeudi.
3 C'est-à-dire, environ midi.
h Luc 19. 14.
i Matth. 27. 33. Marc 15. 22. Luc 23. 26.
k Matth. 27. 38. Marc 15. 28. Luc 23. 32.
l Matth. 27. 37. Marc 15. 26. Luc 23. 38.
4 Ils craignirent que ces termes ne fussent encore trop honorables pour lui, & ne marquassent que c'étoit effectivement leur Messie, leur Roi.

22 Pi-

22 Pilate répondit; Ce que j'ai écrit, je l'ai écrit.

23 [m] Or quand les soldats eurent crucifié Jésus, ils prirent ses vêtemens, & en firent quatre parts, une part pour chaque soldat: *ils prirent* aussi le saye; mais le saye étoit sans coûture, tissu depuis le haut jusqu'en bas.

24 Et ils dirent entr'eux; Ne le mettons point en pieces, mais jettons-le au sort, *pour savoir* à qui il sera. Et *cela arriva ainsi*, afin que l'Ecriture fût accomplie, disant; [n] Ils ont partagé entr'eux mes vêtemens, & ils ont jetté au sort ma robe: les soldats donc firent ces choses.

25 Or [o] près de la croix de Jésus étoit sa mére, & la sœur de sa mére, *savoir* Marie *femme* de [p] Cléopas, & Marie Magdelaine.

26 Et Jésus voyant sa mére, & [q] auprès d'elle [5] le Disciple qu'il aimoit, il dit à sa mére; Femme, voilà ton Fils.

27 Puis il dit au Disciple: Voilà ta Mére; & dès cette heure-là ce Disciple la reçut [6] chez lui.

28 Après cela Jésus sachant que toutes choses étoient déja accomplies, il dit, afin que l'Ecriture fût accomplie; [r] J'ai soif.

29 Et il y avoit là un vase plein de vinaigre, [f] ils emplirent donc de vinaigre une éponge, & la mirent à l'entour de l'hysope, & la lui présenterent à la bouche.

30 Et quand Jésus eut pris le vinaigre, il dit; [7] [t] Tout est accompli: & ayant baissé la tête, il rendit l'Esprit.

31 Alors les Juifs, afin que les corps [u] ne demeurassent point en croix au jour du Sabbat, parce que c'étoit [x] la préparation, (or c'étoit [8] un grand jour de Sabbat) prierent Pilate qu'on leur rompît les jambes, & qu'on les ôtât.

32 Les soldats donc vinrent, & rompirent les jambes au premier, & de même à l'autre qui étoit crucifié avec lui.

33 Puis étant venus à Jésus, & voyant qu'il étoit déja mort, ils ne lui rompirent point les jambes:

34 Mais un des soldats lui perça le côté avec une lance, [y] & incontinent il en sortit du sang & de l'eau.

35 Et celui qui l'a vû, l'a témoigné, & son témoignage est digne de foi: & celui-là sait qu'il dit vrai, afin que vous le croyiez.

36 Car

m *Matth.* 27. 35. *Marc* 15. 24 *Luc* 23. 34.
n *Pse.* 22. 19.
o *Matth.* 27. 56. 61. *Marc* 15. 41. *Luc* 23. 49.
p *Luc* 24. 18.
q *ch.* 13. 23. & 20. 2. & 21. 7. 20.
5 S. Jean.
6 C'est une marque que Joseph étoit mort.
r *Pse.* 69. 22.
f *Matth.* 27. 48. *Marc* 15. 36. *Luc* 23. 36.
7 C'est-à-dire, tout ce que j'avois à souffrir de la part des hommes, & de la part de Dieu; & tout ce que les Propheties avoient prédit sur ce sujet.
t *vs.* 28.
u *Deut.* 21. 23.
x *Matth.* 27. 62. *Marc* 15. 42. *Luc* 23. 54.
8 Il étoit doublement jour de Sabbat, 1. en ce que c'étoit le jour ordinaire du Sabbat; & 2. le premier jour de la feste des pains sans levain.
y 1 *Jean* 5. 6.

36 Car ces choses-là sont arrivées afin que cette Ecriture
fût accomplie; [z] Pas un de ses os ne sera cassé:
37 Et encore une autre Ecriture, qui dit; [a] Ils verront celui qu'ils ont percé.
38 [b] Or après ces choses, Joseph d'Arimathée, qui étoit
disciple de Jésus, secret toutefois [c] pour la crainte de Juifs,
pria Pilate qu'ils lui permît d'ôter le corps de Jésus: & Pilate le lui ayant permis, il vint, & prit le corps de Jésus.
39 Nicodeme aussi, [d] celui qui auparavant étoit allé de nuit
à Jésus, y vint apportant une mixtion [e] de myrrhe & d'aloës
d'environ cent livres.
40 Et ils prirent le corps de Jésus, & le banderent de linges avec des senteurs aromatiques, comme les Juifs ont de
coûtume d'ensévelir.
41 [f] Or il y avoit au lieu où il fut crucifié un jardin, & dans
le jardin un sépulcre neuf, où personne n'avoit encore été mis.
42 Et ils mirent là Jésus, à cause de [9] la préparation des
Juifs, parce que le sépulcre étoit près.

z *Exod.* 12. 46. *Nomb.* 9. 12.
a *Zach.* 12. 10.
b *Matth.* 27. 57. *Marc* 15. 42. *Luc* 23. 50.
c *ch.* 12. 42.
d *ch.* 3. 1. 2.
e *Pso.* 45. 9. *Prov.* 7. 17.
f *Matth.* 27. 60. *Marc* 15. 46. *Luc* 23. 53.
9 Non de la Pasque, comme au vs. 14. mais comme au vs. 31. de la préparation du Sabbat, qui alloit commencer, Luc 23. 54.

CHAPITRE XX.

La résurrection de J. C. 1. *Pierre & Jean vont au sépulcre*, 3. *Marie s'arrête près du sépulcre*, 11. *Elle y voit deux Anges*, 12. *J. C. lui apparoit*, 14. *Il entre dans la chambre où étoient ses Disciples*, 19. *Et leur donne le St. Esprit*, 22. *L'incrédulité de Thomas*, 25-29.

[a] OR le premier jour de la semaine Marie Magdelaine vint
le matin au sépulcre, comme il faisoit encore obscur:
& elle vit que la pierre étoit ôtée du sépulcre.
2 [b] Et elle courut, & vint à Simon Pierre, & à [1] l'autre
Disciple [c] que Jésus aimoit, & elle leur dit; On a enlevé le
Seigneur hors du sépulcre, mais nous ne savons point où on
l'a mis.
3 [d] Alors Pierre partit avec l'autre Disciple, & ils s'en allerent au sépulcre.
4 Et ils couroient tous deux ensemble: mais l'autre Disciple
couroit plus vîte que Pierre, & il arriva le premier au sépulcre.
5 Et s'étant baissé, il vit les linges mis à côté; mais il n'y
entra point.

a *Matth.* 28. 1. *Marc* 16. 1. *Luc* 24. 1.
b *Matth.* 28. 8.
1 C'étoit S. Jean,
c *ch.* 13. 23. & 19. 26. & 21. 7. 20.
d *Luc* 24. 12.

6 Alors Simon Pierre qui le suivoit, arriva, & entra dans
le sépulcre, & vit les linges mis à côté;
7 Et le couvrechef qui avoit été sur la tête *de Jésus*, lequel n'étoit point mis avec les linges, mais étoit enveloppé
en un lieu à part.
8 Alors l'autre Disciple, qui étoit arrivé le premier au sépulcre, y entra aussi, & il vit, & crut.
9 Car [2] ils ne savoient pas encore l'Ecriture, *qui porte*
qu'il devoit ressusciter des morts.
10 Et les Disciples s'en retournerent chez eux.
11 [f] Mais Marie se tenoit près du sépulcre dehors, en pleurant: & comme elle pleuroit, elle se baissa dans le sépulcre;
12 Et vit deux Anges vêtus de blanc, assis l'un à la tête, &
l'autre aux pieds, là où le corps de Jésus avoit été couché.
13 Et ils lui dirent; Femme, pourquoi pleures-tu? Elle
leur dit; Parce qu'on a enlevé mon Seigneur: & je ne sais
point où on l'a mis.
14 Et [g] quand elle eut dit cela, se tournant en arriere, elle vit Jésus qui étoit là; mais elle ne savoit pas que ce fût Jésus.
15 Jésus lui dit; Femme, pourquoi pleures-tu? Qui cher-
ches-tu? Elle pensant que ce fût le jardinier, lui dit; Seigneur, si tu l'as emporté, dis-moi où tu l'as mis, & je l'ôterai.
16 Jésus lui dit, Marie. Et elle s'étant retournée, lui
dit; Rabboni, c'est-à-dire, Maître.
17 Jésus lui dit; [3] Ne me touche point: [4] car je ne suis
point encore monté à mon Pére; mais va [h] à mes Fréres, &
leur di; Je monte à mon Pére, & à vôtre Pére, & [i] à mon
Dieu, & à vôtre Dieu.
18 Marie Magdelaine vint annoncer aux Disciples qu'elle
avoit vû le Seigneur, & qu'il lui avoit dit ces choses.
19 Et [k] quand le soir de ce jour-là, qui étoit le premier de
la semaine, fut venu, & que les portes du lieu où les Disciples étoient assemblez à cause de la crainte qu'ils avoient des
Juifs, étoient fermées; Jésus vint, & [5] fut là au milieu d'eux,
& il leur dit; Paix vous soit.
20 Et quand il leur eut dit cela, il leur montra ses mains
& son

2 Ils n'y avoient pas fait attention.
e *Pse.* 16. 9. 11.
f *Marc.* 16. 5.
g *Matth.* 28. 9. *Marc* 16. 9.
3 C'est-à-dire, ne t'arrête pas ici auprès de moi.
4 Car je ne monterai pas si-tôt à mon Pére, je ferai encore quelque temps avec vous: le passé, *je ne suis point monté*, étant mis ici pour le futur, comme en une infinité d'autres endroits de l'Ecriture, & ici ch. 7. 52. & 13. 31. & 16. 11. &c.
h *Pse.* 22. 23.
i *Pse.* 45. 8.
k *Marc* 16. 14. *Luc* 24. 36. 1 *Cor.* 15. 5.
5 Cette expression marque l'entrée soudaine & inopinée de J. C. les portes s'étant ouvertes tout à coup d'elles-mêmes: comme *Act.* 5. 23. & 12. 10.

& son côté: & les Disciples eurent une grande joye, quand
ils virent le Seigneur.
21 Et Jésus leur dit encore; Paix vous soit: comme mon
Pére m'a envoyé, [l] ainsi je vous envoye. l *Matth.* 28.
22 Et quand il eut dit cela, il souffla sur eux, & leur dit; 19. *Marc.* 16.
Revecez le Saint Esprit. 15.
23 [m] A quiconque vous pardonnerez les péchez, ils seront m *Matth.* 16.
pardonnez: & à quiconque vous les retiendrez, ils seront 19. & 18. 18.
retenus.
24 Or Thomas, [n] appellé Didyme, qui étoit l'un des dou- n *ch.* 11. 16.
ze, n'étoit point avec eux quand Jésus vint. & 21. 2.
25 Et les autres Disciples lui dirent; Nous avons vû le Seigneur. Mais il leur dit; Si je ne vois les marques des cloux
en ses mains, & si je ne mets mon doigt où étoient les cloux,
& si je ne mets ma main dans son côté, [o] je ne le croirai point. o *Matth.* 28.
26 Et huit jours après ses Disciples étoient encore dans *la* 17.
maison, & Thomas avec eux: & Jésus vint, les portes étant
fermées, & fut là au milieu d'eux, & il leur dit; Paix vous soit. 6 Ces termes s'adressent à
27 Puis il dit à Thomas; Mets ton doigt ici, & regarde J. C. de mê-
mes mains: avance aussi ta main, & la mets dans mon côté: me que les précédens,
& ne sois point incrédule, mais fidele. *mon Seigneur*.
28 Et Thomas répondit, & lui dit; Mon Seigneur, & [6] & sont une
mon Dieu. preuve certaine que les
29 Jésus lui dit; Parce que tu m'as vû, Thomas, tu as Apostres
crû: [p] bienheureux sont ceux qui n'ont point vû, & qui ont crû. l'ont reconnu pour Dieu,
30 [q] Jésus fit aussi, en la présence de ses Disciples, plusieurs de même que
autres miracles, qui ne sont point écrits dans ce livre. pour Seigneur.
31 Mais ces choses sont écrites, afin que vous croyiez que p *Matth.* 13.
Jésus est le Christ, le Fils de Dieu, & qu'en croyant vous 16. 1 *Pier.* 1. 8.
ayez la vie par son Nom. q *ch.* 21. 25.

CHAPITRE XXI.

Apparition de J. C. sur les côtes de la mer de Galilée, 1. La pêche merveilleuse de ses Disciples, 6. Il demande à Simon Pierre s'il l'aimoit, 15. Lui donne le pouvoir de paître ses Brebis, 16. Lui prédit qu'il mourroit martyr, 18. Et que Jean vivroit long-temps, 22.

APrès cela Jésus se fit voir encore à ses Disciples, près de la
mer [a] de Tibériade, & il s'y fit voir en cette maniere. a *ch.* 6. 1.

b *ch.* 11. 16. c *ch.* 1. 45. d *Matth.* 4. 21.

2 Simon Pierre, & Thomas, [b] appellé Didyme, & [c] Nathanaël, qui étoit de Cana de Galilée, & [d] les *fils* de Zébédée, & deux autres de ses Disciples étoient ensemble.
3 Simon Pierre leur dit, je m'en vais pêcher. Ils lui dirent;
Nous y allons avec toi. Ils partirent *donc*, & ils monterent
incontinent dans la nacelle; mais il ne prirent rien cette nuit-là.
4 Et le matin étant venu, Jésus se trouva sur le rivage:
mais les Disciples ne connurent point que ce fût Jésus.
5 Et Jésus leur dit; Mes enfans, avez-vous quelque petit
poisson à manger? Ils lui répondirent; Non.
6 Et il leur dit; Jettez le filet au côté droit de la nacelle,
& vous en trouverez. Ils le jetterent donc, & ils ne le pouvoient tirer à cause de la multitude des poissons.
7 C'est pourquoi le Disciple [e] que Jésus aimoit, dit à Pierre; C'est le Seigneur: & quand Simon Pierre eut entendu
que c'étoit le Seigneur, [1] il ceignit sa tunique, parce qu'il
étoit [2] nud, & se jetta dans la mer.
8 Et les autres Disciples vinrent dans la nacelle, car ils
n'étoient pas loin de terre, mais seulement environ deux
cens coudées, trainant le filet de poissons.
9 Et quand ils furent descendus à terre, ils virent de la
braise, & du poisson mis dessus, & du pain.
10 Jésus leur dit; Apportez des poissons que vous venez
maintenant de prendre.
11 Simon Pierre monta, & tira le filet à terre, plein de
cent cinquante trois grands poissons: & bien qu'il y en eût
tant, le filet ne fut point rompu.
12 Jésus leur dit; Venez & dînez. Et aucun de ses Disciples n'osoit lui demander; Qui es-tu? voyant bien que c'é-
toit le Seigneur.
13 Jésus donc vint, & prit du pain, & leur en donna, &
du poisson aussi.
14 Ce fut déja [3] la troisiéme fois que Jésus se fit voir à ses
Disciples, aprés être ressuscité des morts.
15 Et aprés qu'ils eurent dîné, Jésus dit à Simon Pierre;
Simon *fils* de Jona, [4] m'aimes-tu plus que ne font ceux-ci?

e *vs.* 20. & *ch.* 13. 23. & 19. 26. & 20. 2.

1 Sav. pour aller à la nage plus commodément, & se présenter à J. C. avec plus de décence.

2 C'est-a-dire, qu'il n'avoit que sa tunique, & avoit quitté la robe de dessus: ainsi 1 Sam. 19. 24. Esa. 20: 2. 3.

3 Sav. en différens jours.

Il

Il lui répondit; Oui vraîment, Seigneur; tu sais que je t'aime. Il lui dit; Pais mes agneaux.
16 Il lui dit encore, Simon *fils* de Jona, m'aimes-tu? Il
lui répondit; Oui vraîment, Seigneur; tu sais que je t'aime.
Il lui dit; [4] Pais mes brebis.
17 Il lui dit pour la troisiéme fois, Simon *fils* de Jona, m'aimes-tu? Pierre fut contristé de ce qu'il lui avoit dit pour la
troisiéme fois; M'aimes-tu? Et il lui répondit, Seigneur, tu
sais toutes choses, tu sais que je t'aime. Jésus lui dit; Pais
mes brebis.
18 En vérité, en vérité je te dis, quand tu étois plus jeune tu te ceignois, & tu allois où tu voulois: mais quand tu
seras vieux, tu étendras tes mains, & un autre te ceindra,
& te menera [6] où tu ne voudras pas.
19 [f] Or il dit cela signifiant de quelle mort il devoit glorifier Dieu: & quand il eut dit ces choses, il lui dit; Sui-moi.
20 Et Pierre se retournant vit venir après eux [7] le Disciple
que Jésus aimoit, [g] & qui durant le souper s'étoit panché
sur le sein de Jésus, & avoit dit; Seigneur, qui est celui à
qui il arrivera de te trahir?
21 Quand donc Pierre le vit, il dit à Jésus, Seigneur, &
celui-ci, quoi?
22 Jésus lui dit; Si je veux qu'il demeure [h] jusqu'à ce que [8] je
vienne, qu'en as-tu affaire? toi, sui-moi:
23 Or cette parole courut entre les Fréres, que ce Disciple-là ne mouroit point: cependant Jésus ne lui avoit pas dit;
Il ne mourra point: mais, Si je veux qu'il demeure jusqu'à
ce que je vienne; qu'en as-tu affaire?
24 C'est ce Disciple-là qui rend témoignage de ces choses,
& qui a écrit ces choses, & nous savons que son témoignage
est digne de foi.
25 [i] Il y a aussi plusieurs autres choses que Jésus a faites,
lesquelles étant écrites de point en point, je ne pense pas que [9] le
monde même pût [10] contenir les livres qu'on en écriroit.
AMEN.

4 C'étoit un reproche tacite à cét Apostre, de l'avoir renié, & comme il l'avoit renié trois fois, J. C. lui repete jusqu'a trois fois la même demande. 5 C'étoit le rétablir dans sa charge, qui lui étoit commune avec les autres Disciples, 1 Pier. 5. 2. mais dont il avoit mérité par sa triple abnegation, d'être degradé. 6 Cela ne vouloit dire autre chose, sinon qu'il ne mourroit pas d'une mort naturelle; mais ne vouloit pas dire que cét Apostre ne souffriroit pas volontairement le martyre. f *2 Pier.* 1. 14. 7 C'étoit S. Jean. g *ch.* 13. 23. h *Matth.* 16. 28. & 24. 30. 8 C'étoit cette venuë en jugement contre la Judée dont il a été parlé dans la note sur S. Matth. 16. 28. & 24. 30. &c. i *ch.* 20. 30. 9 C'est une expression hyperbolique, comme celles de 1 Rois 1. 40. & 10. 27. & une infinité d'autres. 10 Ou, qu'on pût lire, & apprendre: car le terme de l'Original est employé en une semblable signification Matth. 19. 11.

LES ACTES DES SAINTS APOSTRES.

CHAPITRE I.

J. C. donne ordre aux Apostres d'attendre à Jérusalem l'accomplissement de la promesse du Pére, 4. *Son ascension*, 9. *Les disciples assemblez dans une chambre haute*, 13. *Le desespoir de Judas*, 18. *Matthias mis en sa place*, 23.

NOus avons fait le premier Traité, [a] ô Théophile, touchant toutes les choses que Jésus s'est mis à faire & à enseigner,
2 [b] Jusqu'au jour qu'il fut reçu en haut; [c] après avoir donné [d] par le Saint Esprit ses ordres aux Apostres qu'il [e] avoit
élûs.
3 [f] A qui aussi, après avoir souffert, il se présenta soi-même vivant, [g] avec plusieurs preuves assûrées, étant vû par
eux durant quarante jours, & parlant des choses qui regardent le Royaume de Dieu.
4 Et les ayant assemblez, [h] il leur commanda de ne partir
point de Jérusalem, mais *d'y* attendre *l'effet de* la [i] promesse
du Pére, [k] laquelle, *dit-il*, vous avez ouïe de moi.
5 Car Jean a baptisé d'eau, mais vous [l] serez baptisez du
Saint Esprit, dans peu de jours.
6 Eux donc étant assemblez l'interrogerent, disant; Seigneur, sera-ce en ce temps-ci que [1] tu rétabliras le Royaume à Israël?
7 Mais il leur dit; [2] Ce n'est point à vous de connoître les
temps ou les saisons que le Pére a reservées en sa propre puissance.
8 Mais [m] vous recevrez la vertu du Saint Esprit qui viendra

a *Luc* 1. 3.
b *Luc* 24. 50. 51.
c *Matth.* 28. 19. *Luc* 24. 49.
d *Jean* 20. 22.
e *Jean* 6. 70. & 15. 16.
f *Jean* 20. 19. 26. & 21. 4. &c.
g *Jean* 20. 30.
h *Luc* 24. 49.
i *Esa.* 44. 3. *Ezéch.* 36. 26. *Joël* 2. 28.
k *Jean* 14. 26. & 15. 26.
l *ch.* 2. 4. & 11. 16. & 19. 4. *Matth.* 3. 11. *Marc* 1. 8. *Luc* 3. 16. *Jean* 1. 26.
1 Cette demande étoit encore l'effet de leur ancien préjugé sur le regne mondain du Messie, Luc 24. 21.

2 Par cette réponse indirecte J. C. les préparoit à attendre de recevoir toutes les lumieres dont ils avoient besoin, que le S. Esprit fût venu sur eux, lequel leur apprendroit en quelle maniere le regne de Dieu seroit établi. m *ch.* 2. 2.

dra sur vous: & [n] vous me serez témoins tant [o] à Jérusalem
qu'en toute la Judée, & dans la Samarie, & [p] jusqu'au bout
de la terre.
9 Et quand il eut dit ces choses, [q] il fut élevé, eux le regardant, & une nuée le soûtenant l'emporta de devant leurs yeux.
10 Et comme ils avoient les yeux arrêtez vers le Ciel, à
mesure qu'il s'en alloit, voici, [3] deux hommes [r] en vêtemens
blancs se présenterent devant eux;
11 Qui leur dirent; Hommes Galiléens, pourquoi vous
arrêtez-vous à regarder au Ciel? Ce Jésus qui a été élevé
d'avec vous au Ciel [f] viendra ainsi que vous l'avez contemplé
montant au Ciel.
12 Alors ils s'en retournerent à Jérusalem de la montagne
appellée *la montagne* des oliviers, qui est près de Jérusalem [4] le chemin d'un Sabbat.
13 Et quand ils furent entrez, ils monterent en une chambre haute, où demeuroient Pierre & Jacques, Jean & André, Philippe & Thomas, Barthélemi & Matthieu, Jacques
fils d'Alphée, & Simon Zélotes, & Jude frére de Jacques.
14 [t] Tous ceux-ci perséveroient d'un accord en prieres &
en oraisons avec les femmes, & avec Marie mére de Jésus,
& [5] avec [u] ses Fréres.
15 Et en ces jours-là Pierre se leva au milieu des Disciples
(or là étoit assemblée une compagnie d'environ six-vingts
personnes) & il dit;
16 Hommes fréres, il falloit que [x] fût accompli ce qui a été
écrit, & que le Saint Esprit a prédit par la bouche de David touchant Judas, [y] qui a été le guide de ceux qui ont pris Jésus.
17 Car il étoit du nombre avec nous, & il avoit reçu sa
part de ce ministere.
18 Mais [z] s'étant acquis un champ du salaire de la méchanceté, & s'étant précipité, il s'est crevé par le milieu, & toutes ses entrailles ont été répandues.
19 Ce qui a été connu de tous les habitans de Jérusalem:
tellement que ce champ-là [a] a été appellé en leur propre langue, Haceldama, c'est-à-dire, le champ du sang.

n *ch.* 8. 25.
o *Pse.* 10. 2. *Esa.* 2. 3. *Mich.* 4. 2. *Luc* 24. 47.
p *ch.* 13. 47. *Rom.* 10. 18.
q *Marc* 16. 19. *Luc* 24. 51.
3 Deux Anges en forme d'hommes.
r *ch.* 10. 30. *Jean* 20. 12.
f 1 *Thess.* 4. 16. 17.
4 Les Juifs surperstitieux avoient borné à la longueur d'environ deux mille pas, le chemin qu'ils pouvoient faire le jour du Sabbat. La Loi de Dieu n'avoit rien prescrit là-dessus.
t *ch.* 2. 1. 46. & 6. 4. *Rom.* 12. 12. *Col.* 4. 2.
5 C'est-à-dire, ses parens.
u *Matth.* 13. 55.
x *Pse.* 41. 10. *Jean* 13. 18.
y *Jean* 18. 3.
z *Matth.* 27. 5.
a *Matth.* 27. 8.

20 Car

b *Pse.* 69. 26. c *Pse.* 109. 8. d *ch.* 1. 21. 2 *Tim.* 2. 19.
6 Cette priere s'adressoit à J. C. à qui appartenoit le choix & la vocation de ses Apostres; comme aussi ce fut lui qui fit la vocation de S. Paul.
7 C'est un caractere qui ne convient qu'à Dieu seul; & ainsi l'invocation adressée à J. C. & ce qu'on lui dit, sont des preuvres certaines qu'il a été reconnu & adoré comme vrai Dieu. e *Jean* 2. 25. *Apoc.* 2. 23. f *Prov.* 16. 33.

20 Car il est écrit au Livre des Pseaumes; [b] Que sa demeure soit deserte, qu'il n'y ait nul qui y habite. Et, [c] qu'un
autre prenne son administration.
21 Il faut donc que d'entre ces hommes qui se sont assemblez avec nous tout le temps que le Seigneur Jésus est allé &
venu entre nous,
22 En commençant depuis le Baptême de Jean, jusqu'au
jour qu'il a été enlevé d'avec nous, quelqu'un d'entr'eux soit
témoin avec nous de sa résurrection.
23 Et ils en présenterent deux, *savoir* Joseph, appellé Bar-
sabas, qui étoit surnommé Juste; & Matthias.
24 Et [d] en priant ils dirent; Toi, [6] Seigneur, [7] [e] qui connois les cœurs de tous, [f] montre lequel de ces deux tu as élû:
25 Afin qu'il prenne *sa* part de ce ministere & apostolat, dont
Judas s'est détourné, pour s'en aller en son lieu.
26 Puis ils les tirerent au sort: & le sort tomba sur Matthias, qui d'un commun accord fut mis au nombre des onze
Apostres.

CHAPITRE II.

La descente du St. Esprit, 2. Prédication de saint Pierre, 14. La repentance des Juifs, 27. La promesse faite aux peres & aux enfans, 30. Trois mille ames converties, 41. Vente des terres pour en donner le prix, 45. Nouvelles conversions.

1 J. C. le jour même de la Pentecôte étant venu. a *ch.* 1. 13. 14. 15. b *vs.* 46. & *ch.* 1. 34. 2 Ou, *ils virent.* c *ch.* 1. 5. d 2 *Pier.* 1. 21

ET comme [1] le jour de la Pentecôte s'accomplissoit, [a] ils
étoient tous [b] d'un accord dans un même lieu.
2 Et il se fit tout à coup un son du ciel, comme *est le son*
d'un vent qui souffle avec véhémence, & il remplit toute la
maison où ils étoient assis.
3 Et [2] il leur apparut des langues divisées comme de feu,
qui se poserent sur chacun d'eux.
4 Et ils furent [c] tous remplis du Saint Esprit, & commencerent à parler des Langues étrangeres, [d] selon que l'Esprit
leur donnoit à parler.
5 Or il y avoit à Jérusalem des Juifs qui y séjournoient,
hommes dévots, de toute nation qui est sous le ciel.
6 Et ce bruit ayant été fait, une multitude vint ensemble,
qui

qui fut toute émûe de ce que chacun les entendoit parler en
sa propre Langue.
7 [e] Ils en étoient donc tout surpris, & s'en étonnoient, disant l'un à l'autre; Voici, tous ceux-ci qui parlent ne sont-ils
pas Galiléens?

e *vs.* 12.

8 Comment donc chacun de nous les entendons-nous parler la propre Langue du païs où nous sommes nez?
9 Parthes, Medes, Elamites, & nous qui habitons, *les uns*
dans la Mésopotamie, *les autres* en Judée, & en Cappado-
ce, au païs du Pont, & en [3] Asie,
10 En Phrygie, en Pamphylie, en Egypte, & dans les
quartiers de la Libye qui est près de Cyrene, & nous qui
demeurons à Rome:
11 Tant Juifs que Prosélytes: Crétois, & Arabes, nous
les entendons parler, chacun en nôtre Langue, les choses
magnifiques de Dieu.

3 Ce mot signifie ici ce qu'on a appellé proprement l'*Asie Mineure* dont la ville d'Ephese étoit la Capitale, comme ch. 21. 27.

12 [f] Ils étoient donc tout étonnez, & ils ne savoient que
penser, disant, l'un à l'autre; Que veut dire ceci?

f *vs.* 7.

13 Mais les autres se moquant disoient; C'est qu'ils sont
pleins [4] de vin doux.

4 C'est-à-dire, en général de vin délicat & spiritueux.

14 Mais Pierre se présentant avec les onze, éleva sa voix,
& leur dit; Hommes Juifs, & *vous* tous qui habitez à Jérusalem, sachez ceci, & faites attention à mes paroles.
15 Car ceux-ci ne sont point yvres, comme vous pensez,
vû que c'est [5] la troisiéme heure du jour.
16 Mais c'est ici ce qui a été dit par le Prophete Joël;

5 C'est-à-dire, neuf heures du matin. Les Juifs demeuroient à jeun jusqu'à midi, les jours de leurs grandes solemnitez.

17 [g] Et il arrivera [6] aux derniers jours, dit Dieu, que je
répandrai de mon Esprit sur toute chair: & vos fils & vos
filles prophétiseront; & vos jeunes gens verront des visions,
& vos anciens songeront des songes.
18 Et pour vrai en ces jours-là je répandrai de mon Esprit
sur mes serviteurs & sur mes servantes, & ils prophétiseront.

g *Esa.* 44. 3. *Joël* 2. 28.

19 [6] Et je ferai des choses merveilleuses dans le ciel en haut,
& des prodiges sur la terre en bas, du sang, & du feu, &
une vapeur de fumée.

6 C'étoient les temps de l'Evangile, Heb. 1. 1.

20 [h]Le soleil sera changé en ténébres, & la lune en sang,
avant que ce grand & notable jour du Seigneur vienne;
21 [i]Mais il arrivera que quiconque invoquera le Nom du
Seigneur sera sauvé.
22 Hommes Israëlites, écoutez ces paroles: Jésus le Nazarien, [k] personnage approuvé de Dieu entre vous par les miracles, les merveilles, & les prodiges que Dieu a faits par
lui au milieu de vous, comme aussi vous le savez:
23 Ayant été livré [l] par [8] le conseil défini & par la providence de Dieu, vous l'avez pris, & mis en croix, & vous
l'avez fait mourir par les mains [m] des iniques:
24 [n]*Mais* Dieu l'a ressuscité, ayant délié les douleurs de la
mort, parce qu'il n'étoit pas possible qu'il fût retenu par elle.
25 Car David dit de lui; [o] Je contemplois toûjours le Seigneur en ma présence: car il est à ma droite, afin que je ne
sois point ébranlé.
26 C'est pourquoi mon cœur s'est réjouï, & ma langue a
tressailli de joye; & de plus, ma chair reposera [9] en espérance.
27 Car tu ne laisseras point mon ame au sépulcre, & tu ne
permettras point que ton Saint sente la corruption:
28 Tu m'as fait connoître les voyes de vie, tu me rempli-
ras de joye avec ta face.
29 Hommes fréres, je puis bien vous dire librement touchant le Patriarche David, [p] qu'il est mort, & qu'il a été
enséveli, & que son sépulcre est parmi nous jusques à ce jour.
30 Mais comme il étoit Prophete, & qu'il savoit [q] que Dieu
lui avoit promis avec serment, que du fruit de ses reins il
feroit naître [10] selon la chair le Christ, [r] pour le faire asseoir
sur son trône;
31 Il a dit de la résurrection de Christ, en la prévoyant,
[f] que [11] son ame n'a point été laissée au sépulcre, & que sa
chair n'a point senti la corruption.
32 [t]Dieu

h *Matt.* 24. 29. i *Joël* 2. 32. *Rom.* 10. 13. k *ch.* 10. 38. l *ch.* 4. 28. & 13. 27. 8 Non seulement Dieu prévoit les évenemens à venir, mais il les marque dans ses decrets, sans que pourtant ils en soient moins libres & contingens du côté des causes qui les produisent. m *Matth.* 26. 45. *Luc.* 24. 7. n *vs.* 32. & *ch.* 3. 15. & 4. 10. & 10. 40. & 13. 30. 34. & 17. 31. *Rom.* 4. 24. & 8. 11. 1 *Cor.* 6. 14. & 15. 15. 2 *Cor.* 4. 14. *Gal.* 1. 1. *Eph.* 1. 20. *Col.* 2. 12. 1 *Thess.* 1. 10. *Héb.* 13. 20. o *Pse.* 16. 8. 9 C'est-à-dire, dans la confiance certaine de ressusciter bientôt, & avant que de se corrompre tant soit peu. p *ch.* 13. 36. 1. *Rois* 2. 10.

q *ch.* 13. 23. 2 *Sam.* 7. 12. 1 *Chron.* 22. 10. *Pse.* 132. 11. 10 C'est une restriction, qui marque en J. C. une autre nature, qu'il n'a pas reçue de David: ainsi Rom. 1. 3. & 9. 5. r *Luc* 1. 32. f *ch.* 13. 35. *Pse.* 16. 10. 11 Si on prenoit ici ce mot dans sa propre signification, il faudroit dire que l'ame de J. C. a été avec son corps dans le sépulcre, tout autant de temps que son corps; & ainsi cette opinion même ne s'accorderoit pas avec celle de l'Eglise Romaine, qui veut que l'ame de J. C. soit allée pendant les trois jours de sa mort, dans les prétendus *limbes des pères*, mais le mot d'*ame* est mis ici pour celui de *personne*, comme en une infinité d'autres endroits de l'Écriture, & c'est uniquement, comme s'il y avoit, *Tu ne me laisseras point dans le sépulcre.*

32 [t]Dieu a ressuscité ce Jésus: [u]dequoi nous sommes tous
témoins.
33 Après donc qu'il a été élevé [x] par la puissance de Dieu,
& qu'il a reçu de son Pére [12] la promesse du Saint Esprit, il
a répandu ce que maintenant vous voyez & entendez.
34 Car David n'est pas monté aux cieux: mais lui-même
dit; [y]Le Seigneur a dit à mon Seigneur; Assieds-toi à ma
droite,
35 Jusqu' à ce que j'aye mis tes ennemis pour le marchepied
de tes pieds.
36 Que donc toute la Maison d'Israël sache certainement
que Dieu l'a fait Seigneur & Christ, ce Jésus, *dis-je*, que
vous avez crucifié.
37 Ayant ouï ces choses, ils eurent componction de cœur,
& ils dirent à Pierre & aux autres Apostres; Hommes fréres, que ferons-nous?
38 Et Pierre leur dit; [z]Amendez-vous, & [a] que chacun
de vous soit baptisé [b]au Nom de Jésus-Christ, [c] en rémission
des péchez: & vous recevrez le don du Saint Esprit.
39 Car à vous & [13] à vos enfans est faite la promesse, [d]& à
tous ceux qui sont loin, [14] autant que le Seigneur nôtre Dieu
en appellera à soi.
40 Et par plusieurs autres paroles il *les* conjuroit, & les
exhortoit, en disant; Sauvez-vous de cêtte génération perverse.
41 Ceux donc qui reçurent d'un franc courage sa parole,
furent baptisez: [e] & en ce jour-là furent ajoûtées environ
trois mille ames.
42 Et ils persévéroient tous en la doctrine des Apostres, &
[15] en la communion & fraction du pain, & aux prieres.
43 Or toute personne avoit de la crainte, & beaucoup de
miracles & de prodiges se faisoient par les Apostres.
44 Et tous ceux qui croyoient étoient ensemble en un même lieu, & ils avoient toutes choses communes:
45 Et ils vendoient leurs possessions & leurs biens, & les
distribuoient à tous, selon que chacun en avoit besoin.

t *vs.* 24.
u *ch.* 8. 25.
x *ch.* 5. 31.
12 C'est-à-dire, le droit & le pouvoir d'envoyer le S. Esprit, promis par le Pére.
y *Pse.* 110. 1.
z *ch.* 3. 19. & 17. 30.
a *Matth.* 28. 19.
b *ch.* 8. 16. & 10. 48. & 19. 5.
c *ch.* 5. 31. *Marc* 16. 16.
13 C'est-à-dire, à ceux qui viendront après vous.
d *Dan.* 9. 7.
14 Ces mots renferment une restriction aux précedens.
e *ch.* 44.
15 Ces expressions signifient le Sacrement de l'Eucharistie.

16 Ces repas appellez *agapes* que les Chrétiens faisoient ensemble avant que de communier; 1 Cor. 11. 33. f *ch.* 5. 15. g *Joël* 2. 32. 17 La vocation est de l'homme, & du Ministre, la conversion est de Dieu. 1 Cor. 3. 5. 6. 7.

46 Et tous les jours ils persévéroient tous d'un accord dans
le Temple : & rompant le pain de maison en maison, ils
prenoient [16] leur repas avec joye & simplicité de cœur:
47 Louant Dieu, [f] & ayant grace envers tout le peuple.
[g] Et [17] le Seigneur ajoûtoit de jour en jour à l'Eglise des gens
pour être sauvez.

CHAPITRE III.

Le boiteux guéri par saint Pierre & saint Jean, 2. Saint Pierre reproche aux Juifs la mort de J. C. 13. Il leur dit qu'ils l'ont fait par ignorance, 17. Il les exhorte à se repentir, 19. Les temps du rafraîchissement, 30. Tous les Prophetes ont prédit ces temps, 24. J. C. venu pour les Juifs, 26.

1 A trois heures après midi.

ET comme Pierre & Jean montoient ensemble au Temple
à l'heure de la priere, qui étoit [1] à neuf heures;
2 Un certain homme boiteux dès le ventre de sa mére, y
étoit porté, lequel on mettoit tous les jours à la porte du
Temple nommée la Belle, pour demander l'aumône à ceux
qui entroient au Temple.
3 Cet homme voyant Pierre & Jean qui alloient entrer au
Temple, les pria de lui donner l'aumône.
4 Mais Pierre ayant avec Jean arrêté sa vûe sur lui, dit;
Regarde nous.
5 Et il les regardoit attentivement, s'attendant de recevoir
quelque chose d'eux.
6 Mais Pierre lui dit; Je n'ai ni argent, ni or: mais ce que
j'ai, je te le donne; Au Nom de Jésus-Christ [2] le Nazarien
leve toi, & marche.
7 Et l'ayant pris par la main droite, il le leva: & aussi-tôt
les plantes & les chevilles de ses pieds devinrent fermes.
8 [a] Et faisant un saut, il se tint debout, & marcha: & il
entra avec eux au Temple, marchant, & sautant, & louant
Dieu.
9 Et tout le peuple le vit marchant & louant Dieu.
10 Et reconnoissant que c'étoit celui-là même qui étoit assis à la Belle porte du Temple, pour avoir l'aumône, ils furent remplis d'admiration & d'étonnement de ce qui lui
étoit arrivé. 11 Et

2 Les Juifs donnoient par mépris ce nom à J. C. mais les Apostres le lui donnent ici, pour mieux faire voir que c'est au Nom de ce même Jésus de Nazareth, qui avoit éte le mépris & l'aversion de leur Synagogue.
a *Esa.* 35. 6.

11 Et comme le boiteux qui avoit été guéri tenoit par la
main Pierre & Jean, tout le peuple étonné courut à eux au
Portique qu'on appelle de Salomon.
12 Mais Pierre voyant cela, dit au peuple; Hommes Israëlites, pourquoi vous étonnez-vous de ceci? ou pourquoi
avez-vous l'œil arrêté sur nous, comme si par nôtre puissance,
ou par nôtre sainteté nous avions fait marcher cét homme?
13 [b] Le Dieu d'Abraham, & d'Isaac, & de Jacob, le Dieu
de nos péres [c] a glorifié son Fils Jésus, que vous avez livré,
& que vous avez renié devant Pilate, [d] quoi qu'il jugeât qu'il
devoit être délivré.
14 [e] Mais vous avez renié [f] le Saint & le Juste, & vous avez
demandé qu'on vous relâchât un meurtrier;
15 Et avez mis à mort [g] le Prince de vie, [h] lequel Dieu a
ressuscité des morts: [i] dequoi nous sommes témoins.
16 Et par la foi en son Nom, [3] son Nom a raffermi cét
homme que vous voyez & que vous connoissez: la foi, dis-
je, que *nous avons* en lui, a donné à celui-ci cette entiere
disposition de tous ses membres, en la présence de vous tous.
17 Et maintenant, mes fréres, je sai que [k] vous l'avez fait
par ignorance, [4] de même que vos Gouverneurs.
18 Mais [l] Dieu a ainsi accompli les choses qu'il avoit prédites par la bouche [m] de tous ses Prophetes, que le Christ devoit souffrir.
19 [n] Amendez-vous donc, & vous convertissez, [o] afin que
vos péchez soient effacez:
20 [5] Quand les temps de rafraîchissement seront venus [6] par
la présence du Seigneur, & [7] qu'il aura envoyé Jésus-Christ,
qui vous a été auparavant annoncé.
21 [p] *Et* léquel il faut que le Ciel contienne, jusqu'au temps
du rétablissement de toutes les choses que Dieu à prononcées
par la bouche de tous ses saints Prophetes [8] dès le *commencement* du monde.
22 Car Moyse lui-même a dit à nos Péres; [q] Le Seigneur
vôtre

b *ch.* 5. 30. c *ch.* 2. 36. d *Jean* 18. 38. & 19. 4. 12. e *Matth.* 27. 20. *Marc* 15. 11. *Luc* 23. 18. *Jean* 18. 40. f *ch.* 7. 52. & 22. 14. g *ch.* 5. 31. *Héb.* 2. 10. h *ch.* 2. 24. i *ch.* 1. 8. 22. & 2. 32. & 4. 33. & 5. 32. & 10. 41. & 13. 31. 3 C'est-à-dire, sa puissance. k *ch.* 13. 27. *Luc* 19. 42. 44. 1 *Cor.* 2. 8. 4 Il y avoit eu de l'ignorance & de la préoccupation en plusieurs de leurs Magistrats, & en d'autres plus de malice. l *ch.* 2. 23. m *Matth.* 26. 54. *Luc* 24. 26. 27. n *ch.* 2. 38. o *Jean* 3. 35. *Rom.* 8. 1. *Eph.* 1. 7. 5 Ou, *puis que les temps de rafraîchissement*, c'est-à-dire, les temps de la Grace, & les jours du salut, sont venus &c. 6 Gr. *par la face du Seigneur*, ce qui veut dire simplement, par le Seigneur, comme 1 Rois 19. 6. Luc 12. 56. 7 Ou, *qu'il a envoyé*. p *ch.* 1. 11. 8 Gr. *dès les siecles* ou, *dès le monde*. q *ch.* 7. 37. *Deut.* 18. 15.

vôtre Dieu vous suscitera d'entre vos fréres un Prophete tel
que moi: vous l'écouterez dans tout ce qu'il vous dira:
23 Et il arrivera que toute personne qui n'aura point écouté ce Prophete, sera exterminée d'entre le peuple.
24 Et même tous les Prophetes depuis Samuel, & ceux qui
r 2 Sam. 7. 13. l'ont suivi, tout autant qu'il y en a eu qui ont parlé, [r] ont
14. Pse. 2. 6. aussi prédit ces jours.
& 22. 23. 24. &c. 25 Vous étes les enfans des Prophetes, & de l'alliance que
s Gen. 22. 18. Dieu a traittée avec nos Péres, disant à Abraham; [s] Et en
Gal. 3. 8. ta semence seront bénies toutes les familles de la terre.
t ch 13. 46. 26 [t] C'est pour vous premierement que Dieu ayant suscité
Matth. 15. 24. son Fils Jésus, l'a envoyé pour vous bénir, en retirant un
Rom. 15. 8. u ch. 2. 40. chacun de vous [u] de vos méchancetez.

CHAPITRE IV.

Saint Pierre & saint Jean mis en prison, 3. Le nombre des Fidéles augmenté jusques à cinq mille, 4. Il n'y a de salut qu'en J. C. 12. Défenses faites aux Apostres de plus prêcher au Nom du Seigneur Jésus, 18. Obeïr à Dieu plustôt qu'aux hommes, 19. L'Eglise bénit Dieu de la délivrance de Pierre & de Jean, 24. Ils sont tous remplis du St. Esprit, 31. L'union des premiers Chrétiens, 32. Leur charité, 34. Barnabas, 36.

MAis comme ils parloient au peuple, les Sacrificateurs,
a ch. 5. 17. [a] & le Capitaine du Temple, & les Sadducéens sur-
& 23. 6. vinrent,
2 Etant en grande peine de ce qu'ils enseignoient le peuple,
b 1 Cor. 15. & qu'ils annonçoient la résurrection des morts [b] au Nom de
21. 22. Jésus.
3 Et les ayant fait arrêter, ils les mirent en prison jusqu'au
lendemain: parce qu'il étoit déja tard.
4 Et plusieurs de ceux qui avoient ouï la parole, crûrent:
c ch. 2. 41. [c] & le nombre des personnes fut d'environ cinq mille.
5 Or il arriva que le lendemain leurs Gouverneurs, & les
Anciens, & les Scribes, s'assemblerent à Jérusalem:
6 Et Anne souverain Sacrificateur, & Caïphe, & Jean, &
Alexandre, & tous ceux qui étoient de la race Sacerdotale.
7 Et les ayant fait comparoître devant eux, ils leur demanderent; Par quelle puissance, ou au Nom de qui avez-vous
fait ceci?

8 Alors

8 Alors Pierre étant rempli du Saint Esprit, leur dit; Gouverneurs du peuple, & vous Anciens d'Israël;
9 Puis que nous sommes recherchez aujourd'hui pour un
bien qui a été fait en la personne d'un impotent, pour savoir
comment il a été guéri:
10 Sachez vous tous, & tout le peuple d'Israël, que ç'a
été au Nom de Jésus-Christ le Nazarien, que vous avez crucifié, & [d] que Dieu a ressuscité des morts: c'est, *dis-je*, en
vertu de son Nom, que cét homme qui paroît ici devant
vous, a été guéri.
11 [e] C'est cette Pierre, rejettée par vous les Edifians, qui
a été faite le principal du coin.
12 Et il n'y a point de salut en aucun autre: car aussi [f] il
n'y a point sous le ciel [1] d'autre Nom qui soit donné aux
hommes par lequel il nous faille être sauvez.
13 Alors eux voyant la hardiesse de Pierre & de Jean, &
sachant aussi qu'ils étoient des hommes [2] sans lettres, & [3]
idiots, s'en étonnoient, & ils reconnoissoient bien qu'ils
avoient été avec Jésus.
14 Et voyant que l'homme qui avoit été guéri, étoit présent avec eux, ils ne pouvoient contredire en rien.
15 Alors leur ayant commandé de sortir hors du Conseil,
ils conféroient entr'eux:
16 Disant; que ferons-nous à ces gens? car il est connu à
tous les habitans de Jérusalem, qu'un miracle a été fait par
eux, & cela est si évident que nous ne le pouvons nier.
17 Mais afin qu'il ne soit plus divulgué parmi le peuple,
défendons leur avec menaces expresses, qu'ils n'ayent plus
à parler en ce Nom à homme vivant.
18 Les ayant donc appellez, ils leur commanderent de ne
parler ni enseigner plus en aucune maniere au Nom de Jésus.
19 Mais Pierre & Jean répondant, leur dirent; Jugez [g] s'il
est juste devant Dieu [4] de vous obeïr plustôt qu'à Dieu.
20 Car nous ne pouvons que nous ne disions les choses que
nous avons vûes & ouïes.
21 Alors ils les relâcherent avec menaces, ne trouvant point
com-

d *ch.* 2. 24.
e *Pse.* 118. 22. *Esa.* 28. 16. *Matth.* 21. 42. *Marc* 12. 10. *Luc* 20. 17. *Rom.* 9. 33. 1 *Pier.* 2. 7.
f *Matth.* 1. 21. *Jean* 6. 86. & 14. 6. *Rom.* 3. 24. 1 *Tim.* 2. 5. *Héb.* 13. 8. 1 *Jean* 5. 1. 2.
1 C'est-à-dire, d'autre personne, ni d'autre moyen.
2 Sans étude.
3 C'est-à-dire, des hommes grossiers.
g *ch.* 5. 29. *Ester* 3. 2. *Dan.* 3. 16. 18. 28. 2 *Macc.* 7. 30.
4 C'étoient pourtant leurs Magistrats souverains, dans les choses qui concernoient leur religion; mais les défenses ni les commandemens des hommes ne font rien, dès qu'ils ordonnent ou défendent le contraire de ce que Dieu a ou défendu, ou commandé.
h *Amos* 3. 8.

comment ils les pourroient punir, à cause du peuple, parce
que tous glorifioient Dieu de ce qui avoit été fait.
22 Car l'homme en qui avoit été faite cette miraculeuse
guérison avoit plus de quarante ans.
23 Or après qu'on les eut laissez aller, ils vinrent vers les
leurs, & les raconterent tout ce que les principaux Sacrificateurs & les Anciens leur avoient dit.
24 Ce qu'ayant entendu, ils éleverent tous ensemble la voix
à Dieu, & dirent; Seigneur, tu és le Dieu qui as fait le Ciel
& la terre, la mer, & toutes les choses qui y sont:
25 Et qui as dit par la bouche de David ton serviteur; [i] Pourquoi ont frémi [5] les Nations, & [6] les peuples ont-ils projetté
des choses vaines?
26 Les Rois de la terre se sont trouvez en personne, & les
Princes se sont joints ensemble contre le Seigneur, & contre son Christ.
27 Car de vrai, contre ton saint Fils Jésus, [k] que tu as
oinct, se sont assemblez Hérode & Ponce Pilate, avec les
Gentils, & les peuples d'Israël,
28 [l] Pour faire toutes les choses que ta main & ton conseil
avoient auparavant déterminé qui seroient faites.
29 Maintenant donc, Seigneur, regarde à leurs menaces,
& donne à tes serviteurs d'annoncer ta parole avec toute
hardiesse:
30 En étendant ta main afin qu'il se fasse des guérisons, &
des prodiges, & des merveilles, par le Nom de ton saint
Fils Jesus.
31 Et quand ils eurent prié, le lieu où ils étoient assemblez
trembla; & ils furent tous remplis du Saint Esprit; & ils
annonçoient la parole de Dieu avec hardiesse.
32 [m] Or la multitude de ceux qui croyoient, n'étoit qu'un
cœur & qu'une ame: & nul ne disoit d'aucune des choses
qu'il possédoit, qu'elle fût à lui; mais toutes choses étoient
communes entr'eux.
33 Aussi les Apostres rendoient témoignage avec une grande force à la résurrection du Seigneur Jésus: & une grande
grace étoit sur eux tous.

5 Ou, *les Gentils*, savoir Pilate, & les soldats Romains. vs. 27.
6 Les Juifs, vs. 27.
i *Psi.* 2. 1.
k *ch.* 10. 38. *Esa.* 61. 1. *Dan.* 9. 24. *Luc* 4. 18.
l *ch.* 2. 23. & 13. 27. 29. *Luc* 24. 26. 27.
m *ch.* 2. 34.

34 Car

34 Car il n'y avoit entr'eux aucune personne néceſſiteuſe,
parce que tous ceux qui poſſédoient des champs ou des maiſons, les vendoient, & ils apportoient le prix des choſes
vendues;

35 Et le mettoient aux pieds des Apoſtres; & il étoit di-
ſtribué à chacun ſelon qu'il en avoit beſoin.

36 Or Joſes, qui par les Apoſtres fut ſurnommé Barnabas,
c'eſt-à-dire, fils de conſolation, Lévite, & Cyprien de nation,

37 Ayant une poſſeſſion, la vendit: & en apporta le prix,
& le mit aux pieds des Apoſtres.

CHAPITRE V.

La mort d'Ananias, 5. Et de Saphira, 10. Les malades portez dans les rues au devant des Apoſtres, 15. Les Apoſtres mis en priſon, 11. Et délivrez par un Ange, 19. Ils prèchent dans le Temple, 20. Diſcours de ſaint Pierre, 29. Gamaliel, 34. Les Apoſtres, ſe retirent de devant le Conſeil tout joyeux de ſouffrir pour J. C. 41.

MAis un certain homme nommé Ananias, ayant avec
Saphira ſa femme, vendu une poſſeſſion:

2 Retint une partie du prix, du conſentement de ſa femme, & en apporta quelque partie, & la mit aux pieds des
Apoſtres.

3 Mais Pierre lui dit; Ananias, pourquoi ſatan a-t-il rempli ton cœur pour mentir au Saint Eſprit, & pour ſouſtraire
une partie du prix de la poſſeſſion?

4 Si tu l'euſſes gardée, ne te demeuroit-elle pas? & étant
vendue, n'étoit-elle pas en ta puiſſance? qu'y avoit-il pourquoi tu dûſſes mettre cela en ton cœur? [1] tu n'as pas menti
aux hommes, mais à Dieu.

[1] Ton menſonge va plus contre Dieu, que contre nous.

5 Et Ananias entendant ces paroles, tomba, & rendit l'eſprit: ce qui cauſa une grande crainte à tous ceux qui en entendirent parler.

6 Et quelques jeunes hommes ſe levant le prirent, & l'emporterent dehors, & l'enterrerent.

7 Et il arriva environ trois heures après, que ſa femme
auſſi, ne ſachant point ce qui étoit arrivé, entra:

8 Et Pierre prenant la parole, lui dit; Dis-moi, avez-vous
autant vendu le champ? & elle dit; Oui, autant.

9 Alors Pierre lui dit; Pourquoi avez-vous fait complot
entre vous de tenter l'esprit du Seigneur? voilà à la porte les
pieds de ceux qui ont enterré ton mari, & ils t'emporteront.
10 Et au même instant elle tomba à ses pieds, & rendit
l'esprit. Et quand les jeunes hommes furent entrez, ils la
trouverent morte, & ils l'emporterent dehors, & l'enterrerent auprès de son mari.
11 Et cela donna une grande crainte à toute l'Eglise, & à
tous ceux qui entendoient ces choses.
12 Et beaucoup de prodiges & de miracles se faisoient parmi le peuple par les mains des Apostres; & ils étoient tous
a ch. 3. 11. d'un accord [a] au portique de Salomon.
b ch. 2. 47. 13 Cependant nul des autres n'osoit se joindre à eux, [b] mais
le peuple les louoit hautement.
14 Et le nombre de ceux qui croyoient au Seigneur, tant
d'hommes que de femmes, se multiplioit de plus en plus,
15 Et on apportoit les malades dans les rues, & on les mettoit
sur de petits lits & sur des couchettes, afin que quand Pierre
viendroit, au moins son ombre passât sur quelqu'un d'eux.
16 Le peuple aussi des villes voisines s'assembloit à Jérusalem, apportant les malades, & ceux qui étoient tourmentez
des Esprits immondes: & tous étoient guéris.
17 Alors le souverain Sacrificateur se leva, lui & tous ceux
c ch. 4. 1. qui étoient avec lui, [c] qui étoit la secte des Sadducéens, &
ils furent remplis d'envie:
18 Et mettant les mains sur les Apostres, ils les menerent
dans la prison publique.
19 Mais l'Ange du Seigneur ouvrit de nuit les portes de la
prison, & les ayant mis dehors, il leur dit:
20 Allez, & vous présentant dans le Temple, annoncez
au peuple toutes les paroles de cette vie.
21 Ce qu'ayant entendu, ils entrerent dés le point du jour,
dans le Temple, & ils enseignoient. Mais le souverain Sacrificateur étant venu, & ceux qui étoient avec lui, ils assemblerent le Conseil, & tous les Anciens des enfans d'Israël, & ils envoyerent à la prison pour les faire amener.

22 Mais quand les sergens y furent venus, ils ne les trouverent point dans la prison: ainsi ils s'en retournerent, & ils
rapporterent;

23 Disant; Nous avons bien trouvé la prison fermée avec
toute sûreté, & les gardes aussi qui étoient devant les portes; mais aprés l'avoir ouverte, nous n'avons trouvé personne dedans.

24 Et quand le *souverain* Sacrificateur, [d] & le Capitaine du d ch. 4. 1.
Temple, & les principaux Sacrificateurs eurent ouï ces paroles, ils furent fort en peine sur leur sujet, ne sachant ce
que cela deviendroit.

25 Mais quelqu'un survint qui leur fit rapport, disant; Voilà, les hommes que vous aviez mis en prison, sont au Temple, & se tenant-là ils enseignent le peuple.

26 Alors le Capitaine du Temple avec les sergens s'en alla,
& il les amena sans violence: car ils craignoient d'être lapidez par le peuple.

27 Et les ayant amenez, ils les presenterent au Conseil. Et
le souverain Sacrificateur les interrogea,

28 Disant; [e] Ne vous avons-nous pas défendu expressément e ch. 4. 18.
de n'enseigner point en ce Nom? & cependant voici, vous
avez rempli Jérusalem de vôtre doctrine, & vous voulez faire venir sur nous le sang de cét homme.

29 Alors Pierre & les *autres* Apôtres, répondant, dirent;
[f] Il faut plustôt obéir à Dieu qu'aux hommes. f ch. 4. 19.

30 [g] Le Dieu de nos Péres a ressuscité Jésus, que vous a- g ch. 2. 24.
vez fait mourir, le pendant au bois. & 3. 15.

31 [h] Et Dieu l'a élevé par sa puissance pour [i] Prince & Sau- h ch. 2. 33.
veur, afin de donner [k] à Israël la repentance & la rémission i ch. 3. 15. Héb. 2. 10.
des péchez. & 12. 2.

32 [l] Et nous lui sommes témoins de ce que nous disons, [m] k ch. 2. 38.
& le Saint Esprit que Dieu a donné à ceux qui lui obeïssent, & 3. 19. & 11. 18.
en est aussi témoin. l ch. 3. 15.

33 Mais eux ayant entendu ces choses, grinçoient les dents, m Jean 15. 26. 27.
& consultoient pour les faire mourir.

34 Mais un Pharisien nommé [n] Gamaliel, Docteur de la n ch. 22. 3.

Loi, honoré de tout le peuple, ſe levant dans le Conſeil,
commanda que les Apoſtres ſe retiraſſent dehors pour un peu
de temps.

35 Puis il leur dit; Hommes Iſraëlites, prenez garde à ce
que vous devrez faire touchant ces gens.

36 Car avant ce temps-ci o s'eſt levé [2] Theudas, ſe diſant
être quelque choſe, auquel ſe joignit un nombre d'hommes
d'environ quatre cens; mais il à été défait, & tous ceux qui
s'étoient joints à lui ont été diſſipez & réduits à rien.

37 Après lui ſe leva Judas le Galiléen aux jours du dénom-
brement, & il attira à lui un grand peuple; mais celui-ci
auſſi eſt péri, & tous ceux qui s'étoient joints à lui ont été
diſperſez.

38 Maintenant donc je vous dis; Ne continuez plus vos
pourſuites contre ces hommes, & laiſſez-les: car ſi cette en-
trepriſe, ou cette œuvre eſt des hommes, elle ſera détruite:

39 Mais ſi elle eſt de Dieu, vous ne la pourrez détruire: &
prenez garde que même vous ne ſoyez trouvez faire la guerre
à Dieu. Et ils furent de ſon avis.

40 Puis ayant appellé les Apoſtres, ils leur commanderent,
après les avoir fouettez, de ne parler point au Nom de Jéſus; après quoi ils les laiſſerent aller.

41 Et *les Apoſtres* ſe retirerent de devant le Conſeil, p joyeux
d'avoir été rendus dignes de ſouffrir opprobre pour le Nom de
Jéſus.

42 q Et ils ne ceſſoient tous les jours d'enſeigner, & d'annoncer Jéſus-Chriſt dans le Temple, & de maiſon en maiſon.

o *ch.* 21. 38.
2 C'étoit un impoſteur qui ſe vantoit de faire paſſer le Jourdain à pied ſec: Voyez Joſéphe dans ſes Antiq. Judaïques, l. 20. ch. 2.

p *Matth.* 5. 11. 12. *Phil.* 1. 29. *Jacq.* 1. 2. 1 *Pier.* 4. 13.
q *ch.* 2. 46.

CHAPITRE VI.

Diſpute des Grecs & des Hébreux, 1. *Election des Diacres,* 6. *Synagogues des Libertins des Cyréniens &c.* 9. *Saint Eſtienne accuſé devant le Conſeil,* 12. *Son viſage reſplendit comme la face d'un Ange,* 15.

ET en ces jours-là, comme les diſciples ſe multiplioient,
il ſe leva un murmure [1] des Grecs contre les Hébreux,

sur

1 Ce mot ne ſignifie pas ici des Gentils, qui ſont ſouvent déſignez par le nom général de Grecs, *Hellénes*, mais c'étoient de ces familles Juives, qui étoient Originaires du païs de Grece, appellées ici *Helleniſtes*; nom qui déſigne des Gens, dont le langage ordinaire eſt le Grec.

ſur ce que leurs veuves étoient mépriſées [2] dans le ſervice ordinaire.

[2] Ou, *dans l'adminiſtration de tous les jours.*

2 C'eſt pourquoi les Douze ayant appellé la multitude des
diſciples, dirent; Il n'eſt pas raiſonnable que nous laiſſions la
parole de Dieu [3] pour ſervir aux tables.

[3] Pour recevoir & adminiſtrer les deniers qui étoient donnez pour les pauvres.

3 Regardez donc, mes Fréres, de choiſir ſept hommes
d'entre vous, de qui on ait bon témoignage, pleins du Saint
Eſprit & de ſageſſe, auſquels nous commettions cette affaire.
4 Et pour nous, [a] nous continuerons de vaquer à la priere,
& à l'adminiſtration de la parole.

a *ch.* 1. 14.

5 Et ce diſcours plût à toute la compagnie qui étoit là pré-
ſente; & ils élûrent Eſtienne, homme plein de foi & du
Saint Eſprit, & [b] Philippe, & Prochore, & Nicanor, &
Timon, & Parmenas, & Nicolas, proſélyte Antiochien.

b *ch.* 8. 26. & 21. 8.

6 Et ils les préſenterent aux Apoſtres: qui après avoir prié,
leur impoſerent les mains.
7 Et la parole de Dieu croiſſoit, & le nombre des diſciples
ſe multiplioit beaucoup dans Jéruſalem: un grand nombre
auſſi de Sacrificateurs obéïſſoit à la foi.
8 Or Eſtienne plein de foi & de puiſſance, faiſoit de grands
miracles & de grands prodiges parmi le peuple.
9 Et quelques-uns de la Synagogue appellée *la Synagogue*
[4] des Libertins, & *de celle* des Cyréniens, & *de celle* des
Alexandrins, & de ceux qui *étoient* de Cilicie, & d'Aſie,
ſe leverent pour diſputer contre Eſtienne.

[4] Ou, *des affranchis.*

10 Mais ils ne pouvoient réſiſter à la ſageſſe & à l'Eſprit
par lequel il parloit.
11 Alors ils ſubornerent des hommes, qui diſoient; Nous
lui avons ouï proférer des paroles blaſphématoires contre
Moyſe & contre Dieu.
12 Et ils ſoûleverent le peuple, & les Anciens, & les Scribes, & ſe jettant ſur lui, ils l'enleverent, & l'amenerent dans
le Conſeil;
13 Et ils préſenterent de faux témoins, qui diſoient; [c] Cét
homme ne ceſſe de proférer des paroles blaſphématoires
contre ce ſaint Lieu, & *contre* la Loi.

c *Jér.* 26. 11. *Amos* 7. 10.

14 Car nous lui avons ouï dire, que ce Jésus le Nazarien
détruira ce Lieu-ci, & qu'il changera les ordonnances que
Moyse nous à données.

15 Et comme tous ceux qui étoient assis dans le Conseil
avoient les yeux arrêtez sur lui; ils virent son visage [5] comme le visage d'un Ange.

5 Eclatant comme celui d'un Ange, qui paroît sous une forme humaine: Matth. 28. 3.

CHAPITRE VII.

Saint Estienne plaide sa cause devant le Conseil, 2—50. Il reproche aux Juifs leur obstination, 51. Et leurs cruautez, 52. Ils le lapident, 58. Et il prie pour eux, 60.

ALors le souverain Sacrificateur *lui* dit; Ces choses sont-
elles ainsi?

2 Et *Estienne* répondit; Hommes fréres & péres, écoutez; Le Dieu de gloire apparût à nôtre pére Abraham, du
temps qu'il étoit [a] en Mésopotamie, avant qu'il demeurât à
Carran:

3 [b] Et lui dit; Sors de ton païs, & d'avec ta parenté, &
viens au païs que je te montrerai.

4 Il sortit donc du païs des Caldéens, & alla demeurer à
Carran: & de là, aprés que son pére fut mort, *Dieu* le fit
passer en ce païs où vous habitez maintenant.

5 Et il ne lui donna aucun héritage en ce païs, non pas
même pour asseoir le pied, quoi qu'il lui eût promis de lui
donner en possession, & à sa postérité aprés lui, bien qu'il
n'eût point d'enfant.

6 Et Dieu lui parla ainsi; [c] Ta postérité séjournera [1] quatre cens ans dans une terre étrangere, & là on l'asservira,
& on la mal-traitera.

7 Mais je jugerai la nation à laquelle ils auront été asservis,
dit Dieu: & aprés cela ils sortiront, & me serviront en ce
lieu-ci.

8 Puis il lui donna [d] l'Alliance de la Circoncision, [e] & aprés
cela *Abraham* engendra Isaac, lequel il circoncit le huitiéme
jour: [f] & Isaac engendra Jacob; [g] & Jacob les douze Patriarches.

9 [h] Et les Patriarches étant pleins d'envie, vendirent Joseph
pour être mené en Egypte: mais Dieu étoit avec lui.

a Gen. 11. 28. 31.
b Gen. 12. 1.
c Gen. 15. 13. 16.
1 Savoir, à compter de la naissance d'Isaac, jusqu'à la sortie d'Egypte.
d Gen. 17. 9.
e Gen. 21. 2.
f Gen. 25. 24.
g Gen. 29. 31. et 30. 5. et 35. 23.
h Gen. 37. 4. 28.

10 Qui

10 Qui le délivra de toutes ses tribulations, & lui donna
grace & sagesse devant Pharaon, Roi d'Egypte, qui [i] l'établit gouverneur sur l'Egypte, & *sur* toute sa maison.
11 Or il survint dans tout le païs d'Egypte & en Canaän u-
ne famine & une grande angoisse: tellement que nos péres
ne pouvoient trouver des vivres.
12 Mais [k] quand Jacob eut ouï dire qu'il y avoit du blé en
Egypte, il y envoya pour la premiere fois nos péres;
13 Et [l] *y étant retournez* une seconde fois, Joseph fut reconnu par ses fréres, & la race de Joseph fut déclarée à
Pharaon.
14 Alors Joseph envoya querir Jacob son pére, & toute sa
famille, [m] qui étoient [2] soixante-quinze personnes.
15 [n] Jacob donc descendit en Egypte, [o] & il y mourut, lui
& nos péres,
16 [p] Qui furent transportez à Sichem, & mis dans le sépulcre [q] qu'Abraham avoit achetté à prix d'argent [r] des fils d'Em-
mor, *fils* de Sichem.
17 Mais comme [s] le temps de la promesse pour laquelle Dieu
avoit juré à Abraham, s'approchoit, [t] le peuple s'accrût &
se multiplia en Egypte.
18 Jusqu'à ce qu'il se leva en Egypte [3] un autre Roi, qui
n'avoit point connu Joseph:
19 [u] Et qui usant de ruse contre nôtre nation, mal-traitta
nos péres, jusqu'à leur faire exposer leurs enfans à l'abandon,
afin d'en faire faillir la race.
20 [x] En ce temps-là naquit Moyse, qui fut divinement beau;
& il fut nourri trois mois dans la maison de son pére.
21 [y] Mais ayant été exposé à l'abandon, la fille de Pharaon
l'emporta, & le nourrit pour soi comme son fils.
22 Et Moyse fut instruit dans toute la sagesse des Egyptiens:
& il étoit puissant en paroles & en actions.
23 Mais quand il fut parvenu à l'âge de quarante ans, il
lui monta au cœur d'aller visiter ses fréres, les enfans d'Israël.
24 [z] Et voyant un d'eux à qui on faisoit tort, il le défendit
& vengea celui qui étoit outragé, en tuant l'Egyptien.

25 Or

i *Gen.* 41. 37.
k *Gen.* 42. 1.
l *Gen.* 45. 1. 3.
m *Gen.* 46. 27. *Exod.* 1. 5. *Deut.* 10. 22.
2 Moyse n'en nomme que 70, mais S. Estienne parle de toute la parenté ou famille que Jacob emmena en Egypte: quoi qu'il en soit, ce sont deux dénombremens un peu differens.
n *Gen.* 46. 5.
o *Gen.* 49. 33.
p *Exod.* 13. 19. *Jos.* 24. 32.
q *Gen.* 23. 13.
r *Gen.* 33. 19.
s *Gen.* 15. 14. *&* 22. 26.
t *Exod.* 1. 7.
3 C'est-à-dire, un Roi étranger.
u *Exod.* 1. 9. 10.
x *Exod.* 2. 2. *Héb.* 11. 23.
y *Exod.* 2. 7. *Héb.* 11. 24.
z *Exod.* 2. 11.

25 Or il croyoit que ses fréres entendroient *par là* que
Dieu leur donneroit délivrance par sa main; mais ils ne l'entendirent point.

a *Exod.* 2.13.

26 [a] Et le jour suivant il se trouva entr'eux comme ils se
querelloient, & il tàcha de les mettre d'accord, *en leur* disant; Hommes, vous étes fréres, pourquoi vous faites-vous
tort l'un à l'autre?
27 Mais celui qui faisoit tort à son prochain, le rebuta,
lui disant; Qui t'a établi prince & juge sur nous?
28 Me veux-tu tuer, comme tu tuas hier l'Egyptien?
29 Alors Moyse s'enfuït sur un tel discours, & fut étranger au païs de Madian, où il engendra deux fils.

b *Exod.* 3.2.

4 C'étoit le Fils même de Dieu, designé par ce nom d'Ange, qui veut dire un *Envoyé*, voyez les vs. 31. & 38.

30 Et quarante ans étant accomplis, [b] [4] l'Ange du Seigneur
lui apparût au desert de la montagne de Sinaï, dans une flamme de feu qui étoit en un buisson.
31 Et quand Moyse le vit, il fut étonné de la vision, &
comme il approchoit pour considérer ce que c'étoit, la
voix [5] du Seigneur lui fut adressée,

5 Celui qui a été appellé du simple nom d'Ange, est appellé ici *le Seigneur*.

32 *Disant*; Je suis le Dieu de tes péres, le Dieu d'Abraham, & le Dieu d'Isaac, & le Dieu de Jacob. Et Moyse
tout tremblant n'osoit considérer ce que c'étoit.

c *Jos.* 5. 15.

33 Et le Seigneur lui dit; [c] Déchausse les souliers de tes
pieds: car le lieu où tu és, est une terre sainte.
34 J'ai vû, j'ai vû l'affliction de mon peuple qui est en E-
gypte, & j'ai ouï leur gémissement, & je suis descendu pour
les délivrer: maintenant donc viens; je t'envoyerai en Egypte.

d *Exod. ch.* 7. & 8. & 9. & 10. & 11. & 14. & 16. 1.

e *ch.* 3. 22. *Deut.* 18. 15. 18.

35 Ce Moyse, lequel ils avoient renié, en disant; Qui t'a
établi prince & juge? c'est celui que Dieu envoya pour prince & libérateur par la main de l'Ange qui lui étoit apparu au
buisson.
36 [d] C'est celui qui les tira dehors, en faisant des miracles
& des prodiges dans la mer Rouge, & au desert par quarante ans.
37 C'est ce Moyse qui a dit aux enfans d'Israël; [e] Le Seigneur vôtre Dieu vous suscitera un Prophete tel que moi d'entre vos fréres: Ecoutez-le.

38 [f] C'est

38 [f] C'est celui [6] qui fut en l'assemblée au desert avec l'Ange
qui parloit à lui sur la montagne de Sinaï, & qui fut avec nos
péres, & reçut les divines paroles vives pour nous les donner.
39 Auquel nos péres ne voulurent point obéïr, mais ils le
rejetterent, & se détournerent en leur cœur *pour retourner* [7] en Egypte,
40 Disant à Aaron; [g] Fai nous des Dieux qui aillent devant nous: car nous ne savons point ce qui est arrivé à ce
Moyse qui nous a amenez hors du païs d'Egypte.
41 Ils firent donc en ces jours-là un veau, & ils offrirent
des sacrifices à l'idole, & se réjouïrent dans les œuvres de
leurs mains.
42 [h] C'est pourquoi aussi Dieu se détourna, & les abandonna à servir l'armée du ciel, ainsi qu'il est écrit au Livre des
Prophétes; [i] Maison d'Israël, [8] m'avez-vous offert des sacrifices & des oblations durant quarante ans au desert;
43 Mais vous avez porté [9] le tabernacle de Moloc, & l'étoile de vôtre Dieu [10] Remphan: qui sont des figures que vous
avez faites pour les adorer: c'est pourquoi je vous transporterai au delà de Babylone.
44 Le Tabernacle du témoignage a été avec nos péres au
desert, comme avoit ordonné celui qui avoit dit à Moyse,
[k] de le faire selon le modele qu'il en avoit vû.
45 [l] Et nos péres ayant reçu *ce Tabernacle*, ils le porterent
sous la conduite de Josué au païs qui étoit possédé par les
nations que Dieu chassa de devant nos péres, *où il demeura*
jusqu'aux jours de David:
46 [m] Qui trouva grace devant Dieu, & qui demanda de
pouvoir dresser un Tabernacle au Dieu de Jacob.
47 [n] Et Salomon lui bâtit une maison.
48 [o] Mais le Souverain n'habite point dans des temples faits
de main, comme dit le Prophéte;

f *Exod.* 19. 3.
6 C'est-à-dire, qui donna la Loi au peuple assemblé au pied du mont de Sina.
7 Les mots suivans expliquent le sens de la phrase de l'Original de ce verset, où il y a simplement, *ils se détournerent de leurs cœurs en Egypte*, pour dire, dans les manieres idolatres d'Egypte.
g *Exod.* 32. 1.
h *Osée.* 8. 11. *Rom.* 1. 23. 24. 28.
i *Amos* 5. 25.
8 Ils lui en avoient offert, Exod. 24. 4. 5. & Nomb. 7. 3. mais cela veut dire, qu'ils n'avoient pas sacrifié à lui seul: Voyez de semblables phrases, où le mot *seul*, *ou seulement* est sousentendu, Deut. 31. 21. Jos. 24. 14. Matth. 5. 46. &c.
9 C'étoit ou de ces petites chasses d'argent où les Payens mettoient leurs idoles ch. 19. 24. Esa. 46. 1. 7. ou de ces sortes de pavillons dont il est parlé 2 Rois 23. 7.
10 Appellé dans Amos 5. 25. *Chiun*, que les 70. Interpretes ont traduit par le mot *Rephan*, que l'on croit avoir été l'idole de *Saturne*.
k *Exod.* 25. 40. *Héb.* 8. 5.
l *Jos.* 3. 14.
m 1 *Sam.* 16. 13. 2 *Sam.* 7. 2. *Pse.* 132. 4.
n 1 *Rois* 6. 1. 1 *Chron.* 17. 12.
o *ch.* 17. 24. 1 *Rois* 8. 27. 2 *Chron.* 2. 6.

49 [p] Le Ciel est mon trône, & la terre est le marchepied
de mes pieds: quelle maison me bâtirez-vous, dit le Seigneur, ou quel est le lieu de mon repos?
50 [q] Ma main n'a-t-elle pas fait toutes ces choses?
51 Gens [r] de col roide, & incirconcis de cœur & d'oreilles, vous vous obstinez toûjours contre le Saint Esprit: [s] vous
faites comme vos péres ont fait.
52 [t] Lequel des Prophetes vos péres n'ont-ils point persécuté? ils ont même tué ceux qui ont prédit l'avenement du
Juste, duquel maintenant vous avez été les traîtres & les
meurtriers,
53 Vous [u] qui avez reçu la Loi [x] par [11] la disposition des
Anges, & qui ne l'avez point gardée.
54 Eux entendant ces choses, crevoient de dépit en leurs
cœurs, & grinçoient les dents contre lui.
55 Mais lui étant rempli du Saint Esprit, & ayant les yeux
attachez au Ciel, vit la gloire de Dieu, & Jésus étant à la
droite de Dieu.
56 Et il dit, Voici, je vois les Cieux ouverts, & le Fils
de l'homme étant à la droite de Dieu.
57 Alors ils s'écrierent à haute voix, & boucherent leurs o-
reilles, & tous d'un accord se jetterent sur lui.
58 [12] Et l'ayant tiré hors de la ville, ils le lapiderent: [y] &
les témoins mirent leurs vêtemens aux pieds d'un jenne homme nommé Saul.
59 Et ils lapidoient Estienne, [13] qui prioit & disoit: [z] Seigneur Jésus, reçoi mon esprit.
60 Et s'étant mis à genoux, il cria à haute voix: [a] Seigneur,
[14] ne leur impute point ce péché: & quand il eut dit cela,
il s'endormit.

p *Esa.* 66. 1. q *ch.* 17. 27. r *Exod.* 33. 3. & 34. 9. *Deut.* 9. 6. 13. *Néh.* 9. 16. s 2 *Rois* 17. 14. *Mal.* 3. 7. t *Amos* 5. 10. *Matth.* 23. 29. 30. u *Exod.* 13. 3. *&c.* & 20. 2. x *Deut.* 33. 2. *Gal.* 3. 19. *Heb.* 2. 2.

11 Ou, *parmi les rangs des Anges*; disposez & arrangez autour de Dieu, comme les premiers Ministres des Rois le sont auprès de leurs personnes, principalement dans les occasions où doit paroître la Majesté Royale.

12 Tout ce verset fait voir qu'on y observa une forme juridique.

y *Deut.* 17. 7.

13 L'invocation de S. Estienne à J. C. fait voir qu'il le reconnoissoit pour Dieu; car ce n'est qu'entre les mains de Dieu qu'un Fidele mourant remet son esprit. z *Ps.* 31. 6. *Luc* 23. 46. 2 *Tim.* 1. 12. a *Matth.* 5. 44. *Luc* 23. 34. 2 *Tim.* 4. 86.

14 Il n'y a ainsi que Dieu à qui il appartienne d'imputer, ou de ne pas imputer les crimes à ceux qui les commettent.

CHAPITRE VIII.

Persécution dans Jérusalem, 1. Estienne enseveli, 2. Fureur de Saul contre l'Eglise, 3. Philippe prêche dans Samarie, 4. Simon le magicien, 9. Pierre & Jean envoyez à Samarie, 14. L'Eunuque de la Reine Candace, 27. Son Baptême, 38.

Or

OR [a] Saul étoit consentant à la mort d'Estienne; & en ce temps-là il se fit une grande persécution contre l'Eglise qui étoit à Jérusalem, [b] & tous furent épars dans les quartiers de la Judée, & de la Samarie; [1] horsmis les Apostres.

a ch. 22. 20.

b ch. 11. 19.

1 Dieu les retenoit encore à Jérusalem & dans le reste de la Judée.

2 Et quelques hommes craignans Dieu emporterent Estienne pour l'ensévelir, & menerent un grand deuil sur lui.

3 Mais [c] Saul ravageoit l'Eglise, entrant dans toutes les maisons; & traînant par force hommes & femmes, il les mettoit en prison.

c ch. 22. 4.

4 [d] Ceux donc qui furent épars [e] alloient çà & là annonçant la parole de Dieu.

d vs. 1. & ch. 11. 19.

e Matth. 10. 23.

5 Et [2] Philippe étant descendu en une ville de Samarie, leur prêcha Christ.

2 C'étoit le diacre de ce nom, ch. 6. 5.

6 Et les troupes étoient toutes ensemble attentives à ce que Philippe disoit, l'écoutant, & voyant les miracles qu'il faisoit.

7 Car les esprits immondes sortoient, en criant à haute voix, hors de plusieurs qui en étoient possédez, & beaucoup d'impotens & de boiteux furent guéris.

8 Ce qui causa une grande joye dans cette ville-là.

9 Or il y avoit auparavant dans la ville un homme nommé Simon, qui exerçoit l'art d'enchanteur, & [3] ensorceloit le peuple de Samarie, se disant être quelque grand personnage;

3 Ou, il ravissoit comme hors de lui-même le peuple &c. car c'est là proprement ce que signifie le terme de l'Original, comme il a été traduit dans le vs. 13.

10 Auquel tous étoient attentifs, depuis le plus petit jusques au plus grand, disant; Celui-ci est la vertu de Dieu, la grande.

11 Et ils étoient attachez à lui, parce que depuis longtemps il leur avoit ensorcelé l'esprit par ses enchantemens.

12 Mais quand ils eurent crû ce que Philippe leur annonçoit touchant le Royaume de Dieu, & le Nom de Jésus-Christ, tant hommes que femmes furent baptisez.

13 Et Simon crut aussi lui-même, & après avoir été baptisé, il ne bougeoit d'auprès de Philippe: & voyant les prodiges & les grands miracles qui se faisoient, il étoit comme ravi hors de lui-même.

14 Or quand les Apostres qui étoient à Jérusalem, eurent entendu que la Samarie avoit reçû la parole de Dieu, ils leur envoyerent Pierre & Jean:

15 Qui y étant descendus prierent pour eux, afin qu'ils re-
çussent le Saint Esprit:
16 Car il n'étoit pas encore descendu sur aucun d'eux,
mais seulement ils étoient baptisez au Nom du Seigneur Jésus;
17 Puis ils leur imposerent les mains, & ils reçurent le Saint
Esprit.
18 Alors Simon ayant vû que le Saint Esprit étoit donné
par l'imposition des mains des Apostres, il leur présenta de
l'argent,
19 En leur disant; Donnez-moi aussi cette puissance, que
tous ceux à qui j'imposerai les mains reçoivent le Saint Esprit.
20 Mais Pierre lui dit; Que ton argent périsse avec toi,
puis que tu as estimé que le don de Dieu, s'acquiere avec
de l'argent.
21 Tu n'as point de part ni d'héritage en cette affaire: car
ton cœur n'est point droit devant Dieu.
22 Repens-toi donc de cette tienne méchanceté, & prie
Dieu, afin que s'il est possible, la penséede ton cœur te soit
pardonnée.
23 Car je vous que tu és dans un fiel trés-amer, & [f] dans
un lien d'iniquité.
24 Alors Simon répondit, & dit; Vous autres priez le Seigneur pour moi, afin que rien ne vienne sur moi des choses
que vous avez dites.
25 Eux donc après avoir prêché & annoncé la parole du
Seigneur, retournerent à Jérusalem, & annoncerent l'E-
vangile en plusieurs bourgades des Samaritains.
26 Puis l'Ange du Seigneur parla à Philippe, en disant;
Leve-toi, & t'en va vers le Midi, [4] au chemin qui descend
de Jérusalem à Gaza, celle qui est deserte.
27 Lui donc se levant, s'en alla: & voici un homme
Ethiopien, [5] Eunuque, qui étoit un des principaux de la
Cour de Candace, Reine des Ethiopiens, commis sur toutes
ses richesses, & qui étoit venu [6] pour adorer à Jérusalem;
28 S'en retournoit, assis dans son chariot, & lisoit le Prophete Esaïe.

f *Prov.* 5. 22.

4 C'est-à-dire, par le chemin du desert par où l'on va à Gaza, car c'étoit dans cette route que la providence vouloit faire rencontrer Philippe & l'Eunuque.

5 Ce mot veut dire ici un Officier de Cour, comme Gen. 39. 1.

6 Cela fait voir que c'étoit un de ces étrangers que les Juifs appelloient *proselytes de la porte*. comme ch. 10. 2. Voyez Jean 12. 10.

29 Et l'Esprit dit à Philippe; Approche, & te joins à ce
chariot.
30 Et Philippe y étant accouru, il l'entendit lisant le Prophete Esaïe; & il lui dit; Mais entends-tu ce que tu lis?
31 Et il lui dit; Mais comment le pourrois-je entendre, si
quelqu'un ne me guide? & il pria Philippe de monter & de
s'asseoir avec lui.
32 [7] Or le passage de l'Ecriture qu'il lisoit étoit celui-ci; Il
a été mené comme une brebis à la tuerie, & comme un
agneau muet devant celui qui le tond; en sorte qu'il n'a
point ouvert sa bouche.
33 En son abbaissement [8] son jugement a été haussé: mais
qui racontera [9] sa durée? [10] car sa vie [h] est enlevée de la terre.
34 Et l'Eunuque prenant la parole, dit à Philippe; Je te
prie, de qui est-ce que le Prophete dit cela? Est-ce de lui-
même, ou de quelque autre?
35 Alors Philippe ouvrant sa bouche, & commençant par
cette Ecriture, lui annonça Jésus.
36 Et comme ils continuoient leur chemin, ils arriverent
à *un lieu où il y avoit* de l'eau: & l'Eunuque dit: Voici de
l'eau, qu'est-ce qui empêche que je ne sois baptisé?
37 Et Philippe dit; Si tu crois de tout ton cœur, il est
permis; & *l'Eunuque* répondant, dit; Je crois que Jésus-
Christ est le Fils de Dieu.
38 Et ayant commandé qu'on arrêtât le chariot: ils descendirent tous deux dans l'eau, Philippe & l'Eunuque: &
Philippe le baptisa.
39 Et quand ils furent remontez hors de l'eau, l'Esprit du
Seigneur enleva Philippe, & l'Eunuque ne le vit plus; &
tout joyeux il continua son chemin.
40 Mais Philippe se trouva [i] dans Azote, & en passant il
annonça l'Evangile dans toutes les villes, jusqu'à ce qu'il fut
arrivé à Césarée.

6 Dieu fit que ce passage occupoit les yeux & l'esprit de cet étranger au moment que Philippe se trouva à sa rencontre, afin qu'il en prît occasion de lui parler de J. C.
g *Esa.* 53. 7.
8 C'est-à-dire, Le jugement que le Pére a rendu en sa faveur, le délivrant du tombeau, & l'élevant dans la gloire.
9 Gr. *sa génération*, ou sa postérité, qui sont les Fideles de tous les siecles.
10 Tous ces grands évenemens ont dépendu de la mort de J. C. Jean 12. 24. 32. Phil 2. 8. 9.
h *Esa.* 53. 8. *Dan.* 9. 26.
i *Marc* 9. 15. & 10. 83.

CHAPITRE IX.

Saul persécute l'Eglise, 1. Il est converti sur le chemin de Damas, 3. Instrument d'élite, 15. Baptisé par Ananias, 18. Il prêche J. C. dans les Synagogues, 20. Les

Juifs conspirent contre lui, 23. Les Apostres font difficulté de le reconnoitre pour disciple de J. C. 26. Saint Pierre guérit Enée à Lydde, 33. Et il ressuscite Dorcas à Joppe, 36—41.

a *ch.* 26. 10. *Gal.* 1. 13. 1 *Tim.* 1. 13.
1 Ce mot a rapport à ce qui a été marqué, ch. 7. 58.
2 C'étoit la Capitale de la Syrie.

OR [a] Saul tout enflammé [1] encore de menaces & de tuerie,
contre les disciples du Seigneur, s'étant adressé au
souverain Sacrificateur,
2 Lui demanda des lettres de sa part pour porter [2] à Damas
aux Synagogues, afin que s'il en trouvoit quelques-uns
de cette secte, soit hommes, soit femmes, il les amenât liez
à Jérusalem.

b *ch.* 22. 6. & 26. 13.

3 [b] Or il arriva qu'en marchant, il approcha de Damas, &
tout à coup une lumiere resplendit du ciel comme un éclair
tout autour de lui.

c *Ezech.* 3. 23.

4 [c] Et étant tombé par terre, il entendit une voix qui lui
disoit; Saul, Saul, pourquoi me persecutes-tu?

3 C'est-à-dire, tu as beau résister, il faut que tu cédes & que tu te soûmettes à moi.

5 Et il répondit; Qui és-tu Seigneur? Et le Seigneur dit;
Je suis Jésus, que tu persécutes: [3] il t'est dur de regimber
contre les aiguillons.
6 Et lui tout tremblant & tout effrayé dit; Seigneur, que
veux-tu que je fasse? Et le Seigneur lui dit; Leve-toi, &
entre dans la ville, & là il te sera dit ce que tu dois faire.

4 Ils l'entendoient confusément, mais ils n'en démêloient pas les paroles.
d *Job* 4. 16. *Sap.* 18. 1.

7 Et les hommes qui marchoient avec lui s'arrêterent tout
épouvantez, [4] [d] entendant bien la voix, mais ne voyant personne.
8 Et Saul se leva de terre, & ouvrant ses yeux il ne voyoit
personne; c'est pourquoi ils le conduisirent par la main, &
le menerent à Damas:
9 Où il fut trois jours sans voir, & sans manger ni boire.
10 Or il y avoit à Damas un certain disciple, nommé Ananias,
à qui le Seigneur dit en vision; Ananias: & il répondit;
Me voici, Seigneur.

e *ch.* 21. 39. & 22. 3.

11 Et le Seigneur lui dit; Leve-toi, & t'en va en la rue
nommée la droite, & cherche dans la maison de Judas un
homme appellé Saul, [e] qui est de Tarse: car voilà il prie.
12 Or *Saul* avoit vû en vision un homme nommé Ananias,
entrant, & lui imposant la main, afin qu'il recouvrât la vûe.
13 Et Ananias répondit; Seigneur, j'ai ouï parler à plusieurs

sieurs de cét homme-là ; & combien de maux il a fait à tes
[f] Saints dans Jérusalem.
14 Il a même ici autorité de la part des principaux Sacrificateurs, de lier tous ceux qui invoquent ton Nom.
15 Mais le Seigneur lui dit; Va: car il m'est un instrument
d'élite, [g] pour porter mon Nom [h] devant les Gentils, & les
Rois ; & les enfans d'Israël:
16 Car je lui montrerai combien il aura à souffrir pour mon
Nom.
17 Ananias donc s'en alla, & entra dans la maison; & lui
imposant les mains, il lui dit; Saul frére, le Seigneur Jésus,
qui t'est apparu dans le chemin par où tu venois, m'a envoyé
afin que tu recouvres la vûe, & que tu sois rempli du Saint
Esprit.
18 Et aussi-tôt il tomba de ses yeux comme des écailles; &
à l'instant il recouvra la vûe; puis il se leva, & fut baptisé.
19 Et ayant mangé il reprit ses forces. Et Saul fut quelques jours avec les disciples qui étoient à Damas.
20 Et il prêcha incontinent dans les Synagogues, que Christ
étoit [5] le Fils de Dieu.
21 Et tous ceux qui l'entendoient étoient comme ravis hors
d'eux-mêmes, & ils disoient; N'est-ce pas celui-là qui a détruit à Jérusalem ceux qui invoquoient ce Nom, & qui est
venu ici exprés pour les amener liez aux principaux Sacrificateurs?
22 Mais Saul se fortifioit de plus en plus, & confondoit
les Juifs qui demeuroient à Damas, [i] prouvant que Jésus
étoit le Christ.
23 Or long-temps aprés les Juifs conspirerent ensemble pour
le faire mourir.
24 Mais leurs embûches vinrent à la connoissance de Saul.
[k] Or ils gardoient les portes jour & nuit, afin de le faire
mourir.
25 Mais les Disciples le prenant de nuit, le descendirent
par la muraille, en le devallant dans une corbeille.
26 Et quand Saul fut venu à Jérusalem, il tâchoit de se
join-

f *vs.* 32. *Rom.* 16. 15. 2 *Cor.* 1. 1. *&c.*
g *ch.* 22. 21. & 26. 17. *Gal.* 1. 16.
h *Esa.* 49. 6.

5 Si le Nom de *Fils de Dieu*, n'étoit la même chose que celui de Christ ou de Messie, comme veulent les Héretiques, cela voudroit dire, que Saul auroit prêché que Christ étoit le Christ, ce qui rend un sens tout à fait inepte.
i *ch.* 17. 3. & 18. 5. 22.
k 2 *Cor.* 11. 32.

joindre aux disciples: mais tous le craignoient, ne croyant
pas qu'il fût disciple.
27 Mais Barnabas le prit, & le mena aux Apostres, & leur
raconta comment par le chemin il avoit vû le Seigneur, qui
avoit parlé à lui: & comment il avoit parlé franchement à
Damas au Nom de Jésus.
28 Et il étoit avec eux à Jérusalem, allant & venant;
29 Et parlant franchement au Nom du Seigneur Jésus, il
l ch. 17. 2. 17. parloit, & [l] disputoit contre les Grecs: mais ils tâchoient
& 19. 8. de le faire mourir.
m Gal. 1. 21. 30 Ce que les fréres ayant connu ils le menerent [m] à Césarée, & l'envoyerent à Tarse.
31 Ainsi donc les Eglises par toute la Judée, & la Galilée,
& la Samarie avoient paix, étant édifiées, & marchant dans
la crainte du Seigneur; & elles étoient multipliées par la
consolation du Saint Esprit.
32 Or il arriva que comme Pierre les visitoit tous, il vint
aussi vers les Saints qui demeuroient à Lydde.
33 Et il trouva là un homme nommé Enée, qui depuis huit
ans étoit couché dans un petit lit, car il étoit paralytique.
34 Et Pierre lui dit; Enée, Jésus-Christ te guérisse: leve-
toi, & fai ton lit: & incontinent il se leva.
n 1 Chron. 27. 35 Et tous ceux qui habitoient à Lydde & à [n] Saron, le
29. Cant. 2. 1. virent: & ils furent convertis au Seigneur.
36 Or il y avoit à Joppe une femme, disciple, nommée
6 C'est-à-di- Tabitha, qui signifie *en Grec* [6] Dorcas, laquelle étoit pleine
re, Chevreule. de bonnes œuvres & d'aumônes qu'elle faisoit.
37 Et il arriva en ces jours-là qu'elle devint malade, &
7 La coûtu- mourut: & [7] quand ils l'eurent lavée, ils la mirent dans une
me de laver chambre haute.
les morts a été fort an- 38 Et parce que Lydde étoit prés de Joppe, les disciples
cienne chez les Grecs, & ayant appris que Pierre étoit à Lydde, envoyerent vers lui
chez les Ro- deux hommes, le priant qu'il ne tardât point de venir jusqu'à
mains, des- eux.
quels les Juifs l'avoient pri- 39 Et Pierre s'étant levé, s'en vint avec eux: & quand il
se. fut arrivé, ils le menerent en la chambre haute: & toutes
les

les veuves se présenterent à lui en pleurant, & montrant
combien Dorcas faisoit de robes & de vêtemens quand elle
étoit avec elles.
40 Mais Pierre après les avoir fait [o] tous sortir, [p] se mit à
genoux, & pria, puis se tournant vers le corps, il dit; Tabitha, leve-toi. Et elle ouvrit ses yeux, & voyant Pierre,
elle se rassit.
41 Et il lui donna la main, & la leva: puis ayant appellé
les Saints & les veuves, il la leur présenta vivante.
42 Et cela fut connu dans tout Joppe: & plusieurs crûrent
au Seigneur.
43 Et il arriva qu'il demeura plusieurs jours à Joppe, chez
un certain Simon corroyeur.

o *Matth.* 9. 24.
p *ch.* 7. 60. & 20. 36 & 21. 5. *Rom.* 14. 11. *Eph.* 15

CHAPITRE X.

Un Ange apparoit à Corneille le Centenier, 3. Saint Pierre voit une vision comme d'un linceul descendant du ciel, & plein de toute sorte d'animaux, 11. Il va à Césarée vers Corneille, 25. Qui s'étant voulu jetter à ses pieds pour l'adorer; saint Pierre le releve, 26. Et lui prêche Christ, 36. Le St. Esprit descend sur les Gentils, 44. Et on les baptise, 48.

OR il y avoit à Césarée un homme, nommé Corneille,
Centenier de la Bande appellée l'Italique:
2 *Homme* [a] [1] dévot & craignant Dieu, avec toute sa famille, faisant aussi beaucoup d'aumônes au peuple, & priant
Dieu continuellement:
3 *Lequel* vit en vision manifestement environ sur [2] les neuf
heures du jour, un Ange de Dieu qui vint à lui, & qui lui
dit; Corneille.
4 Et Corneille ayant les yeux arrêtez vers lui, & étant tout
effrayé dit; Qu'y a-t-il, Seigneur? Et il lui dit; Tes prieres
& tes aumônes [3] sont montées en mémoire devant Dieu.
5 Maintenant donc envoye des gens à Joppe, & fai venir
Simon, qui est surnommé Pierre.
6 Il est logé chez un certain Simon corroyeur, qui a sa maison prés de la mer: c'est lui qui te dira ce qu'il faut que tu
fasses.
7 Et quand l'Ange qui parloit à Corneille s'en fut allé, il
ap-

a *vs.* 7. 22. 25. 35.
1 Ces mots marquent ces prosélytes qui n'étoient pas circoncis, mais qui se gardoient de toute idolatrie, & que les Juifs appelloient communément, les *pieux d'entre les Gentils*.
2 C'est-à-dire, sur les trois heures après midi.
3 Sav. comme un parfum de bonne senteur: Pse. 141. 2. Apoc 5. 8.

appella deux de ſes ſerviteurs, & un ſoldat craignant Dieu,
d'entre ceux qui ſe tenoient autour de lui.
8 Auſquels ayant tout raconté, il les envoya à Joppe.
9 Or le lendemain comme ils marchoient, & qu'ils approchoient de la ville, Pierre monta ſur la maiſon pour prier,
environ vers les ſix heures.
10 Et il arriva qu'ayant faim, il voulut prendre ſon repas:
& comme ceux de la maiſon lui apprêtoient à manger, il lui
b *ch.* 11. 5.
ſurvint [b] un raviſſement d'eſprit:
11 Et il vit le Ciel ouvert, & un vaiſſeau deſcendant ſur
lui comme un grand linceul, lié par les quatre bouts, &
deſcendant en terre:
12 Dans lequel il y avoit de toutes ſortes d'animaux terre-
4 Sav. des eſpeces que la Loi déclaroit immondes, vs. 14.
ſtres [4] à quatre pieds, & des bêtes ſauvages, & des reptiles,
& des oiſeaux du ciel.
13 Et une voix lui fut adreſſée, diſant; Pierre, leve-toi,
tue, & mange.
c *Ezéch.* 4. 14.
14 Mais Pierre répondit; Je n'ai garde, Seigneur: [c] car
jamais je n'ai mangé aucune choſe immonde ou ſouillée.
15 Et la voix lui dit encore pour la ſeconde fois; Les cho-
5 C'eſt-à-dire, que Dieu *a Déclaré pures*, par l'ordre d'en manger, comme elles n'étoient impures que par la défenſe d'en manger. Le mot de *purifier* eſt mis en ce ſens, Lévit. 13. 6.
6 G. *ne les ſouille point*: pour, *ne les juge pas ſouillées*; comme Lévit. 13. 3.
ſes que [5] Dieu a purifiées, [6] ne les tiens point pour ſouillées.
16 Et cela arriva juſques à trois fois, & puis le vaiſſeau ſe
retira au Ciel.
17 Or comme Pierre étoit en peine en lui-même, pour ſavoir quelle étoit cette viſion qu'il avoit vûe, alors voici, les
hommes envoyez par Corneille s'enquerant de la maiſon de
Simon, arriverent à la porte.
18 Et y ayant appellé quelqu'un, ils demanderent ſi Simon,
qui étoit ſurnommé Pierre, étoit logé là.
19 Et comme Pierre penſoit à la viſion, l'Eſprit lui dit;
Voilà trois hommes qui te demandent.
20 [d] Leve-toi donc, & deſcens, & t'en va avec eux, ſans
en faire difficulté: car c'eſt moi qui les ai envoyez.
21 Pierre donc étant deſcendu vers les gens qui lui avoient
d *ch.* 15. 16.
été envoyez par Corneille, leur dit; Voici, je ſuis celui que
vous cherchez: quelle eſt la cauſe pour laquelle vous êtes
venus;

22 Et

22 Et ils dirent ; Corneille Centenier, homme juste &
craignant Dieu, & ayant bon témoignage de toute la Nation
des Juifs, a été averti de Dieu par un saint Ange de t'envoyer
querir pour venir en sa maison, & t'ouïr parler.
23 Alors Pierre les ayant fait entrer, les logea, & le lendemain il s'en alla avec eux ; & quelques-uns des fréres de
Joppe lui tinrent compagnie.
24 Et le lendemain ils entrerent à Césarée : or Corneille les
attendoit, ayant appellé ses parens & ses familiers amis.
25 Et il arriva que comme Pierre entroit, Corneille venant
au devant de lui, & se jettant à ses pieds, [7] l'adora.
26 Mais Pierre le releva, en lui disant ; Leve-toi : je suis
aussi homme.
27 Puis en parlant avec lui, il entra, & trouva plusieurs
personnes qui étoient là assemblées.
28 Et il leur dit ; Vous savez [e] comme [8] il n'est pas permis
à un homme Juif de se joindre, ou d'aller à un étranger,
mais Dieu m'a montré que je ne devois estimer aucun homme être impur ou souillé.
29 C'est pourquoi aussi étant envoyé querir, je suis venu
sans en faire difficulté : je vous demande donc pour quel sujet vous m'avez envoyé querir.
30 Et Corneille lui dit ; Il y a quatre jours à cette heure-
ci, que j'étois en jeûne, & que je faisois la priere [9] à neuf
heures dans ma maison : & voici, [f] un homme se présenta
devant moi en un vêtement reluisant.
31 Et il me dit ; Corneille, ta priere est exaucée, & tes
aumônes sont venues en mémoire devant Dieu.
32 Envoye donc à Joppe, & envoye querir de là Simon,
surnommé Pierre, qui est logé dans la maison de Simon corroyeur, prés de la mer, lequel étant venu, parlera à toi.
33 C'est pourquoi j'ai incontinent envoyé vers toi, & tu as
bien fait de venir. Or maintenant nous sommes tous présens devant Dieu pour entendre tout ce que Dieu t'a commandé de nous dire.
34 Alors Pierre prenant la parole, dit ; En vérité je re-

7 Lui vouloir rendre des respects excessifs, & qui tenoient de l'adoration.

e ch. 11. 3. Jean. 4. 9.

8 Il n'y avoit pas de Loi expresse dans l'Ecriture sainte qui le défendit ; mais les Juifs s'en étoient fait une loi, afin de prévenir les suites qui en eussent pu arriver.

9 C'étoit à l'imitation des Juifs.

f ch. 1, 10.

connois que [g] Dieu n'a point d'égard à l'apparence des personnes:
35 Mais [h] qu'en toute nation celui qui le craint, & qui s'a-
donne à la justice, lui est agréable.
36 C'est ce qu'il a envoyé signifier aux enfans d'Israël, en
annonçant [i] la paix par Jésus-Christ, [k] qui est le Seigneur [10]
de tous.
37 Vous savez ce qui est arrivé dans toute la Judée [l] en
commençant par la Galilée, [11] après le Baptême que Jean a
prêché:
38 *Savoir*, Comment Dieu [m] a oinct du Saint Esprit & de
force Jésus le Nazarien, qui a passé de lieu en lieu, en faisant du bien, & guérissant tous ceux qui étoient oppressez
du diable: car Dieu étoit avec lui.
39 Et nous sommes témoins de toutes les choses qu'il a faites, tant au païs des Juifs, qu'à Jérusalem: & comment ils
l'ont fait mourir le pendant au bois.
40 *Mais* [n] Dieu l'a ressuscité le troisieme jour, & l'a donné pour être manifesté,
41 [o] Non à tout le peuple, [p] mais aux témoins auparavant
ordonnez de Dieu, à nous, *dis-je*, [q] qui avons mangé & bû
avec lui après qu'il a été ressuscité des morts.
42 Et il nous a commandé de prêcher au peuple, & de témoigner que c'est lui qui est ordonné de Dieu pour être [r] le
juge des vivans & des morts.
43 Tous les Prophetes lui rendent témoignage, [f] que quiconque croira en lui, recevra la rémission de ses péchez par
son Nom.
44 Comme Pierre tenoit encore ce discours, le Saint Esprit
descendit sur tous ceux qui écoutoient la parole.
45 Mais [12] les Fideles de la Circoncision [t] qui étoient venus avec Pierre, s'étonnerent de ce que le don du Saint Esprit étoit aussi répandu sur les Gentils.
46 Car ils les entendoient parler [u] *diverses* Langues, &
glorifier Dieu.

47 Alors

g *Deut.* 10. 17. 2 *Chron.* 19. 7. *Job* 34. 19. *Rom.* 2. 11. *Gal.* 2. 6. *Eph.* 6. 9. *Col.* 3. 25. 1 *Pier.* 1. 17.
h *Esa.* 56. 1. 3. 7.
i *Rom.* 5. 1.
k 1 *Cor.* 8. 6. *Eph.* 4. 5.
10 C'est-à-dire, tant des Gentils que des Juifs, ch. 15. 9. & 1 Tim. 2. 6. 7.
l *ch.* 1. 22. *Luc* 4. 14.
11 C'est-à-dire, sa doctrine du baptême de repentance, ce qui comprend toute la prédication de S. Jean Baptiste.
m *Matth.* 3. 16. *Luc* 4. 18.
n *ch.* 2. 24.
o *ch.* 13. 31. *Jean* 14. 19. 22. 1 *Cor.* 15. 5. 6.
p *ch.* 3. 15.
q *Luc* 24. 42. *Jean* 21. 15.
r *ch.* 17. 31. *Rom.* 14. 10. 2 *Cor.* 5. 10. 2 *Tim.* 4. 1. 1 *Pier.* 4. 5.
f *Esa.* 53. 11. & 59. 20. *Jér.* 31. 34. *Dan* 9. 24. *Zach.* 13. 1. *Mal.* 3. 7.
13 C'est-à-dire, les Juifs convertis à la foi Chrétienne.
t *ch.* 11. 12. *Rom.* 3. 24. 1 *Pier.* 1. 9. 10. &c. u *ch.* 19. 6.

47 Alors Pierre prenant la parole, dit; [x] Qu'est-ce qui x ch. 11. 17.
pourroit s'opposer à ce que ceux-ci, qui [y] ont reçu comme y ch. 15. 8.
nous le Saint Esprit, ne soient baptisez d'eau.
48 Il commanda donc qu'ils fussent baptisez [z] au Nom du z ch. 2. 38.
Seigneur: alors ils le prierent de demeurer là quelques jours. & 8. 16.

CHAPITRE XI.

Les Fideles d'entre les Juifs reprochent à Pierre d'être entré chez des Payens, 3. Justification de saint Pierre, 5. L'Evangile est prêché hors de la Judée par ceux que la persecution suscitée à l'occasion d'Estienne avoit obligez de sortir de Jérusalem, 19. Barnabas envoyé à Antioche, 22. Où l'on commença à donner aux Fideles le nom de Chrétiens, 26. Agabus prédit une grande famine, 28. Charitez envoyées à Jérusalem, 29.

OR les Apostres & les fréres qui étoient en Judée, apprirent que les Gentils aussi avoient reçu la parole de
Dieu.
2 Et quand Pierre fut remonté à Jérusalem, [1] ceux de la 1 Les Juifs qui s'étoient fait Chrétiens.
Circoncision disputoient avec lui:
3 Disant; Tu és entré chez des hommes incirconcis, & tu
as mangé avec eux.
4 Alors Pierre commençant leur exposa le tout par ordre,
disant;
5 [a] J'étois en priere dans la ville de Joppe, & étant ravi a ch. 10. 9.
en esprit je vis une vision, *savoir* un vaisseau comme un 10. &c.
grand linceul, qui descendoit du ciel, lié par les quatre
bouts, & qui vint jusqu'à moi.
6 Dans lequel ayant jetté les yeux, j'y apperçus & vis des
animaux terrestres à quatre pieds, & des bêtes sauvages, &
des reptiles, & des oiseaux du ciel.
7 J'ouïs aussi une voix qui me dit; Pierre, leve-toi, tue,
& mange.
8 [b] Et je répondis; Je n'ai garde, Seigneur: car jamais b ch. 10. 14.
chose immonde ou souillée n'entra dans ma bouche.
9 Et la voix me répondit encore du ciel; Ce que Dieu a
purifié, ne le tiens point pour souillé.
10 Et cela se fit jusqu'à trois fois: & puis toutes ces choses
furent retirées au ciel.
11 Et voici, en ce même instant trois hommes, qui avoient

 été

été envoyez de Césarée vers moi, se présenterent à la maison où j'étois.
12 Et l'Esprit me dit que j'allasse avec eux, sans en faire
difficulté: & ces six fréres-ici vinrent aussi avec moi, & nous
entrâmes dans la maison de cét homme;
13 Et il nous raconta comme il avoit vû dans sa maison
un Ange [qui s'étoit présenté à lui, & qui lui avoit dit; Envoye des gens à Joppe, & fai venir Simon qui est surnommé
Pierre.
14 Qui te dira des choses par lesquelles tu seras sauvé, toi,
& toute ta maison.
c ch. 10. 44. 46. 15 Et quand j'eus commencé à parler, [c] le Saint Esprit
descendit sur eux, comme aussi il étoit descendu [d] sur nous
d ch. 2. 4. au commencement.
16 Alors je me souvins de cette parole du Seigneur, &
e ch. 1. 5. & comment il avoit dit, [e] Jean a baptisé d'eau, mais vous se-
19. 4. Matth. 3. 11. Marc 1. rez baptisez du Saint Esprit.
8. Luc 3. 16. 17 Puis donc que Dieu leur a accordé un pareil don qu'à
Jean 1. 26. nous qui avons crû au Seigneur Jésus-Christ, qui étois-je
moi, qui pûsse m'opposer à Dieu?
18 Alors ayant oüi ces choses, ils s'appaiserent, & ils glorifierent Dieu, en disant, Dieu a donc donné aussi aux Gen-
f ch. 5. 31. tils la repentance [f] pour avoir la vie.
2 Cor. 7. 10.
g ch. 8. 1. 19 [g] Or quant à ceux qui avoient été dispersez par l'oppression survenue à l'occasion d'Estienne: ils passerent jusqu'en
Phénicie, & en Cypre, & à Antioche, sans annoncer la
parole à personne, qu'aux Juifs seulement.
20 Mais il y en eut quelques-uns d'entr'eux, Cypriens,
& Cyréniens, qui étant entrez dans Antioche, parloient aux
Grecs, annonçant le Seigneur Jésus.
21 Et la main du Seigneur étoit avec eux; tellement qu'un
grand nombre ayant cru, fut converti au Seigneur.
h ch. 4. 36. 22 Et le bruit en vint aux oreilles de l'Eglise qui étoit à Jérusalem: c'est pourquoi ils envoyerent [h] Barnabas pour passer
à Antioche.
23 Lequel y étant arrivé, & ayant vû la grace de Dieu, il
s'en

s'en réjouït ; & il les exhortoit tous [i] de persévérer avec fer- i ch. 13. 34.
meté de cœur, au Seigneur. Eph. 4. 14.
24 Car il étoit homme de bien, & plein du Saint Esprit, Héb. 13. 9.
& de foi, & un grand nombre de personnes se joignirent au Jude vs. 3.
Seigneur.
25 Puis Barnabas s'en alla à Tarse, pour chercher Saul.
26 Et l'ayant trouvé, il le mena à Antioche ; & il arriva k ch. 13. 1.
que durant un an tout entier ils s'assemblerent avec l'Eglise, & 15. 31.
& enseignerent un grand peuple, de sorte que ce fut premie- 1 Cor. 12. 28.
rement à Antioche que les disciples furent nommez Chrétiens. Eph. 4. 11.
27 Or en ces jours-là quelques [k] Prophetes descendirent de l ch. 21. 10.
Jérusalem à Antioche. 2 Cette famine arriva la 4. année de l'empire de Claude, qui étoit la 44. de J. C. & l'onzieme de sa mort.
28 Et l'un d'eux, nommé [l] Agabus, se leva, & déclara
par l'Esprit qu'une grande famine devoit arriver dans tout le
monde : &, en effet, elle arriva [2] sous Claude César.
29 Et les disciples, [m] chacun selon son pouvoir, détermi-
nerent d'énvoyer *quelque chose* [n] pour subvenir aux fréres m 2 Cor. 8. 11.
qui demeuroient en Judée. n Rom. 15. 25. 26. 1 Cor. 16. 3. 2 Cor. 8. 9. Gal. 2. 10.
30 [o] Ce qu'ils firent aussi, l'envoyant aux Anciens par les
mains de Barnabas & de Saul. o ch. 12. 25.

CHAPITTE XII.

Le martyre de saint Jacques par Hérode Agrippa, 1. Saint Pierre mis en prison, 3. Délivré par un Ange, 7. Hérode meurt rongé des vers, 23.

EN ce même temps le Roi [1] Hérode se mit à maltraiter 1 Hérode Agrippa, petit-fils d'Hérode le grand.
quelques-uns de ceux de l'Eglise ;
2 Et fit mourir par l'épée [2] Jacques, [a] frére de Jean. 2 C'étoit le fils de Zébedée.
3 Et voyant que cela étoit agréable aux Juifs, il continua,
en faisant prendre aussi Pierre.
4 Or [b] c'étoit les jours des pains sans levain. Et quand il l'eut a Matth. 4. 21.
fait prendre, il le mit en prison, & le donna à garder à qua- b Exod. 12. 15. 18.
tre bandes, de quatre soldats chacune, le voulant produire
au supplice devant le peuple après la *feste de* Pasque.
5 Ainsi Pierre étoit gardé dans la prison : mais l'Eglise [c] fai- c Luc 22. 44.
soit sans cesse des prieres à Dieu pour lui. 1 Pier. 4. 8.
6 Or dans le temps qu'Hérode étoit prêt de l'envoyer au
sup-

supplice, cette nuit-là même Pierre dormoit entre deux soldats, lié de deux chaines, & les gardes qui étoient devant la porte, gardoient la prison.

7 Et voici, un Ange du Seigneur survint, & une lumiere
d 1 Rois 19. 7. resplendit dans la prison, & *l'Ange* [d] frappant le côté de Pierre, le réveilla, en lui disant; Leve-toi légérement: & les chaines tomberent de ses mains.

8 Et l'Ange lui dit; Ceins-toi, & chausse tes souliers: ce qu'il fit. Puis il lui dit; Jette ta robe sur toi, & me suis.

9 Lui donc sortant, le suivit; mais il ne savoit point que ce qui se faisoit par l'Ange fût vrai, & il croyoit voir quelque vision.

10 Et quand ils eurent passé la premiere & la seconde garde, ils vinrent à la porte de fer, [3] par où l'on va à la ville, & cette porte s'ouvrit à eux d'elle-même, & étant sortis ils passerent une rue, & incontinent l'Ange se retira d'auprès de lui.

3 Cette prison devoit être à quelque bout de la ville.

11 Alors Pierre étant revenu à soi dit; Je connois à cette heure véritablement que le Seigneur a envoyé son Ange, & qu'il m'a délivré de la main d'Hérode, & de toute l'attente du peuple Juif.

12 Et ayant consideré le tout, il vint à la maison de Marie,
e vs. 25. & ch. 15. 37. Col. 4. 10. 1 Pier. 5. 13. mére de [e] Jean surnommé Marc, où plusieurs étoient assemblez, & faisoient des prieres.

13 Et quand il eut heurté à la porte du porche, une fille, nommée Rhode, vint pour écouter:

14 Laquelle ayant connu la voix de Pierre, de joye n'ouvrit point le porche, mais s'en courut dans la maison, & rapporta que Pierre étoit devant le porche.

15 Et ils lui dirent; Tu és folle. Mais elle assûroit qu'il étoit ainsi: & eux disoient; [4] C'est son Ange.

16 Mais Pierre continuoit à heurter; & quand ils eurent ouvert, ils le virent, & furent comme ravis hors d'eux-mêmes,

4 Ou, c'est son envoyé, car le mot Grec a aussi cette signification, comme Luc 7. 24. Jacq. 2. 25.

17 Et lui leur ayant fait signe de la main qu'ils fissent silence, leur raconta comment le Seigneur l'avoit mis hors de la pri-

prison, & il leur dit; Annoncez ces choses [f] à [5] Jacques & [f] Marc 3. 17.
aux fréres. Puis sortant de là il s'en alla en un autre lieu. [5] C'étoit l'autre Jacques aussi Apostre, comme celui du vs. 2. & qui étoit frére de Joses, & cousin de J. C.
18 Mais le jour étant venu il y eut un grand trouble entre
les soldats, *pour savoir* ce que Pierre seroit devenu.
19 Et Hérode l'ayant cherché, & ne le trouvant point,
après en avoir fait le procés aux gardes, il commanda qu'ils
fussent menez au supplice. Puis il descendit de Judée à Césarée, où il séjourna.
20 Or Il étoit dans le dessein de faire la guerre aux Tyriens
& aux Sidoniens: mais il vinrent à lui tous d'un accord; &
ayant gagné Blaste, qui étoit Chambellan du Roi, ils demanderent la paix, parce que leur païs étoit nourri de celui
du Roi.
21 Et un certain jour assigné, Hérode revêtu d'une robe
royale, s'assit dans son siege judicial, & il haranguoit devant eux.
22 Sur quoi le peuple s'écria; Voix de Dieu, & non point
d'homme!
23 Et à l'instant [g] un Ange du Seigneur le frappa, parce [g] Exod. 12. 27. 2 Sam. 24. 16. 17. 2 Rois 19. 35.
qu'il n'avoit point donné gloire à Dieu: & [h] il fut rongé des
vers, & rendit l'esprit.
24 Mais [i] la parole de Dieu croissoit, & se multiplioit. [h] 2 Macc. 9. 10.
25 Barnabas aussi & Saül, [k] après avoir accompli leur char- [i] ch. 6. 7. & 19. 20. Esa. 55. 11. Col. 1. 6.
ge, s'en retournerent de Jérusalem, ayant aussi pris avec
eux Jean, qui étoit surnommé Marc. [k] ch. 11. 30.

CHAPITRE XIII.

Barnabas & Saul envoyez par le St. Esprit, 2. *Le faux prophete Bar-Jésus*, 6. *Saul appellé Paul*, 9. *La conversion du Proconsul Serge Paul*, 12. *Saint Paul prêche dans la Synagogue d'Antioche*, 15. *Les Saintetez de David assûrées*, 34. *La rémission des péchez par J. C.* 38. *A l'occasion de l'incrédulité des Juifs saint Paul se tourne vers les Gentils*, 46. *Ceux qui sont ordonnez à la vie éternelle croyent*, 48. *Persécution excitée par les Juifs contre Paul & Barnabas*, 50.

OR il y avoit [a] dans l'Eglise qui étoit à Antioche, des [a] ch. 11. 26.
Prophetes & des Docteurs, *savoir* Barnabas, Siméon
appellé Niger, Lucius le Cyrénien, Manahem, qui avoit
été nourri avec [b] Hérode le Tétarque, & Saul. [b] Matth. 14. 1.

1 C'eſt-à-dire, comme ils faiſoient les fonctions de leur miniſtere dans l'Aſſemblée.
c *ch.* 9. 15. & 14. 26. & 15. 38. & 22. 21. *Rom.* 1. 1. *Eph.* 3. 8.
d *ch.* 6. 6. & 8. 15. & 14. 3. 26.
2 C'étoit une ville de l'Iſle de Cypre.
e *ch.* 12. 25.
f *Exod.* 7. 11. 2 *Tim.* 3. 8.

2 Et comme [1] ils ſervoient le Seigneur dans leur miniſtere, & qu'ils jeûnoient, le Saint Eſprit dit; Séparez moi
Barnabas & Saul, [c] pour l'œuvre à laquelle je les ai appellez.
3 Alors ayant jeûné & prié, & leur ayant impoſé les mains,
ils les laiſſerent partir.
4 Eux donc étant envoyez par le Saint Eſprit, deſcendirent en Séleucie, & de là ils navigerent en Cypre.
5 Et quand ils furent [2] à Salamis, ils annoncerent la parole
de Dieu dans les Synagogues des Juifs: & [e] ils avoient auſſi
Jean pour aide.
6 Puis ayant traverſé l'Iſle juſqu'à Paphos, ils trouverent là un
certain [f] enchanteur, faux-prophete Juif, nommé Bar-Jéſus,
7 Qui étoit avec le Proconſul Serge Paul, homme prudent,
lequel fit appeller Barnabas & Saul, déſirant d'oüir la parole de Dieu.
8 Mais Elymas, *c'eſt-à-dire*, l'enchanteur, car c'eſt ce que
ſignifie ce nom d'Elymas, leur réſiſtoit, tâchant à détourner
de la foi le Proconſul.
9 Mais Saul, qui eſt auſſi appellé Paul, étant rempli du
Saint Eſprit, & ayant les yeux arrêtez ſur lui, dit;

g *Rom.* 1. 29.
h *Matth.* 13. 38. *Jean* 8. 44. 1 *Jean* 3. 8.

10 O [g] homme plein de toute fraude & de toute ruſe, [h] fils
du diable, ennemi de toute juſtice, ne ceſſeras-tu point de
renverſer les voyes du Seigneur qui ſont droites;
11 C'eſt pourquoi voici, la main du Seigneur va être ſur
toi, & tu ſeras aveugle ſans voir le ſoleil juſqu'à un certain
temps. Et à l'inſtant une obſcurité & des ténébres tomberent ſur lui, & tournant de tous côtez il cherchoit quelqu'un
qui le conduiſît par la main.

3 C'eſt-à-dire, effrayé du miracle fait pour autôriſer la doctrine de l'Evangile.
i *ch.* 15. 38.
k *ch.* 14. 25.

12 Alors le Proconſul voyant ce qui étoit arrivé, crut,
étant tout épouvanté [3] de la doctrine du Seigneur.
13 Et quand Paul & ceux qui étoient avec lui furent partis
de Paphos, ils vinrent à Perge, ville de Pamphylie: [i] mais
Jean s'étant retiré d'avec eux, s'en retourna à Jéruſalem.
14 Et eux étant partis de [k] Perge, vinrent à Antioche,
ville de Piſidie, & étant entrez dans la Synagogue le jour du
Sabbath, ils s'aſſirent.

15 Et

15 Et après [l] la lecture de la Loi & des Prophetes, [m] les
Principaux de la Synagogue leur envoyerent dire; Hommes
fréres, s'il y a de vôtre part quelque parole d'exhoration
pour le peuple, dites-la.
16 Alors Paul s'étant levé, & [n] ayant fait signe de la main
qu'on fit silence, dit; Hommes Israëlites, [o] & [4] vous qui
craignez Dieu, écoutez.
17 Le Dieu de ce peuple d'Israël a élû nos péres, & a exalté ce peuple [p] du temps qu'ils demeuroient au païs d'Egypte,
& il les en fit sortir [q] avec un bras élevé.
18 [r] Et il les supporta au desert environ le temps de quarante ans.
19 Et ayant détruit [f] sept nations au païs de Canaan, [t] il
leur en distribua le païs par sort.
20 Et environ [5] quatre cens cinquante ans après, il leur
donna des Juges jusqu'à Samuël le Prophete.
21 [u] Puis ils demanderent un Roi, & [x] Dieu leur donna
Saül fils de Kis, homme de la Tribu de Benjamin: & *ainsi* se
passerent [6] quarante ans.
22 Et *Dieu* l'ayant ôté, leur suscita David pour Roi, duquel aussi il rendit témoignage, & dit; [y] J'ai [7] trouvé David fils de Jessé, un homme selon mon cœur, & qui fera
toute ma volonté.
23 [z] C'a été de sa semence que Dieu, selon sa promesse, a
suscité Jésus [a] pour Sauveur à Israël.
24 Jean ayant auparavant prêché le Baptême de repentance à tout le peuple d'Israël, [b] avant la venue de Jésus.
25 Et comme Jean achevoit sa course, il disoit; [c] Qui pensez-vous que je sois? je ne suis point celui-là, mais voici, il
en vient un après moi, dont je ne suis pas digne de délier le
soulier de ses pieds.
26 Hommes Fréres, enfans de la race d'Abraham, & [d] ceux
d'entre vous qui craignez Dieu, c'est à vous que la parole de
ce salut a été envoyée.

l vs. 27. & ch. 15. 21. m *Luc* 4. 16. 17. n *ch.* 12. 17. & 19. 33. & 21. 40. o vs. 26. 42. 43. & *ch.* 14. 1. & 17. 4. 17. 4 C'étoit ces pieux d'entre les Gentils, dont il est souvent parlé dans ce livre des Actes: ch. 10. 2. &c. p *Exod.* 1. 1. q *Exod.* 6. 6. & 13. 14. r *Exod.* 16. 2. 35. *Nomb.* 2. 34. *Pse.* 95. 10. f *Jos.* 3. 10. & 24. 11. t *Jos.* 14. 2. 5 En comptant depuis la naissance d'Isaac jusqu'au temps du partage de la terre de Canaan: conf. avec le ch. 7. 6. u 1 *Sam.* 8. 5. x 1 *Sam.* 9. 15. & 10. 1. 6 Sav. depuis que Samuel eut pris le gouvernement en main, jusques à la mort de Saül. y 1 *Sam.* 13. 14. *Pse.* 89. 20.

7. Ce mot se doit prendre ici au même sens qu'au ch. 7. 46. & en Néh. 9. 8. z *ch.* 2. 30. 2 *Sam.* 7. 12. 1 *Chron.* 17. 12. 13. *Pse.* 89. 37. 38. *Jer.* 23. 5. 6. *Rom.* 1. 3. *Esa.* 11. 1. 2. a *Matth.* 1. 21. b *Mal.* 3. 1. *Matth.* 3. 1. & 11. 10. *Marc* 1. 2. c *Matth.* 3. 11. *Marc* 1. 7. *Luc* 3. 16. *Jean* 1. 20. 26. 27. d vs. 16.

27 Car les habitans de Jérusalem & leurs Gouverneurs [e] ne
l'ayant point connu, [f] ont même en le condamnant accompli [g] les paroles des Prophetes, qui se lisent chaque Sabbat.
28 Et [h] quoi qu'ils ne trouvassent rien en lui qui fût digne
de mort, ils prierent Pilate de le faire mourir.
29 Et après qu'ils eurent accompli toutes les choses qui
avoient été écrites de lui, on l'ôta du bois, & on le mit
dans un sépulcre.
30 Mais [i] Dieu l'a ressuscité des morts.
31 [k] Et il a été vû durant plusieurs jours par ceux qui
étoient montez avec lui de Galilée à Jérusalem, qui sont ses
témoins devant le peuple.
32 Et nous vous annonçons quant à la promesse qui a été
faite [l] à nos péres;
33 Que Dieu [m] l'a accomplie envers nous qui sommes leurs
enfans, ayant suscité Jésus, selon qu'il est écrit au Pseaume
second; [n] Tu es mon Fils, je t'ai aujourd'hui engendré.
34 Et *pour montrer* qu'il l'a ressuscité des morts, [o] pour ne
devoir plus retourner au sépulcre, il a dit ainsi; [p] Je vous
donnerai [8] les saintetez de David assûrées.
35 C'est pourquoi il dit aussi dans un autre endroit; [q] Tu
ne permettras point que ton Saint sente la corruption:
36 Car certes David, après avoir servi en son temps au
conseil de Dieu, [r] s'est endormi, & a été mis avec ses péres,
& a senti la corruption.
37 Mais celui que Dieu a ressuscité n'a point senti de corruption.
38 Sachez donc, hommes Fréres, que [s] c'est [9] par lui que
vous est annoncée la rémission des péchez:
39 Et que de tout ce dont [t] vous n'avez pû être justifiez
par la Loi de Moyse, [u] quiconque croit est justifié par lui.
40 Prenez donc garde qu'il ne vous arrive ce qui est dit [10] dans
les Prophetes;
41 [x] Voyez, contempteurs, & vous en étonnez, & soyez
dissipez: car je m'en vais faire [11] une œuvre en vôtre temps,
une

e *ch.* 3. 17. f *ch.* 3. 18. & 4. 27. 28. g *Pse.* 2. 1. 2. & 22. 13. &c. *Esa.* 53. 3. *Dan.* 9. 26. h *Matth.* 27. 20. 22. *Marc* 15. 13. *Luc* 23. 18. &c. *Jean* 19. 6. i *ch.* 2. 24. k *Matth.* 28. 9. *Marc* 16. 9. *Luc* 24. 6. *Jean* 20. 19. l *Gen.* 22. 18. & 26. 4. & 49. 10. 2 *Sam.* 7. 12. *Esa.* 11. 1. 2. m *Héb.* 11. 39. 40. n *Pse.* 2. 7. *Héb.* 1. 5. & 5. 5. o *Rom.* 6. 9. 10. *Héb.* 7. 25. 28. p *Esa.* 55. 3. 8 Ou, les graces promises à David. q *ch.* 2. 27. 31. *Pse.* 16. 10. r *ch.* 2. 29. 1 *Rois* 2. 10. s *ch.* 10. 43. *Rom.* 3. 24. *Eph.* 1. 7. 9 Ou, que la rémission des péchez par lui, vous est annoncée. t *Rom.* 8. 3. *Gal.* 3. 21. *Héb.* 7. 18. & 10. 4. u *ch.* 10. 43. *Rom.* 10. 4. 10 C'est-à-dire, dans l'un des Prophetes. x *Hab.* 1. 5. 11 L'œuvre étonnante de la punition de Dieu sur la Judée.

une œuvre que vous ne croirez point si quelqu'un vous la
raconte.
42 Puis étant sortis de la Synagogue des Juifs, [y] les Gentils
les prierent qu'au Sabbat suivant ils leur annonçassent ces paroles.
43 Et quand l'assemblée fut séparée, plusieurs des Juifs &
des prosélytes [12] qui servoient Dieu, suivirent Paul & Barnabas, qui en parlant à eux [z] les exhorterent à persévérer en
la grace de Dieu.
44 Et le Sabbat suivant, presque toute la ville s'assembla
pour ouïr la parole de Dieu.
45 Mais les Juifs voyant toute cette multitude, furent [a] remplis d'envie, [b] & contredisoient à ce que Paul disoit, contredisans [c] & blasphémans.
46 Alors Paul & Barnabas [d] ayant pris hardiesse, dirent,
[e] C'étoit bien à vous premierement qu'il falloit annoncer la
parole de Dieu, [f] mais puisque vous la rejettez, & que vous
vous jugez vous-mêmes indignes de la vie éternelle, voici,
[g] nous nous tournons vers les Gentils.
47 [h] Car le Seigneur nous l'a ainsi commandé, *disant*; [i] Je
t'ai ordonné pour être la lumiere des Gentils, afin que tu
sois en salut jusques [k] au bout de la terre.
48 Et les Gentils entendant cela, s'en réjouïssoient, & ils
glorifioient la parole du Seigneur: & tous ceux qui avoient
été [13] ordonnez à la vie éternelle crûrent.
49 Ainsi la parole du Seigneur se répandoit par tout le païs.
50 Mais les Juifs exciterent [m] quelques femmes dévotes &
honorables, & les principaux de la ville, [n] & ils émûrent u-
ne persécution contre Paul & Barnabas, & les chasserent de
leurs quartiers.
51 Mais eux [o] ayant secoué contr'eux la poudre de leurs
pieds, s'en vinrent à Iconie.
52 Et les disciples étoient remplis de joye, & du Saint
Esprit.

 CHA-

y vs. 16. 26. 12 Ces mots font la distinction des *prosélytes de l'alliance*, qui etoient circoncis, & en toutes choses Juifs de religion, d'avec ces autres prosélytes que les Juifs appelloient *prosélytes de domicile*, qui étoient ces Gentils, dont il est parlé aux vs. 16. 26. 42. lesquels n'étoient point circoncis, & n'étoient pas obligez à l'observation des loix céréménielles. z *ch.* 11. 23. a *ch.* 14. 2. & 17. 5. b *ch.* 18. 6. c *ch.* 19. 9. d *Rom.* 10. 20. e *ch.* 1. 8. & 3. 26. *Matth.* 10. 6. *Marc* 7. 27. *Luc* 24. 47. f *Luc* 7. 30. g *ch.* 18. 6. & 28. 27. *Matth.* 22. 8. 9. *Rom.* 11. 11. h *ch.* 22. 21. & 26. 17. *Matth.* 28. 9. *Marc* 16. 15. *Gal.* 1. 16. i *Psa.* 98. 3. *Esa.* 42. 6. & 49. 6. *Luc* 2. 32. k *Gen.* 49. 10 *Psa.* 2. 8. *Zach.* 9. 10. *Rom.* 10. 18. l *ch.* 2. 47. *Jean* 6. 37. 44. 13 C'est le decret de l'élection, dont le dernier terme & aboutissement est la vie éternelle, mais qui n'y introduit personne que par la foi. m 2 *Tim.* 3. 6. n *ch.* 14. 5. 6. & 17. 5. o *ch.* 18. 6. *Matth.* 10. 14. *Marc* 6. 11. *Luc* 9. 5.

CHAPITTE XIV.

Saint Paul prêche dans Iconie, 1. A Lystre & à Derbe, 6. On le prend pour Mercure, & Barnabas pour Jupiter, 12. Et on veut leur sacrifier, 13. Dieu avoit laissé les nations marcher dans leurs voyes, 16. Anciens établis dans les Eglises, 23.

OR il arriva qu'étant à Iconie ils entrerent ensemble dans
la Synagogue des Juifs, & ils parlerent d'une telle maniere, qu'une grande multitude de Juifs & [1] de Grecs crut.
2 Mais ceux d'entre les Juifs qui furent rebelles, [a] émûrent
& irriterent les esprits des Gentils contre les fréres.
3 Ils demeurent donc là un assez long-temps, se portant
hardiment pour le Seigneur, [b] qui rendoit témoignage à la
parole de sa grace, en donnant que des prodiges & des miracles se fissent par leurs mains.
4 Mais la multitude de la ville fut partagée en deux, & les
uns étoient du côté des Juifs, & les autres du côté des A-
postres.
5 [c] Et comme il se fut fait une émûte tant des Gentils que
des Juifs, & de leurs Gouverneurs, pour faire outrage aux
Apostres, & les lapider:
6 Eux l'ayant sû, [d] s'enfuïrent aux villes de Lycaonie, *savoir* à Lystre, & à Derbe, & aux quartiers d'alentour.
7 Et ils y annoncerent l'Evangile.
8 Or il y avoit à Lystre un certain homme, [e] impotent de
ses pieds, perclus dés le ventre de sa mére, & qui n'avoit
jamais marché, qui se tenoit là assis.
9 Cét homme ouït parler Paul, qui ayant arrêté ses yeux
sur lui, & voyant qu'il avoit la foi pour être guéri.
10 Lui dit à haute voix; Leve-toi droit sur tes pieds. [f] Et
il se leva en sautant, & marcha.
11 Et les gens qui étoient là assemblez ayant vû ce que Paul
avoit fait, éleverent leur voix, disant en Langue Lycao-
nienne; [g] les Dieux [2] s'étant fait semblables aux hommes, sont
descendus vers nous.
12 Et ils appelloient Barnabas Jupiter, & Paul Mercure,
parce que c'étoit lui qui portoit la parole.

1 C'étoit de ces Gentils dont il vient d'être parlé au ch. précédent, vs. 16. 26. 42.
a vs. 19. & *ch.* 13. 50.
b *ch.* 19. 11. *Marc* 16. 20. *Héb.* 2. 4.
c 2 *Tim.* 3. 11.
d *ch.* 8. 1. *Matth.* 10. 23. 2 *Tim.* 3. 11.
e *ch.* 3. 2.
f *Esa.* 35. 6.
g *ch.* 28. 6.
2 Les Payens croyoient que les dieux qu'ils adoroient alloient & venoient dans le monde tantôt sous une figure, & tantôt sous une autre, & le plus souvent sous la figure humaine, avec laquelle ils se mêloient parmi les hommes.

13 Et

13 Et même le Sacrificateur de Jupiter, qui étoit devant
leur ville, ayant amené des taureaux couronnez jusqu'à l'entrée de la porte, vouloit leur sacrifier avec la foule.
14 Mais les Apostres Barnabas & Paul ayant appris cela, [h] ils
déchirerent leurs vêtemens, & se jetterent au milieu de la
troupe, en s'écriant,
15 Et disant; Hommes, pourquoi faites-vous ces choses?
[i] Nous sommes aussi hommes, [k] sujets aux mêmes affections
que vous, & nous vous annonçons que de telles choses [3] vaines
[l] vous vous convertissiez au Dieu vivant, [m] qui a fait le ciel
& la terre, la mer, & toutes les choses qui y sont.
16 Lequel aux temps passez, [n] a laissé toutes les nations
marcher dans leurs voyes;
17 Quoi qu'il ne se soit pas laissé sans témoignage, [o] en faisant du bien, & en nous [p] donnant des pluyes du ciel, & des
saisons fertiles, & remplissant nos cœurs de viande & de joye.
18 Et en disant ces choses, à peine empêcherent-ils les troupes de leur sacrifier.
19 Sur quoi quelques Juifs d'Antioche & d'Iconie étant sur-
venus, ils gagnerent le peuple, [q] de sorte qu'ayant lapidé
Paul, ils le traînerent hors de la ville, croyant qu'il fût mort.
20 Mais les disciples s'étant assemblez autour de lui, il se
leva, & entra dans la ville; & le lendemain il s'en alla avec
Barnabas à Derbe.
21 Et après qu'ils eurent annoncé l'Evangile en cette ville-
là, & instruit plusieurs personnes, ils retournerent à Lystre,
à Iconie, & à Antioche.
22 [r] Fortifiant les courages des disciples, & [s] les exhortant
à persévérer en la foi, & *leur remontrant* que [t] c'est par plusieurs afflictions qu'il nous faut entrer dans le Royaume de
Dieu.
Et après que [4] par l'avis des assemblées il eurent établi [5] des
[u] Anciens dans chaque Eglise, ayant prié avec jeûnes, ils les
recommanderent au Seigneur, en qui ils avoient crû.
24 Puis ayant traversé la Pisidie, ils allerent en Pamphylie.

h 2 *Rois* 5. 7. 8. & 11. 14. & 18. 37. & 19. 1. *Matth.* 26. 65. i *ch.* 10. 26. *Job* 33. 6. k *Jacq.* 5. 17. 3 L'Ecriture exprime par ce nom le culte des idoles, qui sont appellées en Hébreu du nom de *vanitez*, ou de *riens*, comme qui diroit des fictions & des chimeres. l 1 *Thess.* 1. 9. m *Gen.* 1. 1. *Pse.* 146. 6. *Apoc.* 14. 7. n *ch.* 17. 30. *Pse.* 81. 13. & 147. 20. *Eph.* 2. 12. & 3. 5. o *ch.* 17. 27. 28. *Matth.* 5. 45. p *Job* 38. 25. 26. *Pse.* 65. 10. 11. & 135. 7. *Jer.* 14. 22. q 2 *Cor.* 11. 25. 2 *Tim.* 3. 11. r *ch.* 15. 41. s *ch.* 11. 23. & 13. 43. 1 *Cor.* 16. 13. t *Matth.* 16. 24. *Luc* 22. 28. & 24. 26. *Rom.* 8. 17. 2 *Cor.* 1. 6. 2 *Tim.* 3. 12. 1 *Pier.* 5. 10.

25 Et

4 Le mot Grec marque les *suffrages*, qu'on donnoit dans les assemblées en levant la main en haut. 5 C'est-à-dire, *des Prêtres* ou Pasteurs. u *ch.* 11. 30. x *ch.* 13. 13.

25 Et ayant annoncé la parole à [x] Perge, ils descendirent
à Attalie:
26 Et de là ils navigerent à Antioche, [y] d'où ils avoient été
recommandez à la grace de Dieu, pour l'œuvre qu'ils avoient
accomplie.
27 Et quand ils furent arrivez, & qu'ils eurent assemblé
l'Eglise, [z] ils raconterent toutes les choses que Dieu avoit
faites par eux, & comment il avoit ouvert aux Gentils [a] la
porte de la foi.
28 Et ils demeurerent là long-temps avec les disciples.

y *ch.* 13. 3.
z *ch.* 15. 4. 12. & 21. 19.
a 1 *Cor.* 16. 9. 2 *Cor.* 2. 12. *Col.* 4. 3.

CHAPITRE XV.

S'il faut circoncire les Gentils qui se convertissent, & les obliger à observer les ordonnances cérémonielles, 1—5. *Le Concile assemblé à Jérusalem,* 6. *Les cœurs sont purifiez par la foi,* 9. *Decret du Concile,* 24—29. *Dispute entre Paul & Barnabas,* 28.

OR [a] quelques-uns, qui étoient descendus de Judée, enseignoient les fréres, *en disant*; [b] Si vous n'étes circoncis selon l'usage de Moyse, vous ne pouvez point être sauvez.
2 Sur quoi une grande contestation & une grande dispute
étant survenue entre Paul & Barnabas & eux, il fut résolu
que [c] Paul & Barnabas, & quelques autres d'entr'eux mon-
teroient à Jérusalem vers [d] les Apostres & [1] les Anciens, pour
cette question.
3 Eux donc étant envoyez de la part de l'Eglise traverserent la Phénicie & la Samarie, racontant la conversion des
Gentils: & ils donnerent une grande joye à tous les fréres:
4 [e] Et étant arrivez à Jérusalem, ils furent reçus de l'Eglise, & des Apostres, & des Anciens, & [f] ils raconterent
toutes les choses que Dieu avoit faites par eux.
5 Mais [g] quelques-uns, *disoient-ils*, de la secte des Pharisiens qui ont cru, se sont levez, disant qu'il les faut circoncire, & leur commander de garder la Loi de Moyse.
6 Alors les [h] Apostres & [2] les Anciens s'assemblerent pour
aviser à cette affaire.
7 Et après une grande discussion [3] Pierre se leva, & leur
dit; Hommes fréres, [i] vous savez que depuis long-temps
Dieu

a vs. 5.
b *Gen.* 17. 10. *Lévit.* 12. 3. *Gal.* 5. 2. *Phil.* 3. 2. 11. 16. *Col.* 2. 8.
c *Gal.* 2. 1.
d vs. 6.
1 Les Pasteurs ordinaires.
e *ch.* 14. 3. 26.
f vs. 12. & *ch.* 14. 27. & 21. 19.
g *Phil.* 3. 3.
h vs. 2. 22. 23. & *ch.* 16. 4.
2 Les Prêtres donc ou les simples Pasteurs, furent membres de ce premier & fameux Concile.
3 Il opina le premier, comme le premier reçu à l'Apostolat, mais il n'y fit pas la fonction de président, ce fut S. Jacques qui la fit, comme Apostre particulier de Jérusalem, où ils étoient assemblez: vs. 13. &c.
i *ch.* 10. 20. & 11. 12.

Dieu m'a choisi entre nous, afin que les Gentils oüissent par
ma bouche la parole de l'Evangile, & qu'ils crûssent.
8 Et [k] Dieu, qui connoît les cœurs, leur a rendu témoignage, [l] en leur donnant le Saint Esprit, [m] de même qu'à nous.
9 Et il n'a point fait de différence entre nous & eux, [n] ayant
purifié leurs cœurs par la foi.
10 Maintenant donc [o] pourquoi tentez-vous Dieu pour
mettre sur le cou des disciples un joug que ni nos péres ni
nous n'avons pû porter?
11 Mais nous croyons que [p] nous serons sauvez par la grace du Seigneur Jésus-Christ, comme eux aussi.
12 Alors toute l'assemblée se tut: & ils écoutoient Barnabas & Paul, [q] qui racontoient quels prodiges & quelles merveilles Dieu avoit fait par eux entre les Gentils.
13 Et après qu'ils se furent tûs, [r] Jacques prit la parole,
& dit; Hommes fréres, écoutez-moi.
14 Simon a raconté comment Dieu a premierement regardé les Gentils pour en prendre un peuple à son Nom.
15 Et c'est à cela que s'accordent les paroles des Prophetes, selon qu'il est écrit:
16 [s] Après cela je retournerai & rebâtirai le Tabernacle de
David, qui est tombé, & je réparerai ses ruïnes, & le releverai.
17 Afin que le reste des hommes recherche le Seigneur, &
toutes les nations aussi sur lesquelles mon Nom est réclamé,
dit le Seigneur, qui fait toutes ces choses.
18 De tout temps sont connues à Dieu toutes ses œuvres.
19 C'est pourquoi je suis d'avis de ne point fâcher ceux des
Gentils qui se convertissent à Dieu:
20 [t] Mais de leur écrire qu'ils ayent à s'abstenir [u] des souillûres des idoles, & [x] de [4] la paillardise, & [y] des bêtes [5] étouffées, & du sang.
21 Car quant à Moyse, [z] il y a de *toute* ancienneté dans
chaque ville des gens qui le prêchent, vû qu'il est lû dans
les Synagogues chaque jour de Sabbat.

k 1 *Sam.* 16.7. 1 *Chron.* 28.9. & 29.17. *Pse.* 7.10. *Jer.* 11. 20. & 17.10. & 20. 12.
l *ch.* 10. 43. & 26. 18.
m *ch.* 11. 17.
n *ch.* 26. 28. *Héb.* 11. 6. 1 *Pier.* 1. 22.
o *Gal.* 5. 1.
p *Eph.* 2. 4. 8. *Tite* 3. 4.
q vs. 4.
r *ch.* 12. 17.
s *Amos* 9. 11. 12.
t vs. 29.
u 1 *Cor.* 8. 1. 9. 10. & 10. 14. 20. 21.
x 1 *Thess.* 4. 3.
4 Les Payens en général regardoient la simple fornication comme peu de chose, mais seulement l'adultere: Voyez 1 Thess. 4. 3, 4. 5.
y *Gen.* 9. 4. *Lévit.* 3. 19. & 17. 14. *Deut.* 12. 23.
5 C'est-à dire, dont le sang n'eût pas été fort exactement répandu. Cette défense n'étoit qu'à temps, & en faveur des Juifs parmi lesquels se trouvoient les Gentils convertis.
z *ch.* 13. 27. *Néh.* 8. 1.

22 Alors il sembla bon aux Apostres & aux Anciens avec
toute l'Eglise, d'envoyer à Antioche avec Paul & Barnabas
des hommes choisis entr'eux, savoir Judas, surnommé Barsa-
bas & Silas, qui étoient des principaux entre les fréres:

23 Et ils écrivirent par eux ce qui s'ensuit: Les Apostres,
& les Anciens, & les Fréres, aux fréres d'entre les Gentils à
Antioche, & en Syrie, & en Cilicie, salut.

a vs. 1. 24 Parce que [a] nous avons entendu que quelques-uns étant
partis d'entre nous, vous ont troublez par certains discours,
b Gal. 2. 4. [b] renversant vos ames, en vous commandant d'être circon-
1 Jean 2. 19. cis, & de garder la Loi, sans que nous leur en eussions donné charge:

25 Nous avons été d'avis, étant assemblez tous d'un accord, d'envoyer vers vous, avec nos trés-chers Barnabas &
Paul, des hommes que nous avons choisis;

c ch. 13. 50. 26 [c] Et qui sont des hommes qui ont abandonné leurs vies
& 14. 19. pour le Nom de nôtre Seigneur Jésus-Christ.

27 Nous avons donc envoyé Judas & Silas, qui vous feront
entendre les mêmes choses de bouche.

6 C'est-à-dire, à nous par le S. Esprit. 28 Car il a semblé bon au Saint Esprit [6] & à nous, de ne
mettre point de [d] plus grande charge sur vous que ces cho-
ses-ci, *qui sont* nécessaires:

d Gal. 5. 1. 29 [e] *Savoir*, que vous-vous absteniez des choses sacrifiées
e vs. 20. & ch. 16. 4. & aux idoles, & du sang, & des bêtes étouffées, & de la pail-
21. 25. 1 Cor. lardise: desquelles choses si vous-vous gardez, vous ferez
10. 27. 28. bien. Bien vous soit.

30 Après avoir donc pris congé, ils vinrent à Antioche,
& ayant assemblé l'Eglise, ils rendirent les Lettres.

31 Et quand *ceux d'Antioche* les eurent lûes, ils furent réjouïs par la consolation *qu'elles leur donnerent*.

f ch. 11. 1. 32 Pareillement Judas & Silas, qui étoient aussi [f] Prophe-
1 Cor. 14. 3. 4. tes, exhorterent les fréres par plusieurs paroles, [g] & les for-
g vs. 41. tifierent.

33 Et après avoir demeuré là quelque temps, ils furent
renvoyez en paix par les fréres vers les Apostres.

34 Mais il sembla bon à Silas de demeurer là.

35 Et

35 Et Paul & Barnabas demeurerent aussi à Antioche, enseignant & annonçant, avec plusieurs autres, la parole du
Seigneur.

36 Et quelques jours après, Paul dit à Barnabas; Retour-
nons-nous-en, & visitons nos fréres par toutes les villes où
nous avons annoncé la parole du Seigneur, pour voir quel
est leur état.

37 Or Barnabas conseilloit de prendre avec eux [h] Jean,
surnommé [i] Marc.

38 Mais il ne sembloit pas raisonnable à Paul, [k] que celui
qui s'étoit séparé d'eux dés la Pamphylie, & qui n'étoit
point allé avec eux pour cette œuvre-là, leur fût ajoint.

39 Sur [l] quoi il y eut entr'eux une telle contestation, [7] qu'ils
se séparerent l'un de l'autre, & que Barnabas prenant Marc,
navigea en Cypre.

40 Mais Paul ayant choisi Silas pour l'accompagner, partit
de là, après avoir été recommandé à la grace de Dieu par
les fréres.

41 Et il traversa la Syrie & la Cilicie, [m] fortifiant les E-
glises.

h *ch.* 12. 12. 25. & 13. 5.
i *Col.* 4. 10. 2. *Tim.* 4. 11. *Philem.* *vs.* 24.
k *ch.* 13. 13.
l *ch.* 13. 3. & 14. 26.
7. La divine providence le permit ainsi, afin que l'Evangile fût prêché en même temps dans plus d'un païs.
m *vs.* 32. & *ch.* 14. 22 & 16. 5. & 18. 23.

CHAPITRE XVI.

1. Paul amene avec lui de Lystre Timothée, & le circoncit, 3. Il voit à Troas une apparition d'un homme Macédonien, 9. Les Juifs de Philippes ont leur lieu de priere près d'une riviere, 13. La conversion de Lydie, 14. Une servante, qui a l'esprit de Python, 16. Paul & Silas fouettez, 23. La conversion du geolier, 33. La crainte des Gouverneurs quand on leur dit que ceux qu'ils ont fait fouetter sont citoyens Romains, 38.

ET il arriva [a] à Derbe & à Lystre: & voici, il y avoit là
un disciple, nommé [b] Timothée, fils d'une femme Juifve; mais d'un pére [1] Grec;

2 Lequel avoit [c] bon témoignage des fréres qui étoient à
Lystre, & à Iconie.

3 *C'est pourquoi* Paul voulut qu'il allât avec lui: & l'ayant
pris avec soi, [d] il le circoncit, à cause des Juifs qui étoient
en ces lieux-là; car ils savoient tous que son pére étoit Grec.

4 Eux donc passant par les villes [e] les instruisoient de gar-

a *ch.* 14. 6.
b *ch.* 17. 14. & 19. 22 & 20. 4. *Rom.* 16. 21. *Phil.* 2. 19. 1 *Thess.* 3. 2. 1 *Tim.* 1. 2. 2 *Tim.* 1. 5.
1 C'est-à-dire, un Gentil, Prosélyte du domicile, qui n'étoit point circoncis: comme, ch. 14. 1. & 17. 4.
c *ch.* 6. 3.
d 1 *Cor.* 9. 20. *Gal.* 2. 3.
e *ch.* 15. 28. 29.

der les ordonnances decretées [f] par les Apostres, & par les
Anciens de Jérusalem.
5 Ainsi les Eglises étoient [g] affermies dans la foi, & crois-
soient en nombre chaque jour.
6 Puis ayant traversé la Phrygie & le païs de Galatie, [h] il
leur fut défendu [2] par le Saint Esprit d'annoncer la parole
en Asie.
7 Et étant venus en Mysie, ils essayoient d'aller en Bithynie; mais [i] l'Esprit de Jésus ne le leur permit point.
8 C'est pourquoi ayant passé la Mysie, ils descendirent [k] à
Troas.
9 Et Paul eut de nuit une vision, d'un homme Macédonien
qui se présenta devant lui, & le pria, disant; Passe en Macédoine, & nous aide.
10 Quand donc il eut vû cette vision, nous tâchâmes incontinent d'aller en Macédoine, concluant de là que le Seigneur nous avoit appellez pour leur évangéliser.
11 Ainsi étant partis de Troas, nous tirâmes droit à Sa-
mothrace, & le lendemain à Néapolis:
12 Et de là à Philippes, qui est la premiere ville du quar-
tier de Macédoine, & est [3] une colonie: & nous séjournâmes quelque temps dans la ville.
13 Et le jour du Sabbat nous sortîmes de la ville, *& allâmes* au lieu où on avoit accoûtumé de faire la priere, prés
du fleuve, & nous étant là assis nous parlâmes aux femmes
qui y étoient assemblées.
14 Et une femme, nommé Lydie, marchande de pourpre, qui étoit de la ville de [l] Thyatire, [4] & qui servoit
Dieu, *nous* ouït, & le Seigneur [5] [m] lui ouvrit le cœur, pour
entendre les choses que Paul disoit.
15 Et après qu'elle eut été baptisée, avec [n] sa famille, elle
nous pria, disant; Si vous m'estimez être fidele au Seigneur,
[o] entrez dans ma maison, & y demeurez. Et elle nous y
contraignit.
16 Or il arriva que comme nous allions à la priere, nous fûmes

f *ch.* 15. 2. 6.
g *ch.* 15. 41.
h vs. 7.
2 C'est-à-dire, par une inspiration secrette du S. Esprit.
i vs. 6.
k *ch.* 20. 6. 2 *Cor.* 2. 12. 2 *Tim.* 4. 13.
3 C'est-à-dire, une colonie Romaine, dont les habitans avoient droit de Bourgeoisie Romaine.
l *Apoc.* 1. 11. & 2. 18. 24.
4 C'est-à-dire, qui étoit une de ces Prosélytes d'entre les Gentils, qui adoroient le vrai Dieu, mais qui n'avoient pas entierement embrassé la Religion de Moyse.
5 Savoir, par l'opération interieure & efficace de son Esprit, sans quoi l'Evangile est prêché en vain.
m *ch.* 18. 27. *Lam.* 5. 21. *Luc* 24. 45. *Jean* 6. 44. 1 *Cor.* 2. 14. *Eph.* 1. 19. *Phil.* 1. 29. & 2. 13. 1 *Jean* 5. 20.
n vs. 33. 1 *Cor.* 1. 16.
o *Gen.* 19. 3. & 33. 11. *Jug.* 19. 21. *Héb.* 13. 2.

mes rencontrez par une certaine servante qui avoit [p] un esprit p ch. 19. 24.
de Python, & qui apportoit un grand profit à ses maîtres en 1 Sam. 28. 7.
devinant.
17 Et elle se mit à nous suivre, Paul & nous, en criant,
& disant; Ces hommes sont serviteurs du Dieu souverain,
& ils nous annoncent la voye du salut.
18 Et elle fit cela durant plusieurs jours: mais Paul en étant
ennuyé, se tourna, & dit à l'esprit; [q] Je te commande au q Marc 16.17.
Nom de Jésus-Christ de sortir de cette fille; & il en sortit.
19 Mais ses maîtres voyant [r] que l'espérance de leur gain r ch. 19. 24.
étoit perdue, se saisirent de Paul & de Silas, & les tirerent en 25.
la place du marché aux Magistrats.
20 Et ils les présenterent aux Gouverneurs, en disant; Ces
hommes-ci, qui sont Juifs, [f] troublent nôtre ville: f ch. 17. 6.
21 Car ils annoncent des ordonnances qu'il ne nous est pas 1 Rois 18. 17.
permis de recevoir, ni de garder, vû que nous sommes Romains.
22 Le peuple aussi se soûleva ensemble contr'eux, & les
Gouverneurs leur ayant fait déchirer leurs robes, comman-
dérent [t] qu'ils fussent fouettez. t 2 Cor. 11.
23 [u] Et après leur avoir donné plusieurs coups de fouet, 25. 1 Thess. 2. 2.
ils les mirent en prison, en commandant au geolier de les u ch. 22. 24.
garder sûrement. 2 Cor. 11. 25.
24 Et le *geolier* ayant reçu cét ordre, les mit au fond de la 1 Thess. 2. 2.
prison, & leur serra les pieds dans des ceps.
25 Or sur le minuit Paul & Silas prioient, en chantant les
louanges de Dieu: ensorte que les prisonniers les entendoient.
26 Et tout d'un coup il se fit un [x] si grand tremblement x ch. 5. 19.
de terre, que les fondemens de la prison croûloient: & in- & 12. 7.
continent toutes les portes s'ouvrirent, & les liens de tous
furent détachez.
27 Sur quoi le geolier s'étant éveillé, & voyant les portes
de la prison ouvertes, tira son épée, & se vouloit tuer,
croyant que les prisonniers s'en fussent fuïs.
28 Mais Paul cria à haute voix, en disant; Ne te fai point
de mal; car nous sommes tous ici.

29 Alors ayant demandé de la lumiere il sauta dedans, &
tout tremblant se jetta *aux pieds* de Paul & de Silas.
30 Et les ayant menez dehors, il leur dit; Seigneurs, y que
faut-il que je fasse pour être sauvé?
31 Ils dirent; z Crois au Seigneur Jésus-Christ; & tu seras
sauvé, toi & ta maison.
32 Et ils lui annoncerent la parole du Seigneur, & à tous
ceux qui étoient en sa maison.
33 Après cela, les prenant en cette même heure de la nuit,
il lava leurs playes, & aussi-tôt après a il fut baptisé, avec
tous ceux de sa maison.
34 b Et les ayant amenez en sa maison, il leur servit à manger, & se réjouït, parce qu'avec toute sa maison il avoit cru
en Dieu.
35 Et quand il fut jour, les Gouverneurs envoyerent des
sergens, pour lui dire; Donne congé à ces gens-là.
36 Et le geolier rapporta ces paroles à Paul, *disant*; Les
Gouverneurs ont envoyé dire qu'on vous donnât congé, sortez donc maintenant, & allez-vous-en en paix.
37 Mais Paul leur dit; Après nous avoir fouettez publiquement, sans forme de jugement, c nous qui sommes 6 Romains, ils nous ont mis en prison: & maintenant ils nous mettent dehors en cachette? Il n'en sera pas ainsi, mais qu'ils
viennent eux-mêmes, & qu'ils nous mettent dehors.
38 Et les sergens rapporterent ces paroles aux Gouverneurs, qui craignirent, ayant entendu qu'ils étoient Romains.
39 C'est pourquoi ils vinrent vers eux, & les prierent; puis
les ayant mis dehors, ils les supplierent de partir de la ville.
40 Alors étant sortis de la prison, ils entrerent chez Lydie,
& ayant vû les fréres, ils les consolerent, & *ensuite* ils partirent.

y *ch.* 2. 37. & 9. 6. *Luc* 3. 10.
z *Jean* 3. 16. 36. & 6. 47. 1 *Jean* 5. 10.
a *vs.* 15. & *ch.* 2. 38. & 8. 38. & 10. 47.
b *Luc* 5. 29. & 19. 6.
c *ch.* 22. 25.
6 On ne sait pas d'où étoit Silas, mais pour S. Paul, on sait qu'il étoit de Tarse, dont les habitans avoient droit & privilege de Bourgeoisie Romaine.

CHAPITTE XVII.

Saint Paul prêche à Thessalonique, 4. Persécution des Juifs contre lui, 5. Les Fidéles de Berée conférent les prédications de saint Paul avec l'Ecriture, 11. Dispute de saint Paul à Athénes avec les Philosophes Epicuriens, & les Stoïciens, 18. Son discours dans l'Aréopage, 19. Autel consacré au Dieu inconnu, 23.

Puis

PUis ayant traversé par Amphipolis & par Apollonie, ils
vinrent à Thessalonique, où il y avoit une Synagogue de
Juifs.
2 Et Paul [a] selon sa coûtume entra vers eux, & durant trois
Sabbats il disputoit avec eux [b] par les Ecritures:
3 [1] Déclarant & exposant [c] qu'il avoit fallu que le Christ
souffrit, & qu'il ressuscitât des morts, [d] & que ce Jésus, lequel, *disoit-il*, je vous annonce, étoit le Christ.
4 Et quelques-uns d'entr'eux crurent, & se joignirent à
Paul & à Silas, & une grande multitude [e] de Grecs qui servoient Dieu, & des femmes [f] de qualité en assez grand
nombre.
5 Mais les Juifs rebelles étant [2] pleins d'envie, prirent certains garnemens, batteurs de pavé, qui ayant fait amas de
peuple, firent une émotion dans la ville, & qui ayant forcé
la maison de [g] Jason, chercherent *Paul & Silas* pour les a-
mener au peuple.
6 Mais ne les ayant point trouvez, ils traînerent Jason, &
quelques fréres aux Gouverneurs de la ville, en criant;
Ceux-ci [h] qui [3] ont remué tout le monde, sont aussi venus ici;
7 Et Jason les a retirez chez lui: & [i] ils contreviennent
tous aux ordonnances de César, en disant, qu'il y a un autre Roi, *qu'ils nomment* Jésus.
8 Ils soulevérent donc le peuple & les Gouverneurs de la
ville, qui entendoient ces choses.
9 Mais après avoir reçu caution de Jason & des autres, ils
les laissérent aller.
10 Et incontinent les fréres [k] mirent de nuit hors *de la ville* Paul & Silas, pour aller à Bérée, où étant arrivez ils entrerent dans la Synagogue des Juifs.
11 Or ceux-ci furent [4] plus généreux que les Juifs de Thessalonique, car ils reçûrent la parole avec toute promptitude, [5] [l] conférant tous les jours les Ecritures, *pour savoir* s'il
étoit ainsi.
12 Plu-

a *ch.* 13. 5. & 14. 1. & 19. 8.
b *ch.* 9. 22. & 18. 28. & 28. 23. *Jean* 5. 39.
1 Le terme de l'original signifie *ouvrir*, ou donner l'ouverture du sens &c.
c *Luc* 24. 26. 46. 1 *Pier.* 1. 11.
d *ch.* 9. 22. & 18. 5. 28.
e *ch.* 13. 16. & 14. 1.
f *ch.* 13. 50.
2 Ou, *pleins de fureur*, & d'emportement.
g *Rom.* 16. 21.
h *ch.* 16. 20. & 24. 5.
3 Le mot Grec veut dire, *exciter des troubles*.
i *Luc* 23. 2. *Jean* 19. 12.
k *ch.* 9. 25.
4 C'est-à-dire ayant les inclinations plus nobles, & plus droites.
5 C'étoit moins pour s'assûrer de la vérité des citations, que du sens. Ce qui étant loué en eux, fait voir que le peuple a droit d'examiner par lui-même ce qui leur est prêché, & enseigné, nonobstant la grande disproportion de capacité qui se trouve entre le peuple & les Docteurs.
l *Esa.* 8. 20. & 34. 16. *Luc* 16. 29, *Jean* 5. 39. 1 *Thess.* 5. 21. 2 *Tim.* 3. 15.

m vs. 4. & ch. 16. 14.

12 Plusieurs donc entr'eux crûrent, & des femmes [m] Grecques honorables, & des hommes aussi, en assez grand nombre.
13 Mais quand les Juifs de Thessalonique sûrent que la parole de Dieu étoit aussi annoncée par Paul à Bérée, ils y vinrent, & émûrent le peuple.
14 Mais alors les fréres firent incontinent sortir Paul hors
de la ville, comme pour aller vers la mer; mais Silas & Timothée demeurerent encore là.

n ch. 18. 5.

15 Et ceux qui avoient pris la charge de mettre Paul en sûreté, le menerent jusqu'à Athénes, & ils en partirent [n] après
avoir reçu ordre de *Paul de dire* à Silas & à Timothée qu'ils
le vinssent bien-tôt rejoindre.

o Psi. 119. 158. 2 Pier. 2. 8. Apoc. 2. 2. p vs. 22. 23.

16 Et comme Paul les attendoit à Athénes, [o] son esprit s'ai-
grissoit en lui-même, en considérant cette ville [p] entierement adonnée à l'idolatrie.
17 Il disputoit donc dans la Synagogue avec les Juifs & a-
vec les dévots, & tous les jours dans la place du marché avec
ceux qui s'y rencontroient.
18 Et quelques-uns d'entre les Philosophes Epicuriens &
d'entre les Stoïciens se mirent à parler avec lui, & les uns
disoient; Que veut dire ce babillard? & les autres disoient;
Il semble être annonciateur de dieux étrangers; parce qu'il
leur annonçoit Jésus & [6] la résurrection.
19 Et l'ayant pris, ils le menerent dans [7] l'Aréopage, &
lui dirent; Ne pourrons-nous point savoir quelle est cette
nouvelle doctrine dont tu parles?
20 Car tu nous remplis les oreilles de certaines choses étran-
ges: nous voulons donc savoir ce que veulent dire ces choses.
21 Or tous les Athéniens & les étrangers qui demeuroient
à *Athénes*, [8] ne s'occupoient à autre chose qu'à dire ou à ouïr
quelque nouvelle.
12 Paul étant donc au milieu de l'Aréopage, *leur* dit; Hommes Athéniens, je vous vois comme [9] trop dévots en toutes
choses.
23 Car en passant & en contemplant vos dévotions, j'ai
trouvé même un autel sur lequel étoit écrit, AU DIEU IN-

CON-

6 Ils la prenoient pour une Déesse, ne sachant ce que c'étoit que la résurrection. vs. 32.
7 C'est comme nous dirions le *Palais*, ou comme disoient les Romains *le Senat*.
8 Cela leur avoit été souvent reproché, plus de trois cens ans auparavant par leur célébre Orateur Demosthéne.
9 Gr. *plus superstitieux*, savoir, que les autres.

CONNU: [10] Celui donc que vous honorez sans le connoître,
c'est celui [11] que je vous annonce.
24 [q] Le Dieu qui a fait le monde & toutes les choses qui y
sont, étant le Seigneur du Ciel & de la terre, [r] n'habite
point dans des temples faits de main:
25 [s] Et il n'est point servi par les mains des hommes, *com-*
me s'il avoit besoin de quelque chose, vû que c'est lui qui
[t] donne à tous la vie, [12] & la respiration, & toutes choses;
26 Et il a fait [u] d'un seul sang tout le genre humain pour
habiter sur toute l'étendue de la terre, ayant déterminé les
saisons qu'il avoit auparavant ordonnées, [x] & les bornes de
leur habitation:
27 Afin qu'ils cherchent le Seigneur, pour voir s'ils pourroient en quelque sorte le toucher [13] en tâtonnant, & le trouver; quoi qu'il ne soit pas loin d'un chacun de nous.
28 [y] Car par lui nous avons la vie, & le mouvement, &
l'être: selon ce que [14] quelques-uns mêmes de vos poëtes ont
dit; Car aussi nous sommes sa race.
29 Etant donc la race de Dieu, [z] nous ne devons point estimer que la Divinité soit semblable à l'or, ou à l'argent, ou à la
pierre taillée par l'art & l'industrie des hommes.
30 Mais Dieu [a] ayant [15] dissimulé les temps de l'ignorance, [b] annonce maintenant à tous les hommes en tous lieux
qu'ils se repentent.
31 [c] Parce qu'il a arrêté un jour, auquel il doit juger en justice le monde universel, par l'homme qu'il a destiné *pour*
cela: dequoi il a donné une preuve certaine à tous, [d] en
l'ayant ressuscité d'entre les morts.
32 Mais quand ils ouïrent ce mot de la résurrection des
morts, les uns s'en moquoient, & les autres disoient; Nous
t'entendrons encore sur cela.
33 Et Paul sortit ainsi du milieu d'eux.

10 Que vous honorez confusément, & sous l'idée vague d'un Dieu inconnu. 11 Sav. distinctement & sous une idée directe & précise. Voyez des tours d'expressions semblables 1 Sam. 9. 20. & Jean 7. 34. q *ch.* 14. 15. *Gen.* 1. 1. *Pse.* 33. 6. & 124. 8. & 146. 6. r *ch.* 7. 48. *Esa.* 66. 1. s *Pse.* 50. 8-13. t *Gen.* 2. 7. *Neh.* 9. 6. *Esa.* 42. 5. 2 *Macc.* 7. 22. & 14. 46. 12 La vie n'est pas sans la respiration, ni la respiration sans la vie, mais S. Paul a ajoûté ce mot au précédent, pour dire, que nous ne pouvons pas même respirer un seul moment sans la volonté de Dieu, & sans le concours de sa providence. u *Gen.* 1. 26. & 2. 22. & 5. 1. 2. x *Deut.* 32. 8. 13 Depuis le péché la raison est si foible en nous & ses lumieres si sombres, qu'elle ne peut nous mener jusques à Dieu que comme à tâtons. y *Job* 12. 10. *Dan.* 5. 23. 14 C'étoit le Poëte *Aratus.* z *Esa.* 40. 18. a *ch.* 14. 16. 15 C'est-à-dire, que Dieu avoit laissé les Gentils à eux-mêmes, sans prendre soin de les instruire, comme il avoit fait les Juifs. b *Luc* 24. 47. *Tite* 2. 11. 12. 13. 14. 2 *Pier.* 3. 9. *Sap.* 11. 24. c *ch.* 10. 42. 2 *Cor.* 5. 10. 2 *Tim.* 4. 1. d *ch.* 2. 24. & 13. 30. *Gal.* 1. 1. *Eph.* 1. 20. *Col.* 2. 12. 1 *Thess.* 1. 10. *Heb.* 13. 20.

34 Quelques-uns pourtant se joignirent à lui, & crûrent: entre lesquels même étoit Denis l'Aréopagite, & une femme nommée Damaris, & quelques autres avec eux.

CHAPITRE XVIII.

Paul vient à Corinthe, & il travaille chez Aquile à faire des tentes, 2. Il prêche dans la Synagogue, 4. Conversion de Crispe, 8. Paul accusé devant le Proconsul Gallion, 12. Il part de Corinthe après s'être fait raser la tête, 18. Apollos enseigne à Ephése, 24. Et prouve par les Ecritures que Jésus étoit le Christ, 28.

APrès cela Paul étant parti d'Athénes, vint à Corinthe.
2 Et y ayant trouvé un certain Juif, [a] nommé Aquile,
originaire du païs de Pont, qui un peu auparavant étant venu d'Italie avec Priscille sa femme, parce que Claude avoit commandé que tous les Juifs sortissent de Rome, il s'adressa à eux.
3 Et parce qu'il étoit de même mêtier, il demeura avec
eux, [b] & il travailloit: or leur mêtier étoit de faire des tentes.
4 Et chaque Sabbat il disputoit dans la Synagogue, & persuadoit tant les Juifs que les Grecs.
5 Et quand [c] Silas & Timothée furent venus de Macedoine, Paul étant pressé par l'Esprit, témoignoit aux Juifs [d] que Jésus étoit le Christ.
6 Et comme ils le contredisoient, [e] & qu'ils blasphémoient, [f] il secoua ses vêtemens, & leur dit; [g] Que vôtre sang soit sur vôtre tête, j'en suis net: [h] je m'en vais dés à présent vers les Gentils.
7 Et étant sorti de là, il entra dans la maison d'un homme appellé Juste, qui [i] servoit Dieu, & duquel la maison tenoit à la Synagogue.
8 Mais [k] Crispe, Principal de la Synagogue, crut au Seigneur avec toute sa maison; & plusieurs autres aussi des Corinthiens l'ayant ouï crurent, & ils furent baptisez.
9 [l] Or le Seigneur dit la nuit à Paul dans une vision; Ne crains point, mais parle, & ne te tais point:
10 Parce que je suis avec toi, & personne ne mettra les mains sur toi pour te faire du mal: & [1] j'ai un grand peuple en cette ville.

11 Il

a *Rom.* 16. 3. 1 *Cor.* 16. 19. 2 *Tim.* 4. 19.
b *ch.* 20. 34. 1 *Cor.* 4. 12. 2 *Cor.* 11. 9. & 12. 13. 1 *Thess.* 2. 9. 2 *Thess.* 3. 8.
c *ch.* 17. 15.
d vs. 28. & *ch.* 9. 22. & 17. 3.
e *ch.* 13. 45. & 19. 9.
f *ch.* 13. 51. *Matth.* 10. 14.
g *Lévit.* 20. 9. 12. 2 *Sam.* 1. 16. *Ezéch.* 3. 18. 19. *Matth.* 27. 25.
h *ch.* 20. 26.
i *ch.* 10. 2. & 13. 16. & 16. 4.
k 1 *Cor.* 1. 14.
l *ch.* 23. 11.
1 C'étoit pour cela qu'il y faisoit prêcher son Evangile, d'où l'on peut conclurre, que là où il ne le fait point prêcher, & où il est entierement inconnu, c'est qu'il n'y a point d'élus. Conferez avec Agg. 2. 7. & Matth. 24. 31.

11 Il demeura donc là un an & six mois, enseignant parmi
eux la parole de Dieu.
12 Mais du temps que Gallion étoit Proconsul d'Achaïe,
les Juifs *tous* d'un accord s'éleverent contre Paul, & l'amenerent devant le siége judicial:
13 En disant; Cét homme persuade les gens de servir Dieu
contre [2] la Loi.
14 Et comme Paul vouloit ouvrir la bouche, Gallion dit
aux Juifs; O Juifs, s'il étoit question de quelque injustice,
ou de quelque crime, [3] je vous supporterois autant qu'il seroit raisonnable:
15 [m] Mais s'il est question de paroles, & de mots, & de
vôtre Loi, vous y regarderez vous-mêmes: car je ne veux
point être juge de ces choses.
16 Et il les fit retirer de devant le siége judicial.
17 Alors tous les Grecs ayant saisi [n] Sosthénes, qui étoit le
Principal de la Synagogue, le battoient devant le siége judicial, sans que Gallion s'en mît en peine.
18 Et quand Paul eut demeuré là encore assez long-temps,
il prit congé des fréres, & navigea en Syrie, & avec lui
Priscille & Aquile, [o] après qu'il se fut fait raser la tête [4] à
Cenchrée, [5] parce qu'il avoit un vœu.
19 Puis il arriva à Ephése, & les y laissa: mais étant entré dans la Synagogue, il discourut avec les Juifs;
20 Qui le prierent de demeurer encore plus long-temps
avec eux; mais il ne voulut point le leur accorder.
21 Et il prit congé d'eux, en *leur* disant; Il me faut absolument faire la Feste prochaine à Jérusalem, mais je re-
viendrai encore vers vous, [p] s'il plaît à Dieu. Ainsi il desan-
cra d'Ephése.
22 Et quand il fut descendu à Césarée, il monta *à Jérusalem*, & après avoir salué l'Eglise, il descendit à Antioche.
23 Et y ayant séjourné quelque tems, il s'en alla, & traversa tout de suite la contrée de Galatie, & de Phrygie,
fortifiant tous les disciples.
24 Mais [q] il vint à Ephése un Juif, nommé Apollos, A-
lexan-

2 C'est-à-dire, contre les loix de Moyse.
3 Ou, *je vous soûtiendrois*.
m *ch.* 25. 11.
n 1 *Cor.* 1. 1.
o *ch.* 21. 24.
4 C'étoit un grand faux-bourg de Corinthe.
5 Quelques Interpretes entendent cela du vœu qu'il avoit fait vs. 21. mais d'autres l'entendent du vœu du Nazaréat; Nomb. 6. 18.
p 1 *Cor.* 4. 19. *Héb.* 6. 3. *Jacq.* 4. 15.
q 1 *Cor.* 1. 12.

lexandrin de nation, homme éloquent, & puissant dans les
Ecritures:
25 Qui étoit en quelque maniere instruit [6] dans la [r] voye
du Seigneur; & comme il avoit une grande ferveur d'esprit,
il exposoit & enseignoit fort exactement les choses qui concernent le Seigneur, [f] quoi qu'il ne connût [7] que le Baptême de Jean.
26 Il commença donc à parler [t] avec hardiesse dans la Synagogue; & quand Priscille & Aquile l'eurent entendu, ils
le prirent avec eux, & lui expliquerent plus particulierement
la voye de Dieu.
27 Et comme il voulut passer en Achaïe, les fréres qui
l'y avoient exhorté, écrivirent aux disciples de le recevoir,
& quand il y fut arrivé, [u] il profita beaucoup [x] à ceux qui
avoient crû par la grace.
28 Car il convainquoit publiquement les Juifs avec une
grande véhémence, démontrant [8] par les Ecritures [y] que Jésus étoit le Christ.

6 C'est-à-dire, dans la doctrine de J. C.
r vs. 26. & ch. 19 9. 23. & 22. 4. & 24. 14.
f ch. 19. 3.
7 C'est-à-dire, les prédications de Jean Baptiste.
t ch. 19. 8. & 28. 31. Phil. 1. 14.
u 1 Cor. 3. 6.
x ch. 16. 14.
8 Les Juifs avoient pour eux la décision de leur Pontife, des Sacrificateurs, des Docteurs, & le préjugé contre la nouveauté de l'Evangile &c. mais ils n'avoient rien, n'ayant pas pour eux l'Ecriture sainte.
y vs. 5. & ch 17. 2 3 & 28. 23. Luc 24. 26.

CHAPITRE XIX.

Saint Paul rencontre à Ephése certains disciples qui n'avoient pas oüi parler des dons miraculeux du St. Esprit, 2. Et ausquels le St. Esprit est conferé par l'imposition des mains, 6. Malades guéris par des mouchoirs qui avoient touché saint Paul, 12. Juifs exorcistes, 13. Livres de magie brûlez à Ephése, 18. Emotion excitée par Demétrius contre saint Paul, 24—40.

OR il arriva comme [a] Apollos étoit à Corinthe, que Paul,
après avoir traversé [1] tous les quartiers d'enhaut, vint à
Ephése, où ayant trouvé de certains disciples, il leur dit:
2 Avez-vous reçu le Saint Esprit quand vous avez crû? &
ils lui répondirent; Nous n' avons pas même oüi dire [b] [2] s'il
y a un Saint Esprit.
3 Et il leur dit; De quel *Baptême* donc avez-vous été
baptisez? ils répondirent; Du Baptême de Jean.
4 Alors Paul dit; Il est vrai que Jean a baptisé [c] du Baptême

a ch. 18. 24. 1 Cor. 1. 12.
1 C'est-à-dire, les païs de Phrygie, & de Galatie, ch. 18. 23.
b ch. 10. 44. Jean 7. 39.
2 C'est-à-dire, qu'ils n'avoient pas oui parler de ces dons miraculeux du S. Esprit, qui étoient conferez par les Apostres, ch. 8. 15. 17. & qu'ils reçurent ensuite eux-mêmes, vs. 6.
c ch. 1. 5. & 11. 16. Matth. 3. 11. Marc 14. 8. Luc 3. 16. Jean 1. 26.

téme de repentance, disant au peuple, qu'ils crûssent en celui qui venoit après lui, c'est-à-dire, en Jésus-Christ.
5 Et ayant ouï ces choses, ils furent baptisez [d] au Nom
du Seigneur Jésus.
6 Et après que Paul leur eut imposé les mains, [e] le Saint
Esprit vint sur eux, & ainsi ils parlerent divers langages, &
prophétiserent.
7 Et tous ces hommes-là étoient environ douze.
8 Puis [f] étant entré dans la Synagogue, il [g] parla avec
hardiesse l'espace de trois mois, disputant, & persuadant les
choses du Royaume de Dieu.
9 Mais comme quelques-uns [h] s'endurcissoient, & étoient
rebelles, [i] médisant de [k] la voye *du Seigneur* devant la multitude, lui s'étant retiré d'avec eux, sépara les disciples, &
il disputoit tous les jours dans l'école d'un nommé Tyrannus.
10 Et cela continua l'espace [3] de deux ans; de sorte que
tous ceux qui demeuroient en Asie, tant Juifs que Grecs,
ouïrent la parole du Seigneur Jésus.
11 Et Dieu [l] faisoit des prodiges extraordinaires par les
mains de Paul:
12 De [m] sorte que même on portoit de dessus son corps
des couvrechefs & des mouchoirs sur les malades, & ils
étoient guéris de leurs maladies, & les esprits malins sortoient des *possédez*.
13 Alors quelques-uns d'entre les Juifs [n] exorcistes, qui
couroient ça & là, essayerent d'invoquer le Nom du Seigneur
Jésus sur ceux qui étoient possédez des esprits malins, en disant; Nous vous adjurons par Jésus que Paul prêche.
14 Et ceux qui faisoient cela étoient sept fils de Sceva
Juif, principal Sacrificateur.
15 Mais le malin esprit répondant, dit; je connois Jésus,
& je sais qui est Paul: mais vous, qui étes-vous?
16 Et l'homme en qui étoit le malin esprit, sauta sur eux,
& s'en étant rendu maître, les traitta si mal, qu'ils s'enfuïrent de cette maison [4] tous nuds, & blessez.
17 Or cela vint à la connoissance de tous les Juifs & des
Grecs

d ch. 8.16.
e ch. 2.4. & 6.6. & 8.17. & 10.46. & 11.15.
f ch. 9.10. & 13.5. & 14.1.
g ch. 18.26.
h ch. 13.45. & 18.6.
i ch. 13.45.
k vs. 23. & ch. 18.25.26. & 22.4. & 24.23.
3 Il fût en tout trois ans à Ephése, mais de ces trois ans il y en eût deux auxquels il fit ses assemblées chez Tyrannus.
l ch. 14.3. Marc 16.20. Rom. 15.19.
m ch. 5.15.
n Matth. 12.27.
4 C'est-à-dire, en laissant tomber leurs robes de dessus: comme Jean 21.7.

Grecs qui demeuroient à Ephése : & ils furent tous saisis de
crainte, & le Nom du Seigneur Jésus étoit glorifié.
18 Et plusieurs de ceux qui avoient crû venoient, [o] confessant & déclarant ce qu'ils avoient fait.
19 Plusieurs aussi de ceux qui s'étoient adonnez à des choses curieuses, apporterent leurs Livres, & les brûlerent devant tous, dont ayant supputé le prix, on trouva qu'il montoit à cinquante mille [5] pieces d'argent.
20 [p] Ainsi la parole du Seigneur croissoit puissamment, & se renforçoit.
21 Or après que ces choses furent faites, Paul se proposa par *un mouvement de* l'Esprit de passer par la Macedoine & par l'Achaïe, & d'aller [q] à Jérusalem, disant; Après que j'aurai été là, [r] il me faut aussi voir Rome.
22 Et ayant envoyé en Macedoine deux de ceux [s] qui l'assistoient, *savoir* Timothée & [t] Eraste, il demeura quelque temps [6] en Asie.
23 [u] Mais en ce temps-là il arriva un grand trouble, à cause de la doctrine.
24 Car un certain homme nommé Démetrius, qui travailloit en argenterie, & faisoit [7] de petits temples d'argent de Diane, [x] & qui apportoit beaucoup de profit aux ouvriers du métier,
25 Les assembla, avec d'autres qui travailloient à de semblables ouvrages, & il leur dit; Hommes, vous savez que tout nôtre gain vient de cét ouvrage:
26 Or vous voyez & vous entendez comment non seulement à Ephése, mais presque par toute l'Asie, ce Paul-ci par ses persuasions a détourné beaucoup de monde, en disant que [y] ceux-là [8] ne sont point Dieux, qui sont faits de main.
27 Et il n'y a pas seulement de danger pour nous que nôtre métier ne vienne à être décrié, mais aussi que le Temple [z] de la grande déesse Diane ne soit plus rien estimé, & qu'il

o *Matth.* 3.6.
5 Cela doit s'entendre des drachmes Grecques, qui étoit leur monnoye la plus ordinaire, de la valeur d'environ sept sols de France.
p *ch.* 6. 7. & 12.24. *Esa* 55. 11.
q *ch.* 18. 21. *Gal.* 2. 1.
r *Rom.* 15.25. 28.
s *ch.* 13. 5.
t *Rom.* 16.23. 2 *Tim.* 4.20.
6 C'est-à-dire, l'Asie Mineure, dont Ephése étoit la ville Capitale.
u 1 *Cor.* 1. 8.
7 vs. 24. C'étoient de petits temples d'argent dans lesquels, comme dans des chasses, on portoit l'image de Diane.
x *ch.* 16.16.
y *Pse.* 115.4. *Jér.* 10. 3.
8 vs.26 Les Payens n'étoient pas si fous que de croire que les statues de bois, de pierre, d'argent ou d'or, fussent effectivement des dieux, mais leur erreur étoit que les dieux qu'ils adoroient étoient de vrais dieux, qui se rendoient présens dans ces statues, après qu'elles leur avoient été consacrées.
z vs. 35.

qu'il n'arrive que sa majesté, laquelle toute l'Asie & le monde universel a en révérence, ne vienne aussi à néant.
28 Et quand ils eurent entendu ces choses, ils furent tous
remplis de colére, & s'écrierent, disant; Grande est la Diane des Ephésiens!
29 Et toute la ville fut remplie de confusion: & ils se jetterent en foule dans le Théatre, & enleverent [a] Gaïe & [b] A-
ristarque Macedoniens, compagnons de voyage de Paul.
30 Et comme Paul vouloit entrer vers le peuple, les disciples ne le lui permirent point.
31 Quelques-uns aussi d'entre [9] les Asiarques, qui étoient
ses amis, envoyerent vers lui, pour le prier de ne se présenter point au Théatre.
32 Les uns donc crioient d'une façon, & les autres d'une
autre, car l'Assemblée étoit confuse, & plusieurs même ne
savoient pas pourquoi ils étoient assemblez.
33 Alors Alexandre fut avancé hors de la foule, les Juifs
le poussant en avant: & Alexandre [c] faisant signe de la main,
vouloit alleguer quelque excuse au peuple.
34 Mais quand ils eurent connu qu'il étoit Juif, il s'éleva
une voix de tous, durant l'espace presque de deux heures,
en criant; Grande est la Diane des Ephésiens!
35 Mais [10] le Greffier ayant appaisé cette multitude *de peuple*, dit; Hommes Ephésiens, & qui est celui des hommes
qui ne sache que la ville des Ephésiens est dédiée au service
[d] de la grande déesse Diane, & à *son* image, descendue de
Jupiter?
36 Ces choses donc étant telles sans contradiction, il faut
que vous vous appaisiez, & que vous ne fassiez rien impru-
demment.
37 Car ces gens que vous avez amenez, ne sont ni sacri-
leges, ni blasphémateurs de vôtre déesse.
38 Mais si Démetrius & les ouvriers qui sont avec lui,
ont quelque chose à dire contre quelqu'un, on tient la cour,
& il y a des Proconsuls: qu'ils s'y appellent *donc* les uns les
autres.

a *ch.* 20.4. *Rom.* 16.23. 1 *Cor.* 1.14.
b *Col.* 4.10.
9 C'étoient des Magistrats qui présidoient dans les jeux publics, instituez en l'honneur de leurs dieux.
c *ch.* 12.17. & 13.16. & 21.40
10 Ce n'étoit pas un simple greffier, ou écrivain, mais un de ces Asiarques, qui avoit l'office de coucher sur le Registre public les noms de ceux qui remportoient les prix, & qui dès là qu'il étoit du corps même des Asiarques, étoit un homme d'une grande autorité, & faisoit dans cette assemblée comme la fonction de président.
d vs. 27.

39 Et si vous avez quelque autre chose à demander, cela se pourra décider dans une assemblée dûement convoquée.

40 Car nous sommes en danger d'être accusez de sédition pour ce qui s'est passé aujourd'hui: puis qu'il n'y a aucun sujet que nous puissions alleguer pour rendre raison de cette émûte. Et quand il eut dit ces choses, il congédia l'assemblée.

CHAPITRE XX.

La mort & la résurrection d'Eutyche, 9. Discours de saint Paul aux Pasteurs d'Ephése, 18. Il ne fait nul cas de sa vie, 24. Dieu a rachetté l'Eglise par son sang, 28. C'est une chose plus heureuse de donner que de recevoir, 35.

OR aprés que le trouble fut cessé, Paul fit venir [1] les disciples, & les ayant embrassez, [a] il partit pour aller en Macedoine.
2 Et quand il eut passé par ces quartiers-là, & qu'il y eut
fait plusieurs exhortations, il vint en Grece.
3 Et aprés y avoir séjourné trois mois, les Juifs lui ayant
dressé des embûches, au cas qu'il se fût allé embarquer pour
la Syrie, on fut d'avis de retourner par la Macedoine.
4 Et Sopater Béréen le devoit accompagner jusqu'en Asie;
& d'entre les Thessaloniciens [b] Aristarque & Second, avec
Gaïe Derbien, & Timothée; & de ceux d'Asie, [c] Tychique
& [d] Trophime.
5 Ceux-ci donc étant allez devant, nous attendirent à
[e] Troas.
6 Et nous, ayant levé l'ancre à Philippes, aprés [f] les jours
des pains sans levain, nous arrivâmes au bout de cinq jours
auprés d'eux à Troas, & y séjournâmes sept jours.
7 Et le premier jour de la semaine, les disciples étant assemblez [g] pour [2] rompre le pain, Paul, qui devoit partir le
lendemain, leur fit un discours, qu'il étendit jusqu'à minuit.
8 Or il y avoit beaucoup de lampes dans la chambre haute
où ils étoient assemblez.
9 Et un jeune homme nommé Eutyche, qui étoit assis sur
une fenêtre, étant abbatu d'un profond sommeil pendant le
long discours de Paul, emporté du sommeil tomba en bas du
troisiéme étage, & fut levé mort.

1 C'est-à-dire, les Fidéles, ou Chrétiens.

a 1 *Tim.* 1.3. b *ch.* 19. 29. c *Eph.* 6.21. 2 *Tim.* 4.12. *Tite* 3.12. d *ch.* 21 29. 2 *Tim.* 4.20. e *ch.* 16.8. f *Exod.* 12.15. g *ch.* 2.42 46. 1 *Cor.* 10.16. & 11.20.

2 On communioit tous les Dimanches, & comme ce n'a été que dans les derniers siecles de l'Eglise, qu'on introduisit l'usage des oublies, que l'on donne entieres aux Communians, on se servoit du pain ordinaire, & on le rompoit en le donnant aux Communians.

10 Mais

10 Mais Paul étant descendu, [h] se pancha sur lui, & l'em- h 1 Rois 17.21
brassa, & dit; Ne vous troublez point, [3] car son ame est en lui. 2 Rois 4.34. 3 C'est com-
11 Et après qu'il fut remonté, & qu'il eut rompu le pain, me s'il avoit
& mangé, & qu'il eut parlé long-temps jusqu'à l'aube du dit, le voilà vivant, parce
jour, il partit. que dans ce
12 Et ils amenerent là le jeune homme vivant, dequoi ils moment Dieu lui avoit
furent extrémement consolez. rendu la vie.
13 Or étant entrez dans le navire nous fûmes portez à Assos, où nous devions reprendre Paul; car il l'avoit ainsi ordonné, voulant, quant à lui, faire ce chemin à pied.
14 Et lors qu'il nous eut rejoints à Assos, nous le primes
avec nous, & allâmes à Mitylene.
15 Puis étant partis de là, le jour suivant nous abordâmes
vis-à-vis de Chios: le lendemain nous arrivâmes à Samos:
& nous étant arrêtez à Trogyle, nous vinmes le jour d'après
à Milet.
16 Car Paul s'étoit proposé de passer au delà d'Ephése,
afin de ne point séjourner en Asie: parce [i] qu'il se hâtoit d'ê- i ch. 18.21.
tre, s'il lui étoit possible, le jour de la Pentecôte à Jérusalem.
17 Or il envoya de Milet à Ephése pour faire venir les Anciens de l'Eglise;
18 Qui étant venus vers lui, il leur dit; [k] Vous savez com- k 1 Thess. 2.
ment je me suis porté toûjours avec vous [l] dés le premier jour 5.10.
que je suis entré en Asie: l ch. 19.1.
19 Servant le Seigneur en toute humilité, & avec beaucoup de larmes, & parmi beaucoup d'épreuves, qui me sont
arrivées par les embûches des Juifs;
20 [m] Et comment je ne me suis épargné en rien de ce qui m vs. 27.
vous étoit utile, vous ayant prêché, & ayant enseigné publiquement, & par les maisons.
21 Prêchant tant aux Juifs qu'aux Grecs [n] la repentance qui n ch. 2.38.
est envers Dieu, & la foi en Jésus-Christ nôtre Seigneur. Marc 1.15.
22 Et maintenant voici, étant lié par l'Esprit, je m'en vais Luc 24.47.
à Jérusalem, ignorant les choses qui m'y doivent arriver;
23 Sinon que [o] le Saint Esprit m'avertit de ville en ville, o ch. 21.4.11.
disant; Que des liens & des tribulations m'attendent.

 24 Mais

24 Mais je ne fais cas de rien, [p] & ma vie ne m'est point
précieuse, pourvû qu'avec joye j'acheve ma course, & le ministere [q] que j'ai reçu du Seigneur Jésus, pour rendre témoignage à l'Evangile de la grace de Dieu.
25 Et maintenant voici, [4] je sai qu'aucun de vous tous,
parmi lesquels j'ai passé en prêchant le Royaume de Dieu, ne
verra plus ma face.
26 C'est pourquoi je vous prens aujourd'hui à témoin, que
[r] je suis net du sang de tous.
27 [s] Car je ne me suis point épargné à vous annoncer tout
[t] le conseil de Dieu.
28 [u] Prenez donc garde à vous-mêmes, & à tout le troupeau sur lequel [x] le Saint Esprit vous a établis [5] [y] Evêques,
[z] pour paître l'Eglise de Dieu, [a] laquelle il a acquise par son
propre sang.
29 Car je sai qu'après mon départ [b] il se fourrera parmi
vous des loups très-dangereux, qui n'épargneront point le
troupeau.
30 [c] Et qu'il se levera d'entre vous-mêmes des hommes qui
annonceront des choses perverses, afin d'attirer des disciples
après eux.
31 C'est pourquoi [d] veillez, vous souvenant que [e] durant
l'espace de trois ans, je n'ai cessé nuit & jour d'avertir un
chacun de vous.
32 Et maintenant, mes fréres, je vous recommande à
Dieu, & à la parole de sa grace, [f] lequel est puissant pour
achever de vous édifier, [g] & pour vous donner l'héritage avec
tous les Saints.
33 [h] Je n'ai convoité ni l'argent, ni l'or, ni la robe de personne.
34 Et vous savez vous-mêmes [i] que ces mains m'ont fourni les choses qui m'étoient nécessaires, & à ceux qui étoient
avec moi.
35 Je vous ai montré en toutes choses qu'en travaillant ainsi [k] il

p *ch.* 21. 13. *Phil.* 2. 17. q *Gal.* 1. 1. *Tite* 1 3. 4 Comme il ne le savoit que par conjecture, & sur des raisonnemens qui lui paroissoient bien fondez, il en arriva autrement qu'il n'avoit cru : car Dieu le délivra de la fureur des Juifs, ch. 21. 31. & 23. 21. car il fut conduit de Jérusalem à Rome, où il fut deux ans, ch. 28. 30. & d'où il sortit, & retourna en Asie, 2 Tim. 4. 20. r *ch.* 18. 6. s vs. 20. t *Luc* 7. 30. u 1 *Tim.* 4. 16. x *ch.* 13. 2. 5 Ou, *inspecteurs*, *surveillans*, car anciennement le mot d'*Evêque* n'étoit pas un terme de distinction, & de dignité éminente, comme il le fut depuis. y 1 *Tim.* 3. 1. 2. z *Ezéch.* 34. 4. *Jean* 21. 15. 1 *Pier* 5. 2. 3. a *Eph.* 1. 7. & 5. 25. 1 *Pier.* 1. 18. 19. *Apoc.* 5. 9. b *Matth.* 7. 15. 2 *Pier.* 2. 1. c 1 *Jean* 2. 19. d *Matth.* 24. 42. 1 *Cor.* 16. 13. 2 *Tim.* 4. 5. *Apoc.* 3. 2. e *ch.* 19. 8. 10. f 1 *Cor.* 1. 8. *Phil.* 1. 6. g *ch.* 26. 18. *Eph.* 1. 18. h 1 *Sam.* 12. 3. 1 *Cor* 9. 12. 2 *Cor.* 7. 2. & 11. 9. & 12. 13. i *ch.* 18. 3. 1 *Cor.* 4. 12. 1 *Thess.* 2. 9. 2 *Thess.* 3. 8.

si [k] il faut supporter les infirmes, & se souvenir des paroles k 1 Cor. 9. 12.
du Seigneur Jésus, qui a dit; Que c'est une chose plus heu-
reuse de donner, que de recevoir.
36 Et quand *Paul* eut dit ces paroles, [l] il se mit à genoux, l ch. 21. 5.
& fit la priere avec eux tous.
37 Alors il y eut de grands pleurs de tous, & se jettant au
cou de Paul, ils le baisoient:
38 Etant tristes principalement à cause de cette parole qu'il
leur avoit dite; Qu'ils ne verroient plus sa face: & ils le conduisirent au navire.

CHAPITRE XXI.

Paul arrive à Tyr, 4. Philippe l'Evangeliste, & ses quatre filles, 8. Agabus se lie de la ceinture de Paul, 10. Saint Jacques & les Anciens de Jérusalem conseillent à Paul de se purifier selon les loix de Moyse, avant que d'entrer au Temple, 23. Quelques Juifs d'Asie soûlevent le peuple contre lui, 27. Un Capitaine de la garnison lui demande s'il ne seroit point un certain Egyptien qui depuis peu avoit excité une sédition, 38.

AInsi donc étant partis, & nous étant éloignez d'eux,
nous tirâmes tout droit à Coos, & le jour suivant à Rho-
des, & de là à Patara.
2 Et ayant trouvé là un navire qui traversoit en Phénicie,
nous montâmes dessus, & partîmes.
3 Puis ayant découvert Cypre, nous la laissâmes à main gauche, & tirant vers la Syrie, nous arrivâmes à Tyr: car le navire y devoit décharger sa charge.
4 Et ayant trouvé là [a] des [1] disciples, nous y demeurâmes a ch. 6. 1. 2.
sept jours: or ils disoient par l'Esprit à Paul [b] qu'il ne mon- & 9. 1. 25. &
tât point à Jérusalem. 14. 22. &c.
5 Mais ces jours-là étant passez nous partîmes, & nous mî- 1 C'est-à-dire, des Chrétiens.
mes en chemin, étant conduits de tous avec leurs femmes & b vs. 12. &
leurs enfans, jusques hors de la ville, & [c] ayant mis les ge- ch. 20. 23.
noux en terre sur le rivage, nous fîmes la priere. c ch. 20. 36.
6 [d] Et après nous être embrassez les uns les autres, nous d ch. 20. 37.
montâmes sur le navire, & les autres retournerent chez eux.
7 Et ainsi achevant nôtre navigation, nous vinmes de Tyr
à Ptolemaïs; & après avoir salué les fréres, nous demeurâmes un jour avec eux.

8 Et le lendemain Paul & sa compagnie partant de là, nous vinmes à Césarée; & étant entrez dans la maison de Philippe l'Evangeliste, [e] qui étoit l'un des [2] sept, nous demeurâmes chez lui.

e *ch.* 6. 5. & 8. 40.
2 C'est-à-dire, des sept diacres. ch. 6. 5.

9 Or il avoit quatre filles vierges, [f] qui prophétisoient.

10 Et comme nous fûmes là plusieurs jours, il y arriva de Judée un Prophete, [g] nommé Agabus:

f *ch.* 2. 17. *Joël* 2. 28.
g *ch.* 11. 28.

11 Qui nous étant venu voir, prit la ceinture de Paul, & s'en liant les mains & les pieds, il dit; Le Saint Esprit dit ces choses; [h] Les Juifs lieront ainsi à Jérusalem l'homme à qui est cette ceinture, & le livreront [i] entre les mains des Gentils.

h vs 11. & *ch.* 20. 23.
i *ch.* 25. 12.

12 Et quand nous eûmes entendu ces choses, nous, & ceux qui étoient du lieu, le priâmes qu'il ne montât point à Jérusalem.

13 Mais Paul répondit; Que faites-vous, [k] en pleurant, & en affligeant mon cœur? pour moi, [l] je suis tout prêt non seulement d'être lié, mais aussi de mourir à Jérusalem pour le Nom du Seigneur Jésus.

k *ch.* 20. 37.
l *ch.* 20. 24.

14 Ainsi, parce qu'il ne pouvoit être persuadé, nous nous en départîmes, en disant; [m] La volonté du Seigneur soit faite.

m *Matth* 6. 10. *Luc* 11. 2. & 22. 42.

15 Quelques jours après, ayant chargé nos hardes nous montâmes à Jérusalem.

16 Et quelques-uns [3] des disciples vinrent aussi de Césarée avec nous, amenant avec eux un homme *appellé* Mnason, Cyprien, qui étoit un ancien disciple, chez qui nous devions loger.

3 C'est-à-dire, des Chrétiens.

17 Et quand nous fûmes arrivez à Jérusalem, les fréres nous reçurent avec joye.

18 Et le jour suivant, Paul vint avec nous chez [n] Jacques, & tous les Anciens y furent assemblez.

n *ch.* 15. 13. *Gal.* 1. 19.

19 Et après qu'il les eut embrassez, [o] il raconta de point en point les choses que Dieu avoit faites parmi les Gentils par son ministere.

o *ch.* 13. 27. & 15. 4. 12.

20 Ce qu'ayant ouï, ils glorifierent le Seigneur, & ils dirent à *Paul*; Frére, tu vois combien il y a de milliers de Juifs qui ont crû; & ils sont tous zélateurs de la Loi.

21 Or ils ont ouï dire de toi, que tu enseignes tous les Juifs
qui sont parmi les Gentils, de renoncer à Moyse, en *leur* disant [4] qu'ils ne doivent point circoncire leurs enfans, ni vivre
selon les ordonnances *de la Loi*.
22 Que faut-il donc faire? Il faut absolument assembler la
multitude *des Fideles*, car ils entendront dire que tu és arrivé.
23 Fai donc ce que nous allons te dire; Nous avons quatre hommes [p] qui ont fait [5] un vœu:
24 Prens-les avec toi, & te purifie avec eux, & contribue
[6] avec eux, [q] afin qu'ils se rasent la tête, & que tous sachent
[7] qu'il n'est rien des choses qu'ils ont ouï dire de toi, mais que
tu continues toi aussi de garder la Loi.
25 Mais à l'égard de ceux d'entre les Gentils qui ont crû,
nous en avons écrit, ayant ordonné qu'ils n'observent rien de
semblable, [r] mais seulement qu'ils se gardent de ce qui est
sacrifié aux idoles, & du sang, & des bêtes étouffées, & de
la paillardise.
26 Paul ayant donc pris ces hommes avec lui, & le jour suivant s'étant [s] purifié avec eux, il entra au Temple, [t] en dé-
nonçant quel jour leur purification devoit s'achever, & *continuant ainsi* jusqu'à ce que l'oblation fût présentée pour chacun d'eux.
27 Et comme les sept jours s'accomplissoient, quelques Juifs
[u] d'Asie ayant vû Paul dans le Temple, soûleverent tout le
peuple, & mirent les mains sur lui.
28 En criant; Hommes Israëlites, aidez-nous: voici cét
homme qui par tout enseigne tout le monde contre le peuple, contre la Loi, & contre ce Lieu: & qui de plus a aussi amené [8] des Grecs [9] dans le Temple, & a profané ce saint
Lieu.
29 Car avant cela ils avoient vû avec lui dans la ville [x] Trophime Ephésien, & ils croyoient que Paul l'eût amené dans
le Temple.
30 Et toute la ville fut émue, & le peuple y accourut: [y] &
ayant

4 Les Apostres laissoient par condescendance dans ces premiers temps, aux Juifs la liberté de circoncire leurs enfans; mais en leur faisant entendre que ce n'étoit qu'un simple usage, & que la circoncision n'étoit plus, comme elle avoit été jusqu'alors, le Sacrement de l'alliance de Dieu, & qui les engageât, comme autrefois, à l'observation de toutes les ordonnances légales: Voyez Gal. 5. 1. 2. & 6. 13. 15.

p *ch.* 18. 18.

5 C'étoit apparemment le vœu du Nazareat.

6 Ou, *pour eux*; car c'étoient vraisemblablement des personnes pauvres.

q *ch.* 18. 18. *Nomb.* 6. 2. 13. 18.

7 Il étoit de la prudence de dissiper des soupçons qui alloient à rabbaisser l'estime qu'on devoit avoir pour S. Paul.

r *ch.* 15. 20. 29. s *ch* 24. 18. t *ch.* 24. 18. *Nomb.* 6. 13. 14. 15. u *ch.* 20. 4. 8 Non circoncis. 9 C'est-à-dire, dans le parvis du Temple, où il n'étoit pas permis à des étrangers d'entrer. x *ch.* 20. 4. y *ch.* 26. 21.

ayant saisi Paul, ils le tirerent hors du Temple: & on ferma
aussi-tôt les portes.
31 Mais comme ils tâchoient de le tuer, le bruit vint au
capitaine de la compagnie *de la garnison* que tout Jérusalem
étoit en trouble:
32 Et aussi-tôt il prit des soldats & des centeniers, & courut vers eux: mais eux voyant le capitaine & les soldats ces-
serent de battre Paul.
33 Et le capitaine s'étant approché, se saisit de lui, & commanda [z] qu'on le liât de deux chaines; puis il demanda qui il
étoit, & ce qu'il avoit fait.
34 Mais les uns crioient d'une maniere, & les autres d'une
autre, dans la foule; & parce qu'il ne pouvoit en apprendre
rien de certain à cause du bruit, il commanda que *Paul* fût
mené dans la forteresse.
35 Et quand il fût venu aux degrez, il arriva qu'il fût porté par les soldats à cause de la violence de la foule;
36 Car la multitude du peuple le suivoit, en criant; [a] Ote-le.
37 Et comme on alloit faire entrer Paul dans la forteresse,
il dit au capitaine; M'est-il permis de te dire quelque chose?
Et *le capitaine lui* demanda; Sais-tu parler Grec?
38 N'es-tu pas [10] l'Egyptien qui ces jours passez as excité une
sédition, & as emmené au desert quatre mille brigands?
39 Et Paul lui dit; Certes je suis homme Juif, [b] citoyen,
natif de Tarse, [11] ville renommée de la Cilicie: mais je te
prie, permets moi de parler au peuple.
40 Et quand il lui eut permis, Paul se tenant sur les degrez
[c] fit signe de la main au peuple, & s'étant fait un grand silence, il leur parla en Langue Hébraïque, disant;

z *ch.* 21. 11.

a *ch.* 22. 22. *Luc* 23. 18 *Jean* 19. 15.

10 C'étoit un Juif venu d'Egypte qui se disoit prophéte, voyez Josephe dans ses Antiquitez Judaïques, Liv. 20. ch. 12.

b *ch.* 9. 11. 30. & 22. 3.

11 C'en étoit la capitale, à laquelle Jules César, avoit accordé le droit de Bourgeoisie Romaine, ch. 22. 28.

c *ch.* 12. 17. & 13. 16. & 19. 33.

CHAPITRE XXII.

Saint Paul fait l'histoire de sa conversion, 3—21. Fureur des Juifs contre lui lors qu'ils lui entendent dire que Dieu l'envoyoit aux Gentils, 22. Il se garantit du fouet par sa qualité de Bourgeois de Rome, 25.

HOmmes fréres & péres, écoutez-moi dans la défense que
j'employe maintenant devant vous.

2 Et quand ils ouïrent qu'il parloit à eux en Langue Hébraïque, ils firent encore plus de silence: & il dit;
3 Certes je suis homme [a]Juif, [b]né à Tarse de Cilicie, mais
nourri en cette ville [c] aux pieds de Gamaliel, ayant été exactement instruit dans la Loi de nos péres, [d]zélateur de Dieu,
comme vous étes tous aujourd'hui;
4 [e] *Et* qui ai persécuté cette doctrine jusques à la mort, liant
& mettant dans les prisons, & hommes & femmes:
5 Comme le souverain Sacrificateur lui-même & toute l'assemblée des Anciens m'en sont témoins: [f]desquels aussi ayant
reçu des Lettres *adressantes* aux fréres, j'allois à Damas afin
d'amener aussi liez à Jérusalem ceux qui étoient là, pour les
faire punir.
6 Or [g]il arriva comme je marchois, & que j'approchois de
Damas, environ sur le midi, que tout d'un coup une grande
lumiere venant du ciel, resplendit comme un éclair à l'entour
de moi.
7 [h]Et je tombai sur la place: & j'entendis une voix qui me
dit; Saul, Saul, pourquoi me persécutes-tu?
8 Et je répondis; Qui és-tu, Seigneur? Et il me dit; Je
suis Jésus le Nazarien, que tu persécutes.
9 [i] Or ceux qui étoient avec moi virent bien la lumiere, &
ils en furent tout effrayez, mais ils n'entendirent point la voix
de celui qui parloit à moi.
10 Et je dis; Seigneur, que ferai-je? Et le Seigneur me dit;
Leve-toi, & t'en va à Damas, & là il te sera parlé de tout
ce qu'il t'est ordonné de faire.
11 Or parce que je ne voyois rien, à cause de la splendeur
de cette lumiere, ceux qui étoient avec moi me menerent par
la main, & je vins à Damas.
12 Et [k]un homme *nommé* Ananias, qui craignoit Dieu selon
la Loi, & qui avoit *bon* témoignage de tous les Juifs qui de-
meuroient-là, vint à moi:
13 Et étant près de moi, il me dit, Saul *mon* frére, recouvre la vûe: & sur l'heure même je regardai vers lui.
14 Et il me dit; Le Dieu de nos péres [l]t'a [1] préordonné
pour

a 2 Cor. 11. 22. Phil. 3. 5.
b ch. 9. 11. & 21. 39.
c ch. 5. 34.
d Gal 1. 14.
e ch. 8. 3. & 9. 1. & 26. 9. 1 Cor. 15. 9. Gal 1. 13. 1 Tim. 1. 13.
f ch. 9. 2. & 26. 12.
g ch. 9. 3. & 26. 12. 1 Cor. 15. 8.
h ch. 26. 14. 15.
i ch. 9. 7.
k ch. 9. 17.
l ch. 26. 16. Gal. 1. 15.
1 A fait choix de toi, dés auparavant.

pour connoître sa volonté, & [2] pour voir [m] le Juste, & pour
ouïr la voix de sa bouche:
15 Car tu lui seras témoin envers tous les hommes des choses que tu as vûes & ouïes.
16 Et maintenant que tardes-tu? Leve-toi [n] & sois baptisé
& lavé de tes péchez, [3] en invoquant le Nom du Seigneur.
17 Or il arriva [o] qu'après que je fus retourné à Jérusalem,
comme je priois dans le Temple, je fus ravi en extase:
18 Et je vis le *Seigneur* qui me dit; Hâte-toi, & part en diligence de Jérusalem: car ils ne recevront point le témoignage que tu leur rendras de moi.
19 Et je dis; Seigneur, [p] eux-mêmes savent que je mettois
en prison, & que je fouettois dans les Synagogues ceux qui
croyoient en toi.
20 Et lors que le sang d'Estienne ton martyr fut répandu,
[q] j'y étois aussi présent, & je consentois à sa mort, & gardois les vêtemens de ceux qui le faisoient mourir.
21 Mais il me dit; Va-t-en, [r] car je t'envoyerai loin vers le
Gentils.
22 Et ils l'écouterent jusqu'à ce mot: mais alors ils éleverent leur voix, en disant; [s] Ote de la terre un tel homme,
car il n'est point convenable qu'il vive.
23 Et comme ils crioient à haute voix, & secouoient leurs
vêtemens, & jettoient de la poudre en l'air.
24 Le capitaine commanda qu'on le menât dans la forteresse, & il ordonna qu'il fût examiné par le fouet, afin de savoir
pour quel sujet ils crioient ainsi contre lui.
25 Et quand ils l'eurent garotté de courroyes, Paul dit au
centenier qui étoit près de lui; [t] Vous est-il permis de fouetter un homme Romain, & qui n'est pas même condamné?
26 Ce que le centenier ayant entendu, il s'en alla au capitaine pour l'avertir, disant; Regarde ce que tu as à faire:
car cét homme est Romain.
27 Et le capitaine vint à lui, & lui dit; Dis-moi, és-tu Romain? & il répondit; Oui certainement.
28 Et le capitaine lui dit; J'ai acquis cette bourgeoisie à
grand

2 Pour voir J. C.
m *ch.* 3. 14. & 7. 52. *Esa.* 53. 11. *Jér.* 23. 6. 1 *Jean* 2. 1.
n *ch.* 2. 38. & 16. 15. 33.
3 Ce mot comprend la foi, l'adoration, & tous les actes les plus profonds d'un culte religieux: ce qui est une preuve certaine de la divinité de J. C.
p *ch.* 8. 3.
q *ch.* 7. 58. & 8. 1.
r *ch.* 9. 15. & 13. 47. & 26. 17. *Gal.* 1. 15. & 2. 8. *Eph.* 3. 2. 8. 1 *Tim.* 2. 7. 2 *Tim.* 1. 11.
s *ch.* 21. 36.
t *ch.* 16. 37.

grand prix d'argent: & Paul dit; Mais moi, je le suis de
naissance.
29 C'est pourquoi ceux qui le devoient [u] examiner se retire- u vs. 24.
rent aussi-tôt d'auprès de lui: & quand le capitaine eut connu qu'il étoit bourgeois de Rome, il craignit, à cause qu'il
l'avoit fait lier.
30 Et le lendemain voulant savoir au vrai pour quel sujet il
étoit accusé des Juifs, il le fit délier, & ayant commandé que
les principaux Sacrificateurs & tout le Conseil s'assemblassent,
il fit amener Paul, & il le présenta devant eux.

CHAPITRE XXIII.

Paul plaide sa cause devant le Sanhédrin, 1. Ananias le fait frapper, 2 Censure de saint Paul contre Ananias, 3. Le Conseil se partage en Phariséens & Sadducéens, 8. Conjuration contre saint Paul, 12. Lysias le fait conduire à Césarée, 23. Sa Lettre à Félix, 25.

ET Paul ayant les yeux arrêtez vers le Conseil, dit; Hommes fréres, j'ai conversé [a] en toute bonne conscience devant Dieu, jusqu'à ce jour.
2 Sur quoi le souverain Sacrificateur Ananias commanda à
ceux qui étoient près de lui, [b] de le frapper sur le visage.
3 Alors Paul lui dit; Dieu te frappera, [c] paroi blanchie:
puis qu'étant assis [d] pour me juger [e] selon la Loi, tu comman-
des, en violant la Loi, que je sois frappé.
4 Et ceux qui étoient présens lui dirent; Injuries-tu le souverain Sacrificateur de Dieu?
5 Et Paul dit; *Mes* fréres, [1] je ne savois pas qu'il fût souverain Sacrificateur: car il est écrit; [f] Tu ne médiras point
du Prince de ton peuple.
6 Et Paul sachant qu'une partie *d'entr'eux* étoit de Sadducéens, & l'autre de Phariséens, s'écria dans le Conseil; Hommes fréres, [g] je suis Pharisien, fils de Pharisien, [h] je suis tiré en cause pour [i] l'espérance, & pour [k] la résurrection des
morts.

a *ch.* 24. 16. & 26. 4. *Phil.* 3. 6. 1 *Tim.* 1. 13. 2 *Tim.* 1. 3. b 1 *Rois* 22. 24. *Jér.* 20. 2. *Jean* 18. 22. c *Matth.* 23. 27. d *ch.* 22. 30. e *Lévit.* 19. 35. *Deut.* 17. 9. & 25. 1. 2.

1 Ou, *je ne pensois pas, mes Fréres, que ce fût un souverain Sacrificateur:* savoir, puis qu'il en soûtenoit si mal la dignité: ce qui renfermoit ainsi une espece d'ironie, & de censure contre Ananias: car S. Paul qui le voyoit à la tête du Conseil, ne pouvoit pas ignorer que ce ne fût le S. Sacrificateur: & quand ce ne l'eût pas même été, la loi que S. Paul allegue du 22. de l'Exode, n'auroit pas eu moins de force contre lui, puis qu'elle n'étoit pas faite pour la personne seule du Pontife, mais en général pour les Magistrats. f *Exod.* 22. 28. g *ch.* 26. 5. *Phil.* 3. 5. h *ch.* 26. 6. i *ch.* 28. 20. k *ch.* 24. 15. 21.

7 Et quand il eut dit cela, il s'émût une dissension entre les
Pharisiens & les Sadducéens: & l'assemblée fut divisée.
8 Car [l] les Sadducéens disent qu'il n'y a point de résurrection, ni d'Ange, ni [2] d'esprit, mais les Pharisiens confessent
l'un & l'autre.
9 Et il se fit un grand cri. Alors les Scribes du parti des
Pharisiens se leverent & contesterent, disant; [m] Nous ne trou-
vons aucun mal en cét homme-ci: mais si un esprit ou un Ange a parlé à lui, [n] ne combattons point contre Dieu.
10 Et comme il se fit une grande division, le capitaine craignant que Paul ne fût mis en pieces par eux, commanda que
les soldats descendissent, & qu'ils l'enlevassent du milieu d'eux,
& l'amenassent en la forteresse.
11 Et la nuit suivante, [o] le Seigneur se présenta à lui, &
lui dit; Paul aye bon courage; car comme tu as rendu témoignage de moi à Jérusalem, tout de même il faut que tu
me rendes aussi témoignage à Rome.
12 Et quand le jour fût venu, [p] quelques Juifs firent un complot & un serment [q] avec exécration, disant, qu'ils ne mange-
roient ni ne boiroient jusqu'à ce qu'ils eussent tué Paul.
13 Et ils étoient plus de quarante qui avoient fait cette conjuration.
14 Et ils s'adresserent aux principaux Sacrificateurs & aux
Anciens, & leur dirent; Nous avons fait un voeu avec exécration de serment, que nous ne goûterions de rien jusqu'à
ce que nous ayons tué Paul.
15 Vous donc maintenant faites savoir au capitaine par l'a-
vis du Conseil, qu'il vous l'amene demain, comme si vous
vouliez connoître de lui quelque chose plus exactement; &
nous serons tous prêts pour le tuer avant qu'il approche.
16 Mais le fils de la sœur de Paul ayant appris cette conjuration, vint & entra dans la forteresse, & le rapporta à Paul.
17 Et Paul ayant appellé un des centeniers, lui dit [r] Mene
ce jeune homme au capitaine; car il a quelque chose à lui
rapporter.
18 Il le prit donc, & le mena au capitaine, & il lui dit;
Paul

l *Matth.* 22. 23. *Marc* 12. 18. *Luc* 20. 27.
2 Ils croyoient que les Anges & les ames étoient des agens materiels, mais d'une matiere infiniment plus subtile que ni l'air, ni le feu, ni aucune autre chose semblable.
m *ch.* 25. 25. & 26. 31.
n *ch.* 5. 39.
o *ch.* 18. 9.
p *vs.* 20. 30.
q *Matth.* 26. 74.
3 S. Paul étoit assûré que Dieu le conserveroit, vs. 11. mais les decrets de Dieu n'empêchent pas que nous ne devions nous servir de nôtre raison, & de nôtre prudence: Voyez ch. 27. 23.

Paul qui est prisonnier m'a appellé, & m'a prié de t'amener ce
jeune homme qui a quelque chose à te dire.
19 Et le capitaine le prenant par la main, se retira à part,
& lui demanda; Qu'est-ce que tu as à me rapporter?
20 Et il lui dit; [r] Les Juifs ont conspiré de te prier que de- [r] vs. 12.
main tu envoyes Paul au Conseil, comme s'ils vouloient s'enquerir de lui plus exactement de quelque chose.
21 Mais ne t'y accorde point: car plus de quarante hommes
d'entr'eux sont en embûches contre lui, qui ont fait un voeu
avec exécration de serment, de ne manger ni boire jusqu'à
ce qu'ils l'ayent tué: & ils sont maintenant tous prêts, attendant ce que tu leur promettras.
22 Le capitaine donc renvoya le jeune homme, en lui commandant, de ne dire à personne qu'il lui eût déclaré ces choses.
23 Puis ayant appellé deux centeniers, il leur dit; Tenez
prêts à trois heures de la nuit deux cens soldats, & soixante-
dix hommes de cheval, & deux cens archers, pour aller à
Césarée.
24 Et ayez soin qu'il y ait des montures prêtes, afin qu'a-
yant fait monter Paul, ils le menent sûrement au Gouverneur
Félix.
25 Et il lui écrivit une Lettre d'une telle teneur:
26 Claude Lysias au trés-excellent Gouverneur Félix, Salut.
27 [s] Comme cét homme qui avoit été saisi par les Juifs, é- [s] ch. 21. 33.
toit prêt d'être tué par eux, je suis survenu avec la garnison,
& le leur ai ôté, après avoir connu [t] qu'il étoit *citoyen* Ro- [t] ch. 21. 39.
main.
28 Et voulant savoir de quoi ils l'accusoient, je l'ai mené à
leur Conseil,
29 Où j'ai trouvé qu'il étoit accusé touchant des questions
de leur Loi, n'ayant commis aucun crime digne de mort,
ou d'emprisonnement.
30 Et ayant été averti des embûches que les Juifs avoient
dressées contre lui, je te l'ai incontinent envoyé: ayant aussi
commandé aux accusateurs de dire devant toi les choses qu'ils
ont contre lui. Bien te soit.

31 Les ſoldats donc, ſelon qu'il leur étoit enjoint, prirent
Paul, & le menerent de nuit à Antipatris.

32 Et le lendemain ils s'en retournerent à la forterefſe, ayant
laiſſé Paul ſous la conduite des gens de cheval;

33 Qui étant arrivez à Céſarée, rendirent la lettre au Gouverneur,
& lui préſenterent auſſi Paul.

34 Et quand le Gouverneur eut lû la lettre, & qu'il eut demandé
à Paul de quelle Province il étoit, ayant entendu qu'il
étoit de Cilicie,

35 Je t'entendrai, lui dit-il, plus amplement quand tes accuſateurs
ſeront auſſi venus. Et il commanda qu'il fût gardé
au palais d'Hérode.

CHAPITRE XXIV.

Tertulle harangue contre ſaint Paul, 2. La défenſe de ſaint Paul, 10. Félix eſt tout effrayé l'entendant parler de la justice, de la tempérance, & du jugement dernier, 26.

a *ch.* 23. 2. OR cinq jours après [a] Ananias le ſouverain Sacrificateur
deſcendit avec les Anciens & un certain orateur, *nommé*
Tertulle, qui comparurent devant le Gouverneur contre Paul.

2 Et Paul étant appellé, Tertulle commença à l'accuſer,
en diſant;

3 Trés-excellent Felix, nous connoiſſons en toutes choſes
& avec toute ſorte de remercîment, que nous avons obtenu
une grande tranquilité par ton moyen, & par les bonnes
ordonnances que tu as faites pour ce peuple, ſelon ta
prudence.

4 Mais afin de ne t'arrêter pas longtemps, je te prie de
nous entendre, ſelon ton équité, *dans ce que nous allons te
dire* en peu de paroles.

b *ch.* 16. 20. & 17 6. 5 Nous avons trouvé que c'eſt ici un homme peſtilent, [b] qui
excite des ſéditions parmi tous les Juifs dans tout le monde,
& qu'il eſt chef de la ſecte des Nazariens.

c *ch.* 21. 28. 6 [c] Il a même attenté de profaner le Temple: & nous l'avons
ſaiſi, & l'avons voulu juger ſelon nôtre Loi.

7 Mais le capitaine Lyſias étant ſurvenu, il nous l'a ôté d'entre
les mains avec grande violence,

8 Com-

8 Commandant que ses accusateurs vinssent vers toi: & tu
pourras toi-même savoir de lui, en l'interrogeant, toutes ces
choses desquelles nous l'accusons.
9 Les Juifs acquiescerent à cela & dirent, que les choses
étoient ainsi.
10 Et après que le Gouverneur eut fait signe à Paul de parler, il répondit; Sachant qu'il y a déja plusieurs années que
tu és le Juge de cette nation, je répons pour moi avec plus
de courage.
11 Puis que tu peux connoître qu'il n'y a pas plus de douze
jours que je suis monté à Jérusalem pour adorer.
12 [d] Mais ils ne m'ont point trouvé dans le Temple disputant avec personne, ni faisant amas de peuple, soit dans les
Synagogues, soit dans la ville.
13 Et ils ne sauroient soûtenir les choses dont ils m'accusent présentement.
14 Or je te confesse bien ce point, que selon [e] la voye
[f] qu'ils appellent secte, je sers ainsi le Dieu de mes péres,
croyant [g] toutes les choses qui sont écrites [1] dans la Loi &
dans les Prophetes.
15 Et ayant espérance en Dieu [h] que la résurrection des
morts, tant des justes que des injustes, [i] laquelle ceux-ci attendent aussi eux-mêmes, arrivera.
16 [k] C'est pourquoi aussi je travaille d'avoir [l] toûjours la conscience sans offense devant Dieu, & devant les hommes.
17 Or après plusieurs années, [m] je suis venu pour faire des
aumônes & des oblations dans ma nation.
18 [n] Et comme je m'occupois à cela, ils m'ont trouvé purifié dans le Temple, non point avec troupe, ni avec tumulte.
19 Et *c'étoient* de certains Juifs d'Asie,
20 Qui devoient comparoître devant toi, & m'accuser,
s'ils avoient quelque chose contre moi.
21 Ou que ceux-ci eux-mêmes disent, [o] s'ils ont trouvé en
moi quelque injustice, quand j'ai été présenté au Conseil:
22 Sinon cette seule parole que j'ai dite hautement devant

d *ch.* 25. 8. & 28. 17.
e *ch.* 19. 9.
f *ch.* 28. 22.
g *ch.* 26. 22.
1 Il comprenoit sous ces deux mots tous les livres de l'Ancien Testament.
h *Dan.* 12. 2. *Jean* 5. 28. 29. & 10. 24. 2 *Macc.* 7. 9. 23.
i *Pse.* 17. 15.
k *Phil.* 3. 10. 11.
l *ch.* 23. 1.
m *ch.* 11. 29. *Rom.* 15. 25. *Gal.* 2. 10.
n *ch.* 21. 26. 27.
o *ch.* 23. 6. & 28. 20.

p *ch.* 23.6. eux ; p Aujourd'hui je suis tiré en cause par vous, pour la
résurrection des morts.
23 Et Félix ayant ouï ces choses, le remit à une autre fois,
en disant ; Après que j'aurai plus exactement connu ce que
c'est de cette secte, quand le capitaine Lysias sera descendu,
je connoîtrai entierement de vos affaires.
q *ch.* 27.3. & 28.16. 24 q Et il commanda à un centenier que Paul fût gardé,
mais qu'il eût aussi quelque relâche, & qu'on n'empêchât aucun des siens de le servir, ou de venir vers lui.
25 Or quelques jours après, Félix vint avec Drusille sa
femme, qui étoit Juifve, & il envoya querir Paul, & l'ouït
parler de la foi qui est en Christ.
26 Et comme il parloit de la justice, & de la tempérance,
& du jugement à venir, Félix tout effrayé répondit ; Pour
le présent va-t-en, & quand j'aurai la commodité je te rap-
pellerai :
r *ch.* 25.14. 27 r Espérant aussi en même temps que Paul lui donneroit
quelque argent pour le délivrer, c'est pourquoi il l'envoyoit
querir souvent, & s'entretenoit avec lui.
28 Or après deux ans accomplis Félix eut pour successeur
Portius Festus, qui voulant faire plaisir aux Juifs, laissa Paul
en prison.

CHAPITRE XXV.

L'affaire de Paul est plaidée devant Festus, 2. Paul appelle à l'Empereur, 11. Festus parle de cette affaire à Agrippa & à Berenice, 13.

FEstus donc étant entré dans la Province, monta trois jours
après de Césarée à Jérusalem.
2 Et le souverain Sacrificateur, & les premiers d'entre les
Juifs, comparurent devant lui contre Paul, & ils prioient
Festus,
3 Et lui demandoient cette grace contre Paul, qu'il le fit
venir à Jérusalem ; car ils avoient dressé des embûches pour
le tuer par le chemin.
4 Mais Festus leur répondit, que Paul étoit bien gardé à
Césarée, où il devoit retourner lui-même bien-tôt.

5 C'est

5 C'est pourquoi, dit-il, que ceux d'entre vous qui le peuvent faire, y descendent avec moi: & s'il y a quelque crime
en cét homme, qu'ils l'accusent.
6 Et n'ayant pas demeuré parmi eux plus de dix jours, il
descendit à Césarée: & le lendemain il s'assit au siege judicial, & il commanda que Paul fût amené.
7 [a] Et comme il fut venu là, les Juifs qui étoient descendus
de Jérusalem l'environnerent, le chargeant de plusieurs grands
crimes, lesquels ils ne pouvoient prouver:
8 [b] Paul répondant qu'il n'avoit en rien failli, ni contre la
Loi des Juifs, ni contre le Temple, ni contre César.
9 Mais Festus voulant faire plaisir aux Juifs, répondit à
Paul, & dit; Veux-tu monter à Jérusalem, & y être jugé
de ces choses devant moi?
10 Et Paul dit; Je comparois devant le siege judicial de
César, où il faut que je sois jugé: je n'ai fait aucun tort aux
Juifs, comme tu le connois toi-même trés-bien.
11 Que si je leur ai fait tort, ou que j'aye fait quelque chose
digne de mort, je ne refuse point de mourir: mais s'il n'est
rien de ce dont ils m'accusent, personne ne me peut livrer
à eux: j'en appelle à César.
12 Alors Festus ayant conféré avec le Conseil, *lui* répondit; En as-tu appellé à César? tu iras à César.
13 Or quelques jours aprés, [1] le Roi Agrippa & Berenice
arriverent à Césarée pour saluer Festus.
14 [c] Et aprés avoir demeuré là plusieurs jours, Festus fit
mention au Roi de l'affaire de Paul, disant; Un certain
homme a été laissé prisonnier par Félix,
15 Sur le sujet duquel, comme j'étois à Jérusalem, les
principaux Sacrificateurs & les Anciens des Juifs sont com-
parus, requerans condamnation contre lui:
16 *Mais* je leur ai répondu, que ce n'est point l'usage des
Romains de livrer quelqu'un à la mort, [d] avant que celui
qui est accusé ait ses accusateurs présens, & qu'il ait lieu de
se défendre du crime,
17 Quand donc ils furent venus ici, sans que j'usasse d'aucun

a *ch.*24.1.
b *ch.*24.12. & 28.17.
1 C'étoit le fils de celui dont il a été parlé, ch.12.1.
c *ch.*24.27.
d *Deut.*17.4.

cun délai, le jour suivant étant assis au siege judicial, je
commandai que cét homme fût amené:
18 Et ses accusateurs étant là présens, ils n'alleguerent aucun des crimes dont je pensois *qu'ils l'accuseroient.*
19 Mais ils avoient quelques disputes contre lui touchant
leur superstition, & touchant un certain Jésus mort, que
Paul affirmoit être vivant.
20 Or comme j'étois fort en peine pour savoir ce que c'étoit,
e vs. 9. [e] je demandai *à cét homme* s'il vouloit aller à Jérusalem, & y
être jugé de ces choses.
f vs. 10. 11. 21 Mais parce qu'il en appella, [f] demandant d'être reservé
à la connoissance [2] d'Auguste, je commandai qu'il fût gardé
jusqu'à ce que je l'envoyasse à César.
22 Alors Agrippa dit à Festus; Je voudrois bien aussi entendre cét homme. Demain, dit-il, tu l'entendras.
23 Le lendemain donc Agrippa & Berenice étant venus
avec une grande pompe, & étant entrez dans l'Auditoire avec
les capitaines & les principaux de la ville, Paul fut amené par
le commandement de Festus.
24 Et Festus dit; Roi Agrippa, & vous tous qui étes ici
avec nous, vous voyez cét homme contre lequel toute la multitude des Juifs m'est venue solliciter, tant à Jérusalem qu'i-
ci, criant qu'il ne le falloit plus laisser vivre:
g ch. 23. 9. & 26. 31. 25 Mais moi, ayant trouvé [g] qu'il n'avoit rien fait qui fût
digne de mort, & lui-même en ayant appellé à Auguste, j'ai
résolu de le *lui* envoyer.
26 Mais parce que je n'ai rien de certain à en écrire au
Seigneur, je vous l'ai présenté, & principalement à toi,
Roi Agrippa, afin qu'après en avoir fait l'examen, j'aye dequoi écrire.
27 Car il me semble qu'il n'est pas raisonnable d'envoyer un
prisonnier, sans marquer les faits dont on l'accuse.

2 Neron étoit alors Empereur, mais on donnoit aux Empereurs les noms de *César*, qui en avoit été le premier; & celui d'*Auguste*, qui avoit été son successeur, & desquels les noms étoient fort illustres.

CHAPITRE XXVI.

Saint Paul fait son apologie devant le Roi Agrippa, 1. Il raconte l'histoire de sa conversion, 12. Il falloit que J.C. souffrit, Festus lui dit qu'il est hors du sens, 24. Agrippa est à peu près persuadé d'être Chrétien, 28.

Et

ET Agrippa dit à Paul, il t'est permis de parler pour toi: alors Paul ayant étendu la main, parla ainsi pour sa défense.

2 Roi Agrippa, je m'estime heureux de ce que je dois répondre aujourd'hui devant toi, de toutes les choses dont je suis accusé par les Juifs.

3 Et sur tout parce que je sai que tu as une entiere connoissance de toutes les coûtumes & questions qui sont entre les Juifs: c'est pourquoi je te prie de m'écouter avec patience.

4 Pour ce qui est donc de la vie que j'ai menée dés ma jeunesse, telle qu'elle a été du commencement parmi ma nation
à Jérusalem, tous les Juifs savent ce qui en est.

5 Car ils savent depuis long-temps, s'ils en veulent rendre
témoignage, [a] que dés mes ancêtres j'ai vêcu Pharisien, selon la secte la plus exquise de nôtre religion.

6 Et maintenant je comparois en jugement [b] pour l'espérance de [1] la promesse que Dieu a faite à nos Péres:

7 A laquelle nos douze Tribus, qui servent Dieu continuellement nuit & jour, espérent de parvenir: & c'est pour cette espérance, ô Roi Agrippa, que je suis accusé par les Juifs.

8 Quoi, [2] tenez-vous pour une chose incroyable que Dieu ressuscite les morts?

9 Il est vrai que pour moi, [c] j'ai crû qu'il falloit que je fisse de grands efforts contre le Nom de Jésus le Nazarien.

10 Ce que j'ai aussi exécuté dans Jérusalem, [d] car j'ai fait prisonniers plusieurs des Saints, aprés en avoir reçu le pouvoir des principaux Sacrificateurs, & quand on les faisoit mourir j'y donnois ma voix.

11 Et souvent par toutes les Synagogues en les punissant, je les contraignois de blasphémer, & étant transporté de rage contr'eux, [e] je les persécutois jusques dans les villes étrangeres.

12 Et étant occupé à cela, comme j'allois aussi à Damas avec pouvoir & commission des principaux Sacrificateurs,

13 Je vis, ô Roi, par le chemin en plein midi, une lumiere du ciel, plus grande que la splendeur du soleil, laquelle res-

a *ch.* 23. 6. *Phil.* 3. 5.
b *ch.* 23. 6. *&* 28 20. *Deut.* 18. 15. 2 *Sam.* 7. 12. *Pse.* 132. 11. *Esa* 4. 2. *&c.*
1 La promesse du Messie.
2 Les Juifs croyoient la résurrection des morts, ch. 24. 15. & S. Paul pose ici cela dés l'entrée pour leur servir de fondement à la croyance de la résurrection de J. C. prédite par les Prophétes, & attestée par des témoins sans nombre, vs. 23.
c *ch.* 8. 3. *&* 9. 1. *&* 22. 4. *&c.*
d *ch.* 8. 3.
e *ch.* 9. 1. 2.
f *ch.* 9. 3. *&* 22. 6. *Gal.* 1. 13. *&c.* 1 *Tim.* 1. 13.

resplendit autour de moi, & de ceux qui étoient en chemin
avec moi.
14 Et étant tous tombez à terre, j'entendis une voix qui
parloit à moi, & qui disoit en Langue Hébraïque, Saul,
g ch.9.5. Saul, pourquoi me persécutes-tu? g il t'est dur de regimber
contre les aiguillons:
15 Alors je dis; Qui és-tu Seigneur? Et il répondit; Je suis
Jésus que tu persécutes:
16 Mais leve-toi, & te tiens sur tes pieds; car ce que je te
suis apparu, c'est pour t'établir ministre & témoin, tant des
choses que tu as vûes, que de celles pour lesquelles je t'ap-
paroîtrai:
h ch.9.15.& 22.21. 17 En te délivrant du peuple, & des Gentils, h vers lesquels je t'envoye maintenant,
i ch.13.47. Esa.35.5.& 42.7.& 60.1. 18 i Pour ouvrir leurs yeux afin qu'ils soient convertis des
ténébres à la lumiere, k & de la puissance de satan à Dieu;
k Col.1.13. Heb.2.14.15. & qu'ils reçoivent la rémission de leurs péchez, l & leur part
l ch.20.32. avec ceux qui sont sanctifiez m par la foi qu'ils ont en moi.
m ch.15.9. 19 Ainsi, ô Roi Agrippa, je n'ai point été rebelle à la vision céleste:
n ch.9 20. 28.& 13.14. & 22.17.21. 20 Mais n j'ai annoncé premierement à ceux qui étoient à
Damas, & puis à Jérusalem, & par tout le païs de Judée, &
aux Gentils, qu'ils se repentissent, & se convertissent à Dieu,
o Matth.3.8. o en faisant des œuvres convenables à la repentance.
p ch.21.30. 21 p C'est pour cela que les Juifs m'ayant pris dans le Temple ont tâché de me tuer:
22 Mais ayant été secouru par l'aide de Dieu, je suis vivant
jusqu'à ce jour, rendant témoignage aux petits & aux grands,
q ch.24.14. & 28.23. & ne disant rien que ce que q les Prophétes & Moyse ont
prédit devoir arriver.
r ch.17.3. Luc 24.26. 27. 23 *Savoir*, r qu'il falloit que le Christ souffrît, & s qu'il fût
s 1 Cor.15. 20. Col.1.18. Apoc.1.5. le premier de la résurrection des morts, qui t annonceroit la
lumiere au peuple, & aux Gentils.
t vs.18. 24 Et comme il parloit ainsi pour sa défense, Festus dit à
z Tu t'égares en des spéculations creuses. haute voix; z Tu és hors du sens, Paul; le grand savoir dans
les lettres te met hors du sens.

25 Et Paul dit; Je ne suis point hors du sens, trés-excellent
Festus: mais je dis des paroles de vérité & de sens rassis.
26 Car le Roi a la connoissance de ces choses; & je parle
hardiment devant lui, parce que j'estime qu'il n'ignore rien
de ces choses: [u] car ceci n'a point été fait en cachette. u *Jean* 18.
27 O Roi Agrippa, crois-tu aux Prophétes? [4] Je sai que 20.
tu y crois. 4 Agrippa faisoit profession de la Religion Judaïque.
28 Et Agrippa répondit à Paul; Tu me persuades à peu-
prés d'être Chrétien.
29 Et Paul lui dit; Je souhaitterois devant Dieu que non
seulement toi, mais aussi tous ceux qui m'écoutent aujourd'-
hui, devinssent & à peu prés & bien avant, tels que je suis,
[5] horsmis ces liens. 5 Agrippa se feroit scandalisé, si S. Paul n'y eût pas mis cette restriction.
30 Paul ayant dit ces choses, le Roi se leva, avec le Gou-
verneur & Berenice, & ceux qui étoient assis avec eux.
31 Et quand ils se furent retirez à part, ils conférerent entr'eux, & ils dirent; [x] Cét homme n'a rien commis qui soit x *ch.* 23.9.29.
digne de mort, ou de prison. & 25.25.
32 Et Agrippa dit à Festus; Cét homme pouvoit être relâché s'il n'avoit point appellé à César.

CHAPITRE XXVII.

La navigation de saint Paul en Italie, 2 Le navire où il est, soufre beaucoup par la tempête, 14. Dieu conserve pour l'amour de Paul tous ceux qui sont dans le navire, 24. Ils sont quatorze jours sans prendre presque point de nourriture, 33. Leur naufrage, 41.

OR [a] aprés qu'il eut été résolu que nous navigerions en Ita- a *ch.* 25.12.
lie, ils remirent Paul avec quelques autres prisonniers à
un centenier nommé Jule, de la cohorte appellée l'Auguste.
2 Et étant montez dans un navire d'Adramite, nous partî-
mes pour tirer vers les quartiers d'Asie, & [b] Aristarque Mace- b *ch.* 19, 29.
donien *de la ville* de Thessalonique, étoit avec nous.
3 Et le jour suivant nous arrivâmes à Sidon: & Jule [c] trait- c *ch.* 24.24.
tant humainement Paul, lui permit d'aller vers ses amis, afin & 28.61.
qu'ils eussent soin de lui.
4 Puis étant partis de là, nous tinmes nôtre route au dessous de Cypre, parce que les vents étoient contraires.

5 Et après avoir passé la mer qui est vis-à-vis de la Cilicie
& de la Pamphylie, nous vinmes à Myra, *ville* de Licie.
6 Où le centenier trouva un navire d'Alexandrie qui alloit
en Italie, dans lequel il nous fit monter.
7 Et comme nous navigions pesamment durant plusieurs
jours, en sorte qu'à grand' peine pûmes-nous arriver jusques
à la vûe de Gnide, parce que le vent ne nous poussoit point,
nous passâmes au dessous de Crete, vers Salmone.
8 Et la côtoyant avec peine, nous vinmes en un lieu qui est
appellé Beaux-ports, près duquel étoit la ville de Lasée.
9 Et parce qu'il s'étoit écoulé beaucoup de temps, & que
la navigation étoit déja périlleuse, vû que même [1] le jeûne
étoit déja passé, Paul les exhortoit,
10 En leur disant ; Hommes je vois que la navigation sera
avec péril & grand dommage, non seulement de la charge
du navire, mais aussi de nos vies.
11 Mais le centenier croyoit plus le Pilote, & le maître du
navire, que ce que Paul disoit.

1 Celui du mois de Septembre, Lévit. 16. 29. On ne navigeoit guere autrefois après l'équinoxe d'automne.

12 Et parce que le port n'étoit pas propre pour y passer l'hyver, la plus-part furent d'avis de partir de là, pour *tâcher*
d'aborder à Phénix, qui est un port de Crete, regardant vers
le vent de Libs & de Corus, [2] afin d'y passer l'hyver.
13 Et le vent de Midi commençant à souffler doucement,
ils crurent venir à bout de leur dessein, & étant partis, ils
côtoyerent Crete de plus près.
14 Mais un peu après un vent tempétueux, qu'on appelle
Euroclydon, se leva du côté de l'Isle.

2 Ou, *pour y être à l'abri de la tempête*; car le mot Grec a aussi cette signification.

15 Et le navire étant emporté du vent, de telle sorte qu'il
ne pouvoit point résister, nous fûmes emportez, ayant abandonné *le navire au vent*.
16 Et ayant passé au dessous d'une petite Isle, appellée Clau-
da, à grand' peine pûmes-nous être maîtres de l'esquif:
17 Mais l'ayant tiré à nous, les *matelots* cherchoient tous
les remedes possibles, en liant le navire par dessous; & comme ils craignoient de tomber sur des bancs de sable, ils ab-
batirent les voiles, & ils étoient portez de cette maniere.

18 Or

18 Or parce que nous étions agitez d'une grande tempête,
le jour suivant [d] ils jetterent les marchandises dans la mer. d *Jon.* 1. 5.
19 Puis le troisiéme jour nous jettâmes de nos propres mains
[3] les agrez du navire.
20 Et comme il ne nous parut durant plusieurs jours ni soleil ni étoiles, & qu'une grande tempête nous pressoit de
prés, toute espérance de nous pouvoir sauver à l'avenir nous
fut ôtée.
21 Mais aprés qu'ils eurent été long-temps sans manger,
Paul se tenant alors debout au milieu d'eux, leur dit; O hommes, certes il falloit me croire, & ne partir point de Crete,
afin d'éviter cette tempête & cette perte.
22 Mais maintenant je vous exhorte d'avoir bon courage:
car nul de vous ne perdra la vie, & le navire seul périra.
23 Car en cette propre nuit [e] un Ange du Dieu à qui je suis, e *ch.* 23. 11.
[f] & lequel je sers, s'est présenté à moi. f *Rom.* 1. 9. 2 *Tim.* 1. 3.
24 *Me* disant, Paul, ne crains point, il faut que tu sois
présenté à César; & voici, Dieu t'a donné tous ceux qui
navigent avec toi.
25 C'est pourquoi, ô hommes, ayez bon courage, car j'ai
cette confiance en Dieu qu'il en sera tout ainsi qu'il m'a été dit.
26 [g] Mais il faut que nous soyons jettez contre quelque Isle. g *ch.* 28. 1.
27 Quand donc la quatorziéme nuit fut venue, comme nous
étions portez çà & là sur [4] la mer Adriatique, les matelots
eurent opinion environ sur le minuit qu'ils approchoient de
quelque contrée.
28 Et ayant jetté la sonde ils trouverent vingt brasses: puis
étant passez un peu plus loin, & ayant encore jetté la sonde,
ils trouverent quinze brasses.
29 Mais craignant de donner contre quelque écueil, ils jetterent quatre ancres de la pouppe, désirant que le jour vînt.
30 Et comme les matelots cherchoient à s'enfuïr du navire,
ayant descendu l'esquif en mer, sous prétexte d'aller porter
loin les ancres du côté de la proue,
31 Paul dit au centenier & aux soldats; Si ceux-ci [5] ne demeurent dans le navire, vous ne pouvez point vous sauver.

3 C'est en général tout ce qui sert à équipper un navire, voiles, cordages &c.

4 La mer de Sicile.

5 Quoi que Dieu eût révélé à S. Saul, que pas un ne périroit, S. Paul leur parle pourtant ainsi, parce que les decrets de Dieu lient ensemble les moyens & l'évenement: ainsi ch. 23. 17. Gen. 19. 15. & 32. 4. &c.

32 Alors les ſoldats couperent les cordes de l'eſquif, & le
laiſſerent tomber.
33 Et juſqu'à ce que le jour vînt, Paul les exhorta tous de
prendre quelque nourriture, en leur diſant; C'eſt aujourd'-
hui le quatorziéme jour qu'en attendant, vous étes demeurez à jeûn, [6] & n'avez rien pris:
34 Je vous exhorte donc de prendre quelque nourriture,
vû que cela eſt néceſſaire pour vôtre conſervation: [h] car il
ne tombera pas un cheveu de la tête d'aucun de vous.
35 Et quand il eut dit ces choſes, il prit du pain, [i] & rendit graces à Dieu devant tous, & l'ayant rompu il commença à manger.
36 Alors ayant tous pris courage, ils commencerent auſſi
à manger.
37 Or nous étions en tout dans le navire deux cens ſoixan-
te-ſeize perſonnes.
38 Et quand ils eurent mangé juſqu'à être raſſaſiez, ils alle-
gerent le navire, en jettant le blé dans la mer.
39 Et le jour étant venu ils ne reconnoiſſoient point le païs;
mais ils apperçûrent un golfe ayant rivage, & ils réſolurent
d'y faire échouer le navire, s'il leur étoit poſſible.
40 C'eſt pourquoi ayant retiré les ancres, ils abandonnerent le navire à la mer, lâchant en même temps les atta-
ches [7] des gouvernaux: & [8] l'artimon étant levé au vent,
ils tirerent vers le rivage.
41 [k] Mais étant tombez en un lieu où deux courans ſe rencontroient, ils y heurterent le navire, & la proue étant
fichée demeuroit ferme, mais la pouppe ſe rompoit par la
violence des vagues.
42 Alors le conſeil des ſoldats fut de tuer les priſonniers,
de peur que quelqu'un s'étant ſauvé à la nage, ne s'énfuît.
43 Mais le centenier voulant ſauver Paul, les empêcha
d'exécuter ce conſeil, & il commanda que ceux qui pourroient nager ſe jetaſſent dehors les premiers, & ſe ſauvaſſent
à terre;
44 Et le reſte, les uns ſur des planches, & les autres ſur
quel-

6 C'eſt-à-dire, qu'ils n'avoient preſque point pris de nourriture pendant tous ces 14. jours de tempête: voyez des expreſſions ſemblables Matth. 13. 12. Jean. 3. 32. &c.
h *Matth.* 10. 30. *Luc* 12. 7 & 21. 18.
i *Jean* 6. 11. 1 *Tim.* 4. 3.

7 Anciennement on faiſoit des navires à un ſeul gouvernail comme aujourd'hui; mais d'autres à deux, dont l'un étoit à un côté de la poupe, & l'autre à l'autre.
8 C'eſt le maſt de derriere, entre le grand maſt & la poupe du navire.
k 2 *Cor.* 11. 25.

quelques *pieces* du navire: & ainsi il arriva que tous se sauverent à terre.

CHAPITRE XXVIII.

L'arrivée de saint Paul à Malte, 1. *Une vipere s'attache à sa main*, 3. *Il guérit le pére de Publius*, 7. *Arrive à Rome*, 16. *Assemble les Juifs*, 17. - 23. *Dont le cœur est engraissé &c.* 26. *Et il est deux ans prisonnier à Rome*, 30.

S'Etant donc sauvez, ils reconnurent alors que [a] l'Isle s'ap- a *ch.* 27.26.
pelloit Malte. b *Rom.* 1.14.
2 Et [b] les [1] Barbares userent d'une singuliere humanité envers 1 *Cor.* 14.11.
nous, car ils allumerent un grand feu, & nous recueillirent *Col.* 3.11.
tous, à cause de la pluye qui nous pressoit & à cause du froid.
3 Et Paul ayant ramassé quelque quantité de sarmens, comme il les eut mis au feu, une vipere en sortit à cause de la
chaleur, & lui saisit la main.
4 Et quand les Barbares virent cette bête pendante à sa
main, ils se dirent l'un à l'autre; Certainement cét homme est
un meurtrier; puis qu'après être échappé de la mer, la vengeance ne permet pas qu'il vive.

1 Les Grecs premierement, & ensuite les Latins, appelloient *barbares*, les étrangers, qui étoient d'un autre païs que le leur.

5 Mais Paul ayant secoué la bête dans le feu, [c] n'en eut c *Marc* 16.
aucun mal: 18. *Luc* 10.19.
6 Au lieu qu'ils s'attendoient qu'il dût enfler, ou tomber
subitement mort. Mais quand ils eurent long-temps attendu, & qu'ils eurent vû qu'il ne lui en arrivoit aucun mal, ils
changerent *de langage*, & [d] dirent que c'étoit un Dieu. d *ch.* 14.11.
7 Or en cét endroit-là étoient les possessions du principal
de l'Isle, nommé Publius, qui nous reçut & nous logea durant trois jours fort affectueusement.
8 Et il arriva que le pére de Publius étoit au lit malade de
la fiévre & de la dyssenterie, & Paul l'étant allé voir, [e] il fit la e *Jacq.* 5.14.
priere, & posa les mains sur lui, & le guérit. 15.
9 Ce qui étant arrivé, tous les autres malades de l'Isle vinrent à lui, & ils furent guéris.
10 Lesquels aussi nous firent de grands honneurs, & à nôtre départ nous fournirent ce qui nous étoit nécessaire.
11 Trois mois après nous partîmes sur un navire d'Alexandrie

drie qui avoit hyverné dans l'Isle, & qui avoit pour enseigne Castor & Pollux.
12 Et étant arrivez à Syracuse, nous y demeurâmes trois
jours.
13 De là en côtoyant, nous arrivâmes à Rhége: & un jour
après, le vent de Midi s'étant levé, nous vinmes le deuxié-
me jour à Pouzol:
14 Où ayant trouvé des fréres, nous fûmes priez de demeurer avec eux sept jours: & ensuite nous arrivâmes à
Rome.
15 Et quand les fréres qui y étoient eurent reçu de nos
nouvelles, ils vinrent au devant de nous jusques [2] au Marché
d'Appius, & [3] aux Trois-boutiques: & Paul les voyant, rendit graces à Dieu, & prit courage.
16 Et lors que nous fûmes arrivez à Rome, le centenier
livra les prisonniers au capitaine général: mais quant à Paul,
il lui fut permis de demeurer [f] à part avec un soldat [4] qui le
gardoit.
17 Or il arriva trois jours après, que Paul convoqua les
principaux des Juifs: & quand ils furent venus, il leur dit;
Hommes fréres, bien que je n'aye rien commis contre le
peuple, ni contre les coûtumes des péres, toutefois [g] j'ai été
arrêté prisonnier à Jérusalem, & livré entre les mains des
Romains,
18 Qui [h] après m'avoir examiné me vouloient relâcher,
[i] parce qu'il n'y avoit en moi aucun crime digne de mort.
19 [k] Mais les Juifs s'y opposant, j'ai été contraint d'en appeller à César: sans que j'aye pourtant dessein d'accuser ma
nation.
20 C'est donc là le sujet pour lequel je vous ai appellez,
afin de vous voir & de vous parler; car [l] c'est pour l'espérance d'Israël que [m] je suis environné de cette chaîne.
21 Mais ils lui répondirent; Nous n'avons point reçu de
Lettres de Judée qui parlent de toi; ni aucun des fréres n'est
venu qui ait rapporté ou dit quelque mal de toi.
22 Cependant nous entendrons volontiers de toi quel est
ton

2 C'étoit un Bourg sur le grand chemin qu'Appius Claudius avoit fait faire de Rome à Capoue.
3 Ou, *aux trois hôtelleries*; c'étoit le nom d'un petit village, qui étoit sur ce chemin.
f vs. 30. *&* *ch.* 24. 23. *&* 27. 3.
4 S. Paul étoit attâché à ce soldat par une longue chaîne; de laquelle il parle au vs. 20 & Eph. 6. 20. & 2 Tim. 2. 9.
g *ch.* 21. 33. *&* 24. 12. *&* 25. 8.
h *ch.* 22. 24.
i *ch.* 24. 10. *&* 26. 31.
k *ch.* 21. 11.
l *ch.* 23. 6. *&* 26. 7.
m *Eph.* 6. 20. *2 Tim.* 1. 12.

ton sentiment: [n] car quant à cette secte, il nous est connu
qu'on la contredit par tout.
23 Et après lui avoir assigné un jour, plusieurs vinrent à lui
dans son logis, ausquels [o] il expliquoit par plusieurs témoignages le Royaume de Dieu, & depuis le matin jusqu'au soir
il les portoit à croire ce qui concerne Jésus, [p] tant [5] par la
Loi de Moyse que par les Prophétes.
24 [q] Et les uns furent persuadez par les choses qu'il disoit:
& les autres n'y croyoient point.
25 C'est pourquoi n'étant [r] pas d'accord entr'eux, ils se retirerent, après que Paul leur eut dit cette parole; Le Saint
Esprit a bien parlé à nos Péres par Esaïe le Prophéte;
26 En disant; [s] Va vers ce peuple, & *lui* dis; Vous écouterez de vos oreilles, & n'entendrez point: & en regardant
vous verrez, & n'appercevrez point.
27 Car le cœur de ce peuple [6] est engraissé; & ils ont ouï
dur de leurs oreilles, & ont fermé leurs yeux; de peur qu'ils
ne voyent des yeux, & qu'ils n'oyent des oreilles, & qu'ils
n'entendent du cœur, & qu'ils ne se convertissent, & que
[7] je ne les guérisse.
28 Sachez donc que [t] ce salut de Dieu est envoyé aux Gentils; & ils l'entendront.
29 Quand il eut dit ces choses, les Juifs se retirerent d'avec
lui, y ayant une grande contestation entr'eux.
30 Mais Paul demeura [8] deux ans entiers dans une maison
qu'il avoit louée pour lui, où il recevoit tous ceux qui le
venoient voir.
31 Prêchant le Royaume de Dieu, & enseignant les choses
qui regardent le Seigneur Jésus-Christ, avec toute liberté
de parler, & [9] sans aucun empêchement.

n *ch.* 24. 5. 14.
o *ch.* 17. 2. 3.
p *ch.* 17. 3. & 18. 28.
5 C'est-à-dire, par les Ecrits de Moyse.
q *ch.* 24. 14. & 26. 22. *Luc* 24. 27.
r *ch.* 17. 4.
s *Esa.* 6. 9. & 42. 18. 19. 20. *Matth.* 13. 14. *Marc* 4. 12. *Luc* 8. 10. *Jean* 12. 40. *Rom.* 11. 8.
6 Est sans sentiment.
7 C'est-à-dire, que je ne leur pardonne.
t *ch.* 13. 46. & 18. 6. *Luc* 24. 47.
8 Ce furent la 4. & la 5. année de l'empire de Neron.
9 Sans en être empêché ni par les Gentils, qui ne s'étoient pas mis encore à persécuter les Chrétiens; ni par les Juifs qui avoient eux-mêmes assez de peine à se maintenir dans Rome, d'où l'Empereur Claude les avoit fait sortir il n'y avoit pas long-temps: ch. 18. 2.

EPISTRE DE S. PAUL APOSTRE AUX ROMAINS.

CHAPITRE I.

Jésus-Christ Fils de David. & Fils de Dieu, 3. 4. L'Evangile est la puissance de Dieu en salut, 16. Dieu s'est fait connoître à tous les hommes par la création, 19. L'idolatrie des Gentils, 23. Leur extrême corruption, 26–32.

[a] PAUL serviteur de Jésus-Christ, [b] appellé *à être* Apostre,
mis à part pour *annoncer* l'Evangile de Dieu,
2 Lequel il avoit [c] auparavant promis [d] par ses Prophétes
dans les saintes Ecritures:
3 Touchant son Fils, [e] qui a été fait de la semence de David, [1] selon la chair:
4 Et qui a été pleinement [f] déclaré [2] Fils de Dieu en puissance, selon l'Esprit de sanctification, [g] par la résurrection
d'entre les morts, c'est-à-dire, nôtre Seigneur Jésus-Christ.
5 Par lequel nous avons reçu la [h] grace & la charge d'Apostre, afin qu'il y ait [i] obéïssance de foi parmi tous les Gentils, en son Nom.
6 Entre lesquels aussi vous étes, vous qui étes appellez par
Jésus-Christ.
7 A *vous* tous qui étes à Rome, bien-aimez de Dieu, [k] appellez *à être* saints: Grace vous *soit* & paix de par Dieu nôtre Pére, & *de par* le Seigneur Jésus-Christ.
8 Premierement [l] je rens graces touchant vous tous à mon
Dieu [m] par Jésus-Christ, [n] de ce que vôtre foi est renommée
par tout le monde.
9 Car Dieu, que je sers en mon esprit dans l'Evangile de
son Fils, [o] m'est témoin que je fais sans cesse mention de vous:
10 [p] Demandant continuellement dans mes prieres que je
puisse

a *Act.* 13. 9. b *Act.* 9. 15. 1 *Cor.* 1. 1. *Gal.* 1. 15. c *Tite* 1. 2. d *Gen.* 3. 15. *Esa.* 4. 2. & 53. 1. *&c.* *Jér.* 23. 15. 31. & 33. 15. e 2 *Sam.* 7. 12. *Pse.* 132. 11. *Matth.* 1. 1. *Luc* 1. 32. & 3. 23. 31. *Act.* 2. 30. & 13. 23. 2 *Tim.* 2. 8. 1 Voyez la note sur Act. 2. 30. f *Jean* 10. 30. 2 Ce mot mis en opposition à celui de fils de David, ne peut avoir marqué que la nature divine, unie avec l'humaine en la personne de J. C. g *Act.* 13. 33. *Héb.* 1. 5. & 5. 6. h *ch.* 12. 3. & 15. 15. *Eph.* 3. 8. i *ch.* 16. 26. k 1 *Cor.* 1. 2. *Eph.* 1. 1. 1 *Thess.* 4. 3. 7. 2 *Tim.* 1. 9. l *Eph.* 5. 20. *Héb.* 13. 15. m *ch.* 7. 25. n 1 *Thess.* 1. 8 o 2 *Cor.* 1. 23. p *ch.* 15. 23. 32. 1 *Thess.* 3. 10.

puisse enfin trouver par la volonté de Dieu quelque moyen
favorable pour aller vers vous.
11 Car je désire extrémement de vous voir, [q] pour vous
faire part de quelque don spirituel, afin que vous soyez af-
fermis.
12 C'est-à-dire, [r] afin qu'étant parmi vous, je sois consolé
avec vous par la foi mutuelle de vous & de moi.
13 Or mes fréres, je ne veux point que vous ignoriez [s] que
je me suis souvent proposé d'aller vers vous, afin de recueillir quelque fruit aussi bien parmi vous, que parmi les autres
nations; mais j'en ai été empêché jusqu'à présent.
14 [t] Je suis débiteur tant aux Grecs qu'aux [u] Barbares, tant
aux sages qu'aux ignorans.
15 Ainsi, entant qu'en moi est, je suis prêt d'évangéliser
aussi à vous qui étes à Rome.
16 Car [x] je ne prens point à honte l'Evangile de Christ,
vû qu'il [y] est la puissance de Dieu [z] en salut [a] à tout croyant;
au Juif [b] premierement, puis aussi au Grec.
17 [c] Car [3] la justice de Dieu se révéle en lui *pleinement* de
foi en foi: selon qu'il est écrit; [d] Or le juste vivra de foi.
18 Car la colére de Dieu se révéle *pleinement* du Ciel [e] sur
toute impieté & injustice des hommes qui retiennent la vérité en injustice.
19 Parce que [4] ce qui se peut connoître de Dieu est manifesté en eux: [f] car Dieu le leur a manifesté.
20 Car [g] les choses invisibles de Dieu, savoir tant sa puissance éternelle que [5] sa Divinité, se voyent comme à l'oeil
par la création du monde, étant considérées dans ses ouvrages, afin qu'ils soient rendus inexcusables.
21 Parce qu'ayant connu Dieu, ils ne l'ont point glorifié
comme Dieu, & ne *lui* ont point rendu graces, [h] mais ils
sont devenus vains en leurs discours, & leur coeur destitué
d'intelligence, a été rempli de ténébres.
22 [i] Se disant être sages il sont devenus fous.

q *ch.* 15. 29. r *ch.* 15. 32. s *ch.* 15. 28. 1 *Thess.* 2. 18. t 1 *Cor.* 9. 16. 2 *Cor.* 11. 28. *Col.* 1. 28. u *Act.* 28. 2. x 2 *Tim.* 1. 8. y *Pse.* 110. 2. 1 *Cor.* 1. 18. 2 *Cor.* 10. 4. 1 *Thess.* 2. 13. *Heb.* 4. 12. z 1 *Cor.* 15. 2. 2 *Cor.* 2. 16. a *Jean* 3. 15. 16. *Act.* 13. 39. *Col.* 3. 11. b *Act.* 13. 46. c *ch.* 3. 21. 3 C'est-à-dire, la justice par laquelle nous sommes justifiez devant Dieu, qui est la justice de la foi: ch. 3. 21. d *Hab.* 2. 4. *Gal.* 3. 12. *Héb.* 10. 38. e *Pse.* 5. 5. 6. *Hab.* 1. 13. 4 C'est-à-dire, ce qui s'en peut connoître naturellement, & autant qu'il le faut pour l'honorer comme Dieu. f *Act.* 14. 17. & 17. 24. g *Pse.* 19. 2. *Héb.* 11. 3. *Sap.* 13. 1. 5 Ce mot comprend ici particulierement l'unité de Dieu, & sa spiritualité, deux choses dont l'ignorance a été la source de tout le paganisme. h *Deut.* 28. 28. 29 2 *Rois* 17. 15. *Job* 37. 24. *Eph.* 4. 17. i *Prov.* 26. 12.

23 [k] Et ils ont changé la gloire de Dieu incorruptible en la
ressemblance de l'image de l'homme corruptible, & des oiseaux, & des bêtes à quatre pieds, & [l] des reptiles.
24 [m] C'est pourquoi aussi Dieu [n] les a livrez aux convoitises de leurs propres cœurs, & à l'ordure, pour deshonorer
entr'eux-mêmes leurs propres corps:
25 Eux qui ont changé la vérité de Dieu en fausseté, &
ont adoré & servi la créature, en délaissant le Créateur,
qui est béni eternellement: Amen.
26 C'est pourquoi Dieu les a livrez [o] à leurs affections infames: car même les femmes parmi eux ont changé l'usage naturel en celui qui est contre la nature.
27 Et [p] les mâles tout de même laissant l'usage naturel de
la femme, se sont embrasez en leur convoitise l'un envers
l'autre, commettant mâle avec mâle des choses infames, &
recevant en eux-mêmes la recompense de leur erreur, telle qu'il falloit.
28 Car comme ils n'ont point tenu compte de reconnoître
Dieu, aussi Dieu [q] les a livrez à un esprit dépourvû de tout
jugement, pour commettre des choses qui ne sont nullement
convenables.
29 Etant remplis de toute injustice, de paillardise, de méchanceté, d'avarice, de malignité, pleins d'envie, de meurtre, de querelle, de fraude, de mauvaises mœurs.
30 Rapporteurs, médisans, haïssans Dieu, outrageux,
orgueilleux, vanteurs, inventeurs de maux, rebelles à péres & à méres.
31 [r] Sans entendement, ne tenant point ce qu'ils ont promis, sans affection naturelle, gens qui jamais ne se rappai-
sent, sans misericorde.
32 Et qui, bien qu'ils ayent connu le droit de Dieu, *savoir*, que ceux qui commettent de telles choses sont dignes
de mort, ne les commettent pas seulement, [f] mais encore
ils favorisent ceux qui les commettent.

k *Deut.* 4. 15. 2 *Rois* 17. 29. *Psse.* 106. 20. *Jér.* 2. 11. *Act.* 17. 29.
l *Ezéch.* 8. 10. *Sap.* 11. 16. 17. & 12. 24.
m *Act.* 7. 42.
n vs. 26. 27.
o *Osée* 4. 12. 13 *Eph.* 5. 11. 12.
p *Lévit.* 18. 22.
q vs. 24. 26. *Deut.* 28. 28. 29. *Psse.* 81. 13. *Esa.* 63. 17. *Osée* 8. 11. *Act.* 7. 42. & 14. 16. 2 *Thess.* 2. 11.
r vs. 21. 28.
f *Osée* 3. 7.

CHAPI-

CHAPITRE II.

Richesses de la bénignité de Dieu, 4. Dureté du cœur de l'homme, 5. Dieu juge sans distinction le Juif & le Gentil, 9. La Loi naturelle, 14. La Loi écrite donnée aux Juifs, 17. La véritable Circoncision, 27. 29.

C'Est pourquoi, [1] ô homme, qui que tu sois [a] qui juges
les *autres*, tu és sans excuse : car en ce que tu juges les
autres, tu te condamnes toi-même, puis que toi qui juges,
commets les mêmes choses.
2 Or nous savons que le jugement de Dieu est selon la vérité sur ceux qui commettent de telles choses.
3 Et penses-tu, ô homme, qui juges ceux qui commettent
de telles choses, & qui les commets, que tu doives échap-
per le jugement de Dieu?
4 [b] Ou méprises-tu les richesses de sa bénignité, & [c] de sa
patience, & de sa longue attente; ne connoissant pas que la
bénignité de Dieu te convie à la repentance.
5 Mais par ta dureté, & par ton cœur qui est sans repentance, [d] tu t'amasses la colére pour le jour de la colére, &
de la déclaration du juste jugement de Dieu:
6 [e] Qui rendra à chacun selon ses œuvres:
7 *Savoir* la vie éternelle à [f] ceux qui persévérant à bien faire, cherchent la gloire, l'honneur & l'immortalité.
8 [g] Mais il y aura indignation & colére sur ceux qui sont
contentieux, [h] & qui se rebellent contre la vérité, & obéïssent à l'injustice.
9 Il y aura tribulation & angoisse sur toute ame d'homme
qui fait mal, du Juif [2] premierement, puis aussi du Grec:
10 Mais gloire, honneur, & paix à chacun qui fait bien:
au Juif premierement, puis aussi au Grec.
11 [i] Parce que Dieu n'a point d'égard à l'apparence des personnes.
12 Car tous ceux qui auront péché sans la Loi, périront
aussi sans la Loi: & tous ceux qui auront péché en la Loi,
seront jugez par la Loi:
13 ([k] Parce que ce ne sont pas ceux qui écoutent la Loi,

1 Ceci s'adressoit particulierement aux Juifs, grands censeurs de tous les autres hommes: vs. 17. 18. &c.

a 2 *Sam.* 12. 5. *Matth.* 7. 1. 1 *Cor.* 4. 5.

b *Job* 24. 13. *Psi.* 50. 21. *Eccl.* 8. 11.

c 2 *Pier.* 3. 9.

d *ch.* 9. 22. *Jacq.* 5. 3.

e *Job* 34. 11. *Psi.* 62. 13. *Jér.* 17. 10. & 32. 19. *Ezéch.* 18. 30. *Matth.* 16. 27. 1 *Cor.* 3. 8. 2 *Cor.* 5. 10. *Apoc.* 22. 12.

f *Prov.* 21. 21. *Gal.* 6. 8.

g 2 *Thess.* 1. 8.

h *Job* 24. 13.

2 C'est-à-dire, principalement, comme étant d'autant plus coupable, qu'il a eu plus de connoissance.

i *Deut.* 10. 17. 2 *Chron.* 19. 7. *Job* 34. 19. *Act.* 10. 34. *Gal.* 2. 6. *Eph.* 6. 9. *Col.* 3. 25. 1 *Pier.* 1. 17.

k *Matth.* 7. 21. *Jean* 13. 17. *Jacq.* 1. 22. 23.

qui sont justes devant Dieu: mais ce sont ceux qui observent
la Loi, qui seront justifiez.

14 [l] Or quand les Gentils qui n'ont point la Loi, font na-
l Ezech. 5. 6. turellement les choses qui sont de la Loi, n'ayant point la
Loi, ils sont Loi à eux-mêmes.

15 Et ils montrent par là que l'œuvre de la Loi est écrite
dans leurs cœurs; leur conscience leur rendant témoignage,
& leurs pensées s'accusant entr'elles ou aussi s'excusant.)

m Matth. 25. 31. Act. 10. 16 *Tous, dis-je, donc seront jugez* au jour que [m] Dieu ju-
42. & 17. 31. gera les secrets des hommes par Jésus-Christ, [n] selon mon
1 Cor. 4. 5. Évangile.
n ch. 16. 25.

o ch. 9. 4. 17 Voici, [o] tu portes le nom de Juif, & tu te reposes entierement sur la Loi, & te glorifies en Dieu:

p Mich. 5. 8. 4. Phil. 1. 10. 18 Et [p] tu connois sa volonté, & sais [q] discerner ce qui est
q 1 Thess. 5. 21. contraire, étant instruit par la Loi:

r Jér. 8. 8. 19 [r] Et tu te crois être le conducteur des aveugles, la lumiere de ceux qui sont dans les ténébres:

20 Le docteur des ignorans, le maître des idiots, ayant le
s Psa. 19. 8. modele de la connoissance & de la vérité [s] dans la Loi.

9. & 119. 9. 24. 98. 129. 21 Toi donc qui enseignes les autres, [t] ne t'enseignes-tu
130. Esa. 8. 20. point toi-même? Toi qui prêches qu'on ne doit point déro-
t Matth. 23. 2. 3. &c. ber, dérobes-tu?

22 Toi qui dis qu'on ne doit point commettre adultere,
commets-tu adultere? Toi qui as en abomination les idoles,
commets-tu sacrilege?

u vs. 17. 23 Toi qui [u] te glorifies en la Loi, deshonores-tu Dieu par
la transgression de la Loi?

x 2 Sam. 12. 14. 24 Car le nom de Dieu est [x] blasphemé à cause de vous par-
y Esa. 52. 5. mi les Gentils, [y] comme il est écrit.

Ezéch. 36. 20. 23. 25 Or il est vrai que la Circoncision est profitable, si tu gardes la Loi; mais si tu és transgresseur de la Loi, ta Circon-
3 C'est-à-dire, une impureté. cision [3] devient prépuce.

26 Mais si *celui qui a* le prépuce garde les ordonnances de
la Loi, son prépuce ne lui sera-t-il point réputé pour Circoncision?

27 Et si celui qui a naturellement le prépuce, accomplit la
Loi,

Loi, [z] ne te jugera-t-il pas, [4] toi qui dans la lettre & dans la
Circoncision és transgresseur de la Loi?

28 [a] Car celui-là n'est point Juif, qui l'est au dehors, &
celle-là n'est point la Circoncision, qui est faite par dehors
en la chair.

29 Mais celui-là est Juif, qui l'est au dedans; [5] & [b] la Circoncision est celle qui est du coeur en esprit, [c] & [6] non pas
dans la lettre: & la louange de ce *Juif* n'est point des hommes, mais de Dieu.

z *Matth.* 12. 42.
4 C'est-à-dire, toi qui as reçu les divines Ecritures, & qui as été circoncis, au lieu que le Payen n'a eu ni l'une ni l'autre de ces choses.

a *ch.* 9. 7. *Jean* 8. 39. 5 C'est-à-dire, la véritable & réelle circoncision, celle que Dieu demande, comme lui étant agréable par elle même. b *Deut.* 10. 16. & 30. 6. *Jér.* 4. 4. & 9. 25. 26. *Col.* 2. 11. c *Phil* 3. 2. 3. 6 C'est-à-dire, & non pas cette circoncision charnelle dont les Juifs se glorifioient si mal à propos.

CHAPITRE III.

Priviléges des Juifs, 1. Dieu punit leur incrédulité, 3. Les Juifs sont pécheurs aussi bien que les Gentils, 9. Preuves prises des Pseaumes, 10--18. Donc personne ne peut être justifié par les œuvres, 20. Mais par la grace 23. J. C. est nôtre Propitiatoire, 24. Justification par la foi, 27. Dieu est le Dieu & le Sauveur des Gentils comme des Juifs, 29.

QUel est donc l'avantage du Juif? ou quel est le profit de
la Circoncision?

2 *Il est* [a] grand en toute maniere: [b] sur tout en ce que [1] les
oracles de Dieu leur ont été commis.

3 [2] Car qu'est-ce, si quelques-uns n'ont point cru? [c] leur
incrédulité anéantira-t-elle [3] la fidélité de Dieu?

4 Ainsi n'avienne! mais [d] Dieu [4] soit véritable, [e] & tout
homme menteur: selon ce qui est écrit; [f] Afin que tu sois
trouvé juste en tes paroles, & que tu ayes gain de cause quand
tu és jugé.

5 Or si nôtre injustice [5] recommande la justice de Dieu, que
dirons-nous? [g] Dieu est-il injuste quand il punit? ([h] je parle
en homme.)

6 Ainsi n'avienne! autrement, [i] comment Dieu jugera-t-il
le monde?

7 Et si [k] la vérité de Dieu est [6] par mon mensonge plus abon-
dan-

a *ch.* 9. 4. 5.
b *ch.* 2. 18. & 9. 4. *Deut.* 4. 7. 8. *Pse.* 147. 18. 19.
1 C'est-à-dire, les Ecritures de l'Ancien Testament.
2 Ou, *Mais qu'est-ce* &c.
c *ch.* 9. 6. *Nomb* 23. 19. 2 *Tim.* 2. 13.
3 C'est-à-dire, les promesses de Dieu à ce peuple.
d *Jean* 3. 33.
4 C'est-à-dire, soit reconnu pour véritable.

e *Pse.* 62. 10. & 116. 11. f *Pse.* 51. 6. 5 C'est-à-dire, rehausse, & fait paroître avec éclat. g *Job* 4. 17. & 36. 3. h 1 *Cor.* 15. 32. i *Gen.* 18. 25 *Job* 8. 3 & 34. 17. k vs. 3. 5. 6 C'est-à-dire, par la prédication de l'Evangile, que les incredules traitoient de mensonge & de fausseté, comme ils la traitoient de *folie*. 1 Cor. 1. 25.

dante pour sa gloire, pourquoi suis-je encore condamné comme pécheur?
8 Mais plustôt, selon que nous sommes blâmez, & que
quelques-uns disent que nous disons; [l] Pourquoi ne faisons-
nous des maux, afin qu il en arrive du bien? desquels la condamnation est juste.
9 Quoi donc! [m] sommes-nous plus excellens? Nullement.
Car nous avons ci-devant convaincu que tous, tant Juifs que
Grecs, sont sous le péché.
10 Selon qu'il est écrit; [n] Il n'y a point de juste, non pas
même un seul.
11 [o] Il n'y a nul qui entende, il n'y a nul qui recherche
Dieu.
12 Ils se sont tous égarez, ils se sont tous ensemble rendus
[7] inutiles: il n'y a nul qui fasse bien, non pas même jusqu' à
un seul.
13 [p] C'est un sépulcre ouvert que leur gosier: ils ont frau-
duleusement usé de leurs langues, [q] il y a du venin d'aspic
sous leurs levres.
14 [r] Leur bouche est pleine de malédiction & d'amertume.
15 [s] Leurs pieds sont légers pour répandre le sang.
16 La destruction & la misere est en leurs voyes.
17 [t] Et ils n'ont point connu la voye de la paix.
18 [u] La crainte de Dieu n'est point devant leurs yeux.
19 Or nous savons que tout ce que la Loi dit, elle le dit à
ceux qui sont sous la Loi, [8] afin que toute bouche soit fermée,
& que tout le monde soit coupable devant Dieu.
20 C'est pourquoi [x] nulle chair ne sera justifiée devant lui
[9] par les œuvres de la Loi: [y] car par la Loi *est donnée* la connoissance du péché.
21 Mais maintenant [10] [z] la justice de Dieu est manifestée sans
la Loi, [a] lui étant rendu témoignage par la Loi, & par les
Prophétes.
22 La justice, dis-je, de Dieu par la foi en Jésus-Christ,
envers tous & sur tous ceux qui croyent: [b] car il n'y a nulle
dif-

l *Job* 13.7-10.
m *Gal.* 3.22.
n *Pse.* 14.1. & 53.4.
o *Job* 35.10.
7 *Heb. ils se sont rendus puans:* ce qui exprime une horrible corruption.
p *Pse.* 5.10.
q *Ps.* 140.4. *Esa.* 59.7.8.
r *Pse.* 10.7.
s *Prov.* 1.16. *Esa.* 59.7.
t *Esa.* 59.8.
u *Pse.* 14.1. & 36.1.
8 Ou, *ensorte que.*
x vs. 27. *Pse.* 130.3. & 143.2. *Gal.* 2.16. *Eph.* 2.8.9.
9 Ni par les œuvres de la Loi morale, ni par celles de la Loi cérémonielle: vû même qu'il n'y a point eu d'homme qui les ait accomplies.
y *ch.* 7.7.
10 C'est-à dire, celle sur laquelle précisement Dieu nous justifie, comme il est ajoûté au verset suivant, & au 24. & 25.
z *ch.* 1.17.
a *Esa.* 53.11. & 56.1. *Jér.* 23.6. *Dan.* 9.24. *Act.* 13.11. & 26.22.
b *ch.* 10.12. *Gal.* 3.28.

différence, [c] vû que tous ont péché, & qu'ils sont entierement destituez de la gloire de Dieu.
23 Etant justifiez [d] gratuïtement par sa grace, [e] par la rédemption qui est en Jésus-Christ:
24 [f] Lequel Dieu a ordonné de tout temps pour [g] Propitiatoire par la foi, en son sang, afin de montrer [11] sa justice, par la
rémission des péchez précédens, selon la patience de Dieu:
25 Pour montrer, *dis-je*, sa justice dans le temps présent,
afin qu'il soit *trouvé* [h] juste, & justifiant celui qui est de la
foi de Jésus.
26 Où est donc le sujet de se glorifier? Il est exclus. Par
quelle Loi? *est-ce par la Loi* des oeuvres; [i] Non, mais par
la Loi de la foi.
27 [k] Nous concluons donc que l'homme est justifié par la
foi, [12] sans les oeuvres de la Loi.
28 *Dieu* est-il seulement le Dieu des Juifs? [l] ne l'est-il pas
aussi des Gentils? certes il l'est aussi des Gentils.
29 Car il y a un seul Dieu qui justifiera [13] par la foi la Circoncision, & le Prépuce *aussi* par la foi.
30 Anéantissions-nous donc la Loi par la foi? Ainsi n'avienne! [m] mais au contraire [14] nous établissons la Loi.

c vs. 9. *& ch.* 11. 32. *Gal.* 3. 22.
d *Eph.* 2. 8. *Tite* 3. 5. 7.
e *Matth.* 1. 21. & 20. 28. *Eph.* 1. 7. 1 *Tim.* 2. 6. *Héb.* 9 12. 1 *Pier.* 1. 18.
f *Gen.* 3. 15. *Jean* 14. 6. *Act* 4. 12. & 10. 45. *Héb.* 9. 26. & 13. 8. 1 *Pier.* 1. 1. 10. 20. *Apoc.* 13. 8.
g *Col.* 1. 20. 1 *Jean* 2. 2. & 4. 10.
11 C'est-à-dire, la justice sur laquelle Dieu justifie ou absout les pécheurs.
h *Jean* 2. 9.
i *ch.* 4. vs. 2. 3.
k vs. 20.

12 C'est-à-dire, que ce n'est pas sur les oeuvres que Dieu justifie les hommes, puis qu'il n'y en a point qui ne soit coupable vs 19. mais uniquement sur la foi en J. C. vs. 21–25. l *Gen.* 22. 18. *Pse* 50. 1. & 117. 1. *Esa.* 49. 6. *&c.* & 54. 5. 13 Il n'y a qu'un seul moyen d'être justifié devant Dieu, tant pour les Juifs, que pour les Gentils, & ce moyen c'est la foi. m *ch.* 9. 31. 32. & 10. 4. *Gal.* 3. 24. 14 Sav. en ce que le but de la Loi avoit été de faire connoître à l'homme son péché & pour l'amener à J. C. ch. 10. 4. & Gal. 3. 24.

CHAPITRE IV.

La justification d'Abraham, 1. *En quoi David a fait consister la justification*, 6. *Le circoncis & l'incirconcis justifiez par la foi*, 9. *Exemple d'Abraham*, 10. *Comment il a été fait héritier du monde*, 13–17. *Il crût contre espérance*, 18. *J. C. livré pour nos offenses &c.* 25.

QUe dirons-nous donc [1] qu'Abraham [a] nôtre pére a trouvé
selon la chair?
2 Certes, si Abraham a été justifié par les oeuvres, il a dequoi se glorifier, mais non pas envers Dieu.

1 C'est-à-dire, nous dirons qu'Abraham a trouvé grace, ou a été justifié étant encore dans la chair du prépuce: vs. 9. 10. 11. a *Esa.* 51. 2.

3 Car que dit l'Ecriture? [b] qu'Abraham a cru à Dieu, &
que cela lui a éte imputé à justice.
4 Or à celui [1] qui fait les œuvres, le salaire ne lui est pas al-
loué comme [c] une grace, mais comme une chose dûe.
5 [2] Mais à celui qui ne fait pas les œuvres, mais qui croit
en celui qui justifie le méchant, sa foi lui est imputée à justice.
6 Comme aussi David exprime la béatitude de l'homme à
qui Dieu impute [4] la justice [5] sans les œuvres, *en disant*;
7 [d] Bienheureux sont ceux à qui les iniquitez sont pardon-
nées, & dont les péchez sont couverts.
8 Bienheureux est l'homme à qui le Seigneur n'aura point
imputé *son* péché.
9 Cette déclaration donc de la béatitude est-elle *seulement*
pour la Circoncision, ou aussi pour le Prépuce? car nous disons que la foi a été imputée à Abraham à justice.
10 Comment donc lui a-t-elle été imputée? a ce été lors
qu'il étoit déja circoncis, ou lors qu'il étoit encore dans le
prépuce? Ce n'a point été dans la Circoncision, mais dans
le prépuce.
11 [e] Puis il reçut le signe de la Circoncision pour un seau
de la justice de la foi, laquelle *il avoit reçue étant* dans le
prépuce, afin qu'il fût [f] le pére de tous ceux qui croyent
étant dans le prépuce, & que la justice leur fût aussi imputée.
12 Et *qu'il fût aussi* le pére de la Circoncision, *c'est-à-dire*, de ceux qui ne sont pas seulement de la Circoncision,
mais qui aussi suivent les traces de la foi de nôtre pére Abraham, laquelle *il a eue* dans le prépuce.
13 Car la promesse [g] d'être [6] héritier du monde, n'a pas
été faite à Abraham, ou à sa semence, par la Loi, mais par
la justice de la foi.
14 Or si ceux qui sont de la Loi sont héritiers, la foi est
anéantie, & la promesse abolie:
15 Vû que [h] la Loi engendre la colére, car où il n'y a point
de Loi, il n'y a point aussi de transgression.

16 C'est

b *Gen.* 15. 6. *Gal.* 3. 6. *Jacq.* 2. 23.
1 C'est-à-dire, un homme qui feroit tout ce qui lui seroit commandé.
c *ch.* 11. 6.
2 Il n'y a point d'homme qui fasse tout ce qui lui est commandé.
4 C'est-à-dire, la justice par laquelle nous sommes justifiez.
5 Voyez la Note sur le ch. 3. 27.
d *Pse.* 32. 1. 2.
e *Gen.* 17. 11.
f *Gal.* 3. 7.
g vs. 17.
6 C'est-à-dire, le pére des Juifs & des Gentils, qui sont justifiez par la foi; vs. 17. 18.
h *ch.* 3. 20. & 5. 13. 20. & 7. 8. 10. 1 *Cor.* 15. 56. 2 *Cor.* 3. 7. 9.

16 C'est donc par la foi, afin que ce soit par grace, & afin que [i] la promesse soit assûrée [7] à toute la semence: non seulement à celle qui est de la Loi, mais aussi à celle qui est de la foi d'Abraham, qui est le pére de nous tous,

17 Selon qu'il est écrit; [k] Je t'ai établi pére de plusieurs nations, devant Dieu, en qui il a cru, lequel fait vivre les morts, & qui appelle les choses qui ne sont point, comme si elles étoient.

18 Et *Abraham* ayant espéré contre espérance, crut qu'il deviendroit pére de plusieurs nations, selon ce qui lui avoit été dit; [l] Ainsi sera ta semence.

19 Et n'étant pas foible en la foi, il n'eut point d'égard à son corps *qui étoit* déja amorti, [m] vû qu'il avoit environ cent ans, ni [n] à l'amortissement de la matrice de Sara.

20 [o] Et il ne fit point de doute sur la promesse de Dieu par défiance: mais il fut fortifié par la foi, donnant gloire à Dieu.

21 Et étant pleinement persuadé que celui qui lui avoit fait la promesse, étoit [p] puissant aussi pour l'accomplir.

22 C'est pourquoi cela lui a été imputé à justice.

23 Or que cela lui ait été imputé *à justice*, [q] il n'a point été écrit seulement pour lui,

24 Mais aussi pour nous, à qui *aussi* il sera imputé, à nous, *dis-je*, qui croyons en celui [r] qui a ressuscité des morts Jésus nôtre Seigneur:

25 Lequel [s] a été livré pour nos offenses, & [t] est ressuscité pour nôtre justification.

i Gal. 3. 16. 18. 30.
7 C'est-à-dire, à tous les enfans d'Abraham, Juifs & Gentils, imitateurs de sa foi: vs. 12.
k Gen. 17. 5.
l Gen. 15. 4. 5 Héb 11. 12.
m Gen. 17. 17. Héb. 11. 11. 12.
n Gen. 18. 11.
o Héb. 11. 18.
p Ps. 115. 3. Esa. 57. 19. Luc 1. 37.
q ch. 15. 5. 1 Cor. 10. 6. 11.
r ch. 6. 4. Act. 2. 24.
s Esa 53. 5. 2 Cor 5. 21. 1 Pier. 1. 24.
t 1 Cor. 15. 17. 1 Pier. 1. 3. 4. 21.

CHAPITRE V.

Nôtre paix avec Dieu; 1. Fruits des afflictions, 3. L'espérance du Chrétien, 5. Christ est mort pour des impies, 6. Et par sa mort il nous a reconciliez avec Dieu, 9. Le péché & la mort sont venus d'Adam, 12. La justification & la vie viennent de J.C. 15. La Grace a abondé sur le péché, 20.

Etant donc justifiez par la foi, [a] nous avons paix envers Dieu, par nôtre Seigneur Jésus-Christ.

2 [b] Par lequel aussi nous avons été amenez par la foi à cette grace, dans laquelle nous nous tenons fermes; & nous nous glorifions en l'espérance de la gloire de Dieu.

a Eph. 2. 13.
b Jean 10. 9. & 14. 6. Eph. 2. 18. & 3. 12. Héb. 4. 16. & 10. 19.

3 Et non seulement cela, mais [c] nous nous glorifions même dans les tribulations: sachant que [d] la tribulation produit
la patience;
4 Et la patience l'épreuve; & l'épreuve l'espérance.
5 Or [e] l'espérance ne confond point, parce que la dilection
de Dieu est répandue dans nos cœurs [f] par le Saint Esprit
qui nous a été donné.
6 Car lors que nous étions encore [1] [g] dénuez de toute force, [h] Christ est mort en son temps [2] pour *nous, qui étions du*
tout méchans.
7 [i] Or à grand' peine arrive-t-il que quelqu'un meure pour
un juste: mais encore il pourroit être que quelqu'un voudroit
bien mourir pour un bien-faicteur.
8 Mais Dieu recommande entierement sa dilection envers
nous, [k] en ce que lors que nous n'étions que pécheurs,
Christ est mort pour nous.
9 Beaucoup plustôt donc, étant maintenant justifiez [l] par
son sang, [m] serons-nous sauvez de la colére par lui.
10 Car si lors que nous étions [n] ennemis, [o] nous avons été
réconciliez avec Dieu par la mort de son Fils, beaucoup
plustôt étant déja réconciliez, serons-nous sauvez [p] par sa vie.
11 Et non seulement *cela*, mais nous nous glorifions même
en Dieu par nôtre Seigneur Jésus-Christ: par lequel [q] nous
avons maintenant obtenu la réconciliation.
12 C'est pourquoi comme par un seul homme le péché est
entré au monde, [r] la mort *y est* aussi *entrée* [3] par le péché:
& ainsi la mort est parvenue sur tous les hommes, parce
que [4] tous ont péché.
13 Car jusqu'à la Loi le péché étoit au monde: [s] or le péché
n'est point imputé quand il n'y a point de Loi.
14 [t] Mais la mort a regné depuis Adam jusqu'à Moyse,
même sur ceux qui n'avoient point péché à la façon de la
transgression d'Adam, qui est la figure de celui qui devoit
venir. 15 Mais

c *Matth.* 5. 12. 2 *Thess.* 1. 4. *Jacq.* 1. 2. d *Jacq.* 1. 3. 1 *Pier.* 1. 7. e *ch.* 8. 23. *Héb.* 6. 19. f *ch.* 8. 15. 25. *Eph.* 1. 13. 1 C'est-à-dire, incapables de faire ou par nous-mêmes, ou par des Sacrifices l'expiation de nos péchez: le mot de l'Original est aussi mis en ce même sens ch. 8. 3. & Héb. 7. 18. g *Eph.* 2. 1. *Col.* 2. 13. h vs. 8. 10. *Esa.* 53. 12. 1 *Pier.* 3. 18. 2 Gr. *est mort en son temps pour des impies.* i *ch.* 15. 13. k vs. 6. & 10. l *ch.* 3. 24. *Eph.* 1. 7. 1 *Pier.* 1. 19. 1 *Jean* 1. 7. *Apoc.* 1. 6. & 5. 9. m 1 *Thess.* 1. 10. n vs. 6. & 8. o 2 *Cor.* 5. 18. *Col.* 1. 21. 22. p *ch.* 4. 25. *Jean* 14. 19. q vs. 10. r *ch.* 6. 23. *Gen.* 2. 17. & 3. 6. 1 *Cor.* 15. 21. 3 La mort n'est donc pas une suite naturelle de la constitution ou de la composition du corps humain, mais elle est la suite & l'effet du péché. 4 Sav. en Adam; puis que les enfans n'ayant point péché actuellement, ne laissent pourtant pas de mourir: vs. 14. s *ch.* 4. 15. t 1 *Cor.* 15. 21. 22. 45.

15 Mais il n'en pas du don comme de l'offense: car si par
l'offense d'un seul plusieurs sont morts, beaucoup plustôt la
grace de Dieu, & le don par la grace, qui est d'un seul homme, *savoir* de Jésus-Christ, [u] a abondé sur plusieurs.
16 Et il n'en est pas du don comme *de ce qui est arrivé* par [x] u *ch.* 3. 22.
un seul qui a péché: car la coulpe est d'une seule *offense* en x vs. 16.
condamnation: mais le don est de plusieurs offenses en justification.
17 Car si par l'offense d'un seul la mort a regné par un seul, [s]
beaucoup plustôt ceux qui reçoivent l'abondance de la grace,
& du don de la justice, regneront en vie par un seul, *qui est*
Jésus Christ.
18 Comme donc par [x] une seule offense *la coulpe est venue*
sur tous les hommes en condamnation, ainsi par une seule
justice justifiante *le don est venu* sur tous les hommes en justification de vie.
19 Car comme par la desobéïssance d'un seul homme [s] plusieurs ont été rendus pécheurs, ainsi par l'obéïssance d'un
seul plusieurs seront rendus justes.
20 Or la Loi est intervenue [y] afin que l'offense abondât:
mais où le péché a abondé, [z] la grace y a abondé par dessus:
21 Afin que comme le péché a regné [a] à mort, ainsi [b] la
grace regnât par la justice en vie éternelle, par Jésus-Christ
nôtre Seigneur.

s C'est-à-dire, que tous ceux qui sont dans le péché le sont par l'imputation du péché d'Adam; & qu'aussi tous ceux qui sont rendus justes le sont par l'imputation de la justice de J. C.

y *ch.* 4. 15. & 7. 8. *Gal.* 3. 19.
z *Luc* 7. 47.
a *ch.* 6. 16. & 21. 23.
b *ch.* 3. 21. 22.

CHAPITRE VI.

Qu'on ne doit pas pécher pour faire abonder la Grace, 1. *Nous mourons, & nous ressuscitons dans le Baptême*, 4. *Le vieil-homme crucifié*, 6. *Christ ne meurt plus*, 9. *Le péché n'a plus de domination sur nous*, *Nous en sommes délivrez*, *& asservis à la justice*, 18. *Les gages du péché*. 23.

QUe dirons-nous donc? [a] demeurerons-nous dans le pé- a vs. 15.
ché, [b] afin que la grace abonde? b *ch.* 3. 8. *Ecclésiastiq.* 5. 6.
2 [c] Ainsi n'avienne! *Car* nous qui sommes morts au péché,
comment y vivrons-nous encore? c vs. 15. & *ch.* 3. 6.
3 Ne savez-vous pas [d] que nous tous qui avons été baptisez d *Gal.* 3. 27.
en Jésus-Christ, avons été baptisez en sa mort?
4 [e] Nous sommes donc ensévelis avec lui en sa mort par le e *Col.* 2. 12.

Bap-

Baptême: afin que comme Christ est ressuscité des morts
[f] par la gloire du Pére, [g] nous aussi pareillement cheminions
en nouveauté de vie.
5 Car si nous avons été faits [h] une même plante avec lui
par la conformité de sa mort, nous le serons aussi *par la conformité* de sa résurrection.
6 Sachant ceci, que [i] nôtre vieil homme [k] a été crucifié avec
lui, [l] afin que le corps du péché soit réduit à néant: afin que
nous ne servions plus le péché.
7 [m] Car celui qui est mort, est quitte du péché.
8 [n] Or si nous sommes morts avec Christ, nous croyons que
[o] nous vivrons aussi avec lui:
9 Sachant que Christ étant ressuscité des morts [p] ne meurt
plus, & *que* la mort n'a plus de domination sur lui.
10 Car ce qu'il est mort, il est mort [q] pour une fois [r] au péché: mais ce qu'il est vivant, il est vivant à Dieu.
11 [s] Vous aussi tout de même faites vôtre compte que [t] vous
êtes morts au péché, mais vivans à Dieu en Jésus-Christ nôtre Seigneur.
12 [u] Que le péché ne regne donc point en vôtre corps mortel, pour lui obéir en ses convoitises.
13 [x] Et n'appliquez point vos membres pour être des instrumens d'iniquité au péché; mais appliquez-vous à Dieu comme de morts étant faits vivans, & *appliquez* vos membres
pour être des instrumens de justice à Dieu.
14 Car le péché n'aura point de domination sur vous, parce
que vous n'êtes point sous la Loi, mais sous la Grace.
15 Quoi donc? pécherons-nous parce que nous ne sommes
point sous la Loi, mais sous la Grace? [y] Ainsi n'avienne!
16 Ne savez-vous pas bien qu'à quiconque vous vous rendez esclaves pour obéir, [z] vous êtes esclaves de celui à qui
vous obéissez, soit du péché, [a] à la mort; soit de l'obéis-
sance, à la justice?
17 Or graces à Dieu de ce qu'ayant été les esclaves du péché, vous avez obéï du coeur à la forme expresse de la doctrine dans laquelle vous avez été élevez.

f ch. 4. 25.
g vs. 11. 12. 13. *Eph.* 4. 22. 23. 24. *Col.* 3. 1. 2. 5. 1 *Pier.* 2. 1. & 4. 1. 2.
h *Jean* 15. 5.
i *Eph.* 4. 22. *Col.* 3. 9.
k 2 *Cor.* 5. 15. *Gal.* 5. 24.
l *Gal.* 1. 4.
m 1 *Pier.* 4. 1.
n *Gal.* 2. 20. *Col.* 2. 20.
o 2 *Tim.* 2. 11.
p *ch.* 14. 9. *Apoc.* 1. 18.
q *Héb.* 7. 27. & 9. 26. & 10. 12.
r 1 *Pier.* 4. 1.
s *Gal.* 2. 19. *Héb.* 2. 14. 15. 1 *Pier.* 2. 24.
t vs. 2.
u *Psa.* 119. 133.
x vs. 19. & *ch.* 12. 1. *Gal.* 2. 20. 1 *Pier.* 4. 2.
y vs. 1. 2.
z *Jean* 8. 34. 2 *Pier.* 2. 19.
a vs 21. 23. & *ch.* 7. 5.

18 [b] Ayant

18 [b] Ayant donc été affranchis du péché, vous avez été asservis à la justice.
19 (Je parle à la façon des hommes, à cause de l'infirmité
de vôtre chair.) [c] comme donc vous avez appliqué vos membres pour servir à la souillûre & à l'iniquité, [d] pour *commettre* l'iniquité: ainsi [e] appliquez maintenant vos membres pour
servir à la justice en sainteté.
20 Car lors que vous étiez [f] esclaves du péché, vous étiez
libres quant à la justice.
21 Quel fruit donc aviez-vous alors des choses dont maintenant vous avez honte? certes leur fin est [g] la mort.
22 Mais maintenant que vous étes affranchis du péché, &
asservis à Dieu, vous avez [1] vôtre fruit dans la sanctification;
[2] & [h] pour fin la vie éternelle.
23 [i] Car les gages du péché, [k] c'est la mort: mais le don
de Dieu, c'est la vie éternelle par Jésus-Christ nôtre Seigneur.

h *Prov.*10.16. i *Job* 13.26. k *ch.*5.12. *Gen.*2.17. [illegible]

b *Jean* 8.32. 1 *Cor.*7.22. 1 *Pier.*2.16. c vs. 13. d *Prov.*10.16. e vs. 13. f *Jean* 8.34. g vs. 16. 23. & *ch.*5.21. 1 C'est-à-dire, pour premier fruit, la Sanctification, par le S. Esprit. 2 Nôtre rédemption, & nôtre sanctification vont aboutir à la vie éternelle, comme à leur dernier terme; ch. 8.29.

CHAPITRE VII.

Le mari étant mort la femme est en liberté de se remarier, 2. Nous sommes morts à la Loi, 4. Nouveauté d'esprit, & vieillesse de Lettre, 6. La Loi condamne la convoitise, 7. Le péché est excité par la Loi, 9.10.11. Combat de la chair contre l'Esprit, 15—25.

NE savez-vous pas, mes fréres, (car je parle à ceux qui
entendent ce que c'est que de la Loi) que la Loi a domination sur une personne durant tout le temps que *cette personne* est en vie?
2 Car [a] la femme qui est sous la puissance d'un mari, est liée
à son mari par la Loi, tandis qu'il est en vie: mais si son mari meurt, elle est délivrée de la loi du mari.
3 Le mari donc étant vivant, [b] si elle se joint à un autre
mari elle sera appellée adultere: mais son mari étant mort,
elle est délivrée de la Loi: tellement qu'elle ne sera point
adultere si elle se joint à un autre mari.
4 Ainsi mes fréres, vous étes aussi [1] [c] morts à la Loi [2] par
le corps de Christ, pour être [3] à un autre, *savoir* à celui
qui

a 1 *Cor.*7. 10.39. b *Matth.*5.32. 1 C'est-à-dire, délivrez du joug, & de la condamnation de la loi vs. 14. c *Gal.*2.19. 2 C'est-à-dire, par la mort que J. C. a soufferte en son corps, lequel est opposé au corps des victimes, Col 1.22. 3 Sav. à J. C. comme à nôtre Rédempteur, 1 Cor.7.22. & non pas au péché, qui avoit usurpé l'empire sur nous; ch. 6. 17.18. &c.

qui est ressuscité des morts, afin que [d] nous fructifions à
Dieu.

5 Car quand nous étions [e] [4] en la chair, les affections des
péchez *étant excitées* par la Loi, avoient vigueur en nos membres, [f] pour fructifier à la mort.

6 Mais maintenant nous sommes délivrez de la Loi, *la Loi*
par laquelle nous étions retenus [5] étant morte: afin que nous
servions *Dieu* en nouveauté d'Esprit, & non point [6] en vieillesse de Lettre.

7 [g] Que dirons-nous donc? La Loi est-elle péché? Ainsi
n'avienne! au contraire [h] je n'ai point connu le péché, sinon
par la Loi: car je n'eusse pas connu la convoitise: si la Loi
n'eût dit, [i] Tu ne convoiteras point.

8 Mais le péché ayant pris occasion par le commandement,
[k] a produit en moi toute convoitise: [l] parce que sans la Loi
le péché est mort.

9 Car autrefois que j'étois sans la Loi, je vivois: mais quand
le commandement est venu, le péché a commencé à revivre.

10 Et moi je suis devenu mort: & le commandement qui
m'étoit ordonné [m] pour *être ma* vie, a été trouvé *me tourner*
à mort.

11 Car le péché prenant occasion du commandement, m'a
séduit, & par lui m'a mis à mort.

12 [n] La Loi donc est sainte, & le commandement est saint,
& juste, & bon.

13 Ce donc qui est bon, m'est-il tourné à mort? Ainsi n'a-
vienne! mais le péché, afin qu'il parût péché, m'a causé la
mort [7] par le bien: afin que le péché fût rendu par le commandement excessivement péchant.

14 Car nous savons que la Loi est spirituelle: mais je suis
charnel, [o] vendu au péché.

15 [p] Car je n'approuve point ce que je fais, puis que je ne
fais point [8] ce que je veux, mais je fais ce que je hais.

16 Or si ce que je fais je ne le veux point, je reconnois *par*
cela même que la Loi est bonne.

17 [q] Main-

d *ch.* 6. 13. 22. e *ch.* 8. 8. 4 C'est-à-dire, dans l'état de la nature corrompue. f *ch* 6. 16. 21. 5 C'est-à-dire, morte quant à nous qui en sommes déchargez par J. C. 6 C'est-à-dire, d'un culte grossier & cérémoniel: Héb. 8. 13. g *ch.* 2. 29. 2 *Cor.* 3. 6. 7. h *ch.* 3. 20. i *Exod.* 20. 17. *Deut.* 5. 21. k *ch.* 5. 20. *Jean* 15. 22. l *ch.* 4. 15. m *Levit.* 19. 5. *Ezéch.* 20. 11. 13. n *Deut.* 4. 8. *Néh.* 9. 13. 1 *Tim.* 1. 8. 7 C'est un bien que la Loi de Dieu, considerée en elle-même; mais par accident, & contre sa nature, elle devient un mal à l'homme corrompu, qui n'en profite pas: comme ce que S. Paul dit de l'Evangile, 2 Cor. 2. 15. 16. o vs. 23. 1 *Rois* 21. 20. 25. 1 *Macc.* 1. 16. p vs. 19. *Gal.* 5. 17. 8 Ou, *ce que je voudrois.*

17 [q] Maintenant donc ce n'est plus moi qui fais cela : mais
c'est le péché qui habite en moi.
18 Car je sais qu'en moi, c'est-à-dire, en ma chair, [r] il
n'habite point de bien : vû que le vouloir est bien attaché à
moi, mais je ne trouve pas le moyen [s] d'accomplir le bien.
19 Car [t] je ne fais pas le bien que je veux, mais je fais le
mal que je ne veux point.
20 [u] Or si je fais ce que je ne veux point, ce n'est plus moi
qui le fais, mais *c'est* le péché qui habite en moi.
21 Je trouve donc cette [x] loi au dedans de moi, que quand
je veux faire le bien, le mal est attaché à moi.
22 Car [y] je prens bien plaisir à la loi de Dieu [9] quant à [z] l'homme intérieur ;
23 [a] Mais je vois [b] dans mes membres une autre loi, qui
combat contre la loi de [c] mon entendement, [d] & qui me rend
prisonnier à la loi du péché, qui est dans mes membres.
24 *Ha* ! miserable que je suis ! qui me délivrera du corps
de cette mort ?
25 [10] Je rens graces à Dieu [e] par Jésus-Christ nôtre Seigneur.
Je sers donc moi-même de [f] l'entendement à la Loi de Dieu,
mais de la chair, à [g] la loi du péché :

q vs. 20. 21. r ch. 8. 5. 7. Gen 6. 5. & 8. 21. Jér. 17. 9. s vs. 15. t vs. 15. u vs. 17. x vs. 23. 25. & ch. 8. 2. y Psa. 1. 2. 9 S. Paul exprime par ces mots la régénération produite dans nôtre ame par le S. Esprit. z 2 Cor. 4. 16. Eph. 3. 16. 1 Pier. 3. 4. a Gal. 5. 17. b ch. 6. 13. 19. & 8. 13. c vs. 25. d vs. 14. 10 C'est la victoire du Fidéle après ce triste combat entre la chair & l'esprit que S. Paul vient de représenter dans le Fidéle, depuis le vs. 15. jusqu'à celui-ci. e ch. 1. 8. Eph. 3. 21. f vs. 23. g vs. 23. 25. & ch. 8. 2.

CHAPITRE VIII.

Les fidéles rachettez par J. C. sont conduits par son Esprit, 1—14. L'Esprit de servitude, & l'Esprit d'adoption, 15. Les souffrances du Chrétien sont suivies de la gloire, 17. Soûpirs des créatures, 20. Nous sommes sauvez en espérance, 24. Le St. Esprit prie en nous, 25. Le bonheur des prédestinez, 28. Rien ne peut faire périr les elûs de Dieu, 34. Ni les priver de son amour en J. C. 34—38.

1 AInsi donc maintenant [a] il n'y a nulle condamnation pour
ceux [b] qui sont en Jésus-Christ, [c] lesquels ne cheminent
point selon la chair, mais selon l'esprit.
2 Parce que la Loi [1] de l'Esprit de vie *qui est* en Jésus-Christ,
[d] m'a affranchi de [e] la Loi du péché & [f] de la mort.
3 [g] Parce que ce qui étoit impossible à la Loi, à cause qu'elle

a Gal. 3. 13. b 1 Cor. 1. 30. 1 Jean 2. 5. c vs. 4. 2 Cor. 5. 15. Gal. 5. 24. 1 C'est-à-dire, du S. Esprit. d ch. 6. 18. 22. & 7. 25. Jean 8. 36. Gal. 5. 1. e ch. 7. 21. 23. 25. f vs. 6. g Héb. 7. 18. & 10. 1. 4.

le étoit foible [2] en la chair, [h] Dieu ayant envoyé [i] son propre
Fils [k] en forme de chair de péché, & pour le péché, [l] a condamné le péché en la chair:
4 Afin que la justice de la Loi fût accomplie en nous, [m] qui
ne cheminons point selon la chair, mais selon l'Esprit.
5 [n] Car ceux qui sont selon la chair, sont affectionnez aux
choses de la chair : mais ceux qui sont selon l'Esprit, *sont affectionnez* aux choses de l'Esprit.
6 Or l'affection de la chair [o] est la mort: mais l'affection de
l'Esprit [p] est la vie & la paix.
7 Parce que [q] l'affection de la chair est inimitié contre Dieu:
[r] car elle ne se rend point sujette à la Loi de Dieu : & aussi
[s] ne le peut elle point.
8 C'est pourquoi ceux [t] qui sont en la chair [u] ne peuvent
point plaire à Dieu.
9 Or vous n'étes point en la chair, mais en l'Esprit: [x] si
toutefois l'Esprit de Dieu [y] habite en vous: mais si quelqu'un
n'a point [z] l'Esprit de Christ, celui-là n'est point à lui.
10 Et si Christ est en vous, [a] le corps [3] est bien mort à cause
du péché; [4] mais l'esprit est vie à cause de la justice.
11 [b] Or si l'Esprit de celui qui a ressuscité Jésus des morts
habite en vous, celui qui a ressuscité Christ des morts, [c] vivifiera aussi vos corps mortels à cause de son Esprit qui habite en vous.
12 Ainsi donc, mes fréres, nous sommes débiteurs, [d] non
point à la chair, pour vivre selon la chair.
13 Car si vous [e] vivez selon la chair, vous mourrez: mais si
[f] par l'esprit vous mortifiez les faits du corps, vous vivrez.
14 Or tous ceux qui [g] sont conduits par l'Esprit de Dieu,
sont enfans de Dieu.
15 Car vous n'avez point reçu [h] un Esprit de servitude, pour être [5] encore dans la crainte; [i] mais vous avez reçû

2 En la chair des victimes, par égard à l'expiation des péchez, & en la chair ou la nature corrompue de l'homme, par égard à la sanctification; ch. 7. 7. 8. h *Jean* 3. 16. & 1 *Jean.* 4. 9. i vs. 31. k *Jean* 1. 14. *Phil.* 2. 7. 8. 1 *Tim.* 3. 16. *Héb.* 2. 14. 17. l 2 *Cor.* 5. 21. *Gal.* 3. 13. *Col.* 1. 22. m vs. 1. n vs. 1. o vs. 2. & ch. 6. 16. 21. 23. p vs. 2. *Gal.* 6. 8. q *Jacq.* 4. 4. 1 *Jean* 2. 15. r ch. 7. 23. s *Jér.* 10. 23. & 13. 23. *Jean* 6. 44. & 15. 5. 1 *Cor.* 2. 14. t vs. 5. u 1 *Cor.* 2. 14. x 1 *Cor.* 3. 16. *Gal.* 4. 25. y *Jean* 14. 16. z 1 *Pier.* 1. 11. a 2 *Cor.* 4. 11. 3 C'est-à dire, il est vrai que le corps de celui en qui est J. C. est encore nonobstant cela sujet à la mort, comme à une suite du péché, & non comme une peine proprement dite, puis qu'il n'y a nulle condamnation contre le Fidéle, vs. 1. 4 L'ame va pendant que le corps est dans la mort jouïr de la vie qui lui a été acquise par la justice de Jésus-Christ. b *ch.* 4. 25. & 6. 4. *Act.* 2. 24. 1 *Cor.* 6. 14. 2 *Cor.* 4. 14. c *Phil.* 3. 21. 1 *Thess.* 4. 14. d *ch.* 6. 7. 18. e *Gal.* 5. 19. 20. 21. *Col.* 3. 5. 6. f *Gal.* 5. 22. g *Gal.* 5. 18. h 1 *Cor.* 2. 12. 2 *Tim.* 1. 7. 5 Sav. comme sous la Loi. i *Gal.* 4. 5.

reçû l'Esprit d'adoption, par lequel nous crions [k] Abba
Pére.
16 [l] C'est ce même Esprit qui rend témoignage avec nôtre
esprit que nous sommes enfans de Dieu.
17 Et si nous sommes enfans, nous sommes [m] donc héritiers: héritiers, dis-je, de Dieu, & cohéritiers de Christ:
[n] si nous souffrons avec lui, afin que nous soyons aussi glorifiez avec lui.
18 [o] Car tout bien compté, j'estime que les souffrances du
temps présent ne sont point à contrepeser à la [p] gloire à venir qui doit être révélée en nous.
19 Car le grand & ardent désir des créatures, est qu'elles
attendent [q] que les enfans de Dieu soient révélez;
20 (Parce que les créatures sont sujettes à la vanité, non
de leur volonté; mais à cause de celui qui les *y* a assujetties)
elles l'attendent, *dis-je*, dans l'espérance [r] qu'elles seront auf-
si délivrées de la servitude de la corruption, pour être en la
liberté de la gloire des enfans de Dieu.
21 Car nous savons que toutes les créatures soûpirent & sont
en travail ensemble jusques à maintenant.
22 Et non seulement elles, mais nous aussi, qui avons les
premices de l'Esprit, [s] nous-mêmes, dis-je, soûpirons en
nous-mêmes, en attendant [6] l'adoption, *c'est-à-dire*, [7] [t] la rédemption de nôtre corps.
23 [u] Car ce que nous sommes sauvez, c'est en espérance:
or l'espérance qu'on voit, n'est point espérance: car pourquoi même quelqu'un espéreroit-il ce qu'il voit?
24 [x] Mais si nous espérons ce que nous ne voyons point,
c'est que nous l'attendons par la patience.
25 Pareillement aussi l'Esprit soulage de sa part nos foiblesses: car [y] nous ne savons point ce que nous devons demander, comme il appartient: mais [z] l'Esprit lui-même [5] prie
pour nous par des soûpirs qui ne se peuvent exprimer.
26 Mais [a] celui qui sonde les cœurs, connoît quelle est l'affection de l'Esprit: car il prie pour les Saints, selon Dieu.
27 Or nous savons aussi que [b] toutes choses aident ensemble

k *Marc* 14. 36. *Gal.* 4. 6.
l 2 *Cor.* 1. 22. & 5. 5. *Eph.* 1. 13. & 4. 30.
m *Tite* 3. 7.
n *Act.* 14. 22. 2 *Cor.* 4. 10. 2 *Tim* 2. 11. 12. 1 *Pier.* 4. 13.
o 2 *Cor.* 4. 17.
p *Phil.* 3. 21. 1 *Jean* 3. 1. 2.
q 1 *Jean* 3. 2.
r *Pse.* 102. 27. 2 *Pier.* 3. 10.
ſ 2 *Cor.* 5. 2. 4.
6 C'est-à-dire, le dernier degré de l'adoption qui est la glorification de nos corps.
7 Ou, *la délivrance*, savoir, leur délivrance de la mort, qui les retient en sa puissance jusqu'au jour de la résurrection: vs. 10.
t *Eph.* 4 30.
u 2 *Cor.* 5. 7.
x 2 *Cor.* 4. 18. & 5. 7.
y *Jacq.* 4. 3.
z *Zach.* 12. 10. *Matth.* 20. 22.
5 C'est-à-dire, forme en nous des prières ferventes.
a 1 *Chron.* 28. 9. *Pse.* 7. 10. *Jer.* 11. 20. *Act.* 1. 24.
b *Deut* 23 5. *Neh.* 13. 2. *Esa* 58. 9, 10.

en bien à ceux qui aiment Dieu, *c'est-à-dire*, à ceux qui sont
appellez selon [c] son propos arrêté.
28 Car ceux [9] qu'il a préconnus, [d] il les a aussi prédestinez
à être [e] conformes à l'image de son Fils, afin qu'il soit [f] le
premier-né entre plusieurs fréres.
29 Et ceux qu'il a prédestinez, il les a aussi [10] appellez: [h] &
ceux qu'il a appellez, il les a aussi justifiez: & ceux qu'il a justifiez, il les a aussi glorifiez.
30 Que dirons-nous donc à ces choses? [11] [i] Si Dieu est pour
nous, qui sera contre nous?
31 Lui [k] qui n'a point épargné [12] son propre Fils, [l] mais qui
l'a livré pour nous tous, comment ne nous donnera-t-il point
aussi toutes choses avec lui?
32 Qui intentera accusation contre les élûs de Dieu? [m] Dieu
est celui qui justifie:
33 Qui sera celui qui condamnera? [n] Christ est celui qui est
mort, & qui plus est, qui est ressuscité, [o] qui aussi est à la
droite de Dieu, & [p] qui même prie pour nous.
34 [q] Qui est-ce qui nous séparera de la dilection de Christ?
sera-ce l'oppression, ou l'angoisse, ou la persécution, ou la
famine, ou la nudité, ou le péril, ou l'épée?
35 [13] Ainsi qu'il est écrit: [r] Nous sommes livrez à la mort
pour l'amour de toi tous les jours, & nous sommes estimez
comme des brebis de la boucherie.
36 Au contraire, en toutes ces choses [s] nous sommes plus
que vainqueurs [t] par celui qui nous a aimez.
37 Car je suis assûré que ni la mort, ni la vie, [14] ni les Anges, ni les Principautez, ni les Puissances, ni les choses
présentes, ni les choses à venir,
38 Ni la hauteur, ni la profondeur, ni aucune autre créature, ne nous pourra séparer de la dilection de Dieu, qu'il
nous a *montrée* en Jésus-Christ nôtre Seigneur.

CHA-

c *ch.* 9.11. 2 *Tim.* 1.9. 9 Ce mot signifie ici cette prédilection éternelle & gratuite de Dieu, pour les uns, plûtôt que pour les autres, 1 Pier. 1 2. d *Eph.* 1.5. 11. e *Phil.* 3.21. f *Col.* 1.18. *Héb.* 2.11.12. g *Jean.* 10.16. *Act.* 13.48. 10 Comme ce mot ne peut s'entendre ici proprement que d'une vocation efficace & interieure, il renferme la sanctification. h *Act.* 26.18. 1 *Cor.* 1.30. 11 Il faut suppléer ces mots, *nous dirons.* i *Job* 34.29. *Psa.* 56.12. & 118.6. *Esa.* 8. 10. k vs. 3. 12 Si J.C. n'étoit le fils de Dieu que par sa charge de Messie, il ne le seroit que dans un sens impropre & de figure; & pour être son propre fils, il faut qu'il le soit par une même nature, & divinité avec le Pére. l *ch.* 4.25. & 5.6.7.8.9. m *Esa.* 50.8.9. n *ch.* 4.25. *Pse* 110.1. o *Marc* 16.19. *Héb.* 1.3. & 8.1. &c. p *Héb.* 7.25. & 9.24. 1 *Jean* 2.1.2. q vs. 38. 13 C'est-à-dire, il nous arrive ce qui est arrivé aux anciens Fidéles, & nous pouvons dire comme eux, *nous sommes livrez* &c. r *Pse.* 44 23. 1 *Cor.* 4.9. 2 *Cor* 4.11. s 1 *Cor.* 15.57. 2 *Cor.* 2.14 1 *Jean* 4.4. & 5.4.5. t *Phil.* 4.13. *Apoc.* 12.11. 14 C'est-à-dire, les Anges apostats.

CHAPITRE IX.

1. Paul voudroit être anathême pour ses fréres, 3. Avantages des Juifs, 4. Quels sont les vrais enfans d'Abraham, 6. Isaac, 8. Jacob aimé, Esaü haï, 13. Pharaon endurci, 17. Dieu comparé à un potier de terre, 12. Prédictions de la vocation des Gentils, 25. Israël n'est point parvenu à la Loi de la justice, 31.

JE [a] dis la vérité en Christ, je ne mens point, ma conscience me rendant témoignage par le Saint Esprit,
2 [b] Que j'ai une grande tristesse & un continuel tourment
en mon cœur.
3 Car [c] moi-même je souhaiterois [1] d'être séparé de Christ
pour mes fréres, qui sont mes parens selon la chair;
4 Qui sont Israëlites, desquels sont [2] [d] l'adoption, [3] & [e] la
gloire, & [f] les alliances, & l'ordonnance de la Loi, & le
service divin, & les promesses.
5 Desquels *sont* les péres, & desquels [4] [g] selon la chair *est*
descendu Christ, qui [h] est Dieu sur toutes choses, béni éternellement: Amen.
6 Toutefois il [i] ne se peut pas faire que la parole de Dieu soit
anéantie; mais tous ceux qui sont d'Israël, ne sont pas pourtant Israël:
7 Car pour être la semence d'Abraham ils ne sont pas tous
enfans: mais, [k] En Isaac te sera appellée semence.
8 C'est-à-dire, que ce ne sont pas ceux qui sont enfans de
la chair, qui sont enfans de Dieu: mais que ce sont les enfans de la promesse, qui sont réputez pour semence.
9 Car voici la parole de la promesse; [l] Je viendrai en cette
même saison, & Sara aura un fils.
10 Et non seulement cela, [m] mais aussi Rebecca, lors qu'elle conçut [5] d'un, *savoir* de nôtre pére Isaac.
11 Car avant que les enfans fussent nez, & qu'ils eussent
fait ni bien ni mal, afin que le propos arrêté selon l'élection
de Dieu demeurât, [n] non point par les œuvres, mais par
celui qui appelle;
12 Il lui fut dit; [o] Le plus grand sera asservi au moindre:

a *ch.* 1. 9. 2 *Cor.* 1. 23. *Gal.* 1. 20. *Phil* 1. 8. 1 *Thess.* 2. 5.
b *ch.* 10. 1. 2 *Cor.* 11. 28. 29.
c *Exod.* 32. 32.
1 Gr. *d'être anathême.*
2 C'est-à-dire, l'adoption dans la qualité de peuple.
d *Deut.* 7. 6. *Pse.* 147. 19.
3 l'Arche.
e *ch.* 2. 17. *&* 3. 2.
f *Eph.* 2. 12.
4 Ces mots renferment une distinction de deux natures en J. C. par l'une desquelles il est fils de David, & non pas par l'autre.
g *ch.* 1. 4. *Luc.* 3. 23.
h *Jean* 1. 1. *Héb.* 1. 8. 9.
i *ch.* 3. 3. *Nomb.* 23. 19. 2 *Tim.* 2. 13.
k *Gen.* 21. 12. *Gal.* 4. 23. *Héb.* 11. 18.
l *Gal.* 4. 28.
m *Gen.* 18. 10. *&* 25. 21. 22.

5 C'est-à-dire, d'une seule grossesse, & ainsi il seroit plus clair de traduire, sans suppléer le mot *à sçavoir*, *lors que de nôtre pére Isaac elle conçut d'une*, ou, *d'une seule grossesse.* n 2 *Tim.* 1. 9. o *Gen.* 25. 23.

p *Mal.* 1. 2. 13 Ainsi qu'il est écrit; [p] J'ai aimé Jacob, & j'ai haï Esaü.
q *ch.* 3. 5. 6. 14 Que dirons-nous donc; [q] Y a-t-il de l'iniquité en Dieu?
Deut. 32. 4. 2 *Chron.* 19. 7. Ainsi n'avienne!
Job 8. 3. & 15 Car il dit à Moyse; [r] J'aurai compassion de celui de qui
34. 10. r *Exod.* 33. 19. j'aurai compassion: & je ferai misericorde à celui à qui je ferai
misericorde.
16 Ce n'est donc point du voulant ni du courant: mais de
Dieu qui fait misericorde.
s *Exod.* 9. 16. 17 Car l'Ecriture dit à Pharaon; [s] Je t'ai suscité à cette propre fin pour démontrer en toi ma puissance, & afin que mon
Nom soit publié dans toute la terre.
18 Il a donc compassion de celui qu'il veut, & il endurcit
celui qu'il veut.
t *Prov.* 21. 30. 19 Or tu me diras; Pourquoi se plaint-il encore? [t] car qui
est celui qui peut résister à sa volonté?
20 Mais plustôt, ô homme, qui és-tu, toi qui contestes
u *Esa.* 45. 9. contre Dieu? [u] La chose formée dira-t-elle à celui qui l'a for-
& 64. 8. *Jér.* 18. 6. mée; Pourquoi m'as-tu ainsi faite?
x *Sap.* 15. 7. 21 [x] Le potier de terre n'a-t-il pas la puissance de faire d'une
y 2 *Tim.* 2. 20. *Jér.* 22. 28 même masse de terre [y] un vaisseau [6] à honneur: & un autre
Osée 8. 8. [7] à des-honneur?
6 C'est à-dire, pour des usages honorables. 22 Et *qu'est-ce*, si Dieu en voulant montrer sa colére, &
donner à connoître sa puissance, a toléré en grande patience
les vaisseaux de colére, préparez pour la perdition?
7 C'est-à dire, pour des usages vils & méprisables. 23 Et afin de donner à connoître les richesses de sa gloire dans
les vaisseaux de misericorde, qu'il a préparez pour la gloire;
24 Et qu'il a appellez, *c'est à savoir* nous, non seulement
d'entre les Juifs, mais aussi d'entre les Gentils.
z *Osée* 2. 23. 25 Selon ce qu'il dit en Osée; [z] J'appellerai mon peuple ce-
24. 1 *Pier.* 2. 10. lui qui n'étoit point mon peuple; & la bien-aimée, celle qui
n'étoit point la bien-aimée;
a *Osée* 1. 10. 26 [a] Et il arrivera, qu'au lieu où il leur a été dit; Vous n'étes
point mon peuple, là ils seront appellez les enfans du Dieu vivant.
b *ch.* 11. 5. 27 Aussi Esaïe crie touchant Israël; [b] Quand le nombre des
Esa. 10. 22. enfans d'Israël seroit comme le sable de la mer, il n'y en aura qu'un *petit* reste de sauvé.

28 Car

28 Car le Seigneur consomme & abrége l'affaire en justice: c Dan. 9.27.
[c] il fera, dis-je, une affaire abregée sur la terre. d Esa 1.9.
e Gen. 19.24.
29 Et comme Esaïe avoit dit auparavant; [d] Si le Seigneur Esa 13.19.
des armées ne nous eût laissé quelque semence, nous euf- Jér. 50 40.
sions été faits [e] comme Sodome, & eussions été semblables Lam. 3 22.
à Gomorrhe. 8 Suppléez, Nous dirons, comme ch. 8. 30.
30 Que dirons-nous donc? [8] Que les Gentils qui ne pour-
chassoient point la justice, ont atteint la justice, [f] la justice, f ch. 3.22.
dis-je, qui est par la foi. g ch. 10.3. & 11.7.
31 Mais [g] Israël pourchassant [9] la Loi de la justice, n'est point 9 C'est-à-dire, la justice de la Loi.
parvenu [10] à la Loi de la justice.
32 Pourquoi? Parce que ce n'a point été par la foi, mais 10 C'est-à-dire, la justice que la Loi avoit en vûe pour la justification du pécheur, c'est à savoir, la justice de la foi en J. C. ch. 10.3.4.
comme par les œuvres de la Loi: [h] car ils ont heurté contre
la pierre d'achoppement.
33 Selon ce qui est écrit; [i] Voici, je mets en Sion la pierre d'achoppement, & la pierre de trébûchement: & [k] quiconque croit en lui ne sera point confus.

h 1 Cor. 1.23. i Pse. 118.22. Esa. 8.14. & 28.16. Matth. 21.42. Luc 2.34. 1 Pier. 2 6. k ch. 10.11. Ps. 2.12.

CHAPITRE X.

Zéle des Juifs sans connoissance, 2. Christ est la fin de la Loi, 3. La justice de la foi, 6. Croire du cœur en J. C. & le confesser de la bouche, 9. Il est le Seigneur du Juif & du Gentil, 12. La foi est de l'ouïe, 17. Israël est un peuple rebelle, 21.

MEs fréres, [a] quant à la bonne affection de mon cœur, a ch. 9.12.
& à la priere que je fais à Dieu pour Israël, c'est qu'ils
soient sauvez.
2 [b] Car je leur rens témoignage qu'ils ont le zéle de Dieu, b ch. 9 31.
mais non pas selon connoissance. Act. 22.3.
3 Parce que ne connoissant point [c] la justice de Dieu, & c ch. 1.17.
[d] cherchant d'établir leur propre justice, ils ne se sont point d ch. 9.31.32.
soûmis à la justice de Dieu.
4 Car [e] Christ est la fin de la Loi, en justice [f] à tout croyant. e Gal. 3 24.
5 Or Moyse décrit *ainsi* la justice qui est par la Loi, *savoir*, f ch. 1.16. & 3.22. Gal. 3.9 22.
[g] Que l'homme qui fera ces choses, vivra par elles. g Lévit. 18.5.
6 Mais la justice qui est par la foi, dit ainsi; [h] Ne di point Deut. 4.1. Ezéch. 20.11. Gal. 3.12.
en ton cœur; Qui montera au Ciel? Cela est ramener Christ
d'enhaut.

7 Ou, Qui descendra dans l'abysme? Cela est ramener
Christ des morts.
8 Mais que dit-elle? [i] La parole est près de toi en ta bouche, & en ton cœur. *Or* c'est là la parole de la foi, laquelle
nous prêchons.
9 [k] C'est pourquoi, si tu confesses le Seigneur Jésus de ta
bouche, & que tu croyes en ton cœur que Dieu l'a ressuscité des morts, tu seras sauvé.
10 Car de cœur on croit à justice, & de bouche on fait
confession à salut.
11 Car l'Ecriture dit; [l] Quiconque croit en lui, ne sera
point confus.
12 Parce [m] qu'il n'y a point de différence du Juif & du Grec:
car [n] il y a un même Seigneur de tous, [o] qui est riche [p] envers tous ceux qui l'invoquent.
13 [q] Car quiconque invoquera le nom du Seigneur sera
sauvé.
14 Mais comment invoqueront-ils celui en qui ils n'ont point
crû? & comment croiront-ils en celui dont ils n'ont point
entendu *parler?* & comment entendront-ils s'il n'y a quelqu'un qui leur prêche?
15 Et comment prêchera-t-on sinon qu'il y en ait qui soient
envoyez? ainsi qu'il est écrit; [r] O que les pieds de ceux qui
annoncent la paix sont beaux, *les pieds, dis-je*, de ceux qui
annoncent de bonnes choses.
16 Mais tous n'ont pas obeï à l'Evangile: car Esaïe dit;
[s] Seigneur, Qui est-ce qui a crû à nôtre prédication?
17 La foi donc est [1] de l'ouïe: [2] & l'ouïe par la parole de
Dieu.
18 Mais je demande; Ne l'ont-ils point ouï? Au contraire,
[t] leur son est allé par toute la terre, & leur parole jusques aux
bouts du monde.
19 Mais je demande; Israël ne l'a-t-il point connu? Moyse
le premier dit; [u] Je vous provoquerai à la jalousie par celui
qui

i *Deut.* 30.14. k *Matth.* 10. 32. 1 *Pier.* 3. 15. l *ch.* 9.33 *Esa.* 28 16. *Pse.* 116.10. *Osée* 14 3. 1 *Pier.* 2 6. m *ch.* 1.16. & 3.22.28. 29. *Act.* 15.9. *Gal.* 3.28. n 1 *Cor.* 1. 2. & 8.6. *Eph.* 4 5. o *Eph.* 1.7. & 2.4.7. p *Act.* 10.34. 35. & 15.9. q *Joël* 2. 32. *Act.* 2.21. r *Esa.* 52.7. *Nahum* 1.15. s *Esa.* 53.1. *Jean* 12.38.

1 Ceci ne doit pas s'entendre, comme on l'explique communément, du sens même de l'ouïe, mais de la prédication même de l'Evangile, comme il paroît par le Texte d'Esaïe, ch. 53.1. car il y a dans l'Hébreu, *Qui a crû à nôtre ouïe?*

2 C'est-à-dire, que la prédication de l'Evangile s'est faite par l'ordre & la commission de Dieu: car ces mots ont rapport à ce que l'Apostre vient de dire au vs. 15. *Comment prêchera t-on sinon qu'on soit envoyé?* t *Pse.* 19. 5. u *Deut.* 32. 21.

qui n'est point peuple : je vous exciterai à la colére par une
nation [x] destituée d'intelligence. x *ch.* 1. 21.
20 Et Esaïe s'enhardit tout-à fait, & dit; [y] J'ai été trouvé y *Esa.* 65. 1.
de ceux qui ne me cherchoient point, & je me suis clairement
manifesté à ceux qui ne s'enqueroient point de moi.
21 Mais quant à Israël, il dit; [z] J'ai tout le jour étendu z *Esa.* 65. 2.
mes mains vers un peuple rebelle & contredisant.

CHAPITRE XI.

La plainte d'Elie, 2. Ce qui est par grace n'est pas par les œuvres, 6. Chute des Juifs, 11. L'olivier sauvage, 17. Tout Israël sera sauvé, 26. Profondeur de la sagesse de Dieu, 33. Qui a connu sa pensée? 34.

JE demande donc; [a] Dieu a-t-il rejetté son peuple? Ainsi a *Jér.* 31. 37.
n'avienne! car [b] je suis aussi Israëlite, de la postérité d'A- b 2 *Cor.* 11. 22. *Phil.* 3. 5.
braham, de la Tribu de Benjamin.
2 Dieu n'a point rejetté son peuple, lequel il a auparavant
[1] connu. Et ne savez-vous pas ce que l'Ecriture dit d'Elie,
[c] comment il a fait requête à Dieu contre Israël, disant?
3 [d] Seigneur, ils ont tué tes Prophétes, & ils ont démoli c 1 *Rois* 19. 10.
tes autels, & je suis demeuré moi seul; & ils tâchent à m'ô- d 1 *Rois* 19. 10.
ter la vie. e 1 *Rois* 19. 18. *Ezech.* 9. 4.
4 Mais que lui fut-il répondu de Dieu? [e] Je me suis reservé [2] sept mille hommes, qui n'ont point fléchi le genou devant Bahal. f *ch.* 9. 27.
5 Ainsi donc il y a aussi en ce temps présent [f] [3] un résidu
selon l'élection de grace.
6 [g] Or si c'est par la grace, ce n'est plus par les œuvres:
autrement la grace n'est plus grace: mais si c'est par les œuvres, ce n'est plus par la grace: autrement l'œuvre n'est plus
œuvre. g *ch.* 4. 4. 5. & 10. 3. *Phil.* 3. 9.
7 Quoi donc? [h] C'est que ce qu'Israël est après à chercher,
il ne l'a point obtenu; mais [4] l'élection l'a obtenu, & les autres ont été endurcis: h *ch.* 9. 30. 31.
8 Ainsi qu'il est écrit; [i] Dieu [5] leur a donné un esprit as-
soupi, & des yeux pour ne point voir, & des oreilles pour
ne point ouïr, jusqu'au jour présent. i *Esa.* 6. 9. & 29. 10. *Matth.* 13. 14. *Jean* 12. 40. *Act.* 28. 26.

1 C'est-à-dire, aimé préférablement à tous les autres.

2 C'est-à-dire, en général un grand nombre.

3 C'est-à-dire, un certain nombre de Juifs que Dieu préservoit de l'infidelité où étoient tombez les autres.

4 C'est-à-dire, les élus d'entre les Juifs.

5 C'est-à dire, les a livrez en sa justice à leurs égaremens &c.

k *Psa.* 69.23. 9 Et David dit ; [k] Que leur table leur soit *tournée* en laqs,
6 Leur nation. & en piége, & en trébuchement, & cela pour leur recompense.
7 Pour ne se relever jamais. 10 Que leurs yeux soient obscurcis pour ne point voir : &
courbe continuellement leur dos.
l *Act.* 13. 46. m vs. 15. 11 Mais je demande ; [6] Ont-ils bronché [7] pour trébucher ?
8 C'est-à-dire, le rétablissement de leur nation dans l'alliance de Dieu, vs. 25. 26. Ainsi n'avienne ! [l] mais par leur chute le salut est avenu aux
Gentils, pour les provoquer à la jalousie.
12 Or si leur chute est [m] la richesse du monde, & leur diminution la richesse de Gentils, combien plus le sera [8] leur
abondance ?
n *ch.* 15. 15. 16. *Act.* 9. 15. & 13. 2. & 22. 21. *Gal* 2. 7. 8. *Eph.* 3. 8. 1 *Tim.* 2. 7. 2 *Tim.* 1. 11. o vr. 12. 13 Car je parle à vous, Gentils : certes entant que je suis
[n] Apostre des Gentils, je rens honorable mon ministére :
14 *Pour voir* si en quelque façon je puis provoquer ceux
de ma chair à la jalousie, & en sauver quelques-uns.
15 Car si leur rejection est [o] la réconciliation du monde,
quelle sera leur reception sinon une vie d'entre les morts ?
16 Or si les prémices sont saintes, la masse l'est aussi ; &
si la racine est sainte, les branches le sont aussi.
17 Que si quelques-unes des branches ont été retranchées,
9 Toi, Gentil. & si [9] toi qui étois un olivier sauvage, as été enté en leur
place, & fait participant de la racine & de la graisse de l'olivier ;
18 Ne te glorifie pas contre les branches : car si tu te glorifies, ce n'est pas toi qui portes la racine, mais c'est la racine qui te porte.
19 Mais tu diras ; Les branches ont été retranchées, afin
que j'y fusse enté.
20 C'est bien dit, elles ont été retranchées à cause de leur
incrédulité, & toi tu és debout par la foi : ne t'éleve *donc*
p *Prov.* 28. 14. *Esa.* 66. 2. *Phil.* 2. 12. q *Jean* 15 2. point par orgueil, [p] mais crains.
21 Car [q] si Dieu n'a point épargné les branches naturelles,
prens-garde qu'il n'arrive qu'il ne t'épargne point aussi.
22 Regarde donc la bonté & la sévérité de Dieu : la sévérité sur ceux qui sont tombez : & la bonté envers toi, [r] si tu
r 1 *Cor.* 15. 2. *Héb.* 3. 6. 14. perséveres en sa bonté ; car autrement tu seras aussi coupé.
23 Et eux-mêmes aussi, s'ils ne persistent point point dans
leur

leur incrédulité, [f] ils seront entez: car Dieu est puissant [t]
pour les enter de nouveau.
24 Car si tu as été coupé de l'olivier qui de sa nature étoit
sauvage, & as été enté contre la nature sur l'olivier franc,
combien plus ceux qui le sont selon la nature, seront-ils entez sur leur propre olivier?
25 Car mes fréres, je ne veux pas que vous ignoriez ce
mystere, afin que vous [t] ne soyez point sages en vous-mêmes, c'est qu'il est arrivé de l'endurcissement en Israël dans
une partie, jusqu'à ce que la plénitude des Gentils soit entrée:
26 Et ainsi tout Israël sera sauvé; selon ce qui est écrit;
[u] Le Libérateur viendra de Sion, & il détournera de Jacob
les infidélitez:
27 Et c'est là l'alliance que je ferai avec eux, [x] lorsque
j'ôterai leurs péchez.
28 Ils sont certes ennemis quant à l'Evangile, [10] à cause de
vous: mais ils sont bien-aimez quant à l'élection, à cause des
péres.
29 Car les dons & la vocation de Dieu sont [11] sans repentance.
30 Or comme vous avez été vous-mêmes autrefois rebelles à Dieu, & que maintenant vous avez obtenu miséricorde
par la rebellion de ceux-ci:
31 Ceux-ci tout de même sont maintenant devenus rebelles, afin qu'ils obtiennent aussi miséricorde [12] par la miséricorde qui vous a été faite.
32 [y] Car Dieu les a tous renfermez sous la rebellion, afin
de faire miséricorde à tous.
33 O profondeur des richesses & de la sagesse [a] & de la connoissance de Dieu! Que ses jugemens sont incomprehensi-
bles, [d] & ses voyes [13] impossibles à trouver!
34 Car [c] qui est-ce qui a connu la pensée du Seigneur? ou
qui a été son conseiller?
35 [d] Ou qui est-ce qui lui a donné le premier; & il lui sera rendu?
36 [e] Car de lui, & par lui, & [f] pour lui sont toutes choses. [g] A lui soit gloire éternellement: Amen.

f 2 *Cor.* 3. 16. t *ch.* 12. 3. 16. *Prov.* 3. 7. *Esa.* 5. 21. *Mich.* 5. 3. u *Esa* 59. 20. x *Jer.* 31. 31. 34. *Héb.* 8. 8. & 10. 17.

10 Les Juifs étoient fort jaloux contre les Gentils, au sujet de leur vocation dans l'Eglise.

11 C'est à-dire, sans changement.

12 Ou, selon la misécorde qui vous a été faite.

y *ch.* 3. 9. *Gal.* 3. 22. z *Job* 11. 7. *Pse.* 36. 7. a *Pse.* 147. 5. *Esa.* 40. 28. b *Job* 26. 14. *Esa.* 55. 8. 9.

13 Le mort Grec, employé ici & Eph. 3. 8. signifie proprement une chose dont on ne sauroit trouver *ni trace, ni vestige.*

c *Job* 36. 23. *Pse.* 92. 6. *Esa.* 40. 13. *Jer.* 23. 18. 1 *Cor.* 2. 16. *Sap.* 9. 13. d *Job* 35. 7. & 41. 2. e *Prov.* 16. 4. 1 *Cor.* 8. 6. *Col.* 1. 16. f *Prov.* 16. 4. g *Héb.* 13. 21.

CHAPITRE XII.

Nôtre service raisonnable, 1. Ne se pas conformer au présent siecle, 2. Dons différens dans l'Eglise, 6. Diverses exhortations à l'amour du Prochain, 9—21.

JE vous exhorte donc, mes fréres, par les compassions de
Dieu, que vous présentiez vos corps en [a] sacrifice vivant,
saint, agréable à Dieu, qui est vôtre raisonnable service.
2 [b] Et ne vous conformez point à ce présent siecle, mais
soyez transformez par [c] le renouvellement de vôtre entendement, [d] afin que vous éprouviez quelle est la volonté de
Dieu, [1] bonne, & agréable, & parfaite.
3 Or par [e] la grace qui m'est donnée je dis à chacun d'entre vous, que [2] nul ne présume [f] d'être sage par dessus ce
qu'il faut être sage; mais qu'il soit sage à sobrieté, [g] selon que
Dieu a départi à chacun la mesure de la foi.
4 Car [h] comme nous avons plusieurs membres en un seul
corps, & que tous les membres n'ont pas une même fonction:
5 Ainsi *nous qui sommes* plusieurs, sommes [i] un seul corps en
Christ: & chacun réciproquement membres l'un de l'autre.
6 Or [k] ayant des dons différens, selon la grace qui nous est
donnée; soit de prophétie, *prophétisons* selon l'analogie
de la foi:
7 [l] Soit de [3] ministére, *que ce soit* en administration: soit
que quelqu'un enseigne, *qu'il donne* enseignement:
8 Soit que quelqu'un exhorte, *que ce soit* en exhortation:
soit que quelqu'un distribue, *qu'il le fasse* en simplicité: soit
que quelqu'un [m] préside, *qu'il le fasse* soigneusement: [n] soit
que quelqu'un exerce miséricorde, *qu'il le fasse* joyeusement.
9 Que la charité *soit* [o] sans feinte. [p] Ayez en horreur le
mal, vous tenant collez au bien:
10 [q] Etant enclins par la charité fraternelle à montrer de
l'affection l'un envers l'autre: [r] vous prévenant l'un l'autre
par honneur.
11 N'étant point paresseux à vous employer pour autrui:
[s] étant fervens d'esprit: [t] servans le Seigneur.
12 [u] Joy-

a 1 *Pier.* 2.5. b 1 *Pier.* 4.2. c *Eph.* 4. 23 *Col.* 3. 10. d *Eph.* 5. 17. 1 C'est-à-dire, & que vous sachiez qu'elle est bonne &c. e *ch.* 1. 5. 2 Que personne ne prétende porter sa science dans les mysteres de la foi, au déla de ce que Dieu nous en a révélé dans ses Ecritures. f *ch.* 11. 25. & 16. 19. *Deut.* 29. 29. *Eccl.* 7. 16. 1 *Cor.* 4. 6. g 1 *Cor.* 12. 11. 12. *Eph.* 4. 7. h 1 *Cor.* 12 12. &c. *Eph.* 4.16. i 1 *Cor.* 12.27. *Eph.* 1. 23. & 4.16. & 5 23. *Col.* 1. 24. *Heb.* 13. 3. k 1 *Cor.* 12. 4. &c. 2 *Cor.* 10. 13. 1 *Pier.* 4. 10. 11. l 1 *Cor.* 12. 28. *Eph.* 4. 11. 1 *Pier.* 4. 10. 11. 3 Gr. *Diaconie*, Act. 6. 1. m 1 *Tim.* 5. 17.

n *Deut.* 15. 7. 2 *Cor.* 9. 7. o 1 *Pier.* 1. 22. & 4. 8. p *Pse.* 36. 5. & 97. 10. *Amos* 5. 15. q *Eph.* 4. 3. *Heb.* 13. 1. 1 *Pie.* 1. 22. & 2. 17. 2 *Pier.* 1. 7. r 1 *Pier.* 5. 5. s *Apoc.* 3. 15. t *Eph.* 6. 7.

12 [u] Joyeux dans l'espérance: [x] patiens dans la tribulation:
[y] persévérans dans l'oraison.
13 [z] Communiquant aux nécessitez des Saints: [a] exerçant
l'hospitalité.
14 [b] Bénissez ceux qui vous persécutent: bénissez-les, &
ne les maudissez point.
15 [c] Soyez en joye avec ceux qui sont en joye: [d] & pleurez avec ceux qui pleurent.
16 [e] Ayant un même sentiment les uns envers les autres,
[f] n'affectant point des choses hautes, mais vous accommo-
dant aux choses basses. [g] Ne soyez point sages en vous-
mêmes.
17 [h] Ne rendez à personne mal pour mal. [i] Recherchez
les choses honnêtes devant tous les hommes.
18 [k] S'il se peut faire, & autant qu'il dépend de vous, ayez
la paix avec [l] tous les hommes.
19 [m] Ne vous vengez point vous-mêmes, mes bien-aimez,
[3] mais donnez lieu à la colére: car il est écrit; [n] A moi *ap-*
partient la vengeance: je le rendrai, dit le Seigneur.
20 [o] Si donc ton ennemi a faim, donne lui à manger: s'il
a soif, donne lui à boire: car en faisant cela [4] tu lui assem-
bleras des charbons de feu sur sa tête.
21 Ne sois point surmonté du mal, mais surmonte le mal
par le bien.

u *Phil.* 4. 4. 1 *Thess.* 5. 16. x *Luc* 10. 20. *Héb.* 10. 36. y *Luc* 18. 1. *Eph.* 6. 18. *Col.* 4. 2. 1 *Thess.* 5. 17. z 1 *Cor.* 16. 1. a 1 *Pier.* 4. 9. b *Matth.* 5. 44. 1 *Cor.* 4. 12. 1 *Pier.* 3. 9. c 1 *Cor.* 12. 26. d *Ecclesiastiq.* 7. 35. e *ch.* 11. 25. *Phil.* 2. 2. & 3. 16. 1 *Pier.* 3. 8. f *Pse.* 131. 1. 2. g *vs.* 3. & *ch.* 11. 25. *Prov.* 3. 7. & 25. 12. *Eccl.* 7. 16. *Esa.* 5. 21. h *Prov.* 20. 22. & 24. 29. *Matth.* 5. 39. 1 *Thess.* 5. 15. 1 *Pier.* 3. 9. i 2 *Cor.* 8. 21. k *Héb.* 12. 14. l *Marc* 9. 50. m *Levit.* 19. 18. *Matth.* 5. 39. *Ecclesiastiq.* 28. 1. 3 C'est-à-dire, laissez à Dieu le soin de vous venger selon qu'il le jugera à propos. n *Deut.* 32. 35. *Héb.* 10. 30. o *Prov.* 25. 21. 22. *Matth.* 5. 44. 4 C'est-à-dire, il en sera plus coupable, s'il ne se réconcilie pas avec toi.

CHAPITRE XIII.

L'honneur du aux Puissances, 1—7. *L'amour du Prochain*, 8. *Le salut est près de nous*, 11. *La nuit est passée*, 12. *Etre revêtus du Seigneur Jésus*, 14.

[a] QUe toute personne soit sujette aux Puissances supérieures:
[b] car il n'y a point de Puissance qui ne vienne de Dieu,
& les Puissances qui sont *en état*, sont ordonnées de Dieu.
2 C'est pourquoi celui qui résiste à la Puissance, résiste à
l'ordonnance de Dieu: & ceux qui y résistent, feront venir [2] la condamnation sur eux-mêmes.

a *Tite* 3. 1. 1 *Pier.* 2. 13. *Job* 36. 7. *Prov.* 8. 15. 16. *Eccl.* 8. 2. *Dan.* 4. 32. b *Sap.* 6. 4. 2 Celle du Prince, & celle de Dieu.

 3 [c] Car

3 [c] Car les Princes ne ſont point à craindre pour de bonnes actions, mais pour de mauvaiſes. Or veux-tu ne craindre point la Puiſſance? fai bien, & tu en recevras de la louange.
4 Car *le Prince* eſt ſerviteur de Dieu pour ton bien: mais
ſi tu fais mal, crains: parce qu'il ne porte point l'épée ſans
cauſe, car il eſt ſerviteur de Dieu, ordonné pour faire juſtice en punition de celui qui fait mal.
5 C'eſt pourquoi il faut être ſujets, non ſeulement à cauſe
de la punition, mais auſſi [2] à cauſe de la conſcience.
6 Car c'eſt auſſi pour cela que vous *leur* payez les tributs,
parce qu'ils ſont les miniſtres de Dieu, s'employans à cela.
7 [d] Rendez donc à tous ce qui leur eſt dû: à qui le tribut, le tribut: à qui le péage, le péage: à qui crainte, la
crainte: à qui l'honneur, l'honneur.
8 Ne devez rien à perſonne, ſinon que vous vous aimiez
l'un l'autre: [e] car celui qui aime les autres, a accompli la Loi.
9 Parce que ce *qui eſt dit*; [f] Tu ne commettras point
adultere, Tu ne tueras point, Tu ne déroberas point, Tu
ne diras point faux témoignage, Tu ne convoiteras point,
& tel autre commandement, eſt ſommairement compris dans
cette parole; [g] Tu aimeras ton Prochain comme toi-même.
10 La charité ne fait point de mal au Prochain: [h] l'accompliſſement donc de la Loi c'eſt la charité.
11 Même vû la ſaiſon, [i] parce qu'il eſt déja temps de nous
réveiller du ſommeil: car maintenant [3] le ſalut eſt plus prés
de nous, que lors que nous avons crû.
12 [k] La nuit eſt paſſée & le jour eſt approché: rejettons donc les
œuvres de ténébres, & ſoyons revêtus [l] des armes de lumiere.
13 [m] Conduiſons-nous honnêtement & comme en plein jour:
[n] non point en gourmandiſes, ni en yvrogneries: non point
en couches, ni en inſolences: non point en querelles, ni en
envie.
14 Mais ſoyez [o] revêtus du Seigneur Jéſus-Chriſt, & [p] n'ayez
point ſoin de la chair pour *accomplir* ſes convoitiſes.

CHA-

c 1. *Pier.* 2. 14.
2 Si la conſcience nous lie à nos Souverains en vertu de l'ordonnance de Dieu, vs. 2. elle nous lie encore davantage à Dieu, pour ne rien faire au préjudice des droits & des loix de la Religion.
d *Matth.* 22. 21. *Marc* 12. 17. *Luc* 20. 25.
e *Gal.* 5. 14. 1. *Tim.* 1. 5.
f *Exod.* 20. 14. *Deut.* 5. 18.
g *Lévit.* 19. 18.
h *Matth.* 22. 39. *Marc* 12. 31. *Gal.* 5. 14. 1. *Tim.* 1. 5. *Jacq.* 2. 8.
i 1 *Cor.* 15. 34. *Eph.* 5. 14.
3 Le mot Grec ſignifiant en général *délivrance*, il faut l'entendre ici de la délivrance de l'Egliſe Chrét. opprimée par la Synagogue.
k *Eph.* 5. 11. 1 *Theſſ.* 5. 6. 8.
l 2. *Cor.* 6. 7. *Eph.* 6. 11. 10.
m *Prov.* 23. 20. 21 34. 1 *Cor.* 6. 10. *Gal.* 5. 19. 20. 21.
n *Eph.* 5. 5. *Phil.* 4. 8. 1 *Theſſ.* 4. 12. & 5. 6. *Jacq.* 3. 14. *Pier.* 4. 3.
o *Gal.* 3. 27.
p *Gal.* 5. 16. 1 *Pier.* 2. 11. 1 *Jean* 2. 16.

CHAPITRE XIV.

Le Chrétien foible en la foi, 1. Mange des herbes, 2. Egard au jour, 6. Nous vivrons pour le Seigneur, 8. Christ a domination sur les morts & sur les vivans, 9. Le siege judicial de Christ, 10. Il faut avoir de la condescendance pour le Chrétien foible, 15. Ce qui n'est point de la foi est un péché, 23.

OR quant à celui qui [a] est [1] foible en la foi, recevez-le,
& n'ayez point avec lui des contestations & des disputes.
2 [2] L'un croit qu'on peut manger de toutes choses, & l'autre qui est infirme [3] mange des herbes.
3 [b] Que celui qui mange *de toutes choses*, ne méprise pas celui
qui n'en mange point: & que celui qui n'en mange point,
ne juge point celui qui en mange: car Dieu l'a pris à soi.
4 [c] Qui és-tu toi, [4] qui juges le serviteur d'autrui? s'il se
tient ferme ou s'il bronche, c'est pour son propre maître: &
même *ce Chrétien foible* sera affermi; car Dieu est puissant
pour l'affermir.
5 [d] L'un estime un jour plus que l'autre, & l'autre estime
tous les jours *également*: *mais* que chacun soit pleinement
[e] résolu en son esprit.
6 [f] Celui qui a égard au jour, y a égard à cause du Seigneur: & celui aussi qui n'a point d'égard au jour, n'y a
point d'égard à cause du Seigneur: [g] celui qui mange *de toutes choses*, en mange à cause du Seigneur: & il rend graces
à Dieu: & celui qui n'en mange point, n'en mange point
aussi à cause du Seigneur, & il rend graces à Dieu.
7 [h] Car nul de nous ne vit pour soi-même, & nul ne meurt
pour soi-même.
8 Mais soit que nous vivions, [i] nous vivons [5] au Seigneur;
ou soit que nous mourions, nous mourons au Seigneur: soit
donc que nous vivions, soit que nous mourions, nous sommes au Seigneur.
9 Car c'est pour cela [k] que Christ est mort, & qu'il est ressuscité, & retourné en vie: afin qu'il ait domination tant sur
les morts que sur les vivans.
10 [l] Mais toi pourquoi juges-tu ton frére? ou toi aussi,
pour-

a ch. 15. 1. 7. 1 Cor. 8. 9. 11. & 9. 22.

1 Nouvellement converti, & peu affermi dans les principes de la Religion.

2 C'étoit le Chrétien bien instruit.

3 C'est-à-dire, ne veut manger que des herbes, des legumes & telles autres choses, différentes des viandes, par un scrupule de conscience, en se trouvant parmi des Gentils, comme 1 Cor. 8. 10. 11.

b Col. 2. 16.

c Jacq. 4. 12.

4 C'est une comparaison prise de ce qu'on n'a pas accoûtumé, & qu'on n'est pas même en droit de se mêler des actions des domestiques les uns des autres.

d Gal. 4. 10. Col. 2. 16. 17. e vs. 22. 23. f 1 Cor. 10. 31. 1 Tim. 4. 3. g vs. 2. 3. h 1 Cor. 6. 19. i 2 Cor. 5. 15. 1 Thess. 5. 10. 5 C'est-à-dire, pour le service de nôtre Seigneur. k Act. 10. 42. 2 Cor. 5. 15. l Matth. 7. 1.

pourquoi méprises-tu ton frére? [m] certes nous comparoîtrons
tous devant le siege judicial de Christ.
11 Car il est écrit; [n] Je suis vivant, dit le Seigneur, que
tout genou se ployera devant moi, & que toute langue donnera louange à Dieu.
12 Ainsi donc [o] chacun de nous rendra compte pour soi-
même à Dieu.
13 [p] Ne nous jugeons donc plus l'un l'autre; mais usez plustôt de discernement en ceci, *qui est* [q] de ne mettre point d'a-
choppement ou de scandale devant *vôtre* frére.
14 Je sai & je suis persuadé par le Seigneur Jésus, [r] que
rien n'est souillé de soi-même: [f] mais cependant si quelqu'un
croit qu'une chose est souillée, [6] elle lui est souillée.
15 Mais si ton frére est attristé de te *voir manger* d'une viande, tu ne te conduis point *en cela* par la charité; [t] Ne détrui
point par la viande celui pour lequel Christ est mort.
16 Que donc vôtre bien ne soit point blâmé.
17 [u] Car le Royaume de Dieu n'est point viande ni brûva-
ge: mais il est justice, paix, & joye par le Saint Esprit.
18 Et celui qui sert Christ en ces choses-là, est agréable à
Dieu, & il est approuvé des hommes.
19 Recherchons donc les choses qui vont à la paix, & qui
sont d'une édification mutuelle.
20 Ne ruïne point l'œuvre de Dieu par ta viande. [x] Il est
vrai que toutes choses sont pures, mais il y a du mal à l'homme qui mange [y] en donnant de l'achoppement.
21 [z] Il est bon de ne point manger de chair, & de ne point
boire de vin, & de ne faire aucune autre chose à laquelle
ton frére bronche, ou dont il soit scandalisé, ou dont il soit
blessé.
22 As-tu la foi? aye-la en toi-même devant Dieu. *Car*
bienheureux est celui qui ne se juge point soi-même en ce
qu'il approuve.
23 [a] Mais celui qui en fait scrupule, est condamné s'il *en*
mange, parce qu'il n'*en mange* point [7] avec foi: or tout ce qui
n'est point [8] de la foi, est un péché.

m *Matth.* 25. 31. 2 *Cor.* 5. 10.
n *Esa.* 45. 23. *Phil* 2. 10.
o *Matth.* 12. 36. 2 *Cor.* 3. 8. 2 *Cor.* 5. 10. *Gal.* 6. 5.
p *Esa.* 57. 14. *Matth.* 18. 7. 1 *Cor.* 8. 12. 13. & 10. 32. 2 *Cor.* 6. 3.
q vs. 20.
r *Matth.* 15. 11. *Act.* 10. 15. 1 *Cor.* 8. 8. 1 *Tim.* 4. 4. *Tite* 1. 15.
f vs. 23.
6 C'est-à-dire, que s'il en mange contre sa conscience, il péche, de même que si elle étoit mise par la loi au rang des viandes immondes, vs. 22. 23.
t 1 *Cor.* 8. 11.
u 1 *Cor.* 8. 8.
x vs 14.
y vs. 13.
z 1 *Cor.* 8. 9. 13.
a vs. 14.
7 C'est-à-dire, en croyant fermement qu'il en peut manger.
8 C'est-à-dire, qui n'est pas conforme à ce sentiment interieur, & qui est contre la conscience.

CHAPITRE XV.

Condescendance pour les foibles, 1. Avoir tous un même sentiment, 5. Christ a été Ministre de la Circoncision, 8. Racine de Jessé, 12. Saint Paul employé au Sacrifice de l'Evangile, 16. Le grand succés de son Ministere, 19. Son dessein d'aller à Rome, 22. Il va à Jérusalem pour y porter les libéralitez des Gentils, 26. Il demande aux Romains le secours de leurs prieres, 30.

OR nous devons, nous qui sommes forts, [a] supporter les [a] *ch.* 14. 1.
infirmitez des foibles, & non pas nous complaire à nous- 1 *Cor.* 9. 22. *Gal* 6. 1.
mêmes.
2 [b] Que chacun de nous donc complaise à son prochain dans [b] 1 *Cor.* 9. 19.
le bien, pour *son* édification. & 10. 24. 33. *Phil.* 2. 4. 5.
3 Car même *Jésus*-Christ n'a point voulu complaire à soi-
même, mais selon ce qui est écrit *de lui*; [c] Les blâmes de [c] *Pse.* 69. 10.
ceux qui te blâment sont tombez sur moi. 1 *Pier.* 2. 23.
4 Car toutes les choses qui ont été écrites auparavant, [d] ont [d] *ch.* 4. 23. 24.
été écrites pour nôtre instruction: afin que par la patience & 1 *Cor.* 10. 11.
la consolation des Ecritures nous ayons espérance. 2 *Tim.* 3. 6.
5 Or le Dieu de patience & de consolation [e] vous fasse la [e] *ch.* 12. 16.
grace d'avoir tous un même sentiment selon Jésus-Christ: 1 *Cor.* 1. 10.
6 Afin que tous d'un même cœur, & d'une même bouche *Phil.* 2. 2. & 3. 15. 16.
vous glorifiez Dieu, qui est le Pére de nôtre Seigneur Jésus-
Christ.
7 C'est pourquoi [f] recevez-vous l'un l'autre, comme aussi [f] *ch.* 14. 1. 3.
Christ nous a reçus à lui pour la gloire de Dieu.
8 Or je dis que Jésus-Christ a été [g] Ministre de la Circon- [g] *Matth.* 15.
cision, pour [h] la vérité de Dieu, afin de ratifier les promes- 24. *Act.* 3. 25. 26.
ses faites aux Péres; [h] *ch.* 3. 1. 2.
9 Et afin que les Gentils honorent Dieu pour sa misericor-
de: selon ce qui est écrit; [i] Je célébrerai à cause de cela ta [i] 2 *Sam.* 22.
loüange parmi les Gentils, & je psalmodierai à ton Nom. 50. *Pse.* 18. 50.
10 Et il est dit encore; [k] Gentils, réjouïssez-vous avec son [k] *Deut.* 32.
peuple: 43. *Pse.* 67. 5.
11 Et encore; [l] Toutes Nations, louez le Seigneur: & [l] *Pse.* 117. 1.
vous tous peuples célébrez-le.
12 Et aussi Esaïe a dit; [m] Il y aura une Racine de Jessé, & [m] *Esa.* 11. 1.
un 10. *Apoc* 5. 5. & 22. 16.

un qui s'élevera pour gouverner les Gentils, & les Gentils
auront espérance en lui.

n *Jacq.* 1. 2.

13 Le Dieu d'espérance donc vous veuille remplir [n] de toute joye & de *toute* paix, en croyant: afin que vous abondiez
en espérance par la puissance du Saint Esprit.

o 2 *Pier.* 1. 12. 1 *Jean* 2. 21.

14 Or mes fréres, je suis aussi moi-même persuadé, que
vous aussi étes pleins de bonté, [o] remplis de toute connoissance, & que vous pouvez même vous exhorter l'un l'autre.

p *ch.* 1. 5. & 12. 3.

15 Mais *mes* fréres, je vous ai écrit en quelque sorte plus
librement, comme vous faisant ressouvenir *de ces choses*, à
cause de [p] la grace qui m'a été donnée de Dieu.

q *ch.* 11. 13.

r C'est-à-dire, l'oblation que l'Apostre faisoit à Dieu des Gentils convertis par son Ministere, comme une oblation Eucharistique.

16 Afin que je sois ministre de Jésus-Christ [q] envers les Gentils, m'employant au sacrifice de l'Evangile de Dieu, afin
que [r] l'oblation des Gentils soit agréable, étant sanctifiée par
le Saint Esprit.

17 J'ai donc dequoi me glorifier en Jésus-Christ dans les
choses qui regardent Dieu.

r 1 *Cor.* 3. 9. & 15. 10. 2 *Cor.* 2. 14.

s *ch.* 1. 5. & 16. 26.

18 Car je n'oserois rien dire que [r] Christ n'ait fait par moi
[s] pour amener les Gentils à l'obéïssance, par la parole, &
par les oeuvres.

t *Héb.* 2. 4.

19 [t] Avec la vertu des prodiges & des miracles, par la puissance de l'Esprit de Dieu: tellement que depuis Jérusalem,
& les lieux d'alentour, jusqu'en Illyrie, j'ai fait abonder l'E-
vangile de Christ.

u 2 *Cor.* 10. 15. 16.

20 M'attachant ainsi avec affection à annoncer l'Evangile
[u] là où Christ n'avoit pas encore été prêché, afin que je n'é-
difiasse point sur un fondement *qu'un* autre *eût déja posé*.

x *Esa.* 52. 15.

21 Mais, selon qu'il est écrit; [x] Ceux à qui il n'a point été
annoncé le verront; & ceux qui n'en ont point ouï parler
l'entendront.

y *ch.* 1. 13. 1 *Thess.* 2. 18.

22 Et c'est aussi [y] ce qui m'a souvent empêché de vous aller voir.

z *ch.* 1. 10. 12. & 15. 32. 1 *Thess.* 3. 10. 2 *Tim.* 1. 4.

23 [z] Mais maintenant que je n'ai aucun sujet de m'arrêter
en ce païs, & que depuis plusieurs années j'ai un grand désir
d'aller vers vous:

24 J'irai vers vous lors que je partirai pour aller en Espagne:

ne: [2] & j'espére que je vous verrai en passant par vôtre païs, & que vous me conduirez-là, après que j'aurai été premiement rassasié en partie d'avoir été avec vous.

25 [a] Mais pour le présent je m'en vais à Jérusalem pour assister les Saints.

26 Car [b] il a semblé bon aux Macedoniens & aux Achaïens de faire une contribution pour les pauvres d'entre les Saints qui sont à Jérusalem.

27 Il leur a, disje, ainsi semblé bon, & aussi leur sont-ils obligez: car [c] si les Gentils ont été participans de leurs biens spirituels, ils leur doivent aussi faire part des charnels.

28 [d] Après donc que j'aurai achevé cela, & que j'aurai consigné ce fruit, j'irai par chez vous, en Espagne.

29 Et je sai que quand j'irai vers vous, [e] j'irai avec une abondance de bénédiction de l'Evangile de Christ.

30 Or je vous exhorte, mes fréres, par nôtre Seigneur Jésus-Christ, & par la dilection de l'Esprit, [f] que vous combattiez avec moi dans vos prieres à Dieu pour moi.

31 [g] Afin que je sois délivré des rebelles qui sont en Judée, & que mon administration que j'ai à faire à Jérusalem soit renduë agréable aux Saints.

32 Afin que j'aille vers vous avec joye [h] par la volonté de Dieu, & que je me recrée avec vous.

33 Or [i] le Dieu de paix soit avec vous tous Amen.

2 Dieu ne permit pas qu'il accomplît ce dessein, Act. 20. 33. & 27. 1.
a Act. 19. 21. & 24. 17.
b Act. 11. 29. 1 Cor. 16. 1. 2 Cor. 8. 1. & 9. 2. 12. Gal. 2. 10.
c ch. 11. 17. 1 Cor. 9. 11. 2 Cor. 8. 13. 14. Gal. 6. 6.
d vs. 24.
e ch. 1. 11.
f 2 Cor. 1. 11. Phil. 2. 1. Col. 4. 11.
g 2 Thess. 3. 2.
h ch. 1. 10. & 15. 23. 1 Cor. 4. 19. Jacq. 4. 15.
i ch. 16. 20. 2 Cor. 13. 11. Phil. 4. 9. 1 Thess. 5. 23. 2 Thess. 3. 16.

CHAPITRE XVI.

Diverses salutations, 1–16. Contre les partialitez, 17. Satan brisé sous les pieds, 20. Le mystere caché dans les temps passez, 25.

JE vous recommande nôtre sœur Phebe, qui est Diaconisse de l'Eglise de [a] Cenchrée:

2 [b] Afin que vous la receviez selon le Seigneur, comme il faut recevoir les Saints; & que vous l'assistiez en tout ce dont elle aura besoin: car elle a été hôtesse de plusieurs, & de moi-même.

3 Saluez [c] Priscille & Aquile mes Compagnons d'œuvre en Jésus-Christ:

4 Qui ont soûmis leur cou pour ma vie, & ausquels je ne

a Act. 18. 18.
b 3 Jean vs. 6.
c Act. 18. 2. 26. 2 Tim. 4. 19.

rens pas graces moi seul, mais aussi toutes les Eglises des
Gentils.
5 *Saluez* aussi l'Eglise [1] qui *est* dans leur maison. Saluez
Epainete mon bien-aimé, qui est les prémices d'Achaïe
en Christ.
6 Saluez Marie, qui a fort travaillé pour nous.
7 Saluez Andronique & Junias mes cousins, qui ont été
prisonniers avec moi, & qui sont [2] notables entre les Apostres, & qui même ont été avant moi en Christ.
8 Saluez Amplias mon bien-aimé au Seigneur.
9 Saluez Urbain nôtre Compagnon d'œuvre en Christ, &
Stachys mon bien-aimé.
10 Saluez Appelles approuvé en Christ. Saluez ceux de
chez Aristobule.
11 Saluez Hérodion mon cousin. Saluez ceux de chez
Narcisse qui sont en *nôtre* Seigneur.
12 Saluez Thryphene & Thryphose, lesquelles travaillent
en *nôtre* Seigneur. Saluez Perside la bien-aimée, qui a beaucoup travaillé en nôtre Seigneur.
13 Saluez Rufus élû au Seigneur, & sa mére, *que je regarde comme* la mienne.
14 Saluez Asyncrite, Phlégon, Hermas, Patrobas, Her-
mes, & les fréres qui sont avec eux.
15 Saluez Philologue, & Julie, Nerée, & sa sœur, &
Olympe, & tous les Saints qui sont avec eux.
16 [d] Saluez-vous l'un l'autre par un saint baiser. Les Eglises de Christ vous saluent.
17 Or je vous exhorte, mes fréres, [e] de prendre garde à
ceux qui causent des divisions & des scandales contre la doctrine que vous avez apprise, & de vous éloigner d'eux.
18 [f] Car ses sortes de gens ne servent point nôtre Seigneur
Jésus-Christ, mais leur propre ventre, & par de douces paroles & des flatteries ils séduisent les cœurs des simples.
19 [g] Car vôtre obéïssance est venue à la connoissance de tous:
je me réjouïs donc de vous; mais je désire que vous [h] soyez
sages quant au bien, & simples quant au mal.

20 Or

1 Ou, *qui s'assemble dans leur maison*. Car les Chrétiens n'ayant pas encore alors des lieux publics pour leurs assemblées, ils les faisoient dans les maisons des particuliers.

2 C'est à dire, qui sont dans une considération parmi les Apostres.

d 1 *Cor.* 16. 20. 2 *Cor.* 13. 12. 1 *Thess.* 5. 26. 1 *Pier.* 5. 14.

e *Matth.* 18. 8. 17. 1 *Cor.* 5. 9. 11. *Col.* 2. 8. 2 *Thess.* 3. 6. 14. 1 *Tim* 6. 3. 2 *Tim.* 3. 2. 5. 6. *Tite* 3. 10. 2 *Jean* vs. 10.

f *Gal.* 6. 12. *Phil.* 3. 18. 19. 2 *Pier.* 2. 3.

g *ch.* 1. 8.

h *Matth.* 10. 16. 1 *Cor.* 14. 20.

20 Or [i] le Dieu de paix [k] brisera [3] bien-tôt satan sous vos
pieds. La grace de nôtre Seigneur Jésus-Christ *soit* avec
vous, Amen.
21 [l] Timothée mon Compagnon d'œuvre vous salue, comme aussi Lucius, & Jason, & Sosipater mes cousins.
22 Moi Tertius qui ai écrit cette Epistre, vous salue en *nôtre* Seigneur.
23 [m] Gajus mon hôte, & celui de toute l'Eglise, vous salue. [n] Eraste le Procureur de la ville, vous salue, & Quar-
tus *nôtre* frére.
24 La grace de nôtre Seigneur Jésus-Christ *soit* avec vous
tous, Amen.
25 [o] Or à celui qui est puissant pour vous affermir [p] selon
mon Evangile, & *selon* la prédication de Jésus-Christ, conformément à la révélation du mystere [q] qui a été tû dans les
temps passez,
26 [r] Mais qui est maintenant manifesté [s] par les Ecritures
des Prophétes, suivant le mandement du Dieu Eternel, afin
qu'il y ait obéïssance de foi parmi toutes les nations;
27 [t] A Dieu, *dis-je*, seul sage, soit gloire éternellement
par Jésus-Christ, Amen.

i *ch.* 15. 33. k *Gen.* 3. 15 3 Il semble que S. Paul ait eu ici en vûe particuliérement la vengeance de Dieu sur la Synagogue, ennemie de l'Eglise Chrétienne. l *Act.* 13. 1. & 16. 1. *Phil.* 2. 19. *Col.* 1. 1. 1 *Thess.* 3. 2. 1 *Tim.* 1. 2. m 1 *Cor.* 1. 15. n *Act.* 19. 22. 2 *Tim* 4. 20. o *ch.* 14. 4. 2 *Cor.* 9. 8. *Eph.* 3. 20. *Jude* vs 24. p *ch.* 2. 16. q *Eph.* 3. 9. *Col* 1. 26. 2 *Tim.* 1. 9. *Tite* 1. 2. r 1 *Pier.* 1. 20. s *Act.* 17. 2. & 18. 28. t 1 *Tim.* 1. 17. *Héb.* 13. 15. *Jude* vs. 25.

Ecrite de Corinthe aux Romains (& envoyée) par Phebe Diaconisse de l'Eglise de Cenchrée.

PREMIERE EPISTRE DE S. PAUL APOSTRE AUX CORINTHIENS.

CHAPITRE I.

Divisions des Corinthiens, 11. *La sagesse du monde confondue,* 19. *L'Evangile une folie,* 21. *Dieu a fait choix des petits & des foibles,* 27. *Jésus-Christ nous a été fait sapience.* vs. 30.

PAul, appellé à être Apostre de Jésus-Christ, [a] par la volonté de Dieu, & le frére [b] Sosthenes,
2 A l'Eglise de Dieu qui est à Corinthe, [c] aux sanctifiez en
Jésus-Christ, [d] qui étes appellez à être saints, avec tous ceux
[e] qui en quelque lieu que ce soit invoquent le Nom de nôtre
Seigneur Jésus-Christ, leur *Seigneur* & le nôtre:
3 [f] Grace vous soit & paix de par Dieu nôtre Pére, & de
par le Seigneur Jésus-Christ.
4 [g] Je rens toûjours graces à mon Dieu à cause de vous,
pour la grace de Dieu qui vous a été donnée en Jésus-Christ:
5 [h] De ce qu'en toutes choses vous étes enrichis en lui [1] de
tout don de parole, & de toute connoissance:
6 Selon que le témoignage de Jésus-Christ a été confirmé
en vous:
7 Tellement qu'il ne vous manque aucun don, [i] pendant
que vous attendez la manifestation de nôtre Seigneur Jésus-
Christ,
8 [k] Qui vous affermira jusques à la fin, pour [l] être irrepréhensibles en la journée de nôtre Seigneur Jésus-Christ.
9 [m] *Et* Dieu, par qui vous avez été appellez à la communion de son Fils Jésus-Christ nôtre Seigneur, est fidele.
10 Or je vous prie, mes fréres, par le Nom de nôtre Seigneur Jésus-Christ, [n] que vous parliez tous un même langage, & qu'il n'y ait point de partialitez entre vous; mais que
vous soyez bien unis dans un même sentiment, & dans un
même avis.
11 Car, mes fréres, il m'a été dit de vous par ceux *qui
sont* de *chez* Chloé, qu'il y a des dissensions parmi vous.
12 Voici donc ce que je dis, [o] c'est que chacun de vous
dit, Pour moi, je suis de Paul: Et moi, [p] d'Apollos: Et
moi, [q] de Céphas: Et moi, de Christ.
13 Christ est-il divisé? Paul a-t-il été crucifié pour vous?
ou avez-vous été baptisez au nom de Paul?
14 Je rens graces à Dieu que je n'ai baptisé aucun de vous,
que [r] Crispus & [s] Cajus:
15 Afin que personne ne dise [1] que j'aye baptisé en mon nom.

a 1 Cor. 1. 1. Gal. 1. 1. &c.
b Act. 18. 17.
c Act. 15. 9. 1 Thess. 4. 7. Jude vs. 1.
d Rom. 1. 7. Eph. 1. 1. Col. 1. 22. 1 Thess. 4. 7. 2 Tim. 1. 9.
e 2 Tim. 2, 22.
f Rom. 1. 7. 1 Cor. 1. 2. &c.
g Rom. 1. 8.
h ch. 12. 8. 2 Cor. 8, 7. Col 1. 9. & 2. 7.
1 Gr. *en toute parole.*
i Phil. 3. 20. Tite 2, 13.
k 1 Thess. 3. 13. & 5. 23.
l Eph. 1. 3. Col. 1. 22.
m ch. 10. 13. Phil. 1. 6. 1 Thess. 5. 24. & 2 Thess. 3. 3. Héb. 9. 23.
n Rom. 12. 16. & 15. 5. Phil. 3. 16. 1 Pier. 3. 8.
o ch. 3. 4. 21. & 4. 6.
p Act. 18. 24.
q Jean 1. 42.
r Act. 18. 8.
s Rom. 16. 23.

1 C'est-à dire, pour se faire un nom, & une espece d'ascendant & de distinction sur ceux qu'il auroit baptisez.

16 J'ai

16 J'ai bien aussi baptisé la famille de [t] Stephanas: du reste,
je ne sai pas si j'ai baptisé quelque autre.
17 Car Christ [2] ne m'a pas envoyé pour baptiser, mais pour
évangeliser [u] non point avec sagesse de parole, afin que la
croix de Christ ne soit point anéantie.
18 [x] Car la parole de la croix est une folie à ceux qui périssent; mais [y] à nous qui obtenons le salut, elle est la vertu de
Dieu.
19 Vû qu'il est écrit; [z] J'abolirai la sagesse des sages, &
j'anéantirai l'intelligence des entendus.
20 [a] Où est le sage? où est le Scribe? où est le Disputeur
de ce Siecle? [b] Dieu n'a-t-il pas rendu fole la sagesse de ce
monde?
21 Car puis qu'en la sapience de Dieu, [c] le monde n'a point
connu Dieu par la sagesse, [d] le bon-plaisir de Dieu a été de
sauver les croyans, par [e] la folie de la prédication.
22 Car [f] les Juifs demandent des miracles, & les Grecs
cherchent la sagesse
23 [g] Mais pour nous, nous prêchons Christ crucifié, qui
est [h] scandale aux Juifs, & [i] folie aux Grecs.
24 A ceux, dis-je, qui sont appellez tant Juifs que Grecs,
nous leur prêchons Christ, [k] la puissance de Dieu, & [l] la sapience de Dieu.
25 Parce que [3] la folie de Dieu est plus sage que les hommes; & [4] la foiblesse de Dieu [m] est plus forte que les hommes.
26 Car, mes fréres, vous voyez vôtre vocation, que vous
n'êtes pas beaucoup [n] de sages selon la chair, ni beaucoup
de puissans, ni beaucoup de nobles.
27 Mais Dieu a choisi les choses foles de ce monde, pour
rendre confuses les sages; & Dieu a choisi les choses foibles
de ce monde, pour rendre confuses les fortes:
28 [o] Et Dieu, a choisi les choses viles de ce monde, & les
méprisées, même celles qui ne sont point, pour abolir celles qui sont.

29 [p] Afin

t *ch.* 10. 15. 17.
2 C'est-à-dire, qu'il n'avoit pas tant été envoyé pour exercer cette fonction, qui pouvoit être faite par des Ministres d'un ordre fort inférieur à celui de l'Apostolat, que pour prêcher l'Evangile.
u *ch.* 2. 14. 13. 2 *Pier.* 1. 16.
x 2 *Cor.* 2. 15. 16.
y *ch.* 2. 5. *Rom.* 1. 16.
z *ch.* 3. 19. *Job* 5. 12. *Esa.* 29. 14. *&* 44. 25.
a *Esa.* 33. 18.
b *Job* 12. 17. *&* 20. 24.
c *Rom.* 1. 21. 28.
d *Matth.* 11. 25.
e vs. 21. *&* *ch.* 2. 14.
f *Matth.* 12. 38.
g *ch.* 2. 2. *Gal.* 6. 14.
h *Matth.* 11. 6. *&* 13. 57. *Jean* 6. 60. 66.
i vs. 21.
k *ch.* 2. 4. *Rom.* 1. 16. 2 *Cor.* 2. 14. *&* 10. 4.
l *Col.* 2. 3.
3 C'est-à-dire, l'Evangile que les incredules traitoient de folie & d'extravagance.
4 C'est-à dire, les moyens foibles par eux-mêmes dont J. C se servoit pour établir son regne dans le monde.
m 2 *Cor.* 2. 14. *&* 10. 4. 5.
n *Matth.* 11. 25. *Jean* 7. 48. *Jacq.* 2. 5.
o *Esa* 41. 9.

29 [p] Afin que nulle chair ne se glorifie devant lui.
30 Or c'est [q] par lui que [r] vous étes en Jésus-Christ, [s] qui
vous a été fait de la part de Dieu sapience, [t] & justice, &
sanctification, & rédemption:
31 Afin que, [u] comme il est écrit, [x] celui qui se glorifie,
se glorifie au Seigneur.

p *ch.* 4. 7. q *Jean* 6. 44. 65. r *Act.* 26. 18. *Rom.* 8. 1. s *Act.* 26. 18. *Rom.* 8. 29. t *Jér.* 23. 6. u 2 *Cor.* 10. 17. x *Jér.* 9. 24.

CHAPITRE II.

Mépris de saint Paul pour la sagesse mondaine, 1—6. Il prêche la sapience entre les parfaits, 6. Princes de ce siecle, 8. Choses que l'œil n'a point vûes &c. 9. Le St. Esprit est l'auteur & le principe de nôtre connoissance, 4. 5. 10. 12. 13. 15. L'homme animal 14. &c.

POur moi donc, mes fréres, quand je suis venu vers vous,
[a] je n'y suis point venu [1] avec excellence de parole, ou
de sagesse, en vous annonçant le témoignage de Dieu.
2 Parce que je ne me suis proposé de savoir autre chose parmi vous, [b] que Jésus-Christ, & Jésus-Christ crucifié.
3 Et [c] j'ai même été parmi vous dans la foiblesse, [2] dans la
crainte, & dans un grand tremblement.
4 Et ma parole & ma prédication n'a point été [d] en paroles attrayantes de la sagesse humaine: mais [e] en évidence
d'Esprit [f] & de puissance:
5 Afin que vôtre foi ne soit point l'effet de la sagesse des
hommes, mais de la puissance de Dieu.
6 Or nous proposons une sapience entre [3] les parfaits, une
sapience, dis-je, qui n'est point de ce monde, ni des princes de ce siecle, qui s'en vont à néant.
7 Mais nous proposons [i] la sapience de Dieu, *qui est* [4] en
mystere, *c'est-à-dire*, cachée; laquelle Dieu avoit, dés
avant les siecles, déterminée à nôtre gloire.
8 [k] *Et* laquelle [5] aucun des princes de ce siecle n'a connue;
[6] car s'ils l'eussent connue, jamais ils n'eussent crucifié le
Seigneur de gloire.

9 Mais

a vs. 4. 5. & *ch.* 1. 17. & 4. 13. 2 *Pier.* 1: 16.
1 C'est-a-dire, avec cette politesse de langage si recherchée des Grecs.
b *Gal.* 6. 14.
c *Act.* 18. 1. 3. 2 *Cor.* 10. 10. & 11. 30. & 12. 5. 9. *Gal.* 4. 13
2 Ces mots marquent les soins & les précautions de S. Paul à exercer son ministere dans Corinthe.
d vs. 1. 13,
e vs. 10. 12.
f *ch.* 1. 24.
g 2 *Cor.* 4. 7.
3 Les Chrétiens bien instruits.
h *ch.* 4. 1.

i *Rom.* 16. 25. *Eph.* 3. 9. *Col.* 1. 26. 4 Les grandes doctrines de l'Evangile ont été un mystere profond à l'aveuglement de la Synagogue, remplie de préjugez contre J. C. k *Matth.* 11. 25. *Jean* 7. 48. *Act.* 3. 17 & 13. 27. 2 *Cor.* 3. 14. 1 *Tim.* 1. 13. 5 C'est-à-dire, presque aucun des premieres têtes de la Synagogue. 6 C'est-à-dire, s'ils eussent connu que c'étoit sur J. C. qu'avoient porté les oracles qui avoient parlé du Messie.

9 Mais ainsi qu'il est écrit; [l] Ce sont des choses que l'œil
n'a point vûes; que l'oreille n'a point ouïes, & qui ne sont
point montées au cœur de l'homme, lesquelles Dieu a préparées à ceux qui l'aiment.
10 Mais Dieu nous les a [m] révélées, par son Esprit. Car
l'Esprit sonde toutes choses, même les choses profondes de
Dieu.
11 Car [n] qui est-ce des hommes qui sache les choses de
l'homme, sinon l'esprit de l'homme qui est en lui? Pareillement aussi nul n'a connu les choses de Dieu, sinon l'Esprit
de Dieu.
12 Or nous avons reçu non point l'esprit de ce monde,
[o] mais l'Esprit qui est de Dieu: afin que nous connoissions
les choses qui nous ont été données de Dieu:
13 Lesquelles aussi nous proposons, [p] non point avec les
paroles que la sagesse humaine enseigne, mais avec celles
qu'enseigne le Saint Esprit, appropriant les choses spirituelles à ceux qui sont spirituels.
14 [q] Or [7] l'homme animal ne comprend point les choses qui
sont de l'Esprit de Dieu, [r] car elles lui sont une folie: & il
ne peut même les entendre, parce qu'elles se discernent spirituellement.
15 Mais *l'homme* spirituel [s] discerne toutes choses, & il n'est
jugé de personne.
16 Car [t] qui a connu la pensée du Seigneur pour le pouvoir
instruire? Mais nous, nous avons l'intention de Christ.

l *Esa.* 64. 4. m *Job* 36. 10. *Matth.* 13. 11. & 16. 17. 2 *Cor.* 3. 18. 1 *Jean* 2. 27. n *Prov.* 20. 27. & 27. 19. *Jér.* 17. 9. o vs. 4. *Rom.* 8. 15. p vs. 1. 4. & *ch.* 1. 17. 2 *Pier.* 1. 16. q *Rom.* 1. 21. *Eph.* 4. 18. & 5. 8. *Tite* 3. 3.

7 C'est-à-dire, l'homme qui n'a d'autres lumieres que celles de la Raison naturelle, courtes & obscures, & qui n'est point éclairé par celles de la foi.

r *ch.* 1. 19. *Rom.* 8. 7. s *Phil.* 1. 10. 1 *Thess.* 5. 21. *Héb.* 5. 14. 1 *Jean* 4. 1. t *Job* 15. 8. *Esa.* 40. 13. *Jér.* 23. 18. *Rom.* 11. 34. *Sap.* 9. 13.

CHAPITRE III.

Les Corinthiens censurez pour leurs divisions, 1—5. Dieu donne l'accroissement, 6. Comment on doit bâtir sur le fondement, 10. La sagesse de ce monde est une folie, 19. Toutes choses sont pour nous, soit Paul, &c. 21.

ET pour moi, mes fréres, je n'ai pû parler à vous comme à des *hommes* spirituels, mais comme à des charnels,
c'est-à-dire, comme à [1] des enfans en Christ.
2 [a] Je vous ai donné du lait à boire, & ne *vous* ai point
donné de viande, parce que vous ne la pouviez pas encore *por-*
ter;

1 C'est-à-dire, qui ne sont encore que des enfans en connoissance.

a *Héb.* 5. 12. 13. 1 *Pier.* 2. 2.

ter; même maintenant vous ne le pouvez pas encore: parce
que vous étes encore charnels.
3 [b] Car puis qu'il y a parmi vous de l'envie, & des dissensions, & des partialitez, [c] n'étes-vous pas charnels, & ne
vous conduisez-vous pas à la maniere des hommes?
4 [d] Car quand l'un dit; Pour moi, je suis de Paul: & l'autre; Pour moi, je suis d'Apollos; n'étes-vous pas charnels?
5 Qui est donc Paul, & qui [e] est Apollos, sinon des Ministres, par lesquels vous avez cru, selon que le Seigneur a
donné à chacun?
6 [f] J'ai planté; [g] Apollos a arrosé: mais c'est Dieu qui a
donné l'accroissement.
7 Or ni celui qui plante, ni celui qui arrose, ne sont rien,
[2] mais Dieu, qui donne l'accroissement.
8 Et tant celui qui plante, que celui qui arrose, ne sont
qu'une même chose; [h] mais chacun recevra sa recompense
selon son travail.
9 [i] Car nous sommes ouvriers avec Dieu: & vous étes le
labourage de Dieu, & [k] l'édifice de Dieu.
10 [l] Selon la grace de Dieu qui m'a été donnée, j'ai posé [m] le fondement [n] comme un sage architecte, & un autre
édifie dessus: mais que chacun regarde comment il édifie
dessus.
11 [3] Car personne ne peut poser d'autre fondement que celui [o] qui est posé, lequel est Jésus-Christ.
12 Que si quelqu'un édifie sur ce fondement, [4] de l'or, de
l'argent, des pierres précieuses, du bois, du foin, du chaume:
13 L'œuvre de chacun sera manifestée: car [p] le jour la fera connoître, parce qu'elle sera manifestée par le feu: [q] & le
feu éprouvera quelle sera l'œuvre de chacun.
14 Si l'œuvre de quelqu'un qui aura édifié dessus, demeure, il en recevra la recompense.
15 Si l'œuvre de quelqu'un brûle, il en fera perte: mais
pour lui, il sera sauvé; toutefois comme par le feu.

16 Ne

b *ch.* 1. 11.
c *Gal.* 5. 19. 20. *Jacq.* 3. 16.
d *ch.* 1. 12.
e *ch.* 1. 12.
f *vs.* 10. *Act.* 18. 2.
g *Act.* 18. 27. & 19. 1.
2 C'est-à-dire, mais Dieu qui donne l'accroissement, est tout.
h *Pse.* 62. 13. *Jér.* 17. 10. & 32. 19. *Matth.* 16. 27. *Rom.* 2. 6. *Gal.* 6. 5. *Apoc.* 2. 23. & 22. 12.
i *ch.* 15. 10. *Marc* 16. 20. 2 *Cor.* 2. 14. & 6. 1.
k *Eph.* 2. 20. 1 *Pier.* 2. 5.
l *vs.* 6. & *ch.* 15. 11.
m *Rom.* 1. 5.
n *Apoc.* 21. 14.
3 Ou, *Or*, la particule de l'Original ayant aussi cette signification.
o *Esa.* 28. 16. *Zach.* 3. 9. *Matth.* 16. 18. *Eph.* 2. 20.
4 Sous ces trois premiers noms, l'Apostre marque les doctrines dont l'exellence a un véritable rapport avec celle du précieux fondement dont il parle, & par les trois noms suivans il désigne les sentimens & les doctrines qui n'y ont pas cette même convenance, mais qui pourtant sont tolerables dans la Religon. p *ch.* 4. 3. q *Esa.* 48. 10. 1 *Pier.* 1. 7.

16 Ne savez-vous pas [r] que vous étes le Temple de Dieu, r ch. 6. 19.
& que l'Esprit de Dieu habite en vous? 2 Cor. 6. 16.
17 Si quelqu'un détruit le Temple de Dieu, Dieu le dé- Eph. 2. 21. 22. 1 Tim. 3. 15.
truira: car le Temple de Dieu est saint, & vous étes ce Héb. 3. 6.
Temple. 1 Pier. 2. 5.
18 [s] Que personne ne s'abuse lui-même: si quelqu'un d'en- s Prov. 3. 7.
tre vous croit être sage en ce monde, qu'il se rende fou, Esa. 5. 21.
afin de devenir sage.
19 Parce que la sagesse de ce monde [t] est une folie devant t Jacq. 3. 14.
Dieu: car il est écrit; [u] Il surprend les sages en leur ruse. 15. u ch. 1. 18.
20 [x] Et encore; Le Seigneur connoît que les discours des Job 5. 13.
sages sont vains. x Psa. 94. 11.
21 Que personne donc ne se glorifie dans les hommes: car
toutes choses sont à vous:
22 Soit Paul, soit Apollos, soit Céphas, soit le monde,
soit la vie, soit la mort, soit les choses présentes, soit les
choses à venir, toutes choses sont à vous, & vous à Christ, y ch. 11. 3.
[y] & Christ à Dieu.

CHAPITRE IV.

Devoirs des Ministres de J. C. 1. Qui est-ce qui nous distingue; 7. Les Corinthiens repris d'avoir manqué de considération pour saint Paul, 8—14. Il étoit leur Pére en Christ, 15.

QUe chacun nous tienne [a] pour Ministres de Christ, & a 1 Cor. 4. 5.
pour [b] dispensateurs des mysteres de Dieu. & 6. 4.
2 Mais, au reste, [c] il est requis entre les dispensateurs que b ch. 7. 25. Col. 1. 25.
chacun soit trouvé fidéle. Tite 1. 7.
3 Pour moi, je me soucie fort peu d'être jugé de vous, ou 1 Pier. 4. 10. c Luc 2. 42.
de jugement d'homme: & [1] aussi je ne me juge point moi- 1 C'est à-dire, qu'il n'a-
même. voit rien à se
4 Car je ne me sens coupable de rien: mais pour cela [2] je reprocher
ne suis pas justifié: [d] mais celui qui me juge, c'est le Seigneur. dans sa fidé-lité à faire sa
5 C'est pourquoi [e] ne jugez de rien avant le temps, jusqu'à charge.
ce que le Seigneur vienne, [f] qui aussi mettra en lumiere les 2 Gr. Je n'ai
choses cachées dans les ténébres, & qui manifestera les con- pas été justi-fié, pour di-
seils des coeurs: & [g] alors Dieu rendra à chacun *sa* louange. re, qu'avec tout cela il

 6 Or, n'avoit pas pu

éviter les blâmes de ses envieux. vs. 10. 13. d 1 Jean 3. 21. e Matth. 7. 1. Rom. 2. 1. f Job 12. 22. Psa. 90. 8. Eccl. 12. 16. 2 Cor. 5. 10. Eph. 5. 13. g ch. 3. 8.

6 Or, mes fréres, j'ai tourné *par une façon de parler*, ce
discours sur moi & sur Apollos, à cause de vous: afin que
vous appreniez de nous à ne point présumer au delà de [h] ce
qui est écrit, de peur que [3] l'un pour l'autre vous ne vous
enfliez contre autrui.
7 Car qui est-ce qui met de la difference [4] entre toi & un
autre? [i] & qu'est-ce que tu as, que tu ne l'ayes reçu? & si
tu l'as reçu, [k] pourquoi t'en glorifies-tu comme si tu ne l'a-
vois point reçu?
8 [5] Vous étes déja rassasiez, vous étes déja enrichis, vous
étes faits rois sans nous: & plût à Dieu que vous regnassiez,
afin que nous regnassions aussi avec vous!
9 [l] Car je pense que Dieu nous a mis en montre, *nous* qui
sommes les derniers Apostres, comme des gens condamnez
à la mort, [m] vû que nous sommes rendus le spectacle du monde, & des Anges, & des hommes.
10 Nous *sommes* fous pour l'amour de Christ, mais vous
étes sages en Christ: [n] nous *sommes* foibles, & vous *étes* forts:
vous étes dans l'estime, & nous sommes dans le mépris.
11 Jusqu'à cette heure [o] nous souffrons la faim & la soif, &
nous sommes nuds; nous sommes souffletez, & nous sommes errans ça & là.
12 [p] Et nous nous fatiguons en travaillant de nos propres
mains: [q] on dit du mal de nous, & nous bénissons: nous
sommes persécutez, & nous le souffrons.
13 Nous sommes blâmez, [r] & nous prions: nous sommes
faits comme les balieures du monde, & [s] comme la raclure
de tous, jusqu'à maintenant.
14 Je n'écris point ces choses pour vous faire honte: mais
[t] je vous donne des avis comme à mes chers enfans.
15 Car quand vous auriez dix mille maîtres en Christ, [u] vous
n'avez pourtant pas plusieurs péres; car [x] c'est moi qui vous
ai engendrez en Jésus-Christ par l'Evangile.
16 [y] Je vous prie donc d'être mes imitateurs.

17 C'est

h *Prov.* 3. 7. *Rom.* 12. 3.
3 C'est-à-dire, l'un pour favoriser celui-ci, l'autre celui-là.
4 C'est à-dire, entre l'un & l'autre.
i 1 *Chron.* 29. 14. *Jean* 3. 27. *Jacq.* 1. 17.
k *Prov.* 11. 12.
5 Ce verset & le 10. contiennent une espece d'ironie contre l'orgueil de certains Corinthiens, qui s'étoient laissez fasciner par les ennemis, & envieux de la réputation de S. Paul.
l *ch.* 15. 8. 9. 10. *Rom.* 8. 36. 2 *Cor.* 4. 11. & 11. 5.
m *ch.* 15. 8. 9. 10. *Pse.* 44. 23. *Rom.* 8. 36. 2 *Cor.* 4. 11. & 11. 5. *Eph.* 3. 8. *Héb.* 10. 33.
n *ch.* 2. 3. 2 *Cor.* 13. 9.
o *Act.* 23. 2. 2 *Cor.* 4. 8. & 11. 23.
p *Act.* 18. 3. & 20. 34. *Rom.* 12. 14. 1 *Thess.* 2. 9. 2 *Thess.* 3. 8.
q *Matth.* 5. 44. *Luc* 6. 28. & 23. 34. *Act.* 7. 60. r 1 *Pier.* 2. 20. s *Lam.* 3. 45. t 1 *Thess.* 2. 11. u *Matth.* 23. 9. x *Act.* 18. 11. *Gal.* 4. 19. *Jacq.* 1. 18. *Philem.* vs. 10. y *ch.* 11. 1. *Phil.* 3. 17. 1 *Thess.* 1. 6. 2 *Thess.* 3. 9.

17 C'est pour cela que je vous ai envoyé Timothée, [z] qui
est mon fils bien-aimé, & qui est fidéle en *nôtre* Seigneur:
afin qu'il vous fasse souvenir de mes voyes en Christ, & comment
j'enseigne par tout dans chaque Eglise.
18 Or quelques-uns se sont enflez comme si je ne devois
point aller vers vous.
19 Mais j'irai bien-tôt vers vous, [a] si le Seigneur le veut:
& je connoîtrai non point la parole de ceux qui se sont enflez,
mais la vertu.
20 [b] Car le Royaume de Dieu ne consiste point en paroles,
[c] mais en vertu.
21 [d] Que voulez-vous? irai-je à vous avec la verge, ou en
charité, & en esprit de douceur?

z 1 *Tim.* 1. 2. *Tim.* 1. 2.
a *Act.* 18. 21. *Rom.* 15. 32. *Jacq.* 4. 15.
b *Matth.* 7. 21.
c *ch.* 2. 4. 1 *Thess.* 1. 5. 2 *Pier.* 1. 16.
d 2 *Cor.* 10. 2. & 13. 10.

CHAPITRE V.

L'incestueux, 1. *Livré à satan*, 5. *Christ nôtre Pasque*, 7. *N'avoir point de commerce avec les vicieux*, 10. *Les excommunier*, 13.

ON entend dire de toutes parts qu'il y a parmi vous de la
paillardise, & même une telle paillardise, qu'entre les
Gentils il n'est point fait mention de semblable. [a] c'est que
quelqu'un entretient la femme de son pére.
2 Et [b] cependant vous étes enflez *d'orgueil*, & vous n'avez
pas plustôt mené deuil, afin que celui qui a commis cette
action fût retranché du milieu de vous.
3 [c] Mais moi, étant absent de corps, mais présent en esprit,
j'ai déja ordonné comme si j'étois présent, touchant
celui qui a ainsi commis une telle action,
4 (Vous & mon esprit étant assemblez au Nom de nôtre
Seigneur Jésus-Christ, *j'ai, dis-je, ordonné*, [d] par la puissance
de nôtre Seigneur Jésus-Christ.)
5 Qu'un tel homme [1] soit livré à satan, pour la destruction
de la chair: afin que l'esprit soit sauvé au jour du Seigneur
Jésus.
6 Vôtre vanterie n'est point bonne: ne savez-vous pas [f] qu'un
peu de levain fait lever toute la pâte?
7 Otez donc le vieux levain, afin que vous soyez une nou-

a *Lévit.* 18. 8. *Deut.* 27. 20.
b vs. 6. & *ch* 3. 21. & 4. 18. 19.
c *Col.* 2. 5.
d *Matth.* 16. 19. & 18. 18. *Jean* 20. 23.
e 1 *Tim.* 1. 20.
1 La suite de ce verset fait voir, que ces mots ne renfermoient pas la perdition éternelle de ce pécheur; mais que c'étoit quelque punition particuliere & miraculeuse, jointe à l'excommunication.
f *Gal.* 5. 9. *Jacq.* 4. 16.

velle pâte, comme vous étes sans levain: [g] car Christ, nôtre Pasque, a été sacrifié pour nous.
8 [h] C'est pourquoi faisons la feste, non point avec le vieux levain, ni avec un levain de méchanceté & de malice, mais avec les pains sans levain de la sincérité, & de la vérité.
9 Je vous ai écrit dans *ma* Lettre que [i] vous ne vous mêliez point avec les paillards;
10 Mais non pas absolument avec les paillards de ce monde, ou avec les avares, ou les ravisseurs, ou les idolatres: car autrement certes il vous faudroit sortir du monde.
11 Or maintenant je vous écris, que [k] vous ne vous mêliez point avec eux: c'est-à-dire, que si quelqu'un [3] qui se nomme frére, est paillard, ou avare, ou idolatre, ou médisant, ou yvrogne, ou ravisseur, [l] vous ne mangiez pas même avec un tel homme.
12 Car aussi qu'ai-je affaire de juger de ceux qui sont de dehors? ne jugez-vous pas de ceux qui sont de dedans?
13 Mais Dieu juge ceux qui sont de dehors. [m] Otez donc d'entre vous-mêmes le méchant.

g *ch.* 15. 3. *Esa.* 53. 7. *Jean* 1. 29. 1 *Pier.* 1. 19. h *Exod.* 12. 3. 15. *Deut.* 16 3. i vs. 2. 7. *Matth.* 18. 17. 2 *Cor.* 6. 14. *Eph.* 5. 11. 2 *Thess.* 3. 14. k *Prov.* 1. 10. 15. & 4. 14. *Eph.* 5. 9. 11. 2 *Thess.* 3. 14. 3 C'est à dire, qui fait profession de la Religion Chrétienne. l *Matth.* 18. 17. *Rom.* 16. 17. 2 *Thess.* 3. 6. 14. 2 *Jean* vs. 10. 3 Qui ne sont pas Chrétiens, même de nom & de profession. m *Deut.* 13. 5. & 22. 21. 22. 24.

CHAPITRE VI.

Les Corinthiens censurez de ce qu'ils plaidóient les uns contre les autres, 1. Exhortation à éviter les impuretez de la chair, 10. Raisons de cela, 15. &c.

QUand quelqu'un d'entre vous a une affaire contre un autre, [1] ose-t-il bien aller en jugement [a] devant des Iniques, & il ne va pas [2] devant les Saints?
2 Ne savez-vous pas que [b] les Saints jugeront le monde? or si le monde doit être jugé par vous, étes-vous indignes de juger des plus petites choses?
3 Ne savez-vous pas [c] que nous jugerons [3] les Anges? combien plus *donc devons-nous juger* des choses qui concernent cette vie?
4 Si donc vous avez des procés pour les affaires de cette vie, prenez pour juges ceux qni sont des moins estimez dans l'Eglise.

1 Ou, *se peut-il bien résoudre à &c.* a vs. 6. 2 C'est-à-dire, devant les Fidéles, pour leur remettre ses differens. vs. 5. b *Matth.* 19. 28. *Luc* 22. 30. c *Sap.* 3. 8. 3 Les Anges apostats.

5 Je

5 Je le dis à vôtre honte: n'y a-t-il donc point de sages parmi vous, non pas même un seul qui puisse juger entre ses
fréres?
6 Mais un frére a des procés contre son frére, & cela devant les infidéles.
7 [d] C'est même déja un grand défaut en vous, que vous d *Prov.* 19.
ayez des procés entre vous. Pourquoi n'endurez-vous pas 11. & 20. 3.
plustôt qu'on vous fasse tort? [e] Pourquoi ne souffrez-vous e *Matth.* 5.
pas plustôt du dommage? 39. *Luc* 6. 29.
8 Mais, au contraire, [f] vous faites tort, & vous causez du *Rom.* 12. 17. 19.
dommage, & même à vos fréres. f 1 *Thess.* 4. 6.
9 Ne savez-vous pas que les injustes n'hériteront point le & 5. 15. 1 *Pier.* 3. 9.
Royaume de Dieu?
10 Ne vous abusez point: [g] ni les paillards, ni les idolatres, g *Gal.* 5. 19.
ni les adulteres, ni les efféminez, ni ceux qui commettent 21. *Eph.* 5. 5. 1 *Tim.* 1. 9.
des péchez contre nature, ni les larrons, ni les avares, ni *Apoc.* 22. 14.
les yvrognes, ni les médisans, ni les ravisseurs, n'hériteront point le Royaume de Dieu.
11 [h] Et quelques-uns de vous étiez tels: mais vous avez h *Eph.* 2. 1. 2.
été lavez, [i] mais vous avez été sanctifiez, mais vous avez 3. *Col.* 3. 7.
été justifiez au Nom du Seigneur Jésus, & par l'Esprit de *Tite* 3. 3. i *ch.* 1. 30.
nôtre Dieu.
12 [k] Toutes choses me sont permises, mais toutes choses k *ch.* 10. 23.
ne sont pas expédientes: toutes choses me sont permises,
mais je ne serai point assujetti sous la puissance d'aucune
chose.
13 [l] Les viandes sont pour le ventre, & la ventre est pour l *Matth.* 15.
les viandes: [m] mais Dieu détruira l'un & l'autre. [n] Or le 17. *Rom.* 14.
corps n'est point pour la paillardise, mais pour le Seigneur, 17. *Col.* 2. 22. 23.
& le Seigneur pour le corps. m *ch.* 15. 50.
14 [o] Et Dieu qui a ressuscité le Seigneur, [p] nous ressuscite- n *vs.* 19. 20. 1 *Thess.* 4. 3.
ra aussi par sa puissance. o *Act.* 2. 24.
15 Ne savez-vous pas que vos corps [q] sont les membres de *Rom.* 6. 5. 8. & 8. 11.
Christ? Oterai-je donc les membres de Christ, pour en faire p *ch.* 15. 20.
les membres d'une paillarde? Ainsi n'avienne! &c.
16 Ne savez-vous pas que celui qui se joint à une paillarde, q *ch.* 12. 27. *Eph* 4. 12. 15.
de- 16. & 5. 30.

r *Gen.* 2. 24. *Matth.* 19. 5. *Marc.* 10. 7. *Eph.* 5. 31. f *ch.* 3. 16. 2 *Cor.* 6. 16. *Eph.* 2. 21. *Héb.* 3. 6. t *Rom.* 14. 7. 8. u *ch.* 7. 23. *Matth.* 20. 28. *Gal* 3. 13. *Héb.* 9. 12. 1 *Pier.* 1. 18. *Apoc.* 5. 9. x *Esa.* 35. 10. & 51. 11. & 53. 4. *Act.* 20. 28. 1 *Pier.* 1. 18.

devient un même corps avec elle? [r] car deux, est-il dit, seront une même chair.
17 Mais celui qui est joint au Seigneur, est un même esprit
avec lui.
18 Fuyez la paillardise: quelque *autre* péché que l'homme
commette, il est hors du corps: mais celui qui paillarde,
péche contre son propre corps.
19 [f] Ne savez-vous pas que vôtre corps est le Temple du
Saint Esprit, qui est en vous, & que vous avez de Dieu?
[t] Et vous n'étes point à vous-mêmes;
20 [u] Car vous avez été achettez [x] par prix: glorifiez donc
Dieu en vôtre corps, & en vôtre esprit, qui appartiennent
à Dieu.

CHAPITRE VII.

Devoirs réciproques entre le mari & la femme, 2. La Circoncision n'est rien, 19. Avis touchant les vierges, 24. La femme est liée au mari par la Loi, 39.

a vs 9. b 1 *Pier.* 3. 7. c *Joël* 2. 16.

OR quant aux choses dont vous m'avez écrit; *Je vous dis*
qu'il est bon à l'homme de ne toucher point de femme.
2 Toutefois [a] pour éviter la paillardise, que chacun ait sa
femme, & que chaque femme ait son mari.
3 [b] Que le mari rende à sa femme la bien-veillance qui lui
est dûe; & que la femme de même la rende à son mari.
4 *Car* la femme n'a pas son propre corps en sa puissance,
mais *il est en celle du* mari; & le mari tout de même n'a pas
en sa puissance son propre corps, mais *il est en celle* de la
femme.
5 Ne vous privez point l'un de l'autre, si ce n'est par un
consentement mutuel, pour un temps, afin que vous vac-
quiez au jeûne & [c] à la priere, mais après cela retournez ensemble, de peur que satan ne vous tente par vôtre inconti-
nence.
6 Or je dis [1] ceci par permission, & non par commandement.
7 Car je voudrois que tous les hommes fussent comme moi:
mais [d] chacun a son propre don *lequel il a reçu* [e] de Dieu,
l'un en une maniere, & l'autre en une autre.

1 Sav. de se séparer ainsi pour un temps, & en certaines occasions. Car c'est une permission qu'il donnoit, & non pas un commandement, qui obligeât nécessairement à ces sortes de séparations entre le mari & la femme. d *ch.* 12. 11. e vs. 17.

8 Or

8 Or je dis à ceux qui ne sont point mariez, & aux veuves, qu'il leur est bon de demeurer comme moi.
9 [f] Mais s'ils ne sont pas continens, qu'ils se marient: car f 1 *Tim.* 5. 14.
il vaut mieux se marier que brûler.
10 Et quant à ceux qui sont mariez, je leur commande,
non pas moi, [g] mais le Seigneur, [h] Que la femme ne se sé- g *Matth.* 5.
pare point du mari. 32. & 19. 6.
11 Et si elle s'en sépare, qu'elle demeure sans être mariée, h *Mal.* 2. 14. i *Matth.* 5. 32.
ou qu'elle se réconcilie avec son mari; [i] que le mari aussi ne & 19. 9.
quitte point sa femme. *Marc* 10. 11. *Luc* 16. 18.
12 Mais aux autres je leur dis, & [2] non pas le Seigneur, 2 Il veut di-
Si quelque frére a une femme infidéle, & qu'elle consente re, que J. C. ne s'étoit pas
d'habiter avec lui, qu'il ne la quitte point. expliqué là-
13 Et si quelque femme a un mari infidéle, & qu'il con- dessus.
sente d'habiter avec elle, qu'elle ne le quitte point.
14 Car le mari infidéle est sanctifié en la femme, & la femme infidéle est sanctifiée dans le mari; autrement vos enfans
seroient impurs: or maintenant ils sont saints.
15 Que si l'infidéle se sépare, qu'il se sépare: [3] le frére ou 3 C'est-à-di-
la soeur ne sont point asservis en tel cas: mais Dieu nous a re, le mari
appellez à la paix. Chrétien, ou la femme
16 [k] Car que sais-tu, femme, si tu ne sauveras point ton Chrétienne.
mari? ou que sais-tu, mari, si tu ne sauveras point ta femme? k 1 *Pier.* 3. 1.
17 Toutefois [l] que chacun se conduise selon le don qu'il a l vs. 7. & 24.
reçu de Dieu, chacun selon que le Seigneur l'y a appellé: *Eph.* 4. 1.
& c'est ainsi que j'en ordonne dans toutes les Eglises. *Phil.* 1. 27. *Col.* 1. 10.
18 Quelqu'un est-il appellé étant circoncis? qu'il ne rame- 1 *Thess.* 2. 12.
ne point le prépuce. Quelqu'un est-il appellé étant dans le
prépuce? qu'il ne se fasse point circoncire.
19 [m] La Circoncision n'est rien, & le prépuce aussi n'est m *Gal.* 5. 6.
rien, [n] mais l'observation des commandemens de Dieu. & 6. 15.
20 [o] Que chacun demeure dans la condition où il étoit n *Eccl.* 12. 15. o vs. 17.
quand il a été appellé. & 24.
21 Es-tu appellé étant esclave? ne t'en mets point en peine: mais aussi si tu peux être mis en liberté, uses-en plustôt:
22 Car celui qui étant esclave est appellé à nôtre Seigneur,

 il

p *ch.* 9. 21. *Jean* 8. 36. *Rom.* 6. 18. 22. *Gal.* 5. 13.
q *ch.* 6. 20. *Héb.* 9. 12. 1 *Pier.* 1. 18. 2 *Pier.* 2. 1.
r vs. 20.
ſ 1 *Tim.* 1. 12.
4 C'eſt-à-dire, pour lui être un Miniſtre fidéle: ch. 4. 2.

il [p] eſt l'affranchi du Seigneur; & de même celui qui eſt appellé étant libre, il eſt l'eſclave de Chriſt.

23 [q] Vous avez été achettez par prix; ne devenez point eſclaves des hommes.

24 *Mes* fréres, [r] que chacun demeure envers Dieu dans l'état où il étoit quand il a été appellé.

25 Pour ce qui concerne les vierges, je n'ai point de commandement du Seigneur, mais j'en donne avis [ſ] comme ayant obtenu miſericorde du Seigneur, [4] pour être fidéle.

26 J'eſtime donc que cela eſt bon pour la néceſſité préſente, entant qu'il eſt bon à l'homme d'être ainſi.

27 Es-tu lié à une femme? ne cherche point d'en être ſéparé. Es-tu détaché de ta femme? ne cherche point de femme.

5 Sav. étant veuf.

28 [5] Que ſi tu te maries, tu ne péches point: & ſi la vierge ſe marie, elle ne péche point auſſi; mais ceux qui ſont mariez auront de la tribulation en la chair; or je vous épargne.

t *Rom.* 13. 11. 1 *Pier.* 4. 7.
6 Sav. pour n'y avoir pas un trop grand attachement.

29 Mais je vous dis ceci, mes fréres, [t] que le temps eſt court; & ainſi que ceux qui ont une femme, ſoient [6] comme s'ils n'en avoient point:

30 Et ceux qui ſont dans les pleurs, comme s'ils n'étoient point dans les pleurs: & ceux qui ſont dans la joye, comme s'ils n'étoient point dans la joye: [u] & ceux qui achettent, comme s'ils ne poſſédoient point.

u *Ezéch.* 7. 12. *Amos* 5. 11. *Soph.* 1. 13. 14.
x *Pſe.* 39. 7. *Eſa.* 40. 6. *Jacq.* 1. 10. & 4. 14. 1 *Pier.* 1. 24. 1 *Jean* 2. 17.

31 Et ceux qui uſent de ce monde, comme n'en abuſant point: [x] car la figure de ce monde paſſe.

32 Or je voudrois que vous fuſſiez ſans ſolicitude. [y] Celui qui n'eſt point marié a ſoin des choſes qui ſont du Seigneur, comment il plaira au Seigneur.

y 1 *Tim.* 5. 5.
7 C'eſt-à-dire, il partage ſes ſoins entre les devoirs de la Religion & ceux de ſa famille.

33 Mais celui qui eſt marié, a ſoin des choſes de ce monde, & comment il plaira à ſa femme, & *ainſi* il eſt [7] diviſé.

34 La femme qui n'eſt point mariée, & la vierge, a ſoin des choſes qui ſont du Seigneur, pour être ſainte de corps & d'eſprit: mais celle qui eſt mariée a ſoin des choſes qui ſont du monde, comment elle plaira à ſon mari.

35 Or je dis ceci ayant égard à ce qui vous eſt expédient,

non

non point pour vous tendre un piége, mais pour vous porter à ce qui est bien-séant, & propre *à vous joindre* au Seigneur sans aucune distraction.

36 Mais si quelqu'un croit que ce soit un des-honneur à sa fille de passer la fleur de son âge, & qu'il faille la marier, qu'il fasse ce qu'il voudra, il ne péche point: qu'elle soit mariée.

37 Mais celui qui demeure ferme en son cœur, n'y ayant point de nécessité qu'*il marie sa fille*, mais étant le maître de sa propre volonté a arrêté en son cœur de garder sa vierge, il fait bien:

38 Celui donc qui la marie fait bien, mais celui qui ne la marie pas, fait mieux.

39 [z] La femme est liée par la Loi pendant tout le temps que son mari est en vie, mais si son mari meurt, elle est en liberté de se remarier à qui elle veut; seulement *que ce soit* en *nôtre* Seigneur.

40 Elle est néanmoins plus heureuse si elle demeure ainsi, selon mon avis: [a] or j'estime que j'ai aussi l'Esprit de Dieu.

z *Rom.* 7. 1. 2.

a 1 *Thess.* 4. 8.

CHAPITRE VIII.

Si on peut manger des choses sacrifiées aux idoles, 1. *L'idole n'est rien,* 4. *Un seul Dieu, & un seul Seigneur,* 6. *Ne donner point de scandale,* 13.

POur ce qui regarde les choses qui [a] sont sacrifiées aux idoles: [1] Nous savons que nous avons tous de la connoissance. [2] La connoissance enfle, mais la charité édifie:
2 [b] Et si quelqu'un croit savoir quelque chose, il n'a encore rien connu comme il faut connoître:
3 Mais si quelqu'un aime Dieu, il est connu de lui.
4 Pour ce qui regarde donc de manger des choses sacrifiées aux idoles, [3] Nous savons que [c] l'idole n'est rien au monde, & [d] qu'il n'y a aucun autre Dieu qu'un seul:
5 Car encore qu'il y en ait qui soient appellez dieux, soit au ciel, soit en la terre, (comme il y a plusieurs dieux, & plusieurs Seigneurs,)

a *Act.* 15. 20. 29.

1 Ce sont les Corinthiens qui s'étoient ainsi exprimez dans leur Lettre à S. Paul.

2 C'est la réponse de S. Paul sur ce mot ambitieux des Corinthiens, *nous savons.*

b *Gal.* 6. 3. 1 *Tim.* 6. 4.

3 Ce sont encore ici les termes de la Lettre des Corinthiens

c *Esa.* 41. 24. 29. *Jér.* 10. 15. d *Deut.* 4. 39. & 6. 4. *Esa.* 45. 5. 6. 14. 21. 22. & 46. 9. *Marc* 12. 29.

6 [e] Nous

6 [e] Nous n'avons pourtant qu'un seul Dieu, *qui est* le Pére; duquel *sont* toutes choses, & nous en lui: [f] & un seul
Seigneur Jésus-Christ, [g] par lequel *sont* toutes choses, &
nous par lui.
7 [4] Mais il n'y a pas en tous la *même* connoissance: car quelques-uns qui jusqu'à présent font conscience à cause de l'idole, de manger des choses qui ont été sacrifiées à l'idole, en
mangent pourtant; [h] c'est pourquoi leur conscience étant
foible, elle en est souillée.
8 [5] [i] Or la viande ne nous rend pas agréables à Dieu: car
si nous mangeons, nous n'en avons rien davantage; & si nous
ne mangeons point, nous n'en avons pas moins.
9 [k] [6] Mais prenez garde que cette puissance que vous avez,
ne soit en quelque sorte en scandale aux infirmes.
10 Car si quelqu'un te voit, [l] toi qui as de la connoissance,
être à table au temple des idoles, [m] la conscience de celui
qui est foible, ne sera-t-elle pas induite à manger des choses
sacrifiées à l'idole?
11 Et [n] ainsi, ton frére, qui est foible, pour lequel Christ
est mort, périra par ta connoissance.
12 [o] Or quand vous péchez ainsi contre vos fréres, & que
vous blessez leur conscience qui est foible, vous péchez contre Christ.
13 [p] C'est pourquoi, si la viande scandalise mon frére, je
ne mangerai jamais de chair, pour ne scandaliser point [7] mon
frére.

e *Deut.* 6. 4. *Mal.* 2. 10. f *Jean.* 13. 13. *Eph.* 4. 5. *Phil.* 2. 11. *Jude* vs. 4. g *Act.* 17. 28. *Rom.* 11. 36. 4 C'est l'observation de S. Paul sur cette belle & sainte connoissance que les Corinthiens viennent de marquer. h *ch.* 10. 28. *Rom.* 14. 14. 23. 5 Ce sont encore ici les paroles des Corinthiens. i *Rom.* 14. 17. k *Rom.* 14. 13. 20. *Gal.* 5. 13. 6 C'est l'observation de S. Paul. l vs. 1. m vs. 7. n *Rom.* 14. 15. 20. o *Rom.* 14. 18. p 2 *Chron.* 11. 29. *Rom.* 14. 21.

7 C'est-à dire, un Chrétien encore infirme, & peu éclairé, mais non un entêté qui a pû s'instruire, & se des-abuser de ses vains scrupules.

CHAPITRE IX.

Les Ministres de l'Evangile ont droit de vivre de l'Evangile, 4. *Saint Paul ne s'est pourtant pas servi de ce droit*, 15. *Sa condescendance pour toute sorte de personnes*, 20. *Son corps réduit en servitude*, 27.

NE suis-je pas Apostre? [a] Ne suis-je pas libre? N'ai-je pas
vû nôtre Seigneur Jésus-Christ? [b] N'étes-vous pas mon
ouvrage au Seigneur.

a *Act.* 9. 3. 17. & 22. 14. 17. 18. & 23. 11. b *ch.* 2. 6. & 4. 15.

2 Si je ne suis Apostre pour les autres, je le suis au moins
pour vous: car vous étes le seau de mon Apostolat au Seigneur.
3 [c] C'est là ma défense envers ceux qui me controllent.
4 [d] N'avons-nous pas le pouvoir de manger & de boire?
5 N'avons-nous pas le pouvoir de mener avec nous [1] une
sœur femme, ainsi que les autres Apostres, & [2] les fréres du
Seigneur, [e] & Céphas?
6 Ou moi seul & [f] Barnabas [g] n'avons-nous pas le pouvoir
de ne point travailler?
7 Qui est-ce qui va jamais à la guerre à ses dépens? Qui-est-
ce qui plante la vigne, & ne mange pas de son fruit? Qui
est-ce qui paît le troupeau, & ne mange pas du laict du
troupeau?
8 Dis-je ces choses selon l'homme? La Loi ne dit-elle pas
aussi le méme?
9 Car il est écrit dans la Loi de Moyse; [h] Tu n'émmusele-
ras point le bœuf [i] qui foule le grain. *Or* Dieu a-t-il soin
des bœufs?
10 Et n'est-ce pas entierement pour nous qu'il a dit ces choses? Certes elles sont écrites pour nous: car celui qui labou-
re, doit labourer [k] avec espérance; & celui qui foule le blé,
le foule avec espérance d'en être participant.
11 [l] Si nous vous avons semé des biens spirituels, est-ce u-
ne grande chose que nous recueillions de vos biens charnels?
12 [m] Et si d'autres usent de ce pouvoir à vôtre égard, pourquoi n'en userons-nous pas plustôt qu'eux? cependant nous
n'avons point usé de ce pouvoir, mais au contraire nous sup-
portons toute sorte d'incommoditez, afin de ne donner aucun empêchement à l'Evangile de Christ.
13 [n] Ne savez-vous pas que ceux qui s'employent aux choses sacrées, mangent de ce qui est sacré; & que ceux qui servent à l'autel, participent à l'autel?
14 [o] Le Seigneur a ordonné tout de même que ceux qui
annoncent l'Evangile, [p] vivent de l'Evangile.
15 [q] Cependant je ne me suis point prévalu d'aucune de ces
cho-

c 2 *Cor.* 11. 5. &c.
d vs. 14. 15.
1 C'est-à-dire, une personne Chrétienne & qui fût sa femme.
2 Ses cousins.
e *Matth.* 8. 14. & 12. 46. *Gal.* 1. 19.
f *Act.* 13. 2.
g vs. 4.
h *Deut.* 25. 4. 1 *Tim.* 5. 18.
i *Esa.* 28. 28.
k 2 *Tim.* 2. 6.
l *Prov.* 12. 14. *Rom.* 15. 27. *Gal.* 6. 6.
m *Act.* 20. 33. 2 *Cor.* 11. 9. 12. & 12. 13. 1 *Thess.* 2. 7.
n *Nomb.* 18. 8. *Deut.* 18. 1.
o *Matth.* 10. 10.
p *Gal.* 6. 6. 1 *Tim.* 5. 17.
q *ch.* 4. 12. *Act.* 18. 3. & 20. 34. 2 *Cor.* 11. 10. 2 *Thess.* 3. 8.

choses, & je n'écris pas même ceci afin qu'on en use de cette maniere envers moi, car j'aimerois mieux mourir, que
de voir que quelqu'un anéantît ma gloire.
16 Car encore que j'évangelise, je n'ai pas dequoi m'en glorifier; parce que [r] la nécessité m'en est imposée: & malheur
à moi, si je n'evangelise!
17 Mais si je le fais de bon coeur, [s] j'en aurai la récompense; mais si c'est à regret, je ne fais que [t] m'acquiter de la
commission qui m'en a été donnée.
18 Quelle récompense en ai-je donc? c'est qu'en prêchant
l'Evangile, je prêche l'Evangile de Christ sans apporter aucune dépense, afin que je n'abuse pas de mon pouvoir dans
l'Evangile.
19 Car bien que je sois en liberté à l'égard de tous, je me
suis pourtant asservi à tous, [u] afin de gagner plus de personnes.
20 [x] Et je me suis fait aux Juifs comme Juif, afin de gagner
les Juifs: à ceux qui sont sous la Loi, comme si j'étois sous
la Loi, afin de gagner ceux qui sont sous la Loi:
21 [y] A ceux [3] qui sont sans Loi, comme si j'étois sans Loi,
(bien que je ne sois point sans Loi quant à Dieu, mais je
suis sous [z] la Loi de Christ,) afin de gagner ceux qui sont
sans Loi.
22 [a] Je me suis fait comme foible aux foibles, afin de gagner les foibles: [4] je me suis fait toutes choses à tous, afin
qu'absolument j'en sauve quelques-uns.
23 Et je fais cela à cause de l'Evangile, [b] afin que j'en sois
fait aussi participant avec les autres.
24 Ne savez-vous pas que quand on court dans la lice, tous
courent bien, mais un seul remporte le prix? [c] Courez *donc*
tellement que vous le remportiez.
25 [d] Or quiconque lutte, vit entierement de regime: &
quant à ceux-là, ils le font [e] pour avoir une couronne corruptible: mais nous, pour en avoir [f] une incorruptible.
26 [g] Je cours donc, *mais* non pas sans savoir comment: je
combats, *mais* non pas comme battant l'air.
27 Mais [h] je mortifie mon corps, & je le réduis en servitude;

r *Rom.* 1. 14. s *ch.* 3. 8. 2 *Tim.* 4. 7. 8. t *ch.* 4. 1. u *Matth.* 18. 15. *Rom.* 11. 14. 1 *Pier.* 3. 1. x *Act.* 16. 3. & 18. 18. & 21. 23. *Rom.* 11. 14. y *Gal.* 2. 3. 3 C'est-à-dire, aux Gentils. z *Rom.* 3. 26. a *ch.* 8. 13. & 10. 33. *Rom.* 14. 1. & 15. 1. 2 *Cor.* 11. 29. *Gal.* 6. 1. 4 Cette complaisance n'est jamais allée jusqu'à apporter la moindre altération ni à la pureté de la doctrine, ni à la pureté des moeurs. b *Gal.* 2. 2. *Phil.* 2. 16. & 3. 14. 2 *Tim.* 4. 7. c *Gal.* 5. 7. d *Eph.* 6. 1. e 1 *Tim.* 6. 12. 2 *Tim.* 2. 4. & 4. 7. 8. 1 *Pier.* 1. 4. & 5. 4. *Jacq.* 1. 12. *Apoc.* 2. 10. & 3. 11. f 1 *Pier.* 1. 4. & 5. 4. g 2 *Tim.* 2. 5. & 4. 8. h *Rom.* 6. 18. 19. & 8. 13. *Col.* 3. 5.

de; de peur qu'après avoir prêché aux autres, je ne sois trouvé moi-même en quelque sorte non recevable.

CHAPITRE X.

Divers évenemens mémorables arrivez à l'ancien peuple, 1—11. *Tentation humaine,* 13. *La coupe de bénédiction,* 16. *C'est être participant des diables, que de participer aux sacrifices offerts à l'idole,* 20. *Tout ce qui est permis n'est pas expédient,* 23. *Manger de tout ce qui se vend à la boucherie,* 25.

OR mes fréres, je ne veux pas que vous ignoriez que nos
péres [a] ont tous été sous la nuée, & [b] qu'ils ont tous passé par la mer:
2 Et qu'ils ont tous été [1] baptisez par Moyse en la nuée &
en la mer:
3 Et qu'ils [c] ont tous mangé d'une même viande [2] spirituelle:
4 Et qu'ils ont [d] tous bû [3] d'un même breuvage spirituel:
car ils beuvoient de la pierre spirituelle [4] [e] qui *les* suivoit; &
la pierre étoit Christ.
5 [f] Mais Dieu n'a point pris plaisir en plusieurs d'eux: car
ils ont été accablez au desert.
6 [g] Or [5] ces choses ont été [6] des exemples pour vous, afin
que nous ne convoitions point des choses mauvaises, [h] comme eux-mêmes les ont convoitées:
7 Et que vous ne deveniez point idolatres, comme quelques-uns d'eux: ainsi qu'il est écrit, [i] Le peuple s'est assis
pour manger & pour boire; & puis ils se sont levez pour jouer.
8 Et afin que nous ne paillardions point, [k] comme quelques-uns d'eux ont paillardé, & il en est tombé en un jour
vingt-trois mille.
9 Et que nous ne tentions point Christ, [l] comme quelques-

a *Exod.* 13. 21. *Nomb.* 9. 18. *Deut.* 1. 32. *Pse.* 105. 39. b *Exod.* 14. 22. *Jos.* 4. 23. *Pse.* 78. 13. 14. 1 Ce mot est mis ici dans un sens de figure, pour dire, que la colomne de nuée & le passage des Israëlites au milieu de la mer, avoient eu quelque ressemblance avec le baptême. c *Exod.* 16. 14. *Pse.* 105. 41. 2 Sav. de J. C. figuré par la manne. d *Exod.* 17. 6. *Nomb.* 20. 10. *&* 21. 16. *Pse.* 78. 15. 3 C'est-à-dire, de J. C. figuré par le rocher d'Oreb. 4 Gr. *qui suivoit*, ou *qui suivit*, c'est-à-dire, que le miracle du rocher frappé suivit celui de la Manne: car on ne doit pas entendre cela ni du rocher, lui-même, qui demeura toûjours en la même place; ni de l'eau qui en sortit, puisque Moyse n'a dit nulle part qu'elle ait suivi les Israëlites dans leurs campemens, comme l'ont prétendu quelques Interpretes. e *Pse.* 105. 41. f *Nomb.* 26. 65. g *vs.* 11. 5 C'est-à-dire, les punitions de Dieu sur ce peuple criminel. 6 Si le mot de l'Original *tupoi*, étoit mis ici, & au vs. 11. pour signifier des *types*, S. Paul auroit dit ont été *des types pour eux*, & non pas *pour nous*, vû que c'étoit proprement aux Fidéles de l'Ancienne Loi que les figures d'alors étoient des types, dans l'attente de la vérité & de la réalité que nous avons sous l'Evangile, Jean 1. 17. h *Nomb.* 11. 4. 33. *Pse.* 78. 20. *&* 106. 14. i *Exod.* 32. 6. k *Nomb.* 25. 1. 9. *Pse.* 106. 28. l *Exod.* 17. 2. 7. *Nomb.* 21. 6. *Pse.* 78. 18. 56. *&* 95. 9. *&* 106. 14.

ques-uns d'eux [7] l'ont tenté, & ont été détruits par les
serpens.
10 Et que vous ne murmuriez point, [m] comme quelques-
uns d'eux ont murmuré, & sont péris par le destructeur.
11 Or toutes ces choses leur [n] arrivoient [8] en exemple, &
elles sont écrites pour nôtre instruction, comme *étant* ceux
ausquels [o] les derniers temps sont parvenus.
12 Que celui donc qui croit demeurer debout, [p] prenne
garde qu'il ne tombe.
13 [q] *Aucune* tentation ne vous a saisis, qui n'ait été une
tentation humaine: & [r] Dieu est fidéle, qui ne [s] permettra
point que vous soyez tentez au delà de vos forces, [t] mais a-
vec la tentation il vous donnera l'issue, afin que vous la puissiez soûtenir.
14 [u] C'est pourquoi, mes bien-aimez, fuyez l'idolatrie.
15 Je *vous* parle comme à des personnes intelligentes: jugez vous-mêmes de ce que je dis.
16 [x] La coupe de bénédiction, laquelle nous bénissons,
n'est-elle pas la communion du sang de Christ? & le pain que
nous rompons, n'est-il pas la communion du corps de Christ?
17 [y] Parce qu'il n'y a [9] qu'un seul pain, nous qui sommes
plusieurs, sommes un seul corps: car nous sommes tous participans d'un même pain.
18 Voyez l'Israël selon la chair, [z] ceux qui mangent les sacrifices, ne sont-ils pas participans de l'autel?
19 Que dis-je donc? [a] que l'idole soit quelque chose? ou
que ce qui est sacrifié à l'idole, soit quelque chose? *non.*
20 Mais je dis que les choses que les Gentils sacrifient, [b] ils
les sacrifient aux diables, & non pas à Dieu: or je ne veux
pas que vous soyez participans des diables.
21 Vous ne pouvez boire la coupe du Seigneur, & la coupe des diables: [c] vous ne pouvez être participans de la table
du Seigneur, & de la table des diables:

22 [e] Vou-

7 Gr. *ont tenté*, pour *l'ont tenté*, c'est à savoir J. C.
m *Exod.* 16. 2. *Nomb.* 14. 2. 29. & 16. 41. 49.
n vs. 6. *Rom.* 15. 4. 2 *Pier.* 2. 6.
8 Ou, *pour servir d'exemple*, comme au vs. 6. car c'est dans l'un & dans l'autre de ces versets le mot *tupos* en Grec, qui ne peut signifier en ces deux versets, des *types*, ou des figures; mais des *exemples* des punitions de Dieu.
o *Gen.* 49. 1. *Esa.* 2. 2. *Osée* 3. 5. *Act.* 2. 17. *Héb.* 1. 1.
p *Rom.* 11. 20.
q *Pse.* 125. 3. *Jér.* 29. 11.
r *ch.* 1. 9.
s *Esa.* 27. 8.
t 2 *Pier.* 2. 9.
u 2 *Cor.* 6. 17. 1 *Jean* 5. 21. *Ecclesiastiq.* 21. 2.
x *Matth.* 26. 26.
y *ch.* 12. 27. *Rom.* 12. 5.
9 C'est-à-dire, J. C. ou qu'un même pain d'Eucharistie.
z *Lévit.* 3. 3. & 7. 15.
a *ch.* 8. 4.
b *Lévit.* 17. 7. *Deut.* 32. 17. *Pse.* 106. 37. *Apoc.* 9. 20.
c *Deut.* 32. 18. 2 *Cor.* 6. 15.

22 [d] Voulons-nous provoquer le Seigneur à la jalousie? Som- d Deut. 32. 21.
mes-nous plus forts que lui? e ch. 6. 12.
23 [e] Toutes choses me sont permises, mais toutes choses e ch. 13. 5.
ne sont pas expédientes: toutes choses me sont permises, Rom. 15. 1. 2.
mais toutes choses n'édifient pas. Phil. 2. 4.
24 [f] Que personne ne cherche ce qui lui est propre, mais g vs. 28. Exod.
que chacun *cherche* ce qui est pour autrui. 19. 5. Deut.
25 Mangez de tout ce qui se vend à la boucherie, sans vous 10. 14. Pse. 24.
en enquerir pour la conscience; 1. & 50. 12.
26 [g] Car la terre *est* au Seigneur, avec tout ce qu'elle con- Esa. 66. 1. 2.
tient. h ch. 8. 7.
27 Que si quelqu'un des infidéles vous convie, & que vous Luc 10. 7.
y vouliez aller, [h] mangez de tout ce qui est mis devant vous, i vs. 26. &
sans vous en enquerir pour la conscience. ch. 8. 10. 11.
28 Mais si quelqu'un vous dit; [i] Cela est sacrifié aux idoles:
n'en mangez point à cause de celui qui vous en a avertis, [10] &
à cause de la conscience: [k] car la terre *est* au Seigneur, avec
tout ce qu'elle contient.
29 Or je dis la conscience, non pas la tienne, mais [l] celle
de l'autre: car pourquoi ma liberté seroit-elle jugée par la
conscience d'un autre?
30 Et [m] si par la grace j'en suis participant, pourquoi suis-
je blâmé *pour une chose* [11] dont je rens graces?
31 [n] Soit donc que vous mangiez, soit que vous beuviez,
ou que vous fassiez quelque autre chose, faites tout à la gloire de Dieu.
32 [o] Soyez tels que vous ne donniez aucun achoppement
ni aux Juifs, ni aux Grecs, ni à l'Eglise de Dieu.
33 Comme aussi [p] je complais à tous en toutes choses, ne
cherchant point ma commodité propre, mais celle de plusieurs, afin qu'ils soient sauvez.

10 C'est-à-dire, pour ne pas scandaliser celui de vos fréres, qui croit que ce seroit un péché de manger de cette sorte de viandes, & qui à cause de cela vous a donné cét avertissement.
k vs. 26.
l vs. 32. Rom. 14. 16.
m Rom. 14. 6. 1 Tim. 4. 4.
11 C'est-à-dire, dont je ne mange qu'après la bénédiction ordinaire dans les repas.
n Zach. 7. 6. Col. 3. 17.
o Prov. 25. 26. Rom. 14. 13. 2 Cor. 6. 3.
p ch. 8. 13. & 9. 19. 22. Rom. 15. 2.

CHAPITRE XI.

Dignité de l'homme, 3. La femme doit avoir la tête couverte, 15. 16. Repas avant la Céne, L'institution de l'Eucharistie, 23.

[a] SOyez mes imitateurs, comme [b] *je le suis* moi-même de
Christ.
2 Or, mes fréres, je vous loue de ce que vous vous souvenez de tout ce qui me concerne, & de ce que vous gardez
mes ordonnances, comme je vous les ai données.
3 Mais je veux que vous sachiez [c] que le Chef de tout homme, c'est Christ: & que le Chef de la femme, c'est l'homme: [d] & que le Chef de Christ, c'est Dieu.
4 Tout homme qui prie, ou qui [1] prophétise, ayant *quelque chose* sur la tête, deshonore sa tête.
5 Mais toute femme qui prie, ou qui [2] prophétise sans avoir
la tête couverte, deshonore sa tête: car c'est la même chose
que si elle étoit rasée.
6 Si donc la femme n'est pas couverte, qu'elle soit même
tondue: or [e] s'il est deshonnête à la femme d'être tondue,
ou d'être rasée, qu'elle soit couverte.
7 Car pour ce qui est de l'homme, il ne doit point couvrir
sa tête, vû qu'il est [f] l'image & la gloire de Dieu: mais la
femme est la gloire de l'homme.
8 [g] Parce que l'homme n'a point *été tiré* de la femme, mais
la femme *a été tirée* de l'homme.
9 Et aussi [h] l'homme n'a pas été crée pour la femme, mais
la femme a été crée pour l'homme.
10 C'est pourquoi la femme à cause des [3] Anges doit avoir
sur la tête une marque qu'elle est sous puissance.
11 Toutefois ni l'homme n'est point sans la femme, ni la
femme sans l'homme en nôtre Seigneur.
12 Car comme la femme *est* par l'homme, aussi l'homme est
par la femme: mais toutes choses procedent de Dieu.
13 Jugez-en entre vous-mêmes: est-il convenable que la
femme prie Dieu sans être couverte?
14 La nature même ne vous enseigne-t-elle pas que si l'homme nourrit sa chevelure, ce lui est du deshonneur:
15 Mais que si la femme nourrit sa chevelure, ce lui est de
la gloire, parce que la chevelure lui est donnée pour couverture.

16 Que

a *ch.* 4. 16. *Eph.* 5. 1. *Phil.* 3. 17. 2 *Thess.* 2. 9. & 3. 9.
b *Rom.* 15. 2. 3.
c *ch.* 15. 27. 28. *Jean* 14. 28. *Eph.* 5. 23. *Phil.* 2. 7. 8. 9.
d *ch.* 3. 22.
1 C'est-à-dire, qui donne l'explication de l'Ecriture, comme ch. 14. 24.
2 Ce mot est mis ici pour celui de *chanter* les louanges de Dieu, comme 1 Sam. 10. 5. 10. & 1 Rois 10. 10. &c.
e *Nomb.* 5. 18.
f *Gen.* 1. 26. 27. & 5. 1. & 9. 6. *Col.* 3. 10.
g *Gen.* 2. 18. 21.
h *Gen.* 2. 18.
3 Ce mot, qui signifie *Envoyez*, est mis ici pour les Ministres, qui sont les Envoyez de Dieu.

16 Que si quelqu'un [i] aime à contester, nous n'avons pas
une telle coûtume, ni aussi les Eglises de Dieu.
17 Or en ceci que je vais vous dire, je ne vous loue point:
c'est que vous ne vous assemblez pas en mieux, mais en pis.
18 Car premierement, quand vous vous assemblez dans l'E-
glise, [k] j'apprens qu'il y a des partialitez parmi vous: & j'en
crois une partie:
19 [l] Car [4] il faut qu'il y ait même [5] des hérésies parmi vous,
afin que ceux qui sont dignes d'approbation, soient manifestez parmi vous.
20 Quand donc vous vous assemblez *ainsi* tous ensemble,
ce n'est pas manger la Cene du Seigneur.
21 Car lors qu'il s'agit de prendre le repas, chacun prend
par avance son souper particulier, en sorte que l'un a faim,
& l'autre fait bonne chere.
22 N'avez-vous donc pas de maisons pour manger & pour
boire? Ou méprisez-vous l'Eglise de Dieu? [m] & faites-vous
honte à ceux qui n'ont rien? Que vous dirai-je? Vous loue-
rai-je? [n] je ne vous loue point en ceci.
23 [o] Car [6] j'ai reçu du Seigneur ce qu'aussi je vous ai donné: c'est que le Seigneur Jésus la nuit qu'il fut trahi, prit
du pain:
24 Et après avoir rendu graces il le rompit, & dit; Prenez, mangez: ceci est mon corps *qui est* [7] rompu pour vous:
faites ceci en mémoire de moi.
25 De même aussi après le souper, il prit la coupe, en disant; Cette coupe est la nouvelle alliance en mon sang: faites ceci toutes les fois que vous en boirez, en mémoire de moi.
26 Car toutes les fois que vous mangerez de ce pain, & que
vous boirez de cette coupe, vous annoncerez la mort du Seigneur [p] jusques à ce qu'il vienne.
27 C'est pourquoi [q] quiconque mangera de ce pain, ou
boira de la coupe du Seigneur indignement, [8] sera coupable
du corps & du sang du Seigneur.

i 1 *Tim.* 6. 4.
k *ch.* 1. 10. 11.
l *Matth.* 18. 7. *Luc* 2. 35. & 17. 1. *Act.* 20. 30. 1 *Jean* 2. 19.
4 C'est-à-dire, certainement il y aura &c.
5 Ou, des *Sectes*, car le mot Grec signifie l'un & l'autre.
m *Jacq.* 2. 6.
n vs. 17.
o *ch.* 15. 3. *Matth.* 26. 26. *Marc* 14. 22. *Luc* 22. 19.
6 C'est-à-dire, *J'ai appris du Seigneur, ce que je vous ai enseigné*, savoir touchant l'institution de la Cene.
7 Le mot *rompu* étant joint immédiatement à celui de corps, car il y a dans l'original, *mon corps rompu*, le pain ne pouvoit être son corps, qu'il ne fût son *corps rompu*, or le corps de J. C. n'ayant pas encore alors été rompu, ce ne pouvoit point être son corps réellement.
p *Jean* 14. 3. *Act.* 1. 11.
q *Nomb.* 9. 13. *Jean* 6. 51. 63. 64. & 13. 27.
8 L'indigne communion aux sacrez symboles réjaillit sur le corps même & le sang du Seigneur, desquels ils sont les symboles.

28 [r] Que chacun donc s'éprouve soi-même, & ainsi qu'il
mange de ce pain, & qu'il boive de cette coupe:
29 Car celui qui *en* mange & qui *en* boit indignement, mange & boit son jugement, ne discernant point le corps du
Seigneur.
30 Et c'est pour cela que plusieurs sont foibles & malades
parmi vous, & que plusieurs [9] dorment.
31 [s] Car si nous nous jugions nous-mêmes, nous ne serions
point jugez.
32 Mais quand nous sommes jugez, nous sommes enseignez par le Seigneur, [t] afin que nous ne soyons point condamnez avec le monde.
33 C'est pourquoi, mes fréres, [u] quand vous vous assemblez pour manger, attendez-vous l'un l'autre.
34 Et si quelqu'un a faim, qu'il mange en sa maison, afin
que vous ne vous assembliez point en jugement. [10] Touchant
les autres points, j'en ordonnerai quand je serai arrivé.

r 2 *Cor.* 13. 5. *Gal.* 6. 4.
9 C'est-à-dire, sont morts de ces maladies que Dieu leur avoit envoyées pour punition de ces indignes communions.
s *Job* 31. 33. *Pse.* 32. 5. *Prov.* 18. 17. 1 *Jean* 5. 9.
s *Pse.* 94. 12. 13. *Héb.* 12. 5. 10.
u vs. 20.
10 Sur lesquels les Corinthiens lui avoient écrit.

CHAPITRE XII.

C'est par le St. Esprit que nous reconnoissons Jésus pour nôtre Seigneur, 3. Diversité de dons, 4. &c. Différens ordres de Ministres, 28.

OR pour ce qui regarde [1] les dons spirituels, je ne veux
point, mes fréres, que vous *en* soyez ignorans.
2 [a] Vous savez que vous étiez Gentils, transportez après
les idoles [b] muettes, selon que vous étiez menez.
3 C'est pourquoi je vous fais savoir que nul homme parlant
par l'Esprit de Dieu, [c] ne dit que Jésus est malédiction: &
que nul ne peut dire [d] que par le Saint Esprit, [e] que Jésus
est le Seigneur.
4 [f] Or il y a diversité de dons, [g] mais il n'y a qu'un même
Esprit.
5 [h] Il y a aussi diversité de ministeres, mais il n'y a qu'un
même Seigneur.
6 Il y a pareillement diversité d'opérations; mais il n'y a
qu'un même Dieu, [i] qui opére toutes choses en tous.

1 Sav. ceux dont il va pa1ler dans ce chapitre.
a *ch.* 6. 11. *Eph.* 2. 11. 12.
b *Pse.* 115. 5. & 135. 16.
c *Marc* 9. 39.
d *ch.* 2. 14. 2 *Cor.* 3. 5.
e *ch.* 8. 6. *Jean* 13. 13. *Phil.* 2. 10.
f *Rom.* 12. 6. *Héb.* 2. 4.
g *Eph.* 4. 4.
h *Rom.* 12. 6. 7. 8. *Eph.* 4. 11.
i *Eph.* 1. 13.

7 Or

7 Or à chacun eſt donnée la manifeſtation de l'Eſprit pour
ce qui eſt expédient.
8 Car à l'un eſt donnée [2] par l'Eſprit, la parole de ſapience;
& à l'autre par le même Eſprit, [k] la parole de connoiſſance;
9 Et à un autre, la foi par ce même Eſprit; à un autre,
[l] les dons de guériſon par ce même Eſprit:
10 Et à un autre, les opérations des miracles: à un autre,
[m] la prophétie: à un autre, [n] le don de diſcerner les eſprits;
à un autre, [o] la diverſité de Langues: & à un autre, le don
d'interpréter les Langues.
11 [p] Mais un ſeul & même Eſprit fait toutes ces choſes,
[q] diſtribuant particulierement à chacun [3] ſelon qu'il veut.
12 [r] Car comme le corps n'eſt qu'un, & il a pluſieurs membres, mais tous les membres de ce corps, qui n'eſt qu'un,
quoi qu'ils ſoient pluſieurs, ne ſont qu'un corps, en telle
maniere auſſi eſt [4] Chriſt.
13 Car nous avons tous été baptiſez d'un même Eſprit,
[ſ] pour être un même corps, [t] ſoit Juifs, ſoit Grecs, [u] ſoit
eſclaves, ſoit libres, nous avons tous, dis-je, été abbreu-
vez d'un même Eſprit.
14 Car auſſi le corps n'eſt pas un ſeul membre, mais pluſieurs.
15 Si le pied dit; Parce que je ne ſuis pas la main, je ne
ſuis point du corps; n'eſt-il pas pourtant du corps?
16 Et ſi l'oreille dit; Parce que je ne ſuis pas l'œil, je ne
ſuis point du corps; n'eſt-elle pas pourtant du corps?
17 Si tout le corps eſt l'œil, où ſera l'ouïe? Si tout eſt
l'ouïe, où ſera l'odorat?
18 Mais maintenant [x] Dieu a poſé chaque membre au corps,
comme il a voulu.
19 Et ſi tous étoient un ſeul membre, où ſeroit le corps?
20 Mais maintenant il y a pluſieurs membres, toutefois il
n'y a qu'un ſeul corps.
21 Et l'œil ne peut pas dire à la main; Je n'ai que faire de
toi: ni auſſi la tête aux pieds; Je n'ai que faire de vous.

Hhh 3 22 Et

2 Le S. Eſprit étant diſtingué ici & dans la ſuite, des dons de l'Eſprit, comme la cauſe eſt diſtinguée de ſes effets, c'eſt une preuve évidente que le S. Eſprit eſt une perſonne divine, diſtincte du Pére, & du Fils: conf. avec le vs. 4. & ſuivans.

k *ch.* 13. 2.
l *Jacq.* 5. 15.
m vs. 28. & *ch.* 13. 2. *Act.* 11. 28. & 13. 1.
n *Act.* 8. 20. & 13. 6. 9. 10.
o *Act.* 2. 4. & 10. 46.
p *ch.* 7. 7. *Rom.* 12. 3. 2 *Cor.* 10. 13. *Eph.* 4. 7. 12. *Héb.* 2. 4.
q *Jean* 3. 8.

3 Cela ne ſauroit convenir à une ſimple qualité telle que ſont les dons du S. Eſprit; & marque proprement une perſonne.

r *Rom.* 12. 45. *Eph.* 4. 4. 16.

4 C'eſt-à-dire, le corps de Chriſt, qui eſt l'Egliſe. vs. 27. & Eph. 1. 23.

ſ *Eph.* 2. 14. 15. 16. t *Gal.* 3. 27. 28. *Col.* 3. 11. u *ch.* 7. 21. x *Pſe.* 139. 13-15.

22 Et qui plus est, les membres du corps qui semblent être les plus foibles, sont beaucoup plus nécessaires,

23 Et ceux que nous estimons être les moins honorables au corps, nous les ornons avec plus de soin; & les parties qui sont en nous les moins belles à voir, sont les plus parées.

24 Car les parties qui sont belles en nous, n'en ont pas besoin: mais Dieu a apporté ce tempérament dans nôtre corps, qu'il a donné plus d'honneur à ce qui en manquoit:

25 Afin qu'il n'y aît point de division au corps, mais que les membres ayent un soin mutuel les uns des autres.

26 Et soit que l'un des membres souffre quelque chose, tous les membres souffrent avec lui: ou soit que l'un des membres soit honoré, tous les membres ensemble s'en réjouïssent.

27 Or [y] vous étes le corps de Christ, & ses membres, [5] *chacun* en son endroit.

28 [z] Et Dieu a mis dans l'Eglise, [6] premierement des [a] Apostres, secondement des Prophétes, [b] troisiémement des Docteurs, ensuite les miracles, puis [c] les dons de guérisons, les secours, les gouvernemens, les diversitez de Langues.

29 Tous sont-ils Apostres? tous sont-ils Prophétes? tous sont-ils Docteurs? tous ont-ils le don des miracles?

30 Tous ont-ils les dons de guérisons? tous parlent-ils *diverses* Langues? tous interpretent-ils?

31 [d] Or désirez avec ardeur des dons plus excellens, & je vais vous en montrer un chemin qui surpasse encore de beaucoup.

y *Rom.* 12.5. *Eph.* 1.23. & 4.11. & 5.23. 30. *Col.* 1.24.

5 Gr. *& ses membres d'une partie*, ou *en partie*, pour dire, que chaque Fidéle fait partie du corps mystique de J. C.

z *Rom.* 12. 8.

6 S. Paul n'a point mis dans ce denombrement, ni dans l'Epit. aux Eph. ch. 4. ce prétendu Vicariàt de J. C. & de Chef visible de l'Eglise qu'on attribue au Pape de Rome; ce qui fait voir, que ce n'est pas une dignité établie par aucune ordonnance de J.C.

a *Eph.* 4. 11.
b *Act.* 13. 1.
c vs. 9.
d *ch.* 14. 1.

CHAPITRE XIII.

Rien ne profite sans la charité, 1. Ses caractéres, 4. Nous ne voyons que comme dans un miroir, 12. La charité est plus grande que la foi & que l'espérance, 13.

QUand je parlerois les langages des hommes, & même des Anges, si je n'ai pas [1] la charité, je suis *comme* l'airain qui resonne, ou *comme* la cymbale retentissante.

2 Et quand j'aurois [a] le don de prophétie, [b] que je connoîtrois tous les mystéres, & *que j'aurois* toute sorte de science:

1 C'est-à-dire, un véritable amour de Dieu.
a *ch.* 12. 10.
b *ch.* 12.8,9.

ce: & quand j'aurois toute la foi *qu'on puisse avoir*; [c] en sorte que je transportasse les montagnes; si je n'ai pas la charité,
je ne suis rien.
3 Et quand je distribuerois tout mon bien pour la nourriture des pauvres, & que je livrerois mon corps pour être
brûlé, si je n'ai pas la charité, cela ne me sert de rien.
4 [1] [d] La charité est d'un esprit patient: elle est bénigne: la
charité n'est point envieuse: la charité n'use point d'insolence: elle ne s'enfle point:
5 Elle ne se porte point deshonnêtement: elle [e] ne cherche
point son propre profit: elle ne s'aigrit point, elle ne pense
point à mal:
6 [f] Elle ne se réjouït point de l'injustice: mais elle se réjouït
de la vérité.
7 [g] Elle endure tout, elle croit tout, elle espére tout, elle
supporte tout.
8 La charité ne périt jamais, au lieu que quant aux prophéties, elles seront abolies: & quant aux Langues, elles
cesseront: & quant à la connoissance, elle sera abolie.
9 Car [2] nous connoissons en partie, & nous prophétisons
en partie.
10 Mais quand la perfection sera venue, alors ce qui est en
partie sera aboli.
11 Quand j'étois enfant, je parlois comme enfant, je ju-
geois comme enfant, je pensois comme enfant: mais quand
je suis devenu homme, [3] j'ai aboli ce qui étoit de l'enfance.
12 [4] [h] Car nous voyons maintenant par un miroir obscuré-
ment, mais alors nous verrons face à face: maintenant je
connois en partie, mais alors je connoîtrai [5] selon que j'ai
été aussi connu.
13 Or maintenant ces trois choses demeurent, la foi, l'espérance, & la charité: mais la plus grande d'elles, c'est la
charité.

c *Matth.* 7. 22. & 17. 20. & 21. 21.
1 C'est-à-dire, un homme qui aime bien Dieu, est patient, doux &c.
d *Prov.* 10. 12. & 19. 11. 1 *Pier.* 4. 8.
e *ch.* 10. 24. *Phil.* 2. 4. 21.
f 1 *Pier.* 4. 8.
g *Prov.* 10. 12.
2 C'est-à-dire, nous ne connoissons qu'en partie.
3 C'est-à-dire, j'ai pensé, & jugé autrement des choses que je ne faisois alors: j'ai corrigé toutes ces idées d'enfance.
4 Ce verset est la confirmation du 10. qui vient d'être illustré par une comparaison dans le vs. 11.
h *Psa.* 119. 130. 2 *Cor.* 3. 18. & 5. 7. *Phil.* 3. 12. 1 *Jean* 3. 2.
5 C'est à dire, pleinement & parfaitement.

CHAPITRE XIV.

Qu'il ne faut point se servir dans l'Eglise d'une Langue inconnue du peuple, 3--33. Avis aux femmes, 36.

RE-

REcherchez la charité. [a] Désirez avec ardeur les dons
spirituels, mais sur tout [1] de prophétiser.
2 Parce que celui qui parle une Langue *inconnue*, ne parle
point aux hommes, mais à Dieu: car personne ne l'entend,
& il prononce des mystéres en esprit.
3 Mais celui [2] qui prophétise, propose aux hommes l'édification, & l'exhortation, & la consolation.
4 Celui qui parle une Langue *inconnue*, s'édifie lui-même:
mais celui qui prophétise, [3] édifie l'Eglise.
5 Je désire bien que vous parliez tous *diverses* Langues,
mais beaucoup plus [4] que vous prophétisiez: car celui qui
prophétise [5] est plus grand que celui qui parle *diverses* Langues, si ce n'est qu'il interpréte, afin que l'Eglise en reçoive de l'édification.
6 Maintenant donc, mes fréres, si je viens à vous, & que
je parle des Langues *inconnues*, que vous servira cela, si je
ne vous parle par révélation, ou par science, ou par prophétie, ou par doctrine?
7 Et de fait, les choses inanimées qui rendent leur son,
soit un haut-bois, soit une harpe, si elles ne forment des sons
différens, comment connoîtra-t-on ce qui est sonné sur le
haut-bois, ou sur la harpe?
8 Et si la trompette rend un son qu'on n'entende pas, qui
est-ce qui se préparera à la bataille?
9 Pareillement si vous ne prononcez dans vôtre langage une
parole qui puisse être entendue, comment entendra-t-on ce
qui se dit? car vous parlerez en l'air.
10 Il y a, selon qu'il se rencontre, tant de divers sons dans
le monde, & cependant aucun de ces sons n'est muet.
11 Mais si je ne sai point ce qu'on veut signifier par la parole, je serai barbare à celui qui parle; & celui qui parle me
sera barbare.
12 Ainsi puis que vous désirez avec ardeur des dons spirituels, cherchez d'en avoir abondamment pour l'édification
de l'Eglise.
13 C'est pourquoi que celui qui parle une Langue *inconnue*,
prie de telle sorte qu'il interpréte. 14 Car

a *ch.* 12. 31.
1 C'est-à-dire, de faire entendre aux autres ce que vous pensez & ce que vous dites.
2 C'est-à-dire, qui s'explique en une Langue que les autres entendent.
3 édifie l'assemblée dans laquelle il parle.
4 C'est-à-dire, que vous vous fassiez entendre vs. 9.
5 C'est-à-dire, plus utile.

14 Car si je prie en une Langue *inconnue*, mon esprit prie,
mais l'intelligence que j'en ai, est sans fruit.
15 Quoi donc? Je prierai d'esprit, mais je prierai aussi d'u-
ne maniere à être entendu: [b] je chanterai d'esprit, mais je
chanterai aussi d'une maniere à être entendu.
16 Autrement si tu bénis d'esprit, comment celui qui est
du simple peuple, dira-t-il Amen à ton action de graces,
puis qu'il ne sait ce que tu dis?
17 Il est bien vrai que tu rens graces: mais un autre n'en
est pas édifié.
18 Je rens graces à mon Dieu que je parle plus de Langues
que vous tous;
19 Mais j'aime mieux prononcer dans l'Eglise cinq paroles
d'une maniere à être entendu, afin que j'instruise aussi les autres, que dix mille paroles en une Langue *inconnue*.
20 Mes fréres, ne soyez point enfans de sens, [c] mais soyez
petits enfans en malice; & [d] quant au sens, soyez hommes
faits.
21 Il est écrit [6] dans la Loi; [e] Je parlerai à ce peuple par
des gens d'une autre Langue, & par des levres étrangeres:
& ainsi ils ne m'entendront point, dit le Seigneur.
22 C'est pourquoi les Langues sont pour un signe, non
point aux croyans, mais aux infidéles: la prophétie, au contraire, *est un signe* non point aux infidéles, mais aux croyans.
23 Si donc toute l'Eglise s'assemble en un *corps*, & que tous
parlent des Langues *étrangeres*, & qu'il entre des gens du
commun, ou des infidéles, ne diront-ils pas que vous étes
hors du sens?
24 Mais [7] si tous prophétisent, & qu'il entre quelque infidéle, ou quelqu'un du commun, il est convaincu par tous,
& il est jugé de tous.
25 Et ainsi les secrets de son cœur sont manifestez, de sorte qu'il se jettera sur sa face, & adorera Dieu, & il publiera
que [f] Dieu est véritablement parmi vous.
26 Que sera-ce donc, mes fréres? c'est que toutes les fois
que vous vous assemblerez, [g] selon que chacun de vous aura

b *Eph.* 5. 19. *Col.* 3. 16.

c *Pse.* 131. 2. *Matth.* 18. 3. & 19. 14.

d *Eph.* 4. 14. *Héb.* 5. 12.

6 C'est-à-dire, dans l'ancien Testament, comme Jean 10. 34.

e *Deut.* 28. 49. *Esa.* 28. 11. 12. *Jér.* 5. 15.

7 C'est-à-dire, si tous ceux qui ayant le don miraculeux des Langues étrangeres, expliquent, chacun à son tour, & non pas tous à la fois, ce qu'il aura dit d'abord & par un mouvement subit de l'Esprit dont il aura été inspiré.

f *Zach.* 8. 23.

g *ch.* 12. 8. 9. 10.

Pseaume, ou doctrine, ou une Langue *étrangere*, ou révélation, ou interprétation, que tout se fasse pour l'édification.
27 Et si quelqu'un parle une Langue *inconnue*, que cela se
fasse par deux, ou tout au plus par trois, & cela par tour;
mais qu'il y en ait un qui interpréte.
28 Que s'il n'y a point d'interpréte, que *cét homme* se taise dans l'Eglise, & qu'il parle à soi-même, & à Dieu.
29 Et que deux ou trois prophétes parlent, & que les autres jugent.
30 Et si quelque chose est révélée à un autre qui est assis,
que le premier se taise.
31 Car vous pouvez tous prophétiser l'un après l'autre, afin
que tous apprennent, & que tous soient consolez.
32 Et les Esprits des Prophétes [8] sont sujets aux Prophétes.
33 Car Dieu n'est point un *Dieu* de confusion, mais de
paix, [h] comme *on le voit* dans toutes les Eglises des Saints.
34 Que les femmes qui sont parmi vous se taisent dans les
Eglises: car [i] il ne leur est point permis de parler, [k] mais *elles doivent* être sujettes, [l] comme aussi la Loi le dit.
35 Et si elles veulent apprendre quelque chose, qu'elles in-
terrogent leurs maris dans la maison: car il est malhonnête
que les femmes parlent dans l'Eglise.
36 La parole de Dieu est-elle procédée de vous? ou est-elle parvenue seulement à vous?
37 [m] Si quelqu'un croit être Prophéte, ou spirituel, qu'il
reconnoisse que les choses que je vous écris sont des commandemens du Seigneur.
38 Et [9] si quelqu'un est ignorant, qu'il soit ignorant.
39 C'est pourquoi, mes fréres, desirez avec ardeur de prophétiser, & n'empêchez point de parler *diverses* Langues.
40 [n] Que toutes choses se fassent honnêtement, & avec ordre.

8 Ou, *sont soûmis*, pour dire, que l'un ne doit pas interrompre l'autre, mais attendre respectueusement que celui qui aura commencé, ait achevé de dire ce qu'il avoit à dire à l'assemblée.
h vs. 40. & *ch.* 11. 16.
i 1 *Tim.* 2. 11. 12.
k *ch.* 11. 3. *Eph.* 5. 22. *Col.* 3. 18.
l *Gen.* 3. 16.
m 2 *Cor.* 10. 7.
9 C'est-à-dire, si quelqu'un veut être ignorant &c.
n vs. 33.

CHAPITRE XV.

J. C. ressuscité a été vû de plusieurs personnes, 5. *S. Paul se dit le moindre des Apostres*, 9. *Preuves de la Résurrection*, 12. *J. C. remettra son Royaume à Dieu le Pére*, 24. *Gloire des corps ressuscitez*, 40--54. *La mort engloutie en victoire*, 54. *Exhortation à demeurer ferme en la foi*, 58.

[a] OR

[a] OR, mes fréres, [1] je vous fais savoir l'Evangile que je
vous ai annoncé, & que vous avez reçu, & auquel vous
vous tenez fermes:
2 [b] Et par lequel vous étes sauvez, [2] si vous retenez en
quelle maniere je vous l'ai annoncé: [c] à moins que vous n'ayez
crû en vain.
3 Car avant toutes chose, [3] [d] je vous ai donné ce que j'a-
vois aussi reçu, *savoir*, que [e] Christ est mort pour nos péchez, [f] selon les Ecritures:
4 Et qu'il a été enséveli, & qu'il est ressuscité le troisiéme
jour, [g] selon les Ecritures:
5 Et [h] qu'il a été vû de Céphas, & [i] ensuite des Douze.
6 Depuis il a été vû de plus de cinq cens fréres à une fois,
dont plusieurs sont encore vivans, & quelques-uns dorment.
7 Ensuite il a été vû de Jacques, & puis de tous les Apostres.
8 Et après tous, [k] il a été vû aussi de moi, [4] comme d'un
avorton.
9 Car [l] je suis le moindre des Apostres, qui ne suis pas digne d'être appellé Apostre, parce que j'ai persécuté l'Eglise
de Dieu.
10 Mais [m] par la grace de Dieu je suis ce que je suis; & sa
grace envers moi n'a point été vaine, mais j'ai travaillé beaucoup plus qu'eux tous: toutefois non point moi, [n] mais la
grace de Dieu qui est avec moi.
11 Soit donc moi, soit eux, nous prêchons ainsi, & vous
l'avez crû ainsi.
12 Or si on prêche que Christ est ressuscité des morts, comment disent quelques-uns d'entre vous [5] qu'il n'y a point de
résurrection des morts
13 [o] Car s'il n'y a point [6] de résurrection des morts, Christ
aussi n'est point ressuscité.
14 [p] Et si Christ n'est point ressuscité, nôtre prédication
est donc vaine, & [q] vôtre foi aussi est vaine.

a *Gal.* 1. 11. 1 Ou, *je vous fais souvenir de &c.* b *ch.* 1. 21. *Rom.* 1. 16. 2 Ou, *si vous le retenez en la maniere que je vous l'ai annoncé.* c *Gal.* 3. 4. 3 Ou, *enseigné ce que j'avois appris;* comme ch. 11. 23. d *Gal.* 1. 12. e *Rom.* 4. 25. *Gal.* 1. 4. f *Pse.* 22. 17. *Esa.* 53. 5. *Dan.* 9. 24. *&c.* 1 *Pier.* 2. 24. g *Pse.* 16. 10. *Esa.* 53. 8. 9. 10. *Jonas* 2. 1. h *Luc* 24. 34. i *Marc.* 16. 14. *Jean* 20. 19. k *ch.* 9. 1. 2 *Cor.* 12. 2. 4 Un avorton est un être imparfait: S. Paul l'employe ici dans cette idée d'humilité, comme il paroît par les paroles suivantes. l *ch.* 4. 9. *Act.* 9. 1. *Eph.* 3. 8. *Gal.* 1. 13. 1 *Tim.* 1. 13.

m *Rom.* 15. 18. 19. 2 *Cor.* 11. 23. *&* 12. 1. *Eph.* 3. 7. 1 *Tim.* 1. 13. 14. n *ch.* 3. 9. *Marc* 16. 20. 2 *Cor.* 2. 14. *Héb.* 2. 4. 5 Conferez avec 2 Tim. 2. 17. o vs. 16. 6 C'est-à-dire, de véritable & réelle résurrection des morts, mais seulement une résurrection morale, telle que disoient Philete & Hymenée, 2 Tim. 2. 17. p *Rom.* 4. 25. q vs. 17.

15 Et même nous ſommes trouvez faux témoins de Dieu:
[r] car nous avons rendu témoignage de la part de Dieu qu'il
a reſſuſcité Chriſt; lequel pourtant il n'a pas reſſuſcité, ſi
les morts ne reſſuſcitent point.
16 [ſ] Car ſi les morts ne reſſuſcitent point, Chriſt auſſi n'eſt
point reſſuſcité.
17 [t] Et ſi Chriſt n'eſt point reſſuſcité, vôtre foi eſt vaine,
& vous étes encore dans vos péchez.
18 Ceux donc auſſi [u] [7] qui dorment en Chriſt, ſont péris.
19 Si nous n'avons d'eſpérance en Chriſt que [8] pour cette
vie ſeulement, nous ſommes les plus miſerables de tous les
hommes.
20 Mais maintenant Chriſt eſt reſſuſcité des morts, & il a
été fait [x] les prémices de ceux qui dorment.
21 Car puis que [y] la mort eſt par un ſeul homme, la réſurrection des morts eſt auſſi par un ſeul homme.
22 Car comme tous meurent en Adam, pareillement auſſi
tous ſont vivifiez en Chriſt.
23 [z] Mais chacun en ſon rang, les prémices, c'eſt Chriſt:
puis ceux qui ſont de Chriſt *ſeront vivifiez* en ſon avenement.
24 Et après viendra la fin, [9] quand il aura remis le Royaume à Dieu le Pére, & quand il aura aboli tout empire, &
toute puiſſance, & toute force.
25 Car il faut qu'il regne [a] juſqu'à ce qu'il ait mis tous ſes
ennemis ſous ſes pieds.
26 L'ennemi qui ſera détruit le dernier, c'eſt la mort.
27 Car [b] *Dieu* a aſſujetti toutes choſes ſous ſes pieds, or
quand il eſt dit que toutes choſes lui ſont aſſujetties, il eſt
évident que celui qui lui a aſſujetti toutes choſes eſt excepté.
28 Et après que toutes choſes lui auront été aſſujetties, alors
auſſi le Fils lui-même ſera aſſujetti à celui qui lui a aſſujetti
toutes choſes: afin que Dieu ſoit tout en tous.
29 Autrement que feront ceux qui ſont [10] baptiſez pour
morts,

r *Act.* 2.24.32. ſ vs. 13. t vs. 14. u vs. 20. & *Dan.* 12.2. 7 Qui ſont morts dans la foi en J. C. ou qui ont ſouffert la mort pour Chriſt. 8 Ce ſeroit ſeulement pour cette vie, s'il n'y avoit pas de réſurrection, parce que J. C. a racheté l'ame & le corps tout enſemble: vs. 6. 20. & ainſi s'il y a une autre vie pour l'ame, il faut qu'il y en ait pour le corps: & s'il n'y en avoit pas pour le corps, il n'y en auroit pas pour l'ame. x *Act.* 26.23. *Col.* 1.18. 1 *Theſſ.* 4.14. *Apoc.* 1.5. y *Gen.* 2.17. & 3.6. *Rom.* 5.12.18. z vs. 20. 1 *Theſſ.* 4.15.16.17. 9 Le regne de J. C. ne finira que quant à la maniere de regner, mais il ſera toûjours le Roi & le Chef des bienheureux. a *Pſe.* 110.1. *Act.* 2.34. *Eph.* 1.20. *Col.* 3.1. *Héb.* 1.13. & 10.13. b *Pſe.* 8.7. & 110.2. *Héb.* 2.8. 10 Cette expreſſion eſt une alluſion à la maniere de baptiſer par immerſion, à laquelle S. Paul a auſſi eu égard Rom. 6.4.5. & Col. 2.12.

morts, si absolument les morts ne ressuscitent point? pourquoi donc sont-ils baptisez pour morts?
30 [c] Pourquoi aussi sommes-nous en danger à toute heure?
31 Par nôtre gloire que j'ai en nôtre Seigneur Jésus-Christ,
[d] je meurs de jour en jour.
32 [11] Si j'ai combattu contre les bêtes à Ephése, [e] selon
l'homme, quel profit en ai-je si les morts ne ressuscitent point?
[f] Mangeons & beuvons, car demain nous mourrons.
33 Ne soyez point séduits; [g] les mauvaises compagnies corrompent les bonnes mœurs.
34 [h] Réveillez-vous *à vivre* justement, & ne péchez point;
car quelques-uns sont sans connoissance de Dieu: je vous *le*
dis à vôtre honte.
35 Mais quelqu'un dira; [i] Comment ressuscitent les morts,
& en quel corps viendront-ils?
36 [12] O fou, [k] ce que tu semes n'est point vivifié s'il ne
meurt.
37 Et quant à ce que tu semes, tu ne semes point le corps
qui naîtra, mais le grain nud, selon qu'il se rencontre, de
blé, où de quelque autre grain,
38 Mais Dieu lui donne le corps comme il veut, & à chacune des semences son propre corps.
39 Toute chair n'est pas une même sorte de chair: mais autre est la chair des hommes, & autre la chair des bêtes, &
autre celle des poissons, & autre celle des oiseaux.
40 *Il y a* aussi des corps célestes, & des corps terrestres:
mais autre est la gloire des célestes, & autre celle des terrestres.
41 Autre est la gloire du soleil, & autre la gloire de la lune, & autre la gloire des étoiles: car une étoile est différen-
te d'une autre étoile en gloire.
42 Il en sera aussi de même en la résurrection des morts;
le corps est semé en corruption, il ressuscitera incorruptible.
43 [l] Il est semé en deshonneur, il ressuscitera en gloire: il
est semé en foiblesse, il ressuscitera en force.

c *Rom.* 8.36.
d *ch.* 4.9. 2 *Cor.* 4.10. 11. 1 *Thess.* 2. 19.
11 C'est-à-dire, si j'ai risqué à Ephése d'être déchiré, comme par des bêtes feroces: Voyez Act. 19. 23. & suivans, & 2 Cor. 1. 8.9.10.
e *Rom.* 3.5.
f *Esa.* 22.13. & 56.12. *Sap.* 2.6.
g *Prov.* 13.20. 1 *Pier.* 3.17.
h *Rom.* 13.11. *Eph.* 5.14.
i *Ez. ch.* 37.3.
12 S. Paul traite d'insensez ceux qui nient la possibilité de la résurrection des corps, sous le prétexte des grandes difficultez qu'ils y conçoivent & dans lesquelles leur imagination se perd & s'égare.
k *Jean* 12.24.
l *Phil.* 3.20. 21.

44 Il est semé corps sensuel, il ressuscitera corps spirituel:
il y a corps sensuel, & il y a corps spirituel.
45 Comme aussi il est écrit; [m] Le premier homme Adam a
été fait en ame vivante: & le dernier Adam en esprit vivifiant.
46 Or ce qui est spirituel, n'est pas le premier: mais ce qui
est sensuel: & puis ce qui est spirituel:
47 Le premier homme étant de la terre, est de poudre:
[n] mais le second homme *savoir* le Seigneur, *est* du Ciel.
48 Tel qu'est celui qui est de poudre, tels aussi sont ceux
qui sont de poudre: & tel qu'est le céleste, tels aussi sont les
célestes.
49 Et comme nous avons porté l'image [o] de celui qui est de
poudre, [p] nous porterons aussi l'image du céleste.
50 Voici donc ce qui je dis, mes fréres, c'est que [13] la chair
& le sang ne peuvent point hériter le Royaume de Dieu, &
que la corruption n'hérite point l'incorruptibilité.
51 Voici, je vous dis un mystére; [q] nous ne dormirons pas
tous, [14] mais nous serons tous transmuez:
52 En un moment, & en un clin d'œil, à la derniere trompette, [r] car la trompette sonnera, & les morts ressusciteront
incorruptibles, & nous serons transmuez.
53 [s] Car il faut que ce corruptible revête l'incorruptibilité:
[t] & que ce mortel revête l'immortalité.
54 Or quand ce corruptible aura revêtu l'incorruptibilité,
& que ce mortel aura revêtu l'immortalité, alors cette parole de l'Ecriture sera accomplie; [u] La mort est engloutie en
victoire.
55 [x] Où *est*, ô mort, [15] ton aiguillon? où *est*, ô sépulcre,
ta victoire?
56 [y] Or l'aiguillon de la mort, c'est le péché: & [16] la puissance du péché, [z] c'est la Loi.
57 Mais graces à Dieu, [a] qui nous a donné la victoire par
nôtre Seigneur Jésus-Christ.

58 C'est

m *Gén.* 2. 7. *Rom.* 5. 14.
n *Jean* 3. 13. 31. & 6. 38. 42. 62.
o *Gen.* 5. 3.
p *Rom.* 8. 28. *Phil.* 3. 21.
13 C'est-à-dire, des corps corruptibles comme sont les nôtres durant cette vie.
q 1 *Thess.* 4. 14. 17.
14 Cette transmutation, ou transformation tiendra lieu de resurrection, dans les Fidéles qui seront en vie au dernier jour.
r 1 *Thess.* 4. 16.
s 2 *Cor.* 5. 4.
t 1 *Thess.* 4. 17.
u *Esa.* 25. 8. 2 *Cor.* 5. 4. *Héb.* 2. 14.
x *Osée* 13. 14.
15 Ces mots sont ainsi rangez dans l'Original.
y *Rom.* 6. 23.
16 Le péché n'est péché que parce qu'il est contraire à la Loi de Dieu, ou écrite, ou naturelle, & par consequent il ne peut attirer sur les hommes la condamnation, qu'en vertu de la Loi dont il est une infraction.
z *Rom.* 4. 15. & 5. 13. & 7. 5. 8. 13.
a 1 *Jean* 5. 5.

58 C'eſt pourquoi, mes fréres bien-aimez, [b]ſoyez fermes; b *ch.*16.14.
immuables, abondans toûjours en l'œuvre du Seigneur; ſa-
chant que [c]vôtre travail n'eſt point vain en *nôtre* Seigneur. c *ch.* 3.8. *Prov.* 11. 18.

CHAPITRE XVI.

Des Collectes, 1. *Etre ferme en la foi*, 13. *Anathême, à qui n'aime pas J. C.* 22.

TOuchant [a] la collecte qui ſe fait pour les Saints, faites a *Act.* 11. 29.
comme j'en ai ordonné aux Egliſes de Galatie. *Rom.* 15.26. 2 *Cor.* 8.4. & 9.1.
2 C'eſt que [b]chaque premier jour de la ſemaine, chacun de
vous métte à part chez ſoi, [c] ce qu'il pourra aſſembler ſelon b *Act.* 20. 7. c *Act.* 11.29.
la bonté de Dieu, afin que lors que je viendrai, les collectes 2 *Cor.*8.11.
ne ſoient point à faire.
3 [d] Puis quand je ſerai arrivé, j'envoyerai ceux que vous d 2 *Cor.*8.16.
approuverez par vos Lettres pour porter vôtre libéralité à 19.
Jéruſalem.
4 Et s'il eſt à propos que j'y aille moi-même, ils viendront
auſſi avec moi.
5 [e]J'irai donc vers vous, ayant paſſé par la Macedoine; car e *Act.* 19.21.
je paſſerai par la Macedoine. 1 *Cor.* 1. 16.
6 Et peut-être que je ſéjournerai parmi vous, ou même
que j'y paſſerai l'hyver: afin que vous me conduiſiez par tout
où j'irai:
7 Car je ne vous veux point voir maintenant en paſſant,
mais j'eſpére que je demeurerai avec vous quelque temps, [f]ſi f *ch.*4. 19.
le Seigneur le permet. *Act.* 18.21. *Jacq.*4.15.
8 Toutefois je demeurerai à Ephéſe juſqu'à la Pentecôte.
9 Car une [g]grande porte, & *de grande* efficace m'y eſt ou- g *Act.* 14.27.
verte, mais il y a pluſieurs averſaires. 2 *Cor.*2.12. *Col.*4.3.
10 [h] Que ſi Timothée vient, prenez garde qu'il ſoit en ſû- h *ch.*4.17.
reté parmi vous: car il s'employe à l'œuvre du Seigneur com- *Phil.*2.19.22.
me moi-même. 1 *Theſſ.*3.2.
11 [i] Que perſonne donc ne le mépriſe: mais conduiſez-le i 1 *Tim.*4.12.
en toute ſûreté, afin qu'il vienne à moi: car je l'attens avec
les fréres.

12 Quand

12 Quant à Apollos nôtre frére, je l'ai beaucoup prié d'aller vers vous avec les fréres, mais il n'a nullement eu la volonté d'y aller maintenant; toutefois il y ira quand il en aura
la commodité.
13 [k] Veillez, [l] soyez fermes en la foi, portez-vous vaillam-
ment, fortifiez-vous.
14 Que toutes vos affaires se fassent en charité.
15 Or, mes fréres, vous connoissez la famille de [m] Stephanas, & *vous savez* qu'elle est [n] les prémices de l'Achaïe,
& qu'ils se sont entierement appliquez au service des Saints;
16 Je vous prie de vous soûmettre à eux, & [o] à chacun de
ceux qui s'employent à [p] l'œuvre *du Seigneur*, & qui travaillent avec nous.
17 Or je me réjouïs de la venue de Stephanas, de Fortunat,
& d'Achaïque: parce qu'ils ont suppléé à vôtre défaut.
18 Car ils ont recreé mon esprit & le vôtre: [q] Ayez donc
de la considération pour de telles personnes.
19 Les Eglises d'Asie vous saluent: Aquile & Priscille, avec
l'Eglise qui *est* en leur maison, vous saluent affectueusement
en *nôtre* Seigneur.
20 Tous les fréres vous saluent. [r] Saluez vous l'un l'autre
par un saint baiser.
21 [s] La salutation *est* de la propre main de moi Paul:
22 S'il y a quelqu'un qui n'aime point le Seigneur Jésus-
Christ, qu'il soit anathême, [t] Maranatha.
23 La grace de nôtre Seigneur Jésus-Christ soit avec vous.
24 Ma dilection soit avec vous tous en Jésus-Christ, AMEN.

k *Matth.* 24. 42. & 25. 13. *Act.* 20. 31. *Eph.* 6. 18. *Col.* 4. 2. 1. *Thess.* 5. 6. 1 *Pier.* 5. 8. 1. *Apoc.* 16. 15.
l *ch.* 15. 58.
m *ch.* 1. 16.
n *Rom.* 16. 5.
o vs. 18.
p *ch.* 15. 58.
q vs. 16. *Phil.* 2. 29. 1 *Thess.* 5. 12. 1 *Tim.* 5. 17.
r *Rom.* 16. 16. 2 *Cor.* 13. 12. 1 *Thess.* 5. 26. 1 *Pier.* 5. 14.
s *Col.* 4. 18. 2 *Thess.* 3. 17.
t Ce mot signifie, *Le Seigneur vient.*

La premiere aux Corinthiens a été écrite de Philippes, [& envoyée] par Stéphanas, Fortunat, Achaïque, & Timothée.

S E-

SECONDE EPISTRE DE S. PAUL APOSTRE AUX CORINTHIENS.

CHAPITRE I.

Afflictions & conſolations des fidéles, 4. Perſécutions contre Paul, 8. Il n'a jamais varié dans ſes prédications, 18. Les promeſſes de Dieu ſont Amen en Chriſt, 20. Arrhes de l'Eſprit, 23. Nous ſommes debout par la foi, 24.

PAUL [a] Apoſtre de Jéſus-Chriſt [b] par la volonté de Dieu, a *Act.* 13. 9.
& le frére Timothée, à l'Egliſe de Dieu qui eſt à Corin- b 1 *Cor.* 1. 1.
the, [c] avec tous les Saints qui ſont dans toute l'Achaïe: c *Phil.* 1. 1.
2 [d] Grace vous *ſoit* & paix, de par Dieu nôtre Pére & *de* d 1 *Cor.* 1. 3.
par le Seigneur Jéſus-Chriſt. *&c.*
3 [e] Béni *ſoit* Dieu, qui eſt le Pére de nôtre Seigneur Jéſus- e *Eph.* 1. 3.
Chriſt, le Pére des miſéricordes, & le Dieu de toute conſo- 1 *Pier.* 1. 3.
lation:
4 Qui nous conſole dans toute nôtre affliction, afin que par
la conſolation de laquelle nous-mêmes [f] ſommes conſolez de f *ch.* 7. 6.
Dieu, nous puiſſions conſoler ceux qui ſont en quelque affliction que ce ſoit.
5 [g] Car comme les ſouffrances de Chriſt abondent en nous, g *ch.* 4. 10.
de même nôtre conſolation abonde auſſi par Chriſt. *Pſ.* 34. 20.
6 [h] Et ſoit que nous ſoyons affligez, c'eſt pour vôtre con- *&* 94. 19.
ſolation & pour vôtre ſalut, qui ſe produit en endurant les *Act.* 9. 4. *Col.* 1. 24.
mêmes ſouffrances que nous auſſi endurons: ſoit que nous h *ch.* 4. 15. 17.
ſoyons conſolez, c'eſt pour vôtre conſolation & pour vôtre
ſalut.
7 Or l'eſpérance que nous avons de vous eſt ferme, [i] ſa- i 2 *Theſſ.* 2.
chant que comme vous étes participans des ſouffrances, pa- 13. *Heb.* 6. 9.
reillement auſſi vous le ſerez de la conſolation. 10.
8 Car mes fréres, nous voulons bien que vous ſachiez nô-
tre affliction, [k] qui nous eſt arrivée en Aſie, c'eſt que nous k *Act.* 19. 23.

 1 *Cor.* 15. 32.

avons été chargez excessivement au déla de ce que nous pou-
vions porter: tellement que nous en avons été dans une extrême perplexité, même de la vie.
9 Car nous nous sommes vûs comme si nous eussions reçu
l *Jér.* 17. 5. 7. en nous-mêmes la sentence de mort: [l] afin que nous n'eussions
point de confiance en nous-mêmes, mais en Dieu qui ressus-
cite les morts:
m 1 *Cor.* 15. 31. 10 [m] Et qui nous a délivrez d'une si grande mort, & qui
nous en délivre: & en qui nous espérons qu'il nous en délivrera aussi à l'avenir.
11 [n] Etant aussi aidez par la priere que vous faites pour
n *Rom.* 15. 30. nous, afin que [o] graces soient rendues pour nous par plusieurs
Phil. 1. 19. personnes, à cause du don qui nous aura été fait en faveur
Philem. vs. 22. de plusieurs.
o *ch.* 4. 15.
12 Car c'est ici nôtre gloire, *savoir* le témoignage de nôtre
conscience, de ce qu'en simplicité & en sincérité de Dieu,
p 1 *Cor.* 2. 5. 13. [p] & non point avec une sagesse charnelle, mais selon la grace de Dieu, nous avons conversé dans le monde, & particu-
lierement avec vous.
13 Car nous ne vous écrivons point d'autres choses que celles que vous lisez, & que même vous connoissez: & j'espére que vous les reconnoîtrez aussi jusqu'à la fin:
q *ch.* 5. 12. 14 Selon que vous avez reconnu en partie, que [q] nous som-
Phil. 2. 16. mes vôtre gloire, comme vous étes aussi la nôtre pour le jour
& 4. 1. du Seigneur Jésus.
1 *Thess.* 2. 19. 20. 15 [r] Et dans une telle confiance je voulois premierement
r *Rom.* 1. 11. aller vers vous, afin que vous eussiez une seconde grace:
1 *Cor.* 16. 5. 16 Et passer de chez vous en Macedoine, puis de Macedoine revenir vers vous, & être conduit par vous en
Judée.
17 Or quand je me proposois cela, ai-je usé de légéreté?
ou les choses que je pense, les pensé-je selon la chair, en sorte qu'il y ait eu en moi Oui, oui; & puis Non, non?
18 Mais Dieu est fidéle, que nôtre parole de laquelle j'ai
1 C'est-à-dire, qu'il n'a point varié dans sa doctrine. usé envers vous, n'a point été [1] oui, & non:
19 Car le Fils de Dieu Jésus-Christ, qui a été prêché par
nous

nous entre vous, *savoir* par moi, & pas Silvain, & par Timothée, n'a point été oui, & non: mais il a été oui en lui.
20 Car tout autant qu'il y a de promesses de Dieu, elles
sont oui en lui, & amen en lui, à la gloire de Dieu par nous.
21 Or celui [s] qui nous confirme avec vous en Christ, &
qui [t] nous a oincts, c'est Dieu.
22 Qui aussi [u] nous a séelez, & nous [x] a donné les arrhes
de l'Esprit en nos cœurs.
23 Or j'appelle Dieu [y] à témoin sur mon ame, que ç'a été
[2] pour vous épargner que je ne suis pas encore allé à Corinthe.
24 [z] Non pas que nous ayons domination sur vôtre foi,
mais nous aidons à vôtre joye: [a] car c'est par la foi, que vous
étes debout.

s *ch.* 5. 5. 1 *Cor.* 1. 8. 1 *Pier.* 5. 10. t 1 *Jean* 2. 20. 27. u *Rom.* 8. 16. *Eph.* 4. 30. x *ch.* 5. 5. *Eph.* 1. 13. y *ch.* 11. 31. *Rom.* 1. 9. & 9. 1. *Gal.* 1. 20. *Phil.* 1. 8. 1 *Thess.* 2. 5. 10. 1 *Tim.* 5. 21. 2 *Tim.* 4. 1. 2 C'est-à-dire, pour vous épargner les censures que méritoient vos divisions & vôtre négligence à condammer l'incestueux, 1 Cor. 5. 1. 2.
z 1 *Cor.* 3. 5. 1 *Pier.* 5. 3. a *Rom.* 11. 20.

CHAPITRE II.

L'incestueux rétabli, 6. 7. *L'Evangile est odeur de vie & odeur de mort*, 15.

MAis j'avois résolu en moi-même de ne revenir point à
vous avec tristesse.
2 Car si je vous contriste, qui est-ce qui me réjouïra, à
moins que ce ne soit celui qui j'aurai moi-même contristé?
3 Et je vous ai même écrit ceci, afin [a] que quand j'arrive-
rai, je n'aye point de tristesse de la part de ceux de qui je devois recevoir de la joye, m'assûrant de vous tous que ma joye
est celle de vous tous.
4 Car je vous ai écrit dans une grande affliction & angoisse
de cœur, avec beaucoup de larmes; non afin que vous fussiez contristez, mais afin que vous connussiez la charité toute particuliere que j'ai pour vous.
5 [b] Que si quelqu'un a été cause de cette tristesse, ce n'est
pas moi qu'il a contristé, mais en quelque sorte (afin que je
ne le surcharge point) c'est vous tous *qu'il a contristé*.
6 [c] C'est assez pour un tel *homme*, de cette censure *qui lui*
a été faite par plusieurs.
7 De sorte que vous devez plustôt lui faire grace, & le con-

a *ch.* 12. 21. *Gal.* 5. 10.
b 1 *Cor.* 5. 1. &c.
c 1 *Cor.* 5. 5.

so-

soler: afin qu'un tel homme ne soit point englouti par une
trop grande tristesse.
8 C'est pourquoi je vous prie de ratifier envers lui vôtre
charité.
9 Car c'est aussi pour cela que je vous ai écrit, afin de vous
éprouver, & de connoître si vous étes obéïssans en toutes
choses.
10 Or à celui à qui vous pardonnez quelque chose, je pardonne aussi: car de ma part aussi si j'ai pardonné, je l'ai fait
à cause de vous, devant la face de Christ:
11 Afin que satan n'ait pas le dessus sur nous: car nous n'i-
gnorons pas [d] ses machinations.
12 Au reste, étant venu [e] à Troas pour l'Evangile de Christ,
quoi que [f] la porte m'y fût ouverte par le Seigneur,
13 [g] Je n'ai pourtant point eu de relâche en mon esprit,
parce que je n'ai pas trouvé Tite mon frére: mais ayant pris
congé d'eux, je m'en suis venu en Macedoine.
14 Or graces à Dieu [h] qui nous fait toûjours triompher en
Christ, & [i] qui manifeste [k] par nous [l] l'odeur de sa connoissance en tous lieux.
15 Car nous sommes la bonne odeur de Christ à Dieu, en
ceux qui sont sauvez, & en ceux qui périssent;
16 A ceux-ci, [1] odeur de mort à mort: & à ceux-là, [m] o-
deur de vie à vie. [n] Mais qui est suffisant pour ces choses?
17 Car [o] nous ne falsifions pas la parole de Dieu, [2] comme
font plusieurs; mais nous parlons de Christ comme avec sincérité, & comme de la part de Dieu, devant Dieu.

d *Eph.* 6. 11. 1 *Pier.* 5. 8.
e *Act.* 20. 6.
f *Act.* 16. 8. 1 *Cor.* 16. 9.
g *ch.* 7. 5.
h *Act.* 2. 47. & 16. 14. & 1 *Cor.* 3.6.7.9. & 15. 10.
i *Col.* 1. 27.
k *ch.* 6. 1.
l *Cant.* 1. 3
1 Sav. par la mauvaise disposition d'esprit & de cœur en ceux qui le rejettent.
m *Rom.* 1. 16. 1 *Cor.* 1. 18. 21. 24.
n *ch.* 3. 5.
o *ch.* 4. 2.
2 Plusieurs faux Pasteurs, sortis de la Synagogue, qui méloient l'Evangile avec la Loi; & au sujet desquels principalement a été écrite l'Epistre aux Galates.

CHAPITRE III.

Les Corinthiens sont l'Epistre de Christ, 3. Nous ne saurions avoir de nous-mêmes une bonne pensée, 5. Le visage de Moyse couvert d'un voile, 7. Le voile sur les cœurs des Juifs, 15. Nous contemplons le Seigneur à face découverte, 18.

[a] COmmençons-nous de nouveau à nous recommander
nous-mêmes? ou avons-nous besoin, comme quelques-
uns, de Lettres de recommandation envers vous, ou de
Lettres de recommandation de vôtre part?

a *ch.* 5. 12. & 10. 8.

2 [b] Vous

2 [b] Vous étes vous-mêmes nôtre Epiſtre, écrite dans nos
cœurs, & connue & lûe de tous les hommes.
3 Car il paroît en vous que vous étes [c] l'Epiſtre de Chriſt,
adminiſtrée par nous, & écrite non avec de l'encre, [d] mais
par l'Eſprit du Dieu vivant: non [e] ſur des tables de pierre,
mais [f] ſur les tables charnelles du cœur.
4 Or nous avons une telle confiance en Dieu par Chriſt.
5 Non que nous ſoyons [g] capables de nous-mêmes de pen-
ſer quelque choſe, comme de nous-mêmes, mais nôtre capacité [h] eſt de Dieu:
6 Qui nous a auſſi rendus capables d'être miniſtres du Nouveau Teſtament, [1] [i] non de la lettre, mais de l'Eſprit: car
[2] la lettre tue, [k] mais l'Eſprit vivifie.
7 Or ſi le [l] Miniſtére de mort [m] *écrit* avec de lettres, &
gravé ſur des pierres, a été glorieux, [n] tellement que les enfans d'Iſraël ne pouvoient regarder le viſage de Moyſe, à
cauſe de la gloire de ſon viſage, laquelle devoit prendre fin:
8 Comment le Miniſtére de l'Eſprit ne ſera-t-il pas plus
glorieux?
9 Car ſi le [o] Miniſtére de la condamnation a été glorieux,
[p] le Miniſtére de la juſtice le ſurpaſſe de beaucoup en gloire.
10 Vû même que ce qui a été glorifié, n'a pas été glorifié
dans cét égard, à cauſe de la gloire qui *le* ſurpaſſe.
11 Car ſi ce qui devoit prendre fin a été glorieux, ce qui
[q] eſt permanent eſt beaucoup plus glorieux.
12 Ayant donc une telle eſpérance, nous uſons d'une grande hardieſſe de parler.
13 [r] Et nous ne ſommes pas comme Moyſe, qui mettoit un
voile ſur ſon viſage, afin que les enfans d'Iſraël ne regardaſ-
ſent point [3] à la conſommation [ſ] de ce qui devoit prendre fin.
14 [t] Mais leurs entendemens ſont endurcis: car juſqu'à aujourd'hui [4] ce même voile, qui eſt aboli par Chriſt, demeure dans la lecture de l'Ancien Teſtament, ſans être ôté.
15 Mais juſqu'à aujourd'hui quand on lit Moyſe, le voile
demeure ſur leur cœur.

b 1 *Cor.* 9. 2. 3. c *ch.* 7. 3. d 1 *Cor.* 2. 4. e *Exod.* 24. 12. & 34. 1. f *Jér.* 31. 33. *Ezéch.* 11. 19. & 36. 26. *Héb.* 8. 10. g *Gen.* 8. 21. *Jean* 15. 5. 1 *Cor.* 2. 14. & 4. 7. h *Act.* 16. 14. 1 *Cor.* 1. 18. 24. & 2. 4. & 15. 10. *Phil.* 2. 13.

1 C'eſt-à-dire, qui n'eſt pas un Teſtament de Lettre ſeule, mais de l'Eſprit: i *Jér.* 31. 31.

2 La lettre ſeule n'eſt pas capable de vivifier le pécheur.

k *Rom.* 8. 2. l *ch.* 6. 9. m *Exod.* 24. 12. *Deut.* 10. 1. n *Exod.* 34. 29. 30. o vs. 6. 7. p *ch.* 5. 19. *Rom.* 1. 17. & 3. 21. q *Héb.* 12. 28. r *Exod.* 34. 33.

3 A la conſommation de l'alliance legale.

ſ *Rom.* 10. 4. t *Eſa.* 6. 10. *Ezéch.* 12. 2. *Matth.* 13. 11. *Act.* 28. 26. *Rom.* 11. 8.

4 Ce même voile des cérémonies.

16 Mais [s] quand il sera converti au Seigneur, le voile sera
ôté.
17 Or [u] le Seigneur [t] est cét Esprit-là: & où est l'Esprit du
Seigneur, là est la liberté.
18 Ainsi nous tous qui contemplons, comme en un miroir,
la gloire du Seigneur à face découverte, sommes transformez en la même image de gloire en gloire, comme par l'Esprit du Seigneur.

s C'est-à-dire, quand Israël sera converti: Rom. 11. 25. 26.
u Jean 4. 24.
t Gr. Le Seigneur est l'Esprit: pour dire, que J. C. est l'esprit & l'ame de l'ancienne Loi.

CHAPITRE IV.

L'Evangile est couvert aux incrédules, 3. *Dieu a relui en nos cœurs*, 6. *Persécutions contre saint Paul*, 8. *Poids éternel de gloire*, 17 *Les choses invisibles*, 11.

C'Est pourquoi [a] ayant ce Ministére [b] selon la miséricorde
que nous avons reçue, [c] nous ne nous relâchons point.
2 [d] Mais nous avons entierement rejetté les cachettes de
honte, ne marchant point avec ruse, [e] & ne falsifiant point
la parole de Dieu, mais nous rendant approuvez à toute conscience des hommes devant Dieu, par la manifestation de la
vérité.
3 Que si nôtre Evangile est encore couvert, [f] il est couvert
à ceux qui périssent:
4 Desquels [g] le dieu de ce siecle a aveuglé les entendemens,
c'est-à-dire, des incrédules, afin que la lumiere de l'Evangile de la gloire de Christ, [h] lequel est l'image de Dieu, ne leur
resplendit point.
5 Car nous ne nous prêchons pas nous-mêmes, mais *nous
prêchons* Jésus-Christ le Seigneur; & *nous déclarons* que nous
sommes vos serviteurs pour l'amour de Jésus.
6 Car Dieu [i] qui a dit que la lumiere resplendît des ténébres, est celui qui a relui dans nos cœurs, pour donner l'il-
lumination de la connoissance de la gloire de Dieu en la face
de Jésus-Christ.
7 Mais nous avons ce trésor dans [k] des vaisseaux de terre,
[l] afin que l'excellence de cette force soit de Dieu, & non
pas de nous:

a ch. 3. 6.
b 1 Cor. 7. 25.
c vs. 16.
d ch. 11. 6.
e ch. 2. 17.
f ch. 2. 15. 1 Cor. 1. 18. 2 Thess. 2. 10.
g Jean 12. 31. & 14. 30. Eph. 2. 4.
h Col. 1. 15. Héb. 1 3.
i Gen. 1. 3. 2 Pier. 1. 19.
k ch. 5. 1.
l 1 Cor. 2. 5.

8 Etant

8 Etant oppressez en toutes sortes, mais non pas réduits entierement à l'étroit: étant en perplexité, mais non pas désti-
tuez:
9 Etant persécutez, mais non pas abandónnez: étant abbatus, mais non pas perdus:
10 Portant toûjours par tout en nôtre corps [m] la mortification du Seigneur Jésus, afin que la vie de Jésus soit aussi manifestée en nôtre corps.
11 Car nous qui vivons, [n] sommes toûjours livrez à la mort
pour l'amour de Jésus, [o] afin que la vie de Jésus soit aussi manifestée en nôtre chair mortelle.
12 [p] De sorte que la mort se déploye en nous, [1] mais la vie
en vous.
13 Or ayant un même esprit de foi, selon qu'il est écrit;
[q] J'ai crû, c'est pourquoi j'ai parlé: nous croyons aussi, &
c'est aussi pourquoi nous parlons.
14 Sachant que celui [r] qui a ressuscité le Seigneur Jésus,
nous ressuscitera aussi par Jésus, [s] & nous fera comparoître
en sa présence avec vous.
15 [t] Car toutes choses sont pour vous, [u] afin que cette grande grace abonde à la gloire de Dieu, par le remercîment de
plusieurs.
16 [x] C'est pourquoi nous ne nous relâchons point: mais bien
que nôtre homme extérieur déchée, toutefois [y] l'intérieur est
renouvellé de jour en jour.
17 Car nôtre légére affliction, [z] qui ne fait que passer, [a] produit en nous un poids éternel d'une gloire souverainement
excellente:
18 [b] Quand nous ne regardons point aux choses visibles, mais
aux invisibles: car les choses visibles ne sont que pour un
temps, mais les invisibles sont éternelles.

m vs. 11.12. & ch. 1.5.9. & 6.10.19. & 11.23.27. *Rom.* 8.17.
n *Psa.* 44.23. *Rom.* 8.35. 1 *Cor.* 4.9. & 15.31.49.
o *Col.* 3.4.
p *ch.* 13.9.
1 Il veut dire, qu'ils étoient exempts de ces cruelles persécutions qu'il appelle une mort, & qui se déployoient sur lui.
q *Psa.* 116.10.
r *Rom.* 8.11. 1 *Cor.* 6.14. & 15.17.20. *Phil.* 3.10.11.
s *ch.* 5.10.
t 1 *Cor.* 3.21.22.
u *ch.* 1.6.11. *Col.* 1.24. 2 *Tim.* 2.10.
x vs. 1.
y *Rom.* 6.6. & 7.22. *Eph.* 3.16. & 4.22.24. *Col.* 3.10.
z *Psa.* 30.6. 1 *Pier.* 1.6.
a *Matth.* 5.12. *Rom.* 8.18.
b *Rom.* 8.24.

CHAPITRE V.

Nôtre habitation terrestre, 1. *Nous cheminons par foi*, 7. *Siége judicial de Christ*, 10. *J. C. mort pour tous*, 14. *Nouvelle créature*, 16. *Ministére de réconciliation*, 18. *Christ a été fait péché*, 21.

CAR

CAr nous savons que si nôtre [a] habitation terrestre de [b] *cette* loge est détruite, nous avons un édifice de par Dieu,
savoir une maison éternelle dans les Cieux, qui n'est point
faite de main.
2 Car c'est aussi pour cela [c] que nous gémissons, désirant
avec ardeur d'être revêtus de [1] nôtre domicile, [2] qui est du
Ciel:
3 Si toutefois nous sommes trouvez vêtus, & non point
nuds.
4 Car nous qui sommes dans cette loge, gémissons étant
chargez: vû que nous désirons, non pas d'être dépouillez,
mais d'être revêtus: [d] afin que [3] ce qui est mortel, soit englouti par la vie.
5 Or celui qui [e] nous a formez à cela même, c'est Dieu:
[f] qui aussi nous à donné les arrhes de l'Esprit.
6 Nous avons donc toûjours confiance; & nous savons que
logeant dans ce corps, [g] nous sommes absens du Seigneur:
7 [h] Car nous cheminons par la foi, & non par la vûe.
8 Nous avons, dis-je, de la confiance, [i] & nous aimons
mieux être absens de ce corps, & être avec le Seigneur.
9 C'est pourquoi aussi nous nous étudions de lui être agréables, & présens, & absens.
10 Car [k] il nous faut tous comparoître devant le Tribunal
de Christ, afin [l] que chacun remporte en son corps selon ce
qu'il aura fait, [m] soit bien, soit mal.
11 Sachant donc ce que c'est [n] de la frayeur du Seigneur,
nous portons les hommes à la foi, & nous sommes manifestez
à Dieu: & je m'attens aussi que nous sommes manifestez en
vos consciences.
12 [o] Car nous ne nous recommandons pas de nouveau à
vous, mais nous vous donnons occasion de vous glorifier de
nous: afin que vous ayez *dequoi répondre* [p] à ceux qui se glorifient de l'apparence, & non pas du cœur.
13 Car soit que nous soyons transportez d'entendement,
nous le sommes à Dieu: soit que nous soyons de sens rassis,
nous le sommes à vous.

a *ch.* 4. 7. *Job* 4. 19.
b 2 *Pier.* 1. 13. 14.
c *Rom.* 8. 23.
1 Il appelle ainsi le corps glorifié, le vrai & digne domicile de l'ame.
2 ou, Céleste.
d *Rom.* 8. 11. 1 *Cor.* 15. 53. 54.
3 C'est-à-dire, ce corps mortel, de chair & de poudre.
e *ch.* 1. 21.
f *ch.* 1. 22.
g 1 *Chron.* 29. 15. *Pse.* 39. 13. & 119. 19. *Héb.* 11. 13.
h *Rom.* 8. 24. 1 *Cor.* 13. 12. *Héb.* 11. 1.
i *vs.* 4. *Phil.* 1. 23.
k *Act.* 10. 42. *Rom.* 14. 10.
l *Job* 34. 11. *Eccl.* 12. 16. *Matth.* 25. 32. *Rom.* 2. 6. 7. 1 *Cor.* 4. 5.
m 1 *Thess.* 4. 16. & 2 *Thess.* 1. 6. 10.
n *Jud* vs. 23.
o *ch.* 1. 14. & 3. 1. & 10. 8.
p *ch.* 11. 12. 18. 22. 23. *Gal.* 6. 12.

14 Par-

14 Parce que la charité de Chriſt nous [q] étreint, tenant
ceci pour certain, que ſi un eſt mort pour tous, tous auſſi
ſont morts:
15 Et qu'il [r] eſt mort pour tous, [ſ] afin que ceux qui vivent,
[t] ne vivent point d'orénavant à eux-mêmes, mais à celui qui
eſt mort & reſſuſcité pour eux.
16 C'eſt pourquoi dés à préſent [4] nous ne connoiſſons perſonne ſelon la chair, même quoi que nous ayons connu Chriſt
ſelon la chair, toutefois nous ne le connoiſſons plus *ainſi*
maintenant.
17 Si donc quelqu'un [u] eſt en Chriſt, [x] *qu'il ſoit* une nouvelle créature: [y] les choſes vieilles ſont paſſées: voici, toutes choſes ſont faites nouvelles.
18 Or tout cela *vient* de Dieu, [z] qui nous a réconciliez
avec lui par Jéſus-Chriſt, & qui nous a donné le Miniſtére
de la réconciliation.
19 Car Dieu étoit en Chriſt [a] réconciliant le monde avec
ſoi, [b] en ne leur imputant point leurs péchez, [c] & il a mis en
nous la parole de la réconciliation.
20 [d] Nous ſommes donc [e] ambaſſadeurs pour Chriſt, &
comme Dieu exhorte par nous, [f] nous *vous* ſupplions pour
l'amour de Chriſt, de vous réconcilier avec Dieu.
21 Car il a fait celui [g] qui n'a point connu de péché, [h] *être*
[5] péché pour nous, [i] afin que [6] nous fuſſions juſtice de Dieu
en lui.

q *Col.* 3. 14. r *Rom.* 5. 15. ſ *Rom.* 6. 11. 12. & 8. 1. t 1 *Cor.* 6. 19. *Gal.* 2. 20. 1 *Pier.* 4. 2. 4 C'eſt-à-dire, que depuis ſa converſion il ne faiſoit aucune diſtinction des perſonnes, par rapport aux graces de l'Evangile, mais qu'il regardoit également les Juifs & les Gentils, comme y ayant part: au lieu qu'auparavant il avoit cru avec toute ſa nation, que le Meſſie ne ſeroit que pour les Juifs; qui eſt ce qu'il appelle avoir connu *J. C. ſelon la chair.*

u *Rom.* 8. 1. x *Gal.* 6. 15. *Eph.* 4. 23. 24. y *Eſa.* 43. 19. *Héb.* 8. 12. 13. *Apoc.* 21. 5. z *Rom.* 5. 10. *Col.* 1. 20. a *Jean* 1. 29. & 3. 16. 1. *Jean* 2. 2. b *Rom.* 4. 8. c vs. 18. d *ch.* 3. 6. e *Aggée* 1. 13. f *ch.* 6. 1. g *Eſa.* 53. 6. 9. *Héb.* 1. 4. 15. & 7. 26. 1 *Pier.* 2. 22. 24. 1 *Jean* 3. 5. h *Eſa.* 53. 4. 5. 12. *Jean* 1. 29. 1 *Pier.* 2. 24. 5 C'eſt-à-dire, victime pour le péché. i *Eſa.* 53. 11. *Jér.* 33. 15. 16. *Rom.* 5. 18. 19. 21. 1 *Cor.* 1. 30. 6 C'eſt-à-dire, que nous fuſſions juſtifiez en vertu de la mort de cette victime ſainte.

CHAPITRE VI.

Jour de ſalut, Souffrances de ſaint Paul, 4--10. *Il n'y a point d'accord entre Chriſt & Bélial,* 15. *Nous ſommes le Temple de Dieu,* 16. *Dieu nous ſera pour pére,* 12.

AInſi donc [a] étant ouvriers avec lui, [b] nous vous prions auſſi [c] que vous n'ayez point reçu la grace de Dieu en vain.

a *ch.* 2. 14. 1 *Cor.* 3. 9. b *ch.* 5. 20. c *Héb.* 12. 15.

2 Car il dit ; [d] Je t'ai exaucé au temps agréable, & t'ai secouru au jour du salut : Voici maintenant le temps agréable, voici maintenant le jour du salut.
3 [e] Ne donnant aucun scandale en quoi que ce soit, afin
que *nôtre* ministére ne soit point blâmé.
4 [f] Mais nous rendant recommandables en toutes choses,
[g] comme ministres de Dieu, en grande patience, [h] en afflictions, en nécessitez, en angoisses,
5 En blessûres, en prisons, en troubles, en travaux.
6 En veilles, en jeûnes, en pureté : par la connoissance,
par un esprit patient, par bénignité, par le Saint Esprit, par
une charité sans feinte.
7 Par la parole [i] de la vérité, [k] par la puissance de Dieu,
[l] par les armes de justice à droit & à gauche :
8 Parmi l'honneur & l'ignominie, parmi la calomnie & la
bonne réputation.
9 Comme séducteurs, & toutefois [m] étant véritables : comme inconnus, & toutefois étant reconnus : [n] comme mou-
rans, & voici nous vivons : [o] comme châtiez, & toutefois
non mis à mort :
10 Comme contristez, & toutefois [p] toûjours joyeux : comme pauvres, & toutefois enrichissant plusieurs : comme n'ayant
rien, & toutefois possédant toutes choses.
11 O Corinthiens ! nôtre bouche est ouverte pour vous, nôtre cœur s'est élargi.
12 [q] Vous n'êtes point à l'étroit au dedans de nous, [1] mais
vous êtes à l'étroit dans vos entrailles.
13 Or pour nous récompenser de même ([r] je parle comme
à mes enfans) élargissez-vous aussi.
14 [2] [s] Ne portez pas un même joug avec les infidéles : car
quelle participation y a-t-il de la justice avec l'iniquité ? &
quelle communication y a-t-il de la lumiere avec les ténébres ?
15 [t] Et quel accord y a-t-il de Christ avec Bélial ? [u] ou quelle part a le fidéle avec l'infidéle ?

16 Et

d *Esa.* 49. 8. e *Rom.* 14. 13. 1 *Cor.* 10. 32. f *ch.* 4. 2. g 1 *Cor.* 4. 1. h *ch.* 11. 23. i *Eph.* 1. 13. k 1 *Cor.* 2. 4. l *ch.* 10. 4. *Eph.* 6. 11. &c. m *ch.* 4. 2. n 1 *Cor.* 15. 30. 31. o *Pse.* 118. 18. p *ch.* 7. 4. *Act.* 5. 41. *Rom.* 5. 3. & 12. 12. *Phil.* 2. 17. *Col.* 1. 24. q *ch.* 7. 2. 3. & 12. 15.

1 C'est une plainte qu'il leur fait de n'avoir pas pour lui le même attachement & le même zéle qu'auparavant, en sorte qu'il n'occupoit plus dans leur cœur une aussi grande place qu'autrefois. ch. 7. 2. & 12. 15. r 1 *Cor.* 4. 14.

2 C'est une expression prise des animaux qu'on attelle ensemble, & sous un même joug ; & par laquelle S. Paul vouloit faire entendre aux fidéles de Corinthe, qu'ils ne devoient pas avoir avec les Infidéles de trop grandes liaisons, de peur que leur foi, ou leur pieté ne s'en ressentissent. s *Deut.* 7. 2. 1 *Cor.* 7. 39. t 1 *Sam.* 5. 1. 2. 1 *Rois* 18. 21. u 1 *Cor.* 10. 21. *Eph.* 5. 11.

16 Et quelle convenance y a-t-il du Temple de Dieu avec
les idoles? Car [x] vous étes le Temple du Dieu vivant, selon
ce que Dieu a dit; [y] J'habiterai au milieu d'eux, & j'y che-
minerai: & je serai leur Dieu, & ils seront mon peuple.
17 C'est pourquoi [z] sortez du milieu d'eux, & vous en séparez, dit le Seigneur: [a] & ne touchez à aucune chose souillée & je vous recevrai:
18 [b] Et je vous serai pour pére, & vous me serez pour fils
& pour filles, dit le Seigneur Tout-puissant.

x 1 *Cor.* 3. 16. 17. & 6. 19. y *Lévit.* 26. 12. *Ezéch.* 37. 26. & 48. 35. z *Esa.* 52. 11. *Apoc.* 18. 4. a *Nomb.* 19. 22. b *Jer.* 31. 1. 9. 23. *Apoc.* 21. 7.

CHAPITRE VII.

Exhortation à la sanctification, 1. *Tristesse selon Dieu,* 10. *Tite bien reçu des Corinthiens,* 13.

OR donc *mes* bien-aimez, [a] puis que nous avons de telles
promesses, [b] nettoyons-nous de toute souillûre de chair
& d'Esprit, [c] achevant la sanctification [d] en la crainte de Dieu.
2 [1] Recevez-nous, [e] nous n'avons fait tort à personne, nous
n'avons corrompu personne, nous n'avons pillé personne.
3 Je ne dis point ceci pour vous condamner: car [f] je vous
ai déja dit que vous étes dans nos cœurs à mourir & à vivre
ensemble.
4 J'ai une grande liberté envers vous, j'ai grand sujet de
me glorifier de vous: je suis rempli de consolation, [g] je suis
plein de joye dans toute nôtre affliction.
5 [h] Car après être venus en Macedoine, nôtre chair n'a eu
aucun relâche, mais nous avons été affligez en toutes maniere; *ayant eu* des [i] combats au dehors, & des craintes au
dedans.
6 Mais Dieu [k] qui console les abbatus, nous a consolez par
la venue de Tite:
7 Et non seulement par sa venue, mais aussi par la consolation qu'il a reçue de vous, car il nous a raconté vôtre grand
désir, vos larmes, vôtre affection ardente envers moi: de
sorte que je m'en suis extrémement réjouï.
8 [l] Car bien que je vous aye contristez par mon Epistre, je
ne m'en repens point, quoi que je m'en fusse *déja* repenti,

a *Act.* 3. 26. *Gal.* 1. 4. 1 *Jean* 3. 3. b *Esa.* 1. 16. *Héb.* 10. 22. *Jacq.* 4. 8. c *ch.* 13. 11. d *Pse.* 2. 11. *Esa.* 8. 13. & 29. 23.
1 Ayez pour nous les égards dûs à nôtre charge, & à l'affection que j'ai toûjours eue pour vous.
e *ch.* 12. 15. 16. 17. *Act.* 20. 33. f *ch.* 3. 2. & 6. 11. 12. 13. g *ch.* 6. 10. h *ch.* 1. 16. & 2. 13. *Act.* 20. 3. i *Deut.* 32. 25. k *ch.* 1. 4. *Pse.* 34. 19. *Esa.* 61. 3. l *ch.* 2. 4. 1 *Cor.* 5. 2.

Parce que je vois que si cette Epistre vous a contristez, ce
n'a été que pour peu de temps.

9 Je me réjouïs *donc* maintenant, non de ce que vous avez
été contristez; mais de ce que vous avez été contristez à repentance: car vous avez été contristez selon Dieu, de sorte
m *ch.* 11. 9. & 12. 13. que [m] vous n'avez reçu aucun dommage de nôtre part.
Act. 20. 33. 10 [n] Puis que la tristesse qui est selon Dieu, produit une
n 2 *Sam.* 12. 13. *Matth.* repentance à salut, dont on ne se repent jamais: mais la tri-
26. 75. stesse de ce monde produit la mort.

11 Car voici, cela même que vous avez été contristez selon Dieu, quel soin n'a-t-il pas produit en vous? quelle satis-
a Sav. contre l'énorme faction? [a] quelle indignation? quelle crainte? quel grand de-
scandale sir? quel zéle? quelle vengeance? vous vous étes montrez de
commis par l'incestueux: toutes manieres purs dans cette affaire.
ch. 5. 1. 12 Quoi que je vous aye donc écrit, ce n'a point été à cause de celui qui a commis la faute, ni à cause de celui envers
qui elle a été commise, mais pour faire voir parmi vous le
soin que j'ai de vous devant Dieu.

13 C'est pourquoi nous avons été consolez de ce que vous
avez fait pour nôtre consolation: mais nous nous sommes encore plus réjouïs de la joye qu'a eu Tite, en ce que son esprit a été récrée par vous tous.

14 Parce que si en quelque chose je me suis glorifié de vous
dans ce que je lui en *ai dit*, je n'en ai point eu de confusion:
mais comme nous vous avons dit toutes choses selon la vérité, ainsi ce dont je m'étois glorifié *de vous dans ce que j'en
ai dit* à Tite, s'est trouvé être la vérité même.

15 C'est pourquoi quand il se souvient de l'obéïssance de
vous tous, & comment vous l'avez reçu avec crainte & tremblement, son affection pour vous en est beaucoup plus
o *ch.* 2. 9. grande.
Phil. 2. 12. 2 *Thess.* 3. 4. 16 [o] Je me réjouïs donc de ce qu'en toutes choses je me
Philem. vs. 8. 21. puis assûrer de vous.

CHAPITRE VIII.

La Collecte pour les Eglises de Judée, 1. &c. Jésus-Christ s'est rendu pauvre pour nous, 9. Exhortation touchant la Collecte, 10—24.

AU

AU reste, mes fréres, nous [a] voulons vous faire savoir la *a Rom. 15. 25.*
grace que Dieu a faite aux Eglises de Macedoine: *26. Gal. 2. 10.*
2 C'est qu'au milieu de leur grande épreuve d'affliction,
leur joye a été augmentée, & que leur profonde pauvreté
s'est répandue en richesses par leur prompte libéralité.
3 Car je suis témoin qu'ils ont été volontaires *à donner* selon leur pouvoir, & même au déla de leur pouvoir.
4 [b] Nous pressant avec de grandes prieres de recevoir la *b ch. 9. 1.*
grace & la communication de cette subvention pour les *Act. 11. 29.*
Saints: *Rom. 15. 26.*
5 Et ils n'ont pas fait seulement comme nous avions espéré, mais ils se sont donnez premierement eux-mêmes au Seigneur, & puis à nous, par la volonté de Dieu.
6 [c] Afin que nous exhortassions Tite, que comme il avoit *c vs. 16. 17. &*
auparavant commencé, il achevât aussi cette grace envers *ch. 7. 13. &c.*
vous.
7 [d] C'est pourquoi comme vous abondez en toutes choses, *d 1 Cor. 1. 5.*
en foi, en parole, en connoissance, en toute diligence, &
en la charité que vous avez pour nous, faites que vous abondiez aussi en cette grace.
8 Je ne le dis point par commandement, mais pour éprouver aussi par la diligence des autres la sincérité de vôtre charité.
9 [e] Car vous connoissez la grace de nôtre Seigneur Jésus- *e Luc. 9. 58.*
Christ, qui étant riche, s'est rendu pauvre pour vous; afin
que par sa pauvreté vous fussiez rendus riches.
10 Et en cela je vous donne cét avis, parce qu'il vous est
convenable qu'ayant non seulement déja commencé d'agir
pour cette Collecte, mais en ayant même eu la volonté dés
l'année passée;
11 Vous acheviez maintenant de la faire; afin que comme
vous avez été prompts à en avoir la volonté; vous l'accom-
plissiez aussi [f] selon vôtre pouvoir. *f Act. 11. 29.*
12 [g] Car si la promptitude de la volonté précéde, on est *1 Cor. 16. 2.*
agréable selon ce qu'on a, & non pas selon qu'on n'a pas. *g Prov. 3. 28 Marc 12. 43.*
13 Or ce n'est pas afin que les autres soient soulagez, & *1 Pier. 4. 10.*
que vous soyez foulez: mais afin que ce soit par égalité.

14 Que vôtre abondance donc supplée maintenant à leur indigence, afin que leur abondance serve aussi à vôtre indigence, & qu'ainsi il y ait de l'égalité.
15 Selon ce qui est écrit; [h] Celui qui *avoit* beaucoup, n'a
rien eu de superflu; & celui qui avoit peu, n'en a pas eu
moins.
16 [i] Or graces à Dieu qui a mis le même soin pour vous au
cœur de Tite:
17 Lequel a fort bien reçu mon exhortation, & étant lui-
même fort affectionné, il s'en est allé vers vous de son propre mouvement.
18 Et nous avons aussi envoyé avec lui [1] le frére dont la
louange est dans l'Evangile, par toutes les Eglises:
19 (Et non seulement cela, mais aussi il a été établi par les
Eglises nôtre compagnon de voyage, pour cette grace qui
est administrée par nous à la gloire du Seigneur même, &
pour servir à la promptitude de vôtre zéle.)
20 [k] Nous donnant garde que personne ne nous reprenne
dans cette abondance qui est administrée par nous.
21 Et [l] procurant ce qui est bon; non seulement devant le
Seigneur, mais aussi devant les hommes.
22 Nous avons envoyé aussi avec eux [2] nôtre *autre* frére,
que nous avons souvent éprouvé en plusieurs choses être diligent, & maintenant encore beaucoup plus diligent, à cause
de la grande confiance *qu'il a* en vous.
23 Ainsi donc quand à Tite, il *est* [m] mon associé & mon
compagnon d'œuvre envers vous: & quant à nos fréres, ils
sont les envoyez des Eglises, & la gloire de Christ.
24 Montrez donc envers eux & devant les Eglises une preuve de vôtre charité, & du sujet que nous avons de nous glorifier de vous.

h *Exod.* 16 18.
i vs. 6.
1 Il y a grande apparence que c'étoit S. Marc, que S. Paul avoit pris avec lui, Act. 12. 25. & qui aprés s'en être séparé Act. 15. 39. l'étoit venu rejoindre, 2 Tim. 4. 11.
k vs. 4.
l *Rom.* 12. 17. & 4. 16. *Phil.* 4. 8. 1 *Pier.* 2. 12.
2 C'étoit apparemment Eraste, Act. 19. 22. & qui demeura à Corinthe aprés que S. Paul en fut parti 2 Tim. 4. 20.
m *Gal.* 2. 1. 2. 2 *Tim.* 4. 10. *Tite* 1. 5.

CHAPITRE IX.

Semer libéralement, 6. *Dieu récompense nos charitez*, 9.

CAr de vous écrire touchant la subvention [a] qui se fait
pour les Saints, ce me seroit une chose superflue.

a *ch.* 8. 4. *Act.* 11. 25. 1 *Cor.* 16. 1.

2 Vû

2 Vû que je sai la promptitude de vôtre zéle, en quoi je me
glorifie de vous devant ceux de Macedoine, *leur faisant en-*
tendre que [1] l'Achaïe est prête dés l'année passée; & vôtre
zéle en a éxcité plusieurs.
3 Or [b] j'ai envoyé ces fréres, afin que ce en quoi je me suis
glorifié de vous, ne soit pas vain en cette occasion, & que
vous soyez prêts, comme j'ai dit.
4 De peur que ceux de Macedoine venant avec moi, & ne
vous trouvant pas prêts; nous n'ayons de la honte, (pour
ne pas dire vous-mêmes) de l'assûrance avec laquelle nous
nous sommes glorifiez de vous.
5 C'est pourquoi j'ai estimé qu'il étoit nécessaire de prier
les fréres d'aller premierement vers vous, & d'achever de
préparer vôtre bénéficence que vous avez déja promise: [c] a-
fin qu'elle soit prête comme une bénificence, & non pas comme une chicheté.
6 Or je vous dis ceci; [d] Que celui qui seme [2] chichement,
recueillira aussi [3] chichement: & que celui qui seme [4] libéralement, recueillira aussi libéralement.
7 *Mais* que chacun fasse selon qu'il s'est proposé en son
cœur, [e] non point à regret, ou par contrainte: car [f] Dieu
aime celui qui donne gayement.
8 Et Dieu est puissant pour faire abonder toute grace en
vous, afin qu'ayant toûjours tout ce qui suffit en toute chose, vous soyez abondans en toute bonne œuvre:
9 Selon ce qui est écrit; [g] Il a épars & donné aux pauvres:
sa justice demeure éternellement.
10 [h] Or celui qui fournit de la semence au semeur, veuille
aussi vous donner du pain à manger, & multiplier vôtre semence, & augmenter les revenus de vôtre justice.
11 [i] Etant pleinement enrichis pour *exercer* une parfaite libéralité, laquelle fait que nous en rendons graces à Dieu.
12 Car l'administration de cette oblation n'est pas seulement
suffisante pour subvenir aux nécessitez des Saints, mais elle
abonde aussi de telle sorte, que plusieurs ont dequoi en rendre graces à Dieu.

1 C'est-à-dire, les Eglises de l'Achaïe, de laquelle la ville de Corinthe étoit la capitale.
b *ch.* 8. 18. 22.
c *Ecclesiastiq.* 35. 12.
d *Prov.* 11. 24. & 19. 17. & 22. 9.
2 C'est-à-dire, à regret.
3 C'est-à-dire, ne recueillira rien, Prov. 11. 24.
4 C'est à-dire, de bon cœur.
e *Exod.* 25. 2. & 35. 5. *Deut.* 15. 7. *Ecclesiastiq.* 35. 8. 9. 10.
f *Rom.* 12. 8. *Phil.* 4. 19.
g *Psa.* 112. 9.
h *Esa.* 55. 10.
i *ch.* 1. 11. & 4. 15.

13 Glorifiant Dieu pour l'épreuve qu'ils font de cette assistance, en ce que vous vous soûmettez à l'Evangile de Christ:
& de vôtre prompte & libérale communication envers eux,
& envers tous.
14 Et en ce qu'ils prient pour vous, en vous désirant ardemment pour l'excellente grace de Dieu sur vous.
15 Or graces à Dieu de son don inénarrable.

CHAPITRE X.

Les armes de saint Paul ne sont point charnelles, 4. *Ses Epistres sont graves*, 10. *Vanité des faux Docteurs*, 12. *Humilité de saint Paul*, 13---18.

AU reste, moi Paul, je vous prie par [a] la douceur & la
débonnaireté de Christ, moi qui [1] en présence suis [b] petit entre vous, mais qui étant absent suis hardi envers vous.
2 Je vous prie, dis-je, que lors que je serai présent il ne
faille point que j'use de hardiesse, par cette assûrance de laquelle je me propose de me porter hardiment envers quelques-uns, qui nous regardent comme [2] cheminant selon la
chair.
3 Mais en cheminant en la chair, nous ne combattons pas
[3] selon la chair.
4 Car les armes de nôtre guerre ne sont pas charnelles,
[c] mais elles sont puissantes en Dieu, [d] pour la destruction des
forteresses;
5 [e] Détruisant les conseils, & toute hauteur qui s'éleve contre la connoissance de Dieu, [f] & amenant toute pensée pri-
sonniere à l'obéïssance de Christ:
6 Et ayant la vengeance toute prête contre toute désobéïs-
sance, après que vôtre obéïssance aura été entiere.
7 Regardez-vous les choses [g] selon l'apparence? [h] Si quelqu'un se confie en soi-même d'être à Christ, qu'il pense encore cela en soi-même, que comme il est à Christ, nous
aussi pareillement *sommes* à Christ.
8 Car si même je veux me glorifier davantage de nôtre puis-
san-

a *Matth.* 11. 29.
1 Humble, & circonspect jusqu'à la timidité, dans les choses qui pouvoient le regarder lui-même tant soit peu.
b vs. 10.
2 C'est à-dire, comme un homme qui vit dans la simplicité & dans une condition vile & abjecte, ce qui est appellé dans le 3. verset *cheminer en la chair*.
3 Il veut dire, que son ministére n'en étoit pas pour cela moins efficace ni moins respectable.
c *ch.* 2. 14. & 1 *Cor.* 1. 24. *Rom.* 1. 16.

d *Jér.* 1. 10. & 18. 7. *Ezéch.* 32. 18. *Eph.* 6. 13. e 1 *Cor.* 1. 25. f *Eph.* 4. 8. g vs. 13. & *ch.* 11. 23. h 1 *Cor.* 14. 37. 1 *Jean* 4. 6.

sance, [i] laquelle le Seigneur nous a donnée pour l'édifica- i ch. 13. 10.
tion, & non pas pour vôtre destruction, je n'en recevrai Eph. 4. 12.
point de honte:
9 Afin qu'il ne semble pas que je veuille vous épouvanter
par mes Lettres.
10 Car mes Lettres (disent-ils) [k] sont bien graves & for- k 2 Pier. 3. 16.
tes, [l] mais la présence du corps est foible, & la parole est l vs. 1.
méprisable.
11 Que celui qui est tel, considére, que tels que nous sommes de parole par nos Lettres, étant absens, tels aussi *nous
sommes* de fait, étant présens.
12 [m] Car nous n'osons pas nous joindre ni nous comparer à m ch. 3. 1.
quelques-uns, qui se recommandent eux-mêmes: mais ils ne & 5. 12.
comprennent pas qu'ils se mesurent eux-mêmes par eux-mêmes, & qu'il se comparent eux-mêmes à eux-mêmes.
13 [n] Mais pour nous, nous ne nous glorifierons point de n ch. 11. 18.
ce qui n'est pas de nôtre mesure: mais [o] selon la mesure ré- & 12. 5. 6.
glée, [p] laquelle mesure Dieu nous a départie, *nous nous glo-* o Eph. 4. 7.
rifierons d'être parvenus même jusqu'à vous. p 1 Cor. 12. 11.
14 Car nous ne nous étendons pas nous-mêmes plus qu'il ne
faut, comme si nous n'étions point parvenus jusqu'à vous:
vû que nous sommes parvenus même jusqu'à vous par la prédication de l'Evangile de Christ.
15 [q] Ne nous glorifiant point dans ce qui n'est point de nô- q Rom. 15.
tre mesure, *c'est-à-dire*, dans les travaux d'autrui: mais nous 20.
avons espérance que vôtre foi venant à croître en vous, nous
serons amplement accrus dans ce qui nous a été départi selon
la mesure réglée;
16 Jusques à évangeliser dans les lieux qui sont au delà de
vous: & non pas à nous glorifier dans ce qui a été départi
aux autres selon la mesure réglée, dans les choses déja toutes préparées.
17 Mais [r] que celui qui se glorifie, se glorifie au Seigneur. r Esa. 65. 16.
18 [s] Car ce n'est pas celui qui se recommande lui-même, Jér. 9. 24.
qui est approuvé, [t] mais c'est celui que le Seigneur recom- 1 Cor 1. 31.
mande. s Prov. 27. 2.
t Rom 2. 29.
1 Cor. 4. 5.

CHAPITRE XI.

Saint Paul continue à reprimer dans ce chapitre la vanité des faux Docteurs, & il y releve fortement la dignité de son Apostolat.

PLût à Dieu que vous me surpportassiez un peu dans [a] mon
imprudence: mais encore supportez-moi.
2 Car je suis jaloux de vous [1] d'une jalousie de Dieu: parce
que je vous ai appropriez à un seul mari, [b] pour vous présenter à Christ *comme* une vierge chaste.
3 Mais je crains, que comme [c] le serpent séduisit Eve par
sa ruse, vos pensées aussi ne se corrompent, *en se détournant*
de la simplicité qui est en Christ:
4 [d] Car si quelqu'un venoit qui vous prêchât un autre Jésus
que nous n'avons prêché; ou si vous receviez un autre Esprit
que celui que vous avez reçu, ou un autre Evangile que celui que vous avez reçu, vous feriez bien de l'endurer.
5 Mais j'estime [e] que je n'ai été en rien moindre que les plus
excellens Apostres.
6 [f] Que si je suis [2] comme quelqu'un du vulgaire à parler,
[g] je ne *le suis* pourtant pas en connoissance: [h] mais nous avons
été entierement manifestez en toutes choses envers vous.
7 Ai-je commis une offense en ce que [i] je me suis abbaissé
moi-même, afin que vous fussiez élevez, parce que sans rien
prendre je vous ai annoncé l'Evangile de Dieu?
8 [k] J'ai dépouillé les autres Eglises, prenant dequoi m'entretenir pour vous servir:
9 Et lors que j'étois avec vous, & que j'ai été en nécessité,
je ne me suis point relâché du travail afin de n'être à charge
à personne: car les fréres qui étoient venus de Macedoine
ont suppléé à ce qui me manquoit: & je me suis gardé de
vous être à charge en aucune chose, & je m'en garderai encore.
10 [l] La vérité de Christ est en moi, que cette gloire ne me
sera point ravie dans les contrées de l'Achaïe.
11 Pourquoi? Est-ce parce que je ne vous aime point? Dieu
le sait

12 Mais

a vs. 16. & ch. 5. 13. & 12. 6. 11.
1 C'est une expression imitée des Hébreux, pour dire, une *grande jalousie*; comme *des cedres de Dieu*, une montagne *de Dieu* &c. pour dire, de hauts cedres, une haute montagne, &c.
b *Osée* 2. 19. *Eph.* 5. 31.
c *Gen.* 3. 4.
d *Gal.* 1. 8.
e *ch.* 12. 11. 1 *Cor.* 15. 10. *Gal.* 2. 6.
f 1 *Cor.* 1. 17. & 2. 1. 13.
2 On avoit trouvé à redire en lui la simplicité de style: ch. 10. 10.
g *Eph.* 3. 4.
h *ch.* 4. 2. & 5. 11.
i 1 *Cor.* 9. 6. 12.
k *Act.* 20. 33. 1 *Thess.* 2. 9. & 2 *Thess.* 3. 8.
l *Rom.* 9. 1. 1 *Cor.* 9. 15.

12 Mais ce que je fais, je le ferai encore, pour retrancher
l'occasion à ceux qui cherchent l'occasion: afin qu'en ce dequoi ils se glorifient, ils soient aussi trouvez tout tels que nous
sommes.
13 [m] Car tels faux Apostres sont des ouvriers trompeurs, m *Gal.* 1.6.7.
qui se déguisent en Apostres de Christ. *Phil.* 3. 2.18.
14 Et ce n'est pas de merveilles: car satan lui-même se dé-
guise [n] en Ange de lumiere. n *Act.* 16.16.
15 Ce n'est donc pas un grand sujet d'étonnement [o] si ses 17. 18.
ministres aussi se déguisent en ministres de justice; *mais* leur o *Phil.* 3.19.
fin sera selon leurs œuvres.
16 Je le dis encore, afin que personne ne pense que je sois
[p] imprudent; ou bien supportez-moi comme imprudent, a- p vs. 1. &
fin que je me glorifie aussi un peu. *ch.* 12. 6.
17 [q] Ce que je vais dire, en rapportant les sujets que j'au- q vs. 22. 23.
rois de me glorifier, je ne le dirai pas selon le Seigneur, [r] mais &c.
comme par imprudence. r vs. 21.
18 [s] Puis *donc* que plusieurs se vantent selon la chair, je me s *ch.* 10. 13.
vanterai moi aussi: & 12. 5. 6.
19 Car vous souffrez volontiers les imprudens, [3] parce que *Phil.* 3. 3. 4.
vous étes sages. 3 C'est une censure en forme d'ironie, comme 1 Cor. ch. 4. 10.
20 Même si quelqu'un vous asservit, si quelqu'un [t] vous
mange, si quelqu'un prend *vôtre bien*, si quelqu'un s'éleve
sur vous, si quelqu'un vous frappe au visage, vous le souffrez. t *Matth.* 23. 14.
21 Je le dis avec honte, même comme si nous avions été
sans aucune force: mais en quelque chose que quelqu'un soit
hardi ([u] je parle en imprudent) je suis hardi aussi. u vs. 16. 17.
22 [x] Sont-ils Hébreux? je le suis aussi. Sont-ils Israëlites? x *Phil.* 3.5.
je le suis aussi. Sont-ils de la semence d'Abraham? je le suis
aussi.
23 Sont-ils ministres de Christ? (je parle comme impru-
dent) je le suis plus qu'eux: [y] en travaux davantage, en bles- y *ch.* 1. 10.
sûres plus qu'eux, en prison davantage, en morts plusieurs & 4. 11.
fois. *Act.* 9. 16. 1 *Cor.* 15.10.
24 J'ai reçu des Juifs par cinq fois [z] quarante coups, moins un. z *Deut.* 25.3.
25 [a] J'ai été battu de verges trois fois; [b] j'ai été lapidé une a *Act.* 16.22.
b *Act.* 14.19.

 fois;

fois; [c] j'ai fait naufrage trois fois; j'ai passé un jour & une
nuit [4] en la profonde mer.
26 En voyages souvent, en périls des fleuves, en périls des
brigans, en périls de *ma* [d] nation, en périls [e] des Gentils,
en périls dans les villes, en périls dans les deserts, [5] en périls en mer, en périls parmi de faux fréres;
27 En peine & en travail, [f] en veilles souvent, en faim &
en soif, [g] en jeûnes souvent, en froidure & en nudité.
28 Outre les choses de dehors ce qui me tient assiegé de jour
en jour, c'est le soin que j'ai de toutes les Eglises.
29 [h] Qui est-ce qui est affoibli, que je ne sois aussi affoibli?
Qui est-ce qui est scandalisé, que je n'en sois aussi brûlé?
30 [i] S'il faut se glorifier, je me glorifierai des choses qui
sont de mon infirmité.
31 [k] Dieu, qui est le Pére de nôtre Seigneur Jésus-Christ,
& qui est béni éternellement, sait [l] que je ne mens point.
32 [m] A Damas, le Gouverneur pour le Roi Aretas avoit
mis des gardes dans la ville des Damasceniens pour me prendre;
33 Mais on me descendit de la muraille dans une corbeille
par une fenêtre, & ainsi j'échappai de ses mains.

c *Act.* 27. 41.
4 Ou, en *pleine mer*, errant à la merci des ondes.
d *Act.* 13. 50.
e *Act.* 14. 2. *&c.*
5 Ceci doit s'entendre des dangers qu'il avoit courus soit par les pirates, soit par les tempêtes.
f *Act.* 20. 7.
g *Rom.* 8. 35.
h 1 *Cor.* 8. 13. *&* 9. 22.
i *ch.* 12. 5.
k *ch.* 1. 5.
l *Rom.* 1. 9. *&* 9. 1. *Gal.* 1. 20.
m *Act.* 9. 24.

CHAPITRE XII.

Ravissement de saint Paul au troisiéme Ciel, 2. Son écharde, 7. La Grace lui suffit, 9. Il avoit souvent résolu d'aller à Corinthe, 14. &c.

CErtes il n'est pas convenable de me glorifier: car je viendrai jusqu'aux visions & aux révélations du Seigneur.
2 [a] Je connois [1] un homme [2] en Christ il y a quatorze ans
passez, (si ce fut en corps je ne sai; si ce fut hors du corps;
je ne sai: Dieu le sait) qui a été ravi jusqu'au troisiéme Ciel.
3 Et je sai qu'un tel homme (si ce fut en corps, ou si ce
fut hors du corps, je ne sai: Dieu le sait.)
4 A été ravi en paradis, & a ouï des paroles inénarrables,
lesquelles il n'est pas possible à l'homme d'exprimer.
5 [b] Je me glorifierai [3] d'un tel homme, mais je ne me glorifierai point [c] de moi-même, [d] sinon [4] dans mes infirmitez.

6 [e] Or

a *Act.* 9. 3. *&* 22. 17. 1 *Cor.* 15. 8.
1 C'étoit lui-même.
2 Ces mots doivent se lier avec les suivans, qui a été ravi au 3. Ciel par Christ.
b *ch.* 9. 10.
3 C'est-à-dire, d'avoir été honoré d'une si grande faveur.
c *ch.* 11. 30. *Gal.* 4. 13.
d *vs.* 9.

4 Il n'y a que les infirmitez qui soient de l'homme, tout le reste est de Dieu.

6 [e] Or quand je voudrois me glorifier, je ne serois point
imprudent, car je dirai la vérité: mais je m'en abstiens, afin
que personne ne m'estime au dessus de ce qu'il me voit être,
ou de ce qu'il entend dire de moi.
7 Mais de peur que je ne m'élevasse à cause de l'exellence
des révélations, il m'a été mis [5] une écharde en la chair, [f] un
[6] ange de satan pour me souffleter, *ç'a été, dis-je*, afin que
je ne m'élevasse point.
8 C'est pourquoi j'ai prié [7] trois fois le Seigneur de faire que
cét ange de satan se retirât de moi.
9 Mais *le Seigneur* m'a dit; Ma grace te suffit: car ma vertu s'accomplit dans l'infirmité. [g] Je me [8] glorifierai donc
très-volontiers plustôt dans mes infirmitez, afin que la vertu
de Christ habite en moi.
10 Et à cause de cela je prens plaisir [h] dans les infirmitez,
dans les injures, dans les nécessitez, dans les persécutions,
& dans les angoisses pour Christ: car [i] quand je suis foible,
c'est alors que je suis fort.
11 J'ai été imprudent en me glorifiant: *mais* vous m'y avez
contraint, car je devois être recommandé par vous, [k] vû
que je n'ai été moindre en aucune chose que les plus excellens Apostres, encore que je ne sois rien.
12 [l] Certainement les marques de mon Apostolat ont été
accomplies parmi vous avec toute patience, par des signes,
des prodiges, & des miracles.
13 [m] Car en quoi avez-vous été inférieurs aux autres Eglises, [n] sinon en ce que je ne suis point devenu lâche au travail à vôtre préjudice? Pardonnez-moi ce tort.
14 [o] Voici pour la troisiéme fois que je suis prêt d'aller vers
vous: [p] & je ne m'épargnerai pas à travailler, pour ne vous
être point à charge: car je ne demande pas vôtre bien, mais
c'est vous-mêmes *que je demande:* aussi ce ne sont pas les enfans qui doivent faire amas pour leurs péres, mais les péres
pour leurs enfans.
15 [q] Et quant à moi, je dépenserai très-volontiers, & je

e *ch.* 10. 8. & 11. 16.
5 Il designe par là une affliction fort douloureuse.
f *Job* 2. 6.
6 Plusieurs prennent ces mots à la lettre; & les autres les entendent dans un sens métaphorique des moyens dont satan se servoit, par une permission particuliere de Dieu, pour l'affliger & persécuter comme Job 1. 12. & 2. 6.
7 Ce nombre précis est mis ici pour dire en général, *souvent*; comme Job 3. 19. & ailleurs.
g vs. 5.
8 C'est véritablement s'humilier & reconnoître qu'il n'y a rien en nous & de nous, dont nous puissions nous glorifier, que de n'avoir à se glorifier que de ses propres infirmitez.
h vs. 5.
i *Phil.* 4. 13.
k *ch.* 11. 1. 5.
l *ch.* 4. 2.
& 6. 4. 1 *Cor.* 9. 2. m 1 *Cor.* 9. 12. n *ch.* 11. 9. o *ch.* 13. 1. p *Act.* 20. 33. q *ch.* 1. 6. *Col.* 1. 24. 2 *Tim.* 2. 10.

r *ch.* 6. 12. serai même dépensé pour vos ames, bien [r] que vous aimant
beaucoup plus, je sois moins aimé.
16 Mais soit, *dira-t-on*, que je ne vous aye point été à charge, mais qu'étant rusé, je vous aye pris par finesse:
s *ch.* 7. 2. 17 [s] Ai-je donc fait mon profit de vous par aucun de ceux
que je vous ai envoyez?
t *ch.* 8. 6. 16. 18. 22. 18 [t] J'ai prié Tite, & j'ai envoyé un *de nos* fréres avec lui;
Tite a-t-il fait son profit de vous? & n'avons-nous pas *lui &*
moi marché d'un même esprit? n'*avons-nous pas marché* sur
les mêmes traces?
19 Avez-vous encore la pensée que nous voulions nous justifier envers vous? Nous parlons devant Dieu en Christ, &
le tout, ô trés-chers, est pour vôtre édification.
u *ch.* 10. 2. & 13. 2. 10. 1 *Cor.* 4. 21. 20 [u] Car je crains qu'il n'arrive que quand je viendrai, je
ne vous trouve point tels que je voudrois, & que je sois trou-
vé de vous tel que vous ne voudriez pas, & qu'il n'y ait en
quelque sorte *parmi vous* des querelles, des envies, des coléres, des débats, des médisances, des murmures, des en-
flures d'orgueil, des desordres, & des séditions:
21 Et qu'étant revenu *chez vous*, mon Dieu ne m'humilie
x *ch.* 13. 2. sur vôtre sujet, [x] en sorte que je sois affligé à l'occasion de
plusieurs de ceux qui ont péché auparavant, & qui ne se sont
point repentis de l'impureté, & de la paillardise, & de l'insolence qu'ils ont commise.

CHAPITRE XIII.

J. C. a été crucifié dans son état d'infirmité, 4. *Examen de soi-même*, 5. *Nous ne pouvons rien contre la vérité*, 8. *Il faut tendre à la perfection*, 11.

1 C'ést-à-dire, qu'il s'étoit disposé d'aller vers eux. C'Est ici la troisiéme fois que [1] je viens à vous: [a] en la bouche de deux ou de trois témoins toute parole sera con-
firmée.
a *Nomb.* 35. 30. *Deut.* 19. 15. *Matth.* 18. 16. *Jean* 8. 17. *Héb.* 10. 28. 2 J'ai déja dit, & je le dis encore à cette heure, comme si
j'étois présent pour la seconde fois, & maintenant étant ab-
sent, j'écris à ceux qui ont péché auparavant, & à tous les
autres, que si je viens encore une fois, je n'épargnerai personne.

3 Puis

3 Puis-que vous cherchez l'épreuve de Christ qui parle en moi,
lequel n'est point foible envers vous, mais il est puissant en vous.
4 Car quoi qu'il ait été crucifié [b] [2] par infirmité, il est [c] néanmoins vivant par la puissance de Dieu: & nous aussi nous
souffrons *diverses* infirmitez à cause de lui, mais nous vivrons
avec lui par la puissance que Dieu a déployée envers vous.
5 [d] Examinez-vous vous-mêmes *pour savoir* si vous étes en
la foi: éprouvez-vous vous-mêmes: ne reconnoissez-vous
point vous-mêmes, *savoir* que Jésus-Christ est en vous? si
ce n'est qu'en quelque sorte vous fussiez [3] reprouvez.
6 Mais j'espére que vous connoîtrez que pour nous nous ne
sommes point reprouvez.
7 Or je prie Dieu que vous ne fassiez aucun mal: non afin
que nous soyons trouvez approuvez, mais afin que vous fassiez ce qui est bon, & que nous soyons [4] comme reprouvez.
8 Car nous ne pouvons rien contre la vérité, mais pour
la vérité.
9 Or nous nous réjouïssons [e] si nous sommes foibles, & que
vous soyez forts: & même nous souhaitons ceci, *c'est à savoir* vôtre entier accomplissement.
10 C'est pourquoi [f] j'écris ces choses étant absent, afin que
quand je serai présent, je n'use point de rigueur, selon la
puissance [g] que le Seigneur m'a donnée, pour l'édification,
& non point pour la destruction.
11 Au reste, mes fréres, [h] réjouïssez-vous, [i] tendez à vous
rendre parfaits, soyez consolez, [k] soyez tous d'un consentement, vivez en paix, & le Dieu de charité & de paix sera
avec vous.
12 [l] Saluez vous l'un l'autre par un saint baiser. Tous les
Saints vous saluent.
13 La grace du Seigneur Jésus-Christ, & la charité [5] de
Dieu, & la communication du Saint Esprit soit avec vous
tous; Amen.

b Phil. 2. 7. 8. 1 Pier. 3. 18.
2 Ou, étant dans l'infirmité, c'est-à-dire, dans son état d'abaissement.
c Rom. 6. 4.
d 1 Cor. 11. 28. Lam. 3. 4. Soph. 2. 1.
3 Ou, *rejettables.*
4 *Comme rejettables.*
e *ch.* 11. 30. & 12. 5. 9. 10.
f *ch.* 2. 3. & 12. 20. 21.
g *ch.* 10. 8.
h *Phil.* 4. 4.
i *ch.* 7. 1. *Héb.* 6. 1.
k *Rom.* 12. 16. & 15. 5. 1 *Cor.* 1. 10. *Phil.* 2. 2. & 3. 15. 16. 1 *Pier.* 3. 8. *Héb.* 12. 14.
l *Rom.* 16. 16. 1 *Cor.* 16. 20. 1 *Thess.* 5. 26. 1 *Pier.* 5. 14.
5 C'est-à-dire, de Dieu le pére.

La seconde aux Corinthiens a été écrite de Philippes de Macedoine, [& envoyée] par Tite & Luc.

EPIS-

EPISTRE DE S. PAUL APOSTRE AUX GALATES.

CHAPITRE I.

J. C. s'est donné soi-même, 4. Anathême à ceux qui prêchent un autre Evangile, 8. 9. La conversion de saint Paul, 13.

PAUL Apostre, [a] non de la part des hommes, ni par
homme, mais par Jésus-Christ & par Dieu le Pére, [b] qui
l'a ressuscité des morts;
2 Et tous les fréres qui sont avec moi, aux Eglises de Galatie:
3 [c] Grace vous soit & paix de par Dieu le Pére, & de par
nôtre Seigneur Jésus-Christ:
4 [d] Qui s'est donné lui-même pour nos péchez, [e] afin que
selon la volonté de Dieu nôtre Pére, il nous retirât du présent siecle mauvais:
5 [f] A lui soit gloire aux siecles des siecles; Amen.
6 Je m'étonne qu'abandonnant *Jésus*-Christ, qui vous avoit
appellez par sa grace, vous ayez été si promptement transportez [1] à un autre Evangile.
7 Qui n'est pas un autre *Evangile*, [g] mais il y a des gens
qui vous troublent, & qui veulent renverser l'Evangile de
Christ.
8 [h] Mais quand nous-mêmes *vous évangeliserions*, ou quand
un Ange du Ciel vous évangeliseroit outre ce que nous vous
avons évangelisé, [i] qu'il soit anathême.
9 Comme nous l'avons déja dit; je le dis encore maintenant; [k] Si quelqu'un vous évangelise outre ce que vous avez
reçu, qu'il soit anathême.
10 Car maintenant prêché-je les hommes, ou Dieu? ou
cherché-je à complaire aux hommes? Certes [l] si je com-
plai-

a vs. 11. 12. *Tite* 1. 3. b *Act.* 2. 24. 32. *Rom.* 4. 24. c *Rom.* 1. 7. 1 *Cor.* 1. 3. *&c.* d *ch.* 2. 20. e *ch.* 2. 19. *Pse.* 13. 4. *Luc* 1. 74. *Act.* 3. 26. 2 *Cor.* 5. 15. *Col* 1. 22. *Tite* 2. 14. 1 *Pier.* 4. 1. 2. f *Héb.* 13. 12.

1 Il appelle ainsi ces prédications des faux Docteurs qu falsifioient la pureté de la doctrine Chrétienne par le mélange de certaines doctrines Judaïques; comme étoit la circoncision, la justification par les œuvres, & telles autres doctrines ch. 2. 4. & 3. 1. 2. & 5. 1. 2. &c.

g *ch.* 5. 15. *Act.* 15. 1. 2 *Cor.* 11. 4. h vs. 9. *Esa.* 8. 20. i 1 *Cor.* 16. 22. k *Deut.* 2. 4. *&* 12. 32. *Prov.* 30. 6. *Apoc.* 22. 18. l 1 *Thess.* 2. 4. *Jacq.* 4. 4.

plaisois encore aux hommes, je ne serois pas serviteur de
Christ.
11 Or mes fréres, [m] je vous déclare que l'Evangile qui a m vs. 1.
été annoncé par moi, n'est point selon l'homme.
12 [n] Parce que je ne l'ai point reçu ni appris d'aucun hom- n 1 Cor. 15.
me, mais [o] par la révélation de Jésus-Christ. 1. 3.
o Act. 9. 9.
13 Car [p] vous avez appris quelle a été autrefois ma conver- 2 Cor. 12. 2.
sation dans le Judaïsme, & comment je persécutois à outran- Eph. 3. 3.
p Act. 8. 3.
ce l'Eglise de Dieu, & la ravageois; & 9. 1. & 22.
14 Et j'avançois dans le Judaïsme plus que plusieurs de mon 4. & 26. 9.
Phil. 3. 6.
âge dans ma nation; [q] étant le plus ardent zélateur des tra- 1 Tim. 1. 13.
ditions de mes péres. q Phil. 3. 5. 6.
15 Mais quand ç'a été le bon plaisir de Dieu, [r] qui m'avoit r Jér. 1. 5.
mis à part dés le ventre de ma mére, & qui m'a appellé par Rom. 1. 1.
sa grace,
16 [s] De révéler son Fils en moi, [t] afin que je l'évangelisasse s vs. 12.
parmi les Gentils, [u] je ne pris point incontinent conseil de t Act. 9. 15.
Eph. 3. 8.
la chair & du sang: u Pse. 119. 60.
17 Et ne retournai point à Jérusalem vers ceux qui avoient
été Apostres avant moi, mais je m'en allai en Arabie, & re-
passai à Damas.
18 [x] Puis je retournai trois ans après à Jérusalem pour visi- x Act. 9. 26.
ter Pierre: & je demeurai chez lui quinze jours;
19 Et je ne vis aucun des autres Apostres, [y] sinon Jacques, y Marc 6. 3.
le frére du Seigneur.
20 Or des choses que je vous écris, voici, [z] *je vous dis* de- z Rom. 1. 9.
vant Dieu, que je ne mens point. & 9. 1. 2 Cor.
1. 23. & 11.
21 [a] J'allai ensuite dans les païs de Syrie & de Cilicie. 31. 1 Thess. 2.
22 Or j'étois inconnu de face aux Eglises de Judée qui 5. 1 Tim. 5. 21.
2 Tim. 4. 1.
étoient en Christ: a Act. 9. 30.
23 Mais elles avoient seulement ouï dire; Celui qui autrefois nous persécutoit, annonce maintenant la foi qu'il détrui-
soit autrefois.
24 Et elles glorifioient Dieu à cause de moi.

CHAPITRE II.

Saint Paul ne peut consentir que Tite soit circoncis, 3. Jacques, Céphas & Jean colomnes, 9. Saint Pierre repris par saint Paul, 11. Justification par la foi, 16. Etre crucifié avec Christ, 20.

DEpuis [a] je montai encore à Jérusalem quatorze ans après,
avec Barnabas, & je pris aussi avec moi Tite.
2 Or j'y montai par révélation, & je conférai avec ceux *de*
Jérusalem touchant l'Evangile que je prêche parmi les Gentils, même en particulier avec ceux [b] qui sont en estime, a-
fin qu'en quelque sorte je ne courusse, ou n'eusse couru en
vain.
3 Et même on n'obligea point Tite, qui étoit avec moi, à
se faire circoncire, quoi qu'il fût Grec.
4 [c] Et ce fut à cause des faux-fréres qui s'étoient introduits
dans *l'Eglise*, & qui y étoient entrez couvertement pour é-
pier [d] nôtre liberté, que nous avons en Jésus-Christ, afin de
nous ramener dans la servitude:
5 Et nous ne leur avons point cédé par aucune sorte de soûmission, non pas même un moment: afin que la vérité de
l'Evangile demeurât parmi vous.
6 Et je ne suis [1] en rien différent de ceux qui semblent être
quelque chose, quels qu'ils ayent été autrefois, [e] (Dieu
n'ayant point d'égard à l'apparence extérieure de l'homme)
car ceux qui sont en estime ne m'ont rien conféré *davantage*.
7 Mais, au contraire, quand ils virent que [f] la prédication
de l'Evangile [2] du Prépuce m'étoit commise, comme [3] celle
de la Circoncision l'étoit à Pierre:
8 ([g] Car celui qui a opéré avec efficace par Pierre en la
charge d'Apostre [4] envers la Circoncision, [h] a aussi opéré a-
vec efficace par moi envers les Gentils.)
9 Jacques, dis-je, Céphas, & Jean (qui sont estimez être
les Colomnes) ayant reconnu la grace que j'avois reçue, me
donnerent, à moi & à Barnabas, la main d'association, afin
que nous allassions vers les Gentils, & qu'ils allassent eux vers
ceux de la Circoncision:

a *Act.* 15.2.3.
b vs. 6. 9.
c *Act.* 15.24.
d *ch.* 5. 1.
1 Sav. quant aux dons du St. Esprit, & à l'autorité de sa charge d'Apostre.
e *Deut.* 10.17. 2 *Chron.* 19.7. *Job* 34. 19. *Act.* 10. 34. *Rom.* 2. 11. *Eph.* 6. 9. *Col.* 3. 25. 1 *Pier.* 1. 17.
f *Act.* 9. 15. & 22. 21. *Rom.* 11. 13. *Eph.* 3. 8. 1 *Tim.* 2. 7. 2 *Tim.* 1. 11.
2 C'est-à-dire, parmi les Gentils.
3 C'est-à-dire, de prêcher l'Evangile aux Juifs.
g *Act.* 9. 15.
h *Rom.* 15.18. 1 *Cor.* 15.10.
4 C'est-à-dire, envers les Juifs.

10 [i] *Nous recommandant* seulement de nous souvenir des
pauvres: ce que je me suis aussi étudié de faire.
11 Mais quand Pierre fut venu à Antioche, [k] je lui résistai
[5] en face, parce qu'il étoit à reprendre.
12 Car avant que quelques-uns fussent venus de la part de
Jacques, il mangeoit avec les Gentils: mais quand ceux-là
furent venus, il s'en retira, & s'en sépara, craignant ceux
qui étoient de la Circoncision.
13 Les autres Juifs usoient aussi de dissimulation comme
lui, tellement que Barnabas lui-même se laissoit emporter à
leur dissimulation.
14 Mais quand je vis qu'ils ne marchoient pas [6] de droit pied
selon la vérité de l'Evangile, [l] je dis à Pierre devant tous; [m] Si
toi qui és Juif, [n] vis comme les Gentils, & non pas comme
les Juifs, pourquoi [7] contrains-tu les Gentils à Judaïser?
15 Nous qui sommes Juifs de naissance, & non point pécheurs d'entre les Gentils;
16 [o] Sachant que l'homme n'est pas justifié par les œuvres
de la Loi, mais seulement par la foi en *Jésus*-Christ, nous,
dis-je, avons cru en Jésus-Christ, afin que nous fussions justifiez par la foi de Christ, & non point par les œuvres de
la Loi: [p] parce que nulle chair ne sera justifiée par les œuvres de la Loi.
17 [q] Or si en cherchant d'être justifiez par Christ, nous
sommes aussi trouvez pécheurs, Christ est-il pourtant ministre du péché? Ainsi n'avienne!
18 Car si je r'édifiois les choses que j'ai détruites, je me
montrerois moi-même prévaricateur.
19 Mais [8] par la Loi je suis mort à la Loi, [r] afin que je vive
à Dieu.
20 [s] Je suis crucifié avec Christ, & je vis, [t] non pas maintenant moi, mais Christ vit en moi: & ce que je vis maintenant en la chair, je le vis en la foi du Fils de Dieu, qui m'a
aimé, [u] & s'est donné lui-même pour moi.

i *Act.* 11. 30. & 24. 17. *Rom.* 15. 25. 1 *Cor.* 16. 1. 2 *Cor.* 8. 1. 14.
k vs. 14.
5 C'est-à-dire, Il blâma courageusement & fortement sa trop grande complaisance pour ceux de sa nation.
6 C'est-à-dire, Qu'ils n'étoient pas assez fermes, & avoient trop de complaisance pour les Juifs.
l vs. 11.
m *Act.* 10. 28.
n *Act.* 15. 10. 11.
7 *Forces-tu par ton exemple* &c.
o *ch.* 3. 11. 21. *Act* 13. 39. *Rom.* 3. 20. 28. & 9. 31. 32. & 10. 3.
p *Pse.* 143. 2. *Rom.* 3. 20. 27.
q *Rom.* 3. 19. 20. & 15. 1. 1 *Jean* 3. 8. 9.
8 C'est-à-dire, Que par la nature même de la Loi, sa rigueur & la foiblesse des cerémonies, il renonçoit à la Loi, pour ne chercher d'être justifié que par J. C.
r *Rom.* 6. 11. 14. & 7. 4. 6. 2 *Cor.* 5. 15. 1 *Thess.* 5. 10. 1 *Pier.* 4. 2.
s *Rom.* 6. 5. 6. *Col.* 2. 20.
t *Cant.* 2. 16.
u *ch.* 1. 4. *Esa.* 53. 12. *Matth.* 20. 28. *Eph.* 5. 2. 1 *Tim.* 2. 6. *Tite* 2. 14. *Héb.* 1. 3. & 9. 14.

21 Je n'anéantis point la grace de Dieu: [x] car si la justice
est par la Loi, Christ est donc mort pour néant.

x *ch.* 5. 2. 4. *Héb.* 7. 11.

CHAPITRE III.

Le St. Esprit est donné en vertu de l'Evangile, 2—5. Les nations sont bénies par la foi, 7. Christ est fait malédiction pour nous, 13. Le Médiateur, 20. La Loi a été un Pédagogue, 24. Avoir revêtu Christ, 27. Il n'y a point en lui de distinction de peuples, 28.

O Galates insensez, qui est-ce qui vous a ensorcelez pour
faire [a] que vous n'obéissiez point à la vérité, vous à qui
Jésus-Christ a été auparavant portrait devant les yeux, &
crucifié entre vous?
2 Je voudrois seulement entendre ceci de vous; [b] Avez-
vous reçu l'Esprit [1] par les oeuvres de la Loi, ou par la prédication de la foi?
3 Etes-vous si insensez, [c] qu'en ayant commencé par l'Esprit, maintenant vous acheviez par la chair?
4 [d] Avez-vous tant souffert en vain? si toutefois c'est en vain.
5 Celui donc qui vous donne l'Esprit, & [e] qui produit en
vous les dons miraculeux, *le fait-il* par les oeuvres de la Loi,
ou par la prédication de la foi?
6 Comme [f] Abraham a cru à Dieu, & il lui a été imputé
à justice;
7 Sachez aussi que ceux [g] qui sont de la foi [h] sont enfans
d'Abraham.
8 Aussi l'Ecriture prévoyant que Dieu justifieroit les Gentils par la foi, a auparavant évangelisé à Abraham, en lui
disant; [i] Toutes les nations seront bénies en toi.
9 C'est pourquoi ceux qui sont de la foi, sont bénis avec le
fidéle Abraham.
10 Mais tous ceux qui sont des oeuvres de la Loi, sont sous
la malédiction: car il est écrit; [k] Maudit est quiconque ne
persévere dans toutes les choses qui sont écrites au Livre de
la Loi pour les faire.
11 [l] Or que par la Loi personne ne soit justifié envers Dieu,
cela paroît en ce [m] que le juste vivra de la foi.

a *ch.* 5. 7. & 6. 7.
b vs. 5. *Act.* 2. 38. & 8. 15. *Eph.* 1. 13.
1 L'Esprit de sanctification & de consolation ne vient que de l'Evangile.
c *ch.* 4. 9. & 5. 7.
d 2 *Jean* vs. 8.
e 2 *Cor.* 3. 5. *Phil.* 2. 13.
f *Gen.* 15. 6. *Rom.* 4. 3. *Jacq.* 2. 23.
g vs. 9.
h *Rom.* 4. 11. 12. 16.
i *Gen.* 12. 3. & 18. 18. & 22. 18. & 26. 4. *Esa.* 19. 25. *Act.* 3. 25.
k *Deut.* 27. 26. *Pse.* 130. 3. *Jér.* 11. 3. *Jacq.* 2. 10.
l vs. 21. & *ch.* 2. 16.
m *Héb.* 2. 4. *Rom.* 1. 17. *Héb.* 10. 38.

12 Or

12 Or la Loi n'est pas de la foi : mais [n] l'homme qui aura
fait ces choses, vivra par elles.
13 [o] Christ nous a rachettez de la malédiction de la Loi,
quand il a été fait malédiction pour nous : (car il est écrit,
[p] Maudit est quiconque pend au bois.)
14 Afin que la bénédiction d'Abraham parvînt aux Gentils
par Jésus-Christ, & que nous reçussions par la foi l'Esprit
qui avoit été promis.
15 Mes fréres, je vais vous parler à la maniere des hommes: [q] si une alliance faite par un homme, est confirmée,
nul ne la casse, ni n'y ajoûte.
16 Or les promesses ont été faites à Abraham, [r] & à sa semence: il n'est pas dit; Et aux semences, comme s'il avoit
parlé de plusieurs, mais comme parlant d'une seule, Et à sa
semence; qui est Christ.
17 Voici donc ce que je dis; c'est que [s] quant à l'alliance
qui a été auparavant confirmée par Dieu en Christ, la Loi
qui est venue quatre-cens-trente ans après, ne peut point
l'annuller, pour abolir la promesse.
18 [t] Car [2] si l'héritage est par la Loi, il n'est point par la
promesse: or Dieu l'a donné à Abraham [3] par la promesse.
19 A quoi donc *sert* la Loi? elle a été ajoûtée à cause des
transgressions, jusqu'à ce que vînt la semence à l'*égard de* laquelle la promesse avoit été faite: & elle a été [4] ordonnée
[u] par les Anges, [x] par le ministére [5] d'un Médiateur.
20 Or [6] le Médiateur [y] n'est pas [7] d'un seul: [z] [8] mais Dieu
est un seul.
21 La Loi donc *a-t-elle été ajoûtée* contre les promesses de
Dieu? Ainsi n'avienne! car si la Loi eût été donnée pour
pouvoir vivifier, véritablement la justice seroit de la Loi.
22 Mais [a] l'Ecriture a tout enclos sous le péché, afin que
la promesse par la foi en Jésus-Christ fût donnée à ceux qui
croyent.

o *Rom.* 8. 3. 2 *Cor.* 5. 21.
p *Deut.* 21. 23.
q *Héb.* 9. 17.
r vs. 8. *Gen.* 12. 7. & 15. 5. & 17. 7. & 22. 18.
s *Gen.* 12. 1. 2. 3.
t *Rom.* 4. 13. 14.
2 Celui dont Dieu avoit parlé à Abraham, Rom. 4. 13.
3 Dans la promesse du Messie, & non par la Loi de Sinaï.
4 Ou, *données au milieu des Anges:* Act. 7. 53.
u *Act.* 7. 53.
x *Exod.* 19. 3. &c. *Deut.* 5. 5. 23. 27. *Act.* 7. 38.
5 Moyse.
6 vs. 20. Le vrai Médiateur, J. C. par opposition à Moyse, qui n'étoit qu'un Médiateur typique & en figure.
y *Eph.* 2. 14. 15.

7 N'est pas Médiateur d'un seul peuple; il l'est des Juifs & des Gentils, au lieu que Moyse ne l'avoit été que d'un seul peuple. *Zach.* 14. 9. *Rom.* 3. 28. 29. *Eph.* 4. 6. 1 *Tim.* 2. 4. 5. 8 Ou, *& il y a un seul Dieu:* c'est-à-dire, qu'à cause que J. C. est Médiateur des Juifs & des Gentils, il n'y à qu'un Dieu pour les uns & pour les autres, il est également leur Dieu. Rom. 3. 28. 29. a *Rom.* 3. 9. & 11. 32.

23 Or avant que la foi vînt, nous étions gardez sous la Loi,
étant renfermez *sous l'attente* de la foi qui devoit être révélée.
24 [b] La Loi a donc été nôtre Pédagogue *pour nous amener*
à Christ, [c] afin que nous soyons justifiez par la foi.
25 Mais la foi étant venue, nous ne sommes plus sous le
Pédagogue.
26 [d] Parce que vous étes tous enfans de Dieu par la foi en
Jésus-Christ.
27 Car [e] vous tous qui avez été baptisez en Christ, vous
avez revêtu Christ;
28 [f] *Où* il n'y a ni Juif ni Grec: *où* il n'y a esclave ni libre:
où il n'y a [9] ni mâle ni fémelle: car vous étes tous un en Jésus-Christ.
29 [g] Or si vous étes de Christ, [h] vous étes donc la semence
d'Abraham, & héritiers selon la promesse.

b *Rom.* 10. 4. *Col* 2. 17. c *ch.* 2. 16. d *Jean* 1. 12. e *Rom.* 6. 3. & 13. 14. f *Rom.* 10. 12. *Eph.* 2. 14. 15. *Col.* 3. 11.
9 L'Apostre a regardé ici à la Circoncision qui n'étant que pour les hommes élevoit beaucoup leur condition au-dessus de celle des femmes: g *ch.* 5. 24. h *Gen.* 12. 2. *Rom.* 9. 7.

CHAPITRE IV.

L'Eglise asservie aux Rudimens du monde, 3. *J. C. sujet à la Loi*, 4. *L'Esprit d'adoption*, 5. *Avis aux Galates*, 10. *Sara & Agar*, 24—31.

OR je dis que [1] durant tout le temps que l'héritier est un
enfant, il n'est en rien différent du serviteur, quoi qu'il
soit seigneur de tout:
2 Mais il est sous des tuteurs & des curateurs jusqu'au temps
déterminé par le pére.
3 Nous aussi pareillement, lors que nous étions [2] des enfans, nous étions asservis [a] sous les rudimens du monde.
4 Mais [b] quand l'accomplissement du temps est venu, [c] Dieu
a envoyé son Fils, [d] fait de femme, & [e] fait sujet à la Loi.
5 Afin [f] qu'il rachetât ceux qui étoient sous la Loi, [g] & que
nous reçussions l'adoption des enfans.
6 [h] Et parce que vous étes [3] enfans, Dieu a envoyé l'Esprit
de son Fils dans vos cœurs, [i] criant Abba, Pére.
7 Maintenant donc tu n'es plus serviteur, mais fils: [k] or si
tu és fils, tu és aussi héritier de Dieu par Christ.

1 L'Apostre prend ici une comparaison dont Il fait l'application au vs. 3.
2 Dans l'enfance.
a vs. 9. *Col.* 2. 8. 20. *Héb.* 5. 12.
b *Gen.* 49. 10. *Dan.* 9. 24.
c *Jean* 3. 16.
d *Gen.* 3. 15.
e *Phil.* 2. 7.
f *ch.* 5. 1. *Rom.* 7. 4. 6.
g *Rom.* 8. 15.
h *Rom.* 8. 15.
3 des enfans adultes.
i *Rom.* 8. 26.
k *Rom.* 8. 16. 17.

8 Mais lors que [l] vous ne connoissiez point Dieu, [m] vous
serviez ceux qui de *leur* nature ne sont point dieux.
9 Et maintenant que vous avez connu Dieu, ou plustôt [n] que
vous avez été connus de Dieu, [o] comment retournez-vous
encore [p] aux rudimens [q] foibles & pauvres, ausquels vous voulez encore servir comme auparavant?
10 [r] Vous observez [4] les jours, & [5] les mois, & les temps,
[6] & les années.
11 Je crains pour vous que peut-être je n'aye travaillé en
vain parmi vous.
12 Soyez comme moi; car je *suis* aussi comme vous: je
vous *en* prie, mes fréres; vous ne m'avez fait aucun tort.
13 Et vous savez comment je [f] vous ai ci-devant évangelisé
dans l'infirmité de la chair.
14 Et vous n'avez point méprisé ni rejetté mon épreuve,
telle qu'elle étoit en ma chair: mais vous m'avez reçu [t] comme un Ange de Dieu, & [u] comme Jésus-Christ même.
15 Quelle étoit donc la déclaration *que vous faisiez* de vôtre bonheur? car je vous rens témoignage que, s'il eût été
possible, vous eussiez arraché vos yeux, & vous me les eussiez donnez.
16 Suis-je donc devenu vôtre ennemi, en vous disant la
vérité?
17 [x] Ils sont jaloux de vous, *mais* ce n'est pas comme il faut:
au contraire, ils vous veulent exclurre, afin que vous soyez
jaloux d'eux.
18 Mais il est bon d'être toûjours jaloux en bien, & de ne
l'être pas seulement quand je suis présent avec vous.
19 [y] Mes petits enfans, pour lesquels enfanter je travaille de
nouveau, jusqu'à ce que Christ soit formé en vous:
20 Je voudrois être maintenant avec vous, & changer ma
parole, car je suis en perplexité sur vôtre sujet.
21 Dites-moi, vous qui voulez être sous la Loi, n'entendez-vous point la Loi?
22 [z] Car il est écrit qu'Abraham a eu deux fils, l'un de la
servante, & l'autre de la libre.

l *Eph.* 2. 11. & 4. 18. 1 *Thess.* 4. 5.
m *Rom.* 1. 25. 1 *Cor.* 8. 4. & 12. 2. 1 *Thess.* 1. 9.
n 1 *Cor.* 8. 3. & 13. 12.
o *ch.* 1. 6. 7. & 3. 3.
p *vs.* 3.
q *Rom.* 8. 3. *Héb.* 7. 18. 19.
r *Rom.* 14. 5. 6. *Col.* 2. 16.
4 Les Sabbats & autres festes.
5 Le premier jour de chaque mois.
6 Les années Sabbatiques Lévit. 25. 4.
f 1 *Cor.* 2. 3. 2 *Cor.* 10. 10. & 11. 30.
t 1 *Sam.* 29. 9. & 2 *Sam.* 14. 17. 20. & 19. 27.
u *Matth.* 10. 40.
x *Rom.* 10. 2. 2 *Cor.* 11. 2.
y 1 *Cor.* 4. 15. *Philem.* vs. 10. *Jacq.* 1. 18.
z *Gen.* 16. 15. & 21. 1. 2.

23 Mais

23 Mais celui qui étoit de la servante, nâquit [7] selon la chair :
& celui qui étoit de la libre, nàquit par la promesse.
24 Or ces choses doivent être entendues par allégorie ; car
ce sont les deux alliances ; l'une au mont de Sina, engendrant
à servitude, qui est Agar.
25 Car ce nom d'Agar veut dire Sina : qui est une montagne en Arabie, & correspondante [8] à la Jérusalem de maintenant, laquelle sert avec ses enfans.
26 [a] Mais [9] la Jérusalem d'enhaut est libre, & elle est la mére de nous tous.
27 Car il est écrit ; [b] Réjouïs-toi, stérile, qui n'enfantois
point : efforce-toi, & t'écrie, toi qui n'étois point en travail
d'enfant : car il y beaucoup plus d'enfans de *celle qui avoit été*
laissée, que de celle qui avoit un mari.
28 Or pour nous, mes fréres, [c] nous sommes enfans de la
promesse, ainsi qu'Isaac.
29 Mais comme alors celui qui étoit né [d] selon la chair,
persécutoit celui *qui étoit né* selon l'Esprit, *il en est* de même
aussi maintenant.
30 Mais que dit l'Ecriture ? [e] Chasse la servante & son fils :
car le fils de la servante [f] ne sera point héritier avec le fils
de la libre.
31 [g] Or mes fréres, nous ne sommes point enfans de la servante, mais de la libre.

7 Ces mots étant mis ici en opposition à ceux-ci *par la promesse*, ils veulent dire que Dieu n'avoit pas eu en vûe Ismaël dans la promesse faite à Abraham, laquelle ne portoit que sur Isaac. 8 La ville de Jérusalem étoit le centre de la Religion Mosaïque, comme l'avoit été autrefois le mont Sinaï, où elle fut donnée de Dieu, & c'est en quoi consistoit la correspondance de Jérusalem à Sinaï.

a *Esa.* 2. 2. *Héb.* 12. 22. *Apoc.* 3. 12. & 21. 10. 9 C'est l'Eglise Chrétienne. b *Esa.* 54. 1. c *Rom.* 9. 8. d vs. 23. *Gen.* 21. 9. e *Gen.* 21. 10. 12. f *ch.* 3. 18. g vs. 28.

CHAPITRE V.

Joug de servitude, 1. *Contre la Circoncision*, 2. *C'est renoncer à la Grace que de vouloir être justifié par la Loi*, 4. *N'abuser point de la liberté Evangelique*, 15. *La chair & l'Esprit*, 17. *Oeuvres de la chair*, 19. *Celles de l'Esprit*, 22.

TEnes-vous donc fermes [a] dans la liberté à l'égard de laquelle Christ nous a affranchis, & ne soyez point retenus
de nouveau sous le joug de la servitude.
2 Voici, je vous dis moi Paul, [b] que si vous étes circoncis, Christ ne vous profitera de rien.

a vs. 13. & *ch.* 4. 5. 26. *Jean* 8. 32. *Act.* 15. 10. *Rom.* 6. 18. 1 *Pier.* 2. 16. b *Act.* 15. 1.

3 Et de plus, je proteste à tout homme qui se circoncit,
[c] qu'il est obligé d'accomplir toute la Loi.
4 [d] Christ est anéanti à l'égard de vous tous [1] qui *voulez*
être justifiez par la Loi: [e] & vous êtes déchûs de la grace.
5 [f] Mais nous attendons *l'accomplissement de* l'espérance de
la justice, par la foi en l'Esprit.
6 [g] Car en Jésus-Christ ni la circoncision, ni le prépuce n'ont
aucune vertu, [h] mais la foi opérante par la charité.
7 [i] Vous couriez bien: qui est-ce *donc* qui vous a donné de
l'empêchement *pour faire* que [k] vous n'obéïssiez point à la
vérité?
8 [l] Cette persuasion ne vient pas [2] de celui qui vous appelle.
9 [m] Un peu de levain fait lever toute la pâte.
10 Je m'assûre de vous en *nôtre* Seigneur, que vous n'aurez point d'autre sentiment: mais celui qui vous trouble en
portera la condamnation, quel qu'il soit.
11 Et pour moi, mes fréres, si je prêche encore la Circoncision, pourquoi est-ce que je souffre encore la persécution? [n] le scandale de la croix est donc aboli.
12 [o] Plût à Dieu que ceux qui vous troublent fussent re-
tranchez!
13 Car, mes fréres, vous avez été appellez à la liberté:
[p] seulement ne *prenez* pas une telle liberté pour une occasion
de vivre selon la chair; mais servez-vous l'un l'autre avec
charité.
14 Car [3] toute la Loi est accomplie dans cette seule parole;
[q] Tu aimeras ton Prochain comme toi-même.
15 [r] Mais si vous vous mordez & vous dévorez les uns les
autres, prenez garde que vous ne soyez consumez l'un par
l'autre.
16 Je *vous* dis donc, [s] Cheminez selon l'Esprit; & vous
n'accomplirez point les convoitises de la chair:
17 Car [t] la chair convoite contre l'esprit, & l'esprit contre
la chair: & ces choses sont opposées l'une à l'autre: tellement que vous ne faites point les choses que vous voudriez.

c *Act.* 15. 5.
d vs. 2. & 4. *ch.* 2. 21.
1 Gr. *qui êtes justifiez*, pour dire, *qui voulez être justifiez*: comme Matth. 23. 13. *Ceux qui entrent*, pour *ceux qui désirent d'entrer.*
e *Rom.* 11. 6.
f 2 *Tim.* 4. 8.
g *ch.* 6. 15. 1 *Cor.* 7. 19. *Col.* 3. 11.
h *Act.* 15. 9. *Jacq.* 2. 17. 18.
i *ch.* 3. 3.
k *ch.* 3. 1.
l *ch.* 1. 6.
2 C'est-à-dire, de Dieu
m 1 *Cor.* 5. 6.
n 1 *Cor.* 1. 23.
o *Nomb.* 5. 2. 3. *Deut.* 13. 6-9. *Jos.* 7. 25. 1 *Cor.* 5. 13.
p *ch.* 1. 4. 1 *Cor.* 8. 9. *Tite* 2. 11. 1 *Pier.* 2. 16. & 4. 2. *Jude* vs. 4.
3 C'est-à-dire, toute la Loi qui regarde la charité entre les hommes, qui est ce dont S. Paul parloit dans les mots précédens.
q *Lévit.* 19. 18. *Matth.* 22. 39. *Marc* 12. 31. *Rom.* 13. 9. *Jacq.* 2. 8.
r 2 *Cor.* 12. 20.
s *Rom.* 6. 12. & 13. 14.
t *Rom.* 7. 25.

u Rom. 6. 14. & 8. 2. 18 [u] Or si vous étes conduits par l'Esprit, vous n'étes point
sous la Loi.
x 1 Cor. 3. 3. & 6. 9. Eph. 5. 3. 5. Col. 3. 5. Jacq. 3. 14. 19 [x] Car les œuvres de la chair sont manifestes, lesquelles
sont l'adultere, la paillardise, la souillure, l'insolence,
20 L'idolatrie, l'empoisonnement, les inimitiez, les querelles, les dépits, les coléres, les dissensions, les divisions,
les hérésies.
21 Les envies, les meurtres, les yvrogneries, les gourmandises, & les choses semblables à celles-là: au sujet des-
y 1 Cor. 6. 9. 10. Eph. 5. 5. Col. 3. 6. Apoc. 22. 15. quelles je vous prédis, comme je vous l'ai déja dit, [y] que
ceux qui commettent de telles choses n'hériteront point le
Royaume de Dieu.
z Eph. 6. 9. a Col. 3. 12. 22 [z] Mais le fruit de l'Esprit est la charité, la joye, la paix,
[a] un esprit patient, la bénignité, la bonté, la fidélité, la
douceur, la tempérance
b 1 Tim. 1. 9. 23 Or [b] la Loi ne s'adresse point contre de telles choses.
c ch. 4. 29. d Rom. 6. 6. & 8. 1. & 13. 14. 2 Cor. 5. 17. 24 Or [c] ceux qui sont de Christ, [d] ont crucifié la chair avec
ses affections & ses convoitises.
e Rom. 8. 5. 25 [e] Si nous vivons par l'Esprit, conduisons-nous aussi par
l'Esprit.
f Phil. 2. 3. 26 [f] Ne désirons point la vaine gloire, en nous provoquant
l'un l'autre, & en nous portant envie l'un à l'autre.

CHAPITRE VI.

Exhortation à redresser ceux qui manquent, 6 Entretenir les Pasteurs, 12. Ne se glorifier point en la chair, 14. Mais en la seule croix de J. C. 14. Les flétrissûres du Seigneur Jésus, 17.

1 C'est-à-dire, Chrétiens & sanctifiez en J. C. & non pas les infidéles. MEs fréres, lors qu'un homme est surpris en quelque faute, vous qui étes [1] spirituels, redressez un tel homme
[a] avec un esprit de douceur: & toi, prends garde à toi-même, de peur que tu ne sois aussi tenté.
a Rom. 14. 1. & 15. 1. 1 Cor. 2. 15. & 9. 22. 1 Thess. 5. 14. 2 [b] Portez [2] les charges les uns des autres, & accomplissez
ainsi [c] la Loi de Christ.
3 [d] Car si quelqu'un s'estime être quelque chose, quoi qu'il
ne soit rien: [e] il se séduit lui-même par sa fantaisie.
b Rom. 14. 1. & 15. 1. 1 Thess. 5. 14. 4 [f] Or que chacun examine ses actions, & alors il aura dequoi

2 Les afflictions. c Jean 13. 34. d 1 Cor. 8. 2. e Jacq. 1. 26. f 1 Cor. 11. 28. 2 Cor. 13. 5.

quoi se glorifier en lui-même seulement & non dans les autres.
5 Car [g] chacun portera son propre fardeau.
6 [h] Que celui qui est enseigné en la parole, fasse participant
de tous ses biens celui qui l'enseigne.
7 [i] Ne vous abusez point; Dieu ne peut être moqué: [k] car
ce que l'homme aura semé, il le moissonnera aussi.
8 [l] C'est pourquoi celui qui seme à la chair, moissonnera
aussi de la chair [3] la corruption: [m] mais celui qui seme à l'Esprit, moissonnera de l'Esprit la vie éternelle.
9 [n] Or ne nous relâchons point en faisant le bien; car nous mois-
sonnerons en la propre saison, si nous ne devenons point lâches.
10 C'est pourquoi pendant que nous en avons le temps,
faisons du bien à tous: [o] mais principalement [p] aux domestiques de la foi.
11 Vous voyez quelle grande Lettre je vous ai écrite de ma
propre main.
12 [q] Tous ceux qui cherchent une belle apparence en la
chair, sont ceux qui vous contraignent d'être circoncis:
afin seulement qu'ils ne souffrent point persécution pour la
croix de Christ.
13 Car ceux-là même qui sont circoncis ne gardent point
la Loi: mais ils veulent que vous soyez circoncis, afin de se
glorifier en vôtre chair.
14 Mais pour moi, [r] à Dieu ne plaise que je me glorifie sinon en la croix de nôtre Seigneur Jésus-Christ, par lequel le
monde m'est crucifié, [s] & moi au monde!
15 [t] Car en Jésus-Christ ni la circonsion, ni le prépuce
n'ont aucune vertu, [u] mais la nouvelle créature.
16 Et à l'égard de tous ceux qui marcheront selon cette
régle, [x] que la paix & la miséricorde soient sur eux, & sur
l'Israël de Dieu.
17 Au reste, que personne ne me donne de la fâcherie:
car je porte en mon corps [y] les flêtrissûres du Seigneur Jésus.
18 Mes fréres, [z] la grace de nôtre Seigneur Jésus-Christ
soit avec vôtre esprit; Amen.

Ecrite de Rome aux Galates.

g *Psa.* 62. 13. *&c.* 1 *Cor.* 3. 8. *Eph.* 6. 8.
h 1 *Cor.* 9. 7. 11. 14.
i *Luc* 16. 25.
k *Rom.* 2. 6.
l 2 *Cor.* 9. 6.
3 En satisfaisant ses passions, il en deviendra plus vicieux, & plus digne de l'éternelle condamnation.
m *Psa.* 37. 6. *&* 97. 11. *Prov.* 11. 18.
n 2 *Thess.* 3. 13.
o 1 *Tim.* 5. 8.
p *Eph.* 2. 19.
q 2 *Cor.* 5. 12. *Phil.* 3. 18.
r *Rom.* 1. 16. 1 *Cor.* 1. 23. *&* 2. 2.
s 1 *Cor.* 4. 9-13. 2 *Cor.* 4. 11.
t *ch.* 5. 6.
u *Rom.* 6. 4. 2 *Cor.* 5. 17. *Eph.* 4. 24.
x *Psa.* 125. 5. *Rom.* 2. 29.
y 2 *Cor.* 4. 11. 23.
z *Rom.* 8. 16.

EPISTRE
DE S. PAUL APOSTRE
AUX EPHESIENS.

CHAPITRE I.

Les graces que Dieu nous fait en J. C. 3——11. Nous sommes séellez du St. Esprit, 13. Nôtre foi est l'effet de la puissanco de Dieu, 19. J. C. élevé au dessus de toutes choses, 21. Il est le Chef de l'Eglise, 22.

PAUL Apostre de Jésus-Christ, par la volonté de Dieu,
[a] aux Saints & Fidéles en Jésus-Christ, qui sont à Ephése:
2 Grace vous soit & paix de par Dieu nôtre Pére, & de
par le Seigneur Jésus-Christ.
3 [b] Béni soit Dieu, qui est le Pére de nôtre Seigneur Jésus-
Christ, qui nous a bénis de toute bénédiction spirituelle [1] dans
les *lieux* célestes en Christ:
4 [c] Selon qu'il nous avoit élûs [2] en lui, avant la fondation
du monde, [d] afin que nous fussions saints & irréprehensibles
devant lui en charité:
5 [e] Nous ayant prédestinez pour nous adopter à soi [3] par Jésus-Christ, [f] selon le bon plaisir de sa volonté:
6 A la louange de la gloire de sa grace, par laquelle il nous
a rendus agréables en son [g] Bien-aimé.
7 [h] En qui nous avons rédemption par son sang, *savoir* la
rémission des offenses, selon les richesses de sa grace,
8 Laquelle il a fait abonder sur nous [i] en toute sagesse & intelligence:
9 [k] Nous ayant donné à connoître selon son bon plaisir, le
secret de sa volonté, lequel il avoit premierement arrêté en
soi-même.
10 Afin [l] qu'en la dispensation de l'accomplissement des temps
[m] il recueillît ensemble tout en Christ, tant ce qui est aux
cieux, que ce qui est sur la terre, en lui-même.
11 En qui aussi nous sommes faits son héritage, ayant été
pré-

a *Rom.* 1. 7. 1 *Cor.* 1. 2. 2 *Cor.* 1. 1.
b 2 *Cor.* 1. 3. 1 *Pier.* 1. 3.
1 C'est-à-dire, qui est proprement dans le Ciel, & dont nous avons les prémices sur la terre: la grace & la gloire ne différent qu'en degrez: conférez avec le ch. 2. vs. 6.
c *Rom.* 8. 28. 2 *Thess.* 2. 13. 2 *Tim.* 1. 9.
2 L'élection s'accomplit en nous par le moyen de J.C.
d *ch.* 5. 21.
e *Rom.* 8. 15. 29. 30. *Gal.* 4. 5.
3 L'adoption de même que l'élection ne s'accomplit en nous que par Jésus-Christ.
f vs. 9. *Phil.* 2. 13. 2 *Tim.* 1. 9. g *Matth.* 3. 17. & 17. 5. h *ch.* 2. 7. *Act.* 20. 28. *Rom.* 3. 24. *Col.* 1. 14. 20. 22. 1 *Pier.* 1. 18. 19. 1 *Jean* 2. 2. i *Esa.* 11. 9. 1 *Cor.* 1. 5. k *ch.* 3. 9. *Rom.* 16. 25. *Col.* 1. 26. 2 *Tim.* 1. 9. *Tite* 1. 2. 1 *Pier.* 1. 20. l *Gen.* 49. 10. *Dan.* 9. 24. *Gal.* 4. 4. m *Col.* 1. 20.

prédeſtinez, ſuivant le propos arrêté de celui [n] qui accomplit avec efficace toutes choſes, ſelon le conſeil de ſa volonté:
12 Afin que nous ſoyons à la louange de ſa gloire, nous qui
avons [4] les premiers eſpéré en Chriſt.
13 En qui vous étes auſſi, ayant ouï [o] la parole de la vérité, *qui eſt* l'Evangile de vôtre ſalut, & auquel ayant crû [p]
vous avez été ſéellez du Saint Eſprit de la promeſſe:
14 [q] Lequel eſt l'arrhe de nôtre héritage juſqu'à la rédemption [r] de la poſſeſſion acquiſe, à la louange de ſa gloire.
15 C'eſt pourquoi auſſi [ſ] ayant entendu parler de la foi que
vous avez au Seigneur Jéſus, [t] & de la charité que vous avez
envers tous les Saints.
16 [u] Je ne ceſſe point de rendre graces pour vous dans mes
prieres:
17 Afin que [x] le Dieu de nôtre Seigneur Jéſus-Chriſt, [y] le
Pére de gloire, vous donne l'Eſprit de ſageſſe, & de révélation, en ſa connoiſſance:
18 Qu'il illumine les yeux de vôtre entendement, afin que
vous ſachiez [z] quelle eſt l'eſpérance de ſa vocation, & quelles ſont les richeſſes de la gloire de ſon héritage dans les Saints:
19 Et quelle eſt [5] l'excellente grandeur de ſa puiſſance envers nous qui croyons [a] ſelon l'efficace de la puiſſance de ſa
force:
20 [6] Laquelle il a déployée avec efficace en Chriſt, [b] quand
il l'a reſſuſcité des morts, [c] & qu'il l'a fait aſſeoir à ſa droite
dans les *lieux* céleſtes:
21 Au deſſus de toute Principauté, & Puiſſance, & Dignité, & Seigneurie, [d] & au deſſus de tout Nom qui ſe nomme,
non ſeulement en ce ſiecle, mais auſſi en celui qui eſt à venir.
22 Et [e] il a aſſujetti toutes choſes ſous ſes pieds, & l'a établi ſur toutes choſes pour être [f] Chef à l'Egliſe:
23 [g] Qui eſt ſon Corps, & l'accompliſſement de celui qui
accomplit tout en tous.

 CHA-

n *Pſe.* 135. 6. *Eſa.* 46. 10.
4 Les Juifs ont été les premiers appellez & convertis à la foi Chrétienne; & en ſuite les Gentils.
o 2 *Cor.* 6. 7. *Col* 1. 5.
p *ch.* 4. 30. *Rom.* 8. 15. 16. 2 *Cor.* 1. 22.
q 2 *Cor.* 1. 22. & 5. 5.
r 1 *Pier.* 2. 9.
ſ *Col.* 1. 4.
t 3 *Jean vs.* 6.
u *Rom.* 1. 8. 9. *Phil.* 1. 3. *Col.* 1. 3. 1 *Theſſ.* 1. 2. 3. 2 *Theſſ.* 1. 3. 4.
x *vs.* 4.
y *Act.* 7. 2.
z *ch.* 4. 4. *Gal.* 5. 5. *Col.* 1. 5.
5 Ceci fait voir que la foi n'eſt pas ſeulement l'effet & la production de la Grace, mais qu'elle l'eſt d'une Grace puiſſante, efficace, victorieuſe, & par conſéquent *irreſiſtible.*
a *ch.* 3. 7. *Eſa.* 53. 1 *Col.* 2. 12.
6 La même force & la même efficace avec laquelle Dieu a reſſuſcité J. C. des morts, nous convertit. *Act.* 2. 24. *Rom.* 4. 24. *&c.* 1 *Cor.* 15. 25. *Col.* 3. 1. c *Pſe.* 110. 1. *Héb.* 1. 3 & 10. 12. 1 *Pier.* 3. 22. d *Phil.* 2. 9. e *Pſe.* 8. 7. *Héb.* 2. 8. f *ch.* 4. 15. & 5. 23. *Col.* 1. 18. g *Rom.* 12. 5. 1 *Cor.* 6. 15. & 12. 27.

CHAPITRE II.

Description de l'homme irrégénéré, 1. 2. 3. Sa vivification, 5. L'état des Gentils avant leur conversion, 11. Leur réunion avec les Juifs par Jésus-Christ, 14. Toute l'Eglise édifiée sur lui, 21.

ET [a] lors que vous étiez morts en vos fautes & en vos
péchez,
2 Dans lesquels vous avez marché autrefois, suivant le train
de ce monde, [b] selon le Prince de la puissance de l'air, qui
est l'Esprit qui agit maintenant avec efficace dans les enfans
de rebellion:
3 [c] Entre lesquels aussi nous avons tous conversé autrefois
dans les convoitises de nôtre chair, accomplissant les désirs
de la chair & de *nos* pensées; & nous étions de *nôtre* nature
enfans d'ire, comme les autres.
4 (Mais Dieu, [d] qui est riche en misericorde, par sa grande charité de laquelle il nous a aimez:)
5 Lors, dis-je, que nous étions morts en *nos* fautes, il [e] nous
a vivifiez ensemble avec Christ, [f] par la grace *duquel* vous
étes sauvez.
6 Et nous a ressuscitez ensemble, & nous a fait asseoir ensemble [1] dans les *lieux* célestes en Jésus-Christ:
7 Afin qu'il montrât dans les siecles à venir les abondamment excellentes richesses de sa grace par sa bénignité envers
nous, en Jésus-Christ.
8 [g] Car vous étes sauvez par grace, [2] par la foi: & cela
non point de vous, [h] c'est le don de Dieu.
9 [i] Non point par les œuvres, [k] afin que personne ne se
glorifie.
10 [l] Car nous sommes son ouvrage, étant créez en Jésus-
Christ pour les bonnes œuvres, que Dieu a préparées afin
que nous cheminions en elles.
11 C'est pourquoi souvenez-vous que [m] vous qui étiez autrefois Gentils [3] en la chair, & qui [4] étiez appellez Prépuce,
par celle qui est appellée la Circoncision, faite de main en la
chair,

a *Col.* 2. 13. b *ch.* 6. 12. *Jean* 12. 31. *&c.* c *Col.* 3. 7. *Tite* 3. 3. d vs. 7. *Exod.* 34. 6. *Mich.* 7. 18. *Rom.* 2. 4. 2 *Cor.* 1. 3. e *Rom.* 5. 6. 8. 10. *&* 6. 4. 5. *Col.* 2. 12. 13. *&* 3. 1. 3. f *Act.* 15. 11. *Tite* 3. 5. 1 Voyez la Note sur le ch. 1. vs. 3. g *Rom.* 3. 24. *&* 4. 16. *Tite* 3. 5. 2 La grace & la foi vont ensemble dans nôtre justification: ainsi Rom. 3. 23. 24. h *Phil.* 1. 29. i *Rom.* 3. 20. 27. *&* 4. 2. *&* 11. 6. *Tite* 3. 5. k 1 *Cor.* 1. 29. 30. l *ch.* 1. 4. *Pse.* 100. 3. *&* 102. 19. *Esa.* 29. 23. 2 *Cor.* 5. 17. *Tite* 2. 14. m *ch.* 5. 8. 1 *Cor.* 12. 2. *Col.* 1. 21. 3 C'est à-dire, de leur nature, & n'étant point dans l'alliance de Dieu, par la circoncision. 4 Sav. par mépris.

12 Etiez en ce temps-là hors de Christ, n'ayant rien de
commun avec la République d'Israël, [n] étant étrangers des
alliances de la promesse, [o] n'ayant point d'espérance, & [p] é-
tant [5] sans Dieu au monde.
13 Mais maintenant par Jésus-Christ, vous qui étiez autrefois loin, étes approchez [q] par le sang de Christ.
14 [r] Car il est nôtre paix, [r] qui [6] des deux en a fait un,
ayant rompû la clôture de la paroi mitoyenne:
15 [t] Ayant aboli en sa chair l'inimitié, *savoir* la Loi des
commandemens qui consiste en ordonnances: afin qu'il créât
les deux en soi-même pour être [u] un homme nouveau, [7] en
faisant la paix:
16 [x] Et qu'il ralliât les uns & les autres en un corps à Dieu,
par la croix, ayant détruit en elle l'inimitié.
17 Et étant venu [y] il a évangelisé la paix à vous qui étiez
loin, & à ceux qui étoient prés.
18 Car nous avons par lui [z] les uns & les autres accés au
Pére [a] en un même Esprit.
19 Vous n'étes donc plus étrangers ni forains: [b] mais con-
citoyens des Saints, & domestiques de Dieu.
20 Etant édifiez sur le fondement des Apostres, & des
Prophétes, & Jésus-Christ lui-même étant [c] la maîtresse pierre du coin:
21 [d] En qui tout l'édifice posé & ajusté ensemble, se leve
pour être un Temple saint au Seigneur.
22 En qui vous étes [e] édifiez ensemble, [8] pour être un Tabernacle de Dieu en esprit.

n *Col.* 1. 21. o 1 *Thess.* 4. 13. p 2 *Chron.* 15. 3. 5 Sav. du côté des graces spirituelles. q *Héb.* 10. 19. 20. 1 *Pier.* 3. 18. r *Esa.* 9. 5. 6. *Mich.* 5. 5. *Jean* 10. 16. *Act.* 10. 36. *Rom.* 5. 1. *Col.* 1. 20. r *Gal.* 3. 29. 6 De deux peuples, en a fait un seul qui est son peuple. t *Dan.* 9. 27. *Col.* 1. 22. & 2. 14. u 2 *Cor.* 5. 17. *Gal.* 6. 15. 7 Sav. 1. avec Dieu, & 2. des Juifs & des Gentils en les réünissant dans son Eglise. x *ch.* 3. 6. *Rom.* 6. 6. & 8. 3. *Col.* 1. 20. & 2. 14. y *Esa.* 57. 19. z *ch.* 3. 12. *Rom.* 5. 2. *Héb.* 4. 16 & 10. 19. 20. a *ch.* 4. 4. *Gal.* 3. 5. 14. & 4. 5. 6. b *Gal.* 6. 10. *Phil.* 3. 30. *Héb.* 12. 22. 23. c *Pse.* 118. 22. *Esa.* 28. 16. *Matth.* 16. 18. 1 *Cor.* 3. 9. 10. 1 *Pier.* 2. 4. 5. d *ch.* 4. 16. 1 *Cor.* 3. 17. & 6. 19. 2 *Cor.* 6. 16. e 1 *Pier.* 2. 5. 8 C'est-à-dire, que Dieu habite par son Esprit au milieu d'eux, comme 2 Cor. 6. 16.

CHAPITRE III.

Mystére de la vocation des Gentils, 1--9. *La confiance des élûs*, 18. *La grandeur incompréhensible de la dilection de Christ envers son Eglise*, 18.

C'Est pour cela que moi Paul [a] *suis* prisonnier de Jésus-
Christ pour vous Gentils

a *ch.* 4. 1. *Act.* 21. 33. & 22. 21. 22. *Phil.* 1. 7. 13. 14. 16. *Col.* 1. 24. &c.

2 Si

2 Si toutefois vous avez entendu la dispensation [b] de la grace de Dieu, qui m'a été donnée envers vous:
3 Comment [c] par révélation [1] le mystére m'a été donné à
connoître (ainsi que je l'ai écrit ci-dessus en peu de mots.
4 D'où vous pouvez voir en *le* lisant, quelle est l'intelligence que j'ai dans le mystére de Christ.)
5 [d] Lequel n'a point été donné à connoître aux enfans des
hommes dans les autres âges, comme [e] il a été maintenant
révélé par l'Esprit à ses saints Apostres, & à *ses* Prophétes;
6 [f] *Savoir* que les Gentils sont cohéritiers, & d'un même
corps, & qu'ils participent ensemble à sa promesse en Christ,
par l'Evangile.
7 [g] Duquel j'ai été fait ministre, selon le don de la grace de
Dieu, qui m'a été donnée [h] suivant l'efficace de sa puissance.
8 [i] Cette grace, *dis-je*, m'a été donnée [k] à moi qui suis le
moindre de tous les Saints, [l] pour annoncer entre les Gentils les richesses [2] incompréhensibles de Christ,
9 Et pour mettre en évidence devant tous quelle est la communication [m] du mystére qui étoit caché de tout temps en
Dieu, lequel a créé toutes choses par Jésus-Christ:
10 Afin que la sagesse de Dieu, [n] qui est diverse en toutes
sortes, soit [o] maintenant donnée à connoître aux Principautez & aux Puissances, dans les *lieux* célestes par l'Eglise:
11 Suivant le propos arrêté dés les siecles, lequel il a établi
en Jésus-Christ nôtre Seigneur:
12 [p] Par lequel nous avons hardiesse & accés en confiance,
par la foi que nous avons en lui.
13 C'est pourquoi je vous prie de ne vous point relâcher à
cause de mes afflictions que je souffre [q] pour l'amour de vous,
ce qui est vôtre gloire.
14 A cause de cela je fléchis mes genoux devant le Pére de
nôtre Seigneur Jésus-Christ:
15 (Duquel [3] toute la parenté est nommée dans les Cieux
& sur la terre,)
16 Afin

b vs. 8. *Act.* 9. 15. & 13. 2. & 22. 21. *Rom.* 1. 5. 1 *Cor.* 4. 1. *Gal.* 1. 16. c *ch.* 1. 9. 10. *Act.* 22. 17. 21. *Rom.* 16. 25. *Gal.* 1. 11. 12. *Col.* 1. 26. 1 Le mystére de la vocation des Gentils, vs. 6. d vs. 9. *Act.* 10. 28. 1 *Cor.* 2. 7. e vs. 10. *Rom.* 1. 17 & 16. 25. f *ch.* 2. 25. 16. *Gal.* 1. 29. g *Rom.* 1. 5. *Col.* 1. 25. 26. h *ch.* 1. 19. *Col.* 2. 12. i *Act.* 9. 15. & 13. 2. & 26. 17. k 1 *Cor.* 15. 9. 1 *Tim.* 1. 13. 15. 2 *Tim.* 1. 11. l *Gal.* 1. 16. & 2. 7. 2 Le mot Grec veut dire proprement ce dequoi l'on ne voit *ni trace ni vestige*, & il marque ici des richesses si grandes que nôtre esprit ne sauroit s'en former une juste idée: n'y en ayant ni trace ni vestige dans la Raison humaine: Voyez ce même mot Rom. 11. 33. m vs. 5. & *ch.* 1. 9. *Rom.* 16. 25 *Col.* 1. 26. 2 *Tim.* 1. 10. *Tite.* 1. 2. 3. n *Esa.* 28. 29. o vs. 5. p *ch.* 2. 18. *Rom.* 5. 2. *Héb.* 4. 16. & 10. 19. q vs. 1. 1 *Thess.* 3. 3. 3 Ou *toute la famille*, qui est l'Eglise triomphante, & l'Eglise militante.

16 Afin que selon les richesses de sa gloire il vous donne
d'être puissamment fortifiez par son Esprit, [r] en l'homme intérieur:
17 [s] Tellement que Christ habite dans vos cœurs par la foi:
18 Afin qu'étant enracinez & fondez dans la charité, vous
puissiez comprendre avec tous les Saints, quelle est la largeur
& la longueur, la profondeur & la hauteur:
19 Et connoître la charité de Christ, laquelle [t] surpasse
toute connoissance: afin que vous soyez remplis de toute
plénitude de Dieu.
20 [u] Or à celui qui par la puissance [x] qui agit en nous avec
efficace, peut faire en toute abondance au delà de tout ce
que nous demandons & pensons,
21 A lui soit gloire dans l'Eglise, [y] en Jésus-Christ, dans
tous les âges du siecle des siecles, Amen.

r Rom. 7. 22. 2 Cor. 4. 16. 1 Pier. 3. 4.
s Col. 2. 7.
t Phil. 4. 7.
u Rom. 16. 25. Jude vs. 24.
x ch. 1. 19. Phil. 2. 13.
y Rom. 1. 6. & 7. 25.

CHAPITRE IV.

Il n'y a qu'un seul corps, qu'un seul Esprit, qu'un seul Seigneur &c. 2—6. J. C. est monté en haut, 8. L'établissement du Ministére, 12. L'ignorance & la corruption des Gentils, 17. Le vieil-homme, 22. Ne contrister point le St. Esprit, 30.

JE vous prie donc, moi qui [a] suis prisonnier pour le Seigneur, [b] de vous conduire d'une maniere digne de la vocation à laquelle vous étes appellez:
2 Avec toute humilité & douceur, avec un esprit patient,
vous supportant l'un l'autre en charité:
3 Etant soigneux de garder l'unité de l'Esprit par le lien de
la paix.
4 *Il y a* [d] un seul corps, [e] & un seul Esprit, comme aussi
vous étes appellez à une seule espérance de vôtre vocation.
5 [f] *Il y a* un seul Seigneur, une seule foi, un seul Baptême.
6 Un seul Dieu & Pére de tous, qui est sur tous, & parmi tous, & en vous tous.
7 Mais la grace est donnée à chacun de nous, [g] selon la mesure du don de Christ.
8 C'est pourquoi [i] il *est* dit; [h] Etant monté en haut il a ame-

Ppp né

a ch. 3. 1.
b Gen. 17. 1. 1 Cor. 7. 20. Phil. 1. 27. Col. 1. 10. 1 Thess. 2. 12.
c Gal. 6. 2. Col. 1. 11. & 3. 12. 1 Thess. 5. 14.
d vs. 12. & ch. 1. 23. & 2. 16. & 5. 22. 12. 5. 10.
e Cant. 6. 9. 1 Cor. 12. 4. 11.
e 1 Cor. 12. 8. 11.
f Mal. 2. 10. 1 Cor. 8. 4. 6. & 12. 5.
g Rom. 12. 3. 6. 1 Cor. 12. 11.

2 Cor. 10. 13. i Gr. *Il dit*, comme ch. 5. 14. &c. h *Pse.* 68. 19. *Col.* 2. 15.

né captive une grande multitude de captifs, & il a donné des
dons aux hommes.
9 Or ce qu'il est monté, qu'est-ce *autre chose* sinon que premierement [i] il étoit descendu [2] dans les parties les plus basses
de la terre?
10 Celui qui est descendu, c'est le même [k] qui est monté
au dessus de tous les Cieux, afin qu'il remplît toutes choses.
11 [l] Lui-même donc a donné les uns *pour être* Apostres,
& les autres *pour être* Prophétes, & les autres *pour être* [m] E-
vangelistes, & les autres *pour être* Pasteurs & Docteurs.
12 Pour l'assemblage des Saints, [n] pour l'œuvre du ministére, pour l'édification [o] du corps de Christ:
13 Jusqu'à ce que nous nous rencontrions tous dans l'unité
de la foi, & de la connoissance du Fils de Dieu, [p] en homme parfait, [3] à la mesure de la parfaite stature de Christ:
14 [q] Afin que nous ne soyons plus des enfans flottans, &
emportez çà & là à tous vents de doctrine, par la tromperie
des hommes, & par leur ruse à séduire artificieusement.
15 Mais afin que [r] suivant la vérité avec la charité, [s] nous
croissions en toutes choses en celui qui est le Chef, *c'est-à-
dire*, Christ;
16 [t] Duquel tout le corps bien ajusté & serré ensemble par
toutes les jointures [4] du fournissement, prend l'accroissement
du corps, selon la vigueur qui est dans la mesure de chaque
partie, pour l'édification de soi-même, en charité.
17 Je vous dis donc, & je vous conjure de la part du Seigneur, [u] de ne vous conduire plus comme le reste des Gentils, qui suivent la vanité de leurs pensées:
18 [x] Ayant leur entendement obscurci de ténébres, & étant
éloignez de la vie de Dieu, à cause de [y] l'ignorance qui est
en eux par l'endurcissement de leur cœur.
19 Lesquels ayant perdu tout sentiment, [z] se sont abandonnez à la dissolution, pour commettre toute souillûre, à
qui en feroit pis.
20 Mais vous n'avez pas ainsi appris Christ:

21 Si

Jean 3. 13. & 6. 62.
2 C'est-à dire, dans un profond abaissement, Phil 2. 6. 7. Voyez cette même Phrase Pse. 63. 10.
k *Act.* 2. 33.
l 1 *Cor.* 12. 28.
m *Act.* 21. 8. 2 *Tim.* 4. 5.
n *Rom.* 12. 5. 1 *Cor.* 12. 27.
o *ch.* 1. 23. *Col.* 1. 24.
p *Héb.* 6. 1.
3 C'est-à-dire, selon toute la grandeur & la perfection que Dieu a assignée au corps mystique de J. C.
q *Esa.* 28. 9. *Matth.* 11. 7. 1 *Cor.* 14. 20. *Héb.* 13. 9.
r *ch.* 6. 23. *Zach.* 8. 16. 19. 2 *Jean* vs. 3.
s *ch.* 1. 22. & 2. 21. *Col.* 1. 18.
t *ch.* 2. 21. *Rom.* 12. 5. 1 *Cor.* 12. 27.
4 Ou; *de la distribution* qui se fait d'un membre à l'autre de la nourriture & de l'aliment, par le moyen des jointures qui les lient les uns aux autres.

u *Rom.* 1. 9. 18. 21. 1 *Pier.* 4. 3. x *Eph.* 2. 12. 1 *Thess.* 4. 5. y *Act.* 14. 16. & 17. 30. z *Rom.* 1. 24. 26.

21 Si toutefois vous l'avez écouté, [a] & si vous avez été en- a *Esa.* 54. 13.
seignez par lui, selon que la vérité est en Jésus: *Jér.* 31. 34. *Jean* 6. 45.
22 *Savoir* [b] que vous dépouilliez le vieil-homme, quant à 1 *Cor.* 2. 10.
la conversation précédente, lequel se corrompt par les con- 2 *Jean* 2. 20.
voitises qui séduisent: b *ch.* 2. 2 3. *Rom.* 6. 6.
23 [c] Et que vous soyez renouvellez [5] dans l'esprit de vôtre *Col.* 2. 11. & 3. 9. *Héb.* 12. 1.
entendement. 1 *Pier.* 2. 1.
24 Et [d] que vous soyez revêtus du nouvel-homme, créé c *Rom.* 6. 4. & 12. 2.
selon Dieu en justice & en vraye sainteté. *Col.* 3. 10.
25 C'est pourquoi [e] ayant dépouillé le mensonge, parlez en 5 C'est un Hébraïsme,
vérité chacun avec son prochain: car nous sommes membres pour dire,
les uns des autres. *dans vôtre entendement.*
26 [f] [6] Courroucez-vous, & ne péchez point. Que le so- d *Rom.* 6. 4.
leil ne se couche point sur vôtre couroux: *Col.* 3. 10.
27 Et [g] ne donnez point lieu au diable. 1 *Pier.* 2. 1. & 4. 2.
28 Que celui qui déroboit, ne dérobe plus; [h] mais que e *Lévit.* 19. 11.
plustôt il travaille en faisant de ses mains ce qui est bon: afin *Zach.* 8. 16.
qu'il ait pour départir à celui qui en a besoin. *Rom.* 12. 5. *Col.* 3. 9.
29 [i] Qu'aucun discours malhonnête ne sorte de vôtre bou- f *Psé.* 4. 5.
che, mais *seulement* celui qui est bon à l'usage de l'édifica- & 37. 8. *Rom.* 12. 19.
tion, afin qu'il donne grace à ceux qui l'oyent. 6 Ou, *vous*
30 [k] Et ne contristez point le Saint Esprit de Dieu, [l] par *courroucez-vous?* pour di-
lequel vous avez été séellez pour le jour de la Rédemption. re, que s'il
31 [m] Que toute amertume, & colére, & couroux, & crie- nous arrive d'avoir quel-
rie, & médisance, soient ôtées du milieu de vous, avec tou- ques mouve-
te malice. mens de colé-
32 Mais [n] soyez bénins les uns envers les autres, pleins de re contre nos prochains,
compassion, & vous [o] pardonnant les uns aux autres, ainsi nous n'y per-
que Dieu vous a pardonné par Christ. sistions pas: car le mot de

pécher, est mis pour persister dans le péché, & non pas dans la simple signification de *pécher*, comme le mot de *croire* pour croire de plus en plus: Jean 2. 11. &c. g *Jacq.* 4. 7. 1 *Pier.* 5. 9. h *Act.* 20. 34. 1 *Thess.* 4. 11. 2 *Thess.* 3. 8. 12. i *ch.* 5. 4. *Matth.* 12. 36. *Col.* 3. 16. & 4. 6. k *Esa.* 7. 13. & 63. 10. l *ch* 1. 13. 2 *Cor.* 1. 22. m *Col.* 3. 9. n *Luc* 6. 36. *Phil.* 2. 1. *Col.* 3. 12. 13. o *Matth.* 6. 12. 14. 15. & 18. 21-35.

CHAPITRE V.

Imitateurs de Dieu, 1. *Contre les impuretez de la chair*, 3. *L'avare est un idolatre*, 5. *Vivre comme des enfans de lumiere*, 8. *Se relever d'entre les morts*, 14. *Rachetter le temps*, 16. *Devoir des femmes*, 22. *Christ est le Chef de l'Eglise*, 23. *Mystére de l'union de l'Eglise avec J. C.* 32.

[a] SOyez donc imitateurs de Dieu, comme *ses* chers enfans.
2 Et [b] cheminez dans la charité, ainsi que Christ aussi
nous a aimez, & [c] s'est donné lui-même pour nous en oblation & sacrifice à Dieu, [d] en odeur de bonne senteur.
3 [e] Que ni la paillardise, ni aucune souillûre, ni l'avarice,
ne soient pas même nommées parmi vous, ainsi qu'il est convenable à des Saints;
4 [f] Ni *aucune* chose deshonnête, ni parole fole, ni plaisan-
terie: car ce sont là des choses qui ne sont pas bienséantes,
mais plustôt des actions de graces.
5 Car vous savez ceci, [g] que ni aucun paillard, ni *aucun*
immonde, ni *aucun* avare, [h] qui est un idolatre: n'a point
d'héritage au Royaume de Christ, & de Dieu.
6 [i] Que personne ne vous séduise par de vains discours, car
à cause de ces choses la colére de Dieu vient sur [k] les enfans
de rebellion.
7 [l] Ne soyez donc point leurs compagnons.
8 [m] Car vous étiez autrefois ténébres, [n] mais maintenant
vous étes lumiere au Seigneur, [o] conduisez-vous *donc* comme des enfans de lumiere.
9 [p] Car le fruit de l'Esprit consiste en toute débonnaireté,
justice, & vérité.
10 [q] Eprouvant ce qui est agréable au Seigneur.
11 [r] Et ne communiquez point aux [s] œuvres infructueuses
des ténébres, mais au contraire reprenez-les.
12 Car il est même deshonnête de dire les choses qui sont
faites par eux en cachette.
13 [t] Mais toutes choses étant mises en évidence par la lumiere, sont rendues manifestes: car la lumiere est celle qui
manifeste tout.
14 C'est pourquoi [1] il *est* dit; [u] Réveille-toi, toi qui dors,
& te releve d'entre les morts, & [x] Christ t'éclairera.

15 Pre-

a *Matth.* 5.45. 48. *Luc* 6.36. b *Jean* 13.34. & 15.12. 1 *Thess.* 4.9. c *Gal.* 1.4. *Tite* 2.14. *Héb.* 9.14. d *Gen.* 8.21. *Lévit.* 1.9. e *Col.* 3.5. 1 *Thess.* 4.3. f *ch.* 4.29. *Marc* 7.21. *Gal.* 5.19. *Col.* 3.5. 1 *Thess.* 4.3. g 1 *Cor.* 6.9. 10. *Gal.* 5. 19.21. h *Col.* 3.5. *Apoc.* 22.15. i *Matth.* 24.4. *Marc* 13.5. *Luc* 21.8. *Col.* 3.6. k *ch.* 2.2. l *Lévit.* 18.3. & 20.23. m *ch.* 4.18. *Rom.* 1.21. &c. n *Col.* 1.13. 1 *Thess.* 1.9. & 5.4.5. 1 *Pierr.* 2.9. o *Rom.* 13.12.13. p *Gal.* 5.22. q *Rom.* 12.2. r *Matth.* 18.17. *Rom.* 6.21. & 13.12. 1 *Cor.* 5.8. & 10.20. 2 *Cor.* 6.14. 2 *Thess.* 3.14. 2 *Tim.* 3.5.

s *Héb.* 9.14. t *Pse* 90.8. *Jean* 3.20.21. *Héb.* 4.13. 1 *Cor.* 4.5. 1 Gr. *Il dit*, pour *Il est dit*, Comme au ch. 4.8. Matth. 19.5. 1 Cor. 6.16. à l'imitation des Hébreux, qui se servent assez souvent du verbe actif, à la troisiéme personne, au lieu du passif, ou du verbe impersonnel. u *Cant.* 5.2. *Esa.* 26.19. & 60.1. x *Jean* 5.25.

15 Prenez donc garde comment vous vous conduirez soigneusement, [y] non point comme étant dépourvûs de sagesse,
mais comme étant sages:
16 Rachettant le temps: [z] car les jours sont mauvais.
17 C'est pourquoi [a] ne soyez point sans prudence, [b] mais
entendez bien quelle est la volonté du Seigneur.
18. Et [c] ne vous enyvrez point du vin auquel il y a de la dissolution: mais soyez remplis de l'Esprit:
19 [d] Vous entretenant par des Pseaumes, des cantiques,
& des chansons spirituelles: chantant & psalmodiant de vôtre
cœur au Seigneur.
20 [e] Rendant toûjours graces pour toutes choses au Nom
de nôtre Seigneur Jésus-Christ *à nôtre* Dieu, & Pére.
21 [f] Vous soûmettant les uns aux autres, en la crainte de Dieu.
22 [g] Femmes soyez sujettes à vos maris, comme au Seigneur.
23 [h] Car le mari est le chef de la femme, comme [i] Christ
est le Chef de l'Eglise, & est aussi le Sauveur de *son* Corps.
24 Comme donc l'Eglise est sujette à Christ, que les femmes le soient de même à leurs maris, [2] en toutes choses.
25 [k] *Et* vous maris, aimez vos femmes, comme Christ a
aimé l'Eglise, [l] & s'est donné lui-même pour elle.
26 Afin qu'il la sanctifiât, [m] après l'avoir nettoyée dans le
lavement d'eau par la parole:
27 [n] Afin qu'il se la rendît une Eglise glorieuse, n'ayant ni
tache, ni ride, ni autre chose semblable, [o] mais afin qu'elle
fût sainte & irrepréhensible.
28 Les maris donc doivent aimer leurs femmes comme leurs
propres corps: celui qui aime sa femme s'aime soi-même.
29 Car personne n'a jamais eu en haine sa propre chair, mais
il la nourrit & l'entretient, comme le Seigneur entretient
l'Eglise.
30 [p] Car nous sommes membres de son corps, étant de sa
chair, & de ses os.
31 [q] C'est pourquoi l'homme laissera son pére & sa mére,
& se il joindra à sa femme, & les deux seront une même chair.

y *Prov.* 7. 7. *Col.* 4. 5. z *ch.* 6. 13. *Amos* 5. 13. a *Matth.* 10. 16. b *Rom.* 12. 2. 1 *Thess.* 4. 3. c *Prov.* 20. 1. & 23. 20. 29. 30. *Esa.* 5. 11. 22. *Luc* 21. 34. d *Col.* 3. 16. e *Col.* 3. 17. & 4. 2. f 1 *Pier.* 5. 5. g *Gen.* 3. 16. 1 *Cor.* 14. 34. *Col.* 3. 18. 1 *Thess.* 5. 18. *Tite* 2. 5. *Héb.* 13. 15. 1 *Pier.* 3. 1. h *Rom.* 12. 5. 1 *Cor.* 11. 3. i *ch.* 1. 22. 23. 2 C'est-à-dire, en toutes celles qui ne sont point contraires à la foi, ni aux bonnes mœurs: car le mari n'ayant pas lui même l'autorité de rien faire contre la pureté de la foi & des mœurs, il ne peut pas avoir celle d'y obliger sa femme. k *Col.* 3. 19. l vs. 2. m *Esa.* 44. 3. *Ezech.* 36. 25. *Tite* 3. 5. 1 *Pier.* 3. 21. n *Cant.* 4. 7. *Apoc.* 21. 2.

o *ch.* 1. 4. *Col.* 1. 22. p *ch.* 1. 23. *Rom.* 12. 5. 1 *Cor.* 6. 15. q *Gen.* 2. 24. *Matth.* 19. 5. *Marc* 10. 7. 1 *Cor.* 6. 16.

32 Ce mystére est grand: or je parle de Christ & de l'Eglise.
33 Que chacun de vous aime donc sa femme comme soi-
même; & que la femme révére son mari.

CHAPITRE VI.

Devoirs des enfans, 1. *Des péres*, 4. *Des serviteurs*, 5. *Des maîtres*, 9. *Combat du fidéle*, 12. *Ses armes*, 14 - - 17. *Prier & veiller*, 18.

[a] ENfans, obéïssez à vos péres & à vos méres, *dans ce qui
est* selon le Seigneur: car cela est juste.
2 [b] Honore ton pére & ta mére, (ce qui est le premier
Commandement, [1] avec promesse.)
3 Afin qu'il te soit bien, & que tu sois de longue vie sur
la terre.
4 Et *vous* péres, n'irritez point vos enfans, mais [c] nour-
rissez-les sous la discipline, & en leur donnant les instructions
du Seigneur.
5 [d] Serviteurs obéïssez à ceux qui sont vos maîtres selon la
chair, [2] avec [e] crainte & tremblement, dans la simplicité de
vôtre cœur, comme à Christ;
6 Ne servant point à l'œil, comme cherchant à plaire aux
hommes; mais comme serviteurs de Christ, faisant de bon
cœur la volonté de Dieu:
7 Servant avec affection le Seigneur, & non pas les hommes.
8 Sachant [f] que chacun, soit esclave, où libre, recevra du
Seigneur le bien qu'il aura fait.
9 Et vous maîtres, faites envers eux le semblable, & modérez les menaces, sachant que [g] le Seigneur & d'eux & de vous
est au Ciel, & [h] qu'il n'y a point en lui acception de personnes.
10 Au reste, mes fréres, fortifiez-vous en *nôtre* Seigneur,
& en la puissance de sa force.
11 [i] Soyez revêtus de toutes les armes de Dieu, afin que
vous puissiez résister aux embuches du diable.
12 Car nous n'avons point la lutte contre le sang & la chair,
[k] mais contre les principautez, contre les puissances, contre
les

a *Col.* 3. 20. b *Exo.* 20. 12. *Deut.* 5. 16. *Matth.* 15. 4. *Marc.* 7. 10. *Ecclesiastiq.* 3. 9.
1 C'est-à-dire, le premier commandement de la 2. Table, & auquel Dieu a joint une promesse: deux choses qui le doivent rendre particuliérement recommandable.
c *Deut* 6. 7. 20. *Pse.* 78. 4. *Prov.* 29. 17. *Col.* 3. 21.
d *Col.* 3. 22. 1 *Tim.* 6. 1. *Tite* 2. 9. 1 *Pier.* 2. 18.
2 C'est-à-dire, avec respect & zéle.
e 1 *Cor.* 2. 3.
f *Rom.* 2. 6. 2 *Cor.* 5. 10.
g 1 *Cor.* 7. 21. 22. *Gal.* 3. 28.
h *Deut.* 10. 17. 2 *Chron.* 19. 7. *Job* 31. 13. 14. & 34. 19. *Act.* 10. 34. *Rom.* 2. 11. *Gal.* 2. 6. *Col.* 3. 25. 1 *Pier.* 1. 17. *Sap.* 6. 8.
i *Rom.* 13. 12. 2 *Cor.* 6. 7. *Col.* 3. 12. 1 *Thess.* 5. 8.
k *ch.* 2. 2. *Luc* 22. 53. *Col.* 3. 13.

les seigneurs du monde, *gouverneurs* des ténébres de ce siecle, contre les malices spirituelles qui sont [3] dans les *lieux*
célestes.
13 [l] C'est pourquoi prenez toutes les armes de Dieu, afin
que vous puissiez résister au [m] mauvais jour, & après avoir
tout surmonté, demeurer fermes.
14 Soyez donc fermes, [n] ayant vos reins ceints de la vérité, & étant revêtus [o] de la cuirasse de la justice.
15 [p] Et ayant les pieds chaussez de [4] la préparation [q] de
l'Evangile de paix:
16 Prenant sur tout le bouclier de la foi, par lequel vous
puissiez éteindre tous les dards enflammez du malin.
17 [r] Prenez aussi le casque du salut, [s] & l'épée de l'Esprit,
qui est la parole de Dieu.
18 [t] Priant en *vôtre* esprit par toutes sortes de prieres & de
supplications en tout temps, veillant à cela avec une entiere
persévérance, & priant pour tous les Saints,
19 [u] Et pour moi aussi, afin qu'il me soit donné de parler
[x] à bouche ouverte, & avec hardiesse, pour donner à connoître le mystére de l'Evangile,
20 [y] Pour lequel je suis ambassadeur [z] en la chaine, afin,
dis-je, que je parle librement, ainsi qu'il faut que je parle.
21 Or afin que vous aussi sachiez mon état, & ce que je
fais, [a] Tichique, nôtre frére bien-aimé, & fidéle Ministre
du Seigneur, vous fera savoir le tout.
22 [b] *Car* je vous l'ai envoyé tout exprés, afin que vous appreniez *par lui* quel est nôtre état, & qu'il console vos cœurs.
23 Paix soit aux fréres, & la charité avec la foi, de la part
de Dieu le Pére, & du Seigneur Jésus-Christ.
24 Grace soit avec tous ceux qui aiment nôtre Seigneur
Jésus-Christ en pureté; Amen.

3 C'est-à-dire, dans l'air: ch 2. 2.
l 2 *Cor.* 10. 4. *Sap.* 8. 18.
m *ch.* 5. 16.
n *Esa.* 11. 5. & 59. 17. *Luc* 12. 35. 2 *Cor.* 6. 7. 1 *Thess.* 5. 8.
o *Sap.* 5. 19.
p *Cant.* 7. 1.
4 Ou, de *la fermeté*, & du soûtien: pour dire, qu'ils se tiennent fermes & appuyez sur l'Evangile, qui est la doctrine de nôtre paix & de nôtre reconciliation avec Dieu.
q 2 *Cor.* 5. 19.
r *Esa.* 59. 17. 1 *Thess.* 5. 8.
s *Héb.* 4. 12. *Apoc.* 1. 16.
t *Matth.* 24. 42. *Rom.* 12. 12. *Col.* 4. 2. 1 *Thess.* 5. 17.
u *Act.* 4. 29. *Col.* 4. 3. 2 *Thess.* 3. 1.
x *Ezéch.* 29. 21.
y 2 *Cor.* 5. 20.
z *ch.* 3. 1. *Act.* 28. 16. 20.

a *Act.* 20. 4. *Col.* 4. 7. b 2 *Tim.* 4. 12.

Ecrite de Rome aux Ephésiens [& *envoyée*] *par Tychique.*

EPIS-

EPISTRE
DE S. PAUL APOSTRE
AUX PHILIPPIENS.

CHAPITRE I.

Affection de l'Apostre envers les Philippiens, 3 -- 12. Croire en Christ, & fruit de ses afflictions, 12. Faux pasteurs, 15. Christ lui est gain, 21. Désir de déloger de ce corps, 23. Exhortation à la sainteté, 27. Croire en Jésus-Christ & souffrir pour lui, c'est un don de Dieu, 29.

PAUL [a] & Timothée, Serviteurs de Jésus-Christ, à tous
les Saints en Jésus-Christ qui sont à Philippes, avec les
Evêques & les Diacres;
2 [b] Grace vous soit & paix de par Dieu nôtre Pére, & de
par le Seigneur Jésus-Christ:
3 [c] Je rens graces à mon Dieu toutes les fois que je fais
mention de vous.
4 En priant toûjours pour vous tous avec joye dans toutes
mes prieres.
5 A cause de vôtre attachement à l'Evangile, depuis le
premier jour jusqu'à maintenant.
6 Etant assûré de cela même, [d] que celui qui a commencé
cette bonne œuvre en vous, l'achevera [1] [e] jusqu'à la journée
de Jésus-Christ:
7 Comme il m'est raisonnable de penser cela de vous tous,
parce que je retiens dans mon cœur que vous avez tous été
participans de la grace avec moi [f] dans mes liens, & dans la
défense & la confirmation de l'Evangile:
8 [g] Car Dieu m'est témoin que je vous aime tous d'une
cordiale affection en Jésus-Christ.
9 Et je le prie de ceci, que vôtre charité abonde encore
de plus en plus avec connoissance & toute intelligence.
10 Afin que vous [h] discerniez les choses contraires, pour
être purs & sans achoppement [i] jusqu'à la journée de Christ;
11 [k] Etant remplis de fruits de justice, qui *sont* par Jésus-
Christ, [l] à la gloire & à la louange de Dieu.

12 Or

a 1 *Cor.* 1. 2. *Col.* 1. 1.
b *Rom.* 1. 7. 1 *Cor.* 1. 3. &c.
c *Rom.* 1. 9. 10. 1 *Cor.* 1. 4. *Eph.* 1. 15. *Col.* 1. 3. 1 *Thess.* 1. 2. 2 *Thess.* 1. 3.
d *ch.* 2. 13. *Jean* 6. 29. 1 *Cor.* 1. 8. 1 *Thess.* 1. 3.
1 Jusques à la fin.
e vs. 10.
f *Eph.* 3. 1. & 4. 1. *Col.* 4. 3. 18.
g *Rom.* 1. 9. & 9. 1. 2 *Cor.* 1. 23. & 11. 31. *Gal.* 1. 20. 1 *Thess.* 2. 5. 1 *Tim.* 5. 21. 2 *Tim.* 4. 1.
h *Rom.* 2. 18. & 6. 1. 19. 1 *Thess.* 5. 21.
i vs. 6.
k *Jean* 15. 4. 8
l 5. *Eph.* 1. 12. 20. & 2. 10.

12 Or mes fréres, je veux bien que vous sachiez que les
choses qui me sont arrivées, sont arrivées pour un plus grand
avancement de l'Evangile;
13 De sorte que mes liens en Christ [m] ont été rendus célé- m ch. 4.22.
bres dans tout le Prétoire, & en tous autres *lieux*:
14 [n] Et que plusieurs de nos fréres en *nôtre* Seigneur étant n Eph. 3. 13.
rassûrez par mes liens, osent annoncer la parole plus hardi- 1 Thess. 3.3.
ment, & sans crainte.
15 Il est vrai que quelques-uns prêchent Christ par envie &
par contention; & que les autres le font, au contraire, par
une bonne volonté.
16 Les uns, dis-je, annoncent Christ par contention, &
non pas purement; croyant ajoûter de l'affliction à mes liens.
17 Mais les autres le font par charité, sachant que je suis
établi pour la défense de l'Evangile.
18 Quoi donc? toutefois en quelque maniere que ce soit,
par ostentation, ou en vérité, Christ est annoncé: & c'est
dequoi je me réjouïs, & me réjouïrai.
19 [o] Or je sai que ceci me tournera à salut par vôtre priere, o 2 Cor. 1.11.
& par le secours de l'Esprit de Jésus-Christ:
20 [p] Selon ma ferme attente & mon espérance, que je ne p Rom. 5.5.
serai confus en rien; mais qu'en toute assûrance, Christ sera maintenant, comme il a toûjours été, glorifié en mon
corps, soit par la vie, soit par la mort.
21 Car [q] Christ [1] m'est gain à vivre & à mourir. q ch. 3. 7.
22 Mais s'il m'est utile de vivre en la chair, & ce que je 1 On peut aussi traduire, *Christ m'est vivre; &*
dois choisir, je n'en sai rien.
23 Car je suis enserré des deux *côtez*, [r] mon désir tendant *mourir m'est gain.*
bien à déloger, & à être avec Christ, ce qui m'est beaucoup
meilleur; r 2 Cor. 5.6. 7. 8.
24 Mais il est plus nécessaire pour vous que je demeure en
la chair.
25 [s] Et je sai cela comme tout assûré, que je demeurerai, s ch. 2. 24. Philem. vs. 22.
& que je continuerai d'être avec vous tous pour vôtre avan-
cement, & pour la joye de *vôtre* foi:
26 Afin que vous ayez en moi un sujet de vous glorifier de

 plus

plus en plus en Jéſus-Chriſt, par mon retour au milieu de
vous.
27 [t] Seulement converſez dignement comme il eſt ſéant ſelon l'Evangile de Chriſt: afin que ſoit que je vienne, & que
je vous voye; ſoit que je ſois abſent, j'entende quant à vôtre état, que vous perſiſtez en un même eſprit, combattant
enſemble d'un même courage par la foi de l'Evangile, & n'é-
tant en rien épouvantez par les averſaires.
28 [u] Ce qui leur eſt une démonſtration de perdition, [x] mais
à vous, de ſalut: & cela de la part de Dieu.
29 [y] Parce qu'il vous a été gratuïtement donné pour Chriſt,
non ſeulement de croire en lui, [z] mais auſſi de ſouffrir pour lui:
30 Ayant *à ſoûtenir* le même combat [a] que vous avez vû en
moi, & que vous apprenez être maintenant en moi.

CHAPITRE II.

Exhortation à l'union & à la concorde, 1—5 Chriſt en forme de Dieu, 6 Son abaiſſement, ſon exaltation, 9. Dieu produit en nous le vouloir, &c. 13. Reluire comme des flambeaux au monde, 15 S. Paul ſert d'aſperſion ſur le ſacrifice de l'Evangile, 17.

SI [a] donc il y a quelque conſolation en Chriſt, s'il y a quelque ſoulagement de charité, s'il y a quelque communion
d'eſprit, s'il y a quelques cordiales affections & compaſſions,
2 Rendez ma joye parfaite, [b] en étant d'un même ſentiment, ayant un même amour, n'étant qu'une même ame,
& conſentant *tous* à une même choſe.
3 Que rien ne ſe faſſe par contention, ou par vaine gloire:
mais [c] que par humilité de cœur l'un eſtime l'autre plus excellent que ſoi-même.
4 [d] Ne regardez point chacun à vôtre intérêt particulier,
mais *que chacun ait égard* auſſi à ce qui concerne les autres.
5 [e] Qu'il y ait donc en vous un même ſentiment qui a été
en Jéſus-Chriſt.
6 [f] Lequel étant [1] en forme de Dieu, [g] n'a point réputé
rapine d'être égal à Dieu.

t *Eph.* 4. 1. *Col.* 1. 10. 1 *Theſſ.* 2. 12. & 4. 1. u 1 *Theſſ.* 2. 16. 2 *Theſſ.* 1. 5. x *Rom.* 8. 17. 2 *Tim.* 2. 11. y *ch.* 2. 13. *Matth.* 11. 25. *Eph.* 1. 19. & 2. 8. *Col.* 2. 12. 2 *Tim.* 2. 25. 1 *Pier.* 1. 21. 2 *Pier.* 1. 1. z *ch.* 4. 13. *Act.* 5. 41. *Rom.* 5. 3. a *Act.* 16. 12. 19.

a *ch.* 3. 16. *Rom.* 12. 16. & 15. 5. 1 *Cor.* 1. 10 1 *Pier* 3. 8. b *ch.* 3 16. c *Rom.* 12 10 1 *Pier.* 5. 5. d 1 *Cor.* 10. 24. & 13. 5. e *Matth.* 11. 29. *Jean* 13 15. 1 *Pier.* 2. 21. 1 *Jean* 2. 6. f *Jean* 1 1. 2. & 17. 5 2 *Cor.* 8. 9.

1 Vrai Dieu, & revêtu d'une gloire toute divine; au lieu que s'étant fait homme, il a bien toûjours été vrai Dieu, mais non pas revêtu de cette même gloire & Majeſté, mais au contraire dans la baſſeſſe & dans le mépris. g *Jean* 5. 18. & 10 33. *Zach.* 13. 7.

7 Ce-

7 Cependant [h] il s'eſt anéanti lui-même, ayant pris la forme de ſerviteur, [i] fait à la reſſemblance des hommes:
8 Et étant trouvé en figure comme un homme, il s'eſt abaiſ-
ſé lui-même, & [k] a été obéïſſant juſques à la mort, à la mort
même de la croix.
9 [l] C'eſt pourquoi auſſi Dieu l'a ſouverainement élevé, &
lui a donné [m] un Nom, qui eſt au deſſus de tout Nom:
10 Afin [n] qu'au Nom de Jéſus tout genou ſe ploye, tant de
ceux qui ſont aux cieux, que de ceux qui ſont en la terre, &
au deſſous de la terre,
11 Et que toute Langue confeſſe [o] que Jéſus-Chriſt eſt le
Seigneur, à la gloire de Dieu le Pére.
12 C'eſt pourquoi, mes bien-aimez, ainſi que vous avez
toûjours obéï, non ſeulement comme en ma préſence, mais
beaucoup plus maintenant en mon abſence, [p] employez-
vous à vôtre propre ſalut [2] avec crainte & tremblement.
13 [3] Car [q] c'eſt Dieu qui produit en vous avec efficace [r] &
le vouloir, & le parfaire, ſelon ſon bon plaiſir.
14 [ſ] Faites toutes choſes ſans murmures, & ſans diſputes:
15 Afin que vous ſoyez ſans reproche, & ſimples, des enfans de Dieu irrepréhenſibles au milieu de la génération tor-
tue & perverſe, [t] parmi leſquels vous reluiſez comme des flambeaux au monde, qui portent au devant d'eux la parole de vie.
16 Pour me glorifier en la journée de Chriſt [u] de n'avoir
point couru en vain, ni travaillé en vain.
17 Que ſi même [x] je ſers [4] d'aſperſion ſur le ſacrifice & le
ſervice de vôtre foi, [y] j'en ſuis joyeux; & je m'en réjouïs
avec vous tous.
18 Vous auſſi pareillement ſoyez-en joyeux, & réjouïſſez-
vous-en avec moi.
19 Or j'eſpére *avec la grace* du Seigneur Jéſus de vous envoyer bien-tôt [z] Timothée, afin que j'aye auſſi plus de courage quand j'aurai connu vôtre état.

h *Pſe.* 22. 7. & 40. 7. *Eſa.* 42. 1. & 49. 3. 6. & 53. 3. 11. *Dan.* 9. 26. *Zach.* 6. 12. *Matth.* 20. 28. *Gal.* 4. 4. *Héb.* 2. 9. i *Héb.* 2. 14. 18. & 4. 15. k *Pſe.* 40. 7. 8. 9. *Eſa.* 50. 5. *Jean* 10. 17. 18. & 14. 31. l *Pſe.* 45. 8. & 110. 7. *Eſa.* 53. 12. *Jean* 17. 4. 5. *Eph.* 4. 9. *Héb.* 1. 9. m *Eph.* 1. 21. n *Eſa.* 45. 23. *Rom.* 14. 11. *Apoc.* 5. 13. o *Jean* 13. 13. *Act.* 2. 36. *Rom.* 14. 9. 11. 1 *Cor.* 8. 6. & 12. 3. p *Prov.* 28. 14. 2 C'eſt-à-dire, avec reſpect, & une ſainte frayeur d'y manquer. 3 Ou, *quoi que ce ſoit Dieu*, &c la particule Grecque a auſſi cette ſignification, laquelle ſe lie mieux avec l'exhortation précédente, que le mot *car*.

p *Eph.* 1. 19. & 3. 20. *Héb.* 13. 21. r *ch.* 1. 6. ſ *Rom.* 12. 17. 1 *Pier.* 2. 12. & 4. 9. t *Prov.* 4. 18. *Matth.* 5. 14. 16. u 2 *Cor.* 1. 14. *Gal.* 2. 2. 1 *Theſſ.* 2. 19. & 3. 5. x 2 *Tim.* 4. 6. 4 C'eſt-à-dire, qu'il étoit tout diſpoſé à répandre ſon ſang pour la vérité de l'Evangile. y *Act.* 5. 41. & 21. 13. 2 *Cor.* 7. 4. z *Act.* 16. 1. *Rom.* 16. 21. 1 *Theſſ.* 3. 2.

20 Car je n'ai personne d'un pareil courage, & qui soit vraîment soigneux de ce qui vous concerne.
21 Parce que [a] tous cherchent leur intérêt particulier, &
non les intérêts de Jésus-Christ.

a *ch.* 1. 16. 17. 1 *Cor.* 10. 24. & 13. 5. 2 *Tim.* 4. 10. 16.

22 Mais vous savez l'épreuve *que j'ai faite* de lui, puis qu'il
a servi avec moi en l'Evangile, comme l'enfant sert son pére.
23 J'espére donc de l'envoyer dés que j'aurai pourvû à mes
affaires.
24 [b] Et je m'assûre en *nôtre* Seigneur que moi-même aussi
je vous irai voir bien-tôt.

b *ch.* 1. 15. *Philem.* vs. 22.

25 Mais j'ai crû nécessaire de vous envoyer [c] Epaphrodite
mon frére, [d] mon compagnon d'œuvre & mon compagnon
d'armes, qui aussi *m'* a été envoyé de vôtre part pour me
fournir ce dont j'ai eu besoin.

c *ch.* 4. 18.
d *Philem.* vs. 2.

26 Car il vous désiroit tous singulierement, & il étoit fort
affligé de ce que vous aviez appris qu'il avoit été malade.
27 Et de fait il a été malade, & fort proche de la mort:
mais Dieu a eu pitié de lui, & non seulement de lui, mais
aussi de moi, afin que je n'eusse pas tristesse sur tristesse.
28 Je l'ai donc envoyé à cause de cela avec plus de soin,
afin qu'en le revoyant vous ayiez de la joye, & que j'aye moins
de tristesse.
29 Recevez-le donc en *nôtre* Seigneur, avec toute *sorte de*
joye: [e] & ayez de l'estime pour ceux qui sont tels que lui.
30 Car il a été proche de la mort pour l'œuvre de Christ,
n'ayant eu aucun égard à sa propre vie, [f] afin de suppléer au
défaut de vôtre service envers moi.

e 1 *Cor.* 9. 14. & 16. 16. 18. *Gal.* 6. 6. 1 *Thess.* 5. 12. 1 *Tim.* 5. 17. *Héb.* 15. 17.
f 1 *Cor.* 16. 17.

CHAPITRE III.

Renoncement de S. Paul à toutes choses pour J. C. 5--9. *Il tend vers le but,* 12. 13. 14. *Bourgeois des Cieux,* 20.

AU reste, mes fréres, [a] réjouïssez-vous en *nôtre* Seigneur.
Il ne m'est point fâcheux, & c'est vôtre sûreté, que je
vous écrive les mêmes choses.

a *ch.* 4. 4. *Rom.* 12. 12. 2 *Cor.* 13. 11. 1 *Thess.* 5. 16. *Jacq.* 1. 2. 1 *Pier.* 4. 13.

2 Pre-

2 Prenez garde [1] aux [b] Chiens ; prenez garde aux [c] mauvais
Ouvriers ; prenez garde [2] à la Conciſion.
3 Car c'eſt nous qui ſommes [3] [d] la Circonciſion, *nous* qui
ſervons Dieu en eſprit, & qui nous glorifions en Jéſus-Chriſt,
& qui n'avons point de confiance en la chair ;
4 [e] Quoi que je pourrois bien auſſi avoir confiance en la
chair : même ſi quelqu'un eſtime qu'il a dequoi ſe confier en
la chair, j'en ai encore davantage :
5 *Moi* qui ai été circoncis [f] le huitiéme jour, [g] qui ſuis de
la race d'Iſraël, de la Tribu de Benjamin, Hébreu, *né* d'Hébreux, [h] Phariſien de religion :
6 Quant au zéle, [i] perſécutant l'Egliſe : & quant à la juſtice qui eſt de la Loi, étant ſans reproche.
7 [k] Mais ce qui m'étoit un gain, je l'ai réputé m'être un
dommage pour l'amour de Chriſt.
8 Et certes, je répute toutes choſes m'être un dommage
[l] pour l'excellence de la connoiſſance de Jéſus-Chriſt mon
Seigneur, pour l'amour duquel je me ſuis privé de toutes ces
choſes, & je les eſtime comme du fumier, afin que je gagne
Chriſt :
9 Et que je ſois trouvé en lui, ayant non point ma juſtice
qui eſt de la Loi, mais [m] celle qui eſt par la foi en Chriſt,
c'eſt-à-dire, la juſtice qui eſt de Dieu par la foi :
10 *Pour* connoître Jéſus-Chriſt, & [n] la vertu de ſa réſurrection, & la communion de ſes afflictions, en étant rendu
conforme à ſa mort :
11 [o] *Eſſayant* ſi en quelque maniere je puis parvenir [4] à la
réſurrection des morts.
12 Non que j'aye déja atteint *le but*, ou que je ſois déja
rendu accompli ; mais [p] je pourſuis pour tâcher d'y parvenir, c'eſt pourquoi auſſi j'ai été pris par Jéſus-Chriſt.
13 Mes fréres, pour moi, je ne me perſuade pas d'avoir
atteint *le but :*

1 C'eſt-à-dire, aux faux paſteurs, comme en Eſa. 56.10.11.
b *Eſa.* 56.10.11.
c 2 *Cor.* 11.13.
2 Il parle ainſi par mépris de la circonciſion, qui n'étant plus un ſacrement de l'alliance de Dieu, n'étoit qu'une *conciſion*, ou un retranchement purement charnel, & n'avoit plus rien de ſpirituel & de myſtique.
3 C'eſt-à-dire, la véritable circonciſion, qui eſt celle qui ſe fait dans l'ame par le S. Eſprit.
d *Deut.* 10 16. & 30. 6. *Jér.* 4. 4. *Jean* 4. 24. *Rom.* 2. 29. & 4. 11. 12. *Col.* 2. 11.
e 2 *Cor.* 11. 18. 22.
f *Gen.* 17. 12.
g 2 *Cor.* 11. 22.
h *Act.* 23. 6.

14 Mais

i *Act.* 9. 1. & 22. 3. 4. *Gal.* 1. 13. 14. 1 *Tim.* 1. 13. k *Matth.* 13. 44. l *Eſa.* 53. 11. *Jér.* 9. 23. *Jean* 17. 3. *Col.* 2. 2. m *Rom.* 1. 17. & 3. 21. 22. & 9. 30. & 10. 3. n *Rom.* 6 3. 4. 5. & 8. 17. 2 *Cor.* 4. 10. 11. 2 *Tim.* 2. 11. 12. 1 *Pier.* 4. 13. o *Act.* 24. 16. 4 C'eſt-à-dire, à la bienheureuſe réſurrection. p 1 *Tim.* 6. 12. *Héb.* 12. 23.

14 Mais *je fais* une chose: *c'est qu'en* [q] oubliant les choses
qui sont derriere *moi*, & m'avançant vers celles qui sont devant *moi*, je cours vers le but, *savoir* au prix de la céleste
vocation, *qui est* de Dieu en Jésus-Christ:
15 C'est pourquoi, nous tous qui sommes [r] parfaits [s] ayons
ce même sentiment: & si en quelque chose vous avez un autre sentiment, Dieu vous le révélera aussi [5].
16 Cependant marchons d'une même regle pour les choses
ausquelles nous sommes parvenus, [t] & ayons un même sentiment.
17 [u] Soyez tous ensemble mes imitateurs, mes fréres, &
considérez ceux qui marchent comme vous nous avez pour
modéle.
18 Car il y en a plusieurs qui marchent *de telle maniere*,
que je vous ai souvent dit, & maintenant je vous le dis encore en pleurant, [x] qu'ils sont ennemis de la croix de Christ:
19 Desquels la fin est la perdition, [y] desquels le Dieu est le
ventre, & desquels la gloire est dans leur confusion, n'ayant
d'affection que pour les choses de la terre.
20 Mais nôtre conversation est celle des bourgeois des
Cieux, d'où aussi [z] nous attendons le Sauveur, Seigneur Jésus-Christ;
21 [a] Qui transformera nôtre corps vil, afin qu'il soit rendu
[b] conforme à son corps glorieux, selon cette efficace par laquelle il peut même s'assujettir toutes choses.

q *Psa.* 45.11. *Jér.* 7.24. *Luc* 9.62. 2 *Tim.* 4.7.
r 1 *Cor.* 2.6.
s *Rom.* 14.3.4.
5 C'est-à-dire, *comme à nous.*
t *ch.* 2.2. *Rom.* 12.16. & 15.5. 1 *Cor.* 1.10. *Gal.* 6.16.
u 1 *Cor.* 4.16. & 11.1. 1 *Thess.* 1.6. 2 *Thess.* 3.9. 1 *Pier.* 5.3.
x *Gal.* 3.1. & 5.2.4.
y *Rom.* 16.1.7.
z 1 *Cor.* 1.7. *Eph.* 2.6. *Col.* 3.3. 1 *Thess.* 1.10. & 4.16. 2 *Thess.* 3.5. *Tite* 2.13. *Héb.* 13.14.
a 1 *Cor.* 15.26.27.51. 2 *Cor.* 5.2.
b *Rom.* 8.29. *Col.* 3.4. 1 *Jean* 3.2.

CHAPITRE IV.

Exhortation à la persévérance, 1. *La paix de Dieu*, 7. *Désintéressement de saint Paul*, 12. *Epaphrodite*, 18.

C'Est pourquoi, mes fréres bien-aimez & tres-désirez,
[a] ma joye & ma couronne, [1] tenez-vous ainsi en nôtre
Seigneur, mes bien-aimez.
2 Je prie Evodie, & je prie aussi Syntiche d'avoir un même
sentiment au Seigneur.
3 Je te prie aussi, toi mon vrai compagnon, aide-leur,
com-

a *ch.* 2,16. 1 *Thess.* 2.19.20.
1 Ou, *demeurez ainsi fermes.*

comme à celles qui ont combattu avec moi dans l'Evangile,
avec Clement, & mes autres [b]compagnons d'œuvre, desquels les noms *sont* [c]au Livre de vie.
4 [d]Réjouïssez-vous en *nôtre* Seigneur : je vous le dis encore, réjouïssez-vous.
5 [e]Que vôtre douceur soit connue de tous les hommes.
[f]Le Seigneur est prés.
6 [g]Ne vous inquietez de rien, mais en toutes choses présentez vos demandes à Dieu par des priéres & des supplications, avec des actions de graces.
7 [h]Et la paix de Dieu, laquelle [1]surpasse tout entendement,
gardera vos cœurs [2]& vos sentimens en Jésus-Christ.
8 Au reste, mes fréres, [k]que toutes les choses qui sont véritables, toutes les choses qui sont vénérables, toutes les choses qui sont justes, toutes les choses qui sont pures, toutes
les choses qui sont aimables, toutes les choses qui sont de
bonne renommée, *toutes* celles où il y a quelque vertu &
quelque louange, pensez à ces choses;
9 [l]*Car* aussi vous les avez apprises, & reçûes, & entendues
& vûes en moi. Faites ces choses, & le Dieu de paix sera
avec vous.
10 [m]Or je me suis fort réjouï en *nôtre* Seigneur, de ce qu'à
la fin vous avez fait refleurir le soin que vous avez de moi: à
quoi aussi vous pensiez, mais vous n'en aviez pas l'occasion.
11 [n]Je ne dis pas ceci ayant égard à quelque indigence:
car j'ai appris à être content des choses selon que je me
trouve.
12 [o]*Et* je sai être abaissé, & je sai aussi être dans l'abondance: par tout & en toutes choses je suis instruit tant à être rassasié, qu'à avoir faim; tant à être dans l'abondance, que
dans la disette.
13 Je puis [3]toutes choses en Christ [p]qui me fortifie.
14 [q]Néanmoins vous avez bien fait de prendre part à mon
affliction.
15 [r]Vous savez aussi, vous Philippiens, qu'au commencement *de la prédication* de l'Evangile, quand je partis de

Ma-

b *ch.* 2. 25.
c *Psé.* 69. 29. *Dan.* 12. 1. *Luc* 10. 20. *Apoc.* 3. 5. & 17. 8. & 20. 12. & 21. 27. & 22. 19.
d *ch.* 3. 1.
e 1 *Cor.* 10. 11.
f *Jacq.* 5. 9. 2 *Pier* 3. 8. 9.
g *Psé.* 55. 23. *Matth.* 6. 25. 28. 31. 34. 1 *Tim.* 6. 8. 17. 1 *Pier.* 5. 7.
h *Jean* 14. 27. *Rom.* 5. 1. *Eph.* 2. 14.
i *Eph.* 3. 19.
2 Le mot de l'Original *noëmata*, signifie les sentimens, & les pensées de l'ame.
k *Rom.* 12. 17. & 13. 13. 1 *Thess.* 4. 3. 5.
l *Rom.* 15. 33. 2 *Cor.* 13. 11.
m 2 *Cor.* 11. 9.
n 1 *Tim.* 6. 6. 8.
o 1 *Cor.* 4. 11. 2 *Cor.* 11. 27.
3 Toutes celles dont il vient de parler.
p *ch.* 1. 29. 2 *Cor.* 1. 9. 12.
q *ch.* 1. 7.
r 2 *Cor.* 11. 8. 9.

Macedoine, aucune Eglise ne me communiqua rien en matiere de donner & de recevoir, excepté vous seuls.

16 Car même, moi étant à Thessalonique, vous m'avez envoyé une fois, & même deux fois, ce dont j'avois besoin.

f Rom. 15.28. Tite 3.14. 17 [f] Ce n'est pas que je recherche des présens, mais je cherche le fruit qui abonde [t] pour vôtre compte.

t Matth. 25. 40.

18 J'ai tout reçu, & je suis dans l'abondance, & j'ai été comblé de biens en recevant d'Epaphrodite ce qui m'a été

u Héb. 10.16. envoyé de vôtre part, [u] *comme* une odeur de bonne senteur,

x 2 Cor. 9. 12. Héb. 13.16. *comme* un [x] sacrifice que Dieu accepte, & qui lui est agréable.

y Rom. 12.8. 2 Cor. 9.8. 19 [y] Aussi mon Dieu suppléera selon ses richesses à tout ce dont vous aurez besoin, & *vous donnera sa* gloire en Jésus-Christ.

20 Or à nôtre Dieu & *nôtre* Pére, *soit* gloire aux siécles des siécles; Amen.

21 Saluez chacun des Saints en Jésus-Christ. Les fréres qui sont avec moi vous saluent.

22 Tous les Saints vous saluent, & principalement ceux [4] qui sont de la maison de César.

4 C'étoient quelques officiers de la Cour de l'Empereur, qui s'étoient convertis: conf avec 2 Tim. 2. 9.

23 La grace de nôtre Seigneur Jésus-Christ *soit* avec vous tous, Amen.

Ecrite de Rome aux Philippiens [& envoyée] par Epaphrodite.

EPISTRE DE S. PAUL APOSTRE AUX COLOSSIENS.

CHAPITRE I.

La foi des Colossiens fort célébre, 4. L'héritage des Saints, 12. J. C. est l'image de Dieu, 15. Toutes choses ont été créées par lui, 16. Il a fait la réconciliation, 20. Paul souffre pour l'Eglise, 24.

PAUL

PAUL Apoſtre de Jéſus-Chriſt, par la volonté de Dieu,
[a] & le frére Timothée:
2 [b] Aux Saints & fréres, fidéles en Chriſt, qui ſont à Co-
loſſes; Grace vous ſoit & paix de par Dieu nôtre Pére, &
de par le Seigneur Jéſus-Chriſt.
3 [c] Nous rendons graces à Dieu, qui eſt le Pére de nôtre
Seigneur Jéſus-Chriſt, & nous prions toûjours pour vous.
4 [d] Ayant ouï parler de vôtre foi en Jéſus-Chriſt, & de vôtre charité envers tous les Saints:
5 [e] A cauſe de l'eſpérance *des biens* qui vous ſont reſervez
dans les Cieux, & dont vous avez eu ci-devant connoiſſance
par la [f] parole de la vérité, *c'eſt-à-dire*, l'Evangile,
6 Qui eſt parvenu juſqu'à vous, [g] comme il l'eſt auſſi dans
tout le monde, & il y fructifie, de-même que parmi vous,
depuis le jour que vous avez entendu & connu la grace de
Dieu dans la vérité.
7 Comme vous avez été inſtruits auſſi par [h] Epaphras nôtre
cher compagnon de ſervice, qui eſt fidéle Miniſtre de Chriſt
pour vous:
8 Et qui nous a appris quelle eſt la charité que vous avez en
l'Eſprit.
9 [i] C'eſt pourquoi depuis le jour que nous avons appris ces
choſes, nous ne ceſſons point de prier pour vous, & de demander *à Dieu* que vous ſoyez remplis de la connoiſſance de
ſa volonté, en toute ſageſſe & intelligence ſpirituelle:
10 [k] Afin que vous vous conduiſiez dignement comme il eſt
ſéant ſelon le Seigneur, en lui plaiſant entierement, fructi-
fiant en toute bonne œuvre, [l] & croiſſant en la connoiſſance
de Dieu.
11 Etant fortifiez en toute force ſelon [1] la puiſſance de ſa
gloire, en toute patience, & tranquillité d'eſprit, avec
joye.
12 [m] Rendant graces au Pére, qui nous a rendus capables
de participer [2] à l'héritage des Saints [3] dans la lumiere:
13 [n] Qui nous a délivrez de la puiſſance des ténébres, &
nous a tranſportez au Royaume de ſon [o] Fils bien-aimé:

a *Phil.* 1. 1.
b *Eph.* 1. 1.
c *Eph.* 1. 15. *Phil.* 1. 3. 1 *Theſſ.* 1. 2. 2 *Theſſ.* 1. 1. 3.
d *Eph.* 1. 13.
e 1 *Pier.* 1. 4.
f *Eph.* 1. 13.
g vs. 23. *Rom.* 10. 18.
h *ch.* 4. 12. *Philem.* vs 23.
i *Rom.* 12. 2. 1 *Cor.* 1. 5. *Eph.* 1. 15.
k *Gen.* 17. 1. *Jean* 15. 16. 1 *Cor.* 7. 20. *Eph.* 4. 1. *Phil.* 1. 27.
l 1 *Cor.* 1. 5. 2 *Pier.* 1. 5. 6.
1 C'eſt une expreſſion Hébraïque, pour dire, *ſa glorieuſe puiſſance.*
m *Act* 26. 18.
2 La grace & la gloire.
3 La lumiere de l'Evangile.
n *Act.* 26. 18. *Eph.* 2. 4. 1 *Theſſ.* 2. 12. 1 *Pier.* 2. 9.
o *Matth.* 3. 17. 2 *Pier.* 1. 17.

14 [p] En qui nous avons rédemption par son sang, *savoir*,
la rémission des péchez.
15 [q] Lequel est l'image de Dieu invisible, [4] le premier-né
de toute créature.
16 [r] Car [s] par lui ont été créés toutes les choses qui sont aux
Cieux, & en la terre, les visibles & les invisibles, soit les
Trônes, ou les Dominations, ou les Principautez, ou les
Puissances, toutes choses ont été créées par lui, & pour lui.
17 Et il est [f] avant toutes choses, & toutes choses [t] subsi-
stent par lui.
18 Et c'est lui qui est [u] le Chef du corps de l'Eglise, & qui
est le commencement & [x] le premier-né d'entre les morts,
[y] afin qu'il tienne le premier lieu en toutes choses.
19 [z] Car le bon plaisir du Pére a été que toute plenitude
habitât en lui:
20 [a] Et de réconcilier par lui toutes choses avec soi, ayant
fait la paix par le sang de sa croix, *savoir*, tant les choses
qui *sont* aux Cieux; que celles qui *sont* en la terre.
21 [b] Et vous qui étiez autrefois éloignez de lui, & qui
étiez [c] ses ennemis en vôtre entendement, & en mauvaises
œuvres:
22 [d] Il vous a maintenant réconciliez par le corps de sa
chair, en *sa* mort, [e] pour vous rendre saints, sans tache, &
irrepréhensibles devant lui.
23 [f] Si toutefois vous demeurez en la foi, étant [g] fondez
& fermes, & n'étant point transportez hors de l'espérance
de l'Evangile que vous avez ouï, [h] lequel est prêché [i] à toute créature qui est sous le ciel, & duquel, moi Paul, j'ai été
fait ministre.
24 [k] Je me réjouïs donc maintenant [l] en mes souffrances
pour vous, [m] & j'accomplis le reste des afflictions de Christ
en ma chair, [n] pour son corps, qui est l'Eglise:

25 [o] De

p *Act.* 20. 28. *Eph.* 1. 7. *Héb.* 9. 14. 1 *Pier.* 1. 19. q *Jean* 14. 9. 2 *Cor.* 4. 4. *Phil.* 2. 6. *Héb.* 1. 3. *Apoc.* 3. 14.

4 Comme la création de toutes choses est attribuée au verset suivant à J. C. le titre de *premier-né de toute créature*, ne peut signifier ici autre chose, sinon sa génération éternelle avant toutes les créatures, Prov. 8. 22.

r *ch.* 2. 15. *Jean* 1. 3. 1 *Cor.* 8. 6. *Héb.* 1. 2. 1 *Pier.* 3. 22.

5 C'est une qualité par laquelle l'Ecriture distingue le vrai Dieu de tous les dieux du paganisme, que celle d'avoir créé l'Univers, & par conséquent une preuve certaine que J. C. est le vrai Dieu.

f *Prov.* 8. 22. & *Jean* 1. 1. 2. t *Héb.* 1. 3. 2 *Pier.* 3. 5. *Apoc.* 4. 11. u *Eph.* 1. 22. & 4. 15. x *Act.* 26. 23. *Apoc.* 1. 5. y *Rom.* 14. 9. z *ch.* 2. 3. *Jean* 1. 16. a *Rom.* 5. 10. 2 *Cor.* 5. 18. 19. *Eph.* 1. 10. 1 *Jean* 4. 10. b *Eph.* 2. 12. 13. c *Rom.* 5. 10. d *Eph.* 2. 1. 2. 12. e *Luc* 1. 75. *Eph.* 1. 4. & 3. 1. 2 *Tim.* 1. 9. *Tite* 2. 14. f *Jean* 15. 6. g *Eph.* 3. 18. h vs. 6. i *Marc* 16. 15. k *Rom.* 12. 5. *Jacq.* 1. 2. l 2 *Cor.* 1. 5. 6. *Phil.* 2. 17. & 3. 10. 2 *Tim.* 1. 2. 8. 10. m 1 *Pier.* 5. 9. n vs. 18.

25 [o] De laquelle j'ai été fait ministre, selon la dispensation [o] *Eph.* 3. 2.
de Dieu qui m'a été donnée envers vous, pour accomplir la
parole de Dieu:
26 *Savoir* [p] le mystére qui avoit été caché dans tous les sie- [p] *Rom.* 16. 25. *Eph.* 1. 9.
cles & dans *tous* les âges, mais qui est mantenant manifesté *2 Tim.* 1. 10.
à ses Saints: *Tite* 1. 3. *1 Pier.* 1. 20.
27 [q] Auquels Dieu a voulu donner à connoître quelles *sont* [q] *Rom.* 9. 23.
les richesses de la gloire de ce mystére parmi les Gentils, *2 Cor.* 2. 14.
c'est à savoir Christ, *qui a été prêché* parmi vous, *& qui est* *Eph.* 1. 7. *1 Tim.* 1. 1.
l'espérance de la gloire,
28 Lequel nous annonçons, en exhortant tout homme, &
en enseignant tout homme en toute sagesse, [r] afin que nous [r] *2 Cor.* 11. 2.
rendions tout homme parfait en Jésus-Christ. *Eph.* 5. 27.
29 A quoi aussi je travaille, en combattant [s] selon son effi- [s] *1 Cor.* 15. 10. *& 2 Cor.* 2. 14.
cace, qui agit puissamment en moi. *&* 3. 6.

CHAPITRE II.

Trésors de sapience en J. C. 3. *En lui habite corporellement la plénitude de la Divinité,* 9. *Circoncision sans main,* 11. *Baptême, J. C. a effacé l'obligation,* 14. *Il a triomphé en la croix,* 15. *Service des Anges,* 18. *Distinction des viandes condamnée,* 20.

[a] OR je veux que vous sachiez combien est grand le combat [a] *Phil.* 1. 30.
que j'ai pour vous, & pour tous ceux qui n'ont point *1 Thess.* 2. 2.
vû ma présence en la chair:
2 Afin que leurs cœurs soient consolez, eux étant joints
ensemble dans la charité, & dans toutes les richesses d'une
pleine certitude d'intelligence, pour la connoissance du mystére de *nôtre* Dieu & Pére, & de Christ:
3 [b] En qui sont cachez tous les trésors de sapience & de [b] *ch.* 1. 19.
science. *Esa.* 11. 2. *1 Cor.* 1. 24.
4 [c] Or je dis ceci afin que personne ne vous abuse par des [c] *Eph.* 5. 6.
paroles de persuasion.
5 Car [d] bien que je sois absent de corps, toutefois je suis [d] *1 Cor.* 5. 3.
avec vous en esprit, me réjouïssant, & voyant vôtre ordre
& la fermeté de vôtre foi, que vous avez en Christ:
6 [e] Ainsi donc que vous avez reçu le Seigneur Jésus-Christ, [e] *1 Thess.* 4. 1. *Jude* vs. 3.
cheminez en lui:

7 [f] Etant enracinez & édifiez en lui, & fortifiez en la foi,
selon que vous avez été enseignez, [g] abondant en elle avec
action de graces.
8 [h] Prenez garde que personne ne vous butine par la philo-
sophie, & par une vaine déception, selon la tradition des
hommes, selon les rudimens du monde, & *qui* ne *sont* pas
selon Christ.
9 Car [i] toute la plénitude de la Divinité habite en lui corporellement.
10 Et vous étes rendus accomplis en lui, [k] qui est le Chef
de toute principauté & puissance:
11 En qui aussi vous étes circoncis [l] d'une Circoncision faite sans main, par le dépouillement du corps des péchez de
la chair, *qui est* la Circoncision de Christ:
12 [m] Etant ensévelis avec lui par le Baptême: [n] en qui aussi
vous étes ensemble ressuscitez [o] par la foi de l'efficace de
Dieu, qui l'a ressuscité des morts.
13 [p] Et lors que vous étiez morts dans vos offenses, & dans
le prépuce de vôtre chair, il vous a vivifiez ensemble avec
lui, vous ayant gratuitement pardonné toutes vos offenses.
14 [q] En ayant effacé l'obligation *qui étoit* contre nous, laquelle consistoit en des ordonnances, & nous étoit contraire, & laquelle il a entierement abolie, l'ayant attachée à la
croix.
15 [r] Ayant dépouillé les principautez & les puissances, qu'il
a publiquement menées en montre, triomphant d'elles en la
croix.
16 [s] Que personne donc ne vous condamne [t] pour le manger ou pour le boire, ou pour la distinction d'un jour [u] de
Feste, ou [x] *pour un jour* de nouvelle lune, ou pour les sabbats.
17 Lesquelles choses sont [y] l'ombre de celles qui étoient à
venir, mais le corps en est en Christ.
18 [z] Que personne ne vous maîtrise à son plaisir par humilité d'esprit, & par le [a] service des Anges, s'ingérant dans
des choses qu'il n'a point vûes, étant témérairement enflé
du sens de sa chair:

f *Eph.* 2. 21. 22. & 3. 17.
g 1 *Cor.* 1. 5.
h *Matth.* 15. 2 *Rom.* 16. 17 *Gal.* 4. 3. 9. *Héb.* 13. 9.
i *Jean* 1. 14.
k *Eph.* 1. 21.
l *ch.* 3. 9. *Deut.* 10. 16. *Jér.* 4. 4. *Rom.* 2. 29. *Eph.* 4. 22.
m *Rom.* 6. 4.
n *ch.* 3. 1. *Eph.* 2. 6.
o *Eph.* 1. 19. & 3. 7. 1 *Pier.* 1. 3.
p *Eph.* 2. 1. 11.
q *Eph.* 2. 5. 15.
r *Gen.* 3. 15. *Pse.* 68. 19. *Esa.* 53. 12. *Matth.* 12. 29. *Jean* 12. 31. *Héb.* 2. 14.
s *Rom.* 14. 2. *Gal.* 4. 10.
t *Lévit.* 11. 2. &c.
u *Lévi* 23. 2. &c.
x *Pse.* 81. 4.
y *Héb.* 8. 5. & 10. 1.
z vs. 4. *Jér.* 29. 8. *Ezéch.* 13. 3. 2 *Cor.* 1. 24.
a vs. 8.

19 Et ne retenant point le Chef, [b] duquel tout le Corps b *Eph.* 4. 15.
étant fourni & ajusté ensemble par les jointures & les liaisons, 16.
croît d'un accroissement de Dieu. c *Rom.* 6. 3. 5. *Gal.* 2. 19.
20 [c] Si donc vous étes morts avec Christ, [1] [d] quant aux ru- 1 Il appelle ainsi la péda-
dimens du monde, pourquoi vous charge-t-on d'ordonnan- gogie Mosaï-
ces, comme si vous viviez au monde? que.
21 *Savoir*, [e] Ne mange, Ne goûte, Ne touche point. d vs. 9. e *Lévit.* 5. 2.
22 Qui sont toutes choses périssables par l'usage, & *éta-* &c.
blies [f] suivant les commandemens & les doctrines [2] des hommes: f *Esa.* 29. 13. *Matth.* 15. 9.
23 [g] *Et* qui ont pourtant quelque apparence de sagesse en *Tite* 1. 14.
dévotion volontaire, & en humilité d'esprit, & en ce qu'el- 2 Dieu les avoit ordon-
les n'épargnent nullement le corps, & n'ont aucun égard nées sous la
au rassasiement de la chair. Loi, mais c'étoient les

faux docteurs qui travailloient à les établir dans l'Eglise. g vs. 18. 1 *Tim.* 4. 8.

CHAPITRE III.

Chercher les choses d'enhaut, 1. *Mortifier nos membres qui sont sur la terre*, 5—9. *Nouvel-homme*, 10. *Il n'y a en J. C. ni Juif, ni Grec.* 11. *Lien de la perfection*, 14. *Devoir des femmes*, 18. *Des enfans*, 20. *Des serviteurs*, 22. *Recompense de l'héritage*, 24.

SI donc vous étes [a] ressuscitez avec Christ, cherchez les a *ch.* 2. 12. 13.
choses qui sont en haut, [b] où Christ est assis à la droite *Rom.* 6. 5. b *Psé.* 110. 1.
de Dieu. *Matth.* 22. 44.
2 Pensez aux choses qui sont en haut, & non à celles qui *Eph.* 1. 20. c *Rom.* 6. 2.
sont sur la terre. & 8. 24.
3 [c] Car vous étes morts, & vôtre vie est cachée avec Christ *Gal.* 2. 20. 2 *Cor.* 5. 7.
en Dieu. d *Jean* 14. 6.
4 Quand Christ, qui est [d] vôtre vie, apparoîtra, [e] vous pa- e 1 *Cor.* 15.
roîtrez aussi alors avec lui en gloire. 43. *Phil.* 3. 21. 1 *Jean* 3. 2.
5 [f] Mortifiez donc vos membres qui sont sur la terre, la f *Rom.* 6. 13.
paillardise, la souillûre, les affections déréglées, la mauvai- & 7. 5. 23. *Eph.* 4. 22.
se convoitise, & l'avarice, [g] qui est une idolatrie; & 5. 3.
6 [h] Pour lesquelles choses la colére de Dieu vient sur les en- g *Eph.* 5. 6. h 1 *Cor.* 6. 9.
fans de rebellion. *Gal.* 5. 19.
7 [i] Et dans lesquelles vous avez cheminé autrefois, quand i *Rom.* 6. 19. 20. 1 *Cor.* 6.
vous viviez en elles. 11. *Eph.* 2. 1.

 8 [k] Mais 2. *Tite* 3. 3.

8 [k] Mais rejettez maintenant toutes ces choses, la colére,
l'animosité, la médisance; & qu'aucune parole deshonnête
ne sorte de vôtre bouche.
9 [l] Ne mentez point l'un à l'autre, [m] ayant dépouillé le vieil-
homme avec ses actions,
10 Et [n] ayant revêtu le nouvel-homme, qui se renouvelle
en connoissance, [o] selon l'image de celui qui l'a créé.
11 [p] En qui il n'y a ni Grec, ni Juif, ni Circoncision, ni
Prépuce, ni Barbare, ni Scythe, ni esclave, ni libre: mais
Christ y est tout, & en tous.
12 [q] Soyez donc, comme étant des élûs de Dieu, saints &
bien-aimez, revêtus des entrailles de miséricorde, [r] de bénignité, d'humilité, de douceur, d'esprit patient:
13 [s] Vous supportant les uns les autres, & vous pardonnant
les uns aux autres: & si l'un a querelle contre l'autre, comme
Christ vous a pardonné, vous aussi faites en de même.
14 [t] Et outre tout cela, *soyez revêtus* de la charité, qui est
le lien de la perfection.
15 [u] Et que la paix de Dieu, à laquelle vous êtes appellez
pour être un seul corps, tienne le principal lieu dans vos
coeurs; [x] & soyez reconnoissans.
16 [y] Que la parole de Christ habite en vous abondamment
en tout sagesse, vous enseignant & vous exhortant l'un l'autre
par des Pseaumes, des hymnes, & des cantiques spirituels,
avec grace, chantant de vôtre coeur au Seigneur.
17 [z] Et quelque chose que vous fassiez, soit par parole ou
par œuvre, faites tout au Nom du Seigneur Jésus, [a] rendant
graces par lui à *nôtre* Dieu & Pére.
18 [b] Femmes, soyez sujettes à vos maris, comme il est convenable selon le Seigneur.
19 [c] Maris, aimez vos femmes, & ne vous aigrissez point
contr'elles.
20 [d] Enfans, obéïssez à vos péres & à vos méres [1] en toutes
choses: car cela est agréable au Seigneur.
21 [e] Péres, n'irritez point vos enfans, afin qu'ils ne perdent pas courage. 22 [f] Ser-

k *Rom.* 6. 4. *Eph.* 4. 22. *Héb.* 12. 1. *Jacq.* 1. 21. 1 *Pier.* 2. 1. & 4. 2.
l *Lévit.* 19. 11. *Eph.* 4. 25.
m *Eph.* 4. 22.
n *Eph.* 4. 24.
o *Gen.* 1. 27. & 5. 1. & 9. 6.
p *Rom.* 10. 12. *Gal.* 3. 28. & 5. 6.
q *Eph.* 4. 32.
r *Gal.* 5. 22.
s *Matth.* 6. 14. *Marc* 11. 25. *Eph.* 4. 32.
t *ch.* 2. 2. *Eph.* 4. 3. 1 *Pier.* 4. 8. 1 *Jean.* 3. 23.
u *Eph.* 4. 4. *Phil.* 4. 7.
x *vs.* 17. & *ch.* 4. 2. *Eph.* 3. 20.
y 1 *Chr.* 14. 26. *Eph.* 5. 10.
z 1 *Cor.* 10. 31. *Eph.* 5. 20.
a *vs.* 15. & *ch.* 4. 2. *Rom.* 1. 8. *Eph.* 3. 20. 1 *Thess.* 5. 18.
b *Eph.* 5. 22. 1 *Pier.* 3. 1.
c *Eph.* 5. 25. 1 *Pier.* 3. 7.
d *Eph.* 6. 1.

1 C'est-à-dire, en toutes celles qui peuvent être agréables à Dieu, & non par conséquent à celles qui sont contraires soit à l'égard de la foi, soit à l'égard des mœurs.

e *Eph.* 6. 4.

22 [f] Serviteurs, obéïssez en toutes choses à ceux qui sont
vos maîtres selon la chair, ne servant point à l'œil, comme
voulant complaire aux hommes, mais en simplicité de cœur,
craignant Dieu.
23 Et quelque chose que vous fassiez, faites tout de bon
cœur, comme *le faisant* pour le Seigneur, & non pas pour
les hommes:
24 Sachant que vous recevrez du Seigneur [2] le salaire de
l'héritage: car vous servez Christ le Seigneur.
25 Mais celui qui fait injustement, recevra ce qu'il aura fait
injustement: car *en Dieu* [g] il n'y a point d'égard à l'apparence des personnes.

f Eph.6.5. 1 Tim.6.2. Tite 2.9. 1 Pier.2.18.
2 Salaire, ou recompense de grace: Rom.6.23.
g Deut.10.17. Job 34.19. Act.10.34. Rom 2.11. 2 Cor.19.7. Gal.2.6. Eph. 6.9. 1 Pier.1. 17.

CHAPITRE IV.

Devoir des maîtres, 1. Persévérance à prier, 2. Rachetter le temps, 5. Paroles assaisonnées de sel, 6.

[a] MAîtres, rendez le droit & l'équité à vos serviteurs, sachant que vous aussi avez un Seigneur dans les Cieux.
2 [b] Persévérez dans la priere, veillant en elle avec actions
de graces:
3 [c] Priez aussi tout ensemble pour nous, [d] afin que Dieu
nous ouvre [e] la porte de la parole, pour annoncer le mystére
de Christ, pour lequel aussi je suis prisonnier.
4 Afin que je le manifeste selon qu'il faut que j'en parle.
5 [f] Conduisez-vous sagement envers ceux de dehors, rachettant le temps.
6 Que vôtre parole soit toûjours [g] assaisonnée de sel avec
grace, afin que vous sachiez [h] comment vous avez à répondre à chacun.
7 [i] Tychique, nôtre frére bien-aimé, & fidéle Ministre,
& compagnon de service en *nôtre* Seigneur, vous fera savoir
tout mon état:
8 Je l'ai envoyé vers vous expressément, afin qu'il connoisse de vôtre état, & qu'il console vos cœurs:
9 Avec [k] Onesime nôtre fidéle & bien-aimé frére, [l] qui est

a Eph.6.9.
b Luc 18.1. Rom.12.12. Eph.6.18.
c Rom.15.30. 1 Thess.5.25. 2 Thess.3.1.
d Eph.6.19. 2 Thess.3.1.
e 1 Cor.16.9. & 2 Cor.2.12.
f 1 Cor.10.32. Eph.5.15.16. 1 Thess.4.12.
g Marc 9.50.
h 1 Pier.3.15.
i Act.20.4. Eph.6.21. 2 Tim.4.12.
k Philem. vs.10.
l vs.12.

des

1 De Colos- [l] des vôtres : ils vous avertiront de toutes les affaires de
ses. deçà.

m *Act.* 19.29. 10 [m] Aristarque, qui est prisonnier avec moi, vous salue
& 27.2. aussi, & [n] Marc qui est le cousin de Barnabas, touchant le-
n *Act.* 12.12. quel vous avez reçu un ordre ; s'il vient à vous, rece-
o *Act.* 18. 7. vez-le,

11 Et Jésus, appellé [o] Juste, qui sont de la Circoncision :
ceux-ci, mes compagnons d'œuvre au Royaume de Dieu,
sont les seuls qui m'ont été en consolation.

p *ch.* 1.7. 12 [p] Epaphras, [q] qui est des vôtres, Serviteur de Christ,
q vs. 9. vous salue, [r] combattant toûjours pour vous par ses prieres,
r *ch.* 2.1. *Rom.* 15.30. afin que vous demeuriez parfaits & accomplis en toute la volonté de Dieu.

13 Car je lui rens témoignage qu'il a un grand zéle pour
vous, & pour ceux de Laodicée, & pour ceux d'Hiéra-
polis.

s 1 *Tim.* 4.10. 11. 14 [s] Luc, le médecin bien-aimé, vous salue ; & Demas
aussi.

15 Saluez les fréres qui sont à Laodicée, & Nymphas,
t *Rom.* 16. 5. [t] avec l'Eglise qui est en sa maison.
1 *Cor.* 16. 19. 16 Et quand cette Lettre aura été lûe entre vous, [u] faites
u 1 *Thess.* 5. 27. qu'elle soit aussi lûe dans l'Eglise des Laodiciens ; & vous
aussi lisez celle qui *est venue* de Laodicée.

x *Philem.* vs. 2. 17 Et dites à [x] Archippe ; Prens garde à l'administration
que tu as reçue en *nôtre* Seigneur, afin que tu l'accom-
plisses.

y 1 *Cor.* 16. 18 [y] La salutation est de la propre main de moi Paul.
21. 2 *Thess.* 3. 17. [z] Souvenez-vous de mes liens. La grace soit avec vous,
z *Héb.* 13. 3. Amen.

Ecrite de Rome aux Colossiens [& envoyée.] par Tychique & Onesime.

P R E-

PREMIERE
EPISTRE
DE S. PAUL APOSTRE
AUX THESSALONICIENS.

CHAPITRE I.

Succès de la prédication de saint Paul à Thessalonique, 5. La piété & le zéle des Thessaloniciens, 6. J. C. nous délivre de l'ire à venir, 10.

PAUL, & Silvain, & Timothée, à l'Eglise des Thessaloniciens *qui est* en Dieu le Pére, & en *nôtre* Seigneur Jésus-Christ: [a] Grace vous soit & paix de par Dieu nôtre Pére, a Rom. 1. 7.
& de par le Seigneur Jésus-Christ.
2 [b] Nous rendons toûjours graces à Dieu pour vous tous, b Rom. 1. 8. 9.
[c] faisant mention de vous dans nos prieres. 1 Cor. 1. 4.
3 Et nous remettant sans cesse en mémoire l'œuvre de vô- Eph. 1. 16. Phil. 1. 3.
tre foi, & le travail de vôtre charité, & la patience de *vôtre* 2 Thess. 1. 3.
espérance, *que vous avez* en nôtre Seigneur Jésus-Christ, c Phil. 1. 3.
devant nôtre Dieu & *nôtre* Pére:
4 [d] [1] Sachant, mes fréres bien-aimez de Dieu, vôtre e- d 2 Thess. 2. 13.
lection. 1 Sav. d'une
5 [e] Car la prédication que nous avons faite de l'Evangile au science deré-
milieu de vous, n'a pas été en parole seulement, mais aussi flexion fon-
en vertu, & [2] en Saint Esprit, & en grande certitude, ainsi dée sur leur grande piété.
que vous savez quels nous avons été parmi vous pour l'amour e 1 Cor. 2. 4. 2 Cor. 6. 6.
de vous. & 12. 12. &
6 Aussi avez-vous été [f] imitateurs de nous, & du Seigneur, 13. 3. Col. 1. 29.
ayant reçu [g] avec la joye du Saint Esprit la parole, accom- 2 Dans les dons extraor-
pagnée de grande affliction: dinaires du S. Esprit.
7 Tellement que vous avez été pour modéle à tous les fidé- f 1 Cor. 11. 1.
les de la Macedoine, & de l'Achaïe. Phil. 3. 17.
8 Car la parole du Seigneur [h] a retenti de chez vous, non g Act. 5. 41. Heb. 10. 34.
seulement dans la Macedoine & dans l'Achaïe, mais aussi en Jacq. 1. 2.
tous lieux: & vôtre foi envers Dieu est si célébre, qu'il ne h Rom. 1. 8.
nous est pas besoin d'en rien dire:

9 Car eux-mêmes racontent de nous, quelle entrée nous
avons eüe chez vous, & comment vous avez été convertis
[j] des idoles à Dieu, pour servir le Dieu vivant & vrai:
10 [k] Et pour attendre des Cieux son Fils Jésus, [i] qu'il a
ressuscité des morts, [m] & qui nous délivre [3] de l'ire à venir.

3 C'est-à-dire, de la condamnation éternelle.

i *Act.* 14.15. 1 *Cor.* 12.2. k *Phil.* 3.20. 2 *Thess.* 1.10. *Tite* 2.13. l *Act.* 2.24. 32. *&c.* m *Rom.* 5.9.

CHAPITRE II.

Integrité & sainteté de l'Apostre en la prédication de l'Evangile, 3. Il a travaillé de ses propres mains pour n'être à charge à personne, 9. La patience & la constance des Thessaloniciens, 14. S. Paul les appelle sa joye & sa couronne, 19.

CAr, mes fréres, [a] vous savez vous-mêmes que nôtre entrée au milieu de vous, n'a point été vaine:
2 Mais quoi que nous eussions été [b] auparavant affligez &
outragez à Philippes, comme vous savez, nous avons pris
hardiesse en nôtre Dieu de vous annoncer l'Evangile de Dieu
avec un grand combat.
3 Car il n'y a eu dans [1] l'exhortation que nous vous avons
faite, [c] ni séduction, ni impureté, ni fraude.
4 [d] Mais comme nous avons été approuvez de Dieu, [e] afin
que *la prédication de* l'Evangile nous fût commise, nous parlons aussi non [f] comme voulant plaire aux hommes, mais [g] à
Dieu, qui approuve nos cœurs.
5 [h] Car aussi nous n'avons jamais été surpris en parole de
flaterie, comme vous le savez, ni en prétexte d'avarice:
Dieu en est témoin.
6 [i] Et nous n'avons point cherché la gloire de la part des
hommes, ni de vous, ni des autres; quoi que nous eussions
pû montrer de l'autorité comme Apostres de Christ:
7 [k] Mais nous avons été doux au milieu de vous, [l] comme
une nourrice qui nourrit tendrement ses enfans.
8 Etant *donc* ainsi affectionnez envers vous, nous souhai-
tions de vous donner non seulement l'Evangile de Dieu,
mais aussi nos propres ames, parce que vous étiez fort aimez de nous.

a *ch.* 1. 5. 9. b *Act.* 16. 22. *Phil.* 1. 30. *Col.* 2. 1.

1 Le mot de l'Original veut dire aussi *consolation*, & il est mis ici dans une signification vague & générale pour l'Evangile.

c 2 *Cor.* 6. 6. *&* 7. 2. d 1 *Cor.* 7. 25. 1 *Tim.* 1. 12. e *Tite* 1. 3. f vs. 6. *Gal.* 1. 10. g *ch.* 4. 1. h *Act.* 20. 33. *Rom.* 1. 9. 2 *Cor.* 1. 23. *&* 2. 17. *&* 7. 2. *&* 12. 17. i *Gal.* 1. 10. *Phil.* 1. 8. i *Jean* 5. 41. 44. *&* 12. 43. *Gal.* 1. 10. k 1 *Cor.* 2. 3. *&* 9. 12. 19. 2 *Cor.* 10. 1. 2. 10. 11. 2 *Thess.* 3. 9. l *Nomb.* 11. 12. m 2 *Cor.* 12. 15.

9 Car,

9 Car, mes fréres, vous vous souvenez de nôtre peine &
de nôtre travail: [n] vû que nous vous avons prêché l'Evangi- n Act. 18. 3.
le de Dieu, en travaillant nuit & jour, pour n'être point à & 20. 34.
charge à aucun de vous. 1 Cor. 4. 12. 2 Cor. 11. 9.
10 Vous étes témoins, & Dieu aussi, comment nous nous & 12. 13.
sommes conduits saintement & justement: & sans reproche 2 Thess. 3. 8.
envers vous qui croyez:
11 Et vous savez que nous avons exhorté chacun de vous,
comme un pére ses enfans:
12 Et que nous vous avons conjuré [o] de vous conduire dig- o ch. 4. 1.
nement, comme il est séant selon Dieu, qui vous appelle à Eph. 4. 1.
son Royaume & à sa gloire. Phil. 1. 27. Col. 1. 10.
13 C'est pourquoi nous rendons sans cesse graces à Dieu,
de ce que quand vous avez reçu de nous la parole de la prédication de Dieu, vous l'avez reçue [p] non comme une parole p Matth. 10.
des hommes, mais ainsi qu'elle est véritablement, comme la 40. Gal. 4. 14.
parole de Dieu, [q] laquelle aussi agit avec efficace en vous qui 2 Pier. 3. 2.
croyez. q Rom. 1. 16. 1 Cor. 1. 18.
14 Car, mes fréres, vous étes faits imitateurs des Eglises & 2. 4.
de Dieu qui sont dans la Judée en Jésus-Christ, parce que 2 Cor. 2. 16.
vous avez aussi souffert les mêmes choses de [r] ceux de vôtre r Act. 17. 5.
propre nation, [s] comme eux aussi des Juifs: 2 Thess. 1. 4. 5.
15 Qui ont même mis à mort le Seigneur Jésus, & [t] leurs s Act. 8. 1. Héb. 10. 34.
propres Prophétes, & qui nous ont chassez, & qui ne plai- t Matth. 23.
sent point à Dieu, & sont ennemis de tous les hommes: 34. 37.
16 [u] Nous empêchant de parler aux Gentils afin qu'ils soient Luc 13. 33. Act. 7. 52.
sauvez, & comblent ainsi toûjours leurs péchez; car la colé- u Act. 13. 50.
re *de Dieu* est parvenue sur eux jusqu'au bout. & 14. 1. 2. & 17. 5. &c.
17 Et pour nous, mes fréres, qui avons été séparez de
vous en un moment de temps, de vûe, & non de cœur,
[x] nous avons d'autant plus tâché de vous aller voir, en ayant x Rom. 1. 11.
un fort grand désir:
18 C'est pourquoi nous avons voulu aller vers vous, au
moins moi Paul, une ou deux fois; [y] mais satan nous en a
empêchez. y Rom. 1. 13. & 15. 22.
19 [z] Car quelle est nôtre espérance, ou nôtre joye, ou nô- z Phil. 4. 1.

tre couronne de gloire? n'eſt-ce pas vous qui l'étes devant
nôtre Seigneur Jéſus-Chriſt *au jour* de ſon avenement?
20 Certes vous étes nôtre gloire & nôtre joye.

CHAPITRE III.

Saint Paul envoye Timothée à Theſſalonique, 2. Son retour, 6. Vœux pour les Theſſaloniciens, 11.

a vs. 5. & C'Eſt pourquoi [a] ne pouvant plus endurer, il nous a ſem-
ch. 2. 17. 18. blé bon d'être laiſſez ſeuls à Athenes.
Act. 17. 15. 16. 2 Et nous avons envoyé [b] Timothée nôtre frére, & Mi-
b Act. 16. 1. niſtre de Dieu, & nôtre compagnon d'œuvre en l'Evangile
de Chriſt, pour vous affermir, & vous exhorter touchant
vôtre foi.
3 Afin que nul ne ſoit troublé dans ces afflictions, puis que
c Jean 16. 33. vous ſavez vous-mêmes que [c] nous ſommes deſtinez à cela.
Act. 14. 22.
Eph. 3. 13. 4 Car quand nous étions avec vous, nous vous prédiſions
Phil. 1. 14. que nous aurions à ſouffrir des afflictions: comme il eſt auſſi
2 Tim. 3. 12. arrivé, & vous le ſavez.
d vs. 1. 5 [d] C'eſt pourquoi, dis-je, ne pouvant plus endurer, je
l'ai envoyé pour reconnoître l'état de vôtre foi, de peur que
celui qui tente, ne vous eût tentez en quelque ſorte, &
e Phil. 2. 16. [e] que nôtre labeur ne fût rendu inutile.
6 Or Timothée étant revenu depuis peu à nous de chez
vous, il nous a apporté d'agréables nouvelles de vôtre foi &
de vôtre charité, & que vous vous ſouvenez toûjours de
nous, déſirant fort de nous voir, comme nous auſſi déſi-
rons de vous voir;
7 C'eſt pourquoi, mes fréres, vous nous avez été en grande conſolation à cauſe de vôtre foi, dans toute nôtre affliction, & dans nôtre néceſſité.
8 Car maintenant nous vivons, ſi vous vous tenez fermes
au Seigneur.
9 Et quelles actions de graces n'avons-nous point à rendre
à Dieu à cauſe de vous, pour toute la joye que nous recevons de vous, devant nôtre Dieu:

10 [f] Le

10 [f] Le priant jour & nuit de plus en plus que nous puissions vous revoir, afin de suppléer à ce qui manque à vôtre foi?
11 Or nôtre Dieu & *nôtre* Pére, & nôtre Seigneur Jésus-
Christ, veuille adresser nôtre chemin vers vous.
12 [g] Et le Seigneur vous fasse croître & abonder de plus en
plus en charité les uns envers les autres, & envers tous,
comme nous abondons aussi *en charité* envers vous:
13 [h] Pour affermir vos cœurs sans reproche en sainteté,
devant Dieu qui est nôtre Pére, à la venue de nôtre Seigneur
Jésus-Christ, accompagné de tous ses Saints.

f Rom. 1. 10. & 15. 23.
g ch. 5. 15.
h ch. 5. 23. 1 Cor. 1. 8. Phil. 1. 10.

CHAPITRE IV.

Exhortation à la sainteté, 3. Et à la dilection fraternelle, 9. Modérer sa tristesse au sujet de ceux qui meurent, 13. Le dernier avenement de J. C. & la résurrection des Justes, 15—18.

AU reste, mes fréres, nous vous prions donc, & vous
conjurons par le Seigneur Jésus, que comme vous avez
appris de nous, [a] de quelle maniere on doit se conduire, &
plaire à Dieu, vous abondiez en cela de plus en plus.
2 Car vous savez quels préceptes nous vous avons donnez
de la part du Seigneur Jésus.
3 Parce que [b] c'est ici la volonté de Dieu, [c] *savoir* vôtre
sanctification, & que [d] vous vous absteniez [1] de paillardise:
4 Afin que chacun de vous sache posséder son vaisseau en
sanctification [e] & en honneur:
5 *Et* non avec passion de convoitise, comme les Gentils [f] qui
ne connoissent point Dieu.
6 [g] Que personne ne foule *son frére*, ou ne fasse son profit
au dommage de son frére en aucune affaire: parce que le
Seigneur est le vengeur de toutes ces choses, comme nous
vous l'avons dit auparavant, & assûré.
7 Car [h] Dieu ne nous a point appellez à la souillûre, mais
à la sanctification.
8 C'est pourquoi celui qui rejette ceci, ne rejette point un
homme, mais Dieu, [k] qui a aussi mis son Saint Esprit en nous.

a ch. 2. 12.
b Rom. 12. 2. Eph. 5. 5. 14. 17. 27. Phil. 4. 8.
c Luc 1. 75. Rom. 6 19. 22. 1 Cor. 1. 2. Tite 2. 12. Héb. 12. 14. 1 Pier. 1. 14. 15. 15.
d vs. 5. 1 Cor. 6. 10. &c.
1 La plûpart des Gentils n'ont pas crû que la simple fornication fût criminelle. Conf. avec Act. 15. 20.
e 1 Cor. 6. 18.
f Gal. 4. 8.
g 1 Cor. 6. 8.
h vs. 3. Lévit. 11. 44. & 19. 2. Jean 17. 19. 1 Cor. 1. 2.
i Luc 10. 16.
k 1 Cor. 7. 40.

9 [l] Quant à la charité fraternelle, vous n'avez pas besoin
que je vous en écrive, parce que vous-mêmes étes enseignez
de Dieu [m] à vous aimer l'un l'autre.
10 Et c'est aussi ce que vous faites à l'égard de tous les fréres qui sont par toute la Macedoine: mais, mes fréres, nous
vous prions d'abonder en cela de plus en plus,
11 [n] Et de tâcher à vivre paisiblement, & à faire vos propres affaires, & de travailler de vos propres mains, [o] ainsi
que nous vous l'avons ordonné.
12 Afin que vous vous portiez honnêtement [p] envers ceux
de dehors, & que vous n'ayez faute de rien:
13 Or, mes fréres, je ne veux point que vous ignoriez ce
qui regarde [2] ceux qui dorment, afin que vous ne soyez point
contristez [q] comme les autres [r] qui n'ont point d'espérance.
14 Car si nous croyons que Jésus est mort, & qu'il est ressuscité; pareillement aussi ceux qui dorment en Jésus, [s] Dieu
les ramenera avec lui.
15 Car nous vous disons ceci [t] par la parole du Seigneur,
que [u] nous qui vivrons & resterons à la venue du Seigneur,
ne préviendrons point ceux qui dorment.
16 Car le Seigneur lui-même avec un cri d'exhortation, &
une voix d'Archange, & [x] avec [3] la trompette de Dieu descendra du Ciel; & ceux qui sont morts en Christ ressusciteront premierement:
17 [y] Puis nous qui vivrons & qui resterons, serons enlevez
ensemble avec eux dans les nuées, au devant du Seigneur,
en l'air, & [z] ainsi nous serons toûjours avec le Seigneur.
18 [a] C'est pourquoi consolez-vous l'un l'autre par ces paroles.

l *Lévit.* 19. 18. *Jér.* 31. 34. *Matth.* 22. 39. *Jean* 6. 45. m *Jean* 13. 34. & 15. 12. *Eph.* 5. 2. 1 *Pier.* 4. 8. 1 *Jean* 3. 23. n *Act.* 20. 34. o 2 *Thess.* 3. 7. 12. 1 *Pier.* 4. 15. p 1 *Cor.* 10. 32. 1 *Tim.* 3. 7. 2 C'est-à-dire, ceux qui sont morts en la foi de J. C. q *Lévit.* 19. 28. *Deut.* 14. 1. 2 *Sam.* 12. 20. r *Eph.* 2. 12. s *Rom.* 8. 11. 1 *Cor.* 15. 20. 21. *Col.* 3. 4. t *Matth.* 24. 31. *Jean* 5. 28. 29. u 1 *Cor* 15. 51. x *Matth.* 24. 31. 1 *Cor.* 15. 51. 52. 2 *Thess.* 1. 7. 3 C'est-à-dire, des cris éclatans comme ceux d'une grande trompettte. y 1 *Cor* 15. 51. 52. &c. 2 *Jean* 12. 26. & 14. 3. & 17. 24. *Phil.* 3. 20. 21. 2 *Thess.* 1. 10. a *ch.* 5. 10. 11. 20. 21.

CHAPITRE V.

Le jour du Seigneur surprendra les hommes, 2. Enfans de lumiere, 4. Veiller & être sobre, 6. N'éteindre point l'Esprit, 19. S'abstenir de l'apparence même du mal, 22.

OR touchant [1] les temps & les momens, mes fréres, vous
n'avez pas besoin qu'on vous en écrive:

1 C'est-à-dire, le temps précis auquel les choses qu'il vient de dire arriveront.

2 Puis

2 Puis que vous savez vous-mêmes très-bien que [a] le jour
du Seigneur viendra comme le larron en la nuit.
3 [b] Car quand ils diront paix & sûreté, alors il leur surviendra une soudaine destruction, comme le travail à celle qui
est enceinte, & ils n'échapperont point.
4 Mais quant à vous, mes fréres, [c] vous n'étes point dans
les ténébres, de sorte que ce jour-là vous surprenne comme
le larron.
5 Vous étes tous [d] des enfans de lumiere, & des enfans de
jour: nous ne sommes point de la nuit, ni des ténébres.
6 [e] Ainsi donc [2] ne dormons point comme les autres, [f] mais
veillons, & soyons sobres.
7 Car ceux qui dorment, dorment la nuit: & ceux qui
s'enyvrent, s'enyvrent la nuit.
8 Mais nous [g] qui sommes *enfans* du jour, soyons sobres,
[h] étant revêtus de la cuirasse de la foi & de la charité, &
[i] ayant pour casque l'espérance du salut.
9 [k] Car Dieu ne nous a point destinez à la colére, mais
à l'acquisition du salut par nôtre Seigneur Jésus-Christ;
10 [l] Qui est mort pour nous, afin que soit que nous veil-
lions, [3] soit que nous dormions, nous vivions avec lui.
11 C'est pourquoi exhortez-vous l'un l'autre, & édifiez-
vous tous l'un l'autre, comme aussi vous le faites.
12 Or, *mes* fréres, nous vous prions [m] de reconnoître ceux
qui travaillent parmi vous, & [n] qui président sur vous en *nôtre* Seigneur, & qui vous exhortent;
13 Et d'avoir un amour singulier pour eux, à cause de
l'oeuvre qu'ils font. Soyez en paix entre vous.
14 Nous vous prions aussi, *mes* fréres, de reprendre [o] les
déréglez, de consoler ceux qui ont l'esprit abbatu, [p] de sou-
lager les foibles, & d'être d'un [q] esprit patient envers tous.
15 [r] Prenez garde que nul ne rende à personne le mal pour
le mal: mais pourchassez toûjours ce qui est bon, tant les
uns envers les autres, qu'envers tous.
16 [s] Soyez toûjours joyeux.
17 [t] Priez

a *Matth.* 24. 42. 43. 2 *Pier.* 3. 10. *Apoc.* 3. 3. & 16. 15.
b *Luc.* 21. 34. 35. 2 *Thess.* 1. 9.
c *Eph.* 5. 8.
d vs. 5. *Luc.* 16. 8. *Rom.* 13. 12. 13. *Eph.* 5. 8.
e *Rom.* 13. 12. 13.
2 C'est-à-dire, d'un sommeil spirituel, qui est la sécurité & la negligence de nôtre devoir.
f *Luc.* 21. 34. 36. 1 *Pier.* 5. 8.
g vs. 5.
h *Eph.* 6. 14.
i *Esa.* 59. 17. *Rom.* 13. 12. *Eph.* 6. 17.
k *Rom.* 9. 22.
l *Rom.* 5. 6. 7. & 14. 8. 9. 2 *Cor.* 5. 15.
3 C'est-à-dire, soit ceux qui meurent avant son dernier avenement, soit ceux qui seront alors vivans; ch. 4. 15. 16. 17.
m *Rom.* 15. 27. 1 *Cor.* 9. 11. *Gal.* 6. 6. *Phil.* 2. 29. *Héb.* 13. 7. 27.
n *Héb.* 13. 7. 17.
o *Eph.* 5. 11. 2 *Thess.* 3. 6. 11.
p *Act.* 20. 35. *Gal.* 6. 1. 2.
q *Prov.* 16. 32.

r *Prov.* 17. 13. & 20. 22. 24. 29. *Matth.* 5. 39. *Rom.* 12. 17. 1 *Cor.* 6. 7. 1 *Pier.* 3. 9. s *Rom.* 12. 12. *Phil.* 4. 4.

17 [t] Priez sans cesse.
18 [u] Rendez graces en toutes choses: car c'est la volonté
de Dieu en Jésus-Christ.
19 [x] N'éteignez point [4] l'Esprit.
20 Ne méprisez point les prophéties.
21 [y] Eprouvez toutes choses: retenez ce qui est bon.
22 [z] Abstenez-vous de toute apparence de mal.
23 Or [a] le Dieu de paix [b] vous veuille sanctifier entierement;
& faire que vôtre esprit entier, & l'ame & le corps soient
conservez sans reproche [c] en la venue de nôtre Seigneur Jésus-Christ.
24 [d] Celui qui vous appelle est fidéle, c'est pourquoi il fera
ces choses *en vous*.
25 [e] Mes fréres, priez pour nous.
26 [f] Saluez tous les fréres par un saint baiser.
27 [g] Je vous adjure par le Seigneur que cette Epistre soit
lûe à tous les saints fréres.
28 [h] La grace de nôtre Seigneur Jésus-Christ soit avec
vous; Amen.

t *Luc* 18. 1. *Eph.* 6. 18. *Col.* 4. 2. u *Eph.* 5. 20. *Col.* 3. 17. x *Eph.* 4. 30. 2 *Tim.* 1. 6. 4 C'est-à-dire, ne laissez pas éteindre en vous les lumieres de connoissance & de foi que vous avez reçues de Dieu. y *Act.* 17. 11. *Phil.* 1. 10. 1 *Jean.* 4. 1. z *Rom.* 2. 9. *Phil.* 4. 8. *Jude* vs. 23. a *Rom.* 16. 20. *Phil.* 4. 9. b *ch.* 3. 13. c 1 *Cor.* 1. 8. *Phil.* 1. 16. d 1 *Cor.* 1. 9. & 10. 13. *Héb.* 9. 23. 1 *Jean* 1. 9. e *Col.* 4. 3. f *Rom.* 16. 16. 1 *Cor.* 16. 20. 2 *Cor.* 13. 12. 1 *Pier* 5. 14. g *Col.* 4. 16. h *Rom.* 16. 24. 1 *Cor.* 16. 23. 2 *Cor.* 13. 13. *Gal.* 6. 18. *Eph.* 6. 24. *Phil.* 4. 23. &c.

La premiere Epistre aux Thessaloniciens a été écrite d'Athenes.

SECONDE EPISTRE DE S. PAUL APOSTRE AUX THESSALONICIENS.

CHAPITRE I.

Piété des Thessaloniciens, 3. *Leur constance*, 4. *Leur recompense au jour du Seigneur*, 7.

a 1 *Thess.* 1. 1.

[a] PAUL, & Silvain, & Timothée à l'Eglise des Thessaloniciens qui est en Dieu nôtre Pére, & en *nôtre* Seigneur Jésus-Christ:

2 [b] Gra-

2 [b] Grace vous soit & paix de par Dieu nôtre Pére & de
par le Seigneur Jésus-Christ.
3 Mes fréres, [c] nous devons toûjours rendre graces à Dieu
de vous, comme il est bien raisonnable, parce que vôtre foi
s'augmente beaucoup, & que la charité de chacun de vous
abonde de l'un envers l'autre:
4 [d] De sorte que nous-mêmes nous glorifions de vous dans
les Eglises de Dieu, à cause de [e] vôtre patience & de vôtre
foi dans toutes vos persécutions, & dans les afflictions que
vous soûtenez:
5 [f] Qui sont une manifeste démonstration du juste jugement
de Dieu: afin que vous soyez estimez [1] dignes du Royaume
de Dieu, pour lequel aussi vous souffrez.
6 [g] Vû que c'est une chose juste envers Dieu, qu'il rende
affliction à ceux qui vous affligent:
7 [h] Et *qu'il donne* du relâche à vous qui étes affligez, de
même qu'à nous, [i] lors que le Seigneur Jésus [k] sera révélé
du Ciel avec les Anges de sa puissance;
8 [l] Avec flamme de feu, exerçant la vengeance contre
ceux [2] qui ne connoissent point Dieu, & contre ceux [3] qui
n'obéïssent point à l'Evangile de nôtre Seigneur Jésus-Christ:
9 Lesquels seront punis d'une perdition éternelle, par la
face du Seigneur, & par la gloire de sa force:
10 [m] Quand il viendra pour être glorifié en ce jour-là dans
ses saints, & pour être rendu admirable en tous ceux qui
croyent; parce que vous avez crû le témoignage que nous
vous en avons rendu.
11 C'est pourquoi nous prions toûjours pour vous, que nôtre Dieu vous rende dignes de *sa* vocation, & qu'il accomplisse puissamment *en vous* tout le bon plaisir de sa bonté,
& [n] l'œuvre de la foi.
12 Afin que le Nom de nôtre Seigneur Jésus-Christ soit glorifié en vous, & vous en lui, selon la grace de nôtre Dieu,
& du Seigneur Jésus-Christ.

b 1 *Cor.* 1. 3. *&c.*
c 1 *Thess.* 1. 2.
d 2 *Cor.* 7. 14. *&* 9. 2. 1 *Thess.* 2. 19.
e 1 *Thess.* 2. 14.
f *Phil.* 1. 28. 1 *Thess.* 2. 16. *Jude* vs. 6.
1 Non d'une dignité de valeur & de mérite, Rom. 8. 18. mais d'une dignité de rapport & de convenance, comme au vs. 11. & Matth. 3. 8. Apoc. 3. 4. &c.
g *Pse.* 129. 4. *Rom.* 2. 6. *&c.*
h *Matth.* 5. 12. *Heb.* 6. 10.
i 1 *Thess.* 4. 16.
k 1 *Thess.* 3. 13.
l *Esa.* 66. 15. 16. 2 *Pier.* 3. 7.
2 C'est-à-dire, les Gentils.
3 Les Juifs rebelles & persécuteurs.
m *Act.* 1. 11. 1 *Thess.* 1. 10. *&* *ch.* 4. 15. 16. 17. *Apoc.* 1. 7.
n 1 *Thess.* 1. 3.

CHAPITRE II.

Description de l'Antechrist, 9—12. Vœux pour les Thessaloniciens, 16.

OR, mes fréres, nous vous prions quant à ce qui regarde l'avenement de nôtre Seigneur Jésus-Christ, & nôtre
réunion en lui,
2 De ne vous laisser point subitement ébranler de vôtre
sentiment, ni troubler par esprit, ni par parole, ni par épistre, comme si c'étoit une épistre que nous eussions écrite,
comme si le jour de Christ étoit proche.
3 [a] Que personne *donc* ne vous séduise en quelque maniere
que ce soit: car *ce jour-là ne viendra point* que [1] la révolte
ne soit arrivée auparavant, & que [b] l'homme de péché, le
fils de perdition, ne soit révélé:
4 [c] Lequel s'oppose & s'éleve contre tout ce qui est nommé Dieu, ou qu'on adore, jusqu'à être assis comme Dieu [2] au
Temple de Dieu, se portant comme s'il étoit Dieu.
5 Ne vous souvient-il pas que quand j'étois encore avec
vous, je vous disois ces choses?
6 Mais maintenant vous savez ce qui le retient, afin qu'il
soit révélé en son temps.
7 Car déja [d] le mystére d'iniquité se met en train, seulement [3] celui qui obtient maintenant, *obtiendra* jusqu'à ce
qu'il soit aboli.
8 Et alors [e] le méchant sera révélé, [f] *mais* le Seigneur le
détruira [4] par l'Esprit de sa bouche & l'abolira par la clarté
de son avenement:
9 Et quant à l'avenement *du méchant*, il est selon [g] l'efficace de satan, en toute puissance, en prodiges & en miracles
de mensonge:
10 [h] Et en toute séduction d'iniquité, dans ceux qui périssent: parce qu'ils n'ont pas reçu [5] l'amour de la vérité, pour
être sauvez:
11 C'est pourquoi [i] Dieu leur envoyera efficace d'erreu,
pour croire au mensonge:

12 Afin

a *Jér.* 29. 8. *Matth.* 24. 4. *Eph.* 5. 6. *Col.* 2. 18. 1. *Jean* 4. 1. 1 Le mot Grec *Apostasie* marque ici cette apostasie ou cette dépravation générale dans les doctrines de la Religion, qui devoit arriver dans l'Eglise sous le regne de l'Antechrist. b vs. 8. c *Dan* 11. 36. 2 C'est-à-dire, dans le sein même de l'Eglise, & d'une communion Chrétienne. d *Apoc.* 17. 5. 7. 3 Ou qui tient l'empire, & qui par là retient ou empêche la domination anti-Chrétienne de s'établir, car le Pontificat Romain ne s'est élevé à ce haut degré de puissance où il est parvenu qu'après l'abaissement & la fin de l'empire dans Rome. e vs. 3. f *Job* 4. 9. *Esa.* 11. 4. 4 Ou, par le souffle de sa bouche, c'est-à-dire, facilement. g *Deut.* 13. 1. *Matth.* 24. 24. *Apoc.* 13. 13. h 2 *Cor.* 2. 15. & 4. 3. 5 Les hommes ne se laissent séduire, que parce qu'ils n'ont pas assez d'amour pour la vérité, & qu'ils lui préferent les préjugez, source fatale des erreurs, principalement dans l'Eglise Anti-chrétienne. i *Rom.* 1. 24.

12 Afin que tous ceux-là soient jugez qui n'ont point crû
à la vérité, [k] mais qui ont pris plaisir à l'iniquité. k Apoc. 18.
13 Mais, mes fréres, bien-aimez du Seigneur, [l] nous de- 9. 11. &c.
vons toûjours rendre graces à Dieu pour vous, de ce que l 1 Theff. 1.2.
Dieu vous a élûs dés le commencement au salut par la sanctification de l'Esprit, & par la foi de la vérité.
14 A quoi il vous a appellez par nôtre Evangile, afin que
vous possédiez la gloire qui nous a été acquise par nôtre Seigneur Jésus-Christ.
15 [m] C'est pourquoi, mes fréres, demeurez fermes, & re- m ch. 3. 6.
tenez les enseignemens que vous avez appris, soit par *nôtre*
parole, soit par nôtre Epistre.
16 Or lui-même Jésus-Christ, nôtre Seigneur, & nôtre
Dieu & Pére, qui nous a aimez, & qui nous a donné une
consolation éternelle, [n] & une bonne espérance par sa grace; n Tite 2. 13.
17 [o] Veuille consoler vos cœurs, & vous affermir en toute o ch. 3. 5.
bonne parole, & toute bonne œuvre. 1 Theff. 3. 13.

CHAPITRE III.

Exhortation à prier pour l'avancement de l'Evangile, 6. Et à se détourner des personnes scandaleuses, 12. Déclaration de l'usage des admonitions & de l'excommunication, 14.

AU reste, mes fréres, [a] priez pour nous, afin que la pa- a Eph. 6. 19. Col. 4. 3.
role du Seigneur ait son cours, & qu'elle soit glorifiée 1 Theff. 5. 25.
comme elle l'est parmi vous:
2 Et que nous soyons délivrez des gens desordonnez & b Jean 6. 4.
méchans; [b] car la foi n'est point de tous. c Jean 17. 15.
3 [c] Or le Seigneur est fidéle, [d] qui vous affermira, & [e] vous 1 Cor. 1. 9. 1 Theff. 5. 24.
gardera du malin. d 1 Cor. 1. 8. 9.
4 [f] Aussi nous assûrons-nous de vous par le Seigneur, que 1 Theff. 3. 13. e Jean 17. 15.
vous faites, & que vous ferez toutes les choses que nous Rom. 16. 20.
vous commandons. f 2 Cor. 7. 16.
5 [g] Or le Seigneur veueille diriger vos cœurs à l'amour de g ch. 2. 17. 1 Theff. 5. 23.
Dieu, & à l'attente de Christ. h Rom. 16. 17.
6 [h] Nous vous recommandons aussi, mes fréres, au Nom 1 Cor. 5. 11. 15. 1 Theff. 4.
de nôtre Seigneur Jésus-Christ, [i] de vous retirer de tout fré- 11. Tite 3. 10.
i vs. 14.

 re

k vs. 11. re [k] qui se conduit d'une maniere irreguliere, & non pas
selon l'enseignement qu'il a reçu de nous.
l 1 Cor. 4. 16. 7 Car vous savez vous-mêmes [l] comment il faut que vous
& 11. 1. nous imitiez: vû qu'il n'y a eu rien d'irregulier [m] dans la ma-
m 1 Thess. 1. 10. & 4. 11. niere dont nous nous sommes conduits parmi vous;
8 Et que nous n'avons mangé le pain de personne pour
n Act. 18. 3. néant, mais dans le travail & dans la peine: [n] travaillant nuit
& 20. 34. & jour, afin de ne charger aucun de vous.
1 Cor. 4. 12. 2 Cor. 11. 9. 9 [o] Non que nous n'en ayons bien le pouvoir, mais [p] afin
& 12. 13. 1 Thess. 2. 9. de nous donner nous-mêmes à vous pour modéle, afin que
o 1 Cor. 9. 3. vous nous imitiez.
6. 1 Thess. 2. 6. 10 Car aussi quand nous étions avec vous, nous vous dé-
p 1 Cor. 11. 1. 1 Thess. 1. 6. noncions ceci, [q] que si quelqu'un ne veut pas travailler, qu'il
q Gen. 3. 19. ne mange point aussi.
11 Car nous apprenons qu'il y en a quelques-uns parmi vous
qui se conduisent d'une maniere déréglée, ne faisant rien,
mais vivant dans la curiosité.
r Eph. 4. 28. 12 [r] Nous dénonçons donc à ceux qui sont tels, & nous
1 Thess. 4. 11. les exhortons par nôtre Seigneur Jésus-Christ, qu'en travaillant ils mangent leur pain paisiblement.
s Gal. 6. 9. 13 Mais pour vous, mes fréres, [s] ne vous lassez point en
bien-faisant.
14 Et si quelqu'un n'obéït point à nôtre parole, marquez-
t vs. 6. le par Lettres, [t] & ne conversez point avec lui, afin qu'il en
Matth. 18. 17. ait honte.
1 Cor. 5. 9. 11. &c. 15 Toutefois ne le tenez point comme ennemi, mais aver-
tissez-le comme un frére.
u Rom. 15. 33. 16 Or [u] le Seigneur de paix vous donne toûjours paix en
& 16. 20. toute maniere! Le Seigneur *soit* avec vous tous.
1 Cor. 14. 33. 2 Cor. 13. 11. 17 [x] La salutation qui est de la propre main de moi Paul,
Phil. 4. 9 & qui est un signe dans toutes mes Epistres, c'est que j'écris
1 Thess. 5. 23. ainsi;
x 1 Cor. 16. 21. Col. 4. 18. 18 La grace de nôtre Seigneur Jésus-Christ *soit* avec vous
tous, Amen.

La seconde Epistre aux Thessaloniciens écrite d'Athenes.

PRE-

PREMIERE EPISTRE DE S. PAUL APOSTRE A TIMOTHÉE.

CHAPITRE I.

Fables & Généalogies, 4. La fin du Commandement, 5. La Loi n'a point été donnée pour les Justes, 9. Vocation de Paul persécuteur, 12. Foi & bonne conscience, 19. Hymenée & Alexandre livrez à satan, 20.

PAUL Apostre de Jésus-Christ, [a] par le mandement de
Dieu [b] nôtre Sauveur, & du Seigneur Jésus-Christ, [c] nôtre espérance;
2 A [d] Timothée mon [e] vrai fils en la foi, soit grace, & misericorde, & paix de par Dieu nôtre Pére, & de par Jésus-
Christ nôtre Seigneur.
3 Suivant la priere que je te fis de demeurer à Ephese,
[f] lors que j'allois en Macedoine, *je te prie encore* d'annoncer à certaines personnes de n'enseigner point [g] une autre
doctrine;
4 Et de ne s'adonner point [h] aux fables & aux généalogies,
qui sont sans fin, [i] & qui produisent plustôt des questions,
que l'édification de Dieu, laquelle consiste en la foi.
5 Or [k] la fin du Commandement, c'est la charité qui procede [l] d'un cœur pur, & d'une bonne conscience, & d'une
foi non feinte:
6 [m] Desquelles choses quelques-uns s'étant écartez, se sont
détournez à [n] un vain babil.
7 Voulant être docteurs de la Loi, [o] *mais* n'entendant point
ni ce qu'ils disent, ni ce qu'ils assûrent.
8 Or nous savons [p] que la Loi [1] est bonne, si quelqu'un en
use légitimement:
9 Sachant ceci, que la Loi n'est point mise pour le juste,
mais pour les iniques, & pour ceux qui ne se peuvent point
ran-

a *Act.* 1. 1. *Tite* 1. 3.
b *ch.* 2. 3. *Tite* 1. 3. & 2. 10. & 3. 4. *Jude* vs. 25.
c *Col.* 1. 27.
d *Act.* 16. 1. 1 *Cor.* 4. 17. 1 *Thess.* 3. 2.
e *Tite* 1. 4.
f *Act.* 20. 1. 3. *Gal.* 1. 6. 7.
g *Pse.* 119. 113.
h *ch.* 4. 7. 2 *Tim.* 2. 16. *Tite* 1. 14. & 3. 9. 2 *Pier.* 1. 16.
i *ch.* 4. 6.
k *Rom.* 13. 8. 9. 10. *Gal.* 5. 14.
l 2 *Tim.* 2. 22. *Phil.* 4. 8.
m *ch.* 6. 4 10. 2 *Tim.* 2. 16. 17. 18.
n 2 *Tim.* 2. 14. 23.
o *Col.* 2. 18.
p *Rom.* 7. 12.
1 C'est-à-dire, utile.

ranger : pour ceux qui sont sans piété, & qui vivent mal:
pour des gens sans religion, & pour les profanes : pour les
meurtriers de pére & de mére, & pour les homicides:
10 Pour les paillards, pour ceux qui habitent avec les mâles, pour ceux qui dérobent des hommes, pour les menteurs,
pour les parjures, & contre telle autre chose qui est contraire
à la saine doctrine:
11 Suivant l'Evangile de la gloire [q] de Dieu bienheureux, lequel *Evangile* m'a été commis.
12 Et je rens graces [r] à celui qui m'a fortifié, *c'est-à-dire*, à
Jésus-Christ nôtre Seigneur, de ce [a] qu'il m'a estimé fidéle,
m'ayant établi dans le ministére;
13 *Moi* [s] qui auparavant étois un blasphémateur, & un persécuteur, & un oppresseur, [t] mais misericorde m'a été faite, parce que je l'ai fait par ignorance, *étant* dans l'infi-
délité.
14 Or la grace de nôtre Seigneur [u] a surabondé *en moi*, avec
[x] la foi, & avec la dilection qui *est* en Jésus-Christ.
15 Cette parole est certaine, & digne d'être entierement
reçue, [y] que Jésus-Christ est venu au monde pour sauver les
pécheurs, desquels je suis [3] le premier.
16 [z] Mais misericorde m'a été faite, afin que Jésus-Christ
montrât en moi le premier toute clemence, pour servir
d'exemple à ceux qui viendront à croire en lui pour la vie
éternelle.
17 Or au Roi des siécles, [a] immortel, invisible, [b] à Dieu
seul sage soit honneur & gloire aux siécles des siécles,
Amen.
18 Mon fils Timothée, je te recommande ce commandement, que [c] conformément aux prophéties qui auparavant
ont été faites de toi, tu t'acquites, selon elles, du devoir de
combattre en cette bonne guerre:
19 [d] Gardant la foi avec une bonne conscience, laquelle
quelques-uns ayant rejettée, ont fait naufrage quant à la
foi:

q *ch.* 6. 15. 1 *Thess.* 2. 4.
r *Act.* 9. 22. 1 *Cor.* 15. 10. *Phil.* 4. 13. 2 *Tim.* 4. 17.
a Le mot de l'original que nos versions traduisent ici par celui de *fidele*, signifie aussi un homme à qui l'on confie quelque chose, Héb. 3. 2. 5. & le mot qui est traduit par *il m'a estimé*, veut aussi dire, *il m'a amené*, de sorte que le sens de ces deux expressions, est que Dieu avoit fait l'honneur à S. Paul de lui confier le ministére de l'Apostolat. Conf. avec 1 Cor. 7. 25. & 1 Thess. 2. 4.
s *Act.* 9. 1. 1 *Cor.* 15. 9. *Gal.* 1. 13. *Phil.* 3. 6.
t vs. 16.
u *Rom.* 5. 20.
x 2 *Tim.* 1. 13.
y *Dan.* 9. 24. *Matth.* 9. 13. & 20. 28. *Marc* 2. 17. *Luc* 9. 56. *Jean* 3. 17. 1 *Jean* 3. 5.
z vs. 13
3 Sav. en ce qu'il avoit été un grand persécuteur des Chrétiens.
a *ch.* 6. 16. *Pse.* 102. 25.
b *Rom.* 16. 27.
c *ch.* 4. 14. & 6. 12. 2 *Tim.* 4. 7.
d *ch.* 3. 9.

20 En-

20 Entre lesquels sont [e] Hyménée [f] & Alexandre, que
[g] j'ai livrez à satan, afin qu'ils apprennent par ce châtiment
à ne plus blasphémer.

e 2 *Tim.* 2.17.
f 2 *Tim.* 4.14.
g 1 *Cor.* 5.5.

CHAPITRE II.

Prier pour tous les hommes, 1. *Dieu veut qu'ils soient tous sauvez*, 4. *Un seul Dieu*, *& un seul Médiateur*, 5. *La modestie recommandée aux femmes*, 9. *Eve séduite la premiere*, 14.

J'Exhorte donc qu'avant toutes choses on fasse des requêtes,
des prieres, des supplications, & des actions de graces
pour tous les hommes:
2 [a] Pour les Rois, & pour tous ceux qui sont constituez en
dignité, afin que nous puissions mener une vie paisible &
tranquille, en toute piété & honnêteté.
3 Car cela est bon & agréable devant Dieu [b] nôtre Sauveur;
4 [c] Qui veut que [1] tous les hommes soient sauvez, [d] & qu'ils
viennent à la connoissance [e] de la vérité.
5 [f] Car il y a [2] un seul Dieu, & [3] un seul Médiateur entre Dieu
& les hommes, *savoir* JésusChrist homme:
6 [g] [4] Qui s'est donné soi-même en rançon [h] pour tous, afin
d'être en témoignage en son propre temps.
7 A quoi [i] j'ai été établi Héraut, & Apostre, ([k] je dis la
vérité en Christ, je ne mens point) [l] & docteur des Gentils
en la foi, & en la vérité.
8 Je veux donc que les hommes prient [m] [5] en tout lieu, [n] levant leurs mains pures, sans colére, & sans dispute.
9 [o] Que les femmes aussi se parent d'un vêtement honnête,
avec pudeur & modestie, non point avec des tresses, ni avec
de l'or, ni des perles, ni des habillemens somptueux:
10 Mais *qu'elles soient ornées* de bonnes œuvres, comme
il est séant à des femmes qui font profession de servir
Dieu.
11 Que

a *Jér.* 21.7.
b *ch.* 1.1.
c *Ezéch.* 18. 23. 2 *Pier.* 3.9.
1 C'est-à-dire, tous indifféremment & de quelque nation qu'ils soient, faisant à cause de cela prêcher son Evangile à tous, tant Gentils que Juifs.
d *Jér.* 31.34. *Tite* 1.1.
e *Eph.* 1.13.
f *Jean* 17 3. *Rom.* 3.30. *Gal.* 3.19.20. *Eph.* 4.6. *Héb.* 9.15.
2 C'est-à-dire un seul & même Dieu pour tous: Conf. avec Rom. 3.28. & Gal. 3.20.
3 Un seul Médiateur pour les uns & pour les autres.
g *Esa.* 53.12. *Matth.* 20.28. 1 *Cor.* 1.6. *Eph.* 1.7. *Col.* 1.14.
4 C'est sur ce fondement que J. C. est Médiateur.
h 2 *Cor.* 5.14. *Héb.* 2.9.
i *Act.* 9.15. *Rom.* 11.13. *Eph.* 3.3.8. 2 *Tim.* 1.11.
k *Rom.* 9.1.
l *Gal.* 2.7.8.
m *Mal.* 1.11. *Jean* 4.21.
5 C'est-à-dire, en quelque lieu du monde que ce soit: Jean. 4.21.
n *Job* 16.17. *Pse.* 63.5. & 134.2. & 141.2. *Esa.* 1.15.
o *Tite* 2.3. 1 *Pier.* 3.3.

p *Gen.* 3. 16. *Eph.* 5. 24. 11 Que la femme apprenne dans le silence [p] en toute soûmission.
q 1 *Cor.* 14. 34. 12 Car [q] je ne permets point à la femme d'enseigner, ni
r *Gen.* 1. 27. & 2. 18. 1 *Cor.* 11. 8. 9. d'user d'autorité sur le mari; mais elle doit demeurer dans le silence.
s *Gen.* 3. 6. 2 *Cor.* 11. 3. 13 Car [r] Adam a été formé le premier, & puis Eve.
14 Et ce n'a point été Adam qui a été séduit, mais [s] la femme ayant été séduite, a été en transgression.
15 Elle sera néanmoins sauvée [6] en mettant des enfans au monde, pourvû qu'elle persévére dans la foi, dans la charité, & dans la sanctification, avec modestie.

6 Gr. *dans la génération des enfans*: pour dire, que la condemnation prononcée de Dieu sur l'accouchement de la femme Gen. 3. 16. ne portoit aucun obstacle à son salut, si elle avoit la foi.

CHAPITRE III.

Qualitez de l'Evesque, 1-7. *Des Diacres*, 8—14. *Colomne de la vérité*, 15. *Mystére de piété*, 16.

a *ch.* 1. 15. & 4. 9. 2 *Tim.* 2. 11.
CEtte parole est certaine, que si quelqu'un désire d'être
[1] [b] Evesque, il désire [c] une œuvre excellente.
2 Mais [d] il faut que l'Evesque soit irrepréhensible, mari
[2] d'une seule femme, vigilant, modéré, honorable, [e] hospitalier, propre à enseigner:
3 Non sujet au vin, non batteur, non convoiteux de gain deshonnête, mais doux, non querelleux, non avare.
4 Conduisant honnêtement sa propre maison, tenant ses enfans soûmis en toute révérence.
5 Car si quelqu'un ne sait pas conduire sa propre maison, comment pourra-t-il gouverner l'Eglise de Dieu?
6 Qu'il ne soit point nouvel apprenti: de peur qu'étant
[f] enflé d'orgueil, il ne tombe dans la condamnation du calomniateur.
7 Il faut aussi qu'il ait bon témoignage de [g] ceux de dehors, qu'il ne tombe point dans des fautes qui puissent lui être reprochées, & dans le [h] piége du diable.
8 Que

1 Evesque, Prêtre, & Pasteur n'étoient anciennement que de différens noms d'une même charge: & celui d'*Evesque* qui veut dire, *inspecteur*, *surveillant*, ne renfermoit pas, comme il a fait depuis, une dignité, & une supériorité au dessus de la charge de Pasteur, ou de Prêtre: c'est pourquoi S. Paul passe ici immédiatement des Evesques aux Diacres, sans parler des Prêtres. b *Act.* 20. 28. *Phil.* 1. 1. c 1 *Thess.* 5. 13. d *Tite* 1. 6. 2 C'est à-dire, qu'il n'ait pas eu une premiere ou une seconde femme, laquelle il ait repudiée, comme faisoient les Juifs, par des divorces scandaleux. e *ch.* 5. 10. *Tite* 1. 8. *Héb.* 13. 2. f *ch.* 6. 4. *Col.* 2. 18. g 1 *Cor.* 5. 12. 13. 1 *Thess.* 4. 12. 1 *Pier.* 2. 12. h *ch.* 6. 9. 2 *Tim.* 2. 26.

8 Que les [i] Diacres aussi soient graves, non doubles en parole, [k] non sujets à beaucoup de vin, non convoiteux de
gain deshonnête.
9 [l] Retenant le mystére de la foi dans une conscience pure.
10 Que ceux-ci aussi soient premierement éprouvez, &
qu'en suite ils servent, après avoir été trouvez sans reproche.
11 Pareillement, que leurs femmes soient honnêtes, non
médisantes, sobres, fidéles en toutes choses.
12 Que les Diacres soient [m] maris d'une seule femme, conduisant honnêtement leurs enfans, & leurs propres familles.
13 Car ceux qui auront bien servi, acquierent un bon degré pour eux, & une grande liberté dans la foi qui est en
Jésus-Christ.
14 Je t'écris ces choses espérant que j'irai bien-tôt vers toi:
15 Mais en cas que je tarde, *je t'écris ces choses* afin que
tu saches comment il faut converser dans la Maison de Dieu,
qui est l'Eglise du [n] Dieu vivant, [3] la Colomne & l'appui de
la vérité.
16 Et sans contredit, le mystére de la piété est grand,
savoir, que [4] Dieu a été [o] manifesté en chair, justifié [5] en
Esprit, [p] vû des Anges, prêché aux Gentils, crû au monde, & [q] élevé dans la gloire.

i *Act.* 6. 3.
k *Tite* 2. 3.
l *ch.* 1. 19.
m vs. 2.
n *ch.* 4 10. & 6. 17. 2 *Cor.* 3. 3. 1 *Thess.* 1. 9.
3 C'est l'office de l'Eglise de garder & de défendre la vérité; au même sens qu'il étoit dit, Mal. 2. 7. que *les lévres du Sacrificateur gardoient la science.*
4 Ceci ne pouvant s'entendre que de J. C. & de l'incarnation du Fils, Jean 1. 14. c'est une preuve évidente, qu'il est Dieu.
o *Jean* 1. 14. *Rom.* 1. 3. *Phil.* 2. 6. 7. *Héb.* 2. 14. 16. 1 *Jean* 4. 2. 2 *Jean* vs. 7.
5 Ou, *par l'esprit*, par rapport à Matth. 12. 28. & par rapport aussi à sa résurrection, 1 Pier. 3. 18.
p *Act.* 1. 10.
q *Marc* 16. 19. 20.

CHAPITRE IV.

Prédiction d'une grande apostasie, 1. *Manger de toute sorte de viandes,* 4. *Promesses faites à la piété,* 8. *Imposition de mains de Timothée.* 14.

OR l'Esprit dit expressément [a] qu'aux derniers temps quelques-uns [b] se révolteront de la foi, s'adonnant aux [c] esprits abuseurs, & aux doctrines des diables:
2 Enseignant des mensonges [1] par hypocrisie, étant cauté-
risez dans leur conscience:
3 Défendant de se marier, *commandant* de s'abstenir des
viandes [d] que Dieu a créées pour les fidéles, & pour ceux
qui ont connu la vérité, afin d'en user avec action de graces.

a 2 *Tim.* 3. 1. 2 *Pier* 3. 3. *Jude* vs. 18. 1 *Jean* 2. 18.
b 2 *Thess* 2. 3.
c 2 *Thess.* 2. 10. 11.
1 Conférez avec 2 Thess. 2 4, 9. 10. & Apoc. 17. 4.
d *Gen.* 9. 3. *Rom.* 14. 6. 1 *Cor.* 10. 30.

4 [e] Car toute créature de Dieu est bonne, & il n'y en a
point qui soit à rejetter, étant prise avec action de graces.
5 [f] Parce qu'elle est sanctifiée par la parole de Dieu, & par
la priere.
6 [g] Si tu proposes ces choses aux fréres, tu seras bon Ministre de Jésus-Christ, nourri dans les paroles de la foi & de
la bonne doctrine que tu as soigneusement suivie.
7 Mais [h] rejette les fables profanes, & semblables à celles
des vieilles; & excerce-toi dans la piété.
8 [i] Car [2] l'exercice corporel est profitable à peu de chose,
mais [k] la piété est profitable à toutes choses, [l] ayant les promesses de la vie présente, & de celle qui est à venir:
9 [m] C'est une parole certaine, & digne d'être entierement
reçue.
10 [n] Car c'est aussi pour cela que nous travaillons, & que
nous sommes en opprobre, vû que nous espérons [o] au Dieu
vivant, [p] qui est le Conservateur de tous les hommes, mais
principalement des fidéles.
11 Annonce ces choses, & *les* enseigne.
12 [q] Que personne ne méprise ta jeunesse: mais sois le modéle [r] des fidéles en paroles, en conversation, en charité,
en esprit, en foi, en pureté.
13 Sois attentif à la lecture, à l'exhortation, & à l'instruction, [s] jusqu'à ce que je vienne.
14 Ne néglige point le don qui est en toi, & qui t'a été
conféré suivant la prophétie, [t] par l'imposition des mains de
la compagnie des Anciens.
15 [u] Pratique ces choses, & y sois attentif, afin qu'il soit
connu à tous que tu profites.
16 Prens-garde à toi, & à la doctrine: persévére en ces
choses, car en faisant cela tu te sauveras, toi & ceux qui
t'écoutent.

e *Gen.* 1. 31. *Rom.* 14. 14. 1 *Cor.* 10. 30. *Tite* 1. 15.
f *Act.* 10. 15. *Rom.* 14. 14. 20. 1 *Cor.* 10. 25. *Col.* 2. 16-22.
g 2 *Tim.* 1. 5. & 3. 14. 15.
h *ch.* 1. 4. & 6. 20. 2 *Tim.* 2. 16. 23. *Tite* 1. 14. & 3. 9.
i *Col.* 2. 23.
2 De mortifier le corps par des jeûnes & par la distinction des viandes Col. 2. 23.
k *ch.* 6. 6.
l *Lévit.* 26. 3. *Deut.* 28. 1. *Pse.* 34. 10. *Eccl.* 12. 5. *Matth.* 6. 25-34. & 7. 7-11. 2 *Cor.* 9. 8. 9. 10.
m *ch.* 3. 1.
n 1 *Cor.* 15. 19. &c.
o *ch.* 3. 15.
p *Job* 7. 20. *Pse.* 36. 7.
q 1 *Cor.* 16. 10. 11. *Tite* 2. 7. 15.
r 1 *Pier.* 5. 3.
s *ch.* 3. 14.
t *ch.* 1. 18. 2 *Tim.* 1. 6. *Act.* 6. 6.
u *ch.* 5. 22.

CHAPITRE V.

Des veuves, 3. *Des Diaconisses*, 9. *Des jeunes veuves*, 11. *L'entretien dû aux Pasteurs*, 17. *Divers avis à Timothée*, 21. &c.

[a] NE reprens pas rudement l'homme âgé, mais exhorte-
le comme un pére; les jeunes, comme des fréres;
2 Les femmes âgées, comme des méres; les jeunes, comme des sœurs, en toute pureté.
3 Honore les veuves qui sont [b] vraîment veuves.
4 [c] Mais si quelque veuve a des enfans, ou des enfans de
ses enfans, [d] qu'ils apprennent premierement à montrer leur
piété envers leur propre maison, & à rendre la pareille à
ceux dont ils sont descendus: car cela est bon & agréable
devant Dieu.
5 Or [e] celle qui est vraîment veuve, & qui est laissée seule,
espére en Dieu, & [f] persevére en prieres & en oraisons nuit
& jour.
6 Mais celle qui vit dans les délices, est morte en vivant.
7 Avertis-les donc de ces choses, afin qu'elles soient irrepréhensibles.
8 [g] Que si quelqu'un n'a pas soin des siens, & principalement de ceux de sa famille, [1] il a renié la foi, & il est pire
qu'un infidéle.
9 Que la veuve soit [2] enregistrée n'ayant pas moins de soixante ans, & [3] n'ayant eu qu'un seul mari:
10 Ayant témoignage d'avoir fait de bonnes œuvres, *comme* d'avoir nourri ses propres enfans, [h] d'avoir logé les étrangers, [i] d'avoir lavé les pieds des Saints, d'avoir secouru les
affligez, & de s'être *ainsi* constamment appliquée à toute
sorte de bonnes œuvres.
11 Mais refuse les veuves qui sont plus jeunes: car quand
elles sont devenues [4] lascives [5] contre Christ, [6] elles se veulent marier.
12 Ayant leur condamnation, en ce qu'elles ont faussé [7] leur
premiere foi.
13 Et avec cela aussi étant oiseuses, [k] elles apprennent à
aller de maison en maison; & sont non seulement oiseuses,
mais aussi babillardes, & curieuses, discourant de choses
mal-séantes.

a *Lévit.* 19. 32. b vs. 5. c vs. 16. d *Gen.* 45. 16. *Matth.* 15. 4. *Eph.* 6. 1. 2. e vs. 3. f *Luc* 2. 36. g vs. 4. *Matth.* 5. 46. 47. & 7. 9. 10. 11. *Gal.* 6. 10. 2 *Tim.* 3. 5. *Tite* 1. 16. 1 C'est-à-dire, il est indigne de porter le nom de Chrétien. 2 C'est-à-dire, d'être prise pour *Diaconisse:* Tite ch. 2. vs. 3. 4. 3 C'est-à-dire, n'ayant pas été repudiée par un mari, & ensuite mariée à un autre. h *Gen.* 18. 4. *Héb.* 13. 2. 1 *Pier.* 4. 9. i *Luc* 7. 38. 4 C'est-à-dire, Mondaines & volages. Le mot Gr. veut aussi dire *superbes.* 5 C'est-à-dire, contre l'emploi qu'elles avoient pris pour le soulagement des pauvres familles en qualité de Diaconisses. 6 Le mal étoit en cela, que cét engagement au mariage les rendoit moins capables de vaquer au service des familles nécessiteuses, comme l'Apostre le marque au vs. suivant. 7 Leur premier engagement. k *Prov.* 7. 11. *Tite* 2. 3.

14 [l] Je veux donc que les jeunes *veuves* se marient, qu'elles ayent des enfans, qu'elles gouvernent leur ménage, &
qu'elles ne donnent aucune occasion à l'adversaire de médire.
15 Car quelques-unes se [m] sont déja détournées après satan.
16 [n] Que si quelque homme ou quelque femme fidéle a des
veuves, qu'ils les assistent, mais que l'Eglise n'en soit point
chargée, afin qu'il y ait assez pour celles qui sont vraîment
veuves.
17 [n] Que [8] les Anciens [9] qui président deûement, soient
réputez dignes de double honneur: principalement ceux qui
travaillent à la parole, & à l'instruction.
18 Car l'Ecriture dit; [p] Tu n'emmuseleras point le bœuf
qui foule le grain: & [q] l'ouvrier est digne de son salaire.
19 Ne reçois point d'accusation contre [r] l'Ancien, [s] que
sur *la déposition* de deux ou de trois témoins.
20 Reprens publiquement ceux qui péchent, afin que les
autres aussi en ayent de la crainte.
21 [u] Je t'adjure devant Dieu, & devant le Seigneur Jésus-
Christ, & devant les Anges élûs, de garder ces choses sans
préférer l'un à l'autre, ne faisant rien [x] en panchant d'un
côté.
22 [y] N'impose les mains à personne avec précipitation; &
[10] ne communique point aux péchez d'autrui: [z] garde-toi
pur toi-même.
23 Ne bois plus d'eau, mais use d'un peu de [a] vin à cause
de ton estomach, & des maladies que tu as souvent.
24 [11] Les péchez de quelques-uns se manifestent auparavant,
& précédent pour *leur* condamnation: mais en d'autres ils
suivent après.
25 Les bonnes œuvres aussi se manifestent auparavant, &
celles qui sont autrement ne peuvent point être cachées.

l 1 *Cor.* 7. 9. m vs. 12. n vs. 4. o *Rom.* 12. 8. 1 *Cor.* 9. 11. *Gal.* 6. 6. *Phil.* 2. 29. 1 *Thess.* 5. 12. *Héb.* 13. 17. 8 Ce mot comprend ici en général tous ceux qui avoient charge dans l'Eglise. 9 C'est-à-dire, qui s'acquitent bien de leurs charges. p *Deut.* 25. 4. 1 *Cor.* 9. 9. q *Lévit.* 19. 13. *Matth.* 10. 10. *Luc* 10. 7. r vs. 17. s *Deut.* 17. 6. & 19. 15. t *Deut.* 13. 11. u *ch.* 6. 13. x *Exod.* 23. 2-9. *Phil.* 1. 8. y *ch.* 4. 14. & 2 *Tim.* 1. 6. 10 C'est se rendre coupable des fautes que commet par ignorance & par incapacité un Ministre de l'Evangile, que de lui conférer l'ordination s'il n'en est pas digne. z vs. 2. & *ch.* 4. 15. 16. a *Pse.* 104. 15. 11 C'est-à-dire, qu'il y a des gens dans le Ministére dont les défauts étoient déja connus avant leur promotion à cette sainte charge; & d'autres dont les défauts ne se manifestent qu'après.

CHAPITRE VI.

Devoir des serviteurs envers leurs maîtres, 1. *Vices des faux docteurs,* 3. *Le profit qu'on qu'on reçoit de la piété*, 6. *Contre l'avarice*, 9. *Combattre le bon combat*, 12. *Avis aux riches*, 17.

[a] QUe tous les serviteurs qui sont sous le joug sachent qu'ils
doivent à leurs maîtres toute sorte d'honneur, afin
qu'on ne blasphéme point le Nom de Dieu, & *sa* doctrine.
2. Que ceux aussi qui ont des maîtres fidéles, [1] ne les méprisent point sous prétexte qu'ils sont *leurs* fréres, mais plustôt qu'ils les servent à cause qu'ils sont fidéles, & bien-aimez *de Dieu*, *étant* participans de la grace: enseigne ces
choses, & exhorte.
3 [b] Si quelqu'un enseigne autrement, & ne se soûmet point
aux [c] saines paroles de nôtre Seigneur Jésus-Christ, & à la
doctrine qui est [d] selon la piété,
4 [e] Il est enflé *d'orgueil*, ne sachant rien, mais il est [2] malade après [f] des questions & des disputes de paroles, d'où
naissent des envies, des querelles, des médisances, & de
mauvais soupçons,
5 De vaines disputes d'hommes corrompus d'entendement,
& destituez de la vérité, [g] qui estiment que la piété est un
moyen de gagner: retire-toi de ces sortes de gens.
6 [h] Or la piété avec le contentement d'esprit, est un grand
gain.
7 [i] Car nous n'avons rien apporté au monde, & aussi il est
évident que nous n'en pouvons rien emporter.
8 [k] Mais ayant la nourriture, & dequoi nous puissions être
couverts, cela nous suffira.
9 Or ceux qui veulent devenir riches, tombent dans la tentation, & dans le piége, [l] & en plusieurs désirs fous & nui-
sibles, qui plongent les hommes dans la destruction, & dans
la perdition.
10 [m] Car c'est la racine de tous les maux que la convoitise
des richesses, de laquelle quelques-uns étant possédez, ils se
sont détournez de la foi, & se sont enserrez eux-mêmes
dans plusieurs douleurs.
11 [n] Mais toi, homme de Dieu, fuis ces choses, & re-

a *Eph.* 6. 5. *Col.* 3. 22. *Tite* 2. 5. 8. 9. 1 *Pier.* 2. 18.
1 C'est-à-dire, qu'ils n'ayent pas moins de respect pour eux.
b *ch.* 1. 3. 4. *Gal.* 1. 6. 7.
c *ch.* 1. 10. 2 *Tim.* 1. 13. & 4. 3. *Tite* 1. 9. & 2. 1. 8.
d *ch.* 3. 16. *Tite* 1. 1.
e *ch.* 3. 4. 2 *Tim.* 3. 4.
2 C'est-à-dire, malade d'esprit.
f *ch.* 1. 4. 2 *Tim.* 2. 14. 23. *Tite* 3. 9.
g *Rom.* 16. 17. *Phil.* 3. 19.
h *ch.* 4. 8. *Pse.* 16. 5. & 19. 11. & 37. 16. & 97. 11. & 119. 72. *Prov.* 15. 16. & 21. 21. *Eccl.* 3. 12. *Gal.* 5. 22. *Phil.* 1. 21. *Héb.* 13. 5. *Tob.* 4. 22.
i *Job* 1. 21. *Pse.* 49. 18. *Eccl.* 5. 14. 15.
k *Gen.* 28. 20. *Matth.* 6. 25. *Heb.* 13. 5. 1 *Pier.* 5. 7.
l *Eccl.* 6. 9. *Ecclesiastiq.* 11. 10.
m *Exod.* 23. 8. *Deut.* 16. 19. *Prov.* 11. 28. & 15. 16. & 20. 21. *Matth.* 13. 22. *Jacq.* 5. 1. *Ecclesiastiq.* 27. 1. 2. & 31. 5.
n 2 *Tim.* 2. 22.

cherche la justice, la piété, la foi, la charité, la patience, la
douceur;
12 ° Comba le bon combat de la foi: saisi la vie éternelle,
à laquelle aussi tu és appellé, & dont tu as fait une belle
profession devant beaucoup de témoins.
13 [p] Je t'enjoins devant Dieu, [q] qui donne la vie à toutes
choses; & devant Jésus-Christ, [r] qui a fait cette belle confession devant Ponce Pilate,
14 De garder ce commandement, en te conservant sans
tache & irrépréhensible, [s] jusques à l'apparition de nôtre
Seigneur Jésus-Christ,
15 Laquelle le bien-heureux & seul Prince, [t] Roi des
Rois, & Seigneur des Seigneurs, montrera en sa propre
saison:
16 [u] Lui qui seul posséde l'immortalité, & [x] qui habite u-
ne lumiere inaccessible: [y] lequel nul des hommes n'a vû, &
ne peut voir: & auquel soit l'honneur & la force éternelle,
Amen.
17 Dénonce à ceux qui sont riches en ce monde, qu'ils ne
soient point hautains, [z] & qu'ils ne mettent point leur confiance dans l'incertitude des richesses, mais [a] au Dieu vivant,
[b] qui nous donne toutes choses abondamment pour en joüir.
18 Qu'ils fassent du bien; qu'ils soient [c] riches en bonnes
oeuvres; qu'ils soient prompts à donner, [3] communicatifs.
19 [d] Se faisant un trésor d'un bon fondement pour l'avenir,
afin [e] qu'ils obtiennent la vie éternelle.
20 Timothée, [f] garde le dépôt; [g] en fuyant les crieries
vaines & profanes, & les contradictions d'une science faus-
sement ainsi nommée.
21 [h] De laquelle quelques-uns faisant profession, se sont
détournez de la foi. Grace soit avec toi, Amen.

o ch. 1. 18. 2 Tim. 4. 7. Jude vs. 3. p ch. 5. 21. q Act 17.28. r Matth. 27. 11. Jean 18. 37. s Phil. 1. 6. 10. t Apoc. 17. 14. & 19. 16. u ch. 1. 17. x Psa. 104. 2. Ezéch. 1. 27. y Exod. 33. 20. Deut. 4. 12. 1 Jean 4. 20. z Job 15. 31. & 31. 24. 25. Psa. 62. 11. Prov. 11. 28. & 23. 4. 5. Jacq. 1. 10. 11. a ch. 4. 10. b Act. 14. 17. & 17. 25. c Luc 12. 21. 3 Ce mot semble avoir été mis ici en opposition à celui de hautains: vs. 17. d Prov. 22. 9. Matth. 6. 20. Luc 12. 33. & 16. 9. Tob. 4. 8. 9. e Matth. 25. 34. 35. &c. f ch. 1. 18. 2 Tim. 1. 14. g vs. 4. 5. & ch. 1. 4. & 4. 7. Tite 1. 14. & 3. 9. h ch. 1. 19. 2 Tim. 2. 18.

La premiere Epistre à Timothée a été écrite de Laodicée, qui est la Metropolitaine de la Phrygie Pacatienne.

S E-

SECONDE EPISTRE DE S. PAUL APOSTRE A TIMOTHÉE.

CHAPITRE I.

Affection de ſaint Paul envers Timothée, 2. Dieu nous a ſauvez par une ſainte vocation, 9. Le dépôt, 14. Phygelle & Hermogene, 15. Onéſiphore, 16. &c.

PAUL Apoſtre de Jéſus-Chriſt, [a] par la volonté de Dieu,
ſelon la promeſſe de la vie qui eſt en Jéſus-Chriſt:
2 A Timothée, [b] mon fils bien-aimé, [c] grace, miſéricorde, & paix, de par Dieu le Pére, & de par Jéſus-Chriſt
nôtre Seigneur.
3 Je rens graces à Dieu, [d] lequel je ſers dés mes ancêtres
[e] avec une pure conſcience, [f] faiſant ſans ceſſe mention de
toi dans mes prieres nuit & jour,
4 Déſirant beaucoup de te voir, me ſouvenant de tes larmes, afin que je ſois rempli de joye;
5 Et me ſouvenant de la foi non feinte qui eſt en toi, [g] &
qui a premierement habité en Loïs, ta grand' mére, & en
Eunice ta mére; & je ſuis perſuadé qu'elle *habite* auſſi en toi.
6 C'eſt pourquoi je t'exhorte de r'allumer le don de Dieu,
qui eſt en toi [h] par l'impoſition [i] de mes mains.
7 Car Dieu ne nous a pas donné un [k] eſprit de timidité,
[l] mais de force, de charité, & de ſens raſſis.
8 [m] Ne prens donc point à honte le témoignage de nôtre
Seigneur, ni moi, [n] qui ſuis ſon priſonnier; mais prens part
aux afflictions de l'Evangile, ſelon la puiſſance de Dieu;
9 [o] Qui nous a ſauvez, & qui nous a appellez [p] par une ſainte vocation, [q] non ſelon nos œuvres, mais ſelon ſon propos
arrêté, & ſelon la grace qui [r] nous a été donnée en Jéſus-
Chriſt [1] [ſ] avant les temps éternels: 10 [t] Et

a 1 *Cor.* 1. 1. *Eph.* 1. 1. *Col.* 1. 1.
b *ch.* 2. 1. 1 *Tim.* 1. 2.
c 1 *Cor.* 1. 3. *Gal.* 1. 3. 1 *Tim.* 1. 2.
d *Act.* 22. 3. & 23. 1. & 24. 14. *Rom.* 1. 8. 9. *Phil.* 3. 5.
e *Act.* 23. 1. *Phil.* 3. 6.
f *Eph.* 1. 16. 1 *Theſſ.* 1. 2. & 3. 10. *Philem.* vs. 4.
g *Act.* 16. 1.
h *Act.* 6. 6. & 8. 17. & 19. 6.
i 1 *Tim.* 4. 14. & 5. 22.
k *Apoc.* 21. 8.
l *Rom.* 8. 15.
m *ch.* 2. 3. *Matth.* 10. 32. 33. *Rom.* 1. 16.
n *Act.* 21. 33. *Eph.* 3. 1. & 4. 1.
o *Rom.* 8. 29. & 9. 11.

p 1 *Cor.* 1. 2. q *Eph.* 1. 4. & 2. 8. & 3. 11. r *Tite* 3. 4. 5. 6. 1. Gr. *avant les temps des ſiécles*, pour dire, *de toute ancienneté.* Col. 1. 26. ſ *Tite* 1. 2.

10 [t] Et qui maintenant a été manifestée par l'apparition de
nôtre Sauveur Jésus-Christ, [u] qui a détruit la mort, & qui
[1] a mis en lumiere la vie & l'immortalité par l'Evangile:
11 [x] Pour lequel j'ai été établi Héraut, & Apostre, [y] &
Docteur des Gentils.
12 [z] C'est pourquoi aussi [a] je souffre ces choses; mais je n'en
ai point de honte: car je sai en qui j'ai crû, & je suis persuadé qu'il [b] est puissant pour garder [2] mon dépôt jusqu'à cette journée-là.
13 [c] Retiens le vrai patron des [d] saines paroles que tu as entendues de moi, [e] dans la foi & dans la charité qui est en Jésus-Christ.
14 [f] Garde [4] le bon dépôt par le Saint Esprit [g] qui habite
en nous.
15 [h] Tu sais ceci, que tous ceux qui *sont* en Asie, se sont
écartez de moi: entre lesquels sont Phygelle & Hermogene.
16 Le Seigneur fasse misericorde à la maison [i] d'Onésipho-
re: car souvent il m'a recréé, & il n'a point eu honte [k] de
ma chaîne:
17 Au contraire, quand il a été à Rome, il m'a cherché
très-soigneusement, & il m'a trouvé.
18 Le Seigneur lui fasse trouver miséricorde envers le Seigneur en cette journée-là, & tu sais mieux *que personne* combien il m'a rendu de services à Ephése.

t *Rom* 16.25. *Eph.* 3. 9. *Col.* 1. 26. *Tite* 1. 2. 1 *Pier.* 1. 20. u *Esa.* 25. 8. 1 *Cor.* 15. 54. 55. *Héb.* 2. 14. 1 C'est-à-dire, dans une plus grande évidence qu'elles n'avoient jamais été. x 1 *Tim.* 2. 7. y *Act.* 9. 15. & 13. 2. & 22. 21. *Rom.* 11. 13. & 15. 16. z *Act.* 9. 16. a *ch.* 2. 9. 10. b *Esa.* 43. 11. & 63. 1. 2 C'est à dire, son ame, laquelle il mettoit comme un cher & précieux dépôt entre les mains de Dieu. c *ch.* 3. 14. *Tite* 1. 9. d 1 *Tim.* 6. 3. e 1 *Tim.* 1. 14. f 1 *Tim.* 6. 20. 4 La saine doctrine. g *Rom.* 8. 11. h *ch.* 4. 10. 16. *Act.* 19. 10. i *ch.* 4. 19. k *Act.* 28. 20. *Eph.* 6. 20.

CHAPITRE II.

Exhortation à Timothée de faire sa charge avec fermeté & avec courage, 1.-7. Si nous souffrons avec J. C. nous regnerons avec lui, 12. Le fondement de Dieu est ferme, 19. Fuir les questions vaines, & les disputes, 23.

TOi donc, [a] mon fils, sois fortifié dans la grace qui est
en Jésus-Christ.
2 Et les choses que tu as entendues de moi devant plusieurs
témoins, commets-les [b] à des personnes fidéles, qui soient
capables de les enseigner aussi à d'autres.

a *ch.* 1. 2. b 1 *Cor.* 4. 2. 1 *Tim.* 3. 2. 3. &c. *Tite* 1. 5.

3 [c] Toi

3 [c] Toi donc, endure les travaux, comme bon soldat de
Jésus-Christ.
4 Nul qui va à la guerre ne s'embarrasse des affaires de cette vie, afin qu'il plaise à celui qui l'a enrollé pour la guerre.
5 [d] Pareillement, si quelqu'un combat dans la lice, il n'est
point couronné, s'il n'a pas combattu selon les loix.
6 [e] Il faut *aussi* que le laboureur travaille premierement, &
ensuite il recueille les fruits.
7 Considére ce que je dis: or le Seigneur te donne de l'intelligence en toutes choses.
8 Souviens-toi que Jésus-Christ, qui est [f] de la semence de
David, est ressuscité des morts, [g] selon mon Evangile.
9 Pour lequel [h] je souffre beaucoup de maux, [i] jusqu'à être
mis dans les chaînes, comme un malfaiteur: mais cependant
la parole de Dieu n'est point liée.
10 [k] C'est pourquoi je souffre toutes choses pour l'amour
des élûs, afin qu'eux aussi obtiennent le salut qui est en Jésus-Christ, avec la gloire éternelle.
11 [l] Cette parole est certaine, que [m] si nous mourons avec
lui, nous vivrons aussi avec lui.
12 [n] Si nous souffrons avec lui, nous regnerons aussi avec
lui: [o] si nous le renions, il nous reniera aussi.
13 Si nous [p] sommes déloyaux, il demeure [1] fidéle: il ne
se peut renier soi-même.
14 Remets ces choses en mémoire, [q] protestant devant le
Seigneur [r] qu'on ne dispute point de paroles, qui est une
chose dont il ne revient aucun profit, *mais* elle est la ruïne
des auditeurs.
15 Etudie-toi de te rendre approuvé à Dieu, ouvrier sans
réproche, détaillant droitement [s] la parole de la vérité.
16 [t] Mais réprime les crieries vaines & profanes, car elles
passeront plus avant dans l'impiété:
17 Et leur parole rongera comme une gangreine, & entre
ceux-là sont [u] Hyménée & Philete:
18 [x] Qui se sont dévoyez de la vérité, en disant que [2] la
résur-

c *ch.* 1. 8. *&* 4. 5. 1 *Tim.* 1. 18.
d 1 *Cor.* 9. 25.
e *Jean* 4. 35. 37. 1 *Cor.* 9. 10. *Jacq.* 5. 7.
f 2 *Sam.* 7. 12. *Pse.* 132. 11. *Esa.* 11. 1. *Matth.* 1. 1. *Act.* 2. 30. *&* 13. 23. *Rom.* 1. 3.
g *Rom.* 2. 16.
h *ch.* 1. 12. 2 *Cor.* 11. 23.
i *ch.* 1. 16.
k *Col.* 1. 24.
l 1 *Tim.* 3. 1. *Tite* 3. 8.
m *Rom.* 6. 5. *&c. &* 8. 17. 2 *Cor.* 4. 10. 1 *Pier.* 4. 13.
n *Apoc.* 3. 21.
o *Matth.* 10. 33. *Phil.* 3. 10.
p *Rom.* 3. 3. *&* 9. 6. *Tite* 1. 2.
1 Constant & ferme dans ses menaces.
q *ch.* 4. 1. 1 *Tim.* 5. 21.
r vs. 16. *&* 23. 1 *Tim.* 6. 4. 20. *Tite* 3. 9.
s 2 *Cor.* 6. 7. *Eph.* 1. 13. *Col.* 1. 5. *Jacq.* 1. 18.
t vs. 14. 1 *Tim.* 1. 4. *&* 4. 7.
u 1 *Tim.* 1. 20.
x 1 *Tim.* 6. 21.
2 Ils ne reconnoissoient point d'autre résurrection universelle, que la conversion générale produite dans le monde par l'Evangile, prennant ainsi le mot de résurrection dans un sens purement moral, ou mystique.

résurrection est déja arrivée, & qui renversent la foi de quelques-uns.
19 Toutefois le fondement de Dieu demeure ferme, ayant
y *Jean* 10.16. ce seau; y Le Seigneur connoît ceux qui sont siens: &, z Qui-
z *Act.* 2.21. conque invoque le Nom de Christ, qu'il se retire de l'iniquité.
20 Or dans une grande maison il n'y a pas seulement des
vaisseaux d'or & d'argent, mais il y en a aussi de bois & de
a *Rom.* 9.21. terre; a les uns à honneur, & les autres à deshonneur.
21 Si quelqu'un donc se purifie de ces choses, il sera un
b *ch.* 3. 17. vaisseau sanctifié à honneur, & utile au Seigneur, b & préparé à toute bonne œuvre.
c 1 *Tim.* 4.12. 22 c Fuis aussi les désirs de la jeunesse, & recherche la jus-
& 6. 11. tice, la foi, la charité, & la paix d avec ceux qui invoquent
d 1 *Cor.* 1. 2. d'un cœur pur le Seigneur.
23 Et e rejette les questions folles, & qui sont sans instruc-
e vs. 14. & 16. *Tite* 3. 9. tion, sachant qu'elles ne font que produire des querelles.
f *ch.* 4. 2. 24 Or il ne faut pas que le serviteur du Seigneur soit que-
1 *Tim.* 3. 1. *Tite* 1. 9. relleux, f mais doux envers tout le monde, propre à enseigner, supportant patiemment les mauvais.
g *ch.* 4. 2. 25 Enseignant g avec douceur ceux qui ont un sentiment
2 *Cor.* 10. 1. *Gal.* 6. 1. contraire, *afin d'essayer* h si quelque jour Dieu leur donnera
Jacq. 1. 21. la repentance pour reconnoître la vérité:
h *Act.* 8. 22. & 11. 18. 26 Et afin qu'ils se réveillent *pour sortir* du piége du dia-
& 16. 14. 1 *Cor.* 3 5.6. ble, par lequel ils ont été pris pour faire sa volonté.

CHAPITRE III.

Prédiction d'une grande corruption de mœurs, 2. Femmes chargées de péchez: 6. Jannes & Jambres, 8. La pieté, & la persécution, 12. Eloge de l'Ecriture, 16.

a 1 *Tim.* 4.1. OR sache ceci, a qu'aux derniers jours il surviendra des
2 *Pier.* 3. 3. temps fâcheux.
Jude vs. 18. 2 Car les hommes seront amoureux d'eux-mêmes, avares,
b *Rom.* 1.29. b vains, orgueilleux, c blasphémateurs, desobéïssans à leurs
30. péres & à leurs méres, ingrats, d profanes:
c *Apoc.* 13.6. d 1 *Tim* 4.7. 3 Sans affection naturelle, sans fidélité, calomniateurs,
incontinens, cruels, haïssans les gens de bien:

4 Trai-

4 Traîtres, téméraires, enflez *d'orgueil*, amateurs des voluptez, plustôt que de Dieu.
5 [e] Ayant l'apparence de la piété, mais en ayant renié la
force: [f] détourne-toi donc de telles gens.
6 Or d'entre ceux-ci sont ceux [g] qui se glissent dans les maisons, & qui tiennent captives les femmelettes chargées de
péchez, & transportées de diverses convoitises:
7 Qui apprennent toûjours, mais qui ne peuvent jamais
parvenir à la pleine connoissance de la vérité.
8 Et [h] comme [1] Jannes & Jambres ont résisté à Moyse,
ceux-ci de même résistent à la vérité; [i] *étant des* gens qui
ont l'esprit corrompu, & qui sont reprouvez quant à la foi.
9 Mais ils n'avanceront pas plus avant: car leur folie sera
manifestée à tous, comme le fut celle de ceux-là.
10 [k] Mais pour toi, tu as pleinement compris ma doctrine,
ma conduite, mon intention, ma foi, ma douceur, ma charité, ma patience.
11 [l] Et tu *sais* les persécutions & les afflictions qui me sont
arrivées à Antioche, & à Iconie, & à Lystre, quelles persécutions, *dis-je*, j'ai soûtenues, & *comment* [m] le Seigneur
m'a délivré de toutes.
12 Or [n] tous ceux aussi qui veulent vivre selon la piété en
Jésus-Christ, souffriront persécution.
13 Mais les hommes méchans & abuseurs s'avanceront en
empirant, séduisant, & étant séduits.
14 Mais toi, demeure ferme dans les choses que tu as apprises, & qui t'ont été commises, [o] sachant de qui tu les as
apprises:
15 Vû même que [p] dés ton enfance tu as la connoissance
des saintes Lettres, qui te peuvent rendre sage à salut, [q] par
la foi en Jésus-Christ.
16 [r] [2] Toute l'Ecriture est divinement inspirée, [3] & [s] profitable à enseigner, [t] à convaincre, à corriger, & à instruire selon la justice;

e Matth. 7. 15. Tite 1. 16. & 3. 10. f Matth. 18. 17. Rom. 16. 17. 2 Thess. 3. 6. 2 Jean vs. 10. g Matth. 23. 14. Tite 1. 11. Jude vs. 4. h Exod. 7. 11. 1 Les noms de ces Magiciens d'Egypte s'étoient conservez parmi les Juifs par une tradition continuelle de pére en fils, comme des noms célébres par la victoire que les miracles de Moyse avoient remportée sur ceux de ces imposteurs. i 1 Tim. 6. 5. Tite 1. 16. k 1 Tim. 4. 6. l Act. 13. 50. & 14. 5. 19. 22. m 2 Cor. 1. 10. n Matth. 16. 24. Luc 24. 26. Jean 17. 14. Act. 14. 22. 1 Thess. 3. 3. o ch. 2. 2. p ch. 1. 5. Prov. 22. 6. Act. 17. 11. q Gal. 3. 24. r 2 Pier. 1. 19. 20. 2 S. Paul parle des Livres de l'Ancien Testament. 3 Combien plus l'Ecriture du N. Testament. s Rom. 15. 4. t Act. 18. 28.

17 Afin que [u] l'homme de Dieu soit accompli, & qu'il soit
parfaitement instruit [x] à toute bonne œuvre.

u 1 Tim. 6. 11. x ch. 2. 21. Col. 1. 10.

CHAPITRE IV.

Insister en temps & hors temps, 2. Oreilles chatouilleuses, 3. Saint Paul a combattu le bon combat, 7. Alexandre le forgeron, 14. Confiance de saint Paul, 18.

[a] JE te somme donc devant Dieu, & devant le Seigneur
Jésus-Christ, [b] qui doit juger les vivans & les morts, en
son apparition & en son regne:
2 Prêche la parole, insiste en temps & hors temps: reprens,
tanse, exhorte [c] avec toute douceur d'esprit, [1] & avec doctrine.
3 Car le temps viendra auquel ils ne souffriront point [d] la
saine doctrine, mais ayant les oreilles chatouilleuses, ils assembleront des docteurs *qui seront* selon leurs désirs;
4 [e] Et ils détourneront leurs oreilles de la vérité, & se
tourneront aux fables.
5 [f] Mais toi, veille en toutes choses, souffre les afflictions,
fais l'œuvre d'un [g] Evangeliste, rens ton Ministére pleinement approuvé.
6 Car pour moi, je m'en vais maintenant être [h] mis pour aspersion du sacrifice, & le temps de mon [i] délogement est proche.
7 [k] J'ai combattu le bon combat, j'ai achevé la course, j'ai
gardé la foi:
8 Quant au reste, [l] la couronne de justice m'est reservée,
& le Seigneur, juste juge, me la rendra en cette journée-là,
& non seulement à moi, mais aussi à tous ceux qui auront
aimé son apparition.
9 [m] Hâte-toi de venir bien-tôt vers moi.
10 Car [n] Démas m'a abandonné, [o] ayant aimé le présent siecle, & il s'en est allé à Thessalonique; Crescens est allé en
Galatie; & Tite en Dalmatie.
11 [p] Luc est seul avec moi: Prens [q] Marc, & amene-le
avec toi: car il m'est fort utile pour le Ministére.
12 [r] J'ai aussi envoyé Tychique à Ephese.

a ch. 2. 14. b Jean 5. 25. Act. 10. 42. & 17. 31. Rom. 14. 10. 2 Cor. 5. 10. 1 Thess. 4. 16. c ch. 2. 24. 1 L'instruction doit être mêlée dans toutes les fonctions du St. Ministére. d 1 Tim. 6. 3. Tite 2. 1. e 1 Tim. 1. 4. & 4. 7. f ch. 1. 8. & 2. 3. g Act. 21. 8. Eph. 4. 11. h Phil. 2. 17. Phil. 1. 23. i 2 Pier. 1. 14. k 1 Cor. 9. 24. 25. Phil. 3. 14. 1 Tim. 6. 12. Héb. 12. 1. l 1 Cor. 9. 25. Jacq. 1. 12. 1 Pier. 5. 4. m vs. 21. n Col. 4. 14. Philem. vs. 24. o 1 Tim. 6. 10. p Col. 4. 14. Philem. vs. 24. q Act. 15. 37. r Act. 20. 4. Eph. 6. 21. Tite 3. 12.

13 Quand

13 Quand tu viendras apporte avec toi le manteau que j'ai
laiſſé à Troas chez Carpe, & les Livres auſſi; mais principalement les parchemins.
14 [f] Alexandre [2] le forgeron m'a fait beaucoup de maux: [t] le
Seigneur lui rende ſelon ſes œuvres:
15 Garde-toi donc de lui, car il s'eſt fort oppoſé à nos paroles.
16 Perſonne ne m'a aſſiſté dans ma premiere défenſe, mais
tous m'ont abandonné: [u] *toutefois* que cela ne leur ſoit point
imputé!
17 Mais le Seigneur m'a aſſiſté, & [x] fortifié, afin que ma prédication fût rendue pleinement approuvée, & que tous les
Gentils l'ouïſſent: [y] & j'ai été délivré de la gueule [3] du Lion.
18 Le Seigneur auſſi me délivrera de toute mauvaiſe œuvre, & me ſauvera dans ſon Royaume céleſte. A lui *ſoit*
gloire aux ſiecles des ſiecles, Amen.
19 Salue [z] Priſce & Aquile, & [a] la famille d'Onéſiphore.
20 [b] Eraſte eſt demeuré à Corinthe, & j'ai laiſſé Trophime malade à Milet.
21 [c] Hâte-toi de venir avant l'hiver. Eubulus, & Pudens,
& Linus, & Claudia, & tous les fréres, te ſaluent.
22 [d] Le Seigneur Jéſus-Chriſt ſoit avec ton eſprit. Grace
ſoit avec vous, Amen.

f 1 *Tim.* 1. 20. 2 Le mot Grec ſignifie proprement *ouvrier en airain:* mais il ne s'enſuit pas de là que ce ne fût qu'un ſimple artiſan, car les Juifs avoient preſque tous quelque métier, & S. Paul lui-même qui étoit homme de Lettres, avoir appris le métier de faire des tentes. Act. 18. 3. t *Pſe.* 28. 4. u *Act.* 7. 60. x *Matth.* 10. 19. 20. y 1 *Sam.* 17. 37. 3 C'étoit Néron, Prince extrémement fier & cruel. z *Act.* 18. 2. *Rom.* 16. 3. a *ch.* 1. 16. b *Act.* 19. 22. & 20. 4. & 21. 29. c vs. 9. d *Matth.* 28. 20.

La ſeconde Epiſtre à Timothée, qui a été établi le premier Eveſque de l'Egliſe des Ephéſiens, a été écrite de Rome, quand Paul fut préſenté la ſeconde fois à Céſar Néron.

EPISTRE DE S. PAUL APOSTRE A TITE.

CHAPITRE I.

La vérité ſelon la piété, 1. *Tite laiſſé par ſaint Paul en Créte, & pourquoi,* 5. *Qualitez que doit avoir un Eveſque,* 7. *Vices de certains Prédicateurs,* 10. *Caractere des Crétois,* 12. *Tout eſt pur aux purs,* 15.

 PAUL,

PAUL, Serviteur de Dieu, & [a] Apostre de Jésus-Christ,
[b] selon la foi des élûs de Dieu, & [c] la connoissance de la
vérité, [d] qui est selon la piété:
2 Sous l'espérance de la vie éternelle, laquelle Dieu, [e] qui
ne peut mentir, [f] avoit promise [g] avant [1] les temps éternels;
3 [h] Mais qu'il a manifestée [i] en son propre temps, *savoir* sa
parole, [k] dans la prédication qui m'est commise, [l] par le
commandement de Dieu nôtre Sauveur:
4 A Tite [m] mon vrai fils, selon la foi qui *nous* est commune; Grace, miséricorde, & paix de par Dieu *nôtre* Pére,
& de par le Seigneur Jésus-Christ, nôtre Sauveur.
5 La raison pour laquelle je t'ai laissé en [2] Créte, c'est afin
que tu acheves de mettre en bon ordre les choses qui restent
à regler, & que tu établisses [n] des Anciens de ville en ville,
suivant ce que je t'ai ordonné:
6 *Ne choisissant* [o] aucun homme qui ne soit irrépréhensible, mari d'une seule femme, & dont les enfans soient fidéles, & non accusez de dissolution, ou qui ne se puissent
ranger.
7 Car il faut que [p] l'Evesque soit irrépréhensible, comme
[q] étant dispensateur dans *la Maison* de Dieu, non adonné à
son sens, non colére, [r] non sujet au vin, non bateur, [s] non
convoiteux de gain deshonnête:
8 [t] Mais hospitalier, aimant les gens de bien, sage, juste,
saint, continent:
9 [u] Retenant ferme pour l'instruction la parole fidéle, afin
qu'il soit capable tant d'exhorter par [x] la saine doctrine, que
de convaincre les contredisans.
10 [y] Car il y en a plusieurs qui ne se peuvent ranger, vains
discoureurs, & séducteurs d'esprits, [z] principalement ceux
[3] qui sont de la Circoncision, ausquels il faut fermer la
bouche.
11 [a] *Et* qui renversent les maisons toutes entieres, enseignant pour un gain deshonnête des choses qu'on ne doit point
enseigner.

a *Rom.* 1. 1.
b *Act.* 13. 48.
c 1 *Tim.* 2. 4.
d *ch.* 2. 11.
1 *Tim.* 3. 16.
& 6. 3.
e *Nomb.* 23.
19. *Rom.* 3. 3.
2 *Tim.* 2. 13.
Héb. 6. 18.
f *Gen.* 3. 15.
Rom. 16. 25.
Eph. 1. 9.
& 3. 9.
Col. 1. 26.
g 2 *Tim.* 1. 9.
10. & 2. 13.
1 *Pier.* 1. 20.
1 Gr. *les temps des siécles:* comme
2 Tim. 1. 9.
h *ch.* 2. 11.
Rom. 16. 25.
Col. 1. 26.
2 *Tim.* 2. 10.
i 1 *Tim.* 2. 6.
k *Act.* 20. 24.
2 *Cor.* 2. 12.
& 7. 14. *Gal.*
1. 1. & 2. 3.
l 1 *Tim.* 1. 1.
m 1 *Tim.* 1. 2.
2 C'est l'Isle de Candie.
n *Act.* 14. 23.
2 *Tim.* 2. 2.
o 1 *Tim.* 3. 2.
p 1 *Tim.* 3. 1.
2. 3. 15.
q 1 *Cor.* 4. 1.
r *Lévit* 10. 9.
Eph. 5. 18.
s 1 *Pier.* 5. 2.
t 1 *Tim.* 3. 2.
u *ch.* 2. 1.
1 *Tim.* 6. 3.
2 *Tim.* 1. 13.
x 2 *Tim.* 4. 3.
y 1 *Tim.* 1. 6.
z *Act.* 15. 1.
3 Les Juifs.
a *Matth.* 23. 23. 2 *Tim.* 3. 6.

12 [a] Quel-

12 [a] Quelqu'un d'entr'eux, [b] qui étoit leur propre [5] prophéte, a dit; Les Crétois sont toûjours menteurs, mauvaises bêtes, ventres paresseux.
13 Ce témoignage est véritable: c'est pourquoi reprens-les
vivement, afin qu'ils soient sains en la foi:
14 [c] Ne s'adonnant point aux fables Judaïques, & [d] aux
commandemens des hommes qui se détournent de la vérité.
15 [e] Toutes choses sont bien pures pour ceux qui sont
purs; [f] mais rien n'est pur pour les impurs & les infidéles,
mais leur entendement & leur conscience sont souillez.
16 [g] Ils font profession de connoître Dieu, mais ils le renoncent par leurs œuvres: car ils sont abominables, & rebelles, & reprouvez pour toute bonne œuvre.

4 C'étoit le Poëte Epimenides, qui étoit de Créte. b 1 *Tim.* 6. 5. 5 Les Poëtes ont mêlé la vaine Théologie de leurs dieux dans leurs poësies fabuleuses. c 1 *Tim.* 1. 4. & 4. 7. d *Esa.* 29. 13. *Matth.* 15. 9. *Col.* 2. 22. e *Matth.* 15. 11. *Luc* 11. 39. 41. *Act.* 10. 15. *Rom.* 14. 14. 20. 1 *Cor.* 6. 12. & 10. 23. 25. 1 *Tim.* 4. 3. 4. f *Prov.* 15. 8. *Eccl.* 5. 1. *Agg.* 2. 13. 14. g *Jér.* 12. 2. 2 *Tim.* 3. 5. *Jude* vs. 4.

CHAPITRE II.

Devoirs des vieillards, 2. *Des femmes*, 3. *Des jeunes hommes*, 6. *Des serviteurs*, 9. *La Grace salutaire*, 11. *Peuple particulier de Dieu*, 14.

MAis toi, enseigne les choses qui conviennent à [a] la saine
doctrine.
2 [b] Que les vieillards soient sobres, graves, prudens, sains
en la foi, en la charité, & en la patience.
3 Pareillement, que les femmes âgées soient d'une conte-
nance convenable à la sainteté, non médisantes, non sujettes
à beaucoup de vin, enseignant ce qui est bon:
4 Afin qu'elles instruisent les jeunes femmes à être [c] modes-
tes, à aimer leurs maris, à aimer leurs enfans;
5 A être sages, pures, [d] gardant la maison, [e] bonnes, [f] sujettes à leurs maris; afin que la parole de Dieu ne soit point
[g] blasphémée.
6 Exhorte aussi les jeunes hommes à être modérez.
7 [h] Te montrant toi-même pour modéle de bonnes œuvres
en toutes choses, en une doctrine exempte de toute altération, *en* gravité, *en* intégrité,

a *ch.* 1. 9. b 1 *Tim.* 2. 9. & 5. 13. 1 *Pier.* 3. 5. c 1 *Tim.* 2. 9. 1 *Pier.* 3. 3. d *Jug.* 5. 24. *Pse.* 68. 13. e *Prov.* 25. 24. & 27. 15. f *Eph.* 5. 22. *Col.* 3. 18. 1 *Pier.* 3. 1. g 1 *Tim.* 6. 1. h 1 *Tim.* 4. 12. 1 *Pier.* 5. 3.

8 [i] *En* paroles saines, que l'on ne puisse point condamner,
[k] afin que celui qui est contraire, soit rendu confus, n'ayant
aucun mal à dire de vous.
9 [l] Que les serviteurs soient soûmis à leurs maîtres, leur
complaisant en toutes choses, non contredisans:
10 Ne détournant rien *de ce qui appartient à leurs maîtres*,
mais faisant toûjours paroître une grande fidélité, afin de
rendre honorable en toutes choses la doctrine de Dieu, nôtre Sauveur.
11 [m] Car la grace de Dieu salutaire [1] à tous les hommes est
clairement apparue.
12 [n] Nous enseignant qu'en renonçant à l'impiété & aux
mondaines convoitises, nous vivions dans ce présent siécle,
sobrement, justement, & religieusement.
13 [o] En attendant la bienheureuse espérance, & l'apparition de la gloire [2] du grand Dieu & nôtre Sauveur, Jésus-
Christ,
14 [q] Qui s'est donné soi-même pour nous, afin de nous rachetter de toute iniquité, & de [q] nous purifier, pour lui
être [r] un peuple propre & particulier, [s] adonné aux bonnes
œuvres.
15 Enseigne ces choses, & exhorte, & reprens avec toute
autorité de commander. [t] Que personne ne te méprise.

i vs. 1. & ch. 1. 9. 2 *Tim.* 1. 13. k 1 *Tim.* 5. 14. 1 *Pier.* 2. 12. 15. & 3. 16. l *Eph.* 6. 5. *Col.* 3. 22. 1 *Tim.* 6. 1. 2. 1 *Pier.* 2. 18. m *ch.* 3. 4. 1 *Tim.* 2. 4. 1 A tous les hommes indifféremment & sans distinction de peuples & de païs; comme 1 Tim. 2. 4. n *ch.* 1. 1. *Act.* 3. 19. & 17. 30. *Gal.* 1. 4. *Eph.* 1. 4. *Col.* 1. 22. 2 *Tim.* 1. 9. 1 *Pier.* 4. 3. 1 *Jean* 2. 16. o 1 *Cor.* 1. 7. *Phil.* 3. 20. 1 *Thess.* 1. 10. & 4. 18. 2 *Thess.* 3. 5.

2 Ces mots doivent s'entendre de J. C. p *Gal.* 1. 4. & 2. 20. *Eph.* 5. 2. 25. 1 *Tim.* 2. 6. q *Héb.* 1. 3. & 9. 14. r *Exod.* 19. 5. s *Eph.* 2. 10. t 1 *Cor.* 16. 11. 1 *Tim.* 4. 12.

CHAPITRE III.

Obéir aux Puissances, 1. *Ne médire de personne*, 2. *Dieu ne nous a pas sauvez par des œuvres de justice*, 5. *Lavement de régénération*, 6. *S'appliquer aux bonnes œuvres*, 8. *Rejetter l'homme hérétique*, 11.

[a] AVerti-les d'être soûmis aux Principautez & aux Puissances, d'obéïr aux Gouverneurs, d'être prêts à toute sorte de bonnes actions:
2 [b] De ne médire de personne: de n'être point [c] quereleux,
mais [d] doux, & montrant toute débonnaireté envers tous les
hommes.

a *Rom.* 13. 1. 2 *Tim.* 2. 24. 25. 1 *Pier.* 2. 23. b 1 *Cor.* 6. 10. c 2 *Tim.* 2. 24. 25. *Héb.* 12. 14. d *Phil.* 4. 5.

3 Car [e] nous étions autrefois insensez, rebelles, abusez, e Eph. 2. 1. &
asservis à diverses convoitises & voluptez, vivans en malice 4. 17. 18. & 5. 8. Col. 3. 7.
& en envie, dignes d'être haïs, & nous haïssans l'un l'autre. 1 Pier. 4. 3.
4 [f] Mais quand la bonté de Dieu [g] nôtre Sauveur, & son f ch. 2. 11.
amour envers les hommes sont [h] clairement apparues, il nous g ch. 1. 3.
a sauvez: h ch. 2. 11.
5 [i] Non par des œuvres de justice que nous eussions faites, i Deut. 7. 7.
mais selon sa miséricorde; [k] par le lavement de la régénéra- Rom. 5. 8.
tion, & le renouvellement du Saint Esprit: Eph. 2. 7. 8. 9. 2 Tim. 1. 9.
6 [l] Lequel il a répandu abondamment en nous par Jésus- k Jean 3. 3. 5. 1 Cor. 6. 11.
Christ nôtre Sauveur. Eph. 5. 26.
7 [m] Afin qu'ayant été justifiez par sa grace, [n] nous soyons l Ezech. 36.
héritiers selon l'espérance de la vie éternelle. 25. Joël 2. 28. Act. 2. 33.
8 [o] Cette parole est certaine, & je veux que tu affirmes ces Rom. 5. 5.
choses, afin que ceux qui ont cru en Dieu, [p] ayent soin les m Rom. 3. 23. n Rom. 8. 17.
premiers de s'appliquer aux bonnes œuvres: voilà les choses 23. 24.
qui sont bonnes & utiles aux hommes. o 1 Tim. 3. 1. p vs. 14. &
9 Mais [q] réprime les folles questions, les généalogies, les ch. 2. 11.
contestations, & les disputes de la Loi: car elles sont inuti- q ch. 1. 14. 1 Tim. 1. 14 &
les & vaines. 4. 7. & 6. 20.
10 [r] Rejette l'homme hérétique, après la premiere & la se- 2 Tim. 2. 23. r Matth. 18.
conde admonition: 17. Rom. 16.
11 Sachant qu'un tel homme est perverti, & qu'il péche, 17. 2 Thess. 3. 6. 2 Tim. 3. 5.
étant condamné par soi-même. 2 Jean vs. 10.
12 Quand j'envoyerai vers toi Artémas, ou [s] Tychique, s Act. 20. 4.
hâte-toi de venir vers moi à Nicopolis: car j'ai résolu d'y 2 Tim. 4. 12.
passer l'hyver.
13 Accompagne soigneusement Zénas, Docteur de la Loi,
& [t] Apollos, afin que rien ne leur manque. t Act. 18. 24.
14 [u] Que les nôtres aussi apprennent à être les premiers à 1 Cor. 1. 12. u vs. 8. &
s'appliquer aux bonnes œuvres, pour les usages nécessaires, ch. 2. 14.
afin qu'ils ne soient point sans fruit.
15 Tous ceux qui sont avec moi te saluent. Salue ceux qui
nous aiment en la foi. Grace soit avec vous tous, Amen.

Ecrite de Nicopolis en Macedoine à Tite, qui a été établi premier Evesque de l'Eglise de Créte.

EPISTRE
DE S. PAUL APOSTRE
A PHILÉMON.

Philémon Compagnon d'œuvre de saint Paul, 1. Sa foi & sa charité, 5. L'estime que saint Paul fait d'Onésime, 10. Il sollicite Philémon en sa faveur, 12—21. Il espére d'être bien-tôt chez Philémon, 22.

a *Eph.* 3. 1. & 4. 1. PAUL, [a] prisonnier de Jésus-Christ, & le frére Timothée, à Philémon nôtre bien-aimé & Compagnon d'œu-
vre;

b *Col.* 4. 15. 17. c *Rom.* 16. 5. 1 *Cor.* 16. 19. *Col.* 4. 15. 17. *Phil.* 2. 25.
2 Et à Apphie nôtre bien-aimée, [b] & à Archippe nôtre
Compagnon d'armes, & à l'Eglise [c] qui est en ta maison.
3 Grace vous soit & paix de par Dieu nôtre Pére, & de
par le Seigneur Jésus-Christ.

d 1 *Thess.* 1. 2. 2 *Thess.* 1. 3. 2 *Tim.* 1. 3. e *Eph.* 1. 15. *Col.* 1. 4.
4 [d] Je rens graces à mon Dieu, faisant toûjours mention de
toi dans mes prieres:
5 [e] Apprenant quelle est ta charité, & la foi que tu as envers le Seigneur Jésus, & envers tous les Saints.
6 Afin que la communication de ta foi montre son efficace,
en se faisant connoître par tout le bien qui est en vous par
Jésus-Christ.
7 Car, mon frére, nous avons une grande joye & une
grande consolation de ta charité, en ce que les entrailles des
Saints ont été recréées par toi.

f 1 *Thess.* 2. 6.
8 [f] C'est pourquoi bien que j'aye une grande liberté en
Christ de te commander ce qui est de ton devoir,
9 Cependant je te prie plustôt par charité, bien que je sois
tel, savoir Paul, Ancien, & même maintenant prisonnier
de Jésus-Christ,

g *Col.* 4. 9. h 1 *Cor.* 4. 15.
10 Je te prie *donc* [g] pour mon fils Onésime, [h] que j'ai engendré dans mes liens;
11 Qui t'a été autrefois inutile, mais qui maintenant est
bien utile à toi & à moi, & lequel je te renvoye.

i vs. 17.
12 [i] Reçois-le donc, comme mes propres entrailles.

13 Je

13 Je voulois le retenir auprès de moi, afin qu'il me servît
au lieu de toi, dans les liens de l'Evangile,
14 Mais je n'ai rien voulu faire sans ton avis, afin que ce ne
fût point comme [k] par contrainte, mais volontairement, que
tu me laissasses un bien qui est à toi.
15 Car peut-être n'a-t-il été séparé de toi pour un temps,
qu'afin que tu le recouvrasses pour toûjours.
16 Non plus comme un esclave, mais comme étant au dessus d'un esclave, *savoir*, comme un frére bien-aimé, principalement de moi; & combien plus de toi, soit selon la
chair, soit selon le Seigneur?
17 Si donc tu me tiens pour ton compagnon, [l] reçois-le
comme moi-même.
18 Que s'il t'a fait quelque tort, ou s'il te doit quelque
chose, mets-le moi en compte.
19 Moi Paul j'ai écrit ceci de ma propre main, je te
le payerai: pour ne pas te dire que tu te dois toi-même à
moi.
20 Oui, mon frére, que je reçoive ce plaisir de toi en *nôtre*
Seigneur: recrée mes entrailles en *nôtre* Seigneur.
21 Je t'ai écrit [m] m'assûrant de ton obéïssance, & sachant
que tu feras même plus que je ne te dis.
22 Mais aussi en même temps prépare moi un logement;
[n] car j'espére que je vous serai donné par vos prieres.
23 [o] Epaphras, qui est prisonnier avec moi en Jésus-Christ,
te salue:
24 [p] Marc *aussi*, & [q] Aristarque, & [r] Démas, & Luc,
mes compagnons d'œuvres.
25 La grace de nôtre Seigneur Jésus-Christ soit avec vôtre
esprit, Amen.

Ecrite de Rome à Philémon [& envoyée] par Onésime Serviteur.

k 2 *Cor.* 7. 9.
l vs. 12.
m 2 *Cor.* 7. 16.
n 2 *Cor.* 1. 11. *Phil.* 1. 25. & 2. 24. 1 *Tim.* 3. 14.
o *Col.* 1. 7. & 4. 12.
p *Act.* 12. 12. 25. & 15. 37. *Col.* 4. 10.
q *Act.* 19. 29. & 20. 4. & 27. 2.
r *Col.* 4. 14. 2 *Tim.* 4. 10.

EPISTRE
DE S. PAUL APOSTRE
AUX HÉBREUX.

CHAPITRE I.

J. C. est l'héritier, & le créateur, 2. *La splendeur du Pére,* 3. *Son élevation au dessus des Anges,* 4—7. *L'éternité de son empire,* 10. *Les Anges sont des Esprits administrateurs,* 14.

DIEU [a] ayant anciennement parlé à nos péres par les Prophétes, à plusieurs fois, & en plusieurs manieres,
2 A parlé à nous en ces derniers jours [1] par *son* Fils, [b] qu'il
a établi héritier de toutes choses: [c] & par lequel il a fait [2] les
siecles:
3 [d] *Et* qui étant la splendeur de sa gloire, & la marque
engravée de sa Personne, & soûtenant toutes choses [3] par sa
parole puissante, [e] ayant fait [4] par soi-même la purification
de nos péchez, [f] s'est assis à la droite de la Majesté dans les
lieux très-hauts.
4 [g] Etant fait d'autant plus excellent que les Anges, qu'il
a hérité un Nom plus excellent, au dessus d'eux.
5 Car auquel des Anges a-t-il jamais dit; [h] Tu és mon Fils,
je t'ai aujourd'hui engendré? Et ailleurs; [i] Je lui serai Pére,
& il me sera Fils?
6 Et encore, quand il introduit [5] dans le monde [k] son Fils
premier-né, il *est* dit; [l] Et que tous les Anges de Dieu l'a-
dorent.
7 Car quant aux Anges, il *est* dit, [m] Faisant les vents ses
Anges, & la flamme de feu ses Ministres.
8 Mais *il est dit* quant au Fils; [n] O Dieu, ton trône *demeure* [o] aux siécles des siécles, & le sceptre de ton Royaume est un sceptre de droiture:
9 Tu

a *Nomb.* 12. 6. 8.
1 Ce n'est plus, comme autrefois par de simples serviteurs qu'il nous a parlé & qu'il s'est révélé à nous, mais par son Fils: Jean 1. 18.
b *Pse.* 2. 8. *Matth.* 21. 38.
c vs. 10. *Jean* 1. 3. *Col.* 1. 16.
2 C'est-à-dire, l'Univers.
d 2 *Cor.* 4. 4. *Col.* 1. 15.
3 C'est-à-dire, par cette même puissance avec laquelle il a fait le monde.
e *Jean* 1. 29. *Act.* 13. 38. 1 *Jean* 1. 7. *Apoc.* 1. 6.
4 Ceci est dit par opposition aux Sacrificateurs de l'ancienne Loi, lesquels ne faisoient l'expiation que par un sang autre que le leur, & encore n'étoit-ce qu'une expiation typique. f *ch.* 8. 1. *Pse.* 110. 1. g *Eph.* 1. 21. *Phil.* 2. 9. 10. 1 *Pier.* 3. 22. h *ch.* 5. 5. *Pse.* 2. 7. *Act.* 13. 33. i 2 *Sam.* 7. 14. 1 *Chron.* 22. 10. & 28. 6. 5 Ou, *sur le monde*; ce qui regarde ici, non l'incarnation du fils de Dieu, mais son exaltation dans le Ciel, & sur toutes les créatures. k *Rom.* 8. 29. *Col.* 1. 15. l *Pse.* 97. 7. 8. 1 *Tim.* 3. 16. *Apoc.* 5. 11. 12. m *Pse.* 104. 4. n *Pse.* 45. 7. 8. *Esa.* 9. 6. o *Dan.* 7. 14. *Luc* 1. 33.

9 Tu as aimé la justice, & tu as haï l'iniquité: c'est pourquoi, [6] ô Dieu, ton Dieu t'a oinct d'une huile de joye par
dessus [7] tes compagnons.
10 Et dans un autre endroit, [p] toi, [8] Seigneur, as fondé
la terre dés le commencement, & les cieux sont les ouvrages de tes mains:
11 [q] Ils périront, mais tu és permanent: & ils s'envieilliront
tous comme un vêtement;
12 Et tu les plieras en rouleau comme un habit, & ils seront changez: mais toi, tu és le même, & tes ans ne fini-
ront point.
13 Et auquel des Anges a-t-il jamais dit; [r] Assieds-toi à ma
droite, jusqu'à ce que j'aye mis tes ennemis pour le marchepied de tes pieds?
14 Ne sont-ils pas tous [s] des esprits administrateurs; envoyez
pour servir en faveur de ceux qui doivent recevoir l'héritage
du salut?

6 Dieu le fils. 7 C'est-à-dire, les Rois; car ceci regarde proprement la Royauté de J. C. p vs. 2. *Pse.* 102. 26. *Esa.* 34. 4. 8 Ces paroles ont donc été adressées dans le Pse. 102. à J. C. par Dieu le Pére, comme la réponse à la priere de son Fils dans tout ce Pseaume. q *Esa.* 51. 6. 2 *Pier.* 3. 10. r vs. 3. & *ch.* 10. 13. & 12. 2. *Pse.* 110. 1. *Matth.* 22. 44. *Marc* 12. 36. *Luc* 20. 42. *Act.* 2. 34. 1 *Cor.* 15. 25. s *Pse.* 34. 8. & 91. 11. 2 *Rois* 19. 35. *Marc* 16. 17.

CHAPITRE II.

Demeurer fermes en la foi, 1. L'oracle du Pseaume 8. concernant J. C. 6. J. C. consacré par les afflictions, 10. Il a détruit la mort, 14. Il n'est pas venu sauver les Anges, 16.

C'Est pourquoi il nous faut prendre garde de plus prés aux
choses que nous avons ouïes, [a] de peur que nous ne ve-
nions à les laisser écouler.
2 Car si la parole prononcée [b] [1] au milieu des Anges a été
ferme, & si toute transgression & desobéïssance a reçû une
juste retribution;
3 [c] Comment échapperons-nous, si nous négligeons un si
grand salut, qui ayant [d] premierement commencé d'être annoncé par le Seigneur, nous a été confirmé par ceux qui
l'avoient ouï?
4 [e] Dieu leur rendant aussi témoignage par des prodiges &

des

a *ch.* 3. 6. b *Deut.* 27. 16. & 33. 2. *Pse.* 68. 18. *Act.* 7. 38. *Gal.* 3. 19. 1 La particule Grecque *dià*, qui veut dire *par*, veut dire aussi *parmi*, ou *au milieu*, comme Act. 14. 22. 1 Cor. 3. 5. 2 Pier. 3. 5. &c. & il est visible que c'est en ce sens qu'elle est mise ici, comme il paroît en conférant ce Texte avec Act. 7. 53. & Gal. 3. 19. & avec ce qui est dit ici au ch. 12. 25. que ce fut Dieu qui prononça lui-même la Loi, Exod. 20. 1. &c. c *ch.* 3. 18. 19. & 10. 25. 26. & 12. 25. d *ch.* 1. 1. *Matth.* 4. 17. *Marc* 1. 14. e *Marc* 16. 20. *Act.* 2. 22. & 14. 3. & 19. 11. *Rom.* 15. 18. 19.

des miracles, & par plusieurs *autres* différens effets de sa
puissance, [f] & par les distributions du Saint Esprit, selon sa
volonté.
5 Car ce n'est point aux Anges qu'il a assujetti [g] [2] le monde
à venir duquel nous parlons.
6 Et quelqu'un a rendu ce témoignage en quelque autre
endroit, disant; [h] [3] Qu'est-ce que de l'homme, que tu le
visites?
7 Tu l'as fait un peu moindre que les Anges, tu l'as couronné de gloire & d'honneur, & l'as établi sur les œuvres
de tes mains.
8 [i] Tu as assujetti toutes choses sous ses pieds. Or en ce
qu'il lui a assujetti toutes choses, il n'a rien laissé qui ne lui
soit assujetti: mais [k] nous ne voyons pourtant pas encore
maintenant que toutes choses lui soient assujetties.
9 Mais nous voyons [l] couronné de gloire & d'honneur celui qui avoit été fait un peu moindre que les Anges, *c'est à
savoir* Jésus, par la passion de sa mort, afin que par la grace
de Dieu il goûtât la mort [m] pour tous.
10 Car [n] il étoit convenable que [4] celui [o] pour qui sont toutes choses, & par qui sont toutes choses, puis qu'il amenoit
[p] plusieurs enfans à la gloire, [q] consacrât [r] [5] le Prince de leur
salut [s] par les afflictions.
11 Car & celui qui sanctifie, & [t] ceux qui sont sanctifiez
sont tous d'un: c'est pourquoi il ne prend point à honte de
les appeller ses fréres,
12 Disant; [u] j'annoncerai ton Nom à mes fréres, & je te
louerai au milieu de l'assemblée.
13 Et ailleurs; [x] Je me confierai en lui. Et encore; [y] Me
voici, moi & les enfans que Dieu m'a donnez.
14 Puis donc que les enfans participent à la chair & au
sang; lui aussi pareillement [z] a participé aux mêmes choses,
[a] afin que par la mort il détruisît celui qui avoit l'empire de
la mort, c'est à savoir le diable;

15 [b] Et

f *Act.* 8. 17. & 10. 44. 1 *Cor.* 12. 4. 5. g *ch.* 1. 2. 4. 8. & 6. 5. 2 *Pier.* 3. 13. 2 C'est l'état de l'Eglise sous l'Evangile. h *Pse.* 8. 5. & 144. 3. *Job* 7. 17. 3 Cette Prophétie du Pse. 8. avoit regardé uniquement J. C. à qui elle est ici appliquée. i *Matth.* 18. 18. 1 *Cor.* 15. 25. 27. *Eph.* 1. 22. *Phil.* 2. 9. 10. k 1 *Cor.* 15. 26. 28. l *Act.* 2. 33. *Phil.* 2. 7. 8. *Apoc.* 5. 11. 12. m 2 *Cor.* 5. 15. 1 *Tim.* 2. 6. n *Luc* 24. 26. 46. *Act.* 17. 3. 4 C'est-à-dire, Dieu. o *Rom.* 11. 36. 1 *Cor.* 3. 22. p *vs.* 14. *Jean* 11. 52. *Eph.* 1. 5. q *ch.* 5. 9. r *Act.* 3. 15. & 5. 31. 5 C'est-à-dire, J. C. s *ch.* 12. 2. t *ch.* 10. 10. 14. u *Pse.* 22. 23. 26. x 2 *Sam.* 22. 3. *Pse.* 18. 3. *Esa.* 8. 17. y *Esa.* 8. 18. *Jean* 10. 29. & 17. 6. 9. 11. 12. z *ch.* 4. 15. *Jean* 1. 14. *Rom.* 8. 3. *Phil.* 2. 6. 7. a *Osée* 13. 14. 1 *Cor.* 15. 55. *Col.* 2. 15.

15 [b] Et qu'il en délivrât tous ceux qui pour la crainte de la
mort étoient assujettis toute leur vie à la servitude.
16 Car certes ils n'a nullement pris les Anges, mais il a pris
la semence d'Abraham.
17 C'est pourquoi il a fallu qu'il fût [c] semblable en toutes
choses à ses fréres, afin qu'il fût un souverain Sacrificateur
[d] miséricordieux, & fidéle dans les choses *qui doivent être fai-*
tes envers Dieu, pour faire la propiciation pour les péchez du
peuple.
18 [e] Car parce qu'il a souffert en étant tenté, il est puissant
aussi pour secourir ceux qui sont tentez.

b *Luc* 1. 74. *Rom.* 8. 15.
c *Phil.* 2. 7.
d *ch.* 4. 15. 16. & 5. 1. 2.
e *ch.* 4. 15. 16.

CHAPITRE III.

Moyse a été établi sur la Maison de Dieu, comme serviteur, 2. J. C. l'est comme Fils, & sur sa propre Maison, 6. N'endurcir point nos cœurs, 8. Révoltes des Juifs dans le desert, 16.

C'Est pourquoi, mes fréres saints, qui étes participans de
[a] la vocation céleste, considérez [b] l'Apostre & [c] le souverain Sacrificateur de nôtre profession Jésus-Christ;
2 Qui est [d] fidéle à celui qui l'a établi, [e] comme Moyse auf-
si *étoit fidéle* en toute sa maison.
3 Or Jésus-Christ a été jugé digne d'une gloire d'autant plus
grande que celle de Moyse, [1] que celui [f] qui a bâti la maison, est d'une plus grande dignité que la maison même.
4 Car toute maison est bâtie par quelqu'un: [g] or celui qui
a bâti toutes ces choses, [2] c'est Dieu.
5 [h] Et quant à Moyse, il a bien été fidéle dans toute la maison de Dieu, comme serviteur, pour témoigner des choses
qui devoient être dites:
6 Mais Christ, [3] comme Fils, est sur sa maison; & [i] nous
sommes sa maison, [k] pourvû que nous retenions ferme jusques à la fin l'assûrance, & la gloire de l'espérance.
7 C'est pourquoi, comme dit le Saint Esprit, [l] Aujourd'hui,
si vous entendez sa voix,

8 N'en-

a *Phil.* 3. 14.
b *Rom.* 15. 8.
c *ch.* 4. 14. & 6. 20.
d *ch.* 2. 17. *Jean* 17. 4.
e *Nomb.* 12. 7.
1 J. C. étant marqué ici par ce glorieux titre d'avoir bâti la maison qui est l'Eglise, c'est un caractere essentiel de sa divinité.
f *Zach.* 6. 12. *Matth.* 16. 18.
g *Eph.* 2. 10.
2 Ou, *est Dieu.*
h *Nomb.* 12. 7.
3 Cette opposition si marquée de Fils au Serviteur fait voir que J. C. est véritablement Dieu.
i 1 *Cor.* 3. 16. & 6. 19. 2 *Cor.* 6. 16. *Eph.* 2. 21. 22. 1 *Tim.* 3. 15. 1 *Pier.* 2. 5.
k vs. 14. & *ch.* 10. 23. *Matth.* 24. 13.
l vs. 15. *Pse.* 95. 7.

8 N'endurcissez point vos cœurs, [m] comme *il arriva* dans
le lieu de l'irritation, au jour de la tentation au desert:
9 Où vos péres m'ont tenté, & m'ont éprouvé, & *où* ils
ont vû mes œuvres durant quarante ans.
10 C'est pourquoi j'ai été ennuyé de cette génération, &
j'ai dit; Ils errent toûjours en leurs cœurs, & ils n'ont point
connu mes voyes.
11 Aussi [n] j'ai juré en ma colére: Si *jamais* ils entrent en
mon repos.
12 Mes fréres, prenez garde qu'il n'y ait en quelqu'un de
vous un mauvais cœur d'incrédulité, pour se révolter du
Dieu vivant.
13 [o] Mais exhortez-vous l'un l'autre chaque jour, tandis
que cet aujourd'hui est nommé: de peur que quelqu'un de
vous ne [p] s'endurcisse par la séduction du péché.
14 [q] Car nous avons été faits participans de Christ, [r] pourvû que nous retenions ferme jusqu'à la fin le commencement
[5] de nôtre subsistance.
15 Pendant qu'il est dit; [ſ] Aujourd'hui si vous entendez sa
voix [t] n'endurcissez point vos cœurs, comme *il arriva dans*
le lieu de l'irritation.
16 Car quelques-uns l'ayant entendue, le provoquerent à la
colére: mais ce ne furent pas tous ceux qui étoient sortis
d'Egypte par Moyse.
17 Mais desquels fut-il ennuyé durant quarante ans? ne fut-
ce pas de ceux qui pécherent, & [u] dont les corps tomberent
dans le desert?
18 [x] Et ausquels jura-t-il qu'ils n'entreroient point en son
repos, sinon à ceux qui furent rebelles?
19 Ainsi nous voyons qu'ils n'y pûrent entrer à cause de
leur incrédulité.

m *Exod.* 17. 2. 7. *Nomb.* 20. 13.
n *Nomb.* 14. 23. *Deut.* 1. 34.
4 C'est-à-dire, qu'ils n'entreroient point au païs de Canaän, qui étoit le païs promis de Dieu pour le repos des Israëlites après les longues fatigues du desert, & en quelque sorte le repos de Dieu lui-même, qui ayant dit qu'il *abomineroit avec eux*, Lévit. 26. 12. disoit aussi qu'il *se reposeroit*, pour dire, qu'il fixeroit sa demeure parmi son peuple en Canaän.
o *ch.* 10. 25. 1 *Thess.* 5. 11. *Jude* vs. 21.
p vs. 15.
q *Rom.* 8 17. *Col.* 1. 23.
r *ch.* 4. 14. & 10. 23.
5 Ou, *de nôtre fermeté.*
ſ vs. 7. t vs. 8. u *Nomb.* 14. 37. & 26. 65. *Jude* vs. 5. x *Nomb.* 14. 30. *Deut.* 1. 35. *Pse.* 106. 26.

CHAPITRE IV.

L'entrée au repos de Dieu, 3--11. *La parole de Dieu est vivante & efficace &c.* 12. *J. C. est nôtre souverain Sacrificateur*, 14. *Le Trône de la Grace*, 16.

Craig-

Craignons donc que quelqu'un d'entre vous, [a] ayant dé-
laissé la promesse d'entrer [1] dans son repos, ne s'en trouve privé:
2 Car il nous a été évangelisé, [1] comme *il le fut* à ceux-là:
mais la parole de la prédication ne leur servit de rien, parce
qu'elle n'étoit point mêlée avec la foi dans ceux qui l'ouïrent.
3 Mais pour nous qui avons cru, nous entrerons dans le
repos, suivant ce qui a été dit; [b] C'est pourquoi j'ai juré en
ma colére, Si *jamais* ils entrent en mon [2] repos: bien que ses
ouvrages fussent déja achevez dés la fondation du monde.
4 Car il a été dit ainsi en quelque lieu touchant le septiéme
jour; [c] Et Dieu se reposa de tous ses ouvrages au septiéme
jour.
5 [d] Et encore en ce passage; Si *jamais* ils entrent en mon
repos.
6 Puis donc qu'il reste que quelques-uns y entrent, & que
ceux à qui premierement il a été évangelisé n'y sont point entrez, à cause de leur rebellion:
7 *Dieu* détermine encore un certain jour, *qu'il appelle* aujourd'hui, en disant par David si long-temps après; selon ce
qui a été dit; [e] Aujourd'hui, si vous entendez sa voix, n'endurcissez point vos cœurs.
8 Car si Josué les eût introduits [3] dans le repos, jamais a-
près cela il n'eût parlé d'un autre jour.
9 Il reste donc un repos pour le peuple de Dieu.
10 Car celui qui est entré en son repos, s'est reposé de ses
œuvres, comme Dieu *s'étoit reposé* des siennes.
11 [f] Etudions-nous donc [4] d'entrer dans ce repos-là, de
peur que quelqu'un ne tombe par un même exemple de rebellion.
12 Car la parole de Dieu est vivante & [g] efficace, & plus
[h] pénétrante que nulle épée à deux tranchans, & elle atteint
jusques à la division de l'ame, & de l'esprit, & des jointures, & des mouelles, & elle est juge des pensées & des in-
tentions du cœur.
13 Et il n'y a aucune créature qui soit cachée devant lui;

a *vs.* 11. & *ch.* 3. 12. 19.

1 C'est le repos spirituel & mystique de la Grace sous l'Evangile.

2 Le repos de la grace leur fut annoncé par un Evangile anticipé.

b *vs.* 7. & *ch.* 2. 11. *Pse.* 95. 11.

c *Gen.* 2. 2. *Exod.* 20. 11. & 31. 17.

d *ch.* 2. 11.

e *Pse.* 95. 7.

3 Josué les introduisit dans la terre de Canaän, appellee *le repos*, ch. 3. 11. Mais il restoit encore un autre repos où Josué ne les introduisit pas & duquel David a parlé dans le Pse. 95. Or ce repos est celui de l'Evangile.

f *vs.* 1.

4 C'est-à-dire, de posseder & goûter ce repos mystique.

g 2 *Cor.* 10. 4. 5.

h *Esa.* 49. 2. *Apoc.* 1. 16.

mais [i] toutes choſes ſont nues & entierement ouvertes aux
yeux de celui devant lequel nous avons affaire.
14 Puis donc que nous avons un [k] ſouverain & grand Sacrificateur, Jéſus [l] Fils de Dieu, [m] qui eſt entré dans les
Cieux, [n] tenons ferme *nôtre* profeſſion.
15 Car nous n'avons pas un [o] ſouverain Sacrificateur qui ne
puiſſe avoir compaſſion de nos infirmitez; mais *nous avons
celui* [p] qui a été tenté comme nous en toutes choſes, [q] excepté le péché.
16 Allons donc [r] avec aſſûrance au trône de la Grace; afin
que nous obtenions miſéricorde, & que nous trouvions grace, pour être aidez en temps opportun.

i *Pſe.* 33. 13. 14. 15. & 34. 16. & 90. 8. & 119. 168. & 139. 11. 12. *Prov.* 15. 11. *Amos* 4. 13. *Eccleſiaſtiq.* 15. 20. k *ch.* 3. 1. & 10. 23. l *ch.* 3. 6. & 5. 8. m *ch.* 7. 26. n *ch.* 3. 14. o *ch.* 2. 18. p *ch.* 2. 17. *Phil.* 2. 7. q *ch.* 7. 26. *Eſa.* 53. 9. *Luc* 22. 28. 2 *Cor.* 5. 21. 1 *Pier.* 2. 22. 1 *Jean* 3. 5. r *ch.* 10. 19. *Rom.* 3. 25. *Eph.* 2. 18. & 3. 12.

CHAPITRE V.

J. C. établi de Dieu dans la dignité de ſouverain Sacrificateur, 5. *A offert avec larmes*, 7. *Les Hébreux cenſurez*, 12. *Lait*, 13. *Viande ſolide*, 14.

OR tout ſouverain Sacrificateur ſe prenant d'entre les
hommes, [a] eſt établi pour les hommes dans les choſes [b] qui
concernent *le ſervice* de Dieu, afin qu'il offre [1] des dons &
des ſacrifices pour les péchez.
2 [c] Etant propre à avoir ſuffiſamment pitié [d] des ignorans
& des errans: parce qu'il eſt auſſi lui-même environné d'infirmité.
3 [e] Tellement qu'à cauſe de cette *infirmité* il doit offrir
pour les péchez, non ſeulement pour le peuple, mais auſſi
pour lui-même.
4 [f] Or nul ne s'attribue cet honneur, mais celui-là *en jouït*
qui eſt appellé de Dieu, [g] comme Aaron.
5 Pareillement auſſi [h] Chriſt ne s'eſt point glorifié lui-même
pour être fait ſouverain Sacrificateur, mais celui-là *l'a glorifié*
qui lui a dit; [i] C'eſt [2] toi qui és mon Fils, je t'ai aujourd'hui
engendré.

6 Com-

a *ch.* 8. 3. b *ch.* 2. 17. 1 Ce mot, diſtingué des ſacrifices, ſignifie de gâteaux. Lévit. 2. 1. &c. c *ch.* 2. 18. & 4. 15. d *Nomb.* 15. 24-30. e *ch.* 7. 27. *Lévit.* 9. 7. & 16. 3. *Eſd.* 6. 20. f 2 *Chron.* 26. 18. g *Exod.* 28. 1. 1 *Chron.* 23. 13. 2 *Chron.* 26. 16. h *Jean* 8. 54. i *ch.* 1. 5. *Pſe.* 2. 7.

2 J. C. n'eſt pas Fils de Dieu parce qu'il a été établi de Dieu Sacrificateur & Meſſie, mais au contraire il n'a été établi de Dieu dans ces dignitez que parce qu'il eſt ſon Fils: la qualité de Fils de Dieu étant la baſe & le fondement de tous ſes offices. ch. 1. 3. 5. &c. & ch. 4. 14. &c.

6 Comme il lui dit aussi en un autre endroit; [k] Tu és Sacrificateur éternellement selon l'ordre de Melchisédec:
7 Qui [3] durant les jours de sa chair [l] ayant offert avec grandes cris & larmes des prieres & de supplications à celui qui le
pouvoit sauver de la mort, & ayant été exaucé [4] de ce qu'il
craignoit,
8 Quoi qu'il fût [m] le Fils, il a pourtant [n] appris l'obéïssance par les choses qu'il a souffertes:
9 [o] Et ayant été consacré, il a été l'auteur du salut [p] éternel pour tous ceux qui lui obéïssent:
10 Etant appellé de Dieu *à être* souverain Sacrificateur selon l'ordre de Melchisédec;
11 De qui nous avons beaucoup de choses à dire, mais elles sont difficiles à exposer, à cause que vous étes devenus
lâches à entendre.
12 [q] Car au lieu que vous devriez être maîtres, vû le temps,
vous avez encore besoin qu'on vous enseigne quels sont les
rudimens du commencement des paroles de Dieu, & vous
étes devenus tels, que vous avez encore besoin de lait, &
non d'une viande solide.
13 Or quiconque use de lait, ne sait point ce que c'est de
la parole de la justice; [r] parce qu'il est un enfant:
14 Mais la viande solide est pour ceux qui sont déja hommes faits, *c'est-à-dire*, pour ceux qui pour y être habituez,
ont les sens exercez [s] à discerner le bien & le mal.

k *ch.* 7. 17. *Pse.* 110. 4. 3 C'est-à dire, J. C. l *Matth.* 26. 38. & 27. 46. *Marc* 14. 36. *Luc* 22. 42. 44. *Jean* 12. 27. 4 Ces mots n'ont pas regardé la mort même, mais le sentiment intérieur de la justice divine, dans sa qualité de pleige & de victime du genre humain, qui fut la cause de son agonie Luc 22. 42. 44. & par rapport à sa résurrection, Pse. 22. vs. 21-25. m *ch.* 3. 6. & 4. 14. n *Phil.* 2. 6. o *ch.* 2. 10. p *ch.* 9. 12. q 1 *Cor.* 3. 1. 2. 3. 1 *Pier.* 2. 2. r 1 *Cor* 3. 1. 2. 3. & 14. 20. *Eph.* 4. 14. s 1 *Cor.* 2. 13. 15. 1 *Thess.* 5. 21.

CHAPITRE VI.

La condamnation de ceux qui ayant déja été illuminez &c. tombent dans l'apostasie, 4-8. *Dieu fait serment à Abraham,* 13. *L'ancre sûre & ferme de nôtre ame,* 19. *L'entrée de J. C. dans le Ciel,* 20.

C'Est pourquoi laissant la parole qui ne fait que donner le
commencement de Christ, tendons [a] à la perfection, &
ne *nous arrêtons pas* à jetter tout de nouveau le fondement
de la repentance [b] des œuvres mortes, & de la foi en Dieu;

a *Eph.* 4. 13. 1 *Cor.* 13. 11. b *ch.* 9. 14.

2 De la doctrine [1] des Baptêmes, & de l'imposition des
mains, de la résurrection des morts, & du jugement éternel.
3 Et c'est ce que nous ferons, [c] si Dieu le permet:
4 [d] Car il est impossible que ceux qui ont été une fois illuminez, & qui ont goûté [2] le don céleste; & qui ont été
faits participans du Saint Esprit;
5 Et qui ont goûté la bonne parole de Dieu, & [3] les puissances [4] du siécle à venir;
6 S'ils retombent, soient renouvellez à la repentance, vû
que, quant à eux, ils crucifient de nouveau le Fils de Dieu,
& l'exposent à l'oppobre.
7 Car la terre qui boit souvent la pluye qui vient sur elle,
& qui produit des herbes propres à ceux par qui elle est la-
bourée, reçoit la bénédiction de Dieu:
8 Mais celle qui produit des épines & des chardons, est
rejettée, & proche de malédiction; & sa fin est [e] d'être
brûlée.
9 Or nous nous sommes persuadez quant à vous, mes bien-
aimez, des choses meilleures, & qui soient convenables au
salut, quoi que nous parlions ainsi.
10 [f] Car Dieu n'est pas injuste, pour oublier vôtre œuvre,
& le travail de la charité que vous avez témoigné pour son
Nom, en ce que vous avez secouru les Saints, & que vous
les secourez encore.
11 Or nous souhaittons que chacun de vous montre jusqu'à
la fin le même soin pour la pleine certitude de l'espérance.
12 [g] Afin que vous ne deveniez point lâchez, mais que vous
imitiez ceux qui par la foi & [h] par la patience reçoivent *l'effet* des promesses en héritage.
13 Car lors que Dieu fit la promesse à Abraham, parce
qu'il ne pouvoit point jurer par un plus grand, il jura par
lui-même,
14 En disant; [i] Certes je te bénirai abondamment, & te
multiplierai merveilleusement.
15 Et ainsi *Abraham* ayant attendu patiemment, obtint *l'effet de* la promesse.

16 [k] Car

1 Le pluriel est mis ici pour le singulier *du baptême*, car il n'y a qu'un seul baptême. Eph. 4. 5.
c *Act.* 18. 21. 1 *Cor.* 4. 19. *Jacq.* 4. 15.
d *ch.* 10. 26. *Matth.* 12. 31. 45. 2 *Pier.* 2. 20. 1 *Jean* 4. 10. *&* 5. 16.
2 C'est-à-dire, qui ont possedé le don des miracles, marqué très-souvent par le mot seul des *puissances*, Matth. 7. 22. & 11. 20. &c.
3 Cette expression signifie ici, les temps de l'Evangile, comme ch. 2. 5. & 9. 11.
e *Job* 28. 5. *Pse.* 83. 15.
f *Prov.* 14. 31. *Matth.* 10. 42 *Marc* 9. 41. *Jean* 13. 20. *Rom.* 3. 4. 1 *Thess.* 1. 3. 2 *Thess.* 1. 6. 7.
g *ch.* 12. 3. *&* 5. 11. 12.
h *ch.* 10. 36. *Jacq.* 5. 7.
i *Gen.* 12. 3. *&* 17. 4. *&* 22. 17. *Pse.* 105. 9. *Luc* 1. 73.

16 k [illegible] hommes jurent par un plus grand qu'eux, & k *Exod.* 22.11.
le serme[illegible]t pour confirmation, leur est la fin de tout dif-
férend.
17 C'est pourquoi Dieu voulant faire mieux connoître aux
héritiers de la promesse la fermeté immuable de son conseil,
y a fait intervenir le serment:
18 Afin que par deux choses immuables, dans lesquelles il
est impossible que Dieu mente, nous ayons une ferme consolation, nous qui avons nôtre refuge à obtenir *l'accomplissement de* l'espérance qui nous est proposée;
19 *Et* laquelle nous tenons comme une ancre sûre & ferme de l'ame, & qui pénétre jusqu'au dedans du voile, l *ch.* 9. 11.
20 Où Jésus [l] est entré [m] comme nôtre précurseur, ayant m *Jean* 14. 2. 3.
été fait [n] souverain Sacrificateur éternellement, selon l'ordre n *ch.* 3. 1 & 4. 14. & 8. 1. & 9. 11.
de Melchisédec.

CHAPITRE VII.

Comparaison de Jésus-Christ avec Melchisédec, 1—17. Abolition de l'Oeconomie Légale, à cause de sa foiblesse, 18. J. C. a été établi avec serment Sacrificateur, 21. L'éternité de son sacerdoce, 24. Son exaltation au dessus des Cieux, 26.

CAr [a] ce Melchisédec, Roi de [1] Salem, & Sacrificateur a *Gen.* 14.18.
du [b] Dieu souverain, qui vint au devant d'Abraham lors
qu'il retournoit de la défaite des Rois, & qui le bénit,
2 Et auquel Abraham donna pour sa part la dîme de tout,
& qui est premierement interpreté Roi de justice, puis [c] Roi
de Salem, c'est-à-dire, Roi de paix;
3 [2] Sans pére, sans mére, [3] sans généalogie, n'ayant ni
commencement de jours, ni fin de vie, mais [4] étant fait semblable au Fils de Dieu, demeure Sacrificateur à toûjours.
4 Or considérez combien grand étoit celui [d] à qui même
Abraham le Patriarche donna la dîme du butin.

1 Du temps de Melchisédec, la ville de Jérusalem n'avoit pas encore le nom de *Jérusalem*, duquel celui de *Salem* est l'abregé; & par consequent c'étoit d'une autre ville que Melchisédec étoit Roi: Gen. 14. 18. b *Pse.* 78. 56. *Dan.* 3. 26. & 5. 18. c vs. 1. 2 C'est-à-dire, que l'Ecriture nous a laissé ignorer de quelle famille & de quel peuple il étoit. 3 C'est-à-dire, sans successeurs, comme il y en a eu dans le Sacerdoce Lévitique. 4 Il n'a donc point été le Fils de Dieu lui-même, comme l'ont crû quelques Théologiens, puis que la ressemblance d'une personne n'est jamais qu'avec une autre: & il est dit par cette même raison, que J. C. a été semblable à Melchisédec, vs. 15. d *Gen.* 14. 20.

5 Car quant à ceux d'entre les enfans de Lévi qui reçoivent
e Nomb. 18. 21. 26. Deut. 18. 1. 2. Jos. 14. 4. 2 Chron. 31. 5. la Sacrificature, [e] ils ont bien une ordonnance de dîmer le
peuple selon la Loi, c'est-à-dire, *de dîmer* leurs fréres, bien
qu'ils soient sortis des reins d'Abraham.
6 Mais celui qui n'est point compté d'une même race
f Gen. 14. 20. qu'eux, [f] a dîmé Abraham, & a béni [g] celui qui avoit les
g Rom. 4. 13. Gal. 3. 16. promesses.
7 Or sans contredit, celui qui est le moindre est béni par
celui qui est le plus grand.
8 Et ici les hommes qui sont mortels, prennent les dîmes:
mais là, celui-là *les prend* duquel il est rendu témoignage
qu'il est vivant.
9 Et, par maniere de parler, Lévi même qui prend les dîmes, a été dîmé en Abraham.
h Gen. 14. 20. 10 [h] Car il étoit encore dans les reins de son pére, quand
Melchisédec vint au devant de lui.
i vs. 18. 19. Gal. 2. 21. 11 [i] Si donc la perfection eût été en la Sacrificature Lévitique, (car c'est sous elle que le peuple a reçu la Loi) quel
besoin étoit-il après cela qu'un autre Sacrificateur se levât
selon l'ordre de Melchisédec, & qui ne fût point dit selon
l'ordre d'Aaron:
12 Or la Sacrificature étant changée, il est nécessaire qu'il
y ait aussi changement de Loi.
13 Car celui à l'égard duquel ces choses sont dites, appartient à une autre Tribu, de laquelle nul n'a assisté à l'autel:
k Esa 11. 1. Matth. 1. 2. Luc 3. 33. Rom. 1. 3. Apoc. 5. 5. 14 Vû qu'il est manifeste que nôtre Seigneur est [k] descendu
de la Tribu de Juda, à l'égard de laquelle Moyse n'a rien dit
de la Sacrificature.
15 Et cela est encore plus manifeste, en ce qu'un autre Sacrificateur, à la ressemblance de Melchisédec, est suscité;
16 Qui n'a point été fait *Sacrificateur* selon la loi du com-
l ch. 9. 10. mandement [l] charnel; mais selon la puissance de la vie im-
périssable.
m ch. 5. 6. Psa. 110. 4. 17 Car *Dieu* lui rend *ce* témoignage; [m] Tu és Sacrificateur
éternellement, selon l'ordre de Melchisédec.
s C'est-à-dire, de la Loi Mosaïque. 18 Or il se fait abolition [s] du commandement qui a précédé,
à [n] cau-

à [n] cause de sa foiblesse, & parce qu'il ne pouvoit point profiter. n ch. 8. 6. 7.
19 [o] Car la Loi n'a rien amené à la perfection: mais *ce qui* & 9. 9. 10.
a amené à la perfection, c'est ce qui a été introduit par des- & 10. 1. 4. 11. Rom. 8. 3.
sus, *savoir* une meilleure espérance, [p] par laquelle nous ap- Gal. 4. 9.
prochons de Dieu. o ch. 4. 16. Jean 1. 17.
20 D'autant plus même que ce n'a point été sans serment. Act. 13. 39.
Or ceux-là ont été faits Sacrificateurs sans serment: Rom. 3. 28. p Eph. 2. 18.
21 Mais celui-ci l'a été avec serment, par celui qui lui a dit;
[q] Le Seigneur a juré, & il ne s'en repentira point; Tu és q Psa. 110. 4.
Sacrificateur éternellement selon l'ordre de Melchisédec.
22 [r] C'est *donc* d'un beaucoup plus excellent Testament, r ch. 8. 6.
que Jésus a été fait pleige.
23 Et quant aux Sacrificateurs, il en a été fait plusieurs, à
cause que la mort les empêchoit d'être perpetuels.
24 Mais celui-ci, parce qu'il demeure éternellement, il a
une Sacrificature perpetuelle. s 1 Tim. 2. 5.
25 C'est pourquoi aussi il peut sauver à plein ceux qui [s] s'ap- t ch. 9. 24.
prochent de Dieu par lui, étant toûjours vivant [t] pour inter- Rom. 8. 34. 1 Jean 2. 1.
ceder pour eux. 6 Ou, *nécessaire.*
26 Or il nous étoit [6] convenable d'avoir un tel souverain u ch. 4. 15.
Sacrificateur, [u] saint, innocent, sans tache, séparé des pé- x ch. 4. 14. 15. Rom. 8. 34.
cheurs, [x] & exalté au dessus des cieux: y ch. 5. 3.
27 [y] Qui n'eût pas besoin, comme les souverains Sacrifica- Lévit. 9. 7. & 16. 6. 11.
teurs, d'offrir tous les jours des sacrifices, [z] premierement z Esd. 6. 20.
pour ses péchez, & ensuite pour ceux du peuple, vû qu'il a a ch. 10. 10.
fait cela [a] une fois, s'étant offert lui-même. b ch. 5. 2. 9.
28 [b] Car la Loi ordonne pour souverains Sacrificateurs des
hommes infirmes: mais la parole du serment qui a été fait c ch. 2. 10.
après la Loi, *ordonne* le Fils, qui est [c] consacré pour toûjours.

CHAPITRE VIII.

Des souverains Sacrificateurs Lévitiques, 3. *La dignité du sacerdoce de J. C. sur la leur*, 6. *Promesse de Dieu touchant la nouvelle alliance*, 10.

OR l'abregé de nôtre discours, *c'est que* nous avons un tel a ch. 1. 3. 13. & 3. 1. & 4.
souverain Sacrificateur qui [a] est assis à la droite du trône 14 & 6. 20.
de la Majesté *de Dieu* dans les Cieux, & 9. 11. & 12. 2. Eph. 1. 20. Col. 3. 1.

2 [b] Mi-

2 [b] Miniſtre du Sanctuaire, & [c] du vrai Tabernacle, que
le Seigneur a planté, & non point l'homme.
3 [d] Car tout ſouverain Sacrificateur eſt ordonné pour offrir
des dons & des ſacrifices: c'eſt pourquoi il eſt néceſſaire que
celui-ci auſſi [1] ait eu quelque choſe pour offrir.
4 Vû même que [2] s'il étoit ſur la terre [3] il ne ſeroit pas Sacrificateur, [4] pendant qu'il y auroit des Sacrificateurs qui offrent [e] des dons ſelon la Loi:
5 Leſquels ſervent au patron & à l'ombre des choſes céleſtes, ſelon que Dieu dit à Moyſe, quand il devoit achever
le Tabernacle; Or prens garde, dit-il, [f] de faire toutes choſes ſelon le patron qui t'a été montré ſur la montagne.
6 Mais maintenant *nôtre ſouverain Sacrificateur* a obtenu
un miniſtére d'autant plus excellent, [g] qu'il eſt Médiateur
d'un [h] plus excellent Teſtament, qui eſt établi ſous de [5] meilleures promeſſes.
7 Parce que s'il n'y eût eu rien à redire en ce premier-là,
il n'eût jamais été cherché de lieu à un ſecond.
8 Car en les reprenant il leur dit; [i] Voici, les jours viendront, dit le Seigneur, que j'accomplirai ſur la maiſon d'Iſraël & ſur la maiſon de Juda un Nouveau Teſtament:
9 Non ſelon le Teſtament que je diſpoſai envers leurs péres, le jour que je les pris par la main pour les tirer du païs
d'Égypte, car ils n'ont point perſiſté en mon Teſtament;
[k] c'eſt pourquoi je les ai mépriſez, dit le Seigneur.
10 [l] Mais voici le Teſtament que je diſpoſerai après ces
jours-là envers la maiſon d'Iſraël, dit le Seigneur, *c'eſt que*
je mettrai mes loix dans leur entendement, & les écrirai dans
leur cœur; [m] & je ſerai leur Dieu, & ils ſeront mon peuple.
11 [n] Et chacun n'enſeignera point ſon prochain, ni chacun
ſon frére, en diſant, Connois le Seigneur: parce qu'ils me
connoîtront tous, depuis le plus petit juſqu'au plus grand
d'entr'eux.

12 [o] Car

b *ch.* 9. 8. 11. 24. & 10. 21.
c *ch.* 9. 11.
d *ch.* 5. 1. & 9. 9.
1 Ce qu'il a eu à offrir, ç'a été ſon corps: ch. 10. 5.
2 C'eſt-à-dire, s'il étoit encore vivant, & qu'il n'eût pas offert le ſacrifice qu'il a offert ſur la croix.
3 Il faut répéter ici les mots précédens, *s'il n'avoit quelque choſe pour offrir*, cette condition étant eſſentielle au Sacerdoce.
4 Gr. *Ceux-là étant ſacrificateurs qui ſelon la Loi, offrent des dons:* ſans quoi ils ne ſeroient pas ſacrificateurs: ni par conſequent J. C. non plus ne le ſeroit pas s'il n'avoit quelque choſe à offrir.
e vs. 3.
f *Exod.* 25. 40. *Act.* 7. 44. *Col.* 2. 17.

g *ch.* 7. 22. & 9. 15. & 12. 24. h 2 *Cor.* 3. 6. 5 Sav. par oppoſition aux promeſſes temporelles de la Loi, préciſément conſiderée comme telle & détachée de l'alliance de Grace. i *ch.* 10. 15. 17. *Jér.* 31. 31–34. *Rom.* 11. 27. k *Pſe.* 78. 57. l *Jér.* 31. 33. *Zach.* 8. 8. m *Jér.* 31. 33. *Ezéch.* 34. 30. 2 *Cor.* 6 1. n *ch.* 10. 16. *Jean* 6. 46. 1. *Jean* 2. 27.

12 [o] Car je ferai appaifé quant à leurs injuftices, & je n'aurai plus mémoire de leurs péchez, ni de leurs iniquitez.
13 En difant un Nouveau, il envieillit le premier: or ce
qui devient vieux & ancien, eft près d'être aboli.

o *Jér.* 31. 34. *Ezéch.* 16. 63. *Rom.* 11. 27.

CHAPITRE IX.

Le Sanctuaire Lévitique, 2. *Le fervice qui y étoit fait*, 6—10. *L'entrée de J. C. dans le véritable lieu Très-faint*, 11. *Oppofition du N. Teftament au Vieux*, 15—24. *J. C. s'eft offert une feule fois*, 25. 28.

LE premier Teftament donc avoit des ordonnances du
fervice divin, & [a] un Sanctuaire mondain.
2. Car il fut conftruit [b] un premier tabernacle, appellé le
Lieu faint, [c] dans lequel étoient le chandelier, & la table,
& les pains de propofition.
3 Et après le fecond voile *étoit* [1] le Tabernacle, *qui étoit*
appellé le lieu Très-faint.
4 Ayant un encenfoir d'or, & l'Arche de l'alliance, entierement couverte d'or tout autour, [2] [d] dans laquelle étoit la
cruche d'or où étoit la manne; & la verge d'Aaron qui avoit
fleuri, & les tables du Teftament.
5 [e] Et au deffus de l'Arche étoient les Chérubins de gloire, faifant ombre fur le Propitiatoire, defquelles chofes il
n'eft pas befoin maintenant de parler par le menu.
6. Or ces chofes étant ainfi difpofées, les Sacrificateurs [f] entrent bien toûjours [3] dans le premier Tabernacle pour accomplir le fervice:
7 Mais [g] le feul fouverain Sacrificateur entre [4] dans le fecond une fois l'an, *mais* non fans du fang, [h] lequel il offre
pour lui-même, & pour les fautes du peuple:
8 [i] Le Saint Efprit faifant connoître par là, que le chemin
[k] des lieux Saints n'étoit pas encore manifefté, tandis que le
premier Tabernacle étoit encore debout, lequel étoit une
figure *deftinée* pour le temps d'alors:
9 Durant lequel étoient offerts des [l] dons & des facrifices

a *Exod.* 25. 8. & 36. 8.
b *Exod.* 40. 4.
c *Exod.* 25. 30. & 26. 1. & 36. 1. *Lévit.* 24. 5.
1 C'eft-à-dire, cette partie du Tabernacle.
2 Ou, *avec laquelle*: mais on peut auffi rapporter ce mot *laquelle* à celui de *tabernacle*, ou de *tente*, & entendre ainfi ce verfet, dans laquelle tente, appellée le lieu *très-faint*, *étoit la cruche d'or* &c.
d *Exod.* 16. 33. & 25. 10. 21. *Nomb.* 17. 10. 1 *Rois* 8. 9. 2 *Chron.* 5. 10.
e *Exod.* 25. 18. 22.
f *Nomb.* 28. 3.
3 C'eft-à-dire, dans le Sanctuaire.

g vs. 25. *Exod.* 30. 10. *Lévit.* 16. 2. 15. 34. 4 Dans le lieu très-faint. h *ch.* 5. 3. & 7. 27. i *ch.* 10. 19. 20. *Jean* 14. 6. k vs. 12. & 24. l *ch.* 5. 1. & 8. 3.

[m] qui ne pouvoient point sanctifier la conscience de celui qui
faisoit le service,
10 [n] Ordonnez seulement en viandes, en brûvages, en diverses ablutions, & en des cérémonies charnelles, jusqu'au
temps que cela seroit redressé.
11 Mais Christ étant venu *pour être* [o] souverain Sacrificateur des biens à venir, [p] par un plus excellent & plus parfait [5] tabernacle, qui n'est pas un *tabernacle* fait de main,
c'est-à-dire, qui soit de cette structure,
12 [q] Est entré une fois dans les lieux Saints par son propre
sang, & non par le sang des veaux ou des boucs, [r] après a-
voir obtenu une rédemption éternelle.
13 Car [s] si le sang des taureaux & des boucs, & la cendre
de la génisse, de laquelle on fait aspersion, sanctifie quant à
la pureté de la chair, ceux qui sont souillez:
14 Combien plus [t] le sang de Christ, qui [6] par l'Esprit éternel s'est offert lui-même à Dieu sans nulle tache, [u] purifiera-
t-il vôtre conscience [x] des œuvres mortes, [y] pour servir le
Dieu vivant?
15 C'est pourquoi [z] il est Médiateur du Nouveau Testament, afin que la mort intervenant [a] pour la rançon des transgressions qui étoient sous le premier Testament, ceux qui
sont appellez reçoivent *l'accomplissement* de la promesse *qui*
leur a été faite de l'héritage éternel.
16 Car où il y a un testament, il est nécessaire que la mort
du testateur intervienne.
17 Parce [b] que c'est par la mort du *testateur* qu'un testament est rendu ferme, vû qu'il n'a point encore de vertu durant que le testateur est en vie.
18 C'est pourquoi le premier *testament* lui-même n'a point
été établi sans du sang.
19 [c] Car après que Moyse eut récité à tout le peuple tous
les commandemens selon la Loi, ayant pris le sang des veaux
& des boucs, avec de l'eau & de la laine teinte en pourpre,
& de l'hysope, [d] il en fit [e] aspersion sur le Livre, & sur tout
le peuple.

m *ch.* 7. 19. & 10. 1. *Act.* 13. 39. *Gal.* 3. 21.
n *Lévit.* 11. 2. *Nomb.* 19. 7.
o *ch.* 3. 1.
p *ch.* 8. 2.
5 C'est-à-dire, son corps.
q *ch.* 7. 27.
r *ch.* 5. 9. & 10. 14, 17. *Esa.* 45. 17. *Dan.* 9. 24.
s *Lévit.* 16. 14, 16. *Nomb.* 19. 2, 4.
t 1 *Pier.* 1. 19. 1 *Jean* 1. 9.
6 Ou, *en l'Esprit éternel*, c'est-à-dire, qui existant en la nature divine, unie à sa nature humaine.
u 1 *Pier.* 1. 19. *Tite* 2. 24. 1 *Jean* 1. 7. *Apoc.* 1. 6.
x *ch.* 6. 1.
y *Luc.* 1. 74.
z *ch.* 12. 24. *Act.* 13. 39. *Rom.* 3. 25. & 5. 6. 1 *Tim.* 2. 5. 1 *Pier.* 3. 18.
a *Matth.* 20. 28.
b *Gal.* 3. 15.
c *Exod.* 24. 5, 6. *Lévit.* 16. 14. 15. 18.
d *Lévit.* 14. 6. *Nomb.* 19. 6.
e *ch.* 12. 24.

20 En disant; [f] C'est ici le sang du Testament, lequel Dieu
vous a établi.
21 [g] Il fit aussi aspersion du sang semblablement sur le Tabernacle, & sur tous les vaisseaux du service.
22 Et presque toutes choses selon la Loi [h] sont purifiées par
le sang; & [i] sans effusion de sang il ne se fait point de rémission.
23 Il a donc fallu que les choses qui représentoient [7] celles
qui sont aux cieux, fussent purifiées par de telles choses,
mais que les célestes le *soient* par des sacrifices plus excellens
que ceux-là.
24 Car Christ n'est point entré dans les lieux Saints faits
de main, qui étoient des figures correspondantes aux vrais,
[k] mais il *est entré* au Ciel même, afin de comparoître maintenant pour nous devant la face de Dieu.
25 [l] Non qu'il s'offre plusieurs fois lui-même, [m] ainsi que
le souverain Sacrificateur entre dans les lieux Saints chaque
année avec un autre sang;
26 (Autrement [8] il auroit fallu qu'il eût souffert plusieurs
fois depuis la fondation du monde) mais maintenant [n] en la
consommation des siécles il est comparu une seule [o] fois pour
l'abolition du péché, par le sacrifice de soi-même.
27 Et [p] comme il est ordonné aux hommes de mourir une
seule fois, & qu'après cela *suit* le jugement;
28 Pareillement aussi [q] Christ ayant été offert une seule fois
pour ôter les péchez [r] de plusieurs, apparoîtra une seconde
fois [9] sans péché à ceux [s] qui l'attendent à salut.

f *Exod.* 24. 8. *Matth.* 26. 28. g *Lévit.* 8. 15. 19. & 16. 14. *Nomb.* 7. 1. h vs. 19. i *Lévit.* 17. 11. 7 Ou, *les célestes*, savoir les biens de l'Evangile, qui n'ont pû nous être acquis que par un sacrifice d'un prix infini. k *ch.* 6. 20. & 7. 25. *Rom.* 8. 33. 1 *Jean* 2. 2. l vs. 28. & *ch.* 7. 27. & 10. 12. 14. m vs. 7. 8 Ceci prouve invinciblement que J. C. a été le Sauveur, par sa mort future, de tous les Fidéles qui ont vêcu avant sa venue au monde. n 1 *Cor.* 10. 11. *Eph.* 1. 10. *Gal.* 4. 4. o *ch* 10. 12. *Dan.* 9. 24. *Rom.* 6. 9. & 14. 9. p *Job* 30. 23. *Psé.* 89. 49. *Eccl.* 6. 6. q *Rom.* 6. 10. 1 *Pier.* 3. 18. r *Matth.* 26. 27. *Rom.* 5. 19. 9 C'est-à-dire, sans être chargé de nos péchez, comme il l'a été dans son premier avenement. s *Phil.* 3. 10. 1 *Thess.* 1. 19. 2 *Thess.* 1. 10. 2 *Tim.* 4 8. *Tite* 2. 13.

CHAPITRE X.

La Loi n'avoit que l'ombre des biens à venir, 1. *J. C. s'est présenté à Dieu pour faire sa volonté*, 7. *Et il nous a rachettez pour toûjours*, 14. *Le chemin nouveau & vivant*, 20. *Le corps lavé d'eau nette*, 22. *Ne laisser point les assemblées*, 25. *Jugement de Dieu contre les apostats*, 29. *Persécutions souffertes par les Hébreux*, 32. *Le juste vivra de la foi*, 38.

CAr [a] la Loi ayant l'ombre des biens à venir, & [†] non la
vive image des choses, ne peut jamais par les mêmes sacrifices que l'on offre continuellement chaque année, sanctifier ceux qui *s'y* adressent.
2 [b] Autrement n'eussent-ils pas cessé d'être offerts, puis
que les sacrifians étant une fois purifiez, ils n'eussent plus eu
aucune conscience de péché?
3 [c] Or il y a dans ces *sacrifices* une commémoration des
péchez réiterée d'année en année.
4 Car [d] il est impossible que le sang des taureaux & des
boucs ôte les péchez.
5 C'est pourquoi *Jésus-Christ* en entrant au monde a dit;
[e] Tu n'as point voulu de sacrifice, ni d'offrande, mais tu
m'as approprié un corps:
6 [f] Tu n'as point pris plaisir aux holocaustes, ni à l'oblation
pour le péché,
7 Alors j'ai dit; [g] Me voici, je viens: il est écrit de moi au
commencement du Livre; Que je fasse, ô Dieu ta volonté.
8 Ayant dit auparavant; Tu n'as point voulu de sacrifice,
ni d'offrande, ni d'holocaustes, ni d'oblation pour le péché,
& tu n'y as point pris plaisir, lesquelles choses sont *pourtant* offertes selon la Loi, alors il a dit; Me voici, je viens
afin de faire, ô Dieu, ta volonté.
9 Il ôte *donc* le premier, afin d'établir le second.
10 [h] Or c'est par cette volonté que nous sommes sanctifiez,
savoir par l'oblation qui a été faite une seule fois du corps de
Jésus-Christ.
11 Tout Sacrificateur donc assiste chaque jour, [i] adminis-
trant, & offrant souvent les mêmes sacrifices, qui ne peuvent jamais ôter les péchez:
12 Mais celui-ci ayant offert un seul sacrifice pour les péchez, [k] s'est assis pour toûjours à la droite de Dieu:
13 Attendant ce qui reste, [l] *savoir* que ses ennemis soient
mis pour le marchepied de ses pieds.
14 Car par une seule oblation [m] il a consacré pour toûjours
ceux qui sont sanctifiez.

15 Et

a vs. 4. & *ch.* 8. 5. & 9. 9. 11. *Col.* 2. 17.
† Gr. & *non l'image même des choses*, c'est-à-dire, les choses mêmes sur l'image desquelles ont été formées les ombres ou les figures de la Loi.
b vs. 18.
c *Lévit.* 16. 21-32.
d vs. 1. & *ch.* 9. 9. 13. *Lévit.* 16. 14. *Nomb.* 19. 4. *Rom.* 8. 3.
e *Pse.* 40. 7.
f *Pse.* 50. 8-13.
g *Jean* 4. 34. & 5. 30. & 6. 38. & 10. 17.
h *ch.* 7. 27. & 9. 12. 26. 1 *Pier.* 3. 18.
i vs. 4. & *ch.* 7. 19.
k *ch.* 1. 3. & 8. 1. *Pse.* 110. 1. *Rom* 6. 9.
l *ch.* 1. 13. 1 *Cor.* 15. 25. 26.

15 Et c'est aussi ce que [n] le Saint Esprit nous témoigne,
car après avoir dit premierement;
16 [o] C'est ici le Testament que je disposerai envers eux a-
près ces jours-là, dit le Seigneur, c'est que je mettrai mes
loix dans leurs cœurs, & les écrirai dans leurs entendemens:
17 [p] Et je ne me souviendrai plus de leurs péchez, ni de
leurs iniquitez.
18 [q] Or où il y a rémission de ces choses, il n'y a plus d'o-
blation pour le péché.
19 Puis donc, mes fréres, [r] que nous avons la liberté d'entrer [s] dans les lieux Saints par le sang de Jésus;
20 [t] *Qui est* le chemin nouveau & vivant qu'il a consacré,
que nous avons, dis-je, la liberté d'y entrer par le voile, c'est-
à-dire, par sa propre chair;
21 [u] Et *que nous avons* un grand Sacrificateur établi sur la
[x] maison de Dieu;
22 [y] Allons avec un vrai cœur, & avec une pleine [z] certitude de foi, ayant les cœurs purifiez de mauvaise conscience, & le corps lavé [a] d'eau nette:
23 [b] Retenons la profession de nôtre espérance sans varier,
car celui qui *nous* a fait les promesses, [c] est fidéle.
24 [d] Et prenons garde l'un à l'autre, afin de nous inciter à
la charité, & aux bonnes œuvres:
25 [2] Ne quittant point nôtre assemblée, comme quelques-
uns ont accoûtumé *de faire*, mais nous [e] exhortant *l'un l'autre*; & cela d'autant plus [f] que vous voyez approcher le jour.
26 [g] Car [3] si nous péchons [4] volontairement après avoir reçu la connoissance de la vérité, il ne reste plus de sacrifice
pour les péchez,
27 [h] Mais une attente terrible de jugement, & l'ardeur
d'un feu qui doit dévorer les adversaires.
28 Si quelqu'un avoit méprisé la Loi de Moyse, [i] il mouroit sans miséricorde, sur la déposition de deux ou de trois
témoins.

m *ch.* 9. 12. n *ch.* 9. 8. *Marc* 12. 36. o *ch.* 8. 8. 10. *Jér.* 31. 33. *Rom.* 11. 27. p *Jér.* 31. 34. q *vs.* 2. r *ch.* 9. 12. *Rom.* 5. 2. *Eph.* 2. 13. 18. & 3. 12. s *Jean* 10. 9. & 14. 16. t *ch.* 9. 8. 12. u *ch.* 2. 17. & 3. 1. & 4. 14. x *ch.* 3. 6. 1 *Tim.* 3. 15. y *ch.* 4. 14. 16. & 7. 25. z *Eph.* 3. 12. *Jacq.* 1. 6. a *Ezéch.* 36. 25. *Act.* 22. 15. 1 *Cor.* 6. 16. b *vs.* 34. & *ch.* 3. 6. 14. & 4. 14. c 1 *Cor.* 1. 9. 1 *Thess.* 5. 24. d *ch.* 3. 12. 13.

2 Par la crainte de la persécution, ni par refroidissement de zéle.

e *ch.* 3. 13. *Eph.* 5. 11. f *Rom.* 13. 11. 12. 2 *Pier.* 3. 9. 11. 14. g *ch.* 6. 4. *Nomb.* 15. 30. *Matth.* 12. 31. 2 *Pier.* 2. 20. 21. 1 *Jean* 5. 16.

3 Il s'agit proprement du péché de la revolte: vs. 29. 4 C'est-à-dire, contre la persuasion que la Religion Chrétienne est véritablement divine. h *Ezéch.* 36. 5. *Soph.* 1. 18. & 3. 8. i *Nomb.* 35. 30. *Deut.* 17. 6. & 19. 15-20. *Matth.* 18. 16. *Jean* 8. 17. 2 *Cor.* 13. 1.

k ch. 2. 3. & 29 [k] De combien pires tourmens pensez-vous *donc* que sera
12. 25. jugé digne celui qui aura foulé aux pieds le Fils de Dieu, &
1 Cor. 11. 29. l Matth. 26. qui aura tenu pour une chose profane le sang de l'alliance,
28. Luc 22. 20. par lequel il avoit [l] été sanctifié, & qui [m] aura outragé l'Es-
m ch. 6. 4. Eph. 4. 3. prit de grace?
n Deut. 32. 30 Car nous connoissons celui qui a dit; [n] A moi est la ven-
35. 36. Rom. 12. 19. geance, & je *le* rendrai, dit le Seigneur. [o] Et encore, Le
o Psa. 135. 14. Seigneur jugera son peuple.
p 2 Sam. 24. 14. q ch. 3. 12. & 31 [p] C'est une chose terrible que de tomber entre les mains
9. 14. [q] du Dieu vivant.
32 Or rappellez dans vôtre mémoire les jours précédens,
r ch. 6. 4. durant lesquels après [r] avoir été illuminez, [s] vous avez sou-
s Act. 8. 1. & tenu un grand combat de souffrances:
9. 1. & 11. 19. 1 Thess. 2. 14. 33 Ayant été d'une part exposez à la vûe de tout le monde
par des opprobres & des tribulations: & de l'autre, ayant
été compagnons de ceux qui ont souffert de semblables indignitez.
34 Car vous avez aussi été participans de l'affliction de mes
t Act. 5. 41. liens, & vous avez [t] reçu avec joye le ravissement de vos
1 Thess. 2. 14. Jacq. 1. 2. biens: [u] sachant en vous-mêmes que vous avez dans les Cieux
u Matth. 5. 12. des biens meilleurs, & permanens.
2 Cor. 5. 1. x vs. 23. & 35 [x] Ne rejettez donc point au loin vôtre confiance, [y] qui
ch. 3. 6. 14. a une grande rémunération.
y Matth. 10. 32. 36 Parce que [z] vous avez besoin de patience, afin qu'après
z Luc 21. 19. avoir fait la volonté de Dieu, vous receviez *l'effet de sa* pro-
a Hab. 2. 3. messe.
2 Pier. 3. 9. b ch. 2. 4. 37 [a] Car encore tant soit peu de temps, & celui qui doit
Aggée 2. 7. venir, viendra, & il ne tardera point:
Rom. 1. 17. Gal. 3. 11. 38 Or [b] le juste vivra de la foi: mais si quelqu'un se soustrait,
c ch. 6. 9. mon ame ne prend point de plaisir en lui:
d ch. 2. 3. e Jean 3. 16. 39 [c] Mais pour nous, nous n'avons garde de nous soustrai-
1 Pier. 5. 9. re; [d] ce seroit nôtre perdition: [e] mais nous persévérons dans
f Matth. 16. 25. la foi, [f] pour le salut de l'ame.

CHAPITRE XI.

Ce que c'est que la foi, 1. Ses effets, 2. En Abel. 4. En Enoch, 5. En Noë, 7. En Abra-

Abraham, 8. En Sara, 11. En Isaac, 20. En Jacob, 21. En Joseph, 22. En Moyse, 24. En Rahab, 31. Et en plusieurs autres, 32. Lesquels n'avoient pourtant pas vû l'effet de la promesse, 39.

OR la foi est une [a] subsistance des choses qu'on espére, & une démonstration de celles [b] qu'on ne voit point.
2 Car c'est par elle [c] que les anciens ont obtenu *un bon* témoignage.
3 [d] Par la foi nous savons que [1] les siécles ont été ordonnez par la parole de Dieu, en sorte que les choses qui se voyent, n'ont point été faites de choses qui apparussent.
4 [e] Par la foi Abel offrit à Dieu un plus excellent sacrifice que Caïn, & par elle il obtint le témoignage d'être juste, à cause que Dieu rendoit témoignage de ses dons: & [f] lui étant mort parle encore par elle.
5 [g] Par la foi Enoch fut transporté pour ne point voir la mort: & il ne fut point trouvé, parce que Dieu l'avoit transporté: car avant qu'il fût transporté, il a obtenu témoignage d'avoir été agréable à Dieu.
6 Or il est impossible de lui être agréable [h] sans la foi; car il faut que celui qui vient à Dieu, croye que Dieu est, [2] [i] & qu'il est le rémunérateur de ceux qui le cherchent.
7 [k] Par la foi Noé ayant été divinement averti des choses qui ne se voyoient point encore, craignit, & bâtit l'Arche pour la conservation de sa famille, & par cette *Arche* il condamna le monde, & fut fait héritier de la justice qui est selon la foi.
8 [l] Par la foi Abraham étant appellé, obéït, pour aller en la terre qu'il devoit recevoir en héritage, & il partit sans savoir où il alloit.
9 Par la foi il demeura comme [m] étranger en la terre qui lui avoit été promise, comme si elle ne lui eût point appartenu, [n] demeurant sous des tentes avec Isaac & Jacob, qui étoient héritiers avec lui de la même promesse.
10 Car [3] il attendoit [o] la cité qui a des fondemens, & de laquelle Dieu *est* l'architecte, & qu'il a lui-même bâtie.
11 [p] Par la foi aussi Sara reçut la vertu de concevoir un enfant,

a Rom. 8.24.
b 2 Cor. 9.7.
c vs. 39.
d Gen. 1. 1. Psa. 33. 6. Rom. 4. 17. 2 Pier. 3. 5.
1 C'est à-dire, que le monde a été fait de rien, & par un seul acte de la volonté de Dieu, exprimée par le mot de *parole*, ou, de *commandement.*
e Gen. 4. 4. 10.
f ch. 12. 24.
g Gen. 5. 24. Sap. 4. 10. Ecclesiastiq. 44. 16. & 49. 14.
h Act. 15. 9.
2 Le mot & est mis ici pour celui de *c'est-à-dire.*
i vs. 26.
k Gen. 6. 13.
l Gen. 12. 1. 4. Act. 7. 2.
m Gen. 17. 7. & 23. 4.
n Gen. 12. 7.
3 Il attendoit le Ciel.
o ch. 3. 4. & 12. 22. & 13. 14. Apoc. 21. 2.
p Gen. 17. 19. & 21. 2.

fant, & elle enfanta hors d'âge, parce qu'elle fut persuadée
q Rom. 4. 19. que [q] celui qui *le lui* avoit promis, étoit fidéle.
12 C'est pourquoi d'un seul, & qui même *étoit* amorti,
r Gen. 15. 5. [r] sont nez *des gens* en multitude comme les étoiles du ciel,
& 22. 17. Rom. 4. 18. & comme le sable qui est au rivage de la mer, lequel ne se
Ecclesiastiq. peut nombrer.
44. 22. 13 [s] Tous ceux-ci sont morts en la foi, sans avoir reçu *les*
s Gen. 23. 4. & 47. 9. *choses dont ils avoient eu* les promesses, mais il les ont vûes
1 Chron. 29. de loin, crûes, & saluées, & ont fait profession qu'ils étoient
15. Pse. 39. 13. & 119. 19. étrangers & pelérins sur la terre.
Jean 8. 53. 14 Car ceux qui tiennent ces discours montrent clairement
qu'ils cherchent encore *leur* païs.
15 Et certes, s'il eussent rappellé dans leur souvenir celui
dont ils étoient sortis, ils avoient du temps pour y retourner.
16 Mais ils en désiroient un meilleur, c'est-à-dire, le cé-
t. Gen. 26 24. leste; c'est pourquoi Dieu ne prend point à honte [t] d'être
Exod. 3. 6. 15. appellé leur Dieu, parce qu'il leur avoit préparé une Cité.
& 4. 5.
u Gen. 22. 2. 17 [u] Par la foi, Abraham étant éprouvé, offrit Isaac, ce-
&c. Ecclesiastiq. 44. 21. lui, *dis-je*, qui avoit reçu les promesses, [x] offrit même son
x Jacq. 2. 21. fils unique,
y Gen. 21. 12. 18 A l'égard duquel il lui avoit été dit; [y] En Isaac te sera
Rom. 9. 7. Gal. 3. 29. appellée semence;
19 Ayant estimé que Dieu le pouvoit même ressusciter d'entre les morts: c'est pourquoi aussi il le recouvra par quelque
ressemblance *de résurrection*.
z Gen. 27. 39. 20 [z] Par la foi Isaac donna à Jacob & à Esaü une bénédiction qui regardoit l'avenir.
a Gen. 48. 5. 15. 16. 20. 21 [a] Par la foi Jacob en mourant bénit chacun des fils de
b Gen. 47. 31. Joseph, [b] & adora sur le bout de son bâton.
c Gen. 50. 24. 25. 22 [c] Par la foi Joseph en mourant fit mention de la sortie
d Exod. 22. des enfans d'Israël, & donna charge touchant ses os.
11. Act. 7. 20. 23 [d] Par la foi Moyse étant né fut caché trois mois par
ses pére & mére, parce qu'ils le voyoient beau petit enfant,
e Exod. 1. 16. [e] & ils ne craignirent point l'Edit du Roi.
24 [f] Par la foi Moyse étant déja grand, refusa d'être nom-
f Exod. 2. 10. 11. Act. 7. 21. mé fils de la fille de Pharaon.

25 [g] Choi-

25 [g] Choisissant plustôt d'être affligé avec le peuple de Dieu,
que de jouïr pour un peu de temps *des délices* du péché.
26 *Et* ayant estimé que l'opprobre de Christ étoit un plus
grand trésor que les richesses de l'Egypte: [h] parce qu'il avoit
égard à la rémuneration.
27 [i] Par la foi il quitta l'Egypte, n'ayant point craint la fureur du Roi: car il tint ferme, comme [k] voyant celui qui est
[l] invisible.
28 [m] Par la foi il fit la Pasque & l'aspersion du sang, afin
que [4] celui qui tuoit les premiers-nez, ne touchât point à ceux
des Israëlites.
29 [n] Par la foi ils traverserent la mer Rouge, comme par
le sec: ce que les Egyptiens ayant voulu éprouver, ils furent
engloutis *dans les eaux*.
30 [o] Par la foi les murs de Jérico tomberent, après qu'on
en eût fait le tour durant sept jours.
31 [p] Par la foi Rahab [5] la paillarde ne périt point avec les
incrédules, [q] ayant recueilli les espions en paix.
32 Et que dirai-je davantage? car le temps me manquera,
si je veux parler [r] de Gédéon, & [f] de Barac, & de [t] Samson,
& [u] de Jephté, & [x] de David, & [y] de Samuel, & des Prophétes,
33 [z] Qui par la foi ont combattu les Royaumes, ont exercé la justice, ont obtenu *l'effet* des promesses, ont fermé les
gueules des lions,
34 [a] Ont éteint la force du feu, sont échappez du tranchant
des épées; de malades sont devenus vigoureux; se sont montrez forts en bataille, & ont tourné en fuite les armées des
étrangers.
35 [b] Les femmes ont recouvré leurs morts par le moyen de
la résurrection; d'autres ont [c] été etendus dans le tourment,
ne tenant point compte d'être délivrez, afin d'obtenir la
meilleure résurrection.
36 [d] Et d'autres ont été éprouvez par des moqueries & par
des coups, par des liens, & par la prison.

g *Pse.* 84. 11. h vs. 6. & ch. 10. 34. 36. & 12. 2. 2 *Cor.* 4. 18. *Col.* 1. 4. 5. i *Exod.* 10. 28. 29. & 12. 31. & 13. 17. k *Pse.* 16. 8. l *Col.* 1. 15. 1 *Tim.* 1. 17. m *Exod.* 12. 3. &c. 4 l'Ange dont Dieu se servit pour cela; comme en *Esa.* 37. 36. n *Exod.* 14. 21. 22. o *Jos.* 6. 20. p *Jos.* 6. 23. *Jacq.* 2. 25. 5 Ou, *l'hôteliere*. q *Jos.* 2. 1. r *Jug.* 6. 11. f *Jug.* 4. 6. t *Jug.* 13. 24. u *Jug.* 11. 1. & 12. 7. x 1 *Sam.* 17. 45. y 1 *Sam.* 1. 20. & 12. 20. z *Jug.* 14. 6. & 15. 16. 1 *Sam.* 17. 34. 2 *Sam.* 8. 1. & 10. 19. & 12. 29. *Dan.* 6. 22. a *Jug.* 7. 21. & 15. 15. 1 *Sam.* 14. 1. & 20. 1. 2 *Sam.* 7. 12. 1 *Rois* 9. 4. 2 *Rois* 6. 16. & 20. 7. 1 *Chron.* 22. 9. *Job* 42. 10. *Pse.* 6. 9. & 89. 20. *Esa.* 38. 21. *Dan.* 3. 25. b 1 *Rois* 17. 23. 2 *Rois* 4. 36. c 2 *Macc.* 6. 19. 28. & 7. 1. 2. &c. d *Jér.* 20. 2.

e 1 *Rois* 21. 13. 2 *Rois* 1. 8.

37 [e] Ils ont été lapidez, ils ont été sciez, ils ont souffert
de rudes épreuves, ils ont été mis à mort par le tranchant
de l'épée, ils ont été errans çà & là vêtus de peaux de brebis & de chevres, destituez, affligez, tourmentez:
38 Desquels le monde n'étoit pas digne: errans dans les deserts, & dans les montagnes, dans les cavernes, & dans les
trous de la terre.
39 [f] Et quoi qu'ils ayent tous été recommandables par leur
foi, ils n'ont pourtant point reçu *l'effet de* la promesse:
40 Dieu ayant pourvû quelque chose de meilleur pour nous,
en sorte qu'ils ne sont point parvenus à la perfection sans
nous.

f vs. 2.

CHAPITRE XII.

Nuée de témoins, 1. *Jésus Consommateur de nôtre foi*, 2. *Exhortation à tout souffrir pour J. C.* 3 *Discipline du Seigneur*, 7. *La persévérance*, 12–15. *Le profane Esaü*, 16. *Mont de Sinaï*, 18. *Mont de Sion*, 22. *Assemblée des premiers-nez*, 23. *Le Royaume qui ne peut être ébranlé*, 28.

NOus donc aussi, puis que nous sommes environnez d'u-
ne si grande nuée de témoins, [a] rejettant [1] tout fardeau,
& le péché qui nous enveloppe si aisément, poursuivons constamment [b] la course qui nous est proposée:
2 [c] Regardant à Jésus le chef & le consommateur de la foi,
lequel au lieu de [d] la joye dont il jouïssoit, a souffert la croix,
ayant méprisé la honte, & [e] s'est assis à la droite du trône
de Dieu.
3 C'est pourquoi, considérez soigneusement celui qui a souffert une telle contradiction de la part des pécheurs contre
lui-même, afin que [f] vous ne deveniez point lâches en défaillant dans vos courages.
4 [g] Vous n'avez pas encore résisté jusqu'à *répandre vôtre*
sang en combattant contre le péché;
5 Et cependant vous avez oublié l'exhortation qui s'adresse
à vous comme à ses enfans, disant; [h] Mon enfant ne méprise point le châtiment du Seigneur, & ne perds point courage quand tu és repris de lui.

a *Rom.* 6. 4. 2 *Cor.* 7. 1. *Eph.* 4. 22. *Phil.* 3. 13. 14. 1 *Pier.* 4. 1.
1 C'est-à-dire, en général toutes les considérations humaines, qui auroient été capables de ralentir leur course dans la profession de la foi.
b 1 *Cor.* 9. 24. 2 *Tim.* 1. 7.
c *ch.* 11. 26.
d *Jean* 17. 5 2 *Cor.* 8. 9. *Phil.* 2. 7.
e *ch.* 1. 3. & 8. 1. & 10. 12.
f vs. 5. & *ch.* 6. 12. *Apoc.* 2. 3.
g 1 *Cor.* 10. 13.
h *Job* 5. 11. *Prov.* 3. 11. 12.

6 Car

6 [i] Car le Seigneur châtie celui qu'il aime, & il fouette
tout enfant qu'il avoue.
7 Si vous endurez la discipline, Dieu se présente à vous
comme à ses enfans: car qui est l'enfant que le pére ne châtie point?
8 Mais si vous étes sans discipline, de laquelle tous sont
participans, vous étes donc des enfans supposez, & non pas
légitimes.
9 Et puis que nous avons bien eu pour châtieurs les péres
de nôtre chair, & néanmoins nous les avons eûs en réveren-
ce: ne serons-nous pas beaucoup plus soûmis [2] au [k] Pére des
esprits? & nous vivrons.
10 Car quant à ceux-là, ils nous châtioient pour un peu de
temps, comme bon leur sembloit, mais celui-ci nous châtie
pour nôtre profit, [l] afin que nous soyons participans de sa
sainteté.
11 [m] Or toute discipline ne semble pas sur l'heure être *un
sujet* de joye, mais de tristesse: [n] mais ensuite elle rend un
fruit paisible de justice à ceux qui sont exercez par elle.
12 [o] Relevez donc vos mains qui sont lâches, & *fortifiez
vos* genoux qui sont déjoints.
13 [p] Et faites les sentiers droits à vos pieds; afin que celui
qui chancele ne se dévoye point, mais plustôt qu'il soit remis en son entier.
14 [q] Recherchez la paix avec tous; [r] & la sanctification,
[s] sans laquelle nul ne verra le Seigneur.
15 [t] Prenant garde qu'aucun ne soit défaillant de la grace
de Dieu; [u] que quelque racine d'amertume bourgeonnant enhaut [x] ne vous trouble, & que plusieurs ne soient souillez
par elle.
16 [y] Que nul *de vous* ne soit paillard, ou profane [3] comme
Esaü, [z] qui pour une viande vendit son droit d'aînesse.
17 Car vous savez que même désirant ensuite d'hériter la
bénédiction, il fut rejetté: car il ne trouva point de lieu [4] à
la repentance, [a] quoi qu'il l'eût demandée avec larmes.

i *Deut.* 8. 5. *Pse.* 94. 12. *Jacq.* 1. 12. *Apoc.* 3. 19.
2 Nos ames sont créées immédiatement de Dieu, & non produites par la voye de la génération, & avec les corps.
k *Nomb.* 16. 22. & 27. 16. *Eccl.* 12. 9. *Esa.* 57. 16. *Zach.* 12. 1.
l 1 *Cor.* 11.32.
m *Sap.* 12.22.
n *Pse.* 119. 67. 71.
o *Job* 4. 3. 4. *Esa.* 35. 3.
p *Prov.* 4. 26. 27.
q *Rom.* 12. 18. & 14. 19.
r 2 *Cor.* 7. 1.
s *Matth.* 5. 8.
t vs. 28. & *ch.* 3. 12. & 10. 25. 2 *Cor.* 6. 1.
u *Deut.* 29. 18.
x *Act.* 17. 13. *Gal.* 5. 12.
y *Eph.* 5. 3. *Col.* 3. 5. 1 *Thess.* 4. 3.
3 Ces mots n'ont de liaison qu'avec celui de *profane*.
z *Gen.* 25. 32.
4 C'est-à-dire, au repentir d'Isaac son pére, pour lui faire revoquer la bénédiction qu'il avoit donnée à Jacob, au préjudice d'Esaü.
a *Gen.* 27. 34. 38.

18 Car vous n'étes point venus [b] à une montagne qui se
puisse toucher à la main, [c] ni au feu brûlant, ni au tourbillon, ni à l'obscurité, ni à la tempête,
19 Ni au retentissement de la trompette, ni à la voix des
paroles, *au sujet de* laquelle, ceux qui l'entendoient [d] prierent que la parole ne leur fût plus adressée:
20 Car ils ne pouvoient porter ce qui étoit enjoint, *savoir*,
[e] Si même une bête touche la montagne, elle sera lapidée,
ou percée d'un dard.
21 Et Moyse, tant étoit terrible ce qui paroissoit; dit, Je
suis épouvanté, & j'en tremble tout.
22 Mais vous étes venus à la montagne de Sion, & à la Cité
du Dieu vivant, [f] à la Jérusalem céleste, & aux milliers
d'Anges,
23 Et à l'assemblée & Eglise des premiers-nez [g] qui sont é-
crits dans les Cieux, & à Dieu qui [h] est le juge de tous, &
aux esprits des justes sanctifiez:
24 Et à Jésus, [i] le Médiateur de la nouvelle alliance, [k] &
au sang de l'aspersion, qui prononce de meilleures choses [l] que
celui d'Abel.
25 Prenez garde de ne mépriser point celui qui *vous* parle;
car si ceux qui méprisoient celui qui *leur* parloit sur la terre,
[m] ne sont point échappez, [n] nous serons punis beaucoup plus,
si nous nous détournons *de celui qui parle* des Cieux.
26 [o] Duquel la voix ébranla alors la terre, mais à l'égard
du temps présent, il a fait cette promesse, disant; [p] J'ébran-
lerai encore une fois non seulement la terre, mais aussi le
Ciel.
27 Or ce *mot*, Encore une fois, signifie l'abolition [q] des
choses [5] muables, [6] comme ayant été faites *de main*, afin
que [r] celles qui sont immuables demeurent:
28 C'est pourquoi saisissant [7] le Royaume qui ne peut point
être ébranlé, [s] retenons la grace par laquelle nous servions
Dieu, en sorte que nous lui soyons agréables, [t] avec révérence & avec crainte.
29 [u] Car aussi [x] nôtre Dieu est un feu consumant.

b *Exod.* 19. 10. & 20. 21.
c *Exod.* 19. 16. *Deut.* 5. 22.
d *Exod.* 20. 19. *Deut* 5. 25. & 18. 16.
e *Exod.* 19 13.
f *Gal.* 4. 26. *Apoc.* 3. 12. & 21. 2. 10.
g *Luc* 10. 20. *Act.* 13. 48. *Phil.* 4. 3.
h *Rom.* 2. 6. 16. & 14. 10.
i *ch.* 8. 6. & 9. 15.
k *ch.* 12. 1. 1 *Pier.* 1. 2.
l *Gen.* 4. 10.
m *ch.* 10. 28. *Exod.* 32. 27. &c.
n *ch.* 2. 3. 4.
o vs. 18. 19. *Pse.* 68. 9. 16. & 114. 6. 7.
p *Agg.* 2. 6.
q *Esa.* 54. 10.
5 Celles de l'Oeconomie Mosaïque.
6 Ou, *comme n'ayant été faites qu'afin que celles* &c.
r *ch.* 13. 20.
7 C'est le *Royaume de Dieu*, ou *Royaume des cieux*, c'est-à-dire, l'Evangile.
s vs. 15. *Matth.* 16 18.
t *Pse.* 2. 11. *Phil.* 2. 12.
u *ch.* 10. 31.
x *Deut.* 4. 24. & 9. 3. *Pse.* 50. 3. *Esa.* 33. 14.

CHA-

CHAPITRE XIII.

L'hoſpitalité, 2. Le mariage eſt honorable, 4. Nous repoſer en Dieu du ſoin de nôtre entretien, 5. La reconnoiſſance dûe aux Paſteurs, 7. Chriſt toûjours le même, 8. Nous avons un autel autre que celui des Juifs, 10. Nos ſacrifices, 15. Obéïr à nos Conducteurs, 17. Le grand Paſteur des Brebis, 20.

[a] QUe la charité fraternelle demeure.
2 [b] N'oubliez point l'hoſpitalité: car par elle quelques-
uns [c] ont logé des Anges, n'en ſachant rien.
3 [d] Souvenez-vous des priſonniers, comme ſi vous étiez em-
priſonnez avec eux; & de ceux qui ſont tourmentez, comme étant vous-mêmes du même Corps.
4 Le mariage eſt honorable entre tous, & la couche ſans
macule: [e] mais Dieu jugera les paillards & les adulteres.
5 Que vos mœurs ſoient [f] ſans avarice, [g] étant contens de
ce que vous avez préſentement: car lui-même a dit; [h] Je ne
te laiſſerai point, & ne t'abandonnerai point.
6 De ſorte que nous pouvons dire avec aſſûrance; [i] Le Seigneur m'eſt en aide: & je ne craindrai point ce que l'homme
me pourroit faire.
7 [k] Souvenez-vous de vos Conducteurs, qui vous ont porté la parole de Dieu, [l] & imitez leur foi, en conſidérant
quelle a été l'iſſue de leur converſation.
8 [m] Jéſus-Chriſt a été [1] le même hier & aujourd'hui, & il
l'eſt auſſi éternellement.
9 Ne ſoyez point [n] emportez çà & là par [o] des doctrines
diverſes & étrangeres: car il eſt bon que le cœur ſoit affermi
par la grace, [p] & non point par les viandes, [q] leſquelles n'ont
de rien profité à ceux qui s'y ſont occupez.
10 Nous avons [2] un autel dont [3] ceux qui ſervent dans le
Tabernacle n'ont pas le pouvoir de manger.
11 Car [r] les corps des bêtes dont le ſang eſt porté pour le
péché par le ſouverain Sacrificateur dans le Sanctuaire, ſont
brûlez hors du camp.

a *Rom.* 12. 10. *Eph.* 4. 3. 1 *Pier.* 1. 22. & 2. 17. & 4. 8. b *Deut.* 10. 19. *Job* 31. 32. *Rom.* 12. 13. 1 *Pier.* 4. 9. c *Gen.* 18. 2. & 19. 1. d *Matth.* 25. 36. *Rom.* 12. 15. *Col.* 4. 18. e *Mal.* 3. 5. 1 *Cor.* 6. 10. f *Prov.* 15. 16. *Col.* 3. 5. 1 *Tim.* 6. 6. 8. g *Matth.* 6. 25. *Phil.* 4. 11. 1 *Tim.* 6. 6. 8. h *Deut.* 31. 6. 8. *Joſ.* 1. 5. 1 *Chron.* 28. 20. i *Pſe.* 56. 5. 12 & 118. 6. *Eſa.* 41. 10-13. k vs. 17. 24. l *ch.* 6. 12. *Phil.* 3. 17. m *Apoc.* 1. 8. 1 Sav. à l'égard de ſa qualité de Médiateur, & de Sauveur, dans tous les ſiécles; ch. 9. 26. & Rom. 3. 24. n *Eph.* 4. 14. *Jude* vs. 12. o *Rom.* 16. 17. *Gal.* 1. 7. &c. p *Rom* 14. 17. q *ch.* 10. 1. 4. &c. *Gal.* 5. 3. 2 Ce mot eſt mis ici pour la victime elle-même, comme 1 Cor. 9. 13. & 10. 18. & cette victime c'eſt J. C. 3 C'eſt-à-dire, ceux qui tenoient encore à la Religion Moſaïque, & n'avoient pas la foi en J. C. r *Exod.* 29. 14. *Lévit.* 4. 5. 12. 21. & 6. 30. & 16. 14-27. *Nomb.* 19. 3.

12 C'est pourquoi aussi Jésus, afin qu'il sanctifiât le peuple
par son propre sang, [s] a souffert hors de la porte.
13 Sortons donc vers lui hors du camp, en portant [t] son
opprobre.
14 Car [u] nous n'avons point ici de cité permanente, mais
[x] nous recherchons celle qui est à venir.
15 Offrons donc par [y] lui sans cesse à Dieu un sacrifice de
louange, c'est-à-dire, [z] le fruit des levres, en confessant
son Nom.
16 [a] Or ne mettez point en oubli la bénéficence & la communication: car Dieu [b] prend plaisir à de tels sacrifices.
17 [c] Obéïssez à vos Conducteurs, & soyez leur soûmis,
[d] car ils veillent pour vos ames, comme en devant rendre
compte; afin que ce qu'ils en font, ils le fassent avec joye,
& non à regret: car cela ne vous tourneroit pas à profit.
18 [e] Priez pour nous: car nous nous assûrons que nous
avons une bonne conscience, désirant de converser honnêtement parmi tous.
19 Et je vous prie encore plus instamment de le faire, afin
que je vous sois rendu plustôt.
20 Or [f] le Dieu de paix, qui a ramené d'entre les morts [4] le
grand [g] Pasteur des brebis, par [h] le sang de l'alliance [i] éternelle, *savoir* nôtre Seigneur Jésus-Christ;
21 [k] Vous rende accomplis en toute bonne œuvre, pour
faire sa volonté, [l] en faisant en vous ce qui est agréable devant lui par Jésus-Christ; [m] auquel soit gloire aux siécles des
siécles, Amen.
22 Aussi, mes fréres, je vous prie de supporter la parole
d'exhortation; car je vous ai écrit en peu de mots.
23 Sachez que nôtre frére Timothée a été mis en liberté;
je vous verrai avec lui, s'il vient bien-tôt.
24 Saluez tous vos Conducteurs, & tous les Saints: ceux
d'Italie vous saluent.
25 Grace soit avec vous tous, Amen.

Ecrite d'Italie aux Hébreux [et envoyée] par Timothée.

s *Jean*. 19. 18. t *ch*. 11. 26. 2 *Cor*. 1. 5. *Col*. 1. 24. u *ch*. 11. 20. 16. *Mich*. 2. 10. x *Phil*. 3. 20. y *Lévit*. 7. 12. *Pse*. 50. 14. 23. & 119. 108. *Esa*. 56. 6. 7. *Mal*. 1. 11. z *Esa*. 57. 19. *Osée* 14. 2. a 2 *Cor*. 9. 12. *Phil*. 4. 18. b *Pse*. 51. 19. & 69. 31. 32. *Rom*. 12. 1. c vs. 7. *Phil*. 2. 29. 1 *Thess*. 5. 12. 1 *Tim*. 5. 17. 1 *Pier*. 5. 5. d *Ezech*. 3. 17. 18. & 33. 2-8. e *Col*. 4. 2. f *Rom*. 16. 20. 4 Gr. *le Pasteur des brebis, le grand par le sang* &c. pour dire, que J. C. n'est le grand Pasteur des brebis qu'en vertu de son sang, lequel il a répandu pour elles, & pour se les acquerir: Jean 10. 11. Act. 20. 28. g *Esa*. 40. 11. *Ezech*. 34. 23. *Jean* 10. 11. 1 *Pier*. 5. 4. h *Zach*. 9. 11. i *ch*. 12. 28. *Jer*. 33. 20. 21. 1 *Pier*. 1. 25. k *ch*. 10. 16. 2 *Cor*. 3. 5. *Phil*. 2. 13. l *Phil*. 2. 13. m *Gal*. 1. 5. 2 *Pier*. 3. 18. *Apoc*. 1. 6. & 5. 13.

EPIS-

EPISTRE CATHOLIQUE DE S. JACQUES APOSTRE

CHAPITRE I.

Fruit des afflictions, 2 *La sagesse*, 5. *Demander avec foi*, 6 *La condition incertaine des riches*, 10. *Dieu ne tente personne*, 13. *Toute bonne donation est d'enhaut*, 17. *La maniere d'écouter la parole de Dieu*, 22. *La Religion pure*, 27.

1 JACQUES, serviteur de Dieu, & du Seigneur Jésus-
Christ, [a] aux douze Tribus qui *étes* dispersées, salut.
2 Mes fréres, [b] tenez pour une parfaite joye quand vous
tomberez en diverses tentations:
3 [c] Sachant que l'épreuve de vôtre foi produit la patience.
4 Mais il faut que la patience ait une œuvre parfaite, afin
que vous soyez parfaits & accomplis, de sorte que rien ne
vous manque.
5 Que si quelqu'un de vous manque de sagesse, qu'il la demande à Dieu, [d] qui la donne à tous bénignement, & [2] qui
ne la reproche point, & elle lui sera donnée:
6 [e] Mais qu'il la demande avec foi, ne doutant nullement:
car celui qui doute est semblable au flot de la mer, agité du
vent, & jetté çà & là.
7 Or qu'un tel homme ne s'attende point de recevoir aucune chose du Seigneur.
8 L'homme [f] double de cœur est [g] inconstant en toutes ses
voyes.
9 Or que le frére qui est de basse condition se glorifie en
son élevation.
10 *Et* que le riche, au contraire, [3] *se glorifie* en sa basse
condition: [h] car il passera comme la fleur de l'herbe.
11 Car *comme* le soleil ardent n'est pas plustôt levé, que
l'herbe est brûlée, & sa fleur est tombée, & sa belle apparence est périe; ainsi le riche se flêtrira avec ses entreprises:
12 [i] Bien-

1 C'étoit Jacques le fils d'Alphée & Cousin de J. C.
a *Jean* 7 35. *Act.* 26. 7. 1 *Pier.* 1. 1.
b *Matth.* 5. 11. 12. *Act.* 5. 41. *Rom.* 5. 3. *Héb.* 10. 34. 1 *Pier.* 4. 13.
c *Rom.* 5. 3. 1 *Pier.* 1. 7.
d 1 *Rois* 3. 9. *Prov.* 2. 6.
2 C'est-à-dire, qui ne la retracte point
e *Matth.* 7. 7. & 21. 22. *Marc* 11. 24. *Luc* 11. 9. *Jean* 14. 13. & 15. 7. & & 16. 23. 1 *Jean* 5. 14. *Ecclésiastiq.* 2. 12. 14. 15.
f *ch.* 4. 8.
g *Pse.* 78. 37.
3 C'est comme S. Paul disoit, qu'il *se glorifioit en ses infirmitez.* 2 Cor. 12. 9.
h *ch.* 4. 14. *Job* 14. 2. *Pse.* 10. 3. 15. & 102. 12. & 103. 15. *Esa.* 40. 6. 1 *Cor.* 7. 31. 1 *Pier.* 1. 24. 1 *Jean* 2. 17. *Ecclésiastiq.* 14. 18.

12 [i] Bienheureux eſt l'homme qui endure [4] la tentation;
car quand il aura été éprouvé, il recevra la couronne de
vie, que Dieu a promiſe à ceux qui l'aiment.
13 Quand quelqu'un [5] eſt tenté, qu'il ne diſe point; Je
ſuis tenté de Dieu; car Dieu ne peut être tenté des maux,
& auſſi [6] ne tente-t-il perſonne.
14 Mais chacun eſt tenté quand il eſt attiré & [7] amorcé
par ſa propre convoitiſe.
15 Puis quand la convoitiſe a conçu, elle enfante le péché,
& le péché étant amené à ſa fin, engendre la mort.
16 Mes fréres bien-aimez [k] ne vous abuſez point:
17 [l] Toute bonne donation, & tout don parfait eſt d'enhaut, deſcendant du Pére des lumieres, par devers lequel il
n'y a point de variation, ni d'ombre de changement.
18 Il nous a de [m] ſa propre volonté [n] engendrez [o] par la parole [p] de la vérité, afin que nous fuſſions comme les prémices de ſes créatures.
19 Ainſi, mes fréres bien-aimez, [q] que tout homme [8] ſoit
prompt [r] à écouter, [9] lent à parler, [ſ] & lent à la colére:
20 [t] Car la colére de l'homme [10] n'accomplit point la juſtice de Dieu.
21 [u] C'eſt pourquoi rejettant toute ordure, & [11] toute ſu-
perfluité de malice, recevez avec douceur la parole [x] plantée en vous, laquelle peut ſauver vos ames:
22 [y] Et mettez en exécution la parole, & ne l'écoutez pas
ſeulement, en vous décevant vous-mêmes par de vains diſcours.
23 [z] Car ſi quelqu'un écoute la parole, & ne la met point
en exécution, il eſt ſemblable à un homme qui conſidére
dans un miroir ſa face naturelle:
24 Car aprés s'être conſidéré ſoi-même, & s'en être allé,
il a auſſi-tôt oublié quel il étoit. 25 Mais

i *Job* 5. 17. *Pſe.* 94. 12. *Prov.* 3. 11. *Matth.* 5. 10. & 10. 22. & 19. 28. 29. 2 *Tim.* 4. 8. *Héb.* 12. 5. 1 *Pier.* 3. 14. & 5. 4. *Apoc.* 2. 10. & 3. 19.
4 L'épreuve où il eſt mis.
5 C'eſt-à-dire, ſollicité au mal.
6 Il n'y ſollicite & induit perſonne.
7 C'eſt à-dire, ſéduit & entraîné.
k 1 *Cor.* 3. 18. & 15. 33. *Gal.* 6. 7.
l *Prov.* 2. 6. *Eſa.* 14. 27. & 46. 10. *Mal.* 3. 6. *Jean* 3. 27. *Rom.* 11. 29. 1 *Cor.* 4. 7. *Phil.* 2. 13. 1 *Pier.* 5. 10.
m *Rom.* 9. 15. 16. *Eph.* 1. 5. *Phil.* 2. 13.
n *Jean* 1. 13. & 3. 3.
o 1 *Pier.* 1. 23. 25.
p *Eph.* 1. 11. *Col.* 1. 5. 2 *Tim.* 2. 8.
q *Prov.* 17. 27. 28.
8 C'eſt-à-dire, fervent & zelé pour écouter la parole de la vérité, vs. 18. r *Eccl.* 5. 2. *Eccléſiaſtiq.* 21. 8. 19. 27. & 32. 10. 9 La précipitation à parler fait ſouvent que l'on tombe dans de grandes fautes. ſ *Pſe.* 37. 8. *Eccl.* 7. 8. 9. t *Eccl.* 7. 9. 10 Cette expreſſion ſignifie plus que les mots ne diſent: car le ſens en eſt que c'eſt une grande infraction à la loi de Dieu que l'emportement & la colére: voyez de ces ſortes d'expreſſions. Job 24. 2 Pſe. 119. 85. &c u *Rom.* 13. 12. *Col.* 3. 8. *Héb.* 12. 1. 1 *Pier.* 2. 1, 11 C'eſt-à-dire, toute malice eſt un excés criminel de colére & de reſſentiment. x *Jér.* 31. 31. y *Matth.* 7. 21. *Luc* 11. 28. *Rom.* 2. 13. 1 *Jean* 3. 7. 8. z *Luc* 6. 47.

25 Mais celui qui aura regardé au dedans de la Loi par- a ch. 2. 12.
faite, [a] qui *est la Loi* de la liberté; & qui aura persévéré, b ch. 2, 12. Matth. 5. 19.
n'étant point un auditeur oublieux, [b] mais mettant en effet Jean 13. 17.
l'œuvre, celui-là sera heureux dans ce qu'il aura fait. Rom. 2. 13. c ch. 3. 6.
26 [c] Si quelqu'un entre vous pense être religieux, & il ne Psé. 34. 14.
tient point en bride sa langue, [d] mais séduit son cœur, la re- & 39. 2. 1 Pier. 3. 10.
ligion d'un tel homme *est* vaine. d Gal. 6. 3.
27 La Religion pure & sans tache envers *nôtre* Dieu & *nô-* e Esa. 1. 17.
tre Pére, c'est [e] de visiter les orphelins & les veuves dans Jér. 22. 3. 4. Matth. 25. 25.
leurs tribulations: & [f] de se conserver sans être entaché de f Rom. 12. 2.
ce monde. 1 Jean 2. 15. 16.

CHAPITRE II.

N'avoir point égard aux riches dans les assemblées de l'Eglise, 2. *Ni mépriser les pauvres*, 5. *Qui transgresse la Loi de Dieu en un point, la transgresse en tous*, 10. *La foi avec les œuvres*, 14—26.

MEs fréres, n'ayez point la foi en nôtre Seigneur Jésus-
Christ [1] glorieux, [a] en ayant égard à l'apparence des 1 C'est-à-di-
personnes. re, qui est dans la gloire.
2 Car s'il entre dans vôtre assemblée un homme qui porte a vs. 9.
un anneau d'or, & qui soit vêtu de quelque précieux habit; Lévit. 19. 15.
& qu'il y entre aussi quelque pauvre, vêtu de quelque mé- Deut. 10. 17. 2 Chron. 19. 7.
chant habit: Job 34. 19.
3 Et que vous ayez égard à celui qui porte l'habit précieux, Prov. 24. 23. Act. 10. 34.
& lui disiez; Toi, assieds-toi ici honorablement; & que Rom. 2. 11.
vous disiez au pauvre, Toi, tiens-toi là debout; ou assieds-
toi à mon marchepied:
4 N'avez-vous pas fait différence en vous-mêmes, & n'êtes-
vous pas des juges qui avez des pensées injustes?
5 Ecoutez, mes fréres bien-aimez, [b] Dieu n'a-t-il pas choi- b 1 Cor. 1. 26. &c.
si les pauvres de ce monde, [c] qui sont riches en la foi, & hé- c Luc 12. 21.
ritiers du Royaume qu'il a promis [d] à ceux qui l'aiment? 1 Tim. 6. 18. 19.
6 [e] Mais vous avez deshonoré le pauvre. Et cependant les d Exod. 20. 6. 1 Sam. 2. 30.
riches ne vous oppriment-ils pas, [f] & ne vous tirent-ils pas Prov. 8. 17.
devant les Tribunaux? e 1 Cor. 11. 22. f ch. 5. 1. 4. 6.

7 [g] Et ne sont-ce pas eux qui blasphément le bon Nom, qui
a été invoqué sur vous?
8 Que si vous accomplissez la Loi royale, qui est selon l'E-
criture; [h] Tu aimeras ton prochain comme toi-même; vous
faites bien:
9 [i] Mais si vous avez égard à l'apparence des personnes,
vous commettez un péché, & [k] vous étes convaincus par la
Loi comme transgresseurs.
10 Or [l] quiconque aura gardé toute la Loi, s'il vient à faillir en un seul *point*, [2] il est coupable de tous.
11 Car celui qui a dit; [m] Tu ne commettras point adultere, a dit aussi; Tu ne tueras point. Si donc tu ne commets
point adultere, mais que tu tues, tu és transgresseur de la
Loi.
12 [n] Parlez & faites comme devant être jugez par [o] *la Loi*
de liberté.
13 [p] Car il y aura condamnation sans miséricorde sur celui
qui n'aura point usé de miséricorde: mais la miséricorde se
glorifie contre la condamnation.
14 Mes fréres, [q] que servira-t-il à quelqu'un s'il dit qu'il a
la foi, & qu'il n'ait point les œuvres? [3] la foi le pourra-t-el-
le sauver?
15 Et [r] si le frére ou la sœur sont nuds, & manquent de ce
qui leur est nécessaire chaque jour pour vivre:
16 [s] Et que quelqu'un d'entre vous leur dise; Allez en paix,
chauffez-vous, & vous rassasiez; & que vous ne leur donniez
point les choses nécessaires pour le corps, que leur servira cela?
17 De même aussi la foi, si elle n'a pas les œuvres, elle est
morte en elle-même.
18 Mais quelqu'un dira; [4] Tu as la foi, & moi j'ai les œuvres. Montre moi *donc* ta foi sans les œuvres, & moi je te
montrerai ma foi par mes œuvres.
19 [t] Tu crois [5] qu'il n'y a qu'un Dieu: tu fais bien; les diables le croyent aussi, & ils *en* tremblent.

20 Mais,

g 1 *Pier.* 4.14.
h *Lévit.* 19.18. *Matth.* 22.39. *Marc* 12.31. *Rom.* 13.9. *Gal.* 5.14. *Eph.* 5.2. 1 *Thess.* 4.9.
i vs. 1.
k *Lévit.* 19.15. *Deut.* 1.17. & 16.19.
l *Deut.* 27.26. *Matth.* 5.19. 27. *Gal.* 3.10.
2 Sav. par l'irreverence commise contre Dieu, & par rapport à la clause de la Loi qui condamne tous ceux qui ne persévérent pas en toutes les choses qui y sont écrites pour les faire.
m *Exod.* 20.13.14. *Matth.* 5.27.
n *ch.* 1.22 23.
o *ch.* 1.25.
p *Matth.* 6.15. & 7.1. & 18.35. *Luc* 16.25.
q *ch.* 1.23. *Matth.* 7.21-26.
3 C'est-à-dire, cette prétendue foi qui ayant pû se manifester dans les œuvres, les aura négligées.

r *Luc* 3.11. 1 *Jean* 3.17. s *Job* 31.19.20. *Esa.* 58.7. 4 La vraye foi, qui est la seule justifiante, n'est point sans les œuvres, ni les œuvres, sans la foi. t *Marc* 1.24. & 5.7. 5 C'est ce que signifie le terme de l'Original *eis Theos*, & non pas simplement *un Dieu*.

20 Mais, ô homme vain, veux-tu savoir [u] que la foi sans
les œuvres est morte?
21 Abraham nôtre pére ne fut-il pas justifié par les œuvres,
[x] quand il offrit son fils Isaac sur l'autel?
22 [y] Ne vois-tu *donc* pas que sa foi agissoit avec ses œuvres,
& que ce fut par ses œuvres que sa foi fut rendue parfaite?
23 Et qu'ainsi cette Ecriture fut accomplie, qui dit; [z] A-
braham a crû en Dieu, & cela lui a été imputé à justice; &
[a] il a été appellé ami de Dieu.
24 Vous voyez donc que l'homme est justifié par les œuvres, & [6] non par la foi seulement.
25 Pareillement [b] Rahab [7] la paillarde, ne fut-elle pas justifiée par les œuvres, quand elle eut reçu les messagers, &
qu'elle les eut mis dehors par un autre chemin?
26 Car comme le corps sans esprit est mort, [c] ainsi la foi
qui est sans les œuvres est morte.

u vs. 17. x *Gen.* 22. 9. 12. y *Héb* 11.17. z *Gen.* 15. 6. & 22. 12. *Rom.* 4. 3. *Gal.* 3. 6. a 2 *Chron.* 20. 7. *Esa.* 41. 8. 6 C'est-à-dire, non par la foi qui est seule, mais par celle qui a les œuvres: comme toute la liaison du raisonnement de S. Jacques le montre. b *Jos.* 2. 1. 2. &c. & 6. 23. *Héb.* 11. 31. 7 Ou, *l'hôteliere.* c vs. 17.

CHAPITRE III.

1 Nous bronchons tous, 2. La Langue est un monde d'iniquité, 6–10. Le doux & l'amer ne sortent pas d'une même fontaine, 11. La sagesse d'enhaut, 15-17. Le fruit de la justice se seme en paix, 18.

MEs fréres, [a] ne soyez point [1] plusieurs maîtres: sachant
que nous *en* recevrons une plus grande condamnation.
2 [b] Car nous bronchons tous en plusieurs choses: [c] si quelqu'un ne bronche pas en parole, c'est un homme parfait, &
il peut même tenir en bride tout le corps.
3 Voilà, nous mettons aux chevaux des mords dans leurs
bouches, afin qu'ils nous obéïssent, & nous menons çà & là
tout leur corps.
4 Voilà aussi les navires, quoi qu'ils soient si grands, &
qu'ils soient agitez de rudes vents, ils sont menez par tout
çà & là avec un petit gouvernail, selon qu'il plaît à celui qui
les gouverne.
5 [d] Il en est ainsi de la langue, c'est un petit membre, & ce-

a *Matth.* 7. 1. & 23. 8. *Luc* 6. 37. *Rom.* 2 20. 21. 1 C'est-à dire, ne vous érigez pas en maîtres & en censeurs sévéres les uns des autres. b 1 *Rois* 8. 46. *Psa.* 130. 3. & 143. 2. *Prov.* 20. 9. *Eccl.* 7. 20. 1 *Jean* 1 8. c *ch.* 1. 26. *Psa.* 34. 14. *Ecclesiastiq.* 14. 1. & 19. 16. & 25. 11. d *Psa.* 123. 4. 5. & 73. 8. 9. *Prov.* 12. 18. & 15. 2. *Ecclesiastiq.* 11. 39.

cependant elle *peut* se vanter de grandes choses. Voilà *aussi*
un petit feu, combien de bois allume-t-il?
6 [e] La langue aussi est un feu, & un monde d'iniquité; *car*
la langue est telle entre nos membres, qu'elle souille tout le
corps, & enflamme *tout* [2] le monde qui a été créé, étant
elle-même enflammée *du feu* de la gehenne.
7 Car toute nature de bêtes sauvages, & d'oiseaux, & de
reptiles, & de poissons de mer, se dompte, & a été domp-
tée par la nature humaine.
8 Mais nul homme ne peut dompter la langue; c'est un
mal qui ne se peut réprimer, [f] & elle est pleine d'un venin
mortel.
9 [g] Par elle nous bénissons *nôtre* Dieu & Pére: & par elle
nous maudissons les hommes, [h] faits à la ressemblance de
Dieu.
10 D'une même bouche procede la bénédiction & la malédiction: mes fréres, il ne faut pas que ces choses aillent ainsi.
11 Une fontaine jette-t-elle par une même ouverture le doux
& l'amer?
12 [i] Mes fréres, un figuier peut-il produire des olives? ou
une vigne, des figues? de même aucune fontaine ne peut jetter de l'eau salée & de *l'eau* douce.
13 Y a-t-il parmi vous quelque homme sage & entendu?
[k] qu'il fasse voir ses actions par une bonne conduite avec
douceur & sagesse.
14 [l] Mais si vous avez une envie amere, & de l'irritation
dans vos cœurs, [3] ne vous glorifiez point, & [m] ne mentez
point contre la vérité.
15 Car ce n'est pas là la [n] sagesse qui descend d'enhaut;
mais c'est *une sagesse* terrestre, sensuelle, & diabolique.
16 [o] Car où il y a de l'envie & de l'irritation, là est le des-
ordre, & toute sorte de mal.
17 [p] Mais la sagesse *qui vient* d'enhaut, est premierement
pure, & ensuite pacifique, modérée, traittable, pleine de
miséricorde, & de bons fruits, [4] ne faisant point beaucoup
de difficultez, & sans hypocrisie.

18 [q] Or

e *Psa.* 102. 2. 3 4. *Prov.* 16. 27.
2 Ou, *le cours de la naissance*, pour dire, tout le cours de nôtre vie.
f *Psa.* 140. 4.
g *Prov.* 18. 21.
h *Gen.* 1. 27. & 9. 6.
i *Matth.* 7. 16. 18.
k *Eph.* 5. 8.
l *Rom.* 13. 13. *Col.* 3. 8.
3 C'est-à-dire, ne vous faites pas un sujet de gloire, de vôtre ressentiment, comme font les mondains.
m *Eph.* 4. 25. *Col.* 3. 9.
n vs. 17. 1 *Cor.* 2. 6. 7.
o 1 *Cor.* 3. 3. *Gal.* 5. 20.
p vs. 15. & *ch.* 1. 17.
4 C'est-à-dire, que celui qui possede cette sagesse n'est pas un homme épineux, que rien ne contente, & qui ne s'édifie de rien.

18 [q] Or le fruit de la justice se seme en paix, pour ceux
qui s'adonnent à la paix.

q *Prov.* 11. 18. *Osée.* 10. 12.

CHAPITRE IV.

Contre les querelles, 1. *L'amitié du monde*, 4. *Dieu résiste aux orgueilleux*, 6. *S'approcher de Dieu*, 8. *Ne médire point*, 11. *Nôtre vie n'est qu'une vapeur*, 14. *C'est un grand péché que de connoitre le bien, & ne le faire point*, 17.

D'Où viennent parmi vous les débats & les querelles? n'est-
ce point de vos voluptez, [a] qui combattent dans vos
membres?
2 Vous convoitez, & vous n'avez point: vous étes envieux
& jaloux, & vous ne pouvez obtenir: vous vous querelez,
& vous débatez, & vous n'avez point *ce que vous désirez*,
parce que vous ne le demandez point.
3 Vous demandez, & vous ne recevez point: [b] parce que
vous demandez mal, & afin de le dépenser en vos voluptez.
4 Hommes & femmes adulteres, ne savez-vous pas [c] que
l'amitié du monde est inimitié contre Dieu? celui donc qui
voudra être ami du monde, se rend ennemi de Dieu.
5 Pensez-vous que l'Ecriture [1] dise en vain; [2] L'esprit qui
a habité en vous, [3] convoite à envie?
6 Mais [4] il donne une plus grande grace: c'est pourquoi il
dit; [d] Dieu résiste aux orgueilleux, [e] mais il fait grace aux
humbles.
7 Soûmettez-vous donc à Dieu. [f] Résistez au diable, & il
s'enfuira de vous.
8 [g] Approchez-vous de Dieu, & il s'approchera de vous:
pécheurs, [h] nettoyez vos mains, & vous, [i] qui étes doubles
de cœur, purifiez vos cœurs.
9 Sentez vos miséres, & lamentez, & pleurez: [k] que vôtre ris se change en pleurs, & vôtre joye en tristesse.
10 [l] Humiliez-vous en la présence du Seigneur, & il vous
élevera

a *Rom.* 7. 23. 1 *Pier* 2. 11. b *Job* 35. 11. 12. *Pse.* 18. 42. & 66. 18. *Prov.* 1. 28. *Esa.* 1. 15. *Jér.* 11. 11. & 14. 12. *Ezéch.* 8. 18. *Mich.* 3. 4. *Zach.* 7. 13. *Jean* 9. 31. 1 *Jean* 3. 22. & 5. 14. c *Jean* 15. 19. & 17. 14. *Rom.* 8. 7. *Gal.* 1. 10. 1 *Jean* 2. 15.

1 Ou, *le dise en vain.* Sav. que c'est n'aimer point Dieu, que d'aimer ainsi le monde & ses maximes. 2 C'est-à-dire, cét esprit du monde. 3 Est le principe des envies, des querelles, des disputes. 4 C'est-à-dire, Dieu dont le nom est à la fin du vs. 4 Voyez un semblable rapport éloigné 1 Jean 3. 5. d *Pse.* 18. 28. *Prov.* 3. 34. & 29. 23. *Matth.* 23. 12. *Luc* 14. 11. & 18. 14. 1 *Pier.* 5. 5. e *Job* 22. 29. *Prov.* 15. 33. & 18. 12. f *Eph.* 4. 27. 1 *Pier.* 5. 9. g *Zach.* 1. 3. *Mal.* 3. 7. h *Pse.* 73. 13. *Esa.* 1. 16. 2 *Cor.* 7. 2. 1 *Tim.* 2. 8. *Héb.* 10. 22. i *ch.* 1. 8. k *Matth.* 5. 4. l vs. 6. 1 *Pier.* 5. 6.

11 Mes fréres, [m] ne médisez point les uns des autres: celui qui médit de son frére, & [n] qui juge son frére, médit
de la Loi, & juge la Loi: or si tu juges la Loi, tu n'és point
observateur de la Loi, mais juge.
12 Il n'y a qu'un seul Législateur; qui peut sauver & qui
peut perdre: [o] *mais* toi qui és-tu, qui juges les autres?
13 [p] Or maintenant, vous qui dites, Allons aujourd'hui ou
demain en une telle, & en une telle ville, & demeurons là
un an, & y trafiquons & gagnons;
14 (Qui toutefois ne savez pas ce qui arrivera le lendemain: [q] car qu'est-ce que vôtre vie? ce n'est certes qu'une
vapeur qui paroît pour un peu de temps, & qui ensuite s'é-
vanouït:)
15 Au lieu que vous deviez dire; [r] Si le Seigneur le veut,
& si nous vivons, nous ferons ceci, ou cela.
16 Mais maintenant vous vous vantez en vos fiertez; [s] toute vanterie de cette nature est mauvaise.
17 [t] Il y a donc du péché à celui qui sait faire le bien, &
qui ne le fait pas.

m *Exod.* 23. 1. *Levit.* 19. 16. *Pse.* 101. 5. *Tite* 3. 2. n *Matth.* 7. 1. *Rom.* 2. 1. 1 *Cor.* 4. 5. o *Rom.* 14. 4. 10. p *Prov.* 27. 1. *Luc* 12. 18. q *ch.* 1. 10. *Pse.* 103. 14. *Esa.* 40. 6. 1 *Cor.* 7. 31. 1 *Pier.* 1. 24. 1 *Jean* 2. 17. r *Act.* 18. 21. 1 *Cor.* 4. 19. *Héb.* 6. 3. s 1 *Cor.* 5. 6. t *Luc* 12. 47. *Jean* 9. 41. & 15. 22. 24. *Rom.* 1. 20. 21. 32. & 2. 17. 18. 23.

CHAPITRE V.

Menaces contre les mauvais riches, 1. *Le salaire des ouvriers crie*, 4. *La patience de Job*, 11. *Ne jurer point*, 12. *Onction des malades*, 14. *Confesser ses fautes l'un à l'autre*, 16. *Elie étoit sujet aux mêmes infirmitez que nous*, 17. *L'effet qu'eurent ses prieres*, 18. *Redresser un pécheur qui s'égare*, 20.

OR maintenant, [a] vous riches, [1] pleurez, heurlant pour
vos miséres, qui s'en vont tomber sur vous.
2 [b] Vos richesses sont pourries: vos vêtemens sont devenus
tous rongez de tignes:
3 Vôtre or & vôtre argent sont rouillez, & leur rouille sera en témoignage *contre* vous, & dévorera vôtre chair comme le feu: [c] vous avez amassé un trésor pour les derniers
jours.
4 Voici, [d] le salaire des ouvriers qui ont moissonné vos
champs,

a *Prov.* 11. 28. *Amos* 6. 1. *Luc* 6. 25. 1 *Tim.* 6. 9.

1 S. Jacques s'adressoit ici aux Juifs incredules, dont la Nation alloit être bien-tôt accablée des jugemens de Dieu sur Jérusalem, & sur toute la Judée. vs. 7. 9. b *Matth.* 6. 19. 20. c *Rom.* 2. 5. d *Lévit.* 19. 13. *Deut.* 24. 14. *Job* 31. 13. *Tob.* 4. 15. *Ecclesiastiq.* 34. 23.

champs, & duquel ils ont été frustrez par vous, crie: & les
cris de ceux [e] qui ont moissonné, sont entrez aux oreilles
du Seigneur des armées.
5 [f] Vous avez vêcu dans les délices sur la terre, & vous
vous étes débordez, & avez rassasié vos cœurs [g] comme en
un jour de sacrifices.
6 Vous avez condamné, & mis à mort le juste, *qui* ne vous
résiste point.
7 Or donc, mes fréres, attendez patiemment jusqu'à la venue du Seigneur: voici, le laboureur [h] attend le fruit précieux de la terre, usant de patience, jusqu'à ce qu'il reçoive la pluye de la premiere, & de la derniere saison.
8 Vous *donc* aussi attendez patiemment, & [i] affermissez vos
cœurs: car la venue du Seigneur est proche.
9 [k] Mes fréres, ne vous plaignez point les uns des autres,
[l] afin que vous ne soyez point condamnez: voilà, [2] le juge
se tient à la porte.
10 Mes fréres, [m] prenez pour un exemple d'affliction & de
patience [n] les Prophétes [o] qui ont parlé au Nom du Seigneur.
11 Voici, [p] nous tenons pour bienheureux ceux qui ont
souffert: vous avez appris *quelle a été* [q] la patience de Job,
& vous avez vû [r] la fin du Seignenr: [s] car le Seigneur est
plein de compassion, & pitoyable.
12 Or sur toutes choses, mes fréres, [t] ne jurez ni par le
Ciel, ni par la terre, ni par quelque autre serment: mais que
vôtre ouï, soit Ouï, & vôtre non, Non, [u] afin que vous ne
tombiez point dans la condamnation.
13 Y a-t-il quelqu'un parmi vous qui souffre? qu'il prie. Y
en a-t-il quelqu'un qui ait l'esprit content? [x] qu'il psalmodie.
14 Y a-t-il quelqu'un parmi vous qui soit malade? qu'il appelle [y] les [3] Anciens de l'Eglise, & qu'ils prient pour lui, [z] &
qu'ils [4] l'oignent d'huile au Nom du Seigneur.
15 [a] Et la priere faite avec foi sauvera le malade, & le Seigneur le relevera: [5] & s'il a commis des péchez, ils lui seront pardonnez. 16 [b] Con-

e *Job* 24.10. 11. & 31.38. 39.40. & 34. 28.
f *Job* 21.13. *Luc* 16.19.25.
g 1 *Sam*. 9.13. & 16.3. *Prov*. 7.14.
h *Gal*. 6.9. 2 *Tim*. 2.6.
i 1 *Cor*. 15.58. & 16.13.
k *Eccl*. 7.8.
l vs. 12.
2 Le jugement de Dieu contre la Synagogue rebelle & persécutrice, étoit tout proche.
m *Héb*. 12.7.
n *Matth*. 5.12.
o 1 *Pier*. 1.11.
p *ch*. 1.12.
q *Job* 1.21. 22. & 2.10.
r *Job* 42.10.
s *Nomb*. 14.18. *Pse*. 103.8.
t *Matth*. 5.34. & 23.16. 18. 2 *Cor*. 1.17.18.
u vs. 9.
x *Eph*. 5.19. *Col*. 3.16.
y *Act*. 11.30.
3 Les Ministres de l'Eglise.
z *Marc* 6.13. & 16.18.
4 Cette ceremonie qui n'étoit pas générale pour tous les malades, a cessé avec le don des miracles dont elle étoit souvent accompagnée par la guérison des malades; & dès-là il est visible qu'elle ne sauroit être mise au nombre des sacremens. a *ch*. 1.6. 5 C'est-à-dire, si sa maladie est un châtiment de Dieu, pour quelque péché particulier, qui la lui ait attirée.

16 [b] Confessez vos fautes [6] l'un à l'autre, [c] & priez l'un pour
l'autre: afin que vous soyez guéris: [d] car la priere du juste
faite avec véhémence est de grande efficace.
17 Elie étoit un homme sujet à de semblables [e] infirmitez
que nous, [f] & cependant ayant prié avec grande instance
qu'il ne plût point, il ne tomba point de pluye sur la terre
durant trois ans & six mois.
18 [g] Et ayant encore prié, le Ciel donna de la pluye, & la
terre produisit son fruit.
19 Mes fréres, [h] si quelqu'un d'entre vous s'égare de la vérité, & que quelqu'un le redresse;
20 Qu'il sache que celui qui aura redressé un pécheur de
son égarement, sauvera une ame de la mort, [7] & [i] couvrira
une multitude de péchez.

b *Rom* 12. 10. 6 Ce sont ces déclarations reciproques que doivent se faire de bonne foi les personnes qui se sont reciproquement offensées, afin que leur reconciliation en soit plus sincére & plus assurée. c *Eph*. 6. 18. 1 *Tim*. 2. 1. 2. d *Gen*. 32. 24. *&c.* *Exod*. 32. 10. 11. 14. *Prov*. 15. 29. *Jér*. 5. 1. e *Act*. 14. 15. f 1 *Rois* 17. 1. & 18. 42. 45. *Luc* 4. 25. g 1 *Rois* 18. 42. 45. h *Matth*. 18. 15. 7 C'est-à-dire, Met cét homme en état d'obtenir de Dieu le pardon de tous ses péchez. i *Prov*. 10. 12. 1 *Pier*. 4. 8.

I. EPISTRE CATHOLIQUE DE S. PIERRE APOSTRE.

CHAPITRE I.

Nous sommes régénérez en espérance vive, 3. L'héritage incorruptible, 4. L'épreuve de nôtre foi, 7. Les Prophétes ont prophétisé du salut, 10. L'Esprit de Christ paroit en eux, 11. Reins de l'entendement, 13. J. C. l'agneau sans tache, 19. Semence incorruptible, 23. Toute chair est comme l'herbe, 24.

PIERRE, Apostre de Jésus-Christ, aux étrangers [a] qui
êtes dispersez dans le païs du Pont, en Galatie, en Cap-
padoce, en Asie, & en Bithynie,
2 Elûs selon la providence de Dieu le Pére, [1] en sanctifi-
Ca-

a *Jean* 7. 35. *Act*. 2. 9. *Jacq*. 1. 3. 1 L'élection conduit à la sanctification, la sanctification est inséparable de l'obéïssance à la parole de Dieu, & par tout cela on jouït des fruits de la mort de J. C. Rom. 8. 29.

cation d'Esprit, à l'obéïssance, [b] & à l'aspersion du sang de
Jésus-Christ, [c] Grace & paix vous soient multipliées:
3 [d] Béni *soit* Dieu, le Pére de nôtre Seigneur Jésus-Christ,
qui par sa grande miséricorde [e] nous a régénérez en une espérance [2] vive, [f] par la résurrection de Jésus-Christ d'entre
les morts:
4 [g] Pour obtenir l'héritage [h] incorruptible, qui ne se peut
souiller, ni flêtrir, conservé dans les cieux pour nous,
5 [i] Qui sommes gardez [k] par la puissance de Dieu, par la
foi, afin que nous obtenions le salut, qui est prêt [l] d'être
révélé au dernier temps.
6 [m] En quoi vous vous égayez, [n] quoi que vous soyez maintenant affligez pour un peu de temps par diverses tentations, vû que cela est convenable:
7 [o] Afin que l'épreuve de vôtre foi, beaucoup plus précieuse que l'or, qui périt, [p] & qui toutefois est éprouvé par
le feu, vous tourne à louange, & à honneur, & à gloire,
[q] quand Jésus-Christ sera révélé:
8 Lequel, quoi que vous ne l'ayez point vû, vous aimez:
[r] en qui, quoi que maintenant vous ne le voyiez point, vous
croyez, & vous vous égayez d'une joye ineffable & glorieuse:
9 [s] Remportant [3] la fin de vôtre foi, *savoir* le salut des
ames.
10 [t] Duquel salut les Prophétes qui ont prophétisé de la
grace qui étoit réservée pour vous, se sont enquis, & l'ont
diligemment recherché:
11 Recherchant soigneusement quand, & en quel temps
[u] l'Esprit *prophétique* de Christ qui *étoit* en eux, rendant par
avance témoignage, [x] déclaroit [4] les souffrances qui devoient
arriver à Christ, [y] & les gloires qui les devoient suivre.
12 Et il leur fut révélé que ce n'étoit pas pour eux-mêmes,
mais pour nous, qu'ils administroient ces choses, lesquelles

b *Héb.* 12. 24. c *Rom.* 1. 7. 2 *Pier.* 1. 2. *Jude* vs. 2. d 2 *Cor.* 1. 3. *Eph.* 1. 3. e vs 23. *Jean* 1. 12. 13. & 3. 3. *Jacq.* 1. 18. 2 C'est-à-dire, seconde en consolations & en fruits de justice: & elle est telle lors qu'elle a pour son principe la régénération, & pour fondement la résurrection de nôtre Seigneur J. C. vs. 21. Rom. 4. 25. 1 Cor. 15. 17. f 1 *Cor.* 15. 20. g *Rom.* 8. 17. *Col.* 1. 5. 2 *Tim.* 1. 12. h *ch.* 5. 4. 1 *Cor.* 9. 25. i *Jude* vs. 1. k *Jean* 10. 28. 29. 1 *Cor.* 1. 8. l *Col.* 1. 5. & 3. 3. m *Rom.* 5. 3. *Jacq.* 1. 2. n *ch.* 5. 10. 2 *Cor.* 4. 17. *Héb.* 10. 37. o *ch.* 4. 12. 1 *Cor.* 3. 13. *Jacq.* 1. 3. p *Job* 23. 10. *Prov.* 17. 3. q vs. 13. *Col.* 1. 3. 4. r *Jean* 20. 29. 1 *Jean* 4. 20. s *Jacq.* 5. 11. 3 C'est-à-dire, la felicité à laquelle la foi aspire, & qui en est la récompense. t *Gen.* 49. 10. *Dan.* 2. 44. *Agg.* 2. 8. *Zach.* 6. 12. *Matth.* 13. 17. *Luc* 10. 24. *Act.* 10. 43. u *Jacq.* 5. 10. x *Pse.* 22. 7. & 69. 2. &c. & 102. 3-9. *Esa.* 53. 3. &c. *Dan.* 9. 24. 4 Les anciens Fidéles n'ont donc pas ignoré les souffrances du Messie, non plus que sa gloire. y *Pse.* 110. 7. *Esa.* 53. 10-12. *Luc* 24. 26. *Act.* 17. 2. 3. 2 *Pier.* 1. 21.

ceux qui vous ont prêché l'Evangile, [z] par le Saint Esprit
envoyé du Ciel, vous ont maintenant annoncées, & dans
lesquelles les Anges désirent de regarder jusqu'au fond.
13 [a] Vous donc, ayant les reins de vôtre entendement
ceints, [b] & étant sobres, espérez parfaitement en la grace
qui vous est présentée, [c] jusqu'à ce que Jésus-Christ [5] soit
révélé;
14 Comme des enfans obéïssans, [d] ne vous conformant
point à [e] vos convoitises d'autrefois, pendant [f] vôtre ignorance.
15 Mais comme celui qui vous a appellez est saint, [g] vous
aussi pareillement soyez saints dans toute *vôtre* conversation:
16 Parce qu'il est écrit; [h] Soyez saints, car je suis saint.
17 Et si vous invoquez pour Pére celui [i] qui sans avoir égard
à l'apparence des personnes, juge selon l'œuvre d'un
chacun, [k] conversez avec crainte durant le temps de vôtre
séjour temporel:
18 Sachant [l] que vous avez été rachettez de vôtre vaine
conversation [6] qui vous avoit été enseignée par vos péres,
non point par des choses corruptibles, comme par argent,
ou par or:
19 Mais [m] par le précieux sang de Christ, comme [n] de l'agneau
[o] sans macule & sans tache:
20 [p] Déja ordonné avant la fondation du monde, [q] mais
manifesté dans les derniers temps pour vous:
21 Qui par lui croyez en Dieu [r] qui l'a ressuscité des morts:
[f] & qui lui a donné la gloire, [t] afin que vôtre foi & vôtre espérance
fussent en Dieu.
22 Ayant donc [u] purifié vos ames dans l'obéïssance à la vérité
par l'Esprit, [x] afin que vous ayez une amitié fraternelle
qui soit sans hypocrisie, aimez-vous l'un l'autre affectueusement
d'un cœur pur.
23 [y] Vû que vous avez été régénérez, non par une semence
cor-

z *Act.* 2.3.4. a *Luc* 12.35. *Eph.* 6.14. b *ch.* 4.7. & 5.8. *Luc* 21.34. 1 *Thess.* 5.6. c vs. 7. 2 *Thess.* 1.10. 5 C'est-à-dire, dans son dernier avenement. d *Rom.* 12.2. e *ch.* 4.3. *Eph.* 4.22. f *Act.* 17.30. *Eph.* 4.18. g *Lévit.* 11.44. & 19.2. &c. *Luc* 1.75. 1 *Cor.* 1.2. 2 *Cor.* 7.1. 1 *Thess.* 1.4. 3.7. *Héb.* 12.14. h *Deut.* 10.17. 2 *Chron.* 19.7. *Job* 34.19. i *Act.* 10.34. *Rom* 2.11. *Gal.* 2.6. *Col.* 3.25. k *Phil.* 2.12. l 1 *Cor.* 6.20. & 7.23. 6 Le Grec exprime tout cela par un mot, que l'on peut traduire *donnée*, ou, *transmise par vos péres.* m *Act.* 20.28. *Héb.* 9.12.14. 1 *Jean* 1.7. *Apoc.* 1.6 n *Jean* 1.29.

o *ch.* 2.22. & 3.18. *Héb.* 7.26. p *Psa.* 40.7.8.9. *Rom.* 3.24. *Héb.* 9.26. & 13.8. *Apoc.* 13.8. q *Rom.* 16.26. *Eph.* 3.9. 1 *Tim.* 3.16. r *Act.* 2.33. *Phil.* 2.9. f vs. 11. t vs. 3. u 1 *Tim.* 3.5 6. *Héb.* 10.22. x *ch.* 2.17. *Rom.* 12.10. *Eph.* 4.3. 1 *Tim.* 1.5. *Héb.* 13.1. y vs. 3.

corruptible, mais *par une semence* incorruptible, *savoir* par
la parole de Dieu, vivante, & permanente à toûjours.
24 [7] Parce que [z] toute chair est comme l'herbe, & toute la
gloire de l'homme comme la fleur de l'herbe: l'herbe est sé-
chée; & sa fleur est tombée;
25 Mais [8] la parole du Seigneur demeure éternellement: &
c'est cette parole qui vous a été évangelisée.

7 C'est une comparaison par laquelle S. Pierre, après Esaïe au ch. 40. marquoit la décadence & l'abolition de l'œconomie Mosaïque. z *Pse.* 102. 1. & 103. 15. *Esa.* 40. 6. *Jacq.* 1. 10. & 4. 14. 1 *Jean* 2. 17. *Ecclesiastiq.* 14. 18. 8 L'Evangile, qui doit subsister jusques à la fin du monde.

CHAPITRE II.

Le lait d'intelligence, 2. J. C. est la Pierre vive, 4. Et la Pierre d'achoppement, 7. Nous sommes la génération élûe &c. 9. Obéir aux Souverains, 13. Devoir des serviteurs, 18. Souffrir pour la justice, 19. J. C. nous sert de patron, 21. Il a porté nos péchez en son corps sur le bois, 24. Brebis errantes, 25.

Vous étant donc dépouillez de toute malice, & de toute fraude, de dissimulations, d'envies, & de toutes
médisances,
2 Désirez ardemment, comme des enfans nouvellement
nez, le lait d'intelligence & sans fraude, afin que vous crois-
siez par lui.
3 Si toutefois [b] vous avez goûté combien le Seigneur est bon.
4 Et vous approchant de lui, qui est [c] la Pierre vive, [d] rejettée des hommes, mais choisie de Dieu, & précieuse,
5 Vous aussi comme des pierres vives, [e] êtes édifiez pour
être une maison spirituelle, [f] & une sainte Sacrificature,
afin d'offrir des [g] sacrifices spirituels, agréables à Dieu par
Jésus-Christ.
6 C'est pourquoi il est dit dans l'Ecriture; [h] Voici, je mets
en Sion la maîtresse pierre du coin, élûe & précieuse; & celui [i] qui croira en elle, ne sera point confus.
7 Elle est donc honneur à vous qui croyez: mais quant aux
rebelles, *il est dit*; [k] La pierre que les édifians ont rejettée
est devenue la maîtresse pierre du coin, [l] une pierre d'achoppement, & une pierre de trébuchement:
8 Lesquels s'aheurtent contre la parole, & sont rebelles: [1] à
quoi aussi ils ont été déstinez.

a *Matth.* 18. 3. *Rom.* 6. 4. 1 *Cor.* 14. 20. *Eph.* 4. 22. 25. *Col.* 3. 8. *Héb.* 12. 1. *Jacq.* 1. 21. b *Pse.* 34. 9. c *Eph.* 2. 20. d *Pse.* 118. 22. *Esa.* 8. 13. *Luc* 2. 34. & 20. 17. *Rom.* 9. 33. e *Eph.* 2. 21, 22. *Héb.* 3. 6. f *Esa.* 61. 6. & 66. 21. *Apoc.* 1. 6. & 5. 10. g *Osée* 14. 2. *Mal.* 1. 11. *Rom.* 12. 1. *Phil.* 4. 18. *Héb.* 12. 28. & 13. 15. 16. h *Esa.* 28. 16. *Rom* 9. 33. i *Pse.* 2. 12. *Prov.* 16. 20. *Esa* 30. 18. *Jér.* 17. 7. k *Pse.* 118. 22. *Matth.* 21. 42. *Act.* 4. 11. l *Esa.* 8. 14. *Rom.* 9. 33. 1 C'est-à-dire, que Dieu les avoit abandonnez à leur obstination, conformément à ses decrets éternels.

9 Mais [2] vous étes la génération élûe, [m] la Sacrificature
royale, la nation sainte, [n] le peuple acquis, afin que vous
annonciez les vertus de celui [o] qui vous a appellez des ténébres à sa merveilleuse lumiere:
10 [p] *Vous* qui autrefois *n'étiez* point *son* peuple, mais qui
maintenant étes le peuple de Dieu: vous qui n'aviez point
obtenu miséricorde, mais qui maintenant avez obtenu miséricorde.
11 Mes bien-aimez, [q] je vous exhorte, que [r] comme étrangers & voyageurs, vous vous absteniez des convoitises charnelles, [s] qui sont la guerre à l'ame:
12 [t] Ayant une conversation honnête [3] avec les Gentils, a-
fin qu'au lieu qu'ils médisent de vous comme de malfaiteurs,
ils glorifient Dieu au jour de la visitation, pour vos bonnes
œuvres qu'ils auront vûes.
13 [u] Rendez-vous donc sujets à tout ordre humain, pour
l'amour de Dieu: soit au Roi, comme à celui qui est par dessus les autres:
14 [x] Soit aux Gouverneurs, comme à ceux qui sont envoyez par lui pour exercer vengeance sur les malfaiteurs, &
à la louange de ceux qui font bien.
15 [y] Car c'est là la volonté de Dieu, qu'en faisant bien,
vous fermiez la bouche à l'ignorance des hommes fous.
16 Comme [z] libres, & [a] non pas comme ayant la liberté
[b] pour couverture de malice, mais comme serviteurs de Dieu.
17 [c] Portez honneur à tous. [d] Aimez la fraternité Craignez Dieu. Honorez le Roi.
18 [e] Serviteurs, soyez sujets en toute crainte à vos maîtres, non seulement à ceux qui sont bons & équitables, mais
aussi aux fâcheux:
19 [f] Car c'est une chose agréable, si quelqu'un à cause de
la conscience qu'il a envers Dieu, endure des afflictions,
souffrant injustement.
20 Autrement, quel honneur vous sera-ce, si recevant [4] des
souf-

2. Vous Gentils, qui étes appellez en la place des Juifs.
m *Exod* 19.6. *Deut.* 7.6. & 14.2. *Esa.* 61.6. *Apoc.* 1.6. & 5.10.
n *Tite* 2.14.
o *Eph.* 5.8. *Col.* 1.13.
p *Osée.* 1.10. & 2.23. *Rom.* 9.25.
q *ch.* 1.17. *Rom.* 13.14.
r *Lévit.* 25.23. 1 *Chron.* 29.15. *Pse.* 39.13. & 119.19. *Héb.* 11.9.13.14.
s *Rom.* 7.23.24. *Gal.* 5.17. *Jacq.* 4.1.
t *ch.* 3.16. *Matth.* 5.16.44. *Rom.* 12.17. 1 *Cor.* 10.32. 2 *Cor.* 8.21. *Eph.* 5.11. *Col.* 4.5. 1 *Thess.* 4.12.
3 Avec les Gentils infidéles.
u *ch.* 3.16. *Rom.* 13.1. *Tite* 3.1.
x *Rom.* 13.3.4.
y *ch.* 3.16. *Tite* 2.8.
z *Jean* 8.36. *Gal.* 5.1.13.
a *Eph.* 6.5. *Col.* 3.22. 1 *Tim.* 6.1. *Tite* 2.9.
b 1 *Cor.* 7.22. *Gal.* 5.13. c *ch.* 5.5. *Rom.* 12.10. d *ch.* 1.22. *Rom.* 12.10. e *Eph.* 6.5. *Col.* 3.22. 1 *Tim.* 6.1. *Tite* 2.9. f *Matth.* 5.10. 4 L'Apôtre comprend sous ce nom toute sorte de flêtrissures.

soufflets pour avoir malfait, vous le souffrez patiemment? [g]
mais si en faisant bien vous étes pourtant affligez, & que
vous le souffririez patiemment, voilà où Dieu prend plaisir.
21 Car aussi vous étes [h] appellez à cela: vû même que
Christ a souffert [i] pour nous, [k] nous laissant [5] un patron, afin
que vous suiviez ses traces:
22 [l] Lui qui n'a point commis de péché, & dans la bouche
duquel il n'a point été trouvé de fraude.
23 [m] Qui lors qu'on lui disoit des outrages, n'en rendoit
point, & quand on lui faisoit du mal, n'usoit point de menaces; [n] mais il se remettoit à celui qui juge justement.
24 [o] Lequel même [6] a porté nos péchez [p] en son corps sur
le bois: [q] afin qu'étant morts au péché, [r] nous vivions à la
justice: [f] & par la meurtrissûre duquel même vous avez été
guéris.
25 Car [t] vous étiez comme des brebis errantes, mais maintenant vous étes convertis au [u] Pasteur & Evesque de vos
ames.

g *ch.* 3. 14. & 4. 14. 15. h *Act.* 14. 22. 2 *Tim.* 3. 13. i *Matth.* 20. 28. *Rom.* 5. 6. 8. 2 *Cor.* 5. 14. 21. k *Jean* 13. 15. *Phil.* 2. 5. 1 *Jean* 2. 6. 5 Dés là que la mort de J. C. est satisfactoire pour nous, comme il est marqué au vs. 24. envers Dieu, elle nous est un modéle de toute sorte de vertus, & particulierement de celles que l'Apostre recommande dans ce chapitre l *ch.* 1. 19. *Esa.* 53. 9. 2 *Cor.* 5. 21. *Héb.* 4. 15. *Jean* 3. 5. m *Matth.* 27. 39. *Jean* 8. 48. 49. n *Rom.* 12. 19. o *Esa.* 53. 4. 5. *Matth.* 8. 17. *Jean* 1. 29. 6 Sav. comme une victime, qui meurt chargée des péchez de celui pour lequel elle est immolée: 2 Cor. 5. 21. p *Col* 1. 22. q *ch.* 4. 2. *Rom.* 6. 11. r *Rom.* 6. 2. f *Esa.* 53. 5. 8. t *Esa.* 53. 6. *Ezéch.* 34. 5, 6. *Matth.* 9. 36. u *Esa.* 40. 11. *Ezéch.* 34. 12. & 37. 24. *Jean* 10. 11. *Héb.* 13. 20.

CHAPITRE III.

Devoirs des femmes, 1. *Sara obéïssoit à Abraham*, 6. *Devoirs des maris*, 7. *Ne rendre à personne le mal pour le mal*, 9. *Souffrir pour la justice*, 14. *Rendre raison de sa foi*, 15. *J. C. a souffert pour nos péchez*, 18. *Il a prêché aux esprits désobéïssans du temps de Noé*, 20. *Le Baptême est la figure qui nous sauve*, 21.

[a] PAreillement, que les femmes [1] soient sujettes à leurs maris, afin que même s'il y en a qui n'obéïssent point à la
parole, [b] ils soient gagnez sans la parole, par la conversation de *leurs* femmes:
2 Lors qu'ils auront vû la pureté de vôtre conversation,
accompagnée de crainte.
3 [c] Et que leur ornement ne soit point celui de dehors,

a *Gen.* 3. 16. *Eph.* 5. 22. *Col.* 3. 18. *Tite* 2. 5. 1 C'est-à-dire, que sous prétexte qu'elles sont Chrétiennes, & leurs maris encore payens, elles ne s'imaginent pas qu'elles ne soient plus tenues de leur être soûmises. b 1 *Cor.* 7. 16. c *Esa.* 3. 18. 1 *Tim.* 2. 9. *Tite* 2. 3.

par l'entortillement de cheveux, ou parure d'or, ou magnificence d'habits:
4 [d] Mais l'homme caché, *c'est-à-dire*, celui du cœur, *qui*
consiste dans l'incorruptibilité d'un esprit doux & paisible, qui
est de grand prix devant Dieu:
5 Car c'est ainsi que se paroient autrefois les saintes femmes
qui espéroient en Dieu, & qui demeuroient sujettes à leurs
maris:
6 Comme Sara, qui obéïssoit à Abraham, [e] l'appellant *son*
Seigneur; de laquelle vous étes les filles en faisant bien, lors
même que vous ne craignez rien de ce que vous pourriez
avoir à craindre.
7 [f] Vous maris pareillement, comportez-vous discretement
avec elles, comme avec un vaisseau plus fragile, *c'est-à-dire*,
feminin, leur portant du respect, comme ceux qui étes aussi
avec elles héritiers de la grace de vie: afin que vos prieres
ne soient point interrompues.
8 Enfin, [g] soyez tous d'un consentement, & pleins de compassion l'un envers l'autre, vous entr'aimant fraternellement,
miséricordieux, & doux.
9 [h] Ne rendant point mal pour mal, ni outrage pour outrage; mais, au contraire, bénissant: sachant que vous étes
appellez à cela, afin que vous héritiez la bénédiction.
10 [i] Car celui qui veut aimer sa vie, & voir *ses* jours bien-
heureux, qu'il garde sa langue de mal, & ses lévres de prononcer aucune fraude:
11 [k] Qu'il se détourne du mal, & qu'il fasse le bien: qu'il
recherche la paix, & qu'il tâche de se la procurer.
12 Car [l] les yeux du Seigneur sont sur les justes, & ses o-
reilles *sont attentives* à leurs prieres: mais la face du Seigneur
est contre ceux qui font les maux.
13 Or qui est-ce qui vous fera du mal, si vous suivez le bien?
14 [m] Que si toutefois vous souffrez quelque chose pour la
justice, vous étes bienheureux; [n] mais ne craignez point les
maux dont ils veulent vous faire peur, & *n'en* soyez point
troublez:

d. *Rom.* 2. 29. & 6. 6. & 7 22. 2 *Cor.* 4. 16. & 5. 17.
e *Gen.* 18. 12.
f 1 *Cor.* 7. 3. & 12. 23. *Eph.* 5. 25. *Col.* 3. 19.
g *Rom* 12. 16. & 15. 5. 1 *Cor.* 1. 10. *Phil.* 2. 2. & 3. 16.
h *Lévit.* 19. 18. 2 *Sam.* 16. 11. 12. *Pse.* 38. 13. 14. *Prov.* 17. 13. & 20. 22. & 24. 29. *Matth.* 5. 39. & 25. 34. *Rom.* 12. 17. 1 *Cor.* 6. 7. 1 *Thess.* 5. 15.
i *Pse.* 34. 13. *Prov.* 4. 24. *Jacq.* 1. 26.
k *Pse.* 34. 15. & 37. 27. *Esa.* 1. 16. 3 *Jean* vs. 11.
l *Job* 36. 7. *Pse.* 33. 18.
m *ch.* 2. 20. & 4. 14. *Matth.* 5. 10. & 10. 28.
n *Esa.* 8. 12. 13. *Jér.* 1. 8.

15 [o] Mais

15 [o] Mais sanctifiez le Seigneur dans vos cœurs, & [p] soyez
toûjours prêts à répondre avec douceur & révérence à chacun qui vous demande raison de l'espérance qui est en vous.
16 [q] Ayant une bonne conscience, afin que ceux qui blâment vôtre bonne conversation en Christ, soient confus, [r] en
ce qu'ils médisent de vous comme de malfaiteurs.
17 Car il vaut mieux que vous souffriez en faisant bien, [s] si
la volonté de Dieu est que vous souffriez, qu'en faisant mal.
18 Car aussi Christ [t] a souffert [2] une fois [3] pour les péchez,
[u] lui juste [x] pour les injustes, [y] afin de nous amener à Dieu;
étant mort en la chair, mais [4] vivifié par l'Esprit:
19 [5] Par lequel aussi étant allé, il a prêché aux esprits qui
sont dans la prison:
20 *Et* qui avoient été autrefois incrédules, quand la patience de Dieu les attendoit une fois, durant les jours de
Noé, tandis que l'Arche se préparoit, dans laquelle un petit
nombre, savoir [a] huit personnes, furent sauvées [6] par l'eau.
21 [b] A quoi aussi maintenant répond à l'opposite [7] la figure
qui nous sauve, *c'est-à-dire*, le Baptême; [8] non point celui
par lequel les ordures de la chair sont nettoyées, mais l'atte-
station d'une bonne conscience devant Dieu, par la résurrection de Jésus-Christ:
22 [c] Qui est à la droite de Dieu, étant allé au Ciel: & [d] auquel sont assujettis les Anges, & les dominations, & les puissances.

o *Job* 1. 21. *Esa.* 8. 13. p *Pse.* 119. 46. *Act.* 4. 8. q *ch.* 2. 12. 15. 19. *Tite* 2. 8. r *Matth.* 5. 45. s *ch.* 4. 19. t *Héb.* 9. 15. 28. & 10. 10. 12. 2 Ou, *une seule fois:* comme Héb. 9. 28. 3 C'est-à-dire, pour l'expiation des péchez. u *ch.* 1. 19. & 2. 22. x *Rom.* 5. 6. 8. y *Eph.* 2. 13. 18. 4 C'est-à-dire, ressuscité par sa Divinité. Rom. 1. 4. 5 Par ce même Esprit éternel, il alla prêcher la repentance aux habitans du premier monde qui périrent par le déluge, & sont maintenant dans les enfers. z *Gen.* 6. 7. *Matth.* 24. 38. *Luc* 17. 26, a *Gen.* 8. 18. 2 *Pier.* 2. 5. 6 Ou, *dans l'eau* & *parmi* l'eau; car c'est le sens qu'a ici la particule Grecque *dià*, comme 2 Pier. 3. 5. Gal. 4. 13. &c. b *Eph.* 5. 26. 7 Gr. *l'antitype.* 8 Ce n'est pas l'eau du Baptême qui nous sauve, mais la pureté d'une conscience éclairée de la foi en J. C. c *Pse.* 110. 1. *Rom.* 8. 38. *Eph.* 1. 20. *Col.* 3. 1. d *Héb.* 1. 4.

CHAPITRE IV.

J. C. a désisté du péché, 1. *Nous ne devons pas faire la volonté des Gentils*, 3. *Il a été évangelisé aux morts*, 6. *La fin de toutes choses approche*, 7. *Fournaise des afflictions*, 12. *Nôtre communion aux souffrances de J. C.* 13. *Ne souffrir point comme malfaiteur*, 15. *Le Juste est difficilement sauvé*, 18.

PUis

PUis donc que Christ a souffert pour nous [a] en la chair,
vous aussi soyez armez de cette même pensée, que celui
qui a souffert [b] en la chair, [1] [c] a désisté du péché;
2 [d] Afin que durant le temps qui reste en la chair, vous ne
viviez plus [e] selon les convoitises des hommes, mais selon la
volonté de Dieu.
3 Car [f] il nous doit suffire d'avoir accompli la volonté des
Gentils, durant le temps de nôtre vie passée, [g] quand nous
conversions dans les insolences, dans les convoitises, dans
les yvrogneries, dans les gourmandises, dans les beuveries,
& dans des idolatries abominables:
4 [h] Ce que *ces Gentils* trouvant fort étrange, ils vous blâment de ce que vous ne courez pas avec eux dans un même
abandonnement de dissolution.
5 [i] *Mais* ils rendront compte à celui qui est prêt à juger les
vivans & les morts.
6 Car c'est aussi pour cela qu'il a été évangelisé [2] aux morts;
[3] afin qu'ils [4] fussent jugez selon les hommes en la chair, &
qu'ils vêcussent selon Dieu dans l'esprit.
7 Or [k] la fin [5] de toutes choses est proche: [l] soyez donc sobres, & [m] vigilans à prier.
8 Mais sur tout, ayez entre vous une ardente charité: car
[n] la charité couvrira une multitude de péchez.
9 Soyez hospitaliers les uns envers les autres, [p] sans murmures:
10 [q] Que chacun selon le don qu'il a reçu, l'employe pour
le service des autres, comme bons dispensateurs de la diffé-
rente grace de Dieu.
11 [r] Si quelqu'un parle, *qu'il parle* comme *annonçant* les
paroles de Dieu: si quelqu'un administre, *qu'il administre*
comme par la puissance que Dieu lui en a fournie: afin qu'en
toutes choses Dieu soit glorifié par Jésus-Christ, [f] auquel appartient la gloire & la force aux siécles des siécles, Amen.

12 Mes

a *ch.* 3. 18. *Rom.* 8. 3. b *ch.* 3. 18. 1 Gr. *s'est reposé*, comme Héb 4. 10. pour dire, que J. C. ayant porté nos péchez sur la croix, & les y ayant expiez, s'en est déchargé entierement & pour toûjours. c *Rom.* 6. 7. 9. 10. d *Rom.* 6. 6. 1 *Cor.* 7. 23. 2 *Cor.* 5. 15. *Gal.* 2. 20. & 5. 13. &c. *Eph.* 4. 24. 1 *Thess* 5. 10. *Héb.* 9. 14. e *Rom.* 12. 2. f *Eph.* 4. 17 g *ch.* 1. 14. 2 *Pier.* 1 9. h *Esa.* 59. 15. i *Act.* 10. 42. 1 *Cor.* 15. 51. 52. 2 C'est-à-dire. aux Fidéles de l'ancienne Loi 3 Ou, *de sorte que.* 4 Ou, *ils ont été jugez*, c'est-à-dire, exposez aux jugemens téméraires & aux insultes des impies de leur temps, comme vous l'étes aujourd'hui. k *Luc* 21. 31. 32. 34 *Héb.* 10. 25. *Jacq* 5 8 *Apoc* 1. 7. 5 C'est-à-dire, de l'œconomie Judaïque & de la Synagogue infidéle, vs. 17. 18. comme Matth. 24. 3. 6. l *ch* 1 13. & 5 8. m *Matth* 26. 41. *Marc* 13. 33 *Col* 4. 2. n *Prov* 10 12. 1 *Cor.* 13 7. *Jacq.* 5 20. o *Rom.* 12 13. *Héb.* 13. 2. p *Phil* 2 14 *Jacq* 5 9. q *Prov* 3. 28. *Matth.* 25. 14 *Luc* 12. 42. *Rom* 12 6. 1 *Cor.* 4. 1. 2 & 12. 4. 2 *Cor* 8. 11. *Eph.* 4. 11. *Tite* 1. 7. r *Jer.* 23. 22. *Rom* 12. 6. f *ch.* 5. 11. 2 *Pier.* 3 18. *Apoc.* 1. 6.

12 Mes bien-aimez, [t] ne trouvez point étrange quand vous
êtes *comme* dans une fournaise pour vôtre épreuve, comme
s'il vous arrivoit quelque chose d'étrange.
13 Mais [u] en ce que vous participez aux souffrances de
Christ, [x] réjouïssez-vous: afin qu'aussi à la révélation de sa
gloire, vous vous réjouïssiez avec allegresse.
14 [y] Si on vous dit des injures pour le Nom de Christ, vous
étes bienheureux; car l'Esprit de gloire & de Dieu répose
sur vous, lequel quant à eux est blasphémé, mais quant à
vous il est glorifié.
15 [z] Et de fait, que nul de vous ne souffre comme meurtrier, ou larron, ou malfaiteur, ou curieux des affaires d'autrui.
16 [a] Mais si quelqu'un souffre comme Chrétien, qu'il n'en
ait point de honte, mais qu'il glorifie Dieu en cela.
17 Car il est temps que le jugement commence par la maison de Dieu: or [b] *s'il commence* premierement par nous, quelle sera la fin de ceux qui n'obéïssent point à l'Evangile de
Dieu.
18 [c] Et si le juste est difficilement sauvé, où comparoîtra le
méchant & le pécheur?
19 [d] Que ceux-là donc aussi qui souffrent par la volonté de
Dieu, lui recommandent leurs ames, comme [e] au fidéle Créateur, [f] en faisant bien.

t *ch.* 1. 7. *Esa.* 48. 10.
u *ch.* 5. 1. *Rom.* 8. 17. 2 *Cor* 1. 5. & 4 10. *Phil.* 3. 10. *Col.* 1. 24. 2 *Tim.* 2. 12. *Apoc.* 1. 9.
x *ch.* 1. 6 7. *Luc* 6 23.
y *ch.* 2. 20. & 3. 14. *Jacq.* 1. 12.
z *ch.* 2. 20.
a *ch.* 2 19. 20. *Rom.* 5. 3.
b *Esa.* 10. 12. *Jér.* 25 29. & 49. 12. *Mal.* 3. 5. *Luc* 23 31.
c *Prov* 11. 31. *Jér.* 25 19. & 49 12.
d *Pse.* 31. 6. *Luc* 23 46.
e *Pse.* 103. 14. & 119. 75.
f *ch.* 2. 15 20.

CHAPITRE V.

Pierre Ancien, 1. *Paitre le Troupeau de Christ*, 2. *Dieu résiste aux orgueilleux*, 5. *Le diable est un lion rugissant*, 8. *Les souffrances de Christ s'accomplissent dans les fidéles par tout le monde*, 9.

JE prie [a] les Anciens qui sont parmi vous, [b] moi qui suis
Ancien avec eux, & [c] témoin des souffrances de Christ,
& [d] participant de la gloire qui doit être révélée, & *leur dis*;
2 [e] Paissez le Troupeau de Christ qui vous est commis, en
prenant garde sur lui, [1] non point par contrainte, mais vo-
lon-

a 1 *Tim.* 5. 1.
b *Philem.* vs. 9. 2 *Jean* vs. 1. & 3 *Jean* vs. 1.
c *Luc* 24. 48.
d *Rom.* 8. 17. 18.
e *Act.* 20. 28.

1 La foi doit venir de la persuasion, & le Ministére Ecclesiastique n'est pas établi pour forcer & contraindre par voye de violence les hommes à embrasser l'Evangile; Pse. 110. 3.

lontairement: [f] non point pour gain deshonnête, mais d'un
prompt courage:
3 Et non point [g] comme [2] ayant domination sur les héri-
tages *du Seigneur*, mais en telle maniere que vous soyez [h] pour
modéle au Troupeau.
4 Et quand [i] le souverain Pasteur apparoîtra, [k] vous recevrez la couronne [l] incorruptible de gloire.
5 Pareillement, vous jeunes gens, assujettissez-vous aux
anciens, [m] & ayant tous de la soûmission l'un pour l'autre,
soyez parez par dedans d'humilité: [n] parce que Dieu résiste
aux orgueilleux, mais il fait grace aux humbles.
6 [o] Humiliez-vous donc sous la puissante main de Dieu,
afin qu'il vous éleve quand il en sera temps:
7 [p] Déchargeant tout vôtre souci sur lui: car il a soin de vous.
8 [q] Soyez sobres, [r] & veillez: car le diable, vôtre adversaire, tourne [s] autour de vous comme un lion rugissant,
cherchant qui il pourra dévorer.
9 [t] Résistez lui *donc* en *demeurant* [u] fermes dans la foi, [x] sachant que les mêmes souffrances s'accomplissent en la compagnie de vos fréres, qui est dans le monde.
10 Or [y] le Dieu de toute grace, qui nous a appellez à sa
gloire éternelle en Jésus-Christ, [z] aprés que vous aurez souffert un peu de temps, [a] vous rende accomplis, vous affer-
misse, vous fortifie, & vous établisse.
11 [b] A lui soit gloire & force, au siécle des siécles, Amen.
12 Je vous ai écrit brievement par [c] Silvain nôtre frére, que
je crois vous être fidéle, vous déclarant & vous protestant
que c'est la vraye grace de Dieu, celle en laquelle vous étes.
13 *L'Eglise* qui est à Babylone, [d] élûe avec vous, & [e] Marc
mon fils, vous saluent.
14 [f] Saluez-vous l'un l'autre par un baiser de charité. La
paix soit à vous tous, [g] qui étes en Jésus-Christ, Amen.

f *1 Tim.* 3. 3. *Tite* 1. 7. g *Ezéch.* 34. 4. *1 Cor.* 3. 5. *2 Cor.* 1. 24. 2 Rien n'est plus opposé à ce sentiment de S. Pierre, que les droits & l'autorité que se donne dans l'Eglise celui qui se dit le successeur de S. Pierre, & qui veut méme fonder cette grande & exorbitante domination sur le titre prétendu de sa succession à S. Pierre. h *1 Cor.* 11. 1. *Phil.* 3. 17. *2 Thess.* 3. 9. *1 Tim.* 4. 12. *Tite* 2. 7. i *Héb.* 13. 20. k *Esa.* 40. 10. *Jacq.* 1. 12. l *ch.* 1. 4. m *Rom.* 12. 10. *Eph.* 5. 21. *Phil* 2. 3. n *Job* 22. 29. *Prov.* 3. 34. *Luc* 14. 11. *Jacq.* 4. 6. o *Jacq.* 4. 10. p *2 Sam.* 15. 26. *Pse.* 37. 5. & 55. 23. *Prov.* 16. 3. *Matth.* 6 25. *Luc* 12. 22. q *ch.* 1. 13. & 4. 7. r *Marc* 13. 37. *Luc* 21. 36. *Act.* 20. 31. *1 Cor.* 16. 13. *1 Tim.* 4. 5. *Apoc.* 3. 2. & 16. 15. s *Job* 1. 7. *Luc* 22. 31. *2 Cor.* 2. 11. t *Eph.* 4. 27. & 6. 11. 13. *Jacq.* 4. 7. u *1 Cor.* 16. 13. x *Col.* 1. 24. y *Jacq.* 1. 17. z *ch.* 1. 6. *Act.* 14. 22. a *2 Cor.* 4. 7. *Héb.* 10. 37. & 13. 21. a *1 Cor.* 15. 58. *Héb.* 13. 21. b *ch.* 4. 11. c *Act.* 15. 40. *1 Thess.* 1. 1. d *ch.* 1. 2. e *Act.* 12. 25. 3 Terme de tendresse, comme 2 Tim. 1. 2. & 2. 1. f *Rom.* 16. 16. *1 Cor.* 13. 12. *1 Thess.* 5. 26. g *Rom.* 8. 1.

II. EPISTRE CATHOLIQUE DE S. PIERRE APOSTRE.

CHAPITRE I.

Nous sommes faits participans de la nature divine, 4. Il faut ajoûter vertu à vertu, 5. Affermir nôtre vocation, 10. Saint Pierre étoit prés de déloger de ce tabernacle, 14. Il a vû la Transfiguration de J. C. 16. La parole des Prophétes a été comme une chandelle dans un lieu obscur, L'étoile du matin, 19. La prophétie n'a point été apportée par la volonté humaine, 20.

[a] SIMEON Pierre, serviteur & Apostre de Jésus-Christ,
à vous [b] qui avez obtenu une foi de pareil [c] prix avec
nous, par la justice de [d] nôtre Dieu [1] & Sauveur Jésus-Christ.
2 [e] Grace & paix vous soient multipliées en [f] la connoissance de Dieu, & de nôtre Seigneur Jésus-Christ.
3 Puis que sa divine puissance nous a donné tout ce qui *appartient* à la vie & à la piété, par la connoissance de [g] celui
qui nous a appellez [h] par sa propre gloire & puissance.
4 Par lesquelles nous sont données les grandes & précieuses promesses, afin que par elles vous soyez faits [i] participans
[2] de la nature divine, [k] étant échappez de la corruption qui
est au monde [l] en convoitise;
5 Vous donc aussi y apportant toute diligence, ajoûtez la
vertu par dessus avec vôtre foi: & avec la vertu, la science:
6 Et avec la science, la tempérance: & avec la tempérance, la patience: & avec la patience, la piété:
7 Et avec la piété, [m] l'amour fraternel: & avec l'amour
fraternel, la charité.
8 [n] Car si ces choses sont en vous, & y abondent, elles ne
vous laisseront point oisifs ni stériles en la connoissance de
nôtre Seigneur Jésus-Christ.
9 Mais celui en qui ces choses ne se trouvent point, [o] est
aveugle, & ne voit point de loin, ayant oublié la purification [p] de ses anciens péchez.

a 1 *Pier.* 1. 1.
b 1 *Pier.* 1. 2. & 5. 13.
c *Tite* 1. 1.
d *Tite* 2. 13. *Jude* vs. 4. 1 *Jean* 5. 20.
1 J. C. est également nôtre Dieu & nôtre Sauveur.
e *Jean* 17. 3.
f *Rom.* 1. 7. *Jude* vs. 2.
g 1 *Pier.* 1. 15.
h 1 *Pier.* 1. 5.
i *Jean* 1. 12. *Rom* 8. 15. 2 *Cor.* 3. 18. *Eph.* 4. 24.
2 C'est-à-dire, de la sainteté, & ensuite de la gloire.
k *ch.* 2. 18. 1 *Pier.* 4. 4.
l 1 *Pier.* 1. 14. 1 *Jean* 2. 16. 17.
m 1 *Pier.* 3. 8.
n *Col.* 3. 16. *Tite* 3. 14.
o *Esa.* 42. 18-20. 1 *Jean* 2. 9. 11.
p 1 *Pier.* 1. 14. & 4. 3.

10 C'eſt pourquoi, mes fréres, étudiez-vous pluſtôt [q] à affermir vôtre vocation, & [3] vôtre élection: car en faiſant cela vous ne broncherez jamais.
11 Car par ce moyen l'entrée au [r] Royaume éternel de nôtre Seigneur & Sauveur Jéſus-Chriſt vous ſera abondamment
donnée.
12 C'eſt pourquoi je ne ſerai point pareſſeux à vous faire
toûjours ſouvenir de ces choſes, quoi que vous ayez de la
connoiſſance, & que vous ſoyez en la vérité préſente.
13 Car je crois qu'il eſt juſte que [ſ] je vous réveille par des
avertiſſemens, tandis que je ſuis [t] dans ce tabernacle:
14 [u] Sachant que dans peu de temps j'ai à déloger de ce
tabernacle, [x] comme nôtre Seigneur Jéſus-Chriſt lui-même
me l'a déclaré.
15 Mais j'aurai ſoin que vous puiſſiez auſſi après mon départ vous remettre continuellement ces choſes dans vôtre
ſouvenir.
16 Car nous ne vous avons point donné à connoître la puiſſance & la venue de nôtre Seigneur Jéſus-Chriſt [y] en ſuivant
des fables artificieuſement compoſées, mais [z] comme ayant
vû ſa majeſté de nos propres yeux.
17 Car il reçut de Dieu le Pére honneur & gloire, quand
une telle voix lui fut envoyée de la gloire magnifique; [a] Celui-ci eſt mon Fils bien-aimé, en qui j'ai pris mon plaiſir.
18 Et nous entendîmes cette voix envoiée du Ciel, étant
avec lui ſur la ſainte montagne.
19 Nous avons auſſi la parole des Prophétes [4] plus ferme,
à laquelle [b] vous faites bien d'être attentifs, [c] comme à une
chandelle qui a éclairé dans un lieu obſcur, juſqu'à ce que le
jour ait commencé à luire, [d] & que l'étoile du matin ſe ſoit
levée dans vos cœurs.
20 [e] Conſidérant premierement ceci, qu'aucune prophétie
de l'Ecriture n'eſt d'une particuliere déclaration.

21 Car

q 1 *Jean* 3. 19.

3 L'élection ne s'accomplit qu'en menant les élus de la ſainteté à la gloire; & elle ne s'afermit en nous, dans le ſentiment que nous en avons, qu'à proportion que nous avons de foi, & de pieté.

r *Luc* 1. 33.
ſ *ch.* 3. 1.
t 2 *Cor.* 5. 1.
u 2 *Tim.* 4. 6.
x *Jean* 21. 18. 19.
y 1 *Cor.* 1. 17. & 2. 1. 13.
z *Matth.* 17. 1. *Jean* 1. 14. 1. *Jean* 1. 1.
a *Matth.* 17. 5. *Marc* 9. 7. *Luc* 9. 35.

4 1. En ce que les oracles des Prophétes ont ſervi de fondement à l'Evangile. 2. Par rapport aux Juifs qui avoient reçu la parole des Prophétes avant celle des Apoſtres. Mais on peut auſſi traduire ſimplement *trés-ferme*, ſelon que le comparatif eſt quelquefois mis pour le ſuperlatif, comme *Act.* 25. 10. & ailleurs.

b *Jean* 5. 39. *Act.* 17. 11. c *Pſe.* 119. 105. 2 *Cor.* 4. 6. d *Apoc.* 2. 28. & 22. 16. e *Rom.* 12. 6. 2 *Tim.* 3. 16.

21 Car la prophétie n'a point été autrefois apportée par la
volonté humaine, [f] mais les saints hommes de Dieu étant
poussez par le Saint Esprit, ont parlé.

f 2 Tim. 3. 16.

CHAPITRE II.

Description des faux docteurs qui se devoient glisser en l'Eglise, 1. Condamnation des Anges apostats, 4. Sodome & Gomorrhe, 6. Le juste Lot, 7. Dieu délivre de la tentation, 9. Prédiction d'une grande corruption dans le Ministére, 10. Balaäm, 15. Fontaines sans eau, 17. Le chien retourné à son vomissement, 22.

MAis *comme* il y a eu de faux prophétes [a] parmi le peuple,
il y aura aussi parmi [b] vous de faux docteurs, qui intro-
duiront couvertement des sectes de perdition, & qui renon-
ceront le Seigneur [1] qui les a rachettez, amenant sur eux-
mêmes une soudaine perdition.
2 Et plusieurs suivront leurs *sectes* de perdition; & à cause d'eux [c] la voye de la vérité sera blasphémée:
3 Car ils [d] feront par avarice trafic de vous avec des paroles
déguisées; mais [e] desquels la condamnation de long-temps
ne tarde point, & la punition desquels ne s'endort point.
4 [f] Car si Dieu n'a pas épargné les Anges qui ont péché,
mais les ayant abysmez dans des chaînes d'obscurité, les a livrez pour être reservez au jugement;
5 *Et s'il* n'a point épargné le monde ancien, [g] mais a gardé Noé, lui huitiéme, *qui étoit* héraut de la justice: & a fait
venir le déluge sur le monde des impies;
6 [h] *Et s'il* a condamné à subversion les villes de Sodome
& de Gomorrhe, les réduisant en cendre, & [i] les mettant
pour étre un exemple à ceux qui vivroient dans l'impiété;
7 [k] Et *s'il* a délivré le juste Lot, qui avoit eu beaucoup à
souffrir de ces abominables par leur infame conversation;
8 Car cét *homme* juste, qui demeuroit parmi eux, les voyant
& les entendant, [l] affligeoit tous les jours son ame juste, à
cause de leurs méchantes actions;
9 [m] Le Seigneur sait *ainsi* délivrer de la tentation ceux qui
l'hono-

a *Deut.* 13. 1. 2 *Chron.* 18. 15. *Jér.* 23. 21. & 28. 11. 13. b *Matth.* 24. 11. 1 *Tim.* 4. 1. 1 *Jean* 4. 1. *Jude* vs. 4.
1 Comme ils avoient déja fait profession de croire en J. C. & de le reconnoître pour leur Sauveur, S. Pierre dit en vûe de cela, qu'il les a rachettez, pour dire, qu'ils avoient semblé être de ses rachettez; comme vs. 20.
c *Act.* 19. 9. d vs. 14. 19. *Esa.* 32. 5. 6. 7. *Osée.* 4. 8. *Mich.* 3. 11. 1 *Tim.* 6. 5. *Jude* vs. 16. *Apoc.* 18. 13. e *Deut.* 32. 35. *Jude* vs. 4. f *Luc* 8. 31. *Jude* vs. 6. *Apoc.* 20. 2. g *Gen.* 7. 23. *Héb.* 11. 7. 1 *Pier.* 3. 20. h *Gen.* 19. 24. *Deut.* 29. 23. *Esa.* 13. 19. *Jér.* 50. 40. *Ezéch.* 16. 49. *Jude* vs. 7. i *Nomb.* 26. 10. 1 *Cor.* 10. 11. k *Gen.* 19. 7. 8. l 1 *Rois* 19. 10. *Pse.* 119. 158. *Jér.* 20. 9. *Ezéch.* 9. 4. m 1 *Cor.* 10. 13.

l'honorent, & reserver les injustes pour être punis au jour du
jugement:

n Jude vs. 4. 7. 8. 10. 16. 18. 10 [n] Principalement ceux qui suivent les mouvemens de la
chair, dans la passion de l'impureté, & qui méprisent la domi-
nation, *gens* audacieux, adonnez à leurs sens, & qui ne
craignent point de blâmer les dignitez:

o Jude vs. 9. 11 [o] Au lieu que les Anges, quoi qu'ils soient plus grands
en force & en puissance, ne prononcent point contr'elles de
sentence de blâme devant le Seigneur:

p Jér. 12. 3. Jude vs. 10. 12 [p] Mais ceux-ci, semblables à des bêtes brutes, qui suivent leur sensualité & qui sont faites pour être prises & dé-
truites, blâmant ce qu'ils n'entendent point, périront par
leur propre corruption:

q Jude vs 12. 13 [q] Et ils recevront la récompense de leur iniquité. Ils
aiment à être tous les jours dans les délices: ce sont des taches & des ordures, & ils font leurs délices de leurs trom-
peries dans les repas qu'ils font avec vous.

r Prov. 6. 25. 14 [r] Ils ont les yeux pleins d'adultere, & ils ne cessent jamais de pécher, ils attirent les ames mal-assûrées, ils ont le
cœur exercé dans les rapines, ce sont des enfans de malédiction:

s Nomb. 22. 7. 21. Jude vs. 11. Apoc. 2. 14. 15. 15 Qui ayant laissé le droit chemin, se sont égarez, [s] &
ont suivi le train de Balaam *fils* de Bosor, qui aima le sa-
laire d'iniquité; mais il fut repris de son injustice,

t Nomb. 22. 27. 28. Jude vs. 12. 16 [t] *Car* une ânesse muette parlant d'une voix humaine, ré-
prima la folie du prophéte:

u Jude vs. 12. 17 [u] Ce sont des fontaines sans eau, & des nuées agitées
par le tourbillon, & des *gens* à qui l'obscurité des ténébres
est reservée éternellement.

x Jude vs. 16. 18 [x] Car en prononçant des discours fort enflez de vanité,
ils attrayent par les convoitises de la chair, & par *leurs* insolences, ceux qui s'étoient véritablement retirez de ceux qui
conversent dans l'erreur:

y 1 Pier. 2. 16. 19 [y] Leur promettant la liberté, quoi qu'ils soient eux-mê-
z Jean 8. 34. mes esclaves [z] de la corruption: car on est réduit dans la ser-
Rom. 6. 16. 20. vitude de celui par qui on est vaincu.

20 Par-

20 Parce que si après s'être retirez des souillûres du monde [a] par la connoissance du Seigneur & Sauveur Jésus-Christ,
[b] toutefois étant de nouveau entortillez en elles, ils en sont
surmontez, leur derniere condition est pire que la premiere.
21 [c] Car il leur eût mieux valu n'avoir pas connu [d] la voye
de la justice, qu'après l'avoir connue se détourner [e] du saint
commandement qui leur avoit été donné.
22 Mais ce qu'on dit par un proverbe véritable, leur est arrivé; [f] Le chien est rétourné à ce qu'il avoit vomi: & la truye
lavée *est retournée* se veautrer dans le bourbier.

a *ch.* 1. 1. & 3. 18.
b *Matth.* 12. 45. *Jean* 5. 14. *Héb.* 6. 4. & 10. 26. *Ecclesiastiq.* 34. 26. 27.
c *Luc* 12. 47. 48.
d *vs.* 2.
e *ch.* 3. 2.
f *Prov.* 26. 11.

CHAPITRE III.

Prophétie touchant les moqueurs qui se riront des promesses du second avenement de Jésus-Christ, 3. Il ne differe point l'accomplissement de sa promesse, 9. Nouveaux Cieux, 13. Profondeur des Epistres de saint Paul, 16.

[a] MEs bien-aimez, c'est ici la seconde Lettre que je vous
écrits, afin de réveiller dans l'une & dans l'autre par
mes avertissemens vôtre pur entendement:
2 *Et* afin que vous vous souveniez des paroles qui ont été
dites auparavant par les saints Prophétes, & du commandement *que vous avez reçu* de nous, qui sommes Apostres [b] du
Seigneur & Sauveur.
3 Sur toutes choses, sachez [c] qu'aux derniers jours il viendra
des moqueurs, [d] se conduisant selon leurs propres convoitises:
4 [e] Et disant; Où est la promesse de son avenement? car
depuis que les péres [1] sont endormis, toutes choses demeurent comme elles ont été dés le commencement de la création.
5 Car ils ignorent volontairement ceci, que les cieux ont
été *faits* de toute ancienneté, & que la terre *est sortie* de
l'eau, [f] & qu'elle subsiste [2] parmi l'eau, [g] par la parole de Dieu;
6 Et que par ces choses-là [h] le monde d'alors périt, étant
submergé des eaux du déluge.
7 [i] Mais les cieux & la terre qui sont maintenant, sont reservez par la même parole, [k] étant gardez pour le feu au jour
du jugement, & de la déstruction des hommes impies.

8 Mais

a *ch.* 1. 12. 15.
b *vs.* 18. & *ch.* 1. 1. & 2. 20.
c 1 *Tim.* 4. 1. 2 *Tim.* 3. 1. *Jude vs.* 18.
d *Pse.* 81. 12. *Esa.* 65. 2.
e *Esa.* 5. 5. 19. *Jér.* 17. 15. *Ezéch.* 12. 22.
1 C'est-à-dire, sont morts.
f *Pse.* 24. 2.
2 C'est dans l'Original la même préposition Grecque *dià*, qui se lit ch. 3. 21. Héb. 2. 2. &c.
g *Gen.* 1. 1. 7. *Pse.* 33. 6. 7.
h *Gen.* 7. 11. 12. *Pse.* 24. 2.
i *Pse.* 102 27. *Esa.* 51. 6. *Heb.* 1. 11.
k 2 *Thess.* 1. 8.

8 Mais *vous*, *mes* bien-aimez, n'ignorez pas ceci, [l] qu'un
jour *est* devant le Seigneur comme mille ans, & mille ans
comme un jour.
9 [m] Le Seigneur ne retarde point *l'éxecution de* sa promesse, comme quelques-uns estiment qu'il y ait du retardement,
mais il est patient envers nous, [n] ne voulant point qu'aucun
périsse, mais que tous viennent à la repentance.
10 Or le jour du Seigneur viendra [o] comme le larron en la
nuit, & en ce jour-là [p] les cieux passeront avec un bruit sif-
flant de tempête, & les élemens seront dissous par l'ardeur
du feu, & la terre, & toutes les œuvres qui *sont* en elle,
brûleront entierement.
11 [q] Puis donc que toutes ces choses se doivent dissoudre, quels
vous faut-il être en saintes conversations, & en œuvres de piété?
12 [r] En attendant, & en vous hâtant à la venue du jour de
Dieu, par lequel les cieux étant enflammez seront dissous,
& les élemens se fondront par l'ardeur *du feu*.
13 [s] Mais nous attendons, selon sa promesse, de nouveaux
cieux, & une nouvelle terre, où la justice habite.
14 C'est pourquoi, *mes* bien-aimez, en attendant ces choses, [t] étudiez-vous à être trouvez de lui [u] sans tache & sans
reproche, en paix.
15 [x] Et tenez pour salut la longue attente de nôtre Seigneur,
comme Paul, nôtre frére bien-aimé, vous en a écrit selon la
sapience qui lui a été donnée:
16 Ainsi que dans toutes ses Lettres, il parle [y] de ces points,
dans lesquels il y a des choses difficiles à entendre, que les
ignorans & les mal-assûrez [z] tordent, comme *ils tordent* aussi
les autres Ecritures, à leur propre perdition.
17 Vous donc mes bien-aimez, puis que vous en étes déja
avertis, [a] prenez garde qu'étant emportez avec les autres par
la séduction des abominables, vous ne déchéïez de vôtre
fermeté.
18 Mais croissez en la grace & [c] en la connoissance de nôtre
Seigneur & Sauveur Jésus-Christ. [d] A lui soit gloire maintenant, & jusqu'au jour d'éternité, Amen.

l Psa. 90. 4. Ecclesiastiq. 18. 10.
m Heb. 10 37. Apoc. 22. 12. 20.
n 2 Sam. 14. 14. Eccl. 8. 12. Esa. 30. 18. Ezech 18. 23. 32. & 33. 11. Act. 17. 35. Rom. 2. 4. 1 Tim. 2. 4.
o Matth. 24. 43. 1 Thess. 5. 2. Apoc. 3. 3. & 16. 15.
p vs. 7.
q vs. 14.
r 1 Thess. 1. 10. & 4. 14. 2 Thess. 1 10.
s Esa. 65. 17. & 66. 22. Apoc. 21. 1.
t vs. 11. 1 Cor. 1. 8. Phil 1. 10. 1 Thess 3. 13. & 5. 23.
u Col. 1. 22. Jude vs. 24.
x vs. 9. Rom. 2. 4.
y Rom. 8. 19. 20. 1 Cor. 15. 24. Phil 3 20. 1 Thess. 4. 15. 2 Thess. 1. 8-10. 1 Tim 6. 15. 2 Tim. 4. 1.
z Ezech. 22. 26. Soph. 3. 4.
a Marc 13 23.
b ch. 1 5. 6. 1 Pier. 2. 2. Prov. 1. 5.
c ch. 2. 20. Jude vs. 25.
d Gal. 1. 5. Heb. 13. 21. 1 Pier. 4. 11. Jude vs. 25. Apoc. 1. 6.

I. EPIS-

I. EPISTRE CATHOLIQUE DE S. JEAN APOSTRE.

CHAPITRE I.

La Parole de vie, 1. *Le sang de J. C. nous lave de tout péché*, 7. *Nous sommes tous pécheurs*, 10.

CE qui étoit [1] dés le commencement, ce que nous avons
oüi, ce que nous avons vû de nos propres yeux, [a] ce
que nous avons contemplé, & que nos propres mains ont
touché [b] de la Parole de vie,
2 (Car la vie a été manifestée, & nous l'avons vûe, & aussi
nous le témoignons, & nous vous annonçons [c] la vie éternelle, qui étoit [d] avec le Pére, & qui nous a été manifestée.)
3 Ce *dis-je*, que nous avons vû & oüi, nous vous l'annonçons; [e] afin que vous ayez communion avec nous, & que
nôtre communion *soit* avec le Pére, & avec son Fils Jésus-
Christ.
4 [f] Et nous vous écrivons ces choses, afin que vôtre joye
soit rendue parfaite.
5 Or c'est ici la promesse que nous avons entendue de lui,
& que nous vous annonçons, *savoir*, [g] Que Dieu est lumie-
ré, & qu'il n'y a en lui nulles ténébres.
6 Si nous disons que nous avons communion avec lui, &
que nous marchions dans les ténébres, nous mentons, &
[2] nous n'agissons pas selon la vérité.
7 Mais si nous marchons dans la lumiere, comme Dieu est
en la lumiere, nons avons communion l'un avec l'autre, &
[h] le sang de son Fils Jésus-Christ nous purifie de tout péché.
8 [i] Si nous disons que nous n'avons point de péché, nous
nous séduisons nous-mêmes, & la vérité n'est point en nous.
9 [k] Si nous [3] confessons nos péchez, il est [l] fidéle & juste
pour

1 C'est-à-dire, le commencement du monde, comme Jean 1. 1. car il s'agit ici tout de même du Fils de Dieu, & non pas de la prédication de l'Evangile, comme il paroît par la suite de ce Verset.
a *Jean* 1. 14.
b *Jean* 1. 1. 4.
c *ch.* 5. 20.
d *Jean* 1. 2. 17.
e *Jean* 17. 21. 1 *Cor.* 1. 9.
f 2 *Jean* vs. 12.
g *Jean* 1. 9. & 8. 12. & 9. 5. & 12. 35. 36. *Jacq.* 1. 17.
2 Gr. *nous ne faisons pas la vérité.*
h 1 *Cor.* 6. 11. *Eph.* 1. 7. *Tite* 2. 14. *Héb.* 9. 14 1 *Pier.* 1. 19. *Apoc.* 1. 6. & 7. 14.

i vs. 10. 1 *Rois* 8. 46. 2 *Chron.* 6. 36. *Job* 9. 2. 20. *Prov.* 20. 9. *Eccl.* 7. 20. *Jacq.* 3. 2. k *Job* 31. 33. *Psa.* 32. 5. *Prov.* 28. 13. 3 C'est-à-dire, si nous faisons à Dieu une confession sincére de nos péchez. l 1 *Cor.* 1. 9.

pour nous pardonner nos péchez, & nous nettoyer de [m] toute iniquité.
10 [n] Si nous disons que nous n'avons point de péché, nous
le faisons menteur, & sa parole n'est point nous:

m *Rom.* 8. 1.
n vs. 8.

CHAPITRE II.

J. C. est nôtre avocat, 1. *Il a fait la propitiation de nos péchez*, 1. *Nouveau commandement*, 8. *N'aimer point le monde*, 15. *Le monde passe avec sa convoitise*, 16. *Plusieurs antechrists*, 18. *L'Onction de par le Saint*, 20. *Quiconque fait justice est né de lui*, 29.

MEs petits enfans, je vous écris ces choses, afin que vous
ne péchiez point: que [1] si quelqu'un a péché, [a] nous
avons un avocat envers le Pére, *savoir* Jésus-Christ, le Juste.
2 [2] Car c'est lui [b] qui est la propiciation pour nos péchez,
& non seulement pour [3] les nôtres, mais aussi pour ceux [4] de
tout le monde.
3 Et en ceci nous savons que nous l'avons connu, [c] *savoir*,
si nous gardons ses commandemens.
4 Celui qui dit; [d] Je l'ai connu, & qui ne garde point ses
commandemens, est menteur, & il n'y a point de vérité
en lui.
5 [e] Mais quant à celui qui garde sa parole, l'amour de Dieu
est véritablement accompli en lui, & c'est par cela que nous
savons que nous sommes en lui.
6 [f] Celui qui dit qu'il demeure en lui, doit vivre comme
Jésus-Christ lui-même a vêcu.
7 Mes fréres, je ne vous écris point un commandement
nouveau, [g] mais le commandement ancien, que vous avez
eu dés le commencement: & ce commandement ancien c'est
la parole que vous avez entendue dés le commencement.
8 Cependant *le commandement que* je vous écris [h] est un
commandement nouveau, & est une chose véritable en lui
& en vous, parce que [i] les ténébres sont passées, & que la
vraye lumiere luit maintenant.

9 Ce-

1 C'est-à-dire, quand quelqu'un a péché.
a *Rom.* 8. 33. *1 Tim.* 2. 5. *Héb.* 7. 24. 25. & 9. 24.
2 Cette liaison fait voir que la qualité d'avocat, ou d'intercesseur qui est propre à J. C., est fondée sur ce qu'il a satisfait pour nous la justice divine.
b *ch.* 1. 9. & 4. 10. 14. *Jean* 1. 29. & 3. 16. *Rom.* 3. 24.
3 C'est-à-dire, de nous Juifs.
4 C'est-à-dire, mais aussi des Gentils, & de tous les peuples du monde indiféremment: Jean 3. 16.

c *Jacq.* 2. 14. d *ch.* 1. 6. & 4. 20. e *Jean* 13. 35. & 14. 21. 23. & 15. 5. f *ch.* 3. 6. 24. *Jean* 15. 4. 5. g *ch.* 3. 11. & 2 *Jean* vs. 5. h *Jean* 13. 34. & 15. 12. i *Rom.* 13. 12. 1 *Thess.* 5. 5. 8.

9 Celui qui dit qu'il est en la lumiere, & qui hait son frére, est dans les [k] ténébres jusqu'à cette heure.
10 [l] Celui qui aime son frére, démeure dans la lumiere,
& il n'y a point d'achoppement en lui.
11 [m] Mais celui qui hait son frére, est dans les ténébres,
& il marche dans les ténébres, & il ne sait où il va; car les
ténébres lui ont aveuglé les yeux.
12 Mes petits enfans, je vous écris, parce que vos péchez
vous sont pardonnez [n] par son Nom.
13 Péres, je vous écris, parce que vous avez connu celui
qui est dés le commencement. Jeunes gens, je vous écris,
parce que vous avez vaincu le malin.
14 Jeunes enfans, je vous écris, parce que vous avez connu le Pére. Péres, je vous ai écrit, parce que vous avez
connu celui qui est dés le commencement. Jeunes gens, je
vous ai écrit, parce que vous étes forts, & que la parole de
Dieu demeure en vous, & que vous avez vaincu le malin.
15 [o] N'aimez point le monde, ni les choses qui sont au
monde: [p] si quelqu'un aime le monde, l'amour du Pére n'est
point en lui.
16 Car tout ce qui est au monde, *c'est-à-dire*, la convoitise de la chair, & la convoitise des yeux, & l'orgueil de la
vie, n'est point du Pére, mais est du monde.
17 Et [q] le monde passe, avec sa convoitise: mais celui qui
fait la volonté de Dieu, demeure éternellement.
18 Jeunes enfans, c'est ici le dernier temps: & comme vous
avez entendu [r] que [5] l'Antechrist viendra, il y a même dés-
maintenant plusieurs [6] antechrists; & nous connoissons à cela que c'est le dernier temps.
19 [s] Ils sont sortis d'entre nous, mais ils n'étoient point
d'entre nous; car s'ils eussent été d'entre nous, [t] ils fussent
demeurez avec nous, mais c'est afin qu'il fût manifesté que
tous ne sont point d'entre nous.
20 [u] Mais vous avez l'Onction de par le Saint, [x] & vous
connoissez toutes choses.
21 Je ne vous ai pas écrit comme si vous ne connoissiez

k vs. 11. & ch. 1. 6. 7. & 3. 14. 15.
l Jean 12. 35. 2 Pier. 1. 10.
m ch. 3. 14.
n Luc 24. 47. Act 4. 12. & 13. 38.
o Rom. 12. 2.
p Matth. 6. 24. Jacq. 4. 4.
q Psa. 90 10. Prov. 23. 5. Eccl. 1. 1. &c. Esa. 40. 6. 1 Cor. 7. 31. Jacq. 1. 10. & 4. 14. 1 Pier. 1. 24.
r 2 Thess. 2. 3.
4. 2 Jean vs. 7.
5 Celui dont il est parlé dans l'Apocalypse.
6 Ce mot est mis ici dans une signification plus étendue & pour désigner les hérétiques *ennemis de Christ*, qui ont nié sa divinité.
s Act. 20. 30. 1 Cor. 11 19.
t Rom. 8. 28. 29. 37. 38.
u vs 27. Jean 6. 45. 1 Cor. 2. 10 2 Cor. 1. 21.
x Jean 14. 26.
7 C'est-à-dire, toutes celles qui ont regardé la personne de J. C., le prix de son sang, &c.

 point

point la vérité, mais parce que vous la connoissez, & qu'aucun mensonge n'est de la vérité.
22 Qui est le menteur, [y] sinon celui qui nie que Jésus est
le Christ? Celui-là est l'Antechrist [8] qui nie le Pére & le Fils.
23 [z] Quiconque nie le Fils, n'a point non plus le Pére:
quiconque confesse le Fils, a aussi le Pére.
24 Que donc ce que vous avez entendu dés le commencement soit permanent en vous, car si ce que vous avez entendu de le commencement est permanent en vous, vous
demeurerez aussi au Fils & au Pére.
25 Et c'est ici la promesse qu'il vous a annoncée, *savoir* la
vie éternelle.
26 Je vous ai écrit ces choses touchant ceux qui vous séduisent.
27 [a] Mais l'Onction que vous avez reçu de lui [b] demeure en
vous, & vous n'avez pas besoin qu'on vous enseigne: mais
comme la même Onction vous enseigne [9] toutes choses, &
qu'elle est véritable, & n'est pas un mensonge, & selon qu'elle vous a enseignez, vous demeurerez en lui.
28 Maintenant donc, mes petits enfans, demeurez en lui:
[c] afin que quand il apparoîtra, nous ayons assûrance, & [d] que
nous ne soyons point confus de sa présence, à sa venue.
29 Si vous savez qu'il est juste, [e] sachez que quiconque fait
justice, [10] est né de lui.

y *ch.* 4. 3. 2 *Jean* vs. 7.
8 Qui nie cette pluralité des personnes divines.
z *ch.* 4. 15. & 5. 1. *Jean* 5. 23. 2 *Jean* vs. 9.
a vs. 20.
b *Rom.* 8. 11.
9 Toutes celles qui servent de base & de fondement au salut.
c *ch* 3. 2.
d *Marc* 8. 38. *Rom.* 9. 33.
e *ch.* 3. 7. 9. 10.
10 C'est-à-dire, il fait voir en cela qu'il est né de Dieu.

CHAPITRE III.

Nous sommes enfans de Dieu, 1. Le péché est contre la Loi, 4. J. C. est venu pour ôter nos péchez, 5. L'amour du prochain, 11–19. Dieu est plus grand que nôtre cœur, 22.

VOyez quelle charité le Pére a eûe pour nous, [a] que [1] nous
soyons appellez enfans de Dieu: mais le monde ne nous
connoît point, [b] parce qu'il ne l'a point connu.
2 Mes bien-aimez, nous sommes maintenant enfans de
Dieu, mais [c] ce que nous serons, n'est pas encore manifesté, or nous savons que lors que *le Fils de Dieu* sera apparu, nous serons semblables à lui: [d] car nous le verrons tel
qu'il est.

a *Jean* 1. 12.
1 C'est-à-dire, que nous soyons enfans de Dieu.
b *Jean* 8. 9. & 16. 3. & 17. 25.
c *Jean* 17. 24. *Rom.* 8. 19. 1 *Cor.* 13. 12. *Phil.* 3. 21. *Col.* 3. 4.
d *Matth.* 5. 8.

3 [e] Et

3 [e] Et quiconque a cette espérance en lui, se purifie, comme lui aussi est pur.
4 [f] Quiconque fait péché, fait aussi contre la Loi: [g] car [2] le
péché est ce qui est contre la Loi.
5 Or vous savez qu'il est [h] apparu, afin qu'il [i] ôtât nos péchez: [k] & il n'y a point de péché en lui.
6 Quiconque [l] demeure en lui, [3] ne péche point: [m] quiconque péche, ne l'a point vû, ni ne l'a point connu.
7 *Mes* petits enfans, que personne ne vous séduise. [n] Celui que fait justice, est juste, [o] comme Jésus-Christ est juste:
8 [p] Celui [4] qui fait péché, est du diable: car le diable péche dés le commencement: [q] or le Fils de Dieu est apparu
[r] pour détruire les œuvres du diable.
9 [s] Quiconque est né de Dieu, ne fait point de péché: [t] car
la semence de Dieu demeure en lui; [u] & il ne peut pécher,
parce qu'il est né de Dieu.
10 *Et* c'est à cela que sont connus les enfans de Dieu, &
les enfans du diable. Quiconque ne fait pas ce qui est juste,
& qui n'aime pas son frére, [x] n'est point de Dieu.
11 Car c'est ici ce que vous avez ouï annoncer dés le commencement; *savoir*, [y] Que nous nous aimions l'un l'autre:
12 Et que nous ne soyions point [z] comme Caïn, qui [a] étoit
du malin, & qui tua son frére. Mais pour quel sujet le tua-
t-il? c'est parce que ses œuvres étoient mauvaises, & que
celles de son frére étoient justes.
13 [b] Mes fréres, ne vous étonnez point si le monde vous
hait.
14 En ce que nous aimons nos fréres, nous savons que nous
sommes transférez de la mort à la vie: [c] celui qui n'aime
point son frére, demeure en la mort.
15 Quiconque hait son frére [5] est meurtrier: & vous savez
[d] qu'aucun meurtrier n'a la vie éternelle demeurante en lui.

e vs. 7. *Pse.* 119. 166. *Jean* 13. 17.
f *ch.* 5. 17.
g *Rom.* 4. 15. & 5. 13.
2 Dés là que le péché est une infraction de la Loi, il ne peut y avoir de péché qui ne mérite la mort.
h vs. 8. 1 *Tim.* 3. 16.
i *Esa.* 53. 4. 9. *Jean* 1. 29. 2 *Cor.* 5. 21. 1 *Pier.* 2. 24.
k *Esa.* 53. 9. 2 *Cor.* 5. 21. 1 *Pier.* 1. 19. & 2. 22.
l *ch.* 2. 6.
3 C'est-à-dire, ne péche pas avec ce plein consentement de cœur, avec cette habitude enracinée qui est le caractere des irregénerez.
m *ch.* 2. 4. & 4. 8. & 5. 18. 1 *Sam.* 2. 12. *Jér.* 22. 16. *Osée* 4. 1. 2. 2 *Cor.* 15. 34. 3 *Jean* vs. 11.
n vs. 10. & *ch.* 2. 29.
o vs. 3. 1 *Pier.* 1. 16.

 16 [e] A

p *Jean* 8. 44. 4 C'est-à-dire, qui passe sa vie dans le péché, sans remords, & sans repentance q vs. 5. 1 *Tim.* 3. 16. r *Gen.* 3. 15. *Héb.* 2. 14. s *ch.* 5. 18. t 1 *Pier.* 1. 23. u vs. 6. x *ch.* 4. 7. 8. y *ch.* 1. 5. & 2. 7. & 3. 23. *Jean* 13. 34. & 15. 12. 17. z *Gen.* 4 8. *Héb.* 11. 4. a vs. 8. b *Jean* 15. 18. 19. & 17. 14. c *ch.* 2. 10. *Lévit.* 19. 17. 5 Sav. en ce qu'il voudroit que celui qu'il hait ne fût pas, ou n'eût jamais été; & parce aussi que la haine est le commencement du meurtre, qui n'est que la consommation de la haine. d *Matth.* 5. 21. 22. *Gal.* 5. 21.

16 [e] A ceci nous avons connu la charité, c'est qu'il a mis sa
vie pour nous; nous devons donc aussi mettre nos vies pour
nos fréres.

17 [f] Or celui qui voyant son frére avoir nécessité, lui fer-
mera ses entrailles, comment est-ce que la charité de Dieu
demeure en lui?

18 [g] Mes petits enfans, n'aimons pas de parole, ni de la
langue, mais par des effets, & en vérité.

19 Car c'est par là que nous connoissons que nous sommes
de la vérité; & nous assûrons *ainsi* nos cœurs devant lui.

20 Que si nôtre cœur nous condamne, certes Dieu est plus
grand que nôtre cœur, [h] & il connoît toutes choses.

21 Mes bien-aimez, si nôtre cœur ne nous condamne point,
nous avons assûrance envers Dieu.

22 [i] Et quoi que nous demandions, nous le recevons de
lui: parce que nous gardons ses commandemens, & que nous
faisons les choses qui lui sont agréables.

23 Et c'est ici son commandement, [k] Que nous croyions
au Nom de son Fils Jésus-Christ, [l] & que nous nous aimions
l'un l'autre, comme il nous en a donné le commandement.

24 [m] Et celui qui garde ses commandemens demeure en Jésus-Christ, & Jésus-Christ *demeure* en lui: & par ceci nous
connoissons qu'il demeure en nous, [n] *savoir* par l'Esprit qu'il
nous a donné.

e *Jean* 15.13. *Rom.* 5.8. *Eph.* 5.2.25.
f *ch.* 4.20. *Deut.* 15.7. *Luc* 3.11. *Jacq.* 2.15.
g *Jacq.* 2.15.
h 2 *Chron* 16.9. *Job* 28.24. *Prov.* 15.11. *Heb.* 4.13.
i *ch.* 5.14. *Matth.* 21.22. *Jean* 9.31. & 14.13. & 15.7. & 16.23.
k *Jean* 6.29. & 17.3.
l *vs.* 11. & *ch.* 4.12.
m *Jean* 14.23. & 15.10. *Rom.* 8.9.
n *ch.* 4.13.

CHAPITRE IV.

Eprouver les esprits, 1. *Celui-là est un Antechrist qui ne confesse pas que J. C. est venu en chair*, 3. *Dieu est charité*, 8. *J. C. est son Fils unique*, 9. *Il a fait la propiciation pour nos péchez*, 10. *Dieu nous a aimez le premier*, 19. *Celui qui n'aime pas son frére, n'aime point Dieu*, 20.

MEs bien-aimez, ne croyez point à tout esprit, mais [a] é-
prouvez les esprits, *pour savoir* s'il sont de Dieu: [b] car
plusieurs faux prophétes sont venus au monde.

2 Connoissez par ceci l'Esprit de Dieu: [c] Tout esprit qui
confesse que Jésus-Christ est venu en chair, est de Dieu.

a *Esa.* 8.20. *Jér.* 23.16. & 29.8. *Act.* 17.11. 1 *Thess.* 5.21. *Apoc.* 2.2.
b 2 *Pier* 2.1. 2 *Jean* vs. 7.
c *ch.* 2.22. & 5.1. & 2 *Jean* vs. 7.

3 [d] Et tout esprit qui ne confesse point que Jésus-Christ est d *ch.* 2. 18.
venu en chair, n'est point de Dieu. or tel est l'esprit de l'An- 22. & 2 *Jean*
techrist, duquel vous avez oüi dire qu'il viendra; & il est *vs.* 7.
même déja maintenant au monde.
4 Mes petits enfans, vous étes de Dieu, [e] & vous les avez e *ch.* 5. 4.
vaincus; parce que celui qui est en vous, est plus grand que
celui qui est au monde.
5 [f] Ils sont du monde, c'est pourquoi ils parlent du monde, f *Jean* 15. 19.
& le monde les écoute.
6 Nous sommes de Dieu; [g] celui qui connoît Dieu, nous g *Jean* 8. 47.
écoute; *mais* celui qui n'est point de Dieu, ne nous écoute & 10. 27.
point: nous connoissons à ceci l'esprit de vérité & l'esprit
d'erreur.
7 Mes bien-aimez, aimons-nous l'un l'autre: car la charité
est de Dieu; & quiconque aime, est né de Dieu, & connoît Dieu.
8 Celui qui n'aime point, n'a point connu Dieu: [h] car Dieu h *vs.* 17. &
est charité. *ch.* 2. 2. 4.
9 [i] En ceci est manifestée la charité de Dieu envers nous, & 3. 6. i *vs.* 14. &
que Dieu a envoyé son Fils unique au monde, afin que nous *ch.* 2. 2.
vivions par lui. *Jean* 3. 16. *Rom.* 5. 8.
10 En ceci est la charité, [k] non que nous ayons aimé Dieu, k *vs.* 19.
mais en ce que lui nous a aimez, & qu'il a envoyé son Fils *Jean* 15. 16. l *ch.* 2. 2.
[l] pour être la propiciation pour nos péchez. *Rom.* 3. 24. 25.
11 Mes bien-aimez, [m] si Dieu nous a ainsi aimez, nous de- 2 *Cor.* 5. 19.
vons aussi nous aimer l'un l'autre. *Col.* 1. 19. m *Jean* 15.
12 [n] Personne n'a jamais vû Dieu: si nous nous aimons l'un 12. 13. n *Exod.* 33.
l'autre, [o] Dieu demeure en nous, & sa charité est accomplie 20. 1 *Tim.* 1.
en nous. 17. & 6. 16.
13 A ceci nous connoissons que nous demeurons en lui, & o *ch.* 2. 5. & 3. 24.
lui en nous, [p] qu'il nous a donné de son Esprit. p *ch.* 3. 24.
14 [q] Et nous l'avons vû, & nous témoignons que [r] le Pére q *ch.* 1. 1. *Jean* 1. 14.
a envoyé le Fils pour être le Sauveur du monde. r *vs.* 9.
15 [s] Quiconque confessera que Jésus est le Fils de Dieu, s *Matth.* 10. 32. *Rom.* 10.
[t] Dieu demeure en lui, & lui en Dieu. 9. 10.
16 Et nous avons connu & crû la charité que Dieu a pour t *ch.* 3. 24.
nous.

nous. [u] Dieu est charité ; & [x] celui qui demeure en la charité, demeure en Dieu, & Dieu en lui.
17 En ceci est accomplie la charité envers nous, [y] afin que
nous ayons assûrance pour le jour du Jugement, [z] que tel
qu'il est, nous sommes tels en ce monde.
18 Il n'y a point de peur dans la charité, mais la parfaite
charité chasse dehors la peur: car la peur apporte de la peine; or celui qui a peur, n'est pas accompli dans la charité.
19 [a] Nous l'aimons, [1] parce qu'il nous a aimez le premier.
20 [b] Si quelqu'un dit; J'aime Dieu, & cependant il hait
son frére, il est menteur: car comment celui qui n'aime point
son frére, [2] lequel il voit, peut-il aimer Dieu, lequel il ne
voit point?
21 [c] Et nous avons ce commandement de sa part, Que celui qui aime Dieu, aime aussi son frére.

u vs. 8. x vs. 12. y *ch.* 3. 19. 21. *Jacq.* 2. 13. z *ch.* 2. 3. 1 *Pier.* 1. 15. a vs. 10. *Pse.* 27. 8. *Rom.* 11. 35. 1 Nous ne prévenons point Dieu, mais c'est Dieu qui nous prévient. b *ch.* 2. 4. & 3. 17. 2 Avec lequel il vit & commerce. c *ch.* 3. 11. 23. *Lévit.* 19. 18. *Jean* 13. 34. & 15. 12.

CHAPITRE V.

L'amour de Dieu est de garder ses Commandemens, 3. *J. C. est engendré de Dieu*, 5. *Il est venu par eau & par sang*, 6. *Il y en a trois qui rendent témoignage dans le Ciel*, 7. *Et trois en la terre*, 8. *Péché à mort*, 16. *J. C. est le vrai Dieu*, 20.

[a] QUiconque croit que Jésus est le Christ, [b] est né de Dieu:
& quiconque aime celui qui l'a engendré, aime aussi
celui qui est né de lui.
2 Nous connoissons à ceci que nous aimons les enfans de
Dieu, c'est [c] quand nous aimons Dieu, & que nous gardons
ses commandemens.
3 Car [d] c'est en ceci que consiste *nôtre* amour pour Dieu,
que nous gardions ses commandemens: & ses commandemens ne sont point [1] griefs.
4 Parce que tout ce qui est né de Dieu [e] surmonte le monde: [f] & ce qui nous fait remporter la victoire sur le monde,
c'est nôtre foi.
5 [g] Qui est celui qui surmonte le monde, sinon celui qui
croit que Jésus est [h] le Fils de Dieu?

a *ch.* 2. 22. 23. & 4. 2. 15. b *Jean* 1. 12. 13. c *ch.* 4. 21. d *ch.* 2. 5. & 3. 17. *Jean* 14. 15. 21. 23. & 15. 10. 2 *Jean* vs. 6. 1 Ou, *fâcheux* & pénibles, à un cœur qui aime. e *Prov.* 21. 15. f *ch.* 2. 13. 14. & 4. 4. *Rom.* 8. 37. g 1 *Cor.* 15. 57. h vs. 1. & *ch.* 4. 15.

6 C'est ce Jésus qui est venu par [z] eau & par sang: & non
seulement par l'eau, mais par l'eau & le sang; & c'est l'Esprit qui en témoigne: or l'Esprit est la vérité.
7 Car [i] il y [3] en a trois dans le Ciel qui rendent témoignage, le Pére, [k] la Parole, & le Saint Esprit: & ces trois-là
[l] ne sont [4] qu'un.
8 Il y en a aussi trois qui rendent témoignage en la terre,
savoir [5] l'Esprit, [6] l'eau, & le sang: & ces trois-là se rapportent à un.
9 [m] Si nous recevons le témoignage des hommes, le témoignage de Dieu est plus grand; or c'est là le témoignage de
Dieu, [n] lequel il a rendu de son Fils.
10 [o] Celui qui croit au Fils de Dieu, il a au dedans de lui-
même le témoignage de Dieu: mais celui qui ne croit point
Dieu, il l'a fait menteur: car il n'a point crû au témoignage
que Dieu a rendu de son Fils.
11 Et c'est ici le témoignage, *savoir* que Dieu nous a donné la vie éternelle: [p] & cette vie est en son Fils.
12 [q] Celui qui a le Fils, a la vie, celui qui n'a point le Fils
de Dieu, n'a point la vie.
13 Je vous ai écrit ces choses, à vous qui croyez [r] au Nom
du Fils de Dieu, [s] afin que vous sachiez que vous avez la vie
éternelle, & afin que vous croyiez au Nom du Fils de Dieu.
14 Et c'est ici l'assûrance que nous avons en Dieu, [t] que
si nous demandons quelque chose selon sa volonté, il nous
exauce.
15 Et si nous savons qu'il nous exauce, en quoi que nous
demandions, nous savons que nous obtenons les choses que
nous lui avons demandées.
16 Si quelqu'un voit son frére pécher d'un péché qui n'est
point à mort, il priera *pour lui*, & *Dieu* lui donnera la vie;
savoir à ceux qui ne péchent point à mort. [u] Il y a un péché
à mort: je ne te dis point de prier pour ce péché-là.
17 [x] Toute iniquité est péché: mais il y a quelque péché
qui n'est point à mort.

z L'eau est ici l'emblême de la Sanctification, & le sang marque nôtre Justification.
i *Matth.* 28. 19.
3 Trois personnes divines.
k *Jean* 1. 1. *Apoc.* 19. 13.
l 1 *Cor.* 12. 6.
4 Le mot Grec seroit mieux traduit par *une seule chose*, ou une seule nature.
5 L'Esprit signifie ici les dons du S. Esprit.
6 Voyez le vs. 6.
m *Jean* 5. 37. & 8. 17. 18.
n *Matth.* 3. 17. & 17. 5.
o *Jean* 3. 33. *Rom.* 8. 16.
p vs. 20. *Jean* 1. 4. & 14. 6.
q *Prov.* 8. 35. 36. *Jean* 3. 36. & 5. 24. & 6. 27. 33. 68.
r *ch.* 3. 23.
s *Jean* 20. 31.
t *ch.* 3. 22. *Jér.* 29. 12. *Matth.* 7. 8. *Jean* 14. 13. & 15. 7. & 16. 24. *Jacq.* 1. 5.
u *Matth.* 12. 31. *Marc* 3. 29. *Luc* 12. 10. *Héb.* 6. 4. & 10. 26. x *ch.* 3. 4.

18 [y] Nous savons que quiconque est né de Dieu, ne péche
point: mais celui qui est engendré de Dieu se conserve soi-
même, & le malin ne le touche point.
19 Nous savons que nous sommes *nez* de Dieu; mais tout
le monde est gisant dans le mal.
20 Or nous savons que [z] le Fils de Dieu est venu, & [a] il
nous a donné l'intelligence pour connoître le Véritable; &
nous sommes dans le Véritable, *savoir* en son Fils Jésus-
Christ: [7] il [b] est le vrai Dieu, [c] & la vie éternelle.
21 Mes petits enfans [d] gardez-vous des idoles. Amen.

y ch. 3. 6. 9. z ch. 4. 2. 1 Tim. 1. 15. a Eph. 1. 17. 18.

7 Ces mots ne se peuvent rapporter, selon la nature de la construction des termes, qu'à J. Christ: & sont une preuve formelle de sa nature divine, contre laquelle les hérétiques avoient commencé dés lors à s'élever.

b *Tite* 2. 13. *Héb.* 1. 2. *Jude* vs. 4. c vs. 11. & ch. 1. 2. d 1 *Cor.* 10. 14. 1 *Pier.* 4. 3.

II. EPISTRE DE S. JEAN APOSTRE.

L'amour de Dieu est de garder ses Commandemens, 6. *Ceux qui nient que J. C. soit venu en chair, sont des séducteurs & des antechrists,* 7. *On ne doit point les saluer,* 10.

L'ANCIEN à la Dame [1] élûe, & à ses enfans, lesquels
j'aime en vérité, & que je n'aime pas moi seul, mais aussi
tous ceux qui ont connu la vérité.
2 A cause de la vérité qui demeure en nous, & qui sera
avec nous à jamais.
3 Grace, miséricorde, & paix de par Dieu le Pére, & de
par le Seigneur Jésus-Christ, [2] le Fils du Pére, soit avec vous
en vérité, & en charité.
4 Je me suis fort réjouï d'avoir trouvé quelques-uns de tes
enfans qui marchent dans la vérité; selon le commandement
que nous en avons reçu du Pére.
5 Et maintenant, ô Dame, je te prie, [a] non comme t'é-
crivant un nouveau commandement, mais celui que nous
avons eu dés le commencement, [b] que nous ayions de la charité les uns pour les autres.

1 D'autres retiennent le mot de l'Original *Electe*, comme un nom propre.

2 Ces mots sont ainsi joints l'un à l'autre, pour marquer un fils engendré du Pére.

a 1 *Jean* 2. 7. 8. & 4. 21. b *Jean* 14. 21. 23. & 15. 12. *Eph.* 5. 2. 1 *Jean* 3. 11. & 4. 21.

6 [c] Et

6 [c] Et c'est ici la charité, que nous marchions selon ses c Jean 14.23.
commandemens: & c'est-là son commandement, afin que 24. 1 Jean 2.
comme vous avez entendu dés le commencement, vous mar- 5. & 5. 3.
chiez en lui.
7 [d] Car plusieurs séducteurs sont venus au monde, [e] qui ne d 1 Jean 4.
confessent point que Jésus-Christ est venu en chair: un tel 2. 3.
homme est un séducteur, & un antechrist. e 1 Jean 4. 3.
8 Prenez garde à vous-mêmes, afin que nous ne perdions
point ce que nous avons fait, mais que nous en recevions une
pleine récompense
9 Quiconque transgresse, & ne demeure point en la doc-
trine de Christ, n'a point Dieu: [f] celui qui demeure en la f 1 Jean 2. 23.
doctrine de Christ, a le Pére & le Fils.
10 Si quelqu'un vient à vous, & qu'il n'apporte point cette
doctrine, [g] ne le recevez point dans vôtre maison, [3] & ne le g Rom. 16. 17.
saluez point; 1 Cor. 5. 11. & 16. 22.
11 Car celui qui le salue, communique à ses mauvaises œu- Gal. 1. 8 9. 2 Tim. 3. 5.
vres. Tite 3. 10.
12 [h] Bien que j'eusse plusieurs choses à vous écrire, je ne
les ai pas voulu écrire avec du papier & de l'encre, mais j'espére d'aller vers vous, & de vous parler bouche à bouche,
afin que nôtre joye soit parfaite. h 3 Jean vs. 13.
13 Les enfans de ta sœur [4] élûe te saluent, Amen.

3 C'est-à-dire, n'ayez point de liaison étroite avec lui.

4 C'est le même mot qu'au vs. 1.

III. EPISTRE
DE S. JEAN APOSTRE.

La charité de Gaïus, 5. L'ambition de Diotréphes, 9. Le zéle de Démétrius, 12.

1 L'ANCIEN à [2] Gaïus le bien-aimé, lequel j'aime en
vérité.
2 Bien-aimé, je souhaite que tu prosperes en toutes choses,
& que tu sois en santé, comme ton ame est en prospérité.

 3 [a] Car

1 S. Jean, qui étoit fort-vieux quand il écrivit cette Lettre, se marque ici à cause de cela par ce nom d'ancien, comme il a fait dans sa seconde Epistre. 2 On ne sait point qui étoit ce Gaïus: & si c'étoit celui dont il est parlé Act. 19. 29. ou celui de Rom. 16. 23. ou tel autre,

a 2 *Jean* vs. 4. 3 [a] Car je me suis fort réjouï quand les fréres sont venus,
& ont rendu témoignage de ta sincérité, & comment tu mar-
ches dans la vérité.

4 Je n'ai point de plus grande joye que celle-ci, *qui est* d'entendre que mes enfans marchent dans la vérité.

5 Bien-aimé, tu agis fidélement en tout ce que tu fais en-
b 1 *Tim.* 3. 2. vers les fréres, [b] & envers les étrangers:
Héb. 13. 2. 6 Qui en la présence de l'Eglise ont rendu témoignage de
ta charité, & tu féras bien de les accompagner dignement,
comme il est séant selon Dieu:

c 1 *Cor* 9. 12. 15 18. 1 *Cor.* 11. 7. 8. & 12. 14. 7 Car ils sont partis pour son Nom, [c] ne prenant rien des
Gentils.

8 Nous devons donc recevoir ceux qui sont comme eux,
afin que nous aidions à la vérité.

3 C'étoit quelque Ministre superbe. 9 J'ai écrit à l'Eglise: mais [3] Diotréphes, qui aime d'être
le premier entr'eux, ne nous reçoit point.

10 C'est pourquoi, si je viens, je représenterai les actions
d 1 *Cor* 4. 12. 13. 2 *Cor.* 6. 8. 9. & 10. 10. 2 *Pier.* 2. 10. *Jude* vs. 8. qu'il commet, [d] babillant de nous par de mauvais discours,
& n'étant pas content de cela, non seulement il ne reçoit
pas les fréres, mais il empêche même ceux qui les veulent
recevoir, & les jette hors de l'Eglise.

e *Psi.* 37. 27. *Esa.* 1. 16. 1 *Pier.* 3. 11. f 1 *Jean* 3. 6. 9. 11 Bien-aimé, [e] ne suis point le mal, mais le bien: celui
qui fait bien, [f] est de Dieu: mais celui qui fait mal, n'a point
vû Dieu.

12 Tous rendent témoignage à Démétrius, & la vérité même le *lui rend*, & nous aussi lui rendons témoignage, & vous
savez que nôtre temoignage est véritable.

g 2 *Jean* vs. 12. 13 [g] J'avois plusieurs choses à écrire, mais je ne veux point
t'écrire avec de l'encre & avec la plume:

14 Mais j'espére de te voir bien-tôt, & nous parlerons
bouche à bouche.

15 La paix soit avec toi! les amis te saluent: salue les amis
nom par nom.

EPIS-

EPISTRE
CATHOLIQUE
DE S. JUDE APOSTRE.

J. C. est seul Seigneur, & nôtre Dieu, 4. *Anges apostats*, 6. *Sodome & Gomorrhe*, 7. *Michel l'Archange*, 8. *Impuretez des faux docteurs*, 12. 13. *Prophétie d'Enoc*, 15. *Exhortation*, 20-23.

JUDE [a] serviteur de Jésus-Christ, & [b] frére de Jacques,
aux appellez *qui sont* [c] sanctifiez en Dieu le Pére; & conservez par Jésus-Christ:
2 [d] Miséricorde, & paix, & dilection vous soient multipliées.
3 Mes bien-aimez, comme je m'étudie entierement à vous
écrire du salut *qui nous est* commun, il m'a été nécessaire de
vous écrire pour vous exhorter [e] à soûtenir le combat pour
la foi qui a été une fois donnée aux Saints.
4 Car quelques-uns [f] se sont glissez *parmi vous*, [g] qui dés
long-temps auparavant ont été écrits pour une telle condamnation; gens sans piété, qui changent la grace de nôtre Dieu
en dissolution, & qui renoncent [h] le seul Dominateur Jésus-
Christ [i] nôtre Dieu & Seigneur.
5 Or je veux vous faire souvenir d'une chose que vous savez déja, *c'est* que le Seigneur ayant délivré le peuple du païs
d'Egypte, [k] il détruisit ensuite ceux qui n'avoient point crû;
6 [l] Et qu'il a réservé sous l'obscurité, dans des liens éternels, jusqu'au jugement de la grande journée, les Anges qui
n'ont pas gardé leur origine, mais qui ont abandonné leur
propre demeure;
7 [m] *Et* que Sodome & Gomorrhe, & les villes voisines qui
s'étoient abandonnées en la même maniere que celles-ci, à
l'impureté, & s'étoient débordées après une autre chair,
ont été mises pour servir d'exemple, ayant reçu la punition
du feu éternel;
8 Nonobstant cela ceux-ci tout de même s'étant endormis
dans le vice, [n] souillent *leur* chair, [o] méprisent la domination, & blâment les dignitez.

a *Rom.* 1. 1. *Tite* 1. 1. *Jacq.* 1. 1. 1 *Pier.* 1. 1.
b *Marc* 6. 3. *Luc* 6. 16. *Act.* 1. 13.
c 1 *Cor.* 1. 2.
d 1 *Pier.* 1. 2. 2 *Pier.* 1. 2.
e *Act.* 11. 23. *Phil.* 1. 27. 1 *Tim.* 1. 18. & 6. 12. 2 *Tim.* 4. 7.
f *Act.* 20. 29. *Gal.* 2. 4. 2 *Tim.* 3. 6. 2 *Pier.* 2. 1.
g 1 *Pier.* 2. 8. 2 *Pier.* 2. 3.
h 1 *Cor.* 8. 6. *Eph.* 4. 5.
i *Tite* 2. 13. 2 *Pier.* 1. 1. 1 *Jean* 5. 20.
k *Nomb.* 14. 29. & 26. 64. 65. *Pse.* 106. 26. 1 *Cor.* 10. 5. *Héb.* 3. 18. 19.
l 2 *Pier.* 2. 4.
m *Gen.* 19. 24. *Esa.* 13. 19. *Jer.* 50. 40. *Osée* 11. 8. 2 *Pier.* 2. 6.
n 2 *Pier* 2. 10.
o vs. 4.

9 Et néanmoins [p] Michel l'Archange, quand il contestoit
disputant avec le diable touchant [1] le corps de Moyse, n'osa
point prononcer de sentence de malédiction, mais il dit seulement; [q] Que le Seigneur te redargue.

10 [r] Mais ceux-ci médisent de tout ce qu'ils n'entendent
point, & se corrompent en tout ce qu'ils connoissent naturellement, comme font les bêtes brutes.

11 Malheur à eux, car ils ont [s] suivi le train de Caïn, [t] &
ont couru, par un égarement *tel que celui* de Balaäm, [u] *après*
la récompense, & ont péri [x] par une contradiction *semblable*
à celle de Coré.

12 [y] Ceux-ci sont des taches [2] dans vos repas de charité,
en prenant leurs repas avec vous, & se repaissant eux-mêmes
sans crainte: [z] *ce* sont des nuées sans eau, emportées des vents
çà & là: des arbres dont le fruit se pourrit, & sans fruit,
deux fois morts, & déracinez:

13 [a] Des vagues impétueuses de la mer, écumant leurs impuretez: des étoiles errantes, à qui [b] l'obscurité des ténébres est reservée eternellement.

14 Desquels aussi Enoc, [c] septiéme homme après Adam, [3] a
prophétisé, en disant;

15 [d] Voici, le Seigneur est venu avec ses Saints, qui sont
par millions, pour donner jugement contre tous, & pour
convaincre tous les méchans d'entr'eux de toutes leurs méchantes actions qu'ils ont commises méchamment, & de toutes les paroles injurieuses que les pécheurs impies ont profé-
rées contre lui.

16 Ce sont des murmurateurs, des quereleux, [e] se conduisant selon leurs convoitises, dont [f] la bouche prononce
des discours fort enflez, & qui ont en admiration les personnes pour le profit qui leur en revient.

17 Mais vous, mes bien-aimez, souvenez-vous des paroles
qui ont été dites auparavant par les Apostres de nôtre Seigneur Jésus-Christ:

p *Dan.* 10 13. *Apoc.* 12. 7.
1 Comme le mot de *Moyse* est mis quelquefois pour signifier ses Ecrits, le *Corps de Moyse* est ici vraisemblablement ce que nous disons le *Corps de ses loix.*
q *Zach.* 3. 2. 2 *Pier.* 2. 11.
r *Act.* 19. 9. 2 *Pier.* 2. 12.
s *Gen.* 4. 8. 1 *Jean* 3. 12.
t *Nomb.* 22. 7. 21. 2 *Pier.* 2. 15. 16.
u *Tite* 1. 11.
x *Nomb.* 16. 1. 2. 3. *&c.*
y 2 *Pier.* 2. 13.
2 Gr. *dans vos agapes:* On appelloit ainsi ces sortes de repas d'union fraternelle que les premiers Chrétiens faisoient ensemble les jours de communion. 1 Cor. 11. 20. 21.
z 2 *Pier.* 2. 17.
a *Esa.* 57. 20.
b *Luc* 10. 18. 2 *Pier.* 2. 17.
c *Gen.* 5. 18.
3 Cette prédiction d'Enoc s'étoit conservée par tradition dans l'Eglise; comme celle que S. Paul alleguoit 2 Tim. 3. 8.
d *Zach.* 14. 15. *Dan* 7. 10. *Act.* 1. 11. 1 *Thess.* 1, 10. *Apoc.* 5. 11.
e vs. 4. 7. 8. 10. 11 12. 2 *Pier.* 2. 3. 10. 14. 18.
f *Pse.* 17. 10. 2 *Pier.* 2. 18.

18 Et comment ils vous disoient, [g] qu'au dernier temps il
y auroit des moqueurs, qui marcheroient selon leurs impies
convoitises.
19 [h] Ce sont ceux qui se séparent eux-mêmes, des gens sen-
suels, [i] n'ayant point [4] l'Esprit.
20 Mais vous, mes bien-aimez, vous édifiant vous-mêmes
sur vôtre trés-sainte foi, & priant par le Saint Esprit;
21 [k] Conservez-vous les uns les autres dans l'amour de Dieu,
en attendant la miséricorde de nôtre Seigneur Jésus-Christ,
pour *obtenir* la vie éternelle:
22 Et ayez pitié des uns en usant de discretion:
23 Et sauvez les autres par frayeur, les arrachant comme
hors du feu, [5] & [l] haïssez même la robe tachée par la chair.
24 [m] *Or* à celui qui est puissant pour vous garder sans broncher, & pour vous présenter irrepréhensibles devant sa gloire, avec joye:
25 [n] A Dieu, seul sage, [o] nôtre Sauveur, soit gloire &
magnificence, force, & puissance, maintenant & dans tous
les siécles, Amen.

g 1 *Tim.* 4. 1. 2 *Tim.* 3. 1. & 4. 3. 2 *Pier.* 2. 1. & 3. 3. h *Prov.* 18. 1. *Ezech.* 14. 7. *Osée* 9. 10. i *Osée* 4. 14. 1 *Cor.* 2. 14. 4 C'est-à-dire, l'Esprit de Dieu. k *Héb.* 3. 13. & 10. 24. 5 Ceci doit s'entendre figurément, pour dire, jusqu'à la moindre impureté, au même sens que S. Paul recommandoit aux Thessaloniciens, de s'abstenir de toute *apparence de mal*, 1 Thess. 5. 22. l *Apoc.* 3. 4. m *Rom.* 16. 25. *Col.* 1. 22. 1 *Thess.* 3. 13. n *Rom.* 16. 27. 1 *Tim.* 1. 17. o *Tite* 3. 4.

APOCALYPSE, OU RÉVÉLATION DE SAINT JEAN LE THÉOLOGIEN.

CHAPITRE I.

J. C. nous a faits Rois & Sacrificateurs, 6. *Sa venue dans les nuées*, 7. *Il est celui qui est, qui étoit, & qui est à venir*, 8. *Sous quelle forme il s'est fait voir à saint Jean dans une vision*, 13. *Les sept étoiles*, 20.

LA

LA Révélation de Jésus-Christ, que Dieu lui a donnée pour
découvrir à ses serviteurs les choses qui doivent arriver
bien-tôt, & qui les a fait connoître en les envoyant par son
Ange à Jean son serviteur;
2 [a] Qui a annoncé la parole de Dieu, & le témoignage de
Jésus-Christ, & toutes les choses qu'il a vûes.
3 [b] Bien-heureux est celui qui lit, & ceux qui écoutent les
paroles de cette prophétie, & qui gardent les choses qui y
sont écrites: car [1] le temps est proche.
4 Jean aux sept Eglises qui étes [2] en Asie, Grace & paix
vous *soit* de par [c] celui [3] QUI EST, & QUI ÉTOIT, &
QUI EST A VENIR, & de [4] par les [d] sept Esprits qui sont
devant son trône.
5 Et de par Jésus-Christ, qui est [e] le témoin fidéle, [f] le premier-né d'entre les morts, [g] & le Prince des Rois de la terre,
6 A lui, *dis-je*, [h] qui nous a aimez, & qui nous a [i] lavez
de nos péchez par son sang, & nous a fait [k] Rois & Sacrificateurs à Dieu son Pére, [l] à lui *soit* gloire & force aux siécles, des siécles, Amen.
7 [m] Voici, [5] il vient avec les nuées, & tout œil le verra,
[n] & [6] ceux même qui l'ont percé: & toutes les Tribus de la
terre se lamenteront devant lui: ouï, Amen.
8 [o] Je suis [7] Alpha & Omega, [p] le commencement *& la fin*,
dit le Seigneur, [q] QUI EST, & QUI ÉTOIT, & QUI EST
A VENIR, le Tout-puissant.
9 Moi Jean, *qui suis* aussi vôtre frére & compagnon en
l'affliction, & au regne, & en la patience de Jésus-Christ,
j'étois en l'Isle appellée Patmos, pour la parole de Dieu, &
pour le Témoignage de Jésus-Christ. 10 Or

a *Jean* 21. 24 1 *Jean* 1. 1. b *ch.* 22. 7. 10. *Rom.* 13. 11. *Jacq.* 5. 8. 1 *Pier.* 4. 7. 1 C'est-à-dire, le temps de la vengeance de Dieu contre la Judée: comme vs. 7. Héb. 10. 26. Jacq. 5. 8. 9. &c. 2 C'est-à-dire, dans l'Asie Mineure. c vs. 8. & *ch.* 4. 8. & 5. 8. & 11. 17. & 16 5. *Exod.* 3. 14. 3 C'est la description de l'éternité. 4 Le S. Esprit est marqué ici par ce nombre de *sept*, eu égard aux sept Eglises, parmi lesquelles il sembloit se multiplier en nombre pareil en les animant & les éclairant.

d *ch.* 3. 1. & 4. 5. & 5. 6. e *ch.* 3. 14. *Esa.* 43. 10. & 55. 4. f 1 *Cor.* 15. 20. *Col* 1. 18 g *ch.* 17. 14. & 19. 16. *Pse.* 89. 38. h *Jean* 15. 12. 13. 1 *Jean* 3. 16. i *Héb.* 9. 14. 1 *Pier.* 1. 19. 1 *Jean* 1 7. 9. k *ch.* 5. 10. & 20. 6. 1 *Pier* 1. 19. & 2. 5 9. l 2 *Pier.* 3. 18. m *Esa.* 3. 14. *Dan* 7. 13. *Matth.* 24. 30. *Jude* vs 14. 5 Cette prophétie prise de Daniel, ch. 7. n'avoit pas regardé le jugement dernier, & par conséquent elle ne le regarde pas non plus ici. n *Zach.* 12 10. *Jean* 19. 37. 6 Cela est pris de Zach. 12. 10 & n'avoit point regardé le dernier jugement. Tout le verset doit donc être expliqué de la venue de J. C. en jugement contre la Judée. o *ch.* 21. 6. & 22. 13. 7 C'est J. C. qui parle, comme il paroît par les vs. 11. 13 17. 18. & qui se donnant ici le même titre d'*éternel*, dans cette periphrase, *qui est*, *qui étoit* &c. par laquelle S. Jean a marqué l'éternité de Dieu, au vs. 4 il s'ensuit de là qu'il s'est dit le vrai Dieu. p *Esa.* 41. 4. & 44. 6. & 48. 12. q vs. 4. & *ch.* 4. 8. & 11. 17. & 16. 5.

10 Or je fus *ravi* [r] en esprit un jour de Dimanche, & j'entendis derriere moi une grande voix, comme *est le son* d'u-
ne trompette,
11 Qui disoit; [s] Je suis Alpha & Omega, le premier & le
dernier: Ecris dans un Livre ce que tu vois, & envoye-le
aux sept Eglises qui sont en Asie: *savoir* à Ephése, & à
Smyrne, & à Pergame, & à Thyatire, & à Sarde, & à
Philadelphie, & à Laodicée.
12 Alors je me tournai pour voir *celui dont* la voix avoit
parlé à moi, & m'étant tourné, je vis sept chandeliers d'or.
13 Et au milieu des [t] sept chandeliers d'or [8] un *personnage*
[u] semblable à un homme, vêtu d'une longue robe, & [x] ceint
d'une ceinture d'or à l'endroit des mammelles.
14 Et sa tête & ses cheveux *étoient* [y] blancs comme de la
laine blanche, & comme de la neige, & [z] ses yeux *étoient*
comme une flamme de feu.
15 Et ses pieds *étoient* semblables [a] à de l'airain très-luisant,
comme s'ils eussent été embrasez dans une fournaise: & sa
voix étoit [b] comme le bruit des grosses eaux.
16 Et il avoit en sa main droite [c] sept étoiles, & de sa bouche sortoit [d] une épée [e] aigue à deux trenchans; [f] & son visage étoit semblable au soleil, quand il luit en sa force.
17 Et [g] lorsque je l'eus vû, je tombai à ses pieds comme
mort, & il mit sa main droite sur moi, en me disant; Ne
crains point, je [h] suis le premier & le dernier:
18 Et [i] je vis, mais j'ai été mort, & voici, je suis vivant
aux siécles des siécles, Amen: & je tiens [k] les clefs de l'enfer & de la mort.
19 Ecris les choses que tu as vûes, celles qui sont *présentement*, & celles qui doivent arriver ensuite.
20 [l] Le mystére des sept étoiles que tu as vûes en ma main
droite, & les sept chandeliers d'or. Les sept étoiles [9] sont
[m] les Anges des sept Eglises: & les sept chandeliers que tu as
vûs, sont les sept Eglises.

r *ch.* 4. 2.
s *vs.* 8. & 17. & *ch.* 2. 8. & 22. 13.
t *ch.* 2. 1.
8 C'étoit J. C. *vs.* 18.
u *ch.* 14. 14. *Ezéch.* 1. 26. *Dan.* 7. 13.
x *ch.* 15. 6.
y *Dan.* 7. 9.
z *ch.* 2. 18. & 19. 12. *Dan.* 10. 6.
a *ch.* 2. 18.
b *ch.* 14. 2. *Esa.* 17. 12. *Ezéch.* 1. 24.
c *vs.* 20. & *ch.* 2. 1. & 3. 1.
d *ch.* 2. 12. & 19. 15. 21. *Esa.* 49. 2.
e *Héb.* 4. 12.
f *ch.* 10. 1.
g *Dan.* 8. 18. & 10. 10.
h *vs.* 8. 11. & *ch.* 2. 8.
i *Rom.* 6. 9.
k *ch.* 3. 7. & 20. 1. *Job* 12. 14. *Pse.* 68. 21. *Esa.* 22. 22.
l *vs.* 16.
9 C'est-à-dire, représentent.
m *Mal.* 2. 7.

CHAPITRE II.

Lettres écrites par le commandement de Jésus-Christ aux Pasteurs d'Ephése, de Smyrne, de Pergame, & de Thyatire. Ceux d'Ephése sont louez de leur persévérance & patience, & exhortez à la charité, 2. Ceux de Smyrne sont recommandez par leur constance, & ensuite fortifiez contre les persécutions, 8. Et ceux de Pergame & de Thyatire sont exhortez à fuïr les fausses doctrines, 12—18. &c.

ECris à [1] l'Ange de l'Eglise d'Ephése; [a] Celui qui tient les
sept étoiles en sa main droite, & qui marche au milieu
des sept chandeliers d'or, dit ces choses;
2 [b] Je connois tes œuvres, & ton travail, & ta patience,
& *je sai* que tu ne peux souffrir les méchans, & que tu as
éprouvé ceux [c] qui se disent être apostres, & ne le sont point,
& les as trouvez menteurs;
3 Et que tu as souffert, & as eu patience, & as travaillé
pour mon Nom, & ne t'és point lassé.
4 Mais j'ai *quelque chose* contre toi, c'est que tu as laissé *ta*
premiere charité.
5 C'est pourquoi souviens-toi, d'où tu és déchû, & t'en
repens, & fai les premieres œuvres; autrement [d] je viendrai
à toi bien-tôt, & j'ôterai ton chandelier de son lieu, si tu ne
te repens.
6 Mais pourtant tu as ceci, que tu hais [2] les actions des
[e] Nicolaïtes, lesquelles je hais moi aussi.
7 [f] Que celui qui a des oreilles, écoute ce que l'Esprit dit
aux Eglises. [g] A celui qui vaincra je lui donnerai à manger
[h] de l'Arbre de vie, qui est au milieu du Paradis de Dieu.
8 Ecris aussi à l'Ange de l'Eglise de Smyrne; [i] Le premier
& le dernier, qui a été mort, & qui est retourné en vie,
dit ces choses;
9 [k] Je connois tes œuvres, & ton affliction, & ta pauvreté, (mais [3] tu és riche) & le blasphéme de ceux qui se disent
être Juifs, [l] & qui ne le sont point, mais sont la Synagogue
de satan.
10 Ne crains rien des choses que tu as à souffrir. Voici,
il arrivera que le diable mettra quelques-uns de vous en prison,

1 C'étoit le Pasteur de l'Eglise d'Ephése.
a *ch.* 1. 13. 16.
b vs. 9. 13. 19. & *ch.* 3. 1. 8. 15.
c 2 *Cor.* 11. 13. 1 *Jean* 4. 2.
d vs. 16. & *ch.* 3. 3.
2 C'étoit une Secte de gens qui portoient le nom de Chrétiens, & qui le deshonoroient par leurs impuretez, & qui alloient manger avec les payens des viandes de leurs sacrifices.
e vs. 15.
f vs. 11. 17. 29. & *ch.* 3. 6. 13. 22. *Osée* 14. 10. *Matth* 10 45.
g vs. 11. 17. 26. & *ch.* 3. 5. 12. 21. *Matth.* 10. 22. 1 *Tim.* 2. 5.
h *ch.* 22. 2. *Gen.* 2. 9. 16.
i *ch.* 1. 8. 11. 17. 18.
k vs. 2.
3 Sav. en foi.
l *ch.* 3. 9. *Jean* 8. 39. *Rom.* 2. 28.

ſon, [m] afin que vous ſoyez éprouvez; & vous aurez une tribulation de dix jours. [n] Sois fidéle juſques à la mort, & je
te donnerai la couronne de vie.
11 [o] Que celui qui a des oreilles, écoute ce que l'Eſprit dit
aux Egliſes. [p] Celui qui vaincra n'aura point de mal [q] par la
mort ſeconde.
12 Ecris auſſi à l'Ange de l'Egliſe de Pergame; [r] Celui qui
a l'épée aigue à deux tranchans, dit ces choſes:
13 [ſ] Je connois tes œuvres, & où tu habites, *ſavoir* [4] là où
eſt le ſiége de ſatan, & que cependant tu retiens mon Nom,
& n'as point renoncé ma foi, non pas même lors qu'Anti-
pas, mon fidéle martyr, a été mis à mort entre vous, là où
ſatan habite.
14 Mais j'ai quelque peu de choſe contre toi; c'eſt que tu
en as là qui retiennent la doctrine de [t] Balaäm, lequel enſeignoit Balac à mettre un achoppement devant les enfans d'Iſraël, afin qu'ils mangeaſſent des choſes ſacrifiées aux idoles,
& qu'ils paillardaſſent.
15 Ainſi tu en as, toi auſſi, qui retiennent la doctrine [u] des
Nicolaïtes: ce que je hais.
16 Repens-toi: autrement [x] je viendrai à toi bien-tôt; & je
combattrai contr'eux par l'épée de ma bouche.
17 [y] Que celui qui a des oreilles, écoute ce que l'Eſprit dit
aux Egliſes. A celui qui vaincra je lui donnerai à manger de
la manne qui eſt cachée, & lui donnerai un caillou blanc, &
ſur *ce* caillou ſera écrit [z] un nouveau nom, que nul ne connoît, ſinon celui qui le reçoit.
18 Ecris auſſi à l'Ange de l'Egliſe de Thyatire, le Fils de
Dieu, [a] qui a ſes yeux comme une flamme de feu, & dont
les pieds ſont ſemblables à de l'airain trés-luiſant, dit ces
choſes;
19 Je connois tes œuvres, & *ta* charité, & ton ſervice,
& ta foi, & ta patience, & tes œuvres, & *je ſai* que les
dernieres ſurpaſſent les premieres:
20 Mais j'ai quelque peu de choſe contre toi; c'eſt que tu
ſouffres [b] que [5] *cette* femme Jézabel, qui ſe dit être prophé-
teſſe,

m *Jacq.* 1. 2.
n vs. 25. *Matth.* 10. 22. 2 *Tim.* 2. 5. & 4. 8. *Jacq.* 1. 12. 1 *Pier.* 5. 4.
o vs. 7.
p vs. 7.
q *ch.* 20. 14. & 21. 8.
r *ch.* 1. 16.
ſ vs. 2.
4 C'eſt-à-dire, de grands perſécuteurs.
t *Nomb.* 24. 14. & 25. 1. 2. & 31. 16.
u vs. 6.
x vs. 5, 12. & *ch.* 1. 16. *Job* 4. 9. *Eſa.* 11. 4. & 49. 2. 2 *Theſſ.* 2. 8.
y vs. 7.
z *ch.* 3. 12.
a *ch.* 1. 14. 15.
b 1 *Rois* 16. 31. & 21. 25. 2 *Rois* 9. 7. 22.
5 C'étoit dans l'Egliſe de Thyatire, quelque autre *Jézabel*, quelque Femme ambitieuſe, puiſſante, & de mœurs corrompues.

tesse, enseigne, qu'elle séduise mes serviteurs, pour les faire paillarder, & *leur faire* manger [c] des choses sacrifiées aux
idoles.
21 Et je lui ai donné du temps, afin qu'elle se repentît de
sa paillardise: mais elle ne s'est point repentie.
22 Voici, [6] je vais la réduire au lit, & *mettre* dans une
grande tribulation ceux qui commettent adultere avec elle,
s'ils ne se repentent de leurs œuvres.
23 Et je ferai mourir de mort ses enfans: & toutes les E-
glises connoîtront que je suis celui [d] qui sonde les reins & les
cœurs: & [e] je rendrai à chacun de vous selon ses œuvres.
24 Mais je vous dis à vous, & aux autres qui sont à Thyatire, à tous ceux qui n'ont point cette doctrine, & qui
n'ont point connu les profondeurs de satan, comme ils parlent, que je ne mettrai point sur vous d'autre charge.
25 [f] Mais retenez ce que vous avez, jusqu'à ce que je vienne.
26 Car à celui [g] qui aura vaincu, & qui aura gardé mes
œuvres jusqu'à la fin, [h] je lui donnerai puissance sur les nations:
27 [i] Et il les gouvernera avec une verge de fer, & elles seront brisées comme les vaisseaux d'un potier, selon que je
l'ai aussi reçu de mon Pére.
28 Et je lui donnerai [7] [k] l'étoile du matin.
29 [l] Que celui qui a des oreilles, écoute ce que l'Esprit dit
aux Eglises.

c *Act.* 15. 20. 1 *Cor.* 10. 19. 20.
6 C'est-à-dire, la mettre dans un état fort languissant par quelque punition exemplaire.
d 1 *Sam.* 16. 7. 1 *Chron.* 28. 9. *Psé.* 7. 10. *Jér.* 11. 20. & 17. 10. & 20. 12. *Act.* 1. 24.
e *Matth.* 16. 27. *Rom* 2. 6.
f vs. 10. & *ch.* 3. 11.
g vs. 7.
h *ch.* 3. 21. *Psé.* 2. 8.
i *Psé.* 2. 8. 9. & 45. 15.
7 J. C. promet sous ce nom de se donner lui-même avec toutes ses lumieres & ses graces.
k *ch.* 22. 16.
l vs. 7.

CHAPITRE III.

Epistres écrites par le commandement de Jésus-Christ aux Pasteurs des Eglises de Sarde, 1. *De Philadelphie,* 7. *Et de Laodicée,*

ECris aussi à l'Ange de l'Eglise de Sarde, [a] Celui [1] qui a
les sept Esprits de Dieu, [b] & les sept étoiles, dit ces
choses; [c] Je connois tes œuvres c'est que tu as le bruit de vivre, mais tu és mort.
2 Sois vigilant, & confirme le reste qui s'en va mourir: car
je n'ai point trouvé tes œuvres parfaites devant Dieu.

a *ch.* 1. 4. & 4. 5. & 5. 6.
1 C'est-à-dire, J. C. qui envoye le S. Esprit, marqué par ce nombre de sept, ch. 1. 4.
b *ch.* 1. 16.
c *ch.* 2. 2.

3 Sou-

3 Souviens-toi donc des choſes que tu as reçûes & entendues, & garde-les, & te [d] repens; mais ſi tu ne veilles, [e] je
viendrai contre toi [f] comme le larron, & tu ne ſauras point
à quelle heure je viendrai contre toi.
4 *Toutefois* tu as quelque peu de perſonnes auſſi à Sarde,
[g] qui n'ont point ſouillé leurs vêtemens, & qui marcheront
avec moi [h] en vêtemens blancs: car ils en ſont dignes.
5 Celui qui vaincra, [i] ſera vêtu de vêtemens blancs, & je
n'effacerai point ſon nom [k] du Livre de vie, [l] mais je confeſſerai ſon nom devant mon Pére, & devant ſes Anges.
6 [m] Que celui qui a des oreilles, écoute ce que l'Eſprit
dit aux Egliſes.
7 Ecris auſſi à l'Ange de l'Egliſe de Philadelphie; [n] Le
Saint & le Véritable, [o] qui à la clef de David, qui ouvre,
& nul ne ferme; qui ferme, & nul n'ouvre, dit ces choſes:
8 [p] Je connois tes œuvres: voici, je t'ai donné [q] la porte
ouverte devant toi, & perſonne ne la peut fermer. Parce
que tu as un peu de force, & que tu as gardé ma parole, &
que tu n'as point renoncé mon Nom,
9 Voici, je ferai venir ceux de [r] la Synagogue de ſatan qui
ſe diſent Juifs, & ne le ſont point, mais mentent; voici,
dis-je, je les ferai venir & ſe proſterner à tes pieds, & ils
connoîtront que je t'aime.
10 Parce-que tu as gardé la parole de ma patience, moi
auſſi je te garderai de l'heure de la tentation qui doit arriver
dans tout le monde, pour éprouver ceux qui habitent ſur la
terre.
11 [ſ] Voici, je viens bien-tôt: [t] tiens ferme ce que tu as,
afin que nul ne prenne ta couronne.
12 [u] Celui qui vaincra, je le ferai être une colomne dans
le Temple de mon Dieu, & il n'en ſortira plus: & j'écrirai
ſur lui [x] le Nom de mon Dieu, & [2] le nom de la cité de mon
Dieu, [y] qui eſt la nouvelle Jéruſalem, [3] laquelle deſcend du
Ciel de devers mon Dieu, & mon nouveau Nom.
13 Que celui qui a des oreilles, écoute ce que l'Eſprit dit
aux Egliſes.

d vs. 19.
e *ch.* 2. 5.
f *ch.* 16. 15. *Matth.* 24. 43. *Luc* 12. 39. 1 *Theſſ.* 5. 2. 2 *Pier.* 3. 10.
g *Jude* vs. 23.
h vs. 5. & *ch.* 4. 4. & 6. 11. & 7. 9.
i vs. 4.
k *ch.* 13. 8. & 17. 8. & 20. 12. & 21. 27. *Phil* 4. 3.
l *Matth.* 10. 32. *Luc* 12. 8.
m *ch.* 2. 7.
n vs. 14. & *ch.* 6. 10. & 19. 11. 1 *Jean* 5. 20.
o *ch.* 1. 18. *Job* 12. 14. *Eſa.* 9. 5. & 22. 22.
p *ch.* 2. 2.
q 1 *Cor.* 16. 9. 2 *Cor.* 2. 12. *Col.* 4. 3.
r *ch.* 2. 8. 9.
ſ *ch* 22. 7. 12.
t *ch.* 1. 3. & 2. 25. *Héb.* 10. 37.
u *ch.* 2. 7.
x *ch.* 22. 4.
2 C'eſt comme s'il diſoit, qu'il lui donneroit droit de bourgeoiſie dans le Ciel.
y *ch.* 21. 2. 10.
3 Cela veut dire, que les Fidéles ont dés ici bas les premices du bonheur céleſte.

14 Ecris aussi à l'Ange de l'Eglise de Laodicée; [z] L'Amen,
le témoin fidéle & véritable, [a] le commencement de la créature de Dieu, dit ces choses:
15 Je connois tes œuvres, c'est que tu n'és ni froid, ni
bouillant: ô si tu étois ou froid, ou bouillant!
16 Parce donc que tu és tiede, & que tu n'és ni froid, ni
bouillant, je te vomirai de ma bouche.
17 Car tu dis; [b] Je suis riche, & je suis dans l'abondance,
& je n'ai besoin de rien: mais tu ne connois pas que tu és
malheureux, [c] & misérable, & pauvre, & aveugle, & nud.
18 Je te conseille d'achetter de moi de l'or éprouvé par le
feu, afin que tu deviennes riche; & [d] des vêtemens blancs,
afin que tu sois vêtu, & [e] que la honte de ta nudité ne paroisse
point; & d'oindre tes yeux de collyre, afin que tu voyes.
19 [f] Je reprens & châtie tous ceux que j'aime: prens donc
le zéle, & te repens.
20 Voici; [g] je me tiens à la porte, & je frappe: si quelqu'un entend ma voix, & m'ouvre la porte, j'entrerai chez
lui, & je souperai [4] avec lui, & lui avec moi.
21 [h] Celui qui vaincra, [i] je le ferai asseoir avec moi dans
mon trône, ainsi que [k] j'ai vaincu, & suis assis [l] avec mon
Pére dans son trône:
22 [m] Que celui qui a des oreilles, écoute ce que l'Esprit dit
aux Eglises.

z *ch.* 1. 6. *Esa* 65. 16. a *Col.* 1. 15. b *Prov.* 26. 12. c *Prov.* 13. 7. d *ch.* 7. 13. & 19. 8. e *ch.* 16. 15. f *Job* 5. 17. *Prov.* 3. 11. 12. *Heb.* 12. 5. 6. *Jacq.* 1. 12. g *Cant.* 5. 2. 4 Ces expressions marquent la communion étroite entre J. C. & les Fidéles. h *ch.* 2. 7. i vs. 12. k *ch.* 5. 5. *Jean* 16. 33. l *ch.* 5. 6. 7. & 22. 1. *Pse.* 110. 1. m *ch.* 2. 7. &c.

CHAPITRE IV.

Seconde vision, saint Jean voit la Majesté incompréhensible de Dieu, continuellement célébrée par les quatre animaux, & par les vingt-quatre Anciens.

APrès ces choses je regardai, & voici [a] une porte *fut* ouverte au Ciel: [b] & la premiere voix que j'avois ouïe comme d'une trompette, & qui parloit avec moi, *me* dit; Monte ici, & je te montrerai les choses qui doivent arriver à l'a-
venir.
2 Et incontinent je fus ravi en esprit: [c] & voici, un trône
étoit posé au Ciel, & quelqu'un étoit assis sur le trône.

a *ch.* 19. 11. b *ch.* 1. 10. c *Ezéch.* 1. 26. & 10. 1.

3 Et

3 Et [1] celui qui y étoit assis, paroissoit semblable à une pierre de jaspe, & de sardoine; [d] & autour du trône paroissoit un
arc-en-ciel, semblable à une émeraude.
4 Et il y avoit autour du trône vingt-quatre siéges: & je
vis sur les siéges vingt-quatre Anciens assis, [e] vêtus d'habillemens blancs, ayant sur leurs têtes des couronnes d'or.
5 Et du trône sortoient des éclairs, & des tonnerres, &
des voix: [2] & il y avoit devant le trône sept lampes de feu
ardentes, qui sont [f] les sept Esprits de Dieu.
6 Et au devant du trône il y avoit [g] une mer de verre, semblable à du crystal: & au milieu du trône quatre animaux,
[3] pleins d'yeux devant & derriere.
7 Et le premier animal *étoit* semblable à un lion: & le second
animal, semblable à un veau: & le troisiéme animal avoit la
face comme un homme: & le quatriéme animal étoit semblable à une aigle volante.
8 Et les quatre animaux avoient chacun à part [h] soi six aîles
à l'entour, & par dedans ils *étoient* pleins d'yeux: & ils n'ont
point de cesse ni jour ni nuit, disant, [i] Saint, Saint, Saint
le Seigneur Dieu Tout-puissant, [k] QUI E'TOIT, & QUI
EST, & QUI EST A VENIR.
9 Or quand les animaux donnoient gloire & honneur & action de graces à celui qui étoit assis sur le trône, à celui qui
est vivant aux siécles des siécles,
10 Les vingt-quatre Anciens se prosternoient devant celui
qui étoit assis sur le trône, & adoroient celui qui est vivant
aux siécles des siécles, & ils jettoient leurs couronnes devant
le trône, en disant;
11 [l] Seigneur, tu és digne de recevoir gloire, & honneur,
& puissance: [m] car tu as créé toutes choses, & à ta volonté
elles sont, & elles ont été créées.

1 C'étoit Dieu le Pére, ch. 5. 1. 6. 7.
d *Ezéch.* 1. 28.
e *ch.* 3. 5.
2 Toute la suite de cette vision est formée sur les idées prises du Temple de Jérusalem.
f *ch.* 1. 4. & 3. 1. & 5. 6.
g *ch* 15. 2.
3 C'est l'embléme des lumieres extraordinaires des ministres de la nouvelle alliance.
h *Esa.* 6. 3.
i *Esa.* 6. 3.
k *ch.* 1. 4. 8. & 11. 17. & 16. 5.
l *ch.* 5. 12.
m *ch.* 10. 6

CHAPITRE V.

L'agneau mis à mort pour nous rachetter est seul trouvé digne d'ouvrir le livre séellé de sept seaux, lequel ne pouvoit être ouvert par aucune créature, 3. *Louange lui en est donnée par les quatre animaux, & par les vingt-quatre Anciens,* 8. *Cantique des Anges, & de tous les bienheureux en l'honneur de l'agneau,* 11—14.

PUis

PUis je vis dans la main droite [1] de celui qui étoit assis sur
le trône, [a] un Livre écrit dedans & dehors, séellé de
sept seaux.
2 Je vis aussi un Ange fort, qui crioit à haute voix; Qui
est-ce qui est digne d'ouvrir le Livre, & d'en délier les seaux?
3 Mais nul ne pouvoit [b] ni dans le Ciel, ni sur la terre, [2] ni
au dessous de la terre ouvrir le Livre, ni le regarder.
4 Et je pleurois fort, parce que personne n'étoit trouvé
digne d'ouvrir le Livre, ni de le lire, ni de le regarder.
5 Et un des Anciens me dit; Ne pleure point: voici, [3] le
lion qui est de la Tribu de Juda, [c] la racine de David, [d] a
vaincu pour ouvrir le Livre, & pour en délier les sept seaux.
6 Et je regardai, & voici il y avoit au milieu du trône &
au milieu des Anciens, un agneau qui se tenoit là comme mis
à mort, ayant sept cornes, & [e] sept yeux, qui sont les [f] sept
Esprits de Dieu, envoyez par toute la terre.
7 Et il vint, & prit le Livre de la main droite de celui qui
étoit assis sur le trône.
8 Et quand il eut pris le Livre, les quatre animaux & les
vingt-quatre Anciens [4] se prosternerent devant l'agneau, a-
yant chacun [g] des harpes & des phioles d'or, [h] pleines de
parfums [i] qui sont les prieres des Saints:
9 Et ils chantoient un nouveau cantique, en disant; [k] Tu
és digne de prendre le Livre, & d'en ouvrir les seaux: car
tu as été mis à mort, & [l] tu nous as rachettez à Dieu par ton
sang, de toute Tribu, & Langue, & peuple, & nation:
10 Et tu nous as fait [m] Rois & Sacrificateurs à nôtre Dieu:
& nous regnerons sur la terre.
11 Puis je regardai, & j'entendis la voix de plusieurs Anges autour du trône & des Anciens, & leur nombre étoit
[n] dix mille fois dix mille, & mille fois mille:
12 Et ils disoient à haute voix; [o] L'agneau qui a été mis à
mort

1 C'étoit Dieu le Pére: ch. 4. 2.
a *Ezéch.* 2. 9 10.
b vs. 13.
2 L'Ange n'alla pas chercher jusques dans les abysmes de la terre, quelqu'un pour ouvrir le livre; mais sous ces trois expressions *dans le Ciel, sur la terre, & au dessous de la terre*, il a tout compris, pour dire d'une maniere plus forte, qu'il ne s'étoit absolument trouvé personne qui fût capable d'ouvrir le livre.
3 C'est-à dire, J. C.
c *ch* 22 16. *Esa.* 11. 1. 10. *Rom.* 1. 3. & 15. 12.
d *ch* 3. 21.
e *Zach.* 3. 9 & 4. 10.
f *ch.* 1. 4. & 4. 5.
4 Cette adoration rendue à J. C. dans le Ciel, sous les yeux même de Dieu assis sur son trône, ne pourroit lui être rendue s'il n'étoit vrai Dieu: car c'est une adoration non seulement Religieuse, mais d'un caractere le plus marqué en ce genre-là qu'il se puisse: ainsi au vs. 13.
g *ch.* 14. 2. h *Pse.* 14. 1. 2. i *ch.* 8. 3. 4. k vs. 12. & *ch.* 4 11. l *ch.* 19 3. *Act.* 20. 28. 1 *Cor.* 6 20. *Eph.* 1. 7. *Col.* 1. 14. *Héb.* 2. 12. & 10. 10. 1 *Pier.* 1. 18. 19 1 *Jean* 1. 7. m *ch.* 1. 6. & 20. 6. *Exod.* 19. 6. 1 *Pier.* 2. 5. 9. n *Dan.* 7. 10. o vs. 9.

mort est digne de recevoir puissance, & richesses, & sages- [p] *Phil.* 2. 10.
se, & force, & honneur, & gloire, & louange.
13 J'entendis aussi [p] toutes les créatures qui sont au Ciel, [q] *Rom.* 11. 36. *&* 16. 27.
& en la terre, & sous la terre, & dans la mer, & toutes les *Eph.* 3. 21 *&c.*
choses qui y sont, disant; [q] A celui qui est assis sur le trône,
[5] [r] & à l'agneau, soit louange, & honneur, & gloire, & 5 Voyez la note sur le
force, aux siécles des siécles. vs. 8.
14 Et les quatre animaux disoient, Amen: & les vingt- [r] *ch.* 1. 6.
quatre Anciens se prosternerent & adorerent *celui qui est* vi- *Gal.* 1. 5. *Héb.* 13. 21.
vant aux siécles des siécles. 1 *Pier.* 3. 18.

CHAPITRE VI.

L'agneau ouvrant les six premiers seaux du Livre, le monde est puni par guerre, famine, & mortalité, 1. *La plainte des ames de ceux qui ont eté tuez pour le témoignage de la vérité étant oüie, le Seigneur les console,* 9. *Plusieurs signes paroissent au Ciel,* 13.

ET quand l'agneau eut ouvert l'un des seaux, je regardai,
& j'entendis l'un des quatre animaux, qui disoit, comme avec une voix de tonnerre; Viens, & vois.
2 Et je regardai, [a] & je vis un cheval blanc: & celui qui [a] *ch.* 19. 11.
étoit monté dessus avoit un arc, & il lui fut donné une cou- 14. *Zach.* 1. 8
ronne; & il sortit victorieux, & afin de vaincre.
3 Et quand il eut ouvert le second seau, j'entendis le second
animal, qui disoit, Viens, & vois.
4 Et il sortit un autre cheval, qui étoit [b] roux: & il fut [b] *Zach.* 1. 8.
donné à celui qui étoit monté dessus, de pouvoir ôter la paix *&* 6. 2.
de la terre, afin qu'on se tue l'un l'autre: & il lui fut donné une grande épée.
5 Et quand il eut ouvert le troisiéme seau, j'entendis le
troisiéme animal, qui disoit, Viens, & vois; Et je regar-
dai, & je vis un cheval [c] noir, & celui qui étoit monté des- [c] *Zach.* 6. 2.
sus avoit une balance en sa main.
6 Et j'entendis au milieu des quatre animaux, une voix qui disoit, Le chenix de froment pour un dénier, & les trois chenix [d] *ch.* 9. 4.
d'orge pour un dénier, [d] mais ne nuis point au vin, ni à l'huile.
7 Et quand il eut ouvert le quatriéme seau, j'entendis la
voix du quatriéme animal, qui disoit; Viens, & vois.

8 Et je regardai, & je vis un cheval fauve: & celui qui
étoit monté dessus avoit nom la Mort, & l'Enfer suivoit a-
près lui: & il leur fut donné puissance sur la quatriéme partie de la terre, pour tuer avec l'épée, & par la famine, &
& par la mortalité, & par les bêtes sauvages de la terre.
9 Et quand il eut ouvert le cinquiéme seau, je vis sous l'au-
e *ch.* 1. 9. & 20. 4. tel les ames de ceux qui avoient été tuez [e] pour la parole de
f *ch.* 19. 10. Dieu, [f] & pour le témoignage qu'ils avoient maintenu.
10 Et elles croient à haute voix, disant; Jusqu'à quand,
g *ch.* 3. 7. Seigneur, qui és [g] saint & véritable, ne juges-tu point, & ne
h *ch.* 3. 5. & 7. 9. 14. venges-tu point nôtre sang de ceux qui habitent sur la terre?
11 [h] Et il leur fut donné à chacun des robes blanches, &
leur fut dit qu'ils se reposassent encore un peu de temps, jusqu'à ce que leurs compagnons de service, & leurs fréres qui
doivent être mis à mort comme eux, soient accomplis.
12 Et je regardai quand il eut ouvert le sixiéme seau, &
i *Joël* 2. 10. 31. & 3. 15. *Matth.* 24. 29. *Act.* 2. 20. voici, il se fit un grand tremblement de terre, & [i] le soleil
devint noir comme un sac fait de poil, & la lune devint tou-
te comme du sang.
13 Et les étoiles du ciel tomberent sur la terre, comme
k *Nahum* 3. 12. [k] lors que le figuier étant agité par un grand vent, laisse tomber ses figues *encore* vertes.
l *ch.* 16. 20. *Pse.* 102. 27. *Esa.* 34. 4. *Héb.* 1. 12.
14 Et [l] le ciel se retira comme un Livre qu'on roule: &
toutes les montagnes, & les Isles furent remuées de leurs
places.
15 Et les Rois de la terre, & les Princes, & les riches, &
les capitaines, & les puissans, & tout esclave, & tout *hom-*
m *Esa.* 2. 19. *me* libre [m] se cacherent dans les cavernes, & entre les rochers des montagnes.
n *ch.* 9. 6. *Esa.* 2. 19. *Osée* 10. 8. *Luc* 23. 30.
16 [n] Et ils disoient aux montagnes & aux rochers; Tombez sur nous, & cachez-nous devant la face de celui qui est
assis sur le trône, & devant la colére de l'agneau:
17 Car la grande journée de sa colére est venue; & qui est-
ce qui pourra subsister?

CHA-

CHAPITRE VII.

Le nombre des élûs de Dieu marquez, 4. Cantique des bienheureux, 9. Et ceux qui sont venus de la grande tribulation, 14.

APrès cela je vis quatre Anges qui se tenoient aux quatre
coins de la terre, & qui retenoient les quatre vents de
la terre, afin qu'aucun vent ne soufflât sur la terre, ni sur la
mer, ni sur aucun arbre.
2 Puis je vis un autre Ange qui montoit du côté de l'Orient,
tenant le seau du Dieu vivant, & il cria à haute voix aux
quatre Anges qui avoient eu ordre de nuire à la terre, & à
la mer,
3 *Et leur* dit: Ne nuisez point à la terre, ni à la mer, ni
aux arbres, [a] jusqu'à ce que nous ayons marqué les serviteurs [a] *ch.* 9. 4.
de nôtre Dieu sur leurs fronts. *Ezéch.* 9. 4.
4 [b] Et j'entendis que le nombre des marquez étoit de cent [b] *ch.* 14. 1.
quarante quatre mille, qui furent marquez de toutes les Tribus des enfans d'Israël:
5 *Savoir* de la Tribu de Juda, douze mille marquez: de la
Tribu de Ruben, douze mille marquez: de la Tribu de Gad,
douze mille marquez:
6 De la Tribu d'Aser, douze mille marquez: de la Tribu
de Nephtali, douze mille marquez: de la Tribu de Manassé,
douze mille marquez:
7 De la Tribu de Simeon, douze mille marquez: de la
Tribu de Lévi, douze mille marquez: de la Tribu d'Issachar,
douze mille marquez:
8 De la Tribu de Zabulon, douze mille marquez: de la
Tribu de Joseph, douze mille marquez: de la Tribu de Benjamin, douze mille marquez.
9 Après cela, je regardai, & voici [c] une grande multitude [c] *Esa.* 2. 42.
de gens, que personne ne pouvoit compter, de toutes na-
tions, & Tribus, & peuples, & Langues, lesquels se te-
noient devant le trône, & en la présence de l'agneau, [d] vê- [d] *vs.* 14 &
tus de robes blanches, & ayant des palmes en leurs mains: *ch.* 3. 5. 18.
& 6. 11.

e *Pse.* 3. 9. 10 Et ils crioient à haute voix, en disant; [e] Le salut est
Esa 43 11. de nôtre Dieu, qui est assis sur le trône, & de l'agneau.
Jér. 3. 23.
Osée 13. 4. 11 Et tous les Anges se tenoient autour du trône, & des
Anciens, & des quatre animaux, & ils se prosternerent devant
le trône sur leurs faces, & adorerent Dieu.
12 En disant; Amen: Louange, & gloire, & sagesse, &
actions de graces, & honneur, & puissance, & force soient
à nôtre Dieu, aux siécles des siécles, Amen.
13 Alors un des Anciens prit la parole, & dit; Ceux-ci,
qui sont vêtus de longues robes blanches, qui sont-ils, &
d'où sont-ils venus?
14 Et je lui dis, Seigneur, tu le sais. Et il me dit; Ce sont
f *ch.* 1. 5. *Esa.* ceux qui sont venus de la grande tribulation, [f] & qui ont la-
1. 18. *Héb.* 9. vé & blanchi leurs longues robes au sang de l'agneau.
4. 1 *Jean* 1. 7.
g *Esa.* 4. 5. 6. 15 [g] C'est pourquoi ils sont devant le trône de Dieu, & le
servent jour & nuit dans son Temple: & celui qui est assis
sur le trône habitera avec eux.
h *Pse* 121. 6 16 [h] Ils n'auront plus de faim ni de soif, & le soleil ne frap-
Esa. 49. 10. pera plus sur eux, ni aucune chaleur.
17 Car l'agneau qui est au milieu du trône les paîtra, & les
i *Pse.* 23. 1. conduira [i] aux vives fontaines des eaux: [k] & Dieu essuyera
k *ch.* 21. 4.
Esa. 25. 8. toutes les larmes de leurs yeux.

CHAPITRE VIII.

Le septiéme seau est ouvert, 1. Les parfums sont offerts devant Dieu avec les prieres des Saints, 4. Les quatre premiers Anges sonnant de leurs trompettes, le feu tombe du Ciel, la mer devient sang, les eaux sont renduës ameres, & les étoiles sont obscurcies, 7–12.

ET quand il eut ouvert le septiéme seau, il se fit un silence au ciel d'environ une demie heure.
2 Et je vis les sept Anges qui assistent devant Dieu, ausquels
furent données sept trompettes.
1 C'étoit J C. 3 Et [1] un autre Ange vint, & se tint devant l'autel, ayant
un encensoir d'or, & plusieurs parfums lui furent donnez
a *ch.* 5. 8. & [a] pour offrir avec les prieres de tous les Saints, sur l'autel d'or
6. 9. & 9. 13.
& 14. 18. qui est devant le trône.

4 [b] Et

4 [b] Et la fumée des parfums avec les prieres des Saints mon- b *Pſ.* 141. 2.
ta de la main de l'Ange devant Dieu.
5 Puis l'Ange prit l'encenſoir, & l'ayant rempli du feu de
l'autel, il le jetta en la terre: & il ſe fit des tonnerres & des
voix, & des éclairs, & un tremblement de terre.
6 Alors les ſept Anges qui avoient les ſept trompettes, ſe
préparerent pour ſonner des trompettes.
7 Et le premier Ange ſonna de la trompette, & il ſe fit de
la grêle & du feu, mêlez de ſang, qui furent jettez en la terre: & la troiſiéme partie des arbres fut brûlée, & toute herbe verte auſſi fut brûlée.
8 Et le ſecond Ange ſonna de la trompette: & *je vis* comme une grande montagne ardente de feu, qui fut jettée en la
mer: & la troiſiéme partie de la mer devint du ſang.
9 Et la troiſiéme partie des créatures vivantes qui *étoient* en
la mer, mourut: & la troiſiéme partie des navires périt.
10 Et le troiſiéme Ange ſonna de la trompette, & il tomba du ciel une grande étoile ardente comme un flambeau,
& elle tomba ſur la troiſiéme partie des fleuves, & dans les
fontaines des eaux.
11 Le nom de l'étoile eſt Abſynte; & la troiſiéme partie
des eaux devint abſynte, & pluſieurs des hommes moururent
par les eaux, à cauſe qu'elles étoient devenues ameres.
12 Puis le quatriéme Ange ſonna de la trompette: & la troiſiéme partie du ſoleil fut frappée, & la troiſiéme partie auſſi
de la lune, & la troiſiéme partie des étoiles, de ſorte que la
troiſiéme partie en fut obſcurcie; & la troiſiéme partie du
jour fut privée de la lumiere, & *la troiſiéme partie* de la nuit
fut tout de même ſans clarté.
13 Alors je regardai, & j'entendis un Ange [c] qui voloit par c *ch.* 14. 6.
le milieu du ciel, & qui diſoit à haute voix; Malheur, malheur, malheur aux habitans de la terre, à cauſe du ſon des
trompettes des trois autres Anges qui doivent ſonner de la
trompette.

CHAPITRE IX.

Le cinquiéme Ange ayant sonné de la trompette, une étoile tombe du Ciel, 1. Il sort du puits de l'abysme des sauterelles, 3. Quatre Anges sont déliez, qui conduisent la gendarmerie pour tuer les méchans, 14. Mais les hommes ne se repentent pas pour cela, 20.

a *ch.* 17. 8. *Luc* 8. 31.

ALors le cinquiéme Ange sonna de la trompette, [a] & je
vis une étoile qui tomba du ciel en la terre, & la clef du
puits de l'abysme lui fut donnée.

2 Et il ouvrit le puits de l'abysme: & une fumée monta du
puits comme la fumée d'une grande fournaise: & le soleil &
l'air furent obscurcis de la fumée du puits.

3 Et de la fumée du puits il sortit des sauterelles *qui se répandirent* par la terre, & il leur fut donné une puissance
semblable à la puissance qu'ont les scorpions de la terre.

b *ch.* 6. 6. & 7. 3. *Ezéch.* 9. 4.

4 [b] Et il leur fut dit, qu'elles ne nuisissent point à l'herbe de
terre: ni à aucune verdure, ni à aucun arbre, mais seulement aux hommes qui n'ont point la marque de Dieu sur leurs
fronts.

5 Et il leur fut permis non de les tuer, mais de les tourmenter durant cinq mois; & leurs tourmens sont semblables aux
tourmens que donne le scorpion quand il frappe l'homme.

c *ch.* 6. 16. *Isa.* 2. 19. *Jér.* 8. 3. *Osée* 10. 8. *Luc* 23. 30. d *Exod.* 10. 4. *Joël* 2. 4. *Sap.* 16. 9.

6 [c] Et en ces jours-là les hommes chercheront la mort, mais
ils ne la trouveront point: & ils désireront de mourir, mais
la mort s'enfuira d'eux.

7 [d] Or la forme des sauterelles étoit semblable à des chevaux préparez pour la bataille, & sur leurs têtes il y avoit
comme des couronnes semblables à de l'or, & leurs faces
étoient comme des faces d'hommes.

e *Joël* 1. 6.

8 [e] Et elles avoient les cheveux comme des cheveux de
femmes: & leurs dents étoient comme des dents de lions.

9 Et elles avoient des cuirasses comme des cuirasses de fer:
& le bruit de leurs aîles *étoit* comme le bruit des chariots,
quand plusieurs chevaux courent au combat.

10 Et elles avoient des queues semblables *à des queues* de
scorpions, & avoient des aiguillons en leurs queues; & leur
puissance *étoit* de nuire aux hommes durant cinq mois.

11 [f] Et

11 [f] Et elles avoient pour Roi au dessus d'elles l'Ange de
l'abysme, qui a nom en Hébreu, Abaddon, & dont le nom
est en Grec, [1] Apollyon.
12 [g] Un malheur est passé, & voici venir encore deux malheurs après celui-ci.
13 Alors le sixiéme Ange sonna de sa trompette, & j'entendis une voix *sortant* des quatre cornes de l'autel d'or qui
est devant la face de Dieu,
14 Laquelle dit au sixiéme Ange qui avoit la trompette,
[h] Délie les quatre Anges qui sont liez sur le grand fleuve Euphrate.
15 On délia donc les quatre Anges qui étoient prêts pour
l'heure, & le jour, & le mois, & l'année; afin de tuer la
troisiéme partie des hommes.
16 [i] Et le nombre de l'armée à cheval *étoit* de vingt mille fois
dix mille: car j'entendis *que c'étoit là* leur nombre.
17 Et je vis aussi dans la vision les chevaux, & ceux qui
étoient montez dessus, ayant des cuirasses de feu, d'hyacinthe, & de soulphre: & les têtes des chevaux *étoient* comme
des têtes de lions, & de leur bouche sortoit du feu, & de la
fumée, & du soulphre.
18 La troisiéme partie des hommes fut tuée par ces trois
choses, *savoir* par le feu, & par la fumée, & par le soulphre qui sortoient de leur bouche.
19 Car leur puissance étoit dans leur bouche & dans leurs
queues: & leurs queues *étoient* semblables à des serpens, &
elles avoient des têtes, par lesquelles elles nuisoient.
20 Mais le reste des hommes qui ne furent point tuez par
ces playez, ne se repentit pas des œuvres de leurs mains,
pour ne point [k] adorer les diables, & les idoles d'or, & d'argent, & de cuivre, & de pierre, & de bois, qui ne peuvent ni voir, ni ouïr, ni marcher.
21 Ils ne se repentirent point aussi de leurs meurtres, ni de
leurs empoisonnemens, ni de leurs paillardises, ni de leurs
larcins.

f vs. 1.

1 C'est un nom mystérieux, qui signifie, *celui qui entraine dans la perdition.*

g *ch.* 8. 13.

h *ch.* 7. 1.

i *Pse.* 68. 18. *Dan.* 7. 10.

k *Lévit.* 17. 7. *Deut.* 31. 17. *Pse.* 115. 4. 5. & 135. 15.

CHA-

CHAPITRE X.

L'Ange qui tenoit un pied sur la mer & l'autre sur la terre, ayant crié, les sept tonnerres proférerent leurs voix: & l'accomplissement des mystéres de Dieu ayant eté dénoncé; 8. Jean par le commandement du Seigneur dévore le Livre qui étoit en la main de l'Ange.

1 J. C. ALors je vis [1] un autre Ange puissant, qui descendoit du
a *ch.* 1. 16. ciel, environné d'une nuée, sur la tête duquel étoit
b *Matth.* 17. l'arc-en-ciel, [a] & son visage étoit [b] comme le soleil, & [c] ses
2. pieds comme des colomnes de feu.
c *ch.* 1. 15. 2 Et il avoit en sa main un petit Livre ouvert, & il mit son
pied droit sur la mer, & le gauche sur la terre;
3 Et il cria à haute voix, comme lors qu'un lion rugit: &
quand il eut crié, les sept tonnerres firent entendre leurs
d *Dan.* 8. 26. & 12. 4. 9. voix.
4 Et après que les sept tonnerres eurent fait entendre leurs
voix, j'allois *les* écrire: mais j'entendis une voix du ciel qui
me disoit; [d] Cachette les choses que les sept tonnerres ont
fait entendre, & ne les écris point.
5 Et l'Ange que j'avois vû se tenant sur la mer & sur la ter-
e *Dan.* 12. 7. re, [e] leva sa main vers le ciel,
6 Et jura par celui qui est vivant aux siécles des siécles, lequel a créé le ciel avec les choses qui y sont, & la terre avec
les choses qui y sont, & la mer avec les choses qui y sont,
qu'il n'y auroit plus de temps;
7 Mais qu'aux jours de la voix du septiéme Ange, quand
f *ch.* 11. 15. il commencera à sonner de la trompette, [f] le mystére de
Dieu sera consommé, comme il l'a déclaré à ses serviteurs
les Prophétes.
8 Et la voix du ciel que j'avois ouïe, me parla encore, &
me dit; Va, & prens le petit Livre ouvert, qui est en la
main de l'Ange qui se tient sur la mer & sur la terre.
9 Je m'en allai donc vers l'Ange, & lui dis; Donne-moi le
g *Ezéch.* 3. 1. 2. 3. petit Livre; & il me dit; [g] Prens-le, & le dévore: & il mettra l'amertume dans ton ventre, mais il sera doux dans ta
bouche, comme du miel.
10 Je pris donc le petit Livre de la main de l'Ange, & le dé-
vorai,

vorai: il étoit doux dans ma bouche comme du miel: mais
quand je l'eus dévoré, l'amertume fut dans mon ventre.
11 Alors il me dit; Il faut que tu prophétises encore à plusieurs peuples, & *à plusieurs* nations, & Langues, & Rois.

CHAPITRE XI.

Le Temple de Dieu mesuré par Jean, 1. *Les deux témoins tuez par la bête, ressuscitent, & sont élevez au Ciel,* 3-14. *Le septiéme Ange sonne de la trompette, & tous les Royaumes sont réduits sous la puissance de Dieu & de J. C.* 15 *Le Temple de Dieu est ouvert au Ciel,* 19.

[a] ALors il me fut donné un roseau semblable à une verge,
& il se présenta un Ange, qui me dit; Leve-toi & mesure le Temple de Dieu, & l'autel, & ceux qui y adorent.
2 Mais laisse à l'écart [b] le parvis [1] qui est hors du Temple,
& ne le mesure point; car il est donné [2] aux Gentils; & ils
fouleront aux pieds la sainte Cité durant [c] quarante-deux mois.
3 [d] Mais je *la* donnerai à mes [3] deux Témoins qui prophétiseront durant mille deux cens soixante jours, & ils seront
vêtus de sacs.
4 [e] Ceux-ci sont les deux oliviers; & les deux chandeliers,
qui se tiennent en la présence du Seigneur de la terre.
5 Que si quelqu'un leur veut nuire, le feu sort de leur bouche, & dévore leurs ennemis: car si quelqu'un leur veut nuire, il faut qu'il soit ainsi tué.
6 Ceux-ci ont le pouvoir de fermer le ciel, [f] afin qu'il ne
pleuve point durant les jours de leur prophétie; [g] ils ont aussi le pouvoir de changer les eaux en sang, & de frapper la
terre de toute sorte de playe, toutes les fois qu'ils voudront.
7 [h] Et quand ils auront achevé *de rendre* leur témoignage,
la bête qui monte de l'abysme leur fera la guerre, & les vaincra, & les tuera,
8 [i] Et leurs corps morts *seront étendus* dans les places de [4] la
grande Cité, [k] qui est appellée spirituellement [5] Sodome, &
Egypte; où aussi [6] nôtre Seigneur a été crucifié.

a *Ezéch* 40. 3. & *ch.* 41. 42. & 43.
b *Ezéch.* 40. 17. & 42. 1.
1 C'est-à-dire, hors du parvis du peuple dont il étoit séparé par un petit mur peu élevé: mais ce parvis, ou cette cour, étoit pourtant dans l'enclos qui fermoit de toutes parts les bâtimens du Temple.
2 Le S Esprit appelle ainsi dans un sens de metaphore les peuples de la grande Cité superstitieux & idolatres comme elle..
c *ch.* 13. 5.
d *ch.* 12. 6.
3 Le nombre de deux est mis ici pour un petit nombre, parce qu'il est dit, ch. 13. 3. que *tout le monde couroit après la bête.*
e *Zach.* 4. 2, 3. 11. 14. f 1 *Rois* 17. 1. g *Exod.* 7. & 8. & 9. & 10. & 12. h *ch.* 13. 1. 7. 11. *Dan.* 7. 21. i *ch.* 18. 2. 4 C'est celle dont il est parlé au ch. 17. 8. & ch. 18 10. k *ch.* 17. 2. 5. & 18. 10. 5 *Sodome* par ses abominations, ch. 17. 5. & *Egypte*, par ses persécutions contre le peuple de Dieu, ch. 17. 6. 7 J. C. est crucifié en la personne de ses membres, comme il se disoit persécuté par *Saul*; Act. 9. 5.

9 Et ceux des Tribus, & des peuples, & des Langues, &
des nations verront leurs corps morts durant trois jours &
demi, & ils ne permettront point que leurs corps morts soient
mis dans des sépulchres.

10 Et les habitans de la terre en seront tout joyeux, & en
feront des réjouïssances, & s'envoyeront des présens les uns
aux autres; parce que ces deux Prophétes auront tourmenté ceux qui habitent sur la terre.

11 Mais après ces trois jours & demi, l'Esprit de vie *venant*
de Dieu entra en eux, & ils se tinrent sur leurs pieds, & u-
ne grande crainte saisit ceux qui les virent.

12 Après cela ils ouïrent une grande voix du ciel, leur disant; Montez ici: & ils monterent au ciel sur une nuée; &
leurs ennemis les virent.

13 Et à cette même heure-là il se fit un grand tremblement
de terre; & la dixiéme partie de la Cité tomba, & il fut tué
en ce tremblement de terre le nombre de sept mille hommes: & les autres furent épouvantez, & donnerent gloire
au Dieu du ciel.

l ch. 8. 13. & 9. 12. & 15. 1. 14 [l] Le second malheur est passé: & voici, le troisiéme
malheur viendra bien-tôt.

m ch. 10. 7. 15 [m] Le septiéme Ange donc sonna de la trompette, & il
se fit au ciel de grandes voix, qui disoient; Les Royaumes
du monde sont réduits à nôtre Seigneur, & à son Christ, &
il regnera aux siécles des siécles.

n ch. 4. 4. 10. & 5. 8. 16 [n] Alors les vingt-quatre Anciens qui sont assis devant
Dieu dans leurs siéges, se prosternerent sur leurs faces, &
adorerent Dieu,

17 En disant; Nous te rendons graces, Seigneur Dieu
tout-puissant, [o] QUI E'S, & QUI E'TOIS, & QUI E'S A
o ch. 1. 4. 8. & 4. 8. & 16. 5. & 19. 6. VENIR, de ce que tu as pris ta grande puissance, & que tu
as commencé ton Regne:

18 Et les nations se sont irritées, mais ta colére est venue,
& le temps des morts est venu pour être jugez, & pour donner la récompense à tes serviteurs les Prophétes, & aux Saints,
& à ceux qui craignent ton Nom, petits & grands, & pour
détruire ceux qui détruisent la terre.

19 [p] Alors

19 [p] Alors le Temple de Dieu fut ouvert au ciel, & [7] l'Arche de son alliance fut vûe dans son Temple: & il se fit des
éclairs, & des voix, & des tonnerres, & un tremblement
de terre, & une grande grêle.

p *ch.* 15. 5.
7 Cela vouloit dire, que Dieu donneroit à son Eglise presécutée de grandes marques de son amour & de sa protection.

CHAPITRE XII.

Vision de la femme enceinte, au fils de laquelle le dragon dresse des embûches, 1. Le fils est ravi à Dieu, & la femme gardée au desert, 5. Et le dragon, vaincu par Michel & ses Anges, est jetté en bas du ciel, 7. Là où il persécute la femme, & ceux de sa semence, 13.

ET un grand signe parut au Ciel, *savoir* une femme [1] re-
vêtue du soleil, sous les pieds de laquelle étoit [2] la lune,
& sur sa tête une couronne de douze étoiles:
2 Elle étoit enceinte, & crioit étant en travail d'enfant,
souffrant les grandes douleurs de l'enfantement.
3 Il parut aussi un autre signe au ciel, & voici un grand
dragon roux, ayant sept têtes & dix cornes, & sur ses têtes
sept diademes;
4 Et sa queue traînoit la troisiéme partie des étoiles du ciel,
lesquelles il jetta en la terre: puis le dragon s'arrêta devant la
femme qui devoit enfanter, afin de dévorer son enfant, dés
qu'elle auroit enfanté.
5 Et [3] elle enfanta un enfant mâle, [a] qui doit gouverner
toutes les nations avec une verge de fer; & son enfant fut
enlevé vers Dieu, & vers son trône.
6 [b] Et la femme s'enfuït dans un desert, où elle a un lieu
préparé de Dieu, afin qu'on la nourrisse là mille deux cens
soixante jours,
7 Et il y eut une bataille au ciel, [4] [c] Michel & ses Anges
combattoient contre le dragon; & le dragon & [d] ses Anges
combattoient.
8 Mais ils ne furent pas les plus forts, & leur [e] place ne fut
plus trouvée dans le ciel.
9 Et le grand dragon, [f] le serpent ancien, appellé le diable

1 C'est-à-dire, environnée d'une lumiere éclatante: cette femme est l'Eglise Chrétienne.
2 La lune est ici l'emblême de l'Eglise Judaïque.
3 Ce mot doit être entendu ici figurément de la prédication de l'Evangile, par laquelle J. C. qui est cét enfant mâle, a été comme enfanté dans le monde: conf. avec Gal. 4. 10.
a *ch.* 2. 27. *&* 19. 15. *Pse.* 2. 9.
b *ch.* 11. 3.
4 Ce nom marque J. C.
c *Dan.* 10. 13. 21. *&* 12. 1. *Jude vs.* 9.
d *Matth.* 25. 41. e *Dan.* 2. 35. f *ch.* 20. 2. *Gen.* 3. 1. 4. *Luc* 10. 18. *Jean* 12. 31.

ble & satan, qui séduit le monde, fut précipité en la terre,
& ses anges furent précipitez avec lui.
10 Alors j'ouïs une grande voix dans le ciel, qui disoit;
Maintenant est le salut, & la force, & le regne de nôtre
g *Job* 1. 9. Dieu, & la puissance de son Christ: [g] car l'accusateur de nos
& 2. 5. *Zach.* 3. 1. fréres, qui les accusoit devant nôtre Dieu jour & nuit, a été
1 *Pier* 5. 8. précipité.
h *Rom.* 16.20. i *Rom.* 8. 33. 11 [h] Et ils l'ont vaincu à cause du sang de l'agneau, & à
34. 37. cause de la parole de leur témoignage, [i] & ils n'ont point aimé leurs vies, *mais les ont exposées* à la mort.
k *Psé.* 96. 11. *Esa.* 49. 13. 12 [k] C'est pourquoi réjouïssez-vous, cieux, & vous qui y
l *ch.* 8. 13. habitez: [l] *mais* malheur *à vous* habitans de la terre & de la
mer; car le diable est descendu vers vous en grande fureur;
sachant qu'il a peu de temps.
13 Or quand le dragon eut vû qu'il avoit été jetté en la terre, il persécuta la femme qui avoit enfanté *l'enfant* màle.
m *ch.* 12. 6. *Dan.* 7. 25. 14 [m] Mais deux aîles d'une grande aigle furent données à la
& 12. 7. femme, afin qu'elle s'envolàt de devant le serpent en son lieu,
où elle est nourrie par un temps, & par des temps, & par la
moitié d'un temps.
15 Et le serpent jetta de sa gueule de l'eau comme un fleuve après la femme, afin de la faire emporter par le fleuve.
16 Mais la terre aida à la femme: car la terre ouvrit sa bouche, & elle engloutit le fleuve que le dragon avoit jetté de
sa gueule.
17 Alors le dragon fut irrité contre la femme, & s'en alla
faire la guerre contre les autres qui sont de la semence de la
n 1 *Jean* 5. 10. femme, [n] qui gardent les commandemens de Dieu, & qui
ont le témoignage de Jésus-Christ.
18 Et je me tins sur le sable de la mer.

CHAPITRE XIII.

Description de la bête montant de la mer, à laquelle le dragon donne sa puissance, 11 Et d'une autre bête sortant de la terre, laquelle établit l'autorité de la premiere bête.

a ET

[a] ET je vis monter [b] de la mer [1] une bête qui avoit sept têtes & dix cornes, & sur ses cornes dix diademes; &
sur ses têtes [2] un nom de blasphéme.
2 [c] Et la bête que je vis étoit semblable à un léopard, &
ses pieds étoient comme les pieds d'un ours, & sa gueule
comme la gueule d'un lion: & le dragon lui donna sa puissance, & son trône, & une grande autorité.
3 [d] Et je vis l'une de ses têtes comme blessée à mort, mais
sa playe mortelle fut guérie: & toute la terre en étant dans
l'admiration alla après la bête.
4 [e] Et ils adorerent [3] le dragon qui avoit donné pouvoir à
la bête, & ils adorerent aussi la bête, en disant; Qui est
semblable à la bête, & qui pourra combattre contr'elle?
5 [f] Et il lui fut donné une bouche qui proféroit de grandes
choses, & des blasphémes; & il lui fut aussi donné le pouvoir d'accomplir quarante deux mois.
6 Et elle ouvrit sa bouche en blasphémes contre Dieu, blas-
phémant son Nom, & son tabernacle, & ceux qui habitent
au ciel.
7 [g] Et il lui fut donné de faire la guerre aux Saints, & de
les vaincre: il lui fut aussi donné puissance sur toute Tribu,
& Langue, & nation.
8 De sorte qu'elle sera adorée par tous ceux qui habitent
sur la terre, desquels les noms ne sont point écrits [h] au Livre
de vie de l'Agneau [4], immolé dés la fondation du monde.
9 [i] Si quelqu'un a des oreilles, qu'il écoute.
10 Si quelqu'un mene en captivité, il sera mené en captivité; [k] si quelqu'un tue avec l'épée, il faut qu'il soit lui-même tué avec l'épée. [l] Ici est la patience & la foi des Saints.
11 [m] Puis je vis [5] une autre bête qui montoit de la terre, &
qui avoit deux cornes semblables [6] à celles de l'Agneau; mais
elle parloit comme le dragon.
12 [n] Et elle [7] exerçoit toute la puissance de la premiere bête, en sa présence, & faisoit que la terre & ses habitans ado-

Kkkk 3 ras-

a *ch.* 17. 3. 9. 12. *Dan.* 7. 20.
b *Dan.* 7. 2. 3.
1 C'étoit l'emblême de l'Empire Romain
2 Cela marquoit les blasphémes & les persécutions des Empereurs contre J. C. & son Eglise.
c *ch.* 12. 9.
d *ch.* 17. 8.
e *ch.* 18. 18.
3 Le Démon & ses Idoles.
f *ch.* 11. 2. 9. *Dan.* 7. 8. 11. & 11. 36.
g *ch.* 11. 7. *Dan.* 7. 21.
h *ch.* 3. 5. & 17. 8. & 20. 12. & 21. 27. *Exod.* 32. 33. *Phil.* 4. 3.
4 Cela veut dire, que l'immolation de J. C. a été le salut des Fidéles dés le commencement du monde: Conf. avec Héb. 9. 26. 1 Pier. 1. 20.
i *ch.* 2. 7.
k *Gen.* 9. 6. *Esa.* 33. 1. *Matth.* 26. 52.
l *ch.* 14. 12.
m *ch.* 11. 7.
5 C'est-à dire, autre en tout sens que cette premiere dont il a été parlé au vs. 1. & celle-ci étoit l'Empire Antichrétien.
6 L'Antechrist sous le nom de Pasteur de l'Eglise.
n *ch.* 19. 20.
7 Une puissance d'Empereur.

rassent la premiere bête, dont la playe mortelle avoit été
guérie.

o ch. 16. 14. Matth. 24. 24. 2 Thess. 2. 9. 13 o Et elle faisoit de grands prodiges, même jusqu'à faire
descendre [8] le feu du ciel en la terre devant les hommes.

8 Ce sont ces foudres & ces excommunications des Papes contre ceux qui refusent de les reconnoître pour Chefs de l'Eglise.

p ch. 16. 14. & 19. 20. Deut. 13. 1. Matth. 24. 24. 14 p Et elle séduisoit les habitans de la terre, à cause des
prodiges qu'il lui étoit donné de faire devant la bête, commandant aux habitans de la terre de faire une image à la bête
qui avoit reçu le coup *mortel* de l'épée, & qui néanmoins
étoit vivante.

q ch. 19. 20. 15 q Et il lui fut permis de donner une ame à l'image de la
bête, afin que même l'image de la bête parlât, & qu'elle fît
que tous ceux qui n'auroient point adoré l'image de la bête,
fussent mis à mort.

r ch. 14. 9. f. ch. 7. 3. Ezech. 9. 4. 16 Et elle faisoit que tous, petits & grands, riches & pauvres, libres & esclaves; prenoient une r marque en leur main
droite, ou f en leurs fronts;

t ch. 14. 9. 11. 17 Et qu'aucun ne pouvoit achetter ni vendre, s'il n'avoit
la t marque ou le nom de la bête; ou le nombre de son nom.

u ch. 17. 9. 18 u Ici est la sagesse: Que celui qui a de l'intelligence,
compte le nombre de la bête; car c'est un nombre d'homme, & son nombre *est* six cens soixante-six.

CHAPITRE XIV.

Description prophétique de la félicité des serviteurs de l'Agneau, 1. De la chûte de Babylone, 8. De la punition de ceux qui auront adoré la bête, ou son image, 9. De la fin heureuse des Saints, 12. Et de la moisson & vendange de la terre, 15.

a ch. 7. 4. PUis je regardai, & voici, a l'Agneau se tenoit sur la montagne de Sion, & il y avoit avec lui cent quarante-quatre mille *personnes*, qui avoient le Nom de son Pére écrit sur
leurs fronts.

b. ch. 1. 15. & 5. 8. & 19. 6. 2 b Et j'entendis une voix du ciel comme le bruit des grandes eaux, & comme le bruit d'un grand tonnerre: & j'en-
tendis une voix de joueurs de harpes, qui jouoient de leurs
harpes,

c ch. 5. 9. 3 c Et qui chantoient comme un cantique nouveau devant
le

le trône, & devant les quatre animaux, & devant les Anciens: & personne ne pouvoit apprendre le cantique, que
les cent quarante-quatre mille qui ont été achettez d'entre
ceux de la terre.
4 Ce sont ceux [d] qui ne se sont point souillez avec les fem- d ch. 3. 4.
mes, car ils sont vierges: ce sont ceux qui suivent l'Agneau
quelque part qu'il aille: & ce sont ceux qui ont été [e] achet- e ch. 5. 9.
tez d'entre les hommes pour être des [f] prémices à Dieu, & 1 Cor. 6. 20.
à l'Agneau. f Jacq. 1. 18.
5 [g] Et il n'a été trouvé aucune fraude en leur bouche: [h] car g Pse 32. 2. Soph. 3. 13.
ils sont sans tache devant le trône de Dieu. h Eph. 5. 26. 27.
6 [i] Puis je vis un autre Ange qui voloit par le milieu du ciel, i ch. 8. 13.
ayant l'Evangile éternel, afin d'évangeliser à ceux qui habitent sur la terre, & à toute nation, & Tribu, & Langue,
& peuple:
7 Disant à haute voix: Craignez Dieu, & lui donnez gloire: car l'heure de son jugement est venue: & adorez celui
[k] qui a fait le ciel & la terre, la mer, & les fontaines des k Gen. 1. 1.
eaux. Pse. 33. 6.
8 Et un autre Ange le suivit, disant; [l] Elle est tombée, elle & 124. 8. & 146. 6.
est tombée Babylone, cette grande Cité, parce qu'elle [m] a Act. 14. 15.
abruvé toutes les nations du vin de la fureur de sa paillardise. l Esa. 21. 9. Jér. 51. 8.
9 Et un troisiéme Ange suivit ceux-là, disant à haute voix; m ch. 17. 2.
Si quelqu'un adore la bête & son image, & [n] qu'il en pren- & 18. 3. 23. n ch. 13. 16.
ne la marque sur son front, ou en sa main,
10 [o] Celui-là aussi boira du vin de la colére de Dieu, du o ch. 18. 6.
vin pur versé dans la coupe de sa colére, & il sera tourmen- Job 21. 20. Pse. 75. 9
té de feu & de soulphre devant les saints Anges, & devant Esa. 51. 17.
l'Agneau. Jér. 49. 12. 13.
11 Et la fumée de leur tourment montera au siécle des siécles, [p] & ceux-là n'auront nul repos ni jour ni nuit qui ado- p ch. 19. 3.
rent la bête & son image, & quiconque prend la marque de Esa. 34. 10.
son nom.
12 [q] Ici est la patience des Saints: ici *sont* ceux qui gardent q ch. 13. 10.
les commandemens de Dieu, & la foi de Jésus.
13 Alors j'entendis une voix du ciel me disant; Ecris,
Bien-

Bien-heureux sont les morts qui d'oresnavant meurent au Seigneur: oui pour certain, dit l'Esprit: [1] car ils se reposent de
leurs travaux, [r] & [2] leurs œuvres les suivent.
14 [f] Et je regardai, & voici une nuée blanche, & sur la
nuée quelqu'un assis, semblable à un homme, ayant sur sa tête une couronne d'or, & en sa main une faucille tranchante.
15 Et un autre Ange sortit du Temple, criant à haute voix
à celui qui étoit assis sur la nuée; Jette ta faucille, & moissonne, car l'heure de moissonner t'est venue: parce que [t] la
moisson de la terre est mûre.
16 Alors celui qui étoit assis sur la nuée, jetta sa faucille
sur la terre, & la terre fut moissonnée.
17 Et un autre Ange sortit du Temple qui est au Ciel,
ayant lui aussi une faucille tranchante.
18 Et un autre Ange sortit de l'autel, ayant puissance sur
le feu; & il cria, jettant un grand cri à celui qui avoit la
faucille tranchante, disant; Jette ta faucille tranchante, &
vendange les grappes de la vigne de la terre, car ses raisins
sont mûrs.
19 [u] Et l'Ange jetta en la terre sa faucille tranchante, &
vendangea la vigne de la terre, & il jetta *la vendange* en la
grande cuve de la colére de Dieu.
20 [x] Et la cuve fut foulée hors de la Cité; & de la cuve il
sortit du sang jusqu'aux freins des chevaux dans *l'étendue de*
mille six cens stades.

[1] Ils ne vont donc pas brûler dans un purgatoire.
[r] 1 Cor. 15. 58. 2 Cor 5 10. 1 Thess. 4 14.
[2] C'est-à-dire, qu'ils sont récompensez de leurs bonnes œuvres.
[f] ch. 1. 13. Ezéch. 1. 26. Dan. 7. 13.
[t] Jer. 51. 33. Osee 6. 11. Joël 3 13. Matth. 13. 39.
[u] ch. 19. 15.
[x] Esa. 63. 3. Lam. 1. 15.

CHAPITRE XV.

Cantique chanté au Seigneur par ceux qui ont obtenu la victoire contre la bête, 3. Avec une description des sept Anges portant les sept phioles des sept dernieres playes, 6.

PUis je vis au ciel un autre signe, grand & admirable,
savoir sept Anges qui avoient les sept dernieres playes:
[a] car c'est par elles que la colére de Dieu est consommée.
2 Je vis aussi comme [b] une mer de verre mélée de feu, &
ceux qui avoient obtenu la victoire sur la bête, & sur son
image, & sur sa marque, & sur le nombre de son nom, se
te-

[a] ch. 11. 14.
[b] ch. 4. 6.

tenant sur la mer qui étoit comme de verre, [c] & ayant les c *ch.* 5. 8.
harpes de Dieu, & 14. 2.
3 Qui chantoient [d] le Cantique de Moyse serviteur de Dieu, d *Exod.* 15. 1.
& le Cantique de l'Agneau, en disant; [e] Que tes œuvres sont
grandes & merveilleuses, ô Seigneur Dieu tout-puissant! [f] tes e *Psi.* 111. 2.
voyes *sont* justes & véritables, ô Roi des Saints! & 139. 14. f *Psi.* 145. 17.
4 [g] Seigneur, qui ne te craindra, & ne glorifiera ton Nom? g *Jér.* 10. 7.
car tu és Saint toi seul, [h] c'est pourquoi toutes les nations h *Esa.* 6. 23.
viendront & se prosterneront devant toi; car tes jugemens
sont pleinement manifestez.
5 Et après ces choses je regardai, [i] & voici le Temple du i *ch.* 11. 19.
Tabernacle du témoignage fut ouvert au ciel.
6 [k] Et les sept Anges qui avoient les sept playes sortirent du k *vs.* 1.
Temple, vêtus d'un lin pur & blanc, & [l] troussez sur leurs l *ch.* 1. 13.
poitrines avec des ceintures d'or.
7 Et l'un des quatre animaux donna aux sept Anges sept
phioles d'or, pleines de [m] la colére du Dieu vivant aux sié- m *ch.* 5. 14.
cles des siécles. & 10. 6.
8 [n] Et le Temple fut rempli de la fumée qui *procédoit* de la n *Exod.* 40.
majesté de Dieu & de sa puissance: & personne ne pouvoit 34. 1 *Rois* 8.
entrer dans le Temple jusqu'à ce que les sept playes des sept 10. *Esa.* 6. 4.
Anges fussent accomplies.

CHAPITRE XVI.

Description des dernieres playes qui devoient arriver au monde, lors que les phioles de la colére de Dieu seroient versées sur la terre, 1. 2. &c.

ALors j'ouïs du Temple une grande voix, qui disoit aux
[a] sept Anges; Allez, & versez sur la terre les phioles de a *ch.* 15. 1. 6.
la colére de Dieu.
2 Ainsi le premier *Ange* s'en alla, & versa sa phiole sur la
terre: [b] & une playe mauvaise & dangereuse fut faite sur les b *Exod.* 9. 10.
hommes [c] qui avoient la marque de la bête, & sur ceux qui 11.
adoroient son image. c *ch.* 13 14. 17.
3 Et le second Ange versa sa phiole sur la mer, [d] & elle de- d *Exod.* 7. 17.
vint 20.

vint comme le sang d'un corps mort, & toute ame qui vivoit
dans la mer, mourut.
4 Et le troisiéme Ange versa sa phiole sur les fleuves, &
sur les fontaines des eaux, & elles devinrent du sang.
5 Et j'entendis l'Ange des eaux, qui disoit; Seigneur,
e *ch.* 1.4.8. & 4.8. & 11.17. [e] QUI ES, & QUI ETOIS & QUI SERAS, tu és Juste,
parce que tu as fait un tel jugement:
f *Matth.* 23. 34. 2 *Thess.* 1. 6. 6 [f] A cause qu'ils ont répandu le sang des Saints & des Prophétes, tu leur as aussi donné du sang à boire: car ils *en* sont
dignes.
g *ch.* 9. 13. & 15. 3. 7 [g] Et j'en ouïs un autre du Sanctuaire, disant; Certainement, Seigneur Dieu tout-puissant, tes jugemens *sont* vérita-
bles, & justes.
8 Puis le quatriéme Ange versa sa phiole sur le soleil, & *le*
pouvoir lui fut donné de brûler les hommes par feu.
h *vs.* 11. 21. 9 [h] De sorte que les hommes furent brûlez par de grandes
chaleurs, & ils blasphémerent le Nom de Dieu qui a puissance sur ces playes; mais ils ne se repentirent point pour lui
donner gloire.
10 Après cela le cinquiéme Ange versa sa phiole sur le siége
de la bête, & le regne de la bête devint ténébreux, & *les*
hommes se mordoient la langue dans la douleur qu'ils avoient.
11 Et à cause de leurs peines & de leurs playes ils blasphémerent le Dieu du Ciel; & ne se repentirent point de leurs
œuvres.
12 Puis le sixiéme Ange versa sa phiole sur le grand fleuve
d'Euphrate, & l'eau de ce *fleuve* tarit, afin que la voye des
Rois de devers le soleil levant fût préparée.
i *ch.* 13.13. & 19. 20. 2 *Thess.* 2. 9. 13 Et je vis sortir de la gueule du dragon, [i] & de la gueule
de la bête, & de la bouche du faux prophéte, trois esprits
k *ch.* 17. 14. & 19. 19. & 20. 8. immondes, semblables à des grenouilles:
14 Car ce sont des esprits diaboliques, faisant des prodi-
l *ch.* 3. 3. *Matth.* 24.43. *Luc* 12. 39. ges, & qui s'en vont vers les Rois de la terre & du monde
universel, [k] pour les assembler à la bataille de ce grand jour
1 *Thess.* 5. 2. du Dieu tout-puissant.
2 *Pier.* 3. 10. 15 [l] Voici, je viens comme le larron: bienheureux est celui

lui qui veille, & [m] qui garde ses vêtemens, afin de ne mar- m ch. 3. 4. 18.
cher point nud, & qu'on ne voye point sa honte.
16 Et il les assembla au lieu qui est appellé en Hébreu [1] Ar- 1 Cela veut dire, un lieu destiné à la destruction de l'Ante-christ.
maggeddon.
17 Puis le septiéme Ange versa sa phiole dans l'air: & il sortit une grande voix du Temple du Ciel, de devers le trône,
disant; [n] C'est fait. n ch. 21. 6.
18 Alors il se fit des éclairs, & des voix, & des tonnerres,
& il se fit [o] un grand tremblement de terre, un tel tremble- o ch. 4. 5. & 8. 5. & 11. 13.
ment, *dis-je*, & si grand, qu'il n'y en eut jamais de sem-
blable depuis que les hommes ont été sur la terre.
19 Et la grande Cité fut divisée en trois parties, & les vil-
les des nations tomberent: & [p] la grande Babylone vint en p ch. 14. 8. 10. & 18. 5.
mémoire devant Dieu, [q] pour lui donner la coupe du vin de q Esa. 51. 22. 33. Jér. 25. 15. 16.
l'indignation de sa colére.
20 [r] Et toute Isle s'enfuït, & les montagnes ne furent plus r ch. 6. 14.
trouvées.
21 Et il descendit du ciel sur les hommes [s] une grêle grosse s Esa. 32. 19. Exod. 13. 13.
comme une miche de pain: & [t] les hommes blasphémerent t vs. 9. 11.
Dieu à cause de la playe de la grêle: car la playe qu'elle fit,
fut fort grande.

CHAPITRE XVII.

Prophétie touchant le mystére de la grande paillarde, avec laquelle ont paillardé les Rois & les habitans de la terre, 14. Avec une prédiction de sa ruïne & de sa chûte, 14. &c

ALors l'un des [a] sept Anges qui avoient les sept phioles, a ch. 15. 1. 6.
vint, & il me parla, & me dit; Viens, je te montrerai
la condamnation de la grande prostituée, [b] qui est assise [1] sur b vs. 15. Jér. 51. 13. Nah. 3. 4.
plusieurs eaux;
2 [c] Avec laquelle les Rois de la terre ont commis fornica- 1 C'est-à-dire, qui étend son regne sur beaucoup de peuples & de païs: vs. 15.
tion, [d] & qui a enyvré du vin de sa prostitution les habitans
de la terre.
3 [e] Ainsi il me transporta en esprit dans un desert: [f] & je
vis une femme montée sur une bête de couleur d'écarlate, c ch. 14. 8. & 18. 3. 9.
pleine

d ch. 14. 8. Jér. 51. 7. e ch. 13. 1. f vs. 7.

pleine de noms de blaſphême, & qui avoit ſept têtes & dix
cornes.
g ch. 18. 3. 16. 4 g Et la femme étoit vêtue de pourpre & d'écarlate, &
h vs. 2. & ch. 14. 8. parée d'or, & de pierres précieuſes, & de perles: & elle te-
& 18. 3. noit en ſa main une coupe d'or, h pleine des abominations
de l'impureté de ſa proſtitution.
i 2 Theſſ. 2. 7. 5 Et il y avoit ſur ſon front un nom écrit, i myſtére, La
k vs. 2. 4. grande Babylone, k la mére des paillardiſes & des abominations de la terre.
l ch. 18. 24. 6 l Et je vis la femme enyvrée du ſang des Saints, & du
ſang des martyrs de Jéſus: & quand je la vis je fus ſaiſi d'un
grand étonnement.
7 Et l'Ange me dit; Pourquoi t'étonnes-tu? je te dirai le
myſtére de la femme m & de la bête qui la porte, laquelle a
m vs. 3. ſept têtes & dix cornes.
8 La bête que tu as vûe, a été, & n'eſt plus, mais elle doit
monter de l'abyſme, & puis s'en aller à perdition: & les ha-
n ch. 13. 8. & 20. 12. bitans de la terre, n dont les noms ne ſont point écrits o au
o Exod. 32. Livre de vie dés la fondation du monde, s'étonneront voyant
32. Phil 4. 3. la bête qui étoit, & qui n'eſt plus, & qui toutefois eſt.
p ch. 13. 18. 9 p C'eſt ici qu'eſt l'intelligence pour quiconque a de la ſa-
q ch. 13. 1. geſſe. q Les ſept têtes ſont a ſept montagnes r ſur leſquelles
a Les ſept montagnes la femme eſt aſſiſe.
de la ville de Rome. 10 Ce ſont auſſi ſept Rois: les cinq ſont tombez: l'un eſt,
r vs. 18. & l'autre n'eſt pas encore venu; & quand il ſera venu, il faut
qu'il demeure pour un peu de temps.
11 Et la bête qui étoit, & qui n'eſt plus, c'eſt auſſi un huitiéme *Roi*, & il eſt des ſept, mais il s'en va à perdition.
ſ ch. 13. 1. 12 ſ Et les dix cornes que tu as vûes, ſont dix Rois, qui
Dan. 7. 20. n'ont pas encore commencé à regner, mais ils prendront puiſſance comme Rois, en même temps avec la bête.
t vs. 17. 13 t Ceux-ci ont un même deſſein, & ils donneront leur
puiſſance & leur autorité à la bête.
14 Ceux-ci combattront contre l'Agneau; mais l'Agneau les
u ch. 16. 14. & 19. 16. vaincra: u parce qu'il eſt le Seigneur des Seigneurs, & le Roi
Pſe. 106. 10. des Rois: & ceux qui ſont avec lui, *ſont* des appellez, & des
& 110. 1. 2. 3. 1 Tim. 6. 15. élûs, & des fidéles. 15 Puis

15 Puis il me dit; [x] Les eaux que tu as vûes, & [y] sur lesquelles la prostituée est assise, sont des peuples, & des nations, & des Langues.
16 [z] Mais les dix cornes que tu as vûes à la bête, sont ceux
qui haïront la prostituée, & qui la rendront désolée & nue,
& ils mangeront sa chair, & la brûleront au feu.
17 Car Dieu a mis dans leurs cœurs de faire ce qu'il lui plaît,
& de former un même dessein, [a] & de donner leur Royaume à la bête, jusqu'à ce que les paroles de Dieu soient accomplies.
18 [b] Et la femme que tu as vûe, c'est la grande Cité, qui
a son regne sur les Rois de la terre.

x *Esa.* 8. 7. y vs. 1. z *ch.* 18. 8. a vs. 3. b *ch.* 16. 19.

CHAPITRE XVIII.

Description prophétique de la ruïne de la grande Babylone, 2. *Le deuil qu'en meneront les Rois*, 9. *Marchands*, 12. *Et Mariniers*, 17. *Les Saints s'en réjouiront*, 20.

APrès ces choses je vis descendre du ciel un autre Ange,
qui avoit une grande puissance, & la terre fut illuminée
de sa gloire:.
2 Et s'écriant de force à haute voix, il dit; [a] Elle est tombée, elle est tombée la grande Babylone, [b] & elle est devenue l'habitation des diables, & la retraite de tout esprit immonde, & le repaire de tout oiseau immonde & exécrable.
3 [c] Car toutes les nations ont bû du vin de la fureur de sa
paillardise: & les Rois de la terre ont commis fornication
avec elle: & [1] les marchands de la terre sont devenus riches
de l'abondance de ses délices.
4 Puis j'entendis une autre voix du ciel, qui disoit; [2] [d] Sortez
de Babylone mon peuple, afin que vous ne participiez point
à ses péchez, & que vous ne receviez point de ses playes.
5 [e] Car ses péchez se sont entresuivis jusqu'au ciel, [f] & Dieu
s'est ressouvenu de ses iniquitez.

a *ch.* 14. 8. *Esa.* 21. 9. *Jér.* 51. 8. b *Esa.* 13. 21. & 34. 14. *Jér.* 50. 39. c *ch.* 14. 8. & 17. 2. *Jér.* 51. 7. *Nah.* 3. 4.

1 Le Clergé Romain, qui tire des sommes immenses de la vente des pardons, de la délivrance des ames hors du purgatoire &c.

2 Il ne suffit pas de ne prendre point de part aux superstitions & aux erreurs d'une Communion, mais il faut sortir & se séparer de cette Communion quand la providence nous en donne le moyen: & c'est ce que nous avons fait, & dû faire, à l'égard de l'Eglise Romaine. d *Esa.* 48. 20. & 52. 11. *Jer.* 51. 6. 45. 2 *Cor.* 6. 17. e *Jér.* 51. 9. f *ch.* 16. 19.

6 [g] Rendez-lui ainsi qu'elle vous a fait, & payez-lui au double selon ses œuvres: [h] & dans la même coupe où elle vous
a versé *à boire*, versez-lui-en au double.
7 Autant qu'elle s'est glorifiée, & qu'elle a été dans les
délices, donnez-lui autant de tourment & d'affliction: car
elle dit en son cœur; [i] Je suis assise *comme* Reine, & je ne
suis point veuve, & je ne verrai point de deuil.
8 [k] C'est pourquoi ses playes, qui sont la mort, & le deuil,
& la famine, viendront en un même jour, & elle sera entierement brûlée au feu: [l] car le Seigneur Dieu qui la jugera,
est puissant.
9 [m] Et les Rois de la terre, qui ont commis fornication
avec elle, & qui ont vêcu dans les délices, la pleureront, &
[n] meneront deuil sur elle en se battant la poitrine, quand ils
verront la fumée de son brûlement;
10 [o] Et ils se tiendront loin pour la crainte de son tourment,
& diront; Hélas! hélas! Babylone, la grande Cité, cette
Cité si puissante, [p] comment ta condamnation est-elle venue
en un moment?
11 [q] Les marchands de la terre aussi pleureront, & meneront deuil à cause d'elle, parce que [3] personne n'achette plus
de leur marchandise;
12 Qui sont [4] des marchandises d'or & d'argent, & de pierres précieuses, & de perles, & de crêpe, & de pourpre, &
de soye, & d'écarlate, & de toute sorte de bois odoriferant,
& de tous vaisseaux d'yvoire, & de tous vaisseaux de bois
très-précieux, & d'airain: & de fer, & de marbre,
13 [r] Et de la canelle, & des senteurs, & des huiles de
parfum, & de l'encens; & du vin, & de l'huile, & de la fi-
ne fleur de farine, & du blé, & des jumens, & des brebis,
& des chevaux, & des chariots, & des esclaves, & des a-
mes d'hommes:
14 Car les fruits du désir de ton ame se sont éloignez de
toi; & toutes les choses délicates & excellentes te sont péries;
& d'oresnavant tu ne trouveras plus ces choses,
15 Les marchands, *dis-je*, de ces choses, qui en sont devenus

g *Psa.* 137.8. *Jér.* 50. 15. 29. & 51. 6.
h *ch.* 14. 10.
i *Esa.* 47.7.8.
k *ch.* 17. 16. *Esa.* 47.9.11.
l *Jér.* 50.34.
m *vs.* 3. 18. & *ch.* 17. 2.
n *Ezéch.* 26. 16.
o *vs.* 15. & *ch.* 14.8. *Esa.* 21.9.
p *Jér.* 51. 8. 41.
q *Ezéch.* 27. 36.
3 Sav. dans les Communions Reformées.
4 Tous ces noms de marchandises sont ici métaphoriques, & marquent seulement un grand trafic de choses fort lucratives, comme sont toutes celles du Clergé Romain, qui lui attirent, & au Pape principalement, des sommes immenses.
r *Ezéch.* 27. 13.

venus riches, [f] se tiendront loin d'elle, pour la crainte de f vs. 10.
son tourment, pleurant & menant deuil:
16 Et disant, Hélas! hélas! la grande Cité, [t] qui étoit vê- t ch. 17. 4.
tue de crêpe, & de pourpre, & d'écarlate, qui étoit parée
d'or, & ornée de pierres précieuses, & de perles, [u] com- u Jér. 48. 17.
ment en un instant ont été mises à néant tant de richesses? Ezéch. 27. 29. 30. &c.
17 [x] Tout patron de navire aussi, & toute la troupe de ceux x Esa. 23. 14
qui fréquentent les navires, & tous les nautonniers, & qui- Ezéch. 27. 29.
conque trafique sur la mer, se tiendront loin:
18 Et voyant [y] la fumée de son brûlement, ils s'écrieront y vs. 9. & ch.
en disant; [z] Quelle *cité étoit* semblable à cette grande Cité? 19. 3.
19 [a] Et ils jetteront de la poudre sur leurs têtes, & pleurant, z ch. 13. 4.
& menant deuil, ils crieront en disant; Hélas! hélas! la gran- a Jos. 7. 6. 1 Sam. 4. 12.
de Cité, dans laquelle tous ceux qui avoient des navires sur Job 2. 12. Ezéch. 27. 30.
la mer, étoient devenus riches de son opulence; comment
a-t-elle été désolée en un moment?
20 [b] O Ciel, réjouïs-toi à cause d'elle; & vous aussi, saints b Esa. 44. 23.
Apostres & Prophétes *réjouïssez-vous:* [c] car Dieu a fait ven- & 49. 13.
geance d'elle pour l'amour de vous. c ch. 19. 2.
21 Puis un fort Ange prit une pierre, *qui étoit* comme une
grande meule, & la jetta dans la mer, en disant; [d] Ainsi se- d Jér. 51. 64.
ra jettée d'impétuosité Babylone, cette grande Cité, & elle
ne sera plus trouvée.
22 [e] Et la voix des joueurs de harpe, & des musiciens, & e Esa. 24. 8.
des joueurs de hautbois, & de ceux qui sonnent de la trom- Ezéch. 26. 13.
pette, ne sera plus ouïe en toi: & tout ouvrier de quelque
mêtier que ce soit, ne sera plus trouvé en toi: & [f] le bruit f Jér. 25. 10.
de la meule ne sera plus ouï en toi.
23 Et la lumiere de la chandelle ne luira plus en toi: [g] & la g Jér. 7. 34.
voix de l'époux & de l'épouse ne sera plus ouïe en toi: par- & 16. 9. & 25. 10.
ce que tes marchands étoient [h] des Princes en la terre; & h Esa. 23. 8.
parce que par tes empoisonnemens toutes les nations ont été
séduites.
24 [i] Et en elle a été trouvé le sang des Prophétes, & des i ch. 17. 5.
Saints, & de tous ceux qui ont été mis à mort sur la terre. Jér. 51. 50.

CHA-

CHAPITRE XIX.

Action de graces touchant le jugement de Dieu sur la grande paillarde, 1. La joye que les Saints en auront, 7. Défense faite à saint Jean par l'Ange d'adorer autre que Dieu, 10. Description de la bataille & de la victoire du Fils de Dieu contre la bête, & des armées qu'elle avoit assemblées contre l'Eglise, 20.

OR après ces choses, j'entendis une voix d'une grande multitude au Ciel, disant; Hallelujah! [a] le salut, & la gloire, & l'honneur, & la puissance *appartiennent* au Seigneur
nôtre Dieu.
2 [b] Car ses jugemens sont véritables & justes, parce qu'il a
fait justice de la grande prostituée, qui a corrompu la terre
par sa paillardise; & qu'il a vengé le sang de ses serviteurs de
la main de la prostituée.
3 Et ils dirent encore; Hallelujah! & [c] sa fumée monte au
siécle des siécles.
4 [d] Et les vingt-quatre Anciens & les quatre animaux se jetterent sur leurs faces, & adorerent Dieu, qui étoit assis sur
le trône, en disant; Amen, Hallelujah!
5 Et il sortit du trône une voix qui disoit; Louez nôtre
Dieu, vous tous ses serviteurs, & vous qui le craignez, tant
petits que grands.
6 [e] J'entendis ensuite comme la voix d'une grande assemblée, & comme le son de grandes eaux, & comme *le* bruit
de grands tonnerres, disant; Hallelujah! car le Seigneur
nôtre Dieu tout-puissant est entré en son Regne.
7 Réjouïssons-nous, & tressaillons de joye, & donnons-lui
gloire; [f] car [1] les nôces de l'Agneau sont venues, & sa femme s'est parée.
8 [g] Et il lui a été donné d'être vêtue d'un crêpe pur & lui-
sant; car le crêpe sont les justifications des Saints.
9 Alors il me dit, Ecris; [h] Bienheureux *sont* ceux qui sont
appellez au banquet des nôces de l'Agneau. Il me dit aussi;
[i] Ces paroles de Dieu sont véritables.
10 [k] Alors je me jettai à ses pieds [2] pour l'adorer: mais il
me dit; [l] Garde-toi de le faire: je suis ton compagnon de service, & *le compagnon* de tes fréres qui ont le témoignage
de

a *ch.* 7. 10. & 12. 10.
b *ch.* 15. 3. & 16. 7. & 18. 20. *Deut.* 32. 43.
c *ch.* 18. 18. *Esa.* 34. 10.
d *ch.* 4. 4. 6.
e *ch.* 11. 15. 17. & 12. 10.
f *Matth* 22. 2. & 25. 10. *Luc* 14. 16.
1 C'est mystiquement la grande conversion de Juifs & de Gentils, qui doit arriver après la ruïne de l'Empire Antichrétien. Rom. 11. 15.
g *Pse.* 45. 14. 15. *Ezech* 16. 10.
h *ch.* 14. 13. *Matth.* 22. 2.
i *ch.* 21. 5. & 22. 6.
k *ch.* 22. 8.
2 Il le prit pour J. C.
l *Act.* 10. 26. & 14. 14. 1 *Jean* 5. 10

de Jésus, adore Dieu: car le témoignage de Jésus est l'Esprit de prophétie.
11 Puis je vis le Ciel ouvert, & voici un [m] cheval blanc: & celui qui étoit monté dessus étoit appellé [n] FIDELE & VERITABLE, qui juge & combat justement.
12 [o] Et ses yeux étoient comme une flamme de feu: il y avoit sur sa tête plusieurs diademes, & il portoit un [p] nom écrit que nul n'a connu, que lui seul.
13 [q] Il étoit vêtu d'une robe teinte en sang, & son nom s'appelle [r] LA PAROLE DE DIEU.
14 Et les armées qui sont au Ciel le suivoient sur des chevaux blancs, [s] vêtues d'un crêpe blanc & pur.
15 [t] Et il sortoit de sa bouche une épée tranchante, pour en frapper les nations: [u] car il les gouvernera avec une verge de fer, & [x] il foulera la cuve du vin de l'indignation & de la colére du Dieu tout-puissant.
16 Et sur son vêtement & sur sa cuisse étoient écrits ces mots, [y] LE ROI DES ROIS, ET LE SEIGNEUR DES SEIGNEURS.
17 Puis je vis un Ange se tenant dans le soleil, qui cria à haute voix, [z] & dit à tous les oiseaux qui voloient par le milieu du ciel; Venez, & assemblez-vous au banquet du grand Dieu.
18 Afin que vous mangiez la chair des Rois, & la chair des capitaines, & la chair des puissans, & la chair des chevaux, & de ceux qui sont montez dessus, & la chair de tous, des *personnes* libres & des esclaves, des petits & des grands.
19 Alors je vis la bête, & les Rois de la terre, & leurs armées assemblées pour faire la guerre contre celui qui étoit monté sur le cheval, & contre son armée.
20 Mais la bête fut prise, & avec elle le faux-prophéte [a] qui avoit fait devant elle les prodiges par lesquels il avoit séduit ceux qui avoient la marque de la bête, & qui avoient adoré son image: [b] & ils furent tous deux jettez tout vifs dans l'étang de feu ardent de soulphre:
21 Et le reste fut tué par [c] l'épée qui sortoit de la bouche de celui qui étoit monté sur le cheval, & tous les oiseaux furent rassasiez de leurs chairs.

m *ch.* 3. 14. & 6. 2.
n *ch.* 3. 7. &c.
o *ch.* 1. 14. & 2. 18.
p *Phil.* 2. 9.
q *Esa.* 63. 1. 2.
r *Jean* 1. 1. 14.
s *ch.* 4. 4. & 7. 9.
t *vs.* 21.
u *ch.* 2. 16. 27. & 12. 5. & 14. 19. *Psa.* 2. 9.
x *ch.* 14. 19. 20. *Esa.* 63. 3. 2 *Thess.* 2. 8.
y *ch.* 17. 14. *Deut.* 10. 17. *Dan.* 2. 44. 47. 1 *Tim.* 6. 15.
z *Jér.* 12. 9. *Ezech.* 39. 17.
a *ch.* 13. 12. 13. & 16. 14.
b *ch.* 20. 10. 14. & 21. 8. *Dan.* 7. 11.
c *vs.* 15.

CHAPITRE XX.

Satan lié pour un temps, 1. *Regne de mille ans*, 5-7. *Gog & Magog*, 8. *Il est jetté en l'étang de feu & de soulphre*, 10. *Description du dernier jugement*, 11-15.

APrès cela je vis descendre du Ciel un Ange, [a] qui avoit
la clef de l'abysme, & [1] une grande chaîne en sa main;
2 [b] Lequel saisit le dragon, *c'est-à-dire*, le serpent ancien,
qui est le diable & satan, & le lia pour mille ans:
3 [c] Et il le jetta dans l'abysme, & l'enferma, & mit le seau
sur lui, afin qu'il ne séduise plus les nations, jusqu'à ce que
les mille ans soient accomplis: après quoi il faut qu'il soit délié pour un peu de temps.
4 Et je vis des trônes, sur lesquels *des gens* s'assirent, &
l'autorité de juger leur fut donnée, & *je vis* les ames de *ceux*
qui avoient été décapitez [d] pour le témoignage de Jésus, &
pour la parole de Dieu, [e] & qui n'avoient point adoré la bête ni son image, & qui n'avoient point pris sa marque en leurs
fronts, ou en leurs mains, [f] lesquels devoient vivre & regner
avec Christ mille ans.
5 Mais le reste des morts ne doit point ressusciter jusqu'à
ce que les mille ans soient accomplis: c'est la premiere résurrection.
6 Bien-heureux & saint *est* celui qui a part à la premiere résurrection: [g] la mort seconde n'a point de puissance sur eux;
mais [h] ils seront Sacrificateurs de Dieu, & de Christ; & ils
regneront avec lui mille ans.
7 Et quand les mille ans seront accomplis, satan sera délié
de sa prison:
8 Et il sortira pour séduire les nations qui *sont* sur les quatre coins de la terre, [i] [2] Gog & Magog: pour les assembler
en bataille, & leur nombre est [k] comme le sable de la mer.
9 Et ils monterent & *se répandirent* sur la largeur de la terre, & environnerent le camp des Saints, & la Cité bien-aimée, mais Dieu fit descendre du feu du Ciel, qui les dévora.
10 Et le diable qui les séduisoit, fut jetté dans l'étang de
feu

a *ch.* 1. 18.
1 Pour enchaîner le Diable.
b *ch.* 12. 9. 2 *Pier.* 2. 4.
c *ch.* 16. 14. 16. & 20. 8.
d *ch.* 3. 16. & 5. 10. & 6. 9. 10. 11.
e *ch.* 13. 15. 16. 17. & 14. 9.
f *Dan.* 7. 27. *Rom.* 8. 17. 2 *Tim.* 2. 12.
g *vs.* 14.
h *ch.* 1. 6 & 5. 10. *Esa.* 61. 6. 1 *Pier.* 2. 9.
i *Ezéch.* 38. 2. & 39. 1.
2 Le S. Esprit représentoit mystiquement sous ces deux noms, empruntez du Livre d'Ezéchiel, les ennemis de l'Eglise.
k *Jos.* 11. 4 *Jug.* 7. 12. 1 *Sam.* 15. 5. 2 *Sam.* 17. 11. 1 *Rois* 4. 20.

feu & de soulphre, [l] où est la bête & le faux-prophete; &
ils seront tourmentez jour & nuit, aux siecles des siecles.
11 Puis je vis un grand trône blanc, & quelqu'un assis dessus, [m] de devant lequel s'enfuït la terre & le ciel; & il ne
se trouva point de lieu pour eux.
12 Je vis aussi les morts grands & petits se tenant devant
Dieu, [n] & les Livres furent ouverts: & un autre [o] Livre
fut ouvert, *qui étoit le Livre* de vie: & les morts furent jugez sur les choses qui étoient écrites dans les Livres, *c'est-à-
dire*, [p] selon leurs œuvres.
13 Et la mer rendit les morts qui étoient en elle, & la mort
[3] & l'enfer rendirent les morts qui étoient en eux: & ils furent jugez chacun selon leurs œuvres.
14 [q] Et la mort [4] & l'enfer furent jettez dans [r] l'étang de
feu: c'est la mort seconde.
15 Or quiconque ne fut pas trouvé écrit au Livre de vie,
fut jetté dans l'étang de feu.

l *ch.* 19. 20. m 2 *Pier.* 3. 10. n *Dan.* 7. 10. o *ch.* 3. 5. & 13. 8. & 21. 27. *Exod.* 32. 32. *Phil.* 4. 3. p *Matth.* 16. 27. & *Rom.* 2. 6. 3 Ou, *le sépulcre*, car le mot de l'Original *adès*, signifie l'un & l'autre, & il faut l'entendre ici dans ce premier sens, & pour dire, les morts qui avoient été mis dans les sépulcres. q *ch.* 21. 4. 1 *Cor.* 15. 55. 4 Ou, *le sépulcre.* r *vs.* 15. & *ch.* 19. 20. & 21. 8.

CHAPITRE XXI.

Nouveaux cieux, & nouvelle terre, 1. *La pleine consolation & félicité des élûs,* 3. *Les timides & autres sont précipitez dans la mort seconde,* 8. *Description de la Jérusalem céleste,* 10.—27. *Rien de souillée n'y entrera,* 27.

PUis [a] je vis [1] un nouveau Ciel & une nouvelle terre: car
le premier Ciel & la premiere terre s'en étoient allez, &
la mer n'étoit plus.
2 [b] Et moi Jean, je vis la sainte Cité, [c] la nouvelle Jérusalem, qui descendoit du Ciel, de devers Dieu, parée comme une épouse qui s'est ornée pour son mari.
3 Et j'entendis une grande voix du ciel, disant; Voici le
Tabernacle de Dieu avec les hommes, & [d] il habitera avec
eux: & ils seront son peuple, & Dieu lui-même sera leur
Dieu, & *sera* avec eux.
4 [e] Et Dieu essuyera toutes larmes de leurs yeux, [f] & la
mort ne sera plus: & il n'y aura plus ni deuil, ni cri, ni travail: car les premieres choses sont passées.

 5 [g] Et

a *Esa* 65. 17. & 66. 22. 2 *Pier.* 3. 13. 1 Plusieurs Théologiens entendent ces mots, & la description suivante, de l'Eglise Chrétienne, marquée sous cette même expression, *Esa* 65. 17. mais d'autres l'entendent de l'Eglise triomphante, à laquelle seule peuvent convenir les choses marquées au *vs.* 27. b *vs.* 10. c *ch.* 3. 12. d *Ezéch.* 43. 7. e *ch.* 7. 17. *Esa.* 25. 8. f *ch.* 20. 14.

5 [g] Et celui qui étoit assis sur le trône, dit; [h] Voici, je
fais toutes choses nouvelles. Puis il me dit; Ecris, [i] car ces
paroles sont véritables & certaines.
6 Il me dit aussi; [k] Tout est fait: [l] Je suis Alpha & Omega,
le commencement, & la fin. A celui qui aura soif [m] je
lui donnerai [n] de la fontaine [*] d'eau vive, sans qu'elle lui coûte
rien.
7 Celui qui vaincra, héritera toutes choses: [o] & je lui serai
Dieu, & il me sera fils.
8 Mais quant [p] aux timides, & aux incrédules, & aux exécrables,
& aux meurtriers, & aux paillards, & aux empoisonneurs,
& aux idolatres, & à tous menteurs, leur part
sera dans l'étang ardent de feu & de soulphre, [q] qui est la
mort seconde.
9 [r] Alors un des sept Anges qui avoient eu les sept phioles
pleines des sept dernieres playes, vint à moi, & il me parla,
& me dit; Viens, & je te montrerai l'Epouse, qui est la femme
de l'Agneau.
10 Et il me transporta [s] en esprit sur [t] une grande & haute
montagne, [u] & me montra la grande Cité, la sainte Jérusalem,
qui descendoit du Ciel de devers Dieu,
11 Ayant la gloire de Dieu: & sa lumiere étoit semblable à
une pierre très-précieuse, comme à une pierre de jaspe tirant
sur le crystal.
12 [x] Et elle avoit une grande & haute muraille, avec douze
portes, & aux portes douze Anges; & des noms écrits
sur elles, qui sont les noms de douze Tribus des enfans d'Israël.
13 Du côté de l'Orient, trois portes: du côté de l'Aquilon,
trois portes: du côté du Midi, trois portes: & du côté
de l'Occident, trois portes:
14 Et la muraille de la Cité [y] avoit douze fondemens, &
les noms des douze Apostres de l'Agneau étoient écrits dessus.
15 Et celui qui parloit avec moi [z] avoit un roseau d'or pour
mesurer la Cité, & ses portes, & sa muraille.
16 [a] Et la Cité étoit bâtie en quarré, & sa longueur étoit
aussi

g ch. 4. 2. & 20. 11.
h Esa. 43. 19. 2 Cor. 5. 17.
i ch. 19. 9. & 22. 6.
k ch. 17. 16
l ch. 1. 8. & 22. 13.
m Esa. 55:1. 2 Jean 4. 10. 14. & 7. 37.
n ch. 22. 17. Psa. 36. 8.
* Gr. de l'eau de la vie: & ainsi ch. 22. vs. 17. pour, l'eau vive, comme elle est appellée Jean 4. 10. qui est l'eau vivifiante du S. Esprit.
o Zach. 8. 8. Hébr. 8. 10.
p ch. 22. 15. Marc. 8. 38. Jean 12. 42.
q ch. 20. 6. 14.
r ch. 15. 1. 6. 7. & 19. 7.
s ch. 1. 10. & 17. 3.
t Ezéch. 40. 2.
u vs. 2.
x Ezéch. 48. 31.
y Eph. 2. 20. 21.
z Ezéch. 40. 3. Zach. 2. 1.
a Ezéch. 48. 16.

aussi grande que sa largeur: il mesura donc la Cité avec le roseau *d'or*, jusqu'à douze mille stades: & la longueur & la largeur & la hauteur étoient égales.
17 Puis il mesura la muraille, *qui fut* de cent quarante-quatre coudées, de la mesure du personnage, c'est-à-dire, de
l'Ange.
18 Et le bâtiment de la muraille étoit de jaspe, mais la Cité étoit d'or pur, semblable à du verre très-clair:
19 [b] Et les fondemens de la muraille de la Cité étoient or-
nez de toute pierre précieuse: le premier fondement étoit de
jaspe: le second, de sapphir: le troisiéme, de chalcedoine:
le quartriéme, d'émeraude:
20 Le cinquiéme, de sardonix: le sixiéme, de sardoine:
le septiéme, de chrysolithe: le huitiéme, de béril: le neu-
viéme, de topaze: le dixiéme, de chrysoprase: l'onziéme,
d'hyacinthe: le douziéme, d'amethyste.
21 Et les douze portes *étoient* douze perles: chacune des
portes étoit d'une perle: & la rue de la cité étoit d'or pur,
comme du verre très-luisant.
22 Et je ne vis point de Temple en elle: parce que le Seigneur Dieu Tout-puissant & l'Agneau est son Temple.
23 [c] Et la Cité n'a pas besoin du soleil ni de la lune, pour
luire en elle: car la clarté de Dieu l'a éclairée, & l'Agneau
est sa chandelle.
24 [d] Et les nations qui auront été sauvées, marcheront en
sa lumiere: & les Rois de la terre apporteront leur gloire &
leur honneur en elle.
25 [e] Et ses portes ne seront point fermées de jour: or il n'y
aura point là de nuit.
26 Et on apportera en elle la gloire & l'honneur des Gentils.
27 Il n'entrera en elle aucune chose souillée, ou qui commette abomination & [f] fausseté: mais seulement ceux qui
sont écrits [g] au Livre de vie de l'Agneau.

b *Esa* 54. 11. 12.
c *ch.* 22. 5. *Esa.* 60. 19. 20. *Zach.* 14. 7.
d *Esa.* 60. 3. 5. & 66. 12.
e *ch.* 3. 8. & 22. 5. *Esa.* 60. 11. 20. *Zach.* 14. 7.
f *ch.* 22. 15. *Zach.* 14. 21.
g *ch.* 3. 5. & 13. 8. 20. & 22. 14. *Exod.* 32. 32. *Psa.* 69. 29. *Esa.* 35. 8. *Joël* 3. 17. *Phil.* 4. 3.

CHAPITRE XXII.

Félicité des enfans de Dieu dans la Jérusalem céleste, 1. Certitude & autorité de la présente prophétie, envoyée aux Eglises par le ministère de Jean, 6. L'Ange se dit son Compagnon de service, 9. Défense expresse de rien ajoûter à ce livre, & d'en rien diminuer, 18.

a *Ezéch.* 47. 1. *Joël* 3 18. *Zach.* 14. 8. [a] PUis il me montra un fleuve pur d'eau vive, resplendis-
sant comme du crystal, qui sortoit du trône de Dieu &
de l'Agneau.
b *Gen.* 2. 9. c *Ezéch.* 47. 12. d *ch.* 2. 7. 2 *Et* [b] au milieu de la place de la Cité, [c] & des deux côtez
du fleuve étoit [d] l'arbre de vie, portant douze fruits, & ren-
dant son fruit chaque mois: & les feuilles de l'arbre *sont* pour
la santé des Gentils.
e *Zach.* 14. 11. 3 [e] Et toute chose maudite ne sera plus, mais le trône de
Dieu & de l'Agneau sera en elle, & ses serviteurs le serviront:
f *Matth.* 5. 8. 1 *Cor.* 13. 12. 1 *Jean* 3. 2. g *ch.* 3. 12. & 14. 1. h *ch.* 21. 23. 25. 4 [f] Et ils verront sa face; [g] & son Nom sera sur leurs fronts.
5 [h] Et il n'y aura plus là de nuit, & ils n'ont que faire de
la lumiere de la chandelle, ni de la lumiere du soleil: car le
Seigneur Dieu les éclaire, & ils regneront aux siécles des
siécles.
i *ch.* 19. 9. & 21. 5. k *ch.* 1. 1. 6 Puis il me dit; [i] Ces paroles sont certaines & véritables,
& le Seigneur le Dieu des saints Prophétes a envoyé son An-
ge, [k] pour montrer à ses serviteurs les choses qui doivent arriver bien-tôt.
l *vs.* 12. 20. & *ch.* 1. 3. & 3. 11. 7 Voici, [l] je viens bien-tôt: bienheureux est celui qui garde les paroles de la prophétie de ce Livre.
8 Et moi Jean, je suis celui qui ai ouï & vû ces choses: &
m *ch.* 19. 10. *Act.* 10. 26. & 14. 14. après les avoir ouïes & vûes, [m] je me jettai à terre pour me
prosterner devant les pieds de l'Ange qui me montroit ces
choses;
9 Mais il me dit; Garde-toi de le faire: car je suis ton
Compagnon de service, & *le Compagnon* de tes fréres les
Prophétes, & de ceux qui gardent les paroles de ce Livre:
adore Dieu.
n *Dan.* 8. 26. & 12. 4. o *ch.* 1. 3. 10 Il me dit aussi; [n] Ne cachette point les paroles de la prophétie de ce Livre; [o] parce que le temps est proche.

11 [p] Que

11 [p] Que celui qui est injuste, [1] soit injuste encore: & que celui
qui est sale, se salisse encore: & que celui qui est juste, soit
justifié encore: & que celui qui est saint, soit sanctifié encore.
12 Or voici, je viens bien-tôt: [q] & ma récompense est a-
vec moi, [r] pour rendre à chacun selon son œuvre.
13 [s] Je suis Alpha & Omega, [t] le premier & le dernier, le
commencement & la fin.
14 [u] Bienheureux sont ceux qui font ses commandemens,
afin qu'ils ayent droit en [x] l'Arbre de vie, & qu'ils entrent
par les portes dans la Cité.
15 [y] Mais les Chiens, & les empoisonneurs, & les paillards,
& les meurtriers, & les idolatres, & quiconque aime & commet [z] fausseté, seront *laissez* dehors.
16 [a] Moi Jésus, j'ai envoyé mon Ange pour vous témoigner ces choses dans les Eglises. [b] Je suis la racine & la postérité de David; [c] l'étoile resplendissante & matiniere.
17 Et l'Esprit & l'Epouse disent; Viens: que celui aussi
qui l'entend, dise, Viens; & [d] que celui qui a soif, vienne:
& quiconque veut de l'eau vive, en prenne, sans qu'elle lui
coûte rien.
18 [e] Or je proteste à chacun qui entend les paroles de la
prophétie de ce Livre, que si quelqu'un ajoûte à ces choses,
Dieu ajoûtera sur lui les playes écrites dans ce Livre.
19 Et si quelqu'un ôte des paroles du Livre de cette prophétie, Dieu [2] ôtera sa part [f] du Livre de vie, & de la sainte Cité, & des choses qui sont écrites dans ce Livre.
20 Celui qui rend témoignage de ces choses, dit; Certainement, [g] je viens bien-tôt, Amen. [h] Oui, Seigneur Jésus, viens.
21 La grace de nôtre Seigneur Jésus-Christ soit avec vous
tous, Amen.

p *Ezéch.* 3. 27. & 20. 39. 2 *Tim.* 3. 13. 1 C'est un mouvement d'abandon, quand Dieu, las de solliciter inutilement les hommes à la repentance, les abandonne & livre à eux-mêmes, & à leurs inclinations criminelles: ainsi Ezéch. 3. 27. Osée. 4. 4. 1 Cor. 14. 38. q *Esa.* 40. 10. & 62. 12. r *Rom.* 2. 6. s *ch.* 1. 8. 11. & 21. 6. t *Esa.* 41. 4. & 44. 6. & 48. 12. u 1 *Jean* 3. 23. x vs. 2. y *ch.* 21. 8. *Eph.* 5. 5. *Col.* 3. 6. z *ch.* 21. 27. a *ch.* 1. 1. b *ch.* 5. 5. c *ch.* 2. 28. 2 *Pier.* 1. 19. d *ch.* 21. 6. *Esa.* 55. 1. *Jean* 7. 37. e *Deut.* 4. 2. & 12. 32. *Prov.* 30. 6. 2 C'est-à-dire, qu'il n'y aura aucune part, mais cela ne veut pas dire, qu'il y eût été effectivement écrit, puis que ceux qui y sont écrits n'en sont jamais effacez. ch. 3. 5. f *ch.* 3. 5. & 13. 8. & 17. 8. & 20. 12. 15. g vs. 7. 12. h *ch.* 2. 5. 16. & 3. 11.

Fin du Nouveau Testament.

A DIEU SOIT GLOIRE ETERNELLEMENT.
AMEN.

CPSIA information can be obtained
at www.ICGtesting.com
Printed in the USA
BVHW091955041021
618121BV00003B/45